D1683406

Philipps · Der Anhang im Jahresabschluss der GmbH
und der GmbH & Co. KG

Online-Version inklusive!

Stellen Sie dieses Buch jetzt in Ihre „digitale Bibliothek" in der NWB Datenbank und nutzen Sie Ihre Vorteile:

▶ Ob am Arbeitsplatz, zu Hause oder unterwegs: Die Online-Version dieses Buches können Sie jederzeit und überall da nutzen, wo Sie Zugang zu einem mit dem Internet verbundenen PC haben.

▶ Die praktischen Recherchefunktionen der NWB Datenbank erleichtern Ihnen die gezielte Suche nach bestimmten Inhalten und Fragestellungen.

▶ Die Anlage Ihrer persönlichen „digitalen Bibliothek" und deren Nutzung in der NWB Datenbank online ist kostenlos. Sie müssen dazu nicht Abonnent der Datenbank sein.

Ihr Freischaltcode:

OMHN-ANSU-GOSB-DPUR-WRFY-S

Philipps, Der Anhang im Jahresabschluss der GmbH

So einfach geht's:

(1.) Rufen Sie im Internet die Seite **www.nwb.de/go/online-buch** auf.

(2.) Geben Sie Ihren Freischaltcode in Großbuchstaben ein und folgen Sie dem Anmeldedialog.

(3.) Fertig!

Alternativ können Sie auch den Freischaltcode direkt in der **NWB Mobile** App eingeben und so Ihr Produkt freischalten! Die NWB Mobile App gibt es für iOS, Android und Windows Phone!

Die NWB Datenbank – alle digitalen Inhalte aus unserem Verlagsprogramm in einem System.

www.nwb.de

Der Anhang im Jahresabschluss der GmbH und der GmbH & Co. KG

Inhalte, Kommentierung, Gestaltung und Offenlegung

- Ausführliche Erläuterungen
- Rund 500 Formulierungs- und Gestaltungsbeispiele aus der Praxis und für die Praxis
- Checklisten für die Anhangerstellung
- Musteranhänge
- Mängel im Anhang und Wesentlichkeit
- Offenlegungserleichterungen

Von
WP/StB Professor Dr. Holger Philipps

5., vollständig aktualisierte und erweiterte Auflage

ISBN 978-3-482-63575-5

5., vollständig aktualisierte und erweiterte Auflage 2018

© NWB Verlag GmbH & Co. KG, Herne 2011
www.nwb.de

Alle Rechte vorbehalten.

Dieses Buch und alle in ihm enthaltenen Beiträge und Abbildungen sind urheberrechtlich geschützt. Mit Ausnahme der gesetzlich zugelassenen Fälle ist eine Verwertung ohne Einwilligung des Verlages unzulässig.

Satz: Griebsch & Rochol Druck GmbH, Hamm
Druck: Hubert & Co., Göttingen

VORWORT ZUR 5. AUFLAGE

Letzte größere Änderungen in der Anhangberichterstattung brachte das Bilanzrichtlinie-Umsetzungsgesetz (BilRUG). Damit verbundene Neuerungen waren erstmals in Jahresabschlüssen für das nach dem 31.12.2015 beginnende Geschäftsjahr anzuwenden. Die „erste BilRUG-Runde" ist also zumindest weitgehend abgeschlossen. Zwar stand seitdem das Änderungskarussell beim Anhang nicht gänzlich still. Es drehte sich aber deutlich langsamer. Neuerungen ergaben sich lediglich aus Novellierung der Abzinsung von Rückstellungen für Pensionen durch das Gesetz zur Umsetzung der Wohnimmobilienkreditrichtlinie und zur Änderung handelsrechtlicher Vorschriften sowie aus der Streichung der Beschränkung bestimmter Angaben zu Finanzinstrumenten auf Kredit- und Finanzdienstleistungsinstitute durch das CSR-Richtlinie-Umsetzungsgesetz. Insofern ist wieder eine gewisse Verstetigung der die Informationsanforderungen im Anhang bestimmenden Rechtslage eingetreten.

So ist es nun an der Zeit, sich in diesem Werk wieder ausschließlich auf eine, nämlich die für nach dem 31.12.2016 beginnende Geschäftsjahre geltende Rechtslage zu beschränken; Leserinnen und Leser, die weiter an der für frühere Geschäftsjahre geltenden Rechtslage interessiert sind, seien auf die Vorauflage verwiesen.

Damit einhergehend wurde die Gliederung entsprechend angepasst. Dadurch entfallen nicht nur die in der Vorauflage enthaltenen, durchgängigen Verweise auf HGB n. F. und HGB a. F.; solche Verweise werden in dieser Auflage innerhalb der Erläuterungen, soweit notwendig oder im Original zitierter Beispiele enthalten, aber noch vereinzelt verwendet. Ebenso entfallen die parallelen Abschnitte zur Rechtslage vor und nach BilRUG sowie die gesonderten Abschnitte zu Rechtsänderungen durch das BilRUG. Sämtliche in diesem Werk erläuterten und veranschaulichten Anhangvorschriften werden inhaltlich nunmehr wieder – wie in der 3. Auflage – jeweils in einem Abschnitt behandelt.

Zudem enthält diese 5. Auflage folgende weitere wesentliche Neuerungen:

- Erste Praxisbeispiele nach BilRUG u. a.
- Berücksichtigung aktueller Praxishinweise in der Literatur, u. a. vom IDW.
- Getrennte „Musteranhänge" für die kleine, mittelgroße und große GmbH (jeweils mit Ergänzungen für die GmbH & Co. KG in kursiv).
- Hinweise auf konkrete Änderungen in den „Musteranhängen" der kleinen und mittelgroßen GmbH (sowie GmbH & Co. KG) für Offenlegungszwecke.
- Auswertung häufig auftretender Mängel bei Anhangangaben in der Praxis.

Die Fülle der berücksichtigten Änderungen und die Überlegungen zu ihrer inhaltlich und strukturell möglichst verständlichen Darstellung sowie die Auswertung publizierter Jahresabschlüsse nach möglichst vielfältigen Praxisbeispielen für Anhangangaben haben wieder intensive Arbeiten an dieser Neuauflage erforderlich gemacht. Bei der Auswahl von Praxisbeispielen konnte ich auch für diese Neuauflage zum Teil wieder Ergebnisse aus wissenschaftlichen Studien an der

VORWORT

Hochschule Koblenz verwerten. Beteiligt daran waren meine (ehemaligen) Studierenden Sebastian Gärtner (M. Sc.), Alexander von Grotthuss (M. Sc.), Tobias Theodor Hein (M. Sc.), Jan-Lucas Henzler (M. Sc.), Manuel Oster (M. Sc.), Filip Podjacki (M. Sc.), Marta Richter (M. Sc.), Holger Stefan Soine (M. Sc.) und Patrick Vanmarcke (M. Sc.). Ihnen danke ich an dieser Stelle herzlich für ihr Engagement.

Im Übrigen durfte ich, wie so oft, auf ganz viel Verständnis bei meiner lieben Frau Dagmar und meinen beiden Söhnen zählen. Dafür gilt ihnen auch dieses Mal mein ganz besonderer, sehr herzlicher Dank. Mein Dank gilt zudem weiterhin allen Beteiligten beim NWB-Verlag für die stets konstruktive, kollegiale und verlässliche Zusammenarbeit.

Sollten trotz aller Sorgfalt bei der Erstellung dieser Neuauflage (weitere) Irrtümer oder Fehler verblieben oder neu entstanden sein, gehen sie zu meinen Lasten. Anwenderhinweise dazu jedweder Art sind mir herzlich willkommen.

Eppstein, im September 2017   Prof. Dr. Holger Philipps

Vorwort zur 4. Auflage

Kaum ist in der Anwendung der umfangreichen Neuerungen für den Anhang durch das BilMoG in der Rechnungslegungspraxis eine gewisse Routine eingekehrt, wurde mit dem Bilanzrichtlinie-Umsetzungsgesetz (BilRUG) bereits die nächste Bilanzrechtsreform kodifiziert. Dieses Mal nicht angestoßen durch den nationalen Gesetzgeber, sondern auf EU-Ebene. Und dieses Mal insgesamt zwar weniger einschneidend als beim BilMoG, aber mit für den Anhang nicht minder zahlreichen Änderungen.

Das BilRUG setzt die durch den EU-Gesetzgeber neu gefasste EU-Bilanzrichtlinie um. Wesentliche Ziele dieser Neufassung waren u.a. die weitere Harmonisierung des bisherigen europäischen Bilanzrechtsrahmens infolge weiterer Intensivierung des innergemeinschaftlichen Handels sowie die weitere bürokratische Entlastung insbesondere kleinerer und mittlerer Unternehmen. Aufgrund dessen wurden einige Informationspflichten für den Anhang neu aufgenommen, einige bisher bereits bestehende inhaltlich geändert und wenige bereits bestehende auch gestrichen. Insbesondere wurden aber auch die größenabhängigen Erleichterungen im Rahmen der Erstellung des Anhangs gänzlich neu justiert.

Diese Neuerungen durch das BilRUG sind erstmals im Jahresabschluss für das nach dem 31.12.2015 beginnende Geschäftsjahr anzuwenden. Bei Erscheinen der vorliegenden Neuauflage ist daher die bisherige Rechtslage weiter relevant. Gleichzeitig steht die neue aber unmittelbar vor der Tür. Aufgrund dessen werden hier beide Rechtslagen berücksichtigt. Im Überblick über die für den Anhang geltenden Rechtsnormen zu Beginn des Abschnitts 2 parallel, bei Darstellung der künftigen Rechtslage nach BilRUG mit Kennzeichnung der Änderungen. Dadurch entstehen gewisse Redundanzen, die aber zugunsten einer besseren Übersichtlichkeit und eines höheren Anwendungskomforts bewusst in Kauf genommen werden. Bei Erläuterung der Angabeanforderungen in den Abschnitten 3 bis 5 sowie der Wesentlichkeitsüberlegungen bei Anhangangaben (Abschnitt 8) wurde dagegen die bisherige Struktur nach der noch geltenden Rechtslage beibehalten und die bei Kalenderjahr gleichem Geschäftsjahr ab 2016 geltende neue Rechtslage nach BilRUG jeweils in einem ergänzenden, neuen Unterabschnitt berücksichtigt. Die Anhangchecklisten (Abschnitt 6) sowie der Musteranhang (Abschnitt 7) werden jeweils in zwei verschiedenen Versionen mit derzeitiger und aufgrund BilRUG künftig geltender Rechtslage präsentiert.

Neben diesen bereits sehr umfangreichen Neuerungen im Vergleich zur Vorauflage wurde diese Auflage zudem wie folgt erweitert:

- ▶ Einfügung von Erläuterungen auch zu speziellen Anhangvorschriften für die GmbH & Co. KG,
- ▶ Berücksichtigung der speziellen Anhangvorschriften für die GmbH & Co. KG auch in den Anhangchecklisten (Abschnitt 6) sowie im Musteranhang (Abschnitt 7),
- ▶ Berücksichtigung der Erleichterungsvorschriften für konzernintegrierte Kapitalgesellschaften bzw. Kapitalgesellschaften & Co. (§§ 264 Abs. 3, 264b HGB), deren Anwendung zum Verzicht auf die Aufstellung des Anhangs führen kann sowie
- ▶ Ergänzung der bisherigen Praxisbeispiele.

Die bisherigen Praxisbeispiele sind weiterhin anschaulich und aktuell. Sie wurden daher grundsätzlich beibehalten und nur soweit sinnvoll und notwendig ergänzt.

VORWORT

Im Zuge des BilMoG normierte und auch für Anhangangaben relevante Übergangsvorschriften sind zwischenzeitlich vereinzelt ausgelaufen; sie werden hier kurzzeitig noch weiter berücksichtigt, um auch bei verzögerter Aufstellung, z. B. in Insolvenzfällen dazu noch Anwendungshinweise zu geben. Vereinzelt gelten aus den Übergangsvorschriften zum BilMoG zu beachtende Alt-HGB-Normen unverändert auch noch länger weiter. Daher sind bei den Erläuterungen in den Abschnitten 3 bis 5 für das deutsche Recht insgesamt drei Fassungen berücksichtigt. Die jeweils angesprochene Rechtslage wird bei Nennung von Rechtsnormen des HGB wie folgt kenntlich gemacht; gleiches auch gilt bei der Nennung von Rechtsnormen des GmbHG bzw. AktG:

HGB	=	HGB in der derzeit bzw. auch künftig weiter geltenden, nicht durch das BilRUG geänderten Rechtslage
HGB n. F.	=	HGB in der künftig geltenden, durch das BilRUG geänderten Rechtslage
HGB a. F. vor BilMoG	=	HGB i. d. F. vor Änderungen durch das BilMoG

Bei der Nennung europarechtlicher Grundlagen in Form der EU-Bilanzrichtlinie wird die aktuelle Rechtslage mit „Bilanzrichtlinie", die davor geltende Rechtslage mit „Bilanzrichtlinie a. F." benannt.

Die Fülle der berücksichtigten Änderungen und die Überlegungen, zu ihrer inhaltlich und strukturell möglichst verständlichen Darstellung haben wieder intensive Arbeiten an dieser Neuauflage erforderlich gemacht. Das benötigt viel familiäres Verständnis. Dabei konnte ich, wie immer, wieder auf meine liebe Frau Dagmar und meine beiden Söhne zählen. Dafür gilt ihnen auch dieses Mal mein ganz besonderer, sehr herzlicher Dank. Mein Dank gilt zudem weiterhin allen Beteiligten beim NWB-Verlag für die stets konstruktive, kollegiale und verlässliche Zusammenarbeit.

Sollten trotz aller Sorgfalt bei der Erstellung dieser Neuauflage (weitere) Irrtümer oder Fehler verblieben oder neu entstanden sein, gehen sie allein zu meinen Lasten. Anwenderhinweise dazu jedweder Art sind mir herzlich willkommen.

Eppstein, im Juli 2015   Prof. Dr. Holger Philipps

Vorwort zur 3. Auflage

Am 29.5.2009 trat das so genannte Bilanzrechtsmodernisierungsgesetz (BilMoG) in Kraft. Es brachte die größte Bilanzrechtsreform seit dem so genannten Bilanzrichtliniengesetz aus dem Jahr 1985 mit sich. Gesetzgeberisches Ziel des BilMoG war u.a. den Informationsgehalt des handelsrechtlichen Jahresabschlusses zu stärken. Aufgrund dessen wurden u.a. auch die in den Anhang als Teil des Jahresabschlusses aufzunehmenden Informationen deutlich ausgeweitet. In der Folge ist die Bedeutung des Themas „Anhang" für die Jahresabschlussersteller weiter signifikant gestiegen.

Inhaltlich und organisatorisch ist die Erstellung des Anhangs aufgrund der darin verlangten hohen Informationsdichte mit enormen Herausforderungen verbunden. Im Verlauf einer Abschlussprüfung oder auch bei Prüfungen der Deutschen Prüfstelle für Rechnungslegung werden häufig Mängel bei den Anhangangaben festgestellt. Die Ursachen für solche Mängel können vielschichtig sein. Ein zu beobachtender Aspekt dabei ist auch die mangelnde Kenntnis nicht weniger Unternehmen über die Informationspflichten im Anhang und deren Konkretisierung durch den Gesetzgeber.

Zu Fragen der Abbildung einzelner wirtschaftlich bedingter Sachverhalte und Geschäftsvorfälle in Bilanz- und Gewinn- und Verlustrechnung existiert umfangreiches Schrifttum. Fragen zum Anhang werden darin zumeist nur am Rande behandelt. Eine systematische Betrachtung des Anhangs mit inhaltlichen Konkretisierungen der notwendigen Angaben, Verdeutlichung der bestehenden Spielräume und Gestaltungsmöglichkeiten einschließlich Erleichterungen bei Aufstellung und Offenlegung, Formulierungshinweisen und Hilfsmitteln, die bei der Erstellung des Anhangs dessen Vollständigkeit sicherstellen, fehlte bislang.

Die deutliche Ausweitung der Anhangangaben durch das BilMoG bot nun einen passenden Anlass, diese Lücke zu schließen.

Vor diesem Hintergrund erschien im Dezember 2010 der Titel „Der Anhang nach BilMoG" mit zahlreichen inhaltlichen Erläuterungen, Formulierungsbeispielen und Gestaltungshinweisen zu den durch das BilMoG geänderten Anhangvorschriften sowie mit aktuellen Checklisten für die Erstellung des Anhangs im Jahresabschluss der GmbH. Die erfreulich große Nachfrage nach diesem Titel führte alsbald zu einer 2. Auflage. Sie erschien im Januar 2012 und enthielt insbesondere Aktualisierungen (bei den Praxisbeispielen und Erläuterungen) sowie erste themenbezogene Erweiterungen (Musteranhang und Offenlegung). Sie bestätigte insbesondere auch die Bedeutung der Thematik für Abschlussersteller, Abschlussprüfer und Finanzanalysten.

Aufgrund dieser hohen Bedeutung wird die Thematik mit dem vorliegenden Titel fortgeführt. Das BilMoG ist zeitlich bedingt nun nicht mehr gänzlich aktuell und in der Anwendung seiner Vorschriften hat die „Community" auch schon einige Erfahrungen gesammelt. Daher ist der bisherige Titel nicht mehr passend und wird in der 3. Auflage weitergeführt als „Der Anhang im Jahresabschluss der GmbH".

Die vorliegende Neuauflage bringt aber nicht nur eine Änderung des Titels mit sich, sondern im Sinne der ursprünglichen Idee eine vollständige Überarbeitung und eine wesentliche inhaltliche Erweiterung. Die wichtigsten Änderungen gegenüber der Vorauflage betreffen:

▶ die Einfügung von Erläuterungen auch zu den „älteren", d.h. nicht durch das BilMoG geänderten Anhangangaben nach HGB, EGHGB und GmbHG,

VORWORT

- die Berücksichtigung empirischer Auswertungsergebnisse aus der Rechnungslegungspraxis zur Gestaltung und inhaltlichen Konkretisierung von Anhangangaben,
- Berücksichtigung der Erleichterungen für den Anhang bei Kleinst-GmbH aufgrund des so genannten MicroBilG,
- Einfügung eines Kapitels mit Hinweisen zu möglichen Rechtsfolgen bei Mängeln im Anhang und zur Wesentlichkeit von Anhangangaben.

Auch für diese Neuauflage wurden einige Vorarbeiten an der Hochschule Koblenz im Rahmen von wissenschaftlichen Projekten und Studien geleistet. Beteiligt daran waren insbesondere meine ehemaligen Studierenden Manuel Fischer (M.Sc.), Christoph Kläs (M.Sc.), Jochen Küpper (M.Sc.) und Martha Litowinski (M.Sc.). Ihnen danke ich an dieser Stelle herzlich für ihr Engagement.

Besonders danke ich erneut meiner lieben Frau Dagmar und meinen beiden kleinen Söhnen. Sie hatten auch bei dieser Publikation sehr viel Verständnis dafür, dass die Zeit für sie vor allem an den Wochenenden zumeist knapp bemessen war – und sie haben mich auch sonst wieder in jeglicher Hinsicht geduldig unterstützt. Mein Dank gilt zudem weiterhin den Herren Kersting und Linkemann vom NWB-Verlag für die stets konstruktiv kollegiale Zusammenarbeit.

Sollten trotz aller Sorgfalt bei der Erstellung dieser Neuauflage Irrtümer oder Fehler verblieben sein, gehen sie allein zu meinen Lasten. Anwenderhinweise dazu jedweder Art sind mir herzlich willkommen.

Eppstein, im November 2013   Prof. Dr. Holger Philipps

Vorwort zur 2. Auflage

Die durch das BilMoG umfangreich geänderten Anhangvorschriften waren vollumfänglich erstmals im Jahresabschluss für das nach dem 31. 12. 2009 beginnende Geschäftsjahr anzuwenden. Daher hat die überwiegende Zahl der bilanzierenden Unternehmen den ersten „neuen" Anhang bereits erstellt. Allerdings zeigen publizierte Jahresabschlüsse noch bestehende Unsicherheiten in der Anwendung insbesondere auch der geänderten Anhangangabepflichten.[1] Passend dazu wurden in diversen themenbezogenen Fachseminaren im Sommer 2011 weiterhin viele Verständnis- und Zweifelsfragen zum Anhang nach BilMoG aufgeworfen und diskutiert. Und last but not least steht einer nicht zu vernachlässigenden Zahl von bilanzierenden Unternehmen mit vom Kalenderjahr abweichendem Geschäftsjahr (z. B. 1. 10. 2010 – 30. 9. 2011) die erstmalige BilMoG Anwendung noch bevor.

Aus den genannten Gründen ist das Thema nach wie vor aktuell. Daher erscheint diese 2. Auflage mit unverändertem Titel und in unveränderter Konzeption, da die Zeit aber nicht still steht, gleichwohl vollständig überarbeitet, aktualisiert und wesentlich erweitert. Die wichtigsten Änderungen gegenüber der Vorauflage betreffen:

▶ Einfügung zahlreicher neuer Erläuterungen,

▶ Erneuerung und Erweiterung der Angabebeispiele aus publizierten Jahresabschlüssen (ihre Zahl hat sich damit auf rund einhundert erhöht),

▶ Einfügung eines beispielhaften „Musteranhangs",

▶ Einfügung eines Kapitels zur Offenlegung des Anhangs.

Auch für diese Neuauflage wurden einige Vorarbeiten an der Fachhochschule Koblenz im Rahmen von wissenschaftlichen Projekten und Studien geleistet. Beteiligt daran waren insbesondere meine Studierenden Manuel Fischer (B.Sc.), Christoph Kläs (B.Sc.), Jochen Küpper (B.Sc.) und Martha Litowinski (B.Sc.). Ihnen danke ich an dieser Stelle herzlich für ihr Engagement.

Besonders danke ich erneut meiner lieben Frau Dagmar und meinen beiden kleinen Söhnen. Sie hatten wie bisher sehr viel Verständnis dafür, dass die Zeit für sie vor allem an den Wochenenden zumeist knapp bemessen war – und sie haben mich auch sonst wieder in jeglicher Hinsicht geduldig unterstützt. Mein Dank gilt zudem weiterhin den Herren Linkemann und Kersting sowie Frau Ostkämper vom NWB-Verlag für die auch bei dieser Publikation wieder sehr angenehme Zusammenarbeit.

Sollten trotz aller Sorgfalt bei der Erstellung dieser Neuauflage (weitere) Irrtümer oder gar Fehler verblieben sein, gehen sie allein zu meinen Lasten. Anwenderhinweise dazu jedweder Art sind mir herzlich willkommen.

Eppstein, im September 2011   Prof. Dr. Holger Philipps

---

[1] Vgl. *Philipps, H.*, Rechnungslegungspraxis nach BilMoG, in: StuB 2011, S. 203-209 sowie *Philipps, H.*, Rechnungslegungspraxis der KMU nach BilMoG, in: BBK 2011, S. 307-316.

VORWORT

Vorwort zur 1. Auflage

Das am 29.5.2009 in Kraft getretene Bilanzrechtsmodernisierungsgesetz (BilMoG) gilt als die größte Bilanzrechtsreform seit dem Bilanzrichtliniengesetz aus dem Jahr 1985. Gesetzgeberisches Ziel war u.a., den Informationsgehalt des Jahresabschlusses deutlich zu erhöhen. Dazu wurden im HGB zahlreiche Rechnungslegungsvorschriften gestrichen, neu gefasst und ergänzt. Insbesondere wurden notwendige Anhangangaben deutlich ausgeweitet.

Das Schrifttum zum BilMoG ist mittlerweile sehr umfangreich geworden. Darin werden betreffend den Jahresabschluss insbesondere zu Ansatz und Bewertung von Vermögensgegenständen und Schulden zahlreiche Zweifelsfragen diskutiert. Die Ausgestaltung neuer oder veränderter Anhangangaben wurde indes bislang eher selten thematisiert. Die neuen Rechnungslegungsvorschriften sind in ihrer Gesamtheit erstmals auf Jahresabschlüsse für nach dem 31.12.2009 beginnende Geschäftsjahre anzuwenden. Angesichts dessen ist es an der Zeit, die Anhangthematik umfassend und praxisgerecht aufzuarbeiten.

Dieses Anliegen verfolgt das vorliegende Buch, konzentriert auf den Anhang der GmbH als zahlenmäßig stärkste Gruppe der Kapitalgesellschaften in Deutschland. Anhand einer intensiven Auswertung des vorliegenden einschlägigen Schrifttums, der Verlautbarungen von Standardsettern sowie von zum 31.12.2009 bereits vorzeitig freiwillig nach den Vorschriften des BilMoG aufgestellten Jahresabschlüssen, wurden zahlreiche Erläuterungen, (Praxis-)Beispiele, Formulierungshilfen und Checklisten zur Erstellung des Anhangs der GmbH nach BilMoG erarbeitet. Es soll bilanzierenden Unternehmen in der Rechtsform der GmbH und deren Beratern durch vielfältige Anregungen und Arbeitshilfen von Nutzen sein.

Einige Vorarbeiten für das vorliegende Werk wurden an der Fachhochschule Koblenz im Rahmen von wissenschaftlichen Studien geleistet. Maßgeblich beteiligt daran waren meine ehemaligen Studierenden Gesine Bilka (M.Sc.) und Timo Schöneberg (M.Sc.), denen ich an dieser Stelle herzlich für ihr Engagement danke.

Besonders danke ich meiner lieben Frau Dagmar und meinen beiden kleinen Söhnen. Sie hatten sehr viel Verständnis dafür, dass die Zeit für sie vor allem an den Wochenenden zumeist knapp bemessen war – und sie haben mich auch sonst in jeglicher Hinsicht geduldig unterstützt. Mein Dank gilt zudem den Herren Linkemann und Kersting vom NWB-Verlag für die freundliche Aufnahme und Publikation dieses Werkes als Brennpunkt, für die kritische Manuskriptdurchsicht und die stets konstruktiv kollegiale Zusammenarbeit.

Sollten trotz aller Sorgfalt bei der Erstellung dieses Werkes Irrtümer oder gar Fehler verblieben sein, gehen sie allein zu meinen Lasten. Anwenderhinweise dazu jedweder Art sind mir herzlich willkommen.

Eppstein, im September 2010　　　　　　　　　　　　　　　　　　　　Prof. Dr. Holger Philipps

INHALTSVERZEICHNIS

Vorwort zur 5. Auflage		V
Inhaltsverzeichnis		XIII
Abbildungsverzeichnis		XIX
Abkürzungsverzeichnis		XXIII

1.	Bedeutung des Anhangs und Herausforderungen bei seiner Erstellung	1
2.	Für die GmbH sowie GmbH & Co. KG geltende Anhangangabepflichten im Überblick	5
2.1	Übersicht über die für GmbH geltenden Anhangvorschriften (einschließlich Wortlaut)	5
2.2	Übersicht über die ergänzend für GmbH & Co. KG geltenden Anhangvorschriften (einschließlich Wortlaut)	16
2.3	Übersicht über die aufgrund BilRUG u. a. geänderten Anhangvorschriften	18
	2.3.1 Inhaltlicher Überblick	18
	2.3.2 Synoptische Darstellung der jüngst geänderten Anhangvorschriften	22
2.4	Erleichterungen bei den Angabepflichten im Anhang der GmbH sowie der GmbH & Co. KG	32
	2.4.1 Unterlassen von Angaben aus Schutzgründen (§ 286 HGB)	32
	2.4.2 Größenabhängige Erleichterungen für GmbH sowie GmbH & Co. KG (§§ 274a, 288 HGB)	35
	2.4.3 Verzicht auf die Erstellung des Anhangs bei Kleinst-GmbH sowie Kleinst-GmbH & Co. KG	44
	2.4.4 Verzicht auf die Erstellung des Anhangs bei konzernintegrierten GmbH sowie GmbH & Co. KG (§§ 264 Abs. 3, 264b HGB)	46
2.5	Strukturvorgaben für den Anhang (§ 284 Abs. 1 HGB)	57
3.	Erläuterung der für kleine GmbH sowie GmbH & Co. KG geltenden Anhangvorschriften	61
3.1	Grundlegende Angaben zum Unternehmen und zur Bilanzierung	61
	3.1.1 Registerinformationen zur Identifikation des bilanzierenden Unternehmens (§ 264 Abs. 1a HGB)	61

	3.1.2	Gliederung, Vorjahresbeträge, Abweichung von der Generalnorm	64
		3.1.2.1 Abweichungen von der Gliederungsstetigkeit (§ 265 Abs. 1 Satz 2 HGB)	64
		3.1.2.2 Aufgliederung zusammengefasst ausgewiesener Posten (§ 265 Abs. 7 Nr. 2 HGB)	67
		3.1.2.3 Nichtvergleichbarkeit von Vorjahresbeträgen, Anpassung von Vorjahresbeträgen (§ 265 Abs. 2 Satz 2 und 3 HGB)	70
		3.1.2.4 Abweichung von der Generalnorm (§ 264 Abs. 2 Satz 2 HGB)	76
	3.1.3	Angaben zu den Bilanzierungs- und Bewertungsmethoden	78
		3.1.3.1 Beschreibung der Bilanzierungs- und Bewertungsmethoden (§ 284 Abs. 2 Nr. 1 HGB)	78
		3.1.3.2 Angaben zur Bildung von Bewertungseinheiten (§ 285 Nr. 23 HGB)	87
		3.1.3.3 Angaben über die Einbeziehung von Fremdkapitalzinsen in die Herstellungskosten (§ 284 Abs. 2 Nr. 4 HGB)	96
		3.1.3.4 Erläuterung von Abweichungen gegenüber den bisher angewandten Bilanzierungs- und Bewertungsmethoden (§ 284 Abs. 2 Nr. 2 HGB)	97
3.2	Angaben mit weiteren Erläuterungen zur Bilanz		102
	3.2.1	Mehrere Bilanzposten (Aktiva und Passiva) betreffende Angaben	102
		3.2.1.1 Posten-Mitzugehörigkeitsvermerk bei Vermögensgegenständen und Schulden (§ 265 Abs. 3 HGB)	102
		3.2.1.2 Angaben bei zulässiger Verrechnung von Vermögensgegenständen und Schulden (§ 285 Nr. 25 HGB)	106
	3.2.2	Einzelne Aktiva betreffende Angaben	112
		3.2.2.1 Erläuterung der Nutzungsdauer aktivierter Geschäfts- oder Firmenwerte (§ 285 Nr. 13 HGB)	112
		3.2.2.2 Angaben für mit dem beizulegenden Zeitwert bilanzierte Finanzinstrumente (§ 285 Nr. 20 HGB)	119
	3.2.3	Einzelne Passiva betreffende Angaben	126
		3.2.3.1 Angaben bei Bilanzaufstellung unter teilweiser Verwendung des Jahresergebnisses (§ 268 Abs. 1 Satz 3 HGB)	126
		3.2.3.2 Angaben bei nicht bilanzierten Pensionsrückstellungen für „Altzusagen" und/oder mittelbare Zusagen (Art. 28 Abs. 1 Satz 1 und 2 EGHGB)	127

	3.2.3.3	Angaben zur Unterdeckung von Pensionsrückstellungen sowie zur Überdeckung von Rückstellungen nach Umstellung auf das BilMoG (Art. 67 Abs. 2 EGHGB bzw. Art. 67 Abs. 1 Satz 4 EGHGB)	130
	3.2.3.4	Abzinsungsbedingter Unterschiedsbetrag bei Pensionsrückstellungen (§ 253 Abs. 6 Satz 3 HGB)	132
	3.2.3.5	Angaben zu längerfristigen Restlaufzeiten und Sicherheiten bei Verbindlichkeiten (§ 285 Nr. 1 Buchstabe a und Nr. 1 Buchstabe b HGB)	138
	3.2.3.6	Angabe der kurz- und mittelfristigen Restlaufzeiten bei Verbindlichkeiten (§ 268 Abs. 5 HGB)	141
	3.2.3.7	Angaben zum nur noch übergangsweise bilanzierbaren Sonderposten mit Rücklageanteil (§§ 273 Satz 2, 281 Abs. 2 Satz 2 HGB a. F. (vor BilMoG))	142
3.3	Angaben mit weiteren Erläuterungen zur Gewinn- und Verlustrechnung		145
	3.3.1	Angaben zu außerplanmäßigen Abschreibungen im Anlagevermögen (§ 277 Abs. 3 Satz 1 HGB)	145
	3.3.2	Angaben zu außergewöhnlichen Erträgen und Aufwendungen (§ 285 Nr. 31 HGB)	146
3.4	Sonstige Angaben		153
	3.4.1	Haftungsverhältnisse und gewährte Sicherheiten (§ 268 Abs. 7 HGB)	153
	3.4.2	Sonstige finanzielle Verpflichtungen (§ 285 Nr. 3a HGB)	164
	3.4.3	Durchschnittliche Zahl der Arbeitnehmer (§ 285 Nr. 7 HGB)	174
	3.4.4	Organmitgliedern gewährte Vorschüsse und Kredite (§ 285 Nr. 9 Buchstabe c HGB)	175
	3.4.5	Angaben zum Mutterunternehmen für den kleinsten Konzernkreis (§ 285 Nr. 14a HGB)	178
	3.4.6	Angaben zur befreienden Konzernrechnungslegung (§ 291 Abs. 2 Nr. 4 und § 292 HGB)	181
3.5	Anhangangaben beim Übergang auf neue Rechnungslegungsvorschriften – Beispiel BilMoG (Art. 66 Abs. 3 Satz 6, 67 Abs. 8 Satz 2 EGHGB)		187
3.6	Rechtsformspezifische Anhangangaben		191
	3.6.1	Angabe der Ausleihungen, Forderungen und Verbindlichkeiten gegenüber Gesellschaftern	191
		3.6.1.1 Angaben für kleine GmbH (§ 42 Abs. 3 GmbHG)	191
		3.6.1.2 Angaben für kleine GmbH & Co. KG (§ 264c Abs. 1 HGB)	195
	3.6.2	Angaben zur Wertaufholungsrücklage im Eigenkapital (§ 29 Abs. 4 Satz 2 GmbHG)	196

4. Erläuterung der für mittelgroße GmbH sowie GmbH & Co. KG ergänzend geltenden Anhangvorschriften — 199

4.1 Geschäftszweigbedingte Anpassung der allgemeinen Gliederungsvorgaben für Kapitalgesellschaften (§ 265 Abs. 4 Satz 2 HGB) — 199

4.2 Angaben zu Posten der Bilanz — 202

    4.2.1 Posten der Aktiva — 202

        4.2.1.1 Angaben zu Forschungs- und Entwicklungskosten bei Aktivierung selbst erstellter immaterieller Vermögensgegenstände des Anlagevermögens (§ 285 Nr. 22 HGB) — 202

        4.2.1.2 Entwicklung der einzelnen Posten des Anlagevermögens (§ 284 Abs. 3 Satz 3 Nr. 1 bis 3) einschließlich Aufgliederung aktivierter Fremdkapitalzinsen (§ 284 Abs. 3 Satz 4 HGB) — 204

        4.2.1.3 Angaben zum Beteiligungsbesitz (§ 285 Nr. 11 HGB) — 214

        4.2.1.4 Angaben zu Beteiligungen als persönlich haftender Gesellschafter (§ 285 Nr. 11a HGB) — 222

        4.2.1.5 Stille Lasten bei Bilanzierung von Finanzinstrumenten im Finanzanlagevermögen (§ 285 Nr. 18 HGB) — 224

        4.2.1.6 Angaben für nicht zum beizulegenden Zeitwert bilanzierte derivative Finanzinstrumente (§ 285 Nr. 19 HGB) — 226

        4.2.1.7 Angaben zu Investmentanteilen (§ 285 Nr. 26 HGB) — 229

        4.2.1.8 Ausweis von Bewertungsunterschieden bei Anwendung von Bewertungsvereinfachungsverfahren (§ 284 Abs. 2 Nr. 3 HGB) — 234

        4.2.1.9 Erläuterung bestimmter „sonstiger Vermögensgegenstände" (§ 268 Abs. 4 Satz 2 HGB) — 236

        4.2.1.10 Angabe eines aktivierten Disagios (§ 268 Abs. 6 HGB) — 238

    4.2.2 Posten der Passiva — 239

        4.2.2.1 Angaben zu ausschüttungsgesperrten Beträgen (§ 285 Nr. 28 HGB) — 239

        4.2.2.2 Genussrechte und ähnliche Rechte auf Gewinnbezug (§ 285 Nr. 15a HGB) — 244

        4.2.2.3 Angaben zur Bewertung von Rückstellungen für Pensionen und ähnliche Verpflichtungen (§ 285 Nr. 24 HGB) — 248

        4.2.2.4 Erläuterung der „sonstigen Rückstellungen" (§ 285 Nr. 12 HGB) — 254

        4.2.2.5 Erläuterung antizipativer Verbindlichkeiten (§ 268 Abs. 5 Satz 3 HGB) — 258

	4.2.2.6	Postenbezogene Aufgliederung der Restlaufzeiten und Besicherungen von Verbindlichkeiten (§ 285 Nr. 2 HGB)	258
	4.2.2.7	Quantitative Veränderung latenter Steuerschulden (§ 285 Nr. 30 HGB)	263
4.3	Angaben zu Posten der Gewinn- und Verlustrechnung		267
	4.3.1	Angabe des Materialaufwands bei Anwendung der Gewinn- und Verlustrechnung nach dem Umsatzkostenverfahren (§ 285 Nr. 8 Buchstabe a HGB)	267
	4.3.2	Angabe des Personalaufwands bei Anwendung des Umsatzkostenverfahrens (§ 285 Nr. 8 Buchstabe b HGB)	269
4.4	Sonstige Angaben		271
	4.4.1	Außerbilanzielle Geschäfte (§ 285 Nr. 3 HGB)	271
	4.4.2	Durchschnittliche Zahl der Arbeitnehmer (§ 285 Nr. 7 HGB)	280
	4.4.3	Inanspruchnahme aus Haftungsverhältnissen (§ 285 Nr. 27 HGB)	285
	4.4.4	Mitglieder der Geschäftsführung und des Aufsichtsrats (§ 285 Nr. 10 HGB)	288
	4.4.5	Gesamtbezüge der Organe (§ 285 Nr. 9a HGB)	291
	4.4.6	Gesamtbezüge an frühere Organe (§ 285 Nr. 9b HGB)	296
	4.4.7	Angaben zum Abschlussprüferhonorar (§ 285 Nr. 17 HGB)	297
	4.4.8	Angaben zum Mutterunternehmen für den größten Konzernkreis (§ 285 Nr. 14 HGB)	298
	4.4.9	Geschäfte mit nahestehenden Unternehmen und Personen (§ 285 Nr. 21 HGB)	300
	4.4.10	Vorgänge von besonderer Bedeutung nach dem Abschlussstichtag (§ 285 Nr. 33 HGB)	303
	4.4.11	Vorschlag oder Beschluss über die Ergebnisverwendung (§ 285 Nr. 34 HGB)	308
4.5	Ergänzende Angaben nur für GmbH & Co. KG		310
	4.5.1	Im Register eingetragene, nicht geleistete Kommanditeinlagen (§ 264c Abs. 2 Satz 9 HGB)	310
	4.5.2	Persönlich haftende Gesellschafter der KG (§ 285 Nr. 15 HGB)	312

5. Erläuterung der für große GmbH sowie GmbH & Co. KG gegenüber kleinen und mittelgroßen ergänzend geltenden Anhangvorschriften — **315**

5.1	Angaben zu einzelnen Posten der Bilanz und der Gewinn- und Verlustrechnung		315
	5.1.1	Angaben zu latenten Steuern (§ 285 Nr. 29 HGB)	315
	5.1.2	Aufgliederung der Umsatzerlöse (§ 285 Nr. 4 HGB)	322
	5.1.3	Periodenfremde Erträge und Aufwendungen (§ 285 Nr. 32 HGB)	330

5.2	Sonstige Angaben		333
	5.2.1	Angaben zum Abschlussprüferhonorar (§ 285 Nr. 17 HGB)	333
	5.2.2	Geschäfte mit nahestehenden Unternehmen und Personen (§ 285 Nr. 21 HGB)	338
	5.2.3	Hinweis auf befreiende Einbeziehung in den Konzernzahlungsbericht (§ 341s Abs. 2 Satz 2 HGB)	352

6.	Checklisten für die Erstellung des Anhangs der GmbH sowie GmbH & Co. KG	355
6.1	Checkliste für den Anhang der kleinen GmbH sowie der kleinen GmbH & Co. KG	355
6.2	Checkliste für den Anhang der mittelgroßen GmbH sowie der mittelgroßen GmbH & Co. KG	373
6.3	Checkliste für den Anhang der großen GmbH sowie der großen GmbH & Co. KG	409

7.	Beispielhafte „Musteranhänge" für bilanzierende Unternehmen in der Rechtsform der GmbH sowie der GmbH & Co. KG	449
7.1	Fallbeschreibung	449
7.2	„Musteranhang" für die „Muster-Klein-GmbH" sowie die „Muster-Klein-GmbH & Co. KG"	452
7.3	„Musteranhang" für die „Muster-Mittelgroß-GmbH" sowie die „Muster-Mittelgroß-GmbH & Co. KG"	457
7.4	„Musteranhang" für die „Muster-Groß-GmbH" sowie die „Muster-Groß-GmbH & Co. KG"	468

8.	Rechtsfolgen bei Mängeln im Anhang und Wesentlichkeit	481
8.1	Mängel im Anhang in der Bilanzierungspraxis	481
8.2	Mögliche Rechtsfolgen bei Mängeln im Anhang	483
8.3	Wesentlichkeit von Mängeln im Anhang	485

9.	Erleichterungen bei der Offenlegung des Anhangs	493
10.	Zusammenfassung und Ausblick	495
Anlage		497
Literaturverzeichnis		501
Stichwortverzeichnis		523

ABBILDUNGSVERZEICHNIS

ABB. 1:	Geschäftsführung, Vertretung und Rechnungslegungspflichten beim Grundtyp der GmbH & Co. KG	17
ABB: 2:	Tabellarische Übersicht über die durch BilRUG u. a. im HGB, EGHGB und GmbHG geänderten Anhangvorschriften	18
ABB. 3:	Für GmbH sowie GmbH & Co. KG geltende Größenklassen gemäß § 267 HGB	37
ABB. 4:	Größenklassenbezogene Geltung der von GmbH sowie GmbH & Co. KG zu beachtenden Anhangvorschriften gemäß HGB, EGHGB und GmbHG	38
ABB. 5:	Charakterisierung unterschiedlicher Arten von Bewertungseinheiten	88
ABB. 6:	Beispiel zur Darstellung der Angaben nach § 285 Nr. 23 HGB im Anhang	91
ABB. 7:	Angaben zu Bewertungseinheiten, Praxisbeispiel 1	94
ABB. 8:	Angaben zu Bewertungseinheiten, Praxisbeispiel 2	95
ABB. 9:	Angabe der Mitzugehörigkeit von Vermögensgegenständen und Schulden zu anderen Posten der Bilanz, Praxisbeispiel	105
ABB. 10:	Angaben zum Posten „Aktiver Unterschiedsbetrag aus der Vermögensverrechnung" im Anhang, Praxisbeispiel 1	109
ABB. 11:	Angaben zu den Rückstellungen für Pensionen im Anhang nach Verrechnung mit Vermögensgegenständen, Praxisbeispiel	110
ABB. 12:	Angaben zum Posten „Aktiver Unterschiedsbetrag aus der Vermögensverrechnung" im Anhang, Praxisbeispiel 2	110
ABB. 13:	Anhangangabe zum Ergebnisvortrag, Praxisbeispiel	127
ABB. 14:	Darstellungsbeispiel für die Anhangangabe zu außergewöhnlichen Erträgen und Aufwendungen nach § 285 Nr. 31 HGB	151
ABB. 15:	Anhangangabe zu den Haftungsverhältnissen nach § 268 Abs. 7 HGB (Darstellungsbeispiel 1)	158
ABB. 16:	Anhangangabe zu den Haftungsverhältnissen nach § 268 Abs. 7 HGB (Darstellungsbeispiel 2)	159
ABB. 17:	Anhangangabe zu den Haftungsverhältnissen nach § 251 HGB, Praxisbeispiel 1	160
ABB. 18:	Anhangangabe zu den Haftungsverhältnissen nach § 251 HGB, Praxisbeispiel 2	161
ABB. 19:	Anhangangabe zu den Haftungsverhältnissen nach § 251 HGB, Praxisbeispiel 3	161
ABB. 20:	Anhangangabe zu den Haftungsverhältnissen nach § 251 HGB, Praxisbeispiel 4	162
ABB. 21:	Darstellungsbeispiel für die Anhangangabe zu sonstigen finanziellen Verpflichtungen nach § 285 Nr. 3a HGB	168
ABB. 22:	Angabe der sonstigen finanziellen Verpflichtungen nach § 285 Nr. 3a HGB, Praxisbeispiel 1	169

ABB. 23:	Angabe der sonstigen finanziellen Verpflichtungen nach § 285 Nr. 3a HGB, Praxisbeispiel 2	170
ABB. 24:	Angabe der sonstigen finanziellen Verpflichtungen nach § 285 Nr. 3a HGB, Praxisbeispiel 3	171
ABB. 25:	Angabe der sonstigen finanziellen Verpflichtungen nach § 285 Nr. 3a HGB, Praxisbeispiel 4	171
ABB. 26:	Angabe der sonstigen finanziellen Verpflichtungen nach § 285 Nr. 3a HGB, Praxisbeispiel 5	172
ABB. 27:	Angaben zu Forschungs- und Entwicklungskosten, Praxisbeispiel	204
ABB. 28:	Anlagespiegel nach § 284 Abs. 3 Satz 1-3 HGB, Praxisbeispiel 1	207
ABB. 29:	Anlagespiegel nach § 284 Abs. 3 Satz 1-3 HGB, Praxisbeispiel 2	209
ABB. 30:	Anlagespiegel nach § 284 Abs. 3 Satz 1-3 HGB, Praxisbeispiel 3	210
ABB. 31:	Anlagespiegel nach § 284 Abs. 3 Satz 1-3 HGB, Praxisbeispiel 4	211
ABB. 32:	Erweiterter Anlagespiegel nach § 284 Abs. 3 Satz 1-3 HGB, Praxisbeispiel	212
ABB. 33:	Anlagespiegel nach § 284 Abs. 3 Satz 1-3 HGB mit Angabe der im Geschäftsjahr aktivierten Fremdkapitalzinsen, Praxisbeispiel	213
ABB. 34:	Angaben zum Anteilsbesitz nach § 285 Nr. 11 HGB, Praxisbeispiel	217
ABB. 35:	Angaben nach § 285 Nr. 19 HGB zu derivativen Finanzinstrumenten, die nicht zum beizulegenden Zeitwert bilanziert werden, Praxisbeispiel	227
ABB. 36:	Beispiel zur Darstellung der Angaben nach § 285 Nr. 26 HGB im Anhang	231
ABB. 37:	Angaben zu Investmentanteilen im Anhang, Praxisbeispiel 1	232
ABB. 38:	Angaben zu Investmentanteilen im Anhang, Praxisbeispiel 2	232
ABB. 39:	Angaben zu Investmentanteilen im Anhang, Praxisbeispiel 3	233
ABB. 40:	Angaben zu Investmentanteilen im Anhang, Praxisbeispiel 4	234
ABB. 41:	Angaben zu ausschüttungsgesperrten Beträgen, Praxisbeispiel	242
ABB. 42:	Erläuterung der sonstigen Rückstellungen nach § 285 Nr. 12 HGB (durch Aufgliederung des Postens, ohne zusätzliche verbale Erläuterungen), Praxisbeispiel 1	255
ABB. 43:	Erläuterung der sonstigen Rückstellungen nach § 285 Nr. 12 HGB (durch Darstellung der Entwicklung des Postens – Rückstellungsspiegel – und zusätzliche verbale Erläuterungen), Praxisbeispiel 2	257
ABB. 44:	Postenbezogene Aufgliederungen der Restlaufzeiten und Besicherungen von Verbindlichkeiten („Verbindlichkeitenspiegel"), Praxisbeispiel 1	260
ABB. 45:	Postenbezogene Aufgliederungen der Restlaufzeiten und Besicherungen von Verbindlichkeiten („Verbindlichkeitenspiegel"), Praxisbeispiel 2	261
ABB. 46:	Postenbezogene Aufgliederungen der Restlaufzeiten und Besicherungen von Verbindlichkeiten („Verbindlichkeitenspiegel"), Praxisbeispiel 3	262
ABB. 47:	Angaben unter „Erläuterungen zur Bilanz", „Passive latente Steuern" (bei saldiertem Ausweis latenter Steuern mit Passivüberhang)	265
ABB. 48:	Entwicklung der latenten Steuern	267

ABB. 49:	Angabe des Materialaufwands nach § 285 Nr. 8 Buchstabe a HGB, Praxisbeispiel 1	268
ABB. 50:	Angabe des Materialaufwands nach § 285 Nr. 8 Buchstabe a HGB, Praxisbeispiel 2	269
ABB. 51:	Angabe des Materialaufwands nach § 285 Nr. 8 Buchstabe a HGB, Praxisbeispiel 3	269
ABB. 52:	Angabe des Personalaufwands nach § 285 Nr. 8 Buchstabe b HGB, Praxisbeispiel 1	270
ABB. 53:	Angabe des Personalaufwands nach § 285 Nr. 8 Buchstabe b HGB, Praxisbeispiel 2	270
ABB. 54:	Angabe des Personalaufwands nach § 285 Nr. 8 Buchstabe b HGB, Praxisbeispiel 3	270
ABB. 55:	Prüfschema zu § 285 Nr. 3 HGB – Anwendungsvoraussetzungen und Rechtsfolgen	275
ABB. 56:	Angabe der durchschnittlichen Arbeitnehmerzahl nach § 285 Nr. 7 HGB, Praxisbeispiel 1	283
ABB. 57:	Angabe der durchschnittlichen Arbeitnehmerzahl nach § 285 Nr. 7 HGB, Praxisbeispiel 2	284
ABB. 58:	Angabe der durchschnittlichen Arbeitnehmerzahl nach § 285 Nr. 7 HGB, Praxisbeispiel 3	285
ABB. 59:	Angabe der durchschnittlichen Arbeitnehmerzahl nach § 285 Nr. 7 HGB, Praxisbeispiel 4	285
ABB. 60:	Angabe zu Haftungsverhältnissen und ihre Inanspruchnahmewahrscheinlichkeit, Praxisbeispiel	288
ABB. 61:	Ereignisse nach dem Abschlussstichtag – Art und finanzielle Auswirkungen typischer Fälle	305
ABB. 62:	Angaben zu latenten Steuern im Anhang, Praxisbeispiel 1	319
ABB. 63:	Angaben zu latenten Steuern im Anhang, Praxisbeispiel 2	320
ABB. 64:	Angaben zu latenten Steuern im Anhang, Praxisbeispiel 3	320
ABB. 65:	Aufgliederung der Umsatzerlöse nach § 285 Nr. 4 HGB, Praxisbeispiel 1	326
ABB. 66:	Aufgliederung der Umsatzerlöse nach § 285 Nr. 4 HGB, Praxisbeispiel 2	327
ABB. 67:	Aufgliederung der Umsatzerlöse nach § 285 Nr. 4 HGB, Praxisbeispiel 3	330
ABB. 68:	Angaben zum Abschlussprüferhonorar im Anhang, Praxisbeispiel 1	336
ABB. 69:	Angaben zum Abschlussprüferhonorar im Anhang, Praxisbeispiel 2	337
ABB. 70:	Angaben zum Abschlussprüferhonorar im Anhang, Praxisbeispiel 3	337
ABB. 71:	Angaben zum Abschlussprüferhonorar im Anhang, Praxisbeispiel 4	337
ABB. 72:	Prüfschema zu § 285 Nr. 21 HGB – Anwendungsvoraussetzungen und Rechtsfolgen	344
ABB. 73:	Beispiel zur Darstellung der Angaben nach § 285 Nr. 21 HGB im Anhang	344
ABB. 74:	Angaben zu Geschäften mit nahestehenden Unternehmen und Personen, Praxisbeispiel 1	346

ABB. 75:	Angaben zu Geschäften mit nahestehenden Unternehmen und Personen, Praxisbeispiel 2	351
ABB. 76:	Angaben zu Geschäften mit nahestehenden Unternehmen und Personen im Anhang, Praxisbeispiel 3	351
ABB. 77:	Angaben zu Geschäften mit nahestehenden Unternehmen und Personen im Anhang, Praxisbeispiel 4	352
ABB. 78:	Verteilung urteilsrelevanter Mängel bei Anhangangaben	482
ABB. 79:	Fehlerfeststellung der Sedlbauer AG, Grafenau, für den Jahresabschluss zum 31.10.2010 und den Lagebericht für das Geschäftsjahr 2010	485
ABB. 80:	Grundsätzliche Wesentlichkeitsüberlegungen bei Anhangangaben nach IDW PS 250 n. F.	486

ABKÜRZUNGSVERZEICHNIS

A

A. A./a. A.	anderer Auffassung
ABl.	Amtsblatt der EU
Abs.	Absatz
a. F.	alte Fassung
AG	Aktiengesellschaft
AktG	Aktiengesetz
Anm.	Anmerkung
a. o.	außerordentlich
Art.	Artikel

B

BB	Betriebs Berater (Zeitschrift)
BBK	Buchführung, Bilanzierung, Kostenrechnung (Zeitschrift)
BDI	Bundesverband der Deutschen Industrie
BeckBilKom	Beck'scher Bilanzkommentar
BetrAVG	Gesetz zur Verbesserung der betrieblichen Altersversorgung
BFA	Bankenfachausschuss
BGB	Bürgerliches Gesetzbuch
BilMoG	Bilanzrechtsmodernisierungsgesetz
BilRUG	Bilanzrichtlinie-Umsetzungsgesetz
BilRUG Ref-E	Bilanzrichtlinie-Umsetzungsgesetz, Referentenentwurf
BilRUG Reg-E	Bilanzrichtlinie-Umsetzungsgesetz, Regierungsentwurf
BMJV	Bundesministerium für Justiz und für Verbraucherschutz
BR	Bundesrat
BRZ	Zeitschrift für Bilanzierung und Rechnungswesen (Zeitschrift)
BT	Bundestag

C

CMS	Constant Maturity Swap
Co.	Compagnie
CTA	Contractual Trust Arrangement

D

DB	Der Betrieb (Zeitschrift)
DBV	Deutscher Buchprüferverband e.V., Düsseldorf
DGRV	Deutscher Genossenschafts- und Raiffeisenverband e.V., Berlin
DIHK	Deutsche Industrie- und Handelskammertag e.V., Berlin
DPR	Deutsche Prüfstelle für Rechnungslegung e.V., Berlin
DRS	Deutscher Rechnungslegungs Standard
DRSC	Deutsches Rechnungslegungs Standard Committee e.V., Berlin

Abkürzungen

Drucks.	Drucksache
DSR	Deutscher Standardisierungsrat
DStR	Deutsches Steuerrecht (Zeitschrift)
DStV	Deutscher Steuerberaterverband e.V., Berlin

E

E-DRS	Entwurf eines Deutschen Rechnungslegungs Standards
EGHGB	Einführungsgesetz zum Handelsgesetzbuch
ERS	Entwurf eines Rechnungslegungsstandards
EStG	Einkommensteuergesetz
EU	Europäische Union
EUR	Euro
EWR	Europäischer Wirtschaftsraum

G

GDV	Gesamtverband der Deutschen Versicherungswirtschaft e.V., Berlin
GewSt	Gewerbesteuer
ggf.	gegebenenfalls
GKV	Gesamtkostenverfahren
glA	gleicher Auffassung
GmbH	Gesellschaft mit beschränkter Haftung
GmbHG	Gesetz betreffend die Gesellschaften mit beschränkter Haftung
GoB	Grundsätze ordnungsmäßiger Buchführung
GuV	Gewinn- und Verlustrechnung

H

HFA	Hauptfachausschuss des IDW
HGB	Handelsgesetzbuch
HR	Handelsregister
Hrsg.	Herausgeber

I

IAS	International Accounting Standards
i.d.F.	in der Fassung
IDW	Institut der Wirtschaftsprüfer in Deutschland e.V.
IFRS	International Financial Reporting Standards
i.H.	in Höhe
InvG	Investmentgesetz (a.F., aufgehoben aufgrund Einführung des KAGB)
i.S.d.	im Sinn(e) des, im Sinn(e) der
i.S.v.	im Sinn(e) von
i.V.	im Vorjahr
i.V.m.	in Verbindung mit

K

KAGB	Kapitalanlagegesetzbuch

KG	Kommanditgesellschaft
KGaA	Kommanditgesellschaft auf Aktien
KonBefrV	Konzernabschlussbefreiungsverordnung
KSt	Körperschaftsteuer

M

MicroBilG	Kleinstkapitalgesellschaften-Bilanzrechtsänderungsgesetz
Mio	Millionen
MüKoHGB	Münchner Kommentar zum Handelsgesetzbuch

K

KWG	Kreditwesengesetz

L

L. P.	Limited Partnership (beschränkte Partnerschaft, angelsächsische Rechtsform, vergleichbar mit KG)

M

m. w. N.	mit weiteren Nachweisen

N

n. F.	neue Fassung
Nr.	Nummer
NWB	Neue Wirtschaftsbriefe

O

o. g.	oben genannte
OTC	Over the counter (außerbörslicher Handel)

P

p. a.	per annum

R

RechKredV	Verordnung über die Rechnungslegung von Kreditinstituten (Kreditinstituts-Rechnungslegungsverordnung)
Ref-E	Referentenentwurf
Reg-E	Regierungsentwurf
RH	Rechnungslegungshinweis
RS	Rechnungslegungsstandard des IDW
RWZ	Recht & Rechnungswesen (Zeitschrift, Österreich)

S

S	IDW Standard
S.	Seite
S. á. r. l.	Société à responsabilité limitée (Rechtsform der haftungsbeschränkten Gesellschaft in Frankreich)

Abkürzungen

SE	Societas Europaea (Europäische Gesellschaft)
SICAV-FIS	Sociétés d'Investissement à Capital Variable - Fonds d'Investissement Spécialisés (Spezialinvestmentfonds nach Luxemburger Spezialfondgesetz)
s. o.	siehe oben
SoFFin	Sonderfonds Finanzmarktstabilisierung
SolZ	Solidaritätszuschlag
SPE	Special Purpose Entity (Zweckgesellschaft)
StuB	Steuern und Bilanzen (Zeitschrift)

T

TEUR	Tausend Euro

U

u. a.	unter anderem
UBGG	Gesetz über Unternehmensbeteiligungsgesellschaften
UGB	Unternehmensgesetzbuch (Österreich)
UKV	Umsatzkostenverfahren
US-GAAP	United States Generally Accepted Accounting Principles
usw.	und so weiter

V

VAG	Versicherungsaufsichtsgesetz
vgl.	vergleiche

W

WPg	Die Wirtschaftsprüfung (Zeitschrift)
WpHG	Wertpapierhandelsgesetz
WPK	Wirtschaftsprüferkammer

Z

z. B.	zum Beispiel
ZKA	Zentraler Kreditausschuss
zzgl.	zuzüglich

1. Bedeutung des Anhangs und Herausforderungen bei seiner Erstellung

In der jüngeren Vergangenheit wurde mit dem Bilanzrechtsmodernisierungsgesetz[1] (BilMoG) eine Vielzahl handelsrechtlicher Rechnungslegungsvorschriften im HGB und EGHGB durch Streichungen, inhaltliche Anpassungen oder neue Einfügungen geändert.[2] Aufgrund beabsichtigter Stärkung der Informationsfunktion des Jahresabschlusses wurden damit auch die für den Anhang normierten Informationsanforderungen deutlich ausgeweitet und größenabhängige Erleichterungen neu kodifiziert.

Kaum sind diese Neuerungen in der Anwendungspraxis etwas gefestigt, rückt schon das nächste Bilanzrechtsänderungsgesetz erneut den Anhang in den Fokus. Das erst kürzlich verabschiedete Bilanzrichtlinie-Umsetzungsgesetz (BilRUG)[3] führt hierzu neben redaktionellen, auch strukturelle Änderungen, zusätzliche Anforderungen, eine Verschiebung zwischen Lagebericht und Anhang sowie eine Neudefinition der größenabhängigen Erleichterungen für die Informationspflichten im Anhang ein. Wie zuvor beim BilMoG sind auch diese Neuerungen zum Teil stark konkretisierungsbedürftig.

Der Anhang vermittelt als ein zentraler Teil des Jahresabschlusses von Kapitalgesellschaften fundamental wichtige Finanzinformationen. Die Anhanginformationen sind unerlässlich zum Verständnis des Zahlenwerks in Bilanz und Gewinn- und Verlustrechnung und damit zum Verständnis der wirtschaftlichen Lage des jeweils bilanzierenden Unternehmens. Dazu enthält der Anhang u. a. übergeordnete Angaben wie die Beschreibung der angewendeten Bilanzierungs- und Bewertungsmethoden oder zur Auswirkung dabei praktizierter Änderungen. Er enthält auch erläuternde Angaben zu einzelnen Posten, etwa zu den Quellen der Umsatzerlöse, zum Inhalt sonstiger betrieblicher Aufwendungen und Erträge, zu periodenfremden und außergewöhnlichen, also regelmäßig nicht nachhaltigen, Aufwendungen und Erträgen sowie zu außerplanmäßigen und damit durch besondere Umstände bedingten Abschreibungen. Anhand dieser Informationen lässt sich z. B. die Ertragslage analysieren und die Nachhaltigkeit betrieblicher Ergebnisse einschätzen. Des Weiteren enthält der Anhang ergänzende Angaben über Bilanz und Gewinn- und Verlustrechnung hinaus, die z. B. das Bild über die Finanz- und Vermögenslage vervollständigen. Dazu zählen z. B. Angaben zur Fälligkeitsstruktur von Forderungen und Verbindlichkeiten, zu stillen Lasten bei Finanzanlagen und derivativen Finanzinstrumenten, zu Verwertungsbeschränkungen bei Investmentvermögen, zu nicht in Bilanz- und Gewinn- und Verlustrechnung abgebildeten Geschäften und Verpflichtungen, zu Geschäften mit nahestehenden Unternehmen und Personen, zu ausschüttungsgesperrten Beträgen usw.

---

[1] Vgl. Gesetz zur Modernisierung des Bilanzrechts (Bilanzrechtsmodernisierungsgesetz – BilMoG), BGBl. 2009, Teil I Nr. 27, ausgegeben am 28.5.2009, S. 1102-1137. Sofern die angegebenen Quellen auch im Internet abrufbar sind, werden die jeweiligen Adressen im Literaturverzeichnis angegeben.

[2] Vgl. dazu ausführlich Philipps, H., Rechnungslegung nach BilMoG, Wiesbaden 2010 sowie Gelhausen, H./Fey, G./Kämpfer, G., Rechnungslegung und Prüfung nach dem Bilanzrechtsmodernisierungsgesetz, Düsseldorf 2009 und Kessler, H./Leinen, M./Strickmann, M., Handbuch BilMoG, 2. Aufl., Freiburg 2010.

[3] Vgl. Gesetz zur Umsetzung der Richtlinie 2013/34/EU des Europäischen Parlaments und des Rates vom 26.6.2013 über den Jahresabschluss, den konsolidierten Abschluss und damit verbundene Berichte von Unternehmen bestimmter Rechtsformen und zur Änderung der Richtlinie 2006/43/EG des Europäischen Parlaments und des Rates und zur Aufhebung der Richtlinien 78/660/EWG und 83/349/EWG des Rates (Bilanzrichtlinie-Umsetzungsgesetz – BilRUG), BGBl. 2015, Teil I Nr. 30, ausgegeben am 22.7.2015, S. 1245-1268.

1. Bedeutung des Anhangs und Herausforderungen bei seiner Erstellung

Infolge der vorstehend angedeuteten, hohen Informationsdichte ist die Erstellung des Anhangs inhaltlich und organisatorisch mit enormen Herausforderungen verbunden. Ihre Bewältigung erfordert die Implementierung eines unternehmensweit eingerichteten Prozesses. Dies wird in der Unternehmenspraxis oft unterschätzt und vernachlässigt. Dementsprechend zeigt sich z. B. im Verlauf einer Abschlussprüfung häufig, aber zum Teil auch noch in publizierten Abschlüssen, dass einzelne Anhangangaben gänzlich fehlen, inhaltlich unvollständig sind oder Informationen vermitteln, die nicht dem Verständnis des Gesetzgebers entsprechen respektive bloß inhaltsleere Floskeln darstellen.[4] Solche Mängel werden regelmäßig auch von der sogenannten Deutschen Prüfstelle für Rechnungslegung (DPR; § 342b HGB) festgestellt, deren Aufgabe ein „Enforcement" ordnungsmäßiger Rechnungslegung primär bei Kapitalmarktunternehmen ist. Die Ursachen für solche Mängel können vielschichtig sein. Wichtige Aspekte dabei sind etwa fehlende Informationen bei denjenigen Personen, die den Anhang erstellen, über im Anhang zu erfassende Sachverhalte, die mangelnde Unterstützung der den Anhang erstellenden Personen im Unternehmen, die unvollständige Ermittlung oder gar Unmöglichkeit zur Ermittlung notwendiger Informationen im Unternehmen, eine zurückhaltende Informationspolitik vieler Unternehmen sowie das unterschätzen des inhaltlichen und zeitlichen Aufwands für die Anhangerstellung. Ein weiterer wichtiger Aspekt ist häufig aber auch die mangelnde Kenntnis vieler Unternehmen über die Informationspflichten im Anhang und deren Konkretisierung durch den Gesetzgeber.

Bilanzierende Unternehmen müssen hierzu vor allem Folgendes wissen:

- welche Anhangvorschriften für sie maßgebend sind,
- welche Informationsanforderungen diese Anhangvorschriften mit sich bringen,
- ob und wenn ja, welche größenabhängigen Erleichterungen die Anhangvorschriften vorsehen,
- welche Informationen dann genau im Anhang zu geben sind,
- durch welche beispielhaften Formulierungen diese Informationen in den Anhang aufgenommen werden können und
- welche Offenlegungserleichterungen sie in Bezug auf den Anhang in Anspruch nehmen können.

Das vorliegende Werk bereitet alle diese Aspekte umfassend und praxisgerecht auf, konzentriert auf die für den Anhang der GmbH – als zahlenmäßig stärkste Gruppe der Kapitalgesellschaften in Deutschland – sowie GmbH & Co. KG geltenden Informationsanforderungen.[5]

Dazu wird zunächst eine kurze Übersicht über die zu beachtenden Anhangvorschriften einschließlich größenabhängiger und sonstiger Erleichterungen gegeben (Abschnitt 2). Anschließend folgen dazu zahlreiche Erläuterungen, Praxisbeispiele, Formulierungs- und Gestaltungshilfen (Abschnitte 3, 4 und 5) sowie Checklisten für die Anhangerstellung bei der kleinen, mittel-

---

[4] Vgl. dazu auch die Auswertung modifizierter Bestätigungsvermerke bei Philipps, H., Häufige Mängel in der Rechnungslegungspraxis von Nichtkapitalmarktunternehmen, in: BBK 2017, S. 382 f. (dort speziell mit Blick auf Mängel im Anhang).

[5] Zur Veranschaulichung der für die GmbH sowie GmbH & Co. KG im Anhang geltenden Informationsanforderungen werden in diesem Werk zahlreiche Angabebeispiele aus der Bilanzierungspraxis präsentiert. Diese Beispiele stammen häufig aus Jahresabschlüssen von AG. Für die AG sind die von der GmbH sowie GmbH & Co. KG gemäß HGB und EGHGB zu beachtenden Informationsanforderungen in gleicher Weise bestimmt. Ihre Jahresabschlüsse liegen indes zeitlich regelmäßig früher vor und sind auch bei allgemeinen Recherchen, z. B. im Internet, regelmäßig leichter auffindbar.

großen und großen GmbH bzw. der GmbH & Co. KG (Abschnitt 6); „eilige" bzw. selektiv interessierte Leserinnen und Leser finden ergänzend zum Inhaltsverzeichnis in der **Anlage** am Ende dieses Buches eine entsprechend der Checklisten gegliederte **Übersicht** dazu, welche Vorschrift in welchem Abschnitt erläutert wird.

Musteranhänge für eine kleine, eine mittelgroße und eine große, „produktive" GmbH (einschließlich zusätzlicher Angaben für die GmbH & Co. KG nachrichtlich) (Abschnitt 7), Hinweise zu möglichen Rechtsfolgen bei Mängeln im Anhang und zur Wesentlichkeit von Anhangangaben (Abschnitt 8) sowie Hinweise zu Erleichterungen bei der Offenlegung des Anhangs (Abschnitt 9) runden die Behandlung der Thematik ab.

Damit bietet das Werk bilanzierenden Unternehmen in den Rechtsformen der GmbH und der GmbH & Co. KG sowie ihren Beratern vielfältige Anregungen und Arbeitshilfen für die anforderungsgerechte Erstellung ihres Anhangs.

2. Für die GmbH sowie GmbH & Co. KG geltende Anhangangabepflichten im Überblick

2.1 Übersicht über die für GmbH geltenden Anhangvorschriften (einschließlich Wortlaut)

Vorschriften, die GmbH für den Inhalt des Anhangs zu beachten haben, sind in verschiedenen Gesetzen und dort an unterschiedlichen Stellen kodifiziert. Ohne Berücksichtigung branchenbezogener Besonderheiten, z. B. gemäß RechKredV,[6] sind dafür das HGB, das EGHGB und das GmbHG die maßgeblichen Quellen. Sie werden daraus im Folgenden in der Reihenfolge ihrer gesetzlichen Nennung im Überblick aufgeführt. Davon werden diejenigen Vorschriften, die erst in jüngerer Vergangenheit vornehmlich durch das BilRUG eingeführt oder inhaltlich geändert wurden, in Abschnitt 2.3 in Kurzform gesondert charakterisiert.

Im Folgenden werden diejenigen **Vorschriften des HGB** ausgeführt, die von GmbH bei der Erstellung des Anhangs im **Jahresabschluss für nach dem 31. 12. 2016 beginnende Geschäftsjahre** zu beachten sind. Teilweise räumen diese Vorschriften Wahlrechte ein, die geforderten Angaben statt in den Anhang in die Bilanz bzw. in die Gewinn- und Verlustrechnung aufzunehmen:

§ 253 Zugangs- und Folgebewertung	
(6)	Im Falle von Rückstellungen für Altersversorgungsverpflichtungen ist der Unterschiedsbetrag zwischen dem Ansatz der Rückstellungen nach Maßgabe des entsprechenden durchschnittlichen Marktzinssatzes aus den vergangenen zehn Geschäftsjahren und dem Ansatz der Rückstellungen nach Maßgabe des entsprechenden durchschnittlichen Marktzinssatzes aus den vergangenen sieben Geschäftsjahren in jedem Geschäftsjahr zu ermitteln. Gewinne dürfen nur ausgeschüttet werden, wenn die nach der Ausschüttung verbleibenden frei verfügbaren Rücklagen zuzüglich eines Gewinnvortrags und abzüglich eines Verlustvortrags mindestens dem Unterschiedsbetrag nach Satz 1 entsprechen. Der Unterschiedsbetrag nach Satz 1 ist in jedem Geschäftsjahr im Anhang oder unter der Bilanz darzustellen.
§ 264 Pflicht zur Aufstellung, Befreiung	
(1a)	In dem Jahresabschluss sind die Firma, der Sitz, das Registergericht und die Nummer, unter der die Gesellschaft in das Handelsregister eingetragen ist, anzugeben. Befindet sich die Gesellschaft in Liquidation oder Abwicklung, ist auch diese Tatsache anzugeben.

---

6 Vgl. Verordnung über die Rechnungslegung der Kreditinstitute und Finanzdienstleistungsinstitute (Kreditinstituts-Rechnungslegungsverordnung; RechKredV), abrufbar u. a. unter http://www.gesetze-im-internet.de/rechkredv/. Zu Änderungen in der RechKredV durch das BilMoG vgl. z. B. Philipps, H., Rechnungslegung nach BilMoG – Kurzkommentar zum Jahresabschluss und Lagebericht nach neuem Bilanzrecht, S. 343-351.

(2) Der Jahresabschluss der Kapitalgesellschaft hat unter Beachtung der Grundsätze ordnungsmäßiger Buchführung ein den tatsächlichen Verhältnissen entsprechendes Bild der Vermögens-, Finanz- und Ertragslage der Kapitalgesellschaft zu vermitteln. Führen besondere Umstände dazu, dass der Jahresabschluss ein den tatsächlichen Verhältnissen entsprechendes Bild im Sinne des Satzes 1 nicht vermittelt, so sind im Anhang zusätzliche Angaben zu machen ...

§ 265 Allgemeine Grundsätze für die Gliederung

(1) Die Form der Darstellung, insbesondere die Gliederung der aufeinanderfolgenden Bilanzen und Gewinn- und Verlustrechnungen, ist beizubehalten, soweit nicht in Ausnahmefällen wegen besonderer Umstände Abweichungen erforderlich sind. Die Abweichungen sind im Anhang anzugeben und zu begründen.

(2) In der Bilanz sowie in der Gewinn- und Verlustrechnung ist zu jedem Posten der entsprechende Betrag des vorhergehenden Geschäftsjahrs anzugeben. Sind die Beträge nicht vergleichbar, so ist dies im Anhang anzugeben und zu erläutern. Wird der Vorjahresbetrag angepasst, so ist auch dies im Anhang anzugeben und zu erläutern.

(3) Fällt ein Vermögensgegenstand oder eine Schuld unter mehrere Posten der Bilanz, so ist die Mitzugehörigkeit zu anderen Posten bei dem Posten, unter dem der Ausweis erfolgt ist, zu vermerken oder im Anhang anzugeben, wenn dies zur Aufstellung eines klaren und übersichtlichen Jahresabschlusses erforderlich ist.

(4) Sind mehrere Geschäftszweige vorhanden und bedingt dies die Gliederung des Jahresabschlusses nach verschiedenen Gliederungsvorschriften, so ist der Jahresabschluss nach der für einen Geschäftszweig vorgeschriebenen Gliederung aufzustellen und nach der für die anderen Geschäftszweige vorgeschriebenen Gliederung zu ergänzen. Die Ergänzung ist im Anhang anzugeben und zu begründen.

...

(7) Die mit arabischen Zahlen versehenen Posten der Bilanz und der Gewinn- und Verlustrechnung können, wenn nicht besondere Formblätter vorgeschrieben sind, zusammengefasst ausgewiesen werden, wenn

1. sie einen Betrag enthalten, der für die Vermittlung eines den tatsächlichen Verhältnissen entsprechenden Bildes im Sinne des § 264 Abs. 2 nicht erheblich ist, oder

2. dadurch die Klarheit der Darstellung vergrößert wird; in diesem Falle müssen die zusammengefassten Posten jedoch im Anhang gesondert ausgewiesen werden.

...

§ 268 Vorschriften zu einzelnen Posten der Bilanz, Bilanzvermerke

(1) Die Bilanz darf auch unter Berücksichtigung der vollständigen oder teilweisen Verwendung des Jahresergebnisses aufgestellt werden. Wird die Bilanz unter Berücksichtigung der teilweisen Verwendung des Jahresergebnisses aufgestellt, so tritt an die Stelle der Posten „Jahresüberschuss/Jahresfehlbetrag" und „Gewinnvortrag/Verlustvortrag" der Posten „Bilanzgewinn/Bilanzverlust"; ein vorhandener Gewinn- oder Verlustvortrag ist in den Posten „Bilanzgewinn/Bilanzverlust" einzubeziehen und in der Bilanz anzugeben. Die Angabe kann auch im Anhang gemacht werden.

(2) (aufgehoben)

...

(4) Der Betrag der Forderungen mit einer Restlaufzeit von mehr als einem Jahr ist bei jedem gesondert ausgewiesenen Posten zu vermerken. Werden unter dem Posten „sonstige Vermögensgegenstände" Beträge für Vermögensgegenstände ausgewiesen, die erst nach dem Abschlussstichtag rechtlich entstehen, so müssen Beträge, die einen größeren Umfang haben, im Anhang erläutert werden.

(5) Der Betrag der Verbindlichkeiten mit einer Restlaufzeit bis zu einem Jahr und der Betrag der Verbindlichkeiten mit einer Restlaufzeit von mehr als einem Jahr sind bei jedem gesondert ausgewiesenen Posten zu vermerken. Erhaltene Anzahlungen auf Bestellungen sind, soweit Anzahlungen auf Vorräte nicht von dem Posten „Vorräte" offen abgesetzt werden, unter den Verbindlichkeiten gesondert auszuweisen. Sind unter dem Posten „Verbindlichkeiten" Beträge für Verbindlichkeiten ausgewiesen, die erst nach dem Abschlussstichtag rechtlich entstehen, so müssen Beträge, die einen größeren Umfang haben, im Anhang erläutert werden.

(6) Ein nach § 250 Abs. 3 in den Rechnungsabgrenzungsposten auf der Aktivseite aufgenommener Unterschiedsbetrag ist in der Bilanz gesondert auszuweisen oder im Anhang anzugeben

(7) Für die in § 251 bezeichneten Haftungsverhältnisse sind
  1. die Angaben zu nicht auf der Passivseite auszuweisenden Verbindlichkeiten und Haftungsverhältnissen im Anhang zu machen;
  2. dabei die Haftungsverhältnisse jeweils gesondert unter Angabe der gewährten Pfandrechte und sonstigen Sicherheiten anzugeben und
  3. dabei Verpflichtungen betreffend Altersversorgung und Verpflichtungen gegenüber verbundenen oder assoziierten Unternehmen jeweils gesondert zu vermerken.

...

§ 277 Vorschriften zu einzelnen Posten der Gewinn- und Verlustrechnung

...

(3) Außerplanmäßige Abschreibungen nach § 253 Abs. 3 Satz 5 und 6 sind jeweils gesondert auszuweisen oder im Anhang anzugeben. Erträge und Aufwendungen aus Verlustübernahme und auf Grund einer Gewinngemeinschaft, eines Gewinnabführungs- oder eines Teilgewinnabführungsvertrags erhaltene oder abgeführte Gewinne sind jeweils gesondert unter entsprechender Bezeichnung auszuweisen.

(4) (aufgehoben)

...

§ 284 Erläuterung der Bilanz und der Gewinn- und Verlustrechnung

(1) In den Anhang sind diejenigen Angaben aufzunehmen, die zu den einzelnen Posten der Bilanz oder der Gewinn- und Verlustrechnung vorgeschrieben sind; sie sind in der Reihenfolge der einzelnen Posten der Bilanz und der Gewinn- und Verlustrechnung darzustellen. Im Anhang sind auch die Angaben zu machen, die in Ausübung eines Wahlrechts nicht in die Bilanz oder in die Gewinn- und Verlustrechnung aufgenommen wurden.

(2) Im Anhang müssen
1. die auf die Posten der Bilanz und der Gewinn- und Verlustrechnung angewandten Bilanzierungs- und Bewertungsmethoden angegeben werden;
2. Abweichungen von Bilanzierungs- und Bewertungsmethoden angegeben und begründet werden; deren Einfluss auf die Vermögens-, Finanz- und Ertragslage ist gesondert darzustellen;
3. bei Anwendung einer Bewertungsmethode nach § 240 Abs. 4, § 256 Satz 1 die Unterschiedsbeträge pauschal für die jeweilige Gruppe ausgewiesen werden, wenn die Bewertung im Vergleich zu einer Bewertung auf der Grundlage des letzten vor dem Abschlussstichtag bekannten Börsenkurses oder Marktpreises einen erheblichen Unterschied aufweist;
4. Angaben über die Einbeziehung von Zinsen für Fremdkapital in die Herstellungskosten gemacht werden.

(3) Im Anhang ist die Entwicklung der einzelnen Posten des Anlagevermögens in einer gesonderten Aufgliederung darzustellen. Dabei sind, ausgehend von den gesamten Anschaffungs- und Herstellungskosten, die Zugänge, Abgänge, Umbuchungen und Zuschreibungen des Geschäftsjahrs sowie die Abschreibungen gesondert aufzuführen. Zu den Abschreibungen sind gesondert folgende Angaben zu machen:
1. die Abschreibungen in ihrer gesamten Höhe zu Beginn und Ende des Geschäftsjahrs,
2. die im Laufe des Geschäftsjahrs vorgenommenen Abschreibungen und
3. Änderungen in den Abschreibungen in ihrer gesamten Höhe im Zusammenhang mit Zu- und Abgängen sowie Umbuchungen im Laufe des Geschäftsjahrs.

Sind in die Herstellungskosten Zinsen für Fremdkapital einbezogen worden, ist für jeden Posten des Anlagevermögens anzugeben, welcher Betrag an Zinsen im Geschäftsjahr aktiviert worden ist.

§ 285 Sonstige Pflichtangaben

Ferner sind im Anhang anzugeben:

1. zu den in der Bilanz ausgewiesenen Verbindlichkeiten
    a) der Gesamtbetrag der Verbindlichkeiten mit einer Restlaufzeit von mehr als fünf Jahren,
    b) der Gesamtbetrag der Verbindlichkeiten, die durch Pfandrechte oder ähnliche Rechte gesichert sind, unter Angabe von Art und Form der Sicherheiten;
2. die Aufgliederung der in Nr. 1 verlangten Angaben für jeden Posten der Verbindlichkeiten nach dem vorgeschriebenen Gliederungsschema;
3. Art und Zweck sowie Risiken, Vorteile und finanzielle Auswirkungen von nicht in der Bilanz enthaltenen Geschäften, soweit die Risiken und Vorteile wesentlich sind und die Offenlegung für die Beurteilung der Finanzlage des Unternehmens erforderlich ist;
3a. der Gesamtbetrag der sonstigen finanziellen Verpflichtungen, die nicht in der Bilanz enthalten sind und die nicht nach § 268 Absatz 7 oder Nummer 3 anzugeben sind, sofern diese Angabe für die Beurteilung der Finanzlage von Bedeutung ist; davon sind Verpflichtungen betreffend die Altersversorgung und Verpflichtungen gegenüber verbundenen oder assoziierten Unternehmen jeweils gesondert anzugeben;
4. die Aufgliederung der Umsatzerlöse nach Tätigkeitsbereichen sowie nach geographisch bestimmten Märkten, soweit sich, unter Berücksichtigung der Organisation des Verkaufs, der Vermietung oder Verpachtung von Produkten und der Erbringung von Dienstleistungen der Kapitalgesellschaft die Tätigkeitsbereiche und geographisch bestimmten Märkte untereinander erheblich unterscheiden;
5. (aufgehoben);
6. (aufgehoben);
7. die durchschnittliche Zahl der während des Geschäftsjahrs beschäftigten Arbeitnehmer getrennt nach Gruppen;
8. bei Anwendung des Umsatzkostenverfahrens (§ 275 Abs. 3)
    a) der Materialaufwand des Geschäftsjahrs, gegliedert nach § 275 Abs. 2 Nr. 5,
    b) der Personalaufwand des Geschäftsjahrs, gegliedert nach § 275 Abs. 2 Nr. 6;
9. für die Mitglieder des Geschäftsführungsorgans, eines Aufsichtsrats, eines Beirats oder einer ähnlichen Einrichtung jeweils für jede Personengruppe

> a) die für die Tätigkeit im Geschäftsjahr gewährten Gesamtbezüge (Gehälter, Gewinnbeteiligungen, Bezugsrechte und sonstige aktienbasierte Vergütungen, Aufwandsentschädigungen, Versicherungsentgelte, Provisionen und Nebenleistungen jeder Art). In die Gesamtbezüge sind auch Bezüge einzurechnen, die nicht ausgezahlt, sondern in Ansprüche anderer Art umgewandelt oder zur Erhöhung anderer Ansprüche verwendet werden. Außer den Bezügen für das Geschäftsjahr sind die weiteren Bezüge anzugeben, die im Geschäftsjahr gewährt, bisher aber in keinem Jahresabschluss angegeben worden sind. Bezugsrechte und sonstige aktienbasierte Vergütungen sind mit ihrer Anzahl und dem beizulegenden Zeitwert zum Zeitpunkt ihrer Gewährung anzugeben; spätere Wertveränderungen, die auf einer Änderung der Ausübungsbedingungen beruhen, sind zu berücksichtigen. Bei einer börsennotierten Aktiengesellschaft sind zusätzlich ...
>
> b) die Gesamtbezüge (Abfindungen, Ruhegehälter, Hinterbliebenenbezüge und Leistungen verwandter Art) der früheren Mitglieder der bezeichneten Organe und ihrer Hinterbliebenen. Buchstabe a Satz 2 und 3 ist entsprechend anzuwenden. Ferner ist der Betrag der für diese Personengruppe gebildeten Rückstellungen für laufende Pensionen und Anwartschaften auf Pensionen und der Betrag der für diese Verpflichtungen nicht gebildeten Rückstellungen anzugeben;
>
> c) die gewährten Vorschüsse und Kredite unter Angabe der Zinssätze, der wesentlichen Bedingungen und der gegebenenfalls im Geschäftsjahr zurückgezahlten oder erlassenen Beträge sowie die zugunsten dieser Personen eingegangenen Haftungsverhältnisse;
>
> 10. alle Mitglieder des Geschäftsführungsorgans und eines Aufsichtsrats, auch wenn sie im Geschäftsjahr oder später ausgeschieden sind, mit dem Familiennamen und mindestens einem ausgeschriebenen Vornamen, einschließlich des ausgeübten Berufs und bei börsennotierten Gesellschaften auch der Mitgliedschaft in Aufsichtsräten und anderen Kontrollgremien im Sinne des § 125 Abs. 1 Satz 3 des Aktiengesetzes. Der Vorsitzende eines Aufsichtsrats, seine Stellvertreter und ein etwaiger Vorsitzender des Geschäftsführungsorgans sind als solche zu bezeichnen;
>
> 11. Name und Sitz anderer Unternehmen, die Höhe des Anteils am Kapital, das Eigenkapital und das Ergebnis des letzten Geschäftsjahrs dieser Unternehmen, für das ein Jahresabschluss vorliegt, soweit es sich um Beteiligungen im Sinne des § 271 Absatz 1 handelt oder ein solcher Anteil von einer Person für Rechnung der Kapitalgesellschaft gehalten wird;
>
> 11a. Name, Sitz und Rechtsform der Unternehmen, deren unbeschränkt haftender Gesellschafter die Kapitalgesellschaft ist;
>
> ...
>
> 12. Rückstellungen, die in der Bilanz unter dem Posten „sonstige Rückstellungen" nicht gesondert ausgewiesen werden, sind zu erläutern, wenn sie einen nicht unerheblichen Umfang haben;

13.	jeweils eine Erläuterung des Zeitraums, über den ein entgeltlich erworbener Geschäfts- oder Firmenwert abgeschrieben wird;
14.	Name und Sitz des Mutterunternehmens der Kapitalgesellschaft, das den Konzernabschluss für den größten Kreis von Unternehmen aufstellt, sowie der Ort, wo der von diesem Mutterunternehmen aufgestellte Konzernabschluss erhältlich ist;
14a.	Name und Sitz des Mutterunternehmens der Kapitalgesellschaft, das den Konzernabschluss für den kleinsten Kreis von Unternehmen aufstellt, sowie der Ort, wo der von diesem Mutterunternehmen aufgestellte Konzernabschluss erhältlich ist; …
15a.	das Bestehen von Genussscheinen, Genussrechten, Wandelschuldverschreibungen, Optionsscheinen, Optionen, Besserungsscheinen oder vergleichbaren Wertpapieren oder Rechten, unter Angabe der Anzahl und der Rechte, die sie verbriefen; …
17.	das von dem Abschlussprüfer für das Geschäftsjahr berechnete Gesamthonorar, aufgeschlüsselt in das Honorar für a) die Abschlussprüfung, b) andere Bestätigungsleistungen, c) Steuerberatungsleistungen, d) sonstige Leistungen; soweit die Angaben nicht in einem das Unternehmen einbeziehenden Konzernabschluss enthalten sind;
18.	für zu den Finanzanlagen (§ 266 Abs. 2 A. III.) gehörende Finanzinstrumente, die über ihrem beizulegenden Zeitwert ausgewiesen werden, da insoweit eine außerplanmäßige Abschreibung gemäß § 253 Abs. 3 Satz 6 unterblieben ist: a) der Buchwert und der beizulegende Zeitwert der einzelnen Vermögensgegenstände oder angemessener Gruppierungen sowie b) die Gründe für das Unterlassen der Abschreibung einschließlich der Anhaltspunkte, die darauf hindeuten, dass die Wertminderung voraussichtlich nicht von Dauer ist;
19.	für jede Kategorie nicht zum beizulegenden Zeitwert bilanzierter derivativer Finanzinstrumente a) deren Art und Umfang, b) deren beizulegender Zeitwert, soweit er sich nach § 255 Abs. 4 verlässlich ermitteln lässt, unter Angabe der angewandten Bewertungsmethode, c) deren Buchwert und der Bilanzposten, in welchem der Buchwert, soweit vorhanden, erfasst ist, sowie d) die Gründe dafür, warum der beizulegende Zeitwert nicht bestimmt werden kann;

20. für mit dem beizulegenden Zeitwert bewertete Finanzinstrumente

    a) die grundlegenden Annahmen, die der Bestimmung des beizulegenden Zeitwertes mit Hilfe allgemein anerkannter Bewertungsmethoden zugrunde gelegt wurden, sowie

    b) Umfang und Art jeder Kategorie derivativer Finanzinstrumente einschließlich der wesentlichen Bedingungen, welche die Höhe, den Zeitpunkt und die Sicherheit künftiger Zahlungsströme beeinflussen können;

21. zumindest die nicht zu marktüblichen Bedingungen zustande gekommenen Geschäfte, soweit sie wesentlich sind, mit nahestehenden Unternehmen und Personen, einschließlich Angaben zur Art der Beziehung, zum Wert der Geschäfte sowie weiterer Angaben, die für die Beurteilung der Finanzlage notwendig sind; ausgenommen sind Geschäfte mit und zwischen mittel- oder unmittelbar in 100%igem Anteilsbesitz stehenden in einen Konzernabschluss einbezogenen Unternehmen; Angaben über Geschäfte können nach Geschäftsarten zusammengefasst werden, sofern die getrennte Angabe für die Beurteilung der Auswirkungen auf die Finanzlage nicht notwendig ist;

22. im Fall der Aktivierung nach § 248 Abs. 2 der Gesamtbetrag der Forschungs- und Entwicklungskosten des Geschäftsjahres sowie der davon auf die selbst geschaffenen immateriellen Vermögensgegenstände des Anlagevermögens entfallende Betrag;

23. bei Anwendung des § 254,

    a) mit welchem Betrag jeweils Vermögensgegenstände, Schulden, schwebende Geschäfte und mit hoher Wahrscheinlichkeit vorgesehene Transaktionen zur Absicherung welcher Risiken in welche Arten von Bewertungseinheiten einbezogen sind sowie die Höhe der mit Bewertungseinheiten abgesicherten Risiken,

    b) für die jeweils abgesicherten Risiken, warum, in welchem Umfang und für welchen Zeitraum sich die gegenläufigen Wertänderungen oder Zahlungsströme künftig voraussichtlich ausgleichen einschließlich der Methode der Ermittlung,

    c) eine Erläuterung der mit hoher Wahrscheinlichkeit erwarteten Transaktionen, die in Bewertungseinheiten einbezogen wurden,

    soweit die Angaben nicht im Lagebericht gemacht werden;

24. zu den Rückstellungen für Pensionen und ähnliche Verpflichtungen das angewandte versicherungsmathematische Berechnungsverfahren sowie die grundlegenden Annahmen der Berechnung, wie Zinssatz, erwartete Lohn- und Gehaltssteigerungen und zugrunde gelegte Sterbetafeln;

25. im Fall der Verrechnung von Vermögensgegenständen und Schulden nach § 246 Abs. 2 Satz 2 die Anschaffungskosten und der beizulegende Zeitwert der verrechneten Vermögensgegenstände, der Erfüllungsbetrag der verrechneten Schulden sowie die verrechneten Aufwendungen und Erträge; Nr. 20 Buchstabe a ist entsprechend anzuwenden;

26.	zu Anteilen an Sondervermögen im Sinn des § 1 Abs. 10 des Kapitalanlagegesetzbuchs oder Anlageaktien an Investmentaktiengesellschaften mit veränderlichem Kapital im Sinn der §§ 108 bis 123 des Kapitalanlagegesetzbuchs oder vergleichbaren EU-Investmentvermögen oder vergleichbaren ausländischen Investmentvermögen von mehr als dem zehnten Teil, aufgegliedert nach Anlagezielen, deren Wert im Sinn der §§ 168, 278 des Kapitalanlagegesetzbuchs oder des § 36 des Investmentgesetzes in der bis zum 21. 7. 2013 geltenden Fassung oder vergleichbarer ausländischer Vorschriften über die Ermittlung des Marktwertes, die Differenz zum Buchwert und die für das Geschäftsjahr erfolgte Ausschüttung sowie Beschränkungen in der Möglichkeit der täglichen Rückgabe; darüber hinaus die Gründe dafür, dass eine Abschreibung gemäß § 253 Abs. 3 Satz 6 unterblieben ist, einschließlich der Anhaltspunkte, die darauf hindeuten, dass die Wertminderung voraussichtlich nicht von Dauer ist; Nr. 18 ist insoweit nicht anzuwenden;
27.	für nach § 268 Abs. 7 im Anhang ausgewiesene Verbindlichkeiten und Haftungsverhältnisse die Gründe der Einschätzung des Risikos der Inanspruchnahme;
28.	der Gesamtbetrag der Beträge im Sinn des § 268 Abs. 8, aufgegliedert in Beträge aus der Aktivierung selbst geschaffener immaterieller Vermögensgegenstände des Anlagevermögens, Beträge aus der Aktivierung latenter Steuern und aus der Aktivierung von Vermögensgegenständen zum beizulegenden Zeitwert;
29.	auf welchen Differenzen oder steuerlichen Verlustvorträgen die latenten Steuern beruhen und mit welchen Steuersätzen die Bewertung erfolgt ist.
30.	wenn latente Steuerschulden in der Bilanz angesetzt werden, die latenten Steuersalden am Ende des Geschäftsjahrs und die im Laufe des Geschäftsjahres erfolgten Änderungen dieser Salden;
31.	jeweils der Betrag und die Art der einzelnen Erträge und Aufwendungen von außergewöhnlicher Größenordnung oder außergewöhnlicher Bedeutung, soweit die Beträge nicht von untergeordneter Bedeutung sind;
32.	eine Erläuterung der einzelnen Erträge und Aufwendungen hinsichtlich ihres Betrags und ihrer Art, die einem anderen Geschäftsjahr zuzurechnen sind, soweit die Beträge nicht von untergeordneter Bedeutung sind;
33.	Vorgänge von besonderer Bedeutung, die nach dem Schluss des Geschäftsjahrs eingetreten und weder in der Gewinn- und Verlustrechnung noch in der Bilanz berücksichtigt sind, unter Angabe ihrer Art und ihrer finanziellen Auswirkungen;
34.	der Vorschlag für die Verwendung des Ergebnisses oder der Beschluss über seine Verwendung.
§ 291 Befreiende Wirkung von EU/EWR-Konzernabschlüssen	
(2)	Der Konzernabschluss und Konzernlagebericht eines Mutterunternehmens mit Sitz in einem Mitgliedstaat der Europäischen Union oder in einem anderen Vertragsstaat des Abkommens über den Europäischen Wirtschaftsraum haben befreiende Wirkung, wenn
...	

	4.	der Anhang des Jahresabschlusses des zu befreienden Unternehmens folgende Angaben enthält:
	a)	Name und Sitz des Mutterunternehmens, das den befreienden Konzernabschluss und Konzernlagebericht aufstellt,
	b)	einen Hinweis auf die Befreiung von der Verpflichtung, einen Konzernabschluss und einen Konzernlagebericht aufzustellen, und
	c)	eine Erläuterung der im befreienden Konzernabschluss vom deutschen Recht abweichend angewandten Bilanzierungs-, Bewertungs- und Konsolidierungsmethoden.

§ 292 Befreiende Wirkung von Konzernabschlüssen aus Drittstaaten	
(2)	Die befreiende Wirkung tritt nur ein, wenn der Anhang des Jahresabschlusses des zu befreienden Unternehmens die in § 291 Absatz 2 Satz 1 Nummer 4 genannten Angaben gemacht werden und zusätzlich angegeben wird, nach welchen der in Absatz 1 Nummer 1 genannten Vorgaben sowie gegebenenfalls nach dem Recht welchen Staates der befreiende Konzernabschluss und der befreiende Konzernlagebericht aufgestellt worden sind. Im Übrigen ist § 291 Absatz 2 Satz 2 und Absatz 3 entsprechend anzuwenden.

§ 341s Pflicht zur Erstellung des Zahlungsberichts; Befreiungen	
(2)	Ist die Kapitalgesellschaft in den von ihr oder einem anderen Unternehmen mit Sitz in einem Mitgliedstaat der Europäischen Union oder einem anderen Vertragsstaat des Abkommens über den Europäischen Wirtschaftsraum erstellten Konzernzahlungsbericht einbezogen, braucht sie keinen Zahlungsbericht zu erstellen. In diesem Fall hat die Kapitalgesellschaft im Anhang des Jahresabschlusses anzugeben, bei welchem Unternehmen sie in den Konzernzahlungsbericht einbezogen ist und wo dieser erhältlich ist.

§ 273 HGB a. F. (vor BilMoG) Sonderposten mit Rücklageanteil
aufgehoben; bisherige Fassung:
Der Sonderposten mit Rücklageanteil (§ 247 Abs. 3) darf nur insoweit gebildet werden, als das Steuerrecht die Anerkennung des Wertansatzes bei der steuerrechtlichen Gewinnermittlung davon abhängig macht, dass der Sonderposten in der Bilanz gebildet wird. Er ist auf der Passivseite vor den Rückstellungen auszuweisen; die Vorschriften, nach denen er gebildet worden ist, sind in der Bilanz oder im Anhang anzugeben.

§ 281 HGB a. F. (vor BilMoG) Berücksichtigung steuerrechtlicher Vorschriften	
aufgehoben; bisherige Fassung:	
(2)	*... Erträge aus der Auflösung des Sonderpostens mit Rücklageanteil sind in dem Posten „sonstige betriebliche Erträge" ... der Gewinn- und Verlustrechnung gesondert auszuweisen oder im Anhang anzugeben.*

Sonderposten mit Rücklageanteil waren aufgrund entsprechender Rechtsänderung durch das BilMoG für nach dem 31.12.2009 beginnende Geschäftsjahre nicht mehr neu passivierbar. Allerdings durften im Übergangszeitpunkt bereits passivierte Sonderposten mit Rücklageanteil beibehalten werden (§ 273 i. V. m. § 247 Abs. 3 HGB a. F. (vor BilMoG)). In einem solchen Fall galten und gelten die dafür zuvor bestehenden Angabepflichten im Anhang bis zur vollständigen

Abwicklung der Posten unverändert weiter (Art. 67 Abs. 3 Satz 1 EGHGB). Das betrifft auch die Angabe von Auflösungsbeträgen (§ 281 Abs. 2 Satz 2 HGB a. F. (vor BilMoG)).

Von GmbH bei der Erstellung des Anhangs im **Jahresabschluss für nach dem 31. 12. 2016 beginnende Geschäftsjahre** zu beachtende **Vorschriften des EGHGB** sind:

Art. 28	
(1)	Für eine laufende Pension oder eine Anwartschaft auf eine Pension auf Grund einer unmittelbaren Zusage braucht eine Rückstellung nach § 249 Abs. 1 Satz 1 des Handelsgesetzbuchs nicht gebildet zu werden, wenn der Pensionsberechtigte seinen Rechtsanspruch vor dem 1. 1. 1987 erworben hat oder sich ein vor diesem Zeitpunkt erworbener Rechtsanspruch nach dem 31. 12. 1986 erhöht. Für eine mittelbare Verpflichtung aus einer Zusage für eine laufende Pension oder eine Anwartschaft auf eine Pension sowie für eine ähnliche unmittelbare oder mittelbare Verpflichtung braucht eine Rückstellung in keinem Fall gebildet zu werden.
(2)	Bei Anwendung des Absatzes 1 müssen Kapitalgesellschaften die in der Bilanz nicht ausgewiesenen Rückstellungen für laufende Pensionen, Anwartschaften auf Pensionen und ähnliche Verpflichtungen jeweils im Anhang und im Konzernanhang in einem Betrag angeben.
Art. 67	
(1)	Soweit auf Grund der geänderten Bewertung der laufenden Pensionen oder Anwartschaften auf Pensionen eine Zuführung zu den Rückstellungen erforderlich ist, ist dieser Betrag bis spätestens zum 31. 12. 2024 in jedem Geschäftsjahr zu mindestens einem Fünfzehntel anzusammeln. Ist auf Grund der geänderten Bewertung von Verpflichtungen, die die Bildung einer Rückstellung erfordern, eine Auflösung der Rückstellungen erforderlich, dürfen diese beibehalten werden, soweit der aufzulösende Betrag bis spätestens zum 31. 12. 2024 wieder zugeführt werden müsste. Wird von dem Wahlrecht nach Satz 2 kein Gebrauch gemacht, sind die aus der Auflösung resultierenden Beträge unmittelbar in die Gewinnrücklagen einzustellen. Wird von dem Wahlrecht nach Satz 2 Gebrauch gemacht, ist der Betrag der Überdeckung jeweils im Anhang und im Konzernanhang anzugeben.
(2)	Bei Anwendung des Absatzes 1 müssen Kapitalgesellschaften, Kreditinstitute und Finanzdienstleistungsinstitute im Sinn des § 340 des Handelsgesetzbuchs, Versicherungsunternehmen und Pensionsfonds im Sinn des § 341 des Handelsgesetzbuchs, eingetragene Genossenschaften und Personenhandelsgesellschaften im Sinn des § 264a des Handelsgesetzbuchs die in der Bilanz nicht ausgewiesenen Rückstellungen für laufende Pensionen, Anwartschaften auf Pensionen und ähnliche Verpflichtungen jeweils im Anhang und im Konzernanhang angeben.

Die Vorschriften des Art. 67 Abs. 1 und 2 EGHGB wurden mit dem BilMoG normiert. Sie beziehen sich auf rein übergangsbedingte Aspekte und können in folgenden Fällen auch **weiterhin zu beachten** sein:

▶ Die Angaben nach Art. 67 Abs. 1 EGHGB beziehen sich auf eine Überdeckung bei Rückstellungen, die Angaben nach Art. 67 Abs. 2 EGHGB auf eine Unterdeckung bei Rückstellungen für Pensionen. Sie sind nicht einmaliger Natur, sondern jährlich über den gesamten Zeitraum in den Anhang aufzunehmen, über den die jeweiligen Sachverhalte verwirklicht werden.

▶ Ergänzend dazu wurde durch Art. 67 Abs. 7 bestimmt, dass Aufwendungen und Erträge aus der Anwendung der Übergangsvorschriften in Art. 66 und 67 Abs. 1 bis Abs. 5 EGHGB in der Gewinn- und Verlustrechnung unter den Posten „außerordentliche Aufwendungen" und „außerordentliche Erträge" gesondert anzugeben sind. Diese Posten konnten damit infolge der Umstellung auf die durch das BilMoG im Jahresabschluss geänderten Rechnungslegungsvorschriften über die Dauer der Anwendung der genannten Übergangsvorschriften systematisch belegt sein und waren dann gemäß § 277 Abs. 4 Satz 2 HGB a. F. (vor BilRUG) im Anhang zu erläutern. Infolge der Aufgabe des gesonderten Ausweises außerordentlicher Posten in der Gewinn- und Verlustrechnung wurde auch Art. 67 Abs. 7 EGHGB mit dem BilRUG aufgehoben. Außerordentliche Erträge und Aufwendungen sind aufgrund entsprechender Vorgabe in der geänderten Bilanzrichtlinie[7] als bilanzrechtliche Begriffe nicht mehr existent. Stattdessen sind außergewöhnliche Erträge und Aufwendungen nur noch im Anhang zu erläutern (§ 285 Nr. 31 HGB). Für die Behandlung der Aufwendungen und Erträge aus der Anwendung des Art. 67 Abs. 1 und Abs. 2 EGHGB ist infolge dessen mit Art. 75 Abs. 5 EGHGB eine neue Übergangsvorschrift eingeführt worden. Danach sind solche Aufwendungen bzw. Erträge als neuer Posten „Aufwendungen nach Artikel 67 Absatz 1 und 2 EGHGB" bzw. „Erträge nach Artikel 67 Absatz 1 und 2 EGHGB" innerhalb der sonstigen betrieblichen Aufwendungen bzw. Erträge gesondert auszuweisen.

Von GmbH bei der Erstellung des Anhangs im **Jahresabschluss für nach dem 31.12.2016 beginnende Geschäftsjahre** zu beachtende **Vorschriften des GmbHG** sind:

§ 29 Ergebnisverwendung	
(4)	Unbeschadet der Absätze 1 und 2 und abweichender Gewinnverteilungsabreden nach Absatz 3 Satz 2 können die Geschäftsführer mit Zustimmung des Aufsichtsrats oder der Gesellschafter den Eigenkapitalanteil von Wertaufholungen bei Vermögensgegenständen des Anlage- und Umlaufvermögens in andere Gewinnrücklagen einstellen. Der Betrag dieser Rücklagen ist in der Bilanz gesondert auszuweisen; er kann auch im Anhang angegeben werden.
§ 42 Bilanz	
(3)	Ausleihungen, Forderungen und Verbindlichkeiten gegenüber Gesellschaftern sind in der Regel als solche jeweils gesondert auszuweisen oder im Anhang anzugeben; werden sie unter anderen Posten ausgewiesen, so muss diese Eigenschaft vermerkt werden.

2.2 Übersicht über die ergänzend für GmbH & Co. KG geltenden Anhangvorschriften (einschließlich Wortlaut)

Bei der GmbH & Co. KG handelt es sich um eine Kommanditgesellschaft mit einer haftungsbeschränkten GmbH als formal voll haftendem Komplementär. Dabei kommt es in der Praxis regelmäßig vor, dass die GmbH alleiniger Komplementär der KG und gleichzeitig zur Vertretung und Geschäftsführung bestellt bzw. befugt ist. Mit dieser typischen Konstellation fällt die KG in den Anwendungsbereich des § 264a HGB; wenn im Folgenden die GmbH & Co. KG genannt wird, ist auch nur dieser Fall gemeint. Danach haben KG (und OHG) ohne mindestens einen unbe-

---

[7] Daraus resultierende Änderungen werden in Abschnitt 2.3.1 im Überblick vorgestellt.

2.2 Übersicht über die ergänzend für GmbH & Co. KG geltenden Anhangvorschriften

schränkt haftenden persönlichen Gesellschafter die Regelungen der §§ 264 bis 330 HGB zu beachten (§ 264a Abs. 1 HGB). GmbH & Co. KG, deren Haftung mit der Kapitalgesellschaft vergleichbar ist, werden somit bezüglich ihrer Rechnungslegung den Kapitalgesellschaften gleich gestellt. Folgende Abbildung verdeutlicht die genannten Zusammenhänge und Rechtsfolgen:

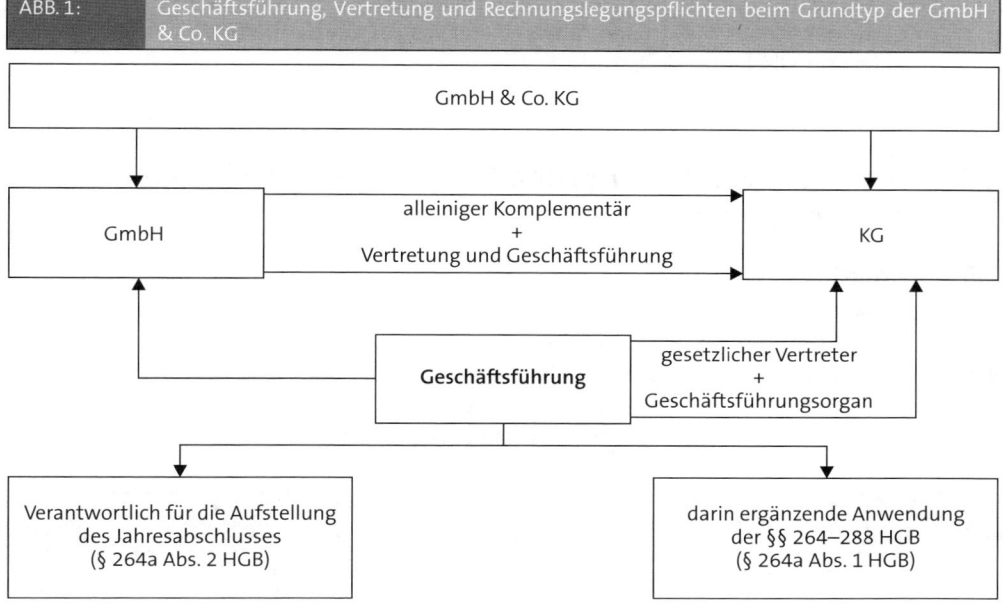

ABB. 1: Geschäftsführung, Vertretung und Rechnungslegungspflichten beim Grundtyp der GmbH & Co. KG

Maßgeblich für die Anwendung des § 264a HGB sind die Verhältnisse am jeweiligen Abschlussstichtag. Sie können abweichend vom skizzierten Grundtyp auch in komplexen Strukturen, z. B. bei Beteiligungsketten auftreten.[8]

Aufgrund der Regelung des § 264a Abs. 1 HGB sind **auch** bei der Aufstellung des Anhangs **bei der GmbH & Co. KG** die im vorherigen Abschnitt 2.1 für die GmbH genannten Anhangvorschriften des HGB und des EGHGB **anzuwenden**; die Anhangvorschriften des GmbHG gelten für die GmbH & Co. KG dagegen nicht. Ergänzend dazu hat die GmbH & Co. KG aber noch die Anhangangaben nach §§ 264c Abs. 1 und Abs. 2 Satz 9 sowie 285 Nr. 15 HGB zu beachten. Nachfolgend werden diese Vorschriften ebenfalls mit ihrem Wortlaut wiedergegeben:

§ 264c HGB Besondere Bestimmungen für OHG und KG im Sinne des § 264a
(1) Ausleihungen, Forderungen und Verbindlichkeiten gegenüber Gesellschaftern sind in der Regel als solche jeweils gesondert auszuweisen oder im Anhang anzugeben. Werden sie unter anderen Posten ausgewiesen, so muss diese Eigenschaft vermerkt werden.
(2) ...   Im Anhang ist der Betrag der im Handelsregister gemäß § 172 Abs. 1 eingetragenen Einlagen anzugeben, soweit diese nicht geleistet sind.

---

8 Vgl. dazu z. B. Adler, H./Düring, W./Schmaltz, K., 6. Aufl., § 264a HGB Rz. 19-46.

§ 285 HGB Sonstige Pflichtangaben
Ferner sind im Anhang anzugeben:
...
15. soweit es sich um den Anhang des Jahresabschlusses einer Personenhandelsgesellschaft im Sinne des § 264 a Abs. 1 handelt, Name und Sitz der Gesellschaften, die persönlich haftende Gesellschafter sind, sowie deren gezeichnetes Kapital;
...

2.3 Übersicht über die aufgrund BilRUG u. a. geänderten Anhangvorschriften

2.3.1 Inhaltlicher Überblick

Folgende Übersicht listet tabellarisch die erst in jüngerer Vergangenheit geänderten Anhangvorschriften, jeweils mit der Art ihrer Änderung. Die Änderungen ergaben sich durch das BilRUG, das Gesetz zur Umsetzung der Wohnimmobilienkreditrichtlinie und zur Änderung handelsrechtlicher Vorschriften[9] sowie das CSR-Richtlinie-Umsetzungsgesetz[10] im HGB und im EGHGB. Inhaltliche Eckpunkte dazu werden ebenfalls anschließend an diese Übersicht in Kurzform gesondert skizziert:

ABB: 2:	Tabellarische Übersicht über die durch BilRUG u. a. im HGB, EGHGB und GmbHG geänderten Anhangvorschriften
Vorschrift	**Art der Änderung**
Inhalt/Gestaltung des Anhangs	
§ 253 Abs. 6 HGB*	Einfügung
§ 264 Abs. 1 HGB	Verweisanpassung
§ 264 Abs. 1a HGB	Einfügung
§ 268 Abs. 1 HGB	Neuformulierung Wahlrecht
§ 268 Abs. 2 HGB a. F. (vor BilRUG)	Aufhebung (mit Verschiebung in § 284 Abs. 3 HGB)
§ 268 Abs. 5 HGB	Neufassung
§ 268 Abs. 7 HGB	Neufassung
§ 277 Abs. 3 HGB	Verweisanpassung
§ 277 Abs. 4 HGB a. F. (vor BilRUG)	Aufhebung
§ 284 Abs. 1 HGB	Neufassung
§ 284 Abs. 2 Nr. 2 HGB	Aufhebung

---

9 Vgl. Gesetz zur Umsetzung der Wohnimmobilienkreditrichtlinie und zur Änderung handelsrechtlicher Vorschriften, BGBl. I 2016, ausgegeben am 16. 3. 2016, S. 396-441.

10 Vgl. Gesetz zur Stärkung der nichtfinanziellen Berichterstattung der Unternehmen in ihren Lage- und Konzernlageberichten (CSR-Richtlinie-Umsetzungsgesetz), BGBl. I 2017, ausgegeben am 18. 4. 2017, S. 802-814.

2.3 Übersicht über die aufgrund BilRUG u. a. geänderten Anhangvorschriften

§ 284 Abs. 3 HGB	Einfügung (aus Verschiebung § 268 Abs. 2 HGB a. F. (vor BilRUG) und Neufassung)
§ 285 Nr. 3 HGB	Neufassung
§ 285 Nr. 3a HGB	Neufassung
§ 285 Nr. 4 HGB	Neufassung
§ 285 Nr. 6 HGB	Aufhebung
§ 285 Nr. 11 HGB	Neufassung
§ 285 Nr. 13 HGB	Neufassung
§ 285 Nr. 14 HGB	Neufassung
§ 285 Nr. 14a HGB	Einfügung (aus Verschiebung von Teilen des § 285 Nr. 14 HGB)
§ 285 Nr. 15a HGB	Einfügung
§ 285 Nr. 18 HGB	Verweisanpassung
§ 285 Nr. 20 HGB**	Neufassung
§ 285 Nr. 26 HGB	Verweisanpassung
§ 285 Nr. 27 HGB	Neufassung
§ 285 Nr. 30 HGB	Einfügung
§ 285 Nr. 31 HGB	Einfügung
§ 285 Nr. 32 HGB	Einfügung (aus Verschiebung von Teilen des § 277 Abs. 4 HGB a. F. (vor BilRUG))
§ 285 Nr. 33 HGB	Einfügung (aus Verschiebung § 289 Abs. 2 Nr. 1 HGB a. F. (vor BilRUG) und Neufassung)
§ 285 Nr. 34 HGB	Einfügung
§ 286 Abs. 2 und Abs. 3 HGB	Neufassung
§ 292 Abs. 2 HGB	Neufassung
§ 341s Abs. 2 Satz 2 HGB	Einfügung
§ 29 Abs. 4 GmbHG	Neuformulierung Wahlrecht
Erleichterung bei der Aufstellung des Anhangs	
§ 267a Abs. 3 HGB	Einfügung
§ 274a Nr. 1 HGB a. F. (vor BilRUG)	Aufhebung (mit Verschiebung in § 288 Abs. 1 HGB)
§ 276 Satz 2 HGB a. F. (vor BilRUG)	Aufhebung (mit Verschiebung in § 288 Abs. 1 HGB)
§ 288 HGB	Neufassung

* Einfügung durch das Gesetz zur Umsetzung der Wohnimmobilienkreditrichtlinie und zur Änderung handelsrechtlicher Vorschriften (mit pflichtmäßiger Geltung für nach dem 31. 12. 2015 endende Geschäftsjahre).

** Änderung durch das CSR-Richtlinie-Umsetzungsgesetz (mit Geltung für nach dem 31. 12. 2016 beginnende Geschäftsjahre).

Mit dem BilRUG wurden die Vorgaben der **neu gefassten EU-Bilanzrichtlinie** (im Folgenden: **Bilanzrichtlinie**[11]) umgesetzt. Daraus ergibt sich u. a.

▶ eine stärkere und teilweise neue Systematisierung der Jahresabschlussangaben,

▶ die Neufassung einzelner bilanzrechtlicher Begriffe,

▶ die Einführung bestimmter anderer neuer sowie die teilweise Neufassung bereits bestehender Informationspflichten im Anhang der bilanzierenden Unternehmen,

▶ die Einführung der Angabepflicht von Registerinformationen zur Identifikation des bilanzierenden Unternehmens im Jahresabschluss,

▶ eine Stärkung der Transparenz des Rohstoffsektors über Zahlungen an staatliche Stellen sowie

▶ eine Verringerung bürokratischer Belastungen für kleine Unternehmen und Harmonisierung der für sie geltenden Anhangangaben.

Die stärkere und teilweise neue Systematisierung der Jahresabschlussangaben brachte zu den Anhangangaben vor allem die folgenden Änderungen mit sich:

▶ Ausweis der Darstellung einer teilweisen **Ergebnisverwendung** pflichtgemäß in der Bilanz unter Beibehaltung des nun dazu mehr nachrangig gewährten Wahlrechts, die Angabe statt in die Bilanz in den Anhang aufzunehmen (§ 268 Abs. 1 HGB). Gleichzeitig Ergänzung dieser Bilanzierung durch Angabe des Vorschlags oder Beschlusses über die Ergebnisverwendung im Anhang. Dazu Einfügung der neuen Nr. 34 in § 285 HGB.

▶ Zuordnung der Angaben zur **Entwicklung des Anlagevermögens** ausschließlich in den Anhang. Damit verbunden Aufhebung der bisherigen §§ 268 Abs. 2 sowie 274a Nr. 1 HGB und Einfügung § 284 Abs. 3 HGB inhaltlich ergänzt um einen „Abschreibungsspiegel" und postenbezogene Angaben zu aktivierten Fremdkapitalzinsen.

▶ Explizite Angabe der **Restlaufzeit von Verbindlichkeiten** über ein Jahr (§ 268 Abs. 5 HGB).

▶ Zuordnung der Angaben über bestehende **Haftungsverhältnisse** ebenfalls ausschließlich in den Anhang mit inhaltlicher Ergänzung um darin eingeschlossene Verpflichtungen betreffend Altersversorgung und Verpflichtungen gegenüber verbundenen oder assoziierten Unternehmen (§§ 268 Abs. 7, 285 Nr. 27 HGB).

▶ Streichung des gesonderten Ausweises **außerordentlicher Erträge und Aufwendungen** in der GuV (dazu Aufhebung des bisherigen § 277 Abs. 4 HGB a. F. (vor BilRUG)) und Einfügung von Erläuterungen zu **außergewöhnlichen Erträgen und Aufwendungen** in § 285 Nr. 31 HGB. Infolge Streichung der außerordentlichen Erträge und Aufwendungen Aufhebung der bisherigen §§ 276 Satz 2 und 285 Nr. 6 HGB a. F. (vor BilRUG) sowie Art. 67 Abs. 7 EGHGB. Letztgenannte Vorschrift verlangte den Ausweis weiterhin bestehender Übergangseffekte aus Anwendung des BilMoG im Bereich der Rückstellungen unter den Posten des bisherigen außerordentlichen Ergebnisses. Diese Fälle sind nun nach der neu eingefügten Regelung in Art. 75 Abs. 5 EGHGB zu berücksichtigen.

---

11 Vgl. Richtlinie 2013/34/EU des Europäischen Parlaments und des Rats vom 26.6.2013 über den Jahresabschluss, den konsolidierten Abschluss und damit verbundene Berichte von Unternehmen bestimmter Rechtsformen und zur Änderung der Richtlinie 2006/43/EG des Europäischen Parlaments und des Rats und zur Aufhebung der Richtlinien 78/660/EWG und 83/349/EWG des Rats (Text von Bedeutung für den EWR), Amtsblatt Nr. L 182 vom 29.6.2013, S. 19-76, abrufbar unter http://eur-lex.europa.eu/LexUriServ/LexUriServ.do?uri=OJ:L:2013:182:0019:0076:DE:PDF.

- Verschiebung der Erläuterungen zu **periodenfremden Erträgen und Aufwendungen** aus dem bisherigen § 277 Abs. 4 Satz 3 HGB a. F. (vor BilRUG) in den neu eingefügten § 285 Nr. 32 HGB.
- Ordnung der die Posten der Bilanz- und der GuV erläuternden Angaben im Anhang entsprechend der **Postenreihenfolge** (§ 284 Abs. 1 HGB).
- Streichung der bisher in § 284 Abs. 2 Nr. 2 HGB im Anhang geforderten Angaben zu den Grundlagen der **Währungsumrechnung**; die Angabenorm wurde aufgrund der mit dem BilMoG eingefügten Währungsumrechnungsvorschrift § 256a i. V. m. den Angaben zu den angewendeten Bilanzierungs- und Bewertungsmethoden nach § 284 Abs. 2 Nr. 1 HGB entbehrlich.
- Aufspaltung der Angaben zur **Konzernabschlusserstellung der Mutterunternehmen** in § 285 HGB auf zwei gesonderte Vorschriften. Dazu Einfügung einer neuen Nr. 14a und inhaltliche Anpassung der bisherigen Nr. 14.
- Verlagerung der bisher im Lagebericht nach § 289 Abs. 2 Nr. 1 HGB geforderten Angaben zu **Vorgängen von besonderer Bedeutung nach dem Abschlussstichtag** in den Anhang; dazu Einfügung der neuen Nr. 33 in § 285 HGB.

Die Neufassung bilanzrechtlicher Begriffe sowie die neu gefassten oder eingefügten Vorschriften zogen weitere **inhaltliche Änderungen und Erweiterungen** nach sich, vor allem in der zentralen Anhangvorschrift **§ 285 HGB**. Betroffen waren hieraus die Angabepflichten nach Nr. 3a (**sonstige finanzielle Verpflichtungen**; Ergänzung um Angaben zu Altersversorgungsverpflichtungen und Angabe von Verpflichtungen gegenüber assoziierten Unternehmen), Nr. 4 (Aufgliederung der nun weiter als bisher definierten **Umsatzerlöse**), Nr. 11 HGB (Anteilsbesitz; Klarstellung der Beteiligungsvermutung als widerlegbar sowie Auslagerung der Angaben zum Anteilsbesitz börsennotierter Kapitalgesellschaften in die neu eingefügte Nr. 11b), Nr. 13 (Nutzungsdauer eines aktivierten **Geschäfts- oder Firmenwerts**), Nr. 15a (neue Angaben zu **Genussrechten** und ähnlichen Rechten auf Gewinnbezug entsprechend dem bisher nur für AG oder KGaA geltenden § 160 Abs. 1 Nr. 6 AktG) und Nr. 30 (neue quantitative Angaben zur Veränderung **latenter Steuerschulden**).

Zudem ergaben sich (soweit einschlägig) inhaltliche Änderungen im Anhang auch aus

- der neu geforderten Angabe von Informationen zur **Identifikation** des bilanzierenden Unternehmens (§ 264 Abs. 1a HGB),
- den ergänzten bzw. eingeschränkten **Schutzklauseln** nach § 286 Abs. 2 bzw. Abs. 3 HGB,
- den neu formulierten Anforderungen an die **befreiende Konzernrechnungslegung** eines Mutterunternehmens mit Sitz in einem **Drittstaat** (§ 292 HGB),
- der konzernbedingten Erleichterung bei Aufstellung des zur Erhöhung der Transparenz des Rohstoffsektors für große Unternehmen neu geforderten **Zahlungsberichts** (§ 341s HGB) sowie
- Ersetzung der Anhangangabepflicht zu bestimmten gesellschaftsrechtlichen Vorgängen bei **Rücklagen** (§ 29 Abs. 4 GmbHG) durch ein neues Angabewahlrecht entweder in der Bilanz oder im Anhang.

2. Für die GmbH sowie GmbH & Co. KG geltende Anhangangabepflichten im Überblick

Zwecks Entlastung bzw. Verringerung der bürokratischen Belastung vor allem kleiner Unternehmen wurden die **größenabhängigen Erleichterungen** nach § 288 HGB nicht nur in Bezug auf die durch das BilRUG vorgenommenen Angabeänderungen angepasst, sondern auch zu bisher bestehenden Angabepflichten neu gefasst. Gleichzeitig wurde der Anwendungsbereich der Verzichtsregelungen für die Aufstellung des Anhangs (§ 264 Abs. 1 Satz 5 HGB) für Investmentgesellschaften und bestimmte Beteiligungsgesellschaften nun über den neuen Abs. 3 in § 267a HGB unmittelbar im HGB eingeschränkt.

Zeitlich waren die zum BilRUG aufgeführten Änderungen in Gänze gemäß Art. 75 Abs. 1 Satz 1 EGHGB für **Geschäftsjahre** anzuwenden, die **nach dem 31. 12. 2015 beginnen**. Eine vorzeitig freiwillige Anwendung der durch das BilRUG geänderten Rechnungslegungsvorschriften war, anders als noch beim Übergang auf die durch das BilMoG geänderten Rechnungslegungsvorschriften, auch nicht insgesamt möglich. Gesonderte sachliche Übergangsregelungen sind zu den Angabeänderungen nicht normiert. Sie waren daher sämtlich **retrospektiv** anzuwenden.

Pflichtmäßig anzuwenden für **Geschäftsjahre**, die **nach dem 31. 12. 2015 enden**, ist auch die Neudiskontierung von Rückstellungen für Altersversorgungsverpflichtungen gemäß § 253 Abs. 2 HGB und die darauf bezogene Anhangangabe nach § 253 Abs. 6 HGB. Dazu hatte der Gesetzgeber in Art. 75 Abs. 7 EGHGB die vorzeitig freiwillige Anwendung für das Geschäftsjahr bzw. Rumpfgeschäftsjahr 2015 ermöglicht.

Dagegen ist die nun im Anwendungsbereich ausgeweitete Anhangangabe nach § 285 Nr. 20 HGB in der neuen Form pflichtmäßig für **Geschäftsjahre** anzuwenden, die **nach dem 31. 12. 2016 beginnen**.

2.3.2 Synoptische Darstellung der jüngst geänderten Anhangvorschriften

Anknüpfend an die vorgenannt skizzierten materiellen Änderungen durch das BilRUG u. a. werden aus der nachfolgenden synoptischen Gegenüberstellung der entsprechenden Anhangvorschriften die einzelnen Änderungen konkret ersichtlich; geänderte Anforderungen werden im Fettdruck hervorgehoben, Änderungen durch Aufhebungen, infolge geänderter Vorschriftenverweise, zur Verdeutlichung von Wahlrechten oder aufgrund neu aufgenommener Vorschriften werden hier außerhalb der „Kernänderungen" in den **§§ 253, 268, 284 und 285 HGB** zwecks besserer Übersichtlichkeit nicht mit aufgeführt:

2.3 Übersicht über die aufgrund BilRUG u. a. geänderten Anhangvorschriften

§ 253 Zugangs- und Folgebewertung	
HGB (i. d. F. vor BilRUG)	HGB (i. d. F. nach BilRUG u. a.)
(2) Rückstellungen mit einer Restlaufzeit von mehr als einem Jahr sind abzuzinsen mit dem ihrer Restlaufzeit entsprechenden durchschnittlichen Marktzinssatz, der sich im Falle von Rückstellungen für Altersversorgungsverpflichtungen aus den vergangenen zehn Geschäftsjahren und im Falle sonstiger Rückstellungen aus den vergangenen sieben Geschäftsjahren ergibt.... ...	(2) Rückstellungen mit einer Restlaufzeit von mehr als einem Jahr sind **abzuzinsen** mit dem ihrer Restlaufzeit entsprechenden durchschnittlichen Marktzinssatz, **der sich im Falle von Rückstellungen für Altersversorgungsverpflichtungen aus den vergangenen zehn Geschäftsjahren und im Falle sonstiger Rückstellungen aus den vergangenen sieben Geschäftsjahren ergibt**.... ... (6) Im Falle von Rückstellungen für Altersversorgungsverpflichtungen ist der Unterschiedsbetrag zwischen dem Ansatz der Rückstellungen nach Maßgabe des entsprechenden durchschnittlichen Marktzinssatzes aus den vergangenen zehn Geschäftsjahren und dem Ansatz der Rückstellungen nach Maßgabe des entsprechenden durchschnittlichen Marktzinssatzes aus den vergangenen sieben Geschäftsjahren in jedem Geschäftsjahr zu ermitteln. Gewinne dürfen nur ausgeschüttet werden, wenn die nach der Ausschüttung verbleibenden frei verfügbaren Rücklagen zuzüglich eines Gewinnvortrags und abzüglich eines Verlustvortrags mindestens dem Unterschiedsbetrag nach Satz 1 entsprechen. Der Unterschiedsbetrag nach Satz 1 ist in jedem Geschäftsjahr im <u>Anhang</u> oder unter der Bilanz darzustellen.

§ 268 Vorschriften zu einzelnen Posten der Bilanz, Bilanzvermerk	
HGB (i. d. F. vor BilRUG)	HGB (i. d. F. nach BilRUG)
(1) Die Bilanz darf auch unter Berücksichtigung der vollständigen oder teilweisen Verwendung des Jahresergebnisses aufgestellt werden. Wird die Bilanz unter Berücksichtigung der teilweisen Verwendung des Jahresergebnisses aufgestellt, so tritt an die Stelle der Posten „Jahresüberschuss/Jahresfehlbetrag" und „Gewinnvortrag/Verlustvortrag" der Posten „Bilanzgewinn/Bilanzverlust"; ein vorhandener Gewinn- oder Verlustvortrag ist in den Posten „Bilanzgewinn/Bilanzverlust" einzubeziehen und in der Bilanz oder im Anhang gesondert anzugeben.	(1) Die Bilanz darf auch unter Berücksichtigung der vollständigen oder teilweisen Verwendung des Jahresergebnisses aufgestellt werden. Wird die Bilanz unter Berücksichtigung der teilweisen Verwendung des Jahresergebnisses aufgestellt, so tritt an die Stelle der Posten „Jahresüberschuss/Jahresfehlbetrag" und „Gewinnvortrag/Verlustvortrag" der Posten „Bilanzgewinn/Bilanzverlust"; ein vorhandener Gewinn- oder Verlustvortrag ist in den Posten „Bilanzgewinn/Bilanzverlust" einzubeziehen **und in der Bilanz anzugeben. Die Angabe kann auch im Anhang gemacht werden.**
(2) In der Bilanz oder im Anhang ist die Entwicklung der einzelnen Posten des Anlagevermögens darzustellen. Dabei sind, ausgehend von den gesamten Anschaffungs- und Herstellungskosten, die Zugänge, Abgänge, Umbuchungen und Zuschreibungen des Geschäftsjahrs sowie die Abschreibungen in ihrer gesamten Höhe gesondert aufzuführen. Die Abschreibungen des Geschäftsjahrs sind entweder in der Bilanz bei dem betreffenden Posten zu vermerken oder im Anhang in einer der Gliederung des Anlagevermögens entsprechenden Aufgliederung anzugeben.	(2) aufgehoben.
...	...

2.3 Übersicht über die aufgrund BilRUG u. a. geänderten Anhangvorschriften

(5) Der Betrag der Verbindlichkeiten mit einer Restlaufzeit bis zu einem Jahr ist bei jedem gesondert ausgewiesenen Posten zu vermerken. Erhaltene Anzahlungen auf Bestellungen sind, soweit Anzahlungen auf Vorräte nicht von dem Posten „Vorräte" offen abgesetzt werden, unter den Verbindlichkeiten gesondert auszuweisen. Sind unter dem Posten „Verbindlichkeiten" Beträge für Verbindlichkeiten ausgewiesen, die erst nach dem Abschlussstichtag rechtlich entstehen, so müssen Beträge, die einen größeren Umfang haben, im Anhang erläutert werden.	(5) Der Betrag der Verbindlichkeiten mit einer Restlaufzeit bis zu einem Jahr **und der Betrag der Verbindlichkeiten mit einer Restlaufzeit von mehr als einem Jahr** sind bei jedem gesondert ausgewiesenen Posten zu vermerken. Erhaltene Anzahlungen auf Bestellungen sind, soweit Anzahlungen auf Vorräte nicht von dem Posten „Vorräte" offen abgesetzt werden, unter den Verbindlichkeiten gesondert auszuweisen. Sind unter dem Posten „Verbindlichkeiten" Beträge für Verbindlichkeiten ausgewiesen, die erst nach dem Abschlussstichtag rechtlich entstehen, so müssen Beträge, die einen größeren Umfang haben, im Anhang erläutert werden.
...	...
(7) Die in § 251 bezeichneten Haftungsverhältnisse sind jeweils gesondert unter der Bilanz oder im Anhang unter Angabe der gewährten Pfandrechte und sonstigen Sicherheiten anzugeben; bestehen solche Verpflichtungen gegenüber verbundenen Unternehmen, so sind sie gesondert anzugeben.	(7) Für die in § 251 bezeichneten Haftungsverhältnisse sind 1. die Angaben zu nicht auf der Passivseite auszuweisenden Verbindlichkeiten und Haftungsverhältnissen im Anhang zu machen, 2. dabei die Haftungsverhältnisse jeweils gesondert unter Angabe der gewährten Pfandrechte und sonstigen Sicherheiten anzugeben und 3. dabei Verpflichtungen betreffend die Altersversorgung und Verpflichtungen gegenüber verbundenen oder assoziierten Unternehmen jeweils gesondert zu vermerken.
...	

§ 284 Erläuterung der Bilanz und der Gewinn- und Verlustrechnung	
HGB (i. d. F. vor BilRUG)	HGB (i. d. F. nach BilRUG)
(1) In den Anhang sind diejenigen Angaben aufzunehmen, die zu den einzelnen Posten der Bilanz oder der Gewinn- und Verlustrechnung vorgeschrieben oder die im Anhang zu machen sind, weil sie in Ausübung eines Wahlrechts nicht in die Bilanz oder in die Gewinn- und Verlustrechnung aufgenommen wurden.	(1) In den Anhang sind diejenigen Angaben aufzunehmen, die zu den einzelnen Posten der Bilanz oder der Gewinn- und Verlustrechnung vorgeschrieben sind; sie sind in der Reihenfolge der einzelnen Posten der Bilanz und der Gewinn- und Verlustrechnung darzustellen. Im Anhang sind auch die Angaben zu machen, die in Ausübung eines Wahlrechts nicht in die Bilanz oder in die Gewinn- und Verlustrechnung aufgenommen wurden.
(2) Im Anhang müssen 1. die auf die Posten der Bilanz und der Gewinn- und Verlustrechnung angewandten Bilanzierungs- und Bewertungsmethoden angegeben werden; 2. die Grundlagen für die Umrechnung in Euro angegeben werden, soweit der Jahresabschluss Posten enthält, denen Beträge zugrunde liegen, die auf fremde Währung lauten oder ursprünglich auf fremde Währung lauteten; 3. Abweichungen von Bilanzierungs- und Bewertungsmethoden angegeben und begründet werden; deren Einfluss auf die Vermögens-, Finanz- und Ertragslage ist gesondert darzustellen 4. bei Anwendung einer Bewertungsmethode nach § 256 Satz 1 die Unterschiedsbeträge pauschal für die jeweilige Gruppe ausgewiesen werden, wenn die Bewertung im Vergleich zu einer Bewertung auf der Grundlage des letzten vor dem Abschlussstichtag bekannten Börsenkurses oder Marktpreises einen erheblichen Unterschied aufweist;	(2) Im Anhang müssen 1. die auf die Posten der Bilanz und der Gewinn- und Verlustrechnung angewandten Bilanzierungs- und Bewertungsmethoden angegeben werden; 2. aufgehoben; 2. unverändert; 3. unverändert;

5. Angaben über die Einbeziehung von Zinsen für Fremdkapital in die Herstellungskosten gemacht werden.	4. unverändert.
	(3) Im Anhang ist die Entwicklung der einzelnen Posten des Anlagevermögens in einer gesonderten Aufgliederung darzustellen. Dabei sind, ausgehend von den gesamten Anschaffungs- und Herstellungskosten, die Zugänge, Abgänge, Umbuchungen und Zuschreibungen des Geschäftsjahrs sowie die Abschreibungen gesondert aufzuführen. Zu den Abschreibungen sind gesondert folgende Angaben zu machen: 1. die Abschreibungen in ihrer gesamten Höhe zu Beginn und Ende des Geschäftsjahrs, 2. die im Laufe des Geschäftsjahrs vorgenommenen Abschreibungen und 3. Änderungen in den Abschreibungen in ihrer gesamten Höhe im Zusammenhang mit Zu- und Abgängen sowie Umbuchungen im Laufe des Geschäftsjahrs. Sind in die Herstellungskosten Zinsen für Fremdkapital einbezogen worden, ist für jeden Posten des Anlagevermögens anzugeben, welcher Betrag an Zinsen im Geschäftsjahr aktiviert worden ist.

§ 285 Sonstige Pflichtangaben	
HGB (i. d. F. vor BilRUG)	HGB (i. d. F. nach BilRUG u. a.)
Ferner sind im Anhang anzugeben:	Ferner sind im Anhang anzugeben:
1. …;	1. unverändert;
2. …;	2. unverändert;
3. Art und Zweck sowie Risiken und Vorteile von nicht in der Bilanz enthaltenen Geschäften, soweit dies für die Beurteilung der Finanzlage notwendig ist;	3. Art und Zweck sowie Risiken, Vorteile und finanzielle Auswirkungen von nicht in der Bilanz enthaltenen Geschäften, soweit die Risiken und Vorteile wesentlich sind und die Offenlegung für die Beurteilung der Finanzlage des Unternehmens erforderlich ist;
3a. der Gesamtbetrag der sonstigen finanziellen Verpflichtungen, die nicht in der Bilanz enthalten und nicht nach § 251 oder Nummer 3 anzugeben sind, sofern diese Angabe für die Beurteilung der Finanzlage von Bedeutung ist; davon sind Verpflichtungen gegenüber verbundenen Unternehmen gesondert anzugeben;	3a. der Gesamtbetrag der sonstigen finanziellen Verpflichtungen, die nicht in der Bilanz enthalten sind und die nicht nach § 268 Absatz 7 oder Nummer 3 anzugeben sind, sofern diese Angabe für die Beurteilung der Finanzlage von Bedeutung ist; davon sind Verpflichtungen betreffend die Altersversorgung und Verpflichtungen gegenüber verbundenen oder assoziierten Unternehmen jeweils gesondert anzugeben;
4. die Aufgliederung der Umsatzerlöse nach Tätigkeitsbereichen sowie nach geographisch bestimmten Märkten, soweit sich, unter Berücksichtigung der Organisation des Verkaufs von für die gewöhnliche Geschäftstätigkeit der Kapitalgesellschaft typischen Erzeugnissen und der für die gewöhnliche Geschäftstätigkeit der Kapitalgesellschaft typischen Dienstleistungen, die Tätigkeitsbereiche und geographisch bestimmten Märkte untereinander erheblich unterscheiden;	4. die Aufgliederung der Umsatzerlöse nach Tätigkeitsbereichen sowie nach geographisch bestimmten Märkten, soweit sich unter Berücksichtigung der Organisation des Verkaufs, der Vermietung oder Verpachtung von Produkten und der Erbringung von Dienstleistungen der Kapitalgesellschaft die Tätigkeitsbereiche und geografisch bestimmten Märkte untereinander erheblich unterscheiden;
5. aufgehoben;	5. aufgehoben;
6. in welchem Umfang die Steuern vom Einkommen und vom Ertrag das Ergebnis der gewöhnlichen Geschäftstätigkeit und das außerordentliche Ergebnis belasten;	6. **aufgehoben;**

7. …;	7. unverändert;
8. …;	8. unverändert;
9. … c) die gewährten Vorschüsse und Kredite unter Angabe der Zinssätze, der wesentlichen Bedingungen und der gegebenenfalls im Geschäftsjahr zurückgezahlten Beträge sowie die zugunsten dieser Personen eingegangenen Haftungsverhältnisse;	9. unverändert c) die gewährten Vorschüsse und Kredite unter Angabe der Zinssätze, der wesentlichen Bedingungen und der gegebenenfalls im Geschäftsjahr zurückgezahlten **oder erlassenen** Beträge sowie die zugunsten dieser Personen eingegangenen Haftungsverhältnisse;
10. …;	10. unverändert;
11. Name und Sitz anderer Unternehmen, von denen die Kapitalgesellschaft oder eine für Rechnung der Kapitalgesellschaft handelnde Person mindestens den fünften Teil der Anteile besitzt; außerdem sind die Höhe des Anteils am Kapital, das Eigenkapital und das Ergebnis des letzten Geschäftsjahrs dieser Unternehmen anzugeben, für das ein Jahresabschluss vorliegt; auf die Berechnung der Anteile ist § 16 Absatz 2 und 4 des Aktiengesetzes entsprechend anzuwenden; ferner sind von börsennotierten Kapitalgesellschaften zusätzlich alle Beteiligungen an großen Kapitalgesellschaften anzugeben, die fünf vom Hundert der Stimmrechte überschreiten;	11. **Name und Sitz anderer Unternehmen, die Höhe des Anteils am Kapital, das Eigenkapital und das Ergebnis des letzten Geschäftsjahrs dieser Unternehmen, für das ein Jahresabschluss vorliegt, soweit es sich um Beteiligungen im Sinne des § 271 Absatz 1 handelt oder ein solcher Anteil von einer Person für Rechnung der Kapitalgesellschaft gehalten wird;**
11a. …;	11a. unverändert;
12. …;	12. unverändert;
13. die Gründe, welche die Annahme einer betrieblichen Nutzungsdauer eines entgeltlich erworbenen Geschäfts- oder Firmenwertes von mehr als fünf Jahren rechtfertigen;	13. jeweils eine Erläuterung des Zeitraums, über den ein entgeltlich erworbener Geschäfts- oder Firmenwert abgeschrieben wird;

2. Für die GmbH sowie GmbH & Co. KG geltende Anhangangabepflichten im Überblick

14.	Name und Sitz des Mutterunternehmens der Kapitalgesellschaft, das den Konzernabschluss für den größten Kreis von Unternehmen aufstellt, und ihres Mutterunternehmens, das den Konzernabschluss für den kleinsten Kreis von Unternehmen aufstellt, sowie im Falle der Offenlegung der von diesen Mutterunternehmen aufgestellten Konzernabschlüsse der Ort, wo diese erhältlich sind;	14.	Name und Sitz des Mutterunternehmens der Kapitalgesellschaft, das den Konzernabschluss für den größten Kreis von Unternehmen aufstellt, sowie der Ort, wo der von diesem Mutterunternehmen aufgestellte Konzernabschluss erhältlich ist;
		14a.	Name und Sitz des Mutterunternehmens der Kapitalgesellschaft, das den Konzernabschluss für den kleinsten Kreis von Unternehmen aufstellt, sowie der Ort, wo der von diesem Mutterunternehmen aufgestellte Konzernabschluss erhältlich ist;
15.	…;	15.	unverändert;
		15a.	das Bestehen von Genussscheinen, Genussrechten, Wandelschulverschreibungen, Optionsscheinen, Optionen, Besserungsscheinen oder vergleichbaren Wertpapieren oder Rechten, unter Angabe der Anzahl und der Rechte, die sie verbriefen;
…		…	
17.	…;	17.	unverändert;
18.	für zu den Finanzanlagen (§ 266 Abs. 2 A. III.) gehörende Finanzinstrumente, die über ihrem beizulegenden Zeitwert ausgewiesen werden, da insoweit eine außerplanmäßige Abschreibung gemäß § 253 Abs. 3 Satz 4 unterblieben ist: a) …; b) …;	18.	für zu den Finanzanlagen (§ 266 Abs. 2 A. III.) gehörende Finanzinstrumente, die über ihrem beizulegenden Zeitwert ausgewiesen werden, da insoweit eine außerplanmäßige Abschreibung gemäß **§ 253 Absatz 3 Satz 6** unterblieben ist: a) …; b) …;
19.	…;	19.	unverändert;
20.	für gemäß § 340e Abs. 3 Satz 1 mit dem beizulegenden Zeitwert bewertete Finanzinstrumente a) …; b) …;	20.	**für mit dem beizulegenden Zeitwert bewertete Finanzinstrumente;** a) unverändert; b) unverändert;
21.	…;	21.	unverändert;
22.	…;	22.	unverändert;
23.	…;	23.	unverändert;
24.	…;	24.	unverändert;
25.	…;	25.	unverändert;

26.	zu Anteilen an Sondervermögen im Sinn des § 1 Absatz 10 des Kapitalanlagegesetzbuchs oder Anlageaktien an Investmentaktiengesellschaften mit veränderlichem Kapital im Sinn der §§ 108 bis 123 des Kapitalanlagegesetzbuchs oder vergleichbaren EU-Investmentvermögen oder vergleichbaren ausländischen Investmentvermögen von mehr als dem zehnten Teil, aufgegliedert nach Anlagezielen, deren Wert im Sinn der §§ 168, 278 des Kapitalanlagegesetzbuchs oder des § 36 des Investmentgesetzes in der bis zum 21. Juli 2013 geltenden Fassung oder vergleichbarer ausländischer Vorschriften über die Ermittlung des Marktwertes, die Differenz zum Buchwert und die für das Geschäftsjahr erfolgte Ausschüttung sowie Beschränkungen in der Möglichkeit der täglichen Rückgabe; darüber hinaus die Gründe dafür, dass eine Abschreibung gemäß § 253 Abs. 3 Satz 4 unterblieben ist, einschließlich der Anhaltspunkte, die darauf hindeuten, dass die Wertminderung voraussichtlich nicht von Dauer ist; Nummer 18 ist insoweit nicht anzuwenden;	26.	zu Anteilen an Sondervermögen im Sinn des § 1 Absatz 10 des Kapitalanlagegesetzbuchs oder Anlageaktien an Investmentaktiengesellschaften mit veränderlichem Kapital im Sinn der §§ 108 bis 123 des Kapitalanlagegesetzbuchs oder vergleichbaren EU-Investmentvermögen oder vergleichbaren ausländischen Investmentvermögen von mehr als dem zehnten Teil, aufgegliedert nach Anlagezielen, deren Wert im Sinn der §§ 168, 278 des Kapitalanlagegesetzbuchs oder des § 36 des Investmentgesetzes in der bis zum 21. Juli 2013 geltenden Fassung oder vergleichbarer ausländischer Vorschriften über die Ermittlung des Marktwertes, die Differenz zum Buchwert und die für das Geschäftsjahr erfolgte Ausschüttung sowie Beschränkungen in der Möglichkeit der täglichen Rückgabe; darüber hinaus die Gründe dafür, dass eine Abschreibung gemäß **§ 253 Abs. 3 Satz 6** unterblieben ist, einschließlich der Anhaltspunkte, die darauf hindeuten, dass die Wertminderung voraussichtlich nicht von Dauer ist; Nummer 18 ist insoweit nicht anzuwenden;
27.	für nach § 251 unter der Bilanz oder nach § 268 Abs. 7 Halbsatz 1 im Anhang ausgewiesene Verbindlichkeiten und Haftungsverhältnisse die Gründe der Einschätzung des Risikos der Inanspruchnahme;	27.	**für nach § 268 Abs. 7 Halbsatz 1 im Anhang ausgewiesene Verbindlichkeiten und Haftungsverhältnisse die Gründe der Einschätzung des Risikos der Inanspruchnahme;**
28.	…;	28.	unverändert;
29.	…;	29.	unverändert;
		30.	**wenn latente Steuerschulden in der Bilanz angesetzt werden, die latenten Steuersalden am Ende des Geschäftsjahrs und die im Laufe des Geschäftsjahres erfolgten Änderungen dieser Salden;**

	31.	jeweils der Betrag und die Art der einzelnen Erträge und Aufwendungen von außergewöhnlicher Größenordnung oder außergewöhnlicher Bedeutung, soweit die Beträge nicht von untergeordneter Bedeutung sind;
	32.	eine Erläuterung der einzelnen Erträge und Aufwendungen hinsichtlich ihres Betrags und ihrer Art, die einem anderen Geschäftsjahr zuzurechnen sind, soweit die Beträge nicht von untergeordneter Bedeutung sind;
	33.	Vorgänge von besonderer Bedeutung, die nach dem Schluss des Geschäftsjahrs eingetreten und weder in der Gewinn- und Verlustrechnung noch in der Bilanz berücksichtigt sind, unter Angabe ihrer Art und ihrer finanziellen Auswirkungen;
	34.	der Vorschlag für die Verwendung des Ergebnisses oder der Beschluss über seine Verwendung.

2.4 Erleichterungen bei den Angabepflichten im Anhang der GmbH sowie der GmbH & Co. KG

2.4.1. Unterlassen von Angaben aus Schutzgründen (§ 286 HGB)

Unabhängig von ihrer Größe kommt für alle GmbH sowie GmbH & Co. KG die Nichtangabe bestimmter Anhanginformationen nur aufgrund der **(Daten-)Schutzklausel** des § 286 HGB in Betracht. Diese Vorschrift definiert dazu enge Ausnahmen, die nur in sehr speziellen Fällen generell (Abs. 1) oder für einzelne Angaben (Abs. 2, 3 und 4) bzw. für einzelne Informationen innerhalb der Angaben (Abs. 2 und 3, „soweit") greifen:

§ 286 HGB Unterlassen von Angaben	
(1)	Die Berichterstattung hat insoweit zu unterbleiben, als es für das Wohl der Bundesrepublik Deutschland oder eines ihrer Länder erforderlich ist.
(2)	Die Aufgliederung der Umsatzerlöse nach § 285 Nr. 4 kann unterbleiben, soweit die Aufgliederung nach vernünftiger kaufmännischer Beurteilung geeignet ist, **der Kapitalgesellschaft einen erheblichen Nachteil zuzufügen; die Anwendung der Ausnahmeregelung ist im Anhang anzugeben.**
(3)	Die Angaben nach **§ 285 Nr. 11 und 11b** können unterbleiben, soweit sie
	1. für die Darstellung der Vermögens-, Finanz- und Ertragslage der Kapitalgesellschaft nach § 264 Abs. 2 von untergeordneter Bedeutung sind oder

> 2. nach vernünftiger kaufmännischer Beurteilung geeignet sind, der Kapitalgesellschaft oder dem anderen Unternehmen einen erheblichen Nachteil zuzufügen.
>
> Die Angabe des Eigenkapitals und des Jahresergebnisses kann unterbleiben, wenn das Unternehmen, über das zu berichten ist, seinen Jahresabschluss nicht offenzulegen hat und die berichtende Kapitalgesellschaft **keinen beherrschenden Einfluss auf das betreffende Unternehmen ausüben kann.** Satz 1 Nr. 2 ist nicht anzuwenden, wenn die Kapitalgesellschaft oder eines ihrer Tochterunternehmen (§ 290 Abs. 1 und 2) am Abschlussstichtag kapitalmarktorientiert im Sinn des § 264d ist. Im Übrigen ist die Anwendung der Ausnahmeregelung nach Satz 1 Nr. 2 im Anhang anzugeben.
>
> (4) Bei Gesellschaften, die keine börsennotierten Aktiengesellschaften sind, können die in § 285 Nr. 9 Buchstabe a und b verlangten Angaben über die Gesamtbezüge der dort bezeichneten Personen unterbleiben, wenn sich anhand dieser Angaben die Bezüge eines Mitglieds dieser Organe feststellen lassen.

Fettgedruckte Passagen im zitierten Wortlaut der Vorschrift wurden durch das BilRUG geändert. Ihre grundlegenden Anwendungsfälle sind davon nicht berührt. Unter diese Regelung zu subsumierende Fälle betreffen z. B.[12]

▶ Rüstungsunternehmen, durch deren Angaben militärische oder staatspolitische Interessen verletzt werden können (Abs. 1),

▶ die nachweisbar mögliche Schwächung der Marktposition eines Unternehmens gegenüber Kunden und Lieferanten oder der Wettbewerbsposition durch Angabe der Umsatzgliederung (Abs. 2),

▶ zu erwartende erhebliche Umsatzeinbußen oder Wettbewerbsnachteile bzw. bei Unternehmen im Ausland aus politischen Gründen erhebliche wirtschaftliche Nachteile im Fall der Bekanntgabe von Anteilsbesitzverhältnissen (Abs. 3 Satz 1 Nr. 2) oder

▶ das Bekanntwerden der Einkommensverhältnisse eines Geschäftsführungsmitglieds durch Angabe der Gesamtbezüge aller Mitglieder (Abs. 4).

Aufgrund des Art. 18 Abs. 2 Satz 1 der Bilanzrichtlinie ist der Anwendungsbereich des **§ 286 Abs. 2 HGB** nunmehr auf das bilanzierende Unternehmen selbst beschränkt. Unternehmen, an denen das bilanzierende Unternehmen mindestens 20 % der Anteile besitzt, sind dagegen nicht mehr in den Schutzbereich der Vorschrift einbezogen.[13] Gründe für diese Einschränkung nennt der Gesetzgeber nicht. Sie lassen sich allenfalls aus Erwägungsgrund 8 der Bilanzrichtlinie ableiten. Danach „ist es erforderlich, in Bezug auf den Umfang der Finanzinformationen, die von miteinander im Wettbewerb stehenden Unternehmen zu veröffentlichen sind, auf Unionsebene gleichwertige rechtliche Mindestanforderungen festzulegen".[14]

Außerdem wird eine Angabe im Anhang zur Anwendung der Schutzklauseln des § 286 HGB nicht mehr nur allein für den in § 286 Abs. 3 Satz 1 Nr. 2 HGB, sondern zusätzlich auch für den in § 286 Abs. 2 HGB geregelten Fall verlangt. Diese Änderung resultiert aus der Umsetzung der entsprechenden Anforderung in Art. 18 Abs. 2 Satz 3 der Bilanzrichtlinie.[15]

---

12 Vgl. z. B. Grottel, B., § 286 HGB, in: BeckBilKom, 10. Aufl., Rn. 12, 21, 37 und 42.
13 Vgl. BT-Drucks. 18/4050, S. 68.
14 Richtlinie 213/34/EU (Bilanzrichtlinie), EU-Amtsblatt vom 29. 6. 2013, L 182, S. 20.
15 Vgl. BT-Drucks. 18/4050, S. 68.

Auch die Neuregelungen in **§ 286 Abs. 3 HGB** beruhen auf der Umsetzung der jeweiligen Vorgaben gemäß Bilanzrichtlinie.[16] Die neue Aufteilung des bisherigen § 285 Nr. 11 HGB auf die Nr. 11 und Nr. 11b in § 285 HGB wird nun im Wortlaut der Befreiungsregelung des § 286 Abs. 3 Satz 1 HGB genannt. § 285 Nr. 11a HGB ist somit darin nicht (mehr) einbezogen. Grund dafür ist, dass Art. 17 Abs. 1 Buchstabe k der Bilanzrichtlinie für die Angabe derjenigen Unternehmen, deren **persönlich haftender Gesellschafter** das bilanzierende Unternehmen ist, keine generelle Ausnahme mehr vorsieht; soweit einschlägig, müssen die dazu geforderten Informationen nun also stets angegeben werden. Bei Anwendung eröffnet die Vorschrift nicht pauschal einen generellen Angabeverzicht, sondern nur **„soweit"** die Voraussetzungen erfüllt sind; das kann ggf. auch nur einzelne der in § 285 Nr. 11 und Nr. 11b HGB geforderten Informationen betreffen.

In § 286 Abs. 3 Satz 2 HGB wurde der Wortlaut Art. 17 Abs. 1 Buchstabe g Unterabsatz 1 der Bilanzrichtlinie angepasst. Danach darf die Angabe des Eigenkapitals und des Ergebnisses der nach § 285 Nr. 11, 11b HGB im Anhang anzugebenden Unternehmen unterbleiben, wenn das bilanzierende Unternehmen diese Informationen nicht ohne weiteres erlangen kann, weil das anzugebende Unternehmen „seine Bilanz nicht offen legt und es nicht von dem (bilanzierenden; Einfügung des Verfassers) Unternehmen kontrolliert wird".

Sowohl bei Anwendung des § 286 Abs. 3 Satz 1 Nr. 2 HGB als auch bei Anwendung des § 286 Abs. 2 HGB genügt der **reine Hinweis** auf die Anwendung der jeweiligen Befreiungsregelung. Eine Begründung dazu ist nicht erforderlich. Bei den übrigen Befreiungen nach § 286 HGB wird kein Hinweis auf ihre Inanspruchnahme verlangt.

■ **FORMULIERUNGSBEISPIELE** ▶ **bei Verzicht auf die Aufgliederung der Umsatzerlöse (§ 286 Abs. 2 HGB):**
Angaben unter „Erläuterungen zur Gewinn- und Verlustrechnung", „Umsatzerlöse":
„Von der Schutzklausel gemäß § 286 Abs. 2 HGB wurde Gebrauch gemacht." oder
„Die Aufgliederung der Umsatzerlöse nach § 285 Nr. 4 HGB ist gemäß § 286 Abs. 2 HGB unterblieben." oder
„Von der Aufgliederung der Umsatzerlöse (§ 285 Nr. 4 HGB) haben wir nach § 286 Abs. 2 HGB abgesehen." oder
„Gestützt auf § 286 Abs. 2 HGB haben wir die Umsatzerlöse nicht entsprechend § 285 Nr. 4 HGB aufgegliedert."

■ **PRAXISBEISPIELE** ▶ **bei Verzicht auf alle Angaben zum Anteilsbesitz (§ 286 Abs. 3 HGB):**
1) Angaben unter „Sonstige Angaben":
„Die Angabe des Anteilsbesitzes unterbleibt nach § 286 Abs. 3 Satz 1 Nr. 2 HGB."[17]
2) Angaben unter „Sonstige Angaben", „Anwendung der Ausnahmeregelung nach § 286 Abs. 3 HGB":
„Auf die Aufstellung des Anteilsbesitzes wurde verzichtet, da diese Aufstellung nach vernünftiger kaufmännischer Beurteilung dem Unternehmen einen erheblichen Nachteil zufügen kann."[18]
3) Angaben unter „Sonstige Angaben":
„Die Dr. Helmut Rothenberger Holding GmbH, Anif/Salzburg (Österreich), ist nach einer Mitteilung gemäß § 20 AktG mehrheitlich an der ROTHENBERGER AG beteiligt. Die Dr. Helmut Rothenberger Holding GmbH, Anif/Salzburg (Österreich), ist somit herrschende Gesellschaft i. S. d. § 311 AktG.

---

[16] Vgl. dazu ebenfalls BT-Drucks. 18/4050, S. 68.
[17] Zewotherm GmbH, Remagen (Hrsg.), Jahresabschluss zum Geschäftsjahr vom 1. 1. 2016 bis zum 31. 12. 2016 – in der im elektronischen Bundesanzeiger veröffentlichten Fassung – pdf-Version, S. 4.
[18] ASL Automatisierungs-GmbH, Großostheim (Hrsg.), Jahresabschluss zum Geschäftsjahr vom 1. 1. 2016 bis zum 31. 12. 2016 – in der im elektronischen Bundesanzeiger veröffentlichten Fassung – pdf-Version, S. 3.

2.4 Erleichterungen bei den Angabepflichten im Anhang der GmbH sowie der GmbH & Co. KG

Die Rothenberger 4 x S Vermögensverwaltung GmbH, Bad Homburg v. d. H., hält nach einer Mitteilung gemäß § 20 AktG mehr als den vierten Teil der Aktien an der ROTHENBERGER AG. Die Ausnahmeregelung des § 286 Abs. 3 Nr. 2 HGB wurde in Anspruch genommen."[19]

PRAXISBEISPIEL ▶ bei Verzicht auf die Angabe nur der Höhe des Eigenkapitals und des Jahresergebnisses mittelbarer Anteilsbesitzverhältnisse (§ 286 Abs. 3 Satz 1 Nr. 2 HGB), noch zur Gesetzesfassung vor Bil-RUG):

Angaben unter „Erläuterungen zur Bilanz", „Finanzanlagen":[20]

„...
Daneben bestehen noch mittelbare Beteiligungen über LF an degama GmbH Apotheken- und Marketing-Beratung, Fürth (25 %), Fischer-Software GmbH, Stuttgart (25 %) und IS Informatik Systeme Gesellschaft für Informationstechnik mbH, Kaiserslautern (15 %). Von der Schutzklausel gemäß § 286 Abs. 3 Nr. 2 HGB wurde Gebrauch gemacht."

Gesetzlich nicht verlangt, gleichwohl in der Bilanzierungspraxis häufig vorzufinden, ist ein Hinweis auf die Anwendung der Schutzklausel zur Angabe des Gesamtbetrags der Geschäftsführungsbezüge (§ 286 Abs. 4 HGB). Typische **Formulierungsbeispiele** dazu sind:

▶ „Unter Anwendung der Schutzklausel nach § 286 HGB werden die Gesamtbezüge der Geschäftsführung gemäß § 285 Nr. 9 HGB nicht angegeben."

▶ „Die Schutzklausel des § 286 Abs. 4 HGB wird in Anspruch genommen."

▶ „Bezüglich der Angaben der Gesamtbezüge der Geschäftsführung gemäß § 285 Nr. 9 Buchstabe a HGB macht die Gesellschaft von der Schutzklausel gemäß § 286 Abs. 4 HGB Gebrauch."

Ebenfalls gesetzlich nicht verlangt ist folgender Hinweis auf die Anwendung der Schutzklausel:

PRAXISBEISPIEL ▶ für eine gesetzlich nicht verlangte, freiwillige Angabe bei Verzicht auf die Angabe der Höhe des Eigenkapitals und des Jahresergebnisses aus Wesentlichkeitsgründen (§ 286 Abs. 3 Satz 1 Nr. 1 HGB):

Angaben unter „Anteilsbesitz":[21]

„Nachfolgende Seiten zeigen den Anteilsbesitz der Deutschen Bank AG gemäß § 285 Nr. 11 HGB einschließlich der Angaben nach § 285 Nr. 11a HGB. Nach § 286 Abs. 3 Satz 1 Nr. 1 HGB unterbleiben die Angaben des Eigenkapitals sowie des Ergebnisses, soweit sie für die Darstellung der Vermögens-, Finanz- und Ertragslage der Deutschen Bank AG von untergeordneter Bedeutung sind."

2.4.2 Größenabhängige Erleichterungen für GmbH sowie GmbH & Co. KG (§§ 274a, 288 HGB)

Abgesehen von den vorgenannten Ausnahmefällen sind auch die im Übrigen in den Anhang aufzunehmenden Angaben nicht für alle GmbH sowie GmbH & Co. KG identisch. Sie unterliegen größenbedingten Differenzierungen. Solche sogenannten **größenabhängigen Erleichterungen** sind in §§ 274a und 288 HGB kodifiziert:[22]

---

19 Rothenberger AG, Kelkheim (Hrsg.), Jahresabschluss zum Geschäftsjahr vom 1. 1. 2011 bis zum 31. 12. 2011 – in der im elektronischen Bundesanzeiger veröffentlichten Fassung – Druckfassung, S. 5.
20 ARZ Haan AG, Haan (Hrsg.), Geschäftsbericht 2011, S. 38.
21 Deutsche Bank AG, Frankfurt am Main (Hrsg.), Jahresabschluss und Lagebericht der Deutschen Bank AG 2010, S. 85.
22 Die bisher in § 276 Satz 2 und 3 HGB i. d. F. vor BilRUG normierten Erleichterungen werden nun über die Neufassung von § 285 i. V. m. § 288 HGB berücksichtigt.

2. Für die GmbH sowie GmbH & Co. KG geltende Anhangangabepflichten im Überblick

§ 274a Größenabhängige Erleichterungen
Kleine Kapitalgesellschaften sind von der Anwendung der folgenden Vorschriften befreit:
1. § 268 Abs. 4 Satz 2 über die Pflicht zur Erläuterung bestimmter Forderungen im Anhang,
2. § 268 Abs. 5 Satz 3 über die Erläuterung bestimmter Verbindlichkeiten im Anhang,
3. § 268 Abs. 6 über den Rechnungsabgrenzungsposten nach § 250 Abs. 3,
...

§ 288 Größenabhängige Erleichterungen	
(1)	Kleine Kapitalgesellschaften (§ 267 Absatz 1) brauchen nicht
	1. die Angaben nach § 264c Absatz 2 Satz 9, § 265 Absatz 4 Satz 2, § 284 Absatz 2 Nummer 3, Absatz 3, § 285 Nummer 2, 3, 4, 8, 9 Buchstabe a und b, Nummer 10 bis 12, 14, 15, 15a, 17 bis 19, 21, 22, 24, 26 bis 30, 32 bis 34 zu machen;
	2. eine Trennung nach Gruppen bei der Angabe nach § 285 Nummer 7 vorzunehmen;
	3. bei der Angabe nach § 285 Nummer 14a den Ort anzugeben, wo der vom Mutterunternehmen aufgestellte Konzernabschluss erhältlich ist.
(2)	Mittelgroße Kapitalgesellschaften (§ 267 Absatz 2) brauchen die Angabe nach § 285 Nummer 4, 29 **und 32** nicht zu machen. Wenn sie die Angaben nach § 285 Nummer 17 nicht machen, sind sie verpflichtet, diese der Wirtschaftsprüferkammer auf deren schriftliche Anforderung zu übermitteln. **Sie brauchen die Angaben nach § 285 Nummer 21 nur zu machen, sofern die Geschäfte direkt oder indirekt mit einem Gesellschafter, Unternehmen, an denen die Gesellschaft selbst eine Beteiligung hält, oder Mitgliedern des Geschäftsführungs-, Aufsichts- oder Verwaltungsorgans abgeschlossen wurden.**

Mit den genannten Vorschriften werden nur kleinen und mittelgroßen Kapitalgesellschaften sowie Kapitalgesellschaften & Co. Angabeerleichterungen für den Anhang gewährt. Dies basiert auf der Umsetzung entsprechender Mitgliedstaatenwahlrechte aus der Bilanzrichtlinie[23] im HGB aufgrund des BilRUG.

Für die **kleine GmbH** sowie **kleine GmbH & Co. KG** bestehen die Erleichterungen nach den genannten Vorschriften darin, von den nach §§ 264c, 265, 268, 284 und insbesondere 285 HGB geforderten Angaben nicht alle, sondern nur bestimmte in den Anhang aufnehmen zu müssen. Dabei wurde der Katalog der Angabebefreiungen im Vergleich zur bisherigen Rechtslage in Bezug auf den Gesamtbetrag sonstiger finanzieller Verpflichtungen und die beschäftigten Arbeitnehmer eingeschränkt, im Übrigen indes deutlich ausgeweitet. Begründet sind diese Änderungen durch die Vorgaben in Art. 16 Abs. 1 Buchstabe d und Buchstabe h sowie Abs. 3 der Bilanzrichtlinie.

Mittelgroßen GmbH sowie **mittelgroßen GmbH & Co. KG** werden (weiterhin) deutlich weniger Erleichterungen bei der Anhangerstellung eingeräumt als kleinen GmbH bzw. GmbH & Co. KG. Sie beziehen sich auch nach § 288 Abs. 2 HGB nur auf Angaben nach § 285 HGB und davon auch nicht ausschließlich auf die gänzliche Nichtangabe bestimmter, darin verlangter Informationen, sondern in einem Fall auch auf ihren inhaltlichen Umfang:

---

23 Vgl. Richtlinie 213/34/EU (Bilanzrichtlinie), EU-Amtsblatt vom 29. 6. 2013, L 182, S. 19-76.

2.4 Erleichterungen bei den Angabepflichten im Anhang der GmbH sowie der GmbH & Co. KG

- Nicht-Aufgliederung der Umsatzerlöse (Nr. 4),
- Nicht-Angabe des Abschlussprüferhonorars (Nr. 17; ggf. aber Mitteilung an die WPK),
- Angabe von Geschäften mit nahestehenden Unternehmen und Personen (Nr. 21) beschränkt auf solche, die mit Gesellschaftern, Beteiligungen oder Mitgliedern des Geschäftsführungs-, Aufsichts- oder Verwaltungsorgans abgeschlossen wurden,
- Keine Erläuterungen im Zusammenhang mit latenten Steuern (Nr. 29),
- Keine Erläuterungen im Zusammenhang mit periodenfremden Erträgen und Aufwendungen (Nr. 32).

Die bisherige inhaltliche Erleichterung für mittelgroße Unternehmen bei Angabe sogenannter außerbilanzieller Geschäfte nach § 285 Nr. 3 HGB musste aufgrund entsprechender Streichung in der Bilanzrichtlinie aufgegeben werden.[24] Art. 16 Abs. 2 Unterabsatz 2 der Bilanzrichtlinie ermöglicht diese inhaltliche Modifikation nur noch dann, wenn kleine Unternehmen durch die Mitgliedstaaten verpflichtet werden, Angaben zu außerbilanziellen Geschäften zu machen. Davon hat der deutsche Gesetzgeber aber abgesehen.

Mit der größenabhängigen Erleichterung für die Angabe nach § 285 Nr. 21 HGB konnte der deutsche Gesetzgeber dagegen das dafür noch bestehende Mitgliedstaatenwahlrecht in Art. 17 Abs. 1 Buchstabe r der Bilanzrichtlinie entsprechend weiter geben.[25] Die Beibehaltung zur „größenabhängigen Erleichterung" für die Angabe nach § 285 Nr. 17 HGB ist dagegen nicht mehr auf die speziellen Regelungen der Bilanzrichtlinie, sondern auf deren allgemeine Bestimmung in Art. 4 Abs. 5 gestützt; Art. 17 und Art. 18 der Bilanzrichtlinie verlangen für mittelgroße Unternehmen keine Information zum Abschlussprüferhonorar.

Alle anderen Angabepflichten aus dem HGB sowie aus dem EGHGB und dem GmbHG als die vorgenannten bleiben somit auch für kleine und mittelgroße GmbH sowie kleine und mittelgroße GmbH & Co. KG unberührt.

Für **große GmbH** sowie **große GmbH & Co. KG** bestehen keine Angabeerleichterungen.

Die Einstufung der GmbH sowie GmbH & Co. KG als kleines, mittelgroßes oder großes Unternehmen bestimmt sich jeweils nach § 267 HGB anhand der Merkmale „Bilanzsumme", „Umsatzerlöse" und „durchschnittliche Zahl der Arbeitnehmer" wie folgt:

ABB. 3:	Für GmbH sowie GmbH & Co. KG geltende Größenklassen gemäß § 267 HGB		
	klein	**mittelgroß**	**groß**
Bilanzsumme	bis 6.000.000 €	bis 20.000.000 €	ab 20.000.000 €
Umsatzerlöse	bis 12.000.000 €	bis 40.000.000 €	ab 40.000.000 €
Arbeitnehmer	bis 50	bis 250	ab 250

Gemäß Art. 75 Abs. 2 Satz 1 EGHGB durften diese zuletzt mit dem BilRUG geänderten neuen Schwellenwerte bereits erstmals auf den Jahresabschluss für das nach dem 31.12.2013 beginnende Geschäftsjahr angewendet werden.

---

24 Vgl. BT-Drucks. 18/4050, S. 65.
25 Vgl. BT-Drucks. 18/4050, S. 69.

Bei Anwendung der geänderten Schwellenwerte ist zu beachten, dass für die Definition der **„Umsatzerlöse"** auch die geänderte Fassung des § 277 Abs. 1 HGB maßgeblich ist (Art. 75 Abs. 2 Satz 1 EGHGB). Aufgrund dessen sind die „Umsatzerlöse" nicht mehr wie zuvor nur auf die für die gewöhnliche Geschäftstätigkeit des bilanzierenden Unternehmens typischen Erzeugnisse und Dienstleistungen beschränkt, sie werden im Ergebnis also ausgeweitet.[26] Die quantitative Erhöhung dieses Schwellenwerts kann dadurch ggf. sogar überkompensiert werden.

Zentral für alle Anwendungen innerhalb des HGB geregelt ist auch der Begriff **„Bilanzsumme"** und zwar in § 267 Abs. 4a HGB.[27] „Bilanzsumme" ist danach die Summe der Posten der Buchstaben A. bis E. gemäß § 266 Abs. 2 HGB. Ein auf der Aktivseite der Bilanz nach § 268 Abs. 3 HGB, bei GmbH & Co. KG i.V. m. § 264c Abs. 2 Satz 5 HGB ausgewiesener Fehlbetrag wird nicht mit in die Bilanzsumme einbezogen.

Die Ermittlung der durchschnittlichen Zahl der **„Arbeitnehmer"** richtet sich nach der Vorschrift des § 267 Abs. 5 HGB.

Ausschlaggebend für die Einstufung in eine der genannten **Größenklassen** ist, dass mindestens zwei der vorgenannten drei Merkmale an den Abschlussstichtagen zweier aufeinander folgender Geschäftsjahre über- oder unterschritten werden (§ 267 Abs. 4 HGB). In den Fällen der Neugründung und der Umwandlung genügt dafür bereits ein Über- oder Unterschreiten zweier Merkmale am ersten Abschlussstichtag nach der Neugründung oder der Umwandlung. Aufgrund des mit dem BilRUG neu eingeführten § 267 Abs. 4 Satz 3 HGB ist der Fall des Formwechsels nun aber von dieser Ausnahme ausgenommen.[28]

Unter Beachtung der vorgenannten Erleichterungen lassen sich die von kleinen, mittelgroßen und großen GmbH sowie GmbH & Co. KG zu beachtenden Anhangvorschriften und -angaben im Überblick **zusammenfassend** wie folgt skizzieren; aufgrund des BilRUG u. a. erst in der jüngeren Vergangenheit eingeführte neue Vorschriften, neue oder geänderte Informationsanforderungen sowie geänderte Erleichterungen sind durch **graue Unterlegung** hervorgehoben:

ABB. 4:	Größenklassenbezogene Geltung der von GmbH sowie GmbH & Co. KG zu beachtenden Anhangvorschriften gemäß HGB, EGHGB und GmbHG			
Vorschrift	Inhalt bzw. Gegenstand der Angabe (in Kurzcharakteristik)	Geltung für GmbH/GmbH & Co. KG		
		klein	mittel	Groß
§ 253 HGB				
Abs. 6 Satz 3	Abzinsungsbedingter Unterschiedsbetrag bei Rückstellungen für Altersversorgungsverpflichtungen	X	X	X
§ 264 HGB				
Abs. 1a	Registerinformationen zur Identifikation des Unternehmens *	X	X	X
Abs. 2 Satz 2	Zulässige Generalnormabweichung	X	X	X

---

26 Zur Neudefinition der „Umsatzerlöse" durch das BilRUG wird auch auf Abschnitt 5.1.2 verwiesen.
27 Vgl. BT-Drucks. 18/4050, S. 60.
28 Vgl. BT-Drucks. 18/4050, S. 60.

2.4 Erleichterungen bei den Angabepflichten im Anhang der GmbH sowie der GmbH & Co. KG

§ 265 HGB					
Abs. 1 Satz 2	Erforderliche Gliederungsabweichungen	X	X	X
Abs. 2 Satz 2	Nichtvergleichbarkeit der Vorjahresbeträge	X	X	X
Abs. 2 Satz 3	Anpassung von Vorjahresbeträgen	X	X	X
Abs. 3	Posten-Mitzugehörigkeitsvermerk **	X	X	X
Abs. 4 Satz 2	Geschäftszweigbedingte Anwendung verschiedener Gliederungsvorschriften	—	X	X
Abs. 7 Nr. 2	Zusammengefasster Postenausweis	X	X	X
§ 268 HGB				
Abs. 1 Satz 3	Ergebnisvortrag **	X	X	X
Abs. 4 Satz 2	Bestimmte sonstige Vermögensgegenstände	—	X	X
Abs. 5 Satz 3	Bestimmte sonstige Verbindlichkeiten	—	X	X
Abs. 6	Aktivisch abgegrenztes Disagio **	—	X	X
Abs. 7 Nr. 1 bis 3	Zusatzangaben bei Haftungsverhältnissen	X	X	X
§ 277 HGB				
Abs. 3 Satz 1	Außerplanmäßige Abschreibungen im Anlagevermögen **	X	X	X
§ 284 HGB				
Abs. 1	Postenbezogene Reihenfolge postenbezogener Angaben	X	X	X
Abs. 2 Nr. 1	Bilanzierungs- und Bewertungsmethoden	X	X	X
Abs. 2 Nr. 2	Abweichung von bisherigen Bilanzierungs- und Bewertungsmethoden	X	X	X
Abs. 2 Nr. 3	Bewertungsunterschiede bei Anwendung von Bewertungsvereinfachungen	—	X	X
Abs. 2 Nr. 4	Einbeziehung von Fremdkapitalzinsen in die Herstellungskosten	X	X	X
Abs. 3 Satz 1 und 2	Entwicklung der Posten des Anlagevermögens	—	X	X
Abs. 3 Satz 3 Nr. 1-3	Entwicklung der Abschreibungen	—	X	X
Abs. 3 Satz 4	Aufgliederung aktivierter Fremdkapitalzinsen	—	X	X
§ 285 HGB				
Nr. 1	Restlaufzeit, Besicherung bei längerfristigen Verbindlichkeiten	X	X	X
Nr. 2	Aufgliederung der Angabe nach Nr. 1 je Posten	—	X	X

2. Für die GmbH sowie GmbH & Co. KG geltende Anhangangabepflichten im Überblick

Nr. 3	Art und Zweck, Risiken, Vorteile und finanzielle Auswirkungen außerbilanzieller Geschäfte	—	X[1]	X
Nr. 3a	Sonstige finanzielle Verpflichtungen	X	X	X
Nr. 4	Aufgliederung Umsatzerlöse	—	—	X
Nr. 7	Durchschnittliche Zahl der Arbeitnehmer	X[2]	X	X
Nr. 8 Buchstabe a	UKV: Materialaufwand des Geschäftsjahres	—	X	X
Nr. 8 Buchstabe b	UKV: Personalaufwand des Geschäftsjahres	—	X	X
Nr. 9 Buchstabe a	Gesamtbezüge der einzelnen Organe	—	X	X
Nr. 9 Buchstabe b	Gesamtbezüge an frühere Organmitglieder	—	X	X
Nr. 9 Buchstabe c	Vorschüsse und Kredite an Organmitglieder	X	X	X
Nr. 10	Mitglieder Geschäftsführung, Aufsichtsrat	—	X	X
Nr. 11	Beteiligungsbesitz	—	X	X
Nr. 11a	Beteiligungen als persönlich haftende Gesellschafter	—	X	X
Nr. 12	Sonstige Rückstellungen	—	X	X
Nr. 13	Erläuterung der Nutzungsdauer eines aktivierten Geschäftswerts	X	X	X
Nr. 14	Mutterunternehmen des größten Konzernkreises	—	X	X
Nr. 14a	Mutterunternehmen des kleinsten Konzernkreises	X[3]	X	X
Nr. 15a	Genussrechte und ähnliche Rechte auf Gewinnbezug	—	X	X
Nr. 17	Angaben zum Abschlussprüferhonorar	—	—[4]	X
Nr. 18	Stille Lasten bei Finanzinstrumenten im Finanzanlagevermögen	—	X	X
Nr. 19	Stille Reserven/Lasten bei derivativen Finanzinstrumenten	—	X	X
Nr. 20	Finanzinstrumente mit Bewertung zum beizulegenden Zeitwert	X	X	X
Nr. 21	Geschäfte mit nahestehenden Unternehmen und Personen	—	X[5]	X
Nr. 22	Forschungs- und Entwicklungskosten	—	X	X
Nr. 23	Gebildete Bewertungseinheiten	X	X	X
Nr. 24	Bewertungsgrundlagen bei Rückstellungen für Pensionen und ähnliche Verpflichtungen	—	X	X
Nr. 25	Entsaldierung bei Verrechnung von Vermögensgegenständen und Schulden	X	X	X

2.4 Erleichterungen bei den Angabepflichten im Anhang der GmbH sowie der GmbH & Co. KG

Nr. 26	Investmentanteile	—	X	X
Nr. 27	Inanspruchnahme aus Haftungsverhältnissen	—	X	X
Nr. 28	Ausschüttungsgesperrte Beträge	—	X	X
Nr. 29	Latente Steuern	—	—	X
Nr. 30	Quantitative Veränderung latenter Steuerschulden	—	X	X
Nr. 31	Außergewöhnliche Erträge/Aufwendungen	X	X	X
Nr. 32	Periodenfremde Erträge/Aufwendungen	—	—	X
Nr. 33	Vorgänge von besonderer Bedeutung nach dem Abschlussstichtag	—	X	X
Nr. 34	Vorschlag oder Beschluss über die Ergebnisverwendung	—	X	X
§ 291 HGB (befreiende Konzernrechnungslegung des Mutterunternehmens mit Sitz in EU-/EWR-Mitgliedsstaat)				
Abs. 2 Nr. 4 Buchstabe a	Befreiendes Mutterunternehmen	X	X	X
Abs. 2 Nr. 4 Buchstabe b	Befreiung von der Konzernrechnungslegung	X	X	X
Abs. 2 Nr. 4 Buchstabe c	im befreienden Konzernabschluss vom HGB abweichende, angewandte Methoden	X	X	X
§ 292 HGB (befreiende Konzernrechnungslegung des Mutterunternehmens mit Sitz in Drittstaat				
Abs. 2 Satz 1	Angaben nach § 291 Abs. 2 Satz 1 Nr. 4 HGB, angewendetes Konzernrechnungslegungsrecht, ggf. Sitzstaat des Mutterunternehmens	X	X	X
§ 341s HGB				
Abs. 2 Satz 2	Hinweis auf befreiende Einziehung in den Konzernzahlungsbericht	—	—	X
§ 273 HGB a. F. (vor BilMoG)				
Satz 2	Vorschriften für die Bildung des Sonderpostens **	X	X	X
§ 281 HGB a. F. (vor BilMoG)				
Abs. 2 Satz 2	Erträge aus der Auflösung des Sonderpostens **	X	X	X
Art. 28 Abs. 2 EGHGB				
Abs. 1 Satz 1	Fehlbetrag unmittelbarer Alt-Pensionszusagen	X	X	X
Abs. 1 Satz 2	Fehlbetrag mittelbarer Pensionszusagen	X	X	X

Art. 67 EGHGB				
Abs. 1 Satz 4	Überdeckung von Rückstellungen	X	X	X
Abs. 2	Unterdeckung von Pensionsrückstellungen	X	X	X
Weitere Vorschriften für GmbH aus dem GmbHG				
§ 29 Abs. 4 Satz 2	Wertaufholungsrücklage **	X	X	X
§ 42 Abs. 3	Ausleihungen, Forderungen und Verbindlichkeiten gegenüber Gesellschaftern **	X	X	X
Weitere Vorschriften für GmbH & Co. KG aus dem HGB				
§ 264c Abs. 1	Ausleihungen, Forderungen und Verbindlichkeiten gegenüber Gesellschaftern**	X	X	X
§ 264c Abs. 2 Satz 9	im Register eingetragene, nicht geleistete Kommanditeinlagen	—	X	X
§ 285 Nr. 15	Persönlich haftende Gesellschafter der KG	—	X	X

Legende:

X   Angabe ist in den Anhang aufzunehmen.

—   Angabe braucht nicht in den Anhang aufgenommen zu werden.

*   Angabe „im Jahresabschluss"; Angabe im Anhang (dies ist in der gegenwärtigen Bilanzierungspraxis der Regelfall) oder auch an anderer Stelle, z. B. im „Kopf" der Bilanz.

**   Wahlrecht: Angabe entweder in der Bilanz bzw. GuV oder im Anhang.

[1]   Gefordert sind neben Angaben von Art und Zweck außerbilanzieller Geschäfte, nun auch daraus resultierende Risiken, Vorteile und finanzielle Auswirkungen.

[2]   Gefordert ist die Angabe der Zahl der Arbeitnehmer, nicht aber auch ihre Aufgliederung nach Gruppen.

[3]   Verlangt wird nicht die Angabe des Orts, wo der vom Mutterunternehmen aufgestellte Konzernabschluss erhältlich ist.

[4]   Verlangt wird nicht die Angabe des Abschlussprüferhonorars im Anhang, sondern nur die schriftliche Mitteilung dieser Information an die WPK, wenn die WPK das bilanzierende Unternehmen dazu schriftlich auffordert.

[5]   Angaben nun auch bei mittelgroßen GmbH sowie GmbH & Co. KG, dann im Vergleich zu großen Unternehmen stärker begrenztem Kreis nahestehender Unternehmen und Personen.

Für die in der vorstehenden Abbildung grau hervorgehobenen Vorschriften ist die erstmalige Anwendungspflicht gesetzlich wie folgt bestimmt:

▶ Darstellung des abzinsungsbedingten Unterschiedsbetrags bei Rückstellungen für Altersversorgungsverpflichtungen (§ 253 Abs. 6 Satz 3 HGB): Jahresabschluss für das nach dem 31. 12. 2015 endende Geschäftsjahr (Art. 75 Abs. 6 Satz 1 EGHGB).

- Angaben zu Finanzinstrumenten des Handelsbestands bei Unternehmen, die nicht in den Anwendungsbereich der §§ 340 ff. HGB fallen (§ 285 Nr. 20 HGB): Jahresabschluss für das nach dem 31.12.2016 beginnende Geschäftsjahr (Art. 80 EGHGB).
- Im Übrigen: Jahresabschluss für das nach dem 31.12.2015 beginnende Geschäftsjahr (Art. 75 Abs. 1 Satz 1 EGHGB).

Alle in der vorstehenden Übersicht genannten Vorschriften, die den Inhalt des Anhangs im Jahresabschluss der GmbH sowie GmbH & Co. KG definieren, werden in den folgenden Abschnitten 3, 4 und 5 größenklassenbezogen geordnet ausführlich erläutert und anhand von Formulierungsbeispielen und -hilfen – primär aus publizierten Jahresabschlüssen – veranschaulicht. Die **Gliederung der Erläuterungen** richtet sich dabei nicht (mehr) nach der Reihenfolge der jeweiligen Vorschriften im Gesetz, sondern nach sachlichen Erwägungen. Aufgrund dessen wird dazu – wie auch in den Checklisten in Abschnitt 6 – folgende Struktur zugrunde gelegt:

- Grundlegende Angaben zum Unternehmen und zur Bilanzierung,
- Angaben mit weiteren Erläuterungen zu den Posten der Bilanz,
- Angaben mit weiteren Erläuterungen zu den Posten der GuV und
- Sonstige Angaben.

„Eilige" bzw. selektiv interessierte Leserinnen und Leser finden ergänzend zum Inhaltsverzeichnis in der **Anlage** am Ende dieses Buches eine entsprechend den Checklisten gegliederte **Übersicht** dazu, welche Vorschrift in welchem Abschnitt erläutert wird.

Hinzuweisen ist noch auf Fallkonstellationen, in denen die vorgenannten größenabhängigen Erleichterungen nicht gelten. Kleine und mittelgroße GmbH sowie kleine und mittelgroße GmbH & Co. KG dürfen die größenabhängigen Erleichterungen gemäß §§ 274a und 288 HGB bei der Aufstellung des Anhangs unabhängig von der Ausprägung ihrer Größenklassenmerkmale nach § 267 HGB dann nicht in Anspruch nehmen, wenn sie:

- kapitalmarktorientiert i. S. d. § 264d HGB (§ 267 Abs. 3 Satz 2 HGB) sind oder
- die wirtschaftszweigspezifischen Regelungen für Kreditinstitute und Finanzdienstleistungsinstitute (§ 340a Abs. 1 und Abs. 2 HGB) oder
- aufgrund anderer gesetzlicher Regelungen, aufgrund Gesellschaftsvertrag (bei kommunalen Anteilseignern z. B. basierend auf § 65 Abs. 1 Bundeshaushaltsordnung bzw. vergleichbaren Regelungen) oder Gesellschafterbeschluss die Vorschriften für große Kapitalgesellschaften anzuwenden haben.

Des Weiteren müssen kleine Unternehmensbeteiligungsgesellschaften ihren Jahresabschluss rechtsformunabhängig gemäß § 8 Abs. 1 UBGG[29] mindestens nach den für mittelgroße Kapitalgesellschaften geltenden Rechnungslegungsvorschriften aufstellen. Sie dürfen daher für die Informationspflichten in ihrem Anhang auch außerhalb einer etwaigen Anwendung des § 264d HGB die Erleichterungen nach § 288 Abs. 1 HGB (ebenfalls) nicht in Anspruch nehmen.

---

[29] Vgl. Gesetz über Unternehmensbeteiligungsgesellschaften (UBGG), abrufbar u. a. unter http://www.gesetze-im-internet.de/bundesrecht/ubgg/gesamt.pdf.

2.4.3 Verzicht auf die Erstellung des Anhangs bei Kleinst-GmbH sowie Kleinst-GmbH & Co. KG

Mit dem sogenannten Kleinstkapitalgesellschaften-Bilanzrechtsänderungsgesetz (MicroBilG)[30] wurde in § 267a Abs. 1 HGB der Begriff der **Kleinstkapitalgesellschaft** aufgenommen. Eine Kleinstkapitalgesellschaft ist danach dadurch gekennzeichnet, dass sie mindestens zwei der drei folgenden **Merkmale** nicht überschreitet:

▶ 350.000 € Bilanzsumme,

▶ 700.000 € Umsatzerlöse in den zwölf Monaten vor dem Bilanzstichtag,

▶ im Jahresdurchschnitt zehn Arbeitnehmer.

Die Merkmale „Bilanzsumme" und „Umsatzerlöse" werden auch für die Anwendung des § 267a Abs. 1 HGB inhaltlich nach §§ 267 Abs. 4a und 277 Abs. 1 HGB definiert; hierzu wird auf Abschnitt 2.4.2 verwiesen.

Kleinstkapitalgesellschaften gehören zur Gruppe der kleinen Kapitalgesellschaften (§ 267a Abs. 2 HGB) und dürfen aufgrund ihrer besonders definierten Kleinstgröße weitere Erleichterungen bei der Aufstellung (§§ 264 Abs. 1 Satz 5 und Abs. 2 Satz 4, 266 Abs. 1 Satz 4 und 275 Abs. 5 HGB) sowie bei der Offenlegung des Jahresabschlusses (§ 326 Abs. 2 HGB) in Anspruch nehmen. Bei der Aufstellung ist dabei weiter das Kombinationsverbot des § 276 Satz 2 HGB zu beachten.

Kleinstkapitalgesellschaften dürfen zudem gänzlich auf die Aufstellung des **Anhangs verzichten**. Voraussetzung dafür ist weiterhin, dass sie bestimmte Angaben unterhalb der Bilanz machen, die von ihnen nach der in § 266 Abs. 1 Satz 4 HGB normierten verkürzten Form aufgestellt werden darf. Die zum Verzicht auf die Erstellung des Anhangs bei Kleinstkapitalgesellschaften **unter der verkürzten Bilanz notwendigen Zusatzangaben** umfassen für GmbH sowie GmbH & Co. KG nach § 264 Abs. 1 Satz 5 Nr. 1 und 2 sowie §§ 264 Abs. 2 Satz 4 HGB:

▶ die Haftungsverhältnisse i. S. d. § 268 Abs. 7 HGB,

▶ die jeweils an die Gruppe der Mitglieder des Geschäftsführungsorgans und an die Gruppe der Mitglieder des Aufsichtsrats (bzw. Beirats oder ähnliche Einrichtung) gewährten Vorschüsse und Kredite unter Angabe der Zinssätze, der wesentlichen Bedingungen und der ggf. im Geschäftsjahr zurückgezahlten oder erlassenen Beträge sowie der zugunsten dieser Personengruppen eingegangenen Haftungsverhältnisse (§ 285 Nr. 9 Buchstabe c HGB) und

▶ im Fall besonderer Umstände, die dazu führen, dass der verkürzte Jahresabschluss ausnahmsweise kein den tatsächlichen Verhältnissen entsprechendes Bild der Vermögens-, Finanz- und Ertragslage vermittelt, zusätzliche Angaben (nach § 264 Abs. 2 Satz 4 i. V. m. Satz 2 HGB); zur inhaltlichen Erläuterung aller dieser Angaben wird auf die nachfolgenden Abschnitte 3.4.1, 3.4.4 sowie 3.1.2.4 verwiesen.

Weitere Zusatzangaben sind nicht erforderlich. Aufgrund Änderung des § 276 HGB durch das BilRUG ist die zuvor verlangte Erläuterung der in die Posten „sonstige Erträge" oder „sonstige Aufwendungen" einbezogenen außerordentlichen Erträge oder Aufwendungen, sofern die ver-

---

[30] Vgl. Gesetz zur Umsetzung der Richtlinie 2012/6/EU des Europäischen Parlaments und des Rats vom 14. 3. 2012 zur Änderung der Richtlinie 78/660/EWG des Rats über den Jahresabschluss von Gesellschaften bestimmter Rechtsformen hinsichtlich Kleinstbetrieben (Kleinstkapitalgesellschaften-Bilanzrechtsänderungsgesetz – MicroBilG), BGBl. I 2012, ausgegeben am 27. 12. 2012, S. 2751-2755.

kürzte GuV aufgrund dessen ausnahmsweise kein den tatsächlichen Verhältnissen entsprechendes Bild der Ertragslage vermittelt, entfallen.

Mit dem BilRUG wurde in § 267a HGB Abs. 3 Nr. 1 bis 3 neu eingefügt. Danach sind folgende Unternehmen von der Inanspruchnahme der genannten Erleichterungen für die Kleinstkapitalgesellschaft explizit ausgeschlossen (Ausnahmen):

- Investmentgesellschaften i. S. v. § 1 Abs. 11 KAGB (Nr. 1),
- Unternehmensbeteiligungsgesellschaften i. S. v. § 1a Abs. 1 UBGG (Nr. 2) oder
- Unternehmen, deren einziger Zweck darin besteht, Beteiligungen an anderen Unternehmen zu erwerben sowie die Verwaltung und Verwertung dieser Beteiligungen wahrzunehmen, ohne dass sie unmittelbar oder mittelbar in die Verwaltung dieser Unternehmen eingreifen, wobei die Ausübung der ihnen als Aktionär oder Gesellschafter zustehenden Rechte außer Betracht bleibt (Nr. 3).

Investmentgesellschaften sowie Unternehmensbeteiligungsgesellschaften waren aufgrund der für sie geltenden spezialgesetzlichen Vorschriften bereits nach der vor dem BilRUG geltenden Rechtslage von der Anwendung des § 267a HGB ausgeschlossen. Mit ihrer ergänzenden Nennung in § 267a HGB werden darin nun unmittelbar alle Ausschlussfälle dazu verankert.[31] Die Abgrenzung beider Fälle ist durch Bezugnahme auf §§ 1 Abs. 11 KAGB, 1a Abs. 1 UBGG klar geregelt. Unklarheiten bestehen dagegen bei Abgrenzung der zu § 267a Abs. 3 Nr. 3 HGB gehörenden Fälle. Die Regierungsbegründung zum BilRUG verweist dazu auf Art. 2 Nr. 15 i. V. m. Art. 36 Abs. 7 der Bilanzrichtlinie und interpretiert diese Regelung wie folgt.[32]

- Unter § 267a Abs. 3 Nr. 3 HGB fallen rein verwaltende, nicht operativ tätige Holding-Unternehmen (sofern sie nicht bereits § 267a Abs. 3 Nr. 2 HGB zuzuordnen sind); sie sind somit keine Kleinstkapitalgesellschaften.
- Holding-Unternehmen, die sich dagegen nicht nur auf das bloße Halten ihrer Beteiligungen beschränken, sondern auch operativ tätig sind oder bei ihren Beteiligungsunternehmen die Geschäftsführung ausüben, werden dem gegenüber nicht unter § 267a Abs. 3 Nr. 3 HGB fallen, sondern können Kleinstkapitalgesellschaften sein.

Hierzu wurde es vereinzelt als fraglich angesehen, ob durch die Regelung des § 267a Abs. 3 Nr. 3 HGB auch die typische **Komplementär-GmbH** von der Anwendung der Erleichterungen für Kleinstkapitalgesellschaften ausgeschlossen ist, und eine entsprechende Klarstellung durch den Gesetzgeber angeregt.[33] Der Gesetzgeber hat davon abgesehen. Die oben zitierte Regierungsbegründung selbst deutet bereits darauf hin, dass Komplementär-GmbH Kleinstkapitalgesellschaften sein können. Der englische Wortlaut des Art. 2 Nr. 15 der Bilanzrichtlinie ist hierzu klarer.[34] Er definiert in diesem Zusammenhang allein den Fall der reinen Finanz-Holding, deren Geschäftszweck nur darin besteht, andere Holdingunternehmen gewinnorientiert zu führen, ohne aber in das Geschäft von deren Beteiligungen einzugreifen. Einen solchen Zweck haben Komple-

---

[31] Vgl. dazu BT-Drucks. 18/4050, S. 61.
[32] Vgl. dazu BT-Drucks. 18/4050, S. 61.
[33] Vgl. dazu BStBK, Stellungnahme vom 2. 10. 2014 zum BilRUG RefE, S 3 f.
[34] Art. 2 Nr. 15 Bilanzrichtlinie in englischsprachiger Fassung lautet wie folgt: „'financial holding undertakings' means undertakings the sole object of which is to acquire holdings in other undertakings and to manage such holdings and turn them to profit, without involving themselves directly or indirectly in the management of those undertakings, without prejudice to their rights as shareholders;".

mentär-GmbH regelmäßig nicht. Sie sind vielmehr persönlich haftender Gesellschafter „ihrer" KG. Kraft Gesetzes obliegt ihnen auch deren Geschäftsführung.[35] Sie greifen damit unmittelbar in die Verwaltung „ihrer" KG ein. Aufgrund dessen ist für sie die Anwendung der Regelungen für die Kleinstkapitalgesellschaft nicht ausgeschlossen.[36]

In der **Praxis** wird die Inanspruchnahme der Regelungen für Kleinstkapitalgesellschaften somit auch weiterhin bei operativ tätigen Kleinstgesellschaften und regelmäßig auch bei Komplementärkapitalgesellschaften sowie bei Holdinggesellschaften, ausgenommen die reine Finanz-Holding i. S. d. Bilanzrichtlinie, in Betracht kommen.

2.4.4 Verzicht auf die Erstellung des Anhangs bei konzernintegrierten GmbH sowie GmbH & Co. KG (§§ 264 Abs. 3, 264b HGB)

Ist eine GmbH Tochterunternehmen eines Mutterunternehmens mit Sitz in einem EU- oder EWR-Mitgliedstaat, darf sie unter den in § 264 Abs. 3 HGB normierten Voraussetzungen bestimmte Erleichterungen in Anspruch nehmen. Die Erleichterungen bestehen in einem Verzicht auf die Anwendung der Rechnungslegungsvorschriften für Kapitalgesellschaften, einem Verzicht auf die Offenlegung und/oder einem Verzicht auf die Prüfung der Rechnungslegung. Dabei darf die GmbH „Rosinen picken" und nur einzelne oder ein ganzes Paket von Erleichterungen wählen. So darf sie z. B. allein oder in Verbindung mit anderen Erleichterungen auf die Aufstellung des für Kapitalgesellschaften obligatorischen **Anhangs verzichten**. Zweck der Regelung ist, stark integrierte Konzerne in informatorischer Hinsicht zu entlasten.

Bei Inanspruchnahme der Erleichterungen hat die nach § 264 Abs. 3 HGB befreite Tochter-GmbH keine besonderen eigenen Informationspflichten zu erfüllen. Insbesondere muss sie, wenn sie z. B. innerhalb der Rechnungslegung nur von der Aufstellung eines Lageberichts befreit ist, in dem dann noch aufzustellenden Anhang nicht auf die Befreiung und deren Reichweite hinweisen. Gleiches gilt im Jahresabschluss des Mutterunternehmens. In der Bilanzierungspraxis großer Unternehmen werden solche Angaben indes zum Teil freiwillig gemacht, dann zumeist innerhalb der Angaben zum Anteilsbesitz und dort in Form von Fußnoten oder eines ergänzenden Fließtextes.[37]

Die nach § 264 Abs. 3 HGB notwendigen **Voraussetzungen** sind kumuliert zu erfüllen und wie folgt normiert:

▶ Alle Gesellschafter des Tochterunternehmens haben der Befreiung für das jeweilige Geschäftsjahr zugestimmt (Satz 1 Nr. 1),

▶ das Mutterunternehmen hat sich bereit erklärt, für die vom jeweiligen Tochterunternehmen eingegangenen Verpflichtungen aus dem jeweiligen Geschäftsjahr einzustehen (Satz 1 Nr. 2),

▶ das Tochterunternehmen ist in den Konzernabschluss seines Mutterunternehmens einbezogen (Satz 1),

---

35 Vgl. auch Winkeljohann, N./Lawall, L., in: BeckBilKom, 10. Aufl., § 267a HGB Rn. 14.
36 Vgl. auch Winkeljohann, N./Lawall, L., in: BeckBilKom, 10. Aufl., § 267a HGB Rn. 14.
37 Vgl. dazu mit Beispielen Philipps, H., Jahresabschlüsse 2010, S. 14-16.

- der Konzernabschluss des Mutterunternehmens wurde nach dem Rechnungslegungsrecht des jeweiligen Sitzstaats im Einklang mit den Vorschriften der Bilanzrichtlinie aufgestellt und im Einklang mit den Vorschriften der sogenannten Abschlussprüferrichtlinie geprüft (Satz 1 Nr. 3a und 3b),
- im Anhang des Konzernabschlusses des Mutterunternehmens ist die Befreiung des Tochterunternehmens angegeben (Nr. 4),
- für das Tochterunternehmen sind, im Bundesanzeiger unter dem Tochterunternehmen auffindbar, der Befreiungsbeschluss, die Einstandserklärung, der Konzernabschluss und Konzernlagebericht sowie der Bestätigungsvermerk dazu in deutscher Sprache oder in englischsprachiger Fassung dieser Unterlagen, nach § 325 Abs. 1 bis 1b HGB offengelegt worden (Satz 1 Nr. 5, Satz 2 und Satz 3); sind diese Unterlagen vom Mutterunternehmen in einer anderen Sprache offengelegt worden, hat das Tochterunternehmen selbst zusätzlich eine beglaubigte Übersetzung davon in deutscher Sprache offenzulegen.

Diese Voraussetzungen wurden aufgrund des BilRUG im Wortlaut neu gefasst. Aus der nachfolgenden synoptischen Gegenüberstellung werden die Änderungen im Wortlaut des § 264 Abs. 3 HGB gegenüber der vor Anwendung des BilRUG geltenden Fassung konkret ersichtlich; geänderte Anforderungen werden im Fettdruck hervorgehoben:

§ 264 Abs. 3 HGB	
HGB i. d. F. vor BilRUG	HGB i. d. F. nach BilRUG sowie CSR-Richtlinie-Umsetzungsgesetz (in Kursivdruck)
Eine Kapitalgesellschaft, die in den Konzernabschluss eines Mutterunternehmens mit Sitz in einem Mitgliedstaat der Europäischen Union oder einem anderen Vertragsstaat des Abkommens über den Europäischen Wirtschaftsraum einbezogen ist, braucht die Vorschriften dieses Unterabschnitts und des Dritten und Vierten Unterabschnitts dieses Abschnitts nicht anzuwenden, wenn	Eine Kapitalgesellschaft, die **als Tochterunternehmen** in den Konzernabschluss eines Mutterunternehmens mit Sitz in einem Mitgliedstaat der Europäischen Union oder einem anderen Vertragsstaat des Abkommens über den Europäischen Wirtschaftsraum einbezogen ist, braucht die Vorschriften dieses Unterabschnitts und des Dritten und Vierten Unterabschnitts dieses Abschnitts nicht anzuwenden, wenn **alle folgenden Voraussetzungen erfüllt sind:**
1. alle Gesellschafter des Tochterunternehmens der Befreiung für das jeweilige Geschäftsjahr zugestimmt haben und der Beschluss nach § 325 offengelegt worden ist,	1. alle Gesellschafter des Tochterunternehmens haben der Befreiung für das jeweilige Geschäftsjahr zugestimmt;
2. das Mutterunternehmen zur Verlustübernahme nach § 302 des Aktiengesetzes oder nach dem für das Mutterunternehmen maßgeblichen Recht verpflichtet ist oder eine solche Verpflichtung freiwillig übernommen hat und diese Erklärung nach § 325 offengelegt worden ist,	2. **das Mutterunternehmen hat sich bereit erklärt, für die von dem Tochterunternehmen bis zum Abschlussstichtag eingegangenen Verpflichtungen im folgenden Geschäftsjahr einzustehen;**

3. die Kapitalgesellschaft in den Konzernabschluss einbezogen worden ist und	3. der Konzernabschluss und der Konzernlagebericht des Mutterunternehmens sind nach den Rechtsvorschriften des Staates, in dem das Mutterunternehmen seinen Sitz hat, und im Einklang mit folgenden Richtlinien aufgestellt und geprüft worden: a) Richtlinie 2013/34/EU des Europäischen Parlaments und des Rates vom 26. Juni 2013 über den Jahresabschluss, den konsolidierten Abschluss und damit verbundene Berichte von Unternehmen bestimmter Rechtsformen und zur Änderung der Richtlinie 2006/43/EG des Europäischen Parlaments und des Rates und zur Aufhebung der Richtlinien 78/660/EWG und 83/349/EWG des Rates (ABl. L 182 vom 29. 6. 2013, S. 19), *die zuletzt durch die Richtlinie 2014/102/EU (ABl. L 334 vom 21. 11. 2014, S. 86) geändert worden ist*, b) Richtlinie 2006/43/EG des Europäischen Parlaments und des Rates vom 17. Mai 2006 über Abschlussprüfungen von Jahresabschlüssen und konsolidierten Abschlüssen, zur Änderung der Richtlinien 78/660/EWG und 83/349/EWG des Rates und zur Aufhebung der Richtlinie 84/253/EWG des Rates (ABl. L 157 vom 9. 6. 2006, S. 87), die durch die Richtlinie 2013/34/EU (ABl. L 182 vom 29. 6. 2013, S. 19) geändert worden ist;
4. die Befreiung des Tochterunternehmens	4. die Befreiung des Tochterunternehmens ist im Anhang des Konzernabschlusses des Mutterunternehmens angegeben und

a) im Anhang des von dem Mutterunternehmen aufgestellten und nach § 325 durch Einreichung beim Betreiber des Bundesanzeigers offen gelegten Konzernabschlusses angegeben und b) zusätzlich im Bundesanzeiger für das Tochterunternehmen unter Bezugnahme auf diese Vorschrift und unter Angabe des Mutterunternehmens mitgeteilt worden ist.	5. für das Tochterunternehmen sind nach § 325 Absatz 1 bis 1b offengelegt worden: 　a) der Beschluss nach Nummer 1, 　b) die Erklärung nach Nummer 2, 　c) der Konzernabschluss, 　d) der Konzernlagebericht und 　e) der Bestätigungsvermerk zum Konzernabschluss und Konzernlagebericht des Mutterunternehmens nach Nummer 3. **Hat bereits das Mutterunternehmen einzelne oder alle der in Satz 1 Nummer 5 bezeichneten Unterlagen offengelegt, braucht das Tochterunternehmen die betreffenden Unterlagen nicht erneut offenzulegen, wenn sie im Bundesanzeiger unter dem Tochterunternehmen auffindbar sind; § 326 Absatz 2 ist auf diese Offenlegung nicht anzuwenden. Satz 2 gilt nur dann, wenn das Mutterunternehmen die betreffende Unterlage in deutscher oder in englischer Sprache offengelegt hat oder das Tochterunternehmen zusätzlich eine beglaubigte Übersetzung dieser Unterlage in deutscher Sprache nach § 325 Absatz 1 bis 1b offenlegt.**

Mit den in § 264 Abs. 3 HGB vorgenommenen Änderungen sollten der Wortlaut der Vorschrift sprachlich optimiert und vor allem vorherige Reaktionsversehen und Zweifelsfragen bereinigt werden.[38] Dem folgend werden ein Selbstbefreiungsverbot für Mutterunternehmen und die an eine befreiende Konzernrechnungslegung des Mutterunternehmens zu stellenden Anforderun-

---

38 Vgl. dazu BT-Drucks. 18/4050, S. 58.

gen klar gestellt.[39] Hierzu weist der Rechtsausschuss ausdrücklich darauf hin, „dass nicht nur ein nach dem HGB oder dem entsprechenden nationalen Recht des Sitzstaates des Mutterunternehmens aufgestellter Konzernabschluss, sondern auch ein in Anwendung der in § 315a HGB bezeichneten internationalen Rechnungslegungsstandards (IFRS) aufgestellter Konzernabschluss befreiende Wirkung vermitteln kann, wenn die weiteren Voraussetzungen des § 264 Absatz 3 HGB erfüllt sind".[40]

Im Gesetzgebungsverfahren wurde die Streichung des § 264 Abs. 3 HGB beantragt, um publizitätsbedingte Wettbewerbsnachteile bei kleinen und mittelständischen, nicht konzernintegrierten Unternehmen zu vermeiden.[41] Der Gesetzgeber hat davon mit Blick auf den Effekt der wesentlichen bürokratischen Entlastung von Tochterunternehmen abgesehen.[42]

Als konkretisierungsbedürftig erwies sich im Gesetzgebungsverfahren zum BilRUG vor allem die Anforderung nach **§ 264 Abs. 3 Satz 1 Nr. 2 HGB** „das Mutterunternehmen hat sich bereit erklärt, für die von dem Tochterunternehmen bis zum Abschlussstichtag eingegangenen Verpflichtungen im folgenden Geschäftsjahr einzustehen". Zur Konkretisierung der genannten Voraussetzungen im Übrigen sowie zur Klärung von Zweifelsfragen dazu wird auf das einschlägige Schrifttum verwiesen.[43]

Der jetzigen Formulierung des § 264 Abs. 3 Satz 1 Nr. 2 HGB gingen im Gesetzgebungsverfahren zwei weiter gezogene Textfassungen voraus. Im BilRUG Ref-E hieß es darin noch: „das Mutterunternehmen hat sich bereit erklärt, für die von dem Tochterunternehmen eingegangenen Verpflichtungen einzustehen".[44] Dies wurde gegenüber der bisher nur geforderten Verlustübernahme nach oder analog § 302 AktG als „eine bedeutsame materielle Änderung"[45] interpretiert. Daran änderte auch die im BilRUG Reg-E dazu aufgenommene Formulierung „das Mutterunternehmen hat sich bereit erklärt, für die von dem Tochterunternehmen eingegangenen Verpflichtungen aus dem jeweiligen Geschäftsjahr einzustehen"[46] nichts. Denn nach der Gesetzesbegründung zum BilRUG muss das Mutterunternehmen dazu neben dem Verlustausgleich wie nach § 302 AktG darüber hinaus „auch Engpässe in der Liquidität des Tochterunternehmens ausgleichen, selbst wenn das Tochterunternehmen einen Jahresüberschuss ausgewiesen hat. Ein unmittelbarer Schuldbeitritt zu den Verpflichtungen des Tochterunternehmens ist dazu nicht erforderlich. Die Verpflichtung kann aber beispielsweise durch eine Nachschusspflicht oder eine Patronatserklärung gegenüber dem Tochterunternehmen begründet werden ... Die entsprechende Einstandspflicht muss die Verpflichtungen des Tochterunternehmens abdecken, die bis

---

39 Vgl. dazu bereits IDW, Einzelfragen zu § 264 Abs. 3 und 4 HGB i. d. F. des MicroBilG, in: IDW Fachnachrichten 2014, S. 196 f. sowie Kolb, S./Roß, N., Der Referentenentwurf des BilRUG, in: WPg 2014, S. 1094 f. und Theile, C., BilRUG – Jahresabschlussbefreiungen, in: BBK 2014, S. 920 f.
40 BT-Drucks. 18/5256, S. 80 f.
41 BT-Drucks. 18/5256, S. 76 f.
42 BT-Drucks. 18/5256, S. 80.
43 Vgl. z. B. Winkeljohann, N./Deubert, M., in: BeckBilKom, 10. Aufl., § 264 HGB Rn. 101-221; WP-Handbuch 2017, Hauptband, 15. Aufl., S. 709-717, Tz. 246-270 m. w. N.; Hoffmann, W.-D./Lüdenbach, N., NWB Kommentar Bilanzierung, 8. Aufl., § 264 HGB Rz.. 38-52a. Zur „Einstandspflicht" vgl. zudem IDW, HFA: Anwendungsfragen zum HGB i. d. F. des BilRUG, in: IDW Life 1/2016, S. 51-54.
44 Referentenentwurf des BMJV zum BilRUG, S. 5.
45 Kolb, S./Roß, N., Der Referentenentwurf des BilRUG, in: WPg 2014, S. 1094.
46 Vgl. BT-Drucks. 18/4050, S. 8.

zum Abschlussstichtag des Tochterunternehmens, auf den sich die Befreiung bezieht, entstanden sind."[47]

Kritische Stellungnahmen dazu[48] veranlassten den Rechtsausschuss, die Vorschrift in seinen Beratungen intensiv zu durchdenken und als Ergebnis dessen, in seiner Beschlussempfehlung hierzu, die nun gewählte Formulierung mit folgender Begründung vorzuschlagen: „Nach Artikel 37 der Richtlinie 2013/34/EU, den der Gesetzentwurf wörtlich umsetzt, muss das Mutterunternehmen sich bereit erklärt haben, **für die Verpflichtungen des Tochterunternehmens einzustehen**. Gemeint ist damit nicht zwingend eine Außenhaftung des Mutterunternehmens gegenüber Gläubigern des Tochterunternehmens. Es reicht eine Innenhaftung gegenüber dem Tochterunternehmen. Eine infolge eines Beherrschungs- oder Gewinnabführungsvertrages eintretende gesetzliche **Verlustübernahme nach § 302 AktG** und eine konzernrechtliche Verbundenheit der Unternehmen reicht für diese Einstandspflicht im Regelfall aus. Entscheidend ist, dass das Mutterunternehmen sicherstellt, dass das Tochterunternehmen jederzeit zur Erfüllung seiner Verpflichtungen in der Lage ist und es bei Bedarf mit den notwendigen Mitteln ausstattet. Der Ausschuss geht daher davon aus, dass **mit der Streichung des Hinweises auf § 302 AktG keine Änderung der bisherigen Praxis notwendig ist**. Es sollte allerdings eine Präzisierung des Gesetzestexts hinsichtlich des Kreises der von der Einstandspflicht erfassten Verpflichtungen und zur Dauer der Einstandspflicht erfolgen. Das Mutterunternehmen hat für alle Verpflichtungen des Tochterunternehmens einzustehen, die am Bilanzstichtag bestehen, auch wenn sie in früheren Geschäftsjahren entstanden sind. Zugleich kann die Einstandspflicht aber im Regelfall auf die Dauer eines Jahrs begrenzt werden, weil nach Ablauf eines Jahrs nach dem Bilanzstichtag Daten aus einem neuen Geschäftsjahr zur Verfügung stehen. Zu diesem Zeitpunkt wird den Informationsbedürfnissen der Nutzer der Jahresabschlüsse dadurch Rechnung getragen, dass entweder der Jahresabschluss des Tochterunternehmens für das neue Geschäftsjahr offengelegt oder erneut unter Offenlegung des Konzernabschlusses für das neue Geschäftsjahr von der Befreiung Gebrauch gemacht wird."[49]

Mit dieser Begründung greift der Rechtsausschuss Anregungen zur Dauer[50] und zum Umfang der „Einstandspflicht" auf. Zum Umfang der „Einstandspflicht" vertrat im Rahmen der öffentlichen Anhörung des Rechtsausschusses ein Sachverständiger folgende, letztlich für die Begründung maßgebliche Auffassung: „Dass der Gesetzgeber die Formulierung des § 264 Abs. 3 HGB näher an den Wortlaut der RL bringt, kann man ihm kaum zum Vorwurf machen. Wenn Kritiker nun bemängeln, die neue Formulierung werfe allerlei Auslegungsfragen auf, so sind diese letztlich durch die RL ausgelöst und nicht dem nationalen Gesetzgeber anzulasten. Zu erwägen ist allerdings, die durch die veränderte Formulierung ausgelösten Folgefragen in der Gesetzesbegründung nicht weiter anzusprechen, sondern Rechtsprechung und Wissenschaft zu überlassen, also die fraglichen Passagen in der RegBegr. schlicht zu streichen. Manchmal ist Weniger mehr. Es ist nicht die Aufgabe der RegBegr. zum BilRUG, gesellschaftsrechtliche Auslegungsfra-

---

[47] BT-Drucks. 18/4050, S. 58.
[48] Vgl. z. B. GDV, Stellungnahme vom 13.4.2015 zum BilRUG Reg-E, S. 5-7. Vgl. dazu z. B. auch Renner, L./Theile, C., Verpflichtungsübernahme nach § 264 Abs. 3 Nr. 2 HGB-E zur Befreiung der Kapitalgesellschaften von bilanzrechtlichen Pflichten, in: KoR 2015, S. 213-218.
[49] BT-Drucks. 18/5256, S. 80 (Hervorhebungen durch den Verfasser).
[50] Vgl. DRSC, Stellungnahme vom 24.2.2015 zum BilRUG Reg-E, S. 3; IDW, Stellungnahme vom 6.3.2015 zum BilRUG Reg-E, S. 2.

gen zu klären. Ob es wirklich einer weiteren Verpflichtung des Mutterunternehmens bedarf, die über die bisherige Verlustübernahmeverpflichtung gem. § 302 AktG hinausgeht, wie die Reg-Begr. meint, ist nämlich keineswegs ausgemacht. Ein praktisches Schutzbedürfnis dafür ist jedenfalls nicht zu erkennen. Dass Tochterunternehmen, deren Mutterunternehmen eine Verlustübernahmeverpflichtung gem. § 302 AktG übernommen haben, in nennenswerter Zahl wegen unterjähriger Liquiditätsengpässe insolvent geworden wären, ohne dass zugleich auch die Mutter insolvent gewesen wäre, habe ich jedenfalls bislang nicht gehört. **Die Verlustübernahmeverpflichtung reicht aus Gründen des Gläubigerschutzes aus. Zudem folgt richtigerweise schon aus § 302 AktG und dem Unternehmensvertrag die Pflicht, die Feststellung des Jahresabschlusses der Tochtergesellschaft und damit den Verlustausgleich nicht ungebührlich zu verzögern und etwaige Liquiditätsengpässe durch Abschlagszahlungen auszugleichen.**[51] Jedenfalls können diese Auslegungsfragen getrost Rechtsprechung und Wissenschaft überlassen bleiben. Ausführliche Erläuterungen dazu in der RegBegr. sind nicht veranlasst und eher kontraproduktiv. Gegen die eigentliche Anpassung des Gesetzestextes selbst kann man andererseits schwerlich etwas einwenden, weil diese Formulierung eben nur dem RL-Text folgt. Kritik an der Formulierung wäre gegenüber dem Unionsgesetzgeber vorzubringen."[52]

Für Vertragspartner, Kreditgeber des jeweiligen Tochterunternehmens u. a. ist damit die Vermögens-, Finanz- und Ertragslage des Konzerns von Interesse. Darüber gibt die geprüfte Konzernrechnungslegung des Mutterunternehmens Auskunft, die nun (auch) im Bundesanzeiger unter dem jeweiligen Tochterunternehmen **auffindbar** sein muss. Nach Hinweis des Rechtsausschusses wird diese Anforderung „für die bereits im Bundesanzeiger veröffentlichten Unterlagen vom Betreiber des Bundesanzeigers technisch so umgesetzt, dass keine weitere Handlung dieser Tochterunternehmen erforderlich ist".[53]

Offengelegt werden müssen zudem (wie bisher) der Befreiungsbeschluss und anstelle der Verlustausgleichspflicht die – wie skizziert nach Auffassung des Gesetzgebers inhaltlich identisch interpretierte – Einstandserklärung des Mutter- für Verpflichtungen des Tochterunternehmens. Die Formulierung der Erklärung richtet sich allerdings nach der konkreten Ausgestaltung der Einstandspflicht

PRAXISBEISPIELE für die Bekanntmachung des Gesellschafterbeschlusses, der Einstandspflicht und der Befreiung nach § 264 Abs. 3 HGB:[54]

1)

> **Bosch Engineering Holding GmbH, Abstatt, Bekanntmachung gemäß § 264 Abs. 3 HGB**
>
> **1. Gesellschafterbeschluss gemäß § 264 Abs. 3 Nr. 1 HGB**
>
> Die Robert Bosch GmbH, Stuttgart, eingetragen im Handelsregister des Amtsgerichts Stuttgart unter HRB 14000, ist alleinige Gesellschafterin der Bosch Engineering Holding GmbH, Abstatt, eingetragen im Handelsregister des Amtsgerichts Stuttgart unter HRB 108391, und beschließt unter Verzicht auf die Einhaltung sämtlicher Formen und Fristen der Einberufung und Abhaltung einer Gesellschafterversammlung auf schriftlichem Wege:

---

51 Vgl. Emmerich, in: Emmerich/Habersack, Aktien- und GmbH-Konzernrecht, 7. Aufl. 2013, § 302 AktG Rz. 41 m.w. N.
52 Hennrichs, J., Stellungnahme vom 21. 4. 2015 zum BilRUG Reg-E, S. 3 f. (Hervorhebung durch den Verfasser). Materiell im Ergebnis zuvor bereits ebenso Reitmeier, B./Deubert, M., Befreiungsmöglichkeiten für Tochterunternehmen nach §§ 264 Abs. 3, 264b HGB i. d. F. des BilRUG-RefE, in: BB 2014, S. 2796.
53 BT-Drucks. 18/5256, S. 81.
54 Alle abrufbar unter www.unternehmensregister.de.

Für das **Geschäftsjahr 2016** wird gem. § 264 Abs. 3 HGB von folgenden Erleichterungen Gebrauch gemacht:

- Verzicht auf die Beachtung der ergänzenden Ansatz-, Bewertungs-, Gliederungs- und Ausweisvorschriften für Kapitalgesellschaften,
- Verzicht auf die Aufstellung eines Lageberichts,
- Verzicht auf die Aufstellung eines Anhangs,
- Verzicht auf die Offenlegung des Jahresabschlusses (Einreichung zum elektronischen Bundesanzeiger, Bekanntmachung im elektronischen Bundesanzeiger).

Auf die Inanspruchnahme des § 264 Abs. 3 HGB wird in der Anteilsbesitzliste der Bosch-Gruppe hingewiesen.

Gerlingen, den 15.11.2016

Robert Bosch GmbH

2. Verlustübernahmeverpflichtung gemäß § 264 Abs. 3 Nr. 2 HGB

Aufgrund eines bestehenden ungekündigten Ergebnisabführungsvertrags ist die Robert Bosch GmbH unmittelbar zur Verlustübernahme verpflichtet.

3. Mitteilung gemäß § 264 Abs. 3 Nr. 4b) HGB

Der Jahresabschluss der Bosch Thermotechnik GmbH wird in den Konzernabschluss der Robert Bosch GmbH, Stuttgart, einbezogen.

Abstatt, den 15.11.2016

Bosch Engineering Holding GmbH

Die Geschäftsführung

---

2)

Daimler Parts Brand GmbH

Stuttgart

Bekanntmachung nach §§ 264 Abs. 3, 264b HGB zum Geschäftsjahr vom 1.1.2016 bis zum 31.12.2016

Die Gesellschafterversammlung der Daimler Parts Brand GmbH mit Sitz in Stuttgart, eingetragen im Handelsregister beim Amtsgericht Stuttgart unter HRB 23369, hat am 28.9.2016 einstimmig folgenden Beschluss gefasst:

„Für den Jahresabschluss der Gesellschaft für das am 31.12.2016 endende Geschäftsjahr wird der Befreiung der Gesellschaft von der Verpflichtung zur Aufstellung eines Jahresabschlusses unter Anwendung der ergänzenden Ansatz-, Gliederungs- und Ausweisvorschriften für Kapitalgesellschaften (§§ 264 bis 277 HGB), der Pflicht zur Aufstellung eines Anhangs (§§ 284 bis 288 HGB), der Pflicht zur Aufstellung eines Lageberichts gemäß §§ 289 bis 289a HGB, der Pflicht zur Offenlegung nach §§ 325 ff. HGB und der Pflicht zur Prüfung des Jahresabschlusses nach §§ 316 ff. HGB nach Maßgabe des § 264 Abs. 3 Nr. 1 HGB zugestimmt.

Die Gesellschaft wird in den Konzernabschluss der Daimler AG mit Sitz in Stuttgart einbezogen, der im Bundesanzeiger veröffentlich wird."

Von der Daimler AG, Sitz Stuttgart, eingetragen im Handelsregister beim Amtsgericht Stuttgart unter HRB 19360, bis zur Daimler Parts Brand GmbH, Sitz Stuttgart, besteht über die Daimler Vermögens- und Beteiligungsgesellschaft mbH, Sitz Stuttgart, eingetragen im Handelsregister beim Amtsgericht Stuttgart unter HRB 19323, eine ununterbrochene Kette von Beherrschungs- und/oder Ergebnisabführungsverträgen, die die jeweilige Obergesellschaft entsprechend § 302 AktG in seiner jeweils gültigen Fassung zur Verlustübernahme verpflichten.

Stuttgart, im Oktober 2016

Die Geschäftsführung

2. Für die GmbH sowie GmbH & Co. KG geltende Anhangangabepflichten im Überblick

3)

Henkel IP Management and IC Services GmbH
Monheim
Bekanntmachung nach §§ 264 Abs. 3, 325 HGB zum Geschäftsjahr 2016

Die Henkel AG & Co. KGaA hat sich gegenüber der Henkel IP Management and IC Services GmbH („Gesellschaft") verpflichtet, einen etwaigen handelsrechtlichen Verlust der Gesellschaft im **Geschäftsjahr 2016** (1.1. bis 31.12.2016) in entsprechender Anwendung der Vorschriften des § 302 AktG auszugleichen sowie für die von der Gesellschaft bis zum 31.12.2016 eingegangenen Verpflichtungen im Geschäftsjahr 2017 einzustehen.

Die Gesellschafterversammlung der Henkel IP Management and IC Services GmbH, Monheim, hat am 10. Oktober 2016 folgende Beschlüsse gefasst:

„Die Henkel AG & Co. KGaA hat sich gegenüber der Henkel IP Management and IC Services GmbH („Gesellschaft") verpflichtet, einen etwaigen handelsrechtlichen Verlust der Gesellschaft im Geschäftsjahr 2016 (1.1. bis 31.12.2016) in entsprechender Anwendung der Vorschriften des § 302 AktG auszugleichen sowie für die von der Gesellschaft bis zum 31.12.2016 eingegangenen Verpflichtungen im Geschäftsjahr 2017 einzustehen.

Dieser Verlustübernahme- bzw. Einstandsverpflichtung wird zugestimmt.

Als alleinige Gesellschafterin stimmt die Henkel AG & Co. KGaA zu, dass die Gesellschaft für das Geschäftsjahr 2016 gem. § 264 Abs. 3 HGB auf die Aufstellung eines Anhangs und Lageberichts sowie auf die Prüfung des Abschlusses nach § 316 HGB und die Offenlegung der in § 325 HGB bezeichneten Jahresabschlussunterlagen verzichtet."

Unter Bezugnahme auf § 264 Abs. 3 Nr. 5 HGB teilen wir mit, dass wir für das Geschäftsjahr 2016 von der Befreiungsmöglichkeit betreffend die Pflicht zur Erstellung eines Anhangs und Lageberichts sowie auf die Prüfung des Abschlusses nach § 316 HGB und die Offenlegung der in § 325 HGB bezeichneten Jahresabschlussunterlagen 2016 unserer Gesellschaft Gebrauch machen; der Konzernabschluss und Konzernlagebericht 2016 unseres Mutterunternehmens Henkel AG & Co. KGaA, Düsseldorf, nebst Bestätigungsvermerk wird gemäß § 325 HGB von der Henkel AG & Co. KGaA offengelegt.

Düsseldorf, im Oktober 2016

Die Geschäftsführung

4)

Bayer CropScience Deutschland GmbH
Langenfeld
Freiwillige Einstandsverpflichtungserklärung der Bayer Aktiengesellschaft

Die Bayer Aktiengesellschaft, Leverkusen, ist über mehrere Tochtergesellschaften mittelbar zu 100 % an der Bayer CropScience Deutschland GmbH, Langenfeld, beteiligt.

Hiermit übernimmt die Bayer Aktiengesellschaft die Verpflichtung, für im Jahr 2016 von der Bayer CropScience Deutschland GmbH eingegangene Verpflichtungen bis zum Ablauf des Jahres 2017 einzustehen.

Leverkusen, 15. Februar 2017

Bayer Aktiengesellschaft
Dirk Rosenberg
Frank Radlwimmer

Die für GmbH aufgrund § 264 Abs. 3 HGB genannten Befreiungsmöglichkeiten gelten nach § 264b HGB analog auch für **GmbH & Co. KG**. Daher darf auch die GmbH & Co. KG als Tochterunternehmen eines Mutterunternehmens mit Sitz in einem EU- oder EWR-Mitgliedstaat unter den darin normierten, ebenfalls **kumuliert** geltenden Voraussetzungen u.a. auch von der Anwendung der Vorschriften für Kapitalgesellschaften befreit werden und somit auf die Aufstellung eines Anhangs gänzlich verzichten. Die **Voraussetzungen** dazu sind rechtssystematisch angelehnt an diejenigen in § 264 Abs. 3 HGB. Sie sind jedoch nicht identisch, sondern weniger streng vorgegeben. So bedarf es für die Befreiung der Tochter-GmbH & Co. KG z. B. von der Aufstellung des Anhangs keiner Gesellschafterzustimmung und keiner Einstandspflicht seitens des Mutterunternehmens wegen der bei Personenhandelsgesellschaften weiter gehenden Gesellschafterrechte und der Haftung durch die persönlich haftenden Gesellschafter. Dementsprechend besteht insoweit auch keine Offenlegungspflicht.

Auch die Befreiungsvoraussetzungen nach § 264b HGB wurden aufgrund des BilRUG im Wortlaut neu gefasst. Aus der nachfolgenden synoptischen Gegenüberstellung werden die Änderungen im Wortlaut des § 264b HGB gegenüber der vor Anwendung des BilRUG geltenden Fassung konkret ersichtlich; geänderte Anforderungen werden im Fettdruck hervorgehoben:

§ 264b HGB	
HGB i. d. F. vor BilRUG	HGB i. d. F. nach BilRUG
Eine Personenhandelsgesellschaft im Sinne des § 264a Abs. 1 ist von der Verpflichtung befreit, einen Jahresabschluss und einen Lagebericht nach den Vorschriften dieses Abschnitts aufzustellen, prüfen zu lassen und offen zu legen, wenn	Eine Personenhandelsgesellschaft im Sinne des § 264a Absatz 1 ist von der Verpflichtung befreit, einen Jahresabschluss und einen Lagebericht nach den Vorschriften dieses Abschnitts aufzustellen, prüfen zu lassen und offenzulegen, wenn **alle folgenden Voraussetzungen erfüllt sind**:
1. sie in den Konzernabschluss eines Mutterunternehmens mit Sitz in einem Mitgliedstaat der Europäischen Union oder einem anderen Vertragsstaat des Abkommens über den Europäischen Wirtschaftsraum oder in den Konzernabschluss eines anderen Unternehmens, das persönlich haftender Gesellschafter dieser Personenhandelsgesellschaft ist, einbezogen ist;	1. die betreffende Gesellschaft ist einbezogen in den Konzernabschluss **und in den Konzernlagebericht** a) eines persönlich haftenden Gesellschafters der betreffenden Gesellschaft oder b) eines Mutterunternehmens mit Sitz in einem Mitgliedstaat der Europäischen Union oder einem anderen Vertragsstaat des Abkommens über den Europäischen Wirtschaftsraum, **wenn in diesen Konzernabschluss eine größere Gesamtheit von Unternehmen einbezogen ist**;

2.	der Konzernabschluss sowie der Konzernlagebericht im Einklang mit der Richtlinie 83/349/EWG des Rates vom 13. Juni 1983 auf Grund von Artikel 54 Abs. 3 Buchstabe g des Vertrages über den konsolidierten Abschluss (ABl. EG Nr. L 193 S. 1) und der Richtlinie 84/253/EWG des Rates vom 10. April 1984 über die Zulassung der mit der Pflichtprüfung der Rechnungslegungsunterlagen beauftragten Personen (ABl. EG Nr. L 126 S. 20) in ihren jeweils geltenden Fassungen nach dem für das den Konzernabschluss aufstellende Unternehmen maßgeblichen Recht aufgestellt, von einem zugelassenen Abschlussprüfer geprüft und offen gelegt worden ist, und	2.	die in § 264 Absatz 3 Satz 1 Nummer 3 genannte Voraussetzung ist erfüllt;
3.	die Befreiung der Personenhandelsgesellschaft a) im Anhang des von dem Mutterunternehmen aufgestellten und nach § 325 durch Einreichung beim Betreiber des Bundesanzeigers offen gelegten Konzernabschlusses angegeben und b) zusätzlich im Bundesanzeiger für die Personenhandelsgesellschaft unter Bezugnahme auf diese Vorschrift und unter Angabe des Mutterunternehmens mitgeteilt worden ist.	3.	die Befreiung der Personenhandelsgesellschaft ist im Anhang des Konzernabschlusses angegeben und
		4.	für die Personenhandelsgesellschaft sind der Konzernabschluss, der Konzernlagebericht und der Bestätigungsvermerk nach § 325 Absatz 1 bis 1 b offengelegt worden; § 264 Absatz 3 Satz 2 und 3 ist entsprechend anzuwenden.

Der Gesetzesbegründung zufolge[55] wurde die geltende Formulierung des § 264b HGB im Vergleich zur vor Anwendung des BilRUG geltenden Fassung sprachlich vereinfacht und an Art. 38 Abs. 2 der Bilanzrichtlinie angepasst. Im Wortlaut des § 264b HGB werden so Parallelen und Unterschiede zu § 264 Abs. 3 HGB deutlich sichtbarer als zuvor.

Dabei werden die zwei Fallgruppen einer möglichen Befreiung deutlich hervorgehoben: Einbeziehung in den Konzernabschluss

- eines persönlich haftenden Gesellschafters (§ 264b Nr. 1 Buchstabe a HGB) oder
- eines Mutterunternehmens mit Sitz in einem EU- oder EWR-Mitgliedstaat (§ 264b Nr. 1 Buchstabe b HGB).

Entsprechend der Vorgabe in der Bilanzrichtlinie wird zum Fall des § 264b Nr. 1 Buchstabe b HGB klargestellt, dass ein vom Mutterunternehmen mit entsprechendem Sitz aufgestellter Konzernabschluss nur dann i. S. d. § 264b HGB befreiend wirken kann, wenn darin „eine **größere Gesamtheit** von Unternehmen einbezogen ist". Zur Konkretisierung dieser Anforderung enthält die Bilanzrichtlinie keine Anhaltspunkte. Nach Interpretation des Gesetzgebers erfordert dies die Einbeziehung von **mindestens drei Unternehmen**.[56] Grund dafür ist, dass z. B. bei der GmbH & Co. KG die KG mit mindestens einer voll haftenden Komplementär-GmbH ausgestattet ist und diese somit bereits mindestens zwei Unternehmen bilden. Eine „größere Gesamtheit" kann daher frühestens ab drei Unternehmen angenommen werden.[57] Diese Voraussetzung ist aber nicht auch auf den Konzernabschluss eines persönlich haftenden Gesellschafters zu übertragen, so dass sie entfällt, wenn der persönlich haftende Gesellschafter zugleich Mutterunternehmen mit Sitz in einem EU- oder EWR-Mitgliedstaat ist.[58]

Im Übrigen ist der Gehalt der Vorschrift materiell nicht verändert. Somit bleibt auch die bisherige Selbstbefreiung einer Personenhandelsgesellschaft durch eigene Konzernrechnungslegung möglich, wobei auch in diesem Fall in den Konzernabschluss mindestens drei Unternehmen einbezogen sein müssen.[59]

Zur weiteren Konkretisierung der Befreiungsvoraussetzungen nach § 264b HGB für die Tochter-GmbH & Co. KG sowie zur Klärung von Zweifelsfragen dazu wird auf das einschlägige Schrifttum verwiesen.[60]

2.5 Strukturvorgaben für den Anhang (§ 284 Abs. 1 HGB)

Nach § 284 Abs. 1 HGB müssen die zu den einzelnen Posten der Bilanz und der GuV vorgeschriebenen Angaben in der Reihenfolge der einzelnen Posten der Bilanz und der GuV dargestellt werden. Diese Anforderung wurde mit dem BilRUG in das HGB aufgenommen. Damit wurde Art. 15 der Bilanzrichtlinie umgesetzt. Eine besondere Begründung für diese Anforderung wird weder in der Bilanzrichtlinie noch in der Gesetzesbegründung zum BilRUG gegeben.

---

55 Vgl. BT-Drucks. 18/4050, S. 59.
56 Vgl. BT-Drucks. 18/4050, S. 59.
57 Vgl. BT-Drucks. 18/5256, S. 81.
58 Vgl. IDW, HFA: Anwendungsfragen zum HGB i. d. F. des BilRUG, in: IDW Life 1/2016, S. 54.
59 Vgl. BT-Drucks. 18/4050, S. 59.
60 Vgl. z. B. Winkeljohann, N./Deubert, M., in: BeckBilKom, 10. Aufl., § 264b HGB Rn. 1-75; WP-Handbuch 2017, Hauptband, 15. Aufl., S. 1027-1031, Tz. 1420-1433 m. w. N.; Hoffmann, W.-D./Lüdenbach, N., NWB Kommentar Bilanzierung, 8. Aufl., § 264b HGB Rz. 1-24.

Eine postenbezogene Strukturierung postenbezogener Anhangangaben auch schon vor der Aufnahme dieser Anforderung in das HGB ist „weitgehend gelebte Praxis und kann insoweit als GoB-Verständnis bezeichnet werden".[61] Wörtlich angewendet, führt die postenbezogene Reihenfolge bei Anhangangaben allerdings dazu, dass – abweichend von der vorherigen Bilanzierungspraxis deutscher Unternehmen[62] – z. B.

- die Angabe der auf die Posten der Bilanz und der Gewinn- und Verlustrechnung angewandten **Bilanzierungs- und Bewertungsmethoden** (§ 284 Abs. 2 Nr. 1 HGB) oder
- die Darstellung der Entwicklung der einzelnen Posten des Anlagevermögens (**„Anlagespiegel"**, § 284 Abs. 3 HGB) oder
- die Angabe der Restlaufzeiten und der Besicherungen für jeden Posten der Verbindlichkeiten (**„Verbindlichkeitenspiegel"**, § 285 Nr. 2 i. V. m. § 268 Abs. 5 Satz 1 HGB)

nicht (mehr) jeweils in einer geschlossenen Darstellung in den Anhang aufgenommen werden, sondern isoliert für die einzelnen Posten.[63] Dadurch können sachlogische Zusammenhänge verloren gehen, worunter die **Verständlichkeit** leidet. Das kann nicht i. S. d. Adressaten sein.[64]

Zur Problematik lassen sich diverse **weitere Beispiele** anführen: Vermögensverrechnung (§ 285 Nr. 25 HGB), Ausschüttungssperre (§ 285 Nr. 28 HGB), Bildung von Bewertungseinheiten (§ 285 Nr. 23 HGB), latente Steuern (§ 285 Nr. 29 HGB) oder derivative Finanzinstrumente (§ 285 Nr. 19 HGB). In diesen Fällen ist in der Bilanzierungspraxis großer Unternehmen zuweilen eine **Atomisierung** zu beobachten,[65] auch wenn beispielsweise in die Vermögensverrechnung häufiger mehrere Aktiv- und Passivposten (z. B. „Wertpapiere des Anlagevermögens", „sonstige Wertpapiere", „sonstige Vermögensgegenstände", „Rückstellungen für Pensionen und ähnliche Verpflichtungen", „sonstige Rückstellungen") sowie mehrere Ertrags- und Aufwandsposten (z. B. „sonstige betriebliche Erträge", „sonstige Zinsen und ähnliche Erträge", „sonstige betriebliche Aufwendungen", „Zinsen und ähnliche Aufwendungen")[66] einbezogen werden. Eine postenbezogene Zerlegung der verrechnungsbezogenen Angaben dazu erscheint dann aber eher „mutwillig" und wirkt auch intransparent. Das ist i. S. d. **Informationsfunktion kontraproduktiv** und wird so auch nicht gewollt sein. Gleiches ist ebenfalls z. B. bei den Angaben zu außergewöhnlichen Erträgen und Aufwendungen sowie zu periodenfremden Erträgen und Aufwendungen anzunehmen.

Im Verlauf des Gesetzgebungsverfahrens zum BilRUG wurde daher angeregt, (in der Gesetzesbegründung) klarzustellen, dass Abweichungen von der postenbezogenen Reihenfolge postenbezogener Anhangangaben „in gewissen Grenzen" erlaubt sein sollten[67] bzw. dass die Angaben, die derzeit üblicherweise geschlossen im Anhang gemacht werden, wie etwa Angaben zu Bewertungsmethoden oder die Darstellung des Anlagespiegels, auch künftig nicht auf die einzelnen Bilanzposten aufgeteilt werden müssen.[68] Der Gesetzgeber hat diese Anregungen zwar

---

61 Fink, C./Theile, C., Anhang und Lagebericht nach dem RegE zum Bilanzrichtlinie-Umsetzungsgesetz, in: DB 2015, S. 754.
62 Vgl. dazu eingehend auch Philipps, H., Jahresabschlüsse 2010.
63 So im Ergebnis auch DRSC, Stellungnahme vom 6. 10. 2014 zum BilRUG Ref-E, S. 7.
64 Vgl. GDV, Stellungnahme vom 2. 10. 2014 zum BilRUG Ref-E, S. 10.
65 Vgl. dazu die empirischen Nachweise bei Philipps, H., Jahresabschlüsse 2010, S. 68 ff., 80 ff., 90 ff.,185 ff., 205 ff.
66 Vgl. Philipps, H., Jahresabschlüsse 2010, S. 69 f. und S. 73 f.
67 Vgl. GDV, Stellungnahme vom 2. 10. 2014 zum BilRUG Ref-E, S. 10.
68 So im Ergebnis auch DRSC, Stellungnahme vom 6. 10. 2014 zum BilRUG Ref-E, S. 7.

nicht generell und explizit aufgegriffen, setzt diese Gedanken für die Fälle der Entwicklung der einzelnen Posten des Anlagevermögens (Anlagespiegel) und der Angabe von Restlaufzeiten und Besicherungen zu einzelnen Posten der Verbindlichkeiten (Verbindlichkeitenspiegel) gleichwohl selbst um. Beim Anlagespiegel über den Wortlaut des § 284 Abs. 3 Satz 1 HGB („in einer gesonderten Aufgliederung") und beim Verbindlichkeitenspiegel über die Gesetzesbegründung zum BilRUG dazu: „Kapitalgesellschaften können diese Vorgaben auch dadurch erfüllen, dass sie einen Verbindlichkeitenspiegel erstellen, der zumindest die in § 266 Absatz 3 Buchstabe C. HGB genannten Posten einzeln darstellt und nach § 265 Absatz 2 HGB die Vorjahreszahlen angibt und ggf. erläutert."[69]

Aufgrund dessen ist davon auszugehen, dass auch in anderen Fällen, in denen eine Atomisierung zusammenhängender Angaben für mehrere Posten nicht sachgerecht erscheint, eine **gesonderte, geschlossene Darstellung zulässig ist**. Nur dies trägt der **Informationsfunktion** des Anhangs angemessen Rechnung. Denn dazu ist nicht allein erforderlich, dass der Anhang die notwendigen Angaben leicht auffindbar enthält. Sie müssen auch in sich verständlich sein und dabei bestehende Zusammenhänge deutlich erkennbar machen.

Auch zur Beantwortung der Frage der **Zuordnung** von gesonderten Darstellungen, die mehrere Posten einschließen, innerhalb des Anhangs geben die Überlegungen des Gesetzgebers zum Anlagespiegel und zum Verbindlichkeitenspiegel Anhaltspunkte. Danach werden hierzu im Regelfall jeweils die mit Buchstaben, ggf. auch mit römischen Ziffern benannten Ebenen der Bilanzgliederung nach § 266 HGB passend sein, d. h. bei

- der Vermögensverrechnung mit aktivem Überhang der Posten „Unterschiedsbetrag aus der Vermögensverrechnung" (§ 266 Abs. 2 Buchstabe E. HGB),
- latenten Steuern mit nicht bilanziertem Aktivüberhang der Posten „Aktive latente Steuern" (§ 266 Abs. 2 Buchstabe D. HGB),
- der Ausschüttungssperre nach § 268 Abs. 8 HGB die Passiva-Gliederungsebene „Eigenkapital" (§ 266 Abs. 3 Buchstabe A. HGB),
- der Vermögensverrechnung mit passivem Überhang die Passiva-Gliederungsebene „Rückstellungen" (§ 266 Abs. 3 Buchstabe B. HGB),
- der Bildung von Bewertungseinheiten abhängig vom überwiegenden Volumen der Grundgeschäfte z. B. die Aktiva-Gliederungsebene „Forderungen und sonstige Vermögensgegenstände" (§ 266 Abs. 2 Buchstabe B. II. HGB) oder die Passiva-Gliederungsebene „Verbindlichkeiten" (§ 266 Abs. 3 Buchstabe C. HGB) und
- bei derivativen Finanzinstrumenten abhängig von ihrem überwiegenden Volumen ebenfalls z. B. die Aktiva-Gliederungsebene „Forderungen und sonstige Vermögensgegenstände" (§ 266 Abs. 2 Buchstabe B. II. HGB) oder die Passiva-Gliederungsebene „Verbindlichkeiten" (§ 266 Abs. 3 Buchstabe C. HGB).

Im Fall der Bildung von Bewertungseinheiten kommt alternativ zur Zuordnung zum überwiegenden Posten auch eine Einbeziehung in die Beschreibung der Bilanzierungs- und Bewertungsmethoden in Betracht. Ebenso denkbar ist hierfür auch die Einführung einer Kategorie „Postenübergreifende Angaben" unter den üblichen „Erläuterungen zur Bilanz". Eine Zuordnung zu die-

---

[69] BT-Drucks. 18/4050, S. 62.

ser Kategorie kann auch für die Angaben zu derivativen Finanzinstrumenten bei größerer „Postenstreuung" alternativ zur Zuordnung zum überwiegenden Posten sinnvoll sein.

Entsprechendes bietet sich auch für die Angaben zu außergewöhnlichen Erträgen und Aufwendungen sowie periodenfremden Erträgen und Aufwendungen unter den Erläuterungen zur GuV an. Anhangangaben zur GuV werden indes nur in deutlich geringerem Maße gefordert und sind daher regelmäßig wesentlich übersichtlicher als diejenigen zur Bilanz. Deshalb wird hier eine Kategorie „Postenübergreifende Angaben" häufig entbehrlich sein.

Insgesamt lässt sich somit festhalten, dass die Anforderung der postenbezogenen Reihenfolge postenbezogener Anhangangaben nach § 284 Abs. 1 HGB zu keiner grundlegenden Neustrukturierung der bisher in der Bilanzierungspraxis deutscher Unternehmen erstellten Anhänge führen muss; hierzu wird auf die **beispielhaften „Musteranhänge"** in Abschnitt 7 verwiesen.

Bei Durchsicht der ersten, nach dem HGB i. d. F. nach BilRUG aufgestellten Jahresabschlüsse großer deutscher Unternehmen war dies auch so ersichtlich. Keines der zur Gruppe der in der „DAX-Familie" erfassten Unternehmen hat seinen Anhang rein postenbezogen strukturiert. Eines dieser Unternehmen hat zwar die Beschreibung der Bilanzierungs- und Bewertungsmethoden postenbezogen zugeordnet, nicht aber auch z. B. die Angaben zum Anlagespiegel sowie zum Einsatz derivativer Finanzinstrumente und zur Bildung von Bewertungseinheiten.[70]

---

70 Vgl. Henkel AG & Co. KGaA, Düsseldorf (Hrsg.), Jahres- und Konzernabschluss zum Geschäftsjahr vom 1.1.2016 bis zum 31.12.2016 – in der im elektronischen Bundesanzeiger veröffentlichten Fassung – pdf-Version.

3. Erläuterung der für kleine GmbH sowie GmbH & Co. KG geltenden Anhangvorschriften[71]

3.1 Grundlegende Angaben zum Unternehmen und zur Bilanzierung

3.1.1 Registerinformationen zur Identifikation des bilanzierenden Unternehmens (§ 264 Abs. 1a HGB)

Nach § 264 Abs. 1a HGB sind im Jahresabschluss die Firma, der Sitz, das Registergericht sowie die Registernummer des bilanzierenden Unternehmens und im Fall der Abwicklung oder Liquidation des bilanzierenden Unternehmens auch diese Tatsache anzugeben. Mit der Vorschrift wurde durch das BilRUG Art. 5 der Bilanzrichtlinie im HGB umgesetzt. Die geforderten Informationen dienen dazu, das bilanzierende Unternehmen eindeutig identifizieren zu können. Sie sind in § 264 Abs. 1a HGB in Form einer **abschließenden Aufzählung** benannt. Weitere Informationen werden nach dieser Vorschrift also nicht verlangt.

„Firma" ist der Name, unter dem das bilanzierende Unternehmen seine Geschäfte betreibt; dazu gehört auch die Nennung der Rechtsform (§§ 17 Abs. 1 und 19 HGB, § 4 GmbHG). Mit „Sitz" ist, wie auch an anderer Stelle (hierzu wird auf die Abschnitte 4.2.1.3 und 4.2.1.4 verwiesen), der statutarische Sitz gemeint.[72] Die Aufgaben der **Registergerichte** sind bei den Amtsgerichten angesiedelt. Grundsätzlich führt jedes Amtsgericht, in dessen Bezirk ein Landgericht seinen Sitz hat, für den Bezirk dieses Landgerichts ein Handelsregister (§ 1 Handelsregisterverordnung[73]). Das Handelsregister besteht aus zwei Abteilungen. In Abteilung A werden u.a. die KG und in Abteilung B u.a. die GmbH eingetragen (§ 3 Handelsregisterverordnung). Eintragungen in das Handelsregister sind u.a. für jede KG und jede GmbH unter einer in derselben Abteilung fortlaufenden Nummer vorzunehmen (§ 13 Abs. 1 Handelsregisterverordnung). Diese Nummer ist die **Registernummer**.

Die Angaben zu Firma, Sitz, Registergericht und Registernummer sowie ggf. der Tatsache der Abwicklung oder Liquidation müssen **im Jahresabschluss** gemacht werden. Angabeort hierfür ist daher **nicht zwingend der Anhang**. Ausweislich der Gesetzesbegründung zum BilRUG kommen dafür etwa die Überschrift des Jahresabschlusses, ein gesondertes Deckblatt oder eine andere herausgehobene Stelle im Jahresabschluss in Betracht.[74] Denkbar wäre dann z.B. die Überschrift zur Bilanz. Der Gesetzesbegründung zum BilRUG zufolge werden die Angaben nach § 264 Abs. 1a HGB in der Unternehmenspraxis „überwiegend schon heute dem Jahresabschluss vorangestellt".[75]

---

[71] Entsprechend den Hinweisen im Vorwort gilt im Folgenden: „HGB" meint das bei Erscheinen dieses Buches gültige Handelsgesetzbuch mit Rechtsstand für nach dem 31.12.2016 beginnende Geschäftsjahre. Auf die Rechtslage HGB a.F. (vor BilMoG) bzw. HGB a.F. (vor BilRUG) wird in den Erläuterungen bzw. in original zitierten Beispielen noch vereinzelt verwiesen und meint den Rechtsstand des HGB für Geschäftsjahre mit Beginn vor dem 1.1.2010 (BilMoG) bzw. vor dem 1.1.2016 (BilRUG).

[72] Vgl. BT-Drucks. 18/4050, S. 57.

[73] Verordnung über die Einrichtung und Führung des Handelsregisters (Handelsregisterverordnung – HRV), abrufbar unter http://www.gesetze-im-internet.de/bundesrecht/hdlregvfg/gesamt.pdf.

[74] Vgl. BT-Drucks. 18/4050, S. 57.

[75] BT-Drucks. 18/4050, S. 57.

Werden die Angaben an den genannten Stellen indes nicht gemacht, verbleibt primär ihre Aufnahme in den Anhang. Dann ist ihre Nennung dort gleich zu Beginn „vorab" unter „Grundlegende Angaben zum Unternehmen und zur Bilanzierung" bzw. unter „Allgemeine Angaben" sinnvoll[76] (zur Struktur des Anhangs wird auf Abschnitt 2.4.2, zu strukturellen Vorgaben auf Abschnitt 2.5 verwiesen).

Formulierungsbeispiel für die Angaben nach § 264 Abs. 1a HGB bei GmbH:

Angaben zum Unternehmen und Grundlagen der Bilanzierung im Jahresabschluss

Der Jahresabschluss der Muster-GmbH, Musterhausen (Amtsgericht Musterstadt, HRB 0007) wurde nach den Vorschriften des HGB für große Kapitalgesellschaften und des GmbHG aufgestellt. ...

Formulierungsbeispiel für die Angaben nach § 264 Abs. 1a HGB bei GmbH & Co. KG:

Angaben zum Unternehmen und Grundlagen der Bilanzierung im Jahresabschluss

Der Jahresabschluss der Muster-GmbH & Co. KG, Musterhausen (Amtsgericht Musterstadt, HRA 0005) wurde entsprechend §§ 264a, 267 HGB nach den Vorschriften des HGB für große Kapitalgesellschaften aufgestellt. ...

Diese oder ähnliche Formulierungen für die nach § 264 Abs. 1a HGB geforderten Angaben können ebenso verwendet werden, wenn die Angaben außerhalb des Anhangs an anderer Stelle in den Jahresabschluss aufgenommen werden.

PRAXISBEISPIELE für Angaben nach § 264 Abs. 1a HGB (bei Unternehmen nicht in Abwicklung oder Liquidation):

1) Unmittelbar nach der Überschrift „Anhang" unter „I. Angaben zum Jahresabschluss", „A. Allgemeines":[77]

„Die Gesellschaft ist unter der Firma Karlsberg Brauerei GmbH mit Sitz in Homburg im Handelsregister des Amtsgerichts Saarbrücken unter der Nummer HRB 17866 eingetragen."

2) Angabe unmittelbar nach der Überschrift „Anhang" unter „Allgemeine Hinweise":[78]

„Die GRENKE AG ist eine Aktiengesellschaft mit Sitz in Baden-Baden, Neuer Markt 2, Deutschland. Die Gesellschaft ist beim Amtsgericht Mannheim im Handelsregister, Abteilung B, unter der Nummer 201836 eingetragen."

3) Angabe unmittelbar nach der Überschrift „Anhang" unter „Allgemeine Angaben":[79]

„Der Jahresabschluss der

Hotel Bellevue GmbH, Hilden (Amtsgericht Düsseldorf, HRB 45503)

wurde aufgrund der neuen Rechnungslegungsvorschriften des Handelsgesetzbuches (HGB) aufgestellt."

---

76 So auch Fink, C./Theile, C., Anhang und Lagebericht nach dem RegE zum Bilanzrichtlinie-Umsetzungsgesetz, in: DB 2015, S. 753.
77 Karlsberg Brauerei GmbH, Homburg/Saar (Hrsg.), Geprüfter Jahresabschluss zum 31. Dezember 2016, S. 34.
78 Grenke AG, Baden-Baden (Hrsg.), Einzelabschluss 2016, S. 13.
79 Hotel Bellevue GmbH Hilden, Hilden (Hrsg.), Jahresabschluss zum Geschäftsjahr vom 1. 1. 2016 bis zum 31. 12. 2016 – in der im elektronischen Bundesanzeiger veröffentlichten Fassung – pdf-Version, S. 2.

3.1 Grundlegende Angaben zum Unternehmen und zur Bilanzierung

4) Angabe unter „Angaben zur Identifikation der Gesellschaft laut Registergericht":[80]

„Firmenname laut Registergericht: Stube Gesellschaft mit beschränkter Haftung.

Firmensitz laut Registergericht: Mülheim-Kärlich.

Registereintrag: Handelsregister.

Registergericht: Koblenz.

Register-Nr.: HRB 10583"

5) Angabe in einer Fußnote zu Beginn des Anhangs im Abschnitt „Grundlagen und Methoden", „Beschreibung der Geschäftstätigkeit":[81]

„Die Deutsche Telekom AG1, Bonn (im Folgenden Deutsche Telekom oder Gesellschaft genannt)...

1 Die Deutsche Telekom wurde am 2. Januar 1995 unter der Firma Deutsche Telekom AG in das Handelsregister beim Amtsgericht Bonn (Nr. HRB 6794) eingetragen."

6) Angabe am Ende des Anhangs unter „Sonstige Angaben":[82]

„Die Betron Control Systems GmbH hat ihren Sitz in Enger und ist unter HRB 12209 im Handelsregister des Amtsgerichts Bad Oeynhausen eingetragen."

7) Angabe am Ende des Anhangs unter „Sonstige Angaben", „Weitere Angaben":[83]

„Die Merck Kommanditgesellschaft auf Aktien, Frankfurter Straße 250, 64293 Darmstadt, ist im Handelsregister unter der Nummer HRB 6164 eingetragen. Das zuständige Registergericht ist das Amtsgericht Darmstadt."

8) Angabe am Ende des Anhangs, einbezogen in diejenigen zur „Konzernzugehörigkeit":[84]

„Der Jahresabschluss der HOCHTIEF Aktiengesellschaft, Essen, Deutschland, Amtsgericht Essen, Handelsregisternummer HRB 279, wird in den Konzernabschluss der HOCHTIEF Aktiengesellschaft einbezogen, die diesen als eigenständiger börsennotierter Konzern veröffentlicht und der gleichzeitig in den Konzernabschluss der ACS Actividades de Construccion y Servicios, S. A., Madrid, Spanien, konsolidiert wird. Der Konzernabschluss der HOCHTIEF Aktiengesellschaft wird im Bundesanzeiger, der Konzernabschluss von ACS im Verzeichnis der Comision Nacional del Mercado de Valores veröffentlicht."

PRAXISBEISPIELE für Angaben nach § 264 Abs. 1a HGB (bei Unternehmen in Liquidation):

1) Angabe unmittelbar nach der Überschrift „Anhang" unter „A. Einleitung":[85]

„Die Mühlbauer Traceability GmbH i. L. mit Sitz in Ehingen ist am Amtsgericht Ulm unter der Registernummer HRB 490358 in das Handelsregister eingetragen."

2) Angabe nach der Überschrift „Anhang" unter „2. Registerinformationen":[86]

„Die Gesellschaft war unter der Firma Eurotube GmbH mit Sitz in Kaarst im Handelsregister des Amtsgerichts Neuss unter der Nummer HRB 13679 eingetragen. Am 2. September 2016 wurde die Liquidation der Gesellschaft in das Handelsregister eingetragen."

---

80 Stube GmbH, Mülheim-Kärlich (Hrsg.), Jahresabschluss zum Geschäftsjahr vom 1. 1. 2016 bis zum 31. 12. 2016 – in der im elektronischen Bundesanzeiger veröffentlichten Fassung – pdf-Version, S. 2.
81 Deutsche Telekom AG, Bonn (Hrsg.), Jahresabschluss zum 31. Dezember 2016, S. 8.
82 Betron Control Systems GmbH, Enger, Jahresabschluss zum 31. Dezember 2016, in: KPMG, Erstellungsbericht Jahresabschluss 31. Dezember 2016 Betron Control Systems GmbH, Enger, Anlage 1.3/3.
83 Merck KGaA, Darmstadt (Hrsg.), Jahresabschluss 2016, S. 130.
84 Hochtief AG, Essen (Hrsg.), Jahresabschluss zum 31. Dezember 2016, S. 40.
85 Mühlbauer Traceability GmbH i. L., Ehingen Donau (Hrsg.), Jahresabschluss zum Geschäftsjahr vom 1. 1. 2016 bis zum 31. 12. 2016 – in der im elektronischen Bundesanzeiger veröffentlichten Fassung – pdf-Version, S. 2.
86 Eurotube GmbH i. L., Kaarst (Hrsg.), Jahresabschluss zum Geschäftsjahr vom 8. 7. 2016 bis zum 31. 12. 2016 – in der im elektronischen Bundesanzeiger veröffentlichten Fassung – pdf-Version, S. 4.

3.1.2 Gliederung, Vorjahresbeträge, Abweichung von der Generalnorm

3.1.2.1 Abweichungen von der Gliederungsstetigkeit (§ 265 Abs. 1 Satz 2 HGB)

Nach dem **formellen Stetigkeitsgebot** des § 265 Abs. 1 HGB ist „die Form der Darstellung, insbesondere die Gliederung der aufeinanderfolgenden Bilanzen und Gewinn- und Verlustrechnungen ... beizubehalten, soweit nicht in Ausnahmefällen wegen besonderer Umstände Abweichungen erforderlich sind". Liegt ein solcher Ausnahmefall vor, sind „die Abweichungen ... im Anhang anzugeben und zu begründen".

Die Regelung soll die formelle Vergleichbarkeit aufeinanderfolgender Jahresabschlüsse gewährleisten und damit auch die Erkennbarkeit von Veränderungen der Vermögens-, Finanz- und Ertragslage erleichtern.[87]

Mit „**Form der Darstellung**" werden die Bezeichnungen, die Inhalte und die Reihenfolge von Posten der Bilanz und der GuV nach den angewendeten Gliederungsschemata, die etwaige Bildung von Zwischensummen darin sowie die inhaltliche Aufteilung der im Jahresabschluss gegebenen Informationen auf die Bilanz, die GuV und auch den **Anhang** erfasst. Das formelle Stetigkeitsgebot des § 265 Abs. 1 HGB schließt damit also auch die Struktur des Anhangs sowie bei Wahlrechten zur Informationsvermittlung in der Bilanz bzw. GuV oder im Anhang (hierzu wird auf Abschnitt 2.4.2 verwiesen), auch die gleichbleibende Nutzung dieser Wahlrechte ein.[88]

Abweichungen von der so gekennzeichneten Form der Darstellung sind begrenzt, nämlich, wenn sie **„wegen besonderer Umstände erforderlich"** werden, d. h. also zwingend sind. Ursachen solcher Anlässe dafür können durch wichtige externe oder unternehmensinterne Veränderungen begründet werden. Ein solcher Fall liegt nicht vor, wenn das bilanzierende Unternehmen im Jahr eines Größenklassenwechsels (§ 267 HGB) erstmals bisher anwendbare Erleichterungen bei der Gliederung aufgeben muss (beim Wechsel in eine höhere Größenklasse) bzw. erstmalig anwendbare Erleichterungen anwendet (beim Wechsel in eine niedrigere Größenklasse).[89]

Beispiele für besondere Umstände, die eine Abweichung von der formellen Stetigkeit im Jahresabschluss erforderlich machen, werden im Schrifttum wie folgt genannt:

- Anpassung an neue, konzerneinheitliche Ausweismethoden im Fall des Eigentümerwechsels,[90]

- Nutzung gesetzlich zulässiger, größenbedingter Ausweiserleichterungen nach freiwilligem Verzicht auf ihre Anwendung im Vorjahr,[91]

---

87 Vgl. z. B. Winkeljohann, N./Büssow, T., in: BeckBilKom, 10. Aufl., § 265 HGB Rn. 2.
88 Vgl. z. B. Winkeljohann, N./Büssow, T., in: BeckBilKom, 10. Aufl., § 265 HGB Rn. 2; vgl. dazu auch Hoffmann, W.-D./Lüdenbach, N., NWB Kommentar Bilanzierung, 8. Aufl., § 265 HGB Rz. 4 sowie 6-8.
89 Vgl. z. B. Adler, H./Düring, W./Schmaltz, K., 6. Aufl., § 265 HGB Rz. 22.
90 Vgl. Winkeljohann, N./Büssow, T., in: BeckBilKom, 10. Aufl., § 265 HGB Rn. 3.
91 Vgl. Adler, H./Düring, W./Schmaltz, K., 6. Aufl., § 265 HGB Rz. 22.

- Änderungen im Produktions- bzw. Leistungsprogramm des bilanzierenden Unternehmens,[92] z. B. durch Abspaltung einzelner Geschäftszweige[93] oder Übergang zur primär die Beteiligungen verwaltenden Holding,[94]
- zwecks besserer Klarheit und Übersichtlichkeit weitergehende Aufgliederungen bzw. Zusammenfassung von Abschlussposten, die aufgrund veränderter wirtschaftlicher Verhältnisse in ihrer Bedeutung gestiegen bzw. gesunken sind,[95]
- Wechsel z. B. des Gliederungsschemas der GuV zur Anpassung an eine branchenübliche Bilanzierung,[96]
- Anpassung der Gliederung an neue gesetzliche Vorgaben (auf diesen Fall weist z. B. Art. 67 Abs. 8 EGHGB hin, nach dem die Anhangangabe des § 265 Abs. 1 Satz 2 HGB im Fall der gesetzlich durch das BilMoG begründeten Änderungen allerdings nicht angewendet werden musste[97]),
- Änderungen der Gliederung zur Beseitigung von Bilanzierungsfehlern, zur Anpassung an geänderte Rechtsprechung oder aufgrund von Feststellungen einer steuerlichen Außenprüfung.[98]

Ist aufgrund eines solchen oder eines anderen, denkbaren ähnlichen Falles eine Abweichung vom formellen Stetigkeitsgebot erforderlich, wird die Anhangangabe nach § 265 Abs. 1 Satz 2 HGB ausgelöst. Danach sind die Abweichungen im Anhang anzugeben und zu begründen. Dies verlangt dem Wortlaut der Vorschrift nach:

- die Nennung des Umstandes, dass vom formellen Stetigkeitsgebot abgewichen wurde,
- die Nennung der Abweichungen (ohne Angabe quantitativer Auswirkungen) und
- die Darlegung der Gründe für die Abweichungen.[99]

Die Begründung muss erkennen lassen, warum die Durchbrechung der formellen Stetigkeit notwendig war. Ist dafür eine größere Klarheit und Übersichtlichkeit (§ 243 Abs. 2 HGB) ausschlaggebend, muss angegeben werden, worin die Verbesserung insoweit besteht;[100] wegen fehlender Objektivierbarkeit wird die dazu angegebene Wirkung gleichwohl eher behauptet als tatsächlich begründet werden müssen.[101] Bei Darstellungsänderungen, die aufgrund gesetzlicher Neuerungen geboten sind, genügt als Begründung ein Hinweis auf die jeweilige Rechtsänderung.[102]

---

92 Vgl. z. B. Adler, H./Düring, W./Schmaltz, K., 6. Aufl., § 265 HGB Rz. 20.
93 Vgl. z. B. Hoffmann, W.-D./Lüdenbach, N., NWB Kommentar Bilanzierung, 8. Aufl., § 265 HGB Rz. 13.
94 Vgl. z. B. Winkeljohann, N./Büssow, T., in: BeckBilKom, 10. Aufl., § 265 HGB Rn. 3. Siehe dazu auch Philipps, H., Jahresabschlüsse 2010, S. 52-56 mit verschiedenen Gliederungsbeispielen aus der Bilanzierungspraxis großer Unternehmen mit Holdingfunktion.
95 Vgl. z. B. Adler, H./Düring, W./Schmaltz, K., 6. Aufl., § 265 HGB Rz. 20.
96 Vgl. z. B. Hoffmann, W.-D./Lüdenbach, N., NWB Kommentar Bilanzierung, 8. Aufl., § 265 HGB Rz. 13.
97 Zur Umsetzung des Art. 67 Abs. 8 EGHGB in der Bilanzierungspraxis vgl. Philipps, H., Jahresabschlüsse 2010, S. 17 f.
98 Vgl. Reiner, G./Haußer, J., in: MüKoHGB, 3. Aufl., § 265 HGB Rn. 5 m. w. N.
99 Vgl. z. B. auch Winkeljohann, N./Büssow, T., in: BeckBilKom, 10. Aufl., § 265 HGB Rn. 4.
100 Vgl. Winkeljohann, N./Büssow, T., in: BeckBilKom, 10. Aufl., § 265 HGB Rn. 4.
101 Vgl. z. B. Hoffmann, W.-D./Lüdenbach, N., NWB Kommentar Bilanzierung, 8. Aufl., § 265 HGB Rz. 18.
102 Vgl. z. B. Hoffmann, W.-D./Lüdenbach, N., NWB Kommentar Bilanzierung, 8. Aufl., § 265 HGB Rz. 17.

3. Erläuterung der für kleine GmbH sowie GmbH & Co. KG geltenden Anhangvorschriften

PRAXISBEISPIELE für Angaben nach § 265 Abs. 1 Satz 2 HGB (aufgrund gesetzlich gebotener Darstellungsänderungen):

1) Angabe unter den „Angaben zu den Bilanzierungs- und Bewertungsmethoden", „Allgemeine Angaben":[103]

„Durch die erstmalige Anwendung des BilMoG wurde die Gliederung der Bilanz um den Posten „Passive latente Steuer" erweitert. In der Gewinn- und Verlustrechnung wurde im Zuge der Änderungen durch das BilMoG der Posten Sonstige betriebliche Erträge durch den „davon-Vermerk" für Erträge aus der Währungsumrechnung ergänzt. Analog wurde der Posten Sonstige betriebliche Aufwendungen durch den „davon-Vermerk" für Aufwendungen aus der Währungsumrechnung ergänzt."

2) Angaben unter „Grundlagen der Erstellung des Jahresabschlusses" (erster Abschnitt im Anhang, vor Beschreibung der Bilanzierungs- und Bewertungsmethoden):[104]

„Die Gliederung der Bilanz wurde durch die Erstanwendung der Vorschriften des BilMoG um die folgenden Posten erweitert:

- Handelsbestand

  Bisher erfolgte die Zuordnung des Handelsbestands nach der RechKredV produktbezogen in den entsprechenden Posten. Der Handelsbestand wird nunmehr in einem separaten Posten „Handelsbestand" jeweils aktivisch oder passivisch ausgewiesen.

- Aktive latente Steuern

  Bisher erfolgte der Ansatz aktiver Latenter Steuern als Steuerabgrenzungsposten. Nunmehr werden aktive Latente Steuern unter einem gleichnamigen Posten ausgewiesen.

- Aktiver Unterschiedsbetrag aus der Vermögensverrechnung

  Bisher wurden Vermögensgegenstände zur Erfüllung von Alterversorgungsverpflichtungen und die entsprechenden Verpflichtungen unsaldiert ausgewiesen. Diese Positionen werden nach den Vorschriften des BilMoG saldiert ausgewiesen. Ergibt sich hieraus eine Überdeckung der Vermögensgegenstände über die Verpflichtungen, wird dieser Betrag als „Aktiver Unterschiedsbetrag aus der Vermögensverrechnung" erfasst."

3) Angaben unter „Bilanzierungs- und Bewertungsgrundsätze":[105]

„Aufgrund der erstmaligen Anwendung der BilRuG-Rechnungslegungsvorschriften im Berichtsjahr wurde ebenfalls das Gliederungsschema der Gewinn- und Verlustrechnung angepasst. Der im Vorjahresabschluss ausgewiesene Posten „Ergebnis der gewöhnlichen Geschäftstätigkeit" wurde gestrichen, neu eingefügt wurde die Position „Ergebnis vor Steuern"."

PRAXISBEISPIELE für Angaben nach § 265 Abs. 1 Satz 2 HGB (gestützt auf das Gebot der Klarheit):

1) Angaben unter „Allgemeine Angaben zum Jahresabschluss":[106]

„Das Gliederungsschema der Bilanz wurde aus Gründen der Klarheit gemäß § 265 Abs. 1 und Abs. 5 HGB geändert. Auf der Aktivseite ist der Posten „Forderungen gegen Gesellschafter", auf der Passivseite der Posten „Verbindlichkeiten gegenüber Gesellschaftern" ergänzt worden."

---

[103] CTS Eventim AG, Bremen (Hrsg.), Geschäftsbericht 2010, S. 144.
[104] IKB Deutsche Industriebank AG, Düsseldorf (Hrsg.), Jahresabschluss und Lagebericht 2010/11, S. 88.
[105] Dreßler Bau GmbH, Aschaffenburg (Hrsg.), Jahresabschluss zum Geschäftsjahr vom 1.1.2016 bis zum 31.12.2016 – in der im elektronischen Bundesanzeiger veröffentlichten Fassung – pdf-Version, S. 1.
[106] Beoplast Besgen GmbH, Langenfeld (Hrsg.), Jahresabschluss zum Geschäftsjahr vom 1.1.2016 bis zum 31.12.2016 – in der im elektronischen Bundesanzeiger veröffentlichten Fassung – pdf-Version, S. 2.

2) Angaben unter „Allgemeine Angaben zu Inhalt und Gliederung des Jahresabschlusses":[107]

„Gem. § 265 Abs. 5 HGB in Verbindung mit § 42 GmbHG wurde das Gliederungsschema der Bilanz um die Posten „Forderungen gegen Arbeitsgemeinschaften", „Verbindlichkeiten gegenüber Arbeitsgemeinschaften", „Verbindlichkeiten gegenüber Gesellschaftern" und „Ergebnis vor Steuern" erweitert."

PRAXISBEISPIEL

Für Angaben nach § 265 Abs. 1 Satz 2 HGB (aufgrund Wechsel des Gliederungsschemas für die GuV):

Angaben unter „Rechnungslegung" (erster Abschnitt im Anhang, vor Beschreibung der Bilanzierungs- und Bewertungsmethoden):[108]

„Im Geschäftsjahr 2010 erfolgt erstmals die Darstellung der Gewinn- und Verlustrechnung im Umsatzkostenverfahren. Diese Umstellung soll eine einheitliche nach außen gerichtete Darstellung der Gewinn- und Verlustrechnung im Einzelabschluss sowie im Konzernabschluss der HUGO BOSS AG gewährleisten. Außerdem wurden im laufenden Geschäftsjahr die davon-Vermerke gemäß § 275 Abs. 3 HGB in die Gewinn- und Verlustrechnung aufgenommen."

In der Bilanzierungspraxis werden Angaben zu Gliederungsänderungen häufig mit Hinweisen auf fehlende Vergleichbarkeit sowie Anpassung von Vorjahresbeträgen zusammengefasst. Praxisbeispiele dazu sind in Abschnitt 3.1.2.3. aufgenommen.

3.1.2.2 Aufgliederung zusammengefasst ausgewiesener Posten (§ 265 Abs. 7 Nr. 2 HGB)

Die bei Anwendung der Gliederung für die Bilanz nach § 266 HGB sowie für die GuV nach § 275 HGB gesondert auszuweisenden Posten können unter bestimmten Voraussetzungen zusammengefasst ausgewiesen werden. Diese Voraussetzungen definiert § 265 Abs. 7 HGB wie folgt:

▶ es sind keine besonderen Formblätter vorgeschrieben (die einem zusammengefassten Ausweis entgegenstehen) und

▶ es handelt sich um in § 266 Abs. 2 und 3 HGB sowie § 275 HGB mit arabischen Zahlen versehene Posten und

▶ die Beträge der Posten sind in ihrer Höhe unerheblich (Nr. 1) oder

▶ durch die Zusammenfassung der jeweiligen Posten wird die Klarheit der Darstellung vergrößert (Nr. 2).

In der **GuV** nach dem Gesamtkostenverfahren (§ 275 Abs. 2 HGB) werden die mit **arabischen Zahlen** versehenen Posten „Materialaufwand", „Personalaufwand" und „Abschreibungen" in weitere Posten untergliedert. Diese Unterposten sind jeweils mit Buchstaben nummeriert. Sie werden aufgrund ihrer Eigenschaft als Unterposten in die Zusammenfassungsnorm des § 265 Abs. 7 Nr. 2 HGB einbezogen.[109] Weitere Zusammenfassungen in der GuV werden von großen Unternehmen häufig bei dem „Beteiligungsergebnis", dem „Finanzergebnis", dem „Zinsergebnis" oder dem außerordentlichen Ergebnis zugerechneten Posten praktiziert. In der Bilanz betrifft der zusammengefasste Ausweis in der Bilanzierungspraxis großer Unternehmen vornehmlich die Posten der immateriellen Vermögensgegenstände, des Sachanlagevermögens, der Gewinnrücklagen, der Vorräte und der Forderungen, aber auch die Posten der Rückstellungen und

---

107 Dreßler Bau GmbH, Aschaffenburg (Hrsg.), Jahresabschluss zum Geschäftsjahr vom 1.1.2016 bis zum 31.12.2016 – in der im elektronischen Bundesanzeiger veröffentlichten Fassung – pdf-Version, S. 1.
108 Hugo Boss AG, Metzingen (Hrsg.), Lagebericht und Jahresabschluss für das Geschäftsjahr 2010, S. 63.
109 Vgl. z. B. Winkeljohann, N./Büssow, T., in: BeckBilKom, 10. Aufl., § 265 HGB Rn. 17 m.w. N.

3. Erläuterung der für kleine GmbH sowie GmbH & Co. KG geltenden Anhangvorschriften

der Verbindlichkeiten.[110] Durch eine Postenzusammenfassung lassen sich die Bilanz und die GuV in informatorischer Hinsicht entlasten und auf die wichtigsten Posten beschränken.[111] Dies dient zwar der Klarheit und Übersichtlichkeit der Bilanz bzw. der GuV, erhöht indes infolge der dann notwendigen Anhangangaben dessen Informationsdichte.[112]

Im Anwendungsbereich von **Formblattverordnungen** sind Postenzusammenfassungen nicht gänzlich ausgeschlossen. Sie sind allerdings nur dann möglich, wenn sie in der jeweiligen Verordnung explizit eröffnet werden. So enthält die Formblattverordnung für Wohnungsunternehmen in § 2 Abs. 4 explizit das Wahlrecht, den Posten „Umsatzerlöse" in der GuV entweder mit den im Formblatt geforderten Unterposten a) bis d) oder zusammengefasst auszuweisen. Im Fall des zusammengefassten Ausweises in der GuV ist die im Formblatt geforderte Untergliederung der „Umsatzerlöse" gesondert in den Anhang aufzunehmen.

Bei Anwendung des § 265 Abs. 7 Nr. 2 HGB müssen die zusammengefassten Posten zwingend im **Anhang** gesondert ausgewiesen werden. Dabei muss die gegebene Information den Anforderungen des grundsätzlich vor gehenden Bilanzausweises gleich kommen. Das heißt, es muss die Gliederungstiefe eingehalten werden, es müssen in dieser Gliederungstiefe Vorjahreszahlen angegeben werden und die formelle Stetigkeit ist zu beachten.[113]

Diese Anforderungen werden in folgendem **Praxisbeispiel** für die Angabe nach § 265 Abs. 7 Nr. 2 HGB umgesetzt und zugleich verdeutlicht:[114]

---

110 Vgl. Philipps, H., Jahresabschlüsse 2010, S. 47-49.
111 Vgl. Biener, H./Berneke, W., Bilanzrichtlinien-Gesetz, S. 141 und S. 143. Herbert Biener hat als zuständiger Referent im Bundesjustizministerium die große Bilanzrechtsreform 1985 (Bilanzrichtliniengesetz) begleitet und erläutert in der angegebenen Quelle ergänzend die damaligen Überlegungen des Gesetzgebers bei der Konzeption der mit dem Bilanzrichtliniengesetz in das HGB eingefügten bzw. geänderten Rechnungslegungsvorschriften.
112 So auch Hoffmann, W.-D./Lüdenbach, N., NWB Kommentar Bilanzierung, 8. Aufl., § 265 HGB Rz. 50.
113 Vgl. dazu z. B. Winkeljohann, N./Büssow, T., in: BeckBilKom, 10. Aufl., § 265 HGB Rn. 17.
114 Grammer AG, Amberg (Hrsg.), Jahresabschluss und Lagebericht 31.12.2010 zur Einreichung zum elektronischen Bundesanzeiger, ohne Seitennummerierung.

3.1 Grundlegende Angaben zum Unternehmen und zur Bilanzierung

PRAXISBEISPIEL
GRAMMER Aktiengesellschaft, Amberg
Bilanz zum 31. Dezember 2010

Aktiva				31.12.2009
			TEUR	TEUR
A.	Anlagevermögen	(1)		
I.	Immaterielle Vermögensgegenstände		7.431	3.435
II.	Sachanlagen		37.922	37.686
III.	Finanzanlagen		131.733	116.409
			177.086	157.530
B.	Umlaufvermögen			
I.	Vorräte	(2)	42.563	43.382
II.	Forderungen und sonstige Vermögensgegenstände	(3)	133.333	112.645
III.	Wertpapiere	(4)	0	1.997
IV.	Kassenbestand, Guthaben bei Kreditinstituten		57	33
			175.953	158.057
C.	Rechnungsabgrenzungsposten		1.695	356
			354.734	315.943

GRAMMER Aktiengesellschaft, Amberg
Gewinn- und Verlustrechnung für das Geschäftsjahr vom 01.01. bis 31.12.2010

		Anhang	TEUR	2009 TEUR
1.	Umsatzerlöse	(11)	413.193	328.903
2.	Verminderung (Vj. Erhöhung) des Bestands an fertigen und unfertigen Erzeugnissen		-2.499	8.406
3.	Andere aktivierte Eigenleistungen		898	1.737
			411.592	339.046
4.	Sonstige betriebliche Erträge	(12)	12.523	14.832
5.	Materialaufwand	(13)	269.604	223.229
6.	Personalaufwand	(14)	100.938	112.383
7.	Abschreibungen		9.110	9.372
8.	Sonstige betriebliche Aufwendungen	(15)	47.070	45.277
			-2.607	-36.383

...

Angaben unter „Erläuterungen zur Bilanz" bzw. „Erläuterungen zur Gewinn- und Verlustrechnung":

(2) Vorräte	31.12.2010	31.12.2009
	T€	T€
Roh-, Hilfs- und Betriebsstoffe	9.939	10.746
Unfertige Erzeugnisse, unfertige Leistungen	26.216	28.247
Fertige Erzeugnisse	1.834	2.280
Geleistete Anzahlungen	4.574	2.109
	42.563	43.382

(13) Materialaufwand	2010	2009
	T€	T€
Aufwendungen für Roh-, Hilfs- und Betriebsstoffe und für bezogene Waren	269.008	222.407
Aufwendungen für bezogene Leistungen	596	822
	269.604	223.229

3.1.2.3 Nichtvergleichbarkeit von Vorjahresbeträgen, Anpassung von Vorjahresbeträgen (§ 265 Abs. 2 Satz 2 und 3 HGB)

Mit der in § 265 Abs. 2 Satz 1 HGB geforderten Angabe von Vorjahresbeträgen in der Bilanz und der GuV soll den Adressaten der Vergleich mit den abschlusspostenbezogenen Werten der Vorperiode erleichtert werden.[115] Dadurch werden Entwicklungen der Vermögens-, Finanz- und Ertragslage unmittelbar aus Bilanz und GuV selbst erkennbar. Ist diese Erkennbarkeit durch eine fehlende Vergleichbarkeit von Vorjahresbeträgen beeinträchtigt, haben bilanzierende Unternehmen ein **Wahlrecht**:[116]

▶ entweder Nichtanpassung der nicht vergleichbaren Vorjahresbeträge und Angabe sowie Erläuterung der Nichtvergleichbarkeit im **Anhang** oder

▶ Anpassung der nicht vergleichbaren Vorjahresbeträge (wie sie sich anhand der aktuellen Gegebenheiten im Vorjahr ermittelt hätten), dann mit Angabe und Erläuterung der Anpassung im **Anhang**.

Eine Beeinträchtigung der Vergleichbarkeit von Vorjahreszahlen i. S. d. gesetzlichen Regelungen ist anzunehmen, wenn sich der Inhalt eines Postens der Bilanz oder der GuV im Vergleich zum Vorjahr aufgrund außergewöhnlicher Maßnahmen – außerhalb der gewöhnlichen Geschäftstätigkeit – in seiner Zusammensetzung verändert hat.[117] **Beispiele** dafür können sein:[118]

▶ wesentliche Umgliederungen,

▶ Vermögensänderungen aufgrund Verschmelzung oder Spaltung (beim aufnehmenden und beim abgebenden Unternehmen),

▶ Zugang ganzer Unternehmen oder Unternehmensteile im Rahmen einer Kapitalerhöhung gegen Sacheinlage oder durch Unternehmenskauf,

▶ Vermögensänderungen aufgrund unterschiedlicher Vergleichszeiträume (Rumpfgeschäftsjahr),

▶ Wechsel des Gliederungsschemas der GuV (etwa vom GKV zum UKV) oder

▶ größenabhängiger Wechsel von Gliederungsschemata oder

▶ wesentliche Rechtsänderungen (auf diesen Fall weist z. B. Art. 67 Abs. 8 Satz 2 EGHGB hin, nach dem die Vorjahreszahlen bei erstmaliger Anwendung der im HGB durch das BilMoG geänderten Rechnungslegungsvorschriften nicht angepasst werden mussten, auf die Nicht-

---

115 Vgl. z. B. Biener, H./Berneke, W., Bilanzrichtlinien-Gesetz, S. 142.
116 Vgl. bereits Biener, H./Berneke, W., Bilanzrichtlinien-Gesetz, S. 142.
117 Vgl. IDW RS HFA 39, Anm. 4 f., in: IDW Fachnachrichten 2012, S. 31.
118 Vgl. IDW RS HFA 39, Anm. 6-8, in: IDW Fachnachrichten 2012, S. 31 f. und mit weiteren Erläuterungen dazu Adler, H./Düring, W./Schmaltz, K., 6. Aufl., § 265 HGB Rz. 34 f.

anpassung dann aber im Anhang hinzuweisen war[119]); Rechtsformänderungen begründen dagegen keinen Fall der fehlenden Vergleichbarkeit.

Im Fall unterschiedlicher Vergleichszeiträume (Rumpfgeschäftsjahr) wird die tatsächliche Anpassung von Vorjahreszahlen in Bilanz und GuV ausgeschlossen. Das heißt, hierzu kommt dann nur die Anhangangabe nach § 265 Abs. 2 Satz 2 HGB in Betracht. Diese kann – muss aber nicht – durch freiwillig zusätzlich erstellte Vergleichszahlen in Bilanz und GuV (dritte Spalte mit entsprechender Kennzeichnung) bzw. Vergleichsangaben im Anhang ergänzt werden.[120] Gleiches soll in Fällen der Vermögensänderungen gelten, die einer Änderung des Konsolidierungskreises im Fall der Konzernabschlusserstellung gleich kommen (Verschmelzung oder Spaltung sowie Zu- oder Abgang des Vermögens ganzer Unternehmen oder Unternehmensteile).[121]

Wird die **Anhangangabe** aufgrund fehlender Vergleichbarkeit oder Anpassung von Vorjahreszahlen ausgelöst, ist der jeweilige Sachverhalt anzugeben und zu erläutern.

Für die Angabe nach § 265 Abs. 2 Satz 2 HGB gehört dazu,[122]

▶ auf die Tatsache der fehlenden Vergleichbarkeit und der Nichtanpassung der Vorjahreszahlen hinzuweisen und

▶ die Ursache(n) der fehlenden Vergleichbarkeit zu nennen.

Für die Angabe nach § 265 Abs. 2 Satz 3 HGB gehört dazu,[123]

▶ auf die Tatsache der Anpassung hinzuweisen und ihre Ursache(n) zu nennen,

▶ die Posten mit angepassten Vorjahreszahlen anzugeben und

▶ die vorgenommenen Anpassungen verbal darzulegen; quantitative Angaben, z. B. in Form einer Überleitung vom tatsächlichen auf den angepassten Vorjahreswert, sind nicht erforderlich.

PRAXISBEISPIELE für die Anhangangabe nach § 265 Abs. 2 Satz 3 HGB (Anwendungsfall Rechtsänderungen, BilMoG und BilRUG):[124]

1) Angaben unter „Bilanzierungs- und Bewertungsmethoden":

„Im Berichtsjahr wurden die handelsrechtlichen Neuregelungen infolge des Bilanzrechtsmodernisierungsgesetzes vollumfänglich umgesetzt. Sich hieraus ergebende Auswirkungen auf Ansatz, Bewertung und Ausweis einzelner Jahresabschlussposten sind in der nachfolgenden Darstellung der Bilanzierungs- und Bewertungsmethoden vermerkt."

2) Angaben unter „Bilanzierungs- und Bewertungsmethoden", „Eigenkapital":

„...

Die Anschaffungskosten eigener Aktien werden seit dem 1.1.2010 in Höhe des rechnerischen Anteils am Grundkapital vom gezeichneten Kapital abgesetzt, im Übrigen mit den anderen Gewinnrücklagen verrechnet.

---

119 Zur Umsetzung des Art. 67 Abs. 8 Satz 2 EGHGB in der Bilanzierungspraxis vgl. Philipps, H., Jahresabschlüsse 2010, S. 20-25.
120 Vgl. IDW RS HFA 39, Anm. 11, in: IDW Fachnachrichten 2012, S. 32.
121 Vgl. IDW RS HFA 39, Anm. 12, in: IDW Fachnachrichten 2012, S. 32; Hoffmann, W.-D./Lüdenbach, N., NWB Kommentar Bilanzierung, 8. Aufl., § 265 HGB Rz. 22-24.
122 Vgl. auch Adler, H./Düring, W./Schmaltz, K., 6. Aufl., § 265 HGB Rz. 38.
123 Vgl. auch Adler, H./Düring, W./Schmaltz, K., 6. Aufl., § 265 HGB Rz. 38.
124 Beispiele 1) und 2) entnommen aus Philipps, H., Jahresabschlüsse 2010, S. 22 f.

3. Erläuterung der für kleine GmbH sowie GmbH & Co. KG geltenden Anhangvorschriften

Zur besseren Vergleichbarkeit wurden die Vorjahreswerte entsprechend angepasst: Die zum 31.12.2009 aktivierten eigenen Anteile (196.001 T€) wurden zu 9.539 T€ vom gezeichneten Kapital abgesetzt und zu 186.462 T€ mit den Gewinnrücklagen verrechnet."

3) Angaben unter „Bilanzierungs- und Bewertungsmethoden", „Rückstellungen und Verbindlichkeiten":[125]

„...

Bei der Bewertung von Rückstellungen werden ab dem Geschäftsjahr 2010 erwartete Preis- und Kostensteigerungen berücksichtigt und Verpflichtungen mit einer Restlaufzeit von mehr als einem Jahr mit dem laufzeitadäquaten durchschnittlichen Marktzinssatz der vergangenen sieben Geschäftsjahre abgezinst. Diesbezüglich wurden die zum 31.12.2009 bilanzierten sonstigen Rückstellungen zum 1.1.2010 erfolgsneutral um 387 T€ zugunsten der anderen Gewinnrücklagen reduziert. Für eine bessere Vergleichbarkeit wurden die Vorjahreswerte entsprechend angepasst.

Im Zinsergebnis werden ab dem Geschäftsjahr 2010 ausschließlich die auf das Geschäftsjahr entfallenden Zinsanteile aus der Aufzinsung von Rückstellungen ausgewiesen, Erträge und Aufwendungen aufgrund Änderungen des Rechnungszinses werden in den sonstigen betrieblichen Erträgen bzw. im Personalaufwand oder in den sonstigen betrieblichen Aufwendungen erfasst. Für eine bessere Vergleichbarkeit wurden die Vorjahreszahlen diesbezüglich angepasst und 11.172 T€ von den Zinsen und ähnlichen Aufwendungen in den Personalaufwand umgegliedert."

4) Angaben unter „Allgemeine Grundlagen":[126]

Ausschnitt aus der Bilanz mit Hinweis auf Anpassung von Vorjahreszahlen:

Bilanz zum 31. Dezember 2010

Aktiva in Mio. €	(s. Anhang)	31.12.10	31.12.09
Anlagevermögen	(1)		
Finanzanlagen		39.849	40.039
Umlaufvermögen			
Forderungen und sonstige Vermögensgegenstände	(2)		
Forderungen gegen verbundene Unternehmen		3.950	3.896
Sonstige Vermögegensgegenstände		792	690
Wertpapiere[1]	(3)	452	582
Flüssige Mittel	(4)	1.227	1.169
		6.421	6.337
Rechnungsabgrenzungsposten	(5)	84	88
		46.354	46.464

Passiva in Mio. €	(s. Anhang)	31.12.10	31.12.09
Eigenkapital[1]	(6)		
Gezeichnetes Kapital			
Stammaktien		1.340	1.340
Vorzugsaktien		100	100
		1.440	1.440
abzüglich rechnerischer Wert der eigenen Anteile		-74	-74
		1.366	1.366

[1] Angepasste Vorjahreszahlen

Ergänzend dazu gibt das Unternehmen folgende Erläuterungen im Anhang:

„...

---

125 Axel Springer AG, Berlin (Hrsg.), Jahresabschluss zum 31.12.2010, S. 7.
126 RWE AG, Essen (Hrsg.), 2010 Jahresabschluss der RWE AG, S. 2 und S. 4-6.

3.1 Grundlegende Angaben zum Unternehmen und zur Bilanzierung

Aufgrund der erstmaligen Anwendung der rechnungslegungsbezogenen Vorschriften des Bilanzrechtsmodernisierungsgesetzes (BilMoG) sind einzelne Bilanzposten mit dem Vorjahr nicht vergleichbar; gemäß Art. 67 Abs. 8 Satz 2 EGHGB wird auf eine Anpassung der Vorjahreszahlen mit Ausnahme der Wertpapiere des Umlaufvermögens sowie der Posten des Eigenkapitals (Gezeichnetes Kapital, Rücklage für eigene Anteile, andere Gewinnrücklagen) im Zusammenhang mit dem Ausweis eigener Anteile verzichtet."

Angaben unter „Bilanzierungs- und Bewertungsmethoden":

„…; die bisher aktivierten eigenen Anteile sind erstmalig durch die BilMoG-Anwendung von dem gezeichneten Kapital abgesetzt bzw. mit dem übrigen Eigenkapital verrechnet; die im Vorjahr ausgewiesene Rücklage für eigene Anteile wurde aufgelöst. Die Vorjahreszahlen wurden angepasst."

Angaben unter „Erläuterungen zur Bilanz", „Wertpapiere":

„…

Im Zusammenhang mit dem nach BilMoG vorzunehmenden Ausweis eigener Anteile im Eigenkapital wurde die Vorjahreszahl angepasst."

Angaben unter „Erläuterungen zur Bilanz", „Eigenkapital":

(6) Eigenkapital[1]

Eigenkapitalentwicklung in Mio. €		Stand 31.12.09	Dividendenzahlungen	Jahresüberschuss	Stand 31.12.10
Gezeichnetes Kapital	1.440				
abzgl. rechnerischer Wert der eigenen Anteile	-74	1.366			1.366
Kapitalrücklage		1.158			1.158
Gewinnrücklagen					
Andere Gewinnrücklagen		3.102		653	3.755
Bilanzgewinn		1.867	-1.867	1.867	1.867
		7.493	-1.867	2.520	8.146

[1] Angepasste Vorjahreszahlen

…"

5) Angaben unter „Allgemeine Angaben zu Inhalt und Gliederung des Jahresabschlusses":[127]

„Auf Grund der Neudefinition gemäß § 277 Absatz 1 HGB neue Fassung des Begriffs der Umsatzerlöse durch das Bilanzrichtlinie-Umsetzungsgesetz sind die Umsatzerlöse des Geschäftsjahres 2016 mit den Umsatzerlösen des Geschäftsjahres 2015 nicht vergleichbar. Bei Anwendung des § 277 Absatz 1 HGB in der Fassung des BilRUG bereits im Wirtschaftsjahr 2015 hätte sich ein als Umsatzerlöse auszuweisender Vorjahresbetrag in Höhe von 16.528.392,88 € ergeben."

6) Angaben unter „Erläuterungen zur Gewinn- und Verlustrechnung":[128]

„Die Gesellschaft wendet im Berichtsjahr erstmals die Vorschriften des HGB in der Fassung des BilRUG an. Hieraus ergibt sich eine eingeschränkte Vergleichbarkeit zum Vorjahr. Die Umsatzerlöse des Vorjahres, wie sie sich nach der derzeit gültigen Gesetzesfassung ergeben hätten, betragen 11.811.558,39 € und die sonstigen betrieblichen Erträge 1.750.135,39 €.

Darüber hinaus werden außerordentliche Aufwendungen des Vorjahres in Höhe von 129 T€ in den sonstigen betrieblichen Aufwendungen ausgewiesen."

---

[127] MIB Wohnbau Aschaffenburg GmbH, Aschaffenburg (Hrsg.), Jahresabschluss zum Geschäftsjahr vom 1.1.2016 bis zum 31.12.2016 – in der im elektronischen Bundesanzeiger veröffentlichten Fassung – pdf-Version, S. 2.

[128] Klüh Service Management GmbH, Düsseldorf (Hrsg.), Jahresabschluss zum Geschäftsjahr vom 1.1.2016 bis zum 31.12.2016 – in der im elektronischen Bundesanzeiger veröffentlichten Fassung – pdf-Version, S. 9.

3. Erläuterung der für kleine GmbH sowie GmbH & Co. KG geltenden Anhangvorschriften

▌7)▶ Angaben unter „Allgemeine Angaben":[129]

„Die Vergleichbarkeit der Werte der Gewinn- und Verlustrechnung des laufenden Geschäftsjahres mit den Vorjahreswerten ist durch die erstmalige Anwendung der Vorschriften des Bilanzrichtlinie-Umsetzungsgesetzes (BilRUG) hinsichtlich folgender Positionen eingeschränkt:

Die Erlöse aus gegenüber anderen Unternehmen abgerechneten Managementgebühren in Höhe von 288.000,00 € (VJ 190.500,00 €) waren in Anwendung der Bestimmungen des BilRUG im Berichtsjahr in die Umsatzerlöse umzugliedern.

Des Weiteren wurden außerordentliche Erträge in Höhe von 8.809,69 € (VJ 8.900,37 €) in die übrigen sonstigen Erträge und außerordentliche Aufwendungen in Höhe von 3.853,34 € (VJ 4.918,16 €) in die übrigen sonstigen betrieblichen Aufwendungen umgegliedert.

Insoweit ist die Vergleichbarkeit mit den Vorjahreswerten im Übergangsjahr eingeschränkt."

▌8)▶ Angaben unter „Allgemeine Angaben":[130]

„Durch die Erstanwendung der Vorschriften des am 23. Juli 2015 in Kraft getretenen Bilanzrichtlinie-Umsetzungsgesetzes (BilRUG) ändern sich die bisherige Form der Darstellung und die bisher angewandten Ausweismethoden in der Gewinn- und Verlustrechnung. Im Einzelnen werden durch BilRUG die in den Gliederungsschemata zur Gewinn- und Verlustrechnung enthaltenen Posten „außerordentliche Erträge" und „außerordentliche Aufwendungen" sowie dementsprechend die Zwischenergebnisse „Ergebnis der gewöhnlichen Geschäftstätigkeit" und „außerordentliches Ergebnis" gestrichen. Eine weitere Änderung der GuV-Gliederungsschemata ist die Einfügung eines Zwischenergebnisses „Ergebnis nach Steuern" zwischen dem Posten „Steuern vom Einkommen und vom Ertrag" und dem Posten „sonstige Steuern". Diesbezüglich wurde eine entsprechende Anpassung der Vorjahresbeträge gemäß Art. 75 Abs. 2 EGHGB vorgenommen.

Darüber hinaus ergeben sich durch die Erstanwendung des BilRUG im Geschäftsjahr 2016 Ausweisänderungen im Zusammenhang mit der Neudefinition der Umsatzerlöse. Diese betreffen insbesondere die Umsatzerlöse und die sonstigen betrieblichen Erträge sowie die korrespondierenden Aufwandsposten. Insofern sind die entsprechenden Vorjahresbeträge nicht vergleichbar.

...

Angaben unter „Erläuterungen zur Gewinn- und Verlustrechnung", „Umsatzerlöse":

Aufgrund der Erstanwendung des BilRUG im Geschäftsjahr 2016 sind die Umsatzerlöse nach § 277 Abs. 1 HGB nicht mit denen des Vorjahres vergleichbar. Die gemäß BilRUG nunmehr in den Umsatzerlösen berücksichtigten Erträge aus Mieterlösen und Konzernumlagen (3.023 T€) waren im Vorjahr in den sonstigen betrieblichen Erträgen (552 T€) ausgewiesen. Somit hätten sich bei Anwendung des BilRUG im Vorjahr Umsatzerlöse in Höhe von 71.186 T€ ergeben."

▌9)▶ Angaben unter „Allgemeine Angaben zum Jahresabschluss":[131]

„Der Jahresabschluss zum 31. Dezember 2016 der Kandinsky Deutschland GmbH, Königsberger Str. 100, 40231 Düsseldorf (Amtsgericht Düsseldorf, HRB 41925) wurde nach den Vorschriften der §§ 242 ff. HGB unter Beachtung der ergänzenden Bestimmungen für Kapitalgesellschaften (§§ 264 ff. HGB) in der Fassung des BilRUG sowie der Vorschriften des GmbHG aufgestellt.

Die Gewinn- und Verlustrechnung wurde nach dem Gesamtkostenverfahren gegliedert.

Dieses Gliederungsschema ist im Vergleich zum Vorjahr durch die erstmalige Anwendung der durch das BilRUG geänderten Vorschriften des HGB in folgenden Punkten neu: Streichung der bisherigen Posten „außerordentliche Erträge" sowie „Ergebnis der gewöhnlichen Geschäftstätigkeit" und „außerordentliches Ergebnis", Einfügung des Postens „Ergebnis nach Steuern" zwischen den Posten „Steuern vom Ein-

---

[129] Hotel Bellevue GmbH Hilden, Hilden (Hrsg.), Jahresabschluss zum Geschäftsjahr vom 1.1.2016 bis zum 31.12.2016 – in der im elektronischen Bundesanzeiger veröffentlichten Fassung – pdf-Version, S. 2.
[130] Bühler Alzenau GmbH, Alzenau (Hrsg.), Jahresabschluss zum Geschäftsjahr vom 1.1.2016 bis zum 31.12.2016 – in der im elektronischen Bundesanzeiger veröffentlichten Fassung – pdf-Version, S. 11 und S. 16.
[131] Kandinsky Deutschland GmbH, Düsseldorf (Hrsg.), Jahresabschluss zum Geschäftsjahr vom 1.1.2016 bis zum 31.12.2016 – in der im elektronischen Bundesanzeiger veröffentlichten Fassung – pdf-Version, S. 2.

3.1 Grundlegende Angaben zum Unternehmen und zur Bilanzierung

kommen und vom Ertrag" und „sonstige Steuern". Zur Herstellung der Vergleichbarkeit wurden die im Vorjahr unter den gestrichenen Posten ausgewiesenen Beträge wie folgt umgegliedert:

▶ Umgliederung der außerordentlichen Erträge (in Höhe von 294.517,59 € aus Verschmelzung und Umwandlung) in den Posten „sonstige betriebliche Erträge",

▶ Umgliederung des Zwischenergebnisses „außerordentliches Ergebnis" in den Posten „Ergebnis nach Steuern"."

10) Angaben unter „Grundlagen und Methoden":[132]

„Der Jahresabschluss der ProSiebenSat.1 Media SE ist nach den einschlägigen deutschen handelsrechtlichen und aktienrechtlichen Vorschriften aufgestellt.

Für die Gewinn- und Verlustrechnung wird das Gesamtkostenverfahren gemäß § 275 Abs. 2 HGB angewendet.

Die im Vorjahr angewandten Bilanzierungs- und Bewertungsmethoden werden – bis auf die nachfolgend beschriebenen Sachverhalte – im Wesentlichen unverändert angewandt.

Aufgrund der erstmaligen Anwendung der Vorschriften des im Juli 2015 in Kraft getretenen Bilanzrichtlinie-Umsetzungsgesetzes (im nachfolgenden BilRUG) im Geschäftsjahr 2016 ergeben sich strukturelle Änderungen in der Gewinn- und Verlustrechnung. Durch eine Änderung der Definition der Umsatzerlöse werden alle Erlöse aus dem Verkauf und der Vermietung oder Verpachtung von Produkten sowie aus der Erbringung von Dienstleistungen als Umsatzerlöse qualifiziert, unabhängig von der gewöhnlichen Geschäftstätigkeit oder dem für die Gesellschaft typischen Leistungsangebot. Dementsprechend sind bezogene Vorleistungen für diese Sachverhalte unter den Aufwendungen für bezogene Leistungen im Programm- und Materialaufwand auszuweisen und nicht mehr unter den sonstigen betrieblichen Aufwendungen. Keine Ausweisänderungen ergeben sich beim Personalaufwand, den Abschreibungen und allen Sachverhalten des Finanzergebnisses. Die entsprechenden Vorjahreswerte wurden in der Gewinn- und Verlustrechnung nicht angepasst. In der nachfolgenden Tabelle erfolgt eine Überleitung der Vorjahreswerte, um die Vergleichbarkeit zu gewährleisten.

Überleitung der relevanten GuV Positionen nach BilRUG für das Geschäftsjahr 2015

in Mio. €	2015 wie berichtet	BilRUG Anpassung	2015 nach BilRUG	2016
Umsatzerlöse	38	54	92	99
Sonstiger betrieblicher Ertrag	141	-54	87	67
Bezogene Leistungen	1	18	19	18
Sonstiger betrieblicher Aufwand	143	-18	125	118
SUMME		0		„

PRAXISBEISPIELE für die Anhangangabe nach § 265 Abs. 2 Satz 2 HGB (in den Anwendungsfällen Rumpfgeschäftsjahr, Ausgliederung und Verschmelzung):[133]

1) Angaben unter „Grundlagen der Rechnungslegung":[134]

„Das Geschäftsjahr des Porsche SE Konzerns (Porsche SE und ihre Tochterunternehmen) umfasste in der Vergangenheit den Zeitraum vom 1.8. eines Jahrs bis zum 31.7. des Folgejahres. Im Hinblick auf die Schaffung eines integrierten Automobilkonzerns mit dem Volkswagen Konzern (Volkswagen AG, Wolfsburg, und ihre Tochterunternehmen) hat die ordentliche Hauptversammlung der Porsche SE am 29.1.2010 beschlossen, das Geschäftsjahr der Gesellschaft mit Wirkung ab dem 1.1.2011 auf das Kalen-

---

132 ProSiebenSat.1 Media SE, Unterföhring (Hrsg.), Jahresabschluss zum 31.12.2016 – in der im elektronischen Bundesanzeiger veröffentlichten Fassung – pdf-Version, S. 119.
133 Entnommen aus Philipps, H., Jahresabschlüsse 2010, S. 25 und S. 28. Weitere Praxisbeispiele für Anhangangaben nach § 265 Abs. 2 Satz 2 HGB in den Fällen eines Rumpfgeschäftsjahres, der Verschmelzung, der Anwachsung und der Ausgliederung, zum Teil mit sehr detaillierten Erläuterungen und quantitativen Vergleichsangaben sind ebenfalls enthalten in Philipps, H., Jahresabschlüsse 2010, S. 26-30.
134 Porsche SE, Stuttgart (Hrsg.), Einzelabschluss Rumpfgeschäftsjahr 2010, S. 100.

derjahr umzustellen. Für den Zeitraum vom 1.8.2010 bis zum 31.12.2010 wird ein Rumpfgeschäftsjahr („RGJ") gebildet. Die Berichtsperiode und damit das RGJ 2010 umfasst einen Zeitraum von fünf Monaten; das Geschäftsjahr 2009/10 als Vergleichsperiode umfasst hingegen einen Zeitraum von zwölf Monaten. Aufgrund der unterschiedlichen Zeiträume der Berichts- und der Vergleichsperiode sind die dargestellten Beträge nicht vollständig vergleichbar."

2) Angaben vor Beschreibung der „Bilanzierungs- und Bewertungsmethoden":[135]

„Ausgliederung der Reifenaktivitäten Infolge der im Vorjahr mit Ablauf des 31.7.2009 erfolgten Einbringung des rechtlich unselbständigen Teilbetriebs Reifen der Continental AG in die Continental Reifen Deutschland GmbH, Hannover, ist die Gewinn- und Verlustrechnung für das Geschäftsjahr 2010 nur eingeschränkt mit der des Vorjahrs vergleichbar, da die Umsatzerlöse, die Herstellungskosten der zur Erzielung der Umsatzerlöse erbrachten Leistungen sowie wesentliche sonstige betriebliche Aufwendungen im Zusammenhang mit dem operativen Reifengeschäft nicht mehr in der Gewinn- und Verlustrechnung enthalten sind. In 2009 sind diese noch für den Zeitraum vom 1.1. bis zum 31.7.2009 in der Gewinn- und Verlustrechnung enthalten."

3) Angaben unter „Allgemeine Angaben":[136]

„Die Vergleichbarkeit mit dem Vorjahresabschluss ist durch die Verschmelzungen mit den bisherigen Tochtergesellschaften buch.de internetstores GmbH, Münster, und textunes GmbH, Berlin, sowie die Übernahme der Thalia-Buchhaltungsmitarbeiter von einem früheren Unternehmen der Douglas-Gruppe zum 1. Oktober 2014 stark eingeschränkt."

4) Angaben unter „Ausweisänderung und Vergleichbarkeit mit dem Vorjahr":[137]

Die Vergleichbarkeit mit dem Vorjahr ist nur eingeschränkt gegeben, da mit Verschmelzungsvertrag vom 3. Juni 2015 die Dräger Medical GmbH rückwirkend per 1. Januar 2015 auf die Drägerwerk AG & Co. KGaA verschmolzen wurde.

Die Übernahme der Vermögensgegenstände und Schulden erfolgte mit Buchwertfortführung gem. § 24 UmwG (Buchwertverknüpfung).

Die übernommenen Vermögensgegenstände sind den Erläuterungen zu den jeweiligen Bilanzpositionen, die übernommenen Vermögensgegenstände des Anlagevermögens den Ausführungen im Anlagenspiegel zu entnehmen.

Des Weiteren wuchs die HAMUS Grundstücks-Vermietungsgesellschaft mbH & Co. Objekt Lübeck KG zum 27. November 2015 auf die Drägerwerk AG und Co. KGaA an. Die Übernahme der Vermögensgegenstände und Schulden erfolgte ebenfalls zu fortgeführten Buchwerten.

3.1.2.4 Abweichung von der Generalnorm (§ 264 Abs. 2 Satz 2 HGB)

Nach der für den Jahresabschluss von Kapitalgesellschaften geltenden „Generalnorm" des § 264 Abs. 2 Satz 1 HGB[138] hat „der Jahresabschluss ... unter Beachtung der Grundsätze ordnungsmäßiger Buchführung ein den tatsächlichen Verhältnissen entsprechendes Bild der Vermögens-, Finanz- und Ertragslage ... zu vermitteln". Die Vermutung des Gesetzgebers geht davon aus, dass diese Anforderung bei Anwendung der gesetzlichen Rechnungslegungsvorschriften grundsätzlich erfüllt wird.[139]

---

135 Continental AG, Hannover (Hrsg.), Jahresbericht der Aktiengesellschaft 2010, S. 6.
136 Thalia Bücher GmbH (vormals: Thalia Holding GmbH), Hagen (Hrsg.), Jahresabschluss zum Geschäftsjahr vom 1.10.2014 bis zum 30.9.2015 – in der im elektronischen Bundesanzeiger veröffentlichten Fassung – pdf-Version, S. 4.
137 Drägerwerk AG & Co. KGaA, Lübeck (Hrsg.), Jahresabschluss und zusammengefasster Lagebericht zum 31. Dezember 2015, S. 8.
138 Vgl. etwa Baetge, J./Kirsch, H.-J./Thiele, S., Bilanzen, 11. Aufl., S. 35 und 95.
139 Vgl. bereits Biener, H./Berneke, W., Bilanzrichtlinien-Gesetz, S. 132.

Führen allerdings „besondere Umstände" dazu, dass der Jahresabschluss bei Anwendung der gesetzlichen Rechnungslegungsvorschriften ausnahmsweise kein den tatsächlichen Verhältnissen entsprechendes Bild der Vermögens-, Finanz- und Ertragslage vermittelt, verlangt § 264 Abs. 2 Satz 2 HGB „im Anhang zusätzliche Angaben zu machen". Damit wird zugleich klargestellt, dass die gesetzlichen Vorschriften für den Jahresabschluss verbindlich anzuwenden sind und nicht aufgrund der Anforderung des § 264 Abs. 2 Satz 1 HGB abweichend davon bilanziert werden darf[140]; solche Abweichungen sind nur gestützt auf § 252 Abs. 2 HGB zulässig.[141]

„Besondere Umstände" i. S. d. § 264 Abs. 2 Satz 2 HGB liegen nach Auffassung des Schrifttums vor bei erheblicher, unternehmensindividueller Abweichung vom üblichen, zu erwartenden Bild der Lage. Maßstab für die Üblichkeit „sind die Erwartungen an die Aussagefähigkeit des JA, die ein kaufmännisch erfahrener Bilanzleser üblicherweise bei einem Unternehmen dieser Größe und Branche haben darf".[142] Ursächlich für Abweichungen davon können „objektive Gegebenheiten"[143] sein, aber auch die Nutzung der „gegebenen Darstellungsmittel" in einer Weise, „dass sie Entwicklungstendenzen verbergen oder sogar umkehren".[144] Einschränkungen in der Lagedarstellung etwa durch Anwendung des Realisationsprinzips oder die Nutzung gesetzlich eingeräumter Wahlrechte und Ermessensspielräume (letztere, soweit sie gleichbleibend und nicht jeweils abhängig von der wirtschaftlichen Lage stark einseitig ausgeübt werden) werden dagegen vom Gesetzgeber grundsätzlich in Kauf genommen bzw. zum Teil durch andere Anhangangaben geheilt und begründen daher keine „besonderen Umstände".[145]

Beispiele für Fälle, die unter die so charakterisierten „besonderen Umstände" subsumiert werden können, sind:[146]

▶ erhebliche Ergebnisbeeinflussungen durch ungewöhnliche, rein bilanzpolitisch motivierte sachverhaltsgestaltende Maßnahmen (z. B. sale-and-lease-back-Geschäfte),

▶ erhebliche Ergebnisbeeinflussungen durch stark schwankende, aperiodische Gewinnrealisierungen bei langfristiger Fertigung[147] oder

▶ Verdeckung oder Umkehrung von Entwicklungstendenzen in der Vermögens-, Finanz- und Ertragslage durch verstärkte Bildung und Auflösung stiller Reserven.

Soweit die Lagedarstellung im Jahresabschluss aufgrund solch „besonderer Umstände" durch gesetzeskonforme Anwendung der Rechnungslegungsvorschriften verzerrt ist, sind in den Jahresabschluss korrigierende Informationen dazu aufzunehmen und zwar ausschließlich in den Anhang. Verlangt werden dann **„zusätzliche Angaben"**. Ein bloßer Hinweis auf die verzerrte Lagedarstellung infolge Anwendung der gesetzlichen Rechnungslegungsvorschriften reicht also

---

140 Vgl. ebenfalls bereits Biener, H./Berneke, W., Bilanzrichtlinien-Gesetz, S. 132.
141 Beispiele dazu bei Winkeljohann, N./Büssow, T., in: BeckBilKom, 10. Aufl., § 252 HGB Rn. 61.
142 Adler, H./Düring, W./Schmaltz, K., 6. Aufl., § 264 HGB Rz. 99. Ähnlich auch Winkeljohann, N./Schellhorn, M., in: BeckBilKom, 10. Aufl., § 264 HGB Rn. 48; Reiner, G., in: MüKoHGB, 3. Aufl., § 264 HGB Rn. 86 m. w. N.
143 So Hoffmann, W.-D./Lüdenbach, N., NWB Kommentar Bilanzierung, 8. Aufl., § 264 HGB Rz. 24.
144 So Adler, H./Düring, W./Schmaltz, K., 6. Aufl., § 264 HGB Rz. 99.
145 Vgl. z. B. Biener, H./Berneke, W., Bilanzrichtlinien-Gesetz, S. 132 f.; Adler, H./Düring, W./Schmaltz, K., 6. Aufl., § 264 HGB Rz. 94 und 106 f.
146 Vgl. Winkeljohann, N./Schellhorn, M., in: BeckBilKom, 10. Aufl., § 264 HGB Rn. 48.
147 Hoffmann, W.-D./Lüdenbach, N., NWB Kommentar Bilanzierung, 8. Aufl., § 284 HGB Rz. 9, nehmen abweichend davon in solchen Fällen unter Bezug auf § 252 Abs. 2 HGB ein Wahlrecht zur Gewinnrealisierung nach Leistungsfortschritt an.

nicht aus.[148] Erforderlich sind die im Einzelfall jeweils zur Korrektur der im Jahresabschluss durch Anwendung der gesetzlichen Rechnungslegungsvorschriften verzerrten Lagedarstellung notwendigen Informationen. Vereinzelt wird zur Verdeutlichung dieser Informationsanforderung im Schrifttum – etwas unkonkret – auch von **"Schattenbilanzierung"** gesprochen.[149]

Wie oben skizziert, sind die Anwendungsfälle des § 264 Abs. 2 Satz 2 HGB begrenzt. Daher enthalten publizierte Jahresabschlüsse dazu regelmäßig keine Anwendungsbeispiele. Für den Fall eines Unternehmens mit langfristiger Auftragsfertigung und aufgrund der Anwendung des Realisationsprinzips (§ 252 Abs. 1 Satz 4 HGB) unregelmäßig stark schwankenden Umsatzerlösen, Jahresergebnissen und Vorräten, könnte eine mögliche **Formulierung** dazu unter Berücksichtigung des Gedankens der „Schattenbilanzierung" aber etwa wie folgt lauten:

„Angabe nach § 264 Abs. 2 Satz 2 HGB (Verzerrte Abbildung der Vermögens-, Finanz- und Ertragslage im Jahresabschluss)
Die Gesellschaft ist im langfristigen Projektgeschäft tätig. Im abzuschließenden Geschäftsjahr führte die Anwendung des Realisationsprinzips aufgrund der jeweiligen Abrechnungsvolumina, Projektlaufzeiten und Projektergebnisse zu deutlich überdurchschnittlich hohen Zuwächsen bei den Umsatzerlösen und beim Jahresergebnis sowie zu einem deutlich überdurchschnittlichen Rückgang der Vorräte.
Im Vergleich zu den insoweit durchschnittlichen Verhältnissen der Vorjahre beliefen sich der Anstieg der Umsatzerlöse auf xx Mio. € (x %), der Anstieg des Jahresergebnisses auf yy Mio. € (y %) und der Rückgang der Vorräte auf zz Mio. € (z %)."

Ob und wenn ja, wie weit eine „Schattenbilanzierung" für Zwecke der Anhangangabe nach § 264 Abs. 2 Satz 2 HGB verlangt werden kann, lässt sich nicht eindeutig konkretisieren. Eine bloße Gegenüberstellung der wesentlichen Veränderungen (im Beispiel oben: Umsatzerlöse, Jahresergebnis und Vorräte) zum Vorjahr wird aber nicht reichen. Denn dies ist bereits aus der Bilanz und der GuV allein erkennbar und vermittelt auch unter Berücksichtigung des Hinweises auf die Anwendung des Realisationsprinzips als maßgebliche Ursache dieser Veränderungen keine wirklich „zusätzlichen" Informationen im geforderten Sinne. Auch würde dann diese Anhangangabe bei mittelgroßen und großen GmbH sowie GmbH & Co. KG wegen der Lageberichtspflichten nach § 289 Abs. 1 Satz 1 bis 3 HGB inhaltsleer, wäre also gesetzlich verzichtbar. Aufgrund dessen wird die Anhangangabe nach § 264 Abs. 2 Satz 2 HGB weitergehende Vergleichsangaben erfordern. Der Detaillierungsgrad hat sich dabei jeweils an dem zum Verständnis der Vermögens-, Finanz- und Ertragslage notwendigen auszurichten.

3.1.3 Angaben zu den Bilanzierungs- und Bewertungsmethoden

3.1.3.1 Beschreibung der Bilanzierungs- und Bewertungsmethoden (§ 284 Abs. 2 Nr. 1 HGB)

Nach § 284 Abs. 2 Nr. 1 HGB müssen im Anhang „die auf die Posten der Bilanz und der GuV angewandten Bilanzierungs- und Bewertungsmethoden angegeben werden". Die in dieser Vorschrift genannten Begriffe „Bilanzierungsmethode" und „Bewertungsmethode" werden im HGB inhaltlich nicht definiert.

---

148 Vgl. auch Winkeljohann, N./Schellhorn, M., in: BeckBilKom, 10. Aufl., § 264 HGB Rn. 54.
149 So Hoffmann, W.-D./Lüdenbach, N., NWB Kommentar Bilanzierung, 8. Aufl., § 264 HGB Rz. 31.

Übliche Konkretisierungen im Schrifttum definieren **„Bilanzierungsmethoden"** als „das planmäßige Vorgehen ..., um einen Posten in der Bilanz anzusetzen."[150] In diesem Sinne umfassen Bilanzierungsmethoden Entscheidungen über die Bilanzierung dem Grunde nach sowie ggf. auch über den Zeitpunkt der Bilanzierung und schließen neben bindenden Ansatzvorschriften die Ausübung von Ansatzwahlrechten und von Ermessensentscheidungen bei der Konkretisierung normierter Ansatzvoraussetzungen ein, worüber regelmäßig auch der mögliche Bilanzierungszeitpunkt determiniert wird.[151] Zu den **Ansatzwahlrechten** gehören z. B. die Aktivierbarkeit selbst erstellter immaterieller Vermögensgegenstände des Anlagevermögens (§ 248 Abs. 2 HGB) oder von aktiven latenten Steuern (§ 274 Abs. 1 Satz 2 HGB). Beispiele für **Ermessensentscheidungen** bei Konkretisierung von Ansatzvoraussetzungen sind etwa die Annahme eines selbst entwickelten immateriellen Vermögensgegenstands des Anlagevermögens (§ 248 Abs. 2 HGB) oder die Schätzung der Wahrscheinlichkeit der Inanspruchnahme aus einer ungewissen Verbindlichkeit (§ 249 Abs. 1 Satz 1 HGB).[152]

Der Begriff **„Bewertungsmethoden"** wird in üblichen Konkretisierungen im Schrifttum definiert als „jedes planmäßige Verfahren zur Ermittlung eines Wertansatzes."[153] Auch bei den so verstandenen Bewertungsmethoden können **Wahlrechte** bestehen und zwar sowohl bezüglich der Höhe eines Wertansatzes, als auch bei der Wahl eines Verfahrens zu seiner Ermittlung. **Beispiele** dafür sind Methoden der planmäßigen Abschreibungen (§ 253 Abs. 3 Satz 1 HGB), Bestandteile der Herstellungskosten (§ 255 Abs. 2 und 3 HGB) und Verfahren für ihre Ermittlung oder die Anwendung von Bewertungsvereinfachungsverfahren (§ 256 HGB).[154]

Informationen über die angewendeten Bilanzierungs- und Bewertungsmethoden sind grundlegend. Nur mit ihrer Kenntnis lassen sich die Angaben in der Bilanz, in der GuV und im Anhang verstehen oder zu dem nach § 264 Abs. 2 HGB geforderten Bild zusammenfügen. Angesichts dessen können Angaben einerseits **unterbleiben**, wenn

▶ sie für die Vermittlung eines zutreffenden Einblicks in die Vermögens-, Finanz- und Ertragslage (§ 264 Abs. 2 HGB) nicht wesentlich sind oder

▶ die Anwendung von Methoden durch die Adressaten wegen zwingender gesetzlicher Vorgabe unterstellt werden kann (z. B. Berechnung der Anschaffungskosten).[155]

Andererseits ist es angesichts dessen aber u. a. **notwendig**, im Rahmen der Angabe nach § 284 Abs. 2 Nr. 1 HGB die **Ausübung gesetzlich eingeräumter Wahlrechte** darzustellen und die Informationen zu geben, die zum **Verständnis der angewendeten Bilanzierungs- und Bewertungsmethoden** wichtig sind. So reicht es bei Anwendung z. B. des UKV nicht aus, nur auf die Anwendung hinzuweisen. Zum Verständnis seiner Anwendung gehört auch, die Adressaten darüber zu

---

150 So exemplarisch Grottel, B., in: BeckBilKom, 10. Aufl., § 284 HGB Rn. 100.
151 Vgl. z. B. Grottel, B., in: BeckBilKom, 10. Aufl., § 284 HGB Rn. 100; IDW RS HFA 38, Anm. 7, in: IDW Fachnachrichten 2011, S. 561.
152 Vgl. Grottel, B., in: BeckBilKom, 10. Aufl., § 284 HGB Rn. 1067 und 109, der alle gesetzlich bestehenden **Ansatz**wahlrechte katalogähnlich auflistet und zahlreiche Beispiele für Ermessensentscheidungen bei Erfüllung der Ansatzvoraussetzungen anführt.
153 So exemplarisch Grottel, B., in: BeckBilKom, 10. Aufl., § 284 HGB Rn. 115.
154 Vgl. dazu auch Grottel, B., in: BeckBilKom, 10. Aufl., § 284 HGB Rn. 116 f., der alle gesetzlich bestehenden **Bewertungs**wahlrechte katalogähnlich auflistet und diverse Beispiele für Ermittlungsmethodenwahlrechte anführt.
155 So bereits Biener, H./Berneke, W., Bilanzrichtlinien-Gesetz, S. 250.

informieren, nach welcher Methode die zur Erzielung der Umsätze aufgewendeten Herstellungskosten errechnet wurden.[156]

Insgesamt leitet sich hieraus ab, dass im Rahmen der Angaben zu den ausgeübten Bilanzierungs- und Bewertungsmethoden nach § 284 Abs. 2 Nr. 1 HGB neben der Ausübung gesetzlich eingeräumter Wahlrechte insbesondere auch über die **Ausfüllung** der beim Bilanzansatz und bei der bilanziellen Bewertung **bestehender Ermessensspielräume** zu informieren ist; Angaben, die lediglich gesetzlich formulierte Anordnungen wiederholen, erfüllen diese Anforderungen des § 284 Abs. 2 Nr. 1 HGB nicht.[157]

PRAXISBEISPIELE Folgende Beispiele für die Angabe nach § 284 Abs. 2 Nr. 1 HGB veranschaulichen die Anforderungen im vorstehend konkretisierten Sinne (Angaben jeweils aus dem Abschnitt „Bilanzierungs- und Bewertungsmethoden" bzw. „Bilanzierungs- und Bewertungsgrundsätze"):[158]

1) „Von dem Wahlrecht nach § 248 Abs. 2 HGB zur Aktivierung **selbst geschaffener immaterieller Vermögensgegenstände** wurde im Geschäftsjahr 2014/2015 in Höhe des Gesamtbetrags der Entwicklungskosten Gebrauch gemacht. Forschungskosten fallen bei der Gesellschaft nicht an. Die Abschreibungen werden linear über eine Nutzungsdauer von 3 Jahren vorgenommen."[159]

2) „**Immaterielle Vermögensgegenstände und Sachanlagen** werden zu Anschaffungs- oder Herstellungskosten abzüglich nutzungsbedingter planmäßiger und gegebenenfalls außerplanmäßiger Abschreibungen bewertet.

Der Umfang der Anschaffungskosten entspricht § 255 Abs. 1 HGB. Die Herstellungskosten gemäß § 255 Abs. 2 und 3 HGB enthalten Einzelkosten für Material und Fertigung, angemessene Gemeinkosten sowie Zinsen für Fremdkapital.

Die Fraport AG hat von dem Wahlrecht gemäß § 255 Abs. 3 HGB Gebrauch gemacht und aktiviert Zinsen für Fremdkapital, das zur Finanzierung der Herstellung eines Vermögensgegenstands verwendet wird, soweit sie auf den Zeitraum der Herstellung entfallen. Die Ansatzkriterien wurden in Anlehnung an die internationalen Rechnungslegungsnormen (IAS 23 Fremdkapitalkosten) festgesetzt. Bei der Bestimmung der aktivierbaren Fremdkapitalzinsen wurden in Abhängigkeit von der jeweiligen Projektfinanzierung Zinssätze zwischen 1,9 % und 4,5 % verwendet. Im Geschäftsjahr wurden Zinsen in Höhe von 53,0 Mio. € (Vorjahr 38,2 Mio. €) aktiviert. Diese betreffen geleistete Anzahlungen und Anlagen im Bau.

Die Fraport AG nimmt das Wahlrecht gemäß § 248 Abs. 2 Satz 1 HGB nicht in Anspruch und aktiviert keine selbst geschaffenen immateriellen Vermögensgegenstände des Anlagevermögens.

Im Rahmen der Übernahme beziehungsweise des Erwerbs von Grundstücken mit aufstehenden Gebäuden, die interimistisch genutzt werden, werden grundsätzlich die Anschaffungskosten der Gebäude auf Basis eines Ertragswertverfahrens ermittelt.

Interne Ingenieur-, Planungs- und Bauleistungen sowie Einkaufsleistungen und Leistungen kaufmännischer Projektleiter, die im Rahmen der Herstellung von Bauten und Anlagen anfallen, werden entweder gemäß Honorarordnung für Architekten und Ingenieure (HOAI) mit einen Abschlag für nicht aktivierungsfähige Aufwendungen von 15 % aktiviert oder die geleisteten Stunden mit einem um 13 % gekürzten Vollkostensatz des Mitarbeiters angesetzt.

Die planmäßigen Abschreibungen werden linear, und soweit möglich degressiv, auf der Grundlage des in 2003 mit der Arbeitsgemeinschaft Deutscher Verkehrsflughäfen (ADV) abgestimmten Abschreibungs-

---

156 So bereits Biener, H./Berneke, W., Bilanzrichtlinien-Gesetz, S. 249-251.
157 Ebenso z. B. Grottel, B., in: BeckBilKom, 10. Aufl., § 284 HGB Rn. 100; Hoffmann, W.-D./Lüdenbach, N., NWB Kommentar Bilanzierung, 8. Aufl., § 284 HGB Rz. 44-47.
158 Zahlreiche weitere Praxisbeispiele sind enthalten in Philipps, H., Jahresabschlüsse 2010, S. 109-132 u. a.
159 Thalia Bücher GmbH (vormals: Thalia Holding GmbH), Hagen (Hrsg.), Jahresabschluss zum Geschäftsjahr vom 1. 10. 2014 bis zum 30. 9. 2015 – in der im elektronischen Bundesanzeiger veröffentlichten Fassung – pdf-Version, S. 5.

plan vorgenommen. Die Abschreibungen auf den Anlagenaltbestand erfolgen weiterhin nach dem zum jeweiligen Aktivierungszeitpunkt gültigen Abschreibungsplan...

Die planmäßigen Abschreibungen werden über die folgenden gruppeneinheitlichen Nutzungsdauern vorgenommen:

..."[160]

3) „Die in den Einzelabschlüssen der Tochterunternehmen aktivierten **Geschäfts- oder Firmenwerte** werden über fünf Jahre abgeschrieben."[161]

4) „**Flugzeuge:** Neue Verkehrsflugzeuge werden über zwölf Jahre bis auf einen Restbuchwert von 15 % abgeschrieben. Über die voraussichtliche Nutzungsdauer von zwölf Jahren hinaus genutzte Verkehrsflugzeuge werden bis auf einen Restbuchwert von 10 % abgeschrieben. Darüber hinaus werden Verkehrsflugzeuge, die über eine Nutzungsdauer von mehr als 14 Jahren genutzt werden, auf einen Restbuchwert von 5 % abgeschrieben.

Gebraucht erworbene Flugzeuge werden ohne Berücksichtigung von Restbuchwerten innerhalb von acht Jahren abgeschrieben. Die Abschreibung der Flugzeuge bei Zugängen bis einschließlich 2007 erfolgte grundsätzlich degressiv. Bei Zugängen im Geschäftsjahr 2008 erfolgte die Abschreibung in Anlehnung an die geänderten steuerlichen Abschreibungsregeln linear.

Zugänge im Geschäftsjahr 2009 wurden unter Berücksichtigung des Finanzmarktstabilisierungsgesetzes wieder degressiv abgeschrieben. Aufgrund der mit der Einführung des BilMoG entfallenen Maßgeblichkeit des handelsrechtlichen Abschlusses auch für steuerrechtliche Abschreibungen werden Zugänge ab dem Geschäftsjahr 2010 nunmehr wieder linear abgeschrieben."[162]

5) „**Sachanlagen:**

...

Das bewegliche und unbewegliche Anlagevermögen wird grundsätzlich linear abgeschrieben. Degressive Abschreibungen auf Zugänge vergangener Jahre werden fortgeführt. Bei degressiven Abschreibungen erfolgt ein planmäßiger Übergang auf lineare Abschreibungen, falls diese zu höheren Abschreibungsbeträgen führen. Die durchschnittlichen gewichteten Abschreibungsdauern betrugen unverändert:

	2010	2009
Gebäude und bauliche Betriebsvorrichtungen	24 Jahre	24 Jahre
Technische Anlagen und Maschinen	11 Jahre	11 Jahre
Betriebs- und Geschäftsausstattung und andere Anlagen	9 Jahre	9 Jahre

Bei voraussichtlich dauerhaften Wertminderungen werden außerplanmäßige Abschreibungen vorgenommen, wenn eine Wiedereinbringung des Buchwerts im Einzelfall nicht mehr zu erwarten ist. Die Beurteilung erfolgt auf Basis der zukünftig zu erwartenden Cashflows abzüglich zu erwartender Kosten für die Beseitigung einer Anlage. Die außerplanmäßige Abschreibung wird in Höhe des Unterschiedsbetrags zwischen dem bisherigen Buchwert und den diskontierten künftigen Cashflows vorgenommen. Entfallen die Gründe für die Wertminderung in den Folgejahren, so erfolgt eine Zuschreibung bis maximal zur Höhe der fortgeführten Anschaffungskosten."[163]

---

160 Fraport AG, Frankfurt am Main (Hrsg.), Jahresabschluss der Fraport AG für das Geschäftsjahr 2010, S. 28 f.
161 Kässbohrer Geländefahrzeug AG, Laupheim (Hrsg.), Geschäftsbericht 2009/2010, S. 32.
162 Lufthansa AG, Köln (Hrsg.), Jahresabschluss 2010, S. 22.
163 BASF SE, Ludwigshafen (Hrsg.), Jahresabschluss 2010, S. 32.

3. Erläuterung der für kleine GmbH sowie GmbH & Co. KG geltenden Anhangvorschriften

6) „...
Das **Finanzanlagevermögen** ist mit Anschaffungskosten bzw. bei voraussichtlich dauernder Wertminderung mit dem niedrigeren beizulegenden Wert bewertet. Bei voraussichtlich nur vorübergehenden Wertminderungen werden keine Abschreibungen auf den Buchwert vorgenommen."[164]

7) „**Finanzanlagen** werden zu Anschaffungskosten bewertet. Abschreibungen werden vorgenommen, wenn der Börsenkurs permanent über sechs Monate hinweg 20 % oder in den vergangenen zwölf Monaten im Monatsdurchschnitt 10 % unter den Anschaffungskosten liegt. Diese Parameter stellen deutliche Indikatoren für eine signifikante oder länger anhaltende Abnahme des Börsenkurses als objektive Hinweise auf eine nachhaltige Wertminderung dar. Zuschreibungen aufgrund des Wertaufholungsgebots werden bis zu den ursprünglichen Anschaffungskosten vorgenommen, wenn die Gründe für eine dauerhafte Wertminderung nicht mehr bestehen. Unverzinsliche oder unterhalb der marktüblichen Verzinsung liegende Ausleihungen sind auf den Barwert abgezinst."[165]

8) „... Die Zugangsbewertung der **Beteiligungen** erfolgte jeweils zu Anschaffungskosten.
...
Die Werthaltigkeitsprüfung der Beteiligungen basiert auf einem diskontierten Kapitalflussmodell, bei dem der Ertragswert ermittelt wird und Annahmen hinsichtlich der Unternehmensplanung herangezogen werden, um den Unternehmenswert zu bestimmen. Die Mittelfristplanung basiert auf einer Detailplanung für einen 5-Jahres-Zeitraum von 2013 bis 2017. Anschließend folgt eine zweite langfristige Planungsphase über 17 Jahre, die auf Modellannahmen beruht und die Entwicklung der ersten Planungsphase fortschreibt. Der für die Überprüfung verwendete Abzinsungsfaktor (nach Steuern) unter Berücksichtigung der Chancen und Risiken der Geschäftstätigkeit liegt bei 10,3 %. Zudem wurde in der Berechnung von einem effektiven Steuersatz in Höhe von 28,43 % ausgegangen."[166]

9) „...
Die in Ausführung befindlichen **Bauaufträge** wurden mit den Anschaffungs- bzw. Herstellungskosten bewertet. Des Weiteren hat die Firma bei der Bewertung angemessene Teile der Kosten der allgemeinen Verwaltung in die Anschaffungs- und Herstellungskosten einbezogen.
Zum 31. Dezember 2016 sind Bauzeitzinsen in Höhe von 7 T€ in den Herstellungskosten enthalten."[167]

10) „**Vorräte:** Sie werden zu Anschaffungs- oder Herstellungskosten bewertet. Wenn die Börsen- oder Marktpreise beziehungsweise beizulegenden Werte niedriger sind, werden diese angesetzt. Als solche werden bei Roh-, Hilfs- und Betriebsstoffen und Waren die Wiederbeschaffungskosten, bei unfertigen und fertigen Erzeugnissen die voraussichtlich erzielbaren Verkaufserlöse abzüglich der bis zum Verkauf noch anfallenden Kosten oder niedrigere Wiederherstellungskosten angesetzt. Die Anschaffungs- oder Herstellungskosten der Rohstoffe, der unfertigen und fertigen Erzeugnisse und Waren werden nach der Lifo-Methode ermittelt.

In die Herstellungskosten werden neben den direkt zurechenbaren Kosten auch angemessene Teile der Material- und Fertigungsgemeinkosten einschließlich Kosten der allgemeinen Verwaltung des jeweiligen Produktionsbereichs bei normaler Auslastung der Produktionsanlagen einbezogen. Darüber hinaus wird der Werteverzehr des Anlagevermögens, sofern dieser durch die Fertigung veranlasst ist, in den Herstellungskosten erfasst. Finanzierungskosten sowie Kosten für soziale Einrichtungen, freiwillige soziale Leistungen und die betriebliche Altersversorgung werden nicht in die Herstellungskosten einbezogen.

Unfertige Leistungen beinhalten noch nicht fertiggestellte Chemieanlagen, die überwiegend für Gruppengesellschaften errichtet werden. Gewinne werden bei Endabrechnung der jeweiligen Projekte bezie-

---

164 Klüh Service Management GmbH, Düsseldorf (Hrsg.), Jahresabschluss zum Geschäftsjahr vom 1.1.2016 bis zum 31.12.2016 – in der im elektronischen Bundesanzeiger veröffentlichten Fassung – pdf-Version, S. 7.
165 Siemens AG, München (Hrsg.), Jahresabschluss der Siemens AG zum 30.9.2010, S. 9.
166 WILEX AG, München (Hrsg.), Jahresabschluss der WILEX AG nach HGB für das Geschäftsjahr vom 1.12.2010 bis 30.11.2011, ohne Seitennummerierung (Fettmarkierungen durch den Verfasser).
167 MIB Wohnbau Aschaffenburg GmbH, Aschaffenburg (Hrsg.), Jahresabschluss zum Geschäftsjahr vom 1.1.2016 bis zum 31.12.2016 – in der im elektronischen Bundesanzeiger veröffentlichten Fassung – pdf-Version, S. 2.

hungsweise bei Abrechnung fertiggestellter Teilprojekte realisiert. Zu erwartende Verluste werden durch Abwertungen auf niedrigere beizulegende Werte berücksichtigt."[168]

11) „**Waren** wurden mit den Anschaffungskosten bzw. unter Beachtung des strengen Niederstwertprinzips mit dem niedrigeren am Abschlussstichtag beizulegenden Wert angesetzt. Anschaffungspreisminderungen (Skonti und Boni) wurden durch pauschale Prozentsätze abgesetzt. In Abhängigkeit von der Lagerzeit wurden pauschale Abschläge vorgenommen, wenn die Waren mehr als sechs Monate lagern."[169]

12) „Die Bewertung der Neufahrzeuge (**Kunden-, Lager- und Demofahrzeuge**) erfolgte zu Anschaffungskosten (Einstandspreise) unter Berücksichtigung des Niederstwertprinzips. Abwertungen für Bestandsrisiken bei Lagerfahrzeugen, die sich aus der Lagerdauer und verminderter Verwertbarkeit ergeben, werden in Form von pauschalen Abwertungssätzen (10 % bei einer Standzeit zwischen 13 und 18 Monaten; 25 % bei einer Standzeit zwischen 19 und 24 Monaten; 45 % bei einer Standzeit zwischen 25 und 36 Monaten; 70 % bei einer Standzeit zwischen 37 und 48 Monaten und 90 % bei einer Standzeit größer 48 Monate) auf den Buchwert vorgenommen. Abwertungen für Bestandsrisiken bei Demofahrzeugen werden in Form einer pauschalen Abwertung von 1,5 % pro Monat Standzeit auf den Buchwert gebildet, ergänzt um Einzelabwertungen aufgrund z. B. hoher Laufleistungen.

Die Bewertung der Gebrauchtfahrzeuge erfolgt zu Anschaffungskosten (Ankaufspreisen) bzw. den jeweils niedrigeren beizulegenden Werten. Die Ermittlung des niedrigeren beizulegenden Wertes für Gebrauchtfahrzeuge erfolgt auf der Grundlage von DAT-Bewertungsgutachten (Basis: Händler-Einkaufspreise) unter Berücksichtigung der Instandsetzungskosten sowie eines pauschalen Wertabschlags von 15 % für Fahrzeuge der Segmentierung „Heavy", sowie 10 % für Fahrzeuge der Segmentierung „Medium" und „Light".

Die Bewertung der Ersatzteile erfolgt zu durchschnittlichen Anschaffungskosten bzw. den jeweils niedrigeren beizulegenden Werten. Wie im Vorjahr werden Abwertungen für Bestandsrisiken, die sich aus der Lagerdauer ergeben, mit 0 % (keine Lagerbewegung innerhalb von 12 Monaten), 40 % (keine Lagerbewegung zwischen 13 und 24 Monaten), 90 % (keine Lagerbewegung zwischen 25 und 36 Monaten) und 100 % (keine Lagerbewegung größer 37 Monate) erfasst."[170]

13) „Bei den **Forderungen aus Lieferungen und Leistungen** wurden erkennbare Einzelrisiken durch Wertberichtigung berücksichtigt. Dem allgemeinen Ausfall- und Kreditrisiko wurde durch eine Pauschalwertberichtigung in Höhe von 2 % auf die Netto-Inlandsforderungen und 4 % auf die Auslandsforderungen ausreichend Rechnung getragen."[171]

14) „Die **Rückstellungen für Pensionen und ähnliche Verpflichtungen** werden nach der Anwartschaftsbarwertmethode unter Verwendung der „Richttafeln 2005 G" von Prof. Dr. Klaus Heubeck ermittelt. Für die Abzinsung wurde pauschal der durchschnittliche Marktzinssatz bei einer angenommenen Laufzeit von 15 Jahren von 5,1 % gemäß der Rückstellungsabzinsungsverordnung vom 18. 11. 2009 verwendet. Erwartete Gehaltssteigerungen wurden mit 3,0 % und erwartete Rentensteigerungen mit 2,1 % berücksichtigt. Die Fluktuation wurde mit einer Rate von 2,0 % berücksichtigt."[172]

15) „Die **sonstigen Rückstellungen** mit einer Laufzeit von mehr als einem Jahr wurden mit dem nach § 253 Abs. 1 Satz 2 HGB notwendigen Erfüllungsbetrag unter Berücksichtigung künftiger Preis- und Kos-

---

168 BASF SE, Ludwigshafen (Hrsg.), Jahresabschluss 2010, S. 32 f.
169 kfzteile24 GmbH, Berlin (Hrsg.), Jahresabschluss zum Geschäftsjahr vom 1.1.2014 bis zum 31.12.2014 – in der im elektronischen Bundesanzeiger veröffentlichten Fassung – pdf-Version, S. 5.
170 IVECO West Nutzfahrzeuge GmbH, Düsseldorf (Hrsg.), Jahresabschluss zum Geschäftsjahr vom 1.1.2016 bis zum 31.12.2016 – in der im elektronischen Bundesanzeiger veröffentlichten Fassung – pdf-Version, S. 9.
171 Edelmann Service GmbH, Kleinwallstadt (Hrsg.), Jahresabschluss zum Geschäftsjahr vom 1.1.2016 bis zum 31.12.2016 – in der im elektronischen Bundesanzeiger veröffentlichten Fassung – pdf-Version, S. 2.
172 EnBW Energie Baden-Württemberg AG, Karlsruhe (Hrsg.), Bericht über das Geschäftsjahr 2010, S. 8.

tensteigerungen ermittelt. Die Preis- und Kostensteigerungen orientieren sich an der Teuerungsrate und wurden über die jeweilige Laufzeit der Rückstellung mit Sätzen zwischen 1% und 2% berücksichtigt."[173]

16) „Die **sonstigen Rückstellungen** berücksichtigen alle ungewissen Verbindlichkeiten und drohenden Verluste aus schwebenden Geschäften. Sie sind in Höhe des nach vernünftiger kaufmännischer Beurteilung notwendigen Erfüllungsbetrages angesetzt. Rückstellungen mit einer Restlaufzeit von mehr als einem Jahr werden mit dem ihrer Restlaufzeit entsprechenden durchschnittlichen Marktzinssatz der vergangenen sieben Geschäftsjahre abgezinst. Für die Berechnung der Rückstellung für Jubiläumszahlungen wurde der Rechnungszinsfuß von 3,89 %, der dem von der Deutschen Bundesbank bekanntgegebenen Abzinsungssatz entspricht, angesetzt. Die Rückstellung für Verpflichtungen aus Altersteilzeit wurde zum Barwert mit einem Zinsfuß von 1,59 % (Abzinsungssatz gemäß § 253 Abs. 2 HGB mit Restlaufzeit von 1 Jahr und einem Gehaltstrend in Höhe von 2,00 % p. a.) angesetzt. Die ausschließlich der Erfüllung der Altersversorgungsverpflichtung dienenden, den Zugriff aller übrigen Gläubiger entzogenen Vermögensgegenstände (Deckungsvermögen i. S. d. § 246 Abs. 2 S. 2 HGB) wurden mit ihrem beizulegenden Zeitwert mit den Rückstellungen für Altersteilzeit verrechnet."[174]

17) „Die **Rückstellungen für Altersteilzeit und Jubiläumszuwendungen** liegen versicherungsmathematische Gutachten zugrunde. Die Ermittlung erfolgt gemäß § 253 Abs. 1 und 2 HGB unter Anwendung versicherungsmathematischer Methoden. Die Abzinsung für Altersteilzeit erfolgt mit 4,36 % (Vorjahr 2,5 %) und für Jubiläumszuwendungen mit 5,15 % (Vorjahr 5,4 %). Bei der Bewertung der Altersteilzeitrückstellung wurde ein Gehaltstrend von 2,6 % angenommen. In die Rückstellung für Altersteilzeit wurden im laufenden Geschäftsjahr wie im Vorjahr 250 potenzielle Anspruchsberechtigte einbezogen. Diese resultieren ausschließlich aus der im Vorjahr getroffenen Neuregelung der Altersteilzeit für operativ Beschäftigte bis einschließlich des Geburtsjahrgangs 1958. Den anspruchsberechtigten Beschäftigten werden die bisherigen tariflichen Konditionen der Altersteilzeit bis zum Ende der Laufzeit des Tarifvertrags der Bodenverkehrsdienste weiterhin angeboten."[175]

18) „Die Bewertung der **Jubiläumsrückstellung** erfolgte nach dem Anwartschaftsbarwertverfahren unter Berücksichtigung der Richttafeln 2005 G sowie der Fluktuationsmethode von Prof. Dr. Klaus Heubeck. Die Abzinsung erfolgte mit dem von der Deutschen Bundesbank veröffentlichen durchschnittlichen Marktzinssatz der vergangenen sieben Jahre in Höhe von 3,20 %, der sich bei einer angenommenen Restlaufzeit von 15 Jahren ergibt."[176]

19) „Die **Urlaubs- und Mehrarbeitsansprüche der Arbeitnehmer** werden auf Vollkostenbasis unter Berücksichtigung der individuellen Zeitguthaben pro Mitarbeiter und einer sog. Ist-Jahresarbeitszeit sowie einer voraussichtlichen Lohn- und Gehaltsanpassung 2017 bewertet.

Für zukünftige Aufwendungen aus der **Erfüllung von Gewährleistungen** wurde eine pauschalierte Rückstellung in Höhe eines als maximal möglich angesehenen Erfüllungsbetrags gebildet. Bei der Schätzung der Rückstellung wurden die Laufzeiten (Geltendmachung von Garantieleistungen ab Umsatzzeitpunkt) anhand einer Analyse der Garantiefälle der vergangenen Geschäftsjahre berücksichtigt."[177]

20) Angaben unter „Erläuterungen zur Bilanz", „Rückstellungen":

„Die **Drohverlustrückstellung** bildet die geschätzten Aufwendungen aus dem negativen Ergebnisbeitrag unrentabler Tankstellen bis zur vollständigen Beendigung ihres Geschäfts ab. Bei der Ermittlung der Rückstellungshöhe wurden mithilfe einer Plandeckungsbeitragsrechnung Erkenntnisse aus der Vergangenheit, vorliegende Verträge und deren zukünftige Entwicklung unterstellt. Die Unsicherheit der Errei-

---

173 Württembergische Lebensversicherung AG, Stuttgart (Hrsg.), Geschäftsbericht 2010, S. 243.
174 Bühler Alzenau GmbH, Alzenau (Hrsg.), Jahresabschluss zum Geschäftsjahr vom 1.1.2016 bis zum 31.12.2016 – in der im elektronischen Bundesanzeiger veröffentlichten Fassung – pdf-Version, S. 13.
175 Fraport AG, Frankfurt am Main (Hrsg.), Jahresabschluss der Fraport AG für das Geschäftsjahr 2010, S. 30.
176 Klüh Service Management GmbH, Düsseldorf (Hrsg.), Jahresabschluss zum Geschäftsjahr vom 1.1.2016 bis zum 31.12.2016 – in der im elektronischen Bundesanzeiger veröffentlichten Fassung – pdf-Version, S. 8.
177 REV Ritter GmbH, Mömbris (Hrsg.), Jahresabschluss zum Geschäftsjahr vom 1.1.2016 bis zum 31.12.2016 – in der im elektronischen Bundesanzeiger veröffentlichten Fassung – pdf-Version, S. 6.

chung der zukünftigen Planergebnisse wurde mittels eines Risikozuschlags von 5 % bei der Rückstellungsbewertung berücksichtigt. Die Rückstellung wurde des Weiteren mit einem Zinssatz von 4 % entsprechend der durchschnittlichen Restlaufzeit abgezinst.

In Höhe der geschätzten Kosten für **Rückbauverpflichtungen** wurde unter Berücksichtigung von der jeweiligen Tankstellengröße eine entsprechende Rückstellung gebildet, die über den Zeitraum der zugrunde liegenden Verträge bis zum Eintritt der Verpflichtung sukzessive angesammelt wird. Die Abzinsung erfolgte mittels des jeweiligen der Restmietdauer entsprechenden Zinssatzes aus der veröffentlichten Zinsverordnung per 31. Dezember 2014. Weiterhin ist eine Preissteigerungsrate von 2,5 % enthalten."[178]

Soweit im Jahresabschluss Posten enthalten sind, denen Beträge zugrunde liegen, die auf fremde Währung lauten oder ursprünglich auf fremde Währung lauteten, müssen innerhalb der Beschreibung der Bilanzierungs- und Bewertungsmethoden auch die Grundlagen für die Umrechnung dieser Beträge in Euro angegeben werden.

Die dazu explizit formulierte Regelung des § 284 Abs. 2 Nr. 2 HGB a. F. (vor BilRUG) wurde mit dem BilRUG aufgehoben. Dies folgt Art. 16 Abs. 1 Buchstabe a der Bilanzrichtlinie, in der anders als zuvor nur noch eine allgemeine Vorgabe zur Angabe der angewandten Bewertungsmethoden, indes keine ergänzende, ausdrückliche Regelung zu den Grundlagen der Währungsumrechnung mehr enthalten ist. Somit entspricht diese Streichung der Rechtssystematik der Bilanzrichtlinie. Sie begründet aber keine materielle Rechtsänderung.[179] Aufgrund dessen wird auf die Angaben zu den Grundlagen der Währungsumrechnung **nicht verzichtet** werden können. Sie werden nur nicht mehr explizit gesondert verlangt, sondern unter die Angaben zu den Bilanzierungs- und Bewertungsmethoden subsumiert.

Auch diese Informationspflicht wird **nicht** durch **bloße Wiedergabe** der in **§ 256a HGB** normierten Regelungen für die Währungsumrechnung erfüllt. Dies wird auch aus der Tatsache deutlich, dass weder der Wortlaut des § 256a HGB noch dessen Begründung durch den Gesetzgeber[180] auf die Angabepflicht nach § 284 Abs. 2 Nr. 2 HGB a. F. (vor BilRUG) Bezug nimmt. In der Bilanzierungspraxis nicht selten vorkommende Formulierungen wie

„Auf fremde Währung lautende Vermögensgegenstände und Verbindlichkeiten werden grundsätzlich mit dem Devisenkassamittelkurs zum Abschlussstichtag umgerechnet."

sind angesichts dessen nicht geeignet, die Anforderungen an die Beschreibung der Grundlagen der Währungsumrechnung zu erfüllen.[181]

Vielmehr kommen dazu die Angabe der über die in § 256a HGB normierten Regelungen hinaus oder abweichend davon praktizierten Vorgehensweisen in Betracht. **Beispiele** dafür sind:[182]

▶ Ausübung von Wahlrechten bei der Währungsumrechnung von Vermögensgegenständen und Verbindlichkeiten im Zugangszeitpunkt (Stichtagskurs, Mittelkurs, Durchschnittskurs, Sicherungskurs),

▶ Abweichungen von § 256a HGB,

---

178 Orlen Deutschland GmbH, Elmshorn (Hrsg.), Jahresabschluss zum Geschäftsjahr vom 1. 1. 2014 bis zum 31. 12. 2014 – in der im elektronischen Bundesanzeiger veröffentlichten Fassung – pdf-Version, S. 13.
179 Vgl. BT-Drucks. 18/4050, S. 64.
180 Vgl. BT-Drucks. 16/10067, S. 62.
181 Ebenso z. B. auch Hoffmann, W.-D./Lüdenbach, N., NWB Kommentar Bilanzierung, 6. Aufl., § 284 HGB Rz. 55.
182 Vgl. Grottel, B., in: BeckBilKom, 10. Aufl., § 284 HGB Rn. 118-120.

- Ausübung des Wahlrechts bei Finanzanlagen, sofern diese auf den zum Abschlussstichtag nur vorübergehend niedrigeren Devisenkassamittelkurs abgeschrieben werden,
- bei Währungsumrechnung von Posten der GuV mit der Angabe, welche Periode für die Durchschnittsberechnung zugrunde gelegt wurde,
- Erläuterung eines in der GuV abweichend von § 277 Abs. 5 Satz 2 HGB vorgenommenen Ausweises von Erträgen und Aufwendungen,
- angewandte Währungsumrechnung bei Betriebsstätten in Hochinflationsländern.

PRAXISBEISPIELE für die Beschreibung der Grundlagen der Währungsumrechnung als Teil der Beschreibung der Bilanzierungs- und Bewertungsgrundlagen:

1) Angaben unter „Grundlagen der Darstellung", „Währungsumrechnungen":[183]

„Geschäftsvorfälle in fremder Währung werden grundsätzlich mit dem historischen Kurs zum Zeitpunkt der Erstverbuchung erfasst. Aus Vereinfachungsgründen erfolgt die unterjährige Verbuchung mit dem Devisenkassamittelkurs vom letzten Tag des Vormonats. Bilanzposten werden wie folgt bewertet:

Langfristige Fremdwährungsforderungen werden zum Devisenbriefkurs bei Entstehung der Forderung oder zum niedrigeren beizulegenden Wert, unter Zugrundelegung des Devisenkassamittelkurses am Abschlussstichtag, angesetzt (Imparitätsprinzip). Kurzfristige Fremdwährungsforderungen (Restlaufzeit von einem Jahr oder weniger) sowie liquide Mittel oder andere kurzfristige Vermögensgegenstände in Fremdwährungen werden zum Devisenkassamittelkurs am Bilanzstichtag umgerechnet.

Langfristige Fremdwährungsverbindlichkeiten werden zum Devisengeldkurs bei Entstehung der Verbindlichkeit oder zum höheren Stichtagskurswert, unter Zugrundelegung des Devisenkassamittelkurses am Abschlussstichtag, bewertet (Imparitätsprinzip). Kurzfristige Fremdwährungsverbindlichkeiten (Restlaufzeit von einem Jahr oder weniger) werden zum Devisenkassamittelkurs am Bilanzstichtag umgerechnet."

2) Angaben unter „Bilanzierungs- und Bewertungsmethoden", „Währungsumrechnung":[184]

„Auf fremde Währung lautende Vermögensgegenstände und Verbindlichkeiten mit einer Laufzeit bis zu einem Jahr werden am Abschlussstichtag zum Stichtagskurs umgerechnet. Langfristige Fremdwährungsforderungen und Fremdwährungsverbindlichkeiten werden zum Stichtagskurs angesetzt, soweit die Entstehungskurse nicht niedriger waren (bei Aktivposten) oder höher lagen (bei Passivposten). Gewinne und Verluste aus der Umrechnung von Fremdwährungsgeschäften in lokale Währung werden erfolgswirksam erfasst und in der Gewinn- und Verlustrechnung gesondert unter dem Posten „Sonstige betriebliche Erträge" bzw. „Sonstige betriebliche Aufwendungen" ausgewiesen.

Der Jahresabschluss der SAP AG beinhaltet auch die Buchhaltungen dreier ausländischer Repräsentanzen, von denen zwei in Fremdwährung geführt werden. Die Umrechnung der Bilanzen in Euro erfolgt mit den Mittelkursen zum Bilanzstichtag, die Umrechnung der Gewinn- und Verlustrechnung zu Jahresdurchschnittskursen. Unterschiedsbeträge aus der Währungsumrechnung bei den Vermögens- und Schuldposten gegenüber der Umrechnung des Vorjahrs sowie Umrechnungsdifferenzen zwischen Bilanz und Gewinn- und Verlustrechnung sind erfolgsneutral mit den Gewinnrücklagen verrechnet. Sie sind als bilanzielle Umrechnungsdifferenzen im Eigenkapitalspiegel gesondert ausgewiesen."

---

183 Deutsche Post AG, Bonn (Hrsg.), Jahresabschluss (HGB) zum 31.12.2010, S. 5.
184 SAP AG, Walldorf (Hrsg.), Rechnungslegung der SAP AG 2010 (HGB), S. 9 f.

3.1.3.2 Angaben zur Bildung von Bewertungseinheiten (§ 285 Nr. 23 HGB)

§ 285 Nr. 23 HGB ergänzt („flankiert") die Vorschrift des § 254 HGB zur Bildung von Bewertungseinheiten.[185] Beide Vorschriften wurden mit dem BilMoG in das Handelsbilanzrecht aufgenommen.

§ 254 HGB lautet:

> „Werden Vermögensgegenstände, Schulden, schwebende Geschäfte oder mit hoher Wahrscheinlichkeit erwartete Transaktionen zum Ausgleich gegenläufiger Wertänderungen oder Zahlungsströme aus dem Eintritt vergleichbarer Risiken mit Finanzinstrumenten zusammengefasst (Bewertungseinheit), sind § 249 Abs. 1, § 252 Abs. 1 Nr. 3 und 4, § 253 Abs. 1 Satz 1 und § 256a in dem Umfang nicht anzuwenden, in dem die gegenläufigen Wertänderung oder Zahlungsströme sich ausgleichen. Als Finanzinstrumente im Sinn des Satzes 1 gelten auch Termingeschäfte über den Erwerb oder die Veräußerung von Waren."

Damit ist in § 254 HGB der Verzicht auf die rein bilanzielle Abbildung bestimmter (unrealisierter) Verlustrisiken in dem Umfang normiert, in dem ihr Eintritt durch unrealisierte Gewinne aus risikospezifisch abgeschlossenen, gegenläufigen Sicherungsgeschäften ausgeglichen wird. Beispiele für unter § 254 HGB subsumierbare Verlustrisiken sind Zins-, Währungs-, Ausfall- oder Preisänderungsrisiken. Ebenso kommen hier Liquiditätsrisiken in Betracht, nicht dagegen allgemeine Geschäftsrisiken.[186]

Der Verzicht auf die rein bilanzielle Abbildung der genannten Risiken setzt kumulativ voraus, dass:

▶ zu mindestens einem Grundgeschäft

▶ mindestens ein Sicherungsgeschäft abgeschlossen wurde,

▶ wobei Grund- und Sicherungsgeschäft(e) zum Ausgleich gegenläufiger Wertänderungen oder Zahlungsströme aus dem Eintritt vergleichbarer Risiken zusammengefasst (Bewertungseinheit) wurden und

▶ die Sicherungsbeziehung wirksam (effektiv) ist.

Grundgeschäfte können gemäß Wortlaut des § 254 HGB Vermögensgegenstände, Schulden, schwebende Geschäfte oder auch mit hoher Wahrscheinlichkeit erwartete Transaktionen sein. Unter „mit hoher Wahrscheinlichkeit erwartete Transaktionen" ist der künftige Abschluss von Rechtsgeschäften, z. B. der künftige Bezug von Roh-, Hilfs- oder Betriebsstoffen, zu verstehen, wenn dieser so gut wie sicher ist und dem Abschluss allenfalls außergewöhnliche Umstände entgegenstehen, die vom bilanzierenden Unternehmen selbst nicht mehr beeinflussbar sind, also außerhalb dessen Einflusssphäre liegen. Wesentliche Anhaltspunkte für die Beurteilung der so ausgelegten hohen Wahrscheinlichkeit liefert das insoweit bisherige Handeln des jeweiligen Unternehmens, also der tatsächliche Abschluss zuvor erwarteter Rechtsgeschäfte in der Vergangenheit.[187]

---

185 Vgl. dazu z. B. Schmidt, S./Usinger, R., in: BeckBilKom, 10. Aufl., § 254 HGB Rn. 1-58; IDW RS HFA 35, in: IDW Fachnachrichten 2011, S. 445-459.
186 Vgl. BT-Drucks. 16/12407, S. 86.
187 Vgl. BT-Drucks. 16/12407, S. 58.

Der Kreis der **Sicherungsgeschäfte** wurde in § 254 HGB grundsätzlich auf (originäre und derivative) Finanzinstrumente beschränkt.[188] So lässt sich etwa eine Fremdwährungsforderung mit bilanzieller Wirkung z. B. durch eine Fremdwährungsverbindlichkeit oder durch ein Termingeschäft (i. S. d. § 1 Abs. 11 Satz 4 Nr. 1 KWG[189]) absichern. Auch Warentermingeschäfte dürfen nach § 254 Satz 2 HGB bilanzwirksam gehedged werden. Erst noch abzuschließende Transaktionen dürfen indes nicht als Sicherungsinstrumente eingesetzt werden.

§ 254 HGB ermöglicht die Bildung von Bewertungseinheiten in Form eines sogenannten *micro-hedging*, *portfolio-hedging* oder *macro-hedging*.[190] Diese unterschiedlichen **Arten von Bewertungseinheiten** lassen sich wie folgt charakterisieren:

ABB. 5:	Charakterisierung unterschiedlicher Arten von Bewertungseinheiten[191]		
Art	Abgrenzung	Sicherungsbeziehung	
Micro Hedge	Das aus einem Grundgeschäft resultierende Risiko wird durch ein einzelnes Sicherungsinstrument unmittelbar abgesichert.	Micro Hedge	
		Grundgeschäft	Sicherungsinstrument
		1	1
Portfolio Hedge	Die Risiken mehrerer gleichartiger Grundgeschäfte werden durch ein oder mehrere Sicherungsinstrumente abgedeckt.	Portfolio Hedge	
		Grundgeschäfte	Sicherungsinstrumente
		m	1-n
Macro Hedge	Gruppen von Finanzinstrumenten werden gemeinsam gegen das jeweilige Risiko abgesichert.	Macro Hedge	
		Gruppen von Grundgeschäften	Sicherungsinstrumente
		m-Gruppen	1-n

In solche Bewertungseinheiten dürfen alle zulässigen Grundgeschäfte und alle zulässigen Sicherungsgeschäfte einbezogen werden, soweit sie sich jeweils auf **„vergleichbare Risiken"**, d. h. grundsätzlich dasselbe Risiko oder dieselben Risiken, beziehen. Allein dadurch ist gewährleistet, dass gegenläufige Wertänderungen oder Zahlungsströme auftreten und auch verlässlich messbar sind. Zudem ist dadurch die Bildung einer Bewertungseinheit für solche i. S. d. § 254 HGB zulässigen Grund- und Sicherungsgeschäfte ausgeschlossen, die sich auf unterschiedliche Risiken beziehen und deren Wertänderungen oder Zahlungsströme sich daher auch rein zufällig ausgleichen können.[192]

Im Fall erst künftig erwarteter Transaktionen kommt es unter diesen Voraussetzungen zur Bildung von **„antizipativen Bewertungseinheiten"**.

---

188 Zum Begriff „Finanzinstrumente" wird auf Abschnitt 3.2.2.2 verwiesen.
189 Vgl. BT-Drucks. 16/12407, S. 86.
190 Vgl. BT-Drucks. 16/10067, S. 58.
191 Quelle: Kopatschek, M./Wolfgarten, W./Langseder, A., Handelsrechtliche Bilanzierung von Bewertungseinheiten – Entwurf einer IDW Stellungnahme zur Rechnungslegung (IDW ERS HFA 35), in: Financial Services News Alert 2/2010, S. 4.
192 Vgl. IDW RS HFA 35, Anm. 25, in: IDW Fachnachrichten 2011, S. 449.

Die Rechtsfolgen des § 254 HGB treten nur ein, soweit sich gegenläufige Wertänderungen oder Zahlungsströme tatsächlich ausgleichen. Soweit kein Ausgleich erzielt wird, unterliegen Grund- und Sicherungsgeschäft der imparitätischen Bewertung. Aufgrund dessen ist es notwendig, die **Wirksamkeit** jeder Bewertungseinheit regelmäßig zu beurteilen. Zwecks Prüfung, ob die Bildung oder Beibehaltung überhaupt zulässig ist, wird die Wirksamkeit einer Bewertungseinheit im Zeitpunkt der Bildung sowie zu jedem innerhalb ihrer „Laufzeit" liegenden Bilanzstichtag prospektiv (vorausschauend) beurteilt. Zudem ist eine retrospektive (rückblickende) Beurteilung der Wirksamkeit erforderlich. Anhand dessen werden Notwendigkeit und Ausmaß einer imparitätischen Einzelbewertung der in eine Bewertungseinheit einbezogenen Komponenten zum Bilanzstichtag ermittelt.[193]

§ 285 Nr. 23 HGB knüpft an die Vorschrift des § 254 HGB zur Bildung von Bewertungseinheiten[194] an und verlangt, dazu folgende Angaben zu machen bzw. Erläuterungen zu geben:

▶ Buchstabe a
- Welche Grundgeschäfte (i. S. d. § 254 HGB) mit welchem Betrag in Bewertungseinheiten einbezogen wurden und
- welche Risiken mit den gebildeten Bewertungseinheiten abgesichert wurden und
- welche Arten von Bewertungseinheiten gebildet wurden und
- in welcher Höhe mit diesen Bewertungseinheiten die Risiken abgesichert wurden.

▶ Buchstabe b
- Die Gründe für die Wirksamkeit der Bewertungseinheiten und
- der Umfang der Wirksamkeit sowohl dem Umfang als auch dem Zeitraum nach und
- die Methode zur Ermittlung der Einschätzung der Wirksamkeit.

▶ Buchstabe c
- Eine gesonderte Erläuterung antizipativer Bewertungseinheiten.

§ 285 Nr. 23 Buchstabe a HGB verlangt Angaben zur Bildung von **Bewertungseinheiten dem Grunde und der Höhe nach**. Gefordert ist dazu u. a., die Arten der gebildeten Bewertungseinheiten anzugeben. Dies dient der Erleichterung. Andernfalls wären alle gebildeten Bewertungseinheiten einzeln anzugeben.[195] Zu den **Arten** von Bewertungseinheiten werden in der Beschlussempfehlung des Rechtsausschusses zu § 285 Nr. 23 HGB[196] nur *micro-hedges*, *portfolio-hedges* und *macro-hedges* genannt.[197] In der Bilanzierungspraxis großer Unternehmen werden ganz überwiegend *micro-hedges* eingesetzt, sehr häufig auch als alleinige Art der Bewertungseinheit. *Portfolio-hedges* oder *macro-hedges* werden dagegen in deutlich geringerem Maße gebildet und wenn, dann zumeist neben *micro-hedges*.[198]

---

193 Vgl. IDW RS HFA 35, Anm. 48-51, in: IDW Fachnachrichten 2011, S. 452.
194 Vgl. dazu z. B. Schmidt, S./Usinger, R., in: BeckBilKom, 9. Aufl., § 254 HGB Rn. 1-58, IDW RS HFA 35, in: IDW Fachnachrichten 2011, S. 445-459.
195 Vgl. ZKA, Stellungnahme vom 18. 1. 2008 zum BilMoG Ref-E, S. 12 f.
196 Vgl. BT-Drucks. 16/12407, S. 88.
197 Vgl. dazu auch Scharpf, P./Schaber, M., Bilanzierung von Bewertungseinheiten nach § 254 HGB-E (BilMoG), in: KoR 2008, S. 541 f.
198 Vgl. die Nachweise dazu bei Philipps, H., Jahresabschlüsse 2010, S. 82.

Damit **abgesicherte Risiken** können z. B. Zins-, Währungs-, Bonitäts- oder Preisrisiken sein.[199] Bei Grundgeschäften geforderte **Betrag**sangaben werden sich bei Vermögensgegenständen und Schulden auf die Buchwerte, bei schwebenden Geschäften und erwarteten Transaktionen auf das kontrahierte bzw. geplante risikobehaftete Volumen beziehen.[200] Je nach Größenordnung wird der Betrag regelmäßig für jede der in § 254 HGB genannten Kategorie in €, T€ oder Mio. € ausgedrückt werden dürfen. Gleiches gilt für die Betragsangaben betreffend die Höhe der abgesicherten Risiken. Für letztgenannte ist (lediglich) das Gesamtvolumen anzugeben.[201] Eine Differenzierung der **Risikohöhe** nach den jeweils abgesicherten Risiken wird also nicht verlangt. Dem Wortlaut des § 285 Nr. 23 Buchstabe a HGB nach müssen auch die in die Bewertungseinheiten einbezogenen Sicherungsinstrumente nicht angegeben werden.

§ 285 Nr. 23 Buchstabe b HGB verlangt – folgerichtig – konkrete Angaben im Zusammenhang mit der **Wirksamkeit (Effektivität)** gebildeter Bewertungseinheiten (Begründung, Zeitraum, Umfang, Ermittlungsmethode).

Für die Angaben zum Wirksamkeitszeitraum werden prospektive und retrospektive Wirksamkeitseinschätzungen erforderlich sein. Deren Ergebnisse sind dem Umfang nach anzugeben. Dafür kommen sowohl Betragsangaben als auch %-Angaben in Betracht. Die Methoden, anhand derer diese Ergebnisse ermittelt wurden, sind zu erläutern und die damit erzielten Ergebnisse sind zu begründen. Bei Bildung komplexer Bewertungseinheiten kommen als Ermittlungsmethoden z. B. statistische Korrelationsverfahren, Sensitivitätsanalysen, *Critical Term Match*-, *Dollar-Offset*- oder *Hypothetical-Derivative*-Methode (als besondere Form der *Dollar-Offset*-Methode) in Betracht.[202] Der Gesetzgeber weist in seiner Begründung zu § 285 Nr. 23 HGB darauf hin, dass die Detaillierung der geforderten Erläuterungen und Begründungen vom Umfang der gebildeten Bewertungseinheiten abhängig sind und dabei „insbesondere für den Bereich des sog. *macro-hedging* ausführlich auf die Verknüpfungen mit dem Risikomanagement einzugehen und … zu erläutern (ist, Einfügung des Verfassers), wie Risiken verifiziert und gemessen werden und aus welchen Gründen davon auszugehen ist, dass die abgesicherten Risiken nicht eintreten."[203]

In der Bilanzierungspraxis großer Unternehmen wird die Wirksamkeit von Bewertungseinheiten prospektiv zumeist nach der *Critical-Term-Match*-Methode und retrospektiv zumeist nach der *Dollar-Offset*-Methode bzw. der *Critical-Term-Match*-Methode ermittelt.[204]

§ 285 Nr. 23 Buchstabe c HGB verlangt gesonderte Erläuterungen zu solchen Grundgeschäften, die in **antizipative Bewertungseinheiten** einbezogen wurden; Konkretisierungen hierzu enthält die Beschlussempfehlung des Rechtsausschusses zu dieser Vorschrift. Danach ist aufgrund Buchstabe c des § 285 Nr. 23 HGB einerseits jeweils die Annahme des Tatbestandsmerkmals „hohe Wahrscheinlichkeit" plausibel zu begründen. Andererseits soll – über den Wortlaut der Vorschrift hinaus gehend – angegeben und begründet werden, dass in antizipative Bewertungseinheiten Sicherungsinstrumente mit einem unter ihren Anschaffungskosten liegenden beizule-

---

199 Vgl. BT-Drucks. 16/12407, S. 88.
200 Vgl. Kopatschek, M./Struffert, R./Wolfgarten, W., Bilanzielle Abbildung von Bewertungseinheiten nach BilMoG, Teil 2, in: KoR 2010, S. 333.
201 Vgl. BT-Drucks. 16/12407, S. 88.
202 Vgl. Grottel, B., in: BeckBilKom, 10. Aufl., § 285 HGB Rn. 714 m. w. N.
203 BT-Drucks. 16/10067, S. 73.
204 Vgl. die Nachweise dazu bei Philipps, H., Jahresabschlüsse 2010, S. 85 f.

genden Zeitwert einbezogen wurden und aus welchen Gründen ein hierzu kompensierend wirkender Ertrag zu erwarten ist.[205]

Die Inhalte der Anhangangabe nach § 285 Nr. 23 HGB weisen deutliche Überschneidungen zu der nach § 289 Abs. 2 Nr. 2 HGB im **Lagebericht** geforderten Berichterstattung betreffend Risikomanagementzielen und -methoden im Zusammenhang mit Finanzinstrumenten auf. Dementsprechend dürfen die Angaben nach § 285 Nr. 23 HGB dem Wortlaut der Vorschrift nach auch in den bei der kleinen GmbH sowie GmbH & Co. KG ggf. fakultativ aufgestellten Lagebericht aufgenommen und dort mit den Angaben nach § 289 Abs. 2 Nr. 2 HGB – wie es der Gesetzgeber in seiner Begründung zu § 285 Nr. 23 HGB bezeichnet – zu einem „Risikobericht aus einem Guss" gebündelt werden. In diesem Fall empfiehlt es sich allerdings, in den Anhang einen entsprechenden Verweis auf die Berichterstattung im Lagebericht aufzunehmen. Dabei dürfen die sonst in den Anhang aufzunehmenden Angaben auch nur partiell in den Lagebericht integriert werden, „soweit" das bilanzierende Unternehmen dies für sachgerecht hält.[206]

Soweit Angaben nach § 285 Nr. 23 HGB in den Anhang aufzunehmen sind und Bewertungseinheiten für verschiedenartige Sachverhalte mit verschiedenartigen Risiken gebildet worden sind, eignet sich für ihre Präsentation aus Gründen der Klarheit und Übersichtlichkeit eine **tabellarische Darstellung**, beispielsweise wie folgt:

ABB. 6:	Beispiel zur Darstellung der Angaben nach § 285 Nr. 23 HGB im Anhang[207]					
Grundgeschäft	Höhe (in Mio. €)	Art der Bewertungseinheit	abgesichertes Risiko	Wirksamkeit		
				Umfang (in %)	Zeitraum	
					retrospektiv	prospektiv
Vermögensgegenstände						
Schulden						
schwebende Geschäfte						
erwartete Transaktionen						
...	Summe					

Das Gesamtvolumen der abgesicherten Risiken beläuft sich auf ... Mio. €.
Zu den Methoden der Wirksamkeitsmessung geben wir folgende Erläuterungen: ...
Zu den gebildeten antizipativen Bewertungseinheiten geben wir folgende Erläuterungen: ...

Wurden nur einzelne Bewertungseinheiten gebildet oder durch die Bildung von Bewertungseinheiten nur gleichartige Risiken abgedeckt, kommt auch eine rein verbale Formulierung der Angaben in Betracht.

Für die Stellung der Angaben nach § 285 Nr. 23 HGB bietet sich sowohl bei tabellarischer Darstellung, als auch bei verbaler Formulierung eine Integration in die Beschreibung der Bilanzierungs- und Bewertungsmethoden an.[208]

Soweit keine Bewertungseinheiten gebildet wurden, ist eine Negativerklärung dazu nicht erforderlich.

---

205 Vgl. BT-Drucks. 16/12407, S. 88. Zu empirischen Nachweisen über die Begründung antizipativer Bewertungseinheiten in der Bilanzierungspraxis großer Unternehmen vgl. Philipps, H., Jahresabschlüsse 2010, S. 83.
206 Vgl. auch IDW RS HFA 35, Anm. 102, in: IDW Fachnachrichten 2011, S. 459.
207 Philipps, H., Rechnungslegung nach BilMoG, Wiesbaden 2010, S. 283
208 Zu empirischen Nachweisen über die Stellung und Gestaltung der Anhangangabe nach § 285 Nr. 23 HGB in der Bilanzierungspraxis großer Unternehmen vgl. Philipps, H., Jahresabschlüsse 2010, S. 87 f.

3. Erläuterung der für kleine GmbH sowie GmbH & Co. KG geltenden Anhangvorschriften

PRAXISBEISPIELE für Angaben nach § 285 Nr. 23 Buchstabe a und b HGB:

1) Angaben unter „Bilanzierungs- und Bewertungsmethoden":[209]

„Gemäß § 254 HGB liegt eine Bewertungseinheit in Form eines Portfolio-Hedges vor, da zur Refinanzierung von Ausleihungen in Höhe von maximal 114,0 Mio. € an das Beteiligungsunternehmen Steinkohlekraftwerk GEKKO fristenkongruent variabel verzinsliche Darlehen bei Kreditinstituten in Anspruch genommen werden. Mit dem parallelen Abschluss von Zinsswaps werden diese Kreditaufnahmen in festverzinsliche Darlehen umgewandelt, um mögliche Zinsänderungsrisiken abzusichern. Über die gesamte Finanzierungslaufzeit bis zum Jahr 2026 werden die zu zahlenden Zinsen einschließlich der Swapprämien durch die Guthabenzinsen gedeckt. Die zum 31.12.2009 gegebenen Ausleihungen sind vollständig refinanziert und in gleichem Umfang durch Zinsswaps abgesichert. Der sich zum Bilanzstichtag ergebende negative Marktwert der Zinsabsicherung in Höhe von -13,1 Mio. € ist aufgrund des Vorliegens der Bewertungseinheit nicht zu passivieren, da sich über die gesamte Laufzeit der Verträge tatsächlich kein Zinsrisiko ergibt."

2) Angaben unter „Finanzinstrumente", „Derivative Finanzinstrumente":[210]

„Den Risiken aus zins- und währungsbedingten Zahlungsstromschwankungen wird durch den Einsatz derivativer Finanzinstrumente begegnet, die ausschließlich zur Absicherung der aus operativen Tätigkeiten, Finanztransaktionen und Investitionen resultierenden Zins- und Währungsrisiken eingesetzt werden. Zu Spekulationszwecken werden derivative Finanzinstrumente weder gehalten noch begeben.

Durch den Einsatz der Derivate sollen Änderungen der beizulegenden Zeitwerte und/oder Zinszahlungsströme aus den zugeordneten Grundgeschäften (Forderungen gegen verbundene Unternehmen, verzinsliche Verbindlichkeiten und eine zukünftige Investition) ausgeglichen werden.

Zur Begrenzung des Währungsrisikos werden bei STADA Devisentermingeschäfte oder -optionen abgeschlossen. Die Kurssicherung im Jahr 2016 betraf insbesondere den russischen Rubel, den US-Dollar und das britische Pfund. Zum Stichtag waren die Devisentermingeschäfte entweder jeweils in einer Bewertungseinheit mit Darlehen bzw. Verbindlichkeiten gegenüber verbundenen Unternehmen oder Darlehen gegenüber verbundenen Unternehmen zugeordnet, ohne eine Bewertungseinheit zu bilden.

Zur Absicherung der Zahlungsströme aus Darlehen an verbundene Unternehmen (Zins- und Währungsrisiko) hat STADA Zins-/Währungsswaps abgeschlossen. Zum Stichtag waren alle Zins-/Währungsswaps jeweils in einer Bewertungseinheit mit Darlehen an verbundene Unternehmen (zusammengefasst; Einführung durch den Verfasser).

Die Bewertung der Zinssicherungsgeschäfte ergibt sich aus dem Barwert der abgezinsten Cashflows, d. h. feste gegen variable Zinssätze.

Durch Bewertungseinheiten gesicherte Grundgeschäfte:

Grundgeschäft	Gesichertes Risiko	Marktwerte
		Gesicherter Betrag des Grundgeschäfts (Buchwert) in Mio. €
Vermögensgegenstände	Zinsänderungen/Währungsrisiko	48,6
	Währungsrisiko	182,0
Schulden	Zinsrisiko	0,0
	Währungsrisiko	-2,8
		227,8

---

[209] Dortmunder Energie- und Wasserversorgung GmbH, Dortmund (Hrsg.), Geschäftsbericht 2009, S. 49.
[210] STADA Arzneimittel AG, Bad Vilbel (Hrsg.), Jahresabschluss zum Geschäftsjahr vom 1.1.2016 bis zum 31.12.2016 – in der im elektronischen Bundesanzeiger veröffentlichten Fassung – pdf-Version, S. 22 f.

3.1 Grundlegende Angaben zum Unternehmen und zur Bilanzierung

Die Marktwerte der derivativen Finanzinstrumente stellen sich wie folgt dar:

in Mio. €	2016	2015
Devisentermingeschäfte		3,1
Zinsswaps	0,0	-1,3
Zins-/Währungsswaps	6,5	21,0
	-2,0	22,7

Bei allen Bewertungseinheiten handelt es sich um Mikro-Hedges.

Für alle Bewertungseinheiten wird von einer hohen Effektivität ausgegangen, da die wesentlichen Ausstattungsmerkmale nahezu identisch sind (Critical-Terms-Match).

Die durch Bewertungseinheiten abgesicherten Risiken – nicht gebildete Drohverlustrückstellungen, Zuschreibungen auf Verbindlichkeiten in Fremdwährungen und Abschreibungen aus Forderungen in Fremdwährung:

in Mio. €	2016
Zinsänderungs-/Währungsrisiko	-6,7
Währungsrisiko	4,4
Gesamt abgesichertes bilanzielles Risiko	-2,3

Die Beurteilung der Effektivität der Bewertungseinheiten am Stichtag erfolgt nach der Critical-Terms-Match-Methode.

Die abgesicherten Risiken werden sich künftig voraussichtlich ausgleichen, weil die Grund- und Sicherungsgeschäfte demselben Risiko ausgesetzt sind, auf das identische Faktoren in gleicher Weise einwirken, und weil die Sicherungsgeschäfte keine anderen Risiken aufweisen als die Grundgeschäfte. Der Ausgleich sollte weitestgehend bis zum 31.12.2017 erfolgt sein."

3. Erläuterung der für kleine GmbH sowie GmbH & Co. KG geltenden Anhangvorschriften

3) Angaben bei „Erläuterungen zur Bilanz – Passiva" unter „Bewertungseinheiten":

ABB. 7: Angaben zu Bewertungseinheiten, Praxisbeispiel 1[211]

Art der Bewertungseinheiten	Grundgeschäfte	Absicherungsgeschäfte	Art der Risiken	Höhe der abgesicherten Risiken
	Arten und Volumina	Arten und Volumina		
Portfolio-Hedges	Fremdwährungspassiva	Fremdwährungsaktiva	Währungsrisiken	Ausweis Wertänderung von Grundgeschäften und Absicherungsgeschäften in Bilanz und Gewinn- und Verlustrechnung aufgrund Anwendung Durchbuchungsmethode bei gebildeten Bewertungseinheiten
	Volumina pro Währung der in Bewertungseinheiten zusammengefassten, für uns wichtigsten Fremdwährungspassiva und -aktiva per 31.12.2010: - Australischer Dollar: 3.028 Mio. (2.313 Mio. €) - Japanischer Yen: 70.197 Mio. (645 Mio. €) - Kanadischer Dollar: 5.886 Mio. (4.415 Mio. €) - Pfund Sterling: 4.970 Mio. (5.800 Mio. €) - Taiwan Dollar: 13.609 Mio. (346 Mio. €) - US-Dollar: 23.161 Mio. (17.265 Mio. €) - VR-China Renminblyuan: 7.266 Mio. (822 Mio. €)			
Mikro-Hedge	Nachranganleihe 2007 unbegrenzte Laufzeit Nominalvolumen/ Buchwert 1.349.050.000,00 € bis 2017 5,767 % p.a.	Zins-Swap: Nominalvolumen 1.349 Mio. € Marktwert 31.12.2010: 167.698.659,06 € Receive Fix 5,767 % p.a. Pay EURIBOR 3 Months + Spread 101,35 BP	Zinsänderungsrisiko	Kein Ausweis Wertänderung von Grundgeschäft und Absicherungsgeschäft in Bilanz und Gewinn- und Verlustrechnung aufgrund Anwendung Einfrierungsmethode bei gebildeter Bewertungseinheit (im Rahmen Effektivität)

→ Angaben zur Effektivität

Grund	Umfang		Zeitraum	Methode zur Messung der Effektivität
Währungsidentität	Ausgleich gegenläufiger Wertänderungen aufgrund Wechselkursschwankungen		nach Fristigkeit Passiva	Critical term match-Methode, prospektiv
	Effektivität 100%			Dollar Offset-Methode, retrospektiv
Basiswertidentität	Ausgleich gegenläufiger Wertänderungen aufgrund Zinsänderung		Laufzeit bis Juni 2017	Critical term match-Methode, prospektiv
Währungsidentität				
Identische Parameter	Effektivität 99,44%			Dollar Offset-Methode, retrospektiv

PRAXISBEISPIEL für Angaben nach § 285 Nr. 23 Buchstabe b HGB:

Angaben bei „Erläuterungen zur Bilanz", „Bewertungseinheiten":[212]

„Durch die Übereinstimmung der wesentlichen Ausgestaltungsmerkmale der Transaktionen einer Bewertungseinheit gleichen sich die Wertänderungen oder Zahlungsströme aus. Die Sicherung besteht jeweils für die gesamte Laufzeit des Grundgeschäfts. Die Effektivität wird durch einen Critical Term Match sichergestellt."

---

[211] Münchner Rückversicherungs-Gesellschaft AG, München (Hrsg.), Geschäftsbericht 2010, S. 110.
[212] BMW AG, München (Hrsg.), Jahresabschluss der BMW AG Geschäftsjahr 2010, S. 14.

3.1 Grundlegende Angaben zum Unternehmen und zur Bilanzierung

PRAXISBEISPIELE für Angaben nach § 285 Nr. 23 Buchstabe c HGB:

1) Angaben unter „Sonstige Angaben", „Derivative Finanzinstrumente":[213]

„Die erwarteten Transaktionen beinhalten hauptsächlich in den nächsten 5 Jahren mit hoher Wahrscheinlichkeit zufließende Umsatzerlöse sowie Rohstoffeinkäufe in Fremdwährung. Einzelne geplante Einkäufe in geringen Umfang betreffen darüber hinaus gehende Zeiträume."

2) Angaben unter „Sonstige Angaben", „Derivative Finanzinstrumente":[214]

„Bei den mit hoher Wahrscheinlichkeit erwarteten Transaktionen handelt es sich um geplante Finanzierungsmaßnahmen in den Jahren 2011 und 2012. Die der Absicherung zugrunde liegenden Werte wurden auf Basis der mittelfristigen Planung des Konzerns ermittelt und werden demzufolge mit hoher Wahrscheinlichkeit eintreten."

PRAXISBEISPIEL für Angaben nach § 285 Nr. 23 Buchstabe a-c HGB, bezogen auf mit hoher Wahrscheinlichkeit erwartete Transaktionen:

Angaben unter „Sonstige Erläuterungen":[215]

„Derivative Finanzinstrumente zur Abdeckung von Währungsrisiken

Zur Absicherung von Währungsrisiken setzte die Bayer AG Devisentermin- und Devisenoptionsgeschäfte sowie Zins-/Währungsswaps ein.

...

Zur Absicherung mit hoher Wahrscheinlichkeit erwarteter Geschäfte der Konzernunternehmen in Fremdwährung bestanden externe Devisentermin- und Devisenoptionsgeschäfte im Nominalwert von 3,2 Mrd. € (Vorjahr: 2,8 Mrd. €) mit einem beizulegenden Zeitwert von 97 Mio. € (Vorjahr: 50 Mio. €). Ihnen standen gegenläufige Geschäfte mit Unternehmen des Konzerns von nominal 3,6 Mrd. € (Vorjahr: 3,4 Mrd. €) gegenüber; ihr beizulegender Zeitwert belief sich auf -97 Mio. € (Vorjahr: -50 Mio. €). Wertänderungen korrespondierender externer und interner Geschäfte verhalten sich jeweils gegenläufig und gleichen sich mit Fälligkeit im Jahr 2010 aus. Die Geschäfte waren in Bewertungsportfolios zusammengefasst und wurden bilanziell nicht erfasst.

...

Zur Messung der Effektivität von Sicherungsbeziehungen wird im Regelfall die *Dollar-Offset*-Methode herangezogen, bei der die Fair Values von Grund- und Sicherungsgeschäft gegenübergestellt werden."

PRAXISBEISPIEL für Angaben nach § 285 Nr. 23 Buchstabe a-c HGB:[216]

Angaben unter „Sonstige Angaben", „Derivative Finanzinstrumente":

„Absicherung von Risiken durch Bewertungseinheiten:

ABB. 8:	Angaben zu Bewertungseinheiten, Praxisbeispiel 2[217]	
Art des Grundgeschäfts	**Art des abgesicherten Risikos**	**Abgesicherter Betrag des Grundgeschäfts (Buchwert, erwarteter Wert) in Mio. €**
VERMÖGENSGEGENSTÄNDE		
	Währungsrisiko	7.201
	Zinsänderungs-/Währungsrisiko	161
	Zinsänderungsrisiko	1.599

---

213 Volkswagen AG, Wolfsburg (Hrsg.), Jahresabschluss Volkswagen Aktiengesellschaft zum 31.12.2010, S. 22.
214 Deutsche Telekom AG, Bonn (Hrsg.), Jahresabschluss zum 31.12.2010, S. 45.
215 Bayer AG, Leverkusen (Hrsg.), Geschäftsbericht 2009, S. 33-35.
216 Zu weiteren Beispielen vgl. Philipps, H., Jahresabschlüsse 2010, S. 88-90.
217 Deutsche Telekom AG, Bonn (Hrsg.), Jahresabschluss zum Geschäftsjahr vom 1.1.2016 bis zum 31.12.2016 – in der im elektronischen Bundesanzeiger veröffentlichten Fassung – pdf-Version, S. 173.

Art des Grundgeschäfts	Art des abgesicherten Risikos	Abgesicherter Betrag des Grundgeschäfts (Buchwert, erwarteter Wert) in Mio. €
SCHULDEN		
	Zinsänderungsrisiko	(11.800)
	Zinsänderungs-/Währungsrisiko	(8.575)
	Währungsrisiko	(7.546)
MIT HOHER WAHRSCHEINLICHKEIT ERWARTETE TRANSAKTIONEN		
	Zinsänderungsrisiko	(3.795)
SCHWEBENDE GESCHÄFTE		
	Zinsänderungsrisiko	-
		(22.755)

Es handelte sich bei der Art der Bewertungseinheiten stets um Mikro-Hedges.

In allen Fällen war eine sehr hohe Wirksamkeit der Sicherungsbeziehungen gegeben, da die wesentlichen risikobestimmenden Parameter zwischen Grund- und Sicherungsgeschäft übereinstimmten.

Die Höhe der mit Bewertungseinheiten abgesicherten Risiken betrug zum Stichtag (vermiedene Drohverlustrückstellung, unterlassene Zuschreibung auf Fremdwährungsverbindlichkeiten sowie unterlassene Abschreibung auf Forderungen in Fremdwährung):

in Mio. €	31.12.2016
Zinsänderungsrisiko	988
Zinsänderungs-/Währungsrisiko	329
Währungsrisiko	1.931
	3.248

Die gegenläufigen Wert- und Zahlungsstromänderungen werden sich sowohl bezüglich der Zins- als auch bezüglich der Währungssicherungen künftig voraussichtlich weitestgehend bis zum 6. März 2042 ausgleichen.

Die Ermittlung der Wirksamkeit der Sicherungsbeziehungen im Hinblick auf das abgesicherte Risiko am Abschlussstichtag erfolgte anhand der Critical-Terms-Match-Methode. Im Falle von rollierenden Sicherungen erfolgte die Wirksamkeitsmessung mittels einer Marktwertänderungsbetrachtung auf Basis von Kassakurs-Komponenten („Dollar-Offset-Methode"). Der so ermittelte ineffektive Teil der Wertänderung wurde in diesen Fällen unmittelbar imparitätisch in der Gewinn- und Verlustrechnung erfasst.

Die unter den Schulden in Höhe von 20,4 Mrd. € ausgewiesenen abgesicherten Grundgeschäfte mit Zinsänderungsrisiko teilen sich auf in 2,5 Mrd. € Grundgeschäfte im Rahmen von Cashflow-Risikoabsicherungen und 17,9 Mrd. € Grundgeschäfte im Rahmen der Fair-Value-Risikoabsicherung.

Bei den mit hoher Wahrscheinlichkeit erwarteten Transaktionen handelt es sich in Höhe von 3,8 Mrd. € um geplante Finanzierungsmaßnahmen im Jahr 2017. Die der Absicherung zugrunde liegenden Werte wurden auf Basis der Konzernplanung ermittelt und werden demzufolge mit hoher Wahrscheinlichkeit eintreten."

3.1.3.3 Angaben über die Einbeziehung von Fremdkapitalzinsen in die Herstellungskosten (§ 284 Abs. 2 Nr. 4 HGB)

Zinsen für Fremdkapital gehören nach § 255 Abs. 3 Satz 1 HGB nicht zu den Herstellungskosten. Gleichwohl wird ihre Einbeziehung in die Herstellungskosten unter den Voraussetzungen des

§ 255 Abs. 3 Satz 2 HGB gebilligt; sie gelten dann als Herstellungskosten und stellen damit quasi eine „Bewertungshilfe" dar. Werden aufgrund dessen Fremdkapitalzinsen in die Herstellungskosten einbezogen, greift die Anhangangabe nach § 284 Abs. 2 Nr. 4 HGB. Dann müssen darin „Angaben über die Einbeziehung von Zinsen für Fremdkapital in die Herstellungskosten gemacht werden." Die Angabe darf sich im Fall der Einbeziehung aber nicht in einem bloßen Hinweis auf diese Tatsache erschöpfen. Vielmehr ist dann auch der Umfang der Einbeziehung in geeigneter Weise anzugeben, möglichst – d. h. nicht zwingend – mittels Angabe von Beträgen.[218] Zur Angabe des Umfangs der Einbeziehung gehört auch die Information, ob[219]

▶ alle einbeziehbaren Fremdkapitalzinsen oder nur ein Teil davon in die Herstellungskosten einbezogen worden sind und

▶ der Zinsanteil aus der Zuführung zu Pensionsrückstellungen mit in die als Herstellungskosten aktivierten Fremdkapitalzinsen einbezogen wurde.

Durch die Einbeziehung von Fremdkapitalzinsen in die Herstellungskosten wird ein gesetzlich eingeräumtes Bewertungswahlrecht in Anspruch genommen. Die Angabe nach § 284 Abs. 2 Nr. 4 HGB lässt sich daher inhaltlich der Angabe der Bilanzierungs- und Bewertungsmethoden zurechnen. Sie kann aufgrund dessen in die in diesem Rahmen zu gebende Beschreibung der Zusammensetzung und Ermittlung der Herstellungskosten (immaterielle Vermögensgegenstände, Sachanlagevermögen, Vorratsvermögen) aufgenommen werden.

■■■ PRAXISBEISPIELE ▶ für die Angabe nach § 284 Abs. 2 Nr. 4 HGB:

■ 1) ▶ Angaben unter „Bilanzierungs- und Bewertungsgrundsätze":[220]

„Die Fraport AG hat von dem Wahlrecht gemäß § 255 Abs. 3 HGB Gebrauch gemacht und aktiviert Zinsen für Fremdkapital, das zur Finanzierung der Herstellung eines Vermögensgegenstands verwendet wird, soweit sie auf den Zeitraum der Herstellung entfallen. Die Ansatzkriterien wurden in Anlehnung an die internationalen Rechnungslegungsnormen (IAS 23 Fremdkapitalkosten) festgesetzt. Bei der Bestimmung der aktivierbaren Fremdkapitalzinsen wurden in Abhängigkeit von der jeweiligen Projektfinanzierung Zinssätze zwischen 1,9 % und 4,5 % verwendet. Im Geschäftsjahr wurden Zinsen in Höhe von 53,0 Mio. € (Vorjahr 38,2 Mio. €) aktiviert. Diese betreffen geleistete Anzahlungen und Anlagen im Bau."

■ 2) ▶ Angaben unter „Bilanzierungs- und Bewertungsmethoden":[221]

„Die Herstellungskosten umfassen neben den Einzelkosten auch Material- und Fertigungsgemeinkosten sowie planmäßige Abschreibungen. Gemeinkosten und Abschreibungen sind auf Basis der bei normaler Beschäftigung und unter wirtschaftlichen Bedingungen anfallenden Kosten ermittelt. Zinsen auf Fremdkapital und Verwaltungskosten werden nicht in die Herstellungskosten einbezogen."

3.1.3.4 Erläuterung von Abweichungen gegenüber den bisher angewandten Bilanzierungs- und Bewertungsmethoden (§ 284 Abs. 2 Nr. 2 HGB)

Die im Jahresabschluss angewendeten Bilanzierungs- und Bewertungsmethoden (zum Begriff wird jeweils auf Abschnitt 3.1.3.1 verwiesen) sind nach §§ 246 Abs. 3 Satz 1, 252 Abs. 1 Nr. 6 HGB stetig beizubehalten. Das Stetigkeitsgebot dient der Vergleichbarkeit der Jahresabschlüsse im Zeitablauf. Abweichungen von der Bilanzierungs- und Bewertungsstetigkeit sind daher nur

---

218 So bereits Biener, H./Berneke, W., Bilanzrichtlinien-Gesetz, S. 250.
219 Vgl. Grottel, B., in: BeckBilKom, 10. Aufl., § 284 HGB Rn. 210.
220 Fraport AG, Frankfurt am Main (Hrsg.), Jahresabschluss der Fraport AG für das Geschäftsjahr 2010, S. 29.
221 Deutsche Bahn AG, Berlin (Hrsg.), Lagebericht und Jahresabschluss 2010, S. 48.

in „begründeten Ausnahmefällen" zulässig (§§ 252 Abs. 2, 246 Abs. 3 Satz 2 HGB), d. h. bei sachlicher Rechtfertigung.

Als **Beispiele** dafür werden Abweichungen genannt:[222]
- aufgrund von Rechtsänderungen (Gesetz, Gesellschaftsvertrag, Rechtsprechung),
- zwecks Verbesserung des Einblicks in die Vermögens-, Finanz- und Ertragslage (unter Beachtung der GoB),
- zwecks Inanspruchnahme von Ansatz- oder Bewertungsvereinfachungsverfahren,
- zwecks Anpassung an konzerneinheitliche Bilanzierungsrichtlinien oder
- zwecks Verfolgung steuerlicher Ziele.

Liegt ein solcher Fall der zulässigen Abweichung von der Bilanzierungs- und Bewertungsstetigkeit vor, ist die **Anhangangabe** nach § 284 Abs. 2 Nr. 2 HGB zu beachten. Danach „müssen ... Abweichungen von Bilanzierungs- und Bewertungsmethoden angegeben und begründet werden" und ihr „Einfluss auf die Vermögens-, Finanz- und Ertragslage ist gesondert darzustellen." Diese Informationen sollen den Adressaten ermöglichen, die Änderungen in der Anwendung der Bilanzierungs- und Bewertungsmethoden, die dies rechtfertigenden Gründe und den daraus resultierenden Effekt auf die Abbildung der wirtschaftlichen Lage im Jahresabschluss zu erfahren. Auch dies dient der Vergleichbarkeit der Jahresabschlüsse (des abzuschließenden und des vorhergehenden Geschäftsjahres) und dem besseren Einblick in die Entwicklung der Vermögens-, Finanz- und Ertragslage; Änderungen bei der Ausübung von Bilanzierungs- und Bewertungswahlrechten werden in der Bilanzierungspraxis erfahrungsgemäß häufiger vorgenommen bei nachteiliger Veränderung der wirtschaftlichen Lage. Angesichts dessen sind die nach § 284 Abs. 2 Nr. 2 HGB zu gebenden Informationen für die Adressaten nur dann wichtig, wenn die vorgenommenen **Änderungen** der Bilanzierungs- und Bewertungsmethoden für die Darstellung der Vermögens-, Finanz- und Ertragslage **von Bedeutung** sind (Grundsatz der Wesentlichkeit). Ist dies nicht der Fall, kann die Anhangangabe nach § 284 Abs. 2 Nr. 2 HGB unterbleiben.[223]

Die Informationspflichten nach § 284 Abs. 2 Nr. 2 HGB (Bilanzierungs- und Bewertungsmethodenänderungen) können i. S. d. Klarheit und Übersichtlichkeit mit denjenigen nach § 265 Abs. 1 Satz 2 HGB (Änderungen der Gliederung und des Postenausweises) zusammengefasst werden, sofern die einzelnen Angaben jeweils für sich erkennbar bleiben.[224] Dem Sinn und Zweck der Angaben nach ist es sachgerecht, sie in die Beschreibung der angewendeten Bilanzierungs- und Bewertungsmethoden (§ 284 Abs. 2 Nr. 1 HGB) als Unterpunkt zu integrieren.

Den Anforderungen des § 284 Abs. 2 Nr. 2 HGB nach **„Angabe"** und **„Begründung"** abweichend angewendeter Bilanzierungs- und Bewertungsmethoden wird entsprochen durch[225]
- Nennung des oder derjenigen Posten(s) der Bilanz oder der GuV (im Fall des § 264 Abs. 1 Satz 2 HGB auch der Kapitalflussrechnung und des Eigenkapitalspiegels), bei dem oder denen die Änderungen vorgenommen wurden und

---

222 Vgl. IDW RS HFA 38, Anm. 15, in: IDW Fachnachrichten 2011, S. 562.
223 So bereits Biener, H./Berneke, W., Bilanzrichtlinien-Gesetz, S. 254 f.
224 Vgl. IDW RS HFA 38, Anm. 18, in: IDW Fachnachrichten 2011, S. 563.
225 Vgl. IDW RS HFA 38, Anm. 19-22, in: IDW Fachnachrichten 2011, S. 563. Zum Inhalt einer „Begründung" wird auch auf Abschnitte 3.2.2.1. und 4.4.3 verwiesen.

3.1 Grundlegende Angaben zum Unternehmen und zur Bilanzierung

▶ Beschreibung der darin jeweils gegenüber dem Vorjahr vorgenommenen Bilanzierungs- und Bewertungsmethodenänderungen und

▶ Darlegung der Überlegungen und Argumente, die für die vorgenommenen Änderungen ausschlaggebend waren; dabei muss auch die Zulässigkeit der Änderungen erkennbar werden.

Die geforderte **Darstellung des Einflusses** der vorgenommenen Bilanzierungs- und Bewertungsmethodenänderungen auf die Vermögens-, Finanz- und Ertragslage ist für jede Änderung einzeln vorzunehmen und erfordert quantitativen Angaben zum Umfang der Auswirkung auf die Vermögens-, Finanz- und Ertragslage.[226]

Den Informationserfordernissen des § 284 Abs. 2 Nr. 2 HGB wird z. B. durch folgende **Formulierungen** entsprochen:

„Um die gestiegene Bedeutung unserer Entwicklungstätigkeit bilanziell zu berücksichtigen und dadurch den Einblick in unsere Vermögenslage zu verbessern, haben wir im abzuschließenden Geschäftsjahr in Ausübung des nach § 248 Abs. 2 HGB bestehenden Ansatzwahlrechts erstmals selbst erstellte immaterielle Vermögensgegenstände des Anlagevermögens aktiviert. Die Eigenschaft des Vermögensgegenstands konkretisieren wir für unsere Entwicklungsprojekte anhand der Erreichung jeweils individuell bestimmter Meilensteine gemäß detaillierter Meilensteinplanung; die Einhaltung der Meilensteinplanung wird durch unser Projektcontrolling laufend überwacht.

Aus der erstmaligen Aktivierung selbst erstellter immaterieller Vermögensgegenstände des Anlagevermögens ergaben sich Vermögenszugänge in Höhe von ... Mio. €, die unter Abzug der darauf lastenden passiven latenten Steuern das Jahresergebnis erhöht haben. Diese Erhöhung unterliegt der Ausschüttungssperre nach § 268 Abs. 8 HGB."

„Zur Anpassung an unsere nach Eigentümerwechsel neue Konzernbilanzierung haben wir die Herstellungskosten der Vorräte im Jahresabschluss erstmals unter Berücksichtigung der Wahlrechte nach § 255 Abs. 2 Satz 3 HGB bemessen; diesen Ansatz haben wir auch für steuerliche Zwecke verwendet. Hieraus ergab sich eine Höherbewertung der Vorräte gegenüber der bisherigen Bemessung der Herstellungskosten um ... Mio. €, wodurch sich auch das Jahresergebnis entsprechend verbessert. Bei Realisation der Vorräte im Folgejahr wird sich der daraus erzielte Ergebnisbeitrag entsprechend vermindern."

Jüngere Beispiele für Bilanzierungsänderungen standen häufig im Zusammenhang mit Rechtsänderungen durch das BilMoG. Dazu sah Art. 67 Abs. 8 EGHGB vor, dass § 284 Abs. 2 Nr. 2 HGB nicht anzuwenden war. Infolge dessen mussten diese Anhanginformationen bei erstmaliger Anwendung der durch das BilMoG geänderten Rechnungslegungsvorschriften im Jahresabschluss also nicht gegeben werden. In Einzelfällen gaben die Unternehmen diese Informationen indes freiwillig an, dann allerdings nicht durchgängig mit der nach § 284 Abs. 2 Nr. 2 HGB geforderten Informationstiefe.[227] Nachfolgend dazu gleichwohl ein sehr ausführliches, den Inhalt der Vorschrift gelungen verdeutlichendes Beispiel:

---

226 Vgl. Biener, H./Berneke, W., Bilanzrichtlinien-Gesetz, S. 255 und z. B. auch IDW RS HFA 38, Anm. 23-25, in: IDW Fachnachrichten 2011, S. 563.
227 Beispiele dazu bei Philipps, H., Jahresabschlüsse 2010, S. 23-25.

3. Erläuterung der für kleine GmbH sowie GmbH & Co. KG geltenden Anhangvorschriften

PRAXISBEISPIELE für Angaben nach § 284 Abs. 2 Nr. 2 HGB:

1) Angaben unter „Bilanzierungs- und Bewertungsmethoden", „Änderungen der Bilanzierungs- und Bewertungsmethoden":[228]

„Mit dem „Gesetz zur Umsetzung der Wohnimmobilienkreditrichtlinie und zur Änderung handelsrechtlicher Vorschriften" wurde eine Änderung des für die Bewertung von Pensionsrückstellungen maßgeblichen Zinssatzes beschlossen. Für die Bewertung ist nicht mehr auf den durchschnittlichen Marktzinssatz der vergangenen 7 Geschäftsjahre abzustellen, sondern es ist ein Durchschnittszinssatz der vergangenen 10 Geschäftsjahre zugrunde zu legen. Dies führte im Geschäftsjahr 2016 zu einem Ergebniseffekt von 3.333 T€.

Die Gesellschaft hat im Berichtsjahr die Bewertungssystematik zur Ermittlung der **Gewährleistungsrückstellungen** verändert. Wesentliche Annahmen hierbei sind, dass die Gewährleistungsvereinbarungen welche mit den Kunden abgeschlossen werden, grundsätzlich vergleichbar sind und eine prospektive Schätzung der Rückstellung auf Basis von Vergangenheitswerten einen brauchbaren Schätzwert für den Erfüllungsbetrag der Rückstellung bildet. Die nun angewendete Systematik ermittelt zum jeweiligen Bewertungsstichtag die Gewährleistungsaufwendungen abgeschlossener Projekte der vergangenen Perioden. Dieser wird in Beziehung zum Umsatz dieser Projekte gesetzt und somit ein Prozentsatz zur Ermittlung wahrscheinlicher Gewährleistungsaufwendungen gebildet. Liegen aufgrund individueller Vereinbarungen mit dem Kunden andere Gewährleistungskonditionen vor, werden diese nicht in die pauschale Ermittlung einbezogen, sondern individuell auf Projektbasis berechnet.

Die Veränderung der Bewertungssystematik der Gewährleistungsrückstellungen führte in 2016 zu einem einmaligen, außergewöhnlichen Ertrag aus der Auflösung von Rückstellungen in Höhe von 1.087 T€, welcher unter den sonstigen betrieblichen Erträgen ausgewiesen wird."

2) Angaben unter „Grundlagen des Jahresabschlusses":[229]

„Durch die Einbeziehung der neuen handelsrechtlichen Regelungen wurden die im vergangenen Jahr angewandten Bilanzierungs- und Bewertungsmethoden nicht im vollen Umfang beibehalten. In der folgenden Übersicht werden die im Jahresabschluss 2009 ausgewiesenen Bilanzansätze auf die Eröffnungsbilanzwerte nach dem HGB in der Fassung des Bilanzrechtsmodernisierungsgesetzes (HGB n. F.) im Zeitpunkt der Erstanwendung zum 1.1.2010 übergeleitet."

Überleitung des Jahresabschlusses 2009 – Eröffnungsbilanz BilMoG zum 1. Januar 2010:

(in Mio. €)

Aktiva	Erläuterung	31.12.2009	Überleitungsbuchungen	1.1.2010
Immaterielle Vermögensgegenstände		81	–	81
Sachanlagen		66	–	66
Finanzanlagen	d)	1.204	-5	1.199
Anlagevermögen		1.351	-5	1.346
Vorräte		2	–	2
Forderungen und sonstige Vermögensgegenstände	d)	305	-9	296
Wertpapiere	a)	1.894	-955	939
Flüssige Mittel		268	–	268
Umlaufvermögen		2.469	-964	1.505
Rechnungsabgrenzungsposten		1	–	1
		3.821	-969	2.852

---

228 MMEC Mannesmann GmbH, Düsseldorf (Hrsg.), Jahresabschluss zum Geschäftsjahr vom 1.1.2016 bis zum 31.12.2016 – in der im elektronischen Bundesanzeiger veröffentlichten Fassung – pdf-Version, S. 4 (Hervorhebung in Fettdruck durch den Verfasser).
229 Beiersdorf AG, Hamburg (Hrsg.), Jahresabschluss und Lagebericht zum 31.12.2010, S. 45 f.

3.1 Grundlegende Angaben zum Unternehmen und zur Bilanzierung

Passiva	Erläuterung	31.12.2009	Überleitungs-buchungen	1.1.2010
Gezeichnetes Kapital		252	–	252
Eigene Anteile	a)	–	-25	-25
Ausgegebenes Kapital		252	-25	227
Kapitalrücklagen		47	–	47
Gesetzliche Rücklage		4	–	4
Rücklage für eigene Anteile	a)	955	-955	–
Andere Gewinnrücklagen	a), b), c), e)	784	122	906
Bilanzgewinn		191	–	191
Eigenkapital		2.233	-858	1.375
Sonderposten mit Rücklageanteil	b)	42	-42	–
Rückstellungen für Pensionen und ähnliche Verpflichtungen	c), d)	452	-55	397
Übrige Rückstellungen	d), e)	259	-14	245
Rückstellungen		711	-69	642
Verbindlichkeiten aus Lieferungen und Leistungen		31	–	31
Sonstige Verbindlichkeiten		804	–	804
Verbindlichkeiten		835	–	835
		3.821	-969	2.852

Im Wesentlichen ergaben sich durch die Umstellung auf die neuen handelsrechtlichen Vorschriften folgende Änderungen:

a) Aufgrund der Neuregelungen des BilMoG ist ein Ausweis der eigenen Anteile auf der Aktivseite mit korrespondierendem Ausweis einer Rücklage für eigene Anteile nicht mehr zulässig. Dementsprechend wurde der Ausweis der zum 1.1.2010 gehaltenen eigenen Aktien beim Übergang auf das neue Recht an § 272 Abs. 1a HGB n. F. angepasst. Der rechnerische Wert der eigenen Anteile (25 Mio. €) wurde offen vom gezeichneten Kapital abgesetzt und der darüber hinausgehende Betrag (930 Mio. €) mit den anderen Gewinnrücklagen verrechnet. Entsprechend wurden die Rücklagen für eigene Anteile (955 Mio. €) aufgelöst und der Betrag den anderen Gewinnrücklagen zugeführt.

b) Gemäß den Vorschriften des BilMoG dürfen im laufenden Geschäftsjahr keine neuen Sonderposten mit Rücklageanteil gebildet werden. Die Beiersdorf AG hat von dem Beibehaltungswahlrecht des Art. 67 Abs. 3 EGHGB für Sonderposten mit Rücklageanteil, die vor dem Übergang auf das neue Recht gebildet wurden, keinen Gebrauch gemacht. Der Betrag aus der Auflösung der Sonderposten mit Rücklageanteil zum 1.1.2010 (42 Mio. €) wurde daher unmittelbar in die anderen Gewinnrücklagen eingestellt.

c) Die Beiersdorf AG hat von dem Wahlrecht Gebrauch gemacht, Rückstellungen für Altersversorgungsverpflichtungen oder vergleichbare langfristig fällige Verpflichtungen pauschal mit dem von der Deutschen Bundesbank ermittelten und bekannt gegebenen durchschnittlichen Marktzinssatz abzuzinsen, der sich bei einer angenommenen Restlaufzeit von 15 Jahren ergibt. Die bis zum Jahresabschluss zum 31.12.2009 in Anlehnung an IAS 19 verwendete Korridormethode zur Erfassung von versicherungsmathematischen Gewinnen und Verlusten wird ebenfalls nicht mehr angewendet. Aus dieser Umstellung ergab sich zum 1.1.2010 eine Auflösung der Rückstellungen für Pensionen und ähnliche Verpflichtungen (53 Mio. €), die gemäß Art. 67 Abs. 1 Satz 3 EGHGB unmittelbar den anderen Gewinnrücklagen zugeführt wurde.

d) Vermögensgegenstände, die dem Zugriff aller übrigen Gläubiger entzogen sind und ausschließlich der Erfüllung von diesen Vermögensgegenständen zugeordneten Schulden aus Altersversorgungsverpflichtungen oder vergleichbaren langfristig fälligen Verpflichtungen dienen, sind mit diesen Schulden zu verrechnen. Dadurch verringerte sich zum 1.1.2010 der Ausweis der Finanzanlagen um 5 Mio. €, der Forderungen und sonstigen Vermögensgegenstände um 9 Mio. €, der Rückstellungen für Pensionen um 2 Mio. € und der übrigen Rückstellungen um 12 Mio. €.

e) Rückstellungen sind nunmehr in Höhe des nach vernünftiger kaufmännischer Beurteilung notwendigen Erfüllungsbetrags anzusetzen. Dabei sind zukünftige Preis- und Kostensteigerungen mit einzubeziehen. Ferner sind Rückstellungen mit einer Restlaufzeit von mehr als einem Jahr mit einem der Restlaufzeit entsprechenden durchschnittlichen Marktzinssatz der vergangenen sieben Jahre, der von der Deutschen Bundesbank ermittelt und bekannt gegeben wird, abzuzinsen. Die Zuführungen zu den Rückstellungen aufgrund der Erstanwendung des § 253 HGB n. F. betrugen 148 T€ und wurden in der Gewinn- und Verlustrechnung unter dem Posten „außerordentliche Aufwendungen" ausgewiesen. Die Auflösungen von Rückstellungen aus dieser geänderten Bewertungsvorschrift beliefen sich auf 2 Mio. €. Der aufzulösende Betrag wurde gemäß Art. 67 Abs. 1 Satz 3 EGHGB unmittelbar in die anderen Gewinnrücklagen eingestellt.

f) Bestehen zwischen den handelsrechtlichen Wertansätzen von Vermögensgegenständen, Schulden und Rechnungsabgrenzungsposten und ihren steuerlichen Wertansätzen Differenzen, die sich in späteren Geschäftsjahren voraussichtlich abbauen, so ist eine sich daraus insgesamt ergebende Steuerbelastung als passive latente Steuern anzusetzen. Eine sich daraus insgesamt ergebende Steuerentlastung kann als aktive latente Steuern angesetzt werden. Die Bewertung hat mit dem unternehmensindividuellen Steuersatz zu erfolgen. Insgesamt erwartet die Beiersdorf AG zum 1.1.2010 aus diesen zeitlichen Bilanzierungsunterschieden eine zukünftige Steuerentlastung von 3 Mio. €, für die in Ausübung des Wahlrechts aus § 274 Abs. 1 Satz 2 HGB keine aktive latente Steuern angesetzt wurden."

3.2 Angaben mit weiteren Erläuterungen zur Bilanz

3.2.1 Mehrere Bilanzposten (Aktiva und Passiva) betreffende Angaben

3.2.1.1 Posten-Mitzugehörigkeitsvermerk bei Vermögensgegenständen und Schulden (§ 265 Abs. 3 HGB)

Das Bilanzgliederungsschema des § 266 HGB gibt typisierend einzelne Posten für den Ausweis von Vermögensgegenständen, Rechnungsabgrenzungsposten, Eigenkapital und Schulden vor. Die im bilanzierenden Unternehmen zu erfassenden Sachverhalte sind unter diese Posten zu subsumieren. Dabei ist das Gebot der Klarheit und Übersichtlichkeit (§ 243 Abs. 2 HGB) und das Einblicksgebot (§ 264 Abs. 2 HGB) zu beachten. In bestimmten Fällen kommt es vor, dass Sachverhalte unter mehrere, in § 266 HGB vorgegebene Posten subsumiert werden können. Typische Beispiele dafür sind:

▶ Forderungen gegen verbundene Unternehmen aus Lieferungen und Leistungen,

▶ Forderungen gegen Unternehmen, mit denen ein Beteiligungsverhältnis besteht aus Lieferungen und Leistungen,

▶ Forderungen gegen Gesellschafter aus Lieferungen und Leistungen,

▶ Forderungen gegen verbundene Unternehmen, die gleichzeitig Gesellschafter sind,

▶ Forderungen gegen Unternehmen, mit denen ein Beteiligungsverhältnis besteht und die gleichzeitig Gesellschafter sind,

▶ Verbindlichkeiten gegenüber verbundenen Unternehmen aus Lieferungen und Leistungen,

▶ Verbindlichkeiten gegenüber Unternehmen, mit denen ein Beteiligungsverhältnis besteht aus Lieferungen und Leistungen,

3.2 Angaben mit weiteren Erläuterungen zur Bilanz

- Verbindlichkeiten gegenüber Gesellschafter aus Lieferungen und Leistungen,
- Verbindlichkeiten gegenüber Gesellschafter, die gleichzeitig verbundene Unternehmen sind,
- Verbindlichkeiten gegenüber Unternehmen, mit denen ein Beteiligungsverhältnis besteht und die gleichzeitig Gesellschafter sind oder
- Ausleihungen an verbundene Unternehmen, die gleichzeitig Gesellschafter sind.

PRAXISBEISPIEL[230] Die Tochtergesellschaft T-GmbH liefert an ihre Muttergesellschaft M-AG Tonerde zur Weiterverarbeitung als Dachziegel. Am Bilanzstichtag resultiert daraus für die T-GmbH eine noch nicht beglichene Forderung gegen die M-AG in Höhe von 1.000 T€. In diesem Fall ist die Forderung unter folgende Bilanzposten subsumierbar:

- „Forderungen aus Lieferungen und Leistungen" (§ 266 Abs. 2 B. II. Nr. 1 HGB),
- „Forderungen gegen verbundene Unternehmen" (§ 266 Abs. 2 B. II. Nr. 2 HGB) und
- „Forderungen gegen Gesellschafter" (§ 42 Abs. 3 GmbH; hierzu wird auch auf Abschnitt 3.6.1.1 verwiesen).

In solchen oder anderen Fällen einer sogenannten **Postenmitzugehörigkeit** trifft § 265 Abs. 3 HGB folgende Anordnungen:

- Angabe der „Mitzugehörigkeit zu anderen Posten ...", wenn dies zur Aufstellung eines klaren und übersichtlichen Jahresabschlusses erforderlich ist" und
- Angabe der „Mitzugehörigkeit bei dem Posten, unter dem der Ausweis erfolgt ist" entweder durch Vermerk in der Bilanz oder Angabe im Anhang.

Über den primären Ausweis eines Vermögensgegenstands bzw. einer Schuld bei möglicher, mehrfacher Bilanzpostenzuordnung soll nach qualitativer Vorrangigkeit[231] bzw. nach ihrem überwiegenden Charakter[232] entschieden werden. Mangels Operationalisierbarkeit dieser Kriterien ergibt sich für die **Postenzuordnung** in der Bilanz ein faktisches Wahlrecht.[233]

Die Ausübung des in § 265 Abs. 3 HGB gewährten **Wahlrechts** zur Angabe einer Postenmitzugehörigkeit in der Bilanz oder im Anhang unterliegt dem **Stetigkeitsgebot**.[234]

Zu beachten ist die Angabe indes nur dann, wenn sie **erforderlich** ist, um einen klaren und übersichtlichen Jahresabschluss zu erstellen; mögliche Fehldeutungen oder Irreführungen der Abschlussadressaten durch den gewählten Ausweis sollen vermieden werden. Zur Beurteilung der „Erforderlichkeit" sind, wie an anderer Stelle auch (hierzu wird z. B. auf Abschnitt 4.4.1 verwiesen), quantitative und qualitative Aspekte im Einzelfall heranzuziehen.[235]

PRAXISBEISPIELE zur Angabe nach § 265 Abs. 3 HGB im Anhang:

1) Angaben unter „Erläuterungen zur Bilanz", „Andere Forderungen und sonstige Vermögensgegenstände":[236]

„Die Forderungen gegen Unternehmen, mit denen ein Beteiligungsverhältnis besteht, resultieren im Wesentlichen aus Lieferungen und Leistungen."

---

230 Entnommen aus Hoffmann, W.-D./Lüdenbach, N., NWB Kommentar Bilanzierung, 8. Aufl., § 266 HGB Rz. 73.
231 Vgl. Adler, H./Düring, W./Schmaltz, K., 6. Aufl., § 265 HGB Rz. 44.
232 Vgl. z. B. Winkeljohann, N./Büssow, T., in: BeckBilKom, 10. Aufl., § 265 HGB Rn. 7.
233 Vgl. Hoffmann, W.-D./Lüdenbach, N., NWB Kommentar Bilanzierung, 8. Aufl., § 265 HGB Rz. 53.
234 Vgl. z. B. Winkeljohann, N./Büssow, T., in: BeckBilKom, 10. Aufl., § 265 HGB Rn. 7.
235 Vgl. Hoffmann, W.-D./Lüdenbach, N., NWB Kommentar Bilanzierung, 8. Aufl., § 265 HGB Rz. 52.
236 Fraport AG, Frankfurt am Main (Hrsg.), Jahresabschluss der Fraport AG für das Geschäftsjahr 2010, S. 37.

3. Erläuterung der für kleine GmbH sowie GmbH & Co. KG geltenden Anhangvorschriften

2) Angaben unter „Erläuterungen zur Bilanz", „Forderungen und sonstige Vermögensgegenstände" sowie „Verbindlichkeiten":[237]

„Die Forderungen gegen verbundene Unternehmen haben sich zu rund 37 % (Vj. 45 %) aus Lieferungen und Leistungen ergeben...

Die Forderungen gegen Unternehmen, mit denen ein Beteiligungsverhältnis besteht, resultieren zu 34 % (Vj. 0 %) aus Lieferungen und Leistungen.

...

Die Verbindlichkeiten gegenüber verbundenen Unternehmen sind zu rund 48 % (Vj. 45 %) aus Lieferungen und Leistungen und ansonsten aus kurzfristigen Krediten entstanden."

3) Angaben unter „Erläuterungen zur Bilanz", „Forderungen":[238]

„Die Forderungen gegen Beteiligungsunternehmen betreffen mit 846 Mio. € Forderungen gegen die Everything Everywhere Ltd., Hatfield. In Höhe von 725 Mio. € entfallen die Forderungen auf einen durch die Everything Everywhere Ltd. ausgegebenen variabel verzinslichen Bond, der bis zum 30.11.2011 gültig ist. Insofern besteht in dieser Höhe eine Mitzugehörigkeit zu den innerhalb des Umlaufvermögens ausgewiesenen sonstigen Wertpapieren."

4) Angaben unter „Bilanzerläuterungen", „Forderungen und sonstige Vermögensgegenstände":[239]

„Die Forderungen gegen verbundene Unternehmen enthalten Forderungen gegen Gesellschafter in Höhe von 68.138 T€ (Vorjahr: 68.623 T€). Diese Forderungen beinhalten unter anderem das Jahresergebnis, das aufgrund des Ergebnisabführungsvertrags von der Gesellschafterin übernommen wurde ..."

5) Angaben unter „Erläuterungen zu Bilanzposten", „Forderungen" bzw. „Verbindlichkeiten":[240]

„Die **Forderungen gegen verbundene Unternehmen** resultieren in Höhe von 438,1 T€ (Vorjahr 678,6 T€) aus Lieferungen und Leistungen, im Übrigen aus Forderungen aus Gewinnabführung in Höhe von 37.879,9 T€ (Vorjahr 38.561,6 T€), Forderungen im Rahmen des Cash-Poolings von 494,5 T€ (Vorjahr 361,6 T€), Forderungen aus Weiterbelastungen in Höhe von 3.306,6 T€ (Vorjahr: 0,0 T€) und Umsatzsteuerforderungen in Höhe von 1.269,3 T€ (Vorjahr 1.569,6 T€).

...

In den **Verbindlichkeiten gegenüber anderen Kreditgebern** sind 128.487,2 T€ (Vorjahr 126.713,9 T€) und in den **Verbindlichkeiten aus Lieferungen und Leistungen** in Höhe von 506,2 T€ (Vorjahr 3.120,7 T€) solche gegenüber der Gesellschafterin Stadt Frankfurt am Main enthalten.

Die **Verbindlichkeiten gegenüber verbundenen Unternehmen** betreffen insbesondere in Höhe von 78.767,5 T€ (Vorjahr 81.752,1 T€) Geldanlagen im Rahmen des Cash-Poolings, in Höhe von 2.319,1 T€ Verbindlichkeiten aus Lieferungen und Leistungen (Vorjahr 4.126,0 T€) und in Höhe von 1.077,1 T€ (Vorjahr 240,4 T€) Verbindlichkeiten aus der Verlustübernahme der SAALBAU Betriebsgesellschaft mbH."

---

237 Grammer AG, Amberg (Hrsg.), Jahresabschluss und Lagebericht 31.12.2010 zur Einreichung zum elektronischen Bundesanzeiger, ohne Seitennummerierung.
238 Deutsche Telekom AG, Bonn (Hrsg.), Jahresabschluss zum 31.12.2010, S. 26.
239 Elsevier GmbH, München (Hrsg.), Jahresabschluss zum Geschäftsjahr vom 1.1.2010 bis zum 31.12.2010 und Lagebericht für das Geschäftsjahr 2010 – in der im elektronischen Bundesanzeiger veröffentlichten Fassung – Druckfassung, S. 5.
240 ABG Frankfurt Holding GmbH, Frankfurt am Main (Hrsg.), Geschäftsbericht 2013, S. 60 und S. 62 (Fettmarkierungen im Original).

3.2 Angaben mit weiteren Erläuterungen zur Bilanz

6) Angaben unter „Erläuterungen zur Bilanz", „Angaben zu den Aktiva":

ABB. 9:	Angabe der Mitzugehörigkeit von Vermögensgegenständen und Schulden zu anderen Posten der Bilanz, Praxisbeispiel[241]		
17 Forderungen und sonstige Vermögensgegenstände	Forderungen und sonstige Vermögensgegenstände		
	in Mio. Euro	31.12.2009	31.12.2010
	Forderungen aus Lieferungen und Leistungen	182	227
	Forderungen gegen verbundene Unternehmen davon aus Lieferungen und Leistungen 8 (Vorjahr 21)	5.297	8.549
	Forderungen gegen Unternehmen, mit denen ein Beteiligungsverhältnis besteht davon aus Lieferungen und Leistungen 4 (Vorjahr 6)	68	55
	Sonstige Vermögensgegenstände	482	567
		6.029	9.398
...			
28 Verbindlichkeiten	Verbindlichkeiten		
	in Mio. Euro	31.12.2009	31.12.2010
	Verbindlichkeiten gegenüber Kreditinstituten	4.215	4.179
	Verbindlichkeiten aus Lieferungen und Leistungen	741	755
	Verbindlichkeiten gegenüber verbundenen Unternehmen davon aus Lieferungen und Leistungen 87 (Vorjahr 24)	12.125	8.618
	Verbindlichkeiten gegenüber Unternehmen, mit denen ein Beteiligungsverhältnis besteht davon aus Lieferungen und Leistungen 7 (Vorjahr 9)	94	104
	Sonstige Verbindlichkeiten davon aus Steuern 245 (Vorjahr 119) davon im Rahmen der sozialen Sicherheit 7 (Vorjahr 31)	940	1.052
		18.115	14.708

---

241 Deutsche Post AG, Bonn (Hrsg.), Jahresabschluss (HGB) zum 31.12.2010, S. 12 und S. 19.

3.2.1.2 Angaben bei zulässiger Verrechnung von Vermögensgegenständen und Schulden (§ 285 Nr. 25 HGB)

Posten der Aktivseite dürfen gemäß § 246 Abs. 2 Satz 1 HGB nicht mit Posten der Passivseite, Aufwendungen nicht mit Erträgen und Grundstücksrechte nicht mit Grundstückslasten verrechnet werden. Zu diesem sogenannten Saldierungsverbot wurde mit dem BilMoG in § 246 Abs. 2 Satz 2 HGB eine Ausnahme in Form eines **Saldierungsgebots** für bestimmte Vermögensgegenstände und Schulden geschaffen: „Vermögensgegenstände, die dem Zugriff aller übrigen Gläubiger entzogen sind und ausschließlich der Erfüllung von Schulden aus Altersversorgungsverpflichtungen oder vergleichbaren langfristig fälligen Verpflichtungen dienen, sind mit diesen Schulden zu verrechnen; entsprechend ist mit den zugehörigen Aufwendungen und Erträgen aus der Abzinsung und aus dem zu verrechnenden Vermögen zu verfahren. Übersteigt der beizulegende Zeitwert der Vermögensgegenstände den Betrag der Schulden, ist der übersteigende Betrag unter einem gesonderten Posten zu aktivieren" (Unterschiedsbetrag aus Vermögensverrechnung, § 266 Abs. 2 E. HGB).

„Altersversorgungsverpflichtungen" und „Pensionsverpflichtungen" werden begrifflich synonym verwendet. Es sind Verpflichtungen, die für bilanzierende Unternehmen aus einer anlässlich einer Tätigkeit für sie zugesagten Leistung der Alters-, Invaliditäts- oder Hinterbliebenenversorgung entstehen (vgl. §§ 1 Abs. 1 Satz 1, Abs. 2 i.V. m. 17 Abs. 1 Satz 2 BetrAVG). Dazu zählen Verpflichtungen gegenüber Arbeitnehmern sowie solche, die anlässlich eines Dienstverhältnisses gegenüber einem Organmitglied, einem Gesellschafter einer Personengesellschaft oder externen Beratern des Bilanzierenden, denen aus Anlass ihrer Tätigkeit für den Bilanzierenden von diesem Altersversorgungsleistungen zugesagt worden sind. Den Altersversorgungsverpflichtungen **vergleichbare langfristig fällige Verpflichtungen** sind z. B. Altersteilzeitverpflichtungen, Verpflichtungen aus Lebensarbeitszeitkonten, zugesagte Leistungen bei Dienstjubiläen, Beihilfen, Vorruhestandsgelder, Übergangsgelder sowie Sterbegelder. Wesentliches Kennzeichen dieser Verpflichtungen ist, dass sie mit biometrischen Risiken behaftet, aber nicht bereits Altersversorgungsverpflichtungen im vorgenannten Sinne sind.[242]

Schulden aus Altersversorgungsverpflichtungen oder langfristig fälligen vergleichbaren Verpflichtungen sind mit Vermögensgegenständen zu verrechnen, wenn diese bestimmte Voraussetzungen erfüllen. Solche Vermögensgegenstände werden auch als **Deckungs- bzw. Zweckvermögen**[243] oder in Anlehnung an die Terminologie der IFRS als **Planvermögensgegenstände**[244] bezeichnet. Sie müssen dem Zugriff aller übrigen Gläubiger – aller, außer den Begünstigten – entzogen sein und ausschließlich der Erfüllung der genannten Schulden dienen.[245] Das heißt, die jeweiligen Vermögensgegenstände müssen insolvenzsicher sein wie beim Aussonderungsrecht, in Fällen des § 7e Abs. 2 Sozialgesetzbuch IV sowie ggf. beim Absonderungsrecht, einer bestimmten Zweckbindung unterliegen und jederzeit zur zweckentsprechenden Verwertung verfügbar sein. Anwendungsfälle hierzu können etwa **verpfändete Rückdeckungsversicherungen** oder Vermögensgegenstände sein, die im Rahmen von Treuhandvereinbarungen (z. B. in Form

---

242 Vgl. IDW RS HFA 30 n. F., Anm. 7 f., in: IDW Life 1/2017, IDW Fachnachrichten, S. 103.
243 Vgl. Gelhausen, H./Fey, G./Kämpfer, G., Rechnungslegung und Prüfung nach dem Bilanzrechtsmodernisierungsgesetz, S. 22, Anm. 18.
244 Vgl. Hoffmann, W.-D./Lüdenbach, N., NWB Kommentar Bilanzierung, 8. Aufl., § 246 HGB Rz. 395.
245 Zu Beispielen dazu vgl. Hoffmann, W.-D./Lüdenbach, N., NWB Kommentar Bilanzierung, 8. Aufl., § 246 HGB Rz. 397 f.

des *contractual trust arrangement* – CTA) auf einen Treuhänder übertragen wurden.[246]

Vermögensgegenstände i. S. d. § 246 Abs. 2 Satz 2 HGB sind mit dem beizulegenden Zeitwert zu bewerten (§ 253 Abs. 1 Satz 4 HGB). Dabei ist die Bewertungshierarchie des § 255 Abs. 4 HGB zu beachten; hierzu wird auf Abschnitt 3.2.2.2 verwiesen.

Bei Anwendung des Saldierungsgebots ist zudem die Verrechnung zugehöriger Aufwendungen aus der Diskontierung der Verpflichtungen mit den Erträgen aus der Vermögensbewertung zum beizulegenden Zeitwert zu beachten (§ 277 Abs. 5 Satz 1 HGB).

Vor diesem Hintergrund verlangt § 285 Nr. 25 HGB folgende Angaben:

- die Anschaffungskosten der verrechneten Vermögensgegenstände und
- den beizulegenden Zeitwert der verrechneten Vermögensgegenstände und
- den Erfüllungsbetrag der verrechneten Schulden und
- die verrechneten Aufwendungen und Erträge und
- die grundlegenden Annahmen, die der Bestimmung des beizulegenden Zeitwerts mit Hilfe allgemein anerkannter Bewertungsmethoden zugrunde gelegt wurden; hierzu wird auf die Erläuterungen zu § 285 Nr. 20 HGB in Abschnitt 3.2.2.2 verwiesen.

Der Gesetzesbegründung zu § 285 Nr. 25 HGB zufolge werden mit der Angabe die ohne diese Verrechnung aus der Bilanz bzw. aus der GuV ersichtlichen Informationen in den Anhang verlagert.[247] Die Angaben nach § 285 Nr. 25 HGB bezwecken also, die gemäß § 246 Abs. 2 Satz 1 HGB geforderte **entsaldierte Bilanzierung** im Anhang **nachzuholen**. Dies erfordert anzugeben, welche Aktiv- und Passivposten in welcher Höhe miteinander verrechnet wurden, durch welche grundlegenden Annahmen die Wertermittlung der verrechneten Vermögensgegenstände beeinflusst wurde und welche aus der Bewertung der verrechneten Aktiv- und Passivposten resultierenden Aufwendungen und Erträge in welcher Höhe miteinander verrechnet worden sind.[248]

Sofern Ansprüche aus Lebensversicherungsverträgen zum Deckungsvermögen gehören wird deren beizulegender Zeitwert häufiger anhand der fortgeführten Anschaffungskosten zu ermitteln sein (§§ 255 Abs. 4 Sätze 3 und 4, 253 Abs. 4 HGB). Diese entsprechen dann dem sogenannten geschäftsplanmäßigen Deckungskapital des Versicherungsvertrags zuzüglich eines etwa vorhandenen Guthabens aus Beitragsrückerstattungen (sogenannte unwiderruflich zugeteilte Überschussbeteiligung). Dieser Wert stimmt auch mit dem steuerlichen Aktivwert überein.[249]

---

246 Vgl. IDW RS HFA 30 n. F., Anm. 22-29, in: IDW Life 1/2017, IDW Fachnachrichten, S. 104 f.
247 Vgl. BT-Drucks. 16/10067, S. 73.
248 Zu empirischen Nachweisen über die Verrechnungspraxis großer Unternehmen (Arten verrechneter Vermögensgegenstände und Schulden sowie Aufwendungen und Erträge, Anzahl der jeweils verrechneten Posten, Verrechnungsergebnisse, Ausweis der Verrechnung auf der Passivseite der Bilanz und in der GuV, Ermittlungsmethoden für den beizulegenden Zeitwert der Vermögensgegenstände, Stellung und Gestaltung der Anhangangaben nach § 285 Nr. 25 HGB) vgl. Philipps, H., Jahresabschlüsse 2010, S. 69-77.
249 Vgl. IDW RS HFA 30 n. F., Anm. 68, in: IDW Life 1/2017, IDW Fachnachrichten, S. 110.

3. Erläuterung der für kleine GmbH sowie GmbH & Co. KG geltenden Anhangvorschriften

PRAXISBEISPIELE für Angaben nach § 285 Nr. 25 HGB:

1) Angaben unter „Angaben und Erläuterungen zu einzelnen Posten der Bilanz", „Pensionsrückstellungen":[250]

„Rückstellungspflichtige Pensionsverpflichtungen bestehen zum Bilanzstichtag in Höhe von insgesamt € 2.459.430,00 (brutto) (Vorjahr € 2.341.243,00). Diesen stehen Aktivwerte aus Rückdeckungsversicherungen in Höhe von insgesamt € 1.001.794,61 (Vorjahr € 963.450,23) gegenüber, die in Höhe von € 779.249,68 (Vorjahr € 756.099,08) aufgrund bestehender Verpfändungsvereinbarungen als Deckungsvermögen zu qualifizieren sind. Bestehende Pensionsverpflichtungen wurden mit dem ihnen zurechenbaren Deckungsvermögen gemäß § 246 Abs. 2 Satz 2 HGB verrechnet (Einzelbewertung). Soweit das verrechnete Deckungsvermögen die bestehende Pensionsverpflichtung übersteigt, erfolgt der Ausweis der Überdeckung unter dem Posten „Aktiver Unterschiedsbetrag aus Vermögensverrechnung" auf der Aktivseite der Bilanz. Dieser beträgt zum Bilanzstichtag € 13.276,00 (Vorjahr € 28.614,00).

Der beizulegende Zeitwert der saldierten Rückdeckungsversicherungsansprüche entspricht den fortgeführten Anschaffungskosten (Deckungskapital zuzüglich Überschussbeteiligung) gemäß versicherungsmathematischer Gutachten bzw. den Mitteilungen der Versicherer.

Die Erträge aus dem Deckungsvermögen € 23.548,42 (Vorjahr € 24.824,92) wurden mit den Zinszuführungen € 95.958,00 (Vorjahr € 96.738,00) gemäß § 246 Abs. 2 Satz 2 HGB saldiert. Der sich ergebende Saldo in Höhe von € 72.409,58 ist im Zinsergebnis unter dem Posten „Zinsen und ähnliche Aufwendungen" enthalten."

2) Angaben unter „Angaben zur Bilanz", „Verrechnung von Vermögensgegenständen und Schulden":[251]

„Für die Saldierung von Schulden aus Altersvorsorgeverpflichtungen mit verrechnungsfähigen Vermögenswerten wurden folgende Werte ermittelt:

Verrechnung von Vermögensgegenständen und Schulden	In €
Erfüllungsbetrag der Schulden	197.510,00
Anschaffungskosten der verrechneten Vermögenswerte	260.000,00
Zeitwert der verrechneten Vermögenswerte	195.012,68
verrechnete Aufwendungen	7.647,00
verrechnete Erträge	15.929,00"

3) Angaben unter „Angaben zur Bilanz", „Verrechnung von Vermögensgegenständen und Schulden"[252]

„Für die Saldierung von Schulden aus Altersvorsorgeverpflichtungen mit verrechnungsfähigen Vermögenswerten wurden folgende Werte ermittelt:

Verrechnung von Vermögensgegenständen und Schulden	In €
Erfüllungsbetrag der Schulden	1.278.794,00
Anschaffungskosten der verrechneten Vermögenswerte	711.950,59
Zeitwert der verrechneten Vermögenswerte	711.950,59
verrechnete Aufwendungen	121.593,00
- davon Zinsanteil	50.626,00 €
- davon Personalaufwand	70.967,00 €
verrechnete Erträge	26.138,22"

---

250 REV Ritter GmbH, Mömbris (Hrsg.), Jahresabschluss zum Geschäftsjahr vom 1.1.2016 bis zum 31.12.2016 – in der im elektronischen Bundesanzeiger veröffentlichten Fassung – pdf-Version, S. 8.

251 Autohaus Stange GmbH, Kleinostheim (Hrsg.), Jahresabschluss zum Geschäftsjahr vom 1.1.2016 bis zum 31.12.2016 – in der im elektronischen Bundesanzeiger veröffentlichten Fassung – pdf-Version, S. 4.

252 Franz-Josef Riegel GmbH, Bürgstadt (Hrsg.), Jahresabschluss zum Geschäftsjahr vom 1.1.2016 bis zum 31.12.2016 – in der im elektronischen Bundesanzeiger veröffentlichten Fassung – pdf-Version, S. 3.

3.2 Angaben mit weiteren Erläuterungen zur Bilanz

4) Angaben bei den Erläuterungen zur Bilanz unter „Aktiver Unterschiedsbetrag aus der Vermögensverrechnung":[253]

„Verpflichtungen aus Arbeitszeitkonten sind durch Vermögensgegenstände gesichert, die beim Bayer Pension Trust e.V., Leverkusen, im Rahmen eines Contractual Trust Arrangements treuhänderisch angelegt sind. Die angelegten Vermögensgegenstände dienen ausschließlich der Erfüllung der Verpflichtungen aus Arbeitszeitkonten und sind dem Zugriff übriger Gläubiger entzogen. Sie wurden nach den BilMoG-Bestimmungen (§ 246 Abs. 2 Satz 2 HGB) im Geschäftsjahr erstmals mit den zugrunde liegenden Verpflichtungen verrechnet. Es handelt sich im Wesentlichen um Anteile an Spezialfonds, zu einem geringen Teil um Bankguthaben. Der in der nachstehenden Tabelle genannte beizulegende Zeitwert des beim Bayer Pension Trust angelegten Vermögens wurde, soweit es sich um Fondsanteile handelt, aus den Börsenkursen des Fondsvermögens am Abschlussstichtag abgeleitet."

ABB. 10: Angaben zum Posten „Aktiver Unterschiedsbetrag aus der Vermögensverrechnung" im Anhang, Praxisbeispiel 1[254]

Aktiver Unterschiedsbetrag aus der Vermögensverrechnung	31.12.2009 in Mio. €
Erfüllungsbetrag der Verpflichtungen aus Arbeitszeitkonten	0,9
Beizulegender Zeitwert des beim Bayer Pension Trust angelegten Vermögens	1,0
Überschuss des Vermögens über die Verpflichtungen aus Arbeitszeitkonten (Aktiver Unterschiedsbetrag)	0,1
Anschaffungskosten des beim Bayer Pension Trust angelegten Vermögens	0,9

5) Angaben bei den Erläuterungen zur Bilanz unter „Rückstellungen für Pensionen und ähnliche Verpflichtungen":[255]

„Verpflichtungen aus Pensionszusagen sind teilweise durch Vermögensgegenstände gesichert, die beim Bayer Pension Trust e.V., Leverkusen, im Rahmen eines Contractual Trust Arrangements treuhänderisch angelegt sind. Die angelegten Vermögensgegenstände dienen ausschließlich der Erfüllung der Pensionsverpflichtungen und sind dem Zugriff übriger Gläubiger entzogen. Sie wurden nach den BilMoG-Bestimmungen (§ 246 Abs. 2 Satz 2 HGB) im Geschäftsjahr erstmals mit den zugrundeliegenden Verpflichtungen verrechnet. Es handelt sich im Wesentlichen um Anteile an Spezialfonds, zu einem geringen Teil um Bankguthaben. Der in der nachstehenden Tabelle genannte beizulegende Zeitwert des beim Bayer Pension Trust angelegten Vermögens wurde, soweit es sich um Fondsanteile handelt, aus den Börsenkursen des Fondsvermögens am Abschlussstichtag abgeleitet."

---

253 Bayer AG, Leverkusen (Hrsg.), Geschäftsbericht 2009, S. 18 f.
254 Bayer AG, Leverkusen (Hrsg.), Geschäftsbericht 2009, S. 18.
255 Bayer AG, Leverkusen (Hrsg.), Geschäftsbericht 2009, S. 21.

3. Erläuterung der für kleine GmbH sowie GmbH & Co. KG geltenden Anhangvorschriften

ABB. 11: Angaben zu den Rückstellungen für Pensionen im Anhang nach Verrechnung mit Vermögensgegenständen, Praxisbeispiel[256]

Rückstellungen für Pensionen und ähnliche Verpflichtungen

	31.12.2009 in Mio. €
Erfüllungsbetrag der Pensionen und ähnlichen Verpflichtungen	2.873,0
Beizulegender Zeitwert des beim Bayer Pension Trust angelegten Vermögens	3,9
Nettowert der Pension und ähnlichen Verpflichtungen (Rückstellung)	**2.869,1**
Anschaffungskosten des beim Bayer Pension Trust angelegten Vermögens	3,4

6) Angaben bei den Erläuterungen zur Bilanz unter „Aktiver Unterschiedsbetrag aus der Vermögensverrechnung":

ABB. 12: Angaben zum Posten „Aktiver Unterschiedsbetrag aus der Vermögensverrechnung" im Anhang, Praxisbeispiel 2[257]

F. Aktiver Unterschiedsbetrag aus der Vermögensverrechnung

Der Posten beinhaltet den die entsprechenden Altersversorgungsverpflichtungen übersteigenden Betrag des zum Zeitwert bewerteten Deckungsvermögens (CTA) im Sinne von § 246 Abs. 2 Satz 3 HGB. Dieses Deckungsvermögen ist in einem Spezialfonds investiert, der als reiner Rentenfonds aufgelegt ist. Die Rückgabe der Anteile kann börsentäglich erfolgen.

Die Entwicklung dieses Postens sowie die Verrechnung mit den korrespondierenden Altersversorgungsverpflichtungen vom Zeitpunkt der Erstanwendung von BilMoG stellen sich wie folgt dar:

Posten	1.1.2009 €	Zugang €	Abschreibung €	31.12.2009 €
historische Anschaffungskosten des CTA	80.897.070	2.275.212	0	83.172.282
Zuschreibung auf den Zeitwert	1.705.486	0	0	0
Zeitwert des CTA	82.602.556	2.275.212	1.637.615	83.240.153
durch CTA finanzierte Pensionsrückstellung	73.327.203			76.228.182
aktiver Unterschiedsbetrag aus der Vermögensverrechnung	**9.275.353**			**7.011.971**

...

Die aus dem Deckungsvermögen resultierenden ausgeschütteten Erträge, die Abschreibungen aufgrund des Zeitwertrückgangs sowie die Verrechnung mit den Zinsaufwendungen der korrespondierenden Erfüllungsbeträge der Pensionsrückstellungen im Geschäftsjahr 2009 sind nachstehend abzulesen:

Posten	€
ausgeschüttete Erträge aus dem CTA-Vermögen	3.094.700
Abschreibungen auf das CTA-Vermögen	1.637.615
Nettoertrag aus dem CTA-Vermögen	**1.457.085**
Zinsaufwand aus korrespondierender Pensionsrückstellung	3.871.298
nach Verrechnung mit dem Nettoertrag verbleibender Zinsaufwand* **der durch das CTA-Vermögen gedeckten Pensionsrückstellung**	**2.414.213**

* Der verbleibende Zinsaufwand ist in der GuV-Position II. 2. Sonstige Aufwendungen enthalten.

---

256 Bayer AG, Leverkusen (Hrsg.), Geschäftsbericht 2009, S. 21. Angaben zu verrechneten Aufwendungen und Erträgen finden sich dort auf S. 10.
257 HALLESCHE Krankenversicherungsgesellschaft auf Gegenseitigkeit, Stuttgart (Hrsg.), Geschäftsbericht 2009, S. 60 f.

3.2 Angaben mit weiteren Erläuterungen zur Bilanz

7) Angaben bei Beschreibung der „Bilanzierungs- und Bewertungsgrundsätze":[258]

„Zu einigen Pensionszusagen bestehen verpfändete Rückdeckungsversicherungen, die Deckungsvermögen i. S. v. § 246 Abs. 2 Satz 2 HGB darstellen und daher mit der Pensionsverpflichtung saldiert wurden. Da ein Zeitwert für Lebensversicherungsverträge nicht verlässlich ermittelt werden kann, werden die Rückdeckungsversicherungen mit dem steuerlichen Aktivwert bewertet."

8) Angaben unter „Erläuterungen", „Pensionsrückstellungen":[259]

...

Darüber hinaus bestehen bei der PUMA AG Einzelzusagen (Festbeträge in unterschiedlicher Höhe) sowie Anwartschaften aus Entgeltumwandlung. Bei den Entgeltumwandlungen handelt es sich um versicherte Pläne. Der Verpflichtungsumfang der gesamten Pensionszusagen beträgt 22,0 Mio. € (1. 1. 2010 20,2 Mio. €). Der Wert des mit den Verpflichtungen saldierten Deckungsvermögens beträgt 7,4 Mio. € (1. 1. 2010 5,9 Mio. €). Da das Deckungsvermögen aus verpfändeten Rückdeckungsversicherungen besteht, wird der von der Versicherung mitgeteilte Aktivwert angesetzt.

...

Der Wert der Rückdeckungsversicherungen, die nach dem Übergang auf das BilMoG als Deckungsvermögen einzustufen sind, hat sich wie folgt entwickelt:

	2010 Mio. €	2009 Mio. €
Aktivwert zu Beginn des Jahres	5,9	4,8
Ertrag aus den Rückdeckungsversicherungen	0,2	0,3
Beiträge	1,3	0,8
Ausgezahlte Leistungen der Versicherung	0,0	0,0
Aktivwert zum Ende des Jahres	**7,4**	**5,9**

Dementsprechend ergibt sich die Pensionsrückstellung wie folgt:

	31.12.2010 Mio. €	01.01.2010 Mio. € BilMoG	31.12.2009 Mio. € Bisheriges HGB
Wert der Pensionsverpflichtungen	22,0	20,2	20,7
Wert der Rückdeckungsversicherungen	7,4	5,9	5,9
Nettoverpflichtung	14,6	14,3	14,8
Überdeckung aus dem Übergang auf das BilMoG	0,0	0,5	0,0
Pensionsrückstellungen	**14,6**	**14,8**	**20,7**

...

Der Aufwand im Zusammenhang mit der betrieblichen Altersversorgung im Geschäftsjahr 2010 gliedert sich wie folgt:

---

258 Puma AG, Herzogenaurach (Hrsg.), Jahresabschluss Puma AG Rudolf Dassler Sport zum 31. 12. 2010 – Deutsches Handelsrecht –, S. 5.
259 Puma AG, Herzogenaurach (Hrsg.), Jahresabschluss Puma AG Rudolf Dassler Sport zum 31. 12. 2010 – Deutsches Handelsrecht –, S. 12.

	2010 Mio. €	2009 Mio. €
Aufwendungen für Altersversorgung	0,9	3,2
davon Rentenzahlungen	0,7	1,2
davon sonstige Veränderung der Pensionsrückstellung	0,2	2,0
Zinsen und ähnliche Aufwendungen	0,9	0,7
davon Aufwand aus der Abzinsung der Verpflichtungen	1,0	1,0
davon Effekt aus der Änderung des Rechnungszinssatzes	0,1	n.a.
davon Ertrag aus dem Deckungsvermögen	-0,2	-0,3
Gesamt	**1,8**	**3,9**
davon Personalaufwand	0,9	3,2
davon Finanzaufwand	0,9	0,7

Bei der Ermittlung der Pensionsverpflichtungen wurden folgende Annahmen verwendet ..."

3.2.2 Einzelne Aktiva betreffende Angaben

3.2.2.1 Erläuterung der Nutzungsdauer aktivierter Geschäfts- oder Firmenwerte (§ 285 Nr. 13 HGB)

Nach § 246 Abs. 1 Satz 4 HGB wird der entgeltlich erworbene Geschäfts- oder Firmenwert im Wege der Fiktion zum zeitlich begrenzt nutzbaren Vermögensgegenstand erhoben. Aufgrund dessen ist er stets aktivierungspflichtig und unterliegt den allgemeinen handelsrechtlichen Bewertungsvorschriften. Das heißt, er ist gemäß § 253 HGB planmäßig sowie, wenn die dafür notwendigen Voraussetzungen erfüllt sind, außerplanmäßig abzuschreiben. Fällt der Grund für eine zuvor auf den entgeltlich erworbenen Geschäfts- oder Firmenwert vorgenommene außerplanmäßige Abschreibung später weg, besteht ein striktes Zuschreibungsverbot (§ 253 Abs. 5 Satz 2 HGB).

Für die planmäßige Abschreibung des entgeltlich erworbenen Geschäfts- oder Firmenwerts ist nach § 253 Abs. 3 Satz 4 HGB ein Zeitraum von zehn Jahren zugrunde zu legen, wenn seine voraussichtliche Nutzungsdauer „in Ausnahmefällen ... nicht verlässlich geschätzt werden" kann. Ergänzend dazu verlangt § 285 Nr. 13 HGB unabhängig vom genannten Ausnahmefall stets „jeweils eine Erläuterung des Zeitraums, über den ein entgeltlich erworbener Geschäfts- oder Firmenwert abgeschrieben wird". Grundlage für diese mit dem BilRUG in das HGB aufgenommenen Vorgaben bildet Art. 12 Abs. 11 Unterabsatz 2 der Bilanzrichtlinie. Danach werden „in Ausnahmefällen, in denen die Nutzungsdauer des Geschäfts- oder Firmenwerts ... nicht verlässlich geschätzt werden kann, ... diese Werte innerhalb eines von dem Mitgliedstaat festzusetzenden höchstzulässigen Zeitraums abgeschrieben. Die Dauer dieses höchstzulässigen Zeitraums beträgt nicht weniger als fünf und nicht mehr als zehn Jahre. Im Anhang wird der Zeitraum erläutert, über den der Geschäfts- oder Firmenwert abgeschrieben wird."

Ein aktivierter Geschäfts- oder Firmenwert muss also **über zehn Jahre** abschrieben werden, wenn seine Nutzungsdauer nicht verlässlich geschätzt werden kann. Die Annahme der zehnjährigen Nutzungsdauer für einen aktivierten Geschäfts- oder Firmenwert ist ein „Sonderfall" und

Ergebnis einer vorherigen Beurteilung der Unternehmensleitung. Lässt sich die Nutzungsdauer eines aktivierten Geschäfts- oder Firmenwerts verlässlich kürzer schätzen, so ist diese **kürzere Nutzungsdauer** zugrunde zu legen.[260] Und lässt sie sich verlässlich länger schätzen, ist diese **längere Nutzungsdauer** zugrunde zu legen.[261] Der oben zitierte Wortlaut des Art. 12 Abs. 11 Unterabsatz 2 der Bilanzrichtlinie schließt bei verlässlicher Schätzung der Nutzungsdauer eines aktivierten Geschäfts- oder Firmenwerts einen längeren Abschreibungszeitraum als zehn Jahre nicht aus – dieser höchstzulässige Zeitraum ist explizit nur für den Ausnahmefall der nicht verlässlich schätzbaren Nutzungsdauer festgelegt. Zwar widerspricht das dem Kerngedanken der Vorschrift und dem in den Erwägungsgründen Nr. 9 und Nr. 22 sowie in Art. 6 Abs. 1 Buchstabe c generell und in Art. 12 Abs. 11 der Bilanzrichtlinie spezifisch verankerten **Vorsichtsgrundsatz**.[262] Auch bewegt sich der deutsche Gesetzgeber mit der genannten Höhe der pauschalierten Nutzungsdauer bei fehlender Schätzzuverlässigkeit bereits am oberen Bandbreitenende. Nach Art. 34 Abs. 1 Buchstabe a der Bilanzrichtlinie a. F. sollte für aktivierte entgeltlich erworbene Geschäfts- oder Firmenwerte grundsätzlich eine maximale Nutzungsdauer von fünf Jahren maßgeblich sein. Diese Pauschalierung ist im Finanz- und Rechnungswesen nicht unüblich. Beispielsweise werden fünf Jahre dem typischen Zeithorizont für eine sogenannte Mittelfristplanung, für den Detailplanungszeitraum zum Zwecke der Unternehmensbewertung,[263] für die handelsrechtliche Ermittlung der Werthaltigkeit aktiver latenter Steuern auf Verlustvorträge (§ 274 Abs. 1 Satz 4 HGB) oder grundsätzlich auch bei der Cashflow-Prognose zur Ermittlung von Wertminderungen nach IAS 36 zugrunde gelegt. IAS 36.35 liefert dazu folgende, allgemein gültige und plausible Begründung:

„Detaillierte, eindeutige und verlässliche Finanzpläne/Vorhersagen für künftige Cashflows für längere Perioden als fünf Jahre sind i. d. R. nicht verfügbar. Aus diesem Grund beruhen die Schätzungen des Managements über die künftigen Cashflows auf den jüngsten Finanzplänen/Vorhersagen für einen Zeitraum von maximal fünf Jahren. Das Management kann auch Cashflow-Prognosen verwenden, die sich auf Finanzpläne/Vorhersagen für einen längeren Zeitraum als fünf Jahre erstrecken, wenn es sicher ist, dass diese Prognosen verlässlich sind und es seine Fähigkeit unter Beweis stellen kann, basierend auf vergangenen Erfahrungen, die Cashflows über den entsprechenden längeren Zeitraum genau vorherzusagen."

Angesichts der Tatsache, dass die Schätzzuverlässigkeit mit der Länge des Prognosehorizonts abnimmt, ist eine Anwendung der pauschalierten Nutzungsdauer von zehn Jahren bei fehlender Schätzzuverlässigkeit im Sinne einer generell maximalen Nutzungsdauer des aktivierten Geschäfts- oder Firmenwerts sicher wünschenswert, denn bereits die Beurteilung der Bestimmbarkeit oder Unbestimmbarkeit einer Nutzungsdauer ist mit erheblichen Ermessensspielräumen verbunden. Daher sprachen sich auch einige Stellungnahmen im Rahmen des Gesetzgebungs-

---

260 Vgl. BT-Drucks. 18/4050, S. 56.
261 Vgl. auch wp.net, Stellungnahme vom 19. 9. 2014 zum BilRUG Ref-E, S. 2; Theile, C., BilRUG – Was ist neu für den Jahresabschluss, in: BBK 2014, S. 825 f.; Fink, C./Theile, C., Anhang und Lagebericht nach dem RegE zum Bilanzrichtlinie-Umsetzungsgesetz, in: DB 2015, S. 754.
262 Vgl. Richtlinie 213/34/EU (Bilanzrichtlinie), EU-Amtsblatt vom 29. 6. 2013, L 182, S. 20, 22, 30 und 34.
263 Vgl. IDW S 1, Anm. 77, in: IDW Fachnachrichten 2008, S. 281.

verfahrens zum BilRUG für die Vorgabe einer festen Nutzungsdauer zur Abschreibung des aktivierten Geschäfts- oder Firmenwerts bzw. im Fall der Höchstnutzungsdauer für deren Begrenzung auf fünf Jahre aus.[264]

Nichtsdestotrotz ist der Wortlaut in Art. 12 Abs. 11 Unterabsatz 2 der Bilanzrichtlinie in dieser Frage eindeutig. Somit ist es **richtlinienkonform**, einen aktivierten Geschäfts- oder Firmenwert planmäßig über einen längeren Zeitraum als zehn Jahre abzuschreiben, wenn eine solch längere Nutzungsdauer verlässlich geschätzt werden kann.

Weiterhin nicht explizit regelt § 253 Abs. 3 Satz 4 HGB die Frage der Abschreibung eines aktivierten Geschäfts- oder Firmenwerts mit geschätzt **unbegrenzter Nutzungsdauer**.[265] Der entgeltlich erworbene Geschäfts- oder Firmenwert gilt nach § 246 Abs. 1 Satz 4 HGB als zeitlich begrenzt nutzbarer Vermögensgegenstand, ist also stets planmäßig über seine geschätzte Nutzungsdauer abzuschreiben. Fraglich ist indes, welcher Zeitraum dann vorzusehen ist. Die Schätzung der Nutzungsdauer eines entgeltlich erworbenen Geschäfts- oder Firmenwerts mit „unbegrenzt" wird mit mehr Unsicherheiten verbunden sein, als es Schätzungen ohnehin schon sind. Das spricht dann dafür, in einem solchen Fall eher fehlende Verlässlichkeit der Schätzung anzunehmen. Aufgrund dessen und vor dem Hintergrund der in diesem Abschnitt vorstehend zur mehr als zehnjährigen Nutzungsdauer angestellten Überlegungen erscheint es sachgerecht, eine mit unbegrenzt geschätzte Nutzungsdauer wie die nicht verlässlich schätzbare Nutzungsdauer zu behandeln und im Ergebnis für den entgeltlich erworbenen Geschäfts- oder Firmenwert dann eine Nutzungsdauer von zehn Jahren festzulegen.

Aus § 285 Nr. 13 HGB sowie aus seiner Begründung durch den Gesetzgeber lassen sich weder **Anhaltspunkte** dafür entnehmen, anhand welcher Kriterien die **Nutzungsdauer** eines Geschäfts- oder Firmenwerts verlässlich geschätzt werden kann, noch, wie die geforderte Erläuterung der Nutzungsdauer konkret ausgestaltet sein sollte.[266] Erste Hinweise dazu gibt Erwägungsgrund Nr. 22 der Bilanzrichtlinie, indes nicht konkret, sondern in Form allgemeiner Rahmenvorgaben. Danach sollten „Schätzungen ... auf einer vorsichtigen Bewertung der Unternehmensleitung beruhen sowie auf einer objektiven Grundlage berechnet werden, ergänzt um Erfahrungen aus ähnlichen Geschäftsvorfällen sowie in einigen Fällen sogar um Berichte von unabhängigen Experten" sowie um weitere Hinweise aus Ereignissen nach dem Bilanzstichtag.[267]

Konkretere Hinweise dazu lassen sich vergangenen Gesetzesmaterialien entnehmen. Eine Erläuterung der zugrunde gelegten Nutzungsdauer verlangte bereits § 285 Nr. 13 HGB a. F. (vor BilRUG); allerdings nicht wie nach der Änderung durch das BilRUG obligatorisch, sondern in Form der maßgebenden Gründe für die Annahme eines Zeitraums von mehr als fünf Jahren. Dafür enthält die **Gesetzesbegründung** zu § 246 Abs. 1 Satz 4 HGB[268] beispielhaft genannte Anhaltspunkte. Diese lassen sich gleichzeitig als generelle Hinweise für die Schätzung der Nutzungs-

---

264 Vgl. DIHK, Stellungnahme vom 2. 10. 2014 zum BilRUG Ref-E, S. 2; DRSC, Stellungnahme vom 6. 10. 2014 zum BilRUG Ref-E, S. 3; DGRV, Stellungnahme vom 23. 9. 2014 zum BilRUG Ref-E, S. 1; DBV, Stellungnahme vom 6. 10. 2014 zum BilRUG Ref-E, S. 4. Zur Diskussion vgl. auch Haaker, A., Umsetzung der neuen Bilanzrichtlinie durch das BilRUG, in: KoR 2015, S. 64; Haaker, A., Problembereiche im BilRUG-RefE, in: StuB 2015, S. 11-13 m. w. N.
265 Vgl. auch DIHK, Stellungnahme vom 2. 10. 2014 zum BilRUG Ref-E, S. 2.
266 Vgl. BT-Drucks. 18/4050, S. 66 sowie auch BStBK, Stellungnahme vom 2. 10. 2014 zum BilRUG Ref-E, S. 2 und DIHK, Stellungnahme vom 2. 10. 2014 zum BilRUG Ref-E, S. 1.
267 Vgl. Richtlinie 213/34/EU (Bilanzrichtlinie), EU-Amtsblatt vom 29. 6. 2013, L 182, S. 22.
268 Vgl. BT-Drucks. 16/10067, S. 48.

dauer eines aktivierten entgeltlich erworbenen Geschäfts- oder Firmenwerts heranziehen,[269] was zwischenzeitlich so auch vom **DRSC** in DRS 30.121[270] aufgenommen wurde:

- die Art und die voraussichtliche Bestandsdauer des erworbenen Unternehmens,
- die Stabilität und Bestandsdauer der Branche des erworbenen Unternehmens,
- der Lebenszyklus der Produkte des erworbenen Unternehmens,
- die Auswirkungen von Veränderungen der Absatz- und Beschaffungsmärkte sowie der wirtschaftlichen Rahmenbedingungen auf das erworbene Unternehmen,
- der Umfang der Erhaltungsaufwendungen, die erforderlich sind, um den erwarteten ökonomischen Nutzen des erworbenen Unternehmens zu realisieren,
- die Laufzeit wichtiger Absatz- oder Beschaffungsverträge des erworbenen Unternehmens,
- die voraussichtliche Tätigkeit von wichtigen Mitarbeitern oder Mitarbeitergruppen für das erworbene Unternehmen,
- das erwartete Verhalten potentieller Wettbewerber des erworbenen Unternehmens sowie
- die voraussichtliche Dauer der Beherrschung des erworbenen Unternehmens.

Solche oder ähnliche Begründungen wurden in der Bilanzierungspraxis großer Unternehmen häufig tatsächlich auch gegeben.[271] Unter Berücksichtigung dieser Anhaltspunkte kann die Anhangangabe nach § 285 Nr. 13 HGB z. B. wie folgt formuliert werden:

> „Der aktivierte, entgeltlich erworbene Geschäfts- oder Firmenwert wird über eine voraussichtliche Nutzungsdauer von 10 Jahren linear abgeschrieben. Seine Nutzungsdauer ist durch langfristig bestehende, wichtige Absatz- und Beschaffungsverträge sowie lange Lebenszyklen der Produkte des erworbenen Unternehmens begründet."

Mit der in § 285 Nr. 13 HGB geforderten **Erläuterung** der ermittelten Nutzungsdauer sollen die Adressaten des Jahresabschlusses (lediglich) über die Überlegungen des bilanzierenden Unternehmens dazu informiert werden.

Angesichts dessen wird es im Fall einer **nicht verlässlich schätzbaren** Nutzungsdauer ausreichen, auf diesen Umstand hinzuweisen, die Gründe dafür anzusprechen und die daraus folgende Annahme der pauschalierten Nutzungsdauer von zehn Jahren zu nennen; die bloße Angabe des gesetzlich vorgegebenen Nutzungsdauerzeitraums von zehn Jahren ist dagegen keine „Erläuterung".[272] **Formulierungsbeispiel** zur Anhangangabe nach § 285 Nr. 13 HGB, wenn die Nutzungsdauer eines aktivierten Geschäfts- oder Firmenwerts nicht verlässlich geschätzt werden kann:

---

269 Soweit einschlägig, wäre hierzu ergänzend zu berücksichtigen, dass kaufpreis- und damit auch geschäftswertbestimmende Elemente ebenso auf der Ebene des Erwerbers oder in Kombination von erwerbendem und erworbenem Unternehmen bestehen können. Vgl. Mujkanovic, R., Die Bilanzierung des derivativen Geschäfts- oder Firmenwerts, in: StuB 2010, S. 171.
270 Vgl. BMJV (Hrsg.), Bekanntmachung des DRS 23 „Kapitalkonsolidierung (Einbeziehung von Tochterunternehmen in den Konzernabschluss)" vom 15. 2. 2016, in: Bundesanzeiger vom 23. 2. 2016, Amtlicher Teil, Beilage 2.
271 Vgl. dazu Nachweise bei Philipps, H., Jahresabschlüsse 2010, S. 106.
272 So auch Oser, P./Orth, C./Wirtz, H., Neue Vorschriften zur Rechnungslegung und Prüfung durch das Bilanzrichtlinie-Umsetzungsgesetz – Anmerkungen zum RegE vom 7. 1. 2015, in: DB 2015, S. 198. Offen in dieser Frage Fink, C./Theile, C., Anhang und Lagebericht nach dem RegE zum Bilanzrichtlinie-Umsetzungsgesetz, in: DB 2015, S. 755.

> Aufgrund der vielfältigen und heterogenen Einflussfaktoren auf die Nutzung des aktivierten, entgeltlich erworbenen Geschäfts- oder Firmenwerts (z. B. ...) war es uns nicht möglich, seine Nutzungsdauer verlässlich zu schätzen. Daher haben wir dafür den gesetzlich vorgesehenen Höchstzeitraum von zehn Jahren zugrunde gelegt.

Folgt man der oben skizzierten Auffassung zur Nutzungsdauerfestlegung bei geschätzter unbegrenzter Nutzungsdauer, muss die Erläuterung im Anhang dazu entsprechend modifiziert werden; **Formulierungsbeispiel** zur Anhangangabe nach § 285 Nr. 13 HGB, wenn die Nutzungsdauer eines aktivierten Geschäfts- oder Firmenwerts als unbegrenzt geschätzt und daher analog zum Fall der nicht verlässlichen Schätzbarkeit mit zehn Jahren festgelegt wird:

> Die Nutzungsdauer des erworbenen Geschäfts- oder Firmenwerts nehmen wir nach unserer Schätzung als unbegrenzt an. Maßgeblich dafür ist insbesondere, dass ... Bei erworbenen Geschäfts- oder Firmenwerten darf allerdings nicht auf die planmäßige Abschreibung verzichtet werden (§ 246 Abs. 1 Satz 4 HGB). Zudem ist die Annahme einer unbegrenzten Nutzungsdauer naturgemäß mit mehr Unsicherheiten verbunden, als sie Schätzungen ohnehin innewohnen. Daher haben wir beim erworbenen Geschäfts- oder Firmenwert analog § 253 Abs. 3 Satz 4 HGB eine Nutzungsdauer von zehn Jahren zugrunde gelegt.

Im Fall einer (tatsächlich) **verlässlich schätzbaren** Nutzungsdauer ist die ermittelte Nutzungsdauer anzugeben und zur „Erläuterung" sind die für ihre Bemessung sprechenden Gründe anzugeben; **Formulierungsbeispiel** zur Anhangangabe nach § 285 Nr. 13 HGB, wenn die Nutzungsdauer eines aktivierten Geschäfts- oder Firmenwerts verlässlich geschätzt werden kann:

> Der aktivierte Geschäfts- oder Firmenwert wird planmäßig über eine Nutzungsdauer von fünf Jahren abgeschrieben. Diese Nutzungsdauerschätzung basiert auf der voraussichtlichen Lebenszykluslänge der Produkte des erworbenen Unternehmens.

Eine solche Erläuterung ist gemäß § 285 Nr. 13 HGB für jeden aktivierten Geschäfts- oder Firmenwert zu geben (**„jeweils"**). Werden mehrere Geschäfts- oder Firmenwerte aktiviert, sind entsprechend auch mehrere Erläuterungen dazu in den Anhang aufzunehmen. Eine „Sammelerläuterung" genügt nur, soweit die Gründe für die Nutzungsdauerermittlung bei mehreren aktivierten Geschäfts- oder Firmenwerten jeweils gleich sind.

Für diese Nutzungsdauerangabe(n) wird nach § 284 Abs. 1 Satz 1 HGB eine Einbeziehung in die „Erläuterungen zur Bilanz", „Immaterielle Vermögensgegenstände", aus sachlichen Erwägungen insbesondere aber auch in die Beschreibung der „Bilanzierungs- und Bewertungsmethoden" in Betracht kommen.

PRAXISBEISPIELE für Angaben nach § 285 Nr. 13 HGB (bei verlässlicher Schätzung der Nutzungsdauer aktivierter Geschäfts- oder Firmenwerte):[273]

1) Angaben bei Beschreibung der Bilanzierungs- und Bewertungsmethoden:[274]

> „... Die planmäßige Abschreibung über zehn Jahre wurde aufgrund einer Analyse der Bestandsentwicklung des dem Firmenwert zu Grunde liegenden Kreditkartenportfolios festgelegt."

---

[273] Zu weiteren Beispielen s. Philipps, H., Jahresabschlüsse 2010, S. 106 f.
[274] Santander Consumer Bank AG, Mönchengladbach (Hrsg.), Geschäftsbericht 2009, S. 45.

3.2 Angaben mit weiteren Erläuterungen zur Bilanz

2) Angaben unter „Bilanzierung und Bewertung":[275]

„Der bilanzierte Geschäfts- oder Firmenwert aus der Einbringung des Ticketinggeschäfts wird über die geschätzte Nutzungsdauer von 15 Jahren planmäßig linear abgeschrieben, da sich die Ertragsaussichten der übernommenen Kundenbeziehungen über diesen Zeitraum auswirken."

3) Angaben unter „Erläuterungen zur Gewinn- und Verlustrechnung", „Anlagevermögen":[276]

„Die Nutzungsdauer des Firmenwerts ist auf 15 Jahre geschätzt worden. Der Firmenwert geht zurück auf das im Rahmen des Assets deals erworbene Fertigungs-Know-how der Mitarbeiter und die gleichzeitig langfristig angelegte Kundenbeziehung mit dem Großkunden. Das spezielle Fertigungs-Know-how der Gesellschaft für die Anforderungen des Großkunden ist besonders auf dem Markt der Lohnfertigung im Anlagen- und Maschinenbau und erfordert einen langfristigen Aufbau."

4) Angaben unter „Erläuterungen zur Bilanz und zur Gewinn- und Verlustrechnung":[277]

„Der im Rahmen der Einbringung des Einzelunternehmens Torsten Hainke, e. K., Berlin, entgeltlich erworbene Geschäfts- oder Firmenwert wurde zum 1.1.2006 aktiviert. Aufgrund der Stabilität und der zu erwartenden Bestandsdauer des Marktes für Kfz.-Teile sowie der vollständigen Integration des Einzelunternehmens in das wachsende Geschäft der Gesellschaft ist eine Nutzungsdauer des Geschäfts- und Firmenwertes von 15 Jahren gerechtfertigt."

5) Angaben unter „Bilanzierungs- und Bewertungsmethoden":[278]

„Die Geschäfts- oder Firmenwerte beinhalten Kundenstämme und werden planmäßig linear über einen voraussichtlichen Nutzungszeitraum von zehn Jahren abgeschrieben. Dieser Nutzungsdauer liegen die Erfahrungswerte von durchschnittlichen Pachtdauern von Tankstellen zu Grunde."

6) Angaben unter „Erläuterungen zur Bilanz", „Immaterielle Anlagewerte":[279]

„Die unter den immateriellen Anlagewerten ausgewiesenen Firmenwerte werden über die erwartete Nutzungsdauer von fünf bis 15 Jahren abgeschrieben. Diese wird insbesondere durch ökonomische und organisationsspezifische Faktoren wie die zukünftigen Wachstums- und Gewinnerwartungen, die Art und Dauer von Synergieeffekten, die Nutzbarkeit von Kundenbeziehungen und den Mitarbeiterstamm des erworbenen Geschäfts bestimmt."

7) Angaben unter „Bilanz", „Anlagevermögen":[280]

„Die Nutzungsdauer von zwölf Jahren für Geschäfts- oder Firmenwerte trägt den künftigen wirtschaftlichen Nutzungspotenzialen der immateriellen Vermögensgegenstände Rechnung. Die Nutzungsdauern der einzelnen Geschäfts- oder Firmenwerte werden durch die wirtschaftlich zu erwartende Nutzung der erworbenen Geschäfte bestimmt und orientieren sich an den durch die Akquisition erworbenen, gutachterlich bewerteten Nutzungsdauern von Produktrechten."

8) Angaben unter „Bilanzierungs- und Bewertungsmethoden":[281]

„Der in 2010 erworbene Firmenwert aus dem Erwerb des Geschäftsbetriebs wird über eine Nutzungsdauer von 15 Jahren abgeschrieben. Es wird davon ausgegangen, dass diese Nutzungsdauer aufgrund

---

275 CTS Eventim AG, Bremen (Hrsg.), Jahresabschluss 2010, S. 144.
276 MBE Cologne Engineering GmbH, Köln (Hrsg.), Jahresabschluss 2010, lfd. Nr. 4.
277 kfzteile24 GmbH, Berlin (Hrsg.), Jahresabschluss zum Geschäftsjahr vom 1.1.2014 bis zum 31.12.2014 – in der im elektronischen Bundesanzeiger veröffentlichten Fassung – pdf-Version, S. 9.
278 Orlen Deutschland GmbH, Elmshorn (Hrsg.), Jahresabschluss zum Geschäftsjahr vom 1.1.2014 bis zum 31.12.2014 – in der im elektronischen Bundesanzeiger veröffentlichten Fassung – pdf-Version, S. 11.
279 Deutsche Bank AG, Frankfurt am Main (Hrsg.), Jahresabschluss zum Geschäftsjahr vom 1.1.2016 bis zum 31.12.2016 – in der im elektronischen Bundesanzeiger veröffentlichten Fassung – pdf-Version, S. 137.
280 SEAT Deutschland GmbH, Weiterstadt (Hrsg.), Jahresabschluss zum Geschäftsjahr vom 1.1.2016 bis zum 31.12.2016 – in der im elektronischen Bundesanzeiger veröffentlichten Fassung – pdf-Version, S. 10.
281 Betron Control Systems GmbH, Enger, Jahresabschluss zum 31. Dezember 2016, in: KPMG, Erstellungsbericht Jahresabschluss 31. Dezember 2016 Betron Control Systems GmbH, Enger, Anlage 1.3/1.

der langjährigen Geschäftsbeziehungen mit bedeutenden Kunden sowie des übernommenen Personals und Know-hows zutreffend ist."

PRAXISBEISPIEL für Angaben nach § 285 Nr. 13 HGB (bei nicht verlässlicher Schätzung der Nutzungsdauer aktivierter Geschäfts- oder Firmenwerte):

Angaben unter „Bilanzierungs- und Bewertungsgrundsätze":[282]

„Geschäfts- oder Firmenwerte werden mangels verlässlicher Schätzung der voraussichtlichen Nutzungsdauer planmäßig über zehn Jahre abgeschrieben."

Aus den angeführten Beispielen wird ersichtlich, dass die Nutzungsdauerbegründung tatsächlich eine solche sein muss. Angesichts dessen erfüllen dagegen etwa folgende Aussagen die Anforderung des § 285 Nr. 13 HGB **nicht**, denn in diesen Fällen bleiben die konkreten sachlichen Auslöser für die getroffene Einschätzung der Nutzungsdauer offen:

„Die planmäßige Abschreibung des Geschäfts- oder Firmenwerts entspricht der geschätzten Nutzungsdauer."[283]

oder

„Für ... den Geschäftswert wird insgesamt eine Nutzungsdauer von zehn Jahren angenommen. Die Nutzungsdauer wurde auf Basis interner Untersuchungen gemäß dem bei Erwerb voraussichtlichen wirtschaftlichen Nutzen angesetzt."

oder

„Geschäfts- und Firmenwerte schreiben wir linear über die Geschäftsjahre ab, in denen sie voraussichtlich genutzt werden. Die Nutzungsdauern der aktivierten Geschäfts- und Firmenwerte betragen zwischen zehn und 15 Jahren."

oder

„Für den Geschäfts- und Firmenwert wird eine betriebliche Nutzungsdauer von 15 Jahren angesetzt. Die Gründe für die Länge der Nutzungsdauer liegen in der Annahme der Schätzung der voraussichtlichen Nutzung."

Aufgrund der in diesem Abschnitt vorstehend dargelegten Möglichkeit, einen aktivierten Geschäfts- oder Firmenwert im handelsrechtlichen Jahresabschluss länger als zehn Jahre abzuschreiben, stellt sich die Frage des „Gleichklangs" mit seiner in § 7 Abs. 1 Satz 3 EStG für **steuerliche Zwecke** normierten planmäßigen Abschreibung über 15 Jahre. Ein solcher „Gleichklang" lässt sich nicht mit rein steuerlichen Erwägungen begründen. Erforderlich ist stets die entsprechende wirtschaftliche Substanz. Nach Auffassung des Gesetzgebers wird der notwendigen Nutzungsdauerbegründung für einen aktivierten, entgeltlich erworbenen Geschäfts- oder Firmenwert durch einen bloßen Hinweis auf die für steuerliche Zwecke pauschal anzusetzende Nutzungsdauer von 15 Jahren gemäß § 7 Abs. 1 Satz 3 EStG nicht genügend Rechnung getragen, denn die handelsrechtliche Nutzungsdauer ist **unabhängig vom Steuerrecht** zu beurteilen.[284] Dafür sind vor allem zwei Aspekte einschlägig. Zum einen die Aufhebung der umgekehrten

---

282 Linde AG, München (Hrsg.), Jahresabschluss zum Geschäftsjahr vom 1.1.2016 bis zum 31.12.2016 – in der im elektronischen Bundesanzeiger veröffentlichten Fassung – pdf-Version, S. 61.
283 Dazu Lüdenbach, N./Hoffmann, W.-D., Die wichtigsten Änderungen der HGB-Rechnungslegung durch das BilMoG, in: StuB 2009, S. 313 sowie zuvor bereits Hoffmann, W.-D./Lüdenbach, N., Inhaltliche Schwerpunkte des BilMoG-Regierungsentwurfs, in: DStR 2008, Beihefter zu Heft 30/2008, S. 66.
284 Vgl. BT-Drucks. 16/10067, S. 70. Allerdings lässt sich diese Auffassung nicht explizit dem Gesetzeswortlaut entnehmen.

Maßgeblichkeit (§ 5 Abs. 1 Satz 2 EStG a. F. (vor BilMoG)[285]). Zum anderen wird die steuerlich pauschalierte betriebsgewöhnliche Nutzungsdauer unter den vom Gesetzgeber in der Gesetzesbegründung zu § 246 Abs. 1 Satz 4 HGB aufgeführten (zahlreichen) beispielhaften Anhaltspunkten für die Schätzung der betrieblichen Nutzungsdauer des entgeltlich erworbenen Geschäfts- oder Firmenwerts nicht genannt. Soll handelsrechtlich beispielsweise über einen Zeitraum von 15 Jahren abgeschrieben werden, muss dies daher steuerlich unbeeinflusst nachvollziehbar dargelegt werden, z. B. durch plausible Bezugnahme auf zumindest einen der vom Gesetzgeber genannten Anhaltspunkte.[286] Vorstehende Praxisbeispiele 2), 3), 4) und 8) zeigen dies dem entsprechend.

Vor Änderung der §§ 253 Abs. 3 Satz 4, 285 Nr. 13 HGB durch das BilRUG wurde ein Bezug auf die steuerliche Nutzungsdauer von 15 Jahren dagegen einerseits aus Objektivierungsgründen, andererseits zwecks Gleichklangs mit der Steuerbilanz für vertretbar gehalten, wenn die individuelle Nutzungsdauer eines erworbenen Geschäfts- oder Firmenwerts im Einzelfall **nicht verlässlich geschätzt** werden konnte.[287] Dies ist indes nun nach § 253 Abs. 3 Satz 4 HGB explizit ausgeschlossen.

Ein Gleichklang zum Steuerrecht war aber bei Geschäfts- oder Firmenwerten mit Zugang in einem bis zum 31. Dezember 2009 endenden Geschäftsjahr zumindest dann vertretbar, wenn die Nutzungsdauer in zulässiger Weise – ohne weitere Überlegungen – übereinstimmend zum Steuerrecht gewählt wurde und die aufgrund Gesetzesänderung nachträglich erforderliche „stichhaltige" Nutzungsdauerbegründung nicht mehr angemessen nachgeholt werden konnte.

Nach der gesonderten sachlichen **Übergangsregelung** in Art. 75 Abs. 4 Satz 2 EGHGB war § 253 Abs. 3 Satz 4 HGB prospektiv anzuwenden. Aufgrund dessen waren die neuen Abschreibungsregeln erst für Geschäfts- oder Firmenwerte aus zeitlich nach dem 31. 12. 2015 begonnenen Erwerbsvorgängen[288] anzuwenden und nicht bereits für Geschäfts- oder Firmenwerte, die schon im Zeitpunkt des Übergangs auf die durch das BilRUG geänderten Rechnungslegungsvorschriften aktiviert waren („Altfälle"). Art. 75 Abs. 4 Satz 2 EGHGB erstreckt sich allerdings nicht auch auf die in § 285 Nr. 13 HGB geforderte Erläuterung der Nutzungsdauer aktivierter Geschäfts- oder Firmenwerte. Damit sind die Anhangangaben dazu, wie beim Übergang auf die durch das BilMoG geänderten HGB-Vorschriften, auch für **„Altfälle"** zu machen.[289]

3.2.2.2 Angaben für mit dem beizulegenden Zeitwert bilanzierte Finanzinstrumente (§ 285 Nr. 20 HGB)

§ 285 Nr. 20 HGB wurde im Zuge des BilMoG in das HGB aufgenommen.

§ 285 Nr. 20 HGB verwies bislang auf § 340e Abs. 3 Satz 1 HGB und war damit nur für Finanzinstrumente des Handelsbestands von Kreditinstituten und Finanzdienstleistungsinstituten anwendbar. Mit dem CSR-Richtlinie-Umsetzungsgesetz wurde diese Beschränkung aufgeben. Da-

---

285 Vgl. dazu z. B. auch die Erläuterungen zu § 5 EStG bei Philipps, H., Rechnungslegung nach BilMoG, Wiesbaden 2010, S. 369-374.
286 Vgl. BT-Drucks. 16/10067, S. 70.
287 Vgl. Arbeitskreis Bilanzrecht der Hochschullehrer Rechtswissenschaft, Stellungnahme zu dem Entwurf eines BilMoG, Grundkonzept und Aktivierungsfragen, in: BB 2008, S. 156.
288 Vgl. BT-Drucks. 18/4050, S. 89.
289 So auch Theile, C., Regierungsentwurf zum BilRUG, in: BBK 2015, S. 135.

mit wird § 285 Nr. 20 HGB enger an die Vorgabe des Art. 16 Abs. 1 Buchstabe c der Bilanzrichtlinie angelehnt. Aufgrund dessen sind nun für alle zum beizulegenden Zeitwert bewerteten Finanzinstrumente zusätzliche Angaben im Anhang zu machen.[290] Anzuwenden ist diese Änderung in Jahresabschlüssen für nach dem 31. 12. 2016 beginnende Geschäftsjahre. Dann müssen alle Unternehmen, die Finanzinstrumente halten und zum beizulegenden Zeitwert bewerten, die Informationsanforderungen des § 285 Nr. 20 HGB erfüllen.

Im Unterschied zu den von GmbH sowie GmbH & Co. KG erst ab mittlerer Größe zu beachtenden § 285 Nr. 18 und Nr. 19 HGB (dazu wird auf die Abschnitte 4.2.1.5 und 4.2.1.6 verwiesen) beziehen sich die Informationsanforderungen nach § 285 Nr. 20 HGB auf alle Finanzinstrumente, die zum beizulegenden Zeitwert bewertet werden, unabhängig davon, ob und in welchem Posten sie ausgewiesen sind. Demgegenüber verlangen § 285 Nr. 18 und Nr. 19 HGB bestimmte Angaben für zu den Finanzanlagen gehörenden Finanzinstrumenten bzw. für derivative Finanzinstrumente, die gerade nicht zum beizulegenden Zeitwert bewertet werden. Unter die Angaben nach § 285 Nr. 20 HGB können damit insbesondere auch die Vermögensgegenstände i. S. d. § 246 Abs. 2 Satz 2 HGB fallen; dazu wird auf Abschnitt 3.2.1.2 verwiesen.

Der Begriff **„Finanzinstrument"** wird vom Gesetzgeber bewusst nicht legal definiert, denn eine abschließende inhaltliche Ausfüllung sei aufgrund seiner Vielfalt und ständigen Weiterentwicklung nicht möglich. Nach derzeitigem Gesetzesstand sind Finanzinstrumente gemäß § 1a Abs. 3 KWG – vorbehaltlich § 1 Abs. 11 KWG – „alle Verträge, die für eine der beteiligten Seiten einen finanziellen Vermögenswert und für die andere Seite eine finanzielle Verbindlichkeit oder ein Eigenkapitalinstrument schaffen."[291]

In der Begründung des Referentenentwurfs zum BilMoG waren zur Definition der Finanzinstrumente noch Verweise auf die dazu in §§ 1 Abs. 11 KWG oder 2 Abs. 2b WpHG sowie in den IFRS bestehenden Vorgaben enthalten. Sie wurden aber nicht mit in die Begründung des Gesetzgebers zu § 285 Nr. 20 HGB übernommen. Darin belässt es der Gesetzgeber insoweit bei der Feststellung, dass zu den Finanzinstrumenten grundsätzlich auch die Derivate gehören, definiert den Begriff „Derivate"[292] und nennt dafür folgende Beispiele: Optionen, Futures, Swaps, Forwards oder Warenkontrakte, die auf einen Ausgleich in Geld gerichtet sind.[293]

Der **beizulegende Zeitwert** wurde mit dem BilMoG in § 255 Abs. 4 HGB als eigenständiger, neuer Bewertungsmaßstab eingeführt. Konzeptionell sieht § 255 Abs. 4 HGB eine feste, zwingend einzuhaltende dreistufige **Bewertungshierarchie** vor; Wahlrechte bestehen insoweit nicht:

▶ Stufe 1: Marktpreis,
▶ Stufe 2: Anwendung allgemein anerkannter Bewertungsmodelle,
▶ Stufe 3: Fortgeführte Anschaffungs- oder Herstellungskosten.

---

290 Vgl. BT-Drucks. 18/9982, S. 42.
291 Vgl. auch IDW RS BFA 2, Anm. 5, in: IDW Fachnachrichten 2010, S. 155.
292 Ein Derivat ist ein schwebendes Vertragsverhältnis, dessen Wert auf Änderungen des Werts eines Basisobjekts – beispielsweise eines Zinssatzes, Wechselkurses, Rohstoffpreises, Preis- oder Zinsindexes, der Bonität, eines Kreditindexes oder einer anderen Variablen – reagiert, bei dem Anschaffungskosten nicht oder nur in sehr geringem Umfang anfallen und das erst in der Zukunft erfüllt wird; BT-Drucks. 16/10067, S. 53.
293 Vgl. BT-Drucks. 16/10067, S. 53. Vgl. auch Erwägungsgrund 6 der Fair-Value-Richtlinie und für Warenkontrakte Art. 42a Abs. 2 der Bilanzrichtlinie sowie gleich lautend IDW RS BFA 2, Anm. 9, in: IDW Fachnachrichten 2010, S. 155.

Stufe 1 bildet bei jeder Wertermittlung nach § 255 Abs. 4 HGB den Ausgangspunkt. Nur dann, wenn kein Marktwert bestimmbar ist, folgt die Wertermittlung nach § 255 Abs. 4 Satz 2 HGB aufgrund allgemein anerkannter Bewertungsmodelle (Stufe 2). Lässt sich auch dadurch kein beizulegender Zeitwert bestimmen, bilden die Anschaffungs- oder Herstellungskosten den beizulegenden Zeitwert nach § 255 Abs. 4 Satz 3 HGB (Stufe 3).

Durch Anwendung **allgemein anerkannter Bewertungsmodelle** (Stufe 2) sollen angemessene Näherungswerte für den Marktwert ermittelt werden. Dazu allgemein anerkannt sind Bewertungsmodelle dann, wenn sie von den Marktteilnehmern regelmäßig für eine solche Wertbestimmung verwendet werden.[294] Für die notwendige Näherung eignen sich grundsätzlich aktuelle Preise, die in vergleichbaren Markttransaktionen ermittelt wurden oder, die z. B. unter Berücksichtigung am Markt beobachtbarer, aktueller Daten aus Anwendung von *Discounted-Cash-Flow*-Modellen abgeleitet worden sind.[295]

Buchstabe a des § 285 Nr. 20 HGB verlangt, die Abschlussadressaten im Anhang über grundlegende Annahmen zu informieren, die zur Bestimmung von solchen beizulegenden Zeitwerten getroffen wurden, die nicht durch Marktpreise, sondern mit Hilfe allgemein anerkannter Bewertungsmethoden ermittelt worden sind. Angaben nach § 285 Nr. 20 Buchstabe a HGB sind also nur erforderlich, wenn der beizulegende Zeitwert originärer und derivativer Finanzinstrumente nicht unmittelbar auf einem eigenen Marktpreis basiert;[296] eine Negativerklärung wird nicht verlangt. Den Überlegungen des Gesetzgebers[297] zufolge sind unter den **„grundlegenden Annahmen"** die „wesentlichen objektiv nachvollziehbaren Parameter" zu verstehen, die bei Anwendung der jeweils allgemein anerkannten Bewertungsmethode getroffen wurden. Anzugeben sind demnach neben der angewendeten Bewertungsmethode (dazu gehören z. B. *Discounted-Cashflow*-Modelle oder das Optionspreismodell nach Black/Scholes) die darin zur Wertermittlung eingeflossenen

- Zinssätze,
- Preise der Basiswerte,
- Restlaufzeiten,
- Volatilitäten u. a.

Nicht vorschriftenkonform ist die bloße Angabe der Herkunft beizulegender Zeitwerte im Fall der Beschaffung von Geschäftspartnern, z. B. durch Bankauskunft.[298]

§ 285 Nr. 25 HGB dehnte den Anwendungsbereich der Nr. 20 Buchstabe a schon bisher aus. Alle Kapitalgesellschaften, die Vermögensgegenstände i. S. d. § 246 Abs. 2 Satz 2 HGB[299] zum beizulegenden Zeitwert bewerten (müssen), sind verpflichtet, die dazu getroffenen grundlegenden Annahmen im Anhang anzugeben, wenn die Wertermittlung auf der Anwendung allgemein anerkannter Bewertungsmethoden basiert.

---

294 Vgl. IDW RS BFA 2, Anm. 44, in: IDW Fachnachrichten 2010, S. 160. Zum Begriff allgemein anerkannte Bewertungsmethoden i. S. d. § 285 Nr. 20 a) vgl. z. B. auch Grottel, B., in: BeckBilKom, 10. Aufl., § 285 HGB Rn. 592 f.
295 Vgl. IDW RS BFA 2, Anm. 43, in: IDW Fachnachrichten 2010, S. 160. Zu weiteren Erläuterungen hierzu vgl. Philipps, H., Rechnungslegung nach BilMoG, Wiesbaden 2010, S. 141 m. w. N.
296 Vgl. IDW RS BFA 2, Anm. 80, in: IDW Fachnachrichten 2010, S. 164.
297 Vgl. BT-Drucks. 16/10067, S. 71.
298 Vgl. Grottel, B., in: BeckBilKom, 10. Aufl., § 285 HGB Rn. 593.
299 Zu den Voraussetzungen vgl. Abschnitt 3.2.1.2. sowie z. B. Philipps, H., Rechnungslegung nach BilMoG, Wiesbaden 2010, S. 57 f., IDW RS HFA 30 n. F., Anm. 22-29, in: IDW Life 1/2017, IDW Fachnachrichten, S. 104 f.

Mit den gemäß **Buchstabe b** geforderten Angaben sollen die Abschlussadressaten über Risiken informiert werden, denen zum beizulegenden Zeitwert bilanzierte derivative Finanzinstrumente ausgesetzt sind. Hierzu sind die **„wesentlichen Bedingungen"** anzugeben, die die Höhe, den Zeitpunkt und die Sicherheit künftiger Zahlungsströme – und damit die Vermögens-, Finanz- und/oder Ertragslage des Unternehmens – beeinflussen können. Angesichts dessen werden die Auswirkungen abweichend vom Wortlaut des § 285 Nr. 20 Buchstabe b auch dann anzugeben sein, wenn sie die Höhe oder den Zeitpunkt oder die Sicherheit künftiger Zahlungsströme (also alternativ) beeinflussen können. Der Begriff „wesentliche Bedingungen" wird vom Gesetzgeber nicht erläutert. Angelehnt an die insoweit analogiefähigen Angaben gemäß IFRS 7 lassen sich darunter vor allem Markt-, Zins-, Wechselkurs- und/oder Liquiditätsänderungen, ggf. einschließlich deren Ursachen verstehen. Bei zinsbezogenen derivativen Finanzinstrumenten können z. B. auch Zinsaustauschtermine, die Zinssatzberechnung für den variablen leg, die Bonität von Swappartnern oder vereinbarte Sicherheiten relevant werden.[300] Die Angaben hierzu sind wie in der Nr. 19 nicht für jedes einzelne Finanzinstrument, sondern für die beim Bilanzierenden eingesetzten **„Kategorien"** von Finanzinstrumenten erforderlich. Bei derivativen Finanzinstrumenten lassen sich insbesondere in Bezug auf zugrunde liegende Basiswerte oder gesicherte Risiken z. B. die Kategorien zinsbezogene Geschäfte, währungsbezogene Geschäfte, aktien-/indexbezogene Geschäfte und sonstige Geschäfte bilden. Zu den **„Arten"** gehören bei den derivativen Finanzinstrumenten beispielsweise Optionen, Futures, Swaps und Forward Rate Agreements (außerbörsliche Zinstermingeschäfte). Zu den gebildeten Kategorien ist auch ihr **„Umfang"** angabepflichtig. Damit ist der Nominalwert aller in der jeweiligen Kategorie zusammen gefassten Finanzinstrumente gemeint.[301]

▌**PRAXISBEISPIELE** ▶ **für Angaben nach § 285 Nr. 20 HGB** (noch zur Gesetzesfassung vor CSR-Richtlinie-Umsetzungsgesetz):[302]

▌**1)** ▶ Angaben unter „Bilanzierungs-, Bewertungs- und Ausweismethoden":[303]

„…Soweit kein aktiver Markt besteht, anhand dessen sich der Marktpreis ermitteln lässt, wurde der beizulegende Zeitwert mit Hilfe allgemein anerkannter Bewertungsmethoden (insbesondere *Discounted-Cashflow*-Modelle und Optionspreismodelle) bestimmt.

Die beizulegenden Zeitwerte für Wertpapiere und Derivate werden entweder auf Basis von externen Kursquellen (z. B. Börsenkurse oder andere Kurslieferanten wie Reuters) oder auf Basis von Marktwerten aus internen Bewertungsmodellen (Mark-to-Model) berechnet. Für Wertpapiere werden überwiegend Kurse von externen Kursquellen für die Ermittlung des beizulegenden Zeitwerts verwendet. Bei Verbindlichkeiten des Handelsbestands wurde das eigene Kreditrisiko im beizulegenden Zeitwert berücksichtigt. Derivate werden zum größten Teil auf Basis von Bewertungsmodellen bewertet. Die Parameter für unsere internen Bewertungsmodelle (z. B. Zinskurven, Volatilitäten, Spreads) werden aus externen Quellen entnommen und durch das Risikocontrolling auf ihre Plausibilität und Korrektheit hin geprüft.

Auf die so ermittelten Marktwerte werden angemessene Korrekturen vorgenommen, um weiteren Einflussgrößen auf den Marktwert (wie z. B. die Liquidität des Finanzinstruments oder Modellrisiken bei der Marktwert-Ermittlung mittels eines Bewertungsmodells) Rechnung zu tragen (sogenannte Fair Value Adjustments). Bei Derivaten des Handelsbuchs werden erstmals die Ausfallrisiken von Kontrahenten durch sogenannte Counterparty Valuation Adjustments (CVA) berücksichtigt.

---

300 Vgl. Scharpf, P./Schaber, M. u. a., Bilanzierung von Finanzinstrumenten des Handelsbestands bei Kreditinstituten – Erläuterung von IDW RS BFA 2 (Teil 2), in: WPg 2010, S. 504.
301 Vgl. IDW RH HFA 1.005, Anm. 26 und 29 f., in: IDW Fachnachrichten 2010, S. 570.
302 Zu weiteren Beispielen s. Philipps, H., Jahresabschlüsse 2010, S. 193-195.
303 Uni Credit AG, München (Hrsg.), Jahresabschluss 2010, S. 71 f.

Bei den wesentlichen Bedingungen, die die Höhe, den Zeitpunkt und die Sicherheit künftiger Zahlungsströme aus Derivaten beeinflussen können, handelt es sich im Wesentlichen um folgende Gestaltungsmerkmale von Derivaten:

▶ Sofern die Zahlungen der Derivate von aktuellen Marktkursen bzw. -sätzen abhängen, bestimmt die Höhe des jeweiligen Marktkurses bzw. -satzes am Zahlungsstichtag die Höhe der Zahlung (z. B. bei Zinsswaps hängt die Zahlung des variablen Zinssatzes am Zahlungstermin von dem zu diesem Stichtag fixierten Zinssatz, wie z. B. dem Euribor, ab).

▶ Sofern die Derivate ein Cash-Settlement zum Marktwert am Fälligkeitstermin vorsehen, ergibt sich die Höhe der Zahlung aus der Differenz zwischen dem fixierten Kurs bei Abschluss des Derivats und dem aktuellen Marktpreis (z. B. bei einem Devisentermingeschäft wird beim Cash-Settlement die Differenz aus vereinbartem Terminkurs und aktuellen Kurs gezahlt).

▶ Bei amerikanischen Optionen hat der Optionskäufer im Gegensatz zu Europäischen Optionen jederzeit das Recht, die Option während der Laufzeit der Option auszuüben, entsprechend bestimmt der Käufer der Option den Zeitpunkt, an dem die Zahlungen erfolgen.

▶ Sofern bei Derivaten ein Closing des Derivats vor Endfälligkeit möglich ist (wie z. B. bei allen börsennotierten Derivaten), kann jederzeit durch Zahlung des aktuellen beizulegenden Zeitwerts das Derivat beendet werden.

▶ Ein weiterer wesentlicher Aspekt ist die Bonität bzw. Zahlungsfähigkeit des Kontrahenten: falls dieser zahlungsunfähig würde, ist mit einer Erfüllung seiner Verpflichtungen aus dem Derivat nicht mehr zu rechnen. Die oben beschriebenen Gestaltungsmöglichkeiten bei den Vereinbarungen der Vertragsbedingungen für ein Derivat können grundsätzlich bei allen Typen von Derivaten vorkommen. So können z. B. Fremdwährungs-, Zins-, Aktienoptionen jederzeit ausübbar sein (amerikanische Option) oder erst bei Endfälligkeit (europäische Option). Der Umfang der eingegangen Derivatepositionen lässt sich im Regelfall aus den jeweiligen Nominalvolumina ableiten. Einen detaillierten Überblick über das Derivategeschäft der Bank enthält der Risikobericht.

..."

2)▶ Angaben unter „Bilanzierungs- und Bewertungsgrundsätze":[304]

„...

Für die im Handelsbestand ausgewiesenen Aktien, Anleihen, derivativen Produkte und übrigen Handelsbestände werden die beizulegenden Zeitwerte zum Bilanzstichtag in einem ersten Schritt einzelgeschäftsbezogen und handelsunabhängig ermittelt. Die Bewertung erfolgt mit Börsen- oder Marktpreisen vom 30.12.2010 beziehungsweise mithilfe anerkannter Bewertungsmethoden; Anteilzinsen, Einmalzahlungen und Optionsprämien werden dabei berücksichtigt. Sofern Börsen- beziehungsweise Marktpreise insbesondere bei derivativen Finanzinstrumenten nicht existieren beziehungsweise nicht verlässlich feststellbar sind, werden die beizulegenden Zeitwerte auf der Basis von marktüblichen Preismodellen oder diskontierten Cashflows ermittelt.

Bei einigen auf der Grundlage eines Bewertungsmodells ermittelten Werten haben wir Bewertungsabschläge vorgenommen, da in diesen Fällen nicht alle Faktoren, die von den Marktteilnehmern in Erwägung gezogen werden, in den Modellen berücksichtigt sind. Hierbei handelt es sich insbesondere um Bewertungsabschläge für Bonitäts-, Modell- und Liquiditätsrisiken.

...

Im Einzelnen verwenden wir für die relevanten Produktkategorien die folgenden Bewertungsmethoden und -parameter:

Zinsprodukte: Liquide börsengehandelte Produkte (z. B. Futures) werden mit ihren Börsenpreisen bewertet. Für viele nicht börsengehandelte (OTC-)Derivate gibt es standardisierte Spezifikationen (z. B. Swaps, Caps, Swaptions) und Bewertungsverfahren (Black 76) sowie zuverlässige Marktquotierungen (Swapsätze, Cap-Volatilitäten). Sofern diese verfügbar sind, werden sie zur Bewertung herangezogen. Für exotischere OTC-Derivate (z. B. Bermudan Swaptions, CMS-Spread-Swaps) werden eigenentwickelte Modelle

---

[304] WestLB AG, Düsseldorf (Hrsg.), Einzelabschluss 2010, S. 78-80

verwandt, die auf dem Markov-Funktional-Ansatz beruhen. Wertpapiere mit exotischen Kupons werden konsistent mit den entsprechenden Absicherungs-OTC-Derivaten bewertet. Dabei wird für die Barwertrechnung zusätzlich der Credit Spread des jeweiligen Emittenten verwendet.

Schuldverschreibungen werden über Marktpreise bewertet. Weniger liquide Papiere, bei denen Marktpreise nicht direkt zur Verfügung stehen, werden entweder zu beobachtbaren Marktpreisen vergleichbarer Instrumente oder aber mittels Diskontierung von Cashflows unter Berücksichtigung von Credit Spreads bewertet, die aus den beobachtbaren Preisen für vergleichbare Instrumente abgeleitet werden.

Aktien- und Rohstoffprodukte: Liquide börsengehandelte Produkte (Terminkontrakte, Optionen) werden mit ihren Börsenpreisen bewertet. Die Preisbestimmung klassischer Aktien- und Rohstoff-Derivate mit einem einzelnen Basiswert (z. B. Kauf- und Verkaufs-Optionen, Knock-Out-Optionen, Digital-Optionen) erfolgt mittels Finiter Differenzen-Methoden für die Black-Scholes-Differenzialgleichung. Exotischere Derivate mit potenziell mehreren Basiswerten werden hingegen über Monte Carlo-Simulationen bewertet. Hier kommen eigenentwickelte Routinen, basierend auf marktetablierten Modellen, zum Einsatz. Bei allen Aktien- und Rohstoff-Derivaten wird für die Ermittlung des beizulegenden Zeitwerts die risikofreie Zinskurve verwendet. Bei Aktienprodukten sind außerdem Dividendenschätzungen, bei Rohstoffprodukten sogenannte Nutzenkurven einzubeziehen. Die Nutzenkurven bilden mit dem Rohstoffhandel verbundene monetäre Vor- als auch Nachteile ab. Sofern die Derivate optionale Komponenten beinhalten, müssen die Volatilitäten der Basiswerte berücksichtigt werden. Gibt es mehr als einen Basiswert, so werden die Korrelationen zwischen diesen einbezogen. Währungskursvolatilitäten und die Korrelationen zwischen Basiswerten und Währungskursen sind immer dann relevant, wenn sich die Währungen von Derivat und Basiswert(en) unterscheiden. Bei Fondsderivaten entsprechen die jeweiligen Ausschüttungen den Dividendenzahlungen bei Aktien. Wenn die Derivate Partizipationszertifikaten entsprechen, kann für die Bewertung eine analytische Formel ohne Simulation verwendet werden. In diesem Fall sind keine Fondsvolatilitäten erforderlich.

Kreditprodukte: Wertpapiere mit exotischen Kupons oder mit Kreditkomponenten wie Credit Linked Notes und weitere von Kredit-Derivaten abgeleitete Produkte wie Perfect Asset Swaps werden konsistent mit den entsprechenden OTC-Derivaten bewertet. Wo notwendig, wird dabei für die Barwertrechnung zusätzlich der Credit Spread des jeweiligen Emittenten verwendet.

3.2 Angaben mit weiteren Erläuterungen zur Bilanz

	Produkt	Bewertungsmodell	Bewertungsparameter
Zinsprodukte	Standardswaps	Barwertmethode	Zinssätze
	Exotische Swaps	Markov Funktional	Zinssätze
			Zinsvolatilitäten
	FRAs	Barwertmethode	Zinssätze
	Standard-Caps, -Floors, -Collars	Black 76	Zinssätze
			Zinsvolatilitäten
	Exotische Caps, Floors	Markov Funktional	Zinssätze
			Zinsvolatilitäten
	Europäische Standard-Swaptions	Black 76	Zinssätze
			Zinsvolatilitäten
	Exotische Swaptions	Markov Funktional	Zinssätze
			Zinsvolatilitäten
Währungsprodukte	Währungsswaps	Barwertmethode	Zinssätze
			Währungskurse
	Optionen	Black 76	Zinssätze
			Währungskurse
			Währungskursvolatilitäten
	Forward-Zins-/ Währungsswaps	Barwertmethode	Zinssätze
			Währungskurse
Aktien-, Fonds- und Rohstoffprodukte (inkl. Edelmetalle)	Terminkontrakte	Finite Differenzen	Preis des Basiswertes, Zinssätze
			Dividendenzahlungen
	Standard-Optionen (einzelner Basiswert)	Finite Differenzen	Preis des Basiswertes, Zinssätze
			Dividendenzahlungen
			(Aktien, Aktienindizes)
			Nutzenkurven (Rohstoffe)
			Volatilitäten (Basiswerte, Währungskurse)
			Währungskurs-Basiswerte-Korrelation
	Exotische Optionen	Monte Carlo-Simulation	Preis des Basiswertes, Zinssätze
			Dividendenzahlungen
			(Aktien, Aktienindizes)
			Nutzenkurven (Rohstoffe)
			Volatilitäten (Basiswerte, Währungskurse)
			Korrelationen (Basiswerte, Währungskurse)
	Partizipationszertifikate	Analytische Formel	Preis des Basiswertes, Zinssätze
	Kapitalgarantierte Zertifikate	Analytische Formel, Finite Differenzen	Preis des Basiswertes, Zinssätze
			Fondsausschüttungen
			Fondsvolatilitäten
Kreditprodukte	Credit Default Swaps (einzelner Referenzschuldner)	Hazard-Rate-Bootstrapping-Modell	Credit Spreads
	Basket Credit Default Swaps (homogen in Korrelationen und Restbedienungsquoten)	Hazard-Rate-Bootstrapping-Modell Ein-Faktor-Gauß-Modell	Credit Spreads Korrelationsfaktoren (abgeleitet aus Marktkonsensdaten)
	Basket Credit Default Swaps (inhomogen in Korrelationen oder Restbedienungsquoten)	Hazard-Rate-Bootstrapping-Modell Monte Carlo-Simulation	Credit Spreads Korrelationsfaktoren (abgeleitet aus Marktkonsensdaten)
	Collateralized Synthetic Obligation	Hazard-Rate-Bootstrapping-Modell Ein-Faktor-Gauß-Modell	Credit Spreads Korrelationen (abgeleitet aus Marktdaten)
	Forderungsbesicherte Wertpapiere	Bloomberg-Cash-Flow-Modell	Credit Spreads Conditional Prepayment Rate

Die für die Bewertung von Finanzinstrumenten teilweise erforderlichen Annahmen und Schätzungen beruhen auf subjektiven Beurteilungen des Managements und sind zwangsläufig mit Prognoseunsicherheiten behaftet. Auch wenn wir im Rahmen der Schätzungen auf verfügbare Informationen, historische Erfahrungen und andere Beurteilungsfaktoren zurückgegriffen haben, können die tatsächlichen zukünftigen Ereignisse von den Schätzungen abweichen. Dies kann sich nicht unerheblich auf die Vermögens-, Finanz- und Ertragslage auswirken. Nach unserer Ansicht sind die verwendeten Parameter sachgerecht und vertretbar."

3.2.3 Einzelne Passiva betreffende Angaben

3.2.3.1 Angaben bei Bilanzaufstellung unter teilweiser Verwendung des Jahresergebnisses (§ 268 Abs. 1 Satz 3 HGB)

Das Bilanzgliederungsschema des § 266 HGB unterstellt als Regelfall die Aufstellung der Bilanz vor Ergebnisverwendung. In § 268 Abs. 1 Satz 1 HGB wird den bilanzierenden Unternehmen aber das Wahlrecht eingeräumt, die Bilanz abweichend vom Regelfall unter Berücksichtigung der teilweisen oder der vollständigen Ergebnisverwendung aufzustellen.

Bei Aufstellung der Bilanz unter Berücksichtigung der **teilweisen Ergebnisverwendung** ordnet § 268 Abs. 1 Satz 2 HGB folgendes an:

▶ die im Bilanzgliederungsschema nach § 266 Abs. 3 A IV und V HGB im Eigenkapital gesondert auszuweisenden Posten „Gewinnvortrag/Verlustvortrag" und „Jahresüberschuss/Jahresfehlbetrag" werden ersetzt durch den Posten „Bilanzgewinn/Bilanzverlust."

▶ ein bestehender Gewinn- oder Verlustvortrag ist in den Posten „Bilanzgewinn/Bilanzverlust" einzubeziehen.

der in den Posten „Bilanzgewinn/Bilanzverlust" einbezogene **Gewinn- oder Verlustvortrag** ist in der Bilanz gesondert anzugeben.

Nach § 268 Abs. 1 Satz 3 HGB darf der in den Posten „Bilanzgewinn/Bilanzverlust" einbezogene Gewinn- oder Verlustvortrag anstelle in der Bilanz auch gesondert im **Anhang** angegeben werden.

Ergebnisverwendung i. S. d. Rechnungslegung liegt nach dieser Systematik bei allen vom Unternehmen getroffenen Maßnahmen vor, die die Entwicklung vom Jahresergebnis zum Bilanzgewinn/Bilanzverlust berühren.[305]

In der **Bilanzierungspraxis** großer Unternehmen wird die Bilanz ganz überwiegend unter Berücksichtigung der teilweisen Ergebnisverwendung aufgestellt.[306] Dabei wird ein Gewinn-/Verlustvortrag regelmäßig im Anhang angegeben. Der Anhangangabe nach § 268 Abs. 1 Satz 3 HGB kommt demnach bei großen Unternehmen sichtliche Relevanz zu. Bei großen Unternehmen ist in publizierten Jahresabschlüssen statt der Angabe eines Ergebnisvortrags in der Bilanz oder im Anhang auch die Angabe in einer analog § 158 AktG verlängerten GuV zu finden. In der Bilanzie-

---

[305] Vgl. Grottel, B./Waubke, P. N., in: BeckBilKom, 10. Aufl., § 268 HGB Rn. 2. Zahlreiche Erläuterungen und Ausweisbeispiele zu verschiedenen Ergebnisverwendungskonstellationen finden sich bei Hoffmann, W.-D./Lüdenbach, N., NWB Kommentar Bilanzierung, 8. Aufl., § 268 HGB Rz. 3-54a.

[306] Vgl. die empirischen Ergebnisse dazu bei Philipps, H., Jahresabschlüsse 2010, S. 168.

rungspraxis der kleinen und mittelgroßen Unternehmen wird dagegen das Wahlrecht des § 268 Abs. 1 Satz 3 HGB deutlich seltener in Anspruch genommen, als bei großen.

PRAXISBEISPIELE für die Angabe nach § 268 Abs. 1 Satz 3 HGB:

1) Angaben unter „Erläuterungen zur Gewinn- und Verlustrechnung":[307]

„Überleitung vom Jahresüberschuss zum Bilanzgewinn

Der im Geschäftsjahr erzielte Jahresüberschuss beträgt 3,0 Mrd. €. Zusammen mit dem Gewinnvortrag aus dem Jahr 2009 in Höhe von 3,0 Mrd. € sowie den Effekten aus der Kapitalherabsetzung ergibt sich damit ein Bilanzgewinn in Höhe von 6,0 Mrd. €."

2) Angaben unter „Erläuterungen zur Bilanz":

ABB. 13: Anhangangabe zum Ergebnisvortrag, Praxisbeispiel[308]

Eigenkapital

Das Eigenkapital hat sich im Berichtsjahr wie folgt entwickelt (in T€):

	31.12.2008	Zugang	Ausschüttung	31.12.2009
gezeichnetes Kapital	4.100	0	0	4.100
Kapitalrücklagen	26.427	0	0	26.427
Bilanzgewinn	8.257	9.284	8.250	9.291
Summe	38.784	9.284	8.250	39.818

Der Bilanzgewinn enthält einen Gewinnvortrag in Höhe von 7 T€.
Von den Kapitalrücklagen sind 11,014 Mio. € zweckgebunden.
Sie dienen der Sanierung und finanziellen Unterstützung der Zentraldeponie Hubbelrath GmbH.

3.2.3.2 Angaben bei nicht bilanzierten Pensionsrückstellungen für „Altzusagen" und/oder mittelbare Zusagen (Art. 28 Abs. 1 Satz 1 und 2 EGHGB)

Art. 28 Abs. 1 EGHGB räumt bilanzierenden Unternehmen in folgenden Fällen gesonderte **Wahlrechte** zur Bildung von Rückstellungen nach § 249 Abs. 1 Satz 1 HGB für laufende Pensionen oder Anwartschaften auf eine Pension ein:

- der Rechtsanspruch wurde aufgrund einer unmittelbaren Zusage vor dem 1.1.1987 erworben (unmittelbare Altzusage),

- der Rechtsanspruch wurde aufgrund einer unmittelbaren Zusage vor dem 1.1.1987 erworben und hat sich nach dem 31.12.1986 erhöht (Erhöhung einer unmittelbaren Altzusage),

- der Rechtsanspruch wurde zeitpunktunabhängig aufgrund einer mittelbaren Zusage erworben (mittelbare Zusage).

Im letztgenannten Fall gilt das Wahlrecht zur Rückstellungsbildung auch für unmittelbar oder mittelbar gewährte Zusagen zur Leistung pensionsähnlicher Verpflichtungen.

Nehmen GmbH sowie GmbH & Co. KG eines oder mehrere dieser Wahlrechte in Anspruch, müssen sie die nicht bilanzierten Rückstellungen für laufende Pensionen, Anwartschaften auf Pensionen oder ähnliche Verpflichtungen in einem Betrag im **Anhang** angeben (Art. 28 Abs. 2 EGHGB).

---

307 Deutsche Telekom AG, Bonn (Hrsg.), Jahresabschluss zum 31.12.2010, S. 22.
308 AWISTA Gesellschaft für Abfallwirtschaft und Stadtreinigung mbH, Düsseldorf (Hrsg.), Jahresabschluss zum Geschäftsjahr vom 1.1.2009 bis zum 31.12.2009 und Lagebericht für das Geschäftsjahr 2009, S. 13 f.

Die Regelungen des Art. 28 EGHGB zählen zu den Übergangsvorschriften auf die Rechnungslegung nach dem **Bilanzrichtliniengesetz 1985**. Wesentliche Motive der Passivierungswahlrechte für unmittelbare Altzusagen von Pensionen oder deren spätere Erhöhungen waren, eine mögliche bilanzielle Überschuldung zu vermeiden, neue Pensionszusagen nicht zu verhindern sowie auf eine rechnerisch komplizierte Aufspaltung zwischen zu passivierenden und nicht zu passivierenden Teilen bestehender Zusagen zu verzichten.[309] Das Passivierungswahlrecht für mittelbare Zusagen von Pensionen und ähnlichen Verpflichtungen ist auf die damalige Auffassung des Finanzausschusses des Deutschen Bundestags zurückzuführen, nach der die Haftung des bilanzierenden Unternehmens aufgrund arbeitsgerichtlicher Rechtsprechung wie eine Bürgschaftsverpflichtung nach § 251 HGB behandelt werden müsse.[310]

Bei den genannten Wahlrechten handelt es sich um Ansatzwahlrechte. Sie unterliegen dem **Stetigkeitsgebot**, dürfen gleichwohl merkmals- bzw. gruppenbezogen unterschiedlich ausgeübt werden (z. B. nach Status der Anspruchsberechtigten, Finanzierung der Zusagen u. a.). Eine zuvor unterlassene Passivierung darf zur Verbesserung des Einblicks nach § 264 Abs. 2 Satz 1 HGB nachgeholt werden. Eine Auflösung einmal dem Grunde und der Höhe nach gebildeter Rückstellungen ist dagegen auch in diesen Fällen nur zulässig, soweit der Grund für ihre Bildung entfallen ist (§ 249 Abs. 2 Satz 2 HGB).[311]

Bei unmittelbaren Pensionszusagen verpflichtet sich das bilanzierende Unternehmen, die zugesagte Versorgungsleistung gegenüber den Anspruchsberechtigten selbst zu erbringen. Dagegen sind **mittelbare** Pensionszusagen dadurch gekennzeichnet, dass die Versorgungsleistung durch einen Dritten, eine Versorgungseinrichtung, erbracht wird. Dabei kann es sich um eine Unterstützungskasse oder Pensionskasse, um einen Pensionsfonds, um eine Direktversicherung oder um eine Zusatzversorgungskasse (für Beschäftigte im öffentlichen oder kirchlichen Dienst sowie für Beamte und Richter des Bunds und der Länder) handeln.[312]

Im Fall einer mittelbaren Zusage haftet das bilanzierende Unternehmen nach § 1 Abs. 1 Satz 3 Betriebsrentengesetz (BetrAVG) **subsidiär** für die Versorgungsverpflichtung der Versorgungseinrichtung.

Zur Charakterisierung der gesetzlich nicht näher bestimmten „**ähnlichen Verpflichtungen**" werden zwei Merkmale angeführt: Es muss sich bei ihnen inhaltlich um Verpflichtungen handeln, die den Pensionsverpflichtungen ähnlich sind, sie dürfen aber nicht wie die Pensionsverpflichtungen auf die Altersversorgung gerichtet sein. Anwendungsfälle dafür sollen bislang nicht bekannt geworden sein.[313]

Für die im Zusammenhang mit der Nichtpassivierung von Pensionsverpflichtungen aufgrund des Art. 28 Abs. 1 EGHGB bei Kapitalgesellschaften nach Art. 28 Abs. 2 EGHGB notwendigen **Anhangangaben** gilt folgendes:[314]

---

309 Vgl. Baetge, J./Kirsch, H.-J./Thiele, S., Bilanzen, 11. Aufl., S. 426.
310 Vgl. Biener, H./Berneke, W., Bilanzrichtlinien-Gesetz, S. 736.
311 Vgl. IDW RS HFA 30 n. F., Anm. 79-79d, in: IDW Life 1/2017, IDW Fachnachrichten, S. 112 f.
312 Vgl. IDW RS HFA 30 n. F., Anm. 36-45d, in: IDW Life 1/2017, IDW Fachnachrichten, S. 105-107.
313 Vgl. IDW RS HFA 30 n. F., Anm. 9, in: IDW Life 1/2017, IDW Fachnachrichten, S. 103.
314 Vgl. IDW RS HFA 30 n. F., Anm. 90-94 sowie 78 und 37, in: IDW Life 1/2017, IDW Fachnachrichten, S. 114, 102 und 106.

- Der aus der Nichtpassivierung nach Art. 28 Abs. 1 EGHGB resultierende „Fehlbetrag" ist **in einem Betrag** anzugeben; eine Aufgliederung in Beträge aus unmittelbaren Altzusagen, Erhöhungen unmittelbarer Altzusagen oder mittelbaren Zusagen wird nicht verlangt.
- In diesen Betrag sind Verpflichtungen aus nicht bilanzierten, unmittelbaren Altzusagen – einschließlich späterer Erhöhungen – in Höhe ihres **notwendigen Erfüllungsbetrags** nach § 253 Abs. 1 Satz 2 und Abs. 2 HGB einzubeziehen. Verpflichtungen aus mittelbaren Zusagen gehen darin nur im Fall einer **Deckungslücke** ein und zwar in Höhe der Differenz zwischen dem höheren notwendigen Erfüllungsbetrag der Versorgungsverpflichtungen und dem niedrigeren beizulegenden Zeitwert des Vermögens der Versorgungseinrichtung.
- Bilanziert das jeweilige Unternehmen keine Pensionsrückstellungen oder weist es einen aktiven Unterschiedsbetrag aus der Vermögensverrechnung nach § 246 Abs. 2 Satz 2 HGB aus, sind die für Pensionsrückstellungen verpflichtenden Anhangangaben nach **§§ 284 Abs. 2 Nr. 1, 285 Nr. 24 HGB** (hierzu wird auf die Abschnitte 3.1.3.1 und 4.2.2.3 verwiesen) **analog** bei der Angabe des Fehlbetrags nach Art. 28 Abs. 2 HGB aufzunehmen.
- Im Fall mittelbarer Zusagen kann es vor allem bei Zusatzversorgungskassen vorkommen, dass dem bilanzierenden Unternehmen die Höhe des Vermögens der jeweiligen Versorgungseinrichtung nicht bekannt ist. Aufgrund dessen lässt sich ein Fehlbetrag nicht immer verlässlich ermitteln. Auch dann darf aber auf die Anhangangabe nach Art. 28 Abs. 2 EGHGB nicht gänzlich verzichtet werden. Um den Adressaten zu ermöglichen, Art und Umfang der Haftungsrisiken einschätzen zu können, sind in einem solchen Fall zumindest **qualitative Erläuterungen** notwendig. Diese sollen folgende Informationen einschließen: Art und Ausgestaltung der Versorgungszusagen, welche Versorgungseinrichtung vom bilanzierenden Unternehmen eingeschaltet ist, Höhe der derzeitigen Beiträge oder Umlagen sowie deren voraussichtliche Entwicklung, Summe der umlagepflichtigen Gehälter und – soweit ermittelbar – die geschätzte Verteilung der Altersversorgungsverpflichtungen auf anspruchsberechtigte Arbeitnehmer, ehemalige Arbeitnehmer und Rentenempfänger.

PRAXISBEISPIELE für die Angaben nach Art. 28 Abs. 2 EGHGB:

1) Angaben unter „Sonstige finanzielle Verpflichtungen":[315]

„Der Fehlbetrag wegen nicht bilanzierter mittelbarer Versorgungsverpflichtungen i. S. v. Art. 28 Abs. 2 EGHGB beläuft sich auf 96,1 (Vorjahr 70,4) Mio. €."

2) Angaben unter „Erläuterungen zur Bilanz", „Haftungsverhältnisse":[316]

Der Fehlbetrag wegen nicht bilanzierter mittelbarer Pensionsverpflichtungen beläuft sich auf 119 T€ (Vorjahr: 0 T€). Dieser ergibt sich aus einer Unterdeckung der Haarmann & Reimer Unterstützungskasse GmbH, für die die Symrise AG, als Träger der Unterstützungskasse, vollumfänglich haftet."

3) Angaben unter „Erläuterungen zur Bilanz", „Rückstellungen für Pensionen und ähnliche Verpflichtungen":[317]

„Bis 1999 bestanden die Pensionspläne der Mitarbeiter überwiegend aus einer leistungsorientierten Versorgung, die auf Beschäftigungsdauer und Entgelt der Mitarbeiter basierte und über eine rechtlich selbstständige Unterstützungskasse im Rahmen der geltenden Geschäftspläne finanziert ist. Im Jahr 1999 führte das Unternehmen einen beitragsorientierten Pensionsplan ein, der den alten leistungsorien-

---

315 WestLB AG, Düsseldorf (Hrsg.), Einzelabschluss 2010, S. 111.
316 Symrise AG, Holzminden (Hrsg.), Jahresabschluss 2010, S. 12.
317 SAP AG, Walldorf (Hrsg.), Rechnungslegung der SAP AG 2010 (HGB), S. 20.

tierten Plan für die Mehrzahl der Mitarbeiter ablöste. Die Bilanzierung der unternehmensfinanzierten Altersvorsorge erfolgt unter Berücksichtigung des Passivierungswahlrechts nach Art. 28 Abs. 1 Satz 2 EGHGB. In Höhe einer Deckungslücke, die sich als Differenz zwischen dem aus den Zusagen resultierenden Verpflichtungsumfang am Bilanzstichtag und dem Deckungsvermögen am Bilanzstichtag ermittelt, wurden Rückstellungen in Höhe von 1.285 T€ (2009: 1.018 T€) angesetzt."

4) Angaben unter „Angaben zur Bilanz":[318]

„Zum 1.1.2010 ergibt sich aus der Neubewertung der Pensionsrückstellungen eine Unterdotierung in Höhe von 599.233 €. Dieser beinhaltet aber auch einen Betrag aus Altzusagen bei denen nach altem Recht auf die Zuführung verzichtet werden konnte. Da für diese Altbeträge auch weiterhin ein Passivierungswahlrecht besteht nimmt die Gesellschaft dieses in Anspruch.... Demnach beträgt der noch nicht in der Bilanz ausgewiesene Betrag der Unterdotierung 231.226 €. Die gesamte Unterdotierung inkl. Altzusagen beträgt am 31.12.2010 564.743,00 €."

5) Angaben unter „Erläuterungen zur Bilanz", „Rückstellungen":[319]

„Auf der Grundlage einer tarifvertraglichen Vereinbarung (Altersvorsorge-TV-Kommunal – (ATV-K)) hat die Fraport AG ihre Arbeitnehmer zur Gewährung einer leistungsorientierten Betriebsrente bei der Zusatzversorgungskasse für Gemeinden und Gemeindeverbände in Wiesbaden (ZVK) pflichtversichert. Die Beträge werden im Rahmen eines Umlageverfahrens erhoben. Der Umlagesatz der ZVK Wiesbaden beläuft sich auf 6,2 % des zusatzversorgungspflichtigen Entgelts; hiervon übernimmt der Arbeitgeber 5,7 %, die Eigenbeteiligung der Arbeitnehmer beträgt 0,5 %. Daneben wird gemäß § 63 der ZVK-Satzung (ZVKS) vom Arbeitgeber ein steuerfreies Sanierungsgeld von 2,3 % vom zusatzversorgungspflichtigen Entgelt erhoben. Das Sanierungsgeld erhöht sich ab Januar 2010 um 0,9 %-Punkte auf 2,3 %. Für einen Teil der Pflichtversicherten (i. d. R. AT-Beschäftigte und leitende Angestellte) wird für das ZVK-pflichtige Entgelt, das über dem tariflich festgesetzten Grenzwert § 38 ATV-K liegt, eine zusätzliche Umlage von 9 % gezahlt. Die umlagepflichtigen Entgelte betragen 430,9 Mio. €. Bei den über die ZVK durchgeführten Verpflichtungen handelt es sich um mittelbare Pensionsverpflichtungen, für die gemäß Artikel 28 Abs. 1 Satz 2 EGHGB keine Rückstellungen gebildet wurden."

3.2.3.3 Angaben zur Unterdeckung von Pensionsrückstellungen sowie zur Überdeckung von Rückstellungen nach Umstellung auf das BilMoG (Art. 67 Abs. 2 EGHGB bzw. Art. 67 Abs. 1 Satz 4 EGHGB)

Sofern bei der Bewertung von Rückstellungen für Pensionen die Übergangsvorschrift des Art. 67 Abs. 1 Satz 1 EGHGB angewendet wird,[320] ist nach Art. 67 Abs. 2 EGHGB der Unterschiedsbetrag zwischen dem (niedrigeren) Bilanzwert der für laufende Pensionen und Anwartschaften auf Pensionen gebildeten Rückstellungen und dem auf der Basis der Bewertung nach § 253 Abs. 2 HGB ermittelten (höheren) vollen Verpflichtungsumfang anzugeben, der ohne Inanspruchnahme der Übergangsregelung zu passivieren wäre (Betrag der **Unterdeckung**). Anzugeben ist dazu nur der Unterschiedsbetrag, der regelmäßig entsprechend beauftragten Pensionsgutachten entnommen werden kann. Seine Verteilung bis zum Ablauf des Übergangszeitraums gemäß Art. 67 Abs. 1 EGHGB ist nicht zu beschreiben und auch nicht zu begründen.

Sofern die Übergangsvorschrift des Art. 67 Abs. 1 Satz 2 EGHGB zur Anwendung kommt, ist der Betrag der **Überdeckung** gemäß Satz 4 der Vorschrift im Anhang anzugeben. Diese Angabe wird nicht allein bei Rückstellungen für Pensionen, sondern für alle Rückstellungen unabhängig vom

---

318 Paul Kübler & Co. GmbH, Stuttgart (Hrsg.), Jahresabschluss zum Geschäftsjahr vom 1.1.2010 bis zum 31.12.2010 – in der im elektronischen Bundesanzeiger veröffentlichten Fassung – Druckfassung, S. 3.
319 Fraport AG, Frankfurt am Main (Hrsg.), Jahresabschluss der Fraport AG für das Geschäftsjahr 2010, S. 41.
320 Hierzu wird auch auf Abschnitte 2.1 und 3.2.3.3 verwiesen.

3.2 Angaben mit weiteren Erläuterungen zur Bilanz

Verpflichtungsgrund verlangt. Maßgebend für die Bestimmung der Überdeckung ist der anhand einer postenbezogenen Gesamtbetrachtung ermittelte Differenzbetrag zwischen dem grundsätzlich zurückzustellenden Betrag nach dem vor Anwendung des BilMoG und nach dem nach Anwendung des BilMoG geltenden Bilanzrecht.[321]

Angesichts der andauernden Niedrigzinsphase (dazu wird auch auf den folgenden Abschnitt 3.2.3.4 verwiesen) dürfte eine Überdeckung von Rückstellungen mittlerweile nur noch in Ausnahmefällen fortbestehen.

PRAXISBEISPIELE für Angaben nach Art. 67 Abs. 1 Satz 4 und Abs. 2 EGHGB:

1) Angaben bei den Erläuterungen zur Bilanz unter „Rückstellungen":[322]

...

„Nach Art. 67 Abs. 1 EGHGB wurde die aufgrund der geänderten Bewertung der laufenden Pensionen und Anwartschaften auf Pensionen erforderliche Zuführung zu 25 % berücksichtigt. Gemäß Art. 67 Abs. 2 EGHGB beträgt der noch zuzuführende Betrag 13,4 Mio. €."

2) Angaben bei den „Erläuterungen zur Bilanz und zur Gewinn- und Verlustrechnung" unter „Rückstellungen":[323]

...

„Durch die Umstellung der Bewertung der Pensionsrückstellungen nach BilMoG ergibt sich ein zusätzlicher einmaliger Rückstellungsbetrag in Höhe von 2.446 T€. Von der Übergangsregelung gemäß Art. 67 Abs. 1 Satz 2 EGHGB wurde Gebrauch gemacht und von diesem Betrag ein fünfzehntel den Pensionsrückstellungen in Höhe von 163 T€ zugeführt. Die Zuführung wird in der Gewinn- und Verlustrechnung als außerordentlicher Aufwand gezeigt. Der noch nicht in der Bilanz ausgewiesene Betrag aus der Erstanwendung in Höhe von 2.283 T€ wird innerhalb des verbleibenden Übergangszeitraums den Pensionsrückstellungen zugeführt."

3) Angaben unter „Erläuterungen zur Bilanz", „Rückstellungen":[324]

„Die Gesellschaft macht von dem Wahlrecht des Artikel 67 Abs. 1 Satz 1 EGHGB Gebrauch und verteilt den Aufwand aus der Umstellung auf die neuen Regelungen des Bilanzrechtsmodernisierungsgesetzes (113 T€) linear über einen Zeitraum von maximal 15 Jahren. Im Geschäftsjahr 2016 wurden hiervon 8 T€ zugeführt, die unter den sonstigen betrieblichen Aufwendungen ausgewiesen werden. Zum Abschlussstichtag beläuft sich die Unterdeckung bei den Altersversorgungsverpflichtungen somit auf 60 T€."

4) Angaben bei „Erläuterungen zur Bilanz", „Pensionsrückstellungen":[325]

„Durch die erstmalige Anwendung der Bestimmungen des BilMoG hat sich bei der Bewertung der Rückstellung für Pensionen und ähnliche Verpflichtungen zum 1.1.2010 ein Auflösungsbetrag von 37,1 Mio. € ergeben. Gemäß Artikel 67 Abs. 1 Satz 2 EGHGB wurde von dem Wahlrecht zur Beibehaltung des bisherigen Bilanzansatzes Gebrauch gemacht. Zum 31.12.2010 beträgt die Überdeckung noch 0,5 Mio. €."

---

321 Vgl. IDW RS HFA 28, Anm. 44, in: IDW Fachnachrichten 2009, S. 649.
322 Dortmunder Energie- und Wasserversorgung GmbH, Dortmund (Hrsg.), Geschäftsbericht 2009, S. 58.
323 VTB Bank (Deutschland) AG, Frankfurt am Main (Hrsg.), Geschäftsbericht 2009, S. 41.
324 KTC Kommunikations- und Trainings-Center Königstein GmbH, Königstein im Taunus (Hrsg.), Jahresabschluss zum Geschäftsjahr vom 1.1.2016 bis zum 31.12.2016 – in der im elektronischen Bundesanzeiger veröffentlichten Fassung – pdf-Version, S. 4.
325 E.ON AG, Düsseldorf (Hrsg.), Handelsrechtlicher Jahresabschluss und zusammengefasster Lagebericht der E.ON AG für das Geschäftsjahr 2010, S. 87.

5) Angaben bei Beschreibung den Erläuterungen zur Bilanz unter „Rückstellungen":[326]

...

„Bei der im Vorjahr erstmalig gebildeten Rückstellung für die Nachsorgeverpflichtung auf der Zentraldeponie Hubbelrath wurde das Beibehaltungswahlrecht nach Art. 67 Abs. 1 EGHGB genutzt, sodass die Verpflichtung weiterhin mit 1.300 T€ passiviert bleibt. Die Überdeckung beträgt zum 31.12.2009 746 T€."

3.2.3.4 Abzinsungsbedingter Unterschiedsbetrag bei Pensionsrückstellungen (§ 253 Abs. 6 Satz 3 HGB)

Nach § 253 Abs. 2 Satz 1 HGB gilt für die Abzinsung von Rückstellungen Folgendes: „Rückstellungen mit einer Restlaufzeit von mehr als einem Jahr sind abzuzinsen mit dem ihrer Restlaufzeit entsprechenden durchschnittlichen Marktzinssatz, der sich im Falle von Rückstellungen für Altersversorgungsverpflichtungen aus den vergangenen zehn Geschäftsjahren und im Falle sonstiger Rückstellungen aus den vergangenen sieben Geschäftsjahren ergibt."

Dieser Wortlaut der Vorschrift wurde so erst mit dem im März 2016 veröffentlichten „Gesetz zur Umsetzung der Wohnimmobilienkreditrichtlinie und zur Änderung handelsrechtlicher Vorschriften"[327] im HGB formuliert; zuvor war auch für die Abzinsung von Rückstellungen für Altersversorgungsverpflichtungen der durchschnittliche Marktzinssatz der vergangenen sieben Jahre zugrunde zu legen. Der nun anzuwendende Zinssatz führt demgegenüber zu einer geringeren Abzinsung als zuvor. Motive für diese Anpassung waren die anhaltende Niedrigzinsphase und damit für die Unternehmen verbunden höherer Aufwand sowie steigende Fremdkapitalquoten einerseits und sinkende Attraktivität der betrieblichen Altersversorgung andererseits.[328] Durch die Neuregelung der Abzinsung werden solche Effekte leicht abgemildert.

Dem Wortlaut nach greift die nun geringere Abzinsung nur bei „Rückstellungen für Altersversorgungsverpflichtungen". „Altersversorgungsverpflichtungen" ist ein anderer Begriff für **„Pensionsverpflichtungen"**.[329] Somit betrifft § 253 Abs. 2 Satz 1 HGB ausschließlich Pensionsrückstellungen, nicht dagegen Rückstellungen für ähnlich langfristig fällige Verpflichtungen wie solche für Dienstjubiläen oder Altersteilzeit oder auch für den Pensionen ähnliche Verpflichtungen, zu denen ohnehin keine praktischen Anwendungsfälle bekannt sind.[330]

Die geänderte Abzinsung der Pensionsrückstellungen wird nach dem neu in § 253 HGB eingefügten Abs. 6 mit zusätzlichen Informationspflichten bzw. Restriktionen verbunden:

▶ In jedem Geschäftsjahr ist der **Unterschiedsbetrag** zu ermitteln zwischen dem Wert der Pensionsrückstellungen bei Abzinsung mit dem durchschnittlichen Marktzinssatz der vergangenen zehn Jahre einerseits und bei Abzinsung mit dem durchschnittlichen Marktzinssatz der vergangenen sieben Jahre andererseits (§ 253 Abs. 6 Satz 1 HGB).

---

326 AWISTA Gesellschaft für Abfallwirtschaft und Stadtreinigung mbH, Düsseldorf (Hrsg.), Jahresabschluss zum Geschäftsjahr vom 1.1.2009 bis zum 31.12.2009 und Lagebericht für das Geschäftsjahr 2009, – in der im elektronischen Bundesanzeiger veröffentlichten Fassung – , Druckfassung, S. 11.
327 Abrufbar unter http://dipbt.bundestag.de/extrakt/ba/WP18/685/68570.html.
328 Vgl. BT-Drucks. 18/7584, S. 158 f., abrufbar unter http://dipbt.bundestag.de/extrakt/ba/WP18/685/68570.html.
329 Vgl. dazu sowie zur inhaltlichen Definition des Begriffs IDW RS HFA 30 n. F., Anm. 7, in: IDW Life 1/2017, IDW Fachnachrichten, S. 103.
330 Vgl. IDW RS HFA 30 n. F., Anm. 9, in: IDW Life 1/2017, IDW Fachnachrichten, S. 103.

- Als reiner, nicht operativer Buchgewinn unterliegt dieser Unterschiedsbetrag nach § 253 Abs. 6 Satz 2 HGB einer **Ausschüttungssperre**.[331] Aber anders als bei derjenigen nach § 268 Abs. 8 HGB sieht das HGB für diese neue Ausschüttungssperre keine größenabhängige und der Stellung der Regelung im Gesetz nach auch keine rechtsformbezogene Differenzierung vor. Ebenso wenig sind nach dem Wortlaut der Vorschrift bei Ermittlung der Höhe der Ausschüttungssperre latente Steuerbeträge zu berücksichtigen.
- Der Unterschiedsbetrag ist in jedem Geschäftsjahr entweder **im Anhang oder unter der Bilanz darzustellen** (§ 253 Abs. 6 Satz 3 HGB).

Die geänderte Abzinsung der Pensionsrückstellungen, die Ermittlung und Angabe des Unterschiedsbetrags nach § 253 Abs. 6 HGB sowie die Ausschüttungssperre dafür waren pflichtmäßig erstmals in Jahresabschlüssen für das nach dem 31.12.2015 endende Geschäftsjahr anzuwenden (Art. 75 Abs. 7 EGHGB). Allerdings wurde bilanzierenden Unternehmen das **Wahlrecht** eingeräumt, diese neue Bilanzierung bei Pensionsrückstellungen bereits „für einen Jahresabschluss, der sich auf ein Geschäftsjahr bezieht, das nach dem 31. Dezember 2014 beginnt und vor dem 1. Januar 2016 endet", anzuwenden. Damit galt das Wahlrecht für kalenderjahrgleiche Geschäftsjahre 2015 und im Jahr 2015 liegende Rumpfgeschäftsjahre, nicht aber für vom Kalenderjahr abweichende Geschäftsjahre 2014/15. Nach dem Willen des Gesetzgebers sollte das Wahlrecht eine Rückwirkung auf noch nicht geprüfte bzw. noch nicht festgestellte Abschlüsse ermöglichen.[332]

Bei Ausübung dieses Wahlrechts mussten mittelgroße und große Kapitalgesellschaften „zur Erläuterung der Ausübung der Anwendung des Wahlrechts Angaben im **Anhang** ... machen" (Art. 75 Abs. 7 Satz 4 EGHGB); diese sind in der Folgezeit nicht weiter erforderlich und können daher an dieser Stelle vernachlässigt werden.[333]

Ebenso sind auch weitere Anhangangaben aus der geänderten Abzinsung der Pensionsrückstellungen grundsätzlich nicht zu beachten, insbesondere bei Erstanwendung auch nicht die Informationsanforderungen aus § 284 Abs. 2 Nr. 2 HGB bei Abweichungen von Bilanzierungs- und Bewertungsmethoden zum Vorjahr. Anders als noch Art. 67 Abs. 8 EGHGB (Übergang auf BilMoG) schließt Art. 75 Abs. 7 EGHGB die Anwendung dieser Vorschrift nicht aus. Allerdings begründet die Änderung der Abzinsungssätze bei den Pensionsrückstellungen eine Änderung der Bewertung, was im Rahmen der **Beschreibung der Bilanzierungs- und Bewertungsmethoden** entsprechend anzupassen ist. Sie begründet aber keine Änderung der Bewertungsmethode.[334] Denn die benötigten geänderten Abzinsungszinssätze ermittelt die Deutsche Bundesbank entsprechend der bisherigen und unverändert beibehaltenen Methodik der Rückstellungsabzinsungsverordnung (RückAbzinsV) ab einschließlich Januar 2015 und veröffentlicht sie zusätzlich

---

331 „Gewinne dürfen nur ausgeschüttet werden, wenn die nach der Ausschüttung verbleibenden frei verfügbaren Rücklagen zuzüglich eines Gewinnvortrags und abzüglich eines Verlustvortrags mindestens dem Unterschiedsbetrag ... entsprechen" (§ 253 Abs. 6 Satz 2 HGB).
332 Vgl. BT-Drucks. 18/7584, S. 159.
333 Vgl. dazu ausführlich Philipps, Erweiterte Anhangangaben zu Pensionsrückstellungen, in: BBK 2016, S. 336-339.
334 Vgl. IDW RS HFA 38 „Ansatz- und Bewertungsstetigkeit im handelsrechtlichen Jahresabschluss", Anm. 10, in: IDW Fachnachrichten 2011, S. 562.

auf ihrer Internetseite.³³⁵ Dies stellt eine entsprechende Ergänzung der RückAbzinsV durch Einfügung neuer Vorschriften darin (§§ 6a und 8) sicher.

Eine gewisse Rechtsunsicherheit sah das IDW allerdings bei Existenz eines Gewinnabführungsvertrags in der Frage, ob die Ausschüttungssperre nach § 253 Abs. 6 Satz 2 HGB auch Auswirkung auf den dann abzuführenden Gewinn hat. Eine ausdrückliche Regelung dazu wie in § 301 Satz 1 AktG fehlt. Ob dies zu einer durch Analogie zu schließenden Gesetzeslücke führt, war fraglich. Aufgrund dessen hielt es das IDW für „sowohl zulässig, Abschlüsse unter Anwendung des Gesetzeswortlauts ohne Berücksichtigung einer Abführungssperre aufzustellen, als auch Abschlüsse unter der Annahme einer Abführungssperre aufzustellen. Die Wahl einer dieser beiden Bilanzierungsmethoden ist gemäß § 284 Abs. 2 Nr. 1 HGB im Anhang anzugeben. Ferner ist ... im Lagebericht innerhalb des Risikoberichts auf die steuerlichen und gesellschaftsrechtlichen Risiken hinzuweisen."³³⁶

Mittlerweile hat auch das BMF zu dieser Frage Stellung genommen. Nach seiner Auffassung kommt für den Unterschiedsbetrag mangels gesetzlicher Normierung außerhalb der begründeten Rücklagenbildung keine Abführungssperre in Betracht. Eine insoweit vor dem 23. 12. 2016 unterlassene Abführung wird allerdings nicht beanstandet, wenn sie spätestens im nächsten, nach dem 31. 12. 2016 aufzustellenden Jahresabschluss nachgeholt wird.³³⁷

Nach § 253 Abs. 6 Satz 3 HGB ist „der Unterschiedsbetrag nach Satz 1 ... in jedem Geschäftsjahr im Anhang oder unter der Bilanz darzustellen". Der Wortlaut verlangt nicht bloß, „die Höhe des Unterschiedsbetrags ist anzugeben.", d. h., er verlangt Angaben darüber hinaus. Was dieses „Mehr" umfasst, lässt sich aus dem Begriff „Darstellung" ableiten.

„**Darstellung**" bedeutet nach gängigen Interpretationen, für handelsrechtliche Rechnungslegungszwecke einen Sachverhalt anschaulich zu machen,³³⁸ ist also eine „umfangreichere Form einer Angabe",³³⁹ „verbunden mit einer Aufgliederung oder Erläuterung"³⁴⁰ respektive der „Angabe von Fakten oder Beschreibung von Sachverhalten".³⁴¹

Damit wird die Darstellung des **Unterschiedsbetrags** gemäß § 253 Abs. 6 Satz 3 HGB folgende **Angaben** umfassen müssen:

▶ Angabe der **Ursache** des Unterschiedsbetrags nach § 253 Abs. 6 Satz 1 HGB,

▶ Angabe der **Höhe** des Unterschiedsbetrags nach § 253 Abs. 6 Satz 1 HGB und

▶ Hinweis auf die **Ausschüttungssperre** in gleicher Höhe nach § 253 Abs. 6 Satz 2 HGB; diese Angabe lässt sich auch gesetzessystematisch begründen (Formulierung der Regelung zur Ausschüttungssperre vor der Regelung zur Anhangangabe). Nach dem Wortlaut der Vorschrift sind, anders als nach § 268 Abs. 8 HGB, bei Ermittlung der Höhe der Ausschüttungs-

---

335 Abrufbar unter https://www.bundesbank.de/Navigation/DE/Statistiken/Geld_und_Kapitalmaerkte/Zinssaetze_und_ Renditen/Abzinsungssaetze/abzinsungszinssaetze.html.
336 IDW, HFA: Abführungssperre für Entlastungseffekte aus der Neubewertung von Pensionsrückstellungen, in: IDW Life 7/2016, IDW Fachnachrichten, S. 584.
337 Vgl. BMF-Schreiben v. 23. 12. 2016, IV C 2 – S 2770/16/10002.
338 Grottel, B., in: BeckBilKom, 10. Aufl., § 284 HGB Rn. 42.
339 Hoffmann/Lüdenbach, NWB Kommentar Bilanzierung, 8. Aufl., § 284 HGB Rz. 21.
340 Baetge/Kirsch/Thiele, Bilanzen, 11. Aufl., Düsseldorf 2011, S. 693.
341 BMJ (Hrsg.), Bekanntmachung des DRS 20 „Konzernlagebericht" vom 25. November 2012, in: Bundesanzeiger vom 4. 12. 2012, Allgemeiner Teil, Beilage 1, S. 14, Tz. 11.

sperre keine latenten Steuerbeträge zu berücksichtigen; in der Bilanzierungspraxis wird dies indes analog § 268 Abs. 8 HGB teilweise gleichwohl gemacht.

Die vorgenannten Angaben sind „im Anhang oder unter der Bilanz" zu platzieren. Insoweit besteht also ein Wahlrecht, der Formulierung nach aber mit Präferenz für die **Aufnahme in den Anhang**. Angaben zum Unterschiedsbetrag unter der Bilanz kommen somit bei GmbH sowie GmbH & Co. KG nicht in Betracht, denn sie sind aufgrund Anwendung der §§ 264 ff. HGB zur Aufstellung eines Anhangs verpflichtet.[342] Allerdings greift für die GmbH & Co. KG beim Unterschiedsbetrag die Ausschüttungssperre nicht; hierzu wird auch auf Abschnitt 4.2.2.1 verwiesen.

Um die Informationspflichten aus der geänderten Abzinsung der Pensionsrückstellungen zu veranschaulichen, werden im Folgenden, passend für GmbH sowie GmbH & Co. KG in den Fällen der regulären Erstanwendung und der Anwendung in den auf die Erstanwendung folgenden Jahresabschlüssen, anforderungsgerechte Formulierungsbeispiele vorgestellt und anschließend durch aktuelle Praxisbeispiele ergänzt.

Formulierung für GmbH sowie GmbH & Co. KG bei regulärer Erstanwendung:

Bilanzierungs- und Bewertungsmethoden:

...

Die **Rückstellungen für Pensionen** werden nach anerkannten versicherungsmathematischen Grundsätzen unter Anwendung der „Projected-Unit-Credit-Methode" ermittelt. Als biometrische Rechnungsgrundlagen wurden die „Richttafeln 2005 G" von Klaus Heubeck zugrunde gelegt. Für die Abzinsung wurde pauschal eine durchschnittliche Restlaufzeit von 15 Jahren unterstellt und dafür (ggf.: erstmals) der dazu von der Deutschen Bundesbank auf den Bilanzstichtag ermittelte durchschnittliche Marktzinssatz der vergangenen zehn Jahre von 4,00 % angesetzt (im Vorjahr: durchschnittlicher Marktzinssatz der vergangenen sieben Jahre von 3,25 %). ...

Erläuterungen zur Bilanz, Passiva, Rückstellungen:

...

Aus der Abzinsung der **Rückstellungen für Pensionen** mit dem durchschnittlichen Marktzinssatz der vergangenen zehn Jahre ergibt sich im Vergleich zur Abzinsung mit dem durchschnittlichen Marktzinssatz der vergangenen sieben Jahre ein Unterschiedsbetrag in Höhe von ...T€. *Dieser Unterschiedsbetrag ist für die Ausschüttung gesperrt.*

Hinweis: Bei **GmbH & Co. KG** entfällt die in kursiv gedruckte Angabe.

---

342 Vgl. BT-Drucks. 18/7584, S. 159.

3. Erläuterung der für kleine GmbH sowie GmbH & Co. KG geltenden Anhangvorschriften

Formulierung bei GmbH sowie GmbH & Co. KG in den auf die Erstanwendung folgenden Jahresabschlüssen:

Bilanzierungs- und Bewertungsmethoden:

...

Die **Rückstellungen für Pensionen** werden nach anerkannten versicherungsmathematischen Grundsätzen unter Anwendung der „Projected-Unit-Credit-Methode" ermittelt. Als biometrische Rechnungsgrundlagen wurden die „Richttafeln 2005 G" von Klaus Heubeck zugrunde gelegt. Für die Abzinsung wurde pauschal eine durchschnittliche Restlaufzeit von 15 Jahren unterstellt und dafür der dazu von der Deutschen Bundesbank auf den Bilanzstichtag ermittelte durchschnittliche Marktzinssatz der vergangenen zehn Jahre von 3,25 % angesetzt ...

Erläuterungen zur Bilanz, Passiva, Rückstellungen:

...

Aus der Abzinsung der **Rückstellungen für Pensionen** mit dem durchschnittlichen Marktzinssatz der vergangenen zehn Jahre ergibt sich im Vergleich zur Abzinsung mit dem durchschnittlichen Marktzinssatz der vergangenen sieben Jahre ein Unterschiedsbetrag in Höhe von ...T€. *Dieser Unterschiedsbetrag ist für die Ausschüttung gesperrt.*

Hinweis: Bei **GmbH & Co. KG** entfällt die in kursiv gedruckte Angabe.

PRAXISBEISPIELE für Angaben nach § 253 Abs. 6 Satz 3 HGB:

1) Angaben unter „Angaben und Erläuterungen zu den einzelnen Posten der Bilanz und Gewinn- und Verlustrechnung", „Pensionsrückstellungen":[343]

„Es wurde die Berechnung auf Grundlage des 10-Jahreszinssatzes angesetzt. Die Abweichung zum 7-Jahreszinssatz beträgt 20.151,00 €. Für diesen Betrag ergibt sich die gesetzliche Ausschüttungssperre."

2) Angaben unter „Angaben zur Bilanz", „Pensionsrückstellungen":[344]

„Bei den Rückstellungen für Altersversorgungsverpflichtungen ergibt sich zwischen dem Ansatz nach dem durchschnittlichen Marktzinssatz aus den vergangenen zehn Geschäftsjahren und dem Ansatz nach dem durchschnittlichen Marktzinssatz aus den vergangenen sieben Geschäftsjahren ein Unterschiedsbetrag im laufenden Geschäftsjahr in Höhe von 12.183,00 €.

Der Unterschiedsbetrag ist für die Ausschüttung gesperrt."

3) Angaben unter „Angaben zur Bilanz", „Pensionsrückstellungen":[345]

„Der Unterschiedsbetrag nach § 253 Abs. 6 HGB zwischen der Bewertung der Pensionsrückstellung mit dem 10-Jahres-Durchschnittszinssatz bzw. dem 7-Jahres-Durchschnittssatz beträgt 15,0 T€.

Der durch den neuen Bewertungsansatz entstehende Unterschiedsbetrag in Höhe von 15,0 T€ unterliegt einer Ausschüttungssperre nach § 253 Abs. 6 S. 2 HGB."

---

343 Krohm Wassertechnik GmbH, Karlstein (Hrsg.), Jahresabschluss zum Geschäftsjahr vom 1.1.2016 bis zum 31.12.2016 – in der im elektronischen Bundesanzeiger veröffentlichten Fassung – pdf-Version, S. 3.

344 Autohaus Stange GmbH, Kleinostheim (Hrsg.), Jahresabschluss zum Geschäftsjahr vom 1.1.2016 bis zum 31.12.2016 – in der im elektronischen Bundesanzeiger veröffentlichten Fassung – pdf-Version, S. 3.

345 Raiffeisen Immobilien- und Versicherungsvermittlungs-GmbH, Aschaffenburg (Hrsg.), Jahresabschluss zum Geschäftsjahr vom 1.1.2016 bis zum 31.12.2016 – in der im elektronischen Bundesanzeiger veröffentlichten Fassung – pdf-Version, S. 3.

3.2 Angaben mit weiteren Erläuterungen zur Bilanz

4) Angaben unter „Sonstige Angaben", „ausschüttungsgesperrter Betrag § 253 Abs. 6 HGB":[346]

	In €
Pensionsrückstellung nach 7-Jahres-Durchschnittszins (3,24 %)	359.791,00
Pensionsrückstellung nach 10-Jahres-Durchschnittzins (4,01 %)	313.850,00
ausschüttungsgesperrter Betrag	45.941,00

5) Angaben unter „Erläuterungen zur Bilanz", „Passiva", „Rückstellungen"[347]:

„Die Rückstellungen für Pensionen wurden gemäß der Bestimmungen des § 253 HGB und den anerkannten Regeln der Versicherungsmathematik berechnet. Als Bewertungsverfahren wurde die Projected-Unit-Credit-Methode unter Berücksichtigung eines Rententrends von ... und einer durchschnittlichen Fluktuation von ... angewandt. Als Rechnungsgrundlagen wurden die Richttafeln 2005 G von Prof. Dr. Klaus Heubeck unter Ansatz einer monatlich vorschüssigen Zahlungsweise und mit einem durchschnittlichen Marktzinssatz der vergangenen zehn (i.Vj. sieben) Geschäftsjahre von 4,22 % p. a. (i.Vj. 4,31 % p. a.) verwendet. Der sich aus der Verwendung eines Durchschnittszinssatzes der vergangenen zehn Geschäftsjahre im Vergleich zu der Verwendung eines Durchschnittszinssatzes der vergangenen sieben Geschäftsjahre ergebende Unterschiedsbetrag beträgt 13,8 Mio. € Der Unterschiedsbetrag ist (bereinigt um latente Steuern) gem. § 253 Absatz 2 HGB n. F. ausschüttungsgesperrt. Änderungen aus dieser Abzinsung/Zinseffekte werden im Finanzergebnis angegeben...."

6) Angaben unter „Erläuterungen zur Bilanz", „Angaben zu ausschüttungsgesperrten Beträgen" sowie „Rückstellungen":[348]

„Der zur Ausschüttung gesperrte Betrag beläuft sich zum 31. Dezember 2016 auf... Die Ermittlung für 2016 beruht... und zusätzlich auf § 253 Abs. 6 HGB.
ANGABEN ZU AUSSCHÜTTUNGSGESPERRTEN BETRÄGEN

in Tsd. €	31.12.2016	Latente Steuern	Ausschüttungssperre 31.12.2016	31.12.2015
...	...	...	...	...
Unterschiedsbetrag nach § 253 Abs. 6 HGB	20.402	-6.427	13.975	-
...		...	...	...

... Bei dem ermittelten Betrag gemäß § 253 Abs. 6 HGB in Höhe von 20.402 T€ handelt es sich um den Unterschiedsbetrag aus der Bewertung der Pensionsrückstellungsverpflichtung, entstanden durch die erstmalige Anwendung des 10-Jahres-Durchschnittszinssatzes anstelle des 7-Jahres-Durchschnittszinssatzes im Vorjahr.

...

Rückstellungen für Pensionen und ähnliche Verpflichtungen

...

Aufgrund einer Gesetzesänderung am 17. März 2016 bezüglich der Bewertung von Altersversorgungsverpflichtungen ist zukünftig anstelle des 7-Jahres-Durchschnittszinssatzes ein 10-Jahres-Durchschnittszinssatz zu verwenden. Dieses Vorgehen hat einen Zinssatzanstieg von 3,89 % im Jahr 2015 auf 4,01 % im Jahr 2016 zur Folge. Damit einher geht eine Verringerung der Zuführung zu den Pensionsrückstellun-

---

346 IH Security GmbH, Bad Soden am Taunus (Hrsg.), Jahresabschluss zum Geschäftsjahr vom 1.1.2016 bis zum 31.12.2016 – in der im elektronischen Bundesanzeiger veröffentlichten Fassung – pdf-Version, S. 4.
347 Hella KGaA Hueck & Co., Lippstadt (Hrsg.), Jahresabschluss zum 31. Mai 2016 und Lagebericht, S. 73, abrufbar unter http://www.hella.com/hella-com/de/Geschaeftsbericht-und-Jahresabschluss-8740.html.
348 Drägerwerk AG & Co. KGaA, Lübeck (Hrsg.), Jahresabschluss zum Geschäftsjahr vom 1.1.2016 bis zum 31.12.2016 – in der im elektronischen Bundesanzeiger veröffentlichten Fassung – pdf-Version, S. 89 f.

gen. Laut Vorjahresmethode, basierend auf dem 7-Jahres-Durchschnittszeitraum, hätte im Geschäftsjahr 2016 der Rechnungszins 3,23 % betragen."

3.2.3.5 Angaben zu längerfristigen Restlaufzeiten und Sicherheiten bei Verbindlichkeiten (§ 285 Nr. 1 Buchstabe a und Nr. 1 Buchstabe b HGB)

Zu den in der Bilanz ausgewiesenen Verbindlichkeiten müssen nach § 285 Nr. 1 Buchstabe a HGB der Gesamtbetrag der Verbindlichkeiten mit einer Restlaufzeit von mehr als fünf Jahren und nach § 285 Nr. 1 Buchstabe b HGB der Gesamtbetrag der Verbindlichkeiten, die durch Pfandrecht oder ähnliche Rechte gesichert sind, unter Angabe von Art und Form der Sicherheiten, im Anhang angegeben werden.

Diese Angaben tragen zum besseren **Einblick** in die Vermögens- und Finanzlage bei (Liquiditätsabfluss in langer Frist und mögliche Vermögensbelastungen im Fall von Rückzahlungsstörungen). Sie beziehen sich auf „in der Bilanz ausgewiesene Verbindlichkeiten." Das sind alle in der Bilanz gemäß § 266 Abs. 3 C. HGB ausgewiesenen Verbindlichkeiten (bei mittelgroßen und großen GmbH sowie GmbH & Co. KG weiter aufgegliedert in die Posten Nr. 1 bis Nr. 8; § 266 Abs. 1 Satz 3 HGB), einschließlich erhaltener Anzahlungen.[349] Rückstellungen und Haftungsverhältnisse gehören nicht dazu.

Die **Restlaufzeit** des Gesamtbetrags der Verbindlichkeiten ermittelt sich als Zeitraum zwischen dem betrachteten Bilanzstichtag und ihrem jeweiligen Fälligkeitstermin; dies entspricht der aus Sicht des Bilanzstichtags voraussichtlichen Tilgungsdauer. Der Fälligkeitstermin einer Verbindlichkeit kann (vertraglich) vereinbart oder gesetzlich festgelegt sein. Bei späterer Abweichung von ursprünglichen Vereinbarungen sind zur Bestimmung der Restlaufzeit jeweils die dann bestehenden Verhältnisse maßgebend, etwa bei vorzeitiger Tilgung oder nachträglicher Prolongation einer Verbindlichkeit. Ist der Fälligkeitszeitpunkt einer Verbindlichkeit unbestimmt, gebietet das Vorsichtsprinzip, bei der Ermittlung der Restlaufzeit eher auf einen kürzeren Zeitpunkt abzustellen. Im Fall von Ratenzahlungen fällt jeweils der Teil der Verbindlichkeit unter die Angabe nach § 285 Nr. 1 Buchstabe a HGB, der nach Ablauf von fünf Jahren zu tilgen ist.[350]

Vorstehende Konkretisierungen verdeutlichen, dass die Angabe der Restlaufzeit nach § 285 Nr. 1 Buchstabe a HGB auf die aus Sicht des jeweiligen Bilanzstichtags noch ausstehenden Tilgungsdauern der Verbindlichkeiten abstellt, die an jedem Bilanzstichtag anhand der jeweils geltenden **tatsächlichen Verhältnisse** neu ermittelt werden müssen. Dies lässt sich so auch aus dem Wortsinn des Begriffs „Restlaufzeit" ableiten.

Anzugeben sind die Verbindlichkeiten mit einer Restlaufzeit über fünf Jahre in einem **Gesamtbetrag**. Dies korrespondiert mit dem für kleine Kapitalgesellschaften gestatteten bilanziellen Ausweis der Verbindlichkeiten nach § 266 Abs. 1 Satz 3 HGB als Gesamtbetrag. Eine Aufgliederung der nach § 285 Nr. 1 Buchstabe a HGB angabepflichtigen Restlaufzeit ist für kleine Kapitalgesellschaften aber auch dann nicht erforderlich, wenn auf die Erleichterung des verkürzten Bilanzausweises verzichtet wird. Dies ergibt sich aus §§ 285 Nr. 2 i. V. m. 288 Abs. 1 HGB.

---

[349] Vgl. Adler, H./Düring, W./Schmaltz, K., 6. Aufl., § 285 HGB Rz. 8. A. A. Grottel, B., in: BeckBilKom, 10. Aufl. § 285 HGB Rn. 12 mit Verweis auf die fehlende Rückzahlbarkeit erhaltener Anzahlungen, jeweils m. w. N.
[350] Vgl. Adler, H./Düring, W./Schmaltz, K., 6. Aufl., § 285 HGB Rz. 10-12 jeweils m. w. N.

Bestehen am Bilanzstichtag keine Verbindlichkeiten mit einer Restlaufzeit über fünf Jahren, entfällt diese Angabe. Eine Negativerklärung dazu ist nicht erforderlich.

Für die Angabe nach § 285 Nr. 1 Buchstabe b HGB (Gesamtbetrag der Verbindlichkeiten, die durch Pfandrecht oder ähnliche Rechte gesichert sind sowie Art und Form der Sicherheiten) kommt es auf die Fristigkeit der Verbindlichkeiten nicht an. Eingeschlossen in die Angabe sind wegen §§ 251 i. V. m. 268 Abs. 7 HGB nur solche Sicherheiten, die die Kapitalgesellschaft für eigene Verbindlichkeiten gestellt hat. Sicherheiten, die Dritte für die Kapitalgesellschaft gestellt haben, fallen bei dieser ebenfalls nicht unter die Angabe nach § 285 Nr. 1 Buchstabe b HGB.[351]

Der Begriff „**Pfandrecht**" wird in § 1204 BGB legal definiert als Belastung einer beweglichen Sache zur Sicherung einer Forderung in der Weise, dass der Gläubiger berechtigt ist, Befriedigung aus der Sache zu suchen. Eingeschlossen werden hier in gleicher Weise Grundpfandrechte (Hypotheken, Grundschulden, Rentenschulden), Reallasten, Pfandrechte an Forderungen und sonstigen Rechten (z. B. Wertpapiere) sowie Pfandrechte an Schiffen und Luftfahrzeugen. Begründet werden können Pfandrechte durch Rechtsgeschäfte, kraft Gesetz oder Zwangsvollstreckung. Unter die „**ähnlichen Rechte**" werden alle dinglichen Rechte subsumiert, die ein dem Pfandrecht ähnliches, ggf. sogar stärkeres, Sicherungsrecht vermitteln. Dazu zählen Sicherungsübereignungen, Sicherungsabtretungen, der Eigentumsvorbehalt und Nießbrauch.[352]

Die Einbeziehung **branchenüblicher Sicherheiten** in die Angabe nach § 285 Nr. 1 Buchstabe b HGB wird nach der Gesetzesformulierung nicht ausgeschlossen. Dies gilt auch für in der Praxis regelmäßig bestehende Eigentumsvorbehalte. Hierbei wird es vor allem aus praktischen Erwägungen (evtl. Schwierigkeiten bei Feststellung von Eigentumsvorbehalten dem Grunde und der Höhe nach) für vertretbar gehalten, wenn die Einbeziehung in den Gesamtbetrag der besicherten Verbindlichkeit unterbleibt, auf die Existenz solcher Besicherungen aber rein verbal hingewiesen wird.

Formulierungsbeispiel:

„Es bestehen die üblichen Eigentumsvorbehalte aus der Lieferung von Gegenständen des Vorratsvermögens."[353]

Als „**Art der Sicherheiten**" sind die jeweils eingeräumten Sicherungsreche zu nennen, also z. B. Hypothek, Pfandrecht oder Grundschuld. Die „**Form der Sicherheiten**" bezieht sich auf die Einräumung oder Ausgestaltung der gestellten Sicherungsrechte (z. B. Sicherungsübereignung, Buchgrundschuld, Briefgrundschuld). „Art" und „Form" lassen sich jedoch nicht exakt voneinander abgrenzen. Daher kann es hier zu Überschneidungen kommen.[354] Ungeachtet dessen darf auf die Angabe der Art und der Form gestellter Sicherheiten nicht verzichtet werden. Die Angabe nur des Gesamtbetrags der gesicherten Verbindlichkeiten in der Fassung des Gesetzeswortlauts genügt daher nicht den gesetzlich verlangten Informationsanforderungen, z. B. wie folgt:

„Der Gesamtbetrag der bilanzierten Verbindlichkeiten, die durch Pfandrechte oder ähnliche Rechte gesichert sind, beträgt 673.874,85 €."

genügt daher den gesetzlich verlangten Informationsanforderungen nicht.

---

351 Vgl. z. B. Adler, H./Düring, W./Schmaltz, K., 6. Aufl., § 285 HGB Rz. 14 m. w. N.
352 Vgl. z. B. Grottel, B., in: BeckBilKom, 10. Aufl., § 285 HGB Rn. 21 f.
353 Vgl. z. B. IDW, WP-Handbuch 2017, Hauptband, 15. Aufl., S. 917, Tz. 1008.
354 Vgl. Adler, H./Düring, W./Schmaltz, K., 6. Aufl., § 285 HGB Rz. 21 m. w. N.

Bestehen am Bilanzstichtag keine besicherten Verbindlichkeiten, entfällt diese Angabe. Eine Negativerklärung dazu ist nicht erforderlich.

PRAXISBEISPIELE für die Angaben nach § 285 Nr. 1 Buchstabe a und Nr. 1 Buchstabe b HGB:

1) Angaben unter „Erläuterungen zu einzelnen Posten der Bilanz und Gewinn- und Verlustrechnung":[355]

„Angabe zu Verbindlichkeiten

Der Betrag der Verbindlichkeiten mit einer Restlaufzeit bis zu einem Jahr beträgt 979.763,87 € (Vorjahr: 779.090,70 €).

Betrag der Verbindlichkeiten mit einer Restlaufzeit > 5 Jahre und der Sicherungsrechte

Der Gesamtbetrag der bilanzierten Verbindlichkeiten mit einer Restlaufzeit von mehr als 5 Jahren beträgt 2.342.421,96 € (Vorjahr: 2.382.091,66 €).

Der Gesamtbetrag der bilanzierten Verbindlichkeiten, die durch Pfandrechte oder ähnliche Rechte gesichert sind, beträgt 525.027,27 €.

Die nachfolgenden Sicherungsarten und Sicherungsformen sind mit den Verbindlichkeiten verbunden:

Sicherheiten

Es besteht ein Globalzessionsvertrag sowie ein Sicherungsübereignungsvertrag bzgl. der Vorräte hinsichtlich der Verbindlichkeiten gegenüber der Sparkasse Pforzheim Calw."

2) Angaben unter „Sonstige Pflichtangaben (§ 285 HGB)":[356]

„Angaben nach § 285 Nr. 1a HGB:

Zum Bilanzstichtag 2011 bestehen Verbindlichkeiten in Höhe von 1.201.580,33 € die eine Restlaufzeit von mehr als 5 Jahren haben.

Besicherung der Verbindlichkeiten gem. § 285 Nr. 1b HGB:

Verbindlichkeiten in Höhe von 1.939.121,01 € sind durch Grundschulden, Raumsicherungsübertragungen, Globalzessionen, Abtretung von Einzelforderungen und bedingte betragsmäßig begrenzte Einzelbürgschaften des Gesellschafters gesichert.

Verbindlichkeiten in Höhe von 101.640,90 € sind mit Eigentumsvorbehalten belastet."

3) Angaben unter „Erläuterungen zur Bilanz", „Verbindlichkeiten":[357]

„Der Gesamtbetrag der Verbindlichkeiten mit einer Restlaufzeit von mehr als fünf Jahren beträgt 1.809.138,99 € (Vj. 2.438 T€).

Der Gesamtbetrag der Verbindlichkeiten, die durch Pfandrechte oder ähnliche Rechte gesichert sind, beträgt 4.674.523,02 € (Vj. 5.160 T€) und betrifft mit 4.380.986,95 € (Vj. 4.865 T€) Grundpfandrechte sowie mit 293.536,07 € (Vj. 295 T€) Pfandrechte an Bankguthaben."

Mittelgroße und große GmbH sowie GmbH & Co. KG müssen zu den Verbindlichkeiten auch die Angaben nach § 268 Abs. 5 Satz 1 HGB (Bilanzvermerk: Postenbezogene Angabe der Restlaufzeiten bis zu einem und über einem Jahr) und nach § 285 Nr. 2 HGB (Anhangangabe: Postenbezogene Angabe der Restlaufzeit über fünf Jahre und der gewährten Sicherheiten) machen. In der Praxis werden diese Angaben regelmäßig zu einem sogenannten **„Verbindlichkeitenspiegel"** zusammengefasst und in den Anhang aufgenommen. Hierzu wird auf Abschnitte 3.2.3.6 sowie 4.2.2.6 verwiesen.

---

[355] MPK Special Tools GmbH, Schwäbisch Gmünd (Hrsg.), Jahresabschluss zum Geschäftsjahr vom 1.1.2011 bis zum 31.12.2011 – in der im elektronischen Bundesanzeiger veröffentlichten Fassung – Druckfassung, S. 2.

[356] Ruco-Profil Produktionsgesellschaft GmbH, Gemünden am Main (Hrsg.), Jahresabschluss zum Geschäftsjahr vom 1.1.2011 bis zum 31.12.2011 – in der im elektronischen Bundesanzeiger veröffentlichten Fassung – Druckfassung, S. 2.

[357] AHR-THERMEN GmbH & Co. KG, Bad Neuenahr-Ahrweiler (Hrsg.), Jahresabschluss zum Geschäftsjahr vom 1.1.2009 bis zum 31.12.2009 – in der im elektronischen Bundesanzeiger veröffentlichten Fassung (pdf) – Druckfassung, S. 2.

3.2.3.6 Angabe der kurz- und mittelfristigen Restlaufzeiten bei Verbindlichkeiten (§ 268 Abs. 5 HGB)

Nach § 268 Abs. 5 Satz 2 HGB sind in der Bilanz „der Betrag der Verbindlichkeiten mit einer Restlaufzeit bis zu einem Jahr und der Betrag der Verbindlichkeiten mit einer Restlaufzeit von mehr als einem Jahr … bei jedem gesondert ausgewiesenen Posten zu vermerken". Diese Angaben sind auch von kleinen GmbH sowie GmbH & Co. KG zu beachten. Sie ergänzen die in den Anhang aufzunehmenden Informationen zu längerfristigen Restlaufzeiten und Besicherungen bei Verbindlichkeiten.

Dementsprechend ist es in der Bilanzierungspraxis üblich und auch vom Gesetzgeber gestattet,[358] die Angaben zu Restlaufzeiten bei Verbindlichkeiten sämtlich in den **Anhang** aufzunehmen; damit besteht für den Angabeort der kurz- und mittelfristigen Restlaufzeiten bei Verbindlichkeiten ein **faktisches Wahlrecht**.

Einzelheiten zu diesen Angaben werden in Abschnitt 3.2.3.5 erläutert.

In der Gesetzesbegründung zum BilRUG, mit dem für Verbindlichkeiten die Restlaufzeitenangabe über einem Jahr in das HGB eingeführt wurde, weist der Gesetzgeber darauf hin, dass kleine Kapitalgesellschaften (und damit auch Kapitalgesellschaften & Co.) die Verbindlichkeiten unter Anwendung des § 266 Abs. 1 Satz 3 HGB nur als Gesamtposten (§ 266 Abs. 3 Buchstabe C HGB) ausweisen müssen. Nehmen sie dieses Wahlrecht in Anspruch, müssen sie die bestehenden Rechtlaufzeiten nach §§ 268 Abs. 5, 285 Nr. 1 HGB bis zu einem Jahr, über einem Jahr und über fünf Jahre einschließlich Besicherung auch nur für den Gesamtposten „Verbindlichkeiten" angeben.[359] Wegen der Verpflichtung, in der Bilanz auch Vorjahreszahlen auszuweisen, dann allerdings für die Restlaufzeiten bis zu einem Jahr und über einem Jahr mit Angabe der entsprechenden Vorjahreswerte.

Formulierungsbeispiel:

Die Restlaufzeiten des Gesamtbetrags der in Höhe von 5.000 T€ passivierten Verbindlichkeiten gliedern sich wie folgt:

Restlaufzeit bis zu einem Jahr 3.500 T€ (Vorjahr: 3.450 T€), Restlaufzeit über einem Jahr 1.500 T€ (Vorjahr: 1.050 T€) sowie Restlaufzeit über fünf Jahre 500 T€. Vom Gesamtbetrag der Verbindlichkeiten sind 1.000 T€ durch Grundpfandrechte gesichert.

PRAXISBEISPIELE ▶ für die Angaben nach § 268 Abs. 5 HGB (im Anhang):

1) ▶ Angaben unter „Angaben zur Bilanz", „Betrag der Verbindlichkeiten mit einer Restlaufzeit > 5 Jahre und der Sicherungsrechte" sowie „Angabe zu Restlaufzeitvermerken":[360]

„Der Gesamtbetrag der bilanzierten Verbindlichkeiten mit einer Restlaufzeit von mehr als 5 Jahren beträgt 100.000,00 € (Vorjahr: 100.000,00 €).

Der Betrag der Verbindlichkeiten mit einer Restlaufzeit bis zu einem Jahr beträgt 249.494,45 € (Vorjahr: 203.795,36 €).

Der Betrag der Verbindlichkeiten mit einer Restlaufzeit größer einem Jahr beträgt 244.719,03 € (Vorjahr: 302.917,00 €)."

---

358 Vgl. BT-Drucks. 18/4050, S. 62.
359 Vgl. BT-Drucks. 18/4050, S. 62.
360 Franz-Josef Riegel GmbH, Bürgstadt (Hrsg.), Jahresabschluss zum Geschäftsjahr vom 1.1.2016 bis zum 31.12.2016 – in der im elektronischen Bundesanzeiger veröffentlichten Fassung – pdf-Version, S. 3.

2) Angaben unter „Sonstige Angaben", „Verbindlichkeiten":[361]

„Die Verbindlichkeiten haben folgende Restlaufzeiten:

Von den Verbindlichkeiten haben T€ 933 (Vorjahr: T€ 919) eine Restlaufzeit von bis zu einem Jahr.

Von den Verbindlichkeiten haben T€ 79 (Vorjahr: T€ 58) eine Restlaufzeit von mehr als einem Jahr.

Von den Verbindlichkeiten haben T€ 15 (Vorjahr: T€ 29) eine Restlaufzeit von mehr als fünf Jahren.

Die Gesellschafterin hat gegenüber der Volksbank Dortmund-Nordwest eG für Verbindlichkeiten der Gesellschaft mit Datum vom 12. Dezember 2014 eine selbstschuldnerische Bürgschaft in Höhe von 285.000,00 € übernommen.

Ferner hat die Gesellschafterin 380.000,00 € als Darlehen der Gesellschaft zur Verfügung gestellt. Zur Vermeidung der Überschuldung der Darlehensnehmerin wird die Darlehensgeberin mit den Ansprüchen aus diesem Darlehensvertrag im Rang zurücktreten."

3) Angaben unter „Angaben zur Bilanz":[362]

„Zur Verbesserung der Klarheit und Übersichtlichkeit wurden die Angaben im Zusammenhang mit den Verbindlichkeiten in einem **Verbindlichkeitenspiegel** zusammengefasst dargestellt:

	Stand 31.12.2016	Restlaufzeit bis 1 Jahr	Restlaufzeit zwischen 1 u. 5 Jahren	Restlaufzeit mehr als 5 Jahre
Verbindlichkeiten	738.890,26 €	697.309,26 €	41.581,00 €	0,00 €
(Vorjahr)	(739.210,90 €)	(683.320,90 €)	(55.890,00 €)	(0,00 €)"

4) Angaben unter „Erläuterungen zur Bilanz":[363]

„Die nachfolgende Darstellung zeigt die Verbindlichkeiten mit einer Restlaufzeit bis 1 Jahr bzw. größer als 5 Jahre sowie den Betrag und die Art der Sicherungsrechte:

Art	Gesamtbetrag in €	Restlaufzeit bis 1 Jahr	Restlaufzeit > 5 Jahre	Sicherung Betrag in €	Vermerk
Verbindlichkeiten	217.856,41	217.856,41	0,00	0,00	keine

Darüber hinaus bestanden für die Verbindlichkeiten im üblichen Umfang branchenübliche bzw. kraft Gesetzes entstandene Sicherheiten"

3.2.3.7 Angaben zum nur noch übergangsweise bilanzierbaren Sonderposten mit Rücklageanteil (§§ 273 Satz 2, 281 Abs. 2 Satz 2 HGB a. F. (vor BilMoG))

Nach §§ 273, 247 Abs. 3 HGB a. F. (vor BilMoG) durften Kapitalgesellschaften Passivposten, die für Zwecke der Steuern vom Einkommen und vom Ertrag zulässig sind, auch in der Handelsbilanz unter der Postenbezeichnung „Sonderposten mit Rücklageanteil" passivieren, soweit das Steuerrecht die Anerkennung des Wertansatzes bei der steuerrechtlichen Gewinnermittlung davon abhängig machte, dass der Sonderposten in der Handelsbilanz gebildet wurde. Im Zusammenhang mit der Bilanzierung solcher Sonderposten waren u. a.

▶ die Vorschriften, nach denen er gebildet worden ist, entweder in der Bilanz oder im Anhang anzugeben (§ 273 Satz 2 HGB a. F. (vor BilMoG)) und

---

[361] Autozentrum Bonnemann GmbH, Dortmund, (Hrsg.), Jahresabschluss zum Geschäftsjahr vom 1.1.2016 bis zum 31.12.2016 – in der im elektronischen Bundesanzeiger veröffentlichten Fassung – pdf-Version, S. 3.

[362] Benedict Systemfertigung GmbH, Aschaffenburg (Hrsg.), Jahresabschluss zum Geschäftsjahr vom 1.1.2016 bis zum 31.12.2016 – in der im elektronischen Bundesanzeiger veröffentlichten Fassung – pdf-Version, S. 3.

[363] Rattel GmbH, Forchheim (Hrsg.), Jahresabschluss zum Geschäftsjahr vom 1.1.2016 bis zum 31.12.2016 – in der im elektronischen Bundesanzeiger veröffentlichten Fassung – pdf-Version, S. 3 (ohne explizite Angabe der Verbindlichkeiten mit einer Restlaufzeit über einem Jahr).

▶ Erträge aus seiner Auflösung innerhalb des Postens „Sonstige betriebliche Erträge" gesondert in der GuV auszuweisen oder im Anhang anzugeben (§ 281 Abs. 2 Satz 2 HGB a. F. (vor BilMoG)).

Die Regelungen der §§ 247 Abs. 3, 273 und 281 HGB a. F. (vor BilMoG) wurden mit dem BilMoG aufgehoben. Diese Aufhebung war die Folge der Streichung der sogenannten umgekehrten Maßgeblichkeit (§ 5 Abs. 1 Satz 2 EStG a. F. (vor BilMoG)). Damit wurden bisherige Verzerrungen in der Darstellung der Vermögens-, Finanz- und Ertragslage im Jahresabschluss durch steuerliche Einflüsse beseitigt und das Informationsniveau im Jahresabschluss erhöht.[364]

§§ 247 Abs. 3, 273 HGB a. F. (vor BilMoG) waren letztmals auf Jahresabschlüsse für Geschäftsjahre anzuwenden, die vor dem 1.1.2010 begannen. Damit war die Neubildung steuerlich motivierter Sonderposten mit Rücklageanteil in späteren Geschäftsjahren ausgeschlossen. Für zuvor gebildete **Altbestände** gewährte Art. 67 Abs. 3 EGHGB den bilanzierenden Unternehmen aber ein Wahlrecht:

▶ Entweder erfolgsneutrale Auflösung und unmittelbare Einstellung daraus resultierender Beträge in die Gewinnrücklagen oder

▶ Beibehaltung unter Anwendung der für sie bisher geltenden Vorschriften.

Machte ein Unternehmen vom Beibehaltungswahlrecht für passivierte „Sonderposten mit Rücklageanteil" Gebrauch,[365] sind die dafür geltenden Vorschriften des HGB i. d. F. vor BilMoG insoweit weiter anzuwenden. Ihre Anwendung endet spätestens mit planmäßiger Auflösung des Sonderpostens mit Rücklageanteil. Dies kann im Fall des § 281 Abs. 1 HGB a. F. (vor BilMoG) bei Gebäudeabschreibungen noch einen Zeitraum von knapp fünfzig Jahren betreffen.

Bis dahin sind von bilanzierenden Unternehmen, die den Sonderposten mit Rücklageanteil unter Anwendung der für sie bisher geltenden Vorschriften beibehalten haben, auch die Informationspflichten nach §§ 273 Satz 2, 281 Abs. 2 Satz 2 HGB a. F. (vor BilMoG) weiter zu beachten. In der Bilanzierungspraxis werden die danach geforderten Angaben (Nennung der Vorschriften, nach denen der Sonderposten mit Rücklageanteil gebildet worden ist und der sonstigen betrieblichen Erträge aus der Auflösung des Postens) aus Gründen der Klarheit und Übersichtlichkeit sowie Entlastung der Bilanz und der GuV regelmäßig in den **Anhang** aufgenommen.

PRAXISBEISPIELE ▶ für die Angaben nach §§ 273 Satz 2, 281 Abs. 2 Satz 2 HGB a. F. (vor BilMoG) bei Aufnahme in den Anhang:

1) ▶ Angaben unter „Bilanzierungs- und Bewertungsmethoden" und „Sonstige betriebliche Erträge":[366]

„Sonderposten mit Rücklageanteil: Sie werden in Höhe der steuerlich zulässigen Beträge angesetzt, soweit ihre Anerkennung den Ausweis in der Handelsbilanz voraussetzt. Es handelt sich im Wesentlichen um die Übertragung aufgedeckter stiller Reserven gemäß § 6b EStG."

„Die Auflösung des Sonderpostens mit Rücklageanteil in Höhe von 11 Mio. € betraf im Wesentlichen die Übertragung von Veräußerungsgewinnen aus Anlageverkäufen gemäß § 6b EStG auf Anlagezugänge."

---

364 Vgl. dazu z. B. auch die Erläuterungen zu § 247 HGB a. F. (vor BilMoG) bei Philipps, H., Rechnungslegung nach BilMoG, Wiesbaden 2010, S. 60-64.
365 In der Bilanzierungspraxis großer Unternehmen wird dies kein Ausnahmefall sein, vgl. dazu die empirischen Ergebnisse bei Philipps, H., Jahresabschlüsse 2010, S. 102.
366 BASF SE, Ludwigshafen (Hrsg.), Jahresabschluss 2009, S. 30 und S. 32.

3. Erläuterung der für kleine GmbH sowie GmbH & Co. KG geltenden Anhangvorschriften

2) Angaben unter „Angaben zu den Bilanzierungs-, Bewertungs- und Ausweismethoden", „Bilanzierung und Bewertung der Passivposten", „Erläuterungen zu Bilanzposten" und „Erläuterungen zur Gewinn- und Verlustrechnung":[367]

„Der Sonderposten mit Rücklageanteil wurde gem. § 281 Abs. 1 HGB a. F. und § 273 i.V. m. § 247 Abs. 3 HGB a. F. gebildet. Durch den Wegfall der umgekehrten Maßgeblichkeit durch das BilMoG ist die Möglichkeit, handelsrechtlich weitere Einstellungen in den Sonderposten vorzunehmen, ausgeschlossen. Die Gesellschaft hat von dem Wahlrecht gem. Art. 67 Abs. 3 Satz 1 EGHGB Gebrauch gemacht und wird den nach § 247 Abs. 3, § 279 Abs. 2 HGB a. F. gebildeten Sonderposten mit Rücklageanteil weiter fortführen."

„Der **Sonderposten mit Rücklageanteil** enthält steuerlich zulässige Abschreibungen gemäß § 6b EStG, § 7b EStG 1949-1965, § 82i EStDV. Neuzuführungen sind ab dem Geschäftsjahr 2010 nicht mehr zulässig."

„Von den **sonstigen betrieblichen Erträgen** entfallen 3 T€ (Vorjahr 382 T€) auf Erträge aus dem Abgang von Gegenständen des Sachanlagevermögens, 61 T€ (Vorjahr 145 T€) auf Erträge aus der Auflösung von Rückstellungen und 2.348 T€ (Vorjahr 3.240 T€) aus der Auflösung von Sonderposten mit Rücklageanteil."

3) Angaben unter „Angaben zu den Bilanzierungs-, Bewertungs- und Ausweismethoden", „Bilanzierung und Bewertung der Passivposten", „Erläuterungen zu Bilanzposten" und „Erläuterungen zur Gewinn- und Verlustrechnung:"[368]

„Die in Vorjahren gebildeten und auf Neubau-/ Sanierungsprojekte übertragenen **Sonderposten mit Rücklageanteil** gem. § 6b EStG werden auf der Passivseite ausgewiesen. Die Auflösung erfolgt entsprechend der planmäßigen Abschreibung in Höhe von 2,0 % p. a. Durch den Wegfall der umkehrten Maßgeblichkeit durch das BilMoG ist die Möglichkeit, handelsrechtlich weitere Einstellungen in den Sonderposten vorzunehmen, ausgeschlossen. Die Gesellschaft hat von dem Wahlrecht gem. Art. 67 Abs. 3 Satz 1 EGHGB Gebrauch gemacht und führt den nach § 247 Abs. 3, § 279 Abs. 2 HGB a. F. gebildeten Sonderposten mit Rücklageanteil weiter fort."

„Der **Sonderposten mit Rücklageanteil** wurde entsprechend den Vorschriften des § 6b EStG erstmals 1997 gebildet und entspricht den steuerlichen Erträgen aus dem Verkauf von Grund und Boden bzw. Gebäuden aus dem Altbestand. Die jährliche Auflösung des Sonderpostens erfolgt entsprechend der planmäßigen Abschreibung der Gebäude in Höhe von 2,0 % p. a. Der Auflösungsbetrag von 221.471,00 € (Vorjahr 221.471,00 €) wird unter den sonstigen betrieblichen Erträgen ausgewiesen. Von der Übergangsregelung des Art. 67 Abs. 3 Satz 1 EGHGB wird Gebrauch gemacht, sodass der Sonderposten mit Rücklageanteil, unter Anwendung der für ihn geltenden Vorschriften in der bis zum 28. 5. 2009 geltenden Fassung des HGB, beibehalten wird."

„Von den **sonstigen betrieblichen Erträgen** entfallen 2.492,2 T€ (Vorjahr 1.484,9 T€) auf Erträge aus dem Abgang von Gegenständen des Sachanlagevermögens, 13,1 T€ (Vorjahr 404,8 T€) auf Erträge aus der Auflösung von Rückstellungen, 559,0 T€ (Vorjahr 749,2 T€) auf Erträge aus Versicherungsansprüchen, 221,5 T€ (Vorjahr 221,5 T€) auf die Auflösung des Sonderpostens mit Rücklageanteil und 182,4 T€ (Vorjahr 183,0 T€) auf Erträge aus Erbbauzinsen."

---

[367] Frankfurter Aufbau AG, Frankfurt am Main (Hrsg.), Geschäftsbericht 2012, S. 57, 59 und 63 (Fettmarkierungen im Original).

[368] ABG Frankfurt Holding GmbH, Frankfurt am Main (Hrsg.), Geschäftsbericht 2013, S. 55, 61 und 51 (Fettmarkierungen im Original).

3.3 Angaben mit weiteren Erläuterungen zur Gewinn- und Verlustrechnung

3.3.1 Angaben zu außerplanmäßigen Abschreibungen im Anlagevermögen (§ 277 Abs. 3 Satz 1 HGB)

Nach § 277 Abs. 3 Satz 1 HGB sind „außerplanmäßige Abschreibungen nach § 253 Abs. 3 Satz 5 und 6 ... jeweils gesondert auszuweisen oder im Anhang anzugeben." Außerplanmäßigen Abschreibungen nach § 253 Abs. 3 Satz 5 HGB sind solche, die bei einer voraussichtlich dauernden Wertminderung von Gegenständen des Anlagevermögens vorzunehmen sind. Außerplanmäßige Abschreibungen nach § 253 Abs. 3 Satz 6 HGB beruhen auf der Ausübung des Wahlrechts, Finanzanlagen auch bei nur voraussichtlich vorübergehender Wertminderung abzuschreiben.

Die Vorschrift des § 277 Abs. 3 Satz 1 HGB verlangt zusätzliche Aufgliederungen von Posten der GuV.[369] Dies dient der Transparenz. Mit den nach § 277 Abs. 3 Satz 1 HGB geforderten Informationen wird der Einfluss außerplanmäßiger Abschreibungen bei Gegenständen des Anlagevermögens auf die Ertragslage ersichtlich; sie werden sonst in den Gliederungsschemata des § 275 Abs. 2 (GKV) und Abs. 3 HGB (UKV) weder per se gesondert ausgewiesen noch werden sie daraus anderweitig erkennbar.

§ 277 Abs. 3 Satz 1 HGB bietet zur Informationsvermittlung zwei Wege an. Entweder gesonderter, getrennter Ausweis („jeweils") der außerplanmäßigen Abschreibungen nach § 253 Abs. 3 Satz 5 HGB und nach § 253 Abs. 3 Satz 6 HGB in der GuV; dafür bieten sich neben gesonderten Posten auch sogenannte „davon-Vermerke" an.[370] Oder getrennte Angabe („jeweils") dieser Abschreibungen im Anhang. Der Ausweis bzw. die Angabe aller außerplanmäßigen Abschreibungen auf das Anlagevermögen in einer Summe entspricht nicht den gesetzlichen Anforderungen.

Die Anhangangabe muss das gleiche Informationsniveau erfüllen, wie der gesonderte Ausweis in der GuV. Das heißt, erforderlich ist die Angabe, in welcher Höhe jeweils außerplanmäßige Abschreibungen nach § 253 Abs. 3 Satz 5 und 6 HGB (im abzuschließenden Geschäftsjahr und im Vorjahr) gebildet und in welchen Aufwandsposten der GuV sie jeweils erfasst worden sind.[371] Ergänzende Erläuterungen, z. B. in welchen Posten des Anlagevermögens die erfassten Wertminderungen bestehen und welche Ursachen sie haben, werden gesetzlich nicht verlangt.

Formulierungsbeispiel für die Angabe nach § 277 Abs. 3 Satz 1 HGB (Angaben z. B. unter „Erläuterungen zur Gewinn- und Verlustrechnung", „Abschreibungen" oder im Rahmen der Angaben zur Entwicklung des Anlagevermögens, § 268 Abs. 2 HGB):

> „Die ausgewiesenen „Abschreibungen auf immaterielle Vermögensgegenstände des Anlagevermögens und Sachanlagen" enthalten außerplanmäßige Abschreibungen nach § 253 Abs. 3 Satz 5 in Höhe von ... Mio. € (Vorjahr: 0 Mio. €)."

---

369 Vgl. Biener, H./Berneke, W., Bilanzrichtlinien-Gesetz, S. 230.
370 Vgl. z. B. Hoffmann, W.-D./Lüdenbach, N., NWB Kommentar Bilanzierung, 8. Aufl., § 277 HGB Rz. 31.
371 Vgl. auch Schmidt, S./Peun M., in: BeckBilKom, 10. Aufl., § 277 HGB Rn. 3.

PRAXISBEISPIELE für Angaben nach § 277 Abs. 3 HGB

1) Angaben unter „Erläuterungen zur Gewinn- und Verlustrechnung", „Abschreibungen":[372]

„In den Abschreibungen auf das Anlagevermögen von 21.653 T€ (i.Vj. 22.156 T€) sind außerplanmäßige Abschreibungen in Höhe von 6 T€ (i.Vj. 878 T€) enthalten.

Die Abschreibungen auf das Umlaufvermögen, soweit diese die in der Kapitalgesellschaft üblichen Abschreibungen überschreiten, resultieren aus den Abwertungen auf Schmierstoffe auf Grund des Wechsels des Hauptlieferanten und der dadurch notwendigen Preiszugeständnisse auf Altbestände."

2) Angaben unter „Gewinn- und Verlustrechnung":[373]

„Die außerplanmäßigen Abschreibungen auf das Anlagevermögen betrugen für das Geschäftsjahr 2016 46.242 T€ (Vorjahr: 31.174 T€). Außerplanmäßige Abschreibungen für Finanzanlagen betrugen für das Geschäftsjahr 2016 9.777 T€ (Vorjahr: 20.154 T€)."

3) Angaben unter „Finanzergebnis":[374]

„Die Abschreibungen auf Finanzanlagen des Geschäftsjahres 2016 betrafen die Abschreibung auf die Ströer SE & Co. KGaA, Köln (60 Mio. €). Die Abschreibungen auf Finanzanlagen des Vorjahres betrafen im Wesentlichen die Abschreibung auf die T-Systems (1,0 Mrd. €)."

4) Angaben unter „Abschreibungen auf immaterielle Vermögensgegenstände des Anlagevermögens und Sachanlagen":[375]

in Mio. €	2016	2015
PLANMÄSSIGE ABSCHREIBUNGEN		
Abschreibungen auf immaterielle Vermögensgegenstände des Anlagevermögens	77	81
Abschreibungen auf Sachanlagen	233	255
	310	336
AUSSERPLANMÄSSIGE ABSCHREIBUNGEN		
gemäß § 253 Abs. 3 S. 5 HGB	28	51
	338	387

...

Die außerplanmäßigen Abschreibungen des Berichtsjahres entfielen mit 28 Mio. € (2015: 50 Mio. €) ausschließlich auf Wertberichtigungen auf den niedrigeren beizulegenden Wert von Immobilien.

Die Abschreibungen auf Finanzanlagen wurden im Finanzergebnis erfasst (vgl. Anmerkung 26)."

3.3.2 Angaben zu außergewöhnlichen Erträgen und Aufwendungen (§ 285 Nr. 31 HGB)

§ 285 Nr. 31 HGB wurde mit dem BilRUG neu in das HGB eingefügt. Die Vorschrift verlangt,

► jeweils den Betrag und die Art

---

[372] Orlen Deutschland GmbH, Elmshorn (Hrsg.), Jahresabschluss zum Geschäftsjahr vom 1.1.2013 bis zum 31.12.2013 – in der im elektronischen Bundesanzeiger veröffentlichten Fassung – pdf-Version, S. 11.

[373] STADA Arzneimittel AG, Bad Vilbel (Hrsg.), Jahresabschluss zum Geschäftsjahr vom 1.1.2016 bis zum 31.12.2016 – in der im elektronischen Bundesanzeiger veröffentlichten Fassung – pdf-Version, S. 16.

[374] Deutsche Telekom AG, Bonn (Hrsg.), Jahresabschluss zum Geschäftsjahr vom 1.1.2016 bis zum 31.12.2016 – in der im elektronischen Bundesanzeiger veröffentlichten Fassung – pdf-Version, S. 168.

[375] Deutsche Telekom AG, Bonn (Hrsg.), Jahresabschluss zum Geschäftsjahr vom 1.1.2016 bis zum 31.12.2016 – in der im elektronischen Bundesanzeiger veröffentlichten Fassung – pdf-Version, S. 166.

- der einzelnen Erträge und Aufwendungen von **außergewöhnlicher** Größenordnung oder außergewöhnlicher Bedeutung im Anhang anzugeben,
- soweit diese Beträge nicht von untergeordneter Bedeutung sind.

Nach § 285 Nr. 31 i.V.m. § 288 Abs. 1 HGB müssen auch kleine GmbH sowie kleine GmbH & Co. KG diese Angaben in den Anhang aufnehmen. Dies folgt aus der entsprechenden Vorgabe in Art. 16 Abs. 1 Buchstabe f der Bilanzrichtlinie, wozu der EU-Gesetzgeber **keine Erleichterung** zulässt.

Die anfänglich auch geforderte Erläuterung der nach § 285 Nr. 31 HGB anzugebenden einzelnen Erträge und Aufwendungen ging über die Vorgabe der Bilanzrichtlinie hinaus, wurde daher im Verlauf des Gesetzgebungsverfahrens fallen gelassen[376] und ist daher nicht verlangt. Eine ergänzende freiwillige Erläuterung der anzugebenden Erträge und Aufwendungen bleibt den bilanzierenden Unternehmen aber unbenommen.[377]

Parallel zur Einfügung des § 285 Nr. 31 HGB wurden der Ausweis der vorherigen außerordentlichen Posten in der GuV sowie ihre Definition und die dazu bisher geforderte Erläuterung gestrichen (bisherige § 275 Abs. 2 und Abs. 3, § 277 Abs. 4 Satz 1 und 2 HGB a. F. (vor BilRUG); hierzu wird auf Abschnitt 4.2.2 der Vorauflage verwiesen).

Ausdrücklich weist die Gesetzesbegründung zum BilRUG darauf hin, dass diese BilRUG-Änderungen für **Kreditinstitute** und auch Versicherungsunternehmen (für die die Rechtsformen der GmbH sowie der GmbH & Co. KG nach § 7 Abs. 1 VAG nicht zulässig sind) keine Anwendung finden. Diese Wirtschaftszweige haben besondere europarechtliche Vorgaben zu beachten, wonach der Ausweis von außerordentlichen Posten in der GuV erhalten bleibt.[378]

Mit den genannten Änderungen wurde Art. 16 Abs. 1 Buchstabe f der Bilanzrichtlinie umgesetzt. Hintergrund dessen ist die Streichung der „außerordentlichen Posten" sowie der Posten mit Hinweisen auf die „gewöhnliche Geschäftstätigkeit"[379] aus den Gliederungsschemata für die GuV und Verlagerung von Angaben dazu **ausschließlich in den Anhang**; anzugeben sind darin der „Betrag und die Wesensart der einzelnen Ertrags- oder Aufwandsposten von **außerordentlicher** Größenordnung oder von außerordentlicher Bedeutung".

Den Erwägungsgründen der Bilanzrichtlinie zufolge wird damit nun für die **Darstellung** von Ertrags- oder Aufwandsposten in außerordentlicher Größenordnung oder mit außerordentlichem Stellenwert ein **einheitlicher Rahmen** vorgegeben. Dies soll der besseren Vergleichbarkeit der Abschlüsse dienen.[380] Dazu wären indes auch eine Definition oder zumindest die Vorgabe von Anhaltspunkten dafür, was unter „außerordentlich" zu verstehen ist, hilfreich. Beides aber fehlt in der Bilanzrichtlinie. Allerdings enthält die Bilanzrichtlinie auch **keine Hinweise** darauf, dass mit den Änderungen zur Darstellung außerordentlicher Erträge und Aufwendungen **inhaltliche Neuerungen** verbunden sein sollen; sie dienen wie angeführt nur dazu, außerordentliche Erträge und Aufwendungen in Abschlüssen nach der Bilanzrichtlinie einheitlich darzustellen.

---

376 Vgl. BT-Drucks. 18/5256, S. 17 und S. 83.
377 Vgl. BT-Drucks. 18/5256, S. 83.
378 Vgl. BT-Drucks. 18/4050, S. 63.
379 Außerordentliche Erträge, außerordentliche Aufwendungen, außerordentliches Ergebnis, Steuern auf das außerordentliche Ergebnis, Ergebnis der normalen Geschäftstätigkeit, Steuern auf die normale Geschäftstätigkeit, vgl. Art. 13 Abs. 1 sowie Anhang V und VI der Bilanzrichtlinie.
380 Vgl. Erwägungsgrund Nr. 21 der Richtlinie 213/34/EU (Bilanzrichtlinie), EU-Amtsblatt vom 29.6.2013, L 182, S. 22.

Diesem Verständnis folgte auch der Gesetzgeber im BilRUG Ref-E. In der dortigen Begründung der Streichungen der vorherigen Definition und Erläuterung außerordentlicher Erträge und Aufwendungen hieß es: „Es handelt sich um Folgeänderungen zu den Streichungen in § 275 HGB-E ohne Auswirkungen auf die Beurteilung, ob ein außerordentlicher Ertrag oder eine außerordentliche Aufwendung vorliegt. Auch zukünftig soll darauf abgestellt werden, ob der Ertrag oder die Aufwendung außerhalb der gewöhnlichen Geschäftstätigkeit anfällt; nach Artikel 16 Absatz 1 Buchstabe b der Richtlinie 2013/34/EU sind bei der Auslegung die Größe und die Bedeutung des Ertrags bzw. der Aufwendung zu berücksichtigen. Notwendig bleibt eine Beurteilung im Einzelfall unter Beachtung allgemeiner Rechnungslegungsgrundsätze."[381] Zu dieser Auffassung wurden im Rahmen des Gesetzgebungsverfahrens nur wenig Zweifel geäußert.[382] Wegen Wegfalls der bisherigen Definition außerordentlicher Erträge und Aufwendungen[383] wurde indes empfohlen, das Verständnis gemäß Begründung im Gesetzestext klarzustellen.[384] Dem offenbar folgend änderte der Gesetzgeber im BilRUG Reg-E den Wortlaut in § 285 Nr. 31 HGB und verlangt nun die Angabe „außergewöhnlicher" Erträge und Aufwendungen statt gemäß BilRUG Ref-E „außerordentlicher" Erträge und Aufwendungen.

Er weicht damit von der Wortlautvorgabe in Art. 16 Abs. 1 Buchstabe f der Bilanzrichtlinie ab, wohl um mit dem Begriff „außergewöhnlich" das bisherige Abgrenzungsmerkmal für „außerordentlich", nämlich „außerhalb der gewöhnlichen Geschäftstätigkeit",[385] gesetzlich weiter zu verankern. Denn innerhalb der Posten „außerordentliche Erträge" und/oder „außerordentliche Aufwendungen" waren nur solche Aufwendungen und Erträge auszuweisen, die **„außerhalb der gewöhnlichen Geschäftstätigkeit"** angefallen sind (§ 277 Abs. 4 Satz 1 HGB a. F.(vor BilRUG)). Im HGB war der Inhalt dieses Merkmals nicht konkretisiert. Das Schrifttum vertrat zu seiner Konkretisierung unterschiedliche Auffassungen.[386] Dem Willen des Gesetzgebers entsprach es aber wohl am besten, „außerhalb der gewöhnlichen Geschäftstätigkeit" nicht allein i. S. v. „betriebsfremd" zu verstehen, sondern in dieses Merkmal auch Geschäftsvorfälle einzuschließen, die im Rahmen des gewöhnlichen Betriebs ungewöhnlich, untypisch bzw. unüblich sind sowie unregelmäßig bzw. selten vorkommen;[387] ergänzend auf die Wesentlichkeit ihrer betragsmäßigen Auswirkung abzustellen, ließ sich aus dem vorherigen Gesetzestext nicht ableiten, war gleichwohl zweckgerecht.[388]

Eine Zuordnung so kumuliert charakterisierter Geschäftsvorfälle zur gewöhnlichen Geschäftstätigkeit respektive zum ordentlichen Betriebsergebnis verzerrte den Einblick in die Ertragslage, was ja durch den gesonderten Ausweis außerordentlicher Erträge und Aufwendungen gerade

---

381 Referentenentwurf des BMJV zum BilRUG, S. 68.
382 Explizit zustimmend z. B. DRSC, Stellungnahme vom 6. 10. 2014 zum BilRUG Ref-E, S. 10; DIHK, Stellungnahme vom 2. 10. 2014 zum BilRUG Ref-E, S. 5. Zweifelnd indes BStBK, Stellungnahme vom 2. 10. 2014 zum BilRUG Ref-E, S. 5.
383 „Unter den Posten „außerordentliche Erträge" und „außerordentliche Aufwendungen" sind Erträge und Aufwendungen auszuweisen, die außerhalb der gewöhnlichen Geschäftstätigkeit der Kapitalgesellschaft anfallen" (§ 277 Abs. 4 Satz 2 HGB in bisheriger Fassung).
384 Vgl. DRSC, Stellungnahme vom 6. 10. 2014 zum BilRUG Ref-E, S. 10; IDW, Stellungnahme vom 10. 10. 2014 zum BilRUG Ref-E, S. 9.
385 Vgl. dazu ergänzend auch die umfangreiche Auswertung von Reiner, G./Haußer, J., in: MüKoHGB, 3. Aufl., § 277 HGB Rn. 37-40.
386 Vgl. z. B. Baetge, J./Kirsch, H.-J./Thiele, S., Bilanzen, 11. Aufl., S. 615 f. und Biener, H./Berneke, W., Bilanzrichtlinien-Gesetz, S. 232 jeweils n. w. N.
387 Vgl. dazu z. B. IDW, WP-Handbuch 2012, Bd. I, 14. Aufl., S. 645 f., Tz. 492-494 m. w. N.
388 Vgl. dazu IDW, WP-Handbuch 2012, Bd. I, 14. Aufl., S. 645 f., Tz. 492-494 m. w. N.

vermieden werden sollte. Als **Beispiele** für unter diesen Voraussetzungen in der GuV innerhalb der vorherigen außerordentlichen Posten zu erfassende Geschäftsvorfälle wurden u. a. genannt:[389]

- Buchgewinne/-verluste aus dem Verkauf bedeutender Beteiligungen, Betriebe, Teilbetriebe oder Immobilien,
- Sozialplankosten oder Ergebniskomponenten im Zusammenhang mit einer Abkehr von der Unternehmensfortführungsannahme,
- Verluste im Zusammenhang mit der Stilllegung von Geschäftsbereichen, Betrieben oder Betriebsteilen sowie aus der Aufgabe von Produktgruppen,
- Erfolgsauswirkungen außergewöhnlicher Schadensfälle, z. B. auch aus (Natur-)Katastrophen,
- Sanierungsgewinne.

Der Rechtsausschuss begründet die erläuterte Begriffsänderung („außergewöhnlich" anstelle von „außerordentlich") in seiner Beschlussempfehlung allerdings allein mit der konzeptionellen Aufgabe des bisherigen Ausweises außerordentlicher Aufwendungen und Erträge, die in der englischsprachigen Richtlinienfassung durch Verwendung des Begriffs „exceptional" statt „extraordinary" deutlich wird und eine Annäherung an die entsprechenden Vorgaben in den IFRS mit sich bringt.[390]

Zwecks weiterer inhaltlicher Konkretisierung grenzt die Gesetzesbegründung zu § 285 Nr. 31 HGB „außergewöhnliche Größenordnung" von den das bilanzierende Unternehmen sonst „prägenden Größenordnungen" und „außergewöhnliche Bedeutung" von den das Unternehmen „prägenden Vorgängen" ab und weist ergänzend darauf hin, dass

- Erträge von außergewöhnlicher Größenordnung auch aus gewöhnlicher Geschäftstätigkeit stammen, also gewöhnliche Bedeutung haben können und
- sich das Merkmal „außergewöhnliche Bedeutung" indiziell mit Hilfe der bisherigen Abgrenzungskriterien in der Praxis für die Zuordnung von Erträgen oder Aufwendungen zur gewöhnlichen Geschäftstätigkeit auslegen lässt.[391]

Aus Sicht des Rechtsausschusses ist es „entscheidend ..., dass der Vergleichsmaßstab für die ‚Außergewöhnlichkeit' von Größe und Bedeutung dabei die konkreten Verhältnisse im Unternehmen und insbesondere die allgemein üblichen Vorgänge in diesem Unternehmen sind. Aus der Perspektive der Nutzer der Rechnungslegung ist daher zu beurteilen, ob der einzelne Ertrag oder die einzelne Aufwendung aus den sonstigen Erträgen oder Aufwendungen aufgrund seiner Größenordnung oder aufgrund seiner Bedeutung so deutlich hervortritt, dass eine gesonderte Erläuterung notwendig erscheint."[392]

Für die **praktische Umsetzung** folgt aus dem Gesagten, dass mit § 285 Nr. 31 HGB im Vergleich zur vorherigen Rechtslage doch materielle Änderungen verbunden sein können. Erträge und Aufwendungen von außergewöhnlicher Größenordnung oder außergewöhnlicher Bedeutung schließen die bisherigen außerordentlichen Erträge und Aufwendungen ein, können aber in Ein-

---

389 Vgl. z. B. IDW, WP-Handbuch 2012, Bd. I, 14. Aufl., S. 646, Tz. 494 m. w. N.
390 Vgl. BT-Drucks. 18/5256, S. 83.
391 Vgl. BT-Drucks. 18/4050, S. 67.
392 BT-Drucks. 18/5256, S. 83.

zelfällen auch der gewöhnlichen Geschäftstätigkeit zuzuordnen sein und somit darüber hinausgehen.

Beispiele: Für das Unternehmen unüblich hohe Umsatzerlöse aus einem einzelnen Absatzgeschäft oder erstmalige gerichtliche Verurteilung des Unternehmens wegen Verstoßes gegen Wettbewerbsrecht.[393]

Anzugeben sind „**jeweils**" Betrag und Art der „**einzelnen**" außergewöhnlichen Erträge oder Aufwendungen. Eine Sammelangabe für die außergewöhnlichen Erträge oder die außergewöhnlichen Aufwendungen kommt also nicht in Betracht.[394]

Erläuterung hinsichtlich des **Betrags** wird nur durch eine genaue betragsmäßige Angabe der einzelnen außergewöhnlichen Erträge und Aufwendungen zu erreichen sein; analog zu den früheren außerordentlichen Erträgen und Aufwendungen Nennung des Gesamtbetrags (jeweils für außergewöhnliche Erträge und Aufwendungen getrennt) mit verbaler Angabe von Relationen dazu (z. B. zur Hälfte, überwiegend, ganz überwiegend, ausschließlich)[395] wird nicht ausreichen.[396] Erläuterung der Erträge oder Aufwendungen hinsichtlich ihrer **Art** erfordert, inhaltlich zu beschreiben, welche Sachverhalte darunter erfasst sind.

Mit Betrag und Art sind außergewöhnliche Erträge oder Aufwendungen nur anzugeben, soweit die jeweiligen Beträge **nicht von untergeordneter Bedeutung** sind. Bei außergewöhnlicher Größenordnung der angegebenen Erträge oder Aufwendungen ist diese Einschränkung obsolet. Bei außergewöhnlicher Bedeutung stellt sie indes klar, dass derart außergewöhnliche Erträge oder Aufwendungen nur angegeben werden müssen, wenn sie auch quantitativ von Belang sind.

Soweit einzelne Erträge oder Aufwendungen im konkretisierten Sinne außergewöhnlich sind, aber Anhangangaben dazu bereits unter andere (spezielle) Vorschriften fallen, stellt sich die Frage nach dem **Verhältnis** der Angaben nach § 285 Nr. 31 HGB zu **Angaben nach anderen Vorschriften**. Denkbar wäre dies z. B. bei außerplanmäßigen Abschreibungen oder Geschäften mit nahestehenden Unternehmen und Personen (hierzu wird auf die Abschnitte 3.3.1 sowie 4.4.9 und 5.2.2 verwiesen). Wie üblich, gehen in solchen Fällen die Angaben nach speziellen Vorschriften vor. Die entsprechenden Sachverhalte sind dann zur Vermeidung von Redundanzen nicht (auch) in die Angabe nach § 285 Nr. 31 HGB einzubeziehen. Der Klarheit und Übersichtlichkeit wegen sollten dann allerdings bei den jeweiligen Sachverhalten Querverweise hierauf gemacht werden (hierzu wird auch auf Abschnitt 5.2.2 verwiesen).

Die Angaben nach § 285 Nr. 31 HGB dienen inhaltlich wie bisher dazu, den **Einblick in die Ertragslage** zu verbessern. Danach anzugebende Erträge oder Aufwendungen können mehrere GuV-Posten betreffen. Bei Positionierung dieser Angaben im Anhang ist nun der in § 284 Abs. 1 Satz 1 HGB geforderte Postenbezug zu beachten. Damit können die Angaben zu außergewöhnlichen Erträgen oder Aufwendungen sachlich auseinandergerissen werden, was dann den Einblick in die Ertragslage erschwert. Daher ist es in einem solchen Fall gerechtfertigt, diese Angaben **zusammenzufassen** und aufgrund ihrer Bedeutung gleich am Anfang der Erläuterungen zur

---

393 Vgl. Kleinmanns, H., BilRUG: Änderungen zum GuV-Ausweis und Einführung sog. Zahlungsberichte, in: StuB 2014, S. 797.
394 Vgl. BT-Drucks. 18/4050, S. 67. Für eine entsprechende gesetzliche Klarstellung plädiert. DRSC, Stellungnahme vom 24. 2. 2015 zum BilRUG Reg-E, S. 12.
395 Vgl. dazu bisher Förschle, G./Peun, M., in: BeckBilKom, 9. Aufl., § 275 HGB Rn. 226.
396 Im Ergebnis ebenso vgl. Grottel, B., in: BeckBilKom, 10. Aufl., § 275 HGB Rn. 897.

3.3 Angaben mit weiteren Erläuterungen zur Gewinn- und Verlustrechnung

GuV zu positionieren; zur Auslegung des § 284 Abs. 1 Satz 1 HGB wird ergänzend auf Abschnitt 2.5 verwiesen. Dies wird dem Einblicksgebot des § 264 Abs. 2 Satz 1 HGB stärker gerecht.[397] Nach EU-Recht wäre eine solche Abweichung von § 284 Abs. 1 Satz 1 HGB mit Bezug auf den „Override-Gedanken" in Art. 4 Abs. 4 der Bilanzrichtlinie möglich. Der deutsche Gesetzgeber hat diese Möglichkeit aber zur Vermeidung neuer Auslegungsfragen nicht umgesetzt.[398]

Unter Berücksichtigung der vorigen Erläuterungen sowie der bisherigen Praxisbeispiele zur Angabe und Erläuterung der bisherigen außerordentlichen Erträge und Aufwendungen lassen sich die nach § 285 Nr. 31 HGB geforderten Anhangangaben etwa wie etwa wie im Folgenden gezeigt formulieren bzw. darstellen.

Formulierungsbeispiel für die Angaben nach § 285 Nr. 31 HGB:

Erläuterungen zur Gewinn- und Verlustrechnung, außergewöhnliche Erträge und Aufwendungen:

„Im abgelaufenen Geschäftsjahr sind außergewöhnliche Erträge in Höhe von … T€ und außergewöhnliche Aufwendungen in Höhe von … T€ angefallen. Die außergewöhnlichen Erträge betreffen ausschließlich Buchgewinne aus der Veräußerung einer Beteiligung."

Eine ggf. freiwillige Erläuterung dazu könnte z. B. lauten:

„; die außergewöhnlichen Aufwendungen stehen sämtlich in Zusammenhang mit unserem Restrukturierungsprogramm."

Darstellungsbeispiel für die Angaben nach § 285 Nr. 31 HGB:

ABB. 14:	Darstellungsbeispiel für die Anhangangabe zu außergewöhnlichen Erträgen und Aufwendungen nach § 285 Nr. 31 HGB	
Außergewöhnliche Erträge und Aufwendungen (Beiträge in T€)	Geschäftsjahr	(ggf. Vorjahr)
Außergewöhnliche Erträge		
aus einmaligen Absatzgeschäften		
aus Verschmelzung		
Summe		
Außergewöhnliche Aufwendungen		
aus Restrukturierung		
aus Rechtsstreitigkeiten		
Summe		

---

397 So auch IDW, Umsetzung der EU-Bilanzrichtlinie in deutsches Recht, Schreiben an das BMJV vom 27. 2. 2014, S. 5.
398 Vgl. dazu auch IDW, Umsetzung der EU-Bilanzrichtlinie in deutsches Recht, Schreiben an das BMJV vom 27. 2. 2014, S. 2.

3. Erläuterung der für kleine GmbH sowie GmbH & Co. KG geltenden Anhangvorschriften

PRAXISBEISPIELE für Angaben nach § 285 Nr. 31 HGB:

1) Angaben unter „Erläuterungen zur Gewinn und Verlustrechnung", „Sonstige betriebliche Aufwendungen":[399]

Von besonderer Größenordnung ist die Kostenübernahme der Deutschen Post AG gegenüber DHL-Tochtergesellschaften in Höhe von 70 Mio. € aufgrund einer gesamtschuldnerischen Haftung gegenüber einer Behörde."

2) Angaben unter „Erläuterungen zur Gewinn und Verlustrechnung", „Sonstige betriebliche Aufwendungen":[400]

„Die Gesellschaft hat in 2010 von dem Wahlrecht des Art. 67 Abs. 1 Satz 1 EGHGB Gebrauch gemacht und verteilt den Umstellungsaufwand aus der BilMoG-Einführung zum 1. Januar 2010 linear über einen Zeitraum von maximal 15 Jahren. Im aktuellen Geschäftsjahr wurden aufgrund der erstmaligen BilRUG-Anwendung Aufwendungen in Höhe von 352 T€ von außergewöhnlicher Bedeutung unter den sonstigen betrieblichen Aufwendungen erfasst (Vorjahr 352 T€)."

3) Angaben unter „Erläuterungen zur Gewinn- und Verlustrechnung":[401]

„Sonstige betriebliche Erträge

Die sonstigen betrieblichen Erträge des Vorjahres enthielten mit 1.261 T€ Erträge von außergewöhnlicher Bedeutung aus der Auflösung von Wertberichtigungen auf Forderungen.

Sonstige betriebliche Aufwendungen

Die sonstigen betrieblichen Aufwendungen enthielten im Vorjahr Aufwendungen von außergewöhnlicher Bedeutung in Höhe von 129 T€ aus restrukturierungsbedingten Beratungsaufwendungen. In der Fassung des HGB vor Inkrafttreten des BilRUG wurden diese Aufwendungen in Höhe von 129 T€ als außerordentliche Aufwendungen ausgewiesen. Darüber hinaus sind im Geschäftsjahr Aufwendungen aus Wertberichtigungen auf Forderungen in Höhe von 433 T€ (Vorjahr: 1.297 T€) ausgewiesen, die ebenfalls als außergewöhnlich anzusehen sind."

4) Angaben unter „Personalaufwand/Beschäftigte":[402]

„Der Aufwand aus der Vorruhestandsregelung in Höhe von 1,1 Mrd. € ist ein außergewöhnlicher Aufwand gemäß § 285 Nr. 31 HGB."

5) Angaben unter „Erläuterungen zur Gewinn- und Verlustrechnung":[403]

„Sonstige betriebliche Erträge

...

Außergewöhnliche Erträge in Höhe von 100 T€ resultieren aus Kompensationszahlungen im Rahmen eines außergerichtlichen Vergleichs.

Sonstige betriebliche Aufwendungen

...

Im Geschäftsjahr sind zudem außergewöhnliche Aufwendungen für Rechts- und Beratungskosten im Rahmen von Akquisitionen in Höhe von 1.682 T€, Messekosten in Höhe von 498 T€ sowie Migrations-

---

[399] Deutsche Post AG, Bonn (Hrsg.), Jahresabschluss zum Geschäftsjahr vom 1.1.2016 bis zum 31.12.2016 – in der im elektronischen Bundesanzeiger veröffentlichten Fassung – pdf-Version, S. 59.

[400] Bühler Alzenau GmbH, Alzenau (Hrsg.), Jahresabschluss zum Geschäftsjahr vom 1.1.2016 bis zum 31.12.2016 – in der im elektronischen Bundesanzeiger veröffentlichten Fassung – pdf-Version, S. 16.

[401] Klüh Service Management GmbH, Düsseldorf (Hrsg.), Jahresabschluss zum Geschäftsjahr vom 1.1.2016 bis zum 31.12.2016 – in der im elektronischen Bundesanzeiger veröffentlichten Fassung – pdf-Version, S. 10.

[402] Deutsche Telekom AG, Bonn (Hrsg.), Jahresabschluss zum Geschäftsjahr vom 1.1.2016 bis zum 31.12.2016 – in der im elektronischen Bundesanzeiger veröffentlichten Fassung – pdf-Version, S. 166.

[403] Ströer SE & Co. KGaA (vormals: Ströer SE), Köln (Hrsg.), Jahresabschluss und Bericht über die Lage der Gesellschaft und des Konzerns 2016 – in der im elektronischen Bundesanzeiger veröffentlichten Fassung – pdf-Version, S. 15.

aufwendungen im Zusammenhang mit der Integration der SDP und der IAM in Höhe von 313 T€ angefallen."

6) Angaben unter „Erläuterungen zur Gewinn- und Verlustrechnung":[404]

„Sonstige betriebliche Aufwendungen

	2016 In T€	Vorjahr In T€
Sonstige Personalkosten[1)]	4.187	8.319
Billing	4.074	4.198
Abschreibungen auf Kundenforderungen	3.437	4.298
Call-Center	2.814	4.888
Marketing	1.263	6.874
Beratung	1.166	1.815
Kundenrückgewinnung	668	1.181
IT	667	1.317
Miet- und Leasingkosten	344	1.064
Übrige	897	1.219
	19.517	35.173

1) Angaben zu § 285 Nr. 31 HGB

...

Durch BilRUG entfiel der bisherige Posten außerordentliche Aufwendungen in der Gewinn- und Verlustrechnung. Aus diesem Grund sind die Kosten im Zusammenhang mit einem Sozialplan im Berichtsjahr in Höhe von 3.888 T€ unter den sonstigen Personalkosten erfasst. Die in 2015 in den außerordentlichen Aufwendungen gezeigten Restrukturierungsaufwendungen in Höhe von 7.424 T€ sind in der Vorjahresspalte den sonstigen Personalkosten hinzugerechnet worden, welche somit nicht dem im Vorjahr testierten Wert entsprechen."

3.4 Sonstige Angaben

3.4.1 Haftungsverhältnisse und gewährte Sicherheiten (§ 268 Abs. 7 HGB)

In § 268 Abs. 7 HGB wird verlangt, „die in § 251 bezeichneten Haftungsverhältnisse ... jeweils gesondert unter der Bilanz oder im Anhang unter Angabe der gewährten Pfandrechte und sonstigen Sicherheiten anzugeben; bestehen solche Verpflichtungen gegenüber verbundenen Unternehmen, so sind sie gesondert anzugeben."

Nach § 268 Abs. 7 HGB sind „für die in § 251 HGB bezeichneten Haftungsverhältnisse

▶ die Angaben zu nicht auf der Passivseite auszuweisenden Verbindlichkeiten und Haftungsverhältnissen im Anhang zu machen,

▶ dabei die Haftungsverhältnisse jeweils gesondert unter Angabe der gewährten Pfandrechte und sonstigen Sicherheiten anzugeben und

---

[404] Communication Services Tele2 GmbH, Düsseldorf (Hrsg.), Jahresabschluss zum Geschäftsjahr vom 1.1.2016 bis zum 31.12.2016 – in der im elektronischen Bundesanzeiger veröffentlichten Fassung – pdf-Version, S. 6 f.

▶ dabei die Verpflichtungen betreffend die Altersversorgung und Verpflichtungen gegenüber verbundenen oder assoziierten Unternehmen jeweils gesondert zu vermerken."

Dieser Wortlaut der Vorschrift wurde erst mit dem BilRUG in das HGB aufgenommen. Neuerungen darin resultieren aus der Umsetzung von Art. 16 Abs. 1 Buchstabe d der Bilanzrichtlinie und verlangen nun stets die Angabe der zu den Haftungsverhältnissen geforderten Informationen im Anhang. Anders als zuvor ist ihre Angabe „unter der Bilanz" nicht mehr möglich,[405] was indes in der in der Bilanzierungspraxis auch unüblich war.

Bei den in § 251 HGB bezeichneten Haftungsverhältnissen handelt es sich um:

▶ Verbindlichkeiten aus der Begebung und Übertragung von Wechseln,
▶ Verbindlichkeiten aus Bürgschaften, Wechsel- und Scheckbürgschaften,
▶ Verbindlichkeiten aus Gewährleistungsverträgen und
▶ Haftungsverhältnisse aus der Bestellung von Sicherheiten für fremde Verbindlichkeiten.

Diese Haftungsverhältnisse sind nach § 251 HGB wie dort bezeichnet vermerkpflichtig, sofern sie nicht auf der Passivseite als Verbindlichkeiten oder Rückstellungen auszuweisen sind. Aufgrund dieser Festlegung unterscheiden sich die außerhalb der Bilanz anzugebenden Haftungsverhältnisse von den in die Bilanz aufzunehmenden Passivposten durch den Grad der Wahrscheinlichkeit einer Inanspruchnahme aus der jeweils zugrunde liegenden Verpflichtung. Bei den Haftungsverhältnissen ist diese nur möglich, bei den Rückstellungen und Verbindlichkeiten dagegen ungewiss aber wahrscheinlich bzw. gewiss, also sicher.

Dem Willen des Gesetzgebers nach konkretisieren sich die Haftungsverhältnisse nach § 251 HGB inhaltlich wie folgt:[406]

Verbindlichkeiten aus der Begebung und Übertragung von **Wechseln** ergeben sich für den Aussteller und den Indossanten aus Art. 9 bzw. Art. 15 Wechselgesetz. Die Höhe der Verbindlichkeit umfasst die Wechselsumme (Haftungssumme) sowie die Zinsen, Protestkosten und Vergütungen nach Art. 48 und Art. 49 Wechselgesetz.

Verbindlichkeiten aus Bürgschaften, Wechsel- und Scheck**bürgschaften** werden durch §§ 765 und 778 BGB sowie Art. 30-32 Wechselgesetz und Art. 25-27 Scheckgesetz begründet. Vermerkpflichtig ist in diesem Fall die Höhe der noch bestehenden Hauptschuld.

Verbindlichkeiten aus **Gewährleistungsverträgen** betreffen jeweils Einstandsverpflichtungen des bilanzierenden Unternehmens für Verbindlichkeiten oder einen geschuldeten Erfolg Dritter, soweit sie nicht unter die zuvor genannten Haftungsverhältnisse fallen. Beispiele für solche Verpflichtungen sind: Schuldübernahme, Garantieversprechen, Ausbietungsgarantie, Delkredere-Haftung der Kommissionäre, Hinterlegung von Kautionswechseln, Gewährleistungen aus gesetzlicher Mithaftung, Einstehen für eigene Leistungen oder einen eigenen geschuldeten Erfolg sowie Patronatserklärungen.[407]

---

[405] Vgl. BT-Drucks. 18/4050, S. 62. Vgl. dazu auch DStV, Stellungnahme zum BilRUG-Ref-E vom 30.9.2014, S. 3.
[406] Vgl. Biener, H./Berneke, W., Bilanzrichtlinien-Gesetz, S. 176. Vgl. dazu z. B. auch Hoffmann, W.-D./Lüdenbach, N., NWB Kommentar Bilanzierung, 8. Aufl., § 251 HGB Rz. 8-37; Grottel, B./Haußer, J., in: BeckBilKom, 10. Aufl., § 251 HGB Rn. 3-45.
[407] Zur Angabepflicht von Patronatserklärungen vgl. vor allem auch IDW RH 1.013, in: IDW Fachnachrichten 2008, S. 116-119.

Zu den Haftungsverhältnissen aus der Bestellung von Sicherheiten für fremde Verbindlichkeiten zählen Grundpfandrechte, Sicherungsübereignungen und Verpfändungen von Sachen und Rechten; für eigene Verbindlichkeiten selbst gestellte Sicherheiten sind nach § 285 Nr. 1 Buchstabe b HGB angabepflichtig.

Derartige Haftungsverhältnisse sind nach § 268 Abs. 7 HGB in ihrem betragsmäßigen Umfang **„jeweils gesondert** … anzugeben", d. h. nicht in einer Summe, sondern getrennt nach den in § 251 HGB genannten Gruppen und in ihrer dort genannten Reihenfolge.[408]

Gemeinsam mit der Angabe nach § 285 Nr. 27 HGB (Gründe für die Einschätzung des Risikos der Inanspruchnahme; hierzu wird auf Abschnitt 4.4.3 verwiesen) sollen so nicht bilanzierte unternehmerische Risikopotenziale erkennbar werden;[409] dazu dienen ergänzend auch die Angaben nach § 285 Nr. 3 und Nr. 3a HGB (hierzu wird auf Abschnitte 4.4.1 und 3.4.2 verwiesen). Somit trägt die Angabe nach § 268 Abs. 7 HGB zu einem besseren **Einblick** in die Vermögens- und Finanzlage bei. Um dies zu gewährleisten, ist der Umfang der Angabe auch nicht auf den Betrag der voraussichtlichen Inanspruchnahme beschränkt, sondern bezieht sich auf den ggf. im Schätzwege zu ermittelnden vollen Haftungsbetrag des jeweils zugrunde liegenden Haftungsverhältnisses.[410]

Dem Zweck der Angabe entsprechend, sind zu den gewährten Haftungsverhältnissen jeweils auch die **„gewährten Pfandrechte und sonstigen Sicherheiten"** anzugeben. Diese Formulierung unterscheidet sich von derjenigen in § 285 Nr. 1 Buchstabe b HGB, nach der zu den Verbindlichkeiten gewährte „Pfandrechte und ähnliche Sicherheiten" anzugeben sind (hierzu wird auf Abschnitt 3.2.3.5 verwiesen). Die abweichende Formulierung soll jedoch lediglich sprachlicher Natur sein, inhaltlich aber keine Bedeutung haben.[411] Somit kommen auch hier als anzugebende Sicherheiten primär Pfandrechte an beweglichen Sachen, Grundpfandrechte, Pfandrechte an Forderungen und sonstigen Rechten (z. B. Wertpapiere), Sicherungsübereignungen, Sicherungsabtretungen und Eigentumsvorbehalte in Betracht. Die Einbeziehung **branchenüblicher Sicherheiten** in die Angabe nach § 268 Abs. 7 HGB wird analog der Begründung zum Inhalt der Angabe nach § 285 Nr. 1 Buchstabe b HGB (hierzu wird auf Abschnitt 3.2.3.5 verwiesen) auch hier unterbleiben können. Obwohl der Wortlaut des § 268 Abs. 7 HGB die Angabe der Sicherheiten für jedes Haftungsverhältnis nach § 251 HGB gesondert verlangt, werden solche Sicherheiten in der Praxis primär für Verbindlichkeiten aus der Bestellung von Sicherheiten für fremde Verbindlichkeiten relevant sein.[412]

Auch bezüglich der Konkretisierung der Informationspflichten zu den jeweils gewährten Sicherheiten unterscheiden sich die Anforderungen nach § 268 Abs. 7 HGB und § 285 Nr. 1 Buchstabe b HGB. Letztgenannter verlangt dazu die Angabe von „Art und Form", erstgenannter nicht. Gleichwohl wird davon auszugehen sein, dass auch nach § 268 Abs. 7 HGB zum jeweiligen Haftungsverhältnis nicht nur die Höhe, sondern zumindest auch die **Art der gewährten Sicherheiten** angegeben werden soll.[413]

---

408 Vgl. Grottel, B./Haußer, J., in: BeckBilKom, 10. Aufl., § 268 HGB Rn. 51.
409 Vgl. Wulf, I, in: Haufe HGB Bilanz Kommentar, 5. Aufl., § 268 HGB Rz. 76.
410 Vgl. Wulf, I, in: Haufe HGB Bilanz Kommentar, 5. Aufl., § 268 HGB Rz. 77.
411 Vgl. Biener, H./Berneke, W., Bilanzrichtlinien-Gesetz, S. 176.
412 Vgl. Grottel, B./Haußer, J., in: BeckBilKom, 10. Aufl., § 268 HGB Rn. 54.
413 Vgl. z. B. Hoffmann, W.-D./Lüdenbach, N., NWB Kommentar Bilanzierung, 8. Aufl., § 268 HGB Rz. 155; Grottel, B./Haußer, J., in: BeckBilKom, 10. Aufl., § 268 HGB Anm. 54.

Haftungsverhältnisse, die **gegenüber verbundenen Unternehmen** (zum Begriff wird auf § 271 Abs. 2 HGB verwiesen) bestehen – nicht solche, die zugunsten verbundener Unternehmen eingegangen worden sind –, müssen gesondert angegeben werden. Auch hierzu besteht die Angabepflicht nicht in einer Summe, sondern für jede Gruppe bzw. Art der Haftungsverhältnisse gesondert („solche Verpflichtungen") und umfasst sowohl den Betrag des jeweiligen Haftungsverhältnisses, als auch ggf. gewährte Sicherheiten.[414]

Soweit einschlägig, sind neben den Verpflichtungen gegenüber verbundenen Unternehmen auch

- Verpflichtungen aus Altersversorgung und
- Verpflichtungen gegenüber assoziierten Unternehmen

zu vermerken. Auch diese beiden Vermerke sind **„jeweils gesondert"** gefordert, d. h. getrennt nach den in § 251 HGB genannten Gruppen zu machen.

„Altersversorgungsverpflichtungen" lassen sich inhaltlich mit „Pensionsverpflichtungen" gleichsetzen und sind „Verpflichtungen ..., die für einen Bilanzierenden aufgrund einer aus Anlass einer Tätigkeit für das Unternehmen zugesagten Leistung der Alters-, Invaliditäts- oder Hinterbliebenenversorgung entstehen (vgl. § 1 Abs. 1 Satz 1, Abs. 2 i. V. m. § 17 Abs. 1 Satz 2 BetrAVG)."[415] Solche Verpflichtungen können nicht nur allein gegenüber Arbeitnehmern bestehen. Sie können auch Organmitgliedern (anlässlich eines Dienstverhältnisses), externen Beratern (anlässlich ihrer Tätigkeit für das bilanzierende Unternehmen) oder Gesellschaftern einer Personenhandelsgesellschaft zugesagt worden sein.[416]

Als Anwendungsfälle für die Angabe zu Altersversorgungsverpflichtungen innerhalb der Haftungsverhältnisse werden genannt:

- mittelbare Pensionszusagen[417] – hierzu wird auch auf Abschnitt 3.2.3.2 verwiesen,
- harte Patronatserklärungen[418] oder
- (Teil-)Betriebsübergang nach § 613a BGB.

Nicht passivierte Verpflichtungen aus **mittelbaren Pensionszusagen** waren bislang im Anhang nach Art. 28 Abs. 1 Satz 2 i. V. m. Abs. 2 EGHGB angabepflichtig. Stimmen im Schrifttum zufolge wird diese Angabe nun durch § 268 Abs. 7 HGB abgelöst: „In der Begründung zum Reg-E wird für die Änderung des § 268 Abs. 7 HGB ausdrücklich auf Art. 16 Abs. 1 Buchstabe d der Bilanzrichtlinie verwiesen. Folgerichtig und in der Historie richtlinienkonform entsprechen die ‚Verpflichtungen betreffend die Altersversorgung' dann dem bisherigen Regelungsumfang der Angabepflichten zu (nicht bilanzierten) Pensionsverpflichtungen gem. Art. 28 Abs. 2 EGHGB. U. E. sind daher weitergehende, bisher nicht angabepflichtige Sachverhalte (z. B. die Subsidiärhaftung bei alternativen Durchführungsformen der betrieblichen Altersversorgung) auch künftig nicht angabepflichtig; andernfalls wäre (rückwirkend) Art. 28 Abs. 2 EGHGB eine nicht richtlinienkonforme Umsetzung des Art. 43 Abs. 1 Nr. 7 der 4. EG-Richtlinie gewesen. Im weiteren Ver-

---

414 Vgl. Grottel, B./Haußer, J., in: BeckBilKom, 10. Aufl., § 268 HGB Rn. 56.
415 IDW RS HFA 30 n. F., Anm. 7, in: IDW Life 1/2017, IDW Fachnachrichten, S. 103.
416 Vgl. IDW RS HFA 30 n. F., Anm. 7, in: IDW Life 1/2017, IDW Fachnachrichten, S. 103.
417 Vgl. Fink, C./Theile, C., Anhang und Lagebericht nach dem RegE zum Bilanzrichtlinie-Umsetzungsgesetz, in: DB 2015, S. 755.
418 Vgl. Kirsch, H., Erweiterte Anhangangaben durch den BilRUG-RegE, Aufstellung von (zusätzlichen) Spiegeln und Entwicklungsrechnungen, in: BBK 2015, S. 324.

lauf des Gesetzgebungsverfahrens sollte Art. 28 Abs. 2 EGHGB gestrichen werden."[419] Von der vorgeschlagenen Streichung des Art. 28 Abs. 2 EGHGB hat der Gesetzgeber bislang allerdings abgesehen. Insofern wird diese Norm weiterhin als „lex specialis" für die davon erfassten Fälle der Altersversorgungsverpflichtungen angesehen werden.

Auch **Patronatserklärungen** lösen eine Vermerkpflicht nach § 251 i.V.m. § 268 Abs. 7 HGB im Anhang aus, wenn sie einen Gewährleistungsvertrag i.S.d. § 251 HGB begründen. Da dieser Begriff nicht legal definiert ist, ist für die Vermerkpflicht im Anhang „davon auszugehen, dass es sich um einen eigenständigen bilanzrechtlichen Begriff handelt, der jeden nicht als Bürgschaft zu qualifizierenden Vertrag umfasst, durch den die Verpflichtung begründet wird, für einen bestimmten Erfolg oder eine Leistung oder für den Nichteintritt eines bestimmten Nachteils einzustehen, soweit hiermit eine Vermögensbelastung verbunden sein kann."[420] Bei einer sogenannten „harten" Patronatserklärung sagt ein Mutterunternehmen dem Gläubiger eines ihrer Tochterunternehmen zu, das Tochterunternehmen mit so ausreichender Liquidität oder Kapital auszustatten, dass es den Verpflichtungen gegenüber dem Gläubiger nachkommen kann.[421] Diese Formen der Patronatserklärungen gehören zu den **Verbindlichkeiten aus Gewährleistungsverträgen**.[422] Soweit davon (auch) Verpflichtungen aus Altersversorgung erfasst sind, fallen sie nun unter die neue, gesonderte Angabepflicht im Anhang nach § 268 Abs. 7 Nr. 3 HGB.

Im Rahmen eines (Teil-)**Betriebsübergang**s nach § 613a BGB tritt das übernehmende Unternehmen in die Altersversorgungsverpflichtungen gegenüber den zum Zeitpunkt des (Teil-)Betriebsübergangs aktiven Versorgungsberechtigten ein. Das übertragende Unternehmen wird insoweit von diesen Verpflichtungen befreit. Zur Abbildung der gesamtschuldnerischen Haftung nach § 613a Abs. 2 BGB haben das übernehmende und das übertragende Unternehmen jeweils für den im Innenverhältnis vereinbarten Verpflichtungsteil eine Rückstellung zu passivieren. Der jeweilige Restbetrag stellt eine Gewährleistungsverpflichtung dar und ist, solange daraus keine Inanspruchnahme droht, nach § 268 Abs. 7 HGB nun im Anhang innerhalb der Haftungsverhältnisse unter den **Verbindlichkeiten aus Gewährleistungsverträgen** gesondert anzugeben. Entsprechendes gilt für den Fall, dass eine gesamtschuldnerische Haftung für Altersversorgungsverpflichtungen auf andere Weise begründet wird, z.B. mit einer vertraglichen Vereinbarung, die einem Schuldbeitritt mit Erfüllungsübernahme im Innenverhältnis entspricht.[423]

Über die genannten Fälle hinaus werden Verpflichtungen aus Altersversorgung auch im Rahmen von Verbindlichkeiten aus Bürgschaften bestehen können.[424]

„**Assoziierte Unternehmen**" sind nach der Legaldefinition in § 311 Abs. 1 Satz 1 HGB Beteiligungen des bilanzierenden Unternehmens, auf deren Geschäfts- und Finanzpolitik das bilanzierende Unternehmen einen maßgeblichen Einfluss ausübt; dabei wird ein maßgeblicher Einfluss (widerlegbar) vermutet, wenn das bilanzierende Unternehmen mit seiner Beteiligung mindes-

---

[419] Fink, C./Theile, C., Anhang und Lagebericht nach dem RegE zum Bilanzrichtlinie-Umsetzungsgesetz, in: DB 2015, S. 755, jeweils m.w.N.
[420] IDW RH HFA 1.013, Anm. 5, in: IDW Fachnachrichten 2008, S. 117.
[421] Vgl. IDW RH HFA 1.013, Anm. 8-10, in: IDW Fachnachrichten 2008, S. 117.
[422] Vgl. IDW RH HFA 1.013, Anm. 21 f., in: IDW Fachnachrichten 2008, S. 119.
[423] Vgl. IDW RS HFA 30 n. F., Anm. 96-101b, in: IDW Life 1/2017, IDW Fachnachrichten, S. 115 f. Vgl. dazu z. B. auch Grottel, B./Haußer, J., in: BeckBilKom, 10. Aufl., § 251 HGB Rn. 37.
[424] Aber auch im Rahmen von Verbindlichkeiten aus Bürgschaften werden Verpflichtungen aus Altersversorgung bestehen können; vgl. Kirsch, H., Erweiterte Anhangangaben durch den BilRUG-RegE, Aufstellung von (zusätzlichen) Spiegeln und Entwicklungsrechnungen, in: BBK 2015, S. 324.

tens 20 % der Gesellschafter-Stimmrechte innehat (§ 311 Abs. 1 Satz 2 HGB).[425] Bestehen Haftungsverhältnisse i. S. d. § 251 HGB gegenüber so definierten assoziierten Unternehmen, sind sie analog zu denjenigen gegenüber verbundenen Unternehmen im Anhang jeweils gesondert anzugeben. Sie können wie diese auf jede Gruppe der in § 251 HGB genannten Haftungsverhältnisse entfallen.

Für die **formale Gestaltung** der Angaben kommen, neben der Formulierung im Fließtext, „davon-Vermerke"[426] oder analog zu § 285 Nr. 2 HGB (hierzu wird auf Abschnitt 4.2.2.6 verwiesen) z. B. wie folgt aufgebaute „Spiegel" in Betracht, sinnvoll positioniert primär unter „Sonstige Angaben"; **Formulierungs- bzw. Darstellungsbeispiele** für die Angaben nach § 268 Abs. 7 HGB (verbunden mit den Angaben nach § 285 Nr. 27 HGB):

ABB. 15:	Anhangangabe zu den Haftungsverhältnissen nach § 268 Abs. 7 HGB (Darstellungsbeispiel 1)		
Haftungsverhältnisse (Beträge in T€)		Geschäftsjahr	(ggf. Vorjahr)
Verbindlichkeiten aus der Begebung und Übertragung von Wechseln			
davon gegenüber verbundenen Unternehmen			
davon gegenüber assoziierten Unternehmen			
Verbindlichkeiten aus Bürgschaften, Wechsel- und Scheckbürgschaften			
davon gegenüber verbundenen Unternehmen			
davon gegenüber assoziierten Unternehmen			
davon aus Altersversorgungsverpflichtungen			
Verbindlichkeiten aus Gewährleistungsverträgen			
davon gegenüber verbundenen Unternehmen			
davon gegenüber assoziierten Unternehmen			
davon aus Altersversorgungsverpflichtungen			
Haftungsverhältnisse aus der Bestellung von Sicherheiten für fremde Verbindlichkeiten			
davon gegenüber verbundenen Unternehmen			
davon gegenüber assoziierten Unternehmen			
Summe			
Verbale Angaben nach § 268 Abs. 7 Nr. 2 HGB			
Gewährte Pfandrechte und sonstige Sicherheiten			
Verbale Angaben nach § 285 Nr. 27 HGB:			
Gründe für die Einschätzung des Risikos der Inanspruchnahme...			

---

425 Zur Konkretisierung dieser Begriffsdefinition und zur widerlegbaren Vermutung vgl. z. B. auch Winkeljohann, N./Lewe, S., in: BeckBilKom, 10. Aufl., § 311 HGB Rn. 5–18.
426 Vgl. Grottel, B./Haußer, J., in: BeckBilKom, 10. Aufl., § 268 HGB Rn. 54 und 57.

3.4 Sonstige Angaben

Hinweis: Verpflichtungen aus Altersversorgung sind nach dem Wortlaut des § 268 Abs. 7 HGB bei allen in § 251 HGB genannten Arten von Haftungsverhältnissen eingeschlossen. Praktisch relevant werden sie wie ausgeführt indes primär bei Verbindlichkeiten aus Gewährleistungsverträgen und können zudem bei Verbindlichkeiten aus Bürgschaften vorkommen. Dementsprechend ist im vorgenannten Beispiel auch nur bei diesen dazu ein „davon-Vermerk" angegeben.

ABB. 16: Anhangangabe zu den Haftungsverhältnissen nach § 268 Abs. 7 HGB (Darstellungsbeispiel 2)				
	Verbindlichkeiten aus…			Haftungsverhältnisse aus der Bestellung von Sicherheiten für fremde Verbindlichkeiten
	der Begebung und Übertragung von Wechseln	Bürgschaften, Wechsel- und Scheckbürgschaften	Gewährleistungsverträgen	
Haftungsverhältnisse (Beträge in T€)	Geschäftsjahr	Geschäftsjahr	Geschäftsjahr	Geschäftsjahr
davon gegenüber verbundenen Unternehmen				
davon gegenüber assoziierten Unternehmen				
davon aus Altersversorgungsverpflichtungen				
Gewährte Sicherheiten				
davon durch Pfandrechte gesichert				
davon durch sonstige Sicherheiten gesichert				
Art…				
Art…				
Summe				
(ggf. Angabe von Vorjahreszahlen in Klammern unter dem Betrag für das Geschäftsjahr)				
Verbale Angaben nach § 268 Abs. 7 Nr. 2 HGB:				
ggf. Art der sonstigen Sicherheiten (wenn nicht in der Tabelle benannt)				
Verbale Angaben nach § 285 Nr. 27 HGB:				
Gründe für die Einschätzung des Risikos der Inanspruchnahme…				

3. Erläuterung der für kleine GmbH sowie GmbH & Co. KG geltenden Anhangvorschriften

Die Angabe von **Vorjahreszahlen** wird gesetzlich nicht verlangt. Sie ist sicher sachgerecht und wird dementsprechend teilweise auch gefordert.[427] Gleichwohl lässt sie sich nicht auf § 265 Abs. 2 HGB stützen, da die Angaben nach § 268 Abs. 7 HGB nicht „in der Bilanz" (§ 265 Abs. 2 Satz 1 HGB) sondern „im Anhang" zu machen sind; im Übrigen ist für die Angabe von Vorjahreszahlen hierzu auch keine sonstige spezifische Vorschrift zu beachten.[428]

PRAXISBEISPIELE für die Angaben nach § 268 Abs. 7 HGB (wie in der Bilanzierungspraxis (weiterhin) häufig einschlägig, ohne „davon"-Angaben zu Verpflichtungen aus Altersversorgung und gegenüber assoziierten Unternehmen):

1) Angaben unter „Erläuterungen zur Bilanz", „Haftungsverhältnisse":[429]

„Am Bilanzstichtag bestanden Bürgschaftsverpflichtungen in Höhe von 3.011 T€ (Vorjahr: 3.489 T€), Verbindlichkeiten aus Gewährleistungsverträgen in Höhe von 6.734 T€ (Vorjahr: 6.409 T€) sowie Haftungsverhältnisse aus der Bestellung von Sicherheiten für fremde Verbindlichkeiten in Höhe von 6.551 T€ (Vorjahr: 2.884 T€). Die Haftungsverhältnisse betreffen mit 16.296 T€ (Vorjahr: 12.782 T€) solche zugunsten verbundener Unternehmen.

Die zugunsten der verbundenen Unternehmen eingegangenen Bürgschaften für ausgereichte Darlehen in Höhe von 3.011 T€ sind nicht zu passivieren. Die verbundenen Unternehmen haben bislang alle Raten fristgerecht an die Kreditinstitute zurückgezahlt, so dass davon auszugehen ist, dass diese ihre Verpflichtung auch weiterhin vertragsgemäß erfüllen werden. Mit einer Inanspruchnahme der Gesellschaft ist folglich nicht zu rechnen.

Zwecks Absicherung von ausgereichten Bankdarlehen an verbundene Unternehmen wurden Patronatserklärungen im Gesamtbetrag von 6.734 T€ abgegeben. Auf Basis der bisher erfolgten und künftig geplanten Tilgungsraten der verbundenen Unternehmen ist derzeit mit einer Inanspruchnahme nicht zu rechnen.

In den Eventualverbindlichkeiten sind zugunsten von verbundenen Unternehmen Haftungsverhältnisse aus der Bestellung von Sicherheiten für fremde Verbindlichkeiten in Höhe von 6.551 T€ enthalten. Aufgrund der Finanzlage der verbundenen Unternehmen wird mit einer Inanspruchnahme nicht gerechnet."

2) Angaben unter „Erläuterungen zur Bilanz":

ABB. 17: Anhangangabe zu den Haftungsverhältnissen nach § 251 HGB, Praxisbeispiel 1[430]

HAFTUNGSVERHÄLTNISSE

in T€	31.12.2010	31.12.2009
Haftungsverhältnisse aus Bürgschaften	471.187	466.573
Davon für verbundene Unternehmen	(471.187)	(466.573)
Haftungsverhältnisse aus der Bestellung von Sicherheiten für fremde Verbindlichkeiten	9.372	8.547
Davon für verbundene Unternehmen	(9.372)	(8.547)
	480.559	475.120

Bürgschaften und Sicherheiten für fremde Verbindlichkeiten wurden ausschließlich zugunsten von Tochtergesellschaften abgegeben. Die zugrunde liegenden Verpflichtungen können von den betreffenden Gesellschaften nach unseren Erkenntnissen in allen Fällen erfüllt werden. Mit einer Inanspruchnahme aus den oben aufgeführten Haftungsverhältnissen ist daher derzeit nicht zu rechnen.

---

427 Vgl. Grottel, B./Haußer, J., in: BeckBilKom, 10. Aufl., § 268 HGB Rn. 52 und 57.
428 Vgl. dazu auch Hoffmann, W.-D./Lüdenbach, N., NWB Kommentar Bilanzierung, 8. Aufl., § 268 HGB Rz. 151.
429 Rothenberger AG, Kelkheim (Hrsg.), Jahresabschluss zum Geschäftsjahr vom 1. 1. 2011 bis zum 31. 12. 2011 – in der im elektronischen Bundesanzeiger veröffentlichten Fassung – Druckfassung, S. 4 f.
430 Hugo Boss AG, Metzingen (Hrsg.), Lagebericht und Jahresabschluss für das Geschäftsjahr 2010, S. 77.

3.4 Sonstige Angaben

3) Angaben unter „Haftungsverhältnisse und sonstige finanzielle Verpflichtungen":

ABB. 18: Anhangangabe zu den Haftungsverhältnissen nach § 251 HGB, Praxisbeispiel 2[431]

Der Ansatz der nachfolgend dargestellten Haftungsverhältnisse und sonstigen Verpflichtungen erfolgt zu Nominalwerten.

Haftungsverhältnisse (Mio. €)

	2010	2009
Verbindlichkeiten aus der Begebung und Übertragung von Wechseln	6	3
davon gegenüber verbundenen Unternehmen	–	–
Verbindlichkeiten aus Bürgschaften	6.016	5.774
davon gegenüber verbundenen Unternehmen	6.007	5.766
Verbindlichkeiten aus Gewährleistungsverträgen	1.109	1.029
davon gegenüber verbundenen Unternehmen	742	690
	7.131	**6.806**

Die Haftungsverhältnisse betreffen hauptsächlich Garantien für Anleihen, die von der BASF Finance Europa N. V., Arnheim/Niederlande, und der Ciba Spezialitätenchemie Finanz AG, Basel/Schweiz, begeben wurden. Diese dienen der Konzernfinanzierung. Die Haftungsverhältnisse werden nur nach sorgfältiger Risikoabwägung und nur in Zusammenhang mit der eigenen oder der Geschäftstätigkeit verbundener Unternehmen eingegangen.

Das Risiko einer Inanspruchnahme aus den Haftungsverhältnissen wurde auf Basis der zum Zeitpunkt der Bilanzaufstellung bestehenden Erkenntnisse über die Vermögens-, Finanz- und Ertragslage der Tochergesellschaften als gering eingestuft. Zum Zeitpunkt der Bilanzerstellung erkennbare Risiken wurden durch entsprechende Rückstellungen in der Bilanz berücksichtigt.

4) Angaben unter „Sonstige Angaben", „Haftungsverhältnisse":

ABB. 19: Anhangangabe zu den Haftungsverhältnissen nach § 251 HGB, Praxisbeispiel 3[432]

Haftungsverhältnisse	31.12.2010	davon gegenüber verbundenen Unternehmen	31.12.2009	davon gegenüber verbundenen Unternehmen
Verpflichtungen aus				
Bürgschaften, Wechsel- und Scheckbürgschaften und Garantien	513.159	513.159	444.965	444.965
Gewährleistungsverträgen	33.718	33.718	47.521	47.521
	546.877	**546.877**	**492.486**	**492.486**

Die Bürgschaften und Garantien betreffen im Wesentlichen Bankgarantien für Kredite an verbundene Unternehmen. Den Verpflichtungen, die jeweils in Höhe der am Bilanzstichtag bestehenden Hauptschuld angegeben worden sind, liegt ein Nominalvolumen von 1.840.135 T€ (Vorjahr: 1.905.646 T€) zugrunde.

5) Angaben unter „Sonstige Angaben", „Haftungsverhältnisse":[433]

„Im Rahmen eines Darlehensvertrags (Facility Agreement) zwischen der SOH, der SMD sowie weiteren Gesellschaften der Ströer Gruppe (Guarantors) und dem Kreditkonsortium haftet die Gesellschaft als Vertragspartner (Guarantor) des Facility Agreements i. selbständigen Garantieversprechens gesamtschuldnerisch für die Verbindlichkeiten der SMD in Höhe von 395.000 T€.

---

431 BASF SE, Ludwigshafen (Hrsg.), Jahresabschluss 2010, S. 45.
432 Salzgitter AG, Salzgitter (Hrsg.), Jahresabschluss für das Geschäftsjahr vom 1.1. bis 31. 12. 2010, S. 17.
433 Ströer Out-of-Home Media AG, Köln (Hrsg.), Einzelabschluss 2010, S. 14 f.

3. Erläuterung der für kleine GmbH sowie GmbH & Co. KG geltenden Anhangvorschriften

Zur Besicherung der obigen Verbindlichkeiten wurden per Globalzession alle Forderungen aus Lieferungen und Leistungen, aus Darlehen an verbundene Unternehmen sowie alle Rechte und Forderungen aus Ansprüchen gegen Versicherungen sicherungshalber abgetreten.

Im Rahmen eines Kontenverpfändungsvertrags sind alle positiven Banksalden zur Besicherung der Verbindlichkeiten der SMD verpfändet.

Im Rahmen eines Intellectual Property Rights Security Assignment Agreement wurden sämtliche gewerblichen Schutz- und Nutzungsrechte sicherungshalber abgetreten.

Darüber hinaus wurden die Anteile an der Ströer Media Deutschland GmbH und an der Ströer Polska Sp.z.o.o. zur Besicherung der Verbindlichkeiten verpfändet.

..."

6) Angaben unter „Erläuterungen zur Bilanz, Passiva":

ABB. 20: Anhangangabe zu den Haftungsverhältnissen nach § 251 HGB, Praxisbeispiel 4[434]

Haftungsverhältnisse	
Bürgschaften, Garantien und Gewährleistungen wurden bis auf 62,8 Mio. € ausschließlich zugunsten von Tochtergesellschaften abgegeben. Nach unseren Erkenntnissen können die zugrunde liegenden Verpflichtungen von den betreffenden Gesellschaften in allen Fällen erfüllt werden. Mit einer Inanspruchnahme ist nicht zu rechnen.	Von den Gewährleistungen entfallen 3,0 Mrd. € auf die über die Conti-Gummi Finance B.V., Amsterdam, Niederlande, in 2010 begebenen vier Anleihen, für deren Erfüllung die Continental AG garantiert. Weitere Gewährleistungen in Höhe von 767,6 Mio. € entfallen auf Finanzierungen der Continental Rubber of America Corp., Wilmington/Delaware, USA, und der Continental Tire the Americas LLC, Charlotte, USA. Für Verbindlichkeiten aus Gewährleistungsverträgen in Höhe von 3.625 Mio. € wurden zugleich Sicherheiten bestellt.

Tsd €	31.12.2010	31.12.2009
Verbindlichkeiten aus Bürgschaften, Wechsel- und Steckbürgerschaften	35.107	29.418
Verbindlichkeiten aus Gewährleistungsverträgen	4.402.828	1.285.737
Bestellung von Sicherheiten für fremde Verbindlichkeiten	284.064	–

PRAXISBEISPIELE für die Angaben nach § 268 Abs. 7 HGB (einschließlich „davon"-Angaben zu Verpflichtungen aus Altersversorgung und gegenüber assoziierten Unternehmen):

1) Angaben unter „Sonstige Angaben", „Haftungsverhältnisse":[435]

„Die Deutsche Post AG hat eine Vielzahl von Patronatserklärungen, Bürgschaften und Garantien zwecks Besicherung der von Konzerngesellschaften, assoziierten Unternehmen und JV-Gesellschaften abzuschließenden Kredit-, Leasing-, Lieferanten-, Leistungs- und Serviceverträge begeben. Hierdurch ließen sich lokal bessere Vertragskonditionen durchsetzen.

Auf Grund der Erfahrungen aus der Vergangenheit und des fortlaufenden Monitorings der Liquiditätssituation ihrer Gesellschaften ist das Risiko einer Inanspruchnahme nach Einschätzung der Deutsche Post AG als äußerst gering anzusehen. Eine Passivierung der Haftungsverhältnisse erscheint somit als nicht geboten.

Haftungsverhältnisse aus Bürgschaften nach § 765 BGB bestanden in Höhe von 509 Mio. € (Vorjahr 312 Mio. €) ausschließlich gegenüber verbundenen Unternehmen.

Garantieerklärungen wurden in Höhe von 7.214 Mio. € (Vorjahr 7.325 Mio. €) und Patronatserklärungen in Höhe von 302 Mio. € (Vorjahr 408 Mio. €) abgegeben. Hiervon wurden für verbundene Unternehmen Garantieerklärungen in Höhe von 7.155 Mio. € (Vorjahr 7.249 Mio. €) und Patronatserklärungen in Höhe von

---

434 Continental AG, Hannover (Hrsg.), Jahresbericht der Aktiengesellschaft 2010, S. 16.
435 Deutsche Post AG, Bonn (Hrsg.), Jahresabschluss zum Geschäftsjahr vom 1.1.2016 bis zum 31.12.2016 – in der im elektronischen Bundesanzeiger veröffentlichten Fassung – pdf-Version, S. 61 f.

3.4 Sonstige Angaben

298 Mio. € (Vorjahr 404 Mio. €) erteilt. Des Weiteren sind in den vorgenannten Zahlen auch Haftungsverhältnisse (ausschließlich Garantien gegenüber verbundenen Unternehmen) in Höhe von 663 Mio. € (Vorjahr 449 Mio. €) enthalten, welche speziell wegen Altersvorsorgeverpflichtungen begeben wurden.

Zusätzlich zu den vorstehend genannten Haftungsverhältnissen hat die Deutsche Post AG gesamtschuldnerische Haftungserklärungen (§ 403-Verklaringen nach niederländischem Recht) für 24 niederländische Tochtergesellschaften abgegeben, um auf die Offenlegung der Abschlüsse verzichten zu können. Die Haftungserklärung umfasst alle Rechtsgeschäfte dieser Gesellschaften."

2) Angaben unter „Sonstige Angaben", „Haftungsverhältnisse":[436]
„Haftungsverhältnisse

in Mio. €	31.12.2016	31.12.2015
Verbindlichkeiten aus Bürgschaften	69	43
davon Verpflichtungen betreffend die Altersversorgung	-	-
davon gegenüber verbundenen Unternehmen	69	43
davon gegenüber assoziierten Unternehmen	-	-
Verbindlichkeiten aus Gewährleistungsverträgen	774	607
davon Verpflichtungen betreffend die Altersversorgung	178	164
davon gegenüber verbundenen Unternehmen	773	606
davon gegenüber assoziierten Unternehmen	-	-
	843	650

...

In den Vertragserfüllungsavalen sind neben den Verbindlichkeiten aus Bürgschaften und Gewährleistungsverträgen der Evonik Industries AG auch Garantien zur Absicherung der Altersteilzeit-Wertguthaben im Rahmen der gesetzlich vorgeschriebenen Insolvenzsicherung enthalten. Die Absicherung der Wertguthaben erfolgt über halbjährlich zu erneuernde Garantien, die den im betreffenden Zeitraum jeweils maximal erreichten Wertguthabenstand absichern. Grundlage für die Höhe der Garantien sind die einzelnen in die Absicherung einbezogenen Gesellschaften bzw. die ermittelten Vorschaudaten der dort abzusichernden Mitarbeiter. Treuhänder für dieses Altersteilzeitabsicherungsmodell ist die Deutsche Treuinvest Stiftung, Frankfurt am Main. Zum Bilanzstichtag ergibt sich hieraus ein Gesamtvolumen in Höhe von 178 Mio. €.

...

Evonik hat gegenüber verbundenen Unternehmen Patronatserklärungen abgegeben, in denen sie sich verpflichtet, den verbundenen Unternehmen liquide Mittel zur Verfügung zu stellen, soweit dies erforderlich ist, damit diese ihre am 31. Dezember 2016 bestehenden und ihre im Geschäftsjahr 2017 entstehenden Verpflichtungen, die während eines Zeitraums von nicht weniger als zwölf Monaten nach dem 31. Dezember 2016 fällig werden, erfüllen können. Die Liquidität der Tochtergesellschaften im Evonik-Konzern wird durch die einheitliche Konzernfinanzierungsstrategie sichergestellt. Mit einer Inanspruchnahme ist daher nicht zu rechnen."

3) Angaben unter „Sonstige Angaben", „Haftungsverhältnisse und sonstige finanzielle Verpflichtungen":[437]

„Im Zuge des Börsengangs hat die Talanx AG aufgrund vertraglicher Regelungen (Underwriting Agreement) vom 19. September 2012 sämtliche mit der Börseneinführung befassten Banken hinsichtlich einer möglichen sich aus dem Börsengang ergebenden Haftung freigestellt. Hierzu hat die Talanx AG markt-

---

436 Evonik Industries AG, Essen (Hrsg.), Jahresabschluss zum Geschäftsjahr vom 1.1.2016 bis zum 31.12.2016 – in der im elektronischen Bundesanzeiger veröffentlichten Fassung – pdf-Version, S. 88 f.
437 Talanx AG, Hannover (Hrsg.), Jahresabschluss zum Geschäftsjahr vom 1.1.2016 bis zum 31.12.2016 – in der im elektronischen Bundesanzeiger veröffentlichten Fassung – pdf-Version, S. 46.

übliche Garantien und Zusicherungen übernommen. Die Talanx AG geht nach derzeitigem Sach- und Kenntnisstand davon aus, dass sich keinerlei Inanspruchnahmen aus diesem Vertrag ergeben.

Resultierend aus der im Jahr 2010 vollzogenen Abspaltung verschiedener Beteiligungen von der Talanx Service AG auf unsere Gesellschaft haftet die Talanx AG als übernehmender Rechtsträger gemäß § 133 UmwG für die vor dem Wirksamwerden der Abspaltung am 4. August 2010 begründeten Verbindlichkeiten der Talanx Service AG mit dieser als Gesamtschuldner über einen Zeitraum von fünf bzw. für Versorgungsverpflichtungen aufgrund des Betriebsrentengesetzes von zehn Jahren. Der Gesamtbetrag dieser Verpflichtungen beträgt 26,1 Mio. €. Davon entfallen auf verbundene Unternehmen 26,1 Mio. €.

Die HDI Global SE, Hannover, hat lediglich im Innenverhältnis die Verpflichtung aus der Altersversorgung der aktiven und ehemaligen Mitarbeiter, Geschäftsführer und Vorstände im Wege des Schuldbeitritts übernommen und haftet für die Erfüllung dieser Verbindlichkeiten. Aus diesen Versorgungsversprechen besteht für die Gesellschaft noch eine Mithaftung, deren Höhe am Ende des Geschäftsjahres 5,1 Mio. € betrug.

Der Fehlbetrag wegen nicht bilanzierter Versorgungsverpflichtungen i. S. v. Artikel 28 Absatz 2 EGHGB beläuft sich auf 0,2 Mio. €.

Als Trägerunternehmen für die Gerling Versorgungskasse VVaG haftet die Gesellschaft anteilig für eventuelle Fehlbeträge der Gerling Versorgungskasse.

Die Talanx AG hat Bürgschaften für Rückbauverpflichtungen von konzerneigenen Windparks in Höhe von 4,5 Mio. € übernommen. Nach unserer Einschätzung ist mit dem Eintritt der Inanspruchnahme nicht zu rechnen.

Der Gesamtbetrag der finanziellen Verpflichtungen beläuft sich auf 35,9 Mio. €. Davon entfallen auf Verpflichtungen für Altersvorsorge 30,4 Mio. € und auf Verpflichtungen gegenüber verbundenen Unternehmen 31,4 Mio. €."

3.4.2 Sonstige finanzielle Verpflichtungen (§ 285 Nr. 3a HGB)

Verpflichtungen und daraus resultierende finanzielle Belastungen für das bilanzierende Unternehmen werden nur dann in die Bilanz aufgenommen, wenn die Voraussetzungen für eine Passivierung als Verbindlichkeit oder Rückstellung erfüllt sind. Ist dies nicht der Fall, lässt sich die Finanzlage aus dem Jahresabschluss nur unzureichend erkennen. Um den Einblick in die Finanzlage zu verbessern, verlangt § 285 Nr. 3a HGB aufgrund dessen,

- ▶ den Gesamtbetrag derjenigen sonstigen finanziellen Verpflichtungen im Anhang anzugeben,
- ▶ die nicht in der Bilanz erscheinen und auch nicht nach § 251 HGB unter den Haftungsverhältnissen anzugeben sind,
- ▶ vorausgesetzt, die Angabe des Gesamtbetrags ist für die Beurteilung der Finanzlage von Bedeutung,
- ▶ im Gesamtbetrag enthaltene sonstige finanzielle Verpflichtungen betreffend die Altersversorgung sowie Verpflichtungen gegenüber verbundenen Unternehmen oder assoziierten Unternehmen sind gesondert anzugeben.

Die gesonderten Angaben im Rahmen des Gesamtbetrags der sonstigen finanziellen Verpflichtungen zu den

- ▶ davon die Altersversorgung betreffenden oder
- ▶ davon gegenüber assoziierten Unternehmen bestehenden Verpflichtungen

wurden mit dem BilRUG in das HGB aufgenommen als Folgeänderung zur entsprechenden Erweiterung der Angaben bei Haftungsverhältnissen nach § 268 Abs. 7 HGB[438] (hierzu wird auch auf Abschnitt 3.4.1 verwiesen). Grundlage dafür ist die Umsetzung des Art. 16 Abs. 1 Buchstabe d der Bilanzrichtlinie Diese Vorschrift gilt für alle Unternehmen. Ein Mitgliedstaatenwahlrecht für größenabhängige Erleichterungen besteht hierzu nicht. Aufgrund dessen sind die zu den sonstigen finanziellen Verpflichtungen geforderten Angaben – anders als zuvor – nun auch von kleinen GmbH sowie kleinen GmbH & Co. KG in den Anhang aufzunehmen.

Angaben zu sonstigen finanziellen Verpflichtungen stehen in einem engen Bezug zu der in Abschnitt 4.4.1 erläuterten Angabe sogenannter außerbilanzieller Geschäfte nach § 285 Nr. 3 HGB. Beide Angaben sind nicht gänzlich überschneidungsfrei. Fällt ein Sachverhalt unter beide Angabevorschriften, geht die Angabe nach § 285 Nr. 3 HGB derjenigen nach § 285 Nr. 3a HGB vor.[439] In der Bilanzierungspraxis großer Unternehmen werden die Angaben nach § 285 Nr. 3a HGB häufiger auch mit denjenigen nach § 285 Nr. 3 HGB zusammengefasst oder innerhalb der Angaben nach § 285 Nr. 3 HGB wird auf diejenigen nach § 285 Nr. 3a HGB verwiesen.[440]

In die Angabe des Gesamtbetrags nach § 285 Nr. 3a HGB sind nur Verpflichtungen finanzieller Art einzubeziehen. Belastungen aus Sachwert- oder Sachleistungsverpflichtungen fallen nicht darunter.[441] Ferner bezieht sich die Angabe nur auf solche Verpflichtungen, „die aus rechtlichen oder tatsächlichen Gründen bereits verpflichtend geworden sind, denen die Bilanzierungsfähigkeit aber ... [sowohl in der Bilanz (durch Passivierung als Verbindlichkeit oder Rückstellung) als auch unter der Bilanz (Haftungsverhältnis gemäß § 251 HGB); Einfügung des Verfassers] noch fehlt, zu einem späteren Zeitpunkt aber eintreten wird."[442]

Allgemein hat der Gesetzgeber den **Begriff** der sonstigen finanziellen Verpflichtungen einschließlich darunter zu fassender Fallgruppen wie folgt konkretisiert: „Unter den Begriff der sonstigen finanziellen Verpflichtung sind Verpflichtungen aus schwebenden Rechtsgeschäften oder gesellschaftsrechtliche Verpflichtungen zu subsumieren, die zu einer wesentlichen Belastung der Finanzlage eines Unternehmens führen können. Darüber hinaus sind auch Verpflichtungen aus öffentlich-rechtlichen Rechtsverhältnissen zu berücksichtigen, die sich noch nicht in einer Weise verdichtet haben, die einen Bilanzausweis rechtfertigt. Weiterhin sind Haftungsverhältnisse anzugeben, die nicht bereits unter § 251 HGB fallen. Zu denken ist aber auch an zwangsläufige Folgeinvestitionen bereits begonnener Investitionsvorhaben oder künftige für das Unternehmen unabwendbare Großreparaturen, bei denen noch keine vertraglichen Vereinbarungen vorliegen, mithin alle Lasten, denen sich das Unternehmen nicht einseitig entziehen kann."[443]

Unter die inhaltlich so konkretisierten sonstigen finanziellen Verpflichtungen können unter Berücksichtigung der Voraussetzungen des § 285 Nr. 3a HGB als **Beispiele** u. a. folgende Sachverhalte subsumierbar sein:[444] Abnahmeverpflichtungen, Abwasserabgabe, bedingt rückzahlbare

---

438 Vgl. BT-Drucks. 18/4050, S. 65.
439 Vgl. BT-Drucks. 16/10067, S. 70.
440 Praxisbeispiele dazu sind enthalten in Philipps, H., Jahresabschlüsse 2010, S. 178.
441 Vgl. Grottel, B., in: BeckBilKom, 10. Aufl., § 285 HGB Rn. 95.
442 Biener, H./Berneke, W., Bilanzrichtlinien-Gesetz, S. 259.
443 BT-Drucks. 16/10067, S. 69.
444 Vgl. Grottel, B., in: BeckBilKom, 10. Aufl.,§ 285 HGB Rn. 165.

3. Erläuterung der für kleine GmbH sowie GmbH & Co. KG geltenden Anhangvorschriften

Zuwendungen/Zuschüsse, bedingte Verbindlichkeiten, Besserungsscheine, Bestellobligo für Anlagevermögen, Bestellobligo für Vorräte, Dauerschuldverhältnisse, Delkredere-Haftung des Kommissionärs, Einzahlungsverpflichtungen, Folgeinvestitionen bereits begonnener Investitionsvorhaben, Generalüberholungen, Großreparaturen, Haftung der Organgesellschaft für Schulden des Organträgers, Haftung für die Verbindlichkeiten der eingegliederten AG, Haftung gemäß § 22 GmbHG, Haftung gemäß § 24 GmbHG, Instandhaltungs- und Instandsetzungsmaßnahmen, Investitionsvorhaben, Konsortialhaftungen, künftige Reparaturen, Leasing-Verträge, Lizenzverträge, Mietverträge, nachrangige Verbindlichkeiten, Nachschusspflichten, öffentlich-rechtliche Auflagen, öffentlich-rechtliche Verpflichtungen, Pachtverträge, sonstige Haftungsverhältnisse (ohne Angabepflicht nach § 251 HGB), spekulative Termingeschäfte (soweit sie nicht unter die Angabe nach § 285 Nr. 23 HGB fallen), Umweltschutzmaßnahmen, Unternehmensverträge, Verlustübernahmeverpflichtungen und Vertragsstrafen.

Anzugeben ist der **Gesamtbetrag** der sonstigen finanziellen Verpflichtungen, d. h. die Betragsangabe dazu in einer Summe. Eine Aufgliederung auf die darin jeweils erfassten Sachverhalte sowie die Angabe von **Fristigkeiten bzw. Restlaufzeiten** der sonstigen finanziellen Verpflichtungen (z. B. analog § 285 Nr. 2 HGB) werden nach dem Wortlaut des § 285 Nr. 3a HGB nicht verlangt.[445] Sie werden aber von Teilen des Schrifttums als allein zweckentsprechend angesehen.[446] Werden diese Informationen freiwillig zusätzlich angegeben, verbessert sich unzweifelhaft der Einblick in die Finanzlage deutlich. In der Bilanzierungspraxis ist die Aufgliederung des Gesamtbetrags nach § 285 Nr. 3a HGB üblich und auch Restlaufzeiten der Verpflichtungen werden häufig freiwillig mit angegeben; hierzu wird auf die nachfolgenden Praxisbeispiele verwiesen.

Für die Ermittlung des Gesamtbetrags der Höhe nach, d. h. für die **Bewertung** der sonstigen finanziellen Verpflichtungen, macht § 285 Nr. 3a HGB keinerlei Vorgaben. Nach allgemeiner Auffassung sind hierzu die Grundsätze für die Bewertung von Verbindlichkeiten (bei der Höhe und der Fälligkeit nach sicheren Verpflichtungen) bzw. von Rückstellungen (bei der Höhe und/oder der Fälligkeit nach unsicheren Verpflichtungen) analog maßgebend. Dabei sind mehrjährige Verpflichtungen mit ihrem Umfang für den gesamten Zeitraum und unbefristete finanzielle Verpflichtungen (z. B. aus Mietverträgen) mit ihrem Verpflichtungsumfang entweder bis zum frühesten Kündigungszeitpunkt oder bis zum Zeitpunkt der beabsichtigten Erfüllung in den Gesamtbetrag einzubeziehen. Bei nicht bilanzierten schwebenden Geschäften ist der Gesamtbetrag der finanziellen Verpflichtung maßgebend. Finanzielle Verpflichtungen in Fremdwährung können entsprechend § 256a HGB zum Devisenkassamittelkurs umgerechnet werden.[447]

Auch die Angabe von **Vorjahreszahlen** für den Gesamtbetrag der sonstigen finanziellen Verpflichtungen wird nicht verlangt, ist indes in der Bilanzierungspraxis ebenfalls üblich.

Die Angabevoraussetzung „für die Beurteilung der Finanzlage **von Bedeutung**" bezieht sich nach dem Wortlaut des § 285 Nr. 3a HGB auf den Gesamtbetrag der sonstigen finanziellen Verpflichtungen.[448] Sie wird aber von Teilen des Schrifttums auch als für die einzelne sonstige finan-

---

445 Vgl. z. B. IDW, WP-Handbuch 2017, Hauptband, 15. Aufl., S. 921, Tz. 1028.
446 Vgl. Hoffmann, W.-D./Lüdenbach, N., NWB Kommentar Bilanzierung, 8. Aufl., § 285 HGB Rz. 26; Grottel, B., in: BeckBilKom, 10. Aufl., § 285 HGB Rn. 103 (für die Aufgliederungspflicht).
447 Vgl. dazu Grottel, B., in: BeckBilKom, 10. Aufl., § 285 HGB Rn. 105-107.
448 Vgl. z. B. IDW, WP-Handbuch 2017, Hauptband, 15. Aufl., S. 921, Tz. 1027 m. w. N.

zielle Verpflichtung geltend interpretiert.[449] Mit dieser Voraussetzung wird – zweckentsprechend – die Wesentlichkeit der Information über sonstige finanzielle Verpflichtungen verlangt. Wie in anderen Fällen (hierzu wird insbesondere auf Abschnitte 4.4.1 sowie 4.4.9 und 5.2.2 verwiesen), lässt sich auch hier die „Wesentlichkeit" nicht pauschal mit einem bestimmten absoluten oder relativen Wert zu einer bestimmten Bezugsgröße definieren. Als entscheidend wird es angesehen, ob finanzielle Belastungen aus den sonstigen finanziellen Verpflichtungen die finanziellen Spielräume des bilanzierenden Unternehmens für die Zukunft nicht unerheblich einschränken. Dabei werden die Beurteilungsmaßstäbe in wirtschaftlich guten Zeiten weiter ausgelegt werden dürfen, aber in wirtschaftlich angespannten Zeiten enger ausgelegt werden müssen. Vor diesem Hintergrund fallen i.d.R. kurzfristige Verpflichtungen, die sich kontinuierlich aus der fortgeführten Geschäftstätigkeit ergeben (z.B. Verpflichtungen aus Arbeitsverhältnissen, aus laufenden Material- und Energiebezügen, aus laufenden Zinszahlungen oder aus laufenden Instandhaltungen) nach allgemeiner Auffassung nicht unter die Angabepflicht nach § 285 Nr. 3a HGB.[450]

Für die gesonderte Angabe der gegenüber verbundenen Unternehmen bestehenden sonstigen finanziellen Verpflichtungen eignet sich z.B. ein „davon-Vermerk". Auch bei Aufgliederung des Gesamtbetrags nach § 285 Nr. 3a HGB, wird die Angabe der sonstigen finanziellen Verpflichtungen gegenüber verbundenen Unternehmen in einer Summe als ausreichend angesehen. Eine Angabe analog § 42 Abs. 3 GmbHG bzw. § 264c Abs. 1 HGB ist gesetzlich nicht normiert. Damit müssen bei GmbH sowie GmbH & Co. KG gegenüber Gesellschaftern bestehende sonstige finanzielle Verpflichtungen nicht gesondert angegeben werden.[451]

Die Angabe des Gesamtbetrags der sonstigen finanziellen Verpflichtungen stellt einen Auffangtatbestand dar. Angaben nach anderen Vorschriften gehen vor. Für **Verpflichtungen aus Altersversorgung** kommen Angaben nach § 285 Nr. 3a HGB daher nur **außerhalb** der dafür

- passivierten Rückstellungen und
- nach Art. 28 Abs. 1 Satz 1 und Abs. 2, Art. 67 Abs. 2 EGHGB angegebenen Fehlbeträge (hierzu wird auf die Abschnitte 3.2.3.2 und 3.2.3.3 verwiesen) und
- nach § 268 Abs. 7 HGB angegebenen Haftungsverhältnisse (hierzu wird auf Abschnitt 3.4.1 verwiesen)

in Betracht.[452] Explizite Beispiele dazu sind in einschlägigen fachlichen Verlautbarungen[453] nicht zu finden. Im Schrifttum wird zumindest der Gedanke geäußert, dass hierunter ggf. die „Subsidiärhaftung bei Wahl einer alternativen Durchführungsform der betrieblichen Altersversorgung" fallen könnte.[454] Dies unterstreicht den **Ausnahmecharakter** dieses Teils des § 285 Nr. 3a HGB.

---

449 Vgl. Grottel, B., in: BeckBilKom, 10. Aufl., § 285 HGB, Rn. 100.
450 Vgl. z.B. Adler, H./Düring, W./Schmaltz, K., 6. Aufl., § 285 HGB Rz. 73.
451 Vgl. IDW, WP-Handbuch 2012, Bd. I, 14. Aufl., S. 724, Tz. 796.
452 Vgl. z.B. IDW, WP-Handbuch 2017, Hauptband, 15. Aufl., S. 921, Tz. 1026.
453 Vgl. IDW, IDW RS HFA 30 n. F., in: IDW Life 1/2017, IDW Fachnachrichten, S. 102-116.
454 Fink, C./Theile, C., Anhang und Lagebericht nach dem RegE zum Bilanzrichtlinie-Umsetzungsgesetz, in: DB 2015, S. 755.

3. Erläuterung der für kleine GmbH sowie GmbH & Co. KG geltenden Anhangvorschriften

Angelehnt an die bisherigen Praxisbeispiele lassen sich die Anhangangaben nach § 285 Nr. 3a HGB etwa wie im Folgenden gezeigt formulieren bzw. darstellen, (weiterhin) sinnvoll positioniert unter „Sonstige Angaben".

Formulierungsbeispiel für die Angaben nach § 285 Nr. 3a HGB:

> Sonstige finanzielle Verpflichtungen bestehen im Gesamtbetrag von ...T€. Davon entfallen ...T€ auf Verpflichtungen aus Altersversorgung und davon bestehen ...T€ gegenüber assoziierten Unternehmen.

Darstellungsbeispiel für die Angaben nach § 285 Nr. 3a HGB:

ABB. 21:	Darstellungsbeispiel für die Anhangangabe zu sonstigen finanziellen Verpflichtungen nach § 285 Nr. 3a HGB		
Sonstige finanzielle Verpflichtungen (Beträge in T€)		Geschäftsjahr	(ggf. Vorjahr)
aus Miet- und Leasingverträgen			
aus begonnenen Investitionsvorhaben			
aus Altersversorgung			
davon gegenüber verbundenen Unternehmen			
davon gegenüber assoziierten Unternehmen			
Summe			

PRAXISBEISPIELE für die Anhangangaben nach § 285 Nr. 3a HGB (ohne Fälle mit Verpflichtungen aus Altersversorgung und/oder gegenüber assoziierten Unternehmen):

1) Angaben bei den „Angaben und Erläuterungen zur Bilanz", „Sonstige finanzielle Verpflichtungen":[455]

„Die sonstigen finanziellen Verpflichtungen nach § 285 Nr. 3a HGB betrugen 5.432 T€, davon 1.790 T€ gegenüber verbundenen Unternehmen."

2) Angaben unter „Sonstige Angaben", „Sonstige finanzielle Verpflichtungen":[456]

„Die sonstigen finanziellen Verpflichtungen, die nicht in der Bilanz erscheinen, belaufen sich am Bilanzstichtag auf 234 T€ p. a. und entfallen auf Miet- sowie Erbbauzinsverpflichtungen gegenüber der Gesellschafterin Stadt Dortmund."

3) Angaben unter „Sonstige Angaben", „Sonstige finanzielle Verpflichtungen und Haftungsverhältnisse":[457]

„Das Bestellobligo beträgt zum Bilanzstichtag 16.180 T€ (Vorjahr 9.147 T€).

Weitere Verpflichtungen von 2 T€ (Vorjahr 63 T€) resultieren aus den künftig zu leistenden Leasingraten aus Leasingverträgen; ferner ergeben sich Verpflichtungen aus Mietverträgen von 11.920 T€ (Vorjahr 14.401 T€). Die sonstigen finanziellen Verpflichtungen betragen somit zum Bilanzstichtag insgesamt 100.088 T€ (Vorjahr 108.206 T€).
..."

---

455 Deutsche Bausparkasse Badenia AG, Karlsruhe (Hrsg.), Geschäftsbericht 2010, S. 61.
456 Dortmunder Hafen AG, Dortmund (Hrsg.), Jahresabschluss zum Geschäftsjahr vom 1. 1. 2012 bis zum 31. 12. 2012 – in der im elektronischen Bundesanzeiger veröffentlichten Fassung – Druckfassung, S. 6.
457 Messe Düsseldorf GmbH, Düsseldorf (Hrsg.), Erläuterungen der Bilanz und der Gewinn- und Verlustrechnung der Messe Düsseldorf GmbH, S. 20.

3.4 Sonstige Angaben

4) Angaben unter „Sonstige Angaben", „Sonstige finanzielle Verpflichtungen":[458]

„Die Mietverpflichtungen für das Schulungszentrum und Parkplätze in Neuss bis zum Ende der Mindestmietzeit am 30.11.2015 betragen 1.100 T€ (25 T€ p. M.). Die Mietverpflichtungen für das Bürogebäude in Schwalbach bis zum Ende der Mindestmietzeit am 31.12.2013 betragen 756 T€ (36 T€ p. M.).

Die Gesellschaft hat für ihren Geschäftsbetrieb Miet- und Leasing- sowie sonstige Dienstleistungsverträge abgeschlossen. Die Gesamtverpflichtungen aufgrund der derzeitig gültigen Verträge betragen 2.275 T€."

5) Angaben unter „Sonstige Pflichtangaben", „Nicht in der Bilanz enthaltene Geschäfte und sonstige finanzielle Verpflichtungen":[459]

Die sonstigen finanziellen Verpflichtungen betragen:

	2016	2017	nach 2018
Raummiete:	88.188,08	98.872,32	30.118,08
Sonstiges:	0,00	0	0
Gesamt:	88.188,08	101.939.522	30.118,08"

6) Angaben unter „Sonstige Angaben":

ABB. 22: Angabe der sonstigen finanziellen Verpflichtungen nach § 285 Nr. 3a HGB, Praxisbeispiel 1[460]

Gesamtbetrag der sonstigen finanziellen Verpflichtungen	
Aus vergebenen Aufträgen für fertig gestellte und noch nicht fertig gestellte Bau-, Modernisierungs- und Großinstandhaltungsmaßnahmen	
noch zu erwartende Herstellungskosten	20,8 Mio. €
Für begonnene Trägermaßnahmen noch zu erwartende Herstellungskosten	24,9 Mio. €
	45,7 Mio. €
(nachrichtlich: davon durch Eigenmittel zu erbringen	26,6 Mio. €)
Für Versicherungen, Mieten, bürotechnische Anlagen	
noch zu erwartende Kosten	3,5 Mio. €
Erbbauzinsen	11,9 Mio. €
	15,4 Mio. €
Die sonstigen finanziellen Verpflichtungen betragen insgesamt	**61,1 Mio. €**

---

458 Jaguar Land Rover Deutschland GmbH, Schwalbach am Taunus (Hrsg.), Jahresabschluss zum 31.3.2012 – in der im elektronischen Bundesanzeiger veröffentlichten Fassung – Druckfassung, S. 9.
459 ZAB Abrechnungsgesellschaft mbH, Konstanz (Hrsg.), Jahresabschluss zum Geschäftsjahr vom 1.1.2016 bis zum 31.12.2016 – in der im elektronischen Bundesanzeiger veröffentlichten Fassung – pdf-Version, S. 14.
460 Nassauische Heimstätte Wohnungs- und Entwicklungsgesellschaft mbH, Frankfurt am Main (Hrsg.), Finanzbericht 2012, in: Unternehmensgruppe Nassauische Heimstätte Wohnstadt, Geschäftsbericht 2012, S. 70.

3. Erläuterung der für kleine GmbH sowie GmbH & Co. KG geltenden Anhangvorschriften

7) Angaben unter „Sonstige Angaben":

ABB. 23:	Angabe der sonstigen finanziellen Verpflichtungen nach § 285 Nr. 3a HGB, Praxisbeispiel 2[461]

Sonstige finanzielle Verpflichtungen und außerbilanzielle Geschäfte

	T€
Verpflichtungen aus Erbbauverträgen	
Im Geschäftsjahr 2011 gezahlte Erbbauzinsen	476,1
Im Geschäftsjahr 2012 und den folgenden Jahren voraussichtlich zu zahlende Erbbauzinsen	29.432,1
Verpflichtungen aus Mietverträgen:	
fällig 2012	3.399,9
fällig 2013 und 2014	6.799,8
Verpflichtungen aus Wartungsverträgen:	
fällig 2012	1.506,1
fällig 2013 und 2014	3.012,2
Neubau und Sanierung:	
noch zu erwartende Baukosten bei laufenden Bauvorhaben	73.504,9

...

8) Angaben unter „Sonstige Angaben":[462]

„Gesamtbetrag der sonstigen finanziellen Verpflichtungen

Sonstige finanzielle Verpflichtungen bestehen im folgenden Umfang:

	2012	2013	2014	2015
	T€	T€	T€	T€
Miet- und Pachtverträge	383	383	383	383
Leasing- und Wartungsverträge	20	20	20	20
	403	403	403	403

Für die Pachtverträge ist ein Vertragsende nicht vereinbart; sie können mit einer Frist von zwölf Monaten zum Ende eines Kalenderjahrs gekündigt werden. Das Mindestnutzungsentgelt für beide Pachtverträge bis zum jeweiligen Kündigungszeitpunkt beträgt 383 T€ p. a.

Die Leasing- und Wartungsverträge betreffen die EDV und verlängern sich automatisch, sofern keine Kündigung der Verträge seitens der Gesellschaft erfolgt.

Für Rücknahmeverpflichtungen von Fahrzeugen aus Leasingverträgen bestehen bis zum 27. 12. 2015 Rücknahmeverpflichtungen mit einem Gesamtwert in Höhe von 8.657 T€."

9) Angaben unter „Sonstige Angaben":[463]

„1. Gesamtbetrag der sonstigen finanziellen Verpflichtungen

			in T€
Wesentliche Posten:	Gesamtverpflichtung1	2017	2017-2021
Bestellobligo	1.856,9	1.856,9	1.856,9
Miet- und Leasingverträge	45,2	9,6	45,2
davon gegenüber verbundenen Unternehmen		0,0	0,0

1 Die Gesamtverpflichtung ist aufgrund unbestimmter Vertragsdauer betragsmäßig nicht ermittelbar.

---

461 ABG Frankfurt Holding GmbH, Frankfurt am Main (Hrsg.), Geschäftsbericht 2011, S. 55.
462 AUTOSCHMITT IDSTEIN GmbH, Idstein (Hrsg.), Jahresabschluss zum Geschäftsjahr vom 1. 1. 2011 bis zum 31. 12. 2011 – in der im elektronischen Bundesanzeiger veröffentlichten Fassung – Druckfassung, S. 4.
463 Donaukraftwerk Jochenstein Aktiengesellschaft, Passau (Hrsg.), Jahresabschluss zum Geschäftsjahr vom 1. 1. 2016 bis zum 31. 12. 2016 – in der im elektronischen Bundesanzeiger veröffentlichten Fassung – pdf-Version, S. 19.

3.4 Sonstige Angaben

Aus der EU-Wasserrahmenrichtlinie und deren Umsetzung in nationales Recht ergeben sich insbesondere Verpflichtungen zum Herstellen des guten ökologischen Potenzials der Gewässer, zur Herstellung der Durchgängigkeit an der Donau und zur Gestaltung von Strukturmaßnahmen. Die mit den erforderlichen technisch-ökologischen Maßnahmen verbundenen Kosten im Zusammenhang mit den Anforderungen aus der Planung vom Energiespeicher Riedl belaufen sich nach derzeitigen Planungen auf rd. 12,0 Mio. €. Die Maßnahmenumsetzung ist für den Zeitraum ab 2020 geplant."

10) Angaben unter „Erläuterungen zur Bilanz":

ABB. 24:	Angabe der sonstigen finanziellen Verpflichtungen nach § 285 Nr. 3a HGB, Praxisbeispiel 3[464]

12 | Sonstige Finanzielle Verpflichtungen

Zum 31. Dezember 2010 betragen die sonstigen finanziellen Verpflichtungen inklusive des Bestellobligos 7.643 T€ (i. V. 2.582 T€).

Davon entfallen auf die nächsten Geschäftsjahre:

T€	2011 ff.	davon Restlaufzeit < 1 Jahr	davon Restlaufzeit > 5 Jahre
Verpflichtungen aus den Leasing- und Mietverträgen	2.257	1.106	4
Bestellobligo aus erteilten Investitionsaufträgen	5.386	5.386	0
Summe	7.643	6.492	4

T€	2010 ff.	davon Restlaufzeit < 1 Jahr	davon Restlaufzeit > 5 Jahre
Verpflichtungen aus den Leasing- und Mietverträgen	1.171	898	5
Bestellobligo aus erteilten Investitionsaufträgen	1.411	1.411	0
Summe	2.582	2.309	5

11) Angaben unter „Erläuterungen zur Bilanz":

ABB. 25:	Angabe der sonstigen finanziellen Verpflichtungen nach § 285 Nr. 3a HGB, Praxisbeispiel 4[465]

Sonstige finanzielle Verpflichtungen (§ 285 Satz 1 Nr. 3a HGB)

Verpflichtungen aus Miet- und Wartungsverträgen

	31. 12. 2010 T€	31. 12. 2009 T€
fällig 2011 (Vorjahresangabe: fällig 2010)	2.876	2.578
fällig 2012 (Vorjahresangabe: fällig 2011)	929	897
fällig nach 2012 (Vorjahresangabe: fällig nach 2011)	3.694	4.348
	7.499	7.823
Verpflichtungen aus begonnenen Investitionsvorhaben	3.515	1.133

---

464 Progress-Werk Oberkirch AG, Oberkirch (Hrsg.), Einzelabschluss der PWO AG 2010, S. 17.
465 Grammer AG, Amberg (Hrsg.), Jahresabschluss und Lagebericht 31. 12. 2010 zur Einreichung zum elektronischen Bundesanzeiger, ohne Seitennummerierung.

3. Erläuterung der für kleine GmbH sowie GmbH & Co. KG geltenden Anhangvorschriften

12) Angaben unter „Sonstige Angaben":

ABB. 26: Angabe der sonstigen finanziellen Verpflichtungen nach § 285 Nr. 3a HGB, Praxisbeispiel 5[466]

(9) SONSTIGE FINANZIELLE VERPFLICHTUNGEN
Am Bilanzstichtag bestehen folgende sonstige finanzielle Verpflichtungen:

	TEUR	TEUR	TEUR	TEUR	TEUR	TEUR
					nach	Gesamt
	2012/13	2013/14	2014/15	2015/16	2015/16	30.06.2012
aus Miet- und Leasingverträgen für bewegliche und unbewegliche Anlagegegenstände	10.709	10.308	10.196	10.121	215.666	257.000
- davon an verbundene Unternehmen	(9.803)	(9.803)	(9.803)	(9.803)	(215.666)	(254.878)
aus dem Bestellobligo im Rahmen genehmigter Investitionsprojekte	26.911					26.911
aus Bankbürgschaften	7					7
aus Investitionsprojekten bezogen auf den Ausbau des Standort Kronberg *)	24					24
- davon an verbundene Unternehmen	(24)					(24)

*) abgewickelt über die Procter & Gamble Grundstücks- und Verwaltungs GmbH & Co. KG, Schwalbach am Taunus

Die SONSTIGEN FINANZIELLEN VERPFLICHTUNGEN beinhalten im Wesentlichen Verpflichtungen im Zusammenhang mit Miet- und Leasingverträgen für Kraftfahrzeuge und Bürogeräte sowie Mietverträge für Gebäude. Dies betrifft im Wesentlichen die jährlichen Mietverpflichtungen für Werks-, Lager- und Verwaltungsgebäude an die Braun-Gillette Immobilien GmbH & Co KG, Kronberg im Taunus, in Höhe von TEUR 9.803. Im Geschäftsjahr 2011/12 besteht auch ein erhebliches Volumen an Bestellobligos im Rahmen von Investitionsprojekten, im Wesentlichen aus dem Bereich der selbst erstellten Maschinen und maschinellen Anlagen, die am Standort Kronberg im Taunus gefertigt werden.

13) Angaben unter „Erläuterungen zur Bilanz", „Sonstige finanzielle Verpflichtungen":[467]

	fällig im Folgejahr T€	fällig im 2. bis 5. Jahr T€	fällig nach dem 5. Jahr T€	Summe 31.12.2010 T€	Summe 31.12.2009 T€
Programmvermögen	360.784	1.178.300	205.891	1.744.975	2.416.689
(davon gegenüber verbundenen Unternehmen)	(0)	(0)	(0)	(0)	(0)
Nutzungsgebühren	29.377	117.799	48.939	196.155	233.971
(davon gegenüber verbundenen Unternehmen)	(0)	(0)	(0)	(0)	(0)
Leasing- und Mietverpflichtungen	14.747	46.689	48.888	110.324	145.138
(davon gegenüber verbundenen Unternehmen)	(0)	(0)	(0)	(0)	(0)
Sonstige Verpflichtungen	26.057	4.743	3	30.803	21.599
(davon gegenüber verbundenen Unternehmen)	(18.579)	(0)	(0)	(18.579)	(0)
Summe	**430.965**	**1.347.531**	**303.721**	**2.082.217**	**2.817.397**

---

466 Braun GmbH, Kronberg im Taunus (Hrsg.), Jahresabschluss zum 30.6.2012 – in der im elektronischen Bundesanzeiger veröffentlichten Fassung – Druckfassung, S. 15 f.
467 ProSiebenSat-1 Media AG, Unterföhring (Hrsg.), Jahresabschluss und Lagebericht 2010, ohne Seitenangabe.

"Unter den Nutzungsgebühren werden finanzielle Verpflichtungen aus Satellitenmieten, Verpflichtungen aus Verträgen über terrestrische Nutzung und Kabeleinspeisungsgebühren ausgewiesen.

Die Leasing- und Mietverpflichtungen beinhalten insbesondere Gebäudemietverträge über Büro- und Redaktionsräume am Standort Unterföhring. Die Laufzeit der wesentlichen Verträge endet zwischen 2012 und 2023. Alle Verträge sind zu marktüblichen Konditionen abgeschlossen.

Unter den Sonstigen Verpflichtungen werden im Wesentlichen finanzielle Verpflichtungen aus Mitgliedschaften und sonstigen Dienstleistungsverträgen ausgewiesen."

PRAXISBEISPIELE für die Anhangangaben nach § 285 Nr. 3a HGB (einschließlich Angaben zu Verpflichtungen aus Altersversorgung und/oder gegenüber assoziierten Unternehmen):

1) Angaben unter „Sonstige Angaben", „Angaben nach § 285 Nr. 3 und Nr. 3a HGB":[468]

Angaben nach § 285 Nr. 3 und Nr. 3a HGB

in Mio. €	31.12.2016
Verpflichtungen aus Miet-, Pacht- und Leasingverträgen	
fällig 2017	15
fällig 2018	14
fällig 2019	14
fällig 2020	11
fällig 2021	8
fällig nach 2021	39
Summe	101
davon gegenüber verbundenen Unternehmen	10
davon gegenüber assoziierten Unternehmen	-
davon betreffend die Altersversorgung	-
Bestellobligo aus Investitionen	5
Verpflichtungen aus langfristigen Abnahmeverträgen und Rechtsverhältnissen	
fällig 2017	64
fällig 2018	50
fällig 2019	32
fällig 2020	29
fällig 2021	20
fällig nach 2021	-
Summe	195
davon gegenüber verbundenen Unternehmen	-
davon gegenüber assoziierten Unternehmen	-
davon betreffend die Altersversorgung	-

---

[468] Evonik Industries AG, Essen (Hrsg.), Jahresabschluss zum Geschäftsjahr vom 1.1.2016 bis zum 31.12.2016 – in der im elektronischen Bundesanzeiger veröffentlichten Fassung – pdf-Version, S. 89 f.

2) Angaben unter „Sonstige Angaben", „Außerbilanzielle Geschäfte":[469]

„Sonstige finanzielle Verpflichtungen

Die sonstigen finanziellen Verpflichtungen betrugen zum Bilanzstichtag 2.224 Mio. €. Davon entfallen auf verbundene Unternehmen 1.961 Mio. €. Sonstige finanzielle Verpflichtungen gegenüber assoziierten Unternehmen und aus Altersversorgungsverpflichtungen bestanden nicht.

Im Vorjahr waren sonstige finanzielle Verpflichtungen in Höhe von 2.145 Mio. €, davon 1.879 Mio. € gegenüber verbundenen Unternehmen auszuweisen. Der Davon-Ausweis für Verpflichtungen aus Altersversorgung und gegenüber assoziierten Unternehmen erfolgt gemäß BilRUG erstmalig zum 31.12.2016.

Die nachfolgende Übersicht zeigt die Restlaufzeiten der sonstigen finanziellen Verpflichtungen:

Sonstige finanzielle Verpflichtungen in Mio. €	Summe	davon mit einer Restlaufzeit		
		bis zu 1 Jahr	von mehr als 1 Jahr bis zu 5 Jahren	von mehr als 5 Jahren
Gesamt	2.224	847	820	557
davon aus Altersversorgung	0			
davon gegenüber verbundenen Unternehmen	1.961	656	771	534
davon gegenüber assoziierten Unternehmen	0			

Die sonstigen finanziellen Verpflichtungen resultieren im Wesentlichen aus langfristigen Miet-, Pacht- und Leasingverträgen. Im Rahmen des Konzernmietmodells werden alle Immobilien der Deutsche Post AG von der als zentrale Immobilienvermietungsgesellschaft im Konzern agierenden Deutsche Post Immobilien GmbH angemietet."

3.4.3 Durchschnittliche Zahl der Arbeitnehmer (§ 285 Nr. 7 HGB)

Nach § 285 Nr. 7 i.V.m. § 288 Abs. 1 HGB müssen nach Rechtsänderung durch das BilRUG nun auch kleine GmbH sowie kleine GmbH & Co. KG die durchschnittliche Zahl der während des Geschäftsjahrs beschäftigten Arbeitnehmer im Anhang angeben. Dies folgt aus der entsprechenden Vorgabe in Art. 16 Abs. 1 Buchstabe h der Bilanzrichtlinie, die allerdings keine Aufteilung der Arbeitnehmerzahl nach Gruppen verlangt.

Diese Erleichterung wird kleinen Unternehmen gegenüber mittelgroßen und großen auch gewährt. Sie brauchen die in § 285 Nr. 7 HGB vorgesehene Aufteilung der im Geschäftsjahr durchschnittlich beschäftigten Arbeitnehmer nach Gruppen gemäß § 288 Abs. 1 Nr. 2 HGB nicht vorzunehmen.

Zum Inhalt der Begriffe **„Arbeitnehmer"** und **„beschäftigt"** sowie zur Ermittlung ihrer **durchschnittlichen Zahl** wird auf die Erläuterungen in Abschnitt 4.4.2 verwiesen.

Formulierungsbeispiele für die Angaben nach § 285 Nr. 7 HGB bei kleinen GmbH sowie GmbH & Co. KG (ohne bzw. mit Angabe von Vorjahreszahlen):

„Im Jahresdurchschnitt beschäftigte die Gesellschaft ... Arbeitnehmer." *oder*

„Im Jahresdurchschnitt beschäftigte die Gesellschaft ... (im Vorjahr: ...) Arbeitnehmer." *oder*

„Im Jahresdurchschnitt beschäftigte Arbeitnehmer: ... (im Vorjahr: ...)."

---

[469] Deutsche Post AG, Bonn (Hrsg.), Jahresabschluss zum Geschäftsjahr vom 1.1.2016 bis zum 31.12.2016 – in der im elektronischen Bundesanzeiger veröffentlichten Fassung – pdf-Version, S. 61.

PRAXISBEISPIELE für Angaben nach § 285 Nr. 7 i. V. m. § 288 Abs. 1 Nr. 2 HGB:

1) Angaben unter „Sonstige Angaben", „Arbeitnehmer":[470]
„Die Gesellschaft beschäftigt kein eigenes Personal."

2) Angaben unter „Sonstige Angaben", „Durchschnittliche Zahl der während des Geschäftsjahrs beschäftigten Arbeitnehmer":[471]
„Die Gesellschaft beschäftigte im Berichtsjahr durchschnittlich 36 Mitarbeiter."

3) Angaben unter „Sonstige Pflichtangaben":[472]
„Die durchschnittliche Anzahl der im Unternehmen tätigen Mitarbeiter im Jahre 2016, ohne die Geschäftsführung, belief sich auf 2 Personen."

4) Angaben unter „Sonstige Angaben":[473]
„Die durchschnittliche Zahl der während des Geschäftsjahres beschäftigten Arbeitnehmer betrug 4 (ohne zur Berufsausbildung beschäftigte Arbeitnehmer und Geschäftsführer)."

5) Angaben unter „Sonstige Angaben", „Durchschnittliche Zahl der während des Geschäftsjahrs beschäftigten Arbeitnehmer":[474]
„Die durchschnittliche Zahl der während des Geschäftsjahres im Unternehmen beschäftigten Arbeitnehmer betrug 15 (Vorjahr: 13)."

3.4.4 Organmitgliedern gewährte Vorschüsse und Kredite (§ 285 Nr. 9 Buchstabe c HGB)

Um finanzielle Verflechtungen zwischen dem bilanzierenden Unternehmen und seinen Organen deutlich zu machen, verlangt § 285 Nr. 9 Buchstabe c HGB die Angabe

▶ der jeweils an die Personengruppe der Mitglieder des Geschäftsführungsorgans, der Mitglieder eines Aufsichtsrats, der Mitglieder eines Beirats oder der Mitglieder einer ähnlichen Einrichtung

▶ „gewährten Vorschüsse und Kredite"

▶ unter Angabe der Zinssätze, der wesentlichen Bedingungen und der ggf. im Geschäftsjahr zurückgezahlten oder erlassenen Beträge sowie

▶ unter Angabe der zugunsten dieser Personengruppen eingegangenen Haftungsverhältnisse.

Zu den Begriffen „Geschäftsführungsorgan", „Aufsichtsrat", „Beirat" und „ähnliche Einrichtung" wird auf die Erläuterungen in Abschnitt 4.4.5 sowie 4.4.9 verwiesen.

Vorschüsse sind Vorauszahlungen des bilanzierenden Unternehmens an Organmitglieder auf diesen zustehende, aber noch nicht fällige Ansprüche, z. B. Gehalt, Gewinnbeteiligungen (Tantie-

---

[470] SCITOR Grundstücks-Vermietungsgesellschaft mbH, Düsseldorf (Hrsg.), Jahresabschluss zum Geschäftsjahr vom 1. 1. 2016 bis zum 31. 12. 2016 – in der im elektronischen Bundesanzeiger veröffentlichten Fassung – pdf-Version, S. 2.

[471] Hotel Bellevue GmbH Hilden, Hilden (Hrsg.), Jahresabschluss zum Geschäftsjahr vom 1. 1. 2016 bis zum 31. 12. 2016 – in der im elektronischen Bundesanzeiger veröffentlichten Fassung – pdf-Version, S. 5.

[472] SANYEI (Deutschland) Gesellschaft mit beschränkter Haftung, Düsseldorf (Hrsg.), Jahresabschluss zum Geschäftsjahr vom 1. 1. 2016 bis zum 31. 12. 2016 – in der im elektronischen Bundesanzeiger veröffentlichten Fassung – pdf-Version, S. 2.

[473] Vollmer GmbH, Kleinostheim (Hrsg.), Jahresabschluss zum Geschäftsjahr vom 1. 1. 2016 bis zum 31. 12. 2016 – in der im elektronischen Bundesanzeiger veröffentlichten Fassung – pdf-Version, S. 2.

[474] Getränke Hoffmann GmbH, Düsseldorf (Hrsg.), Jahresabschluss zum Geschäftsjahr vom 1. 1. 2016 bis zum 31. 12. 2016 – in der im elektronischen Bundesanzeiger veröffentlichten Fassung – pdf-Version, S. 3.

men) u. a. Übliche Auslagen- und Reisekostenvorschüsse fallen dem Sinn und Zweck der Vorschrift nach indes nicht unter die Angabepflicht.[475] Als **Kredite** sind jegliche Arten von Mittelüberlassungen auf Zeit zu betrachten, z. B. Darlehen, Warenkredite, Wechselkredite, Abzahlungskredite oder Kontokorrentkredite u. a.[476]

Die Angabepflichten zu gewährten Vorschüssen und Krediten erstrecken sich auch hier nur auf die genannten **Personengruppen** – nicht auf die einzelnen Mitglieder daraus – und zwar getrennt („jeweils").[477] Gewährte Vorschüsse und Kredite an Dritte (auch Angehörige) außerhalb dieser Personengruppen werden daher nur dann von § 285 Nr. 9 Buchstabe c HGB erfasst, wenn diese Dritte für Rechnung eines Mitglieds der in der Vorschrift genannten Personengruppen handeln.[478] Mangels explizitem Bezug auf frühere Mitglieder dieser Personengruppen in Art. 16 Abs. 1 Nr. 3 der Bilanzrichtlinie sind in die Angabe nur im jeweiligen Geschäftsjahr **tätige Mitglieder** dieser Personengruppen einzubeziehen.[479]

Anzugeben sind die gewährten Vorschüsse und Kredite einschließlich etwaiger im Geschäftsjahr zurückgezahlter oder erlassener Beträge; die Angabe erlassener Beträge wurde mit dem BilRUG in das HGB aufgenommen. Zu informieren ist also nicht nur über einen **Bestand** am jeweiligen Stichtag, sondern auch über **Veränderungen** im Geschäftsjahr. Auch längerfristig laufende Kredite, bei denen sich im Geschäftsjahr keine Veränderungen ergeben, haben sind (weiterhin) angabepflichtig. Als zulässige Ausnahme hiervon werden Kredite betrachtet, die Arbeitnehmervertreter im Aufsichtsrat vor ihrer Mitgliedschaft in diesem Organ als Arbeitnehmerdarlehen erhalten haben; sie müssen nicht angegeben werden.[480]

Erlassene Beträge sind anzugeben, soweit ein Erlass vorgekommen ist („gegebenenfalls"). Erläuterungen zum Erlass, insbesondere Nennung der dafür ursächlichen Gründe, werden nicht verlangt. Der Gesetzesbegründung zum BilRUG zufolge beruht diese Anforderung auf Art. 16 Abs. 1 Buchstabe e der Bilanzrichtlinie. Sie soll primär klarstellende Bedeutung haben, denn erlassene Beträge werden i. d. R. unter die bisher bereits angabepflichtigen „wesentlichen Bedingungen" der gewährten Vorschüsse und Kredite subsumierbar sein.[481] Diese Auffassung wird auch von Teilen des Schrifttums vertreten.[482]

Zu den gewährten Vorschüssen und Krediten sind neben den **Zinsen** auch (andere) **wesentliche Bedingungen** anzugeben, z. B. Laufzeiten, Tilgungsvereinbarungen, erhaltene Sicherheiten u. a. Hierfür wird die Angabe typischer Vereinbarungen mit ergänzender Information über bestehende Bandbreiten ausreichend sein, z. B. Zinssatz zwischen 0 % und 5 %, im Regelfall 3 %. Werden Kredite unverzinslich gewährt, ist auch dies anzugeben. Unter die wesentlichen Bedingungen fallen darüber hinaus auch wesentliche außerordentliche Vorgänge im Zusammenhang mit der Kreditgewährung, z. B. Stundungen oder Erlasse.[483]

---

475 Vgl. z. B. IDW, WP-Handbuch 2017, Hauptband, 15. Aufl., S. 931, Tz. 1073.
476 Vgl. z. B. Adler, H./Düring, W./Schmaltz, K., § 285 HGB, 6. Aufl., Rz. 200.
477 Vgl. z. B. IDW, WP-Handbuch 2017, Hauptband, 15. Aufl., S. 932, Tz. 1076.
478 Vgl. z. B. IDW, WP-Handbuch 2012, Bd. I, 14. Aufl., S. 767, Tz. 961.
479 Vgl. z. B. Grottel, B., in: BeckBilKom, 10. Aufl., § 285 HGB Rn. 333; Adler, H./Düring, W./Schmaltz, K., 6. Aufl., § 285 HGB Rz. 197.
480 Vgl. z. B. IDW, WP-Handbuch 2017, Hauptband, 15. Aufl., S. 932, Tz. 1076 m. w. N.
481 Vgl. BT-Drucks. 18/4050, S. 65.
482 Vgl. z. B. Grottel, B., in: BeckBilKom, 10. Aufl., § 285 HGB Rn. 339.
483 Vgl. z. B. Grottel, B., in: BeckBilKom, 10. Aufl., § 285 HGB Rn. 338.

3.4 Sonstige Angaben

Haftungsverhältnisse i. S. d. § 251 HGB, die das bilanzierende Unternehmen zugunsten der in § 285 Nr. 9 Buchstabe c HGB genannten Personengruppen eingegangen ist (z. B. Bürgschaften oder Stellung von Sicherheiten), sind hier ebenfalls anzugeben, unabhängig von einer Angabe nach § 268 Abs. 7 HGB oder einer evtl. Passivierung.[484]

Die nach § 285 Nr. 9 Buchstabe c HGB geforderten Informationen über die an Organmitglieder gewährten Vorschüsse und Kredite sind etwa wie folgt formuliert in den Anhang aufnehmen.

Formulierungsbeispiel:

Die Gesellschaft hat einem Mitglied der Geschäftsführung in Vorjahren ein Darlehen gewährt (Nennbetrag: X €, Zinssatz p. a. X %). Seit Gewährung wurde das Darlehen zur Hälfte zurückgezahlt. Der Restbetrag wurde im abzuschließenden Geschäftsjahr erlassen.

Gibt das bilanzierende Unternehmen freiwillig eine Negativerklärung zu gewährten Vorschüssen und Krediten an Organmitglieder ab, können Darlehen mangels Gewährung weder zurückgezahlt noch erlassen worden sein. Daher ist dazu dann ein expliziter Hinweis entbehrlich.

In der **Bilanzierungspraxis** mittelgroßer und großer Unternehmen werden die Angaben nach § 285 Nr. 9 Buchstabe c HGB regelmäßig mit denjenigen nach § 285 Nr. 9 Buchstabe a und Nr. 9 Buchstabe b HGB zusammengefasst.

PRAXISBEISPIELE für die Anhangangaben nach § 285 Nr. 9 Buchstabe c HGB:

1) Angaben unter „Gesamtbezüge der Geschäftsführung und Aufsichtsratsvergütungen/Gewährte Kredite an die Geschäftsführung":[485]

„Wie bereits im Vorjahr werden Mitgliedern der Geschäftsführung im Geschäftsjahr keine Darlehen durch die Braun GmbH gewährt.

Zugunsten von Organmitgliedern werden keine Haftungsverpflichtungen übernommen."

2) Angaben unter „Sonstige Angaben", „Organe":[486]

„In den Geschäftsjahren gewährte die SAP AG an Organmitglieder keine Vorschüsse auf künftige Gehaltszahlungen oder Kredite. Die SAP AG ging zugunsten dieser Personen auch keine Haftungsverhältnisse ein."

3) Angaben unter „Sonstige Angaben":[487]

„Im Berichtsjahr wurden keine Kredite oder Vorschüsse an Mitglieder des Vorstands und des Aufsichtsrats gewährt, mit Ausnahme eines Reisekostenvorschusses an einen Arbeitnehmervertreter im Aufsichtsrat in Höhe von 1 T€. Für einen Arbeitnehmervertreter im Aufsichtsrat besteht aus der Zeit vor Organzugehörigkeit ein Mitarbeiterdarlehen in Höhe von 11 T€."

4) Angaben unter „Sonstige Angaben", „Organe der Gesellschaft":[488]

„In den sonstigen Vermögensgegenständen sind Forderungen gegen den Vorstand aus überzahlten Tantiemen in Höhe von 0,1 Mio. € (2009: 0,4 Mio. €) ausgewiesen."

---

484 Vgl. Grottel, B., in: BeckBilKom, 10. Aufl., § 285 HGB Rn. 339; Hoffmann, W.-D./Lüdenbach, N., NWB Kommentar Bilanzierung, 8. Aufl., § 285 HGB Rz. 70.
485 Braun GmbH, Kronberg im Taunus (Hrsg.), Jahresabschluss zum 30. 6. 2012 – in der im elektronischen Bundesanzeiger veröffentlichten Fassung – Druckfassung, S. 19 f.
486 SAP AG, Walldorf (Hrsg.), Rechnungslegung der SAP AG 2010 (HGB), S. 35.
487 RWE AG, Essen (Hrsg.), 2010 Jahresabschluss der RWE AG, S. 16.
488 Tom Tailor Holding AG, Hamburg (Hrsg.), Jahresabschluss und Lagebericht für das Geschäftsjahr 2010, S. 18.

5) ▶ Angaben unter „Sonstige Angaben":[489]

„Zum Abschlussstichtag beliefen sich die von der Gesellschaft an die Geschäftsführung ausgereichten Darlehen auf 181,8 T€. Die Kredite sind mit 2,5 % zu verzinsen und haben eine Restlaufzeit von 4 Jahren."

6) ▶ Angaben unter „Sonstige Pflichtangaben", „Gewährte Vorschüsse und Kredite an Geschäftsführer":[490]

„Zu den zu Gunsten einzelner Geschäftsführer vergebenen Krediten wird berichtet:

Auszahlungsbetrag	253.461,45 €
Rückzahlungsbetrag	253.461,45 €
Zinssatz	1,5 %."

7) ▶ Angaben unter „Sonstige Angaben", „Gesamtbezüge des Aufsichtsrats, der Geschäftsführung und früherer Organmitglieder sowie Kreditgewährung":[491]

„An ein Aufsichtsratsmitglied (Arbeitnehmervertreter) wurde in Vorjahren ein Darlehen in Höhe von insgesamt 25.000,00 € (i.V. in Höhe von 25.000,00 €) gewährt. Dieses mit 4 % p. a. zu verzinsende Darlehen wurde in 2012 vollständig (i.V. mit 715,00 €) getilgt und steht nun mit 0 € (i.V. 19.235,93 €) zu Buche."

8) ▶ Angaben unter „Sonstige Angaben", „Vergütungen von Vorstand und Aufsichtsrat":[492]

„An Mitglieder des Vorstands wurden unverzinsliche Vorschüsse in Höhe von 120.000 € (Vorjahr: 0 €) gezahlt, die mit der erfolgsabhängigen Vergütung verrechnet werden. An Mitglieder des Aufsichtsrats sind Darlehen in Höhe von insgesamt 14.167 € (Tilgung 2010: 1.667 €) gewährt worden. Die Darlehen sind grundsätzlich mit 4 % zu verzinsen; die vereinbarte Laufzeit beträgt bis zu 15 Jahre."

3.4.5 Angaben zum Mutterunternehmen für den kleinsten Konzernkreis (§ 285 Nr. 14a HGB)

Gehört das bilanzierende Unternehmen zu einem Konzern, wird seine wirtschaftliche Lage häufig in wesentlichem Maße durch den Konzern beeinflusst. Aufgrund dessen kann es zu ihrer Beurteilung sinnvoll sein, neben dem Jahresabschluss des bilanzierenden Unternehmens auch den Abschluss des Konzerns einzusehen, zu dem es gehört.[493]

Vor diesem Hintergrund müssen Kapitalgesellschaften, also auch GmbH sowie analog GmbH & Co. KG, nach § 285 Nr. 14a HGB in den Anhang folgende Angaben aufnehmen:

▶ Name und Sitz desjenigen Mutterunternehmens, das den Konzernabschluss für den kleinsten Kreis von Unternehmen aufstellt, und

▶ im Fall der Offenlegung dieses Konzernabschlusses der Ort, wo er erhältlich ist.

§ 285 Nr. 14a wurde mit dem BilRUG neu in das HGB eingefügt – sein Inhalt gleichwohl nicht. Auch bisher mussten die danach verlangten Angaben bereits nach § 285 Nr. 14 HGB a. F. (vor BilRUG) gemacht werden, wurden indes von dieser Vorschrift „abgespalten" und in eine eigene, neue Vorschrift „eingebracht"; dies entspricht der Vorgabe in Art. 17 Abs. 1 Buchstabe l und

---

[489] WOGE Bau GmbH, Aschaffenburg (Hrsg.), Jahresabschluss zum Geschäftsjahr vom 1. 1. 2016 bis zum 31. 12. 2016 – in der im elektronischen Bundesanzeiger veröffentlichten Fassung – pdf-Version, S. 2.
[490] Krohm Wassertechnik GmbH, Karlstein (Hrsg.), Jahresabschluss zum Geschäftsjahr vom 1. 1. 2016 bis zum 31. 12. 2016 – in der im elektronischen Bundesanzeiger veröffentlichten Fassung – pdf-Version, S. 3.
[491] Nassauische Heimstätte Wohnungs- und Entwicklungsgesellschaft mbH, Frankfurt am Main (Hrsg.), Finanzbericht 2012, in: Unternehmensgruppe Nassauische Heimstätte Wohnstadt, Geschäftsbericht 2012, S. 74.
[492] Volkswagen AG, Wolfsburg (Hrsg.), Jahresabschluss Volkswagen Aktiengesellschaft zum 31. 12. 2010, S. 38.
[493] Vgl. Adler, H./Düring, W./Schmaltz, K., 6. Aufl., § 285 HGB Rz. 246.

Buchstabe m der Bilanzrichtlinie. Aufgrund der gleichzeitig neu gefassten größenabhängigen Erleichterungen müssen kleine GmbH sowie GmbH & Co. KG zu den Konzernverhältnissen nur diese Angaben zum „kleinsten Konzernkreis" machen (§ 288 Abs. 1 Nr. 1 HGB; hierzu wird auch auf Abschnitt 2.4.2 verwiesen). Von den Angaben zum „größten Konzernkreis" nach § 285 Nr. 14 HGB sind sie befreit. Dies entspricht der Vorgabe in Art. 17 Abs. 1 Buchstabe m i.V. m. Art. 16 Abs. 2 der Bilanzrichtlinie.

Entsprechend Art. 16 Abs. 1 der Bilanzrichtlinie hätte der deutsche Gesetzgeber von kleinen GmbH sowie GmbH & Co. KG keine Angaben zum „kleinsten Konzernkreis" verlangen müssen. Davon wurde indes mit Ausübung des Mitgliedstaatenwahlrechts in Art. 16 Abs. 2 i.V. m. Art. 17 Abs. 1 Buchstabe m der Bilanzrichtlinie aus Transparenzgründen verzichtet.[494]

Dem Wortlaut bzw. dem Zweck der Vorschrift nach werden die Angaben ausgelöst, wenn die berichtende Kapitalgesellschaft als Tochterunternehmen zu einem anderen Unternehmen in einem Mutter-/Tochter-Verhältnis steht – dazu sind die Regelungen der §§ 271 Abs. 2, 290 HGB einschlägig – und das Mutterunternehmen einen Konzernabschluss aufstellt. Sie sind dann **unabhängig davon** zu machen,

- ob das Mutterunternehmen seinen Sitz im Inland oder im Ausland hat,
- ob der jeweilige Konzernabschluss pflichtmäßig aufzustellen ist (auch, wenn dies pflichtwidrig unterbleibt[495]) oder freiwillig aufgestellt wird und
- ob die bilanzierende Kapitalgesellschaft in den jeweiligen aufgestellten Konzernabschluss einbezogen wird oder nicht.[496]

Zur Angabe von **Name** und **Sitz** der Mutterunternehmen i. S. d. § 285 Nr. 14 HGB wird auf die Erläuterungen in Abschnitt 4.4.8 verwiesen.

Dasjenige Mutterunternehmen, das den Konzernabschluss für den **kleinsten Kreis** von Unternehmen aufstellt, steht der bilanzierenden Kapitalgesellschaft in der Konzernhierarchie am nächsten und ist häufig mit ihrem direkten Mutterunternehmen identisch. Dies ist indes nicht zwingend. Erstellt dieses Mutterunternehmen aufgrund der Befreiungsvorschriften der §§ 291, 292 (hierzu wird auf den folgenden Abschnitt 3.4.6 verwiesen) oder 293 HGB keinen (Teil-)Konzernabschluss, sind die nach § 285 Nr. 14a HGB erforderlichen Angaben für das nächst höhere Mutterunternehmen zu machen.[497] Dies kann dazu führen, dass i. S. d. § 285 Nr. 14a HGB „kleinstes" und i. S. d. § 285 Nr. 14 HGB „größtes Mutterunternehmen" identisch sind. Gleiches gilt bei flachen Konzernhierarchien, wenn an der bilanzierenden Kapitalgesellschaft unmittelbar nur ein Unternehmen beteiligt ist, das in keinem weiteren Konzernverbund steht. Dann beschränken sich die Angaben nach § 285 Nr. 14 HGB auf nur ein Mutterunternehmen.[498]

Der **Ort**, an dem die Konzernabschlüsse bei geforderter Offenlegung erhältlich sind, ist in Deutschland aufgrund § 325 HGB der elektronische Bundesanzeiger (offizielle Internetadresse: www.ebundesanzeiger.de; wegen Zugriff auf die gleiche Datenbasis ist der gleiche Inhalt auch

---

494 Vgl. BT-Drucks. 18/4050, S. 66.
495 Vgl. IDW, WP-Handbuch 2017, Hauptband, 15. Aufl., S. 936, Tz. 1100 m.w. N.
496 Vgl. Adler, H./Düring, W./Schmaltz, K., 6. Aufl., § 285 HGB Rz. 250-252.
497 Vgl. IDW, WP-Handbuch 2012, Bd. I, 14. Aufl., S. 772, Tz. 982, 984 m.w. N.
498 Vgl. z. B. Grottel, B., in: BeckBilKom, 10. Aufl., § 285 HGB Rn. 460; Hoffmann, W.-D./Lüdenbach, N., NWB Kommentar Bilanzierung, 8. Aufl., § 285 HGB Rz. 109.

abrufbar unter: www.unternehmensregister.de). Bei ausländischen Mutterunternehmen sind vergleichbare Orte anzugeben. Das können z. B. sein: Amtsblätter mit Datum und Nummer, elektronische Amtsblätter mit entsprechenden Internetadressen oder ggf. elektronische Adressen ausländischer Behörden, bei denen der Konzernabschluss einsehbar bzw. abrufbar ist etc.[499] Unterbleibt die Offenlegung des Konzernabschlusses eines Mutterunternehmens mangels gesetzlicher Verpflichtung, muss für die Offenlegung kein Ort angegeben werden.[500]

Die nach § 285 Nr. 14 Buchstabe a HGB geforderten Informationen zum „kleinsten Konzernkreis" können etwa wie folgt formuliert in den Anhang aufgenommen werden:

Formulierungsbeispiel:

Unser Mutterunternehmen, das den Konzernabschluss für den kleinsten Kreis von Unternehmen aufstellt, ist die Muster-Mutter GmbH, Musterhausen. Der von der Muster-Mutter GmbH aufgestellte Konzernabschluss wird im elektronischen Bundesanzeiger veröffentlicht.

Kleine GmbH sowie kleine GmbH & Co. KG dürfen auf die **Angabe des Ortes**, an denen der jeweilige Konzernabschluss erhältlich ist, **verzichten** (§ 288 Abs. 1 Nr. 3 HGB). Somit kann die nach § 285 Nr. 14 Buchstabe a HGB erforderliche Angabe bei ihnen wie folgt formuliert werden:

Formulierungsbeispiel:

Unser Mutterunternehmen, das den Konzernabschluss für den kleinsten Kreis von Unternehmen aufstellt, ist die Muster-Mutter GmbH, Musterhausen.

Mittelgroßen und großen GmbH sowie GmbH & Co. KG wird diese Erleichterung dagegen nicht gewährt. Sie müssen den jeweiligen Ort angeben. Daher erfüllt eine so formulierte Angabe die gesetzlichen Anforderungen nicht, denn es fehlt darin der Ort, wo der angegebene Konzernabschluss erhältlich ist.

PRAXISBEISPIELE für die Anhangangaben nach § 285 Nr. 14 Buchstabe a HGB:

1) Angaben unter „Sonstige Pflichtangaben":[501]

„Gem. § 285 Nr. 14a HGB ist der Ort, wo der Konzernabschluss erhältlich ist, der Sitz der Konzernmutter: Sanyei Corporation Tokyo, 1-2,4-Chome, Kotobuki, Taito-Ku, Tokyo 111-8682 Japan."

2) Angaben unter „Sonstige Angaben":[502]

„Mutterunternehmen i. S. d. § 285 Nr. 14 HGB ist die ABG FRANKFURT HOLDING Wohnungsbau- und Beteiligungsgesellschaft mbH, Frankfurt am Main. Die FAAG wird in den Konzernabschluss des Mutterunternehmens einbezogen, der im elektronischen Bundesanzeiger offengelegt wird."

3) Angaben unter „Sonstige Angaben", „Konzernabschluss":[503]

„Muttergesellschaft ist mit einer Beteiligung von 98,33 % DSW21, Dortmund. Die Dortmunder Hafen AG ist gem. § 290 HGB in den Konzernabschluss dieser Gesellschaft einbezogen. Der Konzernabschluss wird beim Bundesanzeiger veröffentlicht."

---

499 Vgl. IDW, WP-Handbuch 2017, Hauptband, 15. Aufl., S. 936, Tz. 1099 m. w. N.
500 Vgl. Grottel, B., in: BeckBilKom, 9. Aufl., § 285 HGB Rn. 461.
501 SANYEI (Deutschland) Gesellschaft mit beschränkter Haftung, Düsseldorf (Hrsg.), Jahresabschluss zum Geschäftsjahr vom 1. 1. 2016 bis zum 31. 12. 2016 – in der im elektronischen Bundesanzeiger veröffentlichten Fassung – pdf-Version, S. 2.
502 Frankfurter Aufbau AG, Frankfurt am Main (Hrsg.), Geschäftsbericht 2012, S. 65.
503 Dortmunder Hafen AG, Dortmund (Hrsg.), Jahresabschluss zum Geschäftsjahr vom 1. 1. 2012 bis zum 31. 12. 2012 – in der im elektronischen Bundesanzeiger veröffentlichten Fassung – Druckfassung, S. 6.

4) Angaben unter „Konzernverhältnis":[504]

„Die Merck Financial Services GmbH ist ein Konzernunternehmen der E. Merck KG, Darmstadt und wird in deren Konzernabschluss einbezogen. Des Weiteren wird die Gesellschaft in den Teilkonzernabschluss der Merck KGaA, Darmstadt, einbezogen.

Der Konzern- und der Teilkonzernabschluss werden beim elektronischen Bundesanzeiger eingereicht und sind unter www.unternehmensregister.de abrufbar."

5) Angaben unter „Rechnungslegung" („Abschnitt vor Beschreibung der Bilanzierungs- und Bewertungsmethoden"):[505]

„Die HUGO BOSS AG, Metzingen und die Red & Black Holding GmbH, Oberursel, sind mit der Permira Holdings Limited, Guernsey (oberstes Mutterunternehmen), und deren unmittelbaren und mittelbaren Tochterunternehmen verbundene Unternehmen.

Die Gesellschaft wird in die Konzernabschlüsse der HUGO BOSS AG, Metzingen (kleinster Konsolidierungskreis), sowie der Red & Black Holding GmbH, Oberursel, (größter Konsolidierungskreis), einbezogen.

Diese Konzernabschlüsse sind am jeweiligen Sitz der Gesellschaften erhältlich und werden im elektronischen Bundesanzeiger veröffentlicht."

Wie die Beispiele zeigen, werden die Angaben nach § 285 Nr. 14a und § 285 Nr. 14 HGB in der Bilanzierungspraxis häufig zusammenhängend formuliert und in den Anhang in einem gemeinsamen Abschnitt aufgenommen. Zu weiteren Praxisbeispielen wird daher auf Abschnitt 4.4.8 verwiesen.

3.4.6 Angaben zur befreienden Konzernrechnungslegung (§ 291 Abs. 2 Nr. 4 und § 292 HGB)

Kann eine Kapitalgesellschaft, also auch eine GmbH sowie analog eine GmbH & Co. KG, mit Sitz im Inland auf ein anderes Unternehmen unmittelbar oder mittelbar einen beherrschenden Einfluss ausüben, ist das Unternehmen nach § 290 Abs. 1 HGB auch zur Aufstellung eines eigenen Konzernabschlusses und eines eigenen Konzernlageberichts verpflichtet. Diese Verpflichtung führt in mehrstufigen Konzernen auf jeder Ebene zur Erstellung von sogenannten **Teilkonzernabschlüssen** (sowie Teilkonzernlageberichten). Aufgrund von Wirtschaftlichkeitsaspekten und des begrenzten Informationsnutzens dieser Rechenwerke, kann in bestimmten Fällen auf ihre Aufstellung verzichtet werden.

Die in der Konzernrechnungslegungspraxis wichtigsten dieser Fälle sind geregelt in:

▶ § 291 HGB (befreiende Wirkung von EU/EWR-Konzernabschlüssen) und
▶ § 292 HGB (befreiende Wirkung von Konzernabschlüssen aus Drittstaaten).

Danach können Mutterunternehmen auf einer niedrigeren Konzernebene von der Aufstellung eines eigenen (Teil-)Konzernabschlusses (sowie Teilkonzernlageberichts) befreit werden, wenn ihr (Teil-)Konzernabschluss (sowie Teilkonzernlagebericht) in den Konzernabschluss (sowie Konzernlagebericht) eines Mutterunternehmens auf einer höheren Konzernebene einbezogen wird („**Tannenbaumprinzip**").

---

[504] Merck Financial Services GmbH, Darmstadt (Hrsg.), Jahresabschluss zum 31.12.2010 – in der im elektronischen Bundesanzeiger veröffentlichten Fassung – Druckfassung, S. 9.
[505] Hugo Boss AG, Metzingen (Hrsg.), Lagebericht und Jahresabschluss für das Geschäftsjahr 2010, S. 63.

Die **Befreiungswirkung** einer übergeordneten Konzernrechnungslegung tritt aber nur ein, wenn das befreiend aufstellende Mutterunternehmen, die befreiend wirkende übergeordnete Konzernrechnungslegung und ihre Offenlegung sowie die befreite Kapitalgesellschaft die in § 291 Abs. 1 und 2 HGB (bzw. § 292 Abs. 1 bis 2 HGB) normierten Anforderungen erfüllen. Unabhängig davon entfaltet eine übergeordnete Konzernrechnungslegung nach § 291 Abs. 3 HGB keine Befreiungswirkung, wenn die Kapitalgesellschaft Wertpapiere i. S. d. § 2 Abs. 1 Satz 1 WpHG zum Handel an einem organisierten Markt emittiert hat oder Minderheitsgesellschafter von der Kapitalgesellschaft die Aufstellung eines (Teil-)Konzernabschlusses (sowie Teilkonzernlageberichts) verlangen; diese Regelung gilt nach § 292 Abs. 2 Satz 2 HGB entsprechend.

Die Voraussetzungen des § 291 HGB für die Befreiung einer Kapitalgesellschaft von der eigenen Pflicht zur Konzernrechnungslegung sehen in § 291 Abs. 2 Nr. 4 HGB vor, dass die Kapitalgesellschaft selbst über diese Befreiung informieren muss. Zur Information darüber sind in den **Anhang** des Jahresabschlusses der Kapitalgesellschaft folgende Angaben aufzunehmen:

- Name und Sitz des Mutterunternehmens, das die befreiende Konzernrechnungslegung aufstellt (§ 291 Abs. 2 Nr. 4 Buchstabe a HGB),
- ein Hinweis auf die Befreiung von der Pflicht, einen eigenen Konzernabschluss und Konzernlagebericht aufzustellen (§ 291 Abs. 2 Nr. 4 Buchstabe b HGB),
- eine Erläuterung der im befreienden Konzernabschluss abweichend vom deutschen Handelsrecht angewendeten Bilanzierungs-, Bewertungs- und Konsolidierungsmethoden (§ 291 Abs. 2 Nr. 4 Buchstabe c HGB).

Diese Anforderungen sind nach § 292 Abs. 2 Satz 1 HGB gleichlautend anzuwenden. Ergänzend wird in § 292 Abs. 2 Satz 1 HGB indes verlangt

- die Nennung, nach welchen der in Buchstabe a bis d des § 292 Abs. 1 Nr. 1 HGB genannten Vorgaben sowie
- ggf. nach dem Recht welchen Drittstaats die befreiende Konzernrechnungslegung aufgestellt wurde.

Zu **Name** und **Sitz** des Mutterunternehmens, das die befreiende Konzernrechnungslegung aufstellt, wird auf die Erläuterungen in Abschnitt 4.2.1.3 verwiesen.

Als Hinweis auf die Befreiung von der Pflicht, einen eigenen Konzernabschluss und Konzernlagebericht aufzustellen, genügt eine entsprechende, verbale Aussage.

Eine **Erläuterung** der im befreienden Konzernabschluss abweichend vom deutschen Handelsrecht angewendeten Bilanzierungs-, Bewertungs- und Konsolidierungsmethoden erfordert „wörtlich genommen ... ganze Bücher, zumindest Ausführungen im Umfang eines längeren Aufsatzes."[506] In dieser Weise wollte der Gesetzgeber die Anforderung des § 291 Abs. 2 Nr. 4 HGB allerdings nicht definieren. Sie „soll sicherstellen, daß der Bilanzleser angemessen über die Anwendung ausländischer Bilanzierungsmethoden unterrichtet wird."[507] Dazu reicht eine verbale Beschreibung der **wesentlichen Unterschiede** aus.[508]

---

506 Vgl. Busse von Colbe, W., in: MüKoHGB, 3. Aufl., § 291 HGB Rn. 26.
507 Vgl. IDW, WP-Handbuch 2017, Hauptband, 15. Aufl., S. 1100, Tz. 133, Fußnote 190.
508 Vgl. Grottel, B./Kreher, M., in: BeckBilKom, 10. Aufl., § 291 HGB Rn. 28.

3.4 Sonstige Angaben

Bei Erstellung des befreienden Konzernabschlusses nach den von der EU übernommenen **IFRS** wird zur Erläuterung nach § 291 Abs. 2 Nr. 4 Buchstabe c HGB ein bloßer Verweis auf die Anwendung dieser IFRS für zulässig gehalten, da sie über § 315a HGB zum HGB-Konzernrechnungslegungsrecht gehören.[509] Aus der Entstehungsgeschichte des § 291 Abs. 2 Nr. 4 Buchstabe c HGB lässt sich diese inhaltliche Auslegung nicht ableiten.[510] Daher halten es Teile des Schrifttums auch im Fall des befreienden Konzernabschlusses nach oder entsprechend § 315a HGB für erforderlich, auf die für die jeweilige Kapitalgesellschaft wichtigsten Abweichungen darin zur „klassischen" Konzernrechnungslegung nach HGB (§§ 290-315 HGB) einzugehen.[511]

▮▮▮ BEISPIEL ▶ **(befreiender Konzernabschluss in einem Baukonzern, der befreiende Konzernabschluss wird aufgestellt nach IFRS):**[512]

„Der befreiende Konzernabschluss wird gemäß § 315a HGB nach den von der EU anerkannten IFRS aufgestellt. Dabei kommen gegenüber den Bilanzierungs-, Bewertungs- und Konsolidierungsmethoden der Konzernrechnungslegung nach §§ 290-315 HGB folgende wesentliche Abweichungen zur Anwendung:

1. Umsatz- und Gewinnrealisierung nach der Percentage of Completion-Methode.
2. Abschreibung des aktivierten Goodwill nach dem Impairment only Approach."

Die Erläuterung nach § 291 Abs. 2 Nr. 4 Buchstabe c HGB **entfällt**, wenn das Mutterunternehmen im befreienden, übergeordneten Konzernabschluss die gleichen Bilanzierungs-, Bewertungs- und Konsolidierungsmethoden anwendet, wie es die Kapitalgesellschaft bei eigener Erstellung eines (Teil-)Konzernabschlusses tun müsste. Diese Konstellation tritt in folgenden Fällen auf:

▶ befreiendes Mutterunternehmen und befreite Kapitalgesellschaft haben ihren Sitz im Inland und unterliegen beide der HGB-Konzernrechnungslegung nach den Regelungen der §§ 290-315 HGB,

▶ befreiendes Mutterunternehmen und befreite Kapitalgesellschaft unterliegen beide der IFRS-Konzernrechnungslegung. Dabei kommt für das befreiende Mutterunternehmen bei Sitz im Inland § 315a Abs. 1 HGB (bei Sitz im EU/EWR-Ausland eine § 315a Abs. 1 HGB entsprechende Vorschrift) und für die befreite inländische Kapitalgesellschaft § 315a Abs. 2 HGB zur Anwendung. In diesem Fall tritt für die Kapitalgesellschaft (noch) kein Befreiungsausschluss nach § 291 Abs. 3 Nr. 1 HGB ein.

▮▮▮ PRAXISBEISPIELE ▶ **für die Anhangangaben nach § 291 Abs. 2 Nr. 4 HGB:**

▮ **1)** ▶ **Angaben unter „Allgemeine Erläuterungen":**[513]

„Der Jahresabschluss der Gesellschaft ist in den Konzernabschluss der Drägerwerk AG & Co. KGaA, Lübeck, einbezogen. Diese stellt den Konzernabschluss nach den Grundsätzen der International Financial Reporting Standards (IFRS) für den größten und für den kleinsten Kreis von Unternehmen auf. Der Konzernabschluss ist am Sitz der Drägerwerk AG & Co. KGaA, Lübeck erhältlich und wird im elektronischen Bundesanzeiger veröffentlicht.

Aufgrund der Einbeziehung der Gesellschaft in den Konzernabschluss der Drägerwerk AG & Co. KGaA ist die Gesellschaft von der Aufstellung eines eigenen Konzernabschlusses befreit."

---

509 Vgl. IDW, WP-Handbuch 2017, Hauptband, 15. Aufl., S. 1100, Tz. 134.
510 Vgl. Busse von Colbe, W., in: MüKoHGB, 3. Aufl., § 291 HGB Rn. 26-28.
511 Vgl. Busse von Colbe, W., in: MüKoHGB, 3. Aufl., § 291 HGB Rn. 28; Hoffmann, W.-D./Lüdenbach, N., NWB Kommentar Bilanzierung, 8. Aufl., § 291 HGB Rz. 26.
512 Entnommen aus Hoffmann, W.-D./Lüdenbach, N., NWB Kommentar Bilanzierung, 8. Aufl., § 291 HGB Rz. 26.
513 Dräger Medical GmbH, Lübeck (Hrsg.), Jahresabschluss zum 31. 12. 2012 – in der Fassung des Testatsexemplars –, S. 7.

2) Angaben unter „Sonstige Angaben", „Konzernzugehörigkeit":[514]

„Oberste Konzerngesellschaft ist die Rembrandt Holdings S. A., Luxemburg (eingetragen im Handelsregister unter der Nr. B 108466), die als Mutterunternehmen für den kleinsten und zugleich größten Kreis von Unternehmen einen Konzernabschluss aufstellt, in den die Elster Group SE und ihre Tochterunternehmen einbezogen werden. Der Konzernabschluss wird im elektronischen Unternehmensregister des Großherzogtums Luxemburg (www.legilux.lu) bekannt gemacht. Vorbezeichneter Konzernabschluss der Rembrandt Holdings S. A. wird nach den International Financial Reporting Standards (IFRS), wie sie in der Europäischen Union anzuwenden sind, aufgestellt. Eine deutsche Übersetzung wird im elektronischen Bundesanzeiger offengelegt. Er ist damit für die Elster Group SE nach § 291 HGB befreiend."

Die Befreiungsvoraussetzungen nach § 292 HGB wurden mit dem BilRUG neu gefasst. Damit wurden in § 292 Abs. 1 HGB die zuvor in der KonBefrV enthaltenen Anforderungen an die befreiende Wirkung der Konzernrechnungslegung von Mutterunternehmen mit Sitz in einem Drittstaat originär in das HGB aufgenommen und gleichzeitig klarer gefasst. Die Anwendung der KonBefrV wurde für nach dem 31. 12. 2015 beginnende Geschäftsjahre aufgehoben (§ 4 KonBefrV).

Eine der Befreiungsvoraussetzungen besteht darin, dass der Konzernabschluss des Mutterunternehmens nach den in § 292 Abs. 1 Nr. 1 Buchstabe a bis d HGB **genannten Regelwerken aufgestellt** worden sein muss. Das bedeutet, nach § 292 HGB befreiende Konzernabschlüsse müssen erstellt werden gemäß

▶ Bilanzrichtlinie oder

▶ im Einklang mit den in § 315a Abs. 1 HGB genannten internationalen Rechnungslegungsstandards oder

▶ zur Bilanzrichtlinie gleichwertig oder

▶ nach internationalen Rechnungslegungsstandards, deren Gleichwertigkeit von der EU-Kommission gesondert festgelegt wurde.

Letzteres basiert derzeit auf der Entscheidung 2008/961 EG der EU-Kommission[515] sowie dem EU-Durchführungsbeschluss zur Änderung dieser Entscheidung[516] und gilt danach für Konzernabschlüsse nach

▶ IFRS (wenn im Konzernanhang ausdrücklich und uneingeschränkt erklärt wird, dass dieser Abschluss gemäß IAS 1 den IFRS entspricht),

▶ Japan-GAAP,

▶ US-GAAP,

▶ China-GAAP,

▶ Kanada-GAAP und

---

514 Elster Group SE, Essen (Hrsg.), Jahresabschluss zum Geschäftsjahr vom 1. 1. 2011 bis zum 31. 12. 2011 – in der im elektronischen Bundesanzeiger veröffentlichten Fassung – Druckfassung, S. 10.

515 Vgl. Entscheidung 2008/961 EG der EU-Kommission vom 12. 12. 2008 über die Verwendung der nationalen Rechnungslegungsgrundsätze bestimmter Drittländer und der International Financial Reporting Standards durch Wertpapieremittenten aus Drittländern bei der Erstellung ihrer konsolidierten Abschlüsse, EU-Amtsblatt vom 19. 12. 2008, L 340, S. 112-114.

516 Vgl. Durchführungsbeschluss 2012/194/EU der EU-Kommission vom 11. 4. 2012 zur Änderung der Entscheidung 2008/961/EG über die Verwendung der nationalen Rechnungslegungsgrundsätze bestimmter Drittländer und der International Financial Reporting Standards durch Wertpapieremittenten aus Drittländern bei der Erstellung ihrer konsolidierten Abschlüsse, EU-Amtsblatt vom 13. 4. 2012, L 103/49 f. (abrufbar unter http://eur-lex.europa.eu/legal-content/DE/ALL/?uri=CELEX%3A32012D0194).

▶ Republik Korea-GAAP.

Nach § 292 Abs. 2 Satz 1 HGB sind die aus dem genannten Kreis im befreienden Konzernabschluss angewendeten Konzernrechnungslegungsstandards bzw. das im befreienden Konzernabschluss angewendete Konzernrechnungslegungsrecht im Anhang explizit zu nennen.

PRAXISBEISPIEL ▶ für die Anhangangaben nach § 292 HGB (auch in Abschlüssen nach neuer Rechtslage noch mit Verweisen auf die Regelungen der KonBefrV):

1) ▶ Angaben unter „Allgemeine Angaben":[517]

„Alleinige Gesellschafterin der Opel Bank GmbH ist zum 31. 12. 2016 die GMF Germany Holdings GmbH, Rüsselsheim am Main.

...

Die GMF Germany Holdings GmbH ist eine 100 % Tochtergesellschaft der Adam Opel AG, Rüsselsheim am Main. Die Jahresabschlüsse der Adam Opel AG und ihrer Tochterunternehmen werden in den Konzernabschluss der Konzernmuttergesellschaft General Motors Company, Detroit, Michigan, USA einbezogen, der nach US-amerikanischen Rechnungslegungsvorschriften (US-GAAP) aufgestellt ist.

Die Opel Bank GmbH hat aufgrund der Befreiungsvorschrift des § 292 HGB in Verbindung mit der vom Bundesministerium der Justiz herausgegebenen Konzernabschlussbefreiungsverordnung darauf verzichtet, einen Teilkonzernabschluss aufzustellen. Der Abschluss des übergeordneten Konzernmutterunternehmens, der General Motors Company, wird in deutscher Sprache beim Betreiber des elektronischen Bundesanzeigers eingereicht und bekannt gemacht.

Der befreiende Konzernabschluss ist nach US-amerikanischen Rechnungslegungsvorschriften (US-GAAP) aufgestellt. Unterschiede zu den handelsrechtlichen Bilanzierungs- und Bewertungsmethoden treten dabei insbesondere bei der Behandlung folgender Sachverhalte auf:

- ▶ Leasingverträge werden gemäß ASC 840 i. d. R. als Finanzierungsleasing dargestellt.
- ▶ Einzel- und Pauschalwertberichtigungen im Kreditgeschäft werden gemäß ASC 310 dargestellt.
- ▶ Ansatz und Bewertung von Pensionsrückstellungen erfolgt gemäß ASC 710.
- ▶ Ansatz und Bewertung von Finanzinstrumenten werden gemäß ASC 825 mit ihrem beizulegenden Zeitwert erfasst.
- ▶ Die Periodisierung von Aufwendungen und Erträgen weicht teilweise ab.
- ▶ Keine Berücksichtigung eines Fonds für allgemeine Bankrisiken nach § 340g HGB nach US-GAAP."

2) ▶ Angaben unter „Konzernabschluss":[518]

„Der Jahresabschluss der Procter & Gamble GmbH wird in den weltweiten Konzernabschluss der The Procter & Gamble Company, Cincinnati, Ohio, USA, einbezogen, die für den größten Kreis von Unternehmen den Konzernabschluss aufstellt. Dieser Konzernabschluss wird unter Central Index Key 80424 bei der U. S. Securities and Exchange Commission in Washington D. C., USA, offengelegt.

Die Procter & Gamble GmbH nimmt die Befreiungsregelung des § 292 HGB in Anspruch und stellt keinen Konzernabschluss auf. Der entsprechend den US-amerikanischen Rechnungslegungsvorschriften aufgestellte Weltabschluss des obersten Mutterunternehmens The Procter & Gamble Company, Cincinnati, Ohio, USA, der in deutscher Sprache im Bundesanzeiger bekannt gemacht wird, ist als gleichwertig anzusehen.

Der befreiende Konzernabschluss ist nach amerikanischen Rechnungslegungsvorschriften (US GAAP) aufgestellt. Dabei fanden insbesondere folgende im Konzernabschluss des obersten Mutterunternehmens

---

[517] Opel Bank GmbH, Rüsselsheim (Hrsg.), Jahresabschluss zum 31. 12. 2016 – in der im elektronischen Bundesanzeiger veröffentlichten Fassung – pdf-Version, S. 12.

[518] Procter & Gamble GmbH, Schwalbach am Taunus (Hrsg.), Jahresabschluss zum 30. 6. 2012 – in der im elektronischen Bundesanzeiger veröffentlichten Fassung – Druckfassung, S. 17 f.

angewandte Bilanzierungs-, Bewertungs- und Konsolidierungsmethoden, die in folgender Hinsicht von deutschem Recht abweichen, Anwendung:

- ► Selbstgeschaffene immaterielle Vermögensgegenstände des Anlagevermögens sind zu aktivieren.
- ► Firmenwerte entstehen nur, soweit Unterschiedsbeträge nicht auf die Abgeltung identifizierbarer immaterieller Vermögensgegenstände zurückgeführt werden können. Sie werden nicht planmäßig abgeschrieben.
- ► Langfristige Fremdwährungsforderungen und -verbindlichkeiten werden mit dem beizulegenden Wert angesetzt, auch wenn dieser aufgrund von Kursänderungen über den Anschaffungskosten liegt.
- ► Bei der Bewertung der Pensionsrückstellungen erfolgt die Abzinsung mit dem jeweils aktuellen Kapitalmarktzins. Rückstellungen für im Geschäftsjahr unterlassene Aufwendungen für Instandhaltung, die im Folgejahr nachgeholt werden, kommen nicht zum Ansatz.
- ► Anschaffungs- oder Herstellungskosten von Vermögensgegenständen des Anlagevermögens, deren Nutzung begrenzt ist, werden planmäßig ausschließlich in gleichen Beträgen (linear) auf Geschäftsjahre der voraussichtlichen Nutzung verteilt.
- ► Bestimmte Finanzinstrumente werden mit den beizulegenden Zeitwerten bewertet, auch dann, wenn diese über den Anschaffungskosten liegen."

3)► Angaben unter „Sonstige Angaben", „Konzernverhältnisse":[519]

„Der Jahresabschluss der Bühler Alzenau GmbH wird in den Konzernabschluss der Bühler Holding AG mit Sitz in Uzwil/Schweiz, die den Konzernabschluss für den größten und kleinsten Kreis von Unternehmen aufstellt, einbezogen. Dieser Konzernabschluss hat gemäß § 292 HGB i.V. mit §§ 1 und 2 KonBefrV (Konzernabschlussbefreiungsverordnung) befreiende Wirkung für die Gesellschaft, da er einschließlich Bestätigungsvermerk des Abschlussprüfers sowie des Lageberichts in deutscher Sprache offen gelegt wird.

Der Konzernabschluss der Bühler Holding AG, Uzwil/Schweiz, wird beim Betreiber des elektronischen Bundesanzeigers eingereicht und im elektronischen Bundesanzeiger veröffentlicht.

Der befreiende Konzernabschluss der Bühler Holding AG, Uzwil/Schweiz ist auf der Grundlage der International Financial Reporting Standards (IFRS) erstellt worden. Bei der Bilanzierung nach HGB sowie der Bilanzierung nach IFRS stehen unterschiedliche Rechnungslegungsphilosophien im Vordergrund. Während die IFRS ihren Schwerpunkt vor allem auf Informationen für gegenwärtige und potentielle Investoren legt, sind für die handelsrechtliche Rechnungslegung darüber hinaus auch das Vorsichts- und Gläubigerschutzprinzip von stärkerer Bedeutung. Generell steht bei der Rechnungslegung nach IFRS die periodengerechte Gegenüberstellung von Aufwendungen und dazugehörigen Erträgen (matching principle) stärker im Vordergrund als in der deutschen Rechnungslegung nach HGB."

4)► Angaben unter „Sonstige Erläuterungen", „Konzernverhältnisse":[520]

„Das Mutterunternehmen der Gesellschaft, das den Konzernabschluss für den größten Kreis von Unternehmen (Weltabschluss) aufstellt, ist die SGS S. A., Genf.

Der Konzernabschluss wird in Genf veröffentlicht und ist in der Abteilung Investor Relations oder unter www.sgs.com erhältlich.

Auf die Erstellung eines Konzernabschlusses für den kleinsten Kreis von Unternehmen (deutscher Abschluss) wird unter Hinweis auf die vom Bundesminister der Justiz in 1991 erlassene Rechtsverordnung zu § 292 HGB über befreiende Konzernabschlüsse und -lageberichte von Mutterunternehmen mit Sitz außerhalb der EU/EWR verzichtet."

---

519 Bühler Alzenau GmbH, Alzenau (Hrsg.), Jahresabschluss zum Geschäftsjahr vom 1.1.2016 bis zum 31.12.2016 – in der im elektronischen Bundesanzeiger veröffentlichten Fassung – pdf-Version, S. 18 f.

520 SGS INSTITUT FRESENIUS Berlin GmbH & Co. KG, Berlin (Hrsg.), Jahresabschluss zum Geschäftsjahr vom 1.1.2009 bis zum 31.12.2009 – in der im elektronischen Bundesanzeiger veröffentlichten Fassung – Druckfassung, S. 3.

Der befreiende Konzernabschluss SGS S. A., Genf, wird nach den Vorschriften der International Accounting Standards (IAS)/International Financial Reporting Standards (IFRS) erstellt, welche gegenüber dem HGB in einigen Bereichen abweichende Bilanzierungs-, Bewertungs- und Konsolidierungsmethoden aufweisen. Diese sind im Einzelnen im Abschluss der SGS S. A., Genf, erläutert. Der Konzernabschluss einschließlich des Bestätigungsverkehrs wird in deutscher Sprache übersetzt und offengelegt."

3.5 Anhangangaben beim Übergang auf neue Rechnungslegungsvorschriften – Beispiel BilMoG (Art. 66 Abs. 3 Satz 6, 67 Abs. 8 Satz 2 EGHGB)

Die folgenden Anhangangaben galten nur für den Zeitpunkt des Übergangs auf die durch das BilMoG novellierten Rechnungslegungsvorschriften. Hinweise und Beispiele dazu sind gegenwärtig für die Erstellung des Anhangs ohne Anwendungsbedeutung. Sie werden gleichwohl weiter in dieses Buch aufgenommen, um bei **künftigen Gesetzesänderungen Anhaltspunkte** für die Formulierung ähnlicher Anhangangaben zu geben.

Art. 66 Abs. 3 Satz 6 EGHGB ermöglichte, die durch das BilMoG geänderten Rechnungslegungsvorschriften (freiwillig) bereits im nach dem 31. 12. 2008 beginnenden Geschäftsjahr anzuwenden, dies jedoch nur insgesamt und unter entsprechender Angabe im Anhang.

Art. 67 Abs. 8 Satz 2 EGHGB bestimmt, dass im Jahresabschluss für das Geschäftsjahr der erstmaligen Anwendung der durch das BilMoG geänderten Rechnungslegungsvorschriften Vorjahreszahlen angegeben werden müssen, indes unangepasst bleiben dürfen und hierauf dann im Anhang lediglich hinzuweisen ist. Eine Anpassung der Vorjahreszahlen oder eine Erläuterung nicht angepasster Vorjahreszahlen im Anhang wurde demnach nicht verlangt, blieb gleichwohl freiwillig zulässig.

PRAXISBEISPIELE für Angaben nach Art. 66 Abs. 3 Satz 6 und Art. 67 Abs. 8 Satz 2 EGHGB:

1) Angaben unter „Allgemeine Angaben" vor Beschreibung der Bilanzierungs- und Bewertungsmethoden:[521]

„Der Jahresabschluss der hotel.de AG ist zum 31. 12. 2009 nach den neuen Vorschriften des Handelsgesetzbuches und des Aktiengesetzes, wie sie am 25. 5. 2009 verkündet wurden (BilMoG) aufgestellt worden. Die Gesellschaft hat das Wahlrecht gemäß Art. 66 Abs. 3 Satz 6 EGHGB in Anspruch genommen und die Vorschriften des Bilanzrechtsmodernisierungsgesetzes (BilMoG) bereits im Geschäftsjahr 2009 angewandt. Die Vorschriften werden in ihrer Gesamtheit angewandt. Gemäß Art. 67 Abs. 8 Satz 2 EGHGB wurden die Vorjahresvergleichszahlen aufgrund dieses Wahlrechts nicht angepasst."

2) Angaben unmittelbar nach der Überschrift „Anhang 2009":[522]

„Der Jahresabschluss von DEW21 für das Geschäftsjahr 2009 wurde nach den Vorschriften des Handelsgesetzbuches (HGB) für große Kapitalgesellschaften i. d. F. des vom Bundesrat am 3. 4. 2009 verabschiedeten Bilanzrechtsmodernisierungsgesetzes (BilMoG) aufgestellt. Eine Anpassung der Vorjahresbeträge wurde nicht vorgenommen."

---

521 hotel.de AG, Nürnberg und Hamm (Hrsg.), Geschäftsbericht 2009 der hotel.de AG, S. 57.
522 Dortmunder Energie- und Wasserversorgung GmbH, Dortmund (Hrsg.), Geschäftsbericht 2009, S. 47.

3) **Angaben zu Beginn der Beschreibung der Bilanzierungs- und Bewertungsmethoden:**[523]

„Die Bank hat die in Artikel 66 Abs. 3 EGHGB bezeichneten Vorschriften des Bilanzrechtmodernisierungsgesetzes (BilMoG) vorzeitig ab dem Geschäftsjahr 2009 angewendet. Die Vorjahreswerte wurden aufgrund der Erstanwendung des BilMoG nicht angepasst."

Neben diesen gänzlich neuen übergangsbedingten Angaben mussten bestehende Angaben inhaltlich neu ausgefüllt werden. Dies betraf in erster Linie

▶ die Erläuterung der gesondert unter den zwischenzeitlich durch das BilRUG gestrichenen Posten „außerordentliche Aufwendungen" und „außerordentliche Erträge" zu erfassenden übergangsbedingten Ergebnisbeiträge (§ 277 Abs. 4 Satz 2 HGB i. V. m. Art. 67 Abs. 7 EGHGB) und

▶ die Beschreibung der durch das BilMoG geänderten Bilanzierungs- und Bewertungsmethoden.

PRAXISBEISPIELE für Angaben nach § 277 Abs. 4 Satz 3 HGB a. F. (vor BilRUG) i. V. m. Art. 67 Abs. 7 EGHGB:

1) Angaben bei den „Erläuterungen zur Gewinn- und Verlustrechnung" unter „Außerordentliches Ergebnis":[524]

…

„Das außerordentliche Ergebnis beinhaltet außerordentliche Aufwendungen der erstmaligen Anwendung des BilMoG zum 1.1.2009 in Höhe von 1.751 T€ und ergibt sich aus der Änderung der Bewertung von Pensionsverpflichtungen (1.450 T€) sowie weiterer langfristiger Personalrückstellungen."

2) Angaben unter „Erläuterungen und ergänzende Angaben zu einzelnen Positionen der Bilanz sowie Gewinn- und Verlustrechnung bezüglich Ausweis, Bilanzierung und Bewertung", Punkt „Gewinn- und Verlustrechnung":[525]

…

„Die außerordentlichen Aufwendungen enthalten den einmaligen Aufwand für die Anteile, die sich aus der Bewertung nach BilMoG für die Aufstockung der Rückstellung für Altersteilzeit (rd. 131 T€) und für die Pensionsrückstellung (rd. 790 T€) ergeben."

PRAXISBEISPIELE für die Beschreibung der Bilanzierungs- und Bewertungsmethoden im Hinblick auf die Inanspruchnahme der durch das BilMoG im HGB neu bzw. im EGHGB übergangsweise eingeräumten Wahlrechte:

1) Angaben vorweg bei Beschreibung der „Bilanzierungs-, Bewertungs- und Ermittlungsmethoden":[526]

„Der Jahresabschluss ist nach den Vorschriften des Handelsgesetzbuches in der Fassung des Bilanzrechtsmodernisierungsgesetzes vom 25.5.2009 (BilMoG) in Verbindung mit der Verordnung über die Rechnungslegung von Versicherungsunternehmen (RechVersV) aufgestellt. Damit wurde gemäß Art. 66 Abs. 3 Satz 6 1. Halbsatz EGHGB von dem Wahlrecht der vorgezogenen Anwendung des Bilanzrechtsmodernisierungsgesetzes für das Geschäftsjahr 2009 Gebrauch gemacht. Die weiteren mit BilMoG zum Übergangszeitpunkt 1.1.2009 verbundenen Wahlrechte wurden wie folgt ausgeübt:

▶ Von der Aktivierung von selbst geschaffenen immateriellen Vermögensgegenständen des Anlagevermögens nach § 248 Abs. 2 Satz 1 HGB wird abgesehen.

---

523 VTB Bank (Deutschland) AG, Frankfurt am Main (Hrsg.), Geschäftsbericht 2009, S. 36.
524 AWISTA Gesellschaft für Abfallwirtschaft und Stadtreinigung mbH, Düsseldorf (Hrsg.), Jahresabschluss zum Geschäftsjahr vom 1.1.2009 bis zum 31.12.2009 und Lagebericht für das Geschäftsjahr 2009 – in der im elektronischen Bundesanzeiger veröffentlichten Fassung – Druckfassung, S. 13.
525 Stadtwerke GmbH Bad Kreuznach, Bad Kreuznach (Hrsg.), Geschäftsbericht 2009, S. 28.
526 ALTE LEIPZIGER Lebensversicherung auf Gegenseitigkeit, Oberursel/Taunus (Hrsg.), Geschäftsbericht 2009, S. 78.

3.5 Anhangangaben beim Übergang auf neue Rechnungslegungsvorschriften

- Gemäß Art. 67 Abs. 1 Satz 2 EGHGB werden Rückstellungen, für die sich aufgrund der geänderten Bewertung eine Auflösung ergeben würde, beibehalten, soweit der aufzulösende Betrag bis spätestens zum 31.12.2024 wieder zugeführt werden müsste. Die Rückstellungen für Pensionen wurden hierbei im Sinne einer Gesamtbetrachtung als ein Posten zusammengefasst, auch wenn er sich aus verschiedenen Teilen von Verpflichtungen zusammensetzt.
- Rückstellungen für Altersversorgungsverpflichtungen oder vergleichbare langfristig fällige Verpflichtungen werden nach § 253 Abs. 2 Satz 2 HGB pauschal mit dem durchschnittlichen Marktzinssatz abgezinst, der sich bei einer angenommenen Restlaufzeit von 15 Jahren ergibt.
- Von dem Wahlrecht zum Ansatz aktiver latenter Steuern aufgrund sich ergebender Steuerentlastungen nach § 274 Abs. 1 Satz 2 HGB wird kein Gebrauch gemacht.
- Das Wahlrecht des Art. 67 Abs. 1 EGHGB, die erforderliche Zuführung zu den Pensionsrückstellungen auf maximal 15 Jahre zu verteilen, wird nicht ausgeübt. Im Geschäftsjahr 2009 wurde die vollständige Zuführung vorgenommen.
- Gemäß Art. 67 Abs. 8 Satz 2 EGHGB wurden die Vorjahreszahlen nicht an die neuen Vorschriften des BilMoG angepasst."...

„Sonderposten mit Rücklageanteil nach § 247 Abs. 3 HGB in Verbindung mit § 6b EStG werden gemäß Art. 67 Abs. 3 EGHGB beibehalten und fortgeführt. Gleiches gilt gemäß Art. 67 Abs. 4 EGHGB für niedrigere Wertansätze aufgrund der in Vorjahren übertragenen § 6b-Rücklagen und der daraus resultierenden Abschreibung nach § 279 Abs. 2 HGB."[527]

2) Angaben bei Beschreibung der „Bilanzierungs- und Bewertungsmethoden" unter „Passiva", Punkte „Gewinnrücklagen" und „Sonderposten mit Rücklageanteil":[528]

„Gem. Art. 67 Abs. 3 EGHGB wurde von der Möglichkeit Gebrauch gemacht, künftig nicht mehr zulässige Posten erfolgsneutral in die Gewinnrücklagen einzustellen."

„Der Sonderposten mit Rücklageanteil wurde aufgelöst. Beträge betreffend § 6b EStG wurden gemäß Art. 67 Abs. 3 EGHGB in die Gewinnrücklagen eingestellt..."

3) Beschreibung bei „Angaben zum Jahresabschluss", „Aufstellungsgrundsätze":[529]

„Die Ergebniswirkungen aus der Umstellung zum 31.12.2008/1.1.2009 wurden innerhalb des außerordentlichen Ergebnisses ausgewiesen und belasten das Jahresergebnis 2009 mit 1.368.552,00 €. Hierbei wurde die Erhöhung der Pensionsrückstellung sowie der Jubiläumsrückstellung in vollem Umfang zugeführt; vom Wahlrecht der Verteilung des Zuführungsbetrags auf 15 Jahre wurde nicht Gebrauch gemacht."

4) Angaben bei Beschreibung der „Bilanzierung- und Bewertungsmethoden":[530]

...

„Aufwendungen, die sich durch die Neubewertung der Rückstellungen zum 1.1.2009 ergaben, wurden im Berichtsjahr als außerordentlicher Aufwand in der Gewinn- und Verlustrechnung dargestellt (Art. 67 Abs. 7 EGHGB). Ergab sich aus der Neubewertung eine Auflösung der Rückstellung, so wurde gemäß Art. 67 Abs. 1 Satz 2 EGHGB der Rückstellungsbetrag beibehalten."

---

527 HALLESCHE Krankenversicherungsgesellschaft auf Gegenseitigkeit, Stuttgart (Hrsg.), Geschäftsbericht 2009, S. 60.
528 Dortmunder Energie- und Wasserversorgung GmbH, Dortmund (Hrsg.), Geschäftsbericht 2009, S. 52.
529 Aktiengesellschaft Bad Neuenahr, Bad Neuenahr-Ahrweiler (Hrsg.), Jahresabschluss zum 31.12.2009, S. 16 (Jahresabschluss ist auf der Unternehmenshomepage und unter www.unternehmensregister.de aktuell nicht abrufbar).
530 AWISTA Gesellschaft für Abfallwirtschaft und Stadtreinigung mbH, Düsseldorf (Hrsg.), Jahresabschluss zum Geschäftsjahr vom 1.1.2009 bis zum 31.12.2009 und Lagebericht für das Geschäftsjahr 2009 – in der im elektronischen Bundesanzeiger veröffentlichten Fassung – Druckfassung, S. 9.

5) Angaben bei Beschreibung der „Bilanzierungs- und Bewertungsgrundsätze", „Rückstellungen":[531]

„Rückstellungen für Bauinstandhaltung wurden nach § 249 Abs. 2 HGB a. F. für Sanierungsmaßnahmen gebildet. Sie wurden bis 2009 in der Weise erfasst, dass die zukünftig zu erwartenden Instandhaltungsaufwendungen zum Bilanzstichtag geschätzt wurden. Das unter BilMoG gemäß Art. 67 Abs. 3 EGHGB bestehende Wahlrecht zur Beibehaltung und Fortschreibung bestehender Aufwandsrückstellungen über Inanspruchnahmen und eventuelle Auflösungen von Baumaßnahmen wurde in Anspruch genommen.

...

Auf Grund der geänderten Bewertung von Verpflichtungen durch das BilMoG war eine Auflösung der Archivierungskostenrückstellung zum 1. 1. 2010 erforderlich. Diese darf grundsätzlich nach Maßgabe des Art. 67 Abs. 1 Satz 2 EGHGB beibehalten werden, soweit der aufzulösende Betrag bis spätestens zum 31. 12. 2024 wieder zugeführt werden müsste. Die GAG macht von dem Wahlrecht keinen Gebrauch und stellt die aus der Auflösung resultierenden Beträge von 27 T€ unmittelbar in die Gewinnrücklagen ein (Art. 67 Abs. 1 Satz 3 EGHGB)."

Im Übrigen notwendige Anpassungen bei der Beschreibung der Bilanzierungs- und Bewertungsmethoden ließen sich z. B. wie folgt formulieren:[532]

„**Selbst erstellte immaterielle Vermögensgegenstände** des Anlagevermögens werden zu Herstellungskosten gemäß § 255 Abs. 2 Sätze 1 und 2 und Abs. 2a HGB aktiviert und planmäßig linear über ihre voraussichtliche Nutzungsdauer sowie bei Vorliegen einer voraussichtlich dauernden Wertminderung außerplanmäßig abgeschrieben.

...

Fertige und unfertige Erzeugnisse werden zu Herstellungskosten gemäß § 255 Abs. 2 HGB aktiviert. In die Herstellungskosten werden die Einzelkosten, angemessene Teile der Materialgemeinkosten, der Fertigungsgemeinkosten und des Werteverzehrs des Anlagevermögens, soweit dieser durch die Fertigung veranlasst ist, einbezogen.

...

Rückstellungen werden in Höhe des nach vernünftiger kaufmännischer Beurteilung notwendigen Erfüllungsbetrags passiviert. Bei Rückstellungen mit einer Restlaufzeit von mehr als einem Jahr werden künftige Preis- und Kostensteigerungen berücksichtigt und eine Abzinsung auf den Bilanzstichtag vorgenommen. Als Abzinsungssätze werden die den Restlaufzeiten der Rückstellungen entsprechenden durchschnittlichen Marktzinssätze der vergangenen sieben Geschäftsjahre verwendet, wie sie von der Deutschen Bundesbank gemäß Rückstellungsabzinsungsverordnung monatlich ermittelt und bekannt gegeben werden."

...

„Die Bewertung von **Forderungen und Verbindlichkeiten in fremder Währung** sowie von Devisentermingeschäften und anderen Währungsderivaten erfolgt nach der Methode der eingeschränkten Marktbewertung. Hierzu werden Fremdwährungsforderungen und -verbindlichkeiten mit den Kassakursen und die zu ihrer Kurssicherung abgeschlossenen Währungsderivate mit den Marktterminkursen zum Abschlussstichtag bewertet. Aus der Bewertung resultierende Gewinne und Verluste werden je Währung miteinander verrechnet. Für Verlustüberhänge werden Drohverlustrückstellungen gebildet; Gewinne werden nur berücksichtigt, soweit sie Forderungen und Verbindlichkeiten mit einer Restlaufzeit bis zu einem Jahr betreffen."[533]

...

---

531 GAG Immobilien AG, Köln (Hrsg.), Jahresabschluss zum 31. 12. 2010, S. 15.

532 Beispielhafte Formulierungen zur Beschreibung der Bilanzierungs- und Bewertungsmethoden bei der Bildung von **Bewertungseinheiten** sind oben in Abschnitt 3.1.3.2 enthalten, zu **Rückstellungen für Pensionen** oben in Abschnitt 4.2.2.3 sowie zur **Verrechnung von Vermögensgegenständen und Schulden** oben in Abschnitt 3.2.1.2 Beispielhafte Formulierungen zur Beschreibung der Bilanzierungs- und Bewertungsmethoden bei **latenten Steuern** werden in Abschnitt 5.1.1 aufgeführt. Im Übrigen wird zur Beschreibung der Bilanzierungs- und Bewertungsmethoden auch auf Abschnitt 3.1.3.1 verwiesen.

533 Bayer AG, Leverkusen (Hrsg.), Geschäftsbericht 2009, S. 8.

„**Verbindlichkeiten** sind mit ihrem Erfüllungsbetrag angesetzt. Verbindlichkeiten in Fremdwährung, deren Restlaufzeit nicht mehr als ein Jahr beträgt, werden mit dem Devisenkassamittelkurs am Bilanzstichtag bewertet. Alle übrigen Fremdwährungsverbindlichkeiten werden mit ihrem Umrechnungskurs bei Rechnungsstellung oder dem höheren Devisenkassamittelkurs am Bilanzstichtag bewertet."[534]

3.6 Rechtsformspezifische Anhangangaben

3.6.1 Angabe der Ausleihungen, Forderungen und Verbindlichkeiten gegenüber Gesellschaftern

3.6.1.1 Angaben für kleine GmbH (§ 42 Abs. 3 GmbHG)

Bei GmbH haben geschäftliche Beziehungen zwischen der Gesellschaft und ihren Gesellschaftern häufig eine erhebliche Bedeutung, z. B. in Form von Lieferungs- und Leistungs- oder Finanzierungsbeziehungen. Um den Einfluss solcher Beziehungen auf die Vermögens- und Finanzlage zu verdeutlichen, verlangt die nur für GmbH geltende Vorschrift des § 42 Abs. 3 GmbHG „Ausleihungen, Forderungen und Verbindlichkeiten gegenüber Gesellschaftern sind in der Regel als solche jeweils gesondert auszuweisen oder im Anhang anzugeben; werden sie unter anderen Posten ausgewiesen, so muss diese Eigenschaft vermerkt werden."

Bei „**Ausleihungen**" handelt es sich um Kredite, die vonseiten der Gesellschaft an die Gesellschafter langfristig gewährt werden. Unter die „**Forderungen**" fallen u. a. Ansprüche der Gesellschaft aus Lieferungen und Leistungen an Gesellschafter oder vonseiten der Gesellschaft an Gesellschafter kurzfristig gewährte Kredite. Als „**Verbindlichkeiten**" sind Verpflichtungen der Gesellschaft gegenüber Gesellschaftern zu erfassen u. a. aus Lieferungen und Leistungen der Gesellschafter an die Gesellschaft, Kreditgewährungen der Gesellschafter an die Gesellschaft oder geleistete Anzahlungen der Gesellschafter an die Gesellschaft. Rückstellungen, z. B. für ausstehende Rechnungen aus erbrachten Lieferungen und Leistungen der Gesellschafter, für die der Gesellschaft noch keine Rechnung vorliegt, werden nach dem Wortlaut nicht von § 42 Abs. 3 GmbHG erfasst.

Für den gesonderten Ausweis der Ausleihungen, Forderungen und Verbindlichkeiten gegen oder gegenüber Gesellschafter kommt es auf die Rechtsnatur der **Gesellschafter** (juristische oder natürliche Person), die Höhe ihrer Beteiligung oder die Art und Weise des Erwerbs ihrer Beteiligung (Einlage bei Gründung oder späterer Erwerb durch Einzel- oder Gesamtrechtsnachfolge) nicht an. Entscheidend ist die Gesellschafterstellung durch Besitz einer oder mehrerer Stammeinlagen zum jeweiligen Bilanzstichtag. Scheiden bisherige Gesellschafter vor dem Bilanzstichtag aus der Gesellschaft aus, sind sie „Dritte". Gegen sie oder gegenüber ihnen bestehende Ausleihungen, Forderungen und Verbindlichkeiten sind daher nicht gesondert auszuweisen. Treten neue Gesellschafter in die Gesellschaft ein, fallen dagegen auch vor Begründung der Gesellschafterstellung entstandene Ausleihungen, Forderungen und Verbindlichkeiten unter den gesonderten Ausweis nach § 42 Abs. 3 GmbHG, wenn sie am Bilanzstichtag (noch) bestehen und daher in die Bilanz aufzunehmen sind.[535]

---

534 hotel.de AG, Nürnberg und Hamm (Hrsg.), Geschäftsbericht 2009 der hotel.de AG, S. 58.
535 Vgl. z. B. Adler, H./Düring, W./Schmaltz, K., 6. Aufl., § 42 GmbHG Rz. 40-46.

3. Erläuterung der für kleine GmbH sowie GmbH & Co. KG geltenden Anhangvorschriften

Zur Erfüllung seiner Informationspflichten präferiert § 42 Abs. 3 GmbHG „jeweils" (d. h. je Posten) den gesonderten bilanziellen Ausweis („in der Regel"), gewährt gleichwohl ein **Wahlrecht** zwischen diesem oder der Angabe im Anhang. Auch die Ausübung dieses Wahlrechts unterliegt dem Stetigkeitsgebot.

Im Fall des gesonderten bilanziellen Ausweises kommen in Betracht:

▶ entweder die Einfügung eines neuen Bilanzpostens „Ausleihungen an Gesellschafter", „Forderungen gegen Gesellschafter" und/oder „Verbindlichkeiten gegenüber Gesellschafter" in das Gliederungsschema des § 266 HGB

▶ oder die Ergänzung der im Gliederungsschema des § 266 HGB genannten und jeweils in der Bilanz ausgewiesenen Posten um einen „davon-Vermerk", z. B. bei den Posten „Ausleihungen an verbundene Unternehmen", „Forderungen gegen verbundene Unternehmen", „Forderungen gegen Unternehmen, mit denen ein Beteiligungsverhältnis besteht", „Forderungen aus Lieferungen und Leistungen", „Verbindlichkeiten gegenüber verbundene Unternehmen", „Verbindlichkeiten gegenüber Unternehmen, mit denen ein Beteiligungsverhältnis besteht", „Verbindlichkeiten aus Lieferungen und Leistungen" oder „Erhaltene Anzahlungen".

Wird zur Entlastung der Bilanz auf den gesonderten bilanziellen Ausweis verzichtet oder werden die Bilanzposten nach § 265 Abs. 7 Nr. 2 HGB zusammengefasst ausgewiesen, müssen die nach § 42 Abs. 3 GmbHG verlangten Informationen in den **Anhang** aufgenommen werden. Sie ergänzen dann die Aufgliederungen und/oder Erläuterungen der „Finanzanlagen", der „Forderungen" und/oder der „Verbindlichkeiten", ebenfalls in der Form eines gesonderten Postens, eines „davon-Vermerks" oder auch eines im Fließtext formulierten Mitzugehörigkeitsvermerks (hierzu wird auf Abschnitt 3.2.1.1 verwiesen).

PRAXISBEISPIELE für Anhangangaben nach § 42 Abs. 3 GmbHG:

1) Angaben unter „Angaben und Erläuterungen zu einzelnen Posten der Bilanz und der Gewinn- und Verlustrechnung", „Angaben zu Ausleihungen, Forderungen und Verbindlichkeiten gegenüber Gesellschaftern":[536]

„Gegenüber der Gesellschafter-Geschäftsführerin besteht eine Verbindlichkeit in Höhe von 561,95 €."

2) Angaben unter „Erläuterungen zur Bilanz", „Forderungen" bzw. „Verbindlichkeiten":[537]

„Von den Forderungen gegen verbundene Unternehmen in Höhe von 12.607,6 T€ betreffen 12.603,0 T€ kurzfristige Ausleihungen an die Gesellschafterin DSW21.

...

Die Verbindlichkeiten gegenüber verbundenen Unternehmen bestehen mit 1.486,3 T€ gegenüber der Gesellschafterin DSW21.

Unter den sonstigen Verbindlichkeiten sind Verbindlichkeiten gegenüber der Gesellschafterin Stadt Dortmund in Höhe von 141,6 T€ (Vorjahr 252,1 T€) sowie Verbindlichkeiten aus Steuern von 13,0 T€ (Vorjahr 16,3 T€) ausgewiesen."

---

536 Sub & dub Company Fernseh- und Videoproduktions GmbH, Kehl (Hrsg.), Jahresabschluss zum Geschäftsjahr vom 1. 1. 2010 bis zum 31. 12. 2010 – in der im elektronischen Bundesanzeiger veröffentlichten Fassung – Druckfassung, S. 2.

537 Dortmunder Hafen AG, Dortmund (Hrsg.), Jahresabschluss zum Geschäftsjahr vom 1. 1. 2012 bis zum 31. 12. 2012 – in der im elektronischen Bundesanzeiger veröffentlichten Fassung – Druckfassung, S. 3.

3.6 Rechtsformspezifische Anhangangaben

3) Angaben unter „Erläuterungen zur Bilanz", „Anlagevermögen" sowie „Forderungen und sonstige Vermögensgegenstände":[538]

„Gegenüber Gesellschaftern werden Ausleihungen (einschließlich Zinsforderungen) von T€ 31.651 ausgewiesen.

...

In den Forderungen gegen verbundene Unternehmen sind wie im Vorjahr keine Forderungen gegen Gesellschafter enthalten."

4) Angaben unter „Sonstige Angaben":[539]

„Gegenüber dem Gesellschafter, Herrn Christian Sander, bestehen Verbindlichkeiten in Höhe von € 38.717,37. Hierfür zahlt die Gesellschaft ab dem Jahr 2016 Zinsen in Höhe von 5,5 % pro Jahr. Die Gesellschaft kann jederzeit das Darlehen teilweise oder ganz tilgen."

5) Angaben unter „Sonstige Angaben", „Gewährte Darlehen":[540]

„Im Geschäftsjahr 2016 hat der Gesellschafter der Klüh Service Management GmbH, Josef Klüh, Meerbusch, Darlehensforderungen und -zinsen in Höhe von insgesamt 12.900 T€ getilgt. Gleichzeitig wurden ihm weitere unbefristete Darlehen in Höhe eines Gesamtbetrags von 4.200 T€ gewährt. Unter Berücksichtigung des Saldovortrags und der Zinsen ergibt sich zum 31. Dezember 2016 eine Forderung gegen den Gesellschafter in Höhe von 4.203 T€ (Vorjahr: 12.599 T€). Der den Darlehen zugrunde gelegte Zinssatz betrug im Jahr 2016 2,0 % p. a."

6) Angaben unter „Angaben zur Bilanz", „Angaben zu Ausleihungen, Forderungen und Verbindlichkeiten gegenüber Gesellschaftern (§ 42 Abs. 3 GmbHG/§ 264c Abs. 1 HGB)":[541]

„Gegenüber den Gesellschaftern bestehen die nachfolgenden Rechte und Pflichten:

Sachverhalte	2016	2015
	In €	In €
Ausleihungen	0,00	0,00
Forderungen	0,00	0,00
Verbindlichkeiten	5.225,48	1.362,23"

7) Angaben unter „Erläuterungen zur Bilanz und zur Gewinn- und Verlustrechnung":[542]

„Die Gesellschaft hat gegenüber den Gesellschafter-Geschäftsführern nachstehende Forderungen, die in der Bilanz unter dem Posten sonstige Vermögensgegenstände ausgewiesen sind:

	Gesamt in T€	davon mit einer Restlaufzeit bis zu 1 Jahr in T€	davon mit einer Restlaufzeit über 1 Jahr in T€
Forderungen gegen Gesellschafter-Geschäftsführer	487	243	244
(Vorjahr)	(604)	(240)	(364)

Die Forderungen gegen Gesellschafter-Geschäftsführer werden mit 4 % bzw. 5,5 % p. a. verzinst."

---

538 Thalia Bücher GmbH (vormals: Thalia Holding GmbH), Hagen (Hrsg.), Jahresabschluss zum Geschäftsjahr vom 1. 10. 2014 bis zum 30. 9. 2015 – in der im elektronischen Bundesanzeiger veröffentlichten Fassung – pdf-Version, S. 8.
539 Remtek GmbH, Langenfeld (Hrsg.), Jahresabschluss zum Geschäftsjahr vom 1. 1. 2016 bis zum 31. 12. 2016 – in der im elektronischen Bundesanzeiger veröffentlichten Fassung – pdf-Version, S. 2.
540 Klüh Service Management GmbH, Düsseldorf (Hrsg.), Jahresabschluss zum Geschäftsjahr vom 1.1. 2016 bis zum 31. 12. 2016 – in der im elektronischen Bundesanzeiger veröffentlichten Fassung – pdf-Version, S. 10.
541 Autohaus Stange GmbH, Kleinostheim (Hrsg.), Jahresabschluss zum Geschäftsjahr vom 1. 1. 2016 bis zum 31. 12. 2016 – in der im elektronischen Bundesanzeiger veröffentlichten Fassung – pdf-Version, S. 3.
542 kfzteile24 GmbH, Berlin (Hrsg.), Jahresabschluss zum Geschäftsjahr vom 1.1. 2014 bis zum 31. 12. 2014 – in der im elektronischen Bundesanzeiger veröffentlichten Fassung – pdf-Version, S. 9.

3. Erläuterung der für kleine GmbH sowie GmbH & Co. KG geltenden Anhangvorschriften

8) Angaben unter „Angaben und Erläuterungen zu einzelnen Posten der Bilanz":[543]

Ausleihungen, Forderungen und Verbindlichkeiten gegenüber Gesellschaftern

Gegenüber den Gesellschaftern oder Angehörigen bestehen die nachfolgenden Rechte und/oder Pflichten (Angaben in vollen EUR):

Sachverhalt	Stand zum 31.12.2011	+ Neuvergabe	- Rückzahlung	Stand zum 31.12.2012
Forderungen:	18.202	5.221	2.147	21.276
Verbindlichkeiten:	438.439	3.579	3.579	438.439

9) Angaben unter „Erläuterungen zur Bilanz", „Passiva":[544]

(8) VERBINDLICHKEITEN	€	davon Restlaufzeit		T€	davon Restlaufzeit	
	30.6.2012	bis 1 Jahr	mehr als 5 Jahre	30.6.2011	bis 1 Jahr	mehr als 5 Jahre
Verbindlichkeiten aus Lieferungen und Leistungen	34.113.400	34.113.400	0	26.529	26.529	0
Verbindlichkeiten gegenüber verbundenen Unternehmen	6.665.584	6.665.584	0	10.392	10.392	0
Verbindlichkeiten gegenüber Gesellschafter	40.030.817	40.030.817	0	49.326	49.326	0
Sonstige Verbindlichkeiten	8.787.384	6.987.263	665.380	6.978	4.467	800
davon						
- aus Steuern	(6.178.311)	(6.178.311)	(0,00)	(3.539)	(3.539)	(0)
- im Rahmen der sozialen Sicherheit	(2.580.337)	(774.216)	(665.380)	(3.282)	(771)	(800)
	89.597.185	87.791.064	665.380	93.225	90.714	800

...

Die VERBINDLICHKEITEN GEGENÜBER GESELLSCHAFTER beinhalten im Wesentlichen Verbindlichkeiten aus der Ergebnisabführung an die Muttergesellschaft, der Procter & Gamble Germany GmbH & Co Operations oHG, Schwalbach am Taunus.

Insgesamt ergibt sich der Ausweis der Verbindlichkeiten gegenüber Gesellschafter als Saldo aus:

	€ 30.6.2012	T€ 30.6.2011
- Ergebnisabführung	53.523.794	51.912
- damit saldierte sonstige Forderungen	13.492.977	2.586
	40.030.817	49.326

Die saldierten sonstigen Forderungen bestehen im Wesentlichen für Kapitalertragsteuer und Umsatzsteuer.

..."

---

543 Müller Kunststofftechnik GmbH, Hagenow (Hrsg.), Jahresabschluss zum Geschäftsjahr vom 1.1.2012 bis zum 31.12.2012 – in der im elektronischen Bundesanzeiger veröffentlichten Fassung – Druckfassung, S. 3.
544 Braun GmbH, Kronberg im Taunus (Hrsg.), Jahresabschluss zum 30.6.2012 – in der im elektronischen Bundesanzeiger veröffentlichten Fassung – Druckfassung, S. 14 f.

3.6.1.2 Angaben für kleine GmbH & Co. KG (§ 264c Abs. 1 HGB)

Nach § 264c Abs. 1 HGB müssen GmbH & Co. KG (allgemein: haftungsbeschränkte Personenhandelsgesellschaften) Ausleihungen, Forderungen und Verbindlichkeiten gegenüber Gesellschaftern i. d. R. als solche jeweils gesondert ausweisen oder im Anhang angeben (Satz 1). Werden Ausleihungen, Forderungen und Verbindlichkeiten gegenüber Gesellschaftern abweichend davon unter anderen Posten ausgewiesen, ist dies zu vermerken (Satz 2).

GmbH & Co. KG sowie GmbH sind wirtschaftlich vergleichbar und für beide Rechtsformen können Beziehungen zwischen der Gesellschaft und ihren Gesellschaftern eine nicht unwesentliche Bedeutung haben. Daher erstreckt § 264c Abs. 1 HGB den Inhalt der Regelung nach **§ 42 Abs. 3 GmbHG analog** auch auf GmbH & Co. KG.[545]

Zu den Gesellschaftern gehören bei GmbH & Co. KG auch die Komplementäre und die Kommanditisten; im Übrigen wird zum Begriff „Gesellschafter" auf die Erläuterungen im vorhergehenden Abschnitt 3.6.1.1 verwiesen.

Ausleihungen, Forderungen und Verbindlichkeiten (zur Erläuterung dieser Begriffe wird auf den vorhergehenden Abschnitt 3.6.1.1 verwiesen) gegenüber Gesellschaftern sind auch nach § 264c Abs. 1 HGB „**in der Regel**" als solche „**jeweils**" gesondert auszuweisen oder im Anhang anzugeben; werden sie nicht jeweils gesondert, sondern unter anderen Posten ausgewiesen, ist dies zu vermerken. Der Gesetzgeber verlangt danach auch hier die Information zu den Beziehungen zu Gesellschaftern getrennt je Posten (Ausleihungen, Forderungen und Verbindlichkeiten) und präferiert dabei jeweils den gesonderten bilanziellen Ausweis bzw. die Angabe im Anhang. Er lässt dafür aber auch den Mitzugehörigkeitsvermerk zu (hierzu wird auf Abschnitt 3.2.1.1 verwiesen).

PRAXISBEISPIELE für Angaben nach § 264c Abs. 1 HGB:

1) Angaben unter „Angaben zur Bilanz":[546]

„Angaben zu Ausleihungen, Forderungen und Verbindlichkeiten gegenüber Gesellschaftern (§ 264c Abs. 1 HGB)

Gegenüber den Gesellschaftern bestehen die nachfolgenden Rechte und Pflichten:

Sachverhalte	Betrag
Ausleihungen	0,00 €
Forderungen	0,01 €
Verbindlichkeiten	10.468,47 €

Die Forderungen gegenüber Gesellschaftern werden im Posten Aktiva, B. I. sonstige Vermögensgegenstände ausgewiesen. Die Verbindlichkeiten gegenüber Gesellschaftern werden im Posten Passiva B. Verbindlichkeiten ausgewiesen."

---

545 Vgl. BT-Drucks. 14/1806, S. 20.
546 Hotel Leipzig Ringmessehaus GmbH & Co. KG, Leipzig (Hrsg.), Jahresabschluss zum Geschäftsjahr vom 1. 1. 2012 bis zum 31. 12. 2012 – in der im elektronischen Bundesanzeiger veröffentlichten Fassung – Druckfassung, S. 2.

2) Angaben unter „Allgemeine Angaben zum Jahresabschluss":[547]

„Gemäß ... wurde die Bilanz um die Posten Ausleihungen, Forderungen und Verbindlichkeiten gegenüber Gesellschaftern erweitert.

Die Gesellschaft hat eine Verbindlichkeit an den Gesellschafter Betz mit 15.709,08 wegen Unterentnahmen. Die Gesellschaft hat eine Verbindlichkeit an den Gesellschafter Brus mit 147.915,03 durch Unterentnahmen."

3) Angaben unter „Sonstige Angaben", „Angabe der Ausleihungen, Forderungen und Verbindlichkeiten gegenüber Gesellschaftern":[548]

„1.1.2012 - 31.12.2012

Der Betrag der Forderungen gegenüber Gesellschaftern beträgt 0,00 €.

Der Betrag der Verbindlichkeiten gegenüber Gesellschaftern beträgt 7.582,06 €.

1.1.2011 - 31.12.2011

Der Betrag der Forderungen gegenüber Gesellschaftern beträgt 0,00 €.

Der Betrag der Verbindlichkeiten gegenüber Gesellschaftern beträgt 6.352,01 €."

4) Angaben unter „Sonstige Pflichtangaben", „Angaben zu Ausleihungen, Forderungen und Verbindlichkeiten gegenüber Gesellschaftern (§ 42 Abs. 3 GmbHG / § 264c Abs. 1 HGB)":[549]

„Gegenüber den Gesellschaftern bestehen nachfolgenden Verbindlichkeiten:

Komplementärkapitalgesellschaft	tonAtelier Verw. GmbH	4.309,50 €
Kommanditist	Andreas Liebethal	153.528,63 €
Kommanditist	Marian Szymczyk	153.532,36 €
		311.370,49 €"

3.6.2 Angaben zur Wertaufholungsrücklage im Eigenkapital (§ 29 Abs. 4 Satz 2 GmbHG)

Durch § 29 Abs. 4 GmbHG wird der Geschäftsführung einer GmbH gestattet, unabhängig von der Ergebnisverwendung und -verteilung „den Eigenkapitalanteil von Wertaufholungen bei Vermögensgegenständen des Anlage- und Umlaufvermögens in andere Gewinnrücklagen ein[zu]stellen." Voraussetzung dafür ist die Zustimmung des Aufsichtsrats oder der Gesellschafter. Zur Information der Adressaten über dieses Vorgehen ist der Betrag dieser „Wertaufholungsrücklagen" entweder gesondert in der Bilanz auszuweisen oder im Anhang anzugeben (§ 29 Abs. 4 Satz 2 GmbHG). Im AktG ist mit § 58 Abs. 2a eine für AG gleichlautende Vorschrift kodifiziert.

Zweck der Regelungen in § 29 Abs. 4 GmbHG und § 58 Abs. 2a AktG ist, eine Auskehrung von stillen Reserven zu verhindern, die im Jahresabschluss durch pflichtmäßig vorzunehmende Zuschreibungen in einem höheren Jahresergebnis offen gelegt werden und ohne entsprechende Rücklagenzuführung einen **Substanzentzug** zur Folge haben.[550]

---

547 artif orange GmbH & Co. KG, Tübingen (Hrsg.), Jahresabschluss zum Geschäftsjahr vom 1.1.2012 bis zum 31.12.2012 – in der im elektronischen Bundesanzeiger veröffentlichten Fassung – Druckfassung, S. 2.
548 Solutive GmbH & Co. KG, Neulußheim (Hrsg.), Jahresabschluss zum Geschäftsjahr vom 1.1.2012 bis zum 31.12.2012 – in der im elektronischen Bundesanzeiger veröffentlichten Fassung – Druckfassung, S. 2.
549 LOFT Tonstudio Frankfurt GmbH & Co. KG, Frankfurt am Main (Hrsg.), Jahresabschluss zum Geschäftsjahr vom 1.1.2013 bis zum 31.12.2013 – in der im elektronischen Bundesanzeiger veröffentlichten Fassung – Druckfassung, S. 4.
550 Vgl. Biener, H./Berneke, W., Bilanzrichtlinien-Gesetz, S. 492.

Die dann außerhalb der Ergebnisverwendung und -verteilung zulässige Rücklagenzuführung betrifft den **Eigenkapitalanteil** von Zuschreibungen. Der Eigenkapitalanteil bemisst sich in Höhe der jeweiligen Zuschreibungen bzw. steuerlichen Passivposten abzüglich tatsächlich entstandener und latenter Ertragsteuerbelastungen, wobei Letztere unabhängig von einer Passivierung im Jahresabschluss berücksichtigt werden müssen.[551]

Solche Rücklagenzuführungen sind entweder in der Bilanz auszuweisen oder im Anhang anzugeben. Für den gesonderten Bilanzausweis kommt z. B. ein Unterposten „Wertaufholungsrücklagen" oder ein „davon-Vermerk" beim Posten „andere Gewinnrücklagen" in Betracht. Im Rahmen der anstelle dessen tretenden Anhangangabe muss nur der Betrag der in den anderen Gewinnrücklagen aufgrund von § 29 Abs. 4 GmbHG erfassten Eigenkapitalanteile angegeben werden. Weitere Aufgliederungen und/oder Erläuterungen dazu werden gesetzlich nicht gefordert.

PRAXISBEISPIEL für die Angaben nach § 29 Abs. 4 GmbHG im Anhang:

Angaben unter „Angaben und Erläuterungen zu einzelnen Posten der Bilanz und der Gewinn- und Verlustrechnung", „Eigenkapitalanteil von Wertaufholungen":[552]

„Von der Möglichkeit, die Eigenkapitalanteile von Wertaufholungen in die anderen Gewinnrücklagen einzustellen, wurde Gebrauch gemacht. Der eingestellte Eigenkapitalanteil beträgt 40.185,13 €."

PRAXISBEISPIEL für die den Anforderungen des § 29 Abs. 4 GmbH entsprechenden Angaben nach § 58 Abs. 2a AktG im Anhang:

Angaben unter „Erläuterungen zur Bilanz", „Gewinnrücklage":[553]

„Die Gewinnrücklagen betreffen andere Gewinnrücklagen nach § 266 Abs. 3 A III Nr. 4 HGB. Die Einstellung in die Gewinnrücklage nach § 58 Abs. 2a AktG für das Geschäftsjahr 2010 betrifft die handelsrechtlichen Zuschreibungen der Beteiligung an Glaser isb cad Programmsysteme GmbH (1.265 T€) sowie DocuWare AG (1.084 €)."

---

551 Vgl. WP-Handbuch 2012, Bd. I, 14. Aufl., S. 621, Tz. 399.
552 sub & dub Company Fernseh- und Videoproduktions GmbH, Kehl (Hrsg.), Jahresabschluss zum Geschäftsjahr vom 1.1.2010 bis zum 31.12.2010 – in der im elektronischen Bundesanzeiger veröffentlichten Fassung – Druckfassung, S. 2.
553 Nemetschek AG, München (Hrsg.), 2010 Jahresabschluss (HGB) Nemetschek AG, S. 33.

4. Erläuterung der für mittelgroße GmbH sowie GmbH & Co. KG ergänzend geltenden Anhangvorschriften[554]

4.1 Geschäftszweigbedingte Anpassung der allgemeinen Gliederungsvorgaben für Kapitalgesellschaften (§ 265 Abs. 4 Satz 2 HGB)

Erstreckt sich die Tätigkeit eines Unternehmens auf mehrere Geschäftszweige und muss es aufgrund dessen für den Jahresabschluss verschiedene Gliederungsvorschriften anwenden, „so ist der Jahresabschluss nach der für einen Geschäftszweig vorgeschriebenen Gliederung aufzustellen und nach der für die anderen Geschäftszweige vorgeschriebenen Gliederung zu ergänzen" (§ 265 Abs. 4 Satz 1 HGB). Liegt ein solcher Fall vor, ist die jeweilige Gliederungsergänzung „im Anhang anzugeben und zu begründen" (§ 265 Abs. 4 Satz 2 HGB).

Die Regelung trägt dazu bei, das Einblicksgebot des § 264 Abs. 2 Satz 1 HGB zu erfüllen.[555]

Gliederungsvorschriften für den Jahresabschluss von Kapitalgesellschaften sind allgemein in den §§ 266 und 275 HGB normiert, für GmbH sowie GmbH & Co. KG mit Ergänzungen in § 42 Abs. 3 GmbHG bzw. § 264c Abs. 1 Satz 1 HGB. Aufgrund der Ermächtigung des § 330 HGB wurden darüber hinaus in besonderen Rechnungslegungs- bzw. Formblattverordnungen jeweils für Kreditinstitute, Versicherungs-,[556] Wohnungs- und Verkehrsunternehmen, Krankenhäuser, Pflegeeinrichtungen, Pensionsfonds und Zahlungsinstitute spezifische Gliederungsvorschriften kodifiziert. Diese ergänzen oder ersetzen jeweils die allgemeinen Gliederungsvorschriften; für Krankenhäuser und Pflegeeinrichtungen in der Rechtsform der Kapitalgesellschaft besteht dabei ein Anwendungswahlrecht (§ 1 Abs. 3 Krankenhaus-Buchführungsverordnung bzw. § 8 Abs. 1 Pflege-Buchführungsverordnung).[557]

Eine geschäftszweigbedingte **Gliederungsanpassung** i. S. d. § 265 Abs. 4 Satz 1 HGB wird erforderlich, wenn

- für einen oder mehrere der betriebenen Geschäftszweige andere Gliederungsvorschriften als die allgemeinen des HGB anzuwenden sind oder

- neben einer für einen Geschäftszweig notwendigen Formblatt-Gliederung für mindestens einen anderen Geschäftszweig die allgemeinen Gliederungsvorschriften des HGB gelten und bei Zusammenfassung des Ausweises der Geschäftszweige in einem Gliederungsschema die Klarheit und Übersichtlichkeit beeinträchtigt ist.[558]

---

554 Entsprechend den Hinweisen im Vorwort gilt im Folgenden: „HGB" meint das bei Erscheinen dieses Buches gültige Handelsgesetzbuch mit Rechtsstand für nach dem 31.12.2016 beginnende Geschäftsjahre. Auf die Rechtslage HGB a. F. (vor BilMoG) bzw. HGB a. F. (vor BilRUG) wird in den Erläuterungen bzw. in original zitierten Beispielen noch vereinzelt verwiesen und meint den Rechtsstand des HGB für Geschäftsjahre mit Beginn vor dem 1.1.2010 (BilMoG) bzw. vor dem 1.1.2016 (BilRUG).
555 So auch Reiner, G./Haußer, J., in: MüKoHGB, 3. Aufl., § 265 HGB Rn. 14.
556 Nach § 7 Abs. 1 VAG ist die GmbH für Versicherungsunternehmen keine zulässige Rechtsform.
557 Vgl. dazu z. B. Winkeljohann, N./Büssow, T., in: BeckBilKom, 10. Aufl., § 265 HGB Rn. 11.
558 Vgl. dazu z. B. Winkeljohann, N./Büssow, T., in: BeckBilKom, 10. Aufl., § 265 HGB Rn. 12.

Anwendungsfälle sind z. B.: Kreditinstitute, die Warengeschäfte betreiben, Industrie- oder Handelsunternehmen, die Bankgeschäfte betreiben (und daher als Kreditinstitute gelten),[559] Krankenhäuser mit Pflegeeinrichtungen oder kommunale Wohnungsunternehmen mit Verkehrsbetrieb.

Zu wählen ist dann nach § 265 Abs. 4 Satz 1 HGB ein **Hauptgliederungsschema** (zur Abbildung eines Geschäftszweigs), das zur Abbildung der oder des anderen Geschäftszweigs, soweit notwendig, ergänzt werden muss. Gesetzlich nicht gefordert, aber im Schrifttum für zweckgerecht befunden, wird die Wahl der für den jeweiligen **Hauptgeschäftszweig** anzuwendenden Gliederung als Hauptgliederungsschema; dies sichert Vergleichbarkeit mit anderen Unternehmen, gibt den besten Einblick in die Vermögens-, Finanz- und Ertragslage des bilanzierenden Unternehmens und verursacht den geringsten Anpassungs- bzw. Ergänzungsbedarf.[560] Die jeweilige(n) Ergänzung(en) ist bzw. sind nach § 265 Abs. 4 Satz 2 HGB im **Anhang** anzugeben und zu begründen. Dem Wortlaut nach verlangt diese Vorschrift (analog § 265 Abs. 1 Satz 2 HGB)

▶ die Nennung des Umstands der geschäftszweigbedingten Gliederungsergänzung,
▶ die Nennung der vorgenommenen Ergänzung(en) und
▶ die Darlegung der Gründe für die vorgenommene(n) Ergänzung(en).

Im Zuge der **Darlegung der Gründe** für die vorgenommene(n) Ergänzung(en) werden auch die jeweils verwendeten Gliederungsschemata genannt und die für ihre Wahl ausschlaggebenden Gründe angeführt werden müssen.[561]

Diese Anforderungen werden etwa durch folgendes **Formulierungsbeispiel** nur **unzureichend** erfüllt:

BEISPIEL ▶ „Der Jahresabschluss der Gesellschaft ist nach den Vorschriften des Handelsgesetzbuches aufgestellt. Er besteht aus der Bilanz, der Gewinn- und Verlustrechnung sowie dem Anhang. Im Jahresabschluss ist der Anlagenspiegel um die Positionen „Verteilungsanlagen" und „Fahrzeuge für Personenverkehr" erweitert. Die Vorräte sind um die Position „Zum Verkauf bestimmte Grundstücke" erweitert. Beim Materialaufwand wurden die Positionen „Aufwendungen für Hausbewirtschaftung" und „Aufwendungen für Verkaufsgrundstücke" hinzugefügt."

Insbesondere fehlen in dieser Formulierung die Begründungen für die Erweiterungen und die Wahl des Gliederungsschemas. Zudem wird das gewählte Gliederungsschema hier nur allgemein angedeutet, indem lediglich auf die Anwendung der „Vorschriften des Handelsgesetzbuches" hingewiesen wird.

Das folgende Beispiel erfüllt die Anforderungen des § 265 Abs. 4 Satz 2 HGB hingegen deutlich stärker:

PRAXISBEISPIEL ▶ für die Angabe nach § 265 Abs. 4 Satz 2 HGB (hier i.V.m. § 298 Abs. 1 HGB im Konzernanhang):
Angaben unter „Allgemeine Angaben":[562]
„Die Aufstellung des Abschlusses erfolgt nach den Vorschriften des Dritten Buches des Handelsgesetzbuches (HGB). Er besteht gemäß § 297 Abs. 1 Satz 1 HGB aus der Konzernbilanz, die aufgrund von Beson-

---

559 Vgl. Adler, H./Düring, W./Schmaltz, K., 6. Aufl., § 265 HGB Rz. 48.
560 Vgl. Reiner, G./Haußer, J., in: MüKoHGB, 3. Aufl., § 265 HGB Rn. 14 m. w. N.
561 Vgl. z. B. Reiner, G./Haußer, J., in: MüKoHGB, 3. Aufl., § 265 HGB Rn. 14 m. w. N.
562 BeteiligungsHolding Hanau GmbH, Hanau (Hrsg.), Konzern-Jahresabschluss zum 31. 12. 2011, Konzern-Anhang, Abschnitt I.

derheiten der Versorgungs-, der Verkehrs- und der Bauwirtschaft sowie des Krankenhauswesens das Gliederungsschema der Bilanz nach § 266 Abs. 2 und 3 HGB um die Positionen A. II. Nr. 2 (Aktiva) „Streckenausrüstung und Fahrzeuge für Personenverkehr", B. I. Nr. 2 (Aktiva) „Zum Verkauf bestimmte Grundstücke", B. II. Nr. 3 (Aktiva) „Forderungen nach dem Krankenhausfinanzierungsrecht", C. (Aktiva) „Ausgleichsposten aus Darlehensförderung", C. (Passiva) „Sonderposten für Zuschüsse und Zulagen", E. Nr. 6 (Passiva) „Verbindlichkeiten nach dem Krankenhausfinanzierungsrecht" und E. Nr. 7 (Passiva) „Verbindlichkeiten aus sonstigen Zuwendungen zur Finanzierung des Anlagevermögens gemäß Krankenhausfinanzierungsrecht" angepasst wurde, der Konzern-Gewinn- und Verlustrechnung, die nach dem Gesamtkostenverfahren gemäß § 275 Abs. 2 HGB aufgestellt wurde, dem Konzernanhang, der Konzern-Kapitalflussrechnung und dem Konzern-Eigenkapitalspiegel."

Klar erkennbar werden hier:

► die angewendeten Gliederungsschemata (§§ 266 Abs. 2 und 3, 275 Abs. 2 HGB),
► die darin vorgenommenen Erweiterungen und
► die Begründung für die darin vorgenommenen Erweiterungen (Tätigkeit u. a. in den Geschäftszweigen Versorgungs-, Verkehrs- und Bauwirtschaft sowie Krankenhauswesen mit Besonderheiten, die in dem für die Bilanz angewendeten Gliederungsschema abgebildet werden sollen).

Einzig nicht angesprochen wird, warum als Hauptgliederungsschema die Vorgaben der §§ 266, 275 HGB zugrunde gelegt wurden. Ein Blick in den Konzernabschluss des Unternehmens zeigt, dass diejenigen Posten, um die die Gliederung erweitert wurde, zwar in der Summe und auch einzeln wesentlich sind, die Wahl eines spezifischen Gliederungsschemas nach dem wirtschaftlichen Gewicht des jeweiligen Geschäftszweigs für den Konzern insgesamt aber nicht passend gewesen wäre; bei den jeweiligen „besonderen" Geschäftszweigen handelt es sich nicht um Hauptgeschäftszweige. Aufgrund dessen ist die Anwendung der Gliederungsschemata nach den allgemeinen Vorschriften der §§ 266 und 275 HGB sachgerecht. Sie lässt sich begründen mit „wirtschaftlichen Verhältnissen im Konzern". Bei entsprechender Ergänzung kann das vorgenannte Angabebeispiel zu § 265 Abs. 4 Satz 2 HGB (i.V.m. § 298 Abs. 1 HGB im Konzernanhang) als **Mustervorlage** anforderungsgerecht etwa wie folgt formuliert werden:

„Die Aufstellung des Abschlusses erfolgt nach den Vorschriften des Dritten Buches des Handelsgesetzbuches (HGB). Er besteht gemäß § 297 Abs. 1 Satz 1 HGB aus der Konzernbilanz, der Konzern-Gewinn- und Verlustrechnung, dem Konzernanhang, der Konzern-Kapitalflussrechnung und dem Konzern-Eigenkapitalspiegel. Für die Gliederung der Konzernbilanz und der Konzern-Gewinn- und Verlustrechnung wurden, trotz Tätigkeit in mehreren Geschäftszweigen, entsprechend den wirtschaftlichen Verhältnissen im Konzern insgesamt, die Vorgaben nach § 266 Abs. 2 und 3 bzw. § 275 Abs. 2 HGB (Gesamtkostenverfahren) angewendet. Aufgrund von Besonderheiten der Versorgungs-, der Verkehrs- und der Bauwirtschaft sowie des Krankenhauswesens wurde das Bilanz-Gliederungsschema allerdings um die Positionen A. II. Nr. 2 (Aktiva) „Streckenausrüstung und Fahrzeuge für Personenverkehr", B. I. Nr. 2 (Aktiva) „Zum Verkauf bestimmte Grundstücke", B. II. Nr. 3 (Aktiva) „Forderungen nach dem Krankenhausfinanzierungsrecht", C. (Aktiva) „Ausgleichsposten aus Darlehensförderung", C. (Passiva) „Sonderposten für Zuschüsse und Zulagen", E. Nr. 6 (Passiva) „Verbindlichkeiten nach dem Krankenhausfinanzierungsrecht" und E. Nr. 7 (Passiva) „Verbindlichkeiten aus sonstigen Zuwendungen zur Finanzierung des Anlagevermögens gemäß Krankenhausfinanzierungsrecht" erweitert."

4.2 Angaben zu Posten der Bilanz

4.2.1 Posten der Aktiva

4.2.1.1 Angaben zu Forschungs- und Entwicklungskosten bei Aktivierung selbst erstellter immaterieller Vermögensgegenstände des Anlagevermögens (§ 285 Nr. 22 HGB)

Die Anhangangabe nach § 285 Nr. 22 HGB hängt mit der als Wahlrecht ausgestalteten Aktivierung selbst erstellter immaterieller Anlagevermögensgegenstände, bewertet in Höhe der angefallenen Entwicklungskosten (§ 248 Abs. 2 i.V. m. § 255 Abs. 2a HGB) zusammen.[563] Sie soll dazu beitragen, den Umfang der Forschungs- und Entwicklungsaktivitäten und -kosten eines Unternehmens sowie ihr Verhältnis zueinander erkennen und die **Innovationsleistung** des Unternehmens einschätzen zu können.[564]

Allerdings sind die Angaben nur im Fall der **Aktivierung** nach § 248 Abs. 2 HGB zu machen, also nur dann, wenn selbst erstellte immaterielle Vermögensgegenstände des Anlagevermögens auch aktiviert worden sind.[565] Dann beziehen sich die Angaben nach § 285 Nr. 22 HGB auch nur auf das jeweilige **Geschäftsjahr**. Vorjahreszahlenangaben werden nicht verlangt.

Dem Wortlaut der Vorschrift nach sollen für das jeweilige Geschäftsjahr angegeben werden

▶ der Gesamtbetrag der Forschungs- und Entwicklungskosten sowie
▶ der davon auf die selbst geschaffenen immateriellen Vermögensgegenstände des Anlagevermögens entfallende Betrag.

Die Begriffe „Forschung" und „Entwicklung" sind in der Vorschrift des § 255 Abs. 2a HGB legal definiert. Nach deren Satz 3 ist „**Forschung** ... die eigenständige und planmäßige Suche nach neuen wissenschaftlichen oder technischen Erkenntnissen oder Erfahrungen allgemeiner Art, über deren technische Verwertbarkeit und wirtschaftliche Erfolgsaussichten grundsätzlich keine Aussagen gemacht werden können". Forschung ist demnach auf die Erlangung von Grundlagenwissen gerichtet durch allgemeine Suche, ohne Bezug zu bestimmten Gütern oder Verfahren. „**Entwicklung**" ist nach Satz 2 des § 255 Abs. 2a HGB durch „die Anwendung von Forschungsergebnissen oder von anderem Wissen für die Neuentwicklung von Gütern oder Verfahren oder die Weiterentwicklung von Gütern oder Verfahren mittels wesentlicher Änderungen" charakterisiert. Wesentliches Merkmal der „Entwicklung" ist also die konkrete Anwendung bestehenden Wissens mit dem Ziel der Neu- oder Weiterentwicklung von Gütern oder Verfahren. Güter können z. B. Materialien, Produkte, geschützte Rechte, ungeschütztes Know-how oder Dienstleistungen sein, Verfahren z. B. typische Produktions- oder Herstellungsverfahren sowie entwickelte Systeme.[566]

Der „**Gesamtbetrag**" der Forschungs- und Entwicklungskosten umfasst alle Forschungskosten und alle Entwicklungskosten, d. h. alle für die Forschung und Entwicklung i. S. d. Definition in § 255 Abs. 2a HGB anfallenden Kosten einschließlich der nicht aktivierbaren Entwicklungskosten oder derjenigen Kostenbestandteile, die nicht verlässlich der Forschungs- oder der Entwicklungs-

---

563 Vgl. dazu z. B. Philipps, H., Rechnungslegung nach BilMoG, Wiesbaden 2010, S. 66-74 und S. 137-140 m. w. N.
564 Vgl. BT-Drucks. 16/10067, S. 72 f.
565 Nach ersten empirischen Ergebnissen ist dies in der Bilanzierungspraxis (wohl noch) nicht sehr weit verbreitet. Vgl. dazu Philipps, H., Rechnungslegungspraxis nach BilMoG, in: StuB 2011, S. 206.
566 Vgl. BT-Drucks. 16/10067, S. 60.

phase zuordenbar sind. Eine Aufteilung in Forschungskosten einerseits und Entwicklungskosten andererseits wird bei der Anhangangabe nach § 285 Nr. 22 HGB nicht verlangt.

Der „**davon** auf ... entfallende Betrag" schließt neben den nach § 255 Abs. 2a HGB aktivierten Entwicklungskosten dem Wortlaut nach und ebenso zweckgerecht auch die übrigen, nicht aktivierbaren Forschungs- und Entwicklungskosten ein, die jeweils mit den in die Aktivierung mündenden Projekten zusammenhängen. Andernfalls wäre diese Angabe überflüssig, denn der Betrag der im Geschäftsjahr aktivierten Entwicklungskosten ist bereits aus dem von mittelgroßen und großen Kapitalgesellschaften (hier: GmbH sowie analog GmbH & Co. KG) aufzustellenden Anlagespiegel ersichtlich. Auch für diesen davon-Vermerk wird keine Aufteilung in Forschungskosten einerseits und Entwicklungskosten andererseits verlangt. Gleichwohl wird es notwendig werden, alle Forschungs- und Entwicklungskosten zu ermitteln, die den aktivierten selbst erstellten immateriellen Vermögensgegenständen des Anlagevermögens zuzurechnen sind. Dafür bedarf es einer zweckentsprechend eingerichteten Kostenrechnung.[567]

Beziehen sich die Innovationsleistungen des bilanzierenden Unternehmens allein auf Entwicklungstätigkeiten, umfasst der Gesamtbetrag der Forschungs- und Entwicklungskosten ausschließlich die Entwicklungskosten. Folgerichtig entspricht der „davon ... Betrag" dann den Zugängen an selbst erstellten immateriellen Vermögensgegenständen des Anlagevermögens im jeweiligen Geschäftsjahr. In einem solchen Fall erscheint es dem Zweck der Angabe nach sachgerecht, die Abschlussadressaten darauf hinzuweisen, dass die Innovationsleistungen des Unternehmens allein in Form von Entwicklungstätigkeiten erbracht werden.

Nachfolgendes **Beispiel** verdeutlicht, wie die Anhangangabe nach § 285 Nr. 22 HGB formuliert werden kann:

„Im abgelaufenen Geschäftsjahr belief sich der Gesamtbetrag der Forschungs- und Entwicklungskosten auf 1.200 T€. Davon entfielen auf aktivierte selbst erstellte immaterielle Anlagevermögensgegenstände Forschungs- und Entwicklungskosten i. H. von 350 T€."

Formulierungen wie

„Forschungs- und Entwicklungskosten 2009 1.501.054,23 €, davon aktiviert 1.418.495,00 €"

oder

„Der Gesamtbetrag der Forschungs- und Entwicklungskosten betrug im Geschäftsjahr 2009 23.163 T€ (Vorjahr: 26.481 T€). Davon wurden im Geschäftsjahr 2009 1.444 T€ aktiviert und 21.719 T€ aufwandswirksam in der GuV erfasst."

sind dagegen **ungeeignet**, denn sie lassen nicht zweifelsfrei erkennen, welcher Teil der angefallenen Forschungs- und Entwicklungskosten auf die aktivierten Entwicklungsleistungen entfällt bzw. ob das bilanzierende Unternehmen allein Entwicklungsleistungen erbringt.

Den gesetzlichen **Anforderungen nicht entsprechend** ist eine Formulierung wie

---

567 Vgl. dazu auch Hüttche, T., Bilanzierung selbst erstellter immaterieller Vermögensgegenstände des Anlagevermögens im Lichte des BilMoG, in: StuB 2008, S. 168.

"Im Geschäftsjahr 2010 wurde von dem Bilanzierungswahlrecht für selbst geschaffene immaterielle Vermögensgegenstände des Anlagevermögens Gebrauch gemacht und immaterielle Vermögensgegenstände wurden i. H. von 464 T€ aktiviert."

Hier fehlt bereits die Angabe des Gesamtbetrags der Forschungs- und Entwicklungskosten. Auch wird nicht ersichtlich, ob das bilanzierende Unternehmen Forschung und Entwicklung betreibt oder nur Entwicklung. Die gegebene Information wird bereits aus dem Anlagespiegel ersichtlich. Eine bloße Wiederholung dessen wird vom Gesetzgeber mit der Angabe nach § 285 Nr. 22 HGB nicht bezweckt.

PRAXISBEISPIELE für Angaben nach § 285 Nr. 22 HGB:

1) Angaben unter „Angaben zu den Aktiva":

ABB. 27:	Angaben zu Forschungs- und Entwicklungskosten, Praxisbeispiel[568]	
13	Immaterielle Vermögensgegenstände	Die Entwicklung und die Zusammensetzung der immateriellen Vermögensgegenstände sind aus dem Anlagegitter (Anlage 1) ersichtlich. Erstmals ab dem Geschäftsjahr 2010 werden die Entwicklungskosten für eingestellte Software aktiviert, mit deren Entwicklung nach dem 1.1.2010 begonnen wurde.
		Im Berichtsjahr fielen Entwicklungskosten in Höhe von insgesamt 88 Mio. € an, von denen 4 Mio. € bei den selbsterstellten immateriellen Vermögensgegenständen aktiviert wuden.

2) Angaben unter „Sonstige Angaben", „Forschungs- und Entwicklungskosten":[569]

„Forschungskosten sind nicht angefallen. Von den kundenbezogenen Entwicklungskosten in Höhe von 6.992 T€ (i.V. 6.490 T€) wurden 138 T€ (i.V. 0 T€) in den immateriellen Vermögensgegenständen aktiviert."

4.2.1.2 Entwicklung der einzelnen Posten des Anlagevermögens (§ 284 Abs. 3 Satz 3 Nr. 1 bis 3) einschließlich Aufgliederung aktivierter Fremdkapitalzinsen (§ 284 Abs. 3 Satz 4 HGB)

Nach dem von Unternehmen ab mittlerer Größe anzuwendenden § 284 Abs. 3 HGB ist die **Entwicklung der einzelnen Posten des Anlagevermögens** im Anhang in einer gesonderten Aufgliederung darzustellen (Satz 1). Die Aufgliederung umfasst die Anschaffungs- und Herstellungskosten, die Abschreibungen sowie den Betrag aktivierter Fremdkapitalzinsen (Satz 2 bis 4). Den Ausgangspunkt für die Aufgliederung bilden die Anschaffungs- und Herstellungskosten zu Beginn des Geschäftsjahrs, zu denen die Zugänge, die Abgänge, die Umbuchungen, die Zuschreibungen des Geschäftsjahrs sowie die Abschreibungen gesondert aufzuführen sind (Satz 2). Zu den Abschreibungen sind je Posten gesondert die folgenden Angaben zu machen: Kumulierte Abschreibungen zu Beginn des Geschäftsjahrs, im Laufe des Geschäftsjahrs vorgenommene Abschreibungen und Änderungen der kumulierten Abschreibungen aufgrund von Zugängen, Abgängen sowie Umbuchungen im Laufe des Geschäftsjahrs (Satz 3). Wurden in aktivierte Herstellungskosten Zinsen für Fremdkapital einbezogen, ist für jeden Posten des Anlagevermögens der Betrag an Zinsen anzugeben, der im Geschäftsjahr aktiviert worden ist.

---

568 Deutsche Post AG, Bonn (Hrsg.), Jahresabschluss (HGB) zum 31.12.2010, S.10.
569 Progress-Werk Oberkirch AG, Oberkirch (Hrsg.), Einzelabschluss der PWO AG 2010, S.18.

Eine solche Darstellung der postenbezogenen Entwicklung des Anlagevermögens wird auch als „Anlagenspiegel" oder „Anlagengitter" bezeichnet. Dadurch werden die Ursachen für wertmäßige Veränderungen im Anlagevermögen erkenn- und die Altersstruktur des Anlagevermögens ableitbar. Dies dient dem besseren **Einblick in die Vermögenslage**.

Mit § 284 Abs. 3 HGB hat der deutsche Gesetzgeber die Vorgaben in Art. 17 Abs. 1 Buchstabe a Ziffer i bis vi der Bilanzrichtlinie umgesetzt. Die so mit dem BilRUG in das HGB aufgenommene Vorschrift verlangt, die Entwicklung der einzelnen Posten des Anlagevermögens in Bezug auf die Veränderung ihrer historischen Anschaffungs- und Herstellungskosten sowie ihrer kumulierten Abschreibungen im Anhang darzustellen (**Anlagespiegel**). In § 268 Abs. 2 HGB a. F. (vor BilRUG) wurde ein solcher Anlagespiegel von Unternehmen ab mittlerer Größe bereits in ähnlicher Weise gefordert.

Aufgrund des BilRUG beim Anlagespiegel neu und zu beachten sind die folgenden Aspekte:

Informationen zur Entwicklung der Posten des Anlagevermögens sind stets in den **Anhang** aufzunehmen. Die bisherige Möglichkeit zur Aufnahme dieser Informationen in die Bilanz wurde gestrichen; sie hat indes in der Bilanzierungspraxis zumindest großer Unternehmen auch keine Bedeutung erlangt.[570] Vielmehr wurde die postenbezogene Darstellung der Entwicklung des Anlagevermögens regelmäßig in den Anhang aufgenommen und dort unter den „Erläuterungen zur Bilanz", „Anlagevermögen" platziert.[571] Dadurch wurde die Bilanz in informatorischer Hinsicht entlastet und zur Klarheit und Übersichtlichkeit beigetragen. Dem folgend wurde der Anlagespiegel aus § 268 Abs. 2 HGB a. F. (vor BilRUG) gestrichen und mit Einfügung des § 284 Abs. 3 HGB systematisch in die Anhangvorschriften verlagert.[572]

In der Bilanzierungspraxis zu § 268 Abs. 2 HGB a. F. (vor BilRUG) hatten sich zwei Varianten für den Anlagespiegel herausgebildet, die sich in der Art der **Berücksichtigung der kumulierten Abschreibungen** unterscheiden:[573]

▶ Zum einen mit Nennung der kumulierten Abschreibungen nur mit ihrem Stand am Geschäftsjahresende (gesetzliche Mindestform des Anlagespiegels),

▶ zum anderen mit Darstellung der kumulierten Abschreibungen in ihrer Entwicklung im abzuschließenden Geschäftsjahr (um einen „Abschreibungsspiegel" erweiterte Form des Anlagespiegels).

In der Bilanzierungspraxis großer Unternehmen wurde mehrheitlich die erweiterte Form des Anlagespiegels mit integriertem Abschreibungsspiegel angewendet.[574]

Diese Form wird nach § 284 Abs. 3 HGB nun auch gesetzlich verlangt. Danach sind **Abschreibungen** nicht mehr nur in ihrer gesamten Höhe und in ihrer im Geschäftsjahr vorgenommenen Höhe, sondern ausgehend von ihrem Stand zu Beginn des Geschäftsjahrs in ihrer **gesamten Entwicklung** während des jeweiligen Geschäftsjahrs anzugeben. Aufgrund dessen ist der Anlagespiegel in der vorherigen gesetzlichen Mindestform nicht mehr zulässig, sondern muss um bestimmte Angaben zu den Abschreibungen erweitert werden.

---

570 Vgl. die empirischen Ergebnisse und Nachweise dazu bei Philipps, H., Jahresabschlüsse 2010, S. 135 f.
571 Vgl. die empirischen Ergebnisse und Nachweise dazu bei Philipps, H., Jahresabschlüsse 2010, S. 135.
572 Vgl. BT-Drucks. 18/4050, S. 64.
573 Vgl. dazu bereits die Hinweise bei Biener, H./Berneke, W., Bilanzrichtlinien-Gesetz, S. 172-174.
574 Vgl. auch dazu die empirischen Ergebnisse und Nachweise bei Philipps, H., Jahresabschlüsse 2010, S. 135.

Die zu den Abschreibungen gesondert geforderten Angaben lassen sich in den Anhang in Form eines Fließtextes oder in Form eines separaten Spiegels aufnehmen;[575] Letzteres war in der vorherigen Bilanzierungspraxis großer Unternehmen ebenfalls bereits üblich.[576] Im Rahmen des Gesetzgebungsverfahrens zum BilRUG wurde darauf hingewiesen, dass aus dem Wortlaut des § 284 Abs. 3 Satz 3 HGB nicht eindeutig hervorgehe, ob diese Angaben auch die kumulierten Abschreibungen mit einschließen.[577] Der Gesetzgeber hat diesen Hinweis nicht umgesetzt. Dies lässt darauf schließen, dass ihm die Formulierung insoweit klar genug scheint, womit davon auszugehen ist, dass „Abschreibungen in ihrer gesamten Höhe zu Beginn und Ende des Geschäftsjahrs" jeweils den Stand der kumulierten Abschreibungen zu Beginn und zum Ende des Geschäftsjahrs meint. Dann lassen sich aus dem Anlagespiegel auch die anders nicht sichtbaren Vorjahresbuchwerte[578] der einzelnen Posten des Anlagevermögens ermitteln.

Aus dem Wortlaut des § 284 Abs. 3 Satz 3 HGB ebenfalls nicht eindeutig beantwortbar ist die Frage, ob Abschreibungen auf Zugänge zum Anlagevermögen innerhalb des abzuschließenden Geschäftsjahrs im Anlagespiegel separat anzugeben sind. Nach Auffassung des IDW ist dies nur in Ausnahmefällen erforderlich, z. B. bei Zugängen aus Umwandlung verbunden mit Zugang historischer Anschaffungs- oder Herstellungskosten.[579]

Die nachfolgenden, durchaus typischen, Beispiele aus der bisherigen Bilanzierungspraxis erfüllten (daher) die nach § 284 Abs. 3 Satz 1-3 HGB geforderten Angaben bereits in vollem Umfang.

---

575 So DRSC, Stellungnahme vom 24. 2. 2015 zum BilRUG Reg-E, S. 5 f.
576 Vgl. dazu die empirischen Ergebnisse und Nachweise dazu bei Philipps, H., Jahresabschlüsse 2010, S. 135-137.
577 So DRSC, Stellungnahme vom 24. 2. 2015 zum BilRUG Reg-E, S. 5.
578 So DRSC, Stellungnahme vom 24. 2. 2015 zum BilRUG Reg-E, S. 5 f.
579 Vgl. IDW, HFA: Anwendungsfragen zum HGB i. d. F. des BilRUG, in: IDW Life 1/2016, S. 54.

4.2 Angaben zu Posten der Bilanz

PRAXISBEISPIELE für die Angaben nach § 284 Abs. 3 Satz 1-3 HGB („Anlagespiegel"):

1) Angaben unter „Entwicklung des Anlagevermögens":

ABB. 28: Anlagespiegel nach § 284 Abs. 3 Satz 1-3 HGB, Praxisbeispiel 1[580]

	Anschaffungs- und Herstellungskosten				
	01.01.2014 €	Zugänge €	Abgänge €	Umbuchungen €	31.12.2014 €
Immaterielle Vermögensgegenstände					
Entgeltlich erworbene Software	991.463,24	0,00	572.937,30	0,00	418.525,94
Sachanlagen					
1. Grundstücke und grundstücksgleiche Rechte mit Wohnbauten	349.461.132,58	817.494,94	81.851,45	0,00	350.169.776,07
2. Grundstücke und grundstücksgleiche Rechte mit Geschäfts- und anderen Bauten	168.990.635,79	0,00	548.066,52	661.576,87	169.104.146,14
3. Grundstücke ohne Bauten	1.104.264,68	0,00	0,00	0,00	1.104.264,68
4. Bauten auf fremden Grundstücken	4.352.158,21	0,00	0,00	0,00	4.352.158,21
5. Betriebs- und Geschäftsausstattung	3.671.450,32	68.993,36	725.662,05	0,00	3.014.781,68
6. Anlagen im Bau	1.531.357,67	4.685.507,09	0,00	-661.576,87	5.555.287,89
7. Bauvorbereitungskosten	10.587,69	9.190,20	0,00	0,00	19.777,89
8. Geleistete Anzahlungen	53.647,33	94,91	0,00	0,00	53.742,24
	529.175.234,27	5.581.280,50	1.355.580,02	0,00	533.400.934,75
Finanzanlage					
1. Anteile an verbundenen Unternehmen	8.845.189,91	0,00	0,00	0,00	8.845.189,91
2. Beteiligungen	25.102,34	0,00	0,00	0,00	25.102,34
	8.870.292,25	0,00	0,00	0,00	8.870.292,25
	539.036.989,76	5.581.280,50	1.928.517,32	0,00	542.689.752,94

---

580 Frankfurter Aufbau AG, Frankfurt am Main (Hrsg.), Geschäftsbericht 2014, S. 72 f.

4. Für mittelgroße GmbH sowie GmbH & Co. KG ergänzend geltende Anhangvorschriften

Abschreibungen				Restbuchwerte	
01.01.2014	Zugänge	Abgänge	31.12.2014	31.12.2014	31.12.2013
€	€	€	€	€	€
991.463,24	0,00	572.937,30	418.525,94	0,00	0,00
122.713.900,61	5.001.024,71	5.424,22	127.709.501,10	222.487.274,97	226.747.231,97
103.365.325,57	2.689.023,35	0,00	106.054.348,92	63.049.797,22	65.625.310,22
0,00	0,00	0,00	0,00	1.104.264,68	1.104.264,68
534.664,21	131.768,00	0,00	666.432,21	3.685.726,00	3.817.494,00
3.186.746,32	99.937,36	724.698,05	2.561.985,63	452.796,00	484.704,00
0,00	0,00	0,00	0,00	5.555.287,89	1.531.357,67
0,00	0,00	0,00	0,00	19.777,89	10.587,69
0,00	0,00	0,00	0,00	53.742,24	53.647,33
229.800.636,71	7.921.753,42	730.122,27	236.992.267,86	296.408.666,89	299.374.597,56
0,00	0,00	0,00	0,00	8.845.189,91	8.845.189,91
0,00	0,00	0,00	0,00	25.102,34	25.102,34
0,00	0,00	0,00	0,00	8.870.292,25	8.870.292,25
230.792.099,95	7.921.753,42	1.303.059,57	237.410.793,80	305.278.959,14	308.244.889,81

In diesem Beispiel entsprechen die Abschreibungen des Geschäftsjahrs den Werten in der Spalte „Abschreibungen, Zugänge". Zudem werden die Restbuchwerte der einzelnen Posten des Anlagevermögens aus dem Vorjahr gesondert angegeben. Dies ist nach § 284 Abs. 3 Satz 1-3 HGB nicht gefordert, lässt sich indes aus den Angaben rechnerisch ermitteln (kumulierte Anschaffungs- und Herstellungskosten zu Beginn des Geschäftsjahrs abzüglich kumulierte Abschreibungen zu Beginn des Geschäftsjahres). Zuschreibungen sind hier nicht angegeben. Für die Aufnahme einer „Leerspalte" dazu, wenn keine Zuschreibungen vorgenommen worden sind, besteht keine Verpflichtung.

4.2 Angaben zu Posten der Bilanz

2) Angaben unter „Erläuterungen zu Bilanzposten", „Anlagevermögen":

ABB. 29: Anlagespiegel nach § 284 Abs. 3 Satz 1-3 HGB, Praxisbeispiel 2[581]

	Stand 01.01.12 EUR	Zugang EUR	Abgang EUR	Umbuchung (+ und -) EUR	Stand 31.12.12 EUR
Sachanlagen					
Grundstücke und grundstücksgleiche Rechte mit Wohnbauten	794.027.684,42	16.772.671,75	107.816,51	27.558.359,93	838.250.899,59
Grundstücke und grundstücksgleiche Rechte mit Geschäfts- und anderen Bauten	193.015.566,98	-545.804,33	0,00	1.672.062,53	194.141.825,18
Grundstücke ohne Bauten	15.030.408,28	149.091,00	0,00	0,00	15.179.499,28
Grundstücke mit Erbbaurechten Dritter	388.151,75	0,00	0,00	0,00	388.151,75
Bauten auf fremden Grundstücken	6.592.801,50	0,00	259.095,76	0,00	6.333.705,74
Technische Anlagen	8.256.916,59	112.332,13	508,33	0,00	8.368.740,39
Betriebs- und Geschäftsausstattung	20.726.055,82	1.188.588,45	1.262.013,93	343,36	20.652.973,70
Anlagen im Bau	56.473.973,84	67.174.370,93	0,00	-19.432.724,23	104.215.620,54
Bauvorbereitungskosten	10.318.035,77	618.412,31	6.828,20	-9.797.698,23	1.131.921,65
	1.104.829.594,95	85.469.662,24	1.636.262,73	343,36	1.188.663.337,82

Kumulierte Abschreibungen					Buchwerte		Abschreibungen
Stand 01.01.12 EUR	Zugang EUR	Abgang EUR	Umbuchung (+ und -) EUR	Stand 31.12.12 EUR	31.12.12 EUR	31.12.11 EUR	2012 EUR
385.292.815,05	11.650.873,17	48.854,71	0,00	396.894.833,51	441.356.066,08	408.734.869,37	11.650.873,17
109.640.253,29	4.116.612,20	0,00	0,00	113.756.865,49	80.384.959,69	83.375.313,69	4.116.612,20
2.902.348,90	0,00	0,00	0,00	2.902.348,90	12.277.150,38	12.128.059,38	0,00
0,00	0,00	0,00	0,00	0,00	388.151,75	388.151,75	0,00
4.890.568,50	243.885,00	259.095,76	0,00	4.875.357,74	1.458.348,00	1.702.233,00	243.885,00
5.702.339,59	201.843,13	508,33	0,00	5.903.674,39	2.465.066,00	2.554.577,00	201.843,13
17.361.227,82	1.479.811,47	1.218.417,95	343,36	17.622.964,70	3.030.009,00	3.364.828,00	1.479.811,47
0,00	0,00	0,00	0,00	0,00	104.215.620,54	56.473.973,84	0,00
0,00	6.828,20	6.828,20	0,00	0,00	1.131.921,65	10.318.035,77	6.828,20
525.789.553,15	17.699.853,17	1.533.704,95	343,36	541.956.044,73	646.707.293,09	579.040.041,80	17.699.853,17

Ergänzend zu Beispiel 1 werden hier auch die Abschreibungen des Geschäftsjahrs „nachrichtlich" in einer gesonderten Spalte genannt. Dies entspricht dem Wortlaut des § 284 Abs. 3 Satz 3 HGB. Gleichwohl wird diese gesonderte Angabe nicht als verpflichtend anzusehen sein, da die „im Laufe des Geschäftsjahres vorgenommenen Abschreibungen" ja regelmäßig der Höhe nach den „Zugängen" entsprechen.

---

581 ABG Frankfurt Holding GmbH, Frankfurt am Main (Hrsg.), Geschäftsbericht 2012, S. 58 f.

3) Angaben unter „Sachanlagen":

ABB. 30: Anlagespiegel nach § 284 Abs. 3 Satz 1-3 HGB, Praxisbeispiel 3[582]

9 – Sachanlagen

Entwicklung 2016 (Millionen €)

	Grundstücke, grundstücks-gleiche Rechte und Bauten[1]	Technische Anlagen und Maschinen	Andere Anlagen, Betriebs- und Geschäfts-ausstattung	Geleistete Anzahlungen und Anlagen im Bau	Gesamt
Anschaffungs- und Herstellungskosten					
Stand am 01.01.2016	2.945	11.720	1.675	1.349	17.689
Zugänge	44	197	48	134	423
Abgänge	4	343	70	27	444[2]
Umbuchungen	15	936	22	–943	30
Stand am 31.12.2016	3.000	12.510	1.675	513	17.698
Abschreibungen					
Stand am 01.01.2016	2.271	10.281	1.362	–	13.914
Zugänge	49	367	89	–	505[3]
Abgänge	3	316	65	–	384[4]
Umbuchungen	.	.	.	–	.
Zuschreibungen	–	–	–	–	–
Stand am 31.12.2016	2.317	10.332	1.386	–	14.035
Nettobuchwert am 31.12.2016	**683**	**2.178**	**289**	**513**	**3.663**
Nettobuchwert am 31.12.2015	674	1.439	313	1.349	3.775

[1] Einschließlich der Bauten auf fremden Grundstücken
[2] Davon 330 Millionen € Abgang des Pigmentgeschäfts
[3] Davon 3 Millionen € außerplanmäßige Abschreibungen
[4] Davon 301 Millionen € Abgang des Pigmentgeschäfts

In Beispiel 3 wird die Entwicklung der Buchwerte vertikal dargestellt. Auch in diesem Beispiel sind jeweils die Restbuchwerte genannt. Zudem sind Zuschreibungen mit einer „Leerspalte" aufgenommen. Die gesonderte „nachrichtliche" Nennung der „im Laufe des Geschäftsjahres vorgenommenen Abschreibungen" fehlt hier dagegen.

---

[582] BASF SE, Ludwigshafen (Hrsg.), Jahresabschluss 2016 und Lagebericht, S. 47.

4.2 Angaben zu Posten der Bilanz

4) Angaben zu „Erläuterungen zur Bilanz", „Angaben zu den Aktiva", Anlage 1 zum Anhang:

ABB. 31: Anlagespiegel nach § 284 Abs. 3 Satz 1-3 HGB, Praxisbeispiel 4[583]

Entwicklung des Anlagevermögens vom 01.01.2016 bis 31.12.2016 — Anlage 1 zum Anhang

in Mio €	Anschaffungskosten					Abschreibungen					Buchwerte	
	01.01.2016	Zugänge	Umbuchg.	Abgänge	31.12.2016	01.01.2016	Abschr.	Zuschr.	Umbuchg.	Abgänge	31.12.2016	01.01.2016	31.12.2016
1. Imm. Vermögensgegenstände												
Selbsterst. Software	122	20	12	0	154	55	26	0	0	0	81	67	73
Konzessionen, EDV-Software	291	9	15	7	308	224	23	0	0	7	240	67	68
Anzahlungen	34	29	-26	1	36	0	0	0	0	0	0	34	36
Summe immat. Verm.werte	447	58	1	8	498	279	49	0	0	7	321	168	177
2. Sachanlagen												
Grundstücke u. Bauten	2.801	63	7	15	2.856	1.385	38	0	0	5	1.418	1.416	1.438
Techn. Anlagen u. Maschinen	2.238	12	98	36	2.312	1.450	62	0	0	35	1.477	788	835
Andere Anlagen, Betriebs- und Geschäftsausstattung	1.036	166	5	55	1.152	786	93	0	0	54	825	250	327
Anlagen im Bau	70	134	-111	2	91	0	0	0	0	0	0	70	91
Summe Sachanlagen	6.145	375	-1	108	6.411	3.621	193	0	0	94	3.720	2.524	2.691
Zwischensumme 1./2.	6.592	433	0	116	6.909	3.900	242	0	0	101	4.041	2.692	2.868
3. Finanzanlagen												
Anteile an verbundenen Unternehmen	7.341	0	0	0	7.341	292	0	0	0	0	292	7.049	7.049
Ausleihungen an verbundene Unternehmen	6.723	1.491	0	69	8.145	0	0	0	0	0	0	6.723	8.145
Beteiligungen	7	0	0	7	0	4	0	0	0	4	0	3	0
Wertpapiere des Anlageverm.	68	1	0	0	69	0	0	0	0	0	0	68	69
Sonstige Ausleihungen	366	21	0	380	7	0	0	0	0	0	0	366	7
Summe Finanzanlagen	14.505	1.513	0	456	15.562	296	0	0	0	4	292	14.209	15.270
Anlagevermögen gesamt	21.097	1.946	0	572	22.471	4.196	242	0	0	105	4.333	16.901	18.138

Beispiel 4 enthält die gleichen Angaben wie Beispiel 3, hier indes in der doch eher üblichen horizontalen Darstellung der einzelnen Buchwerte.

Diese Beispiele stellen die Form des Anlagespiegels für einen Regelfall dar. In besonderen Fällen kann es sinnvoll sein, diese Form durch Einfügung weiterer Spalten zu ergänzen, um dadurch dem Einblicksgebot des § 264 Abs. 2 Satz 1 HGB zu entsprechen. Zu solch besonderen Fällen zählen z. B. Änderungen im Anlagevermögen aufgrund von Rechtsänderungen (in der jüngeren Vergangenheit etwa durch das BilMoG) oder aufgrund von Verschmelzungen, Ausgliederungen, Anwachsungen.[584]

---

583 Deutsche Post AG, Bonn (Hrsg.), Jahresabschluss (HGB) zum 31. Dezember 2016, Anlage 1 zum Anhang, S. 60.
584 Praxisbeispiele für die Darstellung der Entwicklung des Anlagevermögens in diesen Fällen über das im Folgenden dargestellte hinaus sind enthalten in Philipps, H., Jahresabschlüsse 2010, S. 137-139.

PRAXISBEISPIEL für erweiterte Angaben nach § 284 Abs. 3 Satz 1-3 HGB („Anlagespiegel"):

Angaben unter „Erläuterungen zur Bilanz", „Anlagevermögen":

ABB. 32: Erweiterter Anlagespiegel nach § 284 Abs. 3 Satz 1-3 HGB, Praxisbeispiel[585]

Anlagespiegel
in Mio. €

			Anschaffungs- oder Herstellungskosten						
	Stand 1.1.2016	Zugänge	Zugänge aus Übertragungen von Konzernunternehmen	Zugänge aus Umwandlungen und ähnlichen Vorgängen	Abgänge	Abgänge aus Übertragungen an Konzernunternehmen	Abgänge aus Umwandlungen und ähnlichen Vorgängen	Umbuchungen	Stand 31.12.2016
I. IMMATERIELLE VERMÖGENSGEGENSTÄNDE									
1. Entgeltlich erworbene Konzessionen, gewerbliche Schutzrechte und ähnliche Rechte und Werte sowie Lizenzen an solchen Rechten und Werten	358	43	-	-	(29)	0	-	19	391
2. Geleistete Anzahlungen	27	23	-	-	(1)	-	-	(19)	30
	385	66	-	-	(30)	0	-	-	421
II. SACHANLAGEN									
1. Grundstücke, grundstücksgleiche Rechte und Bauten einschließlich der Bauten auf fremden Grundstücken	9 775	9	0	-	(502)	(7)	-	4	9 279
2. Technische Anlagen und Maschinen	483	7	1	-	(76)	(11)	-	12	416
3. Andere Anlagen, Betriebs- und Geschäftsausstattung	694	27	1	-	(83)	(2)	-	2	639
4. Geleistete Anzahlungen und Anlagen im Bau	31	35	-	-	0	-	-	(18)	48
	10 983	78	2	-	(661)	(20)	-	-	10 382
III. FINANZANLAGEN									
1. Anteile an verbundenen Unternehmen	78 906	95	-	1	(2 113)	(1)	(1)	-	76 887
2. Ausleihungen an verbundene Unternehmen	9 422	907	-	-	(2 046)	-	-	-	8 283
3. Beteiligungen	662	-	-	-	(31)	-	-	-	631
4. Sonstige Ausleihungen	12	-	-	-	(2)	-	-	-	10
	89 002	1 002	-	1	(4 192)	(1)	(1)	-	85 811
ANLAGEVERMÖGEN	100 370	1 146	2	1	(4 883)	(21)	(1)	-	96 614

Sofern innerhalb des Anlagevermögens Herstellungskosten aktiviert wurden und darin in Anwendung des § 255 Abs. 3 HGB Fremdkapitalzinsen einbezogen worden sind, ist für jeden Posten des Anlagevermögens der Betrag der darin im Geschäftsjahr **aktivierten Fremdkapitalzinsen** anzugeben (§ 284 Abs. 3 Satz 4 HGB).[586] Die Angabe der im Anlagevermögen aktivierten Fremdkapitalzinsen wird nur unter den genannten Voraussetzungen verlangt; eine Negativerklärung ist nicht erforderlich. Ist die Angabe danach zu machen, beschränkt sie sich auf die **im Geschäftsjahr** aktivierten Fremdkapitalzinsen. Informationen zum „Bestand" aktivierter Fremdkapitalzinsen innerhalb der Herstellungskosten oder gar ihre Entwicklung innerhalb des Geschäftsjahrs müssen nicht gegeben werden. Gleiches gilt für Vorjahresbeträge.

Sowohl die Angaben nach § 284 Abs. 3 Satz 3 HGB (Entwicklung der Abschreibungen bei den Posten des Anlagevermögens) als auch diejenigen nach § 284 Abs. 3 Satz 4 HGB (im Geschäftsjahr im Anlagevermögen aktivierte Fremdkapitalzinsen) enthalten eigenständige Informationsanforderungen. Inhaltlich beziehen sie sich indes jeweils auf die Posten des Anlagevermögens.

---

585 Deutsche Telekom AG, Bonn (Hrsg.), Jahresabschluss zum 31. Dezember 2016, S. 14 f.
586 Innerhalb der Herstellungskosten von Vorräten ist die Aktivierung von Fremdkapitalzinsen in der Bilanzierungspraxis großer Unternehmen ohne Bedeutung. Vgl. dazu die empirischen Ergebnisse und Nachweise dazu bei Philipps, H., Jahresabschlüsse 2010, S. 113-116.

4.2 Angaben zu Posten der Bilanz

Daher ist es sinnvoll, diese Angaben zu bündeln; dies folgt auch aus ihrer gemeinsamen Einordnung in § 284 Abs. 3 HGB sowie aus § 284 Abs. 1 HGB (hierzu wird auch auf Abschnitt 2.5 verwiesen). Hierfür bieten sich vor allem zwei **Darstellungsvarianten** an:

▶ Entweder Aufnahme der Informationen zu den im Geschäftsjahr aktivierten Fremdkapitalzinsen in den Anlagespiegel in Form einer gesonderten Spalte, z. B. „nachrichtlich", ähnlich der bisher häufig praktizierten Angabe der Abschreibungen des Geschäftsjahrs wie im Praxisbeispiel 2 in diesem Abschnitt oben,

▶ oder Aufnahme der Informationen zu den im Geschäftsjahr aktivierten Fremdkapitalzinsen in Form eines Fließtextes unter den Anlagespiegel. Diese Variante bietet sich insbesondere dann an, wenn die Aktivierung von Fremdkapitalzinsen nur wenige Posten betrifft.

Formulierungsbeispiel:

„Innerhalb des Postens ‚Anlagen im Bau' wurden im Geschäftsjahr ... T€ Zinsen für Fremdkapital aktiviert."

PRAXISBEISPIEL für einen Anlagespiegel nach § 284 Abs. 3 Satz 1-3 HGB mit ergänzender Angabe der im Geschäftsjahr aktivierten Fremdkapitalzinsen:

Angaben unter „Erläuterungen zur Bilanz", „Anlagevermögen":[587]

ABB. 33: Anlagespiegel nach § 284 Abs. 3 Satz 1-3 HGB mit Angabe der im Geschäftsjahr aktivierten Fremdkapitalzinsen, Praxisbeispiel

Anlagespiegel (Entwicklung des Anlagevermögens zum 31. Dezember 2016)

In Mio €						Bruttowerte
	\multicolumn{6}{c}{Anschaffungs- oder Herstellungskosten}
	Stand am 01.01.2016	Zugänge	davon Zinsen	Abgänge	Umbuchungen	Stand am 31.12.2016
Immaterielle Vermögensgegenstände						
Selbst geschaffene Rechte, ähnliche Rechte und Werte	20,9	0,6		-0,2	1,7	23,0
Entgeltlich erworbene Software, Nutzungs- und ähnliche Rechte	125,9	4,4		-3,5	1,7	128,5
	146,8	5,0	0,0	-3,7	3,4	151,5
Sachanlagen						
Grundstücke, grundstücksgleiche Rechte und Bauten einschließlich der Bauten auf fremden Grundstücken	5.925,1	50,6		-7,0	50,8	6.019,5
Technische Anlagen und Maschinen	3.001,3	30,1		-49,8	-36,8	2.944,8
Andere Anlagen, Betriebs- und Geschäftsausstattung	354,2	30,8		-17,6	5,4	372,8
Geleistete Anzahlungen und Anlagen im Bau	585,2	134,4	16,9	-4,7	-71,4	643,5
	9.865,8	245,9	16,9	-79,1	-52,0	9.980,6
Finanzanlagen						
Anteile an verbundenen Unternehmen	1.251,7	22,1		-1,2		1.272,6
Ausleihungen an verbundene Unternehmen	14,6			-1,2		13,4
Beteiligungen	193,7			-26,2		167,5
Ausleihungen an Unternehmen, mit denen ein Beteiligungsverhältnis besteht	78,4			-67,5		10,9
Wertpapiere des Anlagevermögens	527,2	50,4		-147,0		430,6
Sonstige Ausleihungen	36,2	10,0		-7,8		38,4
	2.101,8	82,5	0,0	-250,9	0,0	1.933,4
Gesamt	12.114,4	333,4	16,9	-333,7	-48,6	12.065,5

---

587 Fraport AG, Frankfurt am Main (Hrsg.), Jahresabschluss der Einzelgesellschaft nach HGB für 2016, S. 70 f.

4. Für mittelgroße GmbH sowie GmbH & Co. KG ergänzend geltende Anhangvorschriften

					Bruttowerte	Abschreibungen	Nettowerte
Stand am 01.01.2016	Zugänge	Abgänge	Umbuchungen	Zuschreibungen	Stand am 31.12.2016	Stand am 31.12.2016	Stand am 31.12.2015
8,2	1,5	−0,2			9,5	13,5	12,7
82,6	9,7	−3,5			88,8	39,7	43,3
90,8	11,2	−3,7	0,0	0,0	98,3	53,2	56,0
2.804,3	164,0	−5,6	−2,5		2.960,2	3.059,3	3.120,8
1.594,4	101,8	−47,6	−6,4		1.642,2	1.302,6	1.406,9
234,7	26,3	−17,5			243,5	129,3	119,5
1,1					1,1	642,4	584,1
4.634,5	292,1	−70,7	−8,9	0,0	4.847,0	5.133,6	5.231,3
130,3	27,5				157,8	1.114,8	1.121,4
0,0					0,0	13,4	14,6
88,9		−22,0			66,9	100,6	104,8
74,1		−67,5			6,6	4,3	4,3
0,0	0,6				0,6	430,0	527,2
1,7					1,7	36,7	34,5
295,0	28,1	−89,5	0,0	0,0	233,6	1.699,8	1.806,8
5.020,3	331,4	−163,9	−8,9	0,0	5.178,9	6.886,6	7.094,1

4.2.1.3 Angaben zum Beteiligungsbesitz (§ 285 Nr. 11 HGB)

Kapitalverflechtungen mit anderen Unternehmen sind geeignet, den Einblick in die Vermögens-, Finanz- und Ertragslage des bilanzierenden Unternehmens zu beeinflussen. Hierzu soll über die Angaben nach § 285 Nr. 11 HGB eine gewisse Transparenz hergestellt werden.[588] Aufgrund dessen verlangt die Vorschrift

▶ über Unternehmen, an denen die Kapitalgesellschaft (oder auch eine für ihre Rechnung handelnde Person) eine Beteiligung i. S. d. § 271 Abs. 1 HGB hält,

▶ die Angabe von Name, Sitz und Höhe des Kapitalanteils sowie Eigenkapital und Ergebnis des letzten Geschäftsjahres, für das ein Jahresabschluss vorliegt.

Bei Ermittlung der Beteiligung sind § 16 Abs. 2 und Abs. 4 AktG entsprechend anzuwenden.

In den Fällen des § 286 Abs. 3 Nr. 1 und Nr. 2 HGB (untergeordnete Bedeutung oder mögliche Nachteilszufügung) dürfen die Angaben nach § 285 Nr. 11 HGB **unterbleiben**; hierzu wird auf Abschnitt 2.4.1 verwiesen.

Unter den genannten Voraussetzungen beziehen sich die geforderten Angaben auf **„Unternehmen"**, sind also unabhängig von deren Rechtsform, deren Größe, deren wirtschaftlichen Verhältnissen und deren geographischer Herkunft (Inland oder Ausland). Somit sind auch Anteile an BGB-Gesellschaften in die Angaben einzubeziehen, wenn sie im wirtschaftlichen Verkehr unternehmerisch tätig sind. Typische stille Gesellschaften oder andere bloße Mitgliedsrechte unterliegen dagegen nicht den Informationsanforderungen des § 285 Nr. 11 HGB.[589]

---

588 Vgl. Poelzig, D., in: MüKoHGB, 3. Aufl., § 285 HGB Rn. 235 f.
589 Vgl. Biener, H./Berneke, W., Bilanzrichtlinien-Gesetz, S. 261; Grottel, B., in: BeckBilKom, 10. Aufl., § 285 HGB Rn. 366.

An Unternehmen im vorgenannten Sinn muss das bilanzierende Unternehmen eine **Beteiligung** halten. Beteiligungen sind nach § 271 Abs. 1 Satz 1 HGB „Anteile an anderen Unternehmen, die bestimmt sind, dem eigenen Geschäftsbetrieb durch Herstellung einer dauernden Verbindung zu jenen Unternehmen zu dienen". Eine solche Beteiligung wird nach § 271 Abs. 1 Satz 3 HGB „vermutet, wenn die Anteile an einem Unternehmen insgesamt den fünften Teil des Nennkapitals dieses Unternehmens oder, falls ein Nennkapital nicht vorhanden ist, den fünften Teil der Summe aller Kapitalanteile an diesem Unternehmen überschreiten". Die Beteiligungsvermutung setzt bei einem Unternehmensanteil von mehr als 20 % an und reicht dann bis 100 %. Sie ist einerseits nicht unwiderlegbar. Andererseits ist aber die Annahme einer Beteiligung auch bereits unterhalb der „20 %-Schwelle" möglich, sofern weitere Umstände hinzutreten. Daher sind auch solche Beteiligungsverhältnisse dann in die Anhangangaben nach § 285 Nr. 11 HGB einzubeziehen; letztgenannter Fall ist durch den Wegfall der vorherigen Beschränkung der Angaben auf Beteiligungen ab 20 % Anteilshöhe durch das BilRUG begründet.[590]

Abgestellt wird auf die Höhe der Kapitalanteile – am Bilanzstichtag –, nicht der Stimmrechte; diese sind hier unerheblich.[591] Ebenso unerheblich ist, ob über den Kapitalanteil ein Beteiligungsverhältnis nach § 271 Abs. 1 HGB nur vermutet oder tatsächlich begründet wird oder ob die Anteile in Wertpapieren verbrieft sind oder nicht. Halten einer Beteiligung wird regelmäßig mit dem „Beteiligungsbesitz" i. S. d. rechtlichen oder wirtschaftlichen Eigentums an den entsprechenden Unternehmensanteilen einhergehen. Im Fall von Treuhandverhältnissen hat daher der Treugeber und nicht der Treuhänder die Anteile, über die das Treuhandverhältnis vereinbart wurde („für Rechnung"), in seine Angaben nach § 285 Nr. 11 HGB einzubeziehen.[592]

Für die Berechnung der **quotalen Höhe** des Anteilsbesitzes verweist § 285 Nr. 11 HGB auf § 16 Abs. 2 und Abs. 4 AktG. Aufgrund dessen sind unmittelbar und auch mittelbar gehaltene Anteile zu berücksichtigen. Bei Anteilen an Kapitalgesellschaften bestimmt sich die Anteilshöhe nach dem Verhältnis der Höhe des gehaltenen Nennkapitals zur Höhe des gesamten Nennkapitals (bei nennwertlosen Anteilen nach dem Verhältnis der Anzahl der gehaltenen Anteile zur Anzahl der Gesamtstückzahl). Eigene Anteile des Unternehmens, von dem Anteile gehalten werden, mindern die Höhe des Nennkapitals bzw. die Gesamtstückzahl. Mittelbarer gehaltene Anteile sind zu berücksichtigen, wenn die Anteile über ein vom bilanzierenden Unternehmen abhängiges Unternehmen gehalten werden. Diese Berechnungsregeln gelten für Anteile an Nicht-Kapitalgesellschaften und an ausländischen Gesellschaften entsprechend. Bei Nicht-Kapitalgesellschaften wird die Anteilsquote dann nach dem Verhältnis der geleisteten bzw. zu leistenden Einlage zu den Gesamteinlagen bestimmt.[593]

Name und **Sitz** der Unternehmen, die unter die Angaben nach § 285 Nr. 11 HGB fallen, richtet sich nach den entsprechenden Eintragungen im Handelsregister. Namensbestandteil ist auch die Rechtsform des Unternehmens. Im Fall eines Doppelsitzes sind beide Orte anzugeben, ein etwaiger Verwaltungssitz dagegen nicht. Ist das Unternehmen noch nicht oder nicht im Han-

---

590 Vgl. BT-Drucks. 18/4050, S. 65.
591 Anders dagegen bei i. S. d. § 3 Abs. 2 AktG börsennotierten AG oder KGaA nach § 285 Nr. 11 Buchstabe b HGB.
592 Vgl. dazu weiterführend auch Grottel, B., in: BeckBilKom, 10. Aufl., § 285 HGB Rn. 368 sowie Poelzig, D., in: MüKoHGB, 3. Aufl., § 285 HGB Rn. 243-253 jeweils m.w. N.
593 Vgl. dazu z. B. Grottel, B., in: BeckBilKom, 10. Aufl., § 285 HGB Rn. 367-376.

delsregister eingetragen (Unternehmen in Gründung oder ausländische Unternehmen), sind Name und Sitz gemäß Festlegung im Gesellschaftsvertrag bzw. in der Satzung anzugeben.[594]

Die **Höhe des Kapitalanteils** wird in Prozent angegeben. Auf- oder Abrundung auf volle Prozent ist mit entsprechendem Hinweis zulässig, sofern dadurch kein falsches Bild vermittelt wird. Um dies zu vermeiden, wird in einschlägigen Fällen die Angabe einer Nachkommastelle notwendig sein, aber auch ausreichen (z. B. 50,1 % statt 50 % oder 24,9 % statt 25 %).[595]

Eigenkapital und **Ergebnis** sind wie im letzten vorliegenden Jahresabschluss ausgewiesen (bei inländischen Kapitalgesellschaften nach § 266 Abs. 3 A. i.V. m. §§ 272, 268 Abs. 3 bzw. nach § 275 Abs. 2 Nr. 20, Abs. 3 Nr. 19 HGB respektive bei Nicht-Kapitalgesellschaften mit entsprechenden Beträgen anzugeben), und zwar in voller Höhe, nicht in Höhe des jeweiligen quotalen Anteilsbesitzes. Eine Prüfung dieses letzten vorliegenden Jahresabschlusses wird nicht verlangt. Das Geschäftsjahr, auf das sich der Jahresabschluss bezieht, muss kein volles Geschäftsjahr sein. Den Angaben nach § 285 Nr. 11 HGB dürfen auch die Werte von Eigenkapital und Ergebnis (ohne Hochrechnung auf das Geschäftsjahr) für ein Rumpfgeschäftsjahr zugrunde gelegt werden. In einem solchen Fall ist allerdings ein Hinweis (z. B. in einer Fußnote), dass die jeweiligen Werte ein Rumpfgeschäftsjahr betreffen, sinnvoll. Bei ausländischen Unternehmen müssen die Angaben zum Eigenkapital und zum Jahresergebnis nicht in Euro umgerechnet werden. Die entsprechenden Angaben in der ggf. abweichenden Landeswährung sind zulässig, müssen dann aber zumindest um die Nennung der jeweiligen Fremdwährung ergänzt werden.[596]

Bestehen **Gewinnabführungsverträge**, werden zwei Angabevarianten für zulässig gehalten:[597]

▶ Entweder Angabe des Ergebnisses nach Gewinnabführung mit „0" und ergänzendem Hinweis auf einen bestehenden Ergebnisabführungsvertrag (z. B. in einer Fußnote) oder

▶ Angabe des Ergebnisses vor Gewinnabführung mit ergänzendem Hinweis auf diese Tatsache (ebenfalls z. B. in einer Fußnote).

In der Bilanzierungspraxis großer Unternehmen nehmen die Angaben zum Beteiligungsbesitz häufig einen erheblichen Seitenumfang ein. Aus Gründen der Klarheit und Übersichtlichkeit werden diese dann regelmäßig spezifisch gegliedert. Dafür macht § 285 Nr. 11 HGB keine Vorgaben. Beispiele für dazu in der Bilanzierungspraxis großer Unternehmen anzutreffende **Gliederungsgrundmuster** sind:[598]

▶ Alphabetische Gliederung,

▶ Gliederung nach der Stärke des Einflusses des bilanzierenden Unternehmens auf das Unternehmen, an dem die Beteiligung besteht (verbundene Unternehmen, Gemeinschaftsunternehmen, assoziierte Unternehmen und Beteiligungen),

▶ Gliederung nach regionalen Gesichtspunkten (Sitz der Unternehmen, an denen die Beteiligung besteht: Inland/Ausland, kontinentale oder sonstige regionale Ausrichtung) oder

▶ Gliederung nach organisatorischen Gesichtspunkten (Zuordnung der Unternehmen, an denen die Beteiligung besteht, zu Geschäftsbereich/Segment A, B, C).

---

594 Vgl. Grottel, B., in: BeckBilKom, 10. Aufl., § 284 HGB Rn. 385; Poelzig, D., in: MüKoHGB, 3. Aufl., § 285 HGB Rn. 255.
595 Vgl. z. B. Hoffmann, W.-D./Lüdenbach, N., NWB Kommentar Bilanzierung, 8. Aufl., § 285 HGB Rz. 96.
596 Vgl. z. B. Adler, H./Düring, W./Schmaltz, K., 6. Aufl., § 285 HGB Rz. 233-238.
597 Vgl. z. B. Hoffmann, W.-D./Lüdenbach, N., NWB Kommentar Bilanzierung, 8. Aufl., § 285 HGB Rz. 98.
598 Vgl. dazu Philipps, H., Jahresabschlüsse 2010, S. 210.

4.2 Angaben zu Posten der Bilanz

Häufig werden diese Gliederungsgrundmuster nicht in reiner Form angewendet, sondern die Gliederungen umfassen mehrere Ebenen, auf denen die genannten **Grundmuster** miteinander **kombiniert** werden, z. B. Stärke des Einflusses (Gliederungsebene 1), regionale Gesichtspunkte (Gliederungsebene 2) und alphabetische Gliederung (Gliederungsebene 3).

Ganz überwiegend werden die Angaben zum Beteiligungsbesitz mit einer eigenen **Überschrift** versehen. Typische Formulierungen dafür waren und sind bislang: Anteilsbesitzliste, Anteilsbesitz der …, Aufstellung des Anteilsbesitzes zum …, Aufstellung des Anteilsbesitzes gemäß … oder Angaben zum Anteilsbesitz.[599]

PRAXISBEISPIELE für die Angaben nach § 285 Nr. 11 HGB (dem Grunde nach noch zur Gesetzesfassung vor BilRUG, allerdings haben sich in der bisherigen Bilanzierungspraxis nach BilRUG keine nennenswerten Änderungen ergeben):

1) Angaben unter „Sonstige Angaben", „Aufstellung des Anteilsbesitzes":

„Die folgende Aufstellung enthält die Angaben gemäß § 285 Nr. 11 HGB zu Unternehmen, an denen die Gesellschaft mit mindestens 20 % beteiligt ist:

ABB. 34: Angaben zum Anteilsbesitz nach § 285 Nr. 11 HGB, Praxisbeispiel[600]

	Anteile am Kapital 31.12.2010 %	Eigenkapital am 31.12.2010 T€	Jahresergebnis 2010 T€
Arge Schönefeld GbR, Berlin	50,00	48	86
blowUp Media Belgium N.V., Antwerpen, Belgien	60,00	-11	-19
blowUp Media Espana S.A., Madrid, Spanien	70,00	-681	451
blowUp Media France SAS, Paris, Frankreich	82,14	233	-12
blowUp Media UK Ltd., London, Großbritannien	80,00	1.761	853
City Design Gesellschaft für Außenwerbung mbH, Köln	100,00	36.773	*10.240
City Lighs Reklam Pazarlama Ltd. Sti., Istanbul, Türkei	89,00	4.962	547
CulturePlak Marketing GmbH, Berlin	***51,00	31	*22
DERG Vertriebs GmbH, Köln	100,00	54	*1.172
DSMDecaux GmbH, München	50,00	12.436	6.930
DSM Deutsche Städte Medien GmbH, Frankfurt am Main	100,00	15.001	*23.251
Ströer Out-of-Home Media India Private Limited, Neu Dehli, Indien	49,73	**3	**32
Ströer Media Sp. z o.o., Warschau, Polen	99,00	**0	**0
Ströer Sales & Services GmbH, Köln	100,00	272	*10.250
Ströer Polska Sp. z o.o., Warschau, Polen	99,00	23.031	8.938
Trierer Gesellschaft für Stadtmöblierung mbH, Trier	50,00	434	11
Werbering GmbH, Köln	100,00	195	*4.164
X-City Marketing Hannover GmbH, Hannover	50,00	5.439	2.153
XOREX Beteiligungs GmbH, Berlin	49,73	-663	18.136
XOREX GmbH, Köln	24,60	-5	-117

* Ergebnis vor Ergebnisabführung   ** Eigenkapital und Jahresergebnis des Vorjahres   *** 49% der Anteile werden treuhänderisch gehalten "

---

599 Vgl. Philipps, H., Jahresabschlüsse 2010, S. 210, auch mit empirischen Nachweisen über die Angabeformulierungen ohne eigene Überschrift (S. 210-212).

600 Ströer out-of-home Media AG, Köln (Hrsg.), Einzelabschluss 2010, S. 17 f.; gegenüber dem Original aus drucktechnischen Gründen inhaltlich nur in Auszügen wiedergegeben.

4. Für mittelgroße GmbH sowie GmbH & Co. KG ergänzend geltende Anhangvorschriften

2) Angaben unter „Erläuterungen zur Bilanz", „Finanzanlagen":[601]

„Der wesentliche Anteilsbesitz gemäß § 285 Nr. 11 HGB stellt sich wie folgt dar:

Name und Sitz	Höhe des Anteils am Kapital	Eigenkapital der Gesellschaft	Ergebnis 2011
	%	T€	T€
Unmittelbarer Anteilsbesitz			
ARZ-Holdinggesellschaft für die Warenwirtschaft mbH, Haan	100	889	0 *)
ARZ-Holdinggesellschaft für Softwareinnovationen mbH, Haan	100	3.896	0 *)
DRS Datenerfassung GmbH, Haan	100	4.000	0 *)
3. Verwaltungsgesellschaft Haaner Landstraße mbH, Haan	100	22	0 **)
Mittelbarer Anteilsbesitz i. S. d. § 16 Abs. 2 und 4 AktG			
ARZ-Beteiligungsgesellschaft für Softwareinnovationen mbH, Haan	100	4.350	0 *)
CoM.MeD GmbH, Barleben	100	-3.411	0 *)
CoM.MeD IMS GmbH, Bremen	100	-239	-289
CoM.MeD (Schweiz) GmbH, Zug/Schweiz	100	-1.626	-567
RZH Rechenzentrum für Heilberufe GmbH, Wesel	100	2.000	0 *)
Grundstücksgesellschaft Wesel GmbH, Wesel	100	191	47
ARZ Service GmbH, Haan	100	598	0 *)
AZH-Abrechnungszentrale für Hebammen GmbH, Lauingen	60	764	315 ***)
HÄVG Rechenzentrum AG, Köln	50	260	-196
ARZ-CEDAG GmbH, Darmstadt	50	102	11
LAUER-FISCHER GmbH, Fürth	25	5.000	0 *)

*) nach Ergebnisabführung
**) Jahresfehlbetrag unter 500,00 €
***) Rumpfgeschäftsjahr 1.7. - 31.12.2011

Daneben bestehen noch mittelbare Beteiligungen über LF an degama GmbH Apotheken- und Marketing-Beratung, Fürth (25 %), Fischer-Software GmbH, Stuttgart (25 %) und IS Informatik Systeme Gesellschaft für Informationstechnik mbH, Kaiserslautern (15 %). Von der Schutzklausel gemäß § 286 Abs. 3 Nr. 2 HGB wurde Gebrauch gemacht."

---

601 ARZ Haan AG, Haan (Hrsg.), Geschäftsbericht 2011, S. 38.

4.2 Angaben zu Posten der Bilanz

3) Angaben unter „Sonstige Erläuterungen", „Anteilsbesitz":[602]

„...

Nachfolgende Seiten zeigen den Anteilsbesitz der Deutschen Bank AG gemäß § 285 Nr. 11 HGB ... Nach § 286 Abs. 3 Satz 1 Nr. 1 HGB unterbleiben die Angaben des Eigenkapitals sowie des Ergebnisses, soweit sie für die Darstellung der Vermögens-, Finanz- und Ertragslage der Deutschen Bank AG von untergeordneter Bedeutung sind.

Fußnoten:

1. Eigenkapital und Ergebnis des Geschäftsjahrs 2009; Zahlen des lokalen Abschlusses für das Geschäftsjahr 2010 liegen noch nicht vor.
2. Ergebnisabführungsvertrag, keine Angabe zum Ergebnis.
3. In den konsolidierten Zahlen sind das Eigenkapital und das Ergebnis des BrisConnections Investment Trust enthalten.
4. Die Gesellschaft hat von der Befreiung gemäß § 264b HGB Gebrauch gemacht.
5. Eigenkapital und Ergebnis des Teilkonzerns. Die folgenden Gesellschaften mit vorangestelltem Strich gehören zum Teilkonzern, ihr Eigenkapital und ihr Ergebnis sind in den Teilkonzernzahlen enthalten.
6. Stellung als unbeschränkt haftender Gesellschafter gemäß § 285 Nr. 11a HGB.
7. Stimmrechte von mehr als 5 %.

---

[602] Deutsche Bank AG, Frankfurt am Main (Hrsg.), Jahresabschluss und Lagebericht der Deutschen Bank AG 2010, S. 85 f. (gegenüber dem Original aus drucktechnischen Gründen nur als Auszug wiedergegeben).

4. Für mittelgroße GmbH sowie GmbH & Co. KG ergänzend geltende Anhangvorschriften

Lfd. Nr.	Name der Gesellschaft	Sitz der Gesellschaft	Fußnote	Anteil am Kapital in %	Eigenkapital in Mio. €	Ergebnis in Mio. €
1	A-AT Gestion	Paris		99,9		
2	ABATE Grundstücks-Vermietungsgesellschaft mbG	Düsseldorf		50,0		
3	ABATIS Beteiligungsgesellschaft mbH	Düsseldorf		50,0		
4	Abbey Life Assurance Company Limited	London	1	100,0	648,3	184,0
5	Abbey Life Trust Securities Limited	London		100,0		
6	Abbey Life Trustee Services Limited	London		100,0		
7	ABRI Beteiligungsgesellschaft mbH	Düsseldorf		50,0		
8	Absolute Energy S.r.l.	Rom		100,0	4,7	4,7
9	Acanfeld Limited	Bangkok		99,9		
10	ACHAP Beteiligungsgesellschaft mbH	Düsseldorf		50,0		
11	ACHTE PAXAS Treuhand- und Beteiligungsgesellschaft mbH	Düsseldorf		50,0		
12	ACHTUNDZWANZIGSTE PAXAS Treuhand- und Beteiligungsgesellschaft mbH	Düsseldorf		50,0		

..."

4.2 Angaben zu Posten der Bilanz

4) Angaben unter „Anteilsbesitzliste der BASF SE 2010 gemäß § 285 Nr. 11 ...":[603]

„...

4. Equity-konsolidierte assoziierte Unternehmen

Gesellschaft	Sitz	Anteil am Kapital (%)	Davon BASF SE (%)	Eigen-kapital (Mio.)	Ergebnis nach Steuern (Mio.)	Währung (ISO-Code)
Deutschland						
Solvin GmbH & Co. KG***	Hannover	25,0	25,0	549,6	52,3	EUR
Übriges Europa						
BASF Huntsman Shanghai Isocyanate Investment B.V.	Arnheim/Niederlande	50,0		74,0	2,6	EUR
BASF Interox H2O2 Production N.V.	Elsene/Belgien	25,0		9,3	4,9	EUR
CIMO Compagnie industrielle de Monthey S.A.**	Monthey/Schweiz	50,0		110,8	3,6	CHF
Indurisk Rückversicherung AG	Luxemburg/Luxemburg	50,0		35,0	0,4	EUR
Nord Stream AG**	Zug/Schweiz	15,5****		1.949,5	-48,5	EUR
OAO Servernefteqazprom**	Krasnoselkup/Russische Föderation	25,0*****		39.157,5	20.808,2	RUB
Asien, Pazifischer Raum						
Heesung Catalysts Corporation***	Seoul/Südkorea	49,0		267.584,0	32.112,0	KRW
Shanghai Lianheng Isocyanate Company Ltd.	Schanghai/VR China	35,0		1.280,1	79,6	CNY

*   Ergebnisabführungsvertrag
**   Vorläufiger Abschluss für das Jahr 2010
***   Einschließlich Ergebnisse der konsolidierten Tochtergesellschaften – Vorläufiger Abschluss für das Jahr 2010
****   BASF übt einen maßgeblichen Einfluss auf Finanz- und Geschäftspolitik aus
*****   Anteil am Ergebnis insgesamt 35 % über eine zusätzliche Vorzugsaktie"

---

603 BASF SE, Ludwigshafen (Hrsg.), Jahresabschluss 2010, S. 55.

4. Für mittelgroße GmbH sowie GmbH & Co. KG ergänzend geltende Anhangvorschriften

PRAXISBEISPIEL ▶ für die Angaben nach § 285 Nr. 11 HGB mit umfangreichen Erläuterungen zu den angegebenen Informationen:

Angaben unter „Sonstige Angaben", „Aufstellung über den Anteilsbesitz der Continental AG":[604]

Gesellschaft	Fuß-note	Sitz der Gesellschaft	Anteil am Kapital in %	Eigen-kapital in €	Jahresergebnis in €
Inland					
A.D.C. Automotive Distance Control Systems GmbH	1)	Lindau	100,00	438	0
Alfred Teves Beteiligungsgesellschaft mbH	3)	Frankfurt a. M.	100,00	25	0
Continental Reifen Deutschland GmbH	9)	Hannover	100,00	118.474	0
Babel Grundstücksverwaltungs GmbH	23)	Schwalbach am Taunus	100,00	520	269

...

1 Werte für das Geschäftsjahr 2009.
  Mit diesen Gesellschaften bestehen Ergebnisabführungsverträge.
2 Werte für das Geschäftsjahr 2009.
3 Werte für das Geschäftsjahr 2008.
4 Werte für das Geschäftsjahr 2007.
5 Werte für das Geschäftsjahr 2006.
6 Werte für das Geschäftsjahr 2004.
7 Ergebnis für das Rumpfgeschäftsjahr 03.01.2009-31.03.2010.
8 Ergebnis für das Rumpfgeschäftsjahr 01.10.2009-31.12.2009.
9 Ergebnis für das Rumpfgeschäftsjahr 01.08.2009-31.12.2009.
  Mit diesen Gesellschaften bestehen Ergebnisabführungsverträge.
10 Ergebnis für das Rumpfgeschäftsjahr 04.06.2009-31.12.2009.
11 Ergebnis für das Rumpfgeschäftsjahr 30.04.2009-31.12.2009.
12 Ergebnis für das Rumpfgeschäftsjahr 01.10.2007-31.12.2008.
13 Ergebnis für das Rumpfgeschäftsjahr 01.05.2007-30.09.2007.
14 Neugründung / Erwerb der Gesellschaft 2010.
   Werte für 2010 liegen zurzeit nicht vor.
15 Neugründung / Erwerb der Gesellschaft 2009.
   Werte für 2009 liegen zurzeit nicht vor.
16 Neugründung / Erwerb der Gesellschaft 2008.
   Werte für 2008 liegen zurzeit nicht vor.
17 Angabe gemäß § 285 Nr. 11a HGB:
   Continental AG ist persönlich haftende Gesellschafterin.
18 Befindet sich in Liquidation.
19 Jahresergebnis 01.04.2009-31.03.2010.
20 Jahresergebnis 01.07.2008-30.06.2009.
21 Jahresergebnis 01.04.2008-31.03.2009.
22 Jahresergebnis 01.10.2007-30.09.2008.
23 Jahresergebnis 01.10.2006-30.09.2007.

4.2.1.4 Angaben zu Beteiligungen als persönlich haftender Gesellschafter (§ 285 Nr. 11a HGB)

Persönliche, unbeschränkte Haftungen der Kapitalgesellschaft für Verpflichtungen anderer Unternehmen können für die Kapitalgesellschaft erhöhte Risiken begründen. Zwecks Information über das Bestehen solcher Risiken verlangt § 285 Nr. 11a HGB die Angabe von „Name, Sitz und Rechtsform der Unternehmen, deren unbeschränkt haftender Gesellschafter die Kapitalgesellschaft ist".

Die Angaben nach § 285 Nr. 11a HGB weisen deutliche Parallelen auf zu den Angaben nach § 285 Nr. 11 HGB (dazu wird auf Abschnitt 4.2.1.3 verwiesen). Sie werden daher in der Bilanzierungspraxis häufig auch zusammengefasst. Unterschiede zu den Informationsanforderungen nach § 285 Nr. 11 HGB bestehen gemäß § 285 Nr. 11a HGB aber in zweierlei Hinsicht. Zum einen sind die Angaben unabhängig von einer Anteilsbesitzhöhe zu machen. Entscheidend ist allein die Stellung als unbeschränkt haftende Gesellschafterin am Bilanzstichtag. Zum anderen beziehen sich die Angaben mit Name, Sitz und Rechtsform nur auf rechtliche, nicht aber auch auf wirtschaftliche Aspekte (Eigenkapital, Ergebnis) desjenigen Unternehmens, für das die Kapitalgesellschaft als Gesellschafter unbeschränkt haftet (begünstigtes Unternehmen). Ergänzend ist auf die Eigenschaft der unbeschränkten Haftung hinzuweisen.[605]

Eine **Haftungssituation** mit Angabepflicht nach § 285 Nr. 11a HGB wird in der Praxis in erster Linie einschlägig sein, wenn die Kapitalgesellschaft die Stellung der Komplementärin einer typi-

---

604 Continental AG, Hannover (Hrsg.), Jahresbericht der Aktiengesellschaft 2010, S. 23 und S. 33.
605 Vgl. dazu z. B. Grottel, B., in: BeckBilKom, 10. Aufl., § 285 HGB Rn. 410.

4.2 Angaben zu Posten der Bilanz

schen GmbH & Co. KG oder der persönlich haftenden Gesellschafterin einer KGaA inne hat; dafür ist keine Registereintragung erforderlich, es reicht, wenn die Geschäfte des jeweils begünstigten Unternehmens auch für Rechnung der persönlich haftenden Gesellschafterin geführt werden. Über diese „klassischen" Haftungsfälle hinaus ist auch denkbar, dass neben der Kapitalgesellschaft unmittelbar oder mittelbar weitere Komplementäre (natürliche oder juristische Personen) an der begünstigten Gesellschaft beteiligt sind. Auch dann sind die Informationsanforderungen nach § 285 Nr. 11a HGB zu erfüllen.[606]

Wegen der Angabeinhalte **Name**, **Sitz** und **Rechtsform** des durch die Haftung der Kapitalgesellschaft begünstigten Unternehmens wird auf die Erläuterungen zu § 285 Nr. 11 HGB in Abschnitt 4.2.1.3 verwiesen.

Auch für die Angaben nach § 285 Nr. 11a HGB kann ein **Unterlassen** auf § 286 Abs. 3 Nr. 1 und Nr. 2 HGB (untergeordnete Bedeutung oder mögliche Nachteilszufügung) gestützt werden; hierzu wird auf Abschnitt 2.4.1 verwiesen.

PRAXISBEISPIELE für die Angaben nach § 285 Nr. 11a HGB:

1) Angaben unter „Sonstige Angaben", „Haftungsverhältnisse":[607]

„Die Gesellschaft ist als Komplementärin ohne Kapitalanteil und ohne Beteiligung am Ergebnis und dem Vermögen an folgender Kommanditgesellschaft beteiligt:

SCITOR Grundstücks-Vermietungsgesellschaft mbH & Co. Objekt Heiligenstadt KG, Düsseldorf."

2) Angaben unter „Anteilsbesitzliste der BASF SE 2010 gemäß § 285 Nr. 11 und Nr. 11a HGB":[608]

„...
Offenlegung der Komplementärstellung der BASF SE, Ludwigshafen (Rhein) gemäß § 285 Nr. 11a HGB

Gesellschaft	Sitz
BASF Ludwigshafen Grundbesitz SE & Co. KG	Ludwigshafen (Rhein)

..."

3) Angaben unter „Sonstige Angaben", „Aufstellung über den Anteilsbesitz der Continental AG":[609]

...

Gesellschaft	Fuß-note	Sitz der Gesellschaft	Anteil am Kapital in %	Eigen-kapital in €	Jahresergebnis in €
Continental Mechanical Components Germany GmbH	23)	Roding	100,00	16.304	-16.181
Continental Teves AG & Co. oHG	2) 17)	Frankfurt a. M.	100,00	21.427	139.218
ContiTech AG	1)	Hannover	100,00	490.588	0
ContiTech Antriebssysteme GmbH	1)	Hannover	100,00	4.958	0
ContiTech Elastomer-Beschichtungen GmbH	1)	Hannover	100,00	6.195	0
ContiTech Kühner Beteiligungs-GmbH	1)	Hannover	100,00	3.350	0
ContiTech Kühner GmbH & Cie. KG	2)	Oppenweiler	86,00	1.741	-4.957

...

Angabe gemäß § 285 Nr. 11a HGB: Continental AG ist persönlich haftende Gesellschafterin."

---

606 Vgl. Hoffmann, W.-D./Lüdenbach, N., NWB Kommentar Bilanzierung, 8. Aufl., § 285 HGB Rz. 102.
607 SCITOR Grundstücks-Vermietungsgesellschaft mbH, Düsseldorf (Hrsg.), Jahresabschluss zum Geschäftsjahr vom 1.1.2016 bis zum 31.12.2016 – in der im elektronischen Bundesanzeiger veröffentlichten Fassung – pdf-Version, S. 2.
608 BASF SE, Ludwigshafen (Hrsg.), Jahresabschluss 2010, S. 63.
609 Continental AG, Hannover (Hrsg.), Jahresbericht der Aktiengesellschaft 2010, S. 24 und S. 33.

4.2.1.5 Stille Lasten bei Bilanzierung von Finanzinstrumenten im Finanzanlagevermögen (§ 285 Nr. 18 HGB)

Finanzanlagen werden nach § 253 Abs. 1 Satz 1 HGB zu Anschaffungs- bzw. Herstellungskosten bewertet; planmäßige Abschreibungen sind für Finanzanlagen nicht vorgesehen. Bei einer voraussichtlich dauernden Wertminderung ist der Buchwert der betreffenden Finanzanlage aber außerplanmäßig abzuschreiben (§ 253 Abs. 3 Satz 5 HGB). Zudem eröffnet § 253 Abs. 3 Satz 6 HGB das Wahlrecht, außerplanmäßige Abschreibungen bei Finanzanlagen auch im Fall einer voraussichtlich nur vorübergehenden Wertminderung vorzunehmen. Wird dieses Wahlrecht vom bilanzierenden Unternehmen nicht in Anspruch genommen, bestehen vorübergehend stille Lasten im Vermögen. Zwecks besseren Einblicks in die Vermögenslage verlangt § 285 Nr. 18 HGB, die Adressaten darüber zu informieren. Die Informationspflicht wird ausgelöst, wenn zu den Finanzanlagen gehörende Finanzinstrumente aufgrund wahlrechtsbedingtem Verzicht auf eine außerplanmäßige Abschreibung über ihrem zum Abschlussstichtag beizulegenden Zeitwert ausgewiesen werden. Im Anhang anzugeben sind dann

- der Buchwert und der beizulegende Zeitwert entweder der jeweiligen, einzelnen Finanzanlagen oder angemessener Gruppierungen (§ 285 Nr. 18 Buchstabe a HGB) sowie
- die Anhaltspunkte für eine voraussichtlich nur vorübergehende Wertminderung, die den Verzicht auf die außerplanmäßige Abschreibung begründen (§ 285 Nr. 18 Buchstabe b HGB).

Unter die **Finanzanlagen** i. S. d. § 285 Nr. 18 HGB fallen alle Vermögensgegenstände, die in der Bilanzgliederung nach § 266 HGB auf der Aktivseite unter den Posten A. III. Nr. 1 bis Nr. 6 ausgewiesen werden. Das sind:

- Anteile an verbundenen Unternehmen,
- Ausleihungen an verbundene Unternehmen,
- Beteiligungen,
- Ausleihungen an Unternehmen, mit denen ein Beteiligungsverhältnis besteht,
- Wertpapiere des Anlagevermögens und
- sonstige Ausleihungen.

Alle diese Vermögensgegenstände erfüllen die Definition des Begriffs „**Finanzinstrumente**";[610] zum Begriff „Finanzinstrumente" wird auf Abschnitt 3.2.2.2 verwiesen.[611]

Der **beizulegende Zeitwert** ist nach den Vorgaben des § 255 Abs. 4 HGB zu ermitteln; auch hierzu wird auf die Ausführungen in Abschnitt 3.2.2.2 verwiesen. Zu beachten ist, dass die Angabe nach § 285 Nr. 18 HGB nur dann verlangt wird, wenn ein beizulegender Zeitwert aufgrund von Anhaltspunkten für eine Wertminderung, also anlassbezogen ermittelt werden musste. Das heißt, aus dieser Anhangangabe erwächst keine anlassunabhängige, stichtagsbezogen obligatorische Pflicht zur Zeitwertermittlung.[612]

Der Angabe nach § 285 Nr. 18 Buchstabe a HGB darf statt einer Einzel- eine Gruppenbewertung zugrunde gelegt werden. Die Gruppenbildung muss indes „angemessen" sein. Eine **angemessene Gruppierung** i. S. d. § 285 Nr. 18 Buchstabe a HGB wird gleichartige Gründe und Anhaltspunk-

---

[610] Vgl. IDW RH HFA 1.005, Tz. 14, in: IDW Fachnachrichten 2010, S. 568.
[611] Zum Begriff „Finanzinstrumente" s. zudem IDW RH HFA 1.005, Tz. 3, in: IDW Fachnachrichten 2010, S. 567.
[612] Vgl. IDW RH HFA 1.005, Tz. 13, in: IDW Fachnachrichten 2010, S. 568.

te für den Verzicht auf außerplanmäßige Abschreibungen bei Finanzanlagen voraussetzen. Zudem müssen bei den für die Angabe nach § 285 Nr. 18 Buchstabe a HGB zu einer Gruppe zusammengefassten Finanzanlagen vorübergehend stille Lasten vorliegen, also die Buchwerte jeweils höher sein als die ermittelten beizulegenden Zeitwerte. Eine Saldierung von stillen Reserven mit stillen Lasten ist hier unzulässig.[613]

Für die Angabe nach § 285 Nr. 18 Buchstabe b HGB reicht es nicht aus, darauf hinzuweisen, dass eine am Abschlussstichtag vorliegende Wertminderung als voraussichtlich nur vorübergehend beurteilt wird. Verlangt ist, diese Beurteilung zu begründen und dabei die dafür sprechenden **Anhaltspunkte** anzuführen und zu erläutern bzw. zu konkretisieren. Hierbei sind wertaufhellende Erkenntnisse zu berücksichtigen und soweit notwendig auch angemessene Zeithorizonte einzubeziehen.

In diesem Rahmen lassen sich z. B. Kostensenkungsprogramme, Zusammenlegung von Fertigungsstätten, Erwartungen über (wieder) steigende Marktpreise bzw. nach dem Abschlussstichtag wieder gestiegene Marktpreise u. a. als Begründungen für den Verzicht auf außerplanmäßige Abschreibungen bei Finanzanlagen anführen.[614] Weitere Beispiele für Begründungen nach § 285 Nr. 18 Buchstabe b HGB aus der Bilanzierungspraxis großer Unternehmen sind: Zinsbedingte Wertänderungen, Einlösung von Finanzanlagen zum Nennwert, nicht angemessene oder aussagefähige Börsenkurse, langfristige Halteabsicht, Anlaufverluste in der Aufbauphase einer Beteiligung u. a.[615]

PRAXISBEISPIELE für Angaben nach § 285 Nr. 18 HGB:[616]

1) Angaben unter „Erläuterungen zur Bilanz", „Anlagevermögen":[617]

„Die Finanzausleihungen an eine chinesische Tochtergesellschaft wurden in Ausübung des Bewertungswahlrechts nach § 253 Abs. 3 Satz 6 HGB mit einem um 0,8 Mio. € über dem beizulegenden Wert liegenden Buchwert ausgewiesen. Eine außerplanmäßige Abschreibung ist unterblieben, weil sich die Gesellschaft im Aufbau befindet und damit ihre geplante Struktur noch nicht gegeben ist. Dadurch fallen in den ersten Jahren Anlaufverluste an. Aufgrund der genehmigten Investitionen wird die Gesellschaft ab 2013 einen positiven Cashflow haben. Damit ist die Wertminderung voraussichtlich nicht von Dauer. Steuerliche Vorteile aufgrund der bisher entstandenen Verluste wurden nicht berücksichtigt."

2) Angaben unter „Erläuterungen zur Bilanz – Aktiva", „Sonstige immaterielle Vermögensgegenstände und Kapitalanlagen":[618]

„Die Bewertungsreserven enthalten stille Lasten aus Beteiligungen in Höhe von 41 Mio. €. Davon entfallen 25 Mio. € auf eine Beteiligungsgesellschaft, deren alleiniger Grund das Halten von Aktien an einer börsennotierten Gesellschaft ist. Der auf Grundlage des Börsenkurses der Aktien berechnete beizulegende Zeitwert stellt sich als nicht angemessen dar. Dies bestätigt auch ein von der Evidenzzentrale des GDV für diese Aktie ermittelter Ertragswert, mit dessen Ansatz sich ein Zeitwert für die Beteiligung deutlich über dem Buchwert ergibt. Von einer Abschreibung haben wir daher abgesehen."

---

613 Vgl. IDW RH HFA 1.005, Tz. 16 f., in: IDW Fachnachrichten 2010, S. 569.
614 Vgl. IDW RH HFA 1.005, Tz. 18-21, in: IDW Fachnachrichten 2010, S. 569.
615 Zu empirischen Nachweisen dazu vgl. Philipps, H., Jahresabschlüsse 2010, S. 184.
616 Zu weiteren Beispielen sowie zu empirischen Nachweisen über die Angabepraxis großer Unternehmen zu § 285 Nr. 18 HGB (Häufigkeit der Angabe, Begründungen, Stellung und Gestaltung der Angaben) s. Philipps, H., Jahresabschlüsse 2010, S. 183-185.
617 Progress-Werk Oberkirch AG, Oberkirch (Hrsg.), Einzelabschluss der PWO AG 2010, S. 9. Gesetzesverweis vom Verfasser an die aktuelle Rechtslage angepasst.
618 Münchner Rückversicherungs-Gesellschaft AG, München (Hrsg.), Geschäftsbericht 2010, S. 103 f.

Weitere stille Lasten in Höhe von 15 Mio. € entfallen auf eine Beteiligungsgesellschaft, deren alleiniger Grund ebenfalls das Halten von Aktien an einer börsennotierten Gesellschaft ist. Der Börsenkurs dieser Aktie ist jedoch wegen der geringen Umsätze und des niedrigen Free Float nicht aussagekräftig. Eine Abschreibung wurde nicht vorgenommen, weil der Net Asset Value je Aktie über dem Börsenkurs und auch über dem Buchwert je zugrunde liegender Aktie in der Beteiligungsgesellschaft liegt.

Außerdem sind in den Bewertungsreserven stille Lasten von 13 Mio. € für Ausleihungen enthalten. Wegen einer nur vorübergehenden Wertminderung wurden keine Abschreibungen vorgenommen, da die Buchwerte den Rückzahlungsbeträgen der Ausleihungen entsprechen."

4.2.1.6 Angaben für nicht zum beizulegenden Zeitwert bilanzierte derivative Finanzinstrumente (§ 285 Nr. 19 HGB)

Inhaltliche Grundlage für die Anhangangaben nach § 285 Nr. 19 Buchstabe a-c HGB bildet – wie schon für die Anhangangaben nach § 285 Nr. 20 HGB – die Fair-Value-Richtlinie, umgesetzt u. a. in Art. 17 Abs. 1 Buchstabe c der Bilanzrichtlinie (bzw. zuvor in Art. 43 Abs. 1 Nr. 14 der Bilanzrichtlinie a. F.). Dementsprechend werden die Begriffe „beizulegender Zeitwert", „derivative Finanzinstrumente", „Kategorie", „Art", „Umfang" und „Bewertungsmethode" für Zwecke der Anhangangaben nach § 285 Nr. 19 HGB gleichlautend konkretisiert wie für Zwecke der Anhangangaben nach § 285 Nr. 20 HGB. Daher wird hierzu an dieser Stelle auf die entsprechenden Ausführungen in Abschnitt 3.2.2.4 verwiesen.

Nach § 285 Nr. 19 Buchstabe d HGB anzugebende Gründe dafür, warum der beizulegende Zeitwert nicht bestimmt werden kann, können z. B. in folgenden Fällen vorliegen:[619]

- ▶ der Marktwert eines derivativen Finanzinstruments oder seiner Bestandteile fehlt,
- ▶ gleichartige oder vergleichbare derivative Finanzinstrumente fehlen,
- ▶ anerkannte Bewertungsmethoden gewährleisten keine Annäherung des beizulegenden Zeitwerts (beispielsweise, weil der Anteil der in die Bewertungsmethode eingehenden Annahmen und Schätzungen sehr hoch ist, so dass die Bewertungsmethode eine ganze Bandbreite möglicher beizulegender Zeitwerte zulässt, die signifikant voneinander abweichen und die nicht nach Eintrittswahrscheinlichkeiten gewichtet werden können) oder
- ▶ anerkannte Bewertungsmethoden, mit denen der beizulegende Zeitwert verlässlich bestimmt werden kann, stehen nicht zur Verfügung.

PRAXISBEISPIELE für Angaben nach § 285 Nr. 19 HGB:[620]

1) Angaben bei den „Erläuterungen zur Bilanz und zur Gewinn- und Verlustrechnung" unter „Termingeschäfte/Derivate Finanzinstrumente":[621]

„Bei den derivativen Finanzinstrumenten handelt es sich ausschließlich um Währungsswaps, die der Deckung von Fremdwährungspositionen der Aktiv- und Passivseite dienen. Die Bewertung der Währungsswaps erfolgt durch eine theoretische Kursermittlung unter Zugrundelegung einer Swap-Währungskurve. Zum Bilanzstichtag bestanden Währungsterminswaps in Höhe von 322,0 Mio. €. Nach der Marktbewertungsmethode ergibt sich daraus ein positiver Marktwert von 4,0 Mio. € und ein negativer Marktwert von 5,9 Mio. €. Währungskassaswaps bestanden zum Bilanzstichtag nicht. Der Buchwert der Wäh-

---

619 Vgl. Grottel, B., in: BeckBilKom, 10. Aufl., § 285 HGB Rn. 585.
620 Zu weiteren Beispielen sowie zu empirischen Nachweisen über die Angabepraxis großer Unternehmen zu § 285 Nr. 19 HGB (Häufigkeit der Angabe, angewendete Bewertungshierarchie, Arten allgemein anerkannter Bewertungsmethoden sowie Stellung, Gestaltung der Angaben), s. Philipps, H., Jahresabschlüsse 2010, S. 186-190.
621 VTB Bank (Deutschland) AG, Frankfurt am Main (Hrsg.), Geschäftsbericht 2009, S. 43.

4.2 Angaben zu Posten der Bilanz

rungsswaps wird in den sonstigen Verbindlichkeiten in Höhe von 1,8 Mio. € ausgewiesen. Sämtliche Devisentermingeschäfte sind dem Anlagebuch zugeordnet."

2) Angaben bei „Sonstige Angaben" unter „Finanzinstrumente":

ABB. 35:	Angaben nach § 285 Nr. 19 HGB zu derivativen Finanzinstrumenten, die nicht zum beizulegenden Zeitwert bilanziert werden, Praxisbeispiel[622]

Zur Absicherung der Zinsverpflichtungen der ab dem 1. Januar 2009 von der NRW.BANK und der SKB Kapitalbeteiligungsgesellschaft KölnBonn mbH gewährten Darlehen über TEUR 42.541, die mit einer variablen Verzinsung ausgestattet sind, wurden im Geschäftsjahr 2008 zwei Zinsswap-Verträge über insgesamt TEUR 40.000 abgeschlossen.

Angaben zu Finanzinstrumenten:

Kategorie	Art	Umfang	Zeitwert inkl. Zinsabgrenzung	Buchwert Bilanzposition	Fälligkeit
Zinsbezogen	Swap	TEUR 20.000	TEUR -2.398	TEUR 380 sonstige Verbindlichkeiten TEUR 2.018 sonstige Rückstellungen	1.1.2015
Zinsbezogen	Swap	TEUR 20.000	TEUR -2.032	TEUR 347 sonstige Verbindlichkeiten TEUR 1.772 sonstige Rückstellungen	1.1.2015

Die oben dargestellten beizulegenden Zeitwerte wurden im Rahmen einer Discounted-Cash-Flow-Methode auf Basis der relevanten Marktdaten (Zinsstrukturkurven) zum Stichtag 31. Dezember 2010 ermittelt.

3) Angaben unter „Sonstige Angaben", „Derivative Finanzinstrumente":[623]

„Das Volumen von derivativen Finanzinstrumenten, welche nicht in Bewertungseinheiten zum Bilanzstichtag stehen, stellte sich wie folgt dar:

in Mio. €	Nominalbetrag[2] 31.12.2016	Beizulegender Zeitwert 31.12.2016
ZINSBEZOGENE INSTRUMENTE		
Zinsswaps	5.757	(11)
Eingebettete Derivate[1]	5.313	112
	11.070	101
DEVISENBEZOGENE INSTRUMENTE		
Devisentermingeschäfte	376	(1)
	376	(1)
SONSTIGE INSTRUMENTE		
Dieselderivate	35	(3)
	35	(3)
	11.481	97

[1] Zinsanpassungskomponente, die nicht eng mit den wirtschaftlichen Merkmalen und Risiken des Basisvertrags verbunden ist.
[2] Bei den dargestellten Werten handelt es sich um Absolutbeträge.

---

622 Ströer out-of-home Media AG, Köln (Hrsg.), Einzelabschluss 2010, S. 16.
623 Deutsche Telekom AG, Bonn (Hrsg.), Jahresabschluss zum Geschäftsjahr vom 1.1.2016 bis zum 31.12.2016 – in der im elektronischen Bundesanzeiger veröffentlichten Fassung – pdf-Version, S. 171-173.

4. Für mittelgroße GmbH sowie GmbH & Co. KG ergänzend geltende Anhangvorschriften

Die oben dargestellten beizulegenden Zeitwerte wurden auf Basis von Discounted-Cashflow-Modellen und Optionspreismodellen ermittelt, die zur Berechnung am Stichtag 31. Dezember 2016 die relevanten Marktdaten als Inputparameter verwenden.

Forderungen, Verbindlichkeiten und Rückstellungen bezogen auf derivative Finanzinstrumente wurden im Einzelnen unter folgenden Bilanzposten ausgewiesen:

in Mio. €	31.12.2016
Forderungen gegen verbundene Unternehmen	86
Sonstige Vermögensgegenstände	227
Sonstige Rückstellungen	(57)
Verbindlichkeiten gegenüber verbundenen Unternehmen	(261)
Sonstige Verbindlichkeiten	(426)
	(431)

Derivative Finanzinstrumente werden zur Begrenzung der Änderungsrisiken aus Währungen, Zinsen und Rohstoffpreisen eingesetzt. Oberster Grundsatz jeglichen Derivate-Einsatzes ist die Absicherung von Risiken aus Grundgeschäften. Derivative Finanzinstrumente dürfen daher nur zum Schließen von Positionen, niemals zum Eingehen von neuen Risiken aus spekulativen Gründen eingesetzt werden.

Ziel des Einsatzes von Derivaten ist es, Veränderungen der beizulegenden Zeitwerte und Zahlungsstromänderungsrisiken der zugeordneten Finanzanlagen und -verbindlichkeiten auszugleichen. Die Wirksamkeit des Sicherungszusammenhangs wird fortlaufend überprüft. Die derivativen Finanzinstrumente unterliegen internen Risikokontrollen.

Die Nominalwerte der derivativen Finanzinstrumente stellen in der Regel lediglich die Basis für die Ermittlung der Zinszahlung dar (eine Forderung bzw. Verbindlichkeit stellen die Nominalwerte nur bei Zins-/Währungsswaps dar). Die Nominalwerte haben grundsätzlich einen untergeordneten Einfluss auf die Werthaltigkeit eines Derivats. Von grundsätzlich wesentlichem Einfluss für den Marktwert von Derivaten sind hingegen die Veränderungen von Zinssätzen, Wechselkursen und sonstigen Konditionen.

Zinsswaps werden mit dem Ziel abgeschlossen, die Zinsausstattung von Anleihen und Krediten gemäß dem im Rahmen des Zinsmanagements festgelegten Mix aus fest- und variabel verzinslichen Finanzierungsmitteln zu transformieren.

Devisentermingeschäfte und Non-Deliverable Forwards werden zur Devisenkurssicherung und Zins-/Währungsswaps zur Eliminierung von Währungs- und ggf. von Zinsänderungsrisiken im Finanzierungsbereich und im Leistungsbereich eingesetzt.

Devisentermingeschäfte werden mit den entsprechenden Grundgeschäften zu währungsspezifischen Bewertungseinheiten zusammengefasst und am Bilanzstichtag mit ihrem beizulegenden Zeitwert bewertet; Devisentermingeschäfte werden auf Basis der Devisenterminkurse am Bilanzstichtag bewertet und Zins-/Währungsswaps mit dem Barwert der zukünftigen Zahlungen angesetzt. Bewertungsgewinne und -verluste werden pro Bewertungseinheit saldiert. In Höhe des Verlustüberhangs wird für die jeweilige Bewertungseinheit eine Rückstellung für drohende Verluste aus schwebenden Geschäften gebildet. Gewinnüberhänge bleiben außer Ansatz.

Zins-/Währungsswaps werden im Wesentlichen zur Transformation anderer Währungen aus Anleihen und Schuldscheindarlehen in die Zielwährungen der Deutschen Telekom, im Wesentlichen Euro und US-Dollar, eingesetzt. Zusätzlich werden verschiedene Zins-/Währungsswaps zur währungsrisikogesicherten Finanzierung von Tochtergesellschaften eingesetzt.

Dieselderivate werden zur Absicherung des Preisrisikos, das aus dem Einkauf von Dieselkraftstoff für die Fahrzeugflotte der Deutschen Telekom resultiert, eingesetzt."

4.2.1.7 Angaben zu Investmentanteilen (§ 285 Nr. 26 HGB)

Die Angaben nach § 285 Nr. 26 HGB dienen dazu, die Konsolidierung von Anteilen an bestimmten inländischen Investmentvermögen i. S. d. Kapitalanlagegesetzbuchs oder vergleichbaren ausländischen Investmentvermögen zu vermeiden, gleichwohl die Abschlussadressaten mit hinreichenden Informationen auch über mit diesen Investmentvermögen verbundene Risiken (insbesondere Anlagerisiko und Liquiditätsrisiko) zu versorgen. Insoweit fungiert die Anhangangabe als **Konsolidierungssurrogat**.[624] Insbesondere werden den Abschlussadressaten durch die Angaben die in den Anteilen oder Anlageaktien an Investmentvermögen ruhenden stillen Reserven und stillen Lasten gezeigt.[625] Damit wird auch erkennbar, ob Wertminderungen von Fondsteilen durch Werterhöhungen anderer Fondsteile still ausgeglichen werden.[626]

Der Anhangangabe unterliegt nach § 285 Nr. 26 HGB folgendes **Investmentvermögen**:

▶ Anteile an inländischen Sondervermögen i. S. d. § 1 Abs. 10 KAGB[627] von mehr als 10 % (inländische offene Investmentvermögen in Vertragsform, die von einer Verwaltungsgesellschaft für Rechnung der Anleger verwaltet werden nach Maßgabe der gesetzlichen Regelungen des KAGB und der Anlagebedingungen, die das Rechtsverhältnis zwischen der Verwaltungsgesellschaft und den Anlegern bestimmen),

▶ Anlageaktien an Investmentaktiengesellschaften mit veränderlichem Kapital i. S. d. §§ 108-123 KAGB von mehr als 10 % und

▶ vergleichbare ausländische Investmentvermögen (dazu gehören auch EU-Investmentanteile i. S. d. § 1 Abs. 8 KAGB) von mehr als 10 %.

Zu den vorgenannten Investmentvermögen sind gemäß § 285 Nr. 26 folgende **Angaben** zu machen:[628]

▶ bei inländischem Investmentvermögen: der Wert i. S. d. §§ 168, 278 KAGB (Nettoinventarwert, Verkehrswert) bzw. i. S. d. § 36 InvG in der bis zum 21. 7. 2013 geltenden Fassung (Marktwert),

▶ bei ausländischem Investmentvermögen, sofern das jeweilige ausländische Investmentrecht eine den §§ 168, 278 KAGB bzw. dem. § 36 InvG in der bis zum 21. 7. 2013 geltenden Fassung vergleichbare Bewertung verlangt: dieser Wert,

▶ bei ausländischem Investmentvermögen, sofern das jeweilige ausländische Investmentrecht keine den §§ 168, 278 KAGB bzw. dem § 36 InvG in der bis zum 21. 7. 2013 geltenden Fassung vergleichbare Bewertung verlangt: ein nach §§ 168, 278 KAGB bzw. § 36 InvG ermittelter Wert,

▶ die Differenz des Markt-/Verkehrswerts (oder bei ausländischem Investmentvermögen ggf. des vergleichbaren Werts) zum Buchwert des Investmentvermögens (Zweck: Hinweis auf stille Reserven oder stille Lasten),

---

624 Vgl. BT-Drucks. 16/10067, S. 74.
625 Vgl. Bundesregierung, Gegenäußerung zur Stellungnahme des Bundesrats vom 4. 7. 2008 zum BilMoG Reg-E, Anlage 4 zu BT-Drucks. 16/10067, S. 123.
626 Vgl. Lüdenbach, N./Hoffmann, W.-D., Die wichtigsten Änderungen der HGB-Rechnungslegung durch das BilMoG, in: StuB 2009, S. 311.
627 Kapitalanlagegesetzbuch i. d. F. des AIFM-Umsetzungsgesetzes vom 4. 7. 2013, BGBl. I 2013, S. 1981.
628 Zu den im Folgenden genannten Zwecken der jeweiligen Angaben vgl. BT-Drucks. 16/10067, S. 74.

- die für das Geschäftsjahr erfolgte Ausschüttung,
- Beschränkungen in der Möglichkeit der täglichen Rücknahme (Zweck: Hinweise auf ungewöhnliche Verhältnisse bzw. Liquiditätsrisiken) und
- die Gründe, dass eine außerplanmäßige Abschreibung wegen voraussichtlich nur vorübergehender Wertminderung nicht vorgenommen wurde (§ 253 Abs. 3 Satz 6 HGB), einschließlich der für die voraussichtlich nicht dauernde Wertminderung sprechenden Anhaltspunkte (Zweck: Hinweise darauf, dass die Abschreibungsnotwendigkeit nach den für Direktanlagen notwendigen Kriterien geprüft wurde).

Beschränkungen in der Möglichkeit der **täglichen Rückgabe** müssen in den jeweiligen Vertragsbedingungen vereinbart sein. Sie können vor allem vertraglich planmäßig bedingt sein (z. B. aufgrund §§ 223, 227, 255 oder 283 Abs. 3 KAGB) oder sich vertragsgemäß bei außergewöhnlichen Umständen ergeben, die eine Aussetzung der Rücknahme unter Berücksichtigung der Interessen der Anleger erforderlich erscheinen lassen (§ 92 Abs. 2 KAGB). Letzteres kommt z. B. bei Schließung der Börse in Betracht.[629] Möglichkeiten in der Beschränkung der täglichen Rückgabe sind dem Wortlaut des § 285 Nr. 26 HGB nach – lediglich – anzugeben. Gleichwohl wird nach Sinn und Zweck der Vorschrift darüber hinausgehend auch zu erläutern sein, worin die Beschränkung besteht.[630] In der Bilanzierungspraxis großer Unternehmen werden solche Erläuterungen auch häufiger in den Anhang aufgenommen.[631]

Bestehen keine Beschränkungen in der Möglichkeit der täglichen Rücknahme und/oder wurden keine außerplanmäßigen Abschreibungen unterlassen, ist **keine Negativerklärung** erforderlich; sie werden aber in der Bilanzierungspraxis großer Unternehmen gleichwohl häufiger gemacht.[632]

Hinsichtlich der unterlassenen Abschreibungen geht § 285 Nr. 26 HGB der Angabe nach § 285 Nr. 18 HGB als **speziellere Vorschrift** vor, d. h., insoweit sind diese Angaben dort nicht zu machen.[633] Gleichwohl wird sich in diesen Fällen dann ein entsprechender Querverweis empfehlen.

Die genannten Angaben sind **nach Anlagezielen aufzugliedern**; als Beispiele für Anlageziele werden vom Gesetzgeber in der Begründung zu § 285 Nr. 26 HGB genannt:[634] Aktienfonds, Rentenfonds, Immobilienfonds, Mischfonds, Hedgefonds, sonstige Spezial-Sondervermögen u. a. Einzelangaben jeweils für jedes Investmentvermögen werden demnach nicht verlangt. Vielmehr sind die geforderten Angaben anlagezielbezogen zu aggregieren.

Entsprechende **Vorjahresangaben** werden nicht verlangt.

Ist über eine Vielzahl von Investmentanteilen mit verschiedenen Anlagezielen zu berichten, wird für die **Präsentation** der nach § 285 Nr. 26 HGB geforderten Angaben eine tabellarische Darstellung der quantitativen Größen zweckmäßig sein, außerhalb der Tabelle ergänzt um die verbal zu machenden Angaben. Dazu nachfolgend ein **Beispiel:**

---

629 Vgl. auch Hoffmann, W.-D./Lüdenbach, N., NWB Kommentar Bilanzierung, 8. Aufl., § 285 HGB Rz. 181.
630 Vgl. BT-Drucks. 16/10067, S. 74. Ebenso z. B. Gelhausen, H./Fey, G./Kämpfer, G., Rechnungslegung und Prüfung nach dem Bilanzrechtsmodernisierungsgesetz, S. 414, Anm. 237; Petersen, K./Zwirner, C./Künkele, K. P., BilMoG in Beispielen, 2. Aufl., Herne 2011, S. 305.
631 Zu empirischen Nachweisen dazu vgl. Philipps, H., Jahresabschlüsse 2010, S. 202.
632 Zu empirischen Nachweisen dazu vgl. Philipps, H., Jahresabschlüsse 2010, S. 201.
633 Vgl. BT-Drucks. 16/10067, S. 74.
634 Vgl. BT-Drucks. 16/10067, S. 74.

4.2 Angaben zu Posten der Bilanz

ABB. 36:	Beispiel zur Darstellung der Angaben nach § 285 Nr. 26 HGB im Anhang[635]

		quantitative Angaben nach § 285 Nr. 26 HGB			
		Marktwert	Differenz Marktwert/ Buchwert	Ausschüttungen für das Geschäftsjahr	Unterlassene außerplanmäßige Abschreibungen
Anlageziele	Aktienfonds				
	Rentenfonds				
	Immobilienfonds				
	...				
	...				
	...				
	Summe				

Verbale Angaben nach § 285 Nr. 26 HGB:
Angaben zu Beschränkungen in der Möglichkeit der täglichen Rückgabe ...
Begründungen zu unterlassenen außerplanmäßigen Abschreibungen ...

Bei einer nur geringen Zahl von Investmentanteilen oder Investmentanteilen mit nur einem Anlageziel kommt auch eine Formulierung der Angaben als reine Textform in Betracht.

Dabei werden allerdings mit folgender Formulierung die vom Gesetzgeber gestellten Anforderungen an die Angabe nach § 285 Nr. 26 HGB **nicht vollumfänglich erfüllt**:

„Bei den Anteilen an verbundenen Unternehmen handelt es sich um eine Beteiligung an der ... SICAV-FIS, Luxemburg i. H. von 100 %. Dies ist eine Beteiligung an einem ausländischen Investmentvermögen. Die Ausschüttung beträgt im Geschäftsjahr 5 Mio. €. Eine Beschränkung in der Möglichkeit der täglichen Rückgabe besteht nicht. Ziel der Anlage ist das Vorhalten einer strategischen Mindestliquidität."

Hier fehlen die Angaben zum Marktwert der Beteiligung und dessen Differenz zum Buchwert. Zudem fehlt die Angabe zum Anlageziel i. S. d. gesetzgeberischen Verständnisses. Dass es sich bei der genannten Beteiligung um einen Spezialfonds handelt, der unter das luxemburgische Spezialfonds-Gesetz fällt, wird nur einem überdurchschnittlich verständigen Anleger geläufig sein.

PRAXISBEISPIELE für Angaben nach § 285 Nr. 26 HGB:

1) Angaben bei den „Erläuterungen zur Bilanz" unter „Anlagevermögen":[636]

...

„Bei den Wertpapieren des Anlagevermögens handelt es sich um Wertpapierspezialfonds, die in den Vorjahren bei fünf Investmentgesellschaften aufgelegt wurden. Der Gesamtbuchwert beträgt 335,7 Mio. €. Der Marktwert beläuft sich auf 359,1 Mio. €. Für das Geschäftsjahr erfolgten Ausschüttungen in Höhe von 12,1 Mio. €."

---

635 Philipps, H., Rechnungslegung nach BilMoG, Wiesbaden 2010, S. 288.
636 Dortmunder Energie- und Wasserversorgung GmbH, Dortmund (Hrsg.), Geschäftsbericht 2009, S. 55.

4. Für mittelgroße GmbH sowie GmbH & Co. KG ergänzend geltende Anhangvorschriften

2) Angaben bei den „Erläuterungen zur Bilanz" unter „Finanzanlagen":[637]

„In den Wertpapieren des Anlagevermögens sind Anteile an Investmentvermögen von mehr als 10% enthalten. Es handelt sich hierbei um zwei Mischfonds mit dem Anlageschwerpunkt Euroländer, die im Wesentlichen direkt oder indirekt in festverzinsliche Wertpapiere und Aktien investieren. Der Marktwert der Anteile zum Abschlussstichtag beträgt 4.441,0 Mio. €, der Buchwert 3.796,0 Mio. €. Somit beträgt die Differenz zwischen Marktwert und Buchwert 645,0 Mio. €. Im Geschäftsjahr wurden Ausschüttungen in Höhe von 12,7 Mio. € vereinnahmt. Es besteht eine Beschränkung in der Möglichkeit der täglichen Veräußerung gemäß § 98 Abs. 2 Kapitalanlagegesetzbuch."

3) Angaben bei den „Erläuterungen zur Bilanz" unter „Investmentanteile":

ABB. 37: Angaben zu Investmentanteilen im Anhang, Praxisbeispiel 1[638]

B. III. 1. Anteile oder Aktien an Investementvermögen
Angaben zu den Investmentvermögen nach § 285 Nr. 26 HGB

Art des Fonds/Anlageziel	Buchwert 31.12.2014 €	Marktwert 31.12.2014 €	Bewertungs- reserve €	Ausschüttung 2014 €
Aktienfonds international				
AL Trust H1-Fonds [1]	0	0	0	4.921.876
AL Trust H3-Fonds	335.989.093	377.444.500	41.455.407	6.056.170
Insgesamt	335.989.093	377.444.500	41.455.407	10.978.047

Die hier aufgeführten Fonds können börsentäglich zurückgegeben werden. Die Bewertung erfolgt nach dem strengen Niederstwertprinzip. Die aufgeführten Ausschüttungen wurden ertragswirksam vereinnahmt.

[1] Der AL Trust H1-Fonds wurde in 2014 vollständig veräußert.

4) Angaben unter „Anteile an Investmentvermögen":

ABB. 38: Angaben zu Investmentanteilen im Anhang, Praxisbeispiel 2[639]

20 – Anteile an Investmentvermögen

Zum 31. Dezember 2014 wurden folgende Anteile an Investmentvermögen im Sinne der §§ 1 bzw. 2 Abs. 9 InvG von mehr als 10% gehalten:

Millionen €	Markt-/Buchwerte 31.12.2014	Ausschüttung 2014	Tägliche Rückgabe möglich
Rentenfonds	2.230	17	ja
Aktienfonds	1.502	165	ja
Mischfonds	496	–	ja

Die Anteile dienen als Deckungsvermögen für Verpflichtungen aus Pensionen, Altersteilzeit sowie Zeitwertkonten.

---

637 EnBW Energie Baden-Württemberg AG, Karlsruhe (Hrsg.), Jahresabschluss 2014, S. 12.
638 HALLESCHE Krankenversicherungsgesellschaft auf Gegenseitigkeit, Stuttgart (Hrsg.), Geschäftsbericht 2014, S. 66.
639 BASF SE, Ludwigshafen (Hrsg.), Jahresabschluss 2014, S. 52.

4.2 Angaben zu Posten der Bilanz

5) Angaben bei „Erläuterungen zur Bilanz" unter „Anteile an Investmentvermögen":

ABB. 39: Angaben zu Investmentanteilen im Anhang, Praxisbeispiel 3[640]

Anteile an Investmentvermögen

Die nachfolgende Tabelle zeigt die Aufgliederung der Anteile an inländischen und ausländischen Investmentvermögen, deren Anteile zu mehr als 10 % gehalten wurden, nach Anlagezielen.

			31.12.2014	
in Mio €	Buchwert	Marktwert	Differenz zum Buchwert	Ausschüttung in 2014
Aktienfonds	1.064	1.064	0	0
Rentenfonds	1.075	1.075	0	0
Mischfonds	3.349	3.349	0	0
Währungsfonds	2	2	0	0
Rohstofffonds	72	72	0	0
Insgesamt	5.562	5.562	0	0

Die Anteile an den Investmentvermögen wurden überwiegend im Handelsbestand gehalten. Die Buchwerte entsprachen den Marktwerten der Anteile. Die Investmentvermögen umfassten mehrheitlich von der Deutschen Bank aufgelegte Exchange Traded Funds.

Die Bedingungen für eine Verschiebung der Rücknahme von Fondsanteilen sind für die einzelnen Fonds unterschiedlich geregelt. Kriterien können dabei ein Mindestwert der Anteile oder die Entscheidung des Fondsmanagements sein. Beschränkungen in der Möglichkeit der täglichen Rückgabe beziehen sich auf Situationen, in denen zu viele Anleger ihre Anteile gleichzeitig zurückgeben möchten. In diesen Fällen können die Fonds die Rücknahme der Anteile bis zu einem Zeitpunkt verschieben, an dem die Rücknahme erfüllt werden kann.

---

640 Deutsche Bank AG, Frankfurt am Main (Hrsg.), Jahresabschluss und Lagebericht der Deutschen Bank AG 2014, S. 125 f.

6) Angaben bei „Erläuterungen zur Bilanz" unter „Anlagevermögen":

ABB. 40: Angaben zu Investmentanteilen im Anhang, Praxisbeispiel 4[641]

ANGABEN GEMÄß § 285 NR. 26 HGB

Wertpapier-Fonds (Werte zum 31.12.2014)

Mio. €	Buchwert (BW)	Marktwert (MW)	MW-BW	Ausschüttung 2014*	Tägliche Rückgabe möglich	Unterlassene Abschreibung
HI-TV Fonds	5.761	5.743	–18	162	ja	ja
HI-ZW Fonds	1.548	1.548	-	95	ja	nein
HI-PF Fonds	2.853	2.853	-	158	ja	nein

* Ausschüttungen in 2014 betreffen das Geschäftsjahr 2013 und 2014.

Die Anlageziele der Fonds sind eine laufzeitadäquate Verzinsung bei entsprechender Risikostreuung über die Wertpapierklassen Aktien, festverzinsliche Wertpapiere, Geldvermögen und sonstige Vermögenswerte. Diese werden national wie auch international angelegt, wobei die Fondsanteile täglich zurückgegeben werden können. Die Ermittlung der Marktwerte erfolgt anhand von Börsenkursen.

Der HI-TV Fonds (Treasury-Fonds) wird bei der Volkswagen AG dem Anlagevermögen zugeordnet und zu Anschaffungskosten bewertet. Eine Wertberichtigung des HI-TV Fonds auf den niedrigeren beizulegenden Zeitwert wurde in 2014 nicht vorgenommen, weil keine voraussichtlich dauernde Wertminderung gegeben war. Grund hierfür war, dass der durchschnittliche Marktwert des Fonds im Jahresverlauf 2014 eine aufsteigende Tendenz aufwies.

Bei dem HI-ZW Fonds (Zeit-Wertfonds) und dem HI-PF Fonds (Pensions-Fonds) handelt es sich um zum Zeitwert bewertete Sondervermögen, die ausschließlich zur Erfüllung von Verpflichtungen im Rahmen der betrieblichen Altersversorgung und vergleichbaren langfristig fälligen Verpflichtungen dienen. Beide Fonds werden mit den dazugehörigen Verpflichtungen saldiert. Aus der Zeitwertbewertung der Fonds resultierende Aufwendungen und Erträge werden sofort ergebniswirksam erfasst. Damit entfällt die Untersuchung eines möglicherweise vorhandenen Abschreibungsbedarfs aufgrund dauernder Wertminderung.

4.2.1.8 Ausweis von Bewertungsunterschieden bei Anwendung von Bewertungsvereinfachungsverfahren (§ 284 Abs. 2 Nr. 3 HGB)

Gemäß §§ 240 Abs. 4 und 256 HGB werden für die Bewertung zugelassen

▶ gleichartige Vermögensgegenstände des Vorratsvermögens zu einer Gruppe zusammenzufassen und mit dem gewogenen Durchschnittswert anzusetzen (Gruppenbewertung mit gewogenem Durchschnittswert bei Gegenständen des Vorratsvermögens),

▶ andere gleichartige oder annähernd gleichwertige bewegliche Vermögensgegenstände (als diejenigen des Vorratsvermögens) und Schulden zu einer Gruppe zusammenzufassen und mit dem gewogenen Durchschnittswert anzusetzen (Gruppenbewertung mit gewogenem Durchschnittswert bei anderen Vermögensgegenständen als Vorräte, z. B. Wertpapiere und Schulden),

▶ bei gleichartigen Vermögensgegenständen des Vorratsvermögens, soweit es den Grundsätzen ordnungsmäßiger Buchführung entspricht, zu unterstellen, dass die zuerst, oder die zuletzt angeschafften oder hergestellten Vermögensgegenstände zuerst verbraucht oder veräußert worden sind (Verbrauchsfolgeverfahren in Form des First-in-first-out-Verfahrens oder des Last-in-first-out-Verfahrens bei Gegenständen des Vorratsvermögens).

---

641 Volkswagen AG, Wolfsburg (Hrsg.), Jahresabschluss Volkswagen Aktiengesellschaft zum 31.12.2014, S. 9.

Bei Anwendung einer dieser Bewertungsmethoden[642] werden die Angaben des § 284 Abs. 2 Nr. 3 HGB ausgelöst. Danach müssen die Unterschiedsbeträge pauschal für die jeweilige, mittels Gruppenbewertung nach § 240 Abs. 4 HGB oder Verbrauchsfolgeverfahren nach § 256 HGB bewertete, Gruppe „ausgewiesen werden, wenn die Bewertung im Vergleich zu einer Bewertung auf der Grundlage des letzten vor dem Abschlussstichtag bekannten Börsenkurses oder Marktpreises einen erheblichen Unterschied aufweist."

Die Anhangangabe erfordert neben der Anwendung eines der genannten Bewertungsverfahren, dass

▶ für die damit bewerteten Vermögensgegenstände und Schulden ein Börsen- oder Marktpreis existiert und vor dem Abschlussstichtag bekannt und

▶ der Bewertungsunterschied zwischen diesem Wert und dem Bilanzwert erheblich ist.

Für Rückstellungen existiert kein Börsen- oder Marktpreis. Daher entfällt die Anhangangabe bei Anwendung der nach § 240 Abs. 4 HGB zulässigen Gruppenbewertung auf die Rückstellungsbilanzierung. Bei dem für die Errechnung eines evtl. Bewertungsunterschieds maßgeblichen Börsen- oder Marktpreis handelt es sich um den Verkaufspreis am Absatzmarkt. Dieser muss vor dem Abschlussstichtag bekannt sein. Preisänderungen jedweder Art nach dem Abschlussstichtag bleiben damit unberücksichtigt, ebenso eventuelle Korrekturen für Anschaffungsnebenkosten, Verkaufsspesen u. a.[643]

Ein Unterschiedsbetrag i. S. d. § 284 Abs. 2 Nr. 3 HGB ist für die jeweilige Gruppe zu ermitteln. Werden mehrere Gruppen nach einem Verfahren gemäß § 240 Abs. 4 HGB und § 256 bewertet, ist ein Unterschiedsbetrag also nicht als Gesamtbetrag, sondern für jede Gruppe gesondert zu ermitteln und anzugeben.

Ermittlung und Angabe werden erforderlich, wenn der jeweilige Unterschiedsbetrag zwischen dem Bilanzwert und dem Börsen- oder Marktpreis **erheblich** ist. Ein Unterschiedsbetrag ergibt sich überhaupt nur dann, wenn der jeweilige Vergleichspreis über dem Bilanzwert liegt. Liegt er darunter, greift das in § 253 Abs. 4 HGB verankerte Niederstwertprinzip. Ergibt sich ein Unterschiedsbetrag, ist seine Erheblichkeit zu beurteilen. Dazu ist vorzugsweise auf das Verhältnis des jeweiligen Unterschiedsbetrags zum jeweiligen Bilanzwert der mittels Gruppenbewertung oder Bewertungsvereinfachungsverfahren bewerteten Vermögensgegenstände und Schulden abzustellen.[644]

PRAXISBEISPIELE ▶ für die Anhangangabe nach § 284 Abs. 2 Nr. 3 HGB:

1) ▶ Angaben unter „Erläuterungen zu den Posten der Bilanz", „Umlaufvermögen", „Vorräte":[645]

„Die Anschaffungs- oder Herstellungskosten der Rohstoffe, unfertigen und fertigen Erzeugnisse und Waren werden nach der „Last in First out" (Lifo)-Methode ermittelt. Für die nach der Lifo-Methode bewerteten Vorräte ergibt sich ein Unterschiedsbetrag für Rohstoffe von 3 Mio. € (Vorjahr: 2,7 Mio. €) und für Erzeugnisse und Waren von 7 Mio. € (Vorjahr: 6 Mio. €)."

---

642 Zur Konkretisierung der Anwendungsvoraussetzungen vgl. z. B. Winkeljohann, N./Philipps, H., in: BeckBilKom, 10. Aufl., § 240 HGB Rn. 130-140; Grottel, B./Krämer, A., in: BeckBilKom, 9. Aufl., § 256 HGB Rn. 8-82.
643 Vgl. hierzu Grottel, B., in: BeckBilKom, 10. Aufl., § 284 HGB Rn. 205-208.
644 Vgl. Grottel, B., in: BeckBilKom, 10. Aufl., § 284 HGB Rn. 203.
645 Henkel AG & Co. KGaA, Düsseldorf (Hrsg.), Jahresabschluss und Lagebericht 2010, S. 38.

2) ▶ Angaben unter „Vorräte":[646]

„Die Anschaffungs- oder Herstellungskosten der Rohstoffe sowie der unfertigen und fertigen Erzeugnisse und Waren werden nach der Lifo-Methode ermittelt. Die Hilfs- und Betriebsstoffe werden überwiegend nach der Durchschnittskostenmethode bewertet. Für die nach der Lifo-Methode bewerteten Vorräte ergab sich ein Unterschiedsbetrag (Lifo-Reserve) für Rohstoffe von 44 Mio. € (Vorjahr: 31 Mio. €) und für Erzeugnisse und Waren von 113 Mio. € (Vorjahr: 59 Mio. €) im Vergleich zu einer Bewertung zu Durchschnittskosten beziehungsweise niedrigeren Börsen- oder Marktwerten."

4.2.1.9 Erläuterung bestimmter „sonstiger Vermögensgegenstände" (§ 268 Abs. 4 Satz 2 HGB)

In seltenen Fällen können Vermögensgegenstände bereits zum Abschlussstichtag konkretisiert sein, obwohl sie rechtlich erst danach entstehen. Werden solche Vermögensgegenstände innerhalb des Postens „sonstige Vermögensgegenstände" (Posten B. II. 4. im Bilanzgliederungsschema nach § 266 Abs. 2 HGB) ausgewiesen, verlangt § 268 Abs. 4 Satz 2 HGB, dass diejenigen Beträge, die einen größeren Umfang haben, **im Anhang erläutert** werden müssen.

Unter diese Erläuterungspflicht sollen dem Willen des Gesetzgebers nach Forderungen fallen, die die **Eigenschaft** haben, dass sie „als solche rechtlich noch nicht entstanden sind, sich also in einem Vorstadium befinden, die sich aber schon so stark konkretisiert haben, dass sie unter dem Gesichtspunkt der Periodenabgrenzung als bilanzierungsfähig anzusehen sind."[647] Als **Beispiele** für derart charakterisierte Forderungen werden u. a. genannt:[648]

▶ Steuererstattungsansprüche, die auch bei vom Kalenderjahr abweichendem Geschäftsjahr erst mit Ablauf des Kalenderjahrs entstehen (z. B. bei KSt, GewSt),

▶ Vorsteuererstattungsansprüche, für die noch keine Rechnungen vorliegen,

▶ Investitionszulagen,

▶ erwartete Umsatzprämien ohne Rechtsanspruch,

▶ erwartete Gewinnausschüttungen, die unter den sonstigen Vermögensgegenständen zu erfassen sind und für die der Ausschüttungsbeschluss am Abschlussstichtag noch aussteht.

Um rechtlich noch nicht entstandene, gleichwohl bilanzierbare Forderungen begrifflich kürzer zu benennen, wird im Schrifttum häufig von „antizipativen Forderungen" gesprochen.[649] Als (aktive) „antizipative Posten" werden aber i. d. R. Ansprüche bezeichnet, die am Abschlussstichtag bereits rechtlich entstanden sind, jedoch erst danach fällig werden. Diese Eigenschaft kann jede Forderung betreffen. Typische Beispiele dafür – soweit innerhalb der sonstigen Vermögensgegenstände zu erfassen – sind u. a.: Entstandene Zinserträge, entstandene Lizenzerträge oder Ansprüche aus Miet- und Pachtverträgen auf anteiligen Miet- oder Pachtzins. Solche „antizipativen Forderungen" fallen dem Wortlaut und dem Willen des Gesetzgebers nach nicht unter die Erläuterungspflicht nach § 268 Abs. 4 Satz 2 HGB. Für die Anwendung dieser Vorschrift ist allein die spätere rechtliche Entstehung und nicht die spätere Fälligkeit maßgebend.[650]

---

646 BASF SE, Ludwigshafen (Hrsg.), Jahresabschluss 2010, S. 33.
647 So bereits Biener, H./Berneke, W., Bilanzrichtlinien-Gesetz, S. 175.
648 Vgl. Schubert, W. J./Waubke, P. N., in: BeckBilKom, 10. Aufl., § 268 HGB Rn. 32; Reiner, G./Haußer, J., in: MüKoHGB, 3. Aufl., § 268 HGB Rn. 32 m. w. N.
649 Vgl. z. B. Biener, H./Berneke, W., Bilanzrichtlinien-Gesetz, S. 175.
650 Vgl. Schubert, W. J./Waubke, P. N., in: BeckBilKom, 10. Aufl., § 268 HGB Rn. 31; Reiner, G./Haußer, J., in: MüKoHGB, 3. Aufl., § 268 HGB Rn. 32 m. w. N.

Rechtlich noch nicht entstandene, aber bereits bilanzierbare Forderungen sind mit **höheren Unsicherheiten** behaftet als bilanzierte Forderungen, die rechtlich bereits entstanden sind. Die **Erläuterungspflicht** nach § 268 Abs. 4 Satz 2 HGB soll über diese Unsicherheiten informieren;[651] auch dies dient dem **besseren Einblick** in die Lage des bilanzierenden Unternehmens. Infolge dessen gehört es zu dieser Erläuterung z. B.:[652]

▶ die jeweiligen Sachverhalte zu nennen,
▶ über eine mögliche Risikobehaftung dieser Forderungen zu berichten und
▶ den voraussichtlichen Zeitpunkt der jeweils erwarteten Forderungsentstehung anzugeben.

Zweckentsprechend greift diese Erläuterungspflicht allerdings nur dann, wenn unter den bilanzierten, rechtlich noch nicht entstandenen sonstigen Vermögenständen „Beträge" erfasst sind, „die einen **größeren Umfang** haben." Die somit auch im Rahmen des § 268 Abs. 4 Satz 2 HGB notwendige Wesentlichkeitsbeurteilung muss, wie in anderen Fällen auch (z. B. nach §§ 284 Abs. 2 Nr. 4 oder 285 Nr. 12 HGB), anhand des Gesamtbildes der Verhältnisse im Einzelfall vorgenommen werden. Als Vergleichsmaßstab für die Wertung „Beträge mit größerem Umfang" kommen die Auswirkung dieser Beträge auf die Vermögenslage und/oder auf die Ertragslage sowie ihr relativer Anteil an den sonstigen Vermögensgegenständen in Betracht.[653] Um den Adressaten einen Einblick in die Größenordnung zu geben, ist es zumindest sachgerecht,[654] wenn nicht gar notwendig, auch die **Beträge** der unter den sonstigen Vermögensgegenständen ausgewiesenen, rechtlich noch nicht entstandenen Forderungen **anzugeben**.

Die Beschränkung der Erläuterungspflicht nach § 268 Abs. 4 Satz 2 HGB auf „Beträge, die einen größeren Umfang haben", wird von Teilen des Schrifttums als Ursache für eine faktische Inhaltsleere dieser Angaben angesehen: „i. d. R. haben diese Sachverhalte keinen ‚größeren Umfang' i. S. der Gesetzesvorgabe, sodass schon deswegen über Angabepflichten nicht weiter nachgedacht werden muss."[655] Tatsächlich sind **Praxisbeispiele** für eine Anhangangabe nach § 268 Abs. 4 Satz 2 HGB in publizierten Jahresabschlüssen regelmäßig nicht zu finden. Für folgenden Fall könnte eine mögliche Formulierung dazu unter Berücksichtigung der skizzierten Informationserfordernisse aber etwa wie unten angegeben lauten.

Sachverhalt: Das bilanzierende Unternehmen U, hat aufgrund der Höhe seines Einkaufsvolumens vom Lieferanten L in den vergangenen Jahren regelmäßig, allerdings ohne rechtlichen Anspruch, eine größere Gutschrift erhalten. Für L ist U ein Großkunde. Die wirtschaftliche Lage von L ist solide. U hat L aufgrund positiver Erfahrungen als alleinigen Lieferanten gewählt. L ist jedoch nicht der einzig mögliche Lieferant für die von U benötigen Produkte.

Interpretation: In diesem Fall darf L aufgrund der Gutschriftenpraxis der Vergangenheit bei U von einer „Wiederholungserwartung" der „Umsatzprämie" ausgehen. L kann dieser aufgrund seiner soliden wirtschaftlichen Lage auch nachkommen. L wird zudem ein Interesse haben, U als Großkunden zu halten. Wird U in seiner Erwartung enttäuscht, hat er die Möglichkeit, den Liefe-

---

651 Vgl. Reiner, G./Haußer, J., in: MüKoHGB, 3. Aufl., § 268 HGB Rn. 32 f.
652 Vgl. Reiner, G./Haußer, J., in: MüKoHGB, 3. Aufl., § 268 HGB Rn. 33.
653 Vgl. Reiner, G./Haußer, J., in: MüKoHGB, 3. Aufl., § 268 HGB Rn. 33 m. w. N.
654 So auch Wulf, I., in: Haufe HGB Bilanz Kommentar, 5. Aufl., § 268 HGB Rz. 60.
655 So Hoffmann, W.-D./Lüdenbach, N., NWB Kommentar Bilanzierung, 8. Aufl., § 268 HGB Rz. 140.

ranten zu wechseln. L wird die Gutschrift aufgrund der geschilderten Verhältnisse als faktische Verpflichtung interpretieren, U die Gutschrift als quasi sicheren **„faktischen Anspruch"**.

Rechtlich entstanden bzw. verwirklicht ist der Anspruch auf Gutschrift erst nach Zusage durch L bzw. nach tatsächlicher Gewährung (ohne vorherige Zusage). Bilanziert U die erwartete Gutschrift bereits aufgrund der geschilderten Verhältnisse zeitlich vorher unter den sonstigen Vermögensgegenständen, ist die **Anhangangabe** nach § 268 Abs. 4 Satz 2 HGB einschlägig und kann z. B. wie folgt formuliert werden:

> „Angabe nach § 268 Abs. 4 Satz 2 HGB (rechtlich noch nicht entstandene sonstige Vermögensgegenstände)"
>
> „In den sonstigen Vermögensgegenständen sind erwartete Lieferanten-Gutschriften in Höhe von ... Mio. € erfasst. Diese sind zum Abschlussstichtag noch nicht rechtlich entstanden. Sie werden aber nach den gegenwärtigen Verhältnissen und Erfahrungen der vergangenen Jahre voraussichtlich zeitnah im neuen Geschäftsjahr gewährt."

4.2.1.10 Angabe eines aktivierten Disagios (§ 268 Abs. 6 HGB)

Gemäß § 268 Abs. 6 HGB ist ein nach § 250 Abs. 3 HGB in den aktiven Rechnungsabgrenzungsposten bilanzierter Unterschiedsbetrag entweder innerhalb der Bilanz gesondert auszuweisen oder stattdessen im Anhang anzugeben. Der „Unterschiedsbetrag nach § 250 Abs. 3 HGB" ist die Differenz zwischen dem Auszahlungsbetrag und dem höheren Erfüllungsbetrag einer Verbindlichkeit. Ein solcher Fall kommt häufiger bei Darlehensgewährungen vor. Der Unterschiedsbetrag wird auch „Disagio" genannt.

Die Anhangangabe dazu greift nur, wenn ein Disagio innerhalb der Rechnungsabgrenzungsposten aktiviert und darunter in der Bilanz nicht gesondert ausgewiesen wird. Andernfalls sind die Tatsache der Aktivierung und die Höhe des aktivierten Betrags aus der Bilanz erkennbar. Dann wäre die Anhangangabe redundant. Mit der Anhangangabe soll den Jahresabschlussadressaten die gleiche Information zum Disagio vermittelt werden wie im Fall des gesonderten Bilanzausweises. Die Angabepflichten nach § 268 Abs. 6 HGB umfassen daher

▶ den Hinweis auf die Aktivierung eines Unterschiedsbetrags nach § 250 Abs. 3 HGB (Disagio) und

▶ die Nennung der im abzuschließenden Geschäftsjahr und im Vorjahr aktivierten Beträge.

Ergänzend dazu ist innerhalb der Beschreibung der Bilanzierungs- und Bewertungsmethoden auf die Ausübung des Aktivierungswahlrechts hinzuweisen (§ 284 Abs. 2 Nr. 1 HGB).

PRAXISBEISPIEL für die Anhangangabe nach § 268 Abs. 6 HGB:

Angabe unter „Erläuterungen zur Bilanz":[656]

„Rechnungsabgrenzungsposten

Dieser Posten umfasst mit 130 T€ (i. V. 180 T€) das Disagio aus der Aufnahme von Finanzschulden."

---

[656] Progress-Werk Oberkirch AG, Oberkirch (Hrsg.), Einzelabschluss 2010, S. 10.

4.2.2 Posten der Passiva

4.2.2.1 Angaben zu ausschüttungsgesperrten Beträgen (§ 285 Nr. 28 HGB)

Die Vorschrift des § 285 Nr. 28 HGB ergänzt diejenige des § 268 Abs. 8 HGB (Ausschüttungssperre); beide Vorschriften wurden mit dem BilMoG in das HGB aufgenommen. § 268 Abs. 8 HGB lautet:[657]

> „Werden selbst geschaffene immaterielle Vermögensgegenstände des Anlagevermögens in der Bilanz ausgewiesen, so dürfen Gewinne nur ausgeschüttet werden, wenn die nach der Ausschüttung verbleibenden frei verfügbaren Rücklagen zuzüglich eines Gewinnvortrags und abzüglich eines Verlustvortrags mindestens den insgesamt angesetzten Beträgen abzüglich der hierfür gebildeten passiven latenten Steuern entsprechen. Werden aktive latente Steuern in der Bilanz ausgewiesen, ist Satz 1 auf den Betrag anzuwenden, um den die aktiven latenten Steuern die passiven latenten Steuern übersteigen. Bei Vermögensgegenständen i. S. d. § 246 Abs. 2 Satz 2 ist Satz 1 auf den Betrag abzüglich der hierfür gebildeten passiven latenten Steuern anzuwenden, der die Anschaffungskosten übersteigt."

§ 285 Nr. 28 HGB verpflichtet dazu, im Anhang den Gesamtbetrag der Beträge i. S. d. § 268 Abs. 8 HGB anzugeben und **aufzuschlüsseln** in Beträge, die sich aus den darin genannten Sachverhalten ergeben, nämlich aus der

▶ Aktivierung selbst geschaffener immaterieller Anlagevermögensgegenstände und

▶ Aktivierung latenter Steuern sowie

▶ Aktivierung von Vermögensgegenständen zum beizulegenden Zeitwert.

Damit wird nach der Auffassung des Gesetzgebers den Abschlussadressaten gezeigt, in welchem Umfang im Jahresabschluss Beträge enthalten sind, die aus Gründen des Gläubigerschutzes nicht ausgeschüttet werden dürfen, sofern nicht in zumindest derselben Höhe jederzeit auflösbare Gewinnrücklagen zuzüglich eines Gewinnvortrags und abzüglich eines Verlustvortrags im Unternehmen vorhanden sind.[658]

Diese Angabe lässt sich aus den in der Bilanz zum jeweiligen Stichtag ausgewiesenen Beständen i. S. d. § 268 Abs. 8 Satz 1 bis 3 HGB unter Berücksichtigung des für die Ermittlung der „gebildeten" latenten Steuern verwendeten Steuersatzes ableiten. Eines jährlich fortzuschreibenden „Ausschüttungssperrspiegels", der nach den anfänglichen Vorstellungen des Gesetzgebers erforderlich gewesen wäre, bedarf es dazu nicht.[659]

Der in § 268 Abs. 8 HGB verwendete Wortlaut „gebildeten passiven latenten Steuern" wird sachgerecht i. S. v. „bilanzierten passiven latenten Steuern" verstanden werden müssen.[660] Denn nur im Fall der Bilanzierung passiver latenter Steuern wird das Jahresergebnis daraus tatsächlich auch gemindert.

---

657 Vgl. zur Vorschrift auch Philipps, H., Rechnungslegung nach BilMoG, Wiesbaden 2010, S. 178-185.
658 Vgl. BT-Drucks. 16/10067, S. 75.
659 Vgl. dazu Philipps, H., Rechnungslegung nach BilMoG, Wiesbaden 2010, S. 183 f.
660 So wohl BT-Drucks. 16/12407, S. 85 f.

4. Für mittelgroße GmbH sowie GmbH & Co. KG ergänzend geltende Anhangvorschriften

Sind keine entsprechenden Bestände vorhanden, entfällt die Angabe. Sind nicht alle der in § 268 Abs. 8 Satz 1 bis 3 HGB genannten Bestände vorhanden, ist die Angabe nur für die jeweils vorhandenen Bestände zu machen.

Folgendes **Beispiel** verdeutlicht die Ermittlung der Ausschüttungssperre gemäß § 268 Abs. 8 HGB:[661]

BEISPIEL Die X-GmbH habe im Geschäftsjahr 01 selbst erstellte immaterielle Vermögensgegenstände des Anlagevermögens i. H. von 100.000 € und bei Gegenständen des Planvermögens über die Anschaffungskosten hinausgehende beizulegende Zeitwerte i. H. von 50.000 € aktiviert. Bei einem mit 30 % angenommenen Ertragsteuersatz i. S. d. § 274 HGB (für KSt, GewSt und SolZ) resultieren daraus latente Steuerbelastungen i. H. von 45.000 €, die gemeinsam mit aus weiteren Sachverhalten resultierenden latenten Steuerbelastungen i. H. von 35.000 € passiviert wurden. Zudem hat die X-GmbH zum 31.12.01 latente Steuerentlastungen i. H. von 100.000 € aktiviert (Bruttoausweis).

Der Jahresüberschuss der X-GmbH für das Geschäftsjahr 01 betrage 200.000 €. Die Bilanz der X-GmbH weist zum 31.12.01 frei verfügbare Rücklagen (Kapitalrücklage gemäß § 272 Abs. 2 Nr. 4 und Gewinnrücklage gemäß § 266 Abs. 3 III. Nr. 4 HGB) i. H. von insgesamt 150.000 € aus. Ein Ergebnisvortrag aus dem Vorjahr besteht nicht.

Unter diesen Annahmen darf die X-GmbH aus dem Jahresüberschuss 01 und den zum 31.12.01 vorhandenen Rücklagen einen Betrag von insgesamt 225.000 € ausschütten; eine „Verwendungsreihenfolge" ist dabei aus dem Gesetz nicht ableitbar. Dieses Ergebnis ermittelt sich rechnerisch wie folgt:

	Aktivierung selbst erstellter immaterieller Anlagevermögensgegenstände	100.000 €
-	hierfür gebildete passive latente Steuern	- 30.000 €
+	über die Anschaffungskosten hinausgehender Zeitwertansatz bei Gegenständen des Planvermögens	+ 50.000 €
-	hierfür gebildete passive latente Steuern	- 15.000 €
+	bilanzierter Aktivüberhang latenter Steuern	+ 20.000 €
Ausschüttungsgesperrter Betrag aus Geschäftsjahr 01		**= 125.000 €**
	Freie Rücklagen zum 31.12.01	+ 150.000 €
+	Jahresüberschuss Geschäftsjahr 01	+ 200.000 €
-	ausschüttungsgesperrter Betrag aus Geschäftsjahr 01	- 125.000 €
Zur Ausschüttung verfügbarer Betrag zum 31.12.01		**= 225.000 €**

Das so ermittelte Ausschüttungsvolumen übersteigt den Betrag, der maximal ausgeschüttet werden dürfte, wenn die im Beispiel genannten Aktivbestände und die (hierfür) gebildeten passiven latenten Steuern – mangels entsprechenden Rechnungslegungsvorschriften – nicht zu buchen gewesen wären. In diesem Fall würde sich lediglich ein Jahresüberschuss i. H. von 95.000 € ermitteln. Dieser ist i. H. des Aktivsaldos der übrigen latenten Steuern für die Ausschüttung gesperrt und damit nur i. H. von 30.000 € ausschüttbar. Daneben dürfen die freien Rücklagen i. H. von (unverändert) 150.000 € ausgeschüttet werden. Ausschüttbar ist in diesem Fall also ein Betrag i. H. von **180.000 €**. Ursächlich für die Differenz ist die doppelte Berücksichtigung der passiven latenten Steuern, nämlich zum einen originär bei den Sachverhalten gemäß § 268 Abs. 8 Satz 1 und Satz 3 HGB (im Beispiel 45.000 €) und zum anderen (saldiert) innerhalb des Aktivüberhangs latenter Steuern gemäß § 268 Abs. 8 Satz 2 HGB (im Beispiel 20.000 €). Um dieses zweifellos unerwünschte Ergebnis zu vermeiden, ist der gemäß § 268 Abs. 8 HGB zur Ausschüttung gesperrte Betrag um die in Satz 1 und Satz 3 der Vorschrift genannten passiven latenten Steuern zu erhöhen (im Beispiel 45.000 €).

---

661 Entnommen aus Philipps, H., Rechnungslegung nach BilMoG, Wiesbaden 2010, S. 184 f.

Für den Fall, dass für alle in § 268 Abs. 8 Satz 1 bis 3 HGB aufgeführten Sachverhalte Bestände bilanziert sind, lässt sich die Anhangangabe nach § 285 Nr. 28 HGB beispielhaft wie folgt formulieren:

> Für die Ausschüttung gesperrte Beträge i. S. d. § 268 Abs. 8 HGB bestehen i. H. von 125.000 €. Davon entfallen auf die:

Aktivierung selbst erstellter immaterieller Vermögensgegenstände des Anlagevermögens	70.000 €
Aktivierung latenter Steuern	20.000 €
Aktivierung von Vermögensgegenständen zum beizulegenden Zeitwert	35.000 €

In einer Formulierung wie „Am Bilanzstichtag stehen 26.219 T€ für Ausschüttungen zur Verfügung. 555 T€ unterliegen einer Ausschüttungssperre." fehlt die Aufgliederung des Gesamtbetrags entsprechend der in § 268 Abs. 8 HGB genannten Sachverhalte. Daher **erfüllt** diese Formulierung die gesetzlichen **Anforderungen nicht**.

Gleiches dürfte für eine Formulierung gelten wie „eine Ausschüttungssperre auf die Gewinnrücklagen besteht i. H. der aktivierten latenten Steuern". Diese Formulierung ist zumindest **inhaltlich unpräzise**. Denn einerseits ist der Gesamtbetrag der Ausschüttungssperre aus der Angabe selbst nicht ersichtlich, sondern nur aus der Bilanz. Andererseits bezieht sich die Ausschüttungssperre primär auf das Jahresergebnis und nur soweit einschlägig auf die freien Rücklagen.

PRAXISBEISPIELE für Angaben nach § 285 Nr. 28 HGB:[662]

1) Angaben gesondert am Ende der Erläuterungen zur Gewinn- und Verlustrechnung:[663]

„Ausschüttungssperre

Zum 31. 12. 2009 unterliegt nach § 268 Abs. 8 HGB ein Gesamtbetrag in Höhe von 2.348 T€ der Ausschüttungssperre. Der Betrag betrifft in voller Höhe die unter Punkt 9. erläuterten aktiven latenten Steuern."

2) Angaben bei den Erläuterungen zur Bilanz unter „Eigenkapital":[664]

...

„Den Kapital- bzw. Gewinnrücklagen in Höhe von insgesamt 27,6 Mio. € stehen saldierte aktive latente Steuern in Höhe von 20,4 Mio. € gegenüber. In Höhe der aktiven latenten Steuern besteht gemäß § 268 Abs. 8 HGB i. V. m. § 301 AktG eine Ausschüttungs- bzw. Abführungssperre."

3) Angaben bei den Erläuterungen zur Bilanz unter „Eigenkapital":[665]

...

„Angaben zu ausschüttungsgesperrten Beträgen i. S. d. § 268 Abs. 8 HGB

Zur Sicherung von Pensionsverpflichtungen und Guthaben aus Arbeitszeitkonten sind im Rahmen eines Contractual Trust Arrangements Mittel zweckgebunden und insolvenzgeschützt in den Bayer Pension Trust e.V., Leverkusen, eingebracht worden. Sie sind in Anwendung von § 253 Abs. 1 Satz 4 HGB zum beizulegenden Zeitwert bewertet. Dieser beläuft sich zum Abschlussstichtag auf 4,9 Mio. € und liegt damit um 0,6 Mio. € über den Anschaffungskosten von 4,3 Mio. €. Dem Mehrbetrag von 0,6 Mio. € stehen frei verfügbare Gewinnrücklagen von 4.940 Mio. € gegenüber. Eine Ausschüttungssperre in Bezug auf den Bilanzgewinn von 1.158 Mio. € besteht daher nicht."

---

[662] Zu weiteren Beispielen sowie zu empirischen Nachweisen über die Angabepraxis großer Unternehmen zu § 285 Nr. 28 HGB (Häufigkeit und Zustandekommen der Ausschüttungssperre sowie Stellung, Gestaltung der Angaben dazu) s. Philipps, H., Jahresabschlüsse 2010, S. 88-90.
[663] INFO Gesellschaft für Informationssysteme AG, Hamburg (Hrsg.), Jahresabschluss 2009, S. 17.
[664] Dortmunder Energie- und Wasserversorgung GmbH, Dortmund (Hrsg.), Geschäftsbericht 2009, S. 57.
[665] Bayer AG, Leverkusen (Hrsg.), Geschäftsbericht 2009, S. 25.

4) Angaben unter „Angaben zu den Passiva", „Ausschüttungsgesperrte Beträge":[666]

„Im Eigenkapital sind zum 31.12.2010 ausschüttungsgesperrte Beträge in Höhe von 4 Mio. € enthalten. Der Betrag entspricht dem Ausweis der selbst erstellten immateriellen Vermögenswerte."

5) Angaben unter „Sonstige Angaben", Erläuterungen zur Bilanz", „Ausschüttungsgesperrte Beträge":[667]

„Ausschüttungsgesperrte Beträge gemäß § 268 Abs. 8 HGB i.V. m. § 301 AktG beinhalten die selbst geschaffenen immateriellen Vermögensgegenstände des Anlagevermögens in Höhe von 5,00 € (Vorjahr 5,00 €)."

6) Angaben unter „Erläuterungen zur Bilanz", „Eigenkapital":[668]

„Ausschüttungsgesperrte Beträge bestehen in Höhe von 268 T€ und resultieren in Höhe von 201 T€ aus dem Ansatz aktiver latenter Steuern sowie in Höhe von 67 T€ aus der Abzinsung der Altersvorsorgeaufwendungen (Differenzbetrag zwischen Rückstellungsansätzen mit dem Durchschnittssatz der letzten zehn bzw. sieben Jahre)."

7) Angaben unter „Angabe zu ausschüttungsgesperrten Beträgen im Sinne der §§ 253 Absatz 6 und 268 Absatz 8 HGB":

„Nachfolgende Tabelle zeigt die bei der Gewinnausschüttung zu beachtenden Beträge nach § 268 Absatz 8 HGB und erstmalig den Sperrbetrag nach § 253 Absatz 6 HGB. Nach dieser in 2016 in Kraft getretenen Regelung ist die Differenz aus der Bewertung von Pensionsrückstellungen mit Durchschnittszinsen, gebildet aus Zeiträumen von 7 und 10 Jahren, zu ermitteln. Wir verweisen auf unsere Erläuterungen zur Bilanz, Abschnitt Pensionen und ähnliche Verpflichtungen. Bei der Deutschen Bank AG entsprechen die nach Gewinnausschüttung verbleibenden frei verfügbaren Rücklagen zuzüglich des Bilanzgewinns mindestens der Summe der zu beachtenden Beträge. In den einzelnen Positionen sind, falls vorhanden, die passiv gebildeten latenten Steuern berücksichtigt. Deshalb können die Beträge vom Bilanzausweis abweichen.

ABB. 41: Angaben zu ausschüttungsgesperrten Beträgen, Praxisbeispiel[669]

in Mio. €	31.12.2016
Aktivierung selbst geschaffener immaterieller Vermögensgegenstände des Anlagevermögens	2.941
Aktivierung latenter Steuern	2.607
Unrealisierte Gewinne des Planvermögens	365
Unterschiedsbetrag aus der Abzinsung von Rückstellungen für Altersversorgungsverpflichtungen	300
Summe der ausschüttungsgesperrten Beträge	6.213

"

---

666 Deutsche Post AG, Bonn (Hrsg.), Jahresabschluss (HGB) zum 31.12.2010, S. 16.
667 REV Ritter GmbH, Mömbris (Hrsg.), Jahresabschluss zum Geschäftsjahr vom 1.1.2016 bis zum 31.12.2016 – in der im elektronischen Bundesanzeiger veröffentlichten Fassung – pdf-Version, S. 8.
668 KTC Kommunikations- und Trainings-Center Königstein GmbH, Königstein im Taunus (Hrsg.), Jahresabschluss zum Geschäftsjahr vom 1.1.2016 bis zum 31.12.2016 – in der im elektronischen Bundesanzeiger veröffentlichten Fassung – pdf-Version, S 3.
669 Deutsche Bank AG, Frankfurt am Main (Hrsg.), Jahresabschluss zum Geschäftsjahr vom 1.1.2016 bis zum 31.12.2016 – in der im elektronischen Bundesanzeiger veröffentlichten Fassung – pdf-Version, S. 147.

4.2 Angaben zu Posten der Bilanz

8) Angaben unter „Erläuterungen zur Bilanz", „Abführungsgesperrte Beträge":[670]

„Der Gesamtbetrag der gemäß § 301 AktG analog abführungsgesperrten Beträge ermittelt sich wie folgt:

in T€	31.12.2016	31.12.2015
Beträge aus der Bewertung von Vermögensgegenständen zum beizulegenden Wert	365	316
Betrag aus der Aktivierung latenter Steuerumlagen vom Organträger	0	334
Abführungsgesperrter Betrag vor frei verfügbaren Rücklagen	365	649
Frei verfügbare Rücklagen	-365	-633
Abführungssperre	0	16"

9) Angaben unter „Erläuterungen zur Bilanz", „Angaben zu ausschüttungsgesperrten Beträgen":[671]

„Der zur Ausschüttung gesperrte Betrag beläuft sich zum 31. Dezember 2016 auf 73.605 T€ (2015: 64.814 T€). Die Ermittlung für 2016 beruht auf § 301 AktG i.V. m. § 268 Abs. 8 HGB und zusätzlich auf § 253 Abs. 6 HGB.

ANGABEN ZU AUSSCHÜTTUNGSGESPERRTEN BETRÄGEN

in T€	31.12.2016	Latente Steuern	Ausschüttungssperre 31.12.2016	31.12.2015
Zeitwert des Planvermögens, welches die Anschaffungskosten übersteigt	9.154	-2.884	6.270	4.838
Unterschiedsbetrag nach § 253 Abs. 6 HGB	20.402	-6.427	13.975	-
Aktivsaldo latente Steuern		53.360	53.360	59.976
Gesamtbetrag der ausschüttungsgesperrten Beträge	29.556	44.049	73.605	64.814
Zur Deckung zur Verfügung stehende Eigenkapitalanteile			598.072	565.749
Frei verfügbare Eigenkapitalbestandteile			524.467	500.935

Die Bewertung des Spezialfondsvermögens der neuen Versorgungsordnung erfolgt gemäß § 253 Abs. 1 Satz 4 HGB zum Zeitwert. Dieser beläuft sich zum 31. Dezember 2016 auf 60.640 T€ (2015: 53.136 T€) und liegt damit um 9.154 T€ über den Anschaffungskosten von 51.487 T€ (2015: 46.074 T€). Bei dem ermittelten Betrag gemäß § 253 Abs. 6 HGB in Höhe von 20.402 T€ handelt es sich um den Unterschiedsbetrag aus der Bewertung der Pensionsrückstellungsverpflichtung, entstanden durch die erstmalige Anwendung des 10-Jahres-Durchschnittszinssatzes anstelle des 7-Jahres-Durchschnittszinssatzes im Vorjahr. Dem die Anschaffungskosten übersteigenden Betrag stehen frei verfügbare Gewinnrücklagen in Höhe von 199.191 T€ (2015: 199.191 T€), freie Kapitalrücklagen von 582 T€ (2015: 582 T€) sowie ein Bilanzgewinn von 398.300 T€ (2015: 365.976 T€) gegenüber."

---

670 TARGO Finanzberatung GmbH, Düsseldorf (Hrsg.), Jahresabschluss zum Geschäftsjahr vom 1.1.2016 bis zum 31.12.2016 – in der im elektronischen Bundesanzeiger veröffentlichten Fassung – pdf-Version, S. 7.
671 Drägerwerk AG & Co. KGaA, Lübeck (Hrsg.), Jahresabschluss zum Geschäftsjahr vom 1.1.2016 bis zum 31.12.2016 – in der im elektronischen Bundesanzeiger veröffentlichten Fassung – pdf-Version, S. 89.

4.2.2.2 Genussrechte und ähnliche Rechte auf Gewinnbezug (§ 285 Nr. 15a HGB)

Nach der mit dem BilRUG in das HGB aufgenommenen Vorschrift des § 285 Nr. 15 Buchstabe a HGB sind im Anhang von Unternehmen ab mittlerer Größe Angaben zu machen über „das Bestehen von Genussscheinen, Genussrechten, Wandelschuldverschreibungen, Optionsscheinen, Optionen, Besserungsscheinen oder vergleichbaren Wertpapieren oder Rechten, unter Angabe der Zahl und der Rechte, die sie verbriefen". Damit transformierte der Gesetzgeber Art. 17 Abs. 1 Buchstabe j der Bilanzrichtlinie und übertrug gleichzeitig die insoweit bisher spezifisch für AG und KGaA nach § 160 Abs. 1 Nr. 5 und 6 AktG geltenden Informationspflichten generell auf alle Kapitalgesellschaften sowie Kapitalgesellschaften & Co.[672] Zweck der Vorschrift ist, die Adressaten über ggf. aus künftigen Gewinnen zu erfüllende Verpflichtungen zu informieren.[673]

Für die Rechtsformen der GmbH und der GmbH & Co. KG sind z. B. zwar keine Aktien und aktienrechtliche Bezugsrechte zulässig, sie können aber insbesondere Genussrechte oder ähnliche Rechte auf Gewinnbezug gewähren.[674]

Die nach § 285 Nr. 15 Buchstabe a HGB geforderten Informationen sind in den Anhang desjenigen bilanzierenden Unternehmens aufzunehmen, das die entsprechenden **Rechte gewährt oder Wertpapiere ausgibt.**[675]

Wandelschuldverschreibungen sind in § 221 Abs. 1 Satz 1 AktG legal definiert als „Schuldverschreibungen, bei denen den Gläubigern ein Umtausch- oder Bezugsrecht auf Aktien eingeräumt wird". Sie können demnach so bei GmbH sowie GmbH & Co. KG nicht vorkommen.

Zu den übrigen, in § 285 Nr. 15 Buchstabe a HGB genannten Begriffen gibt es keine Legaldefinitionen, indes zumeist Definitionen in Verlautbarungen des IDW.

Optionen werden vom Bankenfachausschuss des IDW definiert als „Vereinbarungen, bei denen einem Vertragspartner (Optionsberechtigter) das Recht eingeräumt wird, zukünftig innerhalb einer bestimmten Frist bzw. zu einem bestimmten Zeitpunkt mit dem anderen Vertragspartner (Optionsverpflichteter, Stillhalter) ein festgelegtes Vertragsverhältnis einzugehen (z. B. Kauf oder Verkauf von Wertpapieren) bzw. vom Stillhalter die Zahlung eines hinsichtlich seiner Bestimmungsgrößen festgelegten Geldbetrags (Barausgleich) zu verlangen".[676] Ein solches Vertragsverhältnis kann sich u. a. auf den Kauf oder Verkauf sogenannter Basisobjekte, z. B. bestimmter Wertpapiere beziehen.[677] **Optionsscheine** sind verbriefte Optionen auf Aktien im Rahmen einer sogenannten Optionsanleihe bzw. Optionsschuldverschreibung.[678]

Optionsscheine und Optionen werden bei der GmbH sowie GmbH & Co. KG im üblichen Rechtsverkehr außerhalb der Kreditinstitute regelmäßig nicht vorkommen.

---

672 Vgl. BT-Drucks. 18/4050, S. 66; in gleichem Zug wurde in § 160 Abs. 1 AktG die Nr. 5 neu gefasst und die Nr. 6 aufgehoben.
673 Vgl. Adler, H./Düring, W./Schmaltz, K., 6. Aufl., § 160 AktG Rz. 58 (zu § 160 Abs. 1 Nr. 6 AktG a. F.).
674 Vgl. BT-Drucks. 18/4050, S. 66.
675 Vgl. BT-Drucks. 18/4050, S. 66.
676 IDW RS BFA 6, Tz. 3, in: IDW Fachnachrichten 2011, S. 656.
677 Vgl. hierzu sowie zu anderen möglichen Gestaltungen IDW RS BFA 6, Tz. 5, in: IDW Fachnachrichten 2011, S. 656.
678 Vgl. z. B. Grottel, B., in: BeckBilKom, 10. Aufl., § 285 HGB Rn. 483; z. B. Adler, H./Düring, W./Schmaltz, K., 6. Aufl., § 272 HGB Rz. 108.

Genussrechte beruhen auf einem schuldrechtlichen Vertrag, aufgrund dessen der Inhaber dem Emittenten üblicherweise Kapital überlasst (in Form von Zahlungsmitteln oder Forderungsverzicht) und der Emittent dem Inhaber als Gegenleistung Vermögensrechte – keine Mitgliedsrechte – gewährt, die sonst regelmäßig nur den Gesellschaftern zustehen (z. B. Gewinnbeteiligung, Beteiligung am Liquidationserlös). Genussrechte können, müssen aber nicht verbrieft sein. Verbriefte Genussrechte werden als **Genussscheine** bezeichnet.[679]

Bei **Besserungsscheinen** handelt es sich um schriftlich verbriefte Versprechen von Schuldnern, ihren Gläubigern, die auf ihre Forderungen verzichtet haben, die erlassenen Forderungen aus künftigen Gewinnen oder dem Liquidationserlös zurückzuzahlen.[680]

Den genannten Wertpapieren und Rechten **vergleichbare Wertpapiere und Rechte** sind z. B. Optionsanleihen[681] oder Gewinnschuldverschreibungen (vergleichbar den Wandelschuldverschreibungen) sowie alle Rechte, die einen obligatorischen Anspruch auf Tilgung aus dem Gewinn einräumen (vergleichbar den Genussrechten und Besserungsscheinen).[682] Zu letztgenannten zählen z. B. bedingte, aus Gewinnen rückzahlbare Zuwendungen.[683] Bei Gewinnschuldverschreibungen handelt es sich nach § 221 Abs. 1 Satz 1 AktG um „Schuldverschreibungen, bei denen die Rechte der Gläubiger mit Gewinnanteilen von Aktionären in Verbindung gebracht werden". Eine entsprechende Form der Schuldverschreibung wird auch für GmbH sowie GmbH & Co. KG in Frage kommen können.

Zu den genannten Genussrechten sowie ähnlichen Rechten auf Gewinnbezug sind die „Anzahl" und „die Rechte, die sie verbriefen" anzugeben. Abweichend von den bisherigen „Vorbildvorschriften" des § 160 Abs. 1 Nr. 5 und Nr. 6 AktG dem Wortlaut nach nicht gefordert sind dagegen Angaben zur Art der jeweiligen, in § 285 Nr. 15 Buchstabe a HGB genannten Sachverhalte sowie die Zugänge dabei im betreffenden Geschäftsjahr.

„Anzahl" meint ausgegebene bzw. im Umlauf befindliche Stücke. Diese Angabe wird nur bei Wertpapieren und verbrieften Rechten der in § 285 Nr. 15 Buchstabe a HGB genannten Art in Betracht kommen. Zur zweckgerechten Information über **„Rechte, die sie verbriefen"**, gehört bei Genussrechten usw. insbesondere die Nennung des jeweiligen Rechts und seine Ausstattungsbedingungen,[684] ggf. unterteilt nach Tranchen.

Soweit die nach § 285 Nr. 15 Buchstabe a HGB angabepflichtigen Rechte bilanziell erfasst sind (z. B. bei Genussscheinen oder Schuldverschreibungen), sind die zugehörigen Angaben den Erläuterungen der jeweiligen Bilanzposten zuzuordnen. Im Übrigen ist ihre Einbeziehung dem Zweck entsprechend in die Angaben der sonstigen finanziellen Verpflichtungen sachgerecht; zur Angabe der sonstigen finanziellen Verpflichtungen wird auf Abschnitt 3.4.2 verwiesen.

---

679 Vgl. HFA des IDW, Stellungnahme 1/1994, Abschnitt 1, in: WPg 1994, S. 419.
680 Vgl. WP-Handbuch 2012, Bd. I, 14. Aufl., S. 786, Tz. 1037.
681 Vgl. Grottel, B., in: BeckBilKom, 10. Aufl., § 285 HGB Rn. 483 m.w. N.
682 Vgl. WP-Handbuch 2012, Bd. I, 14. Aufl., S. 786, Tz. 1037 m.w. N.
683 Vgl. Grottel, B., in: BeckBilKom, 10. Aufl., § 285 HGB Rn. 486.
684 Im Fall von Wandelschuldverschreibungen z. B. Angabe, ob es sich um Inhaber-, Order- oder Namenspapiere handelt, Umtausch- oder Bezugsverhältnis, Ausübungszeitpunkt, evtl. Zuzahlungsbeträge, evtl. Bezugsrechtsausschluss, wesentliche Anleihebedingungen; vgl. Adler, H./Düring, W./Schmaltz, K., 6. Aufl., § 160 AktG Rz. 53 m.w. N. (zu § 160 Abs. 1 Nr. 5 AktG in der Fassung vor BilRUG).

4. Für mittelgroße GmbH sowie GmbH & Co. KG ergänzend geltende Anhangvorschriften

PRAXISBEISPIELE für Angaben nach § 285 Nr. 15a HGB (zum Teil auf Basis der bisher nach § 160 Abs. 1 Nr. 5 und Nr. 6 AktG geforderten Angaben):

1) Angaben unter „Erläuterungen zur Bilanz und zur Gewinn- und Verlustrechnung", „Bilanz":[685]

„Von dem Genussrechtskapital (11.125 T€) entsprechen 11.125 T€ den Vorschriften des § 10 Abs. 5 KWG. Die Genussrechte lauten auf den Inhaber; es wurden Globalurkunden erstellt. Kleinste übertragbare Einheit ist ein Nennbetrag von 100 €. Die Ausschüttungsgrundbeträge belaufen sich für die 2005 begebenen Genussscheine mit 11,1 Mio. € – Laufzeit bis Ende 2015 – auf 5 % p. a. auf den Nennbetrag der Genussscheine."

2) Angaben unter „Erläuterungen zur Bilanz", „Genussscheine":[686]

„Die Genussscheine wurden im Geschäftsjahr 1990 mit einem Gesamtnennbetrag von 5.112.918,81 € (10,0 Mio. Deutsche Mark) emittiert und lauten auf den Inhaber. Die Stückelung beträgt 511.291.881 Stück über je 0,01 € Nennbetrag. Die Genussscheine sind aktuell an den Börsen Hannover, Frankfurt, Stuttgart, Hamburg und Düsseldorf zum Handel zugelassen. Das Unternehmen hält aktuell 39,4 Prozent der Genussscheine als eigene Wertpapiere. Auf die Genussscheine erfolgt eine jährliche Ausschüttung, die sich in Abhängigkeit von der Höhe des an die Muttergesellschaft abgeführten Gewinns und des gezeichneten Kapitals der Stadtwerke Hannover AG bemisst. Das Genussscheinkapital wurde insgesamt für das Geschäftsjahr 2013 in Höhe von 3,5 Mio. € verzinst (Vorjahr: 3,7 Mio. €). Die Laufzeit der Genussscheine ist unbefristet. Eine Kündigung durch den Inhaber ist erstmals mit Wirkung zum 31. 12. 2015 möglich."

3) Angaben unter „Erläuterungen zur Bilanz", „Genussscheinkapital", „Genussscheinkapitalbedingungen":[687]

	Kündigungsrecht der Drägerwerk AG & Co. KGaA	Kündigungsrecht des Genussscheininhabers	Verlustbeteiligung	Mindestverzinsung in €	Genussscheindividende
Serie A	ja	nein	nein	1,30	Dividende auf Kommandit-Vorzugsaktie x 10
Serie K	ja	ja	nein	1,30	Dividende auf Kommandit-Vorzugsaktie x 10
Serie D	ja	ja	ja	–	Dividende auf Kommandit-Vorzugsaktie x 10

Das Genussscheinkapital aus den bis zum 30. Juni 1991 begebenen Genussscheinen ist Bestandteil der Wertpapierserie A und wird im Fremdkapital ausgewiesen. Das nach dem 30. Juni 1991 geschaffene Genussscheinkapital der Wertpapierserie K wird ebenfalls im Fremdkapital ausgewiesen.

Die Genussscheinbedingungen für die Serie K unterscheiden sich von denjenigen für die bis zum 30. Juni 1991 bereits im Umlauf befindlichen Genussscheine (Serie A) durch ein Kündigungsrecht der Genussscheininhaber frühestens zum 31. Dezember 2021 mit einer Ankündigungsfrist von fünf Jahren und danach alle fünf Jahre.

Seit der Hauptversammlung 1997 werden Genussscheine der Serie D begeben, die im Wesentlichen hinsichtlich der Mindestverzinsung, einer Verlustbeteiligung der Genussscheine und entsprechender Auf-

---

685 Südwestbank Stuttgart AG, Stuttgart (Hrsg.), Geschäftsbericht 2013, S. 75.
686 Stadtwerke Hannover AG, Hannover (Hrsg.), Jahresabschluss und Lagebericht für das Geschäftsjahr 2013, Anhang, S. 3.
687 Drägerwerk AG & Co. KGaA, Lübeck (Hrsg.), Jahresabschluss zum Geschäftsjahr vom 1. 1. 2016 bis zum 31. 12. 2016 – in der im elektronischen Bundesanzeiger veröffentlichten Fassung – pdf-Version, S. 89 f.

4.2 Angaben zu Posten der Bilanz

holmechanismen geändert wurden. Der Entfall der Mindestverzinsung entspricht dem Ausfall der Vorzugsdividende bei Vorzugsaktien. Entsprechend der Nachzahlung der Vorzugsdividende auf Vorzugsaktien wird auch die entfallene Genussscheindividende nachbezahlt. Das Kündigungsrecht der Genussscheininhaber der Serie D kann mit einer Kündigungsfrist von mindestens fünf Jahren alle fünf Jahre zum Ende eines Kalenderjahres, erstmals zum 31. Dezember 2026, ausgeübt werden. Die Genussscheine der Serie D werden im Eigenkapital ausgewiesen.

Seit dem 1. Dezember 1999 beträgt der Grundbetrag der Genussscheine 25,56 EUR. Eine Kündigung durch die Drägerwerk AG & Co. KGaA ist nicht beabsichtigt. Im Falle einer Kündigung durch den Genussscheininhaber entspricht der Rückzahlungsbetrag dem durchschnittlichen Mittelkurs der letzten drei Monate an der Hanseatischen Wertpapierbörse Hamburg, höchstens dem gewogenen Mittel der Ausgabekurse dieser Tranche.

Die Genussscheindividende beträgt das Zehnfache der Dividende auf Vorzugsaktien, da ursprünglich der Nominalwert der Wertpapiere identisch war, der rechnerische Nominalwert der Vorzugsaktien aber mittlerweile auf 1/10 des ursprünglichen Nominalwerts gesplittet wurde.

Im Einzelnen verweisen wir auf die Genussscheinkapitalbedingungen für die Serien A, K und D.

GENUSSSCHEINKAPITAL

	Anzahl	Nominalwert €	Aufgeld €	Genussscheinkapital €
Im Fremdkapital ausgewiesen				
Serie A	195.245	4.990.462,20	7.642.509,00	12.632.971,20
Serie K	69.887	1.786.311,72	1.168.305,27	2.954.616,99
	265.132	6.776.773,92	8.810.814,27	15.587.588,19
Im Eigenkapital ausgewiesen				
Serie D	566.819	14.487.893,64	14.023.388,96	28.511.282,60
Stand 31. Dezember 2016 (Serie A, K und D)	831.951	21.264.667,56	22.834.203,23	44.098.870,79

Im Geschäftsjahr 2016 sowie im Vorjahr wurden weder Genussscheine ausgegeben noch zurückgekauft."

4) Angaben unter „Sonstige Angaben", Haftungsverhältnisse und sonstige finanzielle Verpflichtungen", „Finanzinstrumente im Sinne des § 285 Nr. 15a HGB":[688]

„Es bestehen Verpflichtungen aus gewährten Put-Optionen an nicht beherrschende Gesellschafter, deren Ausübungsbedingungen zum 31. Dezember 2016 nicht erfüllt waren. Der theoretische Wert der aus diesen Optionen resultierenden potentiellen Verbindlichkeiten beträgt zum Bilanzstichtag 5.611 T€. Eine Aussage zu den Zahlungszeitpunkten ist nicht möglich, da die Ströer KGaA keine Kontrolle über den genauen Zeitpunkt der Ausübung durch die Optionsinhaber hat. Es sind jedoch alle Optionsvereinbarungen so ausgestaltet, dass der jeweilige Abfluss liquider Mittel die Finanzlage der Gesellschaft nicht wesentlich beeinflussen wird."

5) Angaben unter „Angaben und Erläuterungen zu den Posten der Bilanz", „Sonstige Rückstellungen", „Besserungsschein nach § 160 Abs. 1 Nr. 6 AktG":[689]

„Die Schuler AG hat sich im Hinblick auf die von Metzler Beteiligungsgesellschaft mbH gekauften 5.416.740 Aktien der Müller Weingarten AG verpflichtet, unter bestimmten Voraussetzungen eine Kaufpreisnachzahlung in Höhe von bis zu 20.000 T€ an Herrn Dr. Robert Schuler-Voith zu leisten (Besserungsschein). Dieser Betrag gelangt zur Auszahlung durch die Schuler AG in Abhängigkeit der Erzielung eines EBITDA in bestimmter Höhe. Das EBITDA ermittelt sich auf Grundlage der vom Aufsichtsrat gebilligten

---

[688] Ströer SE & Co. KGaA (vormals: Ströer SE), Köln (Hrsg.), Jahresabschluss und Bericht über die Lage der Gesellschaft und des Konzerns 2016 – in der im elektronischen Bundesanzeiger veröffentlichten Fassung – pdf-Version, S. 18.
[689] Schuler AG, Göppingen (Hrsg.), Jahresabschluss zum 30. 9. 2011 und Lagebericht, S. 6.

Konzernabschlüsse der Schuler AG für die Geschäftsjahre, die in den Jahren 2010, 2011 und 2012 enden. Nachdem zum 30.9.2011 erstmals die Voraussetzungen für den Bedingungseintritt erfüllt sind, ist die Verpflichtung zum Nominalwert von 20.000 T€ in den sonstigen Rückstellungen passiviert (i.Vj. 0 T€)."

4.2.2.3 Angaben zur Bewertung von Rückstellungen für Pensionen und ähnliche Verpflichtungen (§ 285 Nr. 24 HGB)

Bei den Rückstellungen für Pensionen und ähnliche Verpflichtungen wurde durch das BilMoG die **Bewertung** grundlegend geändert.[690] Sie sind seitdem grundsätzlich in Höhe des nach vernünftiger kaufmännischer Beurteilung **notwendigen Erfüllungsbetrags** anzusetzen und – soweit ihre Restlaufzeit mehr als ein Jahr beträgt – mit dem ihrer Restlaufzeit entsprechenden durchschnittlichen Marktzinssatz, bei Altersversorgungsverpflichtungen der vergangenen zehn, im Übrigen der vergangenen sieben Geschäftsjahre abzuzinsen (§ 253 Abs. 1 Satz 2 und Abs. 2 Satz 1 HGB).

Im Rahmen der Ermittlung des notwendigen Erfüllungsbetrags sind Preis- und Kostensteigerungen in Form allgemeiner Rentenanpassungen und bei gehaltsabhängigen Zusagen auch allgemeiner Gehaltstrends zu berücksichtigen. Daneben kommen u.a. die Berücksichtigung von Fluktuationswahrscheinlichkeiten, karrierebedingten Gehaltssteigerungen sowie Entwicklungen beim Renteneintrittsalter und bei der Bemessungsgrundlage für Sozialversicherungsbeiträge in Betracht.

Der anzuwendende **Abzinsungszinssatz** wird von der Deutschen Bundesbank entsprechend der Methodik der Rückstellungsabzinsungsverordnung (RückAbzinsV) ermittelt und im Internet[691] monatlich bekannt gegeben (§ 253 Abs. 2 Satz 4 und 5 HGB). Abzinsungsbeträge sind in der GuV gesondert unter den Posten „Sonstige Zinsen und ähnliche Erträge" bzw. „Sonstige Zinsen und ähnliche Aufwendungen" auszuweisen (§ 277 Abs. 5 Satz 1 HGB).

Alternativ (als Wahlrecht) zur jeweils laufzeitadäquaten Abzinsung dürfen Rückstellungen für Altersversorgungsverpflichtungen sowie Rückstellungen für diesen vergleichbare langfristig fällige Verpflichtungen aus Vereinfachungsgründen unter Beachtung der Bewertungsstetigkeit **pauschal** mit dem durchschnittlichen Marktzinssatz abgezinst werden, der sich bei einer angenommenen durchschnittlichen Restlaufzeit von 15 Jahren ergibt (§ 253 Abs. 2 Satz 2 HGB). Unter den Begriff „vergleichbare langfristig fällige Verpflichtungen" fallen vor allem Verpflichtungen aus Altersteilzeit, Lebensarbeitszeitkonten, Dienstjubiläen, Beihilfen, Vorruhestandsvereinbarungen, Übergangsgeldern und Sterbegelder.[692]

Sofern Altersversorgungsverpflichtungen der Höhe nach an die Wertentwicklung langfristiger Wertpapiere gebunden sind (**wertpapiergebundene Pensionszusagen**), entspricht der notwendige Erfüllungsbetrag dem beizulegenden Zeitwert dieser Wertpapiere, soweit er einen garantierten Mindestbetrag übersteigt (§ 253 Abs. 1 Satz 3 HGB). Unterschreitet der beizulegende Zeitwert einen garantierten Mindestbetrag, ist grundsätzlich der Mindestbetrag maßgebend. Wurde kein Mindestbetrag vereinbart, ist grundsätzlich der beizulegende Zeitwert maßgebend.

---

690 Vgl. dazu auch IDW RS HFA 30 n. F., in: IDW Life 1/2017, IDW Fachnachrichten, S. 102-116.
691 Abrufbar unter http://www.bundesbank.de/Navigation/DE/Statistiken/Geld_und_Kapitalmaerkte/Zinssaetze_und_Renditen/Abzinsungssaetze/Tabellen/tabellen.html.
692 Vgl. IDW RS HFA 30 n. F., Tz. 8, in: IDW Life 1/2017, IDW Fachnachrichten, S. 103.

Für die Bewertung der Rückstellungen für Pensionen und ähnliche Verpflichtungen wird kein bestimmtes versicherungsmathematisches **Verfahren** vorgeschrieben. Mangels Berücksichtigung von Trends ist allerdings eine Bewertung gemäß § 6a EStG (die vor BilMoG auch für Zwecke des handelsrechtlichen Jahresabschlusses üblich war) nicht mit den Anforderungen des § 253 Abs. 2 HGB vereinbar. Wie empirische Befunde zeigen, wird in der Bilanzierungspraxis zur Ermittlung des Umfangs der Rückstellungen für Pensionen und ähnliche Verpflichtungen nunmehr überwiegend die weltweit gebräuchliche sogenannte *Projected-Unit-Credit*-Method (eine Form des Anwartschaftsbarwertverfahrens) präferiert.[693]

Soweit aufgrund der durch das BilMoG geänderten Bewertung der Rückstellungen für Pensionen

- eine Zuführung erforderlich wurde, darf dieser Betrag angesammelt werden, dies allerdings nicht gänzlich beliebig, sondern bis spätestens zum 31.12.2024 in jedem Geschäftsjahr zu mindestens 1/15 (Art. 67 Abs. 1 Satz 1 EGHGB). Solange kann sich eine **Unterdeckung** ergeben.

- eine Auflösung erforderlich wurde, durften die bisher gebildeten Rückstellungen beibehalten werden, soweit der aufzulösende Betrag bis spätestens zum 31.12.2024 wieder zugeführt werden müsste (Art. 67 Abs. 1 Satz 2 EGHGB). Solange kann sich eine **Überdeckung** ergeben. Wurde von diesem Wahlrecht kein Gebrauch gemacht, waren die aus der Auflösung resultierenden Beträge unmittelbar in die Gewinnrücklagen einzustellen (Art. 67 Abs. 1 Satz 3 EGHGB).[694]

Ausweislich der Begründung durch den Gesetzgeber kommt § 285 Nr. 24 HGB **klarstellende Bedeutung** hinsichtlich derjenigen Informationen zu, die in die Beschreibung der Bilanzierungs- und Bewertungsmethoden aufzunehmen sind.[695] Die Vorschrift soll – natürlich auch vor dem Hintergrund der in § 253 Abs. 2 HGB normierten Bewertungsvorschriften für Pensionsrückstellungen – insoweit für eine gewisse Vereinheitlichung und Vergleichbarkeit sorgen.

§ 285 Nr. 24 HGB verlangt für **Rückstellungen für Pensionen und ähnliche Verpflichtungen** folgende Angaben:

- das angewandte versicherungsmathematische Berechnungsverfahren und
- die grundlegenden Annahmen der Rückstellungsberechnung.

Diese Angaben sind auch erforderlich, wenn im Fall des Ausweises eines aktiven Unterschiedsbetrags aus der Vermögensverrechnung keine Pensionsrückstellungen passiviert werden;[696] hierzu wird auch auf Abschnitt 3.2.1.2 verwiesen.

Zum **Begriff** „Rückstellungen für Pensionen und ähnliche Verpflichtungen" wird auf Abschnitt 3.2.1.2 sowie das einschlägige Schrifttum verwiesen.[697] Er ist nicht deckungsgleich mit dem in § 246 Abs. 2 Satz 2 HGB verwendeten Terminus „Altersversorgungsverpflichtungen oder vergleichbaren langfristig fälligen Verpflichtungen".

---

[693] Vgl. Philipps, H., Rechnungslegungspraxis nach BilMoG, in: StuB 2011, S. 207.
[694] Zu empirischen Nachweisen über die Gestaltung des Übergangs auf die Rechnungslegung nach BilMoG bei Rückstellungen für Pensionen in der Bilanzierungspraxis großer Unternehmen vgl. Philipps, H., Jahresabschlüsse 2010, S. 124.
[695] Vgl. BT-Drucks. 16/10067, S. 73.
[696] Vgl. z. B. Petersen, K./Zwirner, C./Künkele, K. P., BilMoG in Beispielen, 2. Aufl., Herne 2011, S. 298.
[697] Vgl. z. B. Grottel, B./Rhiel, R., in: BeckBilKom, 10. Aufl., § 249 HGB Rn. 151-163.

Geeignete **Berechnungsverfahren** werden das Anwartschaftsbarwertverfahren (*Projected-Unit-Credit*-Methode) sowie das ggf. modifizierte Teilwertverfahren sein; in der Bilanzierungspraxis großer Unternehmen basiert die Berechnung des Umfangs der Pensionsverpflichtungen ganz überwiegend auf der *Projected-Unit-Credit*-Methode.[698] Die Wahl des angewandten Berechnungsverfahrens muss nicht begründet werden. Im Referentenentwurf zum BilMoG wurde eine solche Begründung noch verlangt. Wegen erwarteter geringer Aussagekraft dieser Angabe wurde davon aber bereits im Regierungsentwurf zum BilMoG abgesehen.[699]

Zu den angabepflichtigen **grundlegenden Annahmen** bei der Rückstellungsberechnung zählen insbesondere der Zinssatz, erwartete Lohn- und Gehaltssteigerungen und zugrunde gelegte Sterbetafeln. Hinsichtlich des Zinssatzes wird auch bei Nichtanwendung des § 253 Abs. 2 Satz 2 HGB die Angabe einer Bandbreite und/oder eines Durchschnittszinssatzes sachgerecht sein.[700] Durch das Wort „wie" bringt der Gesetzestext zum Ausdruck, dass daneben auch andere Annahmen angegeben werden müssen, wenn sie für die Rückstellungsberechnung grundlegend sind. Denkbar ist dies vor allem bei berücksichtigten Fluktuationswahrscheinlichkeiten oder Rententrends.[701]

Infolge der genannten Zielsetzung der Vorschrift bietet es sich an, die nach § 285 Nr. 24 HGB geforderten Angaben nicht isoliert in den Anhang aufzunehmen, sondern in die (allgemeine) Beschreibung der bei den Rückstellungen für Pensionen und ähnliche Verpflichtungen angewendeten Bilanzierungs- und Bewertungsmethoden zu **integrieren**. Zwingend ist dies nicht, kann aber dazu beitragen, etwaige Redundanzen zu vermeiden.

PRAXISBEISPIELE für Angaben nach § 285 Nr. 24 HGB:[702]

1) Angaben bei Beschreibung der Bilanzierungs- und Bewertungsmethoden:[703]

...

„Rückstellungen für Pensionen und ähnliche Verpflichtungen sind nach den anerkannten versicherungsmathematischen Grundsätzen mittels der „*Projected-Unit-Credit*-Methode" errechnet. Als biometrische Rechnungsgrundlagen wurden die „Richttafeln 2005" von Klaus Heubeck verwendet. Im Berichtsjahr wird erstmalig ein von der Deutschen Bundesbank vorgegebener durchschnittlicher Marktzinssatz von 5,25 % bei der Bewertung zugrunde gelegt. Gehalts- und Rentenanpassungen sind mit 2,0 % p. a. eingerechnet. Neben den Verpflichtungen aus laufenden Pensionen und den am Bilanzstichtag bestehenden Anwartschaften sind auch Verpflichtungen für Deputate und Altersübergangsgeld im Ansatz berücksichtigt."

---

698 Zu empirischen Nachweisen dazu vgl. Philipps, H., Jahresabschlüsse 2010, S. 120 f.
699 Vgl. dazu auch IDW, Stellungnahme vom 4.1.2008 zum BilMoG Ref-E, S. 18.
700 Nach Auffassung des IDW soll zum Zinssatz auch die Methodik seiner Ermittlung sowie die Anwendung oder Nichtanwendung der Vereinfachungsregelung des § 253 Abs. 2 Satz 2 HGB angegeben werden; vgl. IDW RS HFA 30 n. F., Tz. 89, in: IDW Life 1/2017, IDW Fachnachrichten, S. 114.
701 Zu weiteren Beispielen aus der Bilanzierungspraxis großer Unternehmen sowie zur Häufigkeit der Verwendung solcher Annahmen vgl. Philipps, H., Jahresabschlüsse 2010, S. 121.
702 Zu weiteren Beispielen s. Philipps, H., Jahresabschlüsse 2010, S. 121-129.
703 Dortmunder Energie- und Wasserversorgung GmbH, Dortmund (Hrsg.), Geschäftsbericht 2009, S. 53.

4.2 Angaben zu Posten der Bilanz

2) Angaben bei Beschreibung der Bilanzierungs- und Bewertungsmethoden:[704]

...

„Die Rückstellungen wurden auf der Grundlage der neuen Fassung des § 253 HGB ermittelt. Anzusetzen ist hierbei der nach vernünftiger kaufmännischer Beurteilung notwendige Erfüllungsbetrag gem. § 253 Abs. 1 HGB. Alle Rückstellungen mit einer Laufzeit von mehr als einem Jahr wurden mit dem von der Deutschen Bundesbank veröffentlichten durchschnittlichen Marktzinssatz abgezinst (§ 253 Abs. 2 HGB). Dabei wurde gem. Satz 2 des § 253 Abs. 2 HGB bei den langfristigen Personalrückstellungen pauschal eine Restlaufzeit von 15 Jahren angenommen. Damit wurde bei der Berechnung dieser Rückstellungen ein Zinssatz von 5,26 % angesetzt...

Die Bewertung der Pensionsrückstellungen erfolgte nach den anerkannten Grundsätzen der Versicherungsmathematik mittels der sog. *„Projected-Unit-Credit*-Methode" (PUC-Methode). Der Rückstellungsbetrag gem. der PUC-Methode ist definiert als der versicherungsmathematische Barwert der Pensionsverpflichtungen, der von den Mitarbeitern bis zu diesem Zeitpunkt gemäß Rentenformel und Unverfallbarkeitsregelung aufgrund ihrer in der Vergangenheit abgeleisteten Dienstzeiten erdient worden ist. Als biometrische Rechnungsgrundlagen wurden die Richttafeln 2005 G von Klaus Heubeck verwandt. Der Gehaltstrend wurde mit 2,5 %, der Rententrend p. a. mit 2 % angenommen.

Im Vorjahr erfolgte die Bewertung zuvor genannter Rückstellungen auf der Grundlage des § 6a EStG nach versicherungsmathematischen Grundsätzen. Es wurden die Richttafeln 2005 G von Dr. Klaus Heubeck unter Heranziehung eines Zinssatzes von 5 % in Anlehnung an die Konzernvorgaben verwandt."

3) Angaben bei Beschreibung der Bilanzierungs- und Bewertungsmethoden und den Erläuterungen der passivierten Rückstellungen:[705]

...

„Die Pensionsverpflichtungen wurden nach dem Projected-Unit-Credit-Verfahren unter Anwendung versicherungsmathematischer Grundsätze mit einem Zinsfuß von 5,25 % p. a. auf Basis der 2006 veröffentlichten Richttafeln 2005 G von Prof. Dr. Klaus Heubeck ermittelt. ... Die Pensionsrückstellungen für leistungsorientierte Versorgungspläne sind nach dem Anwartschaftsbarwertverfahren entsprechend den Vorgaben nach HGB n. F. unter Berücksichtigung der künftigen Entwicklung bewertet. Im Einzelnen wird von einer jährlichen Steigerungsrate der Gehälter, soweit relevant, von 0 % und der Pensionen von 2 % ausgegangen. Der Rechnungszins betrug 5,25 % nach 6 % im Vorjahr. Biometrische Rechnungsgrundlagen sind die Richttafeln 2005 G von Prof. Dr. Klaus Heubeck."

4) Angaben unter „Bilanzierungs- und Bewertungsmethoden" (Ausschnitt für wertpapiergebundene Pensionszusagen):[706]

...

„Wertpapiergebundene Pensionszusagen sind nach § 253 Abs. 1 Satz 3 HGB mit dem beizulegenden Zeitwert der Wertpapiere bewertet, soweit dieser den garantierten Mindestbetrag (diskontierter Erfüllungsbetrag der Garantieleistung) übersteigt. Kongruent rückgedeckte Altersversorgungszusagen, deren Höhe sich somit ausschließlich nach dem beizulegenden Zeitwert eines Rückdeckungsversicherungsanspruchs bestimmt, sind mit diesem bewertet, soweit er den garantierten Mindestbetrag (diskontierter Erfüllungsbetrag der Garantieleistung) übersteigt. Eine Rückdeckungsversicherung ist als kongruent zu bezeichnen, wenn die aus ihr resultierenden Zahlungen sowohl hinsichtlich der Höhe als auch hinsichtlich der Zeitpunkte mit den Zahlungen an den Versorgungsberechtigten deckungsgleich sind. Der beizulegende Zeitwert eines Rückdeckungsversicherungsanspruchs besteht aus dem sog. geschäftsplanmäßigen Deckungskapital des Versicherungsunternehmens zzgl. eines etwa vorhandenen Guthabens aus Beitragsrückerstattungen (sog. Überschussbeteiligung).

---

[704] AWISTA Gesellschaft für Abfallwirtschaft und Stadtreinigung mbH, Düsseldorf (Hrsg.), Jahresabschluss zum Geschäftsjahr vom 1.1.2009 bis zum 31.12.2009 und Lagebericht für das Geschäftsjahr 2009 – in der im elektronischen Bundesanzeiger veröffentlichten Fassung – Druckfassung, S. 9.

[705] INFO Gesellschaft für Informationssysteme AG, Hamburg (Hrsg.), Jahresabschluss 2009, S. 9 und S. 14.

[706] Werder eG, Braunschweig (Hrsg.), Geschäftsbericht 2010, S. 26 f.

4. Für mittelgroße GmbH sowie GmbH & Co. KG ergänzend geltende Anhangvorschriften

... Der Zeitwert entspricht gemäß Versicherungsbescheinigung zum 31.12.2010 dem Aktivwert der Rückdeckungsversicherung und somit den fortgeführten Anschaffungskosten."

5) Angaben unter „Angaben und Erläuterungen zu den einzelnen Posten der Bilanz und Gewinn- und Verlustrechnung", „Pensionsrückstellungen":[707]

„Zur Ermittlung der Pensionsrückstellung wurde das PUC-Verfahren angewendet.

Für die Berechnungen wurden folgende Annahmen getroffen:

Zinssatz	04,01 %
erwartete Lohn- und Gehaltssteigerungen	00,00 %
zugrunde gelegte Sterbetafel:	Richttafeln 2005 G."

6) Angaben unter „Erläuterungen zur Bilanz", „Rückstellungen":[708]

„Zur Ermittlung der Pensionsverpflichtungen wurde die Projected Unit Credit Method angewendet. Als Rechnungszins wurde der fristenkongruente durchschnittliche Marktzins der letzten zehn Jahre verwendet, der von der Deutschen Bundesbank monatlich veröffentlicht wird. Als pauschale Restlaufzeit der Verpflichtungen werden 15 Jahre angenommen.

Für die Berechnungen wurden folgende Annahmen getroffen:

Rechnungszinssatz:	4,01 %
erwartete Lohn- und Gehaltssteigerungen (inkl. Karrieretrend)	2,50 %

Die in den „Richttafeln 2005 G von K. Heubeck" enthaltenen Invalidisierungswahrscheinlichkeiten wurden mit 75 % in Ansatz gebracht.

Des Weiteren wurden Rentensteigerungen von 1,60 % sowie die erwartete Mitarbeiterentwicklung (Fluktuation) berücksichtigt (Stand 2004)."

7) Angaben unter „Angaben zur Bilanz", „Pensionsrückstellungen":[709]

„Bei der Bewertung der Pensionsrückstellungen ist nach § 253 Abs. 2 Satz 1 HGB der durchschnittliche Marktzinssatz aus den vergangenen zehn Geschäftsjahren für die Abzinsung zugrunde zu legen. In den Vorjahren wurde der Durchschnitt der letzten sieben Geschäftsjahre zugrunde gelegt. Zur Ermittlung der Pensionsrückstellung wurde das Anwartschaftsbarwertverfahren (PUC-Verfahren) angewendet.

Für die Berechnungen wurden folgende Annahmen getroffen:

	2016	2015
Zinssatz	4,01 %	3,89 %
erwartete Lohn- und Gehaltssteigerungen	2,00 %	2,00 %
BBG-Trend	2,00 %	2,00 %
erwarteter Rententrend	1,75 %	1,75 %
zugrunde gelegte Sterbetafel	Richttafel 2005 G Heubeck	Richttafel 2005 G Heubeck"

---

707 Krohm Wassertechnik GmbH, Karlstein (Hrsg.), Jahresabschluss zum Geschäftsjahr vom 1.1.2016 bis zum 31.12.2016 – in der im elektronischen Bundesanzeiger veröffentlichten Fassung – pdf-Version, S 2.

708 KTC Kommunikations- und Trainings-Center Königstein GmbH, Königstein im Taunus (Hrsg.), Jahresabschluss zum Geschäftsjahr vom 1.1.2016 bis zum 31.12.2016 – in der im elektronischen Bundesanzeiger veröffentlichten Fassung – pdf-Version, S. 3.

709 Raiffeisen Immobilien- und Versicherungsvermittlungs-GmbH, Aschaffenburg (Hrsg.), Jahresabschluss zum Geschäftsjahr vom 1.1.2016 bis zum 31.12.2016 – in der im elektronischen Bundesanzeiger veröffentlichten Fassung – pdf-Version, S. 3.

4.2 Angaben zu Posten der Bilanz

Die nach § 285 Nr. 24 HGB erforderlichen Informationen können durchaus in einer kurzen Formulierung in den Anhang aufgenommen werden. Wegen fehlender Angaben zum angewandten versicherungsmathematischen Berechnungsverfahren, zu den in die Berechnung eingegangenen Lohn- und Gehaltssteigerungen sowie zu den zugrunde gelegten Sterbetafeln allerdings **nicht ausreichend** ist z. B. folgende Formulierung:

„Die Rückstellungen für Pensionen werden auf der Grundlage eines versicherungsmathematischen Gutachtens gebildet. Die Rückstellungen wurden mit ihrem notwendigen Erfüllungsbetrag angesetzt, hierbei wurde gemäß § 253 Abs. 2 Satz 2 HGB eine pauschale Restlaufzeit aller Verpflichtungen von 15 Jahren angenommen. Berücksichtigt wurden ein Rechenzinsfuß von 5,25 % und Rentensteigerungen i. H. von 2 % p. a."

Im Zusammenhang mit der Bilanzierung von Rückstellungen für Pensionen und ähnliche Verpflichtungen sind **weitere Anhangangaben** zu beachten, die im HGB und im EGHGB kodifiziert sind. Dazu wird auf die Abschnitte 3.2.3.2, 3.2.3.3, 3.2.3.4 und 4.2.2.3 sowie 3.2.1.2 verwiesen. Nachfolgendes Praxisbeispiel zeigt exemplarisch, dazu – soweit einschlägig – zusammengefasst in den Anhang aufgenommene Angaben.

PRAXISBEISPIEL für zusammengefasste Angaben nach § 285 Nr. 24 und Nr. 25 sowie § 253 Abs. 6 Satz 3 HGB:

Angaben unter „Erläuterungen zur Bilanz", „Aktivischer Unterschiedsbetrag aus der Vermögensverrechnung":[710]

„Der aktivische Unterschiedsbetrag aus der Vermögensverrechnung von Pensionsverpflichtungen bestimmt sich unter Berücksichtigung der Rückstellung für Pensionen und ähnliche Verpflichtungen sowie des dazugehörigen zweckgebundenen Vermögens wie folgt:

in T€	31. 12. 2016	31. 12. 2015
Erfüllungsbetrag Altersvorsorgeverpflichtungen	-1.820	-1.629
Zeitwert Deckungsvermögen	1.860	1.667
Aktiver Unterschiedsbetrag aus der Vermögensverrechnung	40	38

Folgende versicherungsmathematische Annahmen liegen der Berechnung des Erfüllungsbetrags zu Grunde:

Der Erfüllungsbetrag für Pensionen und ähnliche Verpflichtungen wurde pauschal mit einem Zinssatz von 4,01 % (31. 12. 2015: 3,89 %) abgezinst. Dieser Zinssatz wurde auf Basis des von der Deutschen Bundesbank zum 31. Oktober 2016 veröffentlichten Marktzinssatzes der vergangenen zehn (31. 12. 2015: sieben) Jahre, der sich bei einer angenommenen Restlaufzeit von 15 Jahren ergibt, auf den 31. Dezember 2016 prognostiziert. Bei einem Ansatz der Altersversorgungsverpflichtungen unter unveränderter Verwendung des durchschnittlichen Marktzinssatzes aus den vergangenen sieben Jahren (3,23 %) wäre der Erfüllungsbetrag zum Bilanzstichtag um 1 T€ höher.

Bei der Ermittlung der Rückstellungen für Pensionen und ähnliche Verpflichtungen wurden jährliche Lohn- und Gehaltssteigerungen von 2,30 % (31. 12. 2015: 2,50 %) und Rentensteigerungen von jährlich 1,80 % (31. 12. 2015: 1,80 %) unterstellt.

Der Biometrie liegen die Richttafeln 2005 G von Prof. Dr. Klaus Heubeck zu Grunde.

Das zweckgebundene Vermögen, welches aus Anteilen an einem Spezial-Alternativen Investmentfonds besteht, wurde mit den korrespondierenden Altersvorsorgeverpflichtungen saldiert. Die Anschaffungskosten per 31. Dezember 2016 betragen 1.495 T€ (31. 12. 2015: 1.352 T€).

---

710 TARGO Finanzberatung GmbH, Düsseldorf (Hrsg.), Jahresabschluss zum Geschäftsjahr vom 1.1.2016 bis zum 31.12.2016 – in der im elektronischen Bundesanzeiger veröffentlichten Fassung – pdf-Version, S. 5.

Die in der Gewinn- und Verlustrechnung im Posten Sonstige Zinsen und ähnliche Erträge verrechneten Aufwendungen und Erträge, die aus den verrechneten Vermögensgegenständen und Schulden resultieren, ermitteln sich wie folgt:

in T€	2016	2015
Ertrag Marktbewertung Deckungsvermögen	55	16
Laufender Ertrag Deckungsvermögen	10	7
Zinsaufwand Aufzinsung Pensionsverpflichtung	-55	-16
Verrechneter Zinsertrag	10	7"

4.2.2.4 Erläuterung der „sonstigen Rückstellungen" (§ 285 Nr. 12 HGB)

Sonstige Rückstellungen sind auf der Passivseite der Bilanz gemäß § 266 Abs. 3 HGB unter Posten B. 3. gesondert auszuweisen. Der Posten kann sehr verschiedene Sachverhalte umfassen. Seine weitere Untergliederung ist nach § 265 Abs. 5 Satz 1 HGB zulässig und kann den Einblick nach § 264 Abs. 2 Satz 1 HGB verbessern. Wird der Posten nicht weiter untergliedert, sind aufgrund dessen die darin erfassten sonstigen Rückstellungen nach § 285 Nr. 12 HGB im Anhang „zu erläutern, wenn sie einen nicht unerheblichen Umfang haben."

Ob sonstige Rückstellungen einen **nicht unerheblichen Umfang** haben, bedarf der Beurteilung im Einzelfall. Dabei ist es nicht zweckmäßig, allein das Verhältnis eines einzelnen Rückstellungssachverhalts zum Gesamtumfang des Postens „Sonstige Rückstellungen" zu betrachten. Sachgerecht ist vielmehr, diese Beurteilung mit Blick auf den Umfang des Postens innerhalb der Bilanz insgesamt (mit besonderer Berücksichtigung der Höhe des Eigenkapitals und des Jahresergebnisses) sowie die Beachtung des Einblicksgebots nach § 264 Abs. 2 Satz 1 HGB zu stützen.[711] Wird der Posten „Sonstige Rückstellungen" anhand dieser **Gesamtbetrachtung** als nicht erheblich beurteilt, entfällt die Erläuterungspflicht.

Andernfalls sind zur **Erläuterung** über die bloße (wiederholende) Angabe des Postens hinaus zusätzliche Informationen zu geben. Diese können sich beziehen auf die (wesentlichen) Inhalte des Postens, auf den Zweck bzw. die Gründe der jeweiligen Rückstellungsbildung sowie auf eine zumindest qualitative oder aber auch quantitative Nennung ihres Umfangs.[712]

In § 285 Nr. 12 HGB nicht explizit verlangt, aber zweckmäßig und in der **Bilanzierungspraxis** doch verbreitet, sind verbale oder tabellarische Aufgliederungen des Postens mit Angabe von Beträgen und zum Teil ergänzt durch zusätzliche Angabe von **Vorjahresbeträgen**, Begründungen für die Bildung der jeweiligen Rückstellung, Erläuterung ihrer Veränderungen zum Vorjahr etc.

PRAXISBEISPIELE für die Anhangangabe nach § 285 Abs. Nr. 12 HGB:

1) Angabe unter „Erläuterungen zur Bilanz", „Rückstellungen":[713]

„Die sonstigen Rückstellungen beinhalten im Wesentlichen ausstehende Rechnungen, unter anderem für Beratungsleistungen und nachträgliche Kaufpreisanpassungen, erfolgsabhängige Mitarbeitervergütungen sowie drohende Verluste aus Zinsderivaten."

---

711 Vgl. IDW, WP-Handbuch 2017, Hauptband, 15. Aufl., S. 934 f, Tz. 1093 m. w. N.
712 Vgl. z. B. IDW, WP-Handbuch 2017, Hauptband, 15. Aufl., S. 935, Tz. 1094.; Adler, H./Düring, W./Schmaltz, K., 6. Aufl., § 285 HGB Rz. 242 f., jeweils m. w. N.
713 Elster Group SE, Essen (Hrsg.), Jahresabschluss zum Geschäftsjahr vom 1. 1. 2011 bis zum 31. 12. 2011 – in der im elektronischen Bundesanzeiger veröffentlichten Fassung – Druckfassung, S. 6.

4.2 Angaben zu Posten der Bilanz

2) Angabe unter „Erläuterungen zur Bilanz", „Rückstellungen":[714]

„Die sonstigen Rückstellungen berücksichtigen alle erkennbaren Risiken. Von den Rückstellungen entfallen 80,0 T€ auf abzurechnende Verwaltungskosten, 42,0 T€ auf Jahresabschluss- und Beratungskosten sowie 32,0 T€ auf Pauschalvergütungen für den Aufsichtsrat."

3) Angabe unter „Erläuterungen zur Bilanz", „Passiva", „Rückstellungen":[715]

„Die SONSTIGEN RÜCKSTELLUNGEN bestehen für Gratifikationen/Urlaubsentgelte (23.642 T€, Vorjahr: 24.531 T€), Restrukturierungsmaßnahmen (15.466 T€, Vorjahr: 10.113 T€), Altersteilzeit (10.363 T€, Vorjahr: 8.090 T€), Jubiläumszuwendungen (7.109 T€, Vorjahr: 7.008 T€), sonstige ausstehende Rechnungen für erhaltene Leistungen (2.324 T€, Vorjahr: 3.461 T€), Beiträge/Versicherungen/Berufsgenossenschaften (1.454 T€, Vorjahr: 1.344 T€).

…"

4) Angaben unter „Erläuterungen zu Bilanzposten":

ABB. 42: Erläuterung der sonstigen Rückstellungen nach § 285 Nr. 12 HGB (durch Aufgliederung des Postens, ohne zusätzliche verbale Erläuterungen), Praxisbeispiel 1[716]

Die **sonstigen Rückstellungen** setzen sich zum 31.12.2011 wie folgt zusammen:

	31. 12. 11 T€	31. 12. 10 T€
Unterlassene Instandhaltung (1. – 3. Monat)	0,0	621,3
Jahresabschlusskosten/Veröffentlichung (intern und externe)	254,6	241,1
Urlaubsansprüche/Überstunden/Abschlussvergütung	2.228,4	1.743,3
für noch anfallende Baukosten	0,0	450,0
Betriebskosten	9.844,7	13.545,0
Kosten der Verbrauchserfassung	1.349,8	1.160,6
Ausstehende Rechnungen	1.252,0	560,4
Altersteilzeit	401,5	0,0
Übrige	764,5	367,7
	16.095,5	**18.120,4**

---

714 Dortmunder Hafen AG, Dortmund (Hrsg.), Jahresabschluss zum Geschäftsjahr vom 1. 1. 2012 bis zum 31. 12. 2012 – in der im elektronischen Bundesanzeiger veröffentlichten Fassung – Druckfassung, S. 3.
715 Braun GmbH, Kronberg im Taunus (Hrsg.), Jahresabschluss zum 30. 6. 2012 – in der im elektronischen Bundesanzeiger veröffentlichten Fassung – Druckfassung, S. 14 (Hervorhebung durch Großbuchstaben im Original).
716 ABG Frankfurt Holding GmbH, Frankfurt am Main (Hrsg.), Geschäftsbericht 2011, S. 50.

5) Angaben unter „Erläuterungen zur Bilanz", „Sonstige Rückstellungen":[717]

in Mio. €	31.12.2010	31.12.2009
Verpflichtungen aus dem Personalbereich		
Postbeamtenkrankenkasse	96	88
Altersteilzeit	71	220
Vorzeitiger Ruhestand (BPS-PT)	13	655
Personalanpassung	-	63
Übrige Verpflichtungen	217	299
Sonstige Verpflichtungen		
Rückstellungen aus dem Schuldbeitritt für Pensionen und Altersteilzeit	1 424	1 325
Drohverluste aus sonstigen schwebenden Geschäften	330	375
Drohverluste aus Zinsderivaten	242	253
Prozessrisiken	137	478
Ausstehende Rechnungen	128	378
Rückbauverpflichtungen	13	59
Übrige sonstige Rückstellungen	232	405
	2 903	**4 598**

„Die Rückstellung für die Postbeamtenkrankenkasse (PBeaKK) deckt das Risiko für Ausgleichszahlungen an die PBeaKK ab. Das Risiko entsteht, wenn nach planmäßiger Entnahme aus dem Fondsvermögen noch eine Deckungslücke verbleiben würde...

Der Rückgang der Rückstellung für Altersteilzeit resultiert im Wesentlichen aus der Saldierung der Rückstellung mit dem CTA-Vermögen gemäß § 246 Abs. 2 Satz 2 HGB. Die Rückstellung in Höhe von 71 Mio. € umfasst vollständig den Aufstockungsbetrag.

...

Die Rückstellungen für Personalanpassungen sowie die übrigen Verpflichtungen aus dem Personalbereich vermindern sich insbesondere infolge der Ausgliederung des Geschäftsbereichs T-Home.

Die Rückstellungen für den Schuldbeitritt für Pensionen und Altersteilzeit in Höhe von 1,4 Mrd. € umfassen insbesondere die durch die Deutsche Telekom wirtschaftlich übernommenen Verpflichtungen der Servicegesellschaften für Pensionsansprüche.

Die Rückstellungen für drohende Verluste aus sonstigen schwebenden Geschäften resultieren wie im Vorjahr im Wesentlichen aus mit konzernfremden Partnern geschlossenen Verträgen, die der Erzielung eines Deckungsbeitrags für die Aufwendungen, die sich aus dem Personalüberhang ergeben, dienen.

Der Rückgang der Drohverlustrückstellungen aus Zinsderivaten zum 31.12.2010 um 11 Mio. € auf 242 Mio. € ergibt sich im Wesentlichen aus der Marktwertentwicklung von Zins- und Zinswährungsswaps.

Die Rückstellungen für Prozessrisiken reduzieren sich gegenüber dem 31.12.2009 überwiegend aufgrund der Ausgliederung des Geschäftsbereichs T-Home.

Die Rückstellungen für ausstehende Rechnungen umfassen zum 31.12.2010 unter anderem Rückstellungen für Rechts-, IT- und Managementberatung sowie Verkaufsprovisionen. Die Verringerung gegenüber dem Vorjahr ist insbesondere auf die Ausgliederung des Geschäftsbereichs T-Home zurückzuführen.

Die übrigen sonstigen Rückstellungen setzen sich unter anderem aus Rückstellungen für Altlasten, Rückstellungen für Zuschüsse an durch die Deutsche Telekom unterstützte Lehrstühle sowie Rückstellungen für Jahresabschlusskosten und Archivierungskosten zusammen.
..."

---

[717] Deutsche Telekom AG, Bonn (Hrsg.), Jahresabschluss zum 31.12.2010, S. 36.

4.2 Angaben zu Posten der Bilanz

6) Angaben unter „Sonstige Rückstellungen":[718]

	2010	davon voraussichtliche Inanspruchnahme innerhalb eines Jahres	2009	davon voraussichtliche Inanspruchnahme innerhalb eines Jahres
Mio. €				
Umweltschutzmaßnahmen und Beseitigung von Altlasten	103	12	142	5
Personalverpflichtungen	1.075	712	1.070	444
Verpflichtungen aufgrund von Ein- und Verkaufsgeschäften	85	83	100	92
Integrations-, Stillegungs- und Umstrukturierungsmaßnahmen	1	1	1	1
Prozess-, Schadenersatz-, Gewährleistungs- und ähnliche Verpflichtungen	57	16	76	17
Instandhaltung und Reparaturen	20	20	19	19
Übrige	203	160	244	221
	1.544	**1.004**	**1.652**	**799**

„… In den sonstigen Rückstellungen sind Rückstellungen mit einer Laufzeit über das Jahr 2024 hinaus in Höhe von 75 Mio. € enthalten.

In den übrigen Rückstellungen sind im Wesentlichen Rückstellungen für Drohverluste und ausstehende Rechnungen enthalten.
…"

7) Angaben unter „Bilanzerläuterungen":

ABB. 43:	Erläuterung der sonstigen Rückstellungen nach § 285 Nr. 12 HGB (durch Darstellung der Entwicklung des Postens – Rückstellungsspiegel – und zusätzliche verbale Erläuterungen), Praxisbeispiel 2[719]

8. Die Entwicklung der **Sonstigen Rückstellungen** ist dem Rückstellungsspiegel zu entnehmen.

Rückstellungsspiegel in T€	1.7.2009	Zuführung	Verbrauch	Auflösung	30.6.2010
Aufsichtsratsvergütung	56	40	15		81
Kosten für die Hauptversammlung	30	34	30		34
Mitarbeiterboni	6	30	6		30
Ausstehender Urlaub	17	24	17		24
Ausstehende Eingangsrechnungen	5	20	1	4	20
Jahresabschluss, Prüfung und Offenlegung	29	17	29		17
Rückstellungen für Gewährleistungen	5				5
Berufsgenossenschaftsbeiträge	1	1	1		1
Kosten im Zusammenhang mit den Kapitalmaßnahmen	84		55	29	0
Übrige Rückstellungen	0	30			30
	233	**196**	**154**	**33**	**242**

---

718 BASF SE, Ludwigshafen (Hrsg.), Jahresabschluss 2010, S. 43.
719 B+S Banksysteme AG, München (Hrsg.), Einzelabschluss 2009/2010, S. 25.

„Die B+S Banksysteme Aktiengesellschaft entwickelt Produkte für die Branchen, Banken, Versicherungen, Medien und Telekommunikation. Diese Produkte und Lösungen werden in Form von Projekten im Rahmen einer Generalunternehmerschaft ausgeführt. Aus derartigen Projekten können Haftungen und Risiken entstehen. Diverse Projekte sind an strategisch wichtigen Stellen in den Rechenzentren von Kreditinstituten durchgeführt worden bzw. sind zum Teil in Vorbereitung. Einige Verträge beinhalten für diese Projekte ein Pönale im Fall einer Projekt-Zeitüberschreitung bzw. auch bedeutende Haftungsregelungen. Die Gesellschaft versucht teilweise diese Risiken bei Bedarf über Versicherungen zu decken und damit eine Risikovorsorge zu treffen. Die eigenen Produkte durchlaufen verschiedenste Qualitätsanforderungen sowie -prüfungen. Aus Vorsichtsgründen wurden im Geschäftsjahr für derartige mögliche Risiken sowie mögliche Kulanzen Rückstellungen gebildet."

4.2.2.5 Erläuterung antizipativer Verbindlichkeiten (§ 268 Abs. 5 Satz 3 HGB)

Nach § 268 Abs. 5 Satz 3 HGB müssen Beträge, die unter den Verbindlichkeiten für solche Verbindlichkeiten ausgewiesen werden, die rechtlich erst nach dem Abschlussstichtag entstehen und einen größeren Umfang haben, im Anhang erläutert werden.

Diese Angabepflicht korrespondiert mit der Vorschrift des § 268 Abs. 4 Satz 2 HGB für rechtlich erst nach dem Abschlussstichtag entstehende sonstige Vermögensgegenstände (hierzu wird auf Abschnitt 4.2.1.9 verwiesen). Gleichwohl lassen sich für rechtlich erst nach dem Abschlussstichtag entstehende Verbindlichkeiten Anwendungsfälle kaum vorstellen. Wesensmerkmal der Verbindlichkeiten ist gerade, dass eine Verpflichtung besteht. Ist ihr Entstehen ungewiss, aber wahrscheinlich, löst dies unter den Voraussetzungen des § 249 Abs. 1 Satz 1 HGB die Bilanzierung einer Rückstellung aus.[720]

Mit § 268 Abs. 5 Satz 3 HGB beabsichtigte der Gesetzgeber vormals, Art. 21 der Bilanzrichtlinie a. F. umzusetzen. Gemäß dieser Vorgabe wurde zugelassen, Sachverhalte, die die Merkmale eines antizipativen oder transitorischen passiven Rechnungsabgrenzungspostens aufweisen, nicht dort, sondern unter den Verbindlichkeiten auszuweisen.[721] Nach den handelsrechtlichen Vorschriften sind als „Rechnungsabgrenzungsposten" auf der Passivseite (Posten D. im Bilanzgliederungsschema nach § 266 Abs. 3 HGB) nur transitorische Posten auszuweisen (z. B. im Voraus vereinnahmte Miete). Damit fallen antizipative Rechnungsabgrenzungsposten unter die Verbindlichkeiten. Sie zeichnen sich aber dadurch aus, dass die dahinter stehende Verpflichtung bereits entstanden ist aber erst später fällig wird (z. B. nachschüssig zu leistende Zinszahlungen).[722] Auch in solchen Fällen geht daher die Erläuterungspflicht nach § 268 Abs. 5 Satz 3 HGB mangels fehlender rechtlicher Entstehung der Verbindlichkeit ins Leere.[723]

4.2.2.6 Postenbezogene Aufgliederung der Restlaufzeiten und Besicherungen von Verbindlichkeiten (§ 285 Nr. 2 HGB)

§ 285 Nr. 2 HGB verlangt die Aufgliederung der in § 285 Nr. 1 Buchstabe a und Nr. 1 Buchstabe b HGB geforderten Angaben „für jeden Posten der Verbindlichkeiten nach dem vorgeschriebenen Gliederungsschema."

---

720 Vgl. auch Hoffmann, W.-D./Lüdenbach, N., NWB Kommentar Bilanzierung, 8. Aufl., § 268 HGB Rz. 148.
721 Vgl. Biener, H./Berneke, W., Bilanzrichtlinien-Gesetz, S. 175 und S. 87.
722 Vgl. z. B. Baetge, J./Kirsch, H.-J./Thiele, S., Bilanzen, 11. Aufl., S. 521 f.
723 Vgl. z. B. Grottel, B./Schubert, W. J., in: BeckBilKom, 10. Aufl., § 268 HGB Rn. 42.

Aufzugliedern ist demnach

▶ der Gesamtbetrag der Verbindlichkeiten mit einer Restlaufzeit über fünf Jahre (§ 285 Nr. 1 Buchstabe a HGB; hierzu wird auf Abschnitt 3.2.3.5 verwiesen) sowie

▶ der Gesamtbetrag der durch Pfandrechte oder ähnliche Rechte gesicherten Verbindlichkeiten (§ 285 Nr. 1 Buchstabe b HGB; hierzu wird auf Abschnitt 3.2.3.5 verwiesen)

auf die in den Nr. 1 bis Nr. 8 des § 266 Abs. 3 C. HGB genannten Posten. Soweit einschlägig, sind bei GmbH sowie GmbH & Co. KG ergänzend dazu noch die in § 42 Abs. 3 GmbHG bzw. § 264c Abs. 1 HGB genannten Verbindlichkeiten gegenüber Gesellschafter zu berücksichtigen. Gleiches gilt für Posten, um die das Gliederungsschema des § 266 Abs. 3 C. HGB nach § 265 Abs. 5 HGB erweitert wurde oder, die nach § 265 Abs. 6 HGB in ihrer Bezeichnung geändert worden sind.[724]

Für die Gestaltung dieser Aufgliederung enthält das HGB keine Vorgabe. In der Bilanzierungspraxis großer Unternehmen werden die Angaben sehr häufig mit denjenigen nach § 268 Abs. 5 Satz 1 HGB zu einem sogenannten **„Verbindlichkeitenspiegel"** zusammengefasst.[725]

§ 268 Abs. 5 Satz 1 HGB verlangt nach entsprechender Rechtsänderung durch das BilRUG bei jedem Posten der Verbindlichkeiten in der Bilanz die Angabe ihrer Restlaufzeit von bis zu einem Jahr und ihrer Restlaufzeit über einem Jahr; dazu wird auch auf Abschnitt 2.3 verwiesen. Grundlage für diese Angabepflichten ist Anhang III, Passiva, Buchstabe C. der Bilanzrichtlinie. Nach der Gesetzesbegründung zu § 268 Abs. 5 Satz 1 HGB[726]

▶ bezieht sich die Restlaufzeitangabe über einem Jahr auf **jeden einzelnen Posten** der Verbindlichkeiten und auch auf den **Gesamtbetrag** und darf

▶ statt in der Bilanz ebenso innerhalb eines **Verbindlichkeitenspiegels** gemacht werden, in dem die Posten der Verbindlichkeiten gemäß Bilanzgliederungsschema (§ 266 Abs. 3 Buchstabe c HGB) einzeln dargestellt und auch die Vorjahreszahlen gemäß § 265 Abs. 2 HGB angegeben werden.

Der Verweis des Gesetzgebers auf im Verbindlichkeitenspiegel anzugebende Vorjahreszahlen wird sich auf die Buchwerte der in der Bilanz ausgewiesenen Posten sowie auf die dazu nach § 268 Abs. 5 Satz 1 HGB in der Bilanz anzugebenden Restlaufzeiten bis zu einem Jahr und nun auch über einem Jahr beziehen. Das folgt aus § 265 Abs. 2 Satz 1 HGB, ist aber zuvor in der Rechnungslegung großer Unternehmen nicht durchgängig praktiziert worden.[727]

Aufgrund der nun bei den Posten der Verbindlichkeiten explizit geforderten Angabe der Restlaufzeit über einem Jahr sind nicht mehr alle bisher in der Bilanzierungspraxis vorzufindenden Varianten des Verbindlichkeitenspiegels[728] zulässig.

Angaben zu gesicherten Beträgen sowie zu Art und Form der gestellten **Sicherheiten** (zu Erläuterungen dazu wird auf Abschnitt 3.2.3.5 verwiesen) werden nur in wenigen Fällen in einen solchen Verbindlichkeitenspiegel ebenfalls mit integriert, überwiegend aber ergänzend in Form eines Fließtextes formuliert und ober- oder unterhalb des Verbindlichkeitenspiegels platziert.

---

724 Vgl. z. B. Grottel, B., in: BeckBilKom, 10. Aufl., § 285 HGB Rn. 35 f.
725 Vgl. dazu empirische Nachweise bei Philipps, H., Jahresabschlüsse 2010, S. 150.
726 Vgl. BT-Drucks. 18/4050, S. 61 f.
727 Zu empirischen Nachweisen dazu aus der Bilanzierungspraxis großer Unternehmen vgl. Philipps, H., Jahresabschlüsse 2010, S. 150 f.
728 Vgl. Philipps, H., Jahresabschlüsse 2010, S. 150 f.

4. Für mittelgroße GmbH sowie GmbH & Co. KG ergänzend geltende Anhangvorschriften

PRAXISBEISPIELE für die Angaben nach § 285 Nr. 2 i.V. m. § 268 Abs. 5 Satz 1 HGB[729]

1) Angaben unter „Erläuterungen zur Bilanz", „Verbindlichkeiten":

„Die Verbindlichkeiten gegenüber Kreditinstituten von insgesamt 61.694 T€ (Vorjahr: 65.700 T€) haben mit 19.061 T€ (Vorjahr: 26.517 T€) eine Restlaufzeit bis zu einem Jahr, mit 25.810 T€ (Vorjahr: 22.067 T€) eine Restlaufzeit von mehr als einem und weniger als fünf Jahren und mit 16.823 T€ (Vorjahr: 22.008 T€) eine Restlaufzeit von mehr als fünf Jahren.

Die Verbindlichkeiten gegenüber Kreditinstituten sind in voller Höhe durch die Verpfändung von Anteilen an verbundenen Unternehmen sowie durch Grundschulden an Immobilien besichert.

Die Verbindlichkeiten aus Wandelanleihen von insgesamt 181.845 T€ (Vorjahr: 109.072 T€) haben mit 0 T€ (Vorjahr: 12.500 T€) eine Restlaufzeit bis zu einem Jahr, mit 96.545 T€ (Vorjahr: 96.572 T€) eine Restlaufzeit von mehr als einem und weniger als fünf Jahren und in Höhe von 85.300 T€ (Vorjahr: 0 T€) eine Restlaufzeit von über fünf Jahren.

Alle anderen Verbindlichkeiten haben eine Restlaufzeit von bis zu einem Jahr und sind unbesichert."[730]

2) Angaben unter „Bilanzerläuterungen", „Verbindlichkeiten":

„Von den Verbindlichkeiten gegenüber Kreditinstituten hat ein Betrag von 4 T€ (Vorjahr: 2.843 T€) eine Restlaufzeit bis zu einem Jahr und ein Betrag von 28.000 T€ (Vorjahr: 9.900 T€) eine Restlaufzeit von mehr als einem Jahr. Alle übrigen Verbindlichkeiten haben wie im Vorjahr eine Restlaufzeit bis zu einem Jahr.

Zur Absicherung der Verbindlichkeiten gegenüber Kreditinstituten hatte die Klüh Service Management GmbH im Vorjahr den finanzierenden Kreditinstituten Globalzessionen der bestehenden und künftigen Forderungen aus Warenlieferungen und Leistungen bestellt.

Mit Wirkung zum 1. Dezember 2016 sind die Globalzessionen freigegeben worden.

..."[731]

3) Angaben unter „Erläuterungen zur Bilanz", „Verbindlichkeiten":

„Die Aufgliederung der unbesicherten Verbindlichkeiten nach ihren Restlaufzeiten ergibt sich aus dem folgenden Verbindlichkeitenspiegel:

ABB. 44:	Postenbezogene Aufgliederungen der Restlaufzeiten und Besicherungen von Verbindlichkeiten („Verbindlichkeitenspiegel"), Praxisbeispiel 1[732]			
		davon mit einer Restlaufzeit		
	Gesamt Betrag T€	bis zu einem Jahr T€	von ein bis fünf Jahren T€	über fünf Jahre T€
Verbindlichkeiten gegenüber Kreditinstituten	360.374	5.374	127.000	228.000
	(Vj.: 64.485)	(Vj.: 4.485)	(Vj.: 60.000)	(Vj.: 0)
Verbindlichkeiten aus Lieferungen und Leistungen	8.011	8.011	0	0
	(Vj.: 7.078)	(Vj.: 7.078)	(Vj.: 0)	(Vj.: 0)
Verbindlichkeiten gegenüber verbundenen Unternehmen	116.963	116.963	0	0
	(Vj.: 90.362)	(Vj.: 90.362)	(Vj.: 0)	(Vj.: 0)

---

729 Zu weiteren Praxisbeispielen vgl. Philipps, H., Jahresabschlüsse 2010, S. 152-154.
730 TAG Immobilien AG, Hamburg (Hrsg.), Jahresabschluss 2012, S. 33.
731 Klüh Service Management GmbH, Düsseldorf (Hrsg.), Jahresabschluss zum Geschäftsjahr vom 1.1.2016 bis zum 31.12.2016 – in der im elektronischen Bundesanzeiger veröffentlichten Fassung – pdf-Version, S. 8.
732 Ströer SE & Co. KGaA (vormals: Ströer SE), Köln (Hrsg.), Jahresabschluss und Bericht über die Lage der Gesellschaft und des Konzerns 2016 – in der im elektronischen Bundesanzeiger veröffentlichten Fassung – pdf-Version, S. 13 f.

4.2 Angaben zu Posten der Bilanz

	Gesamt Betrag T€	davon mit einer Restlaufzeit		
		bis zu einem Jahr T€	von ein bis fünf Jahren T€	über fünf Jahre T€
Verbindlichkeiten gegenüber Unternehmen, mit denen ein Beteiligungsverhältnis besteht	0	0	0	0
	(Vj.: 5500)	(Vj.: 5500)	(Vj.: 0)	(Vj.: 0)
Sonstige Verbindlichkeiten	900	900	0	0
	(Vj.: 1.307)	(Vj.: 1.307)	(Vj.: 0)	(Vj.: 0)
	486.248	131.248	127.000	228.000
	(Vj.: 168.732)	(Vj.: 108.732)	(Vj.: 60.000)	(Vj.: 0)

Die Verbindlichkeiten gegenüber verbundenen Unternehmen resultieren in Höhe von 64.207 T€ (Vj.: 45.225 T€) aus dem Cash-Pooling mit Gesellschaften des Ströer Konzerns sowie aus einem von der Interactive Media CCSP GmbH, Darmstadt (im Folgenden kurz „IAM"), in Höhe von 6.000 T€ (Vj.: 17.000 T€) gewährten kurzfristigen Darlehen. Außerdem wurden im Geschäftsjahr erstmalig kurzfristige Darlehen von der Permodo GmbH, München (5.000 T€), der StayFriends GmbH, Erlangen (5.000 T€), der Statista GmbH, Hamburg (3.500 T€) sowie der Business Advertising GmbH, Düsseldorf (800 T€), gewährt. Des Weiteren beinhalten sie Verbindlichkeiten aus Lieferungen und Leistungen in Höhe von 1.957 T€ (Vj.: 9.796 T€). Zudem enthalten sie die Verbindlichkeit aus den Ergebnisabführungsverträgen mit der SDG in Höhe von 20.005 T€ (Vj.: 4.191 T€) sowie der Ströer Digital International GmbH, Köln, in Höhe von 5.512 T€ (Vj.: 0 T€), der SCG in Höhe von 3.482 T€ (Vj.: Forderung 1.021 T€), und aus den in 2016 neu geschlossenen Ergebnisabführungsverträgen mit der SVE in Höhe von 1.494 T€ bzw. der Ströer Sales Group GmbH, Köln, in Höhe von 4 T€."

4) Angaben unter „Erläuterungen zur Bilanz und Gewinn- und Verlustrechnung":

„Die Restlaufzeiten der Verbindlichkeiten gliedern sich wie folgt:

ABB. 45:	Postenbezogene Aufgliederungen der Restlaufzeiten und Besicherungen von Verbindlichkeiten („Verbindlichkeitenspiegel"), Praxisbeispiel 2[733]			
	Verbindlichkeiten Gesamt T€	davon mit einer Restlaufzeit bis zu 1 Jahr T€	davon mit einer Restlaufzeit 1 bis 5 Jahre T€	davon mit einer Restlaufzeit über 5 Jahre T€
Verbindlichkeiten gegenüber Kreditinstituten	23.641	5.750	13.626	4.265
(Vorjahr)	(11.536)	(2.632)	(6.298)	(2.606)
erhaltene Anzahlungen auf Bestellungen	310	310	0	0
(Vorjahr)	(285)	(285)	(0)	(0)
Verbindlichkeiten aus Lieferungen und Leistungen	7.076	7.076	0	0
(Vorjahr)	(7.077)	(7.077)	(0)	(0)

---

733 kfzteile24 GmbH, Berlin (Hrsg.), Jahresabschluss zum Geschäftsjahr vom 1.1.2014 bis zum 31.12.2014 – in der im elektronischen Bundesanzeiger veröffentlichten Fassung – pdf-Version, S. 10.

4. Für mittelgroße GmbH sowie GmbH & Co. KG ergänzend geltende Anhangvorschriften

	Verbindlichkeiten Gesamt T€	davon mit einer Restlaufzeit bis zu 1 Jahr T€	davon mit einer Restlaufzeit 1 bis 5 Jahre T€	davon mit einer Restlaufzeit über 5 Jahre T€
Verbindlichkeiten gegenüber verbundenen Unternehmen	2.767	2.767	0	0
(Vorjahr)	(1.258)	(1.258)	(0)	(0)
sonstige Verbindlichkeiten	3.468	3.468	0	0
(Vorjahr)	(1.404)	(1.404)	(0)	(0)
Summe	36.917	19.026	13.626	4.265
(Vorjahr)	(21.187)	(12.283)	(6.298)	(2.606)

Die Verbindlichkeiten gegenüber Kreditinstituten (23.641 T€; Vj: 11.536 T€) sind durch Grundpfandrechte, Sicherungsübereignung der zu finanzierenden Investitionsgüter, selbstschuldnerische Höchstbetragsbürgschaften der Gesellschafter und Sicherungsübereignung der Warenlager (Raumsicherungsübereignungsvertrag) besichert."

5) Angaben unter „Angaben und Erläuterungen zu einzelnen Posten der Bilanz", „Verbindlichkeiten":

„Die Verbindlichkeiten weisen zum 31. Dezember 2016 (31. Dezember 2015) folgende Fristen und Besicherungen auf:

ABB. 46: Postenbezogene Aufgliederungen der Restlaufzeiten und Besicherungen von Verbindlichkeiten („Verbindlichkeitenspiegel"), Praxisbeispiel 3[734]

	Restlaufzeiten			Total €	Besicherung	
	bis zu 1 Jahr €	1 bis 5 Jahre €	über 5 Jahre €		Betrag €	Vermerk
Stille Beteiligung	625.000,00	250.000,00	0,00	875.000,00	875.000,00	1
	575.000,00	850.000,00	0,00	1.425.000,00	1.425.000,00	
Verbindlichkeiten gegenüber Kreditinstituten	161.339,70	517.076,30	0,00	678.416,00	678.416,00	2
	154.678,08	451.665,41	226.750,59	833.094,08	833.094,08	
Verbindlichkeiten aus Lieferungen und Leistungen	2.355.508,17	0,00	0,00	2.355.508,17	2.355.508,17	3
	8.182.580,41	0,00	0,00	8.182.580,41	8.182.580,41	
Verbindlichkeiten gegenüber verbundenen Unternehmen	259.911,43	25.000.000,00	0,00	25.259.911,43	0,00	-
	0,00	25.500.000,00	0,00	25.000.000,00	0,00	
Sonstige Verbindlichkeiten	4.709.746,96	6.200.000,00	0,00	10.909.746,96	0,00	4
	4.912.099,80	6.520.000,00	0,00	11.432.099,80	0,00	-
	8.111.506,26	31.967.076,30	0,00	40.078.582,56	3.908.924,17	
	13.824.358,29	32.821.665,41	226.750,59	46.872.774,29	9.863.214,03	

---

[734] REV Ritter GmbH, Mömbris (Hrsg.), Jahresabschluss zum Geschäftsjahr vom 1.1.2016 bis zum 31.12.2016 – in der im elektronischen Bundesanzeiger veröffentlichten Fassung – pdf-Version, S. 8 f.

1 = Garantieerklärung des Gesellschafters (2.000 T€) und nahestehender Gesellschaften (1.000 T€)
2 = Pfandrecht an unbeweglichen Sachen der REV (Grundschulden: 6.824 T€) und nahestehender Unternehmen (Grundschulden: 1.282 T€)
3 = branchenüblicher Eigentumsvorbehalt
4 = Verpfändung

der Anteile an den Gesellschaften Duwi International Sp. z o.o, Bierun, Polen, und düwi International (Magyarország) Kereskedelmi kft., Budapest, Ungarn

Die im Rahmen einer stillen Beteiligung geleisteten Einlagen des stillen Gesellschafters sind hinsichtlich ihrer Verwendung zweckgebunden. Der stille Gesellschafter erhält neben einer, auf die Höhe der geleisteten Einlage bezogenen festen auch eine gewinnabhängige Vergütung; letztere wird in Abhängigkeit eines entsprechend den vertraglichen Regelungen modifizierten Konzernjahresergebnisses gewährt. Der stille Gesellschafter nimmt nicht am Verlust teil; die stille Beteiligung ist zudem mit einer Nachrangabrede versehen.

Die Verbindlichkeiten gegenüber verbundenen Unternehmen betreffen Gesellschafterdarlehen über 25.000.000,00 € (Vorjahr 25.000.000,00 €), die vom Gesellschafter CIE gewährt wurden, sowie Verbindlichkeiten aus Lieferungen und Leistungen gegenüber dem weiteren Gesellschafter EGI in Höhe von 259.911,43 € (Vorjahr Gesamt 25.000.000,00 €). Die Gesellschafterdarlehen sind frühestens am 30.9.2019 zur Rückzahlung fällig. Für Gesellschafterdarlehen in Höhe von 17.500.000,00 € (Vorjahr 17.500.000,00 €) wurde eine Nachrangerklärung seitens CIE abgegeben.

Die sonstigen Verbindlichkeiten berücksichtigen insbesondere Verpflichtungen gegenüber Kunden aus bestehenden WKZ- und Jahresbonusvereinbarungen (3.842.525,93 €; Vorjahr 3.788.918,49 €), ein Darlehen von einem nahestehenden Unternehmen (6.200.000,00 €; Vorjahr 6.200.000,00 €) sowie mit einem Rangrücktritt versehene Darlehensverbindlichkeiten gegenüber nahestehenden Personen (320.000,00 €; Vorjahr 500.000,00 €)."

4.2.2.7 Quantitative Veränderung latenter Steuerschulden (§ 285 Nr. 30 HGB)

Nach § 285 Nr. 30 HGB müssen Unternehmen ab mittlerer Größe in dem Fall, dass „latente Steuerschulden in der Bilanz angesetzt werden, die latenten Steuersalden am Ende des Geschäftsjahrs und die im Laufe des Geschäftsjahrs erfolgten Änderungen dieser Salden" im Anhang angeben. Die Vorschrift wurde mit dem BilRUG in das HGB aufgenommen; Grundlage dafür bildet Art. 17 Abs. 1 Buchstabe f der Bilanzrichtlinie. Sie tritt neben die erst mit dem BilMoG eingefügte Nr. 29 des § 285 HGB.

Der Wortlaut des § 285 Nr. 30 HGB verdeutlicht zweierlei. Zum einen steht die Angabe der danach geforderten Informationen unter der **Voraussetzung**, dass „latente Steuerschulden in der Bilanz angesetzt werden". Dies tritt in zwei Fällen ein, nämlich wenn in der Bilanz

- gemäß § 274 Abs. 1 Satz 1 HGB nach Verrechnung von latenten Steuerbelastungen und -entlastungen der Posten „Passive latente Steuern" (§ 266 Abs. 3 Buchstabe E. HGB) ausgewiesen wird (Fall 1) oder

- gemäß § 274 Abs. 1 Satz 3 HGB latente Steuerbelastungen und -entlastungen unverrechnet als Posten „Aktive latente Steuern" (§ 266 Abs. 2 Buchstabe D. HGB) und „Passive latente Steuern" (§ 266 Abs. 3 Buchstabe E. HGB) ausgewiesen werden (Fall 2).

Zum anderen spricht der Wortlaut nach der genannten Voraussetzung aber nicht mehr nur von „latenten Steuerschulden", sondern von „latenten Steuersalden", schließt dann also die **aktiven latenten Steuern** in die Betrachtung mit ein.[735]

Vorgängervorschrift zu Art. 17 Abs. 1 Buchstabe f der Bilanzrichtlinie war Art. 43 Abs. 1 Nr. 11 der Bilanzrichtlinie a. F. Dieser eröffnete ein Wahlrecht zum Bilanzansatz latenter Steuerposten, dann mit gesondertem Ausweis. Art. 17 Abs. 1 Buchstabe f der Bilanzrichtlinie enthält eine solche Regelung nicht mehr. Die Bilanz- sowie GuV-Gliederungsschemata in Anhang III und IV sowie V und VI der Bilanzrichtlinie sehen (wie bisher) keine gesonderten Posten für latente Steuern vor. Bei Anwendung der Bilanzrichtlinie in reiner Form enthalten Bilanzen und Erfolgsrechnungen demnach keine Informationen (mehr) über darin erfasste latente Steuern. Nach § 274 HGB ist dies anders. Zur Sicherstellung der EU-weiten Vergleichbarkeit von Jahresabschlüssen (Erwägungsgrund Nr. 21 der Bilanzrichtlinie) ist es daher folgerichtig, Informationen darüber im Anhang zu verlangen. Hierzu ist nach Art. 17 Abs. 1 Buchstabe f der Bilanzrichtlinie nur ein Mindestmaß gefordert, nämlich allein im Fall der Passivierung latenter Steuerschulden die Angabe der „latenten Steuersalden am Ende des Geschäftsjahrs und die im Laufe des Geschäftsjahrs erfolgten Bewegungen dieser Salden". In § 285 Nr. 30 HGB wurde diese Vorgabe nahezu wortgleich übernommen. Lediglich der Begriff „Bewegungen" wurde durch den Begriff „Änderungen" ersetzt.

Nach der Gesetzesbegründung zu § 285 Nr. 30 HGB ist die Angabe der Änderungen latenter Steuersalden dahin gehend zu verstehen, dass dazu im Anhang „quantitative Angaben zu den latenten Steuersalden und ihren Bewegungen im Geschäftsjahr" zu machen sind, was „bedeutet, dass insbesondere anzugeben ist, wie sich die entsprechenden latenten Steuern im Geschäftsjahr abgebaut oder aufgebaut haben".[736] Form und Ausführlichkeit der dazu erwarteten quantitativen Angaben werden aus diesen Erläuterungen des Gesetzgebers nicht klar ersichtlich.[737] Die Spanne ließe sich hier ziehen von der Angabe heruntergebrochen bis auf einzelne unterjährige Geschäftsvorfälle[738] (höchster Detaillierungsgrad) bis hin zur Angabe nur der Bilanzsalden zu Beginn und zum Ende des Geschäftsjahrs mit Angabe ihrer Differenz (geringster Detaillierungsgrad).[739] Im letztgenannten Fall wäre die Angabe nach § 285 Nr. 30 HGB bei unverrechnetem Ausweis aktiver und passiver latenter Steuern (Fall 2 oben) allerdings bereits aus der Bilanz ersichtlich und damit faktisch inhaltsleer.[740]

Diese Konsequenz wird nicht gewollt sein. Daher legen der zuvor erläuterte Hintergrund und der Wortlaut des Art. 17 Abs. 1 Buchstabe f der Bilanzrichtlinie (**„Bewegungen"**, in der englischen Sprachfassung „movements") den Schluss nahe, dass nach § 285 Nr. 30 HGB zumindest Informationen zu passiven und aktiven latenten Steuersalden im Sinne einer Entwicklung auf Bilanzpostenebene gegeben werden sollen (Auslegung 1). Dann kommt der Vorschrift in den

---

735 So wohl auch IDW, HFA: Anwendungsfragen zum HGB i. d. F. des BilRUG, in: IDW Life 1/2016, S. 54.
736 BT-Drucks. 18/4050, S. 66.
737 Vgl. WPK, Stellungnahme vom 2. 10. 2014 zum BilRUG Ref-E, S. 5; DStV, Stellungnahme vom 30. 9. 2014 zum BilRUG Ref-E, S. 7.
738 Vgl. den Hinweis in GDV, Stellungnahme vom 2. 10. 2014 zum BilRUG Ref-E, S. 8.
739 Vgl. GDV, Stellungnahme vom 2. 10. 2014 zum BilRUG Ref-E, S. 8; DIHK, Stellungnahme vom 2. 10. 2014 zum BilRUG Ref-E, S. 6.
740 So auch Fink, C./Theile, C., Anhang und Lagebericht nach dem RegE zum Bilanzrichtlinie-Umsetzungsgesetz, in: DB 2015, S. 757.

EU-Mitgliedstaaten tatsächlicher und auch jeweils der gleiche Informationsgehalt zu, unabhängig davon, ob aktive und passive latente Steuern bilanzierungspflichtig sind oder nicht.

Folgt man dieser Auslegung, werden Unternehmen ab mittlerer Größe im Fall der Bilanzierung passiver latenter Steuern nach § 285 Nr. 30 HGB zu den latenten Steuern zumindest folgende Informationen in den Anhang aufnehmen müssen; **Darstellungsbeispiel:**

ABB. 47:	Angaben unter „Erläuterungen zur Bilanz", „Passive latente Steuern" (bei saldiertem Ausweis latenter Steuern mit Passivüberhang)			
Veränderungen latenter Steuern im Geschäftsjahr … (Beträge in T€)				
	Stand zu Beginn	Zugang	Verbrauch/Abgang	Stand am Ende
Passive latente Steuern				
Aktive latente Steuern				

Werden statt der Gesamtpostenebene einzelne, darin eingehende Salden betrachtet, so kann auch eine reine Differenzbetrachtung die Anforderungen nach § 285 Nr. 30 HGB erfüllen (Auslegung 2). Denn einerseits ist dies mit dem Wortlaut der Vorschrift vereinbar. Andererseits wird ein informatorischer Mehrwert gegenüber der Angabe einer bereits aus der Bilanz rechnerisch ermittelbaren bloßen Postendifferenz erreicht.

Weisen die passiven latenten Steuern im abzuschließenden Geschäftsjahr einen Nullsaldo aus, wurde unter diesem Posten aber im Vorjahr ein positiver Wert bilanziert, darf die Angabe nach § 285 Nr. 30 HGB nicht entfallen. Dies folgt aus § 265 Abs. 2 Satz 1 HGB.

PRAXISBEISPIELE für Angaben nach § 285 Nr. 30 HGB:

1) Angaben unter „Erläuterungen zur Bilanz", „Latente Steuern":[741]

„Die latenten Steuern resultieren aus folgenden Sachverhalten:

	31.12.2016 T€	Veränderung T€	31.12.2015 T€
Latente Steuerschulden auf Differenzen			
bilanzieller Wertansätze für			
Immaterielle Vermögensgegenstände	32.467	2.613	35.080
Sachanlagevermögen	26.108	362	26.470
Anteile an verbundenen Unternehmen	4.083	0	4.083
Übrige	1.056	-414	642
	63.714	2.561	66.275
Latente Steueransprüche auf Differenzen			
bilanzieller Wertansätze für			
Rückstellungen für Pensionsverpflichtungen	18.677	-2.879	21.556

---

[741] Symrise AG, Holzminden (Hrsg.), Jahresabschluss (2016) HGB – in der im elektronischen Bundesanzeiger veröffentlichten Fassung – pdf-Version, S. 14 f.

4. Für mittelgroße GmbH sowie GmbH & Co. KG ergänzend geltende Anhangvorschriften

	31.12.2016 T€	Veränderung T€	31.12.2015 T€
Verbindlichkeiten gegenüber Kreditinstituten	3.029	-600	3.629
Sonstige Verbindlichkeiten	10.621	1.465	9.156
Übrige	1.318	507	811
	33.645	-1.507	35.152
Latente Steuerschulden netto	30.069	1.054	31.123

Der Berechnung wurde ein Steuersatz von 29 % (16 % Körperschaftsteuer/13 % Gewerbesteuer) zugrunde gelegt."

2) ▶ Angaben unter „Erläuterungen zur Bilanz", „Latente Steuern":[742]

„Latente Steuern auf Ebene der Ströer KGaA (steuerlicher Organträger) werden mit einem Steuersatz von 32,45 Prozent (Vj.: 32,45 Prozent) berechnet. Dieser setzt sich zusammen aus dem Körperschaftsteuersatz von 15 Prozent, dem Solidaritätszuschlag auf die Körperschaftsteuer von 5,5 Prozent (insgesamt 15,82 Prozent) und einem durchschnittlichen Gewerbesteuersatz von 16,625 Prozent.

Die latenten Steuern resultieren unverändert aus der steuerlichen Zusammenfassung der Besteuerungsgrundlagen der Organgesellschaften auf Ebene des Organträgers Ströer KGaA.

Im Jahr 2016 ergibt sich insgesamt ein Überhang an aktiven latenten Steuern in Höhe von 7.127 T€. Das Aktivierungswahlrecht nach § 274 des Handelsgesetzbuches wird nicht ausgeübt.

Die aktiven latenten Steuern resultieren im Wesentlichen aus der abweichenden Behandlung eines Geschäfts- und Firmenwertes sowie aus der steuerlich abweichenden Bilanzierung von Rückstellungen zum 31. Dezember 2016.

Die passiven latenten Steuern ergeben sich im Wesentlichen aus den temporären Differenzen in Bezug auf die Beteiligungen. Die passiven latenten Steuern werden mit aktiven latenten Steuern insoweit saldiert.

Einzelheiten zu den latenten Steuern und zur Saldierung derer ergeben sich aus der folgenden Tabelle:

In T€	31.12.2016		31.12.2015		Veränderung	
	Aktiv	Passiv	Aktiv	Passiv	Aktiv	Passiv
Immaterielle Vermögensgegenstände	7.061	0	336	2.259	6.725	-2.259
Sachanlagen	0	0	0	126	0	-126
Finanzanlagen	110	2.623	0	8.584	110	-5.961
Forderungen	0	34	0	0	0	34
Pensionsrückstellungen	1.333	0	986	0	347	0
Sonstige Rückstellungen	3.027	1.747	2.256	1.780	771	-33
Verbindlichkeiten	0	0	0	0	0	0
Latente Steuern	11.532	4.404	3.578	12.749	7.953	-8.346
Zinsvorträge	0	0	0	0	0	0
Verlustvorträge	0	0	0	0	0	0
Gesamt	11.532	4.404	3.578	12.749	7.953	-8.346
Saldierung	-4.404	-4.404	-3.578	-3.578	-825	-825
Nichtausübung des Aktivierungswahlrecht	-7.127	0	0	0	-7.127	0
Bilanzansatz	0	0	0	9.171	0	-9.171"

---

[742] Ströer SE & Co. KGaA (vormals: Ströer SE), Köln (Hrsg.), Jahresabschluss und Bericht über die Lage der Gesellschaft und des Konzerns 2016 – in der im elektronischen Bundesanzeiger veröffentlichten Fassung – pdf-Version, S. 14 f.

3) Angaben unter „Erläuterungen zur Bilanz", „Latente Steuern":[743]

„Der nachfolgenden Übersicht ist zu entnehmen, auf welche Bilanzposten im ertragsteuerlichen Organkreis der ProSiebenSat.1 Media SE latente Steuerforderungen bzw. latente Steuerverbindlichkeiten entfallen:

ABB. 48: Entwicklung der latenten Steuern				
	31.12.2016		31.12.2015	
in Mio. €	Aktive latente Steuern	Passive latente Steuern	Aktive latente Steuern	Passive latente Steuern
Immaterielle Vermögensgegenstände	4	-/-	9	-/-
Sachanlagen	0	-/-	1	-/-
Finanzanlagen	5	-39	0	-39
Programmvermögen	7	-/-	10	-/-
Forderungen und sonstige Vermögensgegenstände	1	0	0	-1
Aktiver Unterschiedsbetrag aus der Vermögensverrechnung	-/-	0	-/-	0
Rückstellungen	6	-5	4	-/-
Verbindlichkeiten	1	-2	1	-1
SUMME	24	-46	25	-41
Saldierung	-24	24	-25	25
Ausweis in Bilanz	-/-	-22	-/-	-16

Die latenten Steueransprüche und Steuerschulden werden mit einem kombinierten Steuersatz aus Körperschaftsteuer, Solidaritätszuschlag und Gewerbesteuer in Höhe von 28 Prozent ermittelt, der sich als gewichteter Durchschnitt der Steuersätze der Organgesellschaften ergibt. Temporäre Differenzen auf Finanzanlagen werden mit einem Effektivsteuersatz von 1,4 Prozent bewertet.

Der sich rechnerisch ergebende passive Überhang an latenten Steuern wird gemäß § 274 HGB passiviert."

Diese Beispiele verdeutlichen, dass die Bilanzierungspraxis die Angaben nach § 285 Nr. 30 HGB bislang i. S. d. oben angeführten Auslegung 2 interpretiert, also nicht im Sinne einer Gesamtpostenbetrachtung mit Angabe der Postenentwicklung, sondern disaggregiert mit Einzelpostenbetrachtung, dann aber mit Angabe jeweils der Differenzen zwischen dem Stand der Einzelposten zu Beginn und am Ende des jeweiligen Geschäftsjahres.

4.3 Angaben zu Posten der Gewinn- und Verlustrechnung

4.3.1 Angabe des Materialaufwands bei Anwendung der Gewinn- und Verlustrechnung nach dem Umsatzkostenverfahren (§ 285 Nr. 8 Buchstabe a HGB)

Für die Gliederung der GuV eröffnet § 275 HGB ein Wahlrecht: Entweder Anwendung des GKV oder des UKV. Dieses Wahlrecht unterliegt dem Stetigkeitsgebot nach § 265 Abs. 1 HGB; hierzu wird auch auf die Ausführungen in Abschnitt 3.1.2.1 verwiesen.

---

[743] ProSiebenSat.1 Media SE, Unterföhring (Hrsg.), Jahresabschluss zum 31.12.2016 – in der im elektronischen Bundesanzeiger veröffentlichten Fassung – pdf-Version, S. 122.

In der Gliederung nach dem UKV wird der operative Aufwand auf betriebliche Funktionsbereiche zugeordnet ausgewiesen. Aufgrund dessen sind die in der GuV nach dem GKV ausgewiesenen Aufwandsarten (Materialaufwand, Personalaufwand, Abschreibungen) in einer GuV nach dem UKV nicht mehr sichtbar. Die Information darüber wird über § 284 Abs. 3 Satz 3 Nr. 2 HGB (im Laufe des Geschäftsjahres vorgenommene Abschreibungen) sowie über § 285 Nr. 8 Buchstabe a und b HGB (Materialaufwand und Personalaufwand) nachgeholt. Dadurch wird auch eine gewisse Vergleichbarkeit von Unternehmen der gleichen Branche unabhängig von der Wahl des Gliederungsverfahrens für die GuV gewährleistet, allerdings nur bei großen Kapitalgesellschaften. Kleine Kapitalgesellschaften müssen die Angaben nach §§ 284 Abs. 3 und 285 Nr. 8 HGB nicht machen (§ 288 Abs. 1 Nr. 1 HGB) und mittelgroße Kapitalgesellschaften müssen die Angaben nach § 285 Nr. 8 Buchstabe a HGB gemäß § 327 Satz 1 Nr. 2 HGB nicht offen legen (hierzu wird auf Abschnitt 9 verwiesen).

Bei Gliederung der GuV nach dem UKV verlangt § 285 Nr. 8 Buchstabe a HGB:

▶ die Angabe des **Materialaufwand**s des Geschäftsjahres,

▶ gegliedert nach § 275 Abs. 2 Nr. 5 HGB.

Anzugeben ist demnach die betragsmäßige Höhe des Materialaufwands, und zwar nicht in einer Summe, sondern aufgegliedert entsprechend der für die GuV nach dem GKV gemäß § 275 Abs. 2 HGB maßgeblichen Vorgabe:

„Materialaufwand

a) Aufwendungen für Roh-, Hilfs- und Betriebsstoffe und für bezogene Waren

b) Aufwendungen für bezogene Leistungen."

Innerhalb dieser Struktur sind explizit nur die jeweiligen Beträge im abzuschließenden Geschäftsjahr anzugeben, Vorjahresbeträge werden dem Wortlaut des § 285 Nr. 8 Buchstabe a HGB nach nicht verlangt, gleichwohl in der Bilanzierungspraxis großer Unternehmen zumeist ebenfalls mit angegeben.

PRAXISBEISPIELE ▶ für die Angabe nach § 285 Nr. 8 Buchstabe a HGB:

1) ▶ Angaben unter „Erläuterungen zur Gewinn- und Verlustrechnung":

ABB. 49: Angabe des Materialaufwands nach § 285 Nr. 8 Buchstabe a HGB, Praxisbeispiel 1[744]

Die nach dem Umsatzkostenverfahren gegliederte Gewinn- und Verlustrechnung enthält – verteilt auf die einzelnen Positionen – den folgenden Gesamtmaterial- bzw. Gesamtpersonalaufwand:

	2010 T€
Materialaufwand	
Aufwendungen für Roh-, Hilfs-, und Betriebsstoffe und für bezogene Waren	128.318
Aufwendungen für bezogene Leistungen	4.017
	132.335

---

[744] Wacker Neuson SE, München (Hrsg.), Jahresabschluss zum 31.12.2010 und Lagebericht für das Geschäftsjahr 2010, S. 15 f.

4.3 Angaben zu Posten der Gewinn- und Verlustrechnung

2) Angaben unter „Erläuterungen zu einzelnen Posten des Jahresabschlusses", „Gewinn- und Verlustrechnung":

ABB. 50: Angabe des Materialaufwands nach § 285 Nr. 8 Buchstabe a HGB, Praxisbeispiel 2[745]

23 MATERIALAUFWAND

(in Mio. €)	GJ 2010	GJ 2009
Aufwendungen für Roh-, Hilfs- und Betriebsstoffe und für bezogene Waren	9.758	10.677
Aufwendungen für bezogene Leistungen	6.234	5.666
	15.992	**16.343**

3) Angaben unter „Gewinn- und Verlustrechnung":

ABB. 51: Angabe des Materialaufwands nach § 285 Nr. 8 Buchstabe a HGB, Praxisbeispiel 3[746]

Der **Materialaufwand** setzt sich nach § 275 Abs. 2 Nr. 5 HGB wie folgt zusammen:

Materialaufwand (nach Gesamtkostenverfahren)	2010 [T€]	2009 [T€]	Veränderung [T€]
Aufwendungen für bezogene Waren	1.103	1.342	-239
Aufwendungen für bezogene Leistungen	32.721	31.372	1.349
	33.824	**32.714**	**1.110**

4.3.2 Angabe des Personalaufwands bei Anwendung des Umsatzkostenverfahrens (§ 285 Nr. 8 Buchstabe b HGB)

Zum Hintergrund der Vorschrift wird auf den vorangegangenen Abschnitt 4.3.1 verwiesen.

Bei Gliederung der GuV nach dem UKV verlangt § 285 Nr. 8 Buchstabe b HGB:

die Angabe des **Personalaufwands** des Geschäftsjahres,

gegliedert nach § 275 Abs. 2 Nr. 6 HGB.

Anzugeben ist demnach die betragsmäßige Höhe des Personalaufwands, und zwar nicht in einer Summe, sondern aufgegliedert entsprechend der für die GuV nach dem GKV gemäß § 275 Abs. 2 HGB maßgeblichen Vorgabe:

„Personalaufwand

a) Löhne und Gehälter

b) soziale Abgaben und Aufwendungen für Altersversorgung und für Unterstützung, davon für Altersversorgung"

Innerhalb dieser Struktur sind explizit nur die jeweiligen Beträge im abzuschließenden Geschäftsjahr anzugeben, Vorjahresbeträge werden dem Wortlaut des § 285 Nr. 8 Buchstabe b HGB nach nicht verlangt, gleichwohl in der Bilanzierungspraxis großer Unternehmen ebenfalls mit angegeben.

---

745 Siemens AG, München (Hrsg.), Jahresabschluss der Siemens AG zum 30. 9. 2010, S. 23.
746 CTS Eventim AG, Bremen (Hrsg.), Geschäftsbericht 2010, S. 152.

4. Für mittelgroße GmbH sowie GmbH & Co. KG ergänzend geltende Anhangvorschriften

PRAXISBEISPIELE für die Angabe nach § 285 Nr. 8 Buchstabe b HGB:

1) Angaben unter „Erläuterungen zur Gewinn- und Verlustrechnung":

ABB. 52: Angabe des Personalaufwands nach § 285 Nr. 8 Buchstabe b HGB, Praxisbeispiel 1[747]

Die nach dem Umsatzkostenverfahren gegliederte Gewinn- und Verlustrechnung enthält – verteilt auf die einzelnen Positionen – den folgenden Gesamtmaterial- bzw. Gesamtpersonalaufwand:

	2010 T€
Personalaufwand	
Löhne und Gehälter	57.664
soziale Aufwendungen und Aufwendungen für Altersversorgung und für Unterstützung	11.796
davon für Altersversorgung: T€ 2.016	
	69.460

2) Angaben unter „Sonstige Angaben":

ABB. 53: Angabe des Personalaufwands nach § 285 Nr. 8 Buchstabe b HGB, Praxisbeispiel 2[748]

PERSONALAUFWAND

(in Mio. €)	GJ 2010	GJ 2009
Löhne und Gehälter	7.921	6.521
Soziale Abgaben und Aufwendungen für Unterstützung	1.132	1.046
Aufwendungen für Altersversorgung	376	399
	9.429	7.966

3) Angaben unter „Erläuterungen zu einzelnen Posten des Jahresabschlusses", „Gewinn- und Verlustrechnung":

ABB. 54: Angabe des Personalaufwands nach § 285 Nr. 8 Buchstabe b HGB, Praxisbeispiel 3[749]

Der **Personalaufwand** teilt sich nach § 275 Abs. 2 Nr. 6 HGB wie folgt auf:

Personalaufwand (nach Gesamtkostenverfahren)	2010 [T€]	2009 [T€]	Veränderung [T€]
Löhne und Gehälter	10.148	8.435	1.713
Soziale Abgaben und Aufwendungen für Altersversorgung und für Unterstützung	1.209	993	216
	11.357	9.428	1.929

---

747 Wacker Neuson SE, München (Hrsg.), Jahresabschluss zum 31.12.2010 und Lagebericht für das Geschäftsjahr 2010, S. 15 f.
748 Siemens AG, München (Hrsg.), Jahresabschluss der Siemens AG zum 30.9.2010, S. 23.
749 CTS Eventim AG, Bremen (Hrsg.), Geschäftsbericht 2010, S. 152.

4.4 Sonstige Angaben

4.4.1 Außerbilanzielle Geschäfte (§ 285 Nr. 3 HGB)

§ 285 Nr. 3 HGB verlangt, zu **nicht in der Bilanz enthaltenen Geschäften**
- Art und Zweck sowie
- Risiken, Vorteile und finanzielle Auswirkungen anzugeben,
- soweit die Risiken und Vorteile wesentlich sind und
- die Offenlegung dieser Informationen für die Beurteilung der Finanzlage des bilanzierenden Unternehmens erforderlich ist.

Die Vorschrift wurde ursprünglich über die Abänderungsrichtlinie in Art. 43 Abs. 1 Nr. 7a der Bilanzrichtlinie a. F. umgesetzt. Aus den Erwägungsgründen der Abänderungsrichtlinie und der Begründung des Gesetzgebers zu § 285 Nr. 3 HGB ist ersichtlich, dass die damit normierten Angabepflichten dazu beitragen sollen, den Einblick in die Finanzlage zu verbessern. Daher verlangt die Nr. 3 gegenüber Nr. 3a (sonstige finanzielle Verpflichtungen) weiter gehende Angaben und geht dieser als speziellere Norm vor.[750]

Für die Angabe nach § 285 Nr. 3 HGB sind nur solche Sachverhalte relevant, für die keine Verpflichtungen passiviert oder Ansprüche aktiviert wurden und die auch nicht nach § 251 HGB oder nach § 285 Nr. 3a HGB im Anhang anzugeben sind.

Mit dem BilRUG wurde der Wortlaut der Vorschrift um die Angabe der „finanziellen Auswirkungen" erweitert und die zuvor für mittelgroße Unternehmen geltende Beschränkung der Angabe nur auf Art und Zweck der Geschäfte in § 288 Abs. 2 HGB aufgehoben. Grundlage für diese Neuerungen bilden die entsprechenden Vorgaben in Art. 17 Abs. 1 Buchstabe p der Bilanzrichtlinie. Damit müssen nun auch mittelgroße GmbH sowie GmbH & Co. KG die Informationsanforderungen nach § 285 Nr. 3 HGB vollständig erfüllen. Die bisher nur geforderten Angaben von Art und Zweck der Geschäfte reichen nicht mehr aus.

In der Begründung des Gesetzgebers zu **§ 285 Nr. 3 HGB** erhalten die in dieser Vorschrift verwendeten **Begriffe** folgende **Konkretisierungen**:[751]
- „**Geschäfte**" sind im Regelfall rechtsgeschäftliche Vereinbarungen.
- „**Nicht in der Bilanz enthalten**" sind solche Geschäfte, die entweder von vornherein dauerhaft nicht in die Bilanz eingehen oder zu einem dauerhaften Abgang von Vermögensgegenständen oder Schulden aus der Bilanz führen. Am Bilanzstichtag kurzfristig schwebende Geschäfte des gewöhnlichen Geschäftsbetriebs gehören nicht dazu.
- „**Für die Beurteilung der Finanzlage erforderlich**" sind Informationen über Risiken und Vorteile, die erwarten lassen, dass sich die Lage des Unternehmens im Hinblick auf seine Liquidität oder auch außerhalb dieser seine Fähigkeit, bestehende Verpflichtungen zu erfüllen, wesentlich verschlechtert (bei Risiken) oder wesentlich verbessert (bei Vorteilen). Somit wird davon auszugehen sein, dass eine Angabe von Risiken und Vorteilen grundsätzlich dann für die Beurteilung der Finanzlage erforderlich sein wird, wenn die Risiken und Vorteile wesentlich sind. Dabei ist allerdings auch die jeweils aktuelle Finanzlage des bilanzierenden Unterneh-

---
750 Vgl. BT-Drucks. 16/10067, S. 69 f.
751 Vgl. BT-Drucks. 16/10067, S. 69 f.

mens zu berücksichtigen. Denn für die Beurteilung der Finanzlage bei insoweit angespannter Situation kann im Vergleich zur insoweit entspannten Situation die Angabe zusätzlicher Sachverhalte notwendig werden. Und soweit es die Beurteilung der Finanzlage erfordert, werden die Risiken und Vorteile auch quantifiziert werden müssen.

▶ Die Angabe der „Art" eines Geschäftes erfordert dessen Klassifizierung, z. B. nach einem damit verbundenen Gegenstand wie etwa Forderungsverbriefungen, Leasing- oder Pensionsgeschäfte.

▶ Mit dem „Zweck" eines Geschäftes sind die Gründe gemeint, aus denen das Geschäft eingegangen wurde – das werden neben wirtschaftlichen Zwecken häufig auch rechtliche, steuerliche oder bilanzielle Zwecke sein.

Die **Abgrenzung** der unter die **Nr. 3** fallenden Sachverhalte von denjenigen, die unter die **Nr. 3a** zu subsumieren sind, ist nicht gänzlich eindeutig bzw. überschneidungsfrei. Allerdings macht der Wortlaut der Nr. 3 im Verhältnis zur Nr. 3a deutlich, dass unter Nr. 3 Geschäfte fallen, aus denen „Risiken und Vorteile" resultieren, während zur Nr. 3a allein „finanzielle Verpflichtungen" gehören.

Als **Beispiele** für Geschäfte, die unter die in dieser Weise konkretisierten Angabepflichten nach § 285 Nr. 3 HGB fallen, werden vom Gesetzgeber genannt:[752] Einrichtung oder Nutzung von Zweckgesellschaften, Offshore-Geschäfte, Factoring, Pensionsgeschäfte, Konsignationslagervereinbarungen, „take-or-pay"-Verträge, Forderungsverbriefung über gesonderte Gesellschaften oder nicht rechtsfähige Einrichtungen, Verpfändung von Aktiva, Leasingverträge oder die Auslagerung von Tätigkeiten.[753]

Diese Beispiele bilden keine abschließende Aufzählung.[754] Sie lassen indes erkennen, dass es sich bei außerbilanziellen Geschäften i. S. d. § 285 Nr. 3 HGB regelmäßig um Geschäfte handeln wird, die **bewusst mit besonderen Vereinbarungen oder Nebenabreden geschlossen** wurden, um eine dauerhafte Bilanzunwirksamkeit zu erreichen. Gleichzeitig geht damit häufig z. B. auch eine positive Beeinflussung von Bilanzrelationen zur Erhöhung von Finanzierungsspielräumen bzw. zur Verbesserung von Finanzierungsbedingungen einher.[755] Dies schließt gleichwohl die Erreichung anderer, üblicher wirtschaftlicher Zielsetzungen durch die Geschäfte nicht von vornherein aus.

---

752 Vgl. BT-Drucks. 16/10067, S. 69.
753 Zur Häufigkeit dieser Fälle in der Bilanzierungspraxis großer Unternehmen sowie zu weiteren Sachverhalten, die in der Bilanzierungspraxis großer Unternehmen aufgrund § 285 Nr. 3 HGB im Anhang angegeben werden, vgl. Philipps, H., Jahresabschlüsse 2010, S. 174 f.
754 Für die Angabe in Betracht kommen sollen vielmehr beispielsweise auch: Weiche Patronatserklärungen, für die ein faktischer Erfüllungszwang besteht, wesentliche vertragliche Rücknahmeverpflichtungen bei Eintritt vertraglich festgelegter Bedingungen, derivative Finanzinstrumente mit positivem Marktwert, wesentlich vorteilhafte Vertragsabschüsse (z. B. Exklusivverträge), Risiken aus finanziellen Rückbelastungen im Fall der Inanspruchnahme von durch Dritte gewährten Vertragserfüllungsgarantien oder wesentliche Vorteile aus begünstigenden vertraglichen Haftungsverhältnissen, vgl. AFRAC, AFRAC-Stellungnahme 7, Außerbilanzielle Geschäfte (UGB), S. 8-11, Anm. 21-30. Im (deutschen) Fachschrifttum werden diese Fälle indes, soweit sie Verpflichtungen begründen, unter die Angabe der Haftungsverhältnisse oder der sonstigen finanziellen Verpflichtungen subsumiert, vgl. Grottel, B., in: BeckBilKom, 10. Aufl., § 285 HGB Rn. 151 und 159 f. sowie Grottel, B./Haußer, J., in: § 251 HGB, in: BeckBilKom, 10. Aufl., Rn. 29.
755 Vgl. Philipps, H./Schöneberg, T., Außerbilanzielle Geschäfte im Jahresabschluss, in: BBK 2010, S. 269-272 und Grottel, B., in: BeckBilKom, 10. Aufl., § 285 HGB Rn. 51-53; im Ergebnis ebenso Ernst, Ch./Seidler, H., Kernpunkte des Referentenentwurfs eines Bilanzrechtsmodernisierungsgesetzes, in: BB 2007, S. 2557.

Die Interpretation des Begriffs „außerbilanzielles Geschäft" als bewusst mit besonderen Vereinbarungen oder Nebenabreden geschlossen, um eine dauerhafte Bilanzunwirksamkeit zu erreichen, lässt sich auch auf die europarechtlichen Grundlagen des § 285 Nr. 3 HGB stützen.[756]

Demgegenüber lassen die bislang regelmäßig unter die Angabe „Gesamtbetrag der sonstigen finanziellen Verpflichtungen" (Verpflichtungen aus Miet- und Leasingverträgen, begonnenen Investitionsvorhaben, künftigen Großreparaturen u. a.) subsumierten Sachverhalte nicht erkennen, dass die hinter ihnen stehenden Geschäftsvorfälle per se regelmäßig mit besonderen Vereinbarungen oder Nebenabreden abgeschlossen werden. Dafür, dass diese Geschäftsvorfälle nicht in der Bilanz enthalten sind, werden daher im Normalfall keine bewussten Gestaltungsüberlegungen ausschlaggebend sein, die eine dauerhafte Nichtbilanzierung bezwecken. Sofern solche Geschäftsvorfälle allerdings entsprechend bewusst gestaltet werden, sind sie zweckgerecht unter den außerbilanziellen Geschäften anzugeben und sind dann mit deutlich weitergehenden Informationserfordernissen verbunden als nach § 285 Nr. 3a HGB.[757]

Insbesondere bei Operate-Leasingverhältnissen kann dies in Betracht kommen. Bei Sale-and-lease-back-Geschäften überwiegt die bewusste Gestaltung, sodass ein außerbilanzielles Geschäft angenommen werden muss. Bei Leasingverhältnissen des „normalen Geschäftsverkehrs" wie Leasing von betrieblichen Kfz, Telefonanlagen, Kopiergeräten etc. wird dagegen die bewusste Gestaltungsüberlegung regelmäßig eher in den Hintergrund treten; im Übrigen werden diese Geschäfte die Beurteilung der Finanzlage häufig auch nicht wesentlich beeinflussen. Verpflichtungen aus begonnenen Investitionsvorhaben (Bestellobligo), künftigen, unabwendbaren Großreparaturen, Umweltschutzverpflichtungen, schwebenden Geschäften oder Dauerschuldverhältnissen werden regelmäßig (weiterhin) unter die sonstigen finanziellen Verpflichtungen fallen.[758] Dahinter stehende Geschäfte schlagen sich typischerweise nur vorübergehend nicht in der Bilanz nieder.

Den Überlegungen des Gesetzgebers zufolge[759] ist über Risiken soweit zu berichten, als diese nicht bereits bilanziell – z.B. durch Abschreibungen, Wertberichtigungen oder Rückstellungen – abgebildet oder auf Dritte übertragen worden sind. Referenzzeitpunkt ist jeweils der Bilanzstichtag. Vorteile und Risiken stehen gleichwertig nebeneinander. Über sie ist getrennt zu berichten. Eine kompensatorische Betrachtung ist nicht zulässig. Als in diesem Sinne angabepflichtig werden im Schrifttum genannt:[760]

---

[756] Vgl. dazu auch ausführlich und m.w.N. Philipps, H., Konkretisierung der Anhangangaben zu außerbilanziellen Geschäften, in: DB 2011, S. 125-128 sowie mit Rechtsvergleich zur Umsetzung dieser EU-Rechtsvorgabe in Österreich Philipps, H., Angaben zu außerbilanziellen Geschäften nach § 237 Z 8 a UGB, in: RWZ 2011, S. 133-136.
[757] Vgl. Philipps, H./Schöneberg, T., Außerbilanzielle Geschäfte im Jahresabschluss, in: BBK 2010, S. 272.
[758] Vgl. Philipps, H./Schöneberg, T., Außerbilanzielle Geschäfte im Jahresabschluss, in: BBK 2010, S. 272; Philipps, H., Rechnungslegung nach BilMoG, S. 253 f.
[759] Vgl. BT-Drucks. 16/10067, S. 69 f.
[760] Vgl. Grottel, B., in: BeckBilKom, 10. Aufl., § 285 HGB Rn. 65. Zur Häufigkeit solcher Fälle in der Bilanzierungspraxis großer Unternehmen sowie zu weiteren Sachverhalten, die in der Bilanzierungspraxis großer Unternehmen hierzu im Anhang angegeben werden, vgl. Philipps, H., Jahresabschlüsse 2010, S. 175 f.

Risiken:

▶ Tatsächliche oder potentielle Abflüsse liquider Mittel,

▶ finanzielle Abflüsse aufgrund Vereinbarung vorläufiger Veräußerungspreise,

▶ Wertminderungen, Verlust oder zufälliger Untergang eines Vertragsgegenstands,

▶ Beeinträchtigung der Finanzlage aus Nebenabreden wie Bürgschaften, Wert-, Rendite-, Delkredere- oder first-loss-Garantien, Ausfall-Garantien oder Asset default swaps[761] sowie

▶ clean up calls.[762]

Vorteile:

▶ Tatsächliche oder potentielle Zuflüsse liquider Mittel,

▶ (Weiter-)Nutzung des Vertragsgegenstands,

▶ Wertsteigerungschancen,

▶ Besserungsabreden sowie

▶ Nießbrauch.[763]

Die Angaben beziehen sich auf ungewisse und auch auf feststehende Risiken und Vorteile und sollen, soweit möglich, quantitative Betragsnennungen der künftigen Finanzmittelzuflüsse und -abflüsse enthalten,[764] ggf. unterteilt nach Fristigkeiten.[765] Dies wird nun durch die im Wortlaut des § 285 Nr. 3 HGB verlangte Angabe der **finanziellen Auswirkungen** der Risiken und Vorteile klargestellt. Lässt sich ein Zahlungsbetrag nicht ermitteln, wird die Angabe von Bandbreiten oder eine verbale Beschreibung der möglichen betragsmäßigen Auswirkung erforderlich sein.[766]

Die skizzierten **Prüfschritte und Rechtsfolgen** aufgrund § 285 Nr. 3 HGB sind in der nachfolgenden Abbildung zusammengefasst dargestellt:

---

761 Vgl. dazu IDW ERS HFA 13, in: IDW Fachnachrichten 2007, S. 92, Tz. 57 f.
762 Vgl. dazu IAS 39, AG 51 (m).
763 Vgl. IDW ERS HFA 13, in: IDW Fachnachrichten 2007, S. 93, Tz. 68.
764 Vgl. Philipps, H., Rechnungslegung nach BilMoG, S. 253; IDW RS HFA 32, Tz. 18-22, in: IDW Fachnachrichten 2010, S. 480 f. sowie AFRAC-Stellungnahme 7, Außerbilanzielle Geschäfte (UGB), S. 8, Anm. 19 mit Bezug auf den in der Abänderungsrichtlinie in diesem Zusammenhang genannten Begriff „finanzielle Auswirkungen" (in der AFRAC-Stellungnahme interpretiert als „Gesamtzahlungsbetrag"). A. A. Gelhausen, H./Fey, G./Kämpfer, G., Rechnungslegung und Prüfung nach dem Bilanzrechtsmodernisierungsgesetz, S. 367 f., Anm. 41 und 43, die demgegenüber allein rein verbale Darstellungen der Auswirkungen von Risiken und Vorteilen auf die Finanzlage für zulässig halten.
765 Vgl. IDW RS HFA 32, Tz. 21, in: IDW Fachnachrichten 2010, S. 480 f.
766 Vgl. IDW RS HFA 32, Tz. 22, in: IDW Fachnachrichten 2010, S. 481.

4.4 Sonstige Angaben

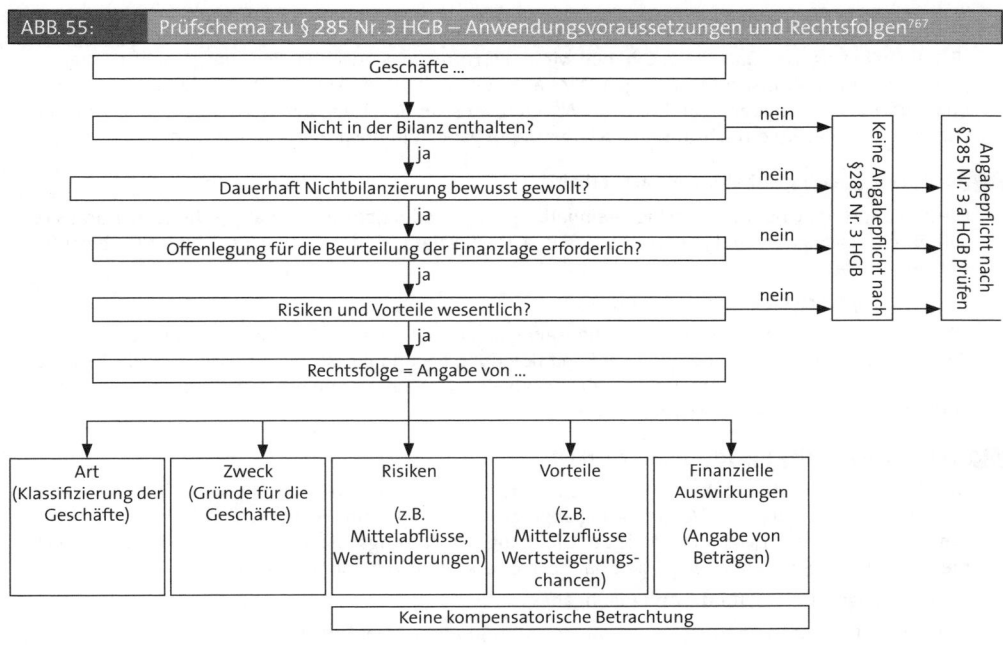

ABB. 55: Prüfschema zu § 285 Nr. 3 HGB – Anwendungsvoraussetzungen und Rechtsfolgen[767]

BEISPIELE ▶ Konkretisierende Beispiele für Angaben zu außerbilanziellen Geschäften nach § 285 Nr. 3 HGB:[768]

1) ▶ Factoring und ABS-Transaktionen, Sachverhalt:

Die XY-GmbH hat Forderungen i. H. von 10 Mio. € an die eigens gegründete Zweckgesellschaft Z-GmbH veräußert. Außerdem hat die XY-GmbH der Z-GmbH subsidiär eine Kreditzusage i. H. von 4 Mio. € in Aussicht gestellt.

Formulierungsvorschlag für die Anhangangabe:

„Wir haben Forderungen in Höhe von 10 Mio. € an eine Zweckgesellschaft veräußert. Das Factoring dient zur kurzfristigen Verbesserung der Liquiditätssituation und der Kapitalstruktur. Alle Forderungsausfallrisiken gehen auf die Zweckgesellschaft über. Wir behalten jedoch zwecks Kundenpflege das Debitorenmanagement inne.

Zugunsten der Zweckgesellschaft haben wir zur Sicherung einer eventuellen Finanzierungslücke Kreditzusagen i. H. von 4 Mio. € in Aussicht gestellt. Wir rechnen nicht mit einer Inanspruchnahme. Bei tatsächlicher Inanspruchnahme in voller Höhe ist unsere Liquidität kurzfristig eingeschränkt."

2) ▶ Wertpapierpensionsgeschäfte, Sachverhalt:

Die XY-GmbH überträgt ihre im Anlagevermögen gehaltenen Wertpapiere gegen Zahlung eines Betrags i. H. von 10 Mio. € an die Hausbank H. Die Hausbank H erhält mit Übertragung das Recht, diese Wertpapiere zu einem bereits bestimmten Zeitpunkt gegen Zahlung eines Betrags von 10,2 Mio. € an die XY-GmbH zurückzuübertragen.

---

767 Angelehnt an: Philipps, H./Schöneberg, T., Außerbilanzielle Geschäfte im Jahresabschluss, in: BBK 2010, S. 273 und 275.
768 Entnommen aus Philipps, H./Schöneberg, T., Außerbilanzielle Geschäfte im Jahresabschluss, in: BBK 2010, S. 276 f.

Formulierungsvorschlag für die Anhangangabe:

„Für einen Betrag i. H. von 10 Mio. € haben wir in der Form eines unechten Pensionsgeschäftes Wertpapiere an ein Kreditinstitut übertragen. Wir haben dadurch unsere kurzfristige Liquidität verbessert und Verschuldung abgebaut. Im Fall eines Wertverlustes der übertragenen Wertpapiere ist davon auszugehen, dass das Kreditinstitut sein Rückübertragungsrecht in Anspruch nehmen wird."

3) Operate-Leasingverhältnisse, Sachverhalt:

Die XY-GmbH hat Operating Leasingvereinbarungen für Produktionsanlagen abgeschlossen. Daraus resultiert ein Leasingaufwand i. H. von 2 Mio. € p. a. Die Restlaufzeit der Leasingvereinbarungen beläuft sich auf drei Jahre.

Formulierungsvorschlag für die Anhangangabe:

„Der Nutzung eines Teils unserer Produktionsanlagen liegen Operating Leasingvereinbarungen zugrunde. Dies trägt auch zur Verringerung der Kapitalbindung bei und belässt das Investitionsrisiko beim Leasinggeber. Die Leasingvereinbarungen haben noch eine Restlaufzeit von drei Jahren und führen zu einem jährlichen Leasingaufwand i. H. von 2 Mio. €."

4) Konsignationslagergeschäfte, Sachverhalt:

Der Lieferant L betreibt auf dem Firmengelände der XY-GmbH ein Konsignationslager. Beide Parteien haben eine Konsignationslager-Vereinbarung abgeschlossen, in der eine monatliche Abnahmeverpflichtung der XY-GmbH i. H. von x T€ sowie der Übergang des Haftungsrisikos auf die XY-GmbH im Entnahmezeitpunkt geregelt sind. Der Vertrag hat noch eine Restlaufzeit von fünf Jahren.

Formulierungsvorschlag für die Anhangangabe:

„Mit einem unserer Lieferanten haben wir eine Konsignationslager-Vereinbarung abgeschlossen. Damit ist für uns eine monatliche Abnahmeverpflichtung i. H. von x T€ verbunden. Der Vertrag bindet uns über eine Restlaufzeit von noch fünf Jahren an den Lieferanten. Die Vereinbarung sichert uns die zeitlich optimale Rohstoffversorgung ohne eigene Lagerhaltung."

Weitere Formulierungsbeispiele für unter § 285 Nr. 3 HGB angabepflichtige Sachverhalte sind etwa wie folgt denkbar:

„Im Interesse eines besseren Forderungsmanagements haben wir unsere gesamten Kundenforderungen auf eine Factoring-Gesellschaft ausgelagert. Wir haften nur für den Bestand, nicht für die Bonität der Forderung, was im Kaufpreis für die Forderungen berücksichtigt wird. Die dadurch generierte zusätzliche Liquidität wird zur vermehrten Inanspruchnahme von Lieferantenskonti verwendet."[769]

„Zur Entlastung unserer Bilanz und damit einhergehender Verbesserung der Eigenkapitalquote infolge reduzierter Bilanzsumme haben wir unser Verwaltungsgebäude verkauft und auf 15 Jahre mit Verlängerungsoption um weitere zehn Jahre zurückgemietet. Die aus dieser Maßnahme frei gewordene Liquidität eröffnet uns die Chance zum weiteren strategischen Unternehmenswachstum. Zugunsten einer Verbriefungsgesellschaft haben wir in diesem Zusammenhang eine Liquiditätsgarantie i. H. von 2,0 Mio. € erteilt. Wir rechnen nicht mit der Inanspruchnahme aus dieser Zusage. Im unwahrscheinlichen Fall einer Inanspruchnahme wäre die Fortführung unseres Unternehmens nicht gefährdet."[770]

---

769 Hoffmann, W.-D., Eventualverbindlichkeiten, in: StuB 2009, S. 250.
770 Wiechers, K., Auswirkungen des BilMoG auf den Anhang, in: BBK 2009, S. 1222.

4.4 Sonstige Angaben

> „Die A-GmbH hat Leasingverträge für Maschinen mit einer Belastung von 100 T€ p. a. abgeschlossen. Die Verträge laufen noch fünf Jahre, sodass sich die Belastung kumuliert auf 500 T€ beläuft. Die Leasinggeschäfte dienen der Verbesserung der Liquiditätssituation und der Eigenkapitalquote. Dies sind auch die wesentlichen Vorteile des Geschäfts. Risiken bestehen in der Vertragsbindung durch die Verträge, da ein ggf. eintretender wesentlicher technischer Fortschritt bei den Maschinen nicht durch Neuanschaffungen kompensiert werden kann."[771]

PRAXISBEISPIELE für Angaben nach § 285 Nr. 3 HGB:[772]

1) Angaben unter „Erläuterungen zur Bilanz", „Nicht in der Bilanz enthaltene Geschäfte":[773]

„Die Gesellschaft führt „Operating Leasing-Geschäfte" durch. Dabei handelt es sich im Wesentlichen um Fahrzeuge und Büroausstattung. Es ergeben sich daraus keine nennenswerten Chancen und Risiken auf die Finanzlage der Gesellschaft."

2) Angaben unter „Angaben zu § 285 Nr. 3 HGB":[774]

„Im Interesse eines besseren Forderungsmanagements und Cashflows wurden im Berichtsjahr Factoring-Vereinbarungen über monatlich revolvierende Verkäufe für uneinbringliche Forderungen aus Lieferungen und Leistungen abgeschlossen. Durch die Verkäufe konnten im Geschäftsjahr 2016 Erträge in Höhe von 1.787 T€ erzielt werden."

3) Angaben unter „Sonstige Pflichtangaben", „Nicht in der Bilanz enthaltene Geschäfte und sonstige finanzielle Verpflichtungen":[775]

„Die Gesellschaft least im üblichen Umfang Firmen-PKW's mit dem Zweck der Vermeidung des Verwertungsrisikos an. Der Vorteil liegt in der schnelleren steuerlichen Geltendmachung des Aufwands. Das Risiko besteht im Abfluss liquider Mittel in folgendem Umfang:

	2016	2018-2019	nach 2019
Leasing-Zahlungen:	17.984,24	3.067,20	0,00"

4) Angaben unter „Ergänzende Angaben", „Außerbilanzielle Geschäfte":[776]

„...Zur Optimierung der Bilanz- und Finanzierungsstruktur hat die Bechtle AG zum Ende des Geschäftsjahrs von Tochterunternehmen erworbene Forderungen aus Lieferungen und Leistungen im Rahmen eines echten Factoringgeschäfts an eine Factoringgesellschaft verkauft und hierdurch Liquiditätszuflüsse in Höhe von 16,7 Mio. € erzielt. Aufgrund der guten Vermögens- und Finanzlage der Bechtle AG und des Konzerns bestehen aus dieser Finanzierung keine wesentlichen Risiken."

5) Angaben unter „Sonstige Angaben", „Außerbilanzielle Geschäfte":[777]

„Die Gesellschaft erstellt als Generalübernehmer Neubauten in Bietigheim-Bissingen, die an Leasinggesellschaften veräußert werden. Über dieselben Immobilien wurde von der Dürr AG gleichzeitig Mietverträge geschlossen, für die Mietzahlungen in Höhe von 177 T€ p. a. über die Dürr Systems GmbH,

---

771 Wiechers, K., Auswirkungen des BilMoG auf den Anhang, in: BBK 2009, S. 1222.
772 Zu weiteren Beispielen s. Philipps, H., Jahresabschlüsse 2010, S. 176-178.
773 Bühler Alzenau GmbH, Alzenau (Hrsg.), Jahresabschluss zum Geschäftsjahr vom 1.1.2016 bis zum 31.12.2016 – in der im elektronischen Bundesanzeiger veröffentlichten Fassung – pdf-Version, S. 16.
774 Communication Services Tele2 GmbH, Düsseldorf (Hrsg.), Jahresabschluss zum Geschäftsjahr vom 1.1.2016 bis zum 31.12.2016 – in der im elektronischen Bundesanzeiger veröffentlichten Fassung – pdf-Version, S. 8.
775 ZAB Abrechnungsgesellschaft mbH, Konstanz (Hrsg.), Jahresabschluss zum Geschäftsjahr vom 1.1.2016 bis zum 31.12.2016 – in der im elektronischen Bundesanzeiger veröffentlichten Fassung – pdf-Version, S. 13 f.
776 Bechtle AG, Neckarsulm (Hrsg.), Jahresabschluss und Lagebericht mit Bestätigungsvermerk 31.12.2010, S. 13.
777 Dürr AG, Bietigheim-Bissingen (Hrsg.), Jahresabschluss 2009, S. 12.

Stuttgart, zu leisten sind. Zweck dieser Transaktion ist die Beschaffung liquider Mittel zur Finanzierung des Investitionsprojekts der Grundstücke und Gebäude am Standort Bietigheim-Bissingen bei gleichzeitiger Risikominimierung. Die Risiken verbleiben beim Leasinggeber."

6) ▶ Angaben unter „Sonstige Erläuterungen", „außerbilanzielle Geschäfte":[778]

„Die Commerzbank AG tätigt Wertpapierleihgeschäfte mit dem Ziel, die Lieferfähigkeit des Wertpapierhandels sicherzustellen und Shortbestände einzudecken sowie bestehende Handelspositionen gegen Gebühr zu verleihen. Dabei werden die entliehenen Wertpapiere in der Bilanz nicht ausgewiesen, verliehene Wertpapiere werden weiterhin bilanziert. Die Risiken aus diesen Geschäften bestehen im Settlementrisiko. Es lässt sich als Unterschiedsbetrag zwischen dem Marktwert der zugrunde liegenden Wertpapiere und den erhaltenen beziehungsweise gestellten Sicherheiten definieren. Vorteile ergeben sich für die Commerzbank AG aus den Zusatzerträgen der verliehenen Wertpapiere. Zum Bilanzstichtag waren Wertpapiere in Höhe von 11.554 Mio. € verliehen, die entliehenen Wertpapiere betrugen 17.189 Mio. €. Die Commerzbank AG verbrieft über Zweckgesellschaften sowohl bankeigene Forderungen als auch Forderungsportfolien von und für Kunden. Die Transaktionen dienen unter anderem der Liquiditätsbeschaffung oder der Erweiterung der Refinanzierungsmöglichkeiten für den Kunden oder die Commerzbank AG. Bei Verbriefungen bankeigener Forderungen kann es zu einem bilanziellen Abgang der Forderungsportfolien in der Commerzbank AG kommen. Wirtschaftliche Nachteile können sich für die Commerzbank AG aus gestellten Liquiditätsfazilitäten/Back-up-Linien für die Verbriefungsgesellschaften oder die gehaltenen Verbriefungswertpapiere dieser Gesellschaften ergeben. Zu einer Inanspruchnahme der Liquiditäts-/Back-up-Linien kann es kommen, wenn die Risiken aus den zugrunde liegenden Finanzinstrumenten steigen und die Verbriefungswertpapiere nicht plangemäß am Markt platziert werden können."

7) ▶ Angaben unter „Erläuterungen zur Bilanz und zur Gewinn- und Verlustrechnung", „außerbilanzielle Geschäfte":[779]

„... Für Kreditaufnahmen im Rahmen des Cash-Pooling wurden mit verbundenen Unternehmen Kreditlinien vereinbart. Die Inanspruchnahme dieser Kreditlinien durch Konzernunternehmen ist deutlich günstiger als eine vergleichbare Kreditaufnahme bei Kreditinstituten. Grundsätzlich besteht hier ein Forderungsausfallrisiko. Zum Bilanzstichtag war von dem Gesamtvolumen der gewährten Kreditlinien in Höhe von 740,9 Mio. € (Vorjahr: 655,5 Mio. €) ein Betrag in Höhe von 244,7 Mio. € (Vorjahr: 172,7 Mio. €) nicht in Anspruch genommen.

Unter einem Rahmenabkommen verkauft die GEA Group Aktiengesellschaft revolvierend an einen Finanzdienstleister Kundenforderungen, die ihre Tochterunternehmen an sie mit dinglicher Wirkung abgetreten haben. Durch den Verkauf erhält die GEA Group Aktiengesellschaft einen unmittelbaren Liquiditätszufluss, der zur Finanzierung des operativen Geschäfts eingesetzt werden kann. Hierfür erhält der Finanzdienstleister eine monatliche Handling-Fee sowie eine volumenabhängige Verzinsung, die sich am 3-Monats-Euribor orientiert. Durch die Unterlegung der Kreditgewährung seitens des Finanzdienstleisters mit den Kundenforderungen ist die Finanzierung günstiger als die Ausnutzung von Kreditlinien. Mit dem Verkauf der Forderungen geht außerdem das Delkredererisiko auf den Finanzdienstleister über. Für die GEA Group Aktiengesellschaft entsteht nur dann ein Risiko, wenn die Dokumentation der überfälligen Forderungen nicht fristgerecht an den Finanzdienstleister übergeben wird. Zum 31.12.2009 wurden Forderungen in Höhe von 36.621 T€ (Vorjahr: 30.718 T€) verkauft.

Weitere Angaben zu den Verpflichtungen aus Miet-, Leasing- und Dienstleistungsverträgen befinden sich wegen der untergeordneten Bedeutung unter den Haftungsverhältnissen und den sonstigen finanziellen Verpflichtungen."

---

778 Commerzbank AG, Frankfurt am Main (Hrsg.), Jahresabschluss und Lagebericht 2009, S. 93.
779 GEA Group AG, Bochum (Hrsg.), Jahresabschluss 2009, S. 21 f.

4.4 Sonstige Angaben

8) Angaben bei den „Angaben zur Bilanz" unter „ Passiva", „Außerbilanzielle Geschäfte":[780]

„Außerbilanzielle Geschäfte

Bestehende Verträge

Die Bank hat hauptsächlich Leasingverträge für die Betriebs- und Geschäftsausstattung (inkl. der EDV-Hardware) und die Dienstfahrzeuge bei der Santander Consumer Leasing GmbH abgeschlossen. Darüber hinaus bestehen Mietverträge und sonstige Vertragsverpflichtungen über Geschäftsräume und Betriebs- und Geschäftsausstattung. Im Jahr 2009 sind hierfür insgesamt Verwaltungsaufwendungen in Höhe von 39.257 T€ entstanden.

Der Zweck der Verträge ist die Finanzierung und Beschaffung von betriebsnotwendigem Anlagevermögen.

Die finanziellen Verpflichtungen aus diesen Verträgen belaufen sich

für die folgenden 5 Geschäftsjahre auf	82.842 T€
- davon gegenüber verbundenen Unternehmen	39.708 T€
für spätere Geschäftsjahre auf	69.914 T€
- davon gegenüber verbundenen Unternehmen	59.944 T€

Risiken könnten durch den Abschluss teurerer Anschlussverträge zu höheren Kosten nach dem Auslaufen dieser Verträge entstehen.

Vorteile, die zu der Entscheidung zur Durchführung bzw. Beibehaltung dieser Geschäfte geführt haben, sind hauptsächlich in der für die Bank fehlenden Kapitalbindung bei der Beschaffung des betriebsnotwendigen Anlagevermögens zu sehen. Darüber hinaus ergeben sich durch die Leasingfinanzierung für die Bank kein Verwertungsrisiko und die Möglichkeit der kurzfristigen Sicherung des aktuellen technischen Entwicklungsstands.

Auslagerung von Unternehmensteilen

Die Santander Consumer Bank AG bedient sich externer Dienstleister, teilweise im Konzernverbund der Banco Santander SA, z. B. für IT-Dienstleistungen, die Beitreibung und im Backoffice.

Ausgelagerte Dienstleistungen mit 27 Auslagerungspartnern wurden als wesentlich i. S. d. § 25a KWG eingestuft. Chancen und Risiken werden durch ein Outsourcing Office unter Berücksichtigung der Ergebnisse der internen Revision überwacht. Neben sonstigen operationellen Risiken wurde insbesondere der Ausfall des Dienstleisters als Risiko identifiziert.

Die Vorteile bei allen Auslagerungen ergeben sich in der Spezialisierung (Steigerung der Qualität der Dienstleistung) sowie der Preis- und Kostenoptimierung für die Erbringung der Dienstleistung. Darüber hinaus ergeben sich speziell durch die enge Verflechtung im Bereich der EDV-Dienstleistungen mit den Konzerngesellschaften der Banco Santander S. A. Synergieeffekte bei der Strukturierung der DV-Konfigurationen.

Für die wesentlichen Auslagerungen sind im Jahr 2009 insgesamt Verwaltungsaufwendungen in Höhe von 119.955 T€ entstanden.

Die Laufzeit der Verträge bewegt sich in der Bandbreite von 1 Jahr bis unbefristet. Die längste Kündigungsfrist beträgt 12 Monate zum Jahresende.

Unwiderrufliche Kreditzusagen

Unwiderrufliche Kreditzusagen bestehen bei der Santander Consumer Bank in Höhe von 953 T€.

Die Kreditzusagen können kurzfristig zu einem Liquiditätsabfluss führen.

Die Vorteile dieser Kreditzusagen beinhalten die Generierung von zukünftigen Zinseinnahmen."

---

[780] Santander Consumer Bank AG, Mönchengladbach (Hrsg.), Geschäftsbericht 2009, S. 50 f.

9) Angaben unter „Sonstige Erläuterungen", „Außerbilanzielle Transaktionen", „Unwiderrufliche Kreditzusagen":[781]

„... Die Deutsche Bank AG unterhält verschiedene Geschäftsbeziehungen zu sogenannten Zweckgesellschaften („SPEs"), die einen bestimmten Geschäftszweck erfüllen sollen. SPEs dienen hauptsächlich dazu, Kunden Zugang zu spezifischen Portfolios von Vermögensgegenständen und Risiken zu ermöglichen sowie den Kunden durch die Verbriefung von finanziellen Vermögensgegenständen Zugang zu liquiden Märkten zu verschaffen. I. d. R. profitiert die Deutsche Bank AG von Dienstleistungsgebühren oder Provisionserträgen, die sie für die Gründung von SPEs erhält oder weil sie als Investment Manager, Depotbank oder in einer anderen Funktion agiert. SPEs können als Kapital-, Investment- oder Personengesellschaften gegründet werden. Generell können verschiedenste Arten von Geschäftsbeziehungen zu SPEs bestehen. Die Deutsche Bank AG hat primär Liquiditätsfazilitäten ausgereicht, die als unwiderrufliche Kreditzusagen in den Anderen Verpflichtungen unter dem Bilanzstrich ausgewiesen werden. Die Deutsche Bank AG stellt den SPEs finanzielle Unterstützung bereit in Verbindung mit Commercial-Paper-Conduits-Programmen, der Verbriefung von Forderungen (Asset Securitizations), Investmentanteilen und Immobilienleasing. Solche Zweckgesellschaften sind ein wesentlicher Erfolgsfaktor für das Funktionieren etlicher wichtiger Teile der Kapitalmärkte, einschließlich der Märkte für durch Grundpfandrechte und andere Vermögensgegenstände unterlegte Wertpapiere (Asset-backed Securities), da sie Investoren im Rahmen der Verbriefungsprogramme den Zugang zu spezifischen Cashflows und Risiken ermöglichen."

10) Angaben unter den „Angaben zu einzelnen Positionen der Bilanz", „außerbilanzielle Geschäfte":[782]

„Zum Bilanzstichtag lagen keine außerbilanziellen Geschäfte vor."

Folgendes Beispiel beschreibt den Fall einer Konsignationslagervereinbarung. Nach den Angaben im Fall sind die Auswirkungen des Geschäfts in der Bilanz abgebildet. Daher liegt kein außerbilanzielles Geschäft i. S. d. § 285 Nr. 3 HGB vor, sodass die Angaben danach nicht erforderlich sind. Gleichwohl hat das Unternehmen die Angaben in den Anhang aufgenommen:

PRAXISBEISPIEL Angaben unter „Sonstige finanzielle Verpflichtungen":[783]

„Konsignationslagervereinbarungen

Zum Bilanzstichtag zeigt die Drägerwerk AG & Co. KGaA Vorgänge bezüglich der Konsignationslagervereinbarungen in der Bilanz. Es erfolgt ein Ausweis sowohl im Vorratsbestand als auch bei den Verbindlichkeiten aus Lieferungen und Leistungen in Höhe von 11,3 Mio. € (2015: 11,5 Mio. €). Bei dem Konsignationslager handelt es sich um bei der Drägerwerk AG & Co. KGaA lagernde Ware, die bis zur Meldung der Entnahme im rechtlichen Sinne Eigentum des Lieferanten ist. Hieraus ergeben sich mehrere Vorteile. Zum einen liegt höchste Versorgungssicherheit vor und zum anderen verringert sich die Kapitalbindung, da die lieferantenseitige Berechnung erst nach der Materialentnahme aus dem Lager erfolgt.

Aufgrund spezieller Vertragsgestaltungen bei diesen Lieferanten liegt nicht nur der wirtschaftliche Nutzen, sondern auch das wirtschaftliche Risiko bei der Drägerwerk AG & Co. KGaA. Diese Gegebenheit führt zu dem Bilanzausweis in gleicher Höhe sowohl bei den Vorräten als auch in den Verbindlichkeiten."

4.4.2 Durchschnittliche Zahl der Arbeitnehmer (§ 285 Nr. 7 HGB)

Nach § 285 Nr. 7 HGB ist „die durchschnittliche Zahl der während des Geschäftsjahrs beschäftigen Arbeitnehmer getrennt nach Gruppen" anzugeben. Mit dieser Information wird eine Beurteilung der Höhe des in der GuV nach dem GKV ausgewiesenen bzw. zur GuV nach dem UKV angegebenen Personalaufwands (hierzu wird auf Abschnitt 4.3.2 verwiesen) möglich.

---

781 Deutsche Bank AG, Frankfurt am Main (Hrsg.), Jahresabschluss 2010, S. 79.
782 init innovation in traffic systems AG, Karlsruhe (Hrsg.), Jahresabschluss init AG 2009, S. 10.
783 Drägerwerk AG & Co. KGaA, Lübeck (Hrsg.), Jahresabschluss zum Geschäftsjahr vom 1. 1. 2016 bis zum 31. 12. 2016 – in der im elektronischen Bundesanzeiger veröffentlichten Fassung – pdf-Version, S. 84 f.

4.4 Sonstige Angaben

Vorgaben zur Ermittlung der **durchschnittlichen Zahl** der während des abzuschließenden Geschäftsjahrs beschäftigen Arbeitnehmer sind in § 285 Nr. 7 HGB nicht eigenständig festgelegt. Dazu ist auf die entsprechende Regelung des § 267 Abs. 5 HGB zurückzugreifen.[784] Danach bemisst sich die durchschnittliche Zahl der Arbeitnehmer als

- ▶ vierter Teil der
- ▶ Summe aus den Zahlen der jeweils am 31.3., 30.6., 30.9. und 31.12. (d. h. jeweils am Quartalsende) beschäftigten Arbeitnehmer,

wobei sich die Zahl der beschäftigten **Arbeitnehmer** einschließlich der im Ausland beschäftigten Arbeitnehmer aber ohne die zur Berufsausbildung Beschäftigten (Auszubildende) ermittelt.

Beispielsweise bei saisonbedingt stark schwankendem Personalbestand kann es sein, dass die so berechnete durchschnittliche Zahl der beschäftigten Arbeitnehmer die tatsächlichen Verhältnisse nicht zutreffend abbildet. Dann kommen entweder die Durchschnittsberechnung nach § 1 Abs. 2 Satz 5 Publizitätsgesetz (1/12-Methode) in Betracht oder Anhangangaben nach § 264 Abs. 2 Satz 2 HGB.[785]

Der Kreis der „Arbeitnehmer" wird in § 285 Nr. 7 HGB inhaltlich nicht definiert. Er wird dort aber auch nicht durch Verweis auf andere Vorschriften bestimmt. Der Wortlaut des § 267 Abs. 5 HGB schließt ausländische Beschäftigte in den Kreis der zu berücksichtigenden Arbeitnehmer ein, Auszubildende indes aus. Mangels fehlender anderweitiger Einschränkung ist davon auszugehen, dass der Begriff „Arbeitnehmer" im Übrigen alle Personen einschließt, die am betrachteten Quartalsstichtag beim bilanzierenden Unternehmen noch in einem Arbeitsverhältnis stehen, auch wenn dieses bereits gekündigt ist. Damit fallen leitende Angestellte i. S. d. Betriebsverfassungsgesetzes, Teilzeitbeschäftigte, Personen in der passiven Phase der Altersteilzeit etc. unter die „Arbeitnehmer"; letztgenannte werden allerdings nicht mehr vom bilanzierenden Unternehmen „beschäftigt" und sind damit bei Ermittlung der Arbeitnehmerzahl nach § 285 Nr. 7 HGB gleichwohl nicht zu berücksichtigen. Keine „Arbeitnehmer" im genannten Sinn sind dagegen Personen, deren Arbeitsverhältnis ruht (z. B. wegen Elternzeit, Bundesfreiwilligendienst u. a.), Leiharbeitskräfte oder innerhalb von Konzernen entsendetes Personal ohne Arbeitsverhältnis mit dem bilanzierenden Unternehmen sowie Mitglieder des Geschäftsführungsorgans, z. B. bei GmbH also die Geschäftsführer.[786]

Die Berücksichtigung von **Teilzeitbeschäftigten** ist dem Umfang nach strittig. Der Wortlaut des § 267 Abs. 5 HGB spricht für eine Einbeziehung nach Köpfen. Den tatsächlichen Verhältnissen kann indes ggf. mit einer jeweils anteiligen Berücksichtigung besser entsprochen werden. Dies wird zumindest dann der Fall sein, wenn beim bilanzierenden Unternehmen eine hohe Zahl von Personen teilzeitbeschäftigt ist. Dann sollte im Anhang ergänzend auf den Umstand einer hohen Zahl Teilzeitbeschäftigter respektive, wenn sie bei der Berechnung der Arbeitnehmerzahl nur anteilig berücksichtigt wurden, auf diese Vorgehensweise hingewiesen werden.[787]

---

784 Vgl. Biener, H./Berneke, W., Bilanzrichtlinien-Gesetz, S. 260.
785 Vgl. IDW, WP-Handbuch 2017, Hauptband, 15. Aufl., S. 923 f, Tz. 1040 m. w. N.
786 Vgl. z. B. Hoffmann, W.-D./Lüdenbach, N., NWB Kommentar Bilanzierung, 8. Aufl., § 267 HGB Rz. 7-9, die allerdings bei Leiharbeitskräften eine „differenzierende wirtschaftliche Betrachtungsweise für geboten" halten.
787 Vgl. IDW, WP-Handbuch 2017, Hauptband, 15. Aufl., S. 924, Tz. 1041 m. w. N.

4. Für mittelgroße GmbH sowie GmbH & Co. KG ergänzend geltende Anhangvorschriften

Die wie vorstehend konkretisiert ermittelte Zahl der beschäftigten Arbeitnehmer ist nicht als eine Größe, sondern aufgegliedert („getrennt") nach **Gruppen** anzugeben. Konkrete Vorgaben zu einer solchen Aufgliederung macht das HGB auch hier nicht. Nach Auffassungen des Schrifttums ist eine Aufgliederung nach Gruppen anhand sehr verschiedener Kriterien möglich. In Betracht kommen z. B. Aufgliederungen nach Funktionsbereichen, nach Werken/Betriebsstätten, nach geografischen Gesichtspunkten oder Zuordnungen in Vollzeit-/Teilzeitbeschäftigte, gewerbliche Arbeitnehmer/Angestellte, Facharbeiter/ungelernte Kräfte u. a., ggf. auch in Kombination mehrerer Kriterien.[788]

PRAXISBEISPIELE für die Anhangangaben nach § 285 Nr. 7 HGB:

1) Angaben unter „Sonstige Angaben", „Mitarbeiterzahl":[789]

„Durchschnittlich waren im Berichtsjahr 118 (Vorjahr: 101) Gehaltsempfänger beschäftigt."

2) Angaben unter „Sonstige Angaben", „Arbeitnehmer":[790]

„Im Jahresdurchschnitt wurden von der Gesellschaft 154 € (Vorjahr: 140 €) Arbeitnehmer beschäftigt. Es handelt sich ausschließlich um Angestellte."

3) Angaben unter „Sonstige Angaben":[791]

„Im Geschäftsjahr waren durchschnittlich 15 (Vj: 15) Arbeitnehmer beschäftigt. Es handelt sich ausschließlich um Angestellte. Die Berechnung erfolgte methodisch nach § 267 Abs. 5 HGB."

4) Angaben unter „Sonstige Angaben", „Mitarbeiter":[792]

„Die Zahl der im Jahresdurchschnitt beschäftigten Arbeitnehmer betrug 624 (i.V. 685) zuzüglich 27 (i.V. 30) Auszubildende; die Zahl der nebenamtlichen Hauswarte betrug 14 (i.V. 16). Von den 624 Beschäftigten entfallen auf Angestellte 516 sowie auf gewerbliche Arbeitnehmer 108."

5) Angaben unter „Sonstige Angaben", „Mitarbeiter":[793]

„Im Jahresdurchschnitt wurden 143 Mitarbeiter (alle Angestellte) in folgenden Bereichen beschäftigt:

Verwaltung	34
Tankstellen	88
Handel	6
Shopgeschäft	10
	138
Auszubildende	5"

---

[788] Vgl. z. B. Adler, H./Düring, W./Schmaltz, K., 6. Aufl., § 285 HGB Rz. 150 f.
[789] Klüh Service Management GmbH, Düsseldorf (Hrsg.), Jahresabschluss zum Geschäftsjahr vom 1.1.2016 bis zum 31.12.2016 – in der im elektronischen Bundesanzeiger veröffentlichten Fassung – pdf-Version, S. 10.
[790] CTS Eventim AG, Bremen (Hrsg.), Geschäftsbericht 2010, S. 156.
[791] kfzteile24 GmbH, Berlin (Hrsg.), Jahresabschluss zum Geschäftsjahr vom 1.1.2014 bis zum 31.12.2014 – in der im elektronischen Bundesanzeiger veröffentlichten Fassung – pdf-Version, S. 11.
[792] Nassauische Heimstätte Wohnungs- und Entwicklungsgesellschaft mbH, Frankfurt am Main (Hrsg.), Finanzbericht 2012, in: Unternehmensgruppe Nassauische Heimstätte Wohnstadt, Geschäftsbericht 2012, S. 73.
[793] Orlen Deutschland GmbH, Elmshorn (Hrsg.), Jahresabschluss zum Geschäftsjahr vom 1.1.2014 bis zum 31.12.2014 – in der im elektronischen Bundesanzeiger veröffentlichten Fassung – pdf-Version, S. 15.

4.4 Sonstige Angaben

6) Angaben unter „Sonstige Angaben", „Mitarbeiter":[794]

„Die durchschnittliche Zahl der während des Geschäftsjahres beschäftigten Mitarbeiter beträgt in den Funktionsbereichen:

	2016
Produktion	471
Vertrieb	81
Verwaltung	134
Qualitätswesen	42
Forschung & Entwicklung	133
	861"

7) Angaben unter „Sonstige Angaben", „Arbeitnehmer":[795]

„Im Geschäftsjahr 2011 waren durchschnittlich 310 Arbeitnehmer beschäftigt:

	2011	2010
Vollzeitbeschäftigte Arbeitnehmer	277	233
Teilzeitbeschäftigte Arbeitnehmer	33	29
Auszubildende	6	6"

8) Angaben unter „Sonstige Angaben":

ABB. 56: Angabe der durchschnittlichen Arbeitnehmerzahl nach § 285 Nr. 7 HGB, Praxisbeispiel 1[796]

(23) AUFGLIEDERUNG DER ARBEITNEHMERZAHL NACH GRUPPEN (JAHRESDURCHSCHNITT)

	2011/12	2010/11
Außertarifliche Angestellte	439	453
Tarifliche Angestellte	3.374	3.438
	3.813	3.891

Der Rückgang resultiert im Wesentlichen aus den im Vorjahr begonnenen Restrukturierungsmaßnahmen.

---

794 Elmos Semiconductor AG, Dortmund (Hrsg.), Jahresabschluss zum 31. Dezember 2016 – in der im elektronischen Bundesanzeiger veröffentlichten Fassung – pdf-Version, S. 64 f.
795 ABG Frankfurt Holding GmbH, Frankfurt am Main (Hrsg.), Geschäftsbericht 2011, S. 54.
796 Braun GmbH, Kronberg im Taunus (Hrsg.), Jahresabschluss zum 30. 6. 2012 – in der im elektronischen Bundesanzeiger veröffentlichten Fassung – Druckfassung, S. 19.

4. Für mittelgroße GmbH sowie GmbH & Co. KG ergänzend geltende Anhangvorschriften

9) Angaben unter „Erläuterungen zur Gewinn- und Verlustrechnung", „Personalaufwand":

ABB. 57: Angabe der durchschnittlichen Arbeitnehmerzahl nach § 285 Nr. 7 HGB, Praxisbeispiel 2[797]

Mitarbeiter im Jahresdurchschnitt	2010	2009
Zentrale und Werk München	25.986	26.448
Werk Dingolfing	17.753	17.958
Werk Regensburg	8.257	8.795
Werk Landshut	2.876	2.973
Werk Leipzig	2.614	2.643
Werk Berlin	2.470	2.469
Niederlassungen	5.277	5.240
	65.233	66.526
Auszubildende und Praktikanten	4.693	4.654
	69.926	71.180

10) Angaben unter „Sonstige Angaben", „Personalaufwand":[798]

„Im Berichtsjahr wurden durchschnittlich 101.500 (i.V. 95.900) Mitarbeiter beschäftigt, wobei die Teilzeitmitarbeiter anteilig einbezogen sind. Die Mitarbeiter waren in folgenden Funktionen tätig:

	GJ 2010	GJ 2009
Produktion	60.400	57.500
Vertrieb	20.600	18.900
Forschung und Entwicklung	10.500	10.100
Verwaltung und allgemeine Dienste	10.000	9.400
	101.500	95.900"

11) Angaben unter „Erläuterungen zur Gewinn- und Verlustrechnung", „Personalaufwand/Mitarbeiter":[799]

„Unter Zugrundelegung der Berechnungsmethode nach § 267 Abs. 5 HGB wurden durchschnittlich beschäftigt:
Anzahl Mitarbeiter

Tsd. €	2010	2009
Forschung & Entwicklung	6.230	6.649
Service & Support	2.052	2.316
Allgemeine Verwaltung	1.395	1.267
Vertrieb & Marketing	449	503
Gesamt	**10.126**	**10.735"**

---

797 BMW AG, München (Hrsg.), Jahresabschluss der BMW AG Geschäftsjahr 2010, S. 17.
798 Siemens AG, München (Hrsg.), Jahresabschluss der Siemens AG zum 30. 9. 2010, S. 78.
799 SAP AG, Walldorf (Hrsg.), Rechnungslegung der SAP AG 2010 (HGB), S. 11.

12) Angaben unter „Erläuterungen zur Gewinn- und Verlustrechnung", „Personalaufwand":

ABB. 58:	Angabe der durchschnittlichen Arbeitnehmerzahl nach § 285 Nr. 7 HGB, Praxisbeispiel 3[800]	
Durchschnittliche Zahl der Arbeitnehmer während des Geschäftsjahres nach Bundesländern	**2010**	**2009**
Baden-Württemberg	37.950	38.925
Bayern	15.830	15.909
Saarland	5.131	5.269
Niedersachsen	2.793	2.765
Sonstige	405	415
	62.109	63.283

13) Angaben unter „Sonstige Angaben":

ABB. 59:	Angabe der durchschnittlichen Arbeitnehmerzahl nach § 285 Nr. 7 HGB, Praxisbeispiel 4[801]	
IM JAHRESDURCHSCHNITT BEI DER VOLKSWAGEN AG BESCHÄFTIGTE MITARBEITER		
	2010	**2009**
nach Gruppen		
Leistungslöhner	47.046	44.669
Zeitlöhner	17.651	21.462
Gehaltsempfänger	29.441	28.961
	94.137	95.092
Auszubildende	4.054	4.069
	98.191	99.161
nach Werken		
Wolfsburg	53.283	53.763
Hannover	12.561	12.778
Braunschweig	5.534	5.517
Kassel	13.329	13.501
Emden	7.519	7.616
Salzgitter	5.965	5.986
	98.191	99.161

4.4.3 Inanspruchnahme aus Haftungsverhältnissen (§ 285 Nr. 27 HGB)

Die Angabe nach § 285 Nr. 27 HGB soll der Begründung des Gesetzgebers zufolge mit Eventualschulden i. S. d. § 251 HGB verbundene **Risiken transparent machen**.[802] Dazu sind die Gründe, d. h. die Erwägungen darzustellen, die zur Annahme einer nur geringen Inanspruchnahmewahrscheinlichkeit und somit zum Ausweis der Eventualschulden unter der Bilanz oder im Anhang geführt haben. Dies erfordert eine **Sachverhaltsbeurteilung in qualitativer Hinsicht**. Dabei sind alle bekannten Risiken der Inanspruchnahme zu würdigen.

---

800 Robert Bosch GmbH, Stuttgart (Hrsg.), Jahresabschluss zum 31.12.2010 – in der im elektronischen Bundesanzeiger veröffentlichten Fassung – Druckfassung, S. 17.
801 Volkswagen AG, Wolfsburg (Hrsg.), Jahresabschluss Volkswagen Aktiengesellschaft zum 31.12.2010, S. 34.
802 Vgl. BT-Drucks. 16/10067, S. 74 f.

Die Anforderung des § 285 Nr. 27 HGB lässt sich z. B. durch folgende **Formulierung** erfüllen:

„Die Inanspruchnahmewahrscheinlichkeit der unter der Bilanz ausgewiesenen Verbindlichkeiten aus Bürgschaften schätzen wir aufgrund der gegenwärtigen Bonität und des bisherigen Zahlungsverhaltens der Begünstigten als gering ein. Erkennbare Anhaltspunkte, die eine andere Beurteilung erforderlich machen würden, liegen uns nicht vor."[803]

Gemäß § 268 Abs. 7 HGB sind die in § 251 HGB genannten Eventualschulden im Anhang jeweils gesondert anzugeben, d. h. aufzuschlüsseln. Daher werden dann stets auch die geforderten Gründe für die Einschätzung ihres Inanspruchnahmerisikos jeweils **gesondert** angegeben werden müssen.

Eine alternative Einbeziehung der Angabepflichten nach § 285 Nr. 27 HGB in die Risikoberichterstattung im **Lagebericht** kann die entsprechenden Anhangangaben nach Auffassung des Gesetzgebers nicht ersetzen.[804]

Wie bei der Angabe nach § 285 Nr. 13 HGB (hierzu wird auf Abschnitt 3.2.2.1 verwiesen) müssen die im Hinblick auf § 285 Nr. 27 HGB angeführten Gründe tatsächlichen Informationsgehalt aufweisen. Formulierungen wie

„Nach unserer Einschätzung bestehen derzeit keine Anhaltspunkte für Risiken, uns aus den o. g. Haftungsverhältnissen in Anspruch zu nehmen" oder „Das Risiko für die Inanspruchnahme wird als gering eingeschätzt"

sind insoweit **ungeeignet** und erfüllen die gesetzliche Anforderung nicht. Die als gering eingeschätzte Inanspruchnahmewahrscheinlichkeit folgt bereits aus der Nichtbilanzierung der im Anhang angegebenen Haftungsverhältnisse. Angesichts dessen kommt den genannten Formulierungen allenfalls klarstellende Bedeutung, aber kein eigenständiger Informationsgehalt zu.

PRAXISBEISPIELE für Angaben nach § 285 Nr. 27 HGB:[805]

1) Angaben unter „Sonstige Erläuterungen", „Haftungsverhältnisse":[806]

...

„Bürgschaften, Garantien und Patronatserklärungen wurden nahezu ausschließlich zugunsten von Tochtergesellschaften abgegeben. Die zugrunde liegenden Verpflichtungen können von den betreffenden Gesellschaften nach unseren Erkenntnissen in allen Fällen erfüllt werden; mit einer Inanspruchnahme ist nicht zu rechnen."

2) Angaben unter „Angaben zu § 285 Nr. 27 HGB":[807]

„Am Bilanzstichtag bestanden Bürgschaftsverpflichtungen in Höhe von 525 T€. Das Risiko einer Inanspruchnahme aus diesen Haftungsverhältnissen wurde auf Basis der zum Zeitpunkt der Bilanzaufstellung bestehenden Vermögens-, Finanz- und Ertragslage als gering eingestuft."

---

803 Philipps, H., Rechnungslegung nach BilMoG, Wiesbaden 2010, S. 289.
804 Vgl. BT-Drucks. 16/10067, S. 75.
805 Zu weiteren Beispielen s. Philipps, H., Jahresabschlüsse 2010, S. 204 f.
806 Bayer AG, Leverkusen (Hrsg.), Geschäftsbericht 2009, S. 25.
807 Communication Services Tele2 GmbH, Düsseldorf (Hrsg.), Jahresabschluss zum Geschäftsjahr vom 1. 1. 2016 bis zum 31. 12. 2016 – in der im elektronischen Bundesanzeiger veröffentlichten Fassung – pdf-Version, S. 8.

4.4 Sonstige Angaben

3) Angaben unter „Sonstige Angaben", „Haftungsverhältnisse":[808]

„Die zugunsten verbundener Unternehmen eingegangenen Verpflichtungen aus Gewährleistungsverträgen gegenüber Dritten waren nicht zu passivieren, da die zugrundeliegenden Verbindlichkeiten aus Mietverträgen durch die verbundenen Unternehmen monatlich getilgt werden, so dass zum Bilanzstichtag keine offenen Salden bestanden und somit nicht mit einer Inanspruchnahme zu rechnen war."

4) Angaben unter „Bilanz", „Haftungsverhältnisse nach § 251 HGB":[809]

„Am Bilanzstichtag bestanden Haftungsverhältnisse nach § 251 HGB in Höhe von 46.184.407,43 € (Vorjahr: 52.164.337,45 €). Hiervon entfallen 18.150.481,98 € (Vorjahr: 26.481.752,19 €) auf Haftungsverhältnisse aus Bürgschaften zu Gunsten verbundener Unternehmen.

Auf Grund einer ständigen Evaluierung der Risikosituation und in Anbetracht der bis zum Bilanzstichtag erlangten Erkenntnisse geht die STADA Arzneimittel AG davon aus, dass die den Haftungsverhältnissen zu Grunde liegenden Verpflichtungen erfüllt werden können.

Eine Inanspruchnahme der Haftungsverhältnisse wird als nicht wahrscheinlich betrachtet."

5) Angaben bei den „Erläuterungen zur Bilanz und zur Gewinn- und Verlustrechnung" unter „Eventualverbindlichkeiten und andere Verpflichtungen":[810]

„Zur Einschätzung des latenten Risikos der Inanspruchnahme aus Eventualverbindlichkeiten und anderen Verpflichtungen wird ein vergangenheitsbasiertes Durchschnittsmodell, ergänzt um einen Risikoaufschlag, verwendet und entsprechende Vorsorgereserven gebildet. Aufgrund der wirtschaftlichen Verhältnisse unserer Kunden und der sich wieder entspannenden Wirtschaftslage halten wir unsere so ermittelte Risikoeinschätzung und die sich daraus ergebende Vorsorge für angemessen. Darüber hinaus werden bei Vorliegen von akuten Risiken der Inanspruchnahme individuelle Risikovorsorgen getroffen."

6) Angaben unter „Sonstige Angaben":[811]

...

„Das Risiko, aus dieser Gesamtverpflichtung in Anspruch genommen zu werden, liegt in der drohenden Insolvenz von Lebensversicherungsunternehmen oder Pensionskassen, die durch den Sicherungsfonds aufzufangen wären. Die Höhe der jeweiligen Inanspruchnahme hängt dabei von dem Volumen des zu übertragenden Bestands ab. Jedoch ist trotz der in 2008 eingetretenen Finanzmarktkrise die Lage der Lebensversicherungsunternehmen und Pensionskassen mit wenigen Ausnahmen bemerkenswert stabil. Bei den wenigen Unternehmen, die aktuell Schwierigkeiten haben, wurden durch die Mutterunternehmen bereits Gegensteuerungsmaßnahmen getroffen, sodass uns momentan kein drohender Insolvenzfall bekannt ist, der durch die Protektor Lebensversicherungs-AG aufzufangen wäre. Deshalb ist nach unserer Einschätzung eine mögliche Inanspruchnahme aus dieser Verpflichtung mit wesentlichen Auswirkungen sowohl im Hinblick auf den Sonderbeitrag als auch der übrigen Verpflichtung derzeit als eher unwahrscheinlich anzusehen."

7) Angaben bei „Erläuterungen zur Bilanz" unter „Haftungsverhältnisse":[812]

„Die Bertelsmann AG geht Haftungsverhältnisse nur nach sorgfältiger Risikoabwägung und grundsätzlich nur im Zusammenhang mit ihrer eigenen Geschäftstätigkeit oder der verbundener Unternehmen ein. Auf Basis einer kontinuierlichen Risikoeinschätzung der eingegangenen Haftungsverhältnisse und unter Berücksichtigung aller bis zur Aufstellung des Jahresabschlusses gewonnenen Erkenntnisse geht die Bertelsmann AG derzeit davon aus, dass die den Haftungsverhältnissen zugrunde liegenden Verpflichtungen von den jeweiligen Hauptschuldnern erfüllt werden können. Daher wird das Risiko einer Inanspruchnahme aus den Haftungsverhältnissen als nicht wahrscheinlich eingeschätzt."

---

808 Thalia Bücher GmbH (vormals: Thalia Holding GmbH), Hagen (Hrsg.), Jahresabschluss zum Geschäftsjahr vom 1.10.2014 bis zum 30.9.2015 – in der im elektronischen Bundesanzeiger veröffentlichten Fassung – pdf-Version, S. 9.
809 STADA Arzneimittel AG, Bad Vilbel (Hrsg.), Jahresabschluss zum Geschäftsjahr vom 1.1.2016 bis zum 31.12.2016 – in der im elektronischen Bundesanzeiger veröffentlichten Fassung – pdf-Version, S. 16.
810 VTB Bank (Deutschland) AG, Frankfurt am Main (Hrsg.), Geschäftsbericht 2009, S. 44.
811 ALTE LEIPZIGER Lebensversicherung auf Gegenseitigkeit, Oberursel/Taunus (Hrsg.), Geschäftsbericht 2009, S. 78.
812 Bertelsmann AG, Gütersloh (Hrsg.), Jahresabschluss zum Geschäftsjahr 1.1.2010-31.12.2010, S. 8.

8) Angaben unter „Haftungsverhältnisse und sonstige finanzielle Verpflichtungen":

ABB. 60: Angabe zu Haftungsverhältnissen und ihre Inanspruchnahmewahrscheinlichkeit, Praxisbeispiel[813]

Haftungsverhältnisse (Mio. €)

	2010	2009
Verbindlichkeiten aus der Begebung und Übertragung von Wechseln	6	3
davon gegenüber verbundenen Unternehmen	–	–
Verbindlichkeiten aus Bürgschaften	6.016	5.774
davon gegenüber verbundenen Unternehmen	6.007	5.766
Verbindlichkeiten aus Gewährleistungsverträgen	1.109	1.029
davon gegenüber verbundenen Unternehmen	742	690
	7.131	**6.806**

Die Haftungsverhältnisse betreffen hauptsächlich Garantien für Anleihen, die von der BASF Finance Europa N. V., Arnheim/Niederlande, und der Ciba Spezialitätenchemie Finanz AG, Basel/Schweiz, begeben wurden. Diese dienen der Konzernfinanzierung. Die Haftungsverhältnisse werden nur nach sorgfältiger Risikoabwägung und nur in Zusammenhang mit der eigenen oder der Geschäftstätigkeit verbundener Unternehmen eingegangen.

Das Risiko einer Inanspruchnahme aus den Haftungsverhältnissen wurde auf Basis der zum Zeitpunkt der Bilanzaufstellung bestehenden Erkenntnisse über die Vermögens-, Finanz- und Ertragslage der Tochergesellschaften als gering eingestuft. Zum Zeitpunkt der Bilanzerstellung erkennbare Risiken wurden durch entsprechende Rückstellungen in der Bilanz berücksichtigt.

4.4.4 Mitglieder der Geschäftsführung und des Aufsichtsrats (§ 285 Nr. 10 HGB)

Zur Information über die Besetzung der Organe verlangt § 285 Nr. 10 HGB bei GmbH sowie GmbH & Co. KG folgende Angaben:

▶ Namentliche Nennung aller Mitglieder der Geschäftsführung und eines (ggf. fakultativen) Aufsichtsrats, einschließlich derjenigen Mitglieder, die im Geschäftsjahr oder später ausgeschieden sind,

▶ ein vorsitzendes Mitglied der Geschäftsführung sowie das vorsitzende Mitglied des Aufsichtsrats und seine Stellvertreter sind als solche zu bezeichnen,

▶ Namensnennung mit Familienname und mindestens einem ausgeschriebenen Vornamen,

▶ Nennung auch des jeweils ausgeübten Berufs.

Der **ausgeübte Beruf** ist die ausgeübte hauptberufliche Tätigkeit, der erlernte Beruf ist hier unerheblich. Nach dem Willen des Gesetzgebers sind zum ausgeübten Beruf, über den Wortlaut des § 285 Nr. 10 HGB hinaus, bei den Mitgliedern der Geschäftsführung ihre jeweiligen Zuständigkeitsbereiche anzugeben, z. B. kaufmännischer Geschäftsführer oder technischer Geschäftsführer, und bei angestellten Aufsichtsratsmitgliedern, mit welchem Unternehmen das Anstellungsverhältnis besteht.[814]

Ist beim bilanzierenden Unternehmen ein **Beirat** eingerichtet, der dem Aufsichtsrat vergleichbare Aufsichtsaufgaben wahrnimmt, sollen die Angaben nach überwiegender Auffassung ent-

---

813 BASF SE, Ludwigshafen (Hrsg.), Jahresabschluss 2010, S. 45.
814 Vgl. z. B. IDW, WP-Handbuch 2017, Hauptband, 15. Aufl., S. 932, Tz. 1078 m. w. N.

sprechend gemacht werden, da es hier auf die Organtätigkeit und nicht auf dessen Bezeichnung ankommt.[815]

Zum Kreis der angabepflichtigen Organmitglieder zählen nach dem Wortlaut des § 285 Nr. 10 HGB auch solche, die „im Geschäftsjahr oder **später" ausgeschieden** sind. „Später" kann nur bedeuten, bis zur Datierung des aufgestellten Jahresabschlusses.

PRAXISBEISPIELE zu den Anhangangaben nach § 285 Nr. 10 HGB zur Zusammensetzung des Geschäftsführungsorgans:

1) Angaben unter „Sonstige Pflichtangaben":[816]

„Während des abgelaufenen Geschäftsjahres wurden die Geschäfte des Unternehmens durch die Geschäftsführer Herrn Yusuke Horiguchi, Kaufmann, Düsseldorf sowie Herrn Tsukasa Murase, Kaufmann, Tokyo, geführt."

2) Angaben unter „Sonstige Angaben", „Geschäftsführung":[817]

„Rechtsanwalt Frank Junker (Vorsitzender), Frankfurt am Main
Diplom-Volkswirt Steuerberater Ralf Hübner, Mainz (ab 1. 1. 2013)"

3) Angaben unter „Sonstige Angaben", „Angaben zu den Organen der Gesellschaft":[818]

„Folgende Personen sind Mitglieder der Geschäftsführung:

Herr Dipl.-Finanzwirt Klaus Lamers, Brüggen, Leitender Angestellter der Deutsche Immobilien Leasing GmbH

Herr Harald Rosendahl, Düsseldorf, Kaufmännischer Angestellter der Deutsche Immobilien Leasing GmbH

Herr Dr. Michael Gellen, Köln, Mitglied des Vorstandes der DIL Beteiligungs-Stiftung

Herr Werner Esser, Emmerich, Mitglied des Vorstandes der DIL Beteiligungs-Stiftung."

4) Angaben unter „Sonstige Angaben", „Organe":[819]

„Zu einzelvertretungsberechtigten Geschäftsführern sind bestellt:
Olaf Lodbrok, Dortmund, Managing Director
Gesamtvertretungsberechtigte Geschäftsführer sind:
Martin Georg Beck, München, Finance Director
Dr. Thomas Zahn, Berlin, Sales Director (seit 1. 2. 2011)
Martin Ludwig, München, Sales Director (bis 18. 1. 2011)"

5) Angaben unter „Sonstige Angaben", „Geschäftsführung":[820]

„Frank Theobald, Düsseldorf, kaufmännischer Geschäftsführer und Sprecher der Geschäftsführung
Christian Frank, Mettmann, Geschäftsführer Recht, Personal und Steuern
Reiner Worbs, Falkensee, Geschäftsführer Operative und Vertrieb
Uwe Gossmann, Krefeld, Geschäftsführer Ausland (bis 18. Februar 2016)"

---

815 Vgl. z. B. Adler, H./Düring, W./Schmaltz, K., 6. Aufl., § 285 HGB Rz. 207 m. w. N.
816 SANYEI (Deutschland) Gesellschaft mit beschränkter Haftung, Düsseldorf (Hrsg.), Jahresabschluss zum Geschäftsjahr vom 1. 1. 2016 bis zum 31. 12. 2016 – in der im elektronischen Bundesanzeiger veröffentlichten Fassung – pdf-Version, S. 2.
817 ABG Frankfurt Holding GmbH, Frankfurt am Main (Hrsg.), Geschäftsbericht 2013, S. 67.
818 SCITOR Grundstücks-Vermietungsgesellschaft mbH, Düsseldorf (Hrsg.), Jahresabschluss zum Geschäftsjahr vom 1. 1. 2016 bis zum 31. 12. 2016 – in der im elektronischen Bundesanzeiger veröffentlichten Fassung – pdf-Version, S. 3.
819 Elsevier GmbH, München (Hrsg.), Jahresabschluss zum Geschäftsjahr vom 1. 1. 2010 bis zum 31. 12. 2010 und Lagebericht für das Geschäftsjahr 2010 – in der im elektronischen Bundesanzeiger veröffentlichten Fassung – Druckfassung, S. 5.
820 Klüh Service Management GmbH, Düsseldorf (Hrsg.), Jahresabschluss zum Geschäftsjahr vom 1. 1. 2016 bis zum 31. 12. 2016 – in der im elektronischen Bundesanzeiger veröffentlichten Fassung – pdf-Version, S. 11.

6) Angaben unter „Sonstige Angaben", „Geschäftsführung":[821]

„Prof. Thomas Dilger, Leitender Geschäftsführer ab 19. 6. 2012

Unternehmensbereiche: Konzernsteuerung, Projektentwicklung, Stadtentwicklung

Stabsbereiche: Unternehmenskommunikation, Innenrevision, Vermarktung Bestandsimmobilien, Grundsatzangelegenheiten Forschung und Entwicklung

Dirk Schumacher

Unternehmensbereiche: Konzernservices, Regionalcenter Frankfurt, Regionalcenter Kassel, Regionalcenter Offenbach, Regionalcenter Wiesbaden, Kaufmännischer Service Immobilienbewirtschaftung, Technischer Service Immobilienbewirtschaftung

Stabsbereiche: Recht, Geschäftsbesorgung MET

Bernhard Spiller (bis 31. 5. 2012), Leitender Geschäftsführer

Unternehmensbereiche: Konzernsteuerung, Konzernservices

Stabsbereiche: Unternehmenskommunikation, Justiziariat, Innenrevision, Grundsatzangelegenheiten Rechnungswesen"

PRAXISBEISPIELE zu den Anhangangaben nach § 285 Nr. 10 HGB zur Zusammensetzung eines bei GmbH ggf. fakultativen Aufsichtsrats:

1) Angaben unter „Sonstige Angaben", „Aufsichtsrat":[822]

„Dr. h. c. Petra Roth (Vorsitzende)	Oberbürgermeisterin
Edwin Schwarz (1. stellv. Vors.) (bis 15. 3. 2012)	Stadtrat
Andrea Ost (2. stellv. Vors.)	Kfm. Angestellte
Peter Bachmann	Kfm. Angestellter
Berit Beierlein (ab 15. 7. 2011)	Techn. Angestellte
Mike Blanc	Programmierer
Uwe Becker (bis 10. 11. 2011/ab 17. 11. 2011)	Stadtkämmerer
Prof. Dr. Daniela Birkenfeld (ab 17. 11. 2011)	Stadträtin
Olaf Cunitz (bis 15. 7. 2011/ab 17. 11. 2011)	Angestellter/Stadtverordneter (ab 15. 3. 2012 Bürgermeister der Stadt Frankfurt)
Peter Curth	Techn. Angestellter
Rüdiger Heinisch	Dipl.-Ingenieur
Helmut Heuser (ab 17. 11. 2011)	Fraktionsgeschäftsführer/Stadtverordneter
Hilde Krauße (bis 31. 5. 2011)	Staatl. geprüfte Betriebswirtin/Stadtverordnete
Karlheinz Leister	Kfz-Mechaniker
Stefan Majer	Theologe/Stadtrat
Roswitha Leder (bis 31. 1. 2011)	Kfm. Angestellte
…"	

---

821 Nassauische Heimstätte Wohnungs- und Entwicklungsgesellschaft mbH, Frankfurt am Main (Hrsg.), Finanzbericht 2012, in: Unternehmensgruppe Nassauische Heimstätte Wohnstadt, Geschäftsbericht 2012 S. 73 (Fettmarkierungen im Original).

822 ABG Frankfurt Holding GmbH, Frankfurt am Main (Hrsg.), Geschäftsbericht 2011, S. 55.

2) Angaben unter „Sonstige Angaben", „Aufsichtsrat":[823]

„**Dieter Posch** (bis 14.6.2012), Vorsitzender, Staatsminister, Hessisches Ministerium für Wirtschaft, Verkehr und Landesentwicklung, Wiesbaden, Land Hessen

Florian Rentsch (ab 19.6.2012), Vorsitzender, Staatsminister, Hessisches Ministerium für Wirtschaft, Verkehr und Landesentwicklung, Wiesbaden, Land Hessen

Bernhard Stöver, stv. Vorsitzender, Arbeitnehmervertreter

Peter Feldmann (ab 2.8.2012), stv. Vorsitzender, Oberbürgermeister der Stadt Frankfurt am Main

Markus Amon, Geschäftsführer IRE|BS Immobilienakademie GmbH, Land Hessen

Ulrich Baier, Stadtverordneter, Stadt Frankfurt am Main

Jens Bersch, Vorsitzender des Betriebsrats, Nassauische Heimstätte Betrieb Süd, Gesamtbetriebsratsvorsitzender, Arbeitnehmervertreter

Dagmar Brinkmann, Ministerialrätin, Hessisches Ministerium der Finanzen, Wiesbaden, Land Hessen

..."

4.4.5 Gesamtbezüge der Organe (§ 285 Nr. 9a HGB)

Durch die Angaben nach § 285 Nr. 9a HGB werden Leistungen des bilanzierenden Unternehmens an Organmitglieder kenntlich gemacht. Aufgrund dessen ist auch bei GmbH sowie GmbH & Co. KG eine Einschätzung der Angemessenheit dieser Leistungen im Verhältnis zu den Aufgaben der Organmitglieder und zur wirtschaftlichen Lage des bilanzierenden Unternehmens möglich. Für GmbH sowie GmbH & Co. KG wird nach § 285 Nr. 9a HGB verlangt

▶ die Angabe der für die Tätigkeit im Geschäftsjahr gewährten Gesamtbezüge an

▶ Mitglieder der Geschäftsführung, eines Aufsichtsrats, eines Beirats oder einer ähnlichen Einrichtung.

Bei GmbH wird ein **Aufsichtsrat** als Organ außerhalb mitbestimmungsrechtlicher Regelungen nicht verpflichtend, sondern nach § 52 GmbHG ggf. fakultativ aufgrund entsprechender Festlegungen im Gesellschaftsvertrag oder Gesellschafterbeschluss eingerichtet. Werden Aufsichtsaufgaben stattdessen von einem **Beirat** oder einer **ähnlichen Einrichtung** (z. B. Verwaltungsrat, Gesellschafterausschuss u.a.) ausgeübt, beziehen sich die Bezügeangaben auf die Mitglieder dieses Aufsicht ausübenden Organs. Damit soll eine Umgehung der in § 285 Nr. 9a HGB verlangten Informationspflichten durch bloße Andersnennung eines Aufsichtsorgans verhindert werden. Ist ein Beirat, Verwaltungsrat, Gesellschafterausschuss u.a. neben einem Aufsicht ausübenden Aufsichtsrat eingerichtet, dürfen die Angaben zu den Gesamtbezügen des Aufsichtsorgans auf diejenigen der Mitglieder des Aufsichtsrats beschränkt werden.[824]

Mitglieder der Geschäftsführung oder eines Aufsichtsorgans im vorstehend skizzierten Sinn sind als solche bestellt. Eine ggf. spätere Registereintragung hat nur deklaratorische Wirkung. Im Fall von Umwandlungsvorgängen gehen die Mitgliedsrechte und -pflichten regelmäßig auf übernehmende Rechtsträger über. Deren Organe können bisher beim untergehenden Rechtsträger aktive Organmitglieder abberufen. Diese werden dann bei übernehmenden Rechtsträgern

---

[823] Nassauische Heimstätte Wohnungs- und Entwicklungsgesellschaft mbH, Frankfurt am Main (Hrsg.), Finanzbericht 2012, in: Unternehmensgruppe Nassauische Heimstätte Wohnstadt, Geschäftsbericht 2012, S. 73 (Fettmarkierungen im Original).

[824] Vgl. z. B. Hoffmann, W.-D./Lüdenbach, N., NWB Kommentar Bilanzierung, 8. Aufl., § 285 HGB Rz. 43 f.

zu ehemaligen Organmitgliedern und unterliegen dort den Angabepflichten nach § 285 Nr. 9b HGB (dazu wird auf die Erläuterungen im folgenden Abschnitt 4.4.6 verwiesen).[825]

Zu den **Gesamtbezüge**n i. S. d. § 285 Nr. 9a HGB zählen nach dem Wortlaut der Vorschrift

- Gehälter, Gewinnbeteiligungen, Aufwandsentschädigungen, Versicherungsentgelte, Provisionen und Nebenleistungen jeder Art sowie
- Beträge, die nicht ausgezahlt, sondern in Ansprüche anderer Art umgewandelt oder zur Erhöhung anderer Ansprüche verwendet werden (§ 285 Nr. 9a Satz 2) und
- Bezüge, die zwar im Geschäftsjahr gewährt wurden, bisher aber in keinem Jahresabschluss angegeben worden sind (§ 285 Nr. 9a Satz 3 HGB).

Bezugsrechte und sonstige aktienbasierte Vergütungen i. S. d. § 285 Nr. 9a Sätze 1 und 4 HGB können dagegen für die GmbH sowie GmbH & Co. KG als Bestandteile der Bezüge ihrer Organe nicht einschlägig sein. Ebenso nicht einschlägig sind für GmbH sowie GmbH & Co. KG die Anforderungen nach § 285 Nr. 9a Sätze 5 bis 8 HGB, die explizit nur von börsennotierten AG zu beachten sind.

Dem Wortlaut des § 285 Nr. 9a HGB entsprechend, sind die **Gesamtbezüge** „jeweils" für die genannten Personengruppen anzugeben, d. h. je Personengruppe getrennt in einer Summe (also für die Geschäftsführung in einer Summe, für den ggf. fakultativ eingerichteten Aufsichtsrat in einer Summe etc.).

Der Angabe nach § 285 Nr. 9a HGB unterliegen die Gesamtbezüge, die den Organmitgliedern für ihre Organtätigkeit im abzuschließenden Geschäftsjahr von der bilanzierenden GmbH bzw. GmbH & Co. KG gewährt wurden, mithin die von der bilanzierenden GmbH bzw. GmbH & Co. KG für die jeweiligen Organtätigkeiten erbrachten **Gegenleistungen**.[826] Dabei ist es **unerheblich**,

- ob die bilanzierende GmbH bzw. GmbH & Co. KG ihre Gegenleistung den Organmitgliedern selbst auszahlt,
- ob sie die Auszahlung durch Dritte veranlasst hat (z. B. durch ein von der bilanzierenden GmbH bzw. GmbH & Co. KG mit Abwicklung der Organvergütung beauftragtes Steuerberatungsbüro) oder
- ob die Organvergütung innerhalb eines Konzerns einheitlich durch das Mutterunternehmen abgewickelt wird, das ihren Tochterunternehmen anschließend die jeweiligen Organvergütungen über die Konzernumlage weiter belastet.[827]

Ebenfalls unerheblich ist, ob der bilanzierenden GmbH bzw. GmbH & Co. KG ihre Gegenleistung an die Organmitglieder ganz oder teilweise erstattet wird. Erbringt die bilanzierende GmbH bzw. GmbH & Co. KG dagegen für die Organtätigkeit keine Gegenleistung, entfällt bei ihr die Angabepflicht nach § 285 Nr. 9a HGB.[828]

Als „**gewährt**" sind die Bezüge gegenüber den Organmitgliedern grundsätzlich unter folgenden Voraussetzungen anzusehen:

---

[825] Vgl. z. B. Hoffmann, W.-D./Lüdenbach, N., NWB Kommentar Bilanzierung, 8. Aufl., § 285 HGB Rz. 45-50.
[826] Vgl. z. B. Adler, H./Düring, W./Schmaltz, K., 6. Aufl., § 285 HGB Rz. 173.
[827] Vgl. z. B. Hoffmann, W.-D./Lüdenbach, N., NWB Kommentar Bilanzierung, 8. Aufl., § 285 HGB Rz. 52 und 54.
[828] Vgl. z. B. IDW, WP-Handbuch 2017, Hauptband, 15. Aufl., S. 928, Tz. 1059 m. w. N. A. A. Hoffmann, W.-D./Lüdenbach, N., NWB Kommentar Bilanzierung, 8. Aufl., § 285 HGB Rz. 53.

- Den Organmitgliedern wurden die jeweiligen Bezüge rechtsverbindlich zugesagt,
- die den Zusagen jeweils zugrunde liegenden Tätigkeiten wurden von den Organmitgliedern erbracht und
- etwaige aufschiebende bzw. auflösende Bedingungen sind eingetreten.

Diese Voraussetzungen gelten kumuliert. Das heißt, Bezüge sind grundsätzlich erst dann gewährt und unter § 285 Nr. 9a HGB zu subsumieren, wenn alle diese Voraussetzungen eingetreten sind. Eine Ausnahme wird für Tantiemen oder andere Bezüge dann als zulässig betrachtet, wenn ihre rechtsverbindliche Zusage allein aufgrund fehlender Organbeschlüsse aussteht. Sofern dann aber etwa im Fall der Tantieme die diese begründende Leistung vollständig im abzuschließenden Geschäftsjahr erbracht wurde, für ihre Zusage eine hohe Wahrscheinlichkeit angenommen werden kann und sich ihre Höhe auch verlässlich schätzen lässt, ist es sachgerecht, sie bereits in die Angabe nach § 285 Nr. 9a HGB für das abzuschließende Geschäftsjahr mit einzubeziehen.[829]

Der **Umfang** der in die anzugebenden Gesamtbezüge einzubeziehenden Sachverhalte wird durch den Wortlaut des § 285 Nr. 9a HGB selbst konkretisiert. Bei GmbH sowie GmbH & Co. KG zählen danach „Gehälter, Gewinnbeteiligungen, …, Aufwandsentschädigungen, Versicherungsentgelte, Provisionen und Nebenleistungen jeder Art" dazu. Diese Formulierung ist breit gefasst und stellt nicht auf formale Bezeichnungen, sondern auf deren wirtschaftlichen Gehalt ab, was die Umgehung notwendiger Angaben erschwert. In diesem Sinne fallen auch Ersparnisse der Organmitglieder durch zinslos oder zinsgünstig von der bilanzierenden GmbH bzw. GmbH & Co. KG erhaltene Kredite oder unter Zeitwert erworbene Vermögenswerte zu den Bezügen. Gleiches gilt für Prämien, die die bilanzierende GmbH bzw. GmbH & Co. KG für Versicherungen aufwendet (z. B. Unfallversicherungen. Lebensversicherungen u. a.), deren Leistungen unmittelbar Organmitglieder begünstigen oder Jubiläumszuwendungen, übermäßig hohe (unangemessene) Reisespesen sowie Sach- oder Naturalbezüge (Gestellung von Wohnraum, Strom, Gas, Wasser, Personal, Dienstfahrzeug u. a.). Nicht zu den Bezügen i. S. d. § 285 Nr. 9a HGB zählen dagegen gesetzliche Arbeitgeberanteile zur Sozialversicherung, Zuführungen zu Pensionsrückstellungen (anders dagegen nach § 285 Nr. 9b HGB; hierzu wird auf den folgenden Abschnitt 4.4.6 verwiesen), bloßer Auslagenersatz, Rückdeckungsversichersicherungen (hier ist die bilanzierende GmbH bzw. GmbH & Co. KG Versicherungsnehmer und begünstigt), Organhaftpflichtversicherungen (Ansprüche daraus kommen ebenfalls der bilanzierenden GmbH bzw. GmbH & Co. KG zugute) sowie bei Aufsichtsratsmitgliedern erstattete Umsatzsteuer, auch dann, wenn die bilanzierende GmbH bzw. GmbH & Co. KG nicht vorsteuerabzugsberechtigt ist.[830]

Auch Bezüge, die nicht an Organmitglieder ausbezahlt, sondern stattdessen zur Aufstockung bestehender oder Gewährung anderer Ansprüche – primär Pensionsansprüche – verwendet werden (z. B. Umwandlung von Tantieme- in Pensionsansprüche), werden in die angabepflichtigen Bezüge einbezogen. Gleiches gilt für Nachvergütungen (z. B. bei Tantiemen) bzw. nachträg-

---

[829] Vgl. IDW, WP-Handbuch 2017, Hauptband, 15. Aufl., S. 926 f, Tz. 1050 f.
[830] Vgl. IDW, WP-Handbuch 2017, Hauptband, 15. Aufl., S. 927-929, Tz. 1052-1061; Adler, H./Düring, W./Schmaltz, K., 6. Aufl., § 285 HGB Rz. 176-180; Hoffmann, W.-D./Lüdenbach, N., NWB Kommentar Bilanzierung, 8. Aufl., § 285 HGB Rz. 56-58 jeweils m. w. N.

liche Änderungen bisheriger Vergütungen. Die Grundlage dafür bilden § 285 Nr. 9a Sätze 2 und 3 HGB.[831]

In der Bilanzierungspraxis werden die Angaben nach § 285 Nr. 9 Buchstabe a HGB regelmäßig mit denjenigen nach § 285 Nr. 9b und Nr. 9c HGB zusammengefasst.

Für die Angaben nach § 285 Nr. 9a HGB ist die **Schutzklausel** des § 286 Abs. 4 HGB anwendbar; hierzu wird auch auf Abschnitt 2.4.1 verwiesen. Lassen sich die Bezüge eines Mitglieds der Geschäftsführung, des Aufsichtsrats, des Beirats oder einer ähnlichen Einrichtung aufgrund dessen feststellen, darf die Angabe der Gesamtbezüge der jeweiligen Personengruppe unterbleiben. Zur Auslegung dieser Schutzklausel bestehen divergierende Auffassungen zwischen Exekutive, Legislative und Berufsstand der Wirtschaftsprüfer. Nach dem Gesetzeswortlaut des § 286 Abs. 4 HGB dürfen Angaben gemäß § 285 Nr. 9 Buchstabe a HGB nur bei Feststellbarkeit der Bezüge eines einzelnen Organmitglieds unterbleiben. Dies ist unstreitig der Fall, wenn etwa die Geschäftsführung nur aus einer Person besteht. Besteht die Geschäftsführung dagegen aus mehreren Personen, setzt Feststellbarkeit der Bezüge bei strenger Auslegung voraus, dass den Adressaten die Vergütungsstrukturen innerhalb der Geschäftsführung bekannt sein müssen. Nach Auffassung des OLG Düsseldorf wird dies indes für die Anwendung des § 286 Abs. 4 HGB nicht verlangt. Die Bezüge eines einzelnen Organmitglieds müssen sich nicht exakt ermitteln lassen. Es genüge, wenn die Bezüge der Organmitglieder nicht bedeutend voneinander abweichen, und daher diejenigen eines einzelnen Mitglieds durch rechnerische Durchschnittsbildung ermittelbar sind. Dem gegenüber vertritt das Bundesjustizministerium eine deutlich weichere Auffassung. Danach soll § 286 Abs. 4 HGB bereits dann anwendbar sein, wenn die Bezüge eines einzelnen Organmitglieds lediglich in seiner Größenordnung geschätzt werden können. Dies wird regelmäßig dann angenommen werden können, wenn die einzelnen Bezüge nicht z. B. aufgrund unterschiedlicher Dienstzeiten und Funktionen erheblich vom rechnerischen Durchschnitt abweichen. Ungeachtet dessen betont das Bundesjustizministerium, dass die verbindliche Gesetzesauslegung für den jeweiligen Einzelfall allein der Rechtsprechung obliegt. Eine einerseits engere, andererseits stärker konkretisierende Position zur Anwendung des § 286 Abs. 4 HGB vertritt der HFA des IDW. Nach seiner Interpretation dürfen die Bezügeangaben für die Geschäftsführung auch dann stets unterlassen werden, wenn dieses Organ zwei oder drei Mitglieder hat. Bei mehr Mitgliedern wird grundsätzlich die Pflicht zur Angabe der Gesamtbezüge bestehen, es sei denn, aufgrund besonderer Umstände ist es externen Abschlussadressatem möglich, individuelle Bezüge feststellen oder verlässlich schätzen zu können. Dafür reicht es allerdings nicht aus, wenn sich die Bezüge der Geschäftsführungsmitglieder bei Durchschnittsbildung eher zufällig ergeben.[832]

■ PRAXISBEISPIELE ▶ für die Anhangangaben nach § 285 Nr. 9a HGB:

■ 1) ▶ Angaben unter „Sonstige Angaben", „Geschäftsführung":[833]

„Die Gesamtbezüge der Geschäftsführung beliefen sich für das Geschäftsjahr 2016 auf 1.270 T€ (Vorjahr: 1.660 T€)."

---

831 Vgl. Adler, H./Düring, W./Schmaltz, K., 6. Aufl., § 285 HGB Rz. 181 und 184.
832 Vgl. IDW, WP-Handbuch 2012, Bd. I, 14. Aufl., S. 764 f., Tz. 951-953 m. w. N.
833 Klüh Service Management GmbH, Düsseldorf (Hrsg.), Jahresabschluss zum Geschäftsjahr vom 1.1.2016 bis zum 31.12.2016 – in der im elektronischen Bundesanzeiger veröffentlichten Fassung – pdf-Version, S. 11.

4.4 Sonstige Angaben

2) Angaben unter „Sonstige Angaben", „Gesamtbezüge des Aufsichtsrats, der Geschäftsführung und früherer Organmitglieder sowie Kreditgewährung":[834]

„Die Bezüge des Aufsichtsrats betrugen 19.760,00 €.

Die Gesamtbezüge der Geschäftsführung bei der Gesellschaft betrugen 395.680,46 €."

3) Angaben unter „Sonstige Angaben", „Angaben zu den Gesellschaftsorganen":[835]

„Die Bezüge der Geschäftsführung der Messe Düsseldorf GmbH betrugen im Geschäftsjahr 1.665 T€ (Vorjahr 1.927 T€).

...

Die Aufwendungen für den Aufsichtsrat beliefen sich im Geschäftsjahr auf 76 T€ (Vorjahr 82 T€)."

PRAXISBEISPIELE für einen freiwilligen Hinweis im Anhang zur Anwendung der Schutzklausel nach § 286 Abs. 4 HGB (Unterlassen der Bezügeangaben nach § 285 Nr. 9 Buchstabe a HGB):

1) Angaben unter „Sonstige Angaben", „Angaben über die Mitglieder der Unternehmensorgane":[836]

„Auf die Angabe der Gesamtbezüge für die Geschäftsführung gem. § 285 Nr. 9a HGB wird verzichtet (§ 286 Abs. 4 HGB)."

2) Angaben unter „Sonstige Angaben", „Aufwendungen für Organe":[837]

„Die gemäß § 285 Abs. 9 Buchstabe a HGB geforderten Angaben bezüglich der dem Vorstand gewährten Gesamtbezüge unterbleiben aufgrund der Befreiungsvorschrift des § 286 Abs. 4 HGB."

3) Angaben unter „Organe der Gesellschaft", „Geschäftsführer der Gesellschaft":[838]

„Die Geschäftsführer der Gesellschaft, die gleichzeitig Mitglieder des Vorstands der Drägerwerk Verwaltungs AG sind, erhalten keine Bezüge von der Dräger Medical GmbH. Bezüglich der Angaben der Gesamtbezüge der übrigen Geschäftsführer gemäß § 285 Nr. 9 Buchstabe a HGB macht die Gesellschaft von der Schutzklausel gemäß § 286 Abs. 4 HGB Gebrauch."

4) Angaben unter „Sonstige Angaben", „Organe und Aufwendungen für Organe":[839]

„Die Angabe zu den Gesamtbezügen der Geschäftsführung unterbleibt mit Hinweis auf § 286 Abs. 4 HGB, da die Bezüge der Mitglieder der Geschäftsführung nicht wesentlich von dem durch Rechenvorgang feststellbaren Durchschnittsbetrag abweichen."

5) Angaben unter „Sonstige Angaben":[840]

„Die Angabe der Gesamtbezüge der für die Gesellschaft tätigen Geschäftsführer wird gem. § 285 Nr. 9 HGB in Anwendung der in § 286 Abs. 4 HGB vorgesehenen Schutzklausel nicht vorgenommen, da sich anhand dieser Angaben die Bezüge eines Mitglieds der Geschäftsführung feststellen lassen."

---

[834] Nassauische Heimstätte Wohnungs- und Entwicklungsgesellschaft mbH, Frankfurt am Main (Hrsg.), Finanzbericht 2012, in: Unternehmensgruppe Nassauische Heimstätte Wohnstadt, Geschäftsbericht 2012, S. 74.
[835] Messe Düsseldorf GmbH, Düsseldorf (Hrsg.), Erläuterungen der Bilanz und der Gewinn- und Verlustrechnung der Messe Düsseldorf GmbH, S. 21.
[836] Paul Bongers Papierverarbeitung GmbH, Hilden (Hrsg.), Jahresabschluss zum Geschäftsjahr vom 1.1.2016 bis zum 31.12.2016 – in der im elektronischen Bundesanzeiger veröffentlichten Fassung – pdf-Version, S. 3.
[837] Frankfurter Aufbau AG, Frankfurt am Main (Hrsg.), Geschäftsbericht 2012, S. 65.
[838] Dräger Medical GmbH, Lübeck (Hrsg.), Jahresabschluss zum 31.12.2012 – in der Fassung des Testatsexemplars –, S. 19.
[839] AUTOSCHMITT IDSTEIN GmbH, Idstein (Hrsg.), Jahresabschluss zum Geschäftsjahr vom 1.1.2011 bis zum 31.12.2011 – in der im elektronischen Bundesanzeiger veröffentlichten Fassung – Druckfassung, S. 5.
[840] Orlen Deutschland GmbH, Elmshorn (Hrsg.), Jahresabschluss zum Geschäftsjahr vom 1.1.2014 bis zum 31.12.2014 – in der im elektronischen Bundesanzeiger veröffentlichten Fassung – pdf-Version, S. 14.

6) Angaben unter „Gesamtbezüge der Geschäftsführung und Aufsichtsratsvergütungen/Gewährte Kredite an die Geschäftsführung":[841]

„Hinsichtlich der Angabe der direkten Aufwendungen für Bezüge der Geschäftsführung nimmt die Gesellschaft die Befreiungsvorschrift gemäß § 286 Abs. 4 HGB in Anspruch, da nur ein Geschäftsführer Bezüge von der Gesellschaft erhält. Im Rahmen von Weiterbelastungen von Verwaltungskosten werden der Gesellschaft von Konzerngesellschaften auch anteilig pauschalierte Kosten für die Geschäftsführung in Rechnung gestellt, die jedoch nicht direkt zurechenbar sind."

4.4.6 Gesamtbezüge an frühere Organe (§ 285 Nr. 9b HGB)

Leistungen des bilanzierenden Unternehmens an frühere Organmitglieder und deren Hinterbliebene werden durch die Angaben nach § 285 Nr. 9b HGB kenntlich gemacht. Für GmbH sowie GmbH & Co. KG wird danach verlangt

- die Angabe der Gesamtbezüge an
- frühere Mitglieder der Geschäftsführung, eines Aufsichtsrats, eines Beirats oder einer ähnlichen Einrichtung und ihre Hinterbliebenen sowie
- die Angabe des Betrags der für die vorgenannte Personengruppe gebildeten Rückstellungen für laufende Pensionen und Anwartschaften auf Pensionen sowie des Betrags der für diese Verpflichtungen nicht gebildeten Rückstellungen.

Zu den **Gesamtbezüge**n i. S. v. § 285 Nr. 9b HGB zählen nach dem Wortlaut der Vorschrift auch

- Abfindungen, Ruhegehälter, Hinterbliebenenbezüge und Leistungen verwandter Art sowie
- entsprechend § 285 Nr. 9a HGB Beträge, die nicht ausgezahlt, sondern in Ansprüche anderer Art umgewandelt oder zur Erhöhung anderer Ansprüche verwendet werden,
- ebenfalls entsprechend § 285 Nr. 9a HGB erstreckt sich die Angabe der Gesamtbezüge gemäß § 285 Nr. 9b HGB auch auf solche Bezüge, die zwar im Geschäftsjahr gewährt wurden, bisher aber in keinem Jahresabschluss angegeben worden sind, z. B. Nachvergütungen bei Tantiemen.

Die **Gesamtbezüge** sind wie bei § 285 Nr. 9a HGB für die genannten Personengruppen getrennt („jeweils") in einer Summe anzugeben; hierzu wird auf den vorangegangenen Abschnitt 4.4.5 verwiesen. Der Angabe unterliegen Leistungen der bilanzierenden GmbH bzw. GmbH & Co. KG an ehemalige Organmitglieder oder Hinterbliebene, denen ein unmittelbarer Leistungsanspruch an die Gesellschaft zugrunde liegt. Dabei ist es unerheblich, ob die bilanzierende GmbH bzw. GmbH & Co. KG die Leistungspflicht selbst zugesagt oder im Wege der Gesamtrechtsnachfolge übernommen hat.[842]

Unter die in die Gesamtbezüge einzubeziehenden Abfindungen fallen u. a. Zahlungen anlässlich des Ausscheidens eines Organmitglieds aus dem jeweiligen Organ sowie die Auszahlung einer gewährten Rente mit dem kapitalisierten Betrag. Ruhegehälter und Hinterbliebenenbezüge betreffen laufende Geld- oder Sachleistungen an die Organmitglieder oder ihre Hinterbliebenen. Der Kreis der Hinterbliebenen ist nicht allgemein definiert. Er richtet sich nach den Vereinbarungen, die dazu jeweils mit den ehemaligen Organmitgliedern getroffen worden sind. Leistungen

---

841 Braun GmbH, Kronberg im Taunus (Hrsg.), Jahresabschluss zum 30. 6. 2012 – in der im elektronischen Bundesanzeiger veröffentlichten Fassung – Druckfassung, S. 19.
842 Vgl. Adler, H./Düring, W./Schmaltz, K., 6. Aufl., § 285 HGB Rz. 185-187.

verwandter Art sind solche, die den Abfindungen oder Ruhegehältern wirtschaftlich betrachtet ähnlich sind. Hierunter lassen sich z. B. Ausbildungsbeihilfen für Kinder der ehemaligen Organmitglieder subsumieren.[843]

Leistungen der bilanzierenden GmbH bzw. GmbH & Co. KG an ihre ehemaligen Organmitglieder oder deren Hinterbliebene stellen auch die zugunsten dieser Personen entstandenen oder eingegangenen **Pensionsverpflichtungen** dar. Über diesen Aspekt soll die Angabe der jeweils für die in § 285 Nr. 9b HGB genannten Gruppen gebildeten und aufgrund Passivierungswahlrecht, nicht gebildeten Pensionsrückstellungen informieren.[844]

In der Bilanzierungspraxis werden die Angaben nach § 285 Nr. 9b HGB regelmäßig mit denjenigen nach § 285 Nr. 9a sowie Nr. 9c HGB zusammengefasst.

Auch für die Angaben nach § 285 Nr. 9b HGB ist die **Datenschutzregelung** des § 286 Abs. 4 HGB anwendbar (hierzu wird auf Abschnitte 4.4.5 und 2.4.1 verwiesen): Lassen sich die Bezüge eines ehemaligen Mitglieds der Geschäftsführung, des Aufsichtsrats, des Beirats oder einer ähnlichen Einrichtung bzw. einer hinterbliebenen Person aufgrund dessen feststellen, dürfen die Angaben nach § 285 Nr. 9b HGB für die jeweilige Personengruppe unterbleiben.

PRAXISBEISPIELE für die Anhangangaben nach § 285 Nr. 9b HGB:

1) Angaben unter „Sonstige Angaben", „Gesamtbezüge des Aufsichtsrats, der Geschäftsführung und früherer Organmitglieder sowie Kreditgewährung":[845]

„An ehemalige Geschäftsführer und deren Hinterbliebene wurden im Geschäftsjahr 2012 Gesamtbezüge in Höhe von 420.981,70 € geleistet. Die Pensionsrückstellungen für ehemalige Geschäftsführer und deren Hinterbliebene betragen 4,8 Mio. € (i.V. 3,4 Mio. €)."

2) Angaben unter „Sonstige Angaben", „Angaben zu den Gesellschaftsorganen":[846]

„…Die Bezüge von ehemaligen Geschäftsführern und deren Hinterbliebenen beliefen sich auf 759 T€ (Vorjahr 683 T€).

Für Pensionsverpflichtungen gegenüber ehemaligen Mitgliedern der Geschäftsführung und deren Hinterbliebenen sind 9.641 T€ (Vorjahr 7.844 T€) zurückgestellt."

4.4.7 Angaben zum Abschlussprüferhonorar (§ 285 Nr. 17 HGB)

Mittelgroße GmbH sowie GmbH & Co. KG müssen die nach § 285 Nr. 17 HGB auszugestaltende Angabe zum Abschlussprüferhonorar gemäß § 288 Abs. 2 HGB nicht in den Anhang aufnehmen. Jedoch müssen sie diese Angabe der Wirtschaftsprüferkammer auf deren schriftliche Anforderung hin übermitteln.[847]

Daher müssen mittelgroße GmbH sowie GmbH & Co. KG in der Lage sein, die Angabe zum Abschlussprüferhonorar ordnungsmäßig zu ermitteln. Damit verbundene Inhalte und Zweifelsfragen werden in Abschnitt 5.2.1 erläutert.

---

843 Vgl. Adler, H./Düring, W./Schmaltz, K., 6. Aufl., § 285 HGB Rz. 185-187.
844 Vgl. Biener, H./Berneke, W., Bilanzrichtlinien-Gesetz, S. 261.
845 Nassauische Heimstätte Wohnungs- und Entwicklungsgesellschaft mbH, Frankfurt am Main (Hrsg.), Finanzbericht 2012, in: Unternehmensgruppe Nassauische Heimstätte Wohnstadt, Geschäftsbericht 2012, S. 74.
846 Messe Düsseldorf GmbH, Düsseldorf (Hrsg.), Erläuterungen der Bilanz und der Gewinn- und Verlustrechnung der Messe Düsseldorf GmbH, S. 21.
847 Siehe Abschnitt 2.4.2; zum Hintergrund der Regelung wird auf Abschnitt 5.2.1 verwiesen.

4.4.8 Angaben zum Mutterunternehmen für den größten Konzernkreis (§ 285 Nr. 14 HGB)

Gehört das bilanzierende Unternehmen zu einem Konzern, wird seine wirtschaftliche Lage häufig in wesentlichem Maße durch den Konzern beeinflusst. Aufgrund dessen kann es zu ihrer Beurteilung sinnvoll sein, neben dem Jahresabschluss des bilanzierenden Unternehmens auch den Abschluss des Konzerns einzusehen, zu dem es gehört.[848] Vor diesem Hintergrund müssen Kapitalgesellschaften, also auch GmbH sowie analog GmbH & Co. KG, ab mittlerer Größe nach § 285 Nr. 14 HGB zum Mutterunternehmen in den Anhang zusätzlich auch folgende Angaben aufnehmen:

▶ Name und Sitz desjenigen Mutterunternehmens, das den Konzernabschluss für den größten Kreis von Unternehmen aufstellt, und

▶ im Fall der Offenlegung dieses Konzernabschlusses der Ort, wo dieser erhältlich ist.

Auch diese Angaben werden dem Wortlaut bzw. dem Zweck der Vorschrift nach nur ausgelöst, wenn die berichtende Kapitalgesellschaft als Tochterunternehmen zu einem anderen Unternehmen in einem Mutter-/Tochter-Verhältnis steht – dazu sind die Regelungen der §§ 271 Abs. 2, 290 HGB einschlägig – und das Mutterunternehmen einen Konzernabschluss aufstellt. Wie nach § 285 Nr. 14 Buchstabe a HGB auch, sind diese Angaben dann **unabhängig davon** zu machen,

▶ ob das Mutterunternehmen seinen Sitz im Inland oder im Ausland hat,

▶ ob der jeweilige Konzernabschluss pflichtmäßig aufzustellen ist (auch, wenn dies pflichtwidrig unterbleibt[849]) oder freiwillig aufgestellt wird und

▶ ob die bilanzierende Kapitalgesellschaft in den jeweiligen aufgestellten Konzernabschluss einbezogen wird oder nicht.[850]

Zur Angabe von **Name** und **Sitz** der Mutterunternehmen i. S. d. § 285 Nr. 14 HGB wird auf die Erläuterungen in Abschnitt 3.4.5 verwiesen.

Für den **größten Kreis** von Unternehmen wird der Konzernabschluss i. d. R. von demjenigen Mutterunternehmen aufgestellt, das hierarchisch an der Konzernspitze steht. In bestimmten Fällen ist dieses Mutterunternehmen auch dasjenige, das den Konzernabschluss für den kleinsten Kreis von Unternehmen aufstellt; hierzu wird auf Abschnitt 3.4.5 verwiesen.

Der **Ort**, an dem der Konzernabschluss des Mutterunternehmens i. S. d. § 285 Nr. 14 HGB bei geforderter Offenlegung erhältlich ist, ist in Deutschland aufgrund § 325 HGB der elektronische Bundesanzeiger (offizielle Internetadresse: www.ebundesanzeiger.de; wegen Zugriff auf die gleiche Datenbasis ist der gleiche Inhalt auch abrufbar unter: www.unternehmensregister.de). Bei ausländischen Mutterunternehmen sind vergleichbare Orte anzugeben. Das können z. B. sein: Amtsblätter mit Datum und Nummer, elektronische Amtsblätter mit entsprechenden Internetadressen oder ggf. elektronische Adressen ausländischer Behörden, bei denen der Konzernabschluss einsehbar bzw. abrufbar ist, etc.[851] Unterbleibt die Offenlegung des Konzern-

---

848 Vgl. Adler, H./Düring, W./Schmaltz, K., 6. Aufl., § 285 HGB Rz. 246.
849 Vgl. IDW, WP-Handbuch 2017, Hauptband, 15. Aufl., S. 936, Tz. 1100 m. w. N.
850 Vgl. Adler, H./Düring, W./Schmaltz, K., 6. Aufl., § 285 HGB Rz. 250-252.
851 Vgl. IDW, WP-Handbuch 2017, Hauptband, 15. Aufl., S. 936, Tz. 1099 m. w. N.

abschlusses eines Mutterunternehmens mangels gesetzlicher Verpflichtung, muss für die Offenlegung kein Ort angegeben werden.[852]

PRAXISBEISPIELE für die Anhangangaben nach § 285 Nr. 14 HGB:

1) Angaben unter „Sonstige Angaben", „Konzernabschluss":[853]

„Die MMEC, Düsseldorf, wird in den Konzernabschluss ihres Alleingesellschafters, der MAB Mannesmann GmbH, Düsseldorf, einbezogen (kleinster und größter Kreis von Unternehmen). Der Konzernabschluss der MAB Mannesmann Anlagenbau GmbH, Düsseldorf, wird im elektronischen Bundesanzeiger offengelegt."

2) Angaben unter „Konzernabschluss":[854]

„Der Abschluss der Gesellschaft wird über ihre Muttergesellschaft Tele2 Europe S.A., Bertrange/Luxemburg, in den Konzernabschluss der Tele2 AB, Stockholm/Schweden, einbezogen. Die Tele2 AB, Stockholm/Schweden, stellt den Konzernabschluss für den kleinsten und größten Kreis von Unternehmen auf. Der Konzernabschluss wird veröffentlicht und beim Handelsregister Stockholm unter 556410-8917 hinterlegt."

3) Angaben unter „Sonstige Angaben", „Konzernzugehörigkeit":[855]

„Alleinige Gesellschafterin der IVECO West Nutzfahrzeuge GmbH, Düsseldorf, ist die Iveco Magirus AG, Ulm.

Die CNH Industrial N.V., Amsterdam, Niederlande, ist mit Mehrheit an der Iveco Magirus AG, Ulm beteiligt. Sie erstellt den Konzernabschluss sowohl für den kleinsten als auch größten Kreis der Unternehmen.

Der Konzernabschluss der CNH Industrial N.V., eine Aktiengesellschaft nach niederländischem Recht, ist bei der Handelskammer in Amsterdam, Niederlande, hinterlegt."

4) Angaben unter „Sonstige Angaben", „Konzernzugehörigkeit und Konzernabschluss":[856]

„Der Konzernabschluss und Konzernlagebericht für den kleinsten Kreis der Unternehmen wird von der REV Ritter GmbH aufgestellt.

Der Konzernabschluss und Konzernlagebericht für den größten Kreis von Unternehmen, in den die Gesellschaft einbezogen wird, wird durch die China Ningbo Cixi Import & Export Corporation, Foreign Trade Mansion, Nr. 269, Sishan Road, CIXI Ningbo, China, nach unserer Annahme aufgestellt.

Der Konzernabschluss und Konzernlagebericht ist unter der oben genannten Adresse am Sitz der jeweiligen Gesellschaft erhältlich."

5) Angaben unter „Sonstige Angaben", „Konzernzugehörigkeit":[857]

„Die TARGO Finanzberatung GmbH wird in den Teilkonzernabschluss der Banque Fédérative du Crédit Mutuel S.A., 34, Rue du Wacken, 67913 Straßburg/Frankreich, einbezogen. Diese wird wiederum in den Konzernabschluss der Caisse Fédérale de Crédit Mutuel, 34, Rue du Wacken, 67913 Straßburg/Frankreich, als oberstem Konzernunternehmen einbezogen, wo der Konzernabschluss auch erhältlich ist."

---

852 Vgl. Grottel, B., in: BeckBilKom, 10. Aufl., § 285 HGB Rn. 461.
853 MMEC Mannesmann GmbH, Düsseldorf (Hrsg.), Jahresabschluss zum Geschäftsjahr vom 1.1.2016 bis zum 31.12.2016 – in der im elektronischen Bundesanzeiger veröffentlichten Fassung – pdf-Version, S. 9 f.
854 Communication Services Tele2 GmbH, Düsseldorf (Hrsg.), Jahresabschluss zum Geschäftsjahr vom 1.1.2016 bis zum 31.12.2016 – in der im elektronischen Bundesanzeiger veröffentlichten Fassung – pdf-Version, S. 9 f.
855 IVECO West Nutzfahrzeuge GmbH, Düsseldorf (Hrsg.), Jahresabschluss zum Geschäftsjahr vom 1.1.2016 bis zum 31.12.2016 – in der im elektronischen Bundesanzeiger veröffentlichten Fassung – pdf-Version, S. 9.
856 REV Ritter GmbH, Mömbris (Hrsg.), Jahresabschluss zum Geschäftsjahr vom 1.1.2016 bis zum 31.12.2016 – in der im elektronischen Bundesanzeiger veröffentlichten Fassung – pdf-Version, S. 12.
857 TARGO Finanzberatung GmbH, Düsseldorf (Hrsg.), Jahresabschluss zum Geschäftsjahr vom 1.1.2016 bis zum 31.12.2016 – in der im elektronischen Bundesanzeiger veröffentlichten Fassung – pdf-Version, S. 9.

6) Angaben unter „Mutterunternehmen und Konzernverhältnisse":[858]

„Oberstes Mutterunternehmen im Sinne des § 290 Abs. 1 HGB ist die Volkswagen AG, Wolfsburg, die einen Konzernabschluss entsprechend den IFRS, wie sie in der EU anzuwenden sind, und den ergänzend nach § 315a Abs. 1 HGB anzuwendenden handelsrechtlichen Vorschriften aufstellt. Die SEAT Deutschland GmbH wird in diesen Konzernabschluss für den größten Kreis von Unternehmen einbezogen und erstellt entsprechend der Befreiungsregelungen des § 291 HGB keinen Teilkonzernabschluss. Für den kleinsten Kreis von Unternehmen wird von der SEAT S. A., Martorell/Spanien, ein konsolidierter Abschluss erstellt. Der Konzernabschluss der Volkswagen AG wird beim Bundesanzeiger bekannt gemacht und ist unter www.bundesanzeiger.de erhältlich. Der Konzernabschluss der SEAT S. A. wird nicht veröffentlicht."

4.4.9 Geschäfte mit nahestehenden Unternehmen und Personen (§ 285 Nr. 21 HGB)

Unter den in § 285 Nr. 21 HGB genannten Voraussetzungen müssen in den Anhang bestimmte Angaben zu Geschäften mit sogenannten nahestehenden Unternehmen und Personen aufgenommen werden; hierzu wird im Einzelnen auf Abschnitt 5.2.2 verwiesen. Vor Anwendung des BilRUG waren mittelgroße GmbH sowie GmbH & Co. KG von den damit verbundenen Informationspflichten befreit. Das wurde mit dem BilRUG geändert, denn die Bilanzrichtlinie sieht eine solche Befreiungsmöglichkeit nicht mehr vor. Somit werden nun auch GmbH sowie GmbH & Co. KG Angaben zu Geschäften mit nahestehenden Unternehmen und Personen machen müssen.

Gemäß § 288 Abs. 2 Satz 3 HGB wird für mittelgroße Unternehmen aber der Kreis der nahestehenden Unternehmen und Personen, für die eine Angabe der Geschäfte mit ihnen in Frage kommt, gegenüber dem Regelfall eingeschränkt. Im Regelfall bestimmt sich der Kreis der nahestehenden Unternehmen und Personen nach den Vorgaben in IAS 24; hierzu wird auf Abschnitt 5.2.2 verwiesen. Nach § 288 Abs. 2 Satz 3 HGB gehören zu den nahestehenden Unternehmen und Personen dagegen (lediglich):

▶ Gesellschafter des bilanzierenden Unternehmens,

▶ Unternehmen, an denen das bilanzierende Unternehmen selbst eine Beteiligung hält, und

▶ Mitglieder des Geschäftsführungs-, Aufsichts- oder Verwaltungsorgans des bilanzierenden Unternehmens.

Gegenüber der zuvor für mittelgroße AG nach § 288 Abs. 2 Satz 4 HGB a. F. (vor BilRUG) geltenden Bestimmung des Kreises der nahestehenden Unternehmen und Personen führt dies zu einer Ausweitung, denn neben den Mitgliedern des Geschäftsführungs-, Aufsichts- oder Verwaltungsorgans zählte danach nur noch der „Hauptgesellschafter" dazu.

Grundlage für diese **neue Inhaltsabgrenzung** bildet Art. 17 Abs. 1 Buchstabe r Unterabsatz 4 der Bilanzrichtlinie, der indes von „Eigentümern, die eine Beteiligung an dem Unternehmen halten" statt von „Gesellschafter" spricht. Der Begriff „Gesellschafter" dürfte weiter gehend zu verstehen sein und das Eigentum am bilanzierenden Unternehmen nicht auf die regelmäßig der „Beteiligung" als Vermutung zugrunde gelegte Anteilsbesitzhöhe von mehr als 20 % beschränken

---

[858] SEAT Deutschland GmbH, Weiterstadt (Hrsg.), Jahresabschluss zum Geschäftsjahr vom 1. 1. 2016 bis zum 31. 12. 2016 – in der im elektronischen Bundesanzeiger veröffentlichten Fassung – pdf-Version, S. 10.

4.4 Sonstige Angaben

(siehe § 271 Abs. 1 Satz 3 HGB). Aus der Gesetzesbegründung zu § 288 Abs. 2 Satz 3 HGB[859] sind aber keine Anzeichen erkennbar, dass die dann gegenüber der EU-Vorgabe anzunehmende Verschärfung gewollt ist. Somit ist davon auszugehen, dass **„Gesellschafter"** solche Eigentümer sein sollen, die am bilanzierenden Unternehmen eine „Beteiligung" halten.

Unternehmen, an denen das bilanzierende Unternehmen **selbst eine Beteiligung hält**, werden nach handelsrechtlichem Verständnis gemäß Vorgabe des § 271 Abs. 1 HGB bestimmt.

„Geschäftsführungsorgan" ist bei GmbH die Geschäftsführung, beim Grundtyp der GmbH & Co. KG die Geschäftsführung der Komplementär-GmbH (hierzu wird auch auf Abschnitt 2.2 verwiesen). Ein **„Aufsichtsorgan"** ist weder bei GmbH noch bei GmbH & Co. KG obligatorisch vorgesehen. Allerdings kann bei GmbH, beim Grundtyp der GmbH & Co. KG innerhalb der Komplementär-GmbH, aufgrund Festlegung im Gesellschaftsvertrag (fakultativ) ein Aufsichtsrat eingerichtet sein; zur pflichtmäßigen Einrichtung eines Aufsichtsrats bei GmbH wird auf Abschnitt 4.4.11 verwiesen. Für dessen Ausgestaltung gelten dann außerhalb anderer Festlegungen im Gesellschaftsvertrag grundsätzlich die Regelungen für den Aufsichtsrat gemäß AktG. Anstelle eines Aufsichtsrats kann bei GmbH sowie GmbH & Co. KG fakultativ auch ein Beirat, Verwaltungsrat oder ähnliches Organ eingerichtet sein. Nimmt dieses Organ – ggf. neben anderen Aufgaben – analog einem Aufsichtsrat Aufsichtsfunktionen wahr, ist es ein i. S. d. § 288 Abs. 2 Satz 3 HGB relevantes „Aufsichtsorgan". Ein **„Verwaltungsorgan"** ist z. B. bei der Europäischen Gesellschaft im monistischen System vorgesehen[860] und wird daher nach den in Deutschland bestehenden gesellschaftsrechtlichen Strukturen bei GmbH sowie GmbH & Co. KG nicht vorkommen.

Werden Geschäfte mit den so definierten nahestehenden Unternehmen und Personen abgeschlossen, sind im Anhang unter den in § 285 Nr. 21 HGB genannten **Voraussetzungen** die danach erforderlichen **Angaben** zu machen. Diese Voraussetzungen und Angaben sind gegenüber der bisherigen Rechtslage unverändert; dazu wird auf die Erläuterungen in Abschnitt 5.2.2 verwiesen. Da der Kreis der nahestehenden Unternehmen und Personen für mittelgroße Unternehmen wie oben erläutert neu definiert wurde, sind bisherige Praxisbeispiele für Angaben nach dem zuvor geltenden § 285 Nr. 21 i.V.m. § 288 Abs. 2 Satz 4 HGB (vor BilRUG) insoweit nicht uneingeschränkt gültig, machen indes die Grundausrichtung der geforderten Angaben hinreichend deutlich.

PRAXISBEISPIELE für Angaben nach dem bisherigen § 285 Nr. 21 i.V.m. § 288 Abs. 2 Satz 4 HGB a. F. (vor BilRUG) einschließlich freiwilliger Negativerklärung:

1) Angaben unter „Sonstige Angaben zum Jahresabschluss", „Geschäfte mit nahestehenden Unternehmen und Personen":[861]

„Entsprechend § 285 Nr. 21 i.V.m. § 288 Abs. 2 S. 4 HGB lagen im Geschäftsjahr folgende nicht zu marktüblichen Bedingungen zustande gekommene Geschäfte, die direkt oder indirekt mit dem Hauptgesellschafter oder Mitgliedern des Geschäftsführungs- bzw. Aufsichtsorgans abgeschlossen wurden, vor: Vorstehend unter Tz. 22.3 erläuterter Forderungsverzicht erfolgte als Restrukturierungsbeitrag des Hauptgesellschafters."

---

859 Vgl. BT-Drucks. 18/4050, S. 69.
860 Vgl. z. B. § 20 SE-Ausführungsgesetz (Gesetz zur Ausführung der Verordnung (EG) Nr. 2157/2001 des Rats vom 8. 10. 2001 über das Statut der Europäischen Gesellschaft (SE).
861 Aktiengesellschaft Bad Neuenahr, Bad Neuenahr (Hrsg.), Geschäftsbericht 2013, S. 63.

4. Für mittelgroße GmbH sowie GmbH & Co. KG ergänzend geltende Anhangvorschriften

Der Text in der Verweisziffer 22.3 lautet:

„Forderungsverzicht mit Besserungsschein

Mit Datum vom 19.6.2013 erklärte die Interessengemeinschaft von Aktionären der Aktiengesellschaft Bad Neuenahr GbR einen Verzicht auf zwei Darlehensforderungen von je 250.000,00 €. Dieser ist mit einer Besserungsabrede verbunden. Die Darlehensforderung und der Zinsanspruch leben unter der Voraussetzung der Wiedererlangung der Ertragskraft und freier Liquidität wieder auf.

Dies ist im Wesentlichen von folgenden Voraussetzungen abhängig:

▶ Jahresüberschuss von über 200.000,00 €; Aufleben nur in Höhe des den Betrag von 200.000,00 € übersteigenden Jahresüberschusses,

▶ bilanzielle Eigenkapitalquote von mindestens 25 %,

▶ zumindest ausgeglichene Liquidität der beiden Folgejahre,

▶ keine Finanzierung über Inanspruchnahme von Darlehen und Kontokorrentlinien.

Unabhängig davon tritt der Besserungsfall im Falle der Auflösung der Gesellschaft insoweit wieder auf, als sich ein Liquidationsüberschuss oder ein an die Aktionäre zu verteilendes Schlussvermögen verbleibt; Forderungen zuzüglich Zinsen sind vorrangig vor der Schlussverteilung an die Aktionäre zu bedienen. Der Forderungsverzicht selbst wurde in 2013 zunächst ertragswirksam vereinnahmt. Da die Eigenkapitalquote zum 31.12.2013 17,1 % beträgt, ist der Besserungsfall zum 31.12.2013 nicht eingetreten."

2) ▶ Angaben unter „Sonstige Angaben":[862]

„2. Angaben gemäß § 6b Abs. 2 EnWG

Von den Umsatzerlösen wurden 8.518,1 T€ (Vorjahr: 9.010,2 T€) mit der VERBUND AG, Wien, und 7.170,8 T€ (Vorjahr: 5.645,1 T€) mit der Innwerk AG, Stammham, aus Stromlieferungen von insgesamt 954,8 GWh (Vorjahr: 905,4 GWh) erzielt. Im Materialaufwand sind mit 8.543,9 T€ (Vorjahr: 8.551,9 T€) Betriebsführungskosten der Grenzkraftwerke GmbH, Simbach, enthalten.

Die Gesellschaft ist in das cash pooling der VERBUND Finanzierungsservice GmbH, Wien, eingegliedert. Zum Bilanzstichtag beläuft sich die Verbindlichkeit aus dem cash pooling auf 8.998,7 T€. Die Verzinsung erfolgt zu marktüblichen Konditionen. Darüber hinaus werden Dienstleistungen bezüglich Zahlungsverkehrsabwicklung und Cash Management verrechnet.

...

5. Angaben gemäß § 285 Nr. 21 HGB

Hinsichtlich der Angaben zu Geschäften mit nahestehenden Unternehmen und Personen wird auf die Angaben zu § 6b Abs. 2 EnWG unter Ziffer 2 verwiesen.

Die Hauptaktionäre VERBUND AG, Wien, und die Innwerk AG, Stammham, haben auf Basis langfristiger Vereinbarungen Anspruch auf Lieferung des erzeugten Stroms gegen Erstattung der Selbstkosten zuzüglich einer angemessenen Verzinsung der eigenen Mittel. Im Geschäftsjahr 2016 ergibt sich hieraus ein Gesamtentgelt von 15.688,9 T€, das in den Umsatzerlösen enthalten ist."

3) ▶ Angaben unter „Sonstige Erläuterungen", „Nahestehende Personen und mitgeteilte Beteiligungsverhältnisse":[863]

„Frau Evi Brandl, München, besitzt eine Mehrheitsbeteiligung an dem Aktienkapital der Etienne Aigner AG. Liefer- und Leistungsbeziehungen zwischen den Unternehmen von Frau Evi Brandl und der Gesellschaft werden zu marktüblichen Preisen abgewickelt."

---

862 Donaukraftwerk Jochenstein Aktiengesellschaft, Passau (Hrsg.), Jahresabschluss zum Geschäftsjahr vom 1.1.2016 bis zum 31.12.2016 – in der im elektronischen Bundesanzeiger veröffentlichten Fassung – pdf-Version, S. 19.
863 Etienne Aigner AG, München (Hrsg.), Geschäftsbericht 2013, S. 12

4.4.10 Vorgänge von besonderer Bedeutung nach dem Abschlussstichtag (§ 285 Nr. 33 HGB)

Nach § 285 Nr. 33 HGB müssen Unternehmen ab mittlerer Größe im Anhang Angaben machen über „Vorgänge von besonderer Bedeutung, die nach dem Schluss des Geschäftsjahrs eingetreten und weder in der Gewinn- und Verlustrechnung noch in der Bilanz berücksichtigt sind, unter Angabe ihrer Art und ihrer finanziellen Auswirkungen". Die Vorschrift wurde mit dem BilRUG in das HGB eingefügt. Grundlage für diese Norm bildet Art. 17 Abs. 1 Buchstabe q der Bilanzrichtlinie.

Mit § 285 Nr. 33 HGB wurde die Berichterstattung über wesentliche Ereignisse nach dem Abschlussstichtag aus dem Lagebericht in den Anhang verschoben. Die dazu bislang in § 289 Abs. 2 Nr. 1 HGB a. F. (vor BilRUG) kodifizierte Berichtspflicht wurde mit dem BilRUG aufgehoben. Weitere Hinweise zu den Informationsanforderungen im bisherigen „Nachtragsbericht" innerhalb des Lageberichts ergaben sich aus DRS 20.114 f.[864] Der Standard definierte einen **Vorgang von besonderer Bedeutung** nach dem Abschlussstichtag als Vorgang, der, „hätte er sich bereits vor Ablauf des Berichtszeitraums ereignet, eine deutlich andere **Darstellung der Vermögens-, Finanz- und Ertragslage** ... erfordert hätte", und verlangte, die erwarteten Auswirkungen solcher Vorgänge auf die Vermögens-, Finanz- und Ertragslage darzustellen und zu erläutern – und damit die Berichterstattung darüber im Folgejahr quasi überblicksartig vorwegzunehmen. Beispiele für i. d. R. berichtspflichtige Vorgänge von besonderer Bedeutung nach dem Abschlussstichtag sowie konkretisierende Hinweise zu den geforderten Darstellungen und Erläuterungen ihrer Auswirkung auf die Lage des berichtenden Unternehmens enthielt DRS 20 allerdings nicht – ebenso wenig sein Vorgängerstandard DRS 15.

Aber auch bei näherer Konkretisierung der bisherigen „Nachtragsberichterstattung" wäre DRS 20 zur Interpretation der neuen Anhangangabe nicht zwangsläufig geeignet. Denn angabepflichtig sind nach § 285 Nr. 33 HGB zum einen nur solche Vorgänge von besonderer Bedeutung, „die nach dem Schluss des Geschäftsjahrs eingetreten und weder in der Gewinn- und Verlustrechnung noch in der Bilanz berücksichtigt sind", also nur sogenannte **wertbegründende** Ereignisse.[865] Dabei differenziert die Vorschrift für die Angabe nicht danach, ob darunter fallende Vorgänge für das bilanzierende Unternehmen vorteilhaft oder nachteilig sind. Zum anderen sind zu den Vorgängen „Art" und „finanzielle Auswirkungen" anzugeben. Diese Anforderungen sind nicht identisch mit den vorherigen nach § 289 Abs. 2 Nr. 1 HGB a. F. (vor BilRUG).[866] Sie finden sich zu den wertbegründenden Ereignissen vielmehr gleichlautend in **IAS 10** „Ereignisse nach der Berichtsperiode" und IAS 10.22 nennt für dazugehörende, regelmäßig angabepflichtige Vorgänge folgende **Beispiele**:

- „umfangreicher" Unternehmenszusammenschluss oder Veräußerung eines „umfangreichen" Tochterunternehmens,
- Bekanntgabe der Planung zur Aufgabe eines Geschäftsbereichs,
- „umfangreiche" Käufe oder Verkäufe von Vermögenswerten,

---

[864] BMJ (Hrsg.), Bekanntmachung des DRS 20 „Konzernlagebericht" vom 25. 11. 2012, in: Bundesanzeiger vom 4. 12. 2012, Allgemeiner Teil, Beilage 1, S. 14, Anm. 114 f.
[865] Zum Begriff vgl. z. B. Hoffmann, W.-D./Lüdenbach, N., NWB Kommentar Bilanzierung, 8. Aufl., § 252 HGB Rz. 70.
[866] Vgl. BT-Drucks. 18/4050, S. 67.

- „umfangreiche" Vermögensenteignungen durch die öffentliche Hand,
- Zerstörung einer bedeutenden Produktionsstätte durch Brand,
- Bekanntgabe oder Beginn der Durchführung einer umfangreichen Restrukturierungsmaßnahme,
- bedeutende Finanzierungsmaßnahmen (Eigen- und Fremdfinanzierung),
- ungewöhnliche Preisänderungen (auf Beschaffungs- oder Absatzmärkten),
- ungewöhnlich große Wechselkursänderungen,
- bedeutende Steuergesetzänderungen (einschließlich Änderung der Steuersätze),
- Eingehen wesentlicher Verpflichtungen oder Haftungsverhältnisse (z. B. durch Gewährleistungen),
- Beginn neuer, „umfangreicher" Rechtsstreitigkeiten.

Eine nähere Konkretisierung der mit Angabe von Art und finanziellen Auswirkungen der jeweiligen Vorgänge verbundenen Anforderungen enthält auch IAS 10 nicht. Insbesondere der im HGB bisher nicht verwendete Terminus **„finanzielle Auswirkungen"** ist konkretisierungsbedürftig. Denn begrifflich ist dazu ein enges oder auch ein weiter gehendes Verständnis möglich (Auswirkung nur auf die Finanzlage oder auch auf die Vermögens- und Ertragslage),[867] wobei der Gesetzgeber nach entsprechendem Hinweis im Gesetzgebungsverfahren dem weiter gehenden Verständnis (Auswirkungen auf die Vermögens-, Finanz- und Ertragslage) folgt.[868]

Hinweise zu den Angabeanforderungen nach § 285 Nr. 33 HGB gibt auch das einschlägige Schrifttum; ergänzend wird auf die Erläuterungen in den Abschnitten 4.4.1 und 5.2.2 zu § 285 Nr. 3 und Nr. 21 HGB verwiesen, in denen teilweise begriffsidentische Vorgaben normiert sind. Danach verlangt

- die Angabe der **Art** des Vorgangs eine verbale Darstellung derart, dass der jeweilige Vorgang für die Adressaten verständlich wird.[869]
- die Angabe der **finanziellen Auswirkungen** ggf. geschätzte und/oder in Bandbreiten angegebene **quantitative Informationen** zur Auswirkung des jeweiligen Vorgangs (wie zuvor bereits nach DRS 20.114 und auch gemäß Auffassung des IDW zu § 285 Nr. 33 HGB[870]) auf die **Vermögens-, Finanz- und Ertragslage**, soweit dies für die Adressaten des Jahresabschlusses von Interesse ist.

Dahin gehend lassen sich die Informationsanforderungen „Art" und „finanzielle Auswirkungen" gemäß § 285 Nr. 33 HGB nach Analyse der bisherigen Praxis zur „Nachtragsberichterstattung" im Lagebericht für typische berichtspflichtige Fälle wie folgt konkretisieren:[871]

---

867 So DRSC, Stellungnahme vom 24. 2. 2015 zum BilRUG Reg-E, S. 6.
868 An den Gesetzgeber gerichtet vom IDW mit Hinweis auf die bisherigen Auffassungen zur Nachtragsberichterstattung im Lagebericht sowie zur Vorgabe in der englischsprachigen Fassung der Bilanzrichtlinie („financial position"); vgl. IDW, Stellungnahme vom 10. 10. 2014 zum BilRUG Ref-E, S. 11. Der Gesetzgeber änderte daraufhin die im Referentenentwurf zum BilRUG gewählte Formulierung „Auswirkung auf die Finanzlage" entsprechend der Vorgabe in der Bilanzrichtlinie in „finanzielle Auswirkungen". Vgl. dazu auch die ausführliche Darstellung bei Philipps, H., Nachtragsberichterstattung in der Unternehmenspraxis – Status quo und Anpassung an die Informationsanforderungen nach BilRUG, in: DB 2016, S. 2010.
869 Vgl. Adler, H./Düring, W./Schmaltz, K., Rechnungslegung nach Internationalen Standards, Abschnitt 2 (IAS 10), Rz. 209.
870 Vgl. IDW, Stellungnahme vom 10. 10. 2014 zum BilRUG Ref-E, S. 11.
871 Vgl. Philipps, H., Nachtragsberichterstattung in der Unternehmenspraxis – Status quo und Anpassung an die Informationsanforderungen nach BilRUG, in: DB 2016, S. 2011-2015.

ABB. 61:	Ereignisse nach dem Abschlussstichtag – Art und finanzielle Auswirkungen typischer Fälle	
Art des Vorgangs		**Finanzielle Auswirkungen**
Bezeichnung	Typische Fälle	
Vermögens-vorgänge	Erwerbs- und Veräußerungsvorgänge jedweder Art, z. B. betreffend Anteile an anderen Unternehmen, einzelne Geschäftssegmente, einzelne Objekte bzw. immaterielle Vermögenswerte sowie Vermögenstransaktionen im Zusammenhang mit Um- oder Restrukturierungen.	Vermögenslage: Zugang oder Abgang von Vermögensgegenständen Finanzlage: Zugang oder Abgang von Zahlungsmitteln oder Schulden Ertragslage: Zugang oder Abgang von Umsatz- und Ergebnisbeiträgen
Finanzierungsvorgänge	Finanzierungsmaßnahmen jedweder Art, z. B. Platzierung von Aktien bei Kapitalerhöhungen oder Börsengängen, Platzierung von Anleihen, Aufnahme oder Tilgung von Krediten, Gewährung neuer Kreditlinien, Refinanzierung und Umschuldung.	Finanzlage, ggf. auch Vermögenslage: Zugang von Zahlungsmitteln, bei teilweiser Sacheinlage auch weniger liquider Vermögensgegenstände, Stärkung der Eigenkapitalbasis, Teilnahme des neuen Eigenkapitals an Gewinnausschüttungen sowie ggf. Verwendung der zugeflossenen Mittel (bei Eigenfinanzierung) Finanzlage: Zugang an Zahlungsmitteln und (ggf. besicherten) Verbindlichkeiten einschließlich über den Gewährungszeitraum zu erbringender Tilgungen (bei Fremdfinanzierung) Finanz- und Ertragslage: über den Gewährungszeitraum zu leistende Zinszahlungen (bei Fremdfinanzierung) Ertragslage: Aufwendungen im Zusammenhang mit der Finanzierungsmaßnahme, z. B. Kosten Börsengang oder Platzierung zusätzlicher Aktien (bei Eigenfinanzierung), Aufwendungen im Zusammenhang mit der Finanzierungsmaßnahme, z. B. Kosten der Platzierung einer Anleihe (bei Fremdfinanzierung)

Personalvorgänge	Personelle Veränderungen in Vorstand, Aufsichtsrat, Global Management Board (Wechsel beim Vorsitz, Neubestellungen, Wiederbestellungen, Vertragsverlängerungen, Ablauf der Bestellung, Abberufung), Neuordnung der Verantwortungsbereiche innerhalb des Vorstands sowie Personalabbau, z. B. im Rahmen von Um- oder Restrukturierungen	Finanzielle Auswirkungen werden sich daraus unmittelbar über die jeweiligen Bezügevereinbarungen, primär aber über im Regelfall folgende organisatorische Änderungen oder eventuelle Änderungen einer strategischen Ausrichtung ergeben. Abschätzung dessen wird im Zeitpunkt solch personeller Änderungen nicht möglich sein, sondern erst bei Personalabbau, z. B. im Rahmen von Um- oder Restrukturierungen
Rechtsstreite	Rechtsstreitigkeiten und Klagen, Bußgeld- oder Strafzahlungen, Nachzahlungspflichten z. B. bei Steuern oder Sozialversicherungsbeiträgen, Gerichtsurteile mit Auswirkungen auf das Unternehmen	Finanz- und Vermögenslage: Aus den Rechtsstreiten resultierende Zahlungsverpflichtungen oder -ansprüche Ertragslage: Mit den den Zahlungsverpflichtungen oder -ansprüchen verbundene negative bzw. positive Erfolgsbeiträge
Wechselkurseinflüsse	Bedeutende Wechselkursänderungen (Auf- und Abwertungen), in jüngerer Vergangenheit z. B. Schweizer Franken und Hrywnja (Währung der Ukraine)	Vermögens- und Finanzlage: Wertminderungen bei Vermögensgegenständen oder Erhöhung bzw. Verminderung von Rückzahlungsbeträgen bei Schulden Ertragslage: Daraus resultierende negative bzw. positive Erfolgsbeiträge
Sonstiges	Ereignisse, die nicht den anderen genannten Arten bzw. Fallgruppen zuordenbar sind. Beispiele: Auswirkung von Streiks, Auswirkung politischer Unruhen, Änderungen im Rating des Unternehmens durch Ratingagenturen, ISO-Zertifizierung eines Tochterunternehmens, Insolvenzantrag eines Großkunden	Abhängig vom konkreten Ereignis

Lassen sich die finanziellen Auswirkungen eines Vorgangs von besonderer Bedeutung nach dem Abschlussstichtag nicht quantitativ angeben, sind dazu **verbale Angaben** zu machen und diese um eine Aussage zu ergänzen, dass quantitative Angaben insoweit nicht möglich sind. Eine Begründung für die Ursache nicht möglicher quantitativer Angaben wird nicht verlangt.[872]

---

[872] Vgl. Adler, H./Düring, W./Schmaltz, K., Rechnungslegung nach Internationalen Standards, Abschnitt 2 (IAS 10), Rz. 210-212.

4.4 Sonstige Angaben

Sofern sich keine angabepflichtigen Vorgänge nach dem Abschlussstichtag ereignet haben, ist eine Negativerklärung oder Fehlanzeige dazu nicht erforderlich. Sie ist gleichwohl zur Klarstellung und, um eventuelle Missverständnisse zu vermeiden, empfehlenswert.[873]

Formulierungsbeispiele:

Angaben unter „Sonstige Angaben", „Ereignisse nach dem Abschlussstichtag":
„Vorgänge von besonderer Bedeutung nach dem Abschlussstichtag sind nicht eingetreten."
oder
„Vorgänge von besonderer Bedeutung nach dem Abschlussstichtag haben sich nicht ereignet."
oder
„Nach dem Abschlussstichtag sind keine Vorgänge eingetreten, die für die Gesellschaft eine i. S. d. § 285 Nr. 33 HGB n. F. besondere Bedeutung haben."

PRAXISBEISPIELE[874] für Angaben nach § 285 Nr. 33 HGB:

1) Angaben unter „Ereignisse nach dem Bilanzstichtag":[875]
„Die Klöckner & Co SE hat im Zuge der „One Europe"-Strategie zur weiteren Konzentration auf ihre Kernmärkte ihr Spaniengeschäft an die Hierros Añón S. A. mit Sitz in A Coruña, Spanien, veräußert. Ein entsprechender Vertrag über den Erwerb der spanischen Gesellschaften von Klöckner & Co inklusive der operativen Geschäftseinheit, Kloeckner Metals Ibérica S. A., wurde von beiden Unternehmen im Januar 2017 unterzeichnet und vollzogen. Mit ihren rund 350 Mitarbeitern erwirtschaftete die Kloeckner Metals Ibérica-Gruppe im abgelaufenen Geschäftsjahr einen Umsatz von 120 Mio. € und hatte damit einen Anteil von rund 2 % am Konzernumsatz des Klöckner & Co-Konzerns. Das Vorsteuerergebnis (EBT) der Gruppe war aufgrund des weiterhin schwierigen wirtschaftlichen Umfelds in Spanien zuletzt negativ. Durch den Zahlungsmittelzufluss aus dem Verkauf wird die Nettoverschuldung von Klöckner & Co signifikant reduziert."

2) Angaben unter „Sonstige Erläuterungen", „Nachtragsbericht":[876]
„Am 18. Januar 2017 hat HeidelbergCement unter seinem 10 Mrd. € EMTN-Programm eine Euroanleihe mit einem Emissionsvolumen von 750 Mio. € und einer vierjährigen Laufzeit bis 18. Januar 2021 begeben. Die Anleihe weist einen Festzins von 0,500 % p. a. auf. Der Ausgabekurs lag bei 99,822 %, womit sich eine Rendite von 0,545 % ergab. Die Anleihe ist unbesichert und steht im Rang gleichberechtigt zu allen anderen Finanzverbindlichkeiten. Die Emissionserlöse werden zur allgemeinen Unternehmensfinanzierung und zur Rückzahlung anstehender Fälligkeiten verwendet."

3) Angaben unter „Ereignisse nach dem Bilanzstichtag":[877]
„Am 15. Februar 2017 haben die Lufthansa Group und die Vereinigung Cockpit die Schlichtungsempfehlung zum Vergütungstarifvertrag angenommen. Diese sieht unter anderem eine Vergütungserhöhung für die 5.400 Piloten im Konzerntarifvertrag von rund 8,7 Prozent sowie eine Einmalzahlung in Höhe von insgesamt rund 30 Mio. € vor. Die Vergütungsverträge haben eine Laufzeit von Mai 2012 bis Ende 2019. Das Schlichtungsergebnis steigert die Cockpit-Vergütungskosten um rund 85 Mio. € pro Jahr. Die Gespräche mit der Gewerkschaft sollen fortgesetzt werden, um alternative Kostensenkungen im Rahmen

---

873 Vgl. z. B. Hoffmann, W.-D./Lüdenbach, N., NWB Kommentar Bilanzierung, 6. Aufl., § 289 HGB Rz. 69.
874 Zu weiteren Beispielen, Erläuterungen und praxisbezogenen Hinweisen zur Umsetzung der Anforderungen aus § 285 Nr. 33 HGB vgl. Philipps, H., Nachtragsberichterstattung in der Unternehmenspraxis – Status quo und Anpassung an die Informationsanforderungen nach BilRUG –, in: DB 2016, S. 2008-2015.
875 Klöckner & Co. SE , Duisburg (Hrsg.), Geschäftsbericht 2016, S. 216.
876 HeidelbergCement AG, Heidelberg (Hrsg.), Jahresabschluss 2016, S. 37.
877 Lufthansa AG, Köln (Hrsg.), Jahresabschluss zum Geschäftsjahr vom 1. 1. 2016 bis zum 31. 12. 2016 – in der im elektronischen Bundesanzeiger veröffentlichten Fassung – pdf-Version, S. 28.

einer Gesamtlösung zu erreichen. Sollte dies nicht gelingen, sollen abweichend von der bisherigen Flottenplanung 40 zugehende Flugzeuge außerhalb des Konzerntarifvertrags bereedert werden, um die Zusatzkosten zu kompensieren."

4.4.11 Vorschlag oder Beschluss über die Ergebnisverwendung (§ 285 Nr. 34 HGB)

Nach § 285 Nr. 34 HGB ist im Anhang von Unternehmen ab mittlerer Größe der Vorschlag oder der Beschluss über die Ergebnisverwendung im Anhang anzugeben; die Vorschrift wurde mit dem BilRUG in das HGB eingefügt. In der Unternehmenspraxis wurden solche Angaben zum Teil bisher bereits freiwillig gemacht. Nunmehr sind sie von Unternehmen ab mittlerer Größe pflichtmäßig gefordert. Grundlage dafür bildet Art. 17 Abs. 1 Buchstabe o der Bilanzrichtlinie (i.V. m. Art. 16 Abs. 3, Art. 4 Abs. 2 der Bilanzrichtlinie).

Die Angabe des Ergebnisverwendungsvorschlags oder -beschlusses muss die Verwendung des gesamten Jahresergebnisses einschließen.[878] Wegen der zeitlich erst nach der Aufstellung liegenden Feststellung des Jahresabschlusses wird regelmäßig nur die Angabe des **Ergebnisverwendungsvorschlags** in Betracht kommen können.[879] Ein Ergebnisverwendungsbeschluss kann nachrichtlich in die veröffentlichte Fassung des Jahresabschlusses aufgenommen werden. Wegen § 325 Abs. 1b Satz 2 HGB wird dann indes keine neue Information gegeben.

Es ist nicht ersichtlich, dass § 285 Nr. 34 HGB gesetzliche Grundlage dafür ist, von der Geschäftsführung der GmbH oder auch GmbH & Co. KG zu verlangen, einen Ergebnisverwendungsvorschlag zu unterbreiten. Ein gesetzlich geforderter Ergebnisverwendungsvorschlag soll indes Voraussetzung für seine Angabepflicht im Anhang sein; freiwillige oder allein gesellschaftsvertraglich verlangte Ergebnisverwendungsvorschläge erfordern keine Anhangangabe.[880] Gesetzlich verlangt sein kann die Unterbreitung eines Ergebnisverwendungsvorschlags bei Einrichtung eines Aufsichtsrats. Einrichtung eines Aufsichtsrats kann bei **GmbH** freiwillig oder gesetzlich vorgeschrieben sein. Gesetzlich wird die GmbH zu seiner Einrichtung insbesondere nach den Mitbestimmungsgesetzen, aber auch nach dem KAGB verpflichtet.[881] Dann muss die Geschäftsführung dem Aufsichtsrat einen Gewinnverwendungsvorschlag unterbreiten, wenn für dessen Ausgestaltung § 170 Abs. 2 AktG Anwendung findet.[882] Dies ist z.B. nach § 25 Abs. 1 Nr. 2 Mitbestimmungsgesetz der Fall, nach § 18 Abs. 2 KAGB dagegen nicht. Bei freiwillig eingerichtetem Aufsichtsrat kann § 170 Abs. 2 AktG über die Verweisung nach § 52 GmbHG zu beachten sein. Für **GmbH & Co. KG** gelten die genannten gesetzlichen Vorschriften zur Einrichtung und/oder Ausgestaltung eines Aufsichtsrats nicht analog. Hier kann der Aufsichtsrat allerdings entsprechend bei der Komplementär-GmbH einzurichten sein.[883] Ungeachtet dessen bedarf es bei der GmbH & Co. KG auch nur in Ausnahmefällen eines Gewinnverwendungsbeschlusses, nämlich dann, wenn die gesellschaftsvertraglichen Regelungen zur Gewinnverwendung einen Gesellschafterbeschluss verlangen; im Übrigen steht der Gewinnanspruch den Gesellschaftern auch

---

878 Vgl. BT-Drucks. 18/4050, S. 67.
879 Vgl. BT-Drucks. 18/4050, S. 67.
880 Vgl. IDW, HFA: Anwendungsfragen zum HGB i. d. F. des BilRUG, in: IDW Life 1/2016, S. 54.
881 Vgl. § 1 Abs. 1 Nr. 1 i.V. m. § 6 Abs. 1 Mitbestimmungsgesetz, § 3 Montan-Mitbestimmungsgesetz, § 3 Mitbestimmungsergänzungsgesetz, § 1 Abs. 1 Nr. 3 Drittelbestimmungsgesetz, § 18 Abs. 2 KAGB.
882 Vgl. dazu Adler, H./Düring, W./Schmaltz, K., 6. Aufl., § 325 HGB Rz. 48-50.
883 Insbesondere nach § 1 Abs. 1 Nr. 1 i. V. m. §§ 4 Abs. 1 und 6 Abs. 1 Mitbestimmungsgesetz.

ohne Beschluss zu. [884] Aufgrund dessen wird die Angabe nach § 285 Nr. 34 HGB bei GmbH & Co. KG regelmäßig entfallen. [885]

Ein Ergebnisverwendungsvorschlag kann grundsätzlich folgende **Informationen** umfassen:

- Jahresüberschuss/-fehlbetrag, Gewinn-/Verlustvortrag aus dem Vorjahr (bei Aufstellung des Jahresabschlusses unter teilweiser Ergebnisverwendung (hierzu wird auch auf Abschnitt 3.2.3.1 verwiesen): Bilanzgewinn/-verlust),
- Entnahmen aus der Kapitalrücklage,
- Entnahmen aus den Gewinnrücklagen,
- Einstellung in die Gewinnrücklagen,
- zur Ausschüttung vorgesehener Betrag,
- Gewinn-/Verlustvortrag (auf neue Rechnung).[886]

Bezugsberechtigte für eine Gewinnausschüttung müssen nicht angegeben werden; insoweit greift nach Auffassung des Gesetzgebers analog des bisherigen § 325 Abs. 1 Satz 4 HGB a. F. (vor BilRUG) der Datenschutz.[887]

Besteht ein Ergebnisabführungs- oder Verlustübernahmevertrag, weist die GuV ein Jahresergebnis von null aus. Damit entfällt die Verpflichtung zur Angabe eines Ergebnisverwendungsvorschlags. Ebenso bei Ausweis eines Bilanzverlusts.

PRAXISBEISPIELE für Angaben nach § 285 Nr. 34 HGB:

1) Angaben unter „Sonstige Erläuterungen", „Ergebnisverwendung":[888]

„Die Geschäftsführung schlägt vor, aus dem Bilanzgewinn einen Betrag in Höhe von 14.750 T€ an die Gesellschafter auszuschütten und 36 T€ auf neue Rechnung vorzutragen."

2) Angaben unter „Sonstige Angaben", „Ergebnisabführung":[889]

„Der Jahresfehlbetrag 2013 in Höhe von 11.727.393,70 € wurde gemäß Ergebnisabführungsvertrag von der WVV Wiesbaden Holding GmbH übernommen."

3) Angaben unter „Gewinn- und Verlustrechnung", „Ergebnisverwendung":[890]

„Gemäß Gesellschaftsvertrag sind 10 % des Jahresergebnisses, bis die Hälfte des Stammkapitals erreicht ist, in die gesellschaftsvertragliche Rücklage einzustellen. Die Geschäftsführung schlägt der Gesellschafterversammlung vor, vom Jahresüberschuss in Höhe von 825 T€ einen Betrag von 82 T€ in die gesellschaftsvertragliche Rücklage und den verbleibenden Betrag von 743 T€ in die anderen Gewinnrücklagen einzustellen."

---

884 Vgl. Grottel, B., in BeckBilKom, 10. Aufl., § 325 HGB Rn. 15 m. w. N.
885 Vgl. Grottel, B., in: BeckBilKom, 10. Aufl., § 285 HGB Rn. 971.
886 Vgl. Adler, H./Düring, W./Schmaltz, K., 6. Aufl., § 278 HGB Rz. 25.
887 Vgl. BT-Drucks. 18/4050, S. 68; vgl. auch die Anmerkung dazu im Rahmen des Gesetzgebungsverfahrens vom DIHK, Stellungnahme vom 2. 10. 2014 zum BilRUG Ref-E, S. 6.
888 AWISTA Gesellschaft für Abfallwirtschaft und Stadtreinigung mbH, Düsseldorf (Hrsg.), Jahresabschluss zum Geschäftsjahr vom 1. 1. 2012 bis zum 31. 12. 2012 und Lagebericht für das Geschäftsjahr 2012 – in der im elektronischen Bundesanzeiger veröffentlichten Fassung – Druckfassung, S. 13.
889 ESWE Verkehr GmbH, Wiesbaden (Hrsg.), Geschäftsbericht 2013, S. 56.
890 Gemeinnützige Wohnungsgesellschaft der Stadt Wiesbaden mbH, Wiesbaden (Hrsg.), Geschäftsbericht 2013, S. 16.

4) Angaben unter „Sonstige Angaben", „Gewinnverwendung":[891]

„Die Geschäftsführung wird dem Aufsichtsrat und der Gesellschafterversammlung vorschlagen, vom Bilanzgewinn in Höhe von 57.369.466,91 € eine Gewinnausschüttung von 5.346.634,61 € vorzunehmen sowie 52.000.000,00 € in die anderen Gewinnrücklagen einzustellen und 22.832,30 € auf neue Rechnung vorzutragen."

5) Angaben unter „Sonstige Angaben", „Angaben zu § 285 Nr. 34 HGB", „Vorschlag für die Verwendung des Ergebnisses":[892]

„Die Geschäftsführung schlägt vor, den Jahresüberschuss des abgelaufenen Geschäftsjahres in Höhe von 24.297 T€ wie folgt zu verwenden: Ausschüttung einer Dividende an den Gesellschafter in Höhe von 24.680 T€, wofür der Jahresüberschuss in Höhe von 24.297 T€ und 383 T€ der in der Bilanz vom 31. Dezember 2016 ausgewiesenen Gewinnrücklage verwendet werden."

4.5 Ergänzende Angaben nur für GmbH & Co. KG

4.5.1 Im Register eingetragene, nicht geleistete Kommanditeinlagen (§ 264c Abs. 2 Satz 9 HGB)

Nach § 264c Abs. 2 Satz 9 HGB müssen GmbH & Co. KG (allgemein: haftungsbeschränkte Personenhandelsgesellschaften) im Anhang den Betrag der im Handelsregister gemäß § 172 Abs. 1 HGB eingetragenen Einlagen angeben, soweit diese nicht geleistet sind. Angabepflicht besteht indes, nach entsprechender Änderung durch das BilRUG, erst für GmbH & Co. KG ab mittlerer Größe (§ 288 Abs. 1 Nr. 1 HGB).

Die Angabe verdeutlicht, wie weit die Kommanditisten den Gläubigern über die bilanziell im Eigenkapital ausgewiesene Pflichteinlage hinaus noch persönlich haften.[893] Dementsprechend ist diese Angabe bei GmbH & Co. KG nur dann in den Anhang aufzunehmen, wenn[894]

▶ entweder die im Handelsregister eingetragene Haftung der Kommanditisten (Hafteinlage) ausnahmsweise höher ist als ihre im Gesellschaftsvertrag vereinbarte und unter den Kapitalanteilen im Eigenkapital bilanzierte Pflichteinlage oder

▶ Haft- und Pflichteinlage in identischer Höhe vereinbart wurden, die Hafteinlage aber noch nicht in voller Höhe geleistet worden ist (ausstehende Hafteinlagen), oder

▶ die Hafteinlage der Kommanditisten durch Einlagenrückgewähr gemindert wurde und aufgrund dessen ihre persönliche Haftung wieder auflebt (§ 172 Abs. 4 HGB).

Ist keiner dieser Fälle einschlägig, muss in den Anhang mangels Informationsbedürfnisses der Jahresabschlussadressaten keine Negativerklärung oder Fehlanzeige aufgenommen werden.[895]

Ist dagegen einer dieser Fälle einschlägig, wird die Anhangangabe ausgelöst. Angabepflichtig ist dann die Differenz zwischen der insgesamt tatsächlich geleisteten Hafteinlage und der höheren (eingetragenen) Hafteinlage. Sie ermittelt sich grundsätzlich wie folgt:[896]

---

[891] Dortmunder Energie- und Wasserversorgung GmbH, Dortmund (Hrsg.), Geschäftsbericht 2009, S. 52.
[892] Communication Services Tele2 GmbH, Düsseldorf (Hrsg.), Jahresabschluss zum Geschäftsjahr vom 1.1.2016 bis zum 31.12.2016 – in der im elektronischen Bundesanzeiger veröffentlichten Fassung – pdf-Version, S. 8.
[893] Vgl. BT-Drucks. 14/1806, S. 20.
[894] Vgl. z. B. Schmidt, S./Hoffmann, K., in: BeckBilKom, 10. Aufl., § 264c HGB Rn. 60; Hoffmann, W.-D./Lüdenbach, N., NWB Kommentar Bilanzierung, 8. Aufl., § 264c HGB Rz. 64.
[895] Vgl. IDW ERS HFA 7 n. F., Tz. 35, in: IDW Life 3/2017, IDW Fachnachrichten, S. 327.
[896] Vgl. IDW ERS HFA 7 n. F., Tz. 35, in: IDW Life 3/2017, IDW Fachnachrichten, S. 327.

eingetragene Hafteinlage der Kommanditisten
- geleistete Einlage der Kommanditisten
- durch Entnahmen wiederauflebende Haftung der Kommanditisten (§ 172 Abs. 4 Satz 2 HGB; Einlagenrückgewähr)
= persönliche Haftung der Kommanditisten (Angabe nach § 264c Abs. 2 Satz 9 HGB).

Maßgebend für die Ermittlung dieser Differenz sind ausschließlich die Verhältnisse am Bilanzstichtag. Wurde die Hafteinlage im Vergleich zum vorherigen Bilanzstichtag herabgesetzt und so bereits im Handelsregister eingetragen, verlangt § 264c Abs. 2 Satz 9 HGB keinen Hinweis auf die dann höhere persönliche Haftung der Kommanditisten gegenüber Gläubigern, deren Ansprüche vor Herabsetzung der Hafteinlage begründet worden sind.[897]

Eine zur Angabe nach § 264c Abs. 2 Satz 9 HGB führende **Einlagenrückgewähr** kann durch Geld- oder Sachleistung der Gesellschaft an die Kommanditisten ohne Gegenleistung erfolgen. Sie kann aber auch durch Gewinnentnahmen begründet werden, „soweit ein Kommanditist Gewinnanteile entnimmt, während sein Kapitalanteil durch Verlust unter den Betrag der geleisteten Einlage herabgemindert ist, oder soweit durch die Entnahme der Kapitalanteil unter den bezeichneten Betrag herabgemindert wird" (§ 172 Abs. 2 Satz 2 HGB). Erforderlich hierfür ist eine Entnahme mit Vermögensabgang auf Seiten der Gesellschaft. Aufgrund dessen wird regelmäßig keine haftungsbegründende Einlagenrückgewähr vorliegen, wenn Gewinnanteile gesetzlich begründet oder gesellschaftsvertraglich vereinbart den Kapitalanteilen der Kommanditisten gutgeschrieben, in die Rücklagen eingestellt oder auf die Gesellschafterprivatkonten umgebucht werden. Sind solche Vorgänge als Gesellschafterdarlehen anzusehen, werden sie für die Anhangangabe nach § 264c Abs. 2 Satz 9 HGB erst im Fall der Auszahlung bei gleichzeitiger Erfüllung der Voraussetzungen des § 172 Abs. 4 HGB relevant.[898]

Im Fall der haftungsbegründenden Gewinnentnahme erhöht sich der nach § 264c Abs. 2 Satz 9 HGB anzugebende, oben genannte Differenzbetrag um die bei Kapitalgesellschaften i. S. d. **§ 268 Abs. 8 HGB ausschüttungsgesperrten Beträge**; hierzu wird auf Abschnitt 4.2.2.1 verwiesen. Dies verlangt § 172 Abs. 4 Satz 3 HGB. Auswirkungen auf die Anhangangabe nach § 264c Abs. 2 Satz 9 HGB sind dann nicht nur im Entstehungsjahr der jeweiligen, ergebniswirksam erfassten Sachverhalte zu beachten, sondern solange und soweit wie diese Sachverhalte und sich daraus ergebende Beträge in den Folgejahren bilanziell fortbestehen. Das ist anhand einer entsprechenden Dokumentation nachzuhalten. Gleiches ist für die Auszahlung von zuvor auf Gesellschafterprivatkonten umgebuchten Gewinnanteilen notwendig.[899]

Aufgrund der Regelung des § 172 Abs. 4 Satz 3 HGB ist die allein auf die Verhältnisse bei Kapitalgesellschaften zielende Anhangangabe nach § 285 Nr. 28 HGB bei GmbH & Co. KG nicht anzuwenden.[900]

---

[897] Vgl. Schmidt, S./Hoffmann, K., in: BeckBilKom, 10. Aufl., § 264c HGB Rn. 61 m. w. N.
[898] Vgl. IDW ERS HFA 7 n. F., Tz. 37, in: IDW Life 3/2017, IDW Fachnachrichten, S. 327.
[899] Vgl. IDW ERS HFA 7 n. F., Tz. 39, in: IDW Life 3/2017, IDW Fachnachrichten, S. 327.
[900] Vgl. IDW ERS HFA 7 n. F., Tz. 38, in: IDW Life 3/2017, IDW Fachnachrichten, S. 327.

PRAXISBEISPIELE für Angaben nach § 264c Abs. 2 Satz 9 HGB:

1) Angaben unter „Erläuterungen zur Bilanz", „Eigenkapital":[901]

„Das Kommanditkapital betrug im Gründungszeitpunkt 1.200.000,00 € und wurde in voller Höhe noch nicht eingefordert und einbezahlt. Hiervon haben übernommen:

	%	€
CA Immo Deutschland GmbH, Frankfurt am Main	50,1	601.200,00
Stadtwerke Mainz AG, Mainz	49,9	598.800,00
	100,0	1.200.000,00

Auf Grund der noch nicht eingeforderten ausstehenden Einlagen, die offen vom Kommanditkapital abgesetzt werden müssen, ergibt sich in Höhe der bislang entstandenen Verluste ein nicht durch Vermögenseinlage gedeckter Fehlbetrag der Kommanditisten in Höhe von 732.221,09 € (i.Vj. 1.015.728,34 €)."

2) Angaben unter „Angaben zur Bilanz", „Hafteinlage":[902]

In folgender Höhe bestehen zum Bilanzstichtag Hafteinlagen gemäß § 172 Abs. 1 HGB, die noch nicht geleistet wurden:

Hafteinlage		€
Kommanditist	Volker Neumann	50,00
Kommanditist	Travel24 Hotel Betriebs- und Verwaltungs GmbH	9.950,00

4.5.2 Persönlich haftende Gesellschafter der KG (§ 285 Nr. 15 HGB)

Nach § 285 Nr. 15 HGB müssen GmbH & Co. KG (allgemein: haftungsbeschränkte Personenhandelsgesellschaften) im Anhang Name, Sitz und gezeichnetes Kapital derjenigen Gesellschaften angeben, die ihre persönlich haftenden Gesellschafter sind. Dies dient der Transparenz hinsichtlich der Komplementärgesellschaften der GmbH & Co. KG.[903]

Auch dafür besteht Angabepflicht indes, nach entsprechender Änderung durch das BilRUG, erst für GmbH & Co. KG ab mittlerer Größe (§ 288 Abs. 1 Nr. 1 HGB).

Angabepflichtige Komplementärgesellschaften sind Kapitalgesellschaften sowie Kapitalgesellschaften & Co. „Name" und „Sitz" sind jeweils entsprechend den Eintragungen im Handelsregister anzugeben (hierzu wird auch auf Abschnitt 4.2.1.3 verwiesen), Nennung der jeweiligen Adressen der Komplementärgesellschaften, Angabe der Registernummer u. a. ist nicht verlangt.

Das „**Gezeichnete Kapital**" umfasst bei Komplementärgesellschaften,

- ▶ die Kapitalgesellschaften sind, nach § 272 Abs. 1 Satz 1 HGB das am Bilanzstichtag in das Handelsregister eingetragene Stamm- bzw. Grundkapital.

- ▶ die Kapitalgesellschaften & Co. sind, nach § 264c Abs. 2 Satz 2 und Satz 6 HGB jeweils zusammengefasst die Kapitalanteile des Komplementärs bzw. der Komplementäre sowie der Kommanditisten.

---

[901] Zollhafen Mainz GmbH & Co. KG, Mainz (Hrsg.), Jahresabschluss zum Geschäftsjahr vom 1.1.2012 bis zum 31.12.2012 – in der im elektronischen Bundesanzeiger veröffentlichten Fassung – Druckfassung, S. 4.
[902] Hotel Leipzig Ringmessehaus GmbH & Co. KG, Leipzig (Hrsg.), Jahresabschluss zum Geschäftsjahr vom 1.1.2012 bis zum 31.12.2012 – in der im elektronischen Bundesanzeiger veröffentlichten Fassung – Druckfassung, S. 2.
[903] Vgl. BT-Drucks. 14/1806, S. 23.

4.5 Ergänzende Angaben nur für GmbH & Co. KG

Für **mehrstöckige** GmbH & Co. KG werden die Informationsanforderungen nach § 285 Nr. 15 HGB zweckgerecht dahin gehend ausgelegt, Name und Sitz der Komplementärgesellschaften aller Stufen sowie als gezeichnetes Kapital das letztlich haftende Kapital – das ist das gezeichnete Kapital der auf der obersten Stufe unbeschränkt haftenden Kapitalgesellschaft – anzugeben.[904]

Hält die bilanzierende GmbH & Co. KG selbst Anteile an ihrer Komplementärgesellschaft, entfallen die Angaben nach § 285 Nr. 15 HGB nicht. Sofern es dann zu Überschneidungen mit den **Angaben nach § 285 Nr. 11 HGB** zum Anteilsbesitz (hierzu wird auf Abschnitt 4.2.1.3 verwiesen) kommt, dürfen sie zusammengefasst werden. Um die Informationsanforderung des § 285 Nr. 15 HGB zu erfüllen, ist dabei allerdings ergänzend auf die Stellung der jeweiligen Komplementärgesellschaft als persönlich haftender Gesellschafter hinzuweisen. Die Schutzklausel des § 286 Abs. 3 Satz 1 HGB (hierzu wird auf Abschnitt 2.4.1 verwiesen) greift in diesem Fall nicht, da sie sich auf den Anteilsbesitz des bilanzierenden Unternehmens erstreckt, nicht aber auch auf Informationen zu seinen persönlich haftenden Gesellschaftern.[905]

PRAXISBEISPIELE für Angaben nach § 285 Nr. 15 HGB:

1) Angaben unter „Sonstige Angaben":[906]

„Persönlich haftende Gesellschafterin der Gesellschaft ist die Betz und Kögel Verwaltungs GmbH, Tübingen, mit einem gezeichneten Kapital von 25.000,00 €."

2) Angaben unter „Sonstige Angaben", „Komplementärin":[907]

„Unbeschränkt haftende Gesellschafterin der Niedersachsen Ports ist die Niedersächsische Hafengesellschaft mbH, Cuxhaven. Die Komplementärin ist am Vermögen und am Gewinn und Verlust der Niedersachsen Ports nicht beteiligt und zur Leistung einer Kapitaleinlage nicht verpflichtet. Das gezeichnete Kapital der Komplementärin betrug zum 31.12.2013 100 T€."

Formulierungsbeispiel für die Angabe nach § 285 Nr. 15 HGB mit einer GmbH & Co. KG als Komplementärgesellschaft:

Angaben unter „Sonstige Angaben":

„Persönlich haftende Gesellschafterin der Gesellschaft ist die Muster-GmbH & Co. KG, Musterhausen. Ihre persönlich haftende Gesellschafterin ist die Muster-Komplementär GmbH, Musterdorf.

Das gezeichnete Kapital der Muster-GmbH & Co. KG beträgt ...T€ und setzt sich wie folgt zusammen:

Kapitalanteil des Komplementärs	...T€.
Kapitalanteil der Kommanditisten	...T€."

---

904 Vgl. Adler, H./Düring, W./Schmaltz, K., 6. Aufl., Ergänzungsband, § 285 HGB n. F. Rz. 56.
905 Vgl. Grottel, B., in: BeckBilKom, 10. Aufl., § 285 HGB Rn. 474.
906 artif orange GmbH & Co. KG, Tübingen (Hrsg.), Jahresabschluss zum Geschäftsjahr vom 1.1.2012 bis zum 31.12.2012 – in der im elektronischen Bundesanzeiger veröffentlichten Fassung – Druckfassung, S. 2.
907 Niedersachsen Ports GmbH & Co. KG, Oldenburg (Hrsg.), Jahresabschluss für das Geschäftsjahr vom 1.1.2013 bis zum 31.12.2013 – in der im elektronischen Bundesanzeiger veröffentlichten Fassung – Druckfassung, S. 2 i.V. m. S. 5.

5. Erläuterung der für große GmbH sowie GmbH & Co. KG gegenüber kleinen und mittelgroßen ergänzend geltenden Anhangvorschriften[908]

5.1 Angaben zu einzelnen Posten der Bilanz und der Gewinn- und Verlustrechnung

5.1.1 Angaben zu latenten Steuern (§ 285 Nr. 29 HGB)

Bestehen zwischen den handelsrechtlichen Wertansätzen von Vermögensgegenständen, Schulden und Rechnungsabgrenzungsposten und ihren steuerlichen Wertansätzen Differenzen, die sich in späteren Geschäftsjahren voraussichtlich abbauen (temporäre Differenzen), sind nach § 274 HGB latente Steuern zu ermitteln; kleine Kapitalgesellschaften sind gem. § 274a Nr. 4 HGB aus dem Anwendungsbereich des § 274 HGB ausgenommen.

§ 274 HGB wurde durch das BilMoG neu gefasst. Grundlage für die Ermittlung latenter Steuern ist aufgrund dessen das sogenannte bilanzorientierte *Temporary*-Konzept. Diesem Konzept liegt prinzipiell folgende Systematik zugrunde:

- Handelsrechtliches Mehrvermögen aufgrund höherer Aktiva oder niedrigerer Passiva führt grundsätzlich zu künftigen Steuerbelastungen, löst also grundsätzlich **passive** latente Steuern aus.
- Handelsrechtliches Mindervermögen aufgrund niedrigerer Aktiva oder höherer Passiva führt grundsätzlich zu künftigen Steuerentlastungen, löst also grundsätzlich **aktive** latente Steuern aus.

Typische Beispiele für Ursachen solcher Abweichungen zwischen handelsrechtlichen und steuerlichen Wertansätzen sind u. a.:[909]

- Ansatzverbot der Drohverlustrückstellungen in der Steuerbilanz,
- unterschiedliche Bemessung von Pensionsrückstellungen,
- Aktivierung von Entwicklungskosten in der Handelsbilanz.

Aus der Ermittlung resultierende Passivüberhänge müssen (**Passivierungspflicht**), Aktivüberhänge dürfen (**Aktivierungswahlrecht**) bilanziert werden (§ 274 Abs. 1 Satz 1 und 2 HGB). In die Berechnung aktiver latenter Steuern müssen auch steuerliche **Verlustvorträge** einbezogen werden (§ 274 Abs. 1 Satz 4 HGB). Dabei ist indes das Vorsichtsprinzip zu berücksichtigen, d. h. der Ansatz aktiver latenter Steuern auf Verlustvorträge ist sorgfältig zu prüfen und nur vorzunehmen, soweit eine Verlustverrechnung innerhalb der nächsten fünf Jahre zu erwarten ist. Ist eine Verlustverrechnung erst zu einem späteren Zeitpunkt zu erwarten, dürfen die Verlustvorträge insoweit nicht in die Berechnung aktiver latenter Steuern einbezogen werden.

---

908 Entsprechend den Hinweisen im Vorwort gilt im Folgenden: „HGB" meint das bei Erscheinen dieses Buches gültige Handelsgesetzbuch mit Rechtsstand für nach dem 31.12.2016 beginnende Geschäftsjahre. Auf die Rechtslage HGB a. F. (vor BilMoG) bzw. HGB a. F. (vor BilRUG) wird in den Erläuterungen bzw. in original zitierten Beispielen noch vereinzelt verwiesen und meint den Rechtsstand des HGB für Geschäftsjahre mit Beginn vor dem 1.1.2010 (BilMoG) bzw. vor dem 1.1.2016 (BilRUG).

909 Zu weiteren Beispielen dazu aus der Bilanzierungspraxis großer Unternehmen vgl. Philipps, H., Jahresabschlüsse 2010, S. 96.

Eine hinreichende Realisierungswahrscheinlichkeit liegt immer dann vor, wenn wesentlich mehr Gründe für eine spätere Nutzung als dagegen sprechen. Um dies beurteilen zu können, wird eine fundierte Fünf-Jahres-Planung der künftigen steuerlichen Ergebnisse vorzunehmen sein. Die aktivierten Beträge sind in späteren Gewinnjahren zu verbrauchen. Erfüllen sich die Gewinnerwartungen nicht, wird eine außerplanmäßige Abschreibung erforderlich. Treten zusätzliche originäre Verluste hinzu, kann es zu einer weiteren Aktivierung kommen.

Die zu Steuerlatenzen führenden temporären Differenzen sind mit dem **unternehmensindividuellen Steuersatz** zum Zeitpunkt ihrer Umkehrung zu bewerten und nicht abzuzinsen (§ 274 Abs. 2 Satz 1 HGB). Gleichwohl bedürfen anzunehmende Steuersatzänderungen der hinreichenden Konkretisierung. Daher wird grundsätzlich auf die zum Bilanzstichtag geltenden Steuersätze abzustellen sein.

Für den Ausweis bilanzierter latenter Steuern sind in der anzuwendenden Bilanzgliederung zwei gesonderte Posten vorgesehen: „Aktive latente Steuern" (§ 266 Abs. 2 D. HGB) und „Passive latente Steuern" (§ 266 Abs. 3 E. HGB). Darunter dürfen die ermittelten aktiven und passiven latenten Steuern **saldiert** oder auch **unsaldiert** ausgewiesen werden. Wie angesprochen, besteht (auch) für nach Saldierung verbleibende passive latente Steuern Passivierungspflicht und für verbleibende aktive latente Steuern ein Aktivierungswahlrecht.

§ 285 Nr. 29 HGB ergänzt die Vorschrift des § 274 HGB.[910]

Gemäß § 285 Nr. 29 HGB ist im Anhang anzugeben, auf welchen Differenzen oder steuerlichen Verlustvorträgen die latenten Steuern beruhen und mittels welcher Steuersätze sie bewertet wurden. Dem Wortlaut der Vorschrift nach sind diese Angaben nicht daran gebunden, dass das bilanzierende Unternehmen im Jahresabschluss latente Steuern ausweist. Auch bilanzierende Unternehmen, die im Jahresabschluss keine latenten Steuern ausweisen, sind daher verpflichtet, die nach § 285 Nr. 29 HGB geforderten Angaben in den Anhang aufzunehmen. Das stellt die Beschlussempfehlung des Rechtsausschusses zu § 285 Nr. 29 HGB klar.[911] Gleichwohl verlangt § 285 Nr. 29 HGB über den tatsächlichen oder in zulässiger Weise unterbliebenen Bilanzansatz latenter Steuern hinausgehende Angaben. Denn sonst liefe die Angabepflicht des § 285 Nr. 29 HGB bei Unternehmen, die latente Steuern bilanzieren, nahezu ins Leere. So weitgehende Informationspflichten, wie die Erstellung einer Überleitungsrechnung i. S. d. IAS 12.81 (c),[912] lassen sich allerdings aus dem Wortlaut des § 285 Nr. 29 HGB nicht ableiten.[913]

Aus dem Wortlaut des § 285 Nr. 29 HGB ableitbar und auch zur sachgerechten Information der Abschlussadressaten geeignet, sind folgende Angaben:[914]

▶ Welcher kombinierte **Steuersatz** (für KSt, GewSt und SolZ sowie inkl. eventueller ausländischer Steuersätze) oder welche unterschiedlichen Steuersätze jeweils bei der Bewertung

---

910 Vgl. dazu Philipps, H., Rechnungslegung nach BilMoG, Wiesbaden 2010, S. 206-216.
911 Vgl. BT-Drucks. 16/12407, S. 88. Ebenso DRSC, DRS 18, Latente Steuern, Anm. 64, Beilage zum Bundesanzeiger Nr. 133/2010.
912 Zu dieser Forderung vgl. noch BT-Drucks. 16/10067, S. 68.
913 Vgl. Philipps, H., Rechnungslegung nach BilMoG, Wiesbaden 2010, S. 292 m. w. N. sowie Grottel, B., in: BeckBilKom, 10. Aufl., § 285 HGB Rn. 836. Gleichwohl verlangt DRS 18 die Aufnahme einer Überleitungsrechnung in den Konzernanhang und empfiehlt dies auch für den Anhang im Jahresabschluss, vgl. DRSC, DRS 18, Latente Steuern, Anm. 67 i. V. m. Anm. 7. In Anm. A 15 des DRS 18 ist ein Gliederungsvorschlag für eine solche Überleitungsrechnung enthalten.
914 Vgl. Hoffmann, W.-D./Lüdenbach, N., Irrungen und Wirrungen in der Steuerlatenzrechnung nach dem BilMoG, in: NWB 2009, S. 1481 f.

5.1 Angaben zu einzelnen Posten der Bilanz und der Gewinn- und Verlustrechnung

der latenten Steuern angewendet wurden (Konkretisierung des Terminus „welchen Steuersätzen").

▶ Soweit steuerliche **Verlustvorträge** bestehen: eine Aufschlüsselung nach der Steuerart (KSt und/oder GewSt) sowie ihrer Herkunft aus dem Inland oder dem Ausland (Konkretisierung des Terminus „welchen ... steuerlichen Verlustvorträgen").

▶ Im Übrigen Auflistung wesentlicher **Wertansatzdifferenzen** (Konkretisierung des Terminus „welchen Differenzen"), z. B. wie folgt:[915]

	Wertansatz (€)		
Aktivische Steuerlatenzen	Handelsrechtlich	Steuerlich	Differenz
Pensionsrückstellungen (wegen Abzinsung und Trendannahme)	-100	-80	-20
Sonstige Rückstellungen (wegen Abzinsung und notwendigem Erfüllungsbetrag)	-100	-80	-20
...			
Sonstige (Sammelposten für unwesentliche Differenzen)	20	10	10
Summe	-180	-150	-30
Passivische Steuerlatenzen			
Selbst erstellte immaterielle Anlagevermögensgegenstände	20	0	20
...			
Sonstige (Sammelposten für unwesentliche Differenzen)	5	0	5
Summe	25	0	25
Aktivüberhang (bei negativem Vorzeichen Passivüberhang)			5
Steuersatz (kombiniert)			30 %

In Bezug auf die Angabe der Wertansatzdifferenzen werden indes auch rein qualitative Angaben als mit den Anforderungen des § 285 Nr. 29 HGB vereinbar angesehen.[916]

---

915 Vgl. Philipps, H., Rechnungslegung nach BilMoG, Wiesbaden 2010, S. 292 f.
916 Vgl. DRSC, DRS 18, Latente Steuern, Anm. 65. Ebenso bereits IDW ERS HFA 27, Tz. 36, in: IDW Fachnachrichten 2009, S. 343 (zwischenzeitlich aufgehoben).

5. Für große GmbH sowie GmbH & Co. KG ergänzend geltende Anhangvorschriften

PRAXISBEISPIELE für Angaben nach § 285 Nr. 29 HGB:[917]

1) Angaben bei Beschreibung der Bilanzierungs- und Bewertungsmethoden:[918]

„Gemäß § 274 HGB wird eine saldierte Abgrenzung für die voraussichtlichen zukünftigen Steuerbelastungen und Steuerentlastungen aufgrund handelsrechtlicher und steuerrechtlicher Bilanzierungs- und Bewertungsunterschiede gebildet."

2) Angaben bei den Erläuterungen zur Bilanz unter „Latente Steuern":[919]

„Bei den latenten Steuern gibt es ausschließlich Differenzen aus bilanziellen Abweichungen. Gemäß § 274 HGB werden Steuerabgrenzungen in Höhe von 20,4 Mio. € gebildet, wobei die voraussichtlichen Steuerentlastungen 22,2 Mio. € und die voraussichtlichen Steuerbelastungen 1,8 Mio. €. betragen. Bei der Berechnung der latenten Steuern wurde ein Gesamtsteuersatz von 31,0 % zugrunde gelegt."

3) Angaben bei den Sonstigen Erläuterungen unter „Latente Steuern":[920]

„Zum 31.12.2009 errechneten sich künftige Steuerentlastungen saldiert aus abweichenden Wertansätzen in der Steuerbilanz im Wesentlichen bei den Grundstücken und grundstücksgleichen Rechten und Bauten, den Rückstellungen für erfolgsunabhängige Beitragsrückerstattung, der Rückstellung für Pensionen und ähnliche Verpflichtungen und den sonstigen Rückstellungen in Höhe von 9,3 Mio. €. Der Berechnung liegt ein Steuersatz von 30,92 % zu Grunde.

Aufgrund des ausgeübten Wahlrechts, auf den Ansatz aktiver latenter Steuern zu verzichten, wurde weder zum 1.1.2009 noch zum 31.12.2009 ein Bilanzposten angesetzt."

4) Angaben im Rahmen der „Angaben zur Bilanz":[921]

„Die latenten Steuern ergeben sich unter Anwendung eines Steuersatzes von 31,6 % aus folgenden Positionen:

	31.12.2009	1.1.2009
Pensionsrückstellungen	20 T€	0 T€
Übrige Aktiva und Passiva	12 T€	12 T€
Steuerlich nutzbare Verlustvorträge	20 T€	89 T€
Summe	52 T€	101 T€"

5) Angaben bei den „Erläuterungen zur Bilanz und zur Gewinn- und Verlustrechnung" unter „Latente Steuern":[922]

„Die Bank hat aktive latente Steuern auf Verlustvorträge und Unterschiedsbeträge zwischen der Steuer- und Handelsbilanz gebildet. Für die Körperschaftsteuer wurde ein Steuersatz von 15 % und für den Solidaritätszuschlag von 5,5 % auf die Körperschaftsteuer berücksichtigt. Bei der Gewerbesteuer wurden ein Gewerbesteuermessbetrag von 3,5 % und ein Hebesatz von 460 % für die Stadt Frankfurt am Main verwendet. Die Unterschiedsbeträge zwischen Steuer- und Handelsbilanz basieren auf steuerlich abweichenden Risikovorsorgen, Bewertungen und Abzinsungssätzen. Passive latente Steuern bestanden zum Bilanzstichtag nicht."

---

917 Zu weiteren Beispielen sowie zu empirischen Nachweisen zur Häufigkeit, zur Stellung sowie zur formalen und inhaltlichen Gestaltung der Angaben nach § 285 Nr. 29 HGB (quantitative Angaben, Einbeziehung steuerlicher Verlustvorträge, angewendete Steuersätze, steuerliche Überleitungsrechnung u. a.) in der Bilanzierungspraxis großer Unternehmen vgl. Philipps, H., Jahresabschlüsse 2010, S. 94-99.
918 Dortmunder Energie- und Wasserversorgung GmbH, Dortmund (Hrsg.), Geschäftsbericht 2009, S. 51.
919 Dortmunder Energie- und Wasserversorgung GmbH, Dortmund (Hrsg.), Geschäftsbericht 2009, S. 56.
920 HALLESCHE Krankenversicherungsgesellschaft auf Gegenseitigkeit, Stuttgart (Hrsg.), Geschäftsbericht 2009, S. 70.
921 SMT Scharf AG, Hamm (Hrsg.), Jahresfinanzbericht 2009, S. 13.
922 VTB Bank (Deutschland) AG, Frankfurt am Main (Hrsg.), Geschäftsbericht 2009, S. 42

5.1 Angaben zu einzelnen Posten der Bilanz und der Gewinn- und Verlustrechnung

6) Angaben unter „Angaben zu den Gewinn- und Verlustrechnungen":[923]

„Aus abweichenden Bewertungen zwischen Handels- und Steuerbilanz entstehen Differenzen, die sich in späteren Geschäftsjahren voraussichtlich abbauen. Diese Differenzen betreffen vor allem die Rückstellungen für Pensionen (109 T€ höherer Ansatz in der Handelsbilanz) und die sonstigen Rückstellungen (636 T€ höherer Ansatz in der Handelsbilanz). Auf die Aktivierung von 208 T€ aktiven latenten Steuern mit einem Steuersatz von 28 % wird gemäß § 274 Abs. 1 Satz 2 verzichtet. Passive latente Steuern fallen nicht an.

Die Verlustvorträge bei der Körperschaftsteuer betragen 3.266 T€ (Vorjahr 2.764 T€). Auf die Aktivierung von latenten Steuern mit einem Steuersatz von 15,8 % wird gemäß § 274 Abs. 1 Satz 3 verzichtet, weil eine Verlustverrechnung in den kommenden fünf Jahren nicht zu erwarten ist. Bei der Gewerbesteuer bestehen keine Verlustvorträge."

7) Angaben unter „Bilanzierungs- und Bewertungsmethoden":[924]

„Die Berechnung der Latenten Steuern beruht auf den temporären Unterschieden zwischen den Bilanzposten aus handelsrechtlicher und steuerrechtlicher Betrachtungsweise gemäß § 274 HGB. Das Wahlrecht, nur den passivischen Überhang latenter Steuern auf temporäre Differenzen zwischen handels- und steuerrechtlichem Ansatz zu bilanzieren, wird grundsätzlich in Anspruch genommen. Der zur Berechnung der latenten Steuern verwendete Ertragsteuersatz liegt bei 31,5 %."

8) Angaben unter „Erläuterungen zur Bilanz":

ABB. 62: Angaben zu latenten Steuern im Anhang, Praxisbeispiel 1[925]

Die **Passiven Latenten Steuern** berechnen sich wie folgt:

Bezeichnung (T€)	Wertansatz Handelsbilanz	Wertansatz Steuerbilanz	Temporäre Differenzen aktivisch	Temporäre Differenzen passivisch
Firmenwert	131	168	37	0
Forderungen in Fremdwährung	5.133	5.120	0	-13
Verbindlichkeiten in Fremdwährung	-2.568	-2.616	0	-48
Sonstige Rückstellungen	-187	-201	0	-14
	2.509	2.471	37	-75
Steuersatz 31,5 %			12	-24
Passive latente Steuern				-12

9) Angaben unter „Erläuterungen zur Bilanz sowie zur Gewinn- und Verlustrechnung":[926]

„Aktive latente Steuern

Durch die Anwendung des BilMoG wurden im Geschäftsjahr 2009 erstmalig aktive latente Steuern in Höhe von 2.348 T€ ausgewiesen. ... Bis zum 31.12.2009 reduzierten sich die aktiven latenten Steuern um 51 T€. Die Reduzierung wurde als Steueraufwand unter den Steuern vom Einkommen und vom Ertrag erfasst.

Für die Berechnung der latenten Steuern wurde ein Steuersatz von 32,3 % zugrunde gelegt.

Die aktiven latenten Steuern resultieren im Wesentlichen aus der unterschiedlichen Bewertung der Abschreibungsdauer von Miethereinbauten sowie der zukünftigen Inanspruchnahme von Verlustvorträgen. Die bestehenden Verlustvorträge sind weder vertraglich noch zeitlich limitiert, jedoch in ihrer zeitlichen

---

[923] Stadtwerke Ettlingen GmbH, Ettlingen (Hrsg.), Jahresabschluss und Lagebericht für das Geschäftsjahr 2009 (1.1. bis 31.12.).
[924] hotel.de AG, Nürnberg und Hamm (Hrsg.), Geschäftsbericht 2009 der hotel.de AG, S. 58.
[925] hotel.de AG, Nürnberg und Hamm (Hrsg.), Geschäftsbericht 2009 der hotel.de AG, S. 60.
[926] INFO Gesellschaft für Informationssysteme AG, Hamburg (Hrsg.), Jahresabschluss 2009, S. 12.

Abfolge der Realisierung durch die Mindestbesteuerung beeinflusst. Es wurden bei der vorgenannten Schätzung steuerliche Verlustvorträge von 54 Mio. € nicht berücksichtigt."

ABB. 63: Angaben zu latenten Steuern im Anhang, Praxisbeispiel 2[927]

22. STEUERLICHE ÜBERLEITUNGSRECHNUNG

Die latenten Steuern werden im laufenden Geschäftsjahr mit 32,3 % bewertet. Dieser Steuersatz liegt darüber hinaus der Berechnung des zu erwartenden Steueraufwands zu Grunde.

in kEUR	2009	2008
Ergebnis vor Ertragsteuern	2.535	-6.627
Erwarteter Ertragsteueraufwand / -ertrag	-819	–
Steuereffekte aus sonstigen Steuerbilanzabweichungen	24	–
Periodenfremde Steueraufwendungen	16	-43
Ertragsteueraufwand / -ertrag aus Betriebsprüfung	111	-134
Steuereffekt aus steuerfreien Vermögensmehrungen	393	–
Steuereffekt aus nicht abzugsfähigen Aufwendungen	156	–
Inanspruchnahme steuerlicher Verlustvorträge	-74	–
Übrige	9	-2
Ausgewiesener Ertragsteueraufwand	**-184**	**-179**

10) Angaben bei „Erläuterungen zur Bilanz" unter „Latente Steuern":

ABB. 64: Angaben zu latenten Steuern im Anhang, Praxisbeispiel 3[928]

	31.12.2010 T€	31.12.2009 T€
Latente Steuerschulden auf Differenzen bilanzieller Wertansätze für		
Anteile an verbundenen Unternehmen	0	512
Sonstige Vermögensgegenstände	1	4
Rückstellungen für Pensionen	486	430
	487	946
Latente Steueransprüche auf Differenzen bilanzieller Wertansätze für		
Anteile an verbundenen Unternehmen	123	0
Sonstige Ausleihungen	661	603
Sonstige Rückstellungen	208	421
Verbindlichkeiten gegenüber Unternehmen, mit denen ein Beteiligungsverhältnis besteht	1	1
Latente Steueransprüche auf Verlustvorträge	4.222	8.682
	5.215	9.707
Latente Steueransprüche netto	4.728	8.761

Der Berechnung wurde ein Steuersatz von 32,21 % zugrunde gelegt. Auf körperschaftsteuerliche Verlustvorträge in Höhe von T€ 15.559 und gewerbesteuerliche Verlustvorträge in Höhe von T€ 10.739 wurden latente Steueransprüche berücksichtigt.

---

927 INFO Gesellschaft für Informationssysteme AG, Hamburg (Hrsg.), Jahresabschluss 2009, S. 18.
928 ELMOS Semiconductor AG, Dortmund (Hrsg.), Jahresabschluss und Lagebericht 31.12.2010, S. 12.

5.1 Angaben zu einzelnen Posten der Bilanz und der Gewinn- und Verlustrechnung

11) Angaben unter „Umstellung auf die Vorschriften des Bilanzrechtsmodernisierungsgesetzes", „Latente Steuern":[929]

„Nach den neuen Bilanzierungsvorschriften des BilMoG sind latente Steuern auf temporäre Differenzen zwischen den handelsrechtlichen und steuerlichen Wertansätzen von Vermögensgegenständen, Schulden und Rechnungsabgrenzungsposten zu bilden.

T€	Aktive latente Steuern	Passive latente Steuern
Sonstige Finanzanlagen	0	12
Sonstige Vermögenswerte	37	0
Rechnungsabgrenzungsposten	197	0
Rückstellungen für Pensionen	32	0
Steuerrückstellungen	0	1
Sonstige Rückstellungen	290	44
Summe	556	57
Saldierung	-57	-57
Saldo	499	0

Per 31.12.2009 ergaben sich aktive latente Steuern in Höhe von 487 T€ und passive latente Steuern in Höhe von 13 T€. Nach der erstmaligen Anwendung des BilMoG ergaben sich per 1.1.2010 zusätzlich aktive latente Steuern in Höhe von 69 T€ und passive latente Steuern in Höhe von 44 T€.

Die Bewertung der temporären Differenzen erfolgte mit dem für das Geschäftsjahr geltenden kombinierten Steuersatz aus KSt und GewSt von 29,62 %.

Die sich rechnerisch ergebende Steuerentlastung wurde nach dem Wahlrecht des § 274 HGB n. F. nicht aktiviert."

12) Angaben unter „Bilanzierungs- und Bewertungsgrundsätze":[930]

„Von dem Wahlrecht zum Ansatz aktiver latenter Steuern aufgrund sich ergebender Steuerentlastungen nach § 274 Abs. 1 Satz 2 HGB wird kein Gebrauch gemacht. Aus der Gegenüberstellung handels- und steuerrechtlicher Wertansätze des Anlagevermögens und der sonstigen Rückstellungen ergeben sich insgesamt aktive latente Steuern. Ferner bestehen aktive latente Steuern aus körperschaft- und gewerbesteuerlichen Verlustvorträgen, die nach der Unternehmensplanung in voller Höhe innerhalb der nächsten 5 Jahre mit Unternehmensgewinnen verrechnet werden können. Der Bewertung liegen für die Körperschaftsteuer einschließlich Solidaritätszuschlag ein Steuersatz von 15,83 % und für die Gewerbesteuer ein Steuersatz von 15,71 % zugrunde."

13) Angaben unter „Erläuterungen zur Bilanz", „Aktive latente Steuern":[931]

„Insgesamt erwartet die Drägerwerk AG & Co. KGaA als Organträgerin zum 31. Dezember 2016 aus zeitlichen Bilanzierungsunterschieden sowie aus steuerlichen Verlustvorträgen eine zukünftige Steuerentlastung von 44.049 T€ (2015: 57.751 T€). Die Ermittlung der latenten Steuern erfolgte auf Basis eines Ertragsteuersatzes von 31,5 % (2015: 31,5 %). Der Ertragsteuersatz umfasst die Körperschaftsteuer sowie den darauf entfallenden Solidaritätszuschlag und die Gewerbesteuer. Der Rückgang der latenten Steueransprüche resultiert im Wesentlichen aus der Veränderung von temporären Differenzen aus Pensionsrückstellungen und den sonstigen Rückstellungen.

---

[929] Frosta AG, Bremerhaven (Hrsg.), Geschäftsbericht 2010, S. 46.
[930] Thalia Bücher GmbH (vormals: Thalia Holding GmbH), Hagen (Hrsg.), Jahresabschluss zum Geschäftsjahr vom 1.10.2014 bis zum 30.9.2015 – in der im elektronischen Bundesanzeiger veröffentlichten Fassung – pdf-Version, S. 5.
[931] Drägerwerk AG & Co. KGaA, Lübeck (Hrsg.), Jahresabschluss zum Geschäftsjahr vom 1.1.2016 bis zum 31.12.2016 – in der im elektronischen Bundesanzeiger veröffentlichten Fassung – pdf-Version, S. 84 f.

AKTIVE LATENTE STEUERN/PASSIVE LATENTE STEUERN

in Tsd. €	Aktive latente Steuern		Passive latente Steuern	
	2016	2015	2016	2015
Anlagevermögen	4.733	5.951	3.589	3.457
Umlaufvermögen	7.008	8.336	793	2.031
Rechnungsabgrenzungsposten	12	69	-	-
Rückstellungen	33.791	41.667	-	-
Verbindlichkeiten	86	134	-	-
Aktive latente Steuern auf Verlust- und Zinsvorträge	2.801	7.083	-	-
Bruttowert	48.431	63.240	4.382	5.488
Saldierung	-4.382	-5.488	-4.382	-5.488
Bilanzansatz	44.049	57.751	0	0

In Ausübung des Wahlrechts aus § 274 Abs. 1 Satz 2 HGB wurde für den Überhang eine aktive latente Steuer bilanziert."

5.1.2 Aufgliederung der Umsatzerlöse (§ 285 Nr. 4 HGB)

Umsatzerlöse bilden die Ertragsbasis eines jeden operativ tätigen Unternehmens. Eine Aufgliederung der Umsatzerlöse in sachlicher und geographischer Hinsicht kann daher Hinweise auf mögliche Risiken im Absatzbereich und damit für die Ertragslage insgesamt geben.[932] Vor diesem Hintergrund verlangt § 285 Nr. 4 HGB, in den Anhang

▶ eine Aufgliederung der Umsatzerlöse aufzunehmen

▶ nach den Merkmalen „Tätigkeitsbereiche" und „geographisch bestimmte Märkte",

▶ soweit sich diese Merkmale untereinander jeweils erheblich unterscheiden.

Als Maßstab für die Beurteilung, ob und wie weit sich die Tätigkeitsbereiche und geographisch bestimmten Märkte untereinander jeweils erheblich unterscheiden, ist vor allem die Organisation des Verkaufs, der Vermietung und Verpachtung von Produkten und der Erbringung von Dienstleistungen des jeweiligen Unternehmens zu berücksichtigen.

Die Aufgliederung der **Umsatzerlöse** bezieht sich allein auf die unter dem Posten „Umsatzerlöse" in der GuV gemäß § 275 Abs. 2 und 3 HGB (jeweils Posten Nr. 1) ausgewiesenen Erlöse. Gemäß § 277 Abs. 1 HGB fallen darunter alle „Erlöse aus dem Verkauf und der Vermietung oder Verpachtung von Produkten sowie aus der Erbringung von Dienstleistungen der Kapitalgesellschaft nach Abzug von Erlösschmälerungen und der Umsatzsteuer sowie sonstiger direkt mit dem Umsatz verbundener Steuern". Aufgrund des BilRUG ist in dieser Definition der vorherige Bezug der Umsatzerlöse allein auf die für die gewöhnliche Geschäftstätigkeit der Kapitalgesellschaft typischen Erzeugnisse und Dienstleistungen entfallen.

Aufgrund dessen sind nun auch die Erlöse aus zuvor nicht der gewöhnlichen Geschäftstätigkeit des jeweiligen Unternehmens zuzuordnenden Erzeugnisse und Dienstleistungen in die Umsatz-

---

[932] Vgl. Adler, H./Düring, W./Schmaltz, K., 6. Aufl., § 285 HGB Rz. 84.

erlöse und entsprechend auch in deren Aufgliederung einzubeziehen. Solche Erlöse wurden bislang unter den sonstigen betrieblichen Erträgen erfasst.

Beispiele:[933]

- Dienstleistungen und Verkäufe an Mitarbeiter (Miet- und Pachteinnahmen aus Werkswohnungen, Kantinenerlöse u. a.),
- empfangene Ertragszuschüsse mit Gegenleistungsverpflichtung,
- gelegentliche Dienstleistungen (vorübergehende Überlassung eigener Mitarbeiter oder Maschinen an Dritte),
- Kostenerstattungen und Kostenumlagen innerhalb von Unternehmensgruppen, Haftungsvergütungen als persönlich haftender Gesellschafter,
- Miet- und Pachteinnahmen (Vermietung von Parkplätzen u. a.),
- Schrottverkäufe, Verkäufe überzähliger Roh-, Hilfs- und Betriebsstoffe,
- zu Beginn einer Geschäfts- oder Vertragsbeziehung erhaltene *upfront, initial* oder *placement fees*.

Einheitliche Vorgaben für Tätigkeitsbereiche sowie geographisch bestimmte Märkte, nach denen die Umsatzerlöse aufzugliedern sind, macht der Gesetzgeber konsequenterweise nicht. Andernfalls würde die Angabe ihren Zweck auch verfehlen. Die Festlegung der Tätigkeitsbereiche und geographisch bestimmten Märkte obliegt also für die Umsatzaufgliederung nach § 285 Nr. 4 HGB jeweils dem bilanzierenden Unternehmen. Zwecks einer gewissen Objektivierung ist dabei allerdings die interne Organisation, insbesondere die **Verkaufsorganisation** zu berücksichtigen. Dahinter steht der Gedanke, dass die Verkaufsorganisation sich jeweils auf die spezifischen Erfordernisse verschiedener Tätigkeitsbereiche sowie geographischer Märkte ausrichten wird. Eine homogene Verkaufsorganisation spricht daher für zumindest weitgehend homogene Verhältnisse innerhalb der Tätigkeitsbereiche und geographisch bestimmten Märkte; damit entfällt die Angabepflicht nach § 285 Nr. 4 HGB. Eine heterogene Verkaufsorganisation spricht demgegenüber insoweit für erhebliche Unterschiede, sodass die Angabe nach § 285 Nr. 4 HGB in den Anhang aufgenommen werden muss.[934]

Tätigkeitsbereiche werden häufig absatzmarkt- oder produktorientiert abgegrenzt. Darauf deutet auch der vorgenannte Hinweis in § 285 Nr. 4 HGB auf die Berücksichtigung der Verkaufsorganisation hin.[935] Denkbar sind indes auch andere Abgrenzungskriterien für die Tätigkeitsbereiche, z. B. nach Produktionsprozessen, Produktionsstandorten, Wirtschaftszweigen oder der Betriebsorganisation (z. B. Geschäftsbereiche).[936]

Als **geographisch bestimmte Märkte** lassen sich etwa Kontinente, Subkontinente oder andere Ländergruppen (ggf. zusammengefasst nach politischen Kriterien, z. B. EU-Mitgliedsländer), einzelne Länder sowie innerhalb einzelner Länder Regionen (z. B. Bundesländer) ansehen. Soweit sich die Märkte im Inland und im Ausland erheblich voneinander unterscheiden, kommt als Ers-

---

933 Vgl. Wirtz, H./Gersbacher, A., Neudefinition der Umsatzerlöse durch das BilRUG, Praktische Auswirkungen der vorgesehenen Änderung, in: StuB 2014, S 712 f. Zu Zweifelsfragen dazu vgl. IDW, HFA: Anwendungsfragen im Zusammenhang mit dem HGB i. d. F. des BilRUG, in: IDW Life 12/2015, S. 670-672.
934 Vgl. dazu auch Hoffmann, W.-D./Lüdenbach, N., NWB Kommentar Bilanzierung, 8. Aufl., § 285 HGB Rz. 30 f.
935 Vgl. Adler, H./Düring, W./Schmaltz, K., 6. Aufl., § 285 HGB Rz. 89.
936 Vgl. z. B. Grottel, B., in: BeckBilKom, 10. Aufl., § 285 HGB Rn. 175.

tes eine Aufgliederung der Umsatzerlöse nach „Inland" und „Ausland" in Betracht. Dies wird allerdings den Informationserfordernissen des § 285 Nr. 4 HGB nur dann genügen, wenn die Umsatzerlöse überwiegend im Inland erzielt werden. Andernfalls sind die auf das „Ausland" entfallenden Umsatzerlöse weiter aufzugliedern nach Ländergruppen und/oder wesentlichen Einzelländern, um die im Ausland häufig bestehenden höheren Risiken transparenter zu machen. Erzielt das bilanzierende Unternehmen seine Umsatzerlöse überwiegend im europäischen Ausland, bezieht sich die Aufgliederung der geographisch bestimmten Märkte primär auf den europäischen Raum, z. B. wie folgt: Inland, übrige EU-Länder und übriges Europa sowie sonstiges Ausland. Erzielt das bilanzierende Unternehmen seine Umsatzerlöse ausschließlich im Inland, wird nach überwiegender Auffassung ein entsprechender Hinweis als ausreichend angesehen und keine Aufgliederung der Umsatzerlöse nach Regionen gefordert.[937] Auch im Übrigen beschränkt sich die Pflicht zur Aufgliederung der Umsatzerlöse entweder nur auf die Tätigkeitsbereiche oder nur auf die geographisch bestimmten Märkte, wenn nur innerhalb eines dieser Merkmale erhebliche Unterschiede zu verzeichnen sind.[938]

Infolge Neudefinition der Umsatzerlöse sind für ihre Aufgliederung entsprechend auch die „Organisation der Vermietung und Verpachtung von Produkten und der Erbringung von Dienstleistungen" zu beachten.

Nach § 285 Nr. 4 HGB sind die Umsatzerlöse gemäß § 275 Abs. 2 Nr. 1 bzw. Abs. 3 Nr. 1 i. V. m. § 277 Abs. 1 HGB aufzugliedern. Mengenangaben reichen dazu ebenso wenig aus wie rein verbale Beschreibungen. Gefordert sind quantitative, **wertmäßige Angaben**. Diese können als absolute Beträge oder Prozentwerte in den Anhang aufgenommen werden, ggf. ergänzt durch grafische Darstellungen.[939] Aufzugliedern sind die Werte des abzuschließenden Geschäftsjahres, **Vorjahreswerte** müssen nicht angegeben werden.

Bei Wahl der Aufgliederungskriterien und der Art der Darstellung ist das **Stetigkeitsgebot** analog § 265 Abs. 1 Satz 1 HGB zu beachten.[940]

Für die Angaben nach § 285 Nr. 4 HGB ist die **Schutzklausel** des § 286 Abs. 2 HGB anwendbar; hierzu wird auch auf Abschnitt 2.4.1 verwiesen. Danach darf die Umsatzaufgliederung unterbleiben, wenn sie nach vernünftiger kaufmännischer Beurteilung geeignet ist, dem bilanzierenden Unternehmen einen erheblichen Nachteil zuzufügen. Beispiele dafür sind befürchtete Absatzeinbußen (etwa durch eine mögliche Schwächung der Marktposition gegenüber Kunden und Lieferanten oder der Wettbewerbsposition) oder für das bilanzierende Unternehmen nachteilige Maßnahmen von Konkurrenten, die ohne den Einblick in die Zusammensetzung der Umsatzerlöse unterbleiben würden.[941] Im Fall der Inanspruchnahme der Schutzklausel nach § 286 Abs. 2 HGB muss darauf im Anhang nicht gesondert hingewiesen werden.

Für die nach BilRUG geltende neue Umsatzdefinition lässt sich die Angabe nach § 285 Nr. 4 HGB mit Angabe von Vorjahreszahlen z. B. wie folgt umsetzen:

---

[937] Vgl. Adler, H./Düring, W./Schmaltz, K., 6. Aufl., § 285 HGB Rz. 92 m. w. N.
[938] Vgl. z. B. IDW, WP-Handbuch 2017, Hauptband, 15. Aufl., S. 923, Tz. 1036.
[939] Vgl. z. B. Adler, H./Düring, W./Schmaltz, K., 6. Aufl., § 285 HGB Rz. 95.
[940] Vgl. z. B. IDW, WP-Handbuch 2017, Hauptband, 15. Aufl., S. 923, Tz. 1037.
[941] Vgl. IDW, WP-Handbuch 2017, Hauptband, 15. Aufl., S. 923, Tz. 1038 m. w. N.

5.1 Angaben zu einzelnen Posten der Bilanz und der Gewinn- und Verlustrechnung

Formulierungsbeispiel:

Die Umsatzerlöse werden sämtlich im Inland erzielt und setzen sich wie folgt zusammen:

	Geschäftsjahr (Mio. €)	Vorjahr (Mio. €)
Verlaufserlöse		
Tätigkeitsbereich A		
Tätigkeitsbereich B		
Tätigkeitsbereich C		
Andere Erlöse		
Erlöse aus der Erbringung von Dienstleistungen		
Erlöse aus Vermietung		
Übrige Erlöse		
Summe		

PRAXISBEISPIELE für die Anhangangaben nach § 285 Nr. 4 HGB:

Hinweis: Aufgrund Änderung der Umsatzdefinition durch das BilRUG konnte es im Jahr der Erstanwendung gegenüber dem Vorjahr zu erheblichen Abweichungen kommen. Zur Herstellung der Vergleichbarkeit kam dann im Übergangsjahr eine erläuternde Angabe in Betracht. In den Folgejahren entfällt diese Angabe. Sofern die nachstehend genannten Beispiele solche zusätzlichen Angaben enthalten, werden sie hier textlich durch Kursivschrift hervorgehoben.

1) Angaben unter „Umsatzerlöse":[942]

„Die Umsätze erfolgen ausschließlich im Inland; sie entfallen mit ca. 47 % auf Serviceleistungen, mit ca. 53 % auf den Verkauf von Leergut-Rücknahmesystemen und sonstige Umsätze."

2) Angaben unter „Erläuterungen zur Gewinn- und Verlustrechnung", „Umsatzerlöse":[943]

„Die Umsatzerlöse im Geschäftsjahr 2016 belaufen sich auf 19.725 T€ und werden im Inland erzielt. Sie resultieren im Wesentlichen aus kaufmännischen und IT-technischen Serviceleistungen für Tochtergesellschaften im Ströer Konzern (18.938 T€) sowie aus Mieterträgen (787 T€)."

3) Angaben unter „Angaben und Erläuterungen zu einzelnen Posten der Gewinn- und Verlustrechnung", „Umsatzerlöse":[944]

„Sämtliche Umsatzerlöse resultieren überwiegend aus dem Verkauf von Elektroartikeln und Elektroinstallationsmaterial über europaweit agierende Baumarktketten, (SB-)Warenhäuser, Elektronikmärkte, Onlinegeschäfte und Discounter sowie den Fach- und Großhandel.

Von den Umsatzerlösen in Höhe von insgesamt 50.356.118,46 € (Vorjahr 51.556.182,43 €) wurden im Inland 45.483.164,33 € (Vorjahr 44.668.276,46 €) und im vorwiegend europäischen Ausland 4.872.954,13 € (Vorjahr 6.887.905,97 €) erzielt."

---

[942] TOMRA SYSTEMS GmbH, Langenfeld (Hrsg.), Jahresabschluss zum Geschäftsjahr vom 1.1.2011 bis zum 31.12.2011 – in der im elektronischen Bundesanzeiger veröffentlichten Fassung – Druckfassung, S. 5.

[943] Ströer SE & Co. KGaA (vormals: Ströer SE), Köln (Hrsg.), Jahresabschluss und Bericht über die Lage der Gesellschaft und des Konzerns 2016 – in der im elektronischen Bundesanzeiger veröffentlichten Fassung – pdf-Version, S. 15.

[944] REV Ritter GmbH, Mömbris (Hrsg.), Jahresabschluss zum Geschäftsjahr vom 1.1.2016 bis zum 31.12.2016 – in der im elektronischen Bundesanzeiger veröffentlichten Fassung – pdf-Version, S. 8 f.

5. Für große GmbH sowie GmbH & Co. KG ergänzend geltende Anhangvorschriften

4) Angaben unter „Erläuterungen zur Gewinn- und Verlustrechnung":

ABB. 65: Aufgliederung der Umsatzerlöse nach § 285 Nr. 4 HGB, Praxisbeispiel 1[945]

	2010 T€
Die Umsätze setzen sich wie folgt zusammen:	
- Bücher	23.214
- Zeitschriften (inkl. Reprints, SD)	11.145
- Online Erlöse	196
- Lizenzerlöse	999
- Sonstige (Dienstleistung und Pharma)	1.546
	37.100
Die Umsätze gliedern sich nach geografischen Gebieten wie folgt auf:	T€
Europäische Union	34.538
Sonstiges Europa	1.227
Amerika	592
Sonstige Drittländer	743
	37.100

5) Angaben unter „Erläuterungen zur Gewinn- und Verlustrechnung", „Umsatzerlöse":[946]

„Im Vergleich zum Vorjahr haben sich die Umsatzerlöse im Geschäftsjahr 2016 um 53 % auf 48.714 T€ (2015: 102.675 T€) verringert. Dieser Rückgang ergab sich vor allem aus einem Einmaleffekt im Geschäftsjahr 2015 aus der Beendigung der Zusammenarbeit zur gemeinsamen Entwicklung und Vermarktung von M0R202 mit Celgene und der hieraus resultierenden Realisierung von bislang abgegrenzten Umsatzerlösen. *Unter Anwendung von § 277 Absatz 1 HGB in der Fassung des BilRUG hätten sich für das Jahr 2015 Umsatzerlöse in Höhe von 104.924 T€ ergeben. Die Erhöhung der Umsatzerlöse unter Anwendung des BilRUG ergab sich im Wesentlichen aus weiterbelasteten Personalkosten im Rahmen von Co-Development-Verträgen und aus Aufträgen, die von einem verbundenen Unternehmen bedient wurden, sowie aus Zuschüssen der öffentlichen Hand, die bisher unter den sonstigen betrieblichen Erträgen ausgewiesen wurden.*

Im Geschäftsjahr 2016 wurde der größte Teil der Umsätze im Rahmen der Antikörperkooperationen und Lizenzvereinbarungen mit Novartis, Janssen und Bayer Pharma erwirtschaftet. Die Umsatzerlöse der Segmente Proprietary Development und Partnered Discovery trugen 1.983 T€ bzw. 46.626 T€ zum Gesamtumsatz des Jahres 2016 bei (2015: 58.314 T€ bzw. 44.361 T€). Umsätze, die keinem der beiden Segmente zugeordnet waren, beliefen sich im Berichtsjahr auf 105 T€. *Unter Anwendung von § 277 HGB Absatz 1 in der Fassung des BilRUG hätten sich für das Jahr 2015 Umsatzerlöse im Segment Proprietary Development in Höhe von 60.446 T€ und im Segment Partnered Discovery in Höhe von 44.386 T€ ergeben. Nicht zugeordnete Umsatzerlöse hätten sich für das Jahr 2015 auf 92 T€ belaufen.*

Vom Gesamtumsatz entfielen 1.927 T€ (2015: 2.184 T€) auf Umsätze im Inland und 2.823 T€ (2015: 58.692 T€) auf Biotechnologie- und Pharmaunternehmen bzw. gemeinnützige Gesellschaften mit Sitz in Nordamerika. Im übrigen Europa und in Asien wurden Umsätze in Höhe von 43.964 T€ (2015: 41.800 T€) erwirtschaftet. *Unter Anwendung von § 277 HGB Absatz 1 in der Fassung des BilRUG hätten sich für das Jahr 2015 Umsatzerlöse im Inland von 2.507 T€ und für Biotechnologie- und Pharmaunternehmen bzw. gemeinnützige Gesellschaften mit Sitz in Nordamerika Umsätze in Höhe von 59.517 T€ ergeben. Im übrigen Europa und in Asien wären Umsätze in Höhe von 42.900 T€ unter Berücksichtigung des BilRUG erwirtschaftet worden.*"

---

945 Elsevier GmbH, München (Hrsg.), Jahresabschluss zum Geschäftsjahr vom 1.1.2010 bis zum 31.12.2010 und Lagebericht für das Geschäftsjahr 2010 – in der im elektronischen Bundesanzeiger veröffentlichten Fassung – Druckfassung, S. 8.

946 MorphoSys AG, Planegg (Hrsg.), Jahresabschluss zum Geschäftsjahr vom 1.1.2016 bis zum 31.12.2016 – in der im elektronischen Bundesanzeiger veröffentlichten Fassung – pdf-Version, S. 80.

5.1 Angaben zu einzelnen Posten der Bilanz und der Gewinn- und Verlustrechnung

6) Angaben unter „Angaben zur Gewinn- und Verlustrechnung":

ABB. 66: Aufgliederung der Umsatzerlöse nach § 285 Nr. 4 HGB, Praxisbeispiel 2[947]

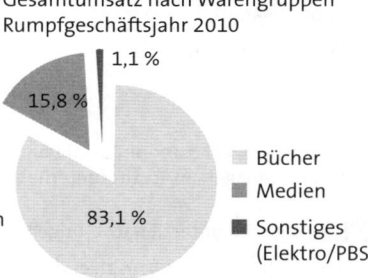

Gesamtumsatz nach Warengruppen
Rumpfgeschäftsjahr 2010

1,1 %
15,8 %
83,1 %

- Bücher
- Medien
- Sonstiges (Elektro/PBS)

Umsatzerlöse

Das Geschäftssegment von buch.de umfasste im Rumpfgeschäftsjahr vom 1. Januar bis 30. September 2010 den Verkauf von Büchern, Medien sowie Elektronik- und Büroartikeln über das Internet. Der Absatzmarkt lag dabei zum weit überwiegenden Teil im deutschsprachigen Raum. Es gab im Rumpfgeschäftsjahr keinen einzelnen Kunden, mit dem mehr als 10 Prozent des Umsatzes erzielt wurden.

7) Angaben unter „Erläuterungen zur Gewinn- und Verlustrechnung", „Umsatzerlöse":[948]

„Die Umsatzerlöse gliedern sich nach folgenden Tätigkeitsbereichen:

	2016 In T€	Vorjahr In T€
Neuwagen	61.849	73.814
Gebrauchtwagen	6.563	7.347
Ersatzteile	16.387	16.938
Werkstatt	9.744	9.068
Übrige	1.598	44
	96.141	107.211

Die Umsätze wurden fast ausschließlich im Inland getätigt.

Ab dem Geschäftsjahr 2016 werden aufgrund der Einführung des Bilanzrichtlinie-Umsetzungsgesetzes Teile der sonstigen betrieblichen Erträge in die Umsätze umgegliedert. Der Umsatz aus 2015 würde nach den Anpassungen aus dem Bilanzrichtlinie-Umsetzungsgesetz 108.019 T€ betragen."

8) Angaben unter „Erläuterungen zur Gewinn- und Verlustrechnung", „Umsatzerlöse":[949]

„Die Umsatzerlöse wurden entsprechend der Neudefinition des § 277 Abs. 1 HGB in der Fassung des BilRUG erfasst und gliedern sich wie folgt:

Nach Tätigkeitsbereichen

	2016 in T€	2015 in T€
Erlöse Handelsware und Dienstleistungen	124.059	109.906
Erlöse Kostenumlagen	55.119	50.090
	179.178	159.996

---

947 buch.de Internetstores AG, Münster (Hrsg.), Geschäftsbericht 2010, S. 52.
948 IVECO West Nutzfahrzeuge GmbH, Düsseldorf (Hrsg.), Jahresabschluss zum Geschäftsjahr vom 1.1.2016 bis zum 31.12.2016 – in der im elektronischen Bundesanzeiger veröffentlichten Fassung – pdf-Version, S. 7.
949 Bechtle AG, Neckarsulm (Hrsg.), Jahresabschluss zum 31.12.2016 – in der im elektronischen Bundesanzeiger veröffentlichten Fassung – pdf-Version, S. 39 f.

5. Für große GmbH sowie GmbH & Co. KG ergänzend geltende Anhangvorschriften

Nach Regionen

	2016 in T€	2015 in T€
Erlöse Inland	146.067	129.786
Erlöse Übrige EU-Länder	29.412	27.982
Übriges Europa	3.699	2.228
	179.178	159.996

Die Erlöse aus Kostenumlagen beinhalten ausschließlich Verwaltungs-, Rechenzentrums- sowie sonstige Kostenumlagen an Tochterunternehmen."

9) Angaben unter „Erläuterungen zur Gewinn- und Verlustrechnung", „Umsatzerlöse":[950]

„Die Aufteilung der Umsatzerlöse nach Tätigkeitsbereichen und geographischen Regionen ist den nachstehenden Übersichten zu entnehmen:

Umsatzerlöse

in T€	2016	2015[1]	2015
Aufgliederung nach Geschäftsfeldern	1.006.160	996.793	880.570
Geräte	659.817	656.936	656.936
Leistungen	346.343	339.857	223.634
Aufgliederung nach Regionen (Absatzgebiete)	1.006.160	996.793	880.570
Deutschland	235.945	227.319	142.328
übriges Europa	251.942	273.340	262.088
Amerika	197.105	186.961	172.168
Asien Pazifik	273.061	256.149	252.109
Sonstige (wie Afrika, Australien)	48.107	53.024	51.877

[1] Darstellung der Vorjahreswerte entsprechend der neuen Umsatzdefinition gemäß BilRUG.

Durch das BilRUG ergibt sich eine geänderte Darstellung der Umsatzerlöse. Ab 2016 beinhaltet dieser Posten zusätzlich Mieterträge und zentrale Dienstleistungen der Drägerwerk AG & Co. KGaA für diverse Tochtergesellschaften in den Bereichen Informationstechnologie, Unternehmenskommunikation, Marketingkommunikation, Strategischer Einkauf sowie Personal, Rechnungswesen und Controlling in Höhe von 115,8 Mio. €. Im Geschäftsjahr 2015 betrug die Weiterbelastung insgesamt 116,7 Mio. €.

Die Vorjahreswerte sind entsprechend angepasst. Der Umsatz im Geschäftsjahr 2015 beträgt nach der neuen Darstellung 996.793 T€.

Ein hoher Anteil der Umsatzerlöse der Drägerwerk AG & Co. KGaA resultiert aus Geschäften mit Tochtergesellschaften."

---

950 Drägerwerk AG & Co. KGaA, Lübeck (Hrsg.), Jahresabschluss zum Geschäftsjahr vom 1.1.2016 bis zum 31.12.2016 – in der im elektronischen Bundesanzeiger veröffentlichten Fassung – pdf-Version, S. 93.

5.1 Angaben zu einzelnen Posten der Bilanz und der Gewinn- und Verlustrechnung

10) Angaben unter „Erläuterungen zur Gewinn- und Verlustrechnung", „Umsatzerlöse":[951]

„Die Umsatzerlöse wurden in folgenden Bereichen erwirtschaftet:

	2016		Vorjahr	
	In T€	%	In T€	%
Telekommunikationsleistung FXD National	16.220	21,2	19.054	22,0
Telekommunikationsleistung FXD Mobil	4.803	6,3	5.970	6,9
Telekommunikationsleistung FXD International	256	0,3	1.431	1,6
Telekommunikationsleistung FXD Internet	0	0,0	60	0,1
Festnetz	21.279	27,8	26.515	30,6
Telekommunikationsleistung FVM	31.965	41,8	34.007	39,2
Festnetzersatz	31.965	41,8	34.007	39,2
Telekommunikationsleistung ULL	9.213	12,0	10.577	12,2
Telekommunikationsleistung ADSL	3.431	4,5	4.261	4,9
Breitband	12.644	16,5	14.838	17,1
Telekommunikationsleistung MPO	10.591	13,9	11.311	13,1
Mobilfunk	10.591	13,9	11.311	13,1
Telekommunikationsdienstleistung	76.479	100,0	86.671	100,0
Intercompany	0,0	0,0	35	0,0
	76.479	100,0	86.706	100,0
Umsatzerlöse nach Absatzgebieten				
Umsatzerlöse Inland	76.479	0	86.706	100,0
davon Privat- und Geschäftskunden	76.479	100,0	86.671	100,0
davon verbundene Unternehmen	0	0	35	0,0

Im Vergleich zum Vorjahr fielen die Umsätze im Berichtsjahr 2016 um 12 % auf 76.479 T€ (Vorjahr: 86.706 T€). Grund für diesen Rückgang waren die bereits im Vorjahr abgestellten kostenintensiven Verkaufs- und Marketingmaßnahmen und die damit einhergehende Abnahme des Kundenbestands. *Die Gesellschaft verweist gemäß Art. 75 Abs. 2 EGHGB auf die fehlende Vergleichbarkeit der Umsatzerlöse zum Vorjahr. Hätte man bereits im Vergleichsjahr die Umsatzerlöse gemäß § 277 Abs. 1 in der Fassung des Bil-RUG angewandt, so hätten sich zum 31. Dezember 2015 Umsatzerlöse in Höhe von 89.997 T€ ergeben.*"

---

[951] Communication Services Tele2 GmbH, Düsseldorf (Hrsg.), Jahresabschluss zum Geschäftsjahr vom 1. 1. 2016 bis zum 31. 12. 2016 – in der im elektronischen Bundesanzeiger veröffentlichten Fassung – pdf-Version, S. 4 f.

11) Angaben unter „Angaben und Erläuterungen zur Gewinn- und Verlustrechnung", „Umsatzerlöse":

ABB. 67: Aufgliederung der Umsatzerlöse nach § 285 Nr. 4 HGB, Praxisbeispiel 3[952]

Die Umsatzerlöse gliedern sich nach In-/Ausland und nach Tätigkeitsbereichen wie folgt:

Umsatzerlöse	2009					
	Außenübertragung	Redaktion	TV-Vermarktung	Zentrale Projekte	Sonstige	Summe
	T€	T€	T€	T€	T€	T€
Tätigkeitsbereiche	12.089	2.867	780	630	884	17.250
Erlöse, Inland	873	52	1.708	0	0	2.633
Erlöse, Ausland	12.962	2.919	2.488	630	884	19.883

	2008
	T€
Umsatzerlöse Tätigkeitsbereiche	21.104
Erlöse, Inland	3.717
Erlöse, Ausland	24.821

5.1.3 Periodenfremde Erträge und Aufwendungen (§ 285 Nr. 32 HGB)

Mit dem BilRUG wurde die bisherige Vorschrift des § 277 Abs. 4 Satz 3 HGB a. F. (vor BilRUG) aufgehoben. Die darin geforderten Erläuterungen zu **periodenfremden Erträgen und Aufwendungen** wurden aus systematischen Gründen in den mit dem BilRUG neu eingefügten § 285 Nr. 32 HGB verschoben. Inhaltliche Änderungen zur bisherigen Vorschrift sollten mit dieser Verschiebung nicht verbunden sein.[953]

Periodenfremde Erträge und Aufwendungen sind solche Erträge und Aufwendungen, die nicht dem abzuschließenden Geschäftsjahr zuzurechnen sind, für die also keine Leistungen des Geschäftsjahrs ursächlich waren.[954] Als ordentliche Erfolgsbeiträge gehen sie häufig innerhalb der GuV in die Posten „sonstige betriebliche Erträge", „sonstige betriebliche Aufwendungen" oder „Steuern vom Einkommen und vom Ertrag" ein.[955] Die Information, ob und wenn ja in welcher Höhe in den Posten der ordentlichen Erträge und Aufwendungen auch periodenfremde Beträge enthalten und welcher Art sie sind, „hilft bei der Beantwortung der bei einem Vergleich der Jahresabschlüsse aufeinanderfolgender Geschäftsjahre auftretenden Fragen, wenn Erträge oder Aufwendungen stark schwanken"[956] und trägt so dazu bei, den **Einblick in die Ertragslage** zu verbessern.[957] Dementsprechend sind auch die periodenfremden Erträge und Aufwendungen „hinsichtlich ihres Betrags und ihrer Art im Anhang zu erläutern, soweit die ausgewiesenen Beträge für die Beurteilung der Ertragslage nicht von untergeordneter Bedeutung sind."

Analog zu § 285 Nr. 31 HGB (dazu wird auf Abschnitt 3.3.2 verwiesen) sind auch die Anhangangaben nach § 285 Nr. 32 HGB nur zu beachten, wenn in den Ertrags- und Aufwandsposten der GuV periodenfremde Erträge und/oder periodenfremde Aufwendungen erfasst und in ihrer Höhe wesentlich sind.

---

952 WIGE Media AG, Köln (Hrsg.), Jahresabschluss 2010 – in der im elektronischen Bundesanzeiger veröffentlichten Fassung – Druckfassung, S. 18.
953 Vgl. BT-Drucks. 18/4050, S. 67.
954 Vgl. Grottel, B., in: BeckBilKom, 10. Aufl., § 285 HGB Rn. 915-917.
955 Vgl. dazu empirische Nachweise bei Philipps, H., Jahresabschlüsse 2010, S. 165.
956 BT-Drucks. 18/4050, S. 67.
957 Vgl. z. B. Biener, H./Berneke, W., Bilanzrichtlinien-Gesetz, S. 232 f.

Zu den typischen **Beispielen** für periodenfremde Erträge und Aufwendungen zählen u. a.:[958]
- Buchgewinne/-verluste aus dem Verkauf von Gegenständen des Sachanlagevermögens,
- Erträge aus der Auflösung von Rückstellungen,
- Steuererstattungen oder Steuernachzahlungen,
- Zahlungseingänge auf wertberichtigte Teile von Forderungen,
- Zuschreibungen oder Nachholung von Abschreibungen.

Werden aufgrund solcher oder ähnlicher Sachverhalte in der GuV periodenfremde Erträge und/oder Aufwendungen ausgewiesen, sind sie im Anhang hinsichtlich ihres Betrags und ihrer Art zu erläutern, soweit sie für die Beurteilung der Ertragslage nicht von untergeordneter Bedeutung sind.

Der Formulierung des § 285 Nr. 32 HGB nach verlangt der Gesetzgeber bei Erläuterung der periodenfremden Erträge und Aufwendungen entsprechende Informationsanforderungen, wie zu den außergewöhnlichen Erträgen und Aufwendungen. Erläuterung dieser Erträge und Aufwendungen hinsichtlich des **Betrags** macht somit die Angabe jeweils der periodenfremden Erträge und Aufwendungen in ihrer gesamten Höhe sowie des Weiteren zumindest verbale Angaben von Relationen dazu (z. B. zur Hälfte, überwiegend, ganz überwiegend, ausschließlich) erforderlich; alternativ kommt die betragsmäßige Aufgliederung des jeweiligen Gesamtbetrags der periodenfremden Erträge und Aufwendungen in Betracht. Erläuterung hinsichtlich ihrer Art erfordert auch bei den periodenfremden Erträgen und Aufwendungen, inhaltlich zu beschreiben, welche Sachverhalte darunter erfasst sind.

Die vorgenannten Erläuterungen sind nur erforderlich, soweit die in der GuV erfassten periodenfremden Erträge und Aufwendungen für die Beurteilung der Ertragslage **von Bedeutung** sind. Diese Voraussetzung unterstreicht den Zweck der Angabe nach § 285 Nr. 32 HGB und erfordert auch hier – originär im Rahmen der Anhangangabe – eine Konkretisierung des Merkmals „von Bedeutung". Dies ist allerdings auch hier nicht allgemein, sondern nur im Einzelfall möglich, wobei z. B. auch die wirtschaftliche Lage des bilanzierenden Unternehmens berücksichtigt werden muss. Zweckgerecht ist indes, den Fall der untergeordneten Bedeutung eher eng auszulegen, d. h. den Fall „von Bedeutung" eher breit anzuwenden.

PRAXISBEISPIELE für die Angaben nach § 285 Nr. 32 HGB:[959]

1) Angaben jeweils unter „Erläuterungen zur Gewinn- und Verlustrechnung":[960]

„Die sonstigen betrieblichen Erträge enthalten periodenfremde Erträge aus der Auflösung von Rückstellungen von 457 T€ (Vorjahr: 418 T€).

Erträge aus ausgebuchten Verbindlichkeiten von 464 T€ (Vorjahr: 17 T€) sowie nachträgliche Kostenerstattungen von 21 T€ (Vorjahr: 45 T€).

In den sonstigen betrieblichen Aufwendungen sind periodenfremde Aufwendungen aus nachlaufenden Rechnungen von 24 T€ (Vorjahr: 58 T€) enthalten.

..."

---

958 Vgl. z. B. Adler, H./Düring, W./Schmaltz, K., 6. Aufl., § 277 HGB Rz. 87.
959 Zu weiteren Praxisbeispielen vgl. Philipps, H., Jahresabschlüsse 2010, S. 164.
960 CTS Eventim AG, Bremen (Hrsg.), Geschäftsbericht 2010, S. 153.

Unter den Steuern vom Einkommen und vom Ertrag werden ... ausgewiesen. Ferner enthalten die Steuern vom Einkommen und Ertrag Aufwand für ausländische Quellensteuer (68 T€) und periodenfremden Aufwand für Steuernachzahlungen für Vorjahre (51 T€)."

2) Angaben jeweils unter „Erläuterungen zur Gewinn- und Verlustrechnung", „Periodenfremdes Ergebnis":[961]

„Im Geschäftsjahr sind Erträge aus der Auflösung von Rückstellungen in Höhe von 198 T€ (Vorjahr: 357 T€) angefallen, die im Wesentlichen aus der Auflösung von Personalrückstellungen und von Rückstellungen für die Restrukturierung resultieren."

3) Angaben unter „Erläuterungen zur Gewinn- und Verlustrechnung":[962]

„Sonstige betriebliche Erträge

In den sonstigen betrieblichen Erträgen sind periodenfremde Erträge in Höhe von 19 T€ aus Kostenerstattungen für 2015 enthalten.

...

Sonstige betriebliche Aufwendungen

Die sonstigen betrieblichen Aufwendungen enthalten periodenfremde Aufwendungen in Höhe von 354 T€ für in 2016 abgerechnete und in den Jahren 2014 bzw. 2015 erhaltene Leistungen.

..."

4) Angaben unter „Sonstige betriebliche Erträge":[963]

„In den sonstigen betrieblichen Erträgen waren im Berichtsjahr periodenfremde Erträge gemäß § 285 Nr. 32 HGB in Höhe von 268 Mio. € (2015: 294 Mio. €) ausgewiesen. Dabei handelte es sich im Wesentlichen um Erträge aus der Auflösung von Rückstellungen und um Erträge aus Abgängen des Sachanlagevermögens."

5) Angaben unter „Sonstige betriebliche Aufwendungen":[964]

„In den sonstigen betrieblichen Aufwendungen waren im Berichtsjahr periodenfremde Aufwendungen gemäß § 285 Nr. 32 HGB in Höhe von 12 Mio. € (2015: 18 Mio. €) enthalten. Diese betrafen im Wesentlichen Aufwendungen aus der Forderungsbewertung und Aufwendungen aufgrund von Abgängen des Anlagevermögens."

6) Angaben unter „Erläuterungen zur Gewinn- und Verlustrechnung", „Angaben zu § 285 Nr. 32 HGB":[965]

„Im Posten „sonstige betriebliche Erträge" sind Erträge, die einem anderen Geschäftsjahr zuzuordnen sind (periodenfremde Erträge), wie folgt enthalten:

---

961 Symrise AG, Holzminden (Hrsg.), Jahresabschluss 2010, S. 9 f.
962 Ströer SE & Co. KGaA (vormals: Ströer SE), Köln (Hrsg.), Jahresabschluss und Bericht über die Lage der Gesellschaft und des Konzerns 2016 – in der im elektronischen Bundesanzeiger veröffentlichten Fassung – pdf-Version, S. 15.
963 Deutsche Telekom AG, Bonn (Hrsg.), Jahresabschluss zum Geschäftsjahr vom 1. 1. 2016 bis zum 31. 12. 2016 – in der im elektronischen Bundesanzeiger veröffentlichten Fassung – pdf-Version, S. 164.
964 Deutsche Telekom AG, Bonn (Hrsg.), Jahresabschluss zum Geschäftsjahr vom 1. 1. 2016 bis zum 31. 12. 2016 – in der im elektronischen Bundesanzeiger veröffentlichten Fassung – pdf-Version, S. 167.
965 Communication Services Tele2 GmbH, Düsseldorf (Hrsg.), Jahresabschluss zum Geschäftsjahr vom 1. 1. 2016 bis zum 31. 12. 2016 – in der im elektronischen Bundesanzeiger veröffentlichten Fassung – pdf-Version, S. 6.

	2016
	In T€
Erträge aus der Auflösung von Rückstellungen	4.537
Erträge aus Werbekostenzuschüssen	317
Erträge aus dem Verkauf von Forderungen	74
	4.928"

5.2 Sonstige Angaben

5.2.1 Angaben zum Abschlussprüferhonorar (§ 285 Nr. 17 HGB)

Höhe und Zusammensetzung des Abschlussprüferhonorars gelten als Indikator für dessen Unabhängigkeit und sind insoweit für die Abschlussadressaten von Interesse.[966] Angesichts dessen verlangt § 285 Nr. 17 HGB Angaben

- über die Höhe des vom Abschlussprüfer für das Geschäftsjahr berechneten Gesamthonorars,
- aufgeschlüsselt in das Honorar für Abschlussprüfungsleistungen (Buchstabe a), andere Bestätigungsleistungen (Buchstabe b), Steuerberatungsleistungen (Buchstabe c) und sonstige Leistungen (Buchstabe d),

soweit diese Angaben nicht in einem Konzernabschluss enthalten sind, in den das jeweilige Unternehmen einbezogen ist.

„Abschlussprüfer" ist der gesetzliche Abschlussprüfer, also die bestellte Wirtschaftsprüferpraxis.[967] Verbundene Unternehmen des Abschlussprüfers fallen nicht darunter.[968]

Das **„Gesamthonorar"** ist nach Auffassung des Gesetzgebers[969] ein Nettobetrag, der den Auslagenersatz einschließt und nicht durch eventuelle, gegen den Abschlussprüfer gerichtete Schadenersatzansprüche gemindert wird. Soweit das angabepflichtige Unternehmen nicht vorsteuerabzugsberechtigt ist, wird es zwar durch die berechnete Umsatzsteuer belastet. Gleichwohl fließt dieser Honorarteil dem Abschlussprüfer nur als durchlaufender Posten zu und ist insoweit nicht als etwaiger Indikator im Zusammenhang mit der Beurteilung der Unabhängigkeit und der Prüfungsqualität des Abschlussprüfers geeignet. Die geforderten Beträge sind grundsätzlich in Euro anzugeben. Sofern angesichts der Größenordnung sinnvoll, ist aber auch die Angabe in T€ oder Mio. € zulässig. Vorjahresbeträge werden nicht verlangt.

Das so konkretisierte „Gesamthonorar" muss vom Abschlussprüfer für das Geschäftsjahr berechnet worden sein und ist nach den in § 285 Nr. 17 Buchstabe a bis d HGB genannten Kategorien **aufzuschlüsseln**.

---

966 Vgl. BT-Drucks. 15/3419, S. 29.
967 Vgl. BT-Drucks. 16/12407, S. 70.
968 Das IDW hält die Einbeziehung der von verbundenen Unternehmen des Abschlussprüfers berechneten Honorare in die Angabe des berechneten Gesamthonorars allerdings für zweckgerecht. Vgl. IDW RS HFA 36 n. F., Tz. 7, in: IDW Life 11/2016, IDW Fachnachrichten, S. 997.
969 Vgl. BT-Drucks. 16/10067, S. 70.

Eine Formulierung wie:

> „Das Gesamthonorar des Abschlussprüfers beläuft sich auf xy T€. Dieser Betrag wurde für Abschlussprüfungsleistungen, andere Bestätigungsleistungen und Steuerberatungsleistungen aufgebracht."

genügt der geforderten Aufschlüsselung in die Kategorien a) bis d) des § 285 Nr. 17 HGB mangels der jeweils zugehörigen Betragsangaben **nicht**.

Und folgende Formulierung ist insoweit zumindest **ungenau**:

> „Im Geschäftsjahr betrug der Aufwand für Honorare unseres Abschlussprüfers für Abschlussprüfungen xy T€."

Sie lässt nicht zweifelsfrei erkennen, ob vom Abschlussprüfer neben den Abschlussprüfungsleistungen auch andere Leistungen erbracht wurden.

Mit der Anforderung der Angabe des **für das Geschäftsjahr berechneten** Gesamthonorars ist nach Auffassung des Gesetzgebers eine leistungszeitgleiche Honorarangabe im Anhang beabsichtigt.[970] Anzugeben sind demnach bereits zugeflossene oder künftig noch zufließende Honorare für im Geschäftsjahr erbrachte Leistungen.

Im Schrifttum[971] wird diese Anforderung in Bezug auf Abschlussprüfungsleistungen, die, anders als häufig die Leistungen i. S. d. § 285 Nr. 17 Buchstaben b, c und d HGB regelmäßig zum Teil vor und zum Teil nach dem Bilanzstichtag für das abzuschließende Geschäftsjahr erbracht werden, wie folgt interpretiert: „Nach einigen Irrungen und Wirrungen ... ist die endgültige Gesetzesfassung mit anderem Wortlaut wieder auf den bisher gültigen Inhalt zurückgekommen (Periodisierung). Deshalb ist der in der Rückstellung für die Abschlussprüfungsleistung des Berichtsjahrs enthaltene Honoraranteil in die Angabepflicht einzubeziehen." Diese Interpretation bringt der Gesetzgeber selbst in der Begründung zu § 285 Nr. 17 HGB zum Ausdruck.[972] Ob allerdings „Mehr- oder Minderaufwendungen gegenüber dem Rückstellungsansatz ... im Anhang des Folgejahrs entsprechend der buchmäßigen Abwicklung mit zu erfassen [sind; Einfügung durch den Verfasser]",[973] erscheint angesichts dessen, dass der Gesetzgeber die Honorarangabe mit § 285 Nr. 17 HGB leistungszeitgleich vorsehen will, nicht zwingend.[974] Sofern in einem solchen Fall indes wesentliche, auf das Vorjahr entfallende angegebene Beträge gesondert durch „davon-Vermerk" kenntlich gemacht werden,[975] steht dies der gesetzgeberischen Zielsetzung sicher nicht entgegen.

Zu den für die **Aufschlüsselung** des Abschlussprüferhonorars in § 285 Nr. 17 Buchstaben a bis d HGB genannten **Tätigkeitsbereichen** lassen sich einzelne Leistungen beispielhaft wie folgt zuordnen:[976]

---

[970] Vgl. BT-Drucks. 16/10067, S. 70.
[971] Lüdenbach, N./Hoffmann, W.-D., Die wichtigsten Änderungen der HGB-Rechnungslegung durch das BilMoG, in: StuB 2009, S. 314.
[972] Vgl. BT-Drucks. 16/10067, S. 70.
[973] So Lüdenbach, N./Hoffmann, W.-D., Die wichtigsten Änderungen der HGB-Rechnungslegung durch das BilMoG, in: StuB 2009, S. 314. Mit gleichem Ergebnis auch IDW RS HFA 36 n. F., Tz. 9, in: IDW Life 11/2016, IDW Fachnachrichten, S. 997.
[974] Vgl. dazu auch BT-Drucks. 16/12407, S. 88.
[975] Vgl. IDW RS HFA 36 n. F., Tz. 9, in: IDW Life 11/2016, IDW Fachnachrichten, S. 997.
[976] Vgl. IDW RS HFA 36 n. F., Anlage, in: IDW Life 11/2016, IDW Fachnachrichten, S. 999 f.

- Zu den „Abschlussprüfungsleistungen" gehören z. B. gesetzlich vorgeschriebene Jahres- und Konzernabschlussprüfungen, Prüfungen von Konzernpackages des bilanzierenden Unternehmens, Nachtragsprüfungen gemäß § 316 Abs. 3 HGB, Prüfungen der Ordnungsmäßigkeit der Geschäftsführung nach § 53 Haushaltsgrundsätzegesetz oder auch Prüfungen des Abhängigkeitsberichts nach § 313 AktG sowie Leistungen im Zusammenhang mit so genannten Enforcement-Verfahren.
- „Andere Bestätigungsleistungen" sind typischerweise Prüfungsleistungen, die außerhalb der „Abschlussprüfungsleistungen" erbracht wurden.[977] Dazu gehören z. B. Gründungsprüfungen nach AktG, Verschmelzungs- oder Spaltungsprüfungen nach Umwandlungsgesetz, Prüfungen nach Makler- und Bauträgerverordnung sowie Prüfungen nach dem Erneuerbare-Energien-Gesetz oder dem Kraft-Wärme-Kopplungs-Gesetz.
- „Steuerberatungsleistungen" schließen z. B. Beratungen im Zusammenhang mit der Erstellung von Steuererklärungen, Aufzeigen von Gestaltungsalternativen oder Unterstützung bei der Lösung von Steuerstreitigkeiten ein.
- „Sonstige Leistungen" bilden die Sammelposition für alle übrigen Leistungen, die nicht den zuvor genannten Tätigkeitsbereichen zuordenbar sind. Dazu zählen z. B. zulässige Bewertungsleistungen und übrige betriebswirtschaftliche Beratungsleistungen.

Für Konzernunternehmen ermöglicht § 285 Nr. 17 HGB den Verzicht auf die Honorarangaben im jeweiligen Jahresabschluss, soweit diese Angaben in einem das Unternehmen einbeziehenden Konzernabschluss enthalten sind. Mit dieser Regelung setzt der deutsche Gesetzgeber das entsprechende Mitgliedstaatenwahlrecht in Art. 18 Abs. 3 der Bilanzrichtlinie um. Dem Wortlaut des § 285 Nr. 17 HGB nach greift diese **Escape-Klausel** für in einen Konzernabschluss einbeziehungspflichtige, als auch für darin freiwillig einbezogene Unternehmen; Ausnahmen für nicht konzernrechnungslegungspflichtige kapitalmarktorientierte Kapitalgesellschaften (§ 264d HGB) sind nicht kodifiziert. Wird die Escape-Klausel in Anspruch genommen, ist zwar kein entsprechender Hinweis im Anhang erforderlich, gleichwohl zu empfehlen.[978]

Hinsichtlich des Konzernabschlusses, in den die Unternehmen einbezogen werden, wird in § 285 Nr. 17 HGB nicht verlangt, dass es sich um einen **Konzernabschluss** handeln muss, der nach dem Recht des jeweiligen Mitgliedstaats aufgestellt ist. Art. 18 Abs. 3 der Bilanzrichtlinie stellt allerdings klar, dass im Hinblick auf § 285 Nr. 17 HGB nur ein gemäß Art. 22 der Bilanzrichtlinie erstellter Konzernabschluss befreien kann. Dazu gehört auch ein nach § 315a HGB aufgestellter Konzernabschluss. Wird das Unternehmen also in einen Konzernabschluss einbezogen, der nicht nach dem Recht eines Mitgliedstaats aufgestellt ist (z. B. nach US-GAAP), so darf die nach § 285 Nr. 17 HGB im Jahresabschluss erforderliche Honorarangabe nach europarechtlichen Vorgaben nicht entfallen, auch wenn sie in diesem Konzernabschluss enthalten ist.

Die Honorarangabe darf im Jahresabschluss zudem nur dann entfallen, wenn sie in dem gemäß den Vorschriften der Bilanzrichtlinie erstellten Konzernabschluss für das jeweilige darin einbezogene Unternehmen auch tatsächlich enthalten ist. Diese Anforderung setzt **keine unternehmensbezogene Einzelangabe** voraus.[979] Sie wird im deutschen Rechtskreis erfüllt, wenn die

---

977 Vgl. BT-Drucks. 16/10067, S. 70 f.
978 Vgl. IDW RS HFA 36 n. F., Tz. 17, in: IDW Life 11/2016, IDW Fachnachrichten, S. 998.
979 Vgl. BT-Drucks. 16/10067, S. 71.

Honorarinformation in die (zusammengefasste) Angabe nach § 314 Abs. 1 Nr. 9 HGB einbezogen wird. Dazu wird allerdings regelmäßig erforderlich sein, dass der Konzernabschlussprüfer gleichzeitig auch der Abschlussprüfer des jeweils einbezogenen Unternehmens ist oder die Honorare für die anderen einbezogenen Unternehmen im Konzernanhang entsprechend § 314 Abs. 1 Nr. 9 HGB aufgeschlüsselt freiwillig angegeben werden.

Im Übrigen wurde durch den Rechtsausschuss die Auffassung vertreten, dass § 285 Nr. 17 HGB eine abschlussspezifische Honorarangabe verlangt und das „Wahlrecht" zur Honorarangabe entweder im Jahresabschluss oder „befreiend" im Konzernabschluss sachgerecht nur bei einheitlicher Ausübung in Anspruch genommen werden kann.[980] Diese Interpretation lässt sich indes weder aus § 285 Nr. 17 HGB,[981] noch aus dessen europarechtlichen Vorgaben ableiten.

PRAXISBEISPIELE für Angaben nach § 285 Nr. 17 HGB:[982]

1) Angaben unter „Sonstige Angaben", „Gesamthonorar des Abschlussprüfers gemäß § 285 Nr. 17 HGB":[983]

„Das von unserem Abschlussprüfer für das Geschäftsjahr 2016 berechnete Gesamthonorar in Höhe von 68.493,50 € entfällt in voller Höhe auf Abschlussprüfungsleistungen."

2) Angaben unter „Sonstige Angaben", „Angaben zu § 285 Nr. 17 HGB":[984]

„Das Honorar des Abschlussprüfers für das Geschäftsjahr 2016 betrug 51 T€ (Vorjahr: 61 T€). Es entfällt ausschließlich auf Abschlussprüfungsleistungen."

3) Angaben unter „Sonstige Angaben":

ABB. 68: Angaben zum Abschlussprüferhonorar im Anhang, Praxisbeispiel 1[985]

Angaben zum Honorar des Abschlussprüfers

	2009 €
1. Abschlussprüferleistungen	286.100
2. Steuerberatungsleistungen	17.194
3. Sonstige Leistungen	59.500
Gesamthonorar	362.794
(davon entfallen auf das Vorjahr 0 €)	

---

980 Vgl. BT-Drucks. 16/10067, S. 88 und 91.
981 Vgl. Wollmert, P./Oser, P./Graupe, F., Anhangangaben zu den Abschlussprüferhonoraren und zu marktunüblichen Geschäften nach BilMoG, in: StuB 2010, S. 125 m. w. N.
982 Zu weiteren Beispielen sowie zu empirischen Nachweisen zur Häufigkeit, zur Stellung sowie zur formalen und inhaltlichen Gestaltung der Angaben nach § 285 Nr. 17 HGB in der Bilanzierungspraxis großer Unternehmen vgl. Philipps, H., Jahresabschlüsse 2010, S. 179-182.
983 REV Ritter GmbH, Mömbris (Hrsg.), Jahresabschluss zum Geschäftsjahr vom 1. 1. 2016 bis zum 31. 12. 2016 – in der im elektronischen Bundesanzeiger veröffentlichten Fassung – pdf-Version, S. 11.
984 Communication Services Tele2 GmbH, Düsseldorf (Hrsg.), Jahresabschluss zum Geschäftsjahr vom 1. 1. 2016 bis zum 31. 12. 2016 – in der im elektronischen Bundesanzeiger veröffentlichten Fassung – pdf-Version, S. 8.
985 HALLESCHE Krankenversicherungsgesellschaft auf Gegenseitigkeit, Stuttgart (Hrsg.), Geschäftsbericht 2009, S. 69.

5.2 Sonstige Angaben

4) Angaben bei den „Erläuterungen zur Bilanz und zur Gewinn- und Verlustrechnung" unter „Gesamthonorar des Abschlussprüfers":

ABB. 69: Angaben zum Abschlussprüferhonorar im Anhang, Praxisbeispiel 2[986]

XVIII. Gesamthonorar des Abschlussprüfers

Die Aufwendungen für Honorare an unseren Abschlussprüfer betrugen im Geschäftsjahr T€ 339.
Diese verteilen sich wie folgt:

	T€	Davon für Vorjahre T€
Abschlussprüfungsleistungen	254	-
Andere Bestätigungsleistungen	-	-
Steuerberatungsleistungen	72	40
Sonstige Leistungen	13	13
Gesamt	339	53

5) Angaben unter „Sonstige Angaben", „Honorar des Abschlussprüfers":

ABB. 70: Angaben zum Abschlussprüferhonorar im Anhang, Praxisbeispiel 3[987]

27 | Honorar des Abschlussprüfers

Das im Geschäftsjahr als Aufwand erfasste Honorar für den Abschlussprüfer gem. § 314 Abs. 1 Nr. 9 HGB setzt sich wie folgt zusammen:

T€	2010	2009
Abschlussprüfung	157	222
Steuerberatungsleistungen	65	60
Summe	**222**	**282**

Im Berichtsjahr enthält das als Aufwand erfasste Honorar für den Abschlussprüfer periodenfremde Aufwendungen in Höhe von 16 TEUR (i. V. 87 T€).

Weiter Bestätigungs- und Bewertungsleistungen wurden nicht in Anspruch genommen.

6) Angaben unter „Sonstige Angaben":

ABB. 71: Angaben zum Abschlussprüferhonorar im Anhang, Praxisbeispiel 4[988]

Honorare des Abschlussprüfers

Der Abschlussprüfer KPMG AG Wirtschaftsprüfungsgesellschaft (Vorjahr: Ernst & Young GmbH Wirtschaftsprüfungsgesellschaft) hat für das Geschäftsjahr folgende Honorar berechnet:

€	2010	2009
Abschlussprüfungsleistungen	370.000	499.580
Andere Bestätigungsleistungen	502.430	660.770
Steuerberatungsleistungen	0	0
Sonstige Leistungen	671.104	205.187
Summe	**1.543.534**	**1.365.537**

---

986 VTB Bank (Deutschland) AG, Frankfurt am Main (Hrsg.), Geschäftsbericht 2009, S. 44.
987 Progress-Werk Oberkirch AG, Oberkirch (Hrsg.), Einzelabschluss der PWO AG 2010, S. 18.
988 EnBW Energie Baden-Württemberg AG, Karlsruhe (Hrsg.), Jahresabschluss 2010, S. 18.

7) Angaben unter „Sonstige Angaben":[989]

„Vergütung für den Abschlussprüfer

Auf der Hauptversammlung der Gesellschaft im Mai 2010 wurde ihr Aufsichtsrat ermächtigt, die KPMG AG Wirtschaftsprüfungsgesellschaft zum Abschlussprüfer zu bestellen. Die Prüfungsgesellschaft und ihre Partnerunternehmen innerhalb des weltweiten KPMG-Netzwerks erhielten von MorphoSys in den Geschäftsjahren 2010 und 2009 Vergütungen in Höhe von 307.162 € bzw. 249.667 € einschließlich Prüfungshonorare von 241.072 € (2009: 239.898 €), Honorare für andere Bestätigungsleistungen von 59.943 € (2009: 9.000 €), Honorare für Steuerberatung von 0 € (2009: 0 €) und Honorare für sonstige Leistungen von 6.147 € (2009: 768 €). In diesen Zahlen sind Rückstellungen für Prüfungshonorare von 172.068 € (2009: 141.807 €) enthalten.

In 2010 beliefen sich die Vergütungen für die in der KPMG Europe LLP zusammengeschlossene Prüfungsgesellschaft und ihre verbundenen Unternehmen auf insgesamt 268.179 € (2009: 211.785 €), einschließlich Prüfungshonorare von 202.088 € (2009: 202.017 €), andere Bestätigungsleistungen von 59.943 € (2009: 9.000 €) und Honorare für sonstige Leistungen von 6.147 € (2009: 768 €)."

8) Angaben unter „Sonstige Angaben":[990]

„Das vom Abschlussprüfer für das Geschäftsjahr 2009 berechnete Gesamthonorar nach § 285 Nr. 17 HGB ist in der entsprechenden Anhangsangabe des Konzernabschlusses der init AG enthalten."

5.2.2 Geschäfte mit nahestehenden Unternehmen und Personen (§ 285 Nr. 21 HGB)

Grundlage für die Vorschrift des § 285 Nr. 21 HGB[991] bildet die Vorgabe des Art. 17 Abs. 1 Buchstabe r der Bilanzrichtlinie (bzw. Art. 43 Abs. 1 Nr. 7b der Bilanzrichtlinie a. F.). Auch diese Vorschrift wurde mit dem BilMoG in das HGB eingefügt. Aus der Begründung des Gesetzgebers zu § 285 Nr. 21 HGB wird deutlich, dass diese Angabepflichten im Hinblick auf die **Beurteilung der Finanzlage** der Bilanzierenden nützlich sein sollen.[992]

Über die Vorschrift werden Angaben verlangt, die zumindest teilweise die zuvor bereits bestehenden Angabeanforderungen im Hinblick auf Beziehungen zu verbundenen Unternehmen oder Vergütungen der Organmitglieder u. a. einschließen. Aus den Gesetzesmaterialien ist nicht ersichtlich, dass solche Angaben – insbesondere nach § 271 Abs. 2 i. V. m. §§ 266, 268, 275, 285 Nr. 3, 9, 10, 11, 11a und 14 HGB, §§ 312 und 20 f. AktG, § 42 Abs. 3 GmbHG bzw. § 264c Abs. 1 HGB sowie §§ 21 f. WpHG – bei inhaltlichen Überschneidungen aus diesen Vorschriften entfallen sollen. Sie bleiben demnach unberührt. Gleichwohl wird es sich in Fällen der **inhaltlichen Überschneidung mit** Anforderungen aus **anderen Vorschriften** einerseits zur Vermeidung von Redundanzen und andererseits aus Gründen der Klarheit und Übersichtlichkeit empfehlen, die jeweilige Angabe nur an einer Stelle des Anhangs aufzunehmen und kenntlich zu machen, dass die Angabe auch eine weitere Vorschrift betrifft. Dies erscheint auch im Fall der als lex specialis qualifizierbaren Bezügeangaben nach § 285 Nr. 9 HGB[993] sachgerecht; zu dieser Vorschrift wird auf Abschnitte 3.4.4, 4.4.5 und 4.4.6 verwiesen.

---

989 MorphoSys AG, Martinsried (Hrsg.), Jahresabschluss (HGB) und Lagebericht zum 31. 12. 2010, S. 22.
990 init innovation in traffic systems AG, Karlsruhe (Hrsg.), Jahresabschluss init AG 2009, S. 13.
991 Vgl. Philipps, H., Angaben zu nahestehenden Unternehmen und Personen im Jahresabschluss, in: BBK 2011, S. 210-220.
992 Vgl. BT-Drucks. 16/10067, S. 71 f.
993 So IDW RS HFA 33, Tz. 24, in: IDW Fachnachrichten 2010, S. 485. A. A. Lüdenbach, N., Anhangangabe bei marktunüblichem Darlehen an zum Vorstand beförderten Arbeitnehmer, in: StuB 2010, S. 68.

Der in § 285 Nr. 21 verwendete Begriff „zumindest" bringt zum Ausdruck, dass die Vorschrift als **Wahlrecht** ausgestaltet ist.[994] Das heißt, unter den in Nr. 21 genannten übrigen Voraussetzungen sind

- entweder alle mit nahestehenden Unternehmen und Personen zu marktunüblichen Bedingungen abgeschlossenen Geschäfte, soweit sie wesentlich sind,
- oder aber alle diese Geschäfte anzugeben, unabhängig von der Wesentlichkeit und ihrer konditionenbezogenen Ausgestaltung.

In der Begründung des Gesetzgebers zu § 285 Nr. 21 HGB werden weitere, in dieser Vorschrift verwendete Begriffe zudem wie folgt konkretisiert:[995]

- Unter die **„Geschäfte"** fallen neben Rechtsgeschäften auch Maßnahmen.[996] Zu den Rechtsgeschäften gehören Käufe, Verkäufe, Nutzung oder Nutzungsüberlassung von Vermögensgegenständen (Grundstücke, Gebäude, fertige Erzeugnisse oder Waren u. a.), der Bezug oder die Erbringung von Dienstleistungen sowie Finanzierungen (Darlehensgewährungen u. a.). Maßnahmen sind z. B. die Gewährung von Sicherheiten (Bürgschaften u. a.), die Übernahme der Erfüllung von Verbindlichkeiten, Abstimmungen im Ein- oder Verkauf oder Re- bzw. Umstrukturierungen (Produktionsverlagerungen oder -änderungen, Stilllegung von Betriebsteilen u. a.). Dem Wortlaut des § 285 Nr. 21 HGB nach müssen so konkretisierte Geschäfte **zustande gekommen**, d. h. abgeschlossen bzw. eingegangen worden sein. Diese sind dann bei Erfüllung der übrigen Voraussetzungen anzugeben, also zu nennen. In der Gesetzesbegründung wird klargestellt, dass unterlassene Rechtsgeschäfte und/oder Maßnahmen dagegen nicht unter die Angabepflicht fallen.
- **„Nicht marktübliche Bedingungen"** sind mittels Drittvergleich festzustellen und dann anzunehmen, wenn ein unabhängiger, fremder Dritter das Geschäft zu den vereinbarten Konditionen nicht abgeschlossen hätte. Zur Konkretisierung dessen, welche „Bedingungen" auf Fremdüblichkeit beurteilt werden müssen, enthält die Gesetzesbegründung keine eigenen Hinweise. Insoweit wird auf die allgemeinen Standards zur Berichterstattung im Abhängigkeitsbericht oder im Steuerrecht zurückgegriffen werden können. Danach fallen unter die Bedingungen z. B. Preise bzw. Vergütungen, Mengen, Qualitäten bzw. Servicelevels, Zahlungsmodalitäten oder auch Vereinbarungen zur Dauer einer Leistungsbeziehung. Dabei sind den Unternehmen z. B. abhängig von den Marktverhältnissen, den Unternehmenszielen, der Unternehmensstrategie und der Liquiditätslage u. a. Ermessensspielräume zuzugestehen, sodass etwa Fremdvergleichspreise im Rahmen einer Bandbreite ermittelt werden können.[997]
- Angabepflichtige Geschäfte müssen mit „nahestehenden Unternehmen und Personen" zustande gekommen sein. Die nahestehende Beziehung muss also im Zeitpunkt des Geschäftsabschlusses bestanden haben.[998] Der Begriff **„nahestehende Unternehmen und Personen"**

---

994 Vgl. BT-Drucks. 16/10067, S. 71 sowie auch IDW, Stellungnahme vom 26. 9. 2008 zum BilMoG Reg-E, S. 7.
995 Vgl. BT-Drucks. 16/10067, S. 71.
996 Im Rahmen des Gesetzgebungsverfahrens wurde angeregt, dieses Verständnis des Begriffs „Geschäfte" auch im Wortlaut der Vorschrift durch Verwendung der Begriffe „Rechtsgeschäfte und Maßnahmen" an Stelle des Begriffs „Geschäfte" zum Ausdruck zu bringen, vgl. IDW, Stellungnahme vom 4. 1. 2008 zum BilMoG Ref-E, S. 17. Der Gesetzgeber ist dieser Anregung nicht gefolgt.
997 Vgl. dazu auch AFRAC, AFRAC-Stellungnahme 10, Nahe stehende Unternehmen und Personen (UGB), S. 14, Erläuterung zu Anm. 20.
998 Vgl. IDW RS HFA 33, Tz. 10, in: IDW Fachnachrichten 2010, S. 483 f.

ist entsprechend der Definition in den IFRS zu verstehen, wie sie in der EU anzuwenden sind, gegenwärtig insoweit IAS 24. Dies ergibt sich aus Art. 2 Nr. 3 der Bilanzrichtlinie (bzw. Art. 43 Abs. 1 Nr. 7b Unterabsatz 4 der Bilanzrichtlinie a. F.). Nach IAS 24 schließt der Begriff die verbundenen Unternehmen ein, umfasst aber weitergehend u. a. auch Gemeinschaftsunternehmen und assoziierte Unternehmen sowie bestimmte natürliche Personen (z. B. Organmitglieder, weitere Angehörige des Managements in Schlüsselpositionen oder jeweils deren nahe Familienangehörige). Zu Einzelheiten wird auf die Definition in IAS 24.9 bis IAS 24.11 verwiesen.[999] Hinzuweisen ist darauf, dass sich die in der Abänderungsrichtlinie enthaltene Bezugnahme auf IAS 24 ausdrücklich nur auf die Begriffsdefinition „nahestehende Unternehmen und Personen" erstreckt. Die Ausgestaltung der Berichtspflicht nach § 285 Nr. 21 HGB ist dagegen nicht nach IAS 24 auszulegen;[1000] sie ist im Übrigen inhaltlich auch abweichend von den Vorgaben des IAS 24 konzipiert.

Die weiteren in § 285 Nr. 21 HGB verwendeten Begriffe werden weder durch den Gesetzestext noch durch die Begründung des Gesetzgebers dazu oder durch EU-rechtliche Vorgaben ergänzend erläutert und inhaltlich konkretisiert. Anhaltspunkte dafür liefern u. a. Verlautbarungen von Standardsettern oder das einschlägige Schrifttum:

▶ Anzugeben sind mit nahestehenden Unternehmen und Personen zu nicht marktüblichen Bedingungen abgeschlossene „Geschäfte, soweit sie **wesentlich** sind". Der Wortlaut des Art. 43 Abs. 1 Nr. 7b der Bilanzrichtlinie a. F. sprach dagegen von der Angabepflicht, „sofern die Geschäfte wesentlich sind". Daraus folgt, dass die Geschäfte in ihrer Summe auf Wesentlichkeit zu beurteilen und bei Erfüllung der übrigen Voraussetzungen in Gänze anzugeben sind. Die Angabepflicht beschränkt sich also nicht nur auf den wesentlichen Teil der Geschäfte oder allein auf wesentliche Einzelgeschäfte. Folgerichtig wird auch eine Bündelung der angabepflichtigen Geschäfte nach Geschäftsarten ermöglicht. Hinsichtlich der Wesentlichkeit bestehen mangels Konkretisierung im Wortlaut des § 285 Nr. 21 HGB und in dessen Begründung durch den Gesetzgeber Ermessensspielräume. Im Schrifttum sind dazu u. a. auch quantitative Interpretationsversuche zu finden.[1001] Allerdings können quantitative Schwellenwerte zur Bestimmung von Wesentlichkeit nicht allgemein vorgegeben werden. Maßgebend sind insbesondere das jeweilige Geschäft und die jeweilige wirtschaftliche Lage des bilanzie-

---

999 Siehe dazu auch IDW RS HFA 33, Anlage 1, in: IDW Fachnachrichten 2010, S. 487 f. sowie mit weiter gehenden Erläuterungen dazu Rimmelspacher, D./Fey, G., Anhangangaben zu nahestehenden Unternehmen und Personen nach dem BilMoG, in: WPg 2010, S. 184. Weitergehende Zweifelsfragen z. B. wodurch „Schlüsselpositionen" charakterisiert sind oder unter welchen Voraussetzungen Familienangehörige als nahestehende Personen zu qualifizieren sind, werden z. B. beantwortet bei Niehus, R. J., Berichterstattung über Geschäfte mit nahestehenden natürlichen Personen nach dem BilMoG und dem Deutschen Corporate Governance Kodex, in: DB 2008, S. 2494-2496 und Niehus, R. J., Nahestehende Personen nach dem BilMoG, in: DStR 2008, S. 2281 jeweils m.w.N. Eine anschauliche Fallstudie, u. a. mit Abgrenzung eines Kreises von nahestehenden Unternehmen und Personen präsentiert Theile, C., Anhangangaben zu nahestehenden Unternehmen und Personen, in: BBK 2010, S. 175-181.
1000 Diese Auffassung vertritt auch der österreichische Gesetzgeber bei seiner Umsetzung des Art. 43 Abs. 1 Nr. 7b der Bilanzrichtlinie a. F., vgl. die Begründung zur Regierungsvorlage für ein Unternehmensrechtsänderungsgesetz 2008, S. 12, abrufbar im Internet unter http://www.parlament.gv.at/PG/DE/XXIII/I/I_00467/pmh.shtml.
1001 Mit Verweis auf entsprechende Handhabungen in der Praxis wird darin etwa die Wesentlichkeit u. a. dann angenommen, wenn der Betrag der Geschäfte mit nahestehenden Unternehmen oder Personen im Verhältnis zu einer als Indikator für die Finanzlage dienenden Bezugsgröße 10 % oder mehr ausmacht; vgl. Niehus, R. J., Nahestehende Personen nach dem BilMoG, in: DStR 2008, S. 2282 m. w. N.

renden Unternehmens im Einzelfall. Bei Beurteilung der Wesentlichkeit ist eine kompensatorische Betrachtung der Auswirkung gegenläufiger Geschäfte nicht zulässig.[1002]

- Bei der **„Art der Beziehung"** wird inhaltlich auf die Eigenschaft abzustellen sein, die das jeweilige Unternehmen oder die jeweilige Person als dem bilanzierenden Unternehmen nahestehend qualifiziert, z. B. Mutterunternehmen, Tochterunternehmen, Organmitglied, Management in Schlüsselposition, Familienangehörige u. a.

- Angaben zum **„Wert des Geschäfts"** umfassen Betragsangaben in Euro. Zwar sprechen der Wortlaut des § 285 Nr. 21 HGB von „Wert" und der Wortlaut der Gesetzesbegründung[1003] von „Wertumfang" statt „Betrag". Allerdings verwendet Art. 17 Abs. 1 Buchstabe r der Bilanzrichtlinie (wie bereits Art. 43 Abs. 1 Nr. 7b der Bilanzrichtlinie a. F.) im englischen Wortlaut den insoweit eindeutigen Begriff „amount".[1004] Als Wert des Geschäfts anzugebende Beträge werden überwiegend als vereinbartes (nicht diskontiertes) Gesamtentgelt verstanden, bei Dauerschuldverhältnissen ferner als das auf die im Geschäftsjahr erbrachten oder erhaltenen Leistungen entfallende Entgelt sowie grundsätzlich als die auf die Restlaufzeit des Schuldverhältnisses nach dem Abschlussstichtag voraussichtlich entfallenden Entgelte. Bei unentgeltlich abgeschlossenen Geschäften ist als Wert ein Betrag von 0 € anzugeben.[1005]

- Neben der Nennung der Geschäfte sowie Angaben zur Art der Beziehung und zum Wert der Geschäfte sind **„weitere Angaben"** zu machen, „die für die Beurteilung der Finanzlage notwendig sind". Dazu können z. B. gehören: Eine Beschreibung der Geschäfte (über die bloße Nennung hinaus), daraus resultierende Forderungen, Verbindlichkeiten und/oder Haftungsverhältnisse sowie die Preisgestaltung bzw. die Gestaltung sonstiger maßgeblicher Konditionen. In welchen Fällen solche oder ähnliche weitere Angaben notwendig sind, wird vom Gesetzgeber nicht erläutert. Allerdings wird der Begriff der **„Notwendigkeit"** im Rahmen von § 285 Nr. 21 HGB nur im Zusammenhang mit der möglichen Bündelung angabepflichtiger Geschäfte nach Geschäftsarten in Form eines Rahmengrundsatzes konkretisiert. Wird dieser analog auf die Konkretisierung der Notwendigkeit weiterer Angaben angewendet, lässt sich folgern, dass die Angaben zu den Geschäften mit nahestehenden Unternehmen und Personen insgesamt die Adressaten in die Lage versetzen müssen, die Auswirkung dieser Geschäfte auf die Finanzlage des Unternehmens selbständig, also ohne weitere Zusatzinformationen, beurteilen zu können. Sind dazu „weitere Angaben" erforderlich, müssen solche in den Anhang aufgenommen werden und zwar so weit, bis diese Beurteilung möglich wird. Die Notwendigkeit weiterer Angaben wird daher von Unternehmens einzelfallabhängig zu entscheiden sein. Denkbare Fälle für „weitere Angaben" können z. B. in Bezug auf ihr Volumen ungewöhnliche Geschäfte sein oder Dauerschuldverhältnisse, die mit einer ungewöhnlich langen Bindungsdauer oder ungewöhnlichen Kündigungsmodalitäten abgeschlossen wurden.[1006]

1002 Vgl. auch IDW RS HFA 33, Tz. 7, in: IDW Fachnachrichten 2010, S. 483 sowie Rimmelspacher, D./Fey, G., Anhangangaben zu nahestehenden Unternehmen und Personen nach dem BilMoG, in: WPg 2010, S. 186.
1003 Vgl. BT-Drucks. 16/10067, S. 72.
1004 Abrufbar im Internet unter http://eur-lex.europa.eu/LexUriServ/LexUriServ.do?uri=CELEX:32006L0046:EN:HTML.
1005 Vgl. IDW RS HFA 33, Tz. 16 f., in: IDW Fachnachrichten 2010, S. 484 sowie diesem folgend Rimmelspacher, D./Fey, G., Anhangangaben zu nahestehenden Unternehmen und Personen nach dem BilMoG, in: WPg 2010, S. 187 und Wollmert, P./Oser, P./Graupe, F., Anhangangaben zu den Abschlussprüferhonoraren und zu marktunüblichen Geschäften nach BilMoG, in: StuB 2010, S. 130.
1006 Vgl. IDW RS 33, Tz. 18, in: IDW Fachnachrichten 2010, S. 485.

Vorgenannte Angaben müssen nicht zwingend je *Einzelgeschäft* gemacht werden. § 285 Nr. 21 3. Teilsatz HGB ermöglicht – als **Wahlrecht** – die Angaben nach Geschäftsarten zusammen zu fassen; dies trägt auch zur Klarheit und Übersichtlichkeit der Angaben bei. Voraussetzung für die Angabenbündelung ist indes, dass für die Beurteilung der Auswirkungen der Geschäfte auf die Finanzlage keine getrennte Angabe notwendig ist. Durch diese Einschränkung findet die **Zusammenfassung von Angaben** ausweislich der Begründung des Gesetzgebers zu § 285 Nr. 21 HGB ihre Grenze dort, wo die Abschlussadressaten durch die gegebenen Informationen nicht in die Lage versetzt werden, die Finanzlage des Unternehmens selbständig, also ohne weitere Zusatzinformationen, zu beurteilen.[1007] Vor diesem Hintergrund wird das Wahlrecht zur Bündelung von Angaben nicht entweder/oder verstanden werden müssen. Denkbar ist ebenso, zum Teil Angaben nach Geschäftsarten zu bündeln und zum Teil die geforderten Angaben auch für Einzelgeschäfte zu machen. Der Begriff **„Geschäftsarten"** wird in den Gesetzesmaterialien nicht konkretisiert. Das eröffnet Ermessensspielräume. Denkbar ist etwa, z. B. mehrere „Käufe und Verkäufe von Vermögensgegenständen" oder „Leasinggeschäfte" oder „Darlehensgewährungen" oder „Bürgschaftsgewährungen" zusammenzufassen. Sofern nicht abweichend notwendig, wird aber auch eine höher aggregierte Zusammenfassung der Geschäfte möglich sein, z. B. als „Lieferungs- und Leistungsgeschäfte" oder „Finanzierungsgeschäfte".

§ 285 Nr. 21 2. Teilsatz HGB schließt solche Geschäfte von der Angabepflicht aus,

▶ die mit und zwischen mittel- oder unmittelbar in 100%igem Anteilsbesitz des bilanzierenden Unternehmens stehenden und

▶ in einen Konzernabschluss einbezogenen Unternehmen abgeschlossen wurden.

Diese **konzernbedingten Erleichterungen** sollen nach den Überlegungen des Gesetzgebers insbesondere hoch integrierte Konzerne mit umfangreichem innerkonzernlichen Leistungsverkehr von sonst ggf. sehr umfangreichen Angabeerfordernissen entlasten.[1008] Die Erleichterung gilt sowohl für alle Geschäfte, die das bilanzierende Unternehmen mit seinen konsolidierten 100%igen Beteiligungen abschließt als auch für alle Geschäfte, die die konsolidierten 100%igen Beteiligungen des bilanzierenden Unternehmens untereinander abschließen. Um ungewünschte Umgehungen der Angabepflicht zu vermeiden, sind nicht konsolidierungspflichtige 100%ige Beteiligungen von der Befreiung ausgenommen. Die Ausnahme der Geschäfte mit und zwischen konsolidierten 100%igen Beteiligungen des bilanzierenden Unternehmens von der Angabepflicht stützt sich auf den Wortlaut des Art. 17 Abs. 1 Buchstabe r der Bilanzrichtlinie (bzw. Art. 43 Abs. 1 Nr. 7b Unterabsatz 3 der Bilanzrichtlinie a. F.).[1009] Weitergehende konzernbedingte Erleichterungen, etwa in Form der Ausnahme von Geschäften mit und zwischen allen konsolidierungspflichtigen Unternehmen innerhalb eines Konzerns von der Angabepflicht,[1010] eröffnet dieser Wortlaut nicht.[1011]

1007 Vgl. BT-Drucks. 16/10067, S. 72.
1008 Vgl. BT-Drucks. 16/10067, S. 72.
1009 Kritisch zur Weitergabe dieses Mitgliedstaatenwahlrechts Hoffmann, W.-D./Lüdenbach, N., Inhaltliche Schwerpunkte des BilMoG-Regierungsentwurfs, in: DStR 2008, Beihefter zu Heft 30/2008, S. 66.
1010 Dies wurde im Rahmen des Gesetzgebungsverfahrens vom DSR aus Kosten- und Praktikabilitätsgründen angeregt, vgl. DRSC, Stellungnahme vom 8. 2. 2008 zum BilMoG Ref-E, S. 2.
1011 Auch die vom ZKA geforderte Beschränkung der Angabepflicht nur auf den Konzernabschluss, vgl. ZKA, Stellungnahme vom 18. 1. 2008 zum BilMoG Ref-E, S. 12 f., ist mit dem Wortlaut des Art. 43 Abs. 1 Nr. 7b der Bilanzrichtlinie a. F. in der Fassung der Abänderungsrichtlinie nicht vereinbar.

Das durch den in § 285 Nr. 21 verwendeten Begriff **„zumindest"** zum Ausdruck gebrachte Wahlrecht, entweder alle zu marktunüblichen Bedingungen abgeschlossenen Geschäfte, soweit sie wesentlich sind (1) oder aber alle Geschäfte unabhängig von ihrer Wesentlichkeit und ihrer konditionenbezogenen Ausgestaltung (2) anzugeben, soll – unter Berücksichtigung der konzernbedingten und größenabhängigen Erleichterungen – jährlich neu ausgeübt werden dürfen.[1012] Dabei muss das bilanzierende Unternehmen zwischen den Alternativen (1) und (2) abwägen. Für Alternative (2) wird aus Sicht der Unternehmen die nicht offenkundige Offenlegung steuerlich relevanter Informationen und aus Sicht der Adressaten die aufgrund dessen wahrscheinlich eher gegebene Vergleichbarkeit mit anderen Unternehmen sprechen. Für (1) sprechen sich Teile des Schrifttums aufgrund der damit verbundenen Klarheit und Übersichtlichkeit aus.[1013] Zu bedenken ist vor allem auch, dass die Wahl dieser Alternative zur Nichtangabe führt, wenn mit nahestehenden Unternehmen und Personen keine Geschäfte zu marktunüblichen Bedingungen zustande gekommen sind.

Ungeachtet der tatsächlichen Wahlrechtsausübung wird die Angabe von **Vorjahreszahlen** ebenso wenig verlangt, wie eine **Darlegung der Ausübung** des Wahlrechts oder bei Angabe aller Geschäfte eine **Aufschlüsselung** in solche, die zu marktüblichen Bedingungen und die zu nicht marktüblichen Bedingungen abgeschlossen wurden. Sofern alle Geschäfte zu marktüblichen Bedingungen abgeschlossen wurden und im Ergebnis der Wahl der oben bezeichneten Alternative (1) keine Geschäfte anzugeben sind, ist keine Negativerklärung gefordert. Gleichwohl wird dann eine **Negativerklärung** zur Information der Adressaten darüber, dass die Angabe nicht unterlassen wurde, sachgerecht sein.[1014] Gesetzlich verlangt wird sie aber nicht.

Die skizzierten **Prüfschritte und Rechtsfolgen** nach § 285 Nr. 21 HGB sind in der nachfolgenden Abbildung zusammengefasst dargestellt:[1015]

1012 Vgl. IDW RS HFA 33, Tz. 24, in: IDW Fachnachrichten 2010, S. 485.
1013 Vgl. Hoffmann, W.-D./Lüdenbach, N., Inhaltliche Schwerpunkte des BilMoG-Regierungsentwurfs, in: DStR 2008, Beihefter zu Heft 30/2008, S. 66.
1014 GlA Lüdenbach, N./Hoffmann, W.-D., Die wichtigsten Änderungen der HGB Rechnungslegung durch das BilMoG, in: StuB 2009, S. 313; Hoffmann, W.-D., Der Anhang vor und nach dem BilMoG, in: BRZ 2009, S. 264.
1015 Angelehnt an Philipps, H., Rechnungslegung nach BilMoG, Wiesbaden 2010, S. 277.

5. Für große GmbH sowie GmbH & Co. KG ergänzend geltende Anhangvorschriften

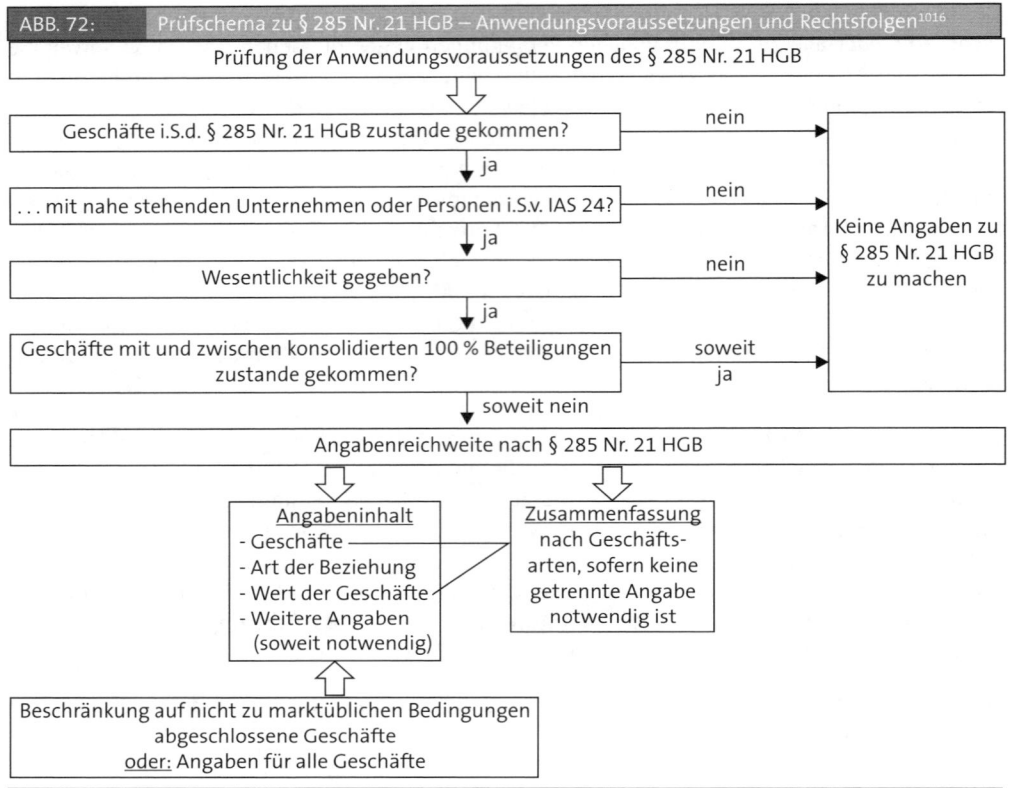

Soweit Angaben nach § 285 Nr. 21 HGB in den Anhang aufzunehmen sind und verschiedenartige Geschäfte mit nahestehenden Unternehmen verschiedener Art abgeschlossen wurden, eignet sich für ihre Präsentation aus Gründen der Klarheit und Übersichtlichkeit eine **tabellarische Darstellung**, beispielsweise wie folgt:

ABB. 73:	Beispiel zur Darstellung der Angaben nach § 285 Nr. 21 HGB im Anhang[1017]				
Art des Geschäfts Art der Beziehung	Verkäufe in Mio. €	Käufe in Mio. €	Erbringen von Dienstleistungen in Mio. €	Bezug von Dienstleistungen in Mio. €	...
Tochterunternehmen	7	8	4	7	
Assoziierte Unternehmen	3	2	1	3	
Personen in Schlüsselposition	2	3	---	3,5	
Nahe Familienangehörige	5	---	---	4	
•					
•					
•					

1016 Vgl. Philipps, H., Rechnungslegung nach BilMoG, Wiesbaden 2010, S. 277.
1017 IDW RS 33, in: IDW Fachnachrichten 2010, S. 485.

5.2 Sonstige Angaben

Wurde mit nahestehenden Unternehmen und Personen nur eine geringe Zahl von Geschäften abgeschlossen oder sind die abgeschlossenen Geschäfte gleichartig oder die nahestehenden Unternehmen und Personen gleicher Art, kommt auch eine Formulierung der Angaben nach § 285 Nr. 21 HGB in reiner Textform in Betracht.

PRAXISBEISPIELE für Angaben zu bzw. nach § 285 Nr. 21 HGB:[1018]

1) Angaben unter „Sonstige Angaben", „Geschäftsbeziehungen mit nahestehenden Personen":[1019]

„Liefer- und Leistungsbeziehungen zu nahestehenden Personen lagen im abgelaufenen Geschäftsjahr nicht vor. Auf den Abhängigkeitsbericht und den Lagebericht wird verwiesen."

2) Angaben unter „Sonstige Angaben":[1020]

„Geschäfte mit nahestehenden Unternehmen und Personen zu nicht marktüblichen Konditionen liegen nicht vor."

3) Angaben unter „Sonstige Angaben":[1021]

„Geschäfte mit nahestehenden Unternehmen und Personen bestehen insbesondere innerhalb des ALTE LEIPZIGER – HALLESCHE Konzerns. Die Geschäfte erfolgen zu marktüblichen Bedingungen."

4) Angaben unter „Sonstige Angaben":[1022]

„Im Berichtsjahr gab es keine wesentlichen Geschäfte mit nahestehenden Unternehmen und Personen, die für die Beurteilung der Finanzlage notwendig sind und zu nicht marktüblichen Bedingungen zustande gekommen sind."

5) Angaben unter „Sonstige Angaben":[1023]

„Als nahestehende Unternehmen und Personen i. S. d. § 285 Nr. 21 HGB unter Anwendung der Definitionen des IAS 24 gelten Unternehmen und Personen, wenn eine der Parteien direkt oder indirekt über die Möglichkeit verfügt, die anderen Partei zu beherrschen oder einen maßgeblichen Einfluss auszuüben oder an der gemeinsamen Führung des Unternehmens beteiligt sind.

Als nahestehende Personen bzw. Unternehmen wurden die folgenden Personen bzw. Unternehmen identifiziert:

...

Wesentliche marktunübliche Geschäfte i. S. d. § 285 Nr. 21 HGB wurden im Geschäftsjahr mit o. g. Personen und Gesellschaften nicht getätigt."

6) Angaben unter „Sonstige Erläuterungen", „Geschäfte mit nahestehenden Unternehmen und Personen":[1024]

„Gemäß § 285 Nr. 21 HGB sind zumindest die nicht zu marktüblichen Bedingungen zustande gekommenen Geschäfte, soweit sie wesentlich sind, mit nahestehenden Unternehmen und Personen, einschließlich Angaben zur Art der Beziehung, zum Wert der Geschäfte sowie weiterer Angaben, die für die Beurteilung der Finanzlage notwendig sind, anzugeben. Im Berichtsjahr gab es in der Wirecard AG die beiden folgenden Geschäfte mit nahestehenden Personen und Unternehmen: An ein nicht konsolidiertes Tochterunternehmen wurde ein verzinstes Darlehen in Höhe von 104 T€ gegeben. Von einer Person in

---

[1018] Zu weiteren Beispielen sowie zu empirischen Nachweisen zur Häufigkeit, zur Stellung sowie zur formalen und inhaltlichen Gestaltung der Angaben nach § 285 Nr. 21 HGB (einschließlich Wahlrechtsausübungen, Nennung von Geschäftsarten und Beispielen für die Angabe weiterer notwendiger Informationen) in der Bilanzierungspraxis großer Unternehmen vgl. Philipps, H., Jahresabschlüsse 2010, S. 196-200.
[1019] Progress-Werk Oberkirch AG, Oberkirch (Hrsg.), Einzelabschluss der PWO AG 2010, S. 19.
[1020] Dürr AG, Bietigheim-Bissingen (Hrsg.), Jahresabschluss 2009, S. 13.
[1021] HALLESCHE Krankenversicherungsgesellschaft auf Gegenseitigkeit, Stuttgart (Hrsg.), Geschäftsbericht 2009, S. 70.
[1022] OnVista AG, Köln (Hrsg.), Jahresabschluss der OnVista AG mit Lagebericht zum 31. 12. 2009 (nach HGB), S. 14.
[1023] hotel.de AG, Nürnberg und Hamm (Hrsg.), Geschäftsbericht 2009 der hotel.de AG, S. 64.
[1024] Wirecard AG, Grasbrunn (Hrsg.), Jahresabschluss zum Geschäftsjahr vom 1. 1. 2009 bis zum 31. 12. 2009, S. 49.

Schlüsselposition wurde eine Dienstleistung im Wert von 13 T€ bezogen. Beide Geschäfte sind zu marktüblichen Bedingungen zustande gekommen."

7) Angaben unter „Sonstige Erläuterungen", „Geschäfte mit nahestehenden Unternehmen und Personen":

ABB. 74:	Angaben zu Geschäften mit nahestehenden Unternehmen und Personen, Praxisbeispiel 1[1025]

(44) Geschäfte mit nahestehenden Unternehmen und Personen

Im Rahmen der gewöhnlichen Geschäftstätigkeit der Helaba werden Geschäfte mit nach § 285 Nr. 21 HGB als nahestehend anzusehenden Unternehmen und Personen zu marktüblichen Bedingungen abgeschlossen. Ergänzend zu dem nach § 285 Nr. 21 HGB geforderten Mindestumfang berichten wir umfassend über die Geschäftsbeziehungen. Die nachfolgenden Angaben betreffen die Geschäftsbeziehungen zu verbundenen Unternehmen, den assoziierten Unternehmen und Beteiligungen an Gemeinschaftsunternehmen des Helaba-Konzerns, dem Sparkassen- und Giroverband Hessen-Thüringen und dem Land Hessen und dem Freistaat Thüringen als Gesellschafter sowie den Tochterunternehmen des Sparkassen- und Giroverbandes Hessen-Thüringen. Ebenso sind die Angaben zu den nach § 285 Nr. 21 HGB definierten Personen in Schlüsselpositionen der Helaba und des Sparkassen- und Giroverbandes Hessen-Thüringen einschließlich deren nahe Familienangehörige sowie von diesen Personen beherrschte Unternehmen in den nachstehenden Aufstellungen enthalten.

Zum 31. Dezember 2010 bestanden folgende Forderungen und Verbindlichkeiten sowie außerbilanzielle Verpflichtungen des Helaba-Konzerns gegenüber nahestehenden Unternehmen und Personen:

in Mio. €

	31.12.2010	31.12.2009
Forderungen an Kreditinstitute	3.497	3.058
Verbundene Unternehmen	3.376	2.699
Beteiligungen an Gemeinschafts- und assoziierten Unternehmen	5	5
Gesellschafter der Helaba	116	354
Sonstige nahestehende Personen	–	–
Forderungen an Kunden	3.534	2.462
Verbundene Unternehmen	2.054	986
Beteiligungen an Gemeinschafts- und assoziierten Unternehmen	436	500
Gesellschafter der Helaba	1.044	922
Sonstige nahestehende Personen	71	54
Handelsaktiva	506	–
Verbundene Unternehmen	59	–
Beteiligungen an Gemeinschafts- und assoziierten Unternehmen	15	–
Gesellschafter der Helaba	432	–
Sonstige nahestehende Personen	–	–
Sonstige Aktivposten	2	2
Verbundene Unternehmen	2	2
Beteiligungen an Gemeinschafts- und assoziierten Unternehmen	–	–
Gesellschafter der Helaba	–	–
Sonstige nahestehende Personen	–	–

1025 Landesbank Hessen-Thüringen, Frankfurt am Main (Hrsg.), Jahresabschluss 2010, S. 87 f.

5.2 Sonstige Angaben

	31.12.2010	31.12.2009
Verbindlichkeiten gegenüber Kreditinstituten	**4.312**	**4.175**
Verbundene Unternehmen	4.306	4.169
Beteiligungen an Gemeinschafts- und assoziierten Unternehmen	6	6
Gesellschafter der Helaba	–	–
Sonstige nahestehende Personen	–	–
Verbindlichkeiten gegenüber Kunden	**861**	**931**
Verbundene Unternehmen	659	719
Beteiligungen an Gemeinschafts- und assoziierten Unternehmen	16	26
Gesellschafter der Helaba	186	186
Sonstige nahestehende Personen	5	0
Handelspassiva	**51**	**–**
Verbundene Unternehmen	42	–
Beteiligungen an Gemeinschafts- und assoziierten Unternehmen	1	–
Gesellschafter der Helaba	8	–
Sonstige nahestehende Personen	–	–
Sonstige Passivposten	**5**	**5**
Verbundene Unternehmen	5	5
Beteiligungen an Gemeinschafts- und assoziierten Unternehmen	–	–
Gesellschafter der Helaba	–	–
Sonstige nahestehende Personen	–	–
Eventualverbindlichkeiten	**365**	**841**
Verbundene Unternehmen	177	405
Beteiligungen an Gemeinschafts- und assoziierten Unternehmen	77	191
Gesellschafter der Helaba	114	59
Sonstige nahestehende Personen	69	186

Die Forderungen an sonstige nahestehende Personen umfassen Kredite an Vorstandsmitglieder in Höhe von 0,2 Mio. € (2009: 0,2 Mio. €) und Kredite an Verwaltungsratsmitglieder in Höhe von 2,5 Mio. € (2009: 2,2 Mio. €).

Wertberichtigungen für bilanzierte Forderungen an nahestehende Unternehmen und Personen bestehen nicht. Forderungsausbuchungen oder Forderungsverzichte sind 2010, ebenso wie 2009, nicht angefallen.

Die von der Bank gezahlten Gesamtbezüge des Vorstandes beliefen sich auf 5,0 Mio. € (2009: 3,7 Mio. €). Dem Verwaltungsrat wurden 0,6 Mio. € (2009: 0,6 Mio. €) und den Beiräten wie im vorangegangenen Jahr 0,1 Mio. € vergütet. An frühere Mitglieder des Vorstandes und deren Hinterbliebene wurde 3,1 Mio. € (2009: 3,7 Mio. €) gezahlt. Für Pensionsverpflichtungen gegenüber diesem Personenkreis waren 39,9 Mio. € (2009: 31,6 Mio. €) zurückgestellt.

8) ▶ Angaben unter „Sonstige Angaben", „Nicht marktübliche Geschäfte mit nahestehenden Unternehmen und Personen (§ 285 Nr. 21 HGB)":[1026]

„Im Berichtsjahr sind mit Ausnahme der Gewährung von zinslosen bzw. mit 0,1 % verzinsten Gesellschafterdarlehen keine wesentlichen Geschäfte mit nahe stehenden Personen zu nicht marktüblichen Bedingungen zustande gekommen."

1026 REV Ritter GmbH, Mömbris (Hrsg.), Jahresabschluss zum Geschäftsjahr vom 1.1.2016 bis zum 31.12.2016 – in der im elektronischen Bundesanzeiger veröffentlichten Fassung – pdf-Version, S. 11.

9) ▶ Angaben unter „Sonstige Angaben":[1027]

„Im Berichtsjahr wurden Umsatzerlöse in Höhe von 12 T€ mit der CarMedialab aufgrund eines Dienstleistungsvertrags erwirtschaftet. Eine Ausleihung gegenüber der CarMedialab besteht zum Bilanzstichtag in Höhe von 120 T€. Das Darlehen wurde mit einer unbefristeten Laufzeit erteilt und wird mit einem Zinssatz von 6 % p. a. verzinst.

Zum Bilanzstichtag besteht ein Haftungsverhältnis gegenüber der CarMedialab, das unter der Anhangsangabe Haftungsverhältnisse aufgeführt wird.

Vergütung der Personen in Schlüsselpositionen des Managements

Als Personen in Schlüsselpositionen des Managements werden die Vorstände der init AG und die Geschäftsführer der INIT GmbH angesehen. Wir verweisen bezüglich der Vergütung auf die Anhangsangabe zu den Bezügen der Organmitglieder."

10) ▶ Angaben unter „Sonstige Erläuterungen":[1028]

„Nahestehende Unternehmen und Personen sind juristische oder natürliche Personen, die auf die Bayer AG Einfluss nehmen können oder der Kontrolle oder einem maßgeblichen Einfluss durch die Bayer AG unterliegen.

Geschäfte mit nahestehenden Unternehmen und Personen werden insbesondere mit Tochter-, Gemeinschafts- und assoziierten Unternehmen abgeschlossen, ferner mit Versorgungsplänen. Es handelt sich vor allem um Miet-, Dienstleistungs- und Finanzierungsgeschäfte. Sofern für derartige Geschäfte ein entsprechender Markt besteht, werden sie regelmäßig zu auf dem jeweiligen Markt üblichen Konditionen abgeschlossen.

Gegenüber der Bayer-Pensionskasse hat sich die Bayer AG zur Bereitstellung eines Genussrechtskapitals in Höhe von 150 Mio. € verpflichtet, das 2008 und 2009 jeweils in voller Höhe begeben war. Zudem war mit der Bayer-Pensionskasse im Jahr 2008 die Einrichtung eines sogenannten rückzahlbaren Gründungsstocks vereinbart worden. Dieser war zum Abschlussstichtag unverändert zum Vorjahr mit 310 Mio. € in Anspruch genommen."

11) ▶ Angaben bei „Sonstige Angaben" unter „Geschäftsbeziehungen zu nahestehenden Unternehmen und Personen":[1029]

„Herr Uwe Schröder (Vorsitzender des Aufsichtsrats) hält mittelbar Anteile an der tom tailor Holding AG. Die Schröder Consulting GmbH als nahestehende Person von Herrn Uwe Schröder bezieht von der Tom Tailor GmbH Sponsoringleistungen im Rahmen des Polosports und der Markenpräsenz von tom tailor. In 2010 sind Sponsoringleistungen von der Tom Tailor GmbH in Höhe von 258 T€ gezahlt worden.

Zwischen der tom tailor Holding AG und dem Sohn des Aufsichtsratsvorsitzenden Herrn Uwe Schröder, Herrn Oliver Schröder, besteht ein Dienstverhältnis. Herr Oliver Schröder ist seit dem Jahr 1998 bei der tom tailor Gruppe beschäftigt.

Herr Gerhard Wöhrl (Mitglied des Aufsichtsrats) ist Mehrheitsgesellschafter der Rudolf Wöhrl AG, für die er bis zum 31. 3. 2010 auch als Vorstandsvorsitzender tätig war. In 2010 hat der tom tailor Konzern Umsatzerlöse in Höhe von rund 3,8 Mio. € mit der Rudolf Wöhrl AG erzielt. Der Stand der Forderungen aus Lieferungen und Leistungen belief sich zum 31. 12. 2010 auf 196 T€ in den operativen Tochtergesellschaften.

Mit Vertrag vom 28. 11. 2008 hat die 100%ige Tochtergesellschaft Tom Tailor GmbH mit Herrn Georg Michael Rosa, dem Vater des Vorstandsmitglieds Christoph Rosa, einen Vertrag über die Anmietung von Geschäftsräumen zur Betreibung eines eigenen Retailstores in Schweinfurt ab dem 1. 1. 2009 geschlossen. Dabei handelt es sich ausschließlich um die Verkaufsräume einschließlich von Büro- und Nebenräumen mit einer Geschäftsfläche von circa 550 m². Die Vertragslaufzeit beträgt fünf Jahre. Die jährliche Nettokaltmiete beträgt 225 T€ und erhöht sich im Zeitraum von 2011 bis 2013 auf 230 T€."

1027 init innovation in traffic systems AG, Karlsruhe (Hrsg.), Jahresabschluss init AG 2009, S. 13.
1028 Bayer AG, Leverkusen (Hrsg.), Geschäftsbericht 2009, S. 35.
1029 Tom Tailor Holding AG, Hamburg (Hrsg.), Jahresabschluss und Lagebericht für das Geschäftsjahr 2010, S. 10.

5.2 Sonstige Angaben

12) Angaben unter „Sonstige Angaben", „Geschäfte mit nahestehenden Unternehmen und Personen":[1030]

„Geschäfte mit nahestehenden Unternehmen und Personen werden grundsätzlich zu marktüblichen Konditionen abgewickelt. Wesentliche Transaktionen zu marktunüblichen Konditionen, über die nach § 285 Nr. 21 HGB n. F. zu berichten wäre, haben bis auf folgende Sachverhalte nicht stattgefunden.

Im Zuge der Vertragsverhandlungen mit dem SoFFin wegen Erhöhung des Garantierahmens wurde die LSF6 Europe Financial Holdings, L.P., Delaware, aufgefordert auf Ansprüche aus den nachrangigen Schuldverschreibungen vom November und Dezember 2008 zur Stärkung des Kernkapitals bei der IKB zu verzichten. Hinsichtlich der Pflichtwandelanleihe wurde vereinbart, dass die LSF6 Rio S.à.r.l. am 1. 7. 2009 vorzeitig die Wandlung ausübt."

13) Angaben unter „Sonstige Angaben", „Geschäfte mit nahestehenden Unternehmen und Personen":[1031]

„Es wurden folgende wesentliche Geschäfte mit nahe stehenden Unternehmen und Personen durchgeführt:

Art der Beziehung Art des Geschäfts	Tochterunternehmen in T€	sonstige nahestehende Unternehmen und Personen in T€
Erbringung von Dienstleistungen	1.156	160
Erbringung von sonstigen Leistungen	568	34
Bezug von sonstigen Leistungen	1.193	1.115
Verlustübernahme aus Ergebnisabführungsverträgen	20.005	0
Gewährung Darlehen	8.992	2.685
Rückzahlung gewährter Darlehen	750	1.460
Erhaltene Darlehen	26.000	6.000
Rückzahlung erhaltener Darlehen	33.500	11.500

Die sonstigen nahe stehenden Unternehmen und Personen umfassen Unternehmen, die nicht zu 100 Prozent in den Konzernabschluss der Ströer KGaA einbezogen werden, und Gesellschaften, an denen Personen mit einer Ströer KGaA-Organfunktion beteiligt sind. Des Weiteren sind darin Unternehmen enthalten, die einen maßgeblichen Einfluss auf die Ströer KGaA ausüben, sowie Mitglieder des Managements in Schlüsselpositionen.

Die Gesellschaft erbringt Dienstleistungen aus Produktentwicklungen für Werbeträger, EDV-Leistungen, zentralem Einkauf und Personaldienstleistungen.

Darüber hinaus erbringt die Gesellschaft sonstige Leistungen durch Ausleihungen an Tochterunternehmen, wofür Zinsen vereinnahmt werden (525 T€).

Bei dem Bezug von sonstigen Leistungen handelt es sich im Wesentlichen um Aufwendungen für Weiterberechnungen von Tochtergesellschaften.

Hinsichtlich der weiteren Geschäfte mit Vorstand und Aufsichtsrat verweisen wir auf unsere Erläuterungen unter E.5."

[1030] IKB Deutsche Industriebank AG, Düsseldorf (Hrsg.), Jahresabschluss und Lagebericht der IKB Deutsche Industriebank AG 2009/2010, S. 116.

[1031] Ströer SE & Co. KGaA (vormals: Ströer SE), Köln (Hrsg.), Jahresabschluss und Bericht über die Lage der Gesellschaft und des Konzerns 2016 – in der im elektronischen Bundesanzeiger veröffentlichten Fassung – pdf-Version, S. 18 f.

5. Für große GmbH sowie GmbH & Co. KG ergänzend geltende Anhangvorschriften

14) Angaben unter „Sonstige Angaben", „Geschäfte mit nahestehenden Unternehmen und Personen":[1032]

„Die Aufstellung enthält sämtliche wesentlichen Geschäfte mit nahe stehenden Unternehmen und Personen. Für die Definition des Kreises der nahe stehenden Unternehmen und Personen sind auch nach HGB die Bestimmungen des IAS 24 maßgeblich.

Geschäfte mit nahe stehenden Unternehmen und Personen 2016

in Mio. €	Art der Beziehung		
	Verbundene Unternehmen	Gemeinschaftsunternehmen	Unternehmen der öffentlichen Hand
Art des Geschäfts			
Haftungsverhältnisse	842	-	-
Währungskurserträge	359	-	-
Währungskursverluste	372	-	-
Erbrachte Dienstleistungen	464	91	-
Auflösung Termingeldanlage	-	-	100
Kostenerstattungen und sonstige Aufwendungen	130	-	5
Zinserträge	58	-	-
Erträge aus Weiterbelastung von Kosten	44	-	-
Zinsaufwendungen	8	-	-
Mieterträge	5	-	-
Sonstige finanzielle Verpflichtungen	10	-	-
Mietaufwendungen	8	-	-

In Bezug auf die Erträge und Aufwendungen aus Gewinnabführungsverträgen mit Tochtergesellschaften wird auf Anhangziffer 3.6 verwiesen. Die Dividende für das Geschäftsjahr 2015 wurde nach dem Beschluss durch die Hauptversammlung am 18. Mai 2016 im zweiten Quartal gezahlt. Die RAG-Stiftung, Essen (RAG-Stiftung), erhielt 364 Mio. € und The Gabriel Finance Limited Partnership, St. Helier (Jersey), 23 Mio. €.

Als nahe stehende Personen gelten die Mitglieder des Managements, die direkt oder indirekt für die Planung, Leitung und Überwachung der Tätigkeit des Konzerns zuständig und verantwortlich sind, sowie deren nahe Familienangehörige. Bei Evonik sind dies der Vorstand und der Aufsichtsrat der Evonik Industries AG, der Vorstand und das Kuratorium der RAG-Stiftung.

In Bezug auf die Leistungen an den Vorstand und den Aufsichtsrat verweisen wir auf die Angaben nach § 285 Nr. 9 HGB (siehe auch Anhangziffer 4.8).

Ein Mitglied des Kuratoriums der RAG-Stiftung unterhielt im Geschäftsjahr durch diesem Mitglied zuzurechnende Unternehmen Geschäftsbeziehungen im Wesentlichen aus erbrachten Lieferungen und Leistungen an den Evonik-Konzern in einem Volumen von insgesamt 5 Mio. € (Vorjahr: 4 Mio. €)."

[1032] Evonik Industries AG, Essen (Hrsg.), Jahresabschluss zum Geschäftsjahr vom 1.1.2016 bis zum 31.12.2016 – in der im elektronischen Bundesanzeiger veröffentlichten Fassung – pdf-Version, S. 92 f.

5.2 Sonstige Angaben

15) Angaben unter „Erläuterungen zur Bilanz – Passiva"

ABB. 75: Angaben zu Geschäften mit nahestehenden Unternehmen und Personen, Praxisbeispiel 2[1033]

Geschäfte mit nahe stehenden Unternehmen und Personen

Es wurden folgende wesentliche Geschäfte mit nahe stehenden Unternehmen und Personen durchgeführt, wobei über Geschäfte mit mittelbar oder unmittelbar in 100-prozentigem Anteilsbesitz stehenden in den Konzernabschluss der HeidelbergCement AG einbezogenen Unternehmen gem. § 285 Satz 1 Nr. 21 Halbsatz 2 HGB keine Angaben gemacht werden:

Geschäfte mit nahe stehenden Unternehmen und Personen Mio. € Art des Geschäfts	Art der Beziehung		
	Tochter-unternehmen	Gemeinschafts-unternehmen	Assoziierte Unternehmen
Verkäufe	16,8	27,5	5,3
Käufe	54,7		
Bezug von Dienstleistungen	17,2		
Erbringung von Dienstleistungen	5,6		
Gewährte Finanzierungen (einschl. Cash-Pooling) – Valuta	168,9	16,5	
Erhaltene Finanzierungen (einschl. Cash-Pooling) – Valuta	171,3	34,1	
Gewährung von Bürgschaften oder anderen Sicherheiten			
- Nominal	55,6	56,6	
- Valuta	38,1	51,5	

16) Angaben unter „Erläuterung der Bilanz":

ABB. 76: Angaben zu Geschäften mit nahestehenden Unternehmen und Personen im Anhang, Praxisbeispiel 3[1034]

(31) Geschäfte mit nahestehenden Unternehmen und Personen

in Mio. €			Art des Geschäfts		
Art der Beziehung	Verkäufe	Käufe	Erbrachte Dienstleistungen	Bezug von Dienstleistungen	gezahlte Mieten
Verbundene Unternehmen	670	56	157	189	12
Assoziierte Unternehmen	–	–	–	–	–
Joint Ventures	12	–	–	–	–
Gesamtergebnis	682	56	157	189	12

in Mio. €			Art des Geschäfts		
Art der Beziehung	Lizenzerlöse	sonstige Aufwendungen	sonstige Erträge	Zinserträge	Gesamtergebnis
Verbundene Unternehmen	33	560	107	6	1.790
Assoziierte Unternehmen	2	26	10	–	38
Joint Ventures	–	4	–	–	16
Gesamtergebnis	35	590	117	6	1.844

In Bezug auf die Erträge und Aufwendungen aus Gewinnabführungsverträgen mit Tochtergesellschaften wird auf Textziffer 7 verwiesen. Die Aufwendungen aus Gewinnabführung an Evonik Industries AG sind in der Gewinn- und Verlustrechnung dargestellt.

Die Aufstellung enthält sämtliche wesentlichen Geschäfte mit nahestehenden Unternehmen und Personen.

1033 HeidelbergCement AG, Heidelberg (Hrsg.), Jahresabschluss 2009, S. 18.
1034 Evonik Degussa GmbH, Essen (Hrsg.), Jahresabschluss zum 31.12.2009, S. 17.

17) Angaben unter „Sonstige Angaben":

ABB. 77: Angaben zu Geschäften mit nahestehenden Unternehmen und Personen im Anhang, Praxisbeispiel 4[1035]

3.) Geschäfte mit nahe stehenden Unternehmen und Personen

Die wesentlichen Geschäfte mit nahe stehenden Unternehmen und Personen unterteilen sie wie folgt:

in T€	Art des Geschäfts					
	Käufe von	Umsatz aus Verkäufen	Umsatz aus erbrachten	Bezug von	Gezahlte	
Art der Beziehung	Vorratsvermögen	von Gütern	Dienstleistungen	Dienstleistungen	Mieten	Lizenzerlöse
Verbundene Unternehmen	3.120	122.927	2.005	40.884	1.971	2.557
Assoziierte Unternehmen	177.458	14.950	22.569			
	180.578	137.877	24.574	40.884	1.971	2.557

Die Aufwendungen aus Gewinnabführung an Evonik Degussa GmbH sowie Zinserträge aus Cashpooling mit Evonik Industrie AG sind in der Gewinn- und Verlustrechnung dargestellt.

5.2.3 Hinweis auf befreiende Einbeziehung in den Konzernzahlungsbericht (§ 341s Abs. 2 Satz 2 HGB)

Mit dem BilRUG wurde in das Dritte Buch des HGB im vierten Abschnitt ein neuer Unterabschnitt mit ergänzenden Vorschriften für bestimmte Unternehmen des Rohstoffsektors eingefügt (§§ 341q bis 341y HGB). Die Vorschriften basieren auf Kapitel 10 der Bilanzrichtlinie Sie verlangen, dass bestimmte Unternehmen des Rohstoffsektors über ihre Zahlungen an staatliche Stellen berichten müssen. Die Berichtspflicht dient der Transparenz und soll dazu beitragen, Korruption im Rohstoffsektor sowie illegale Rohstoffausbeute einzudämmen (Erwägungsgrund Nr. 44 f. der Bilanzrichtlinie).

In den Anwendungsbereich dieser Vorschriften fallen nach § 341q HGB Kapitalgesellschaften sowie Kapitalgesellschaften & Co. mit Sitz im Inland, die die HGB-Rechnungslegungsvorschriften für große Kapitalgesellschaften anzuwenden haben und die in der

▶ mineralgewinnenden Industrie tätig sind (Begriffsdefinition gemäß § 341r Nr. 1 HGB) oder

▶ Holzeinschlag in Primärwäldern betreiben (Begriffsdefinition gemäß § 341r Nr. 2 HGB).

Unter diesen Voraussetzungen sind bilanzierende Unternehmen verpflichtet, jährlich einen Zahlungsbericht zu erstellen (§ 341s Abs. 1 HGB). In dem Zahlungsbericht muss das Berichtsunternehmen angeben, welche Zahlungen es im jeweiligen abgelaufenen Geschäftsjahr im Zusammenhang mit seiner Geschäftstätigkeit (mineralgewinnende Industrie oder Holzeinschlag in Primärwäldern) an staatliche Stellen geleistet hat (§ 341t Abs. 1 Satz 1 HGB) mit Nennung der staatlichen Stellen und ggf. aufgegliedert nach Projekten. Die Begriffe „Zahlungen", „staatliche Stellen" und „Zahlungsberichte" werden in § 341r Nr. 3, Nr. 4 und Nr. 6 HGB definiert.[1036]

1035 Evonik Stockhausen GmbH, Krefeld (Hrsg.), Jahresabschluss zum 31.12.2009, S. 8.
1036 Für weiter gehende Erläuterungen zum Zahlungsbericht vgl. Kreipl, M./Müller, S., Implementierung des Country-by-Country-Reporting in die Berichterstattungsprozesse und -systeme, Fallstudie zur Vorbereitung auf die ab 2016 bestehende Berichtspflicht bezüglich Zahlungen an staatliche Stellen, in: KoR 2014, S. 552-559; Kleinmanns, H., BilRUG: Änderungen zum GuV-Ausweis und Einführung sog. Zahlungsberichte, in: StuB 2014, S. 797-799.

Ähnlich der Konzernrechnungslegung, gibt es auch beim Zahlungsbericht eine Konzernbefreiung. So sieht § 341s Abs. 2 Satz 1 HGB die **Befreiung** einer sonst dazu verpflichteten Kapitalgesellschaft vor, einen gesonderten Zahlungsbericht zu erstellen, wenn die Kapitalgesellschaft in den von ihr selbst oder von einem anderen Unternehmen mit Sitz in einem EU- oder EWR-Mitgliedstaat erstellten **Konzernzahlungsbericht einbezogen** wird. Satz 2 des § 341s Abs. 2 HGB verlangt in diesem Fall, vom befreiten Unternehmen **im Anhang die Angaben** aufzunehmen, in den Konzernzahlungsbericht welches Unternehmens es einbezogen ist und wo dieser erhältlich ist. Sinnvollerweise sollten diese Angaben im Fließtext formuliert und unter die „Sonstigen Angaben" aufgenommen werden. Sie lassen sich z. B. analog der Angabe zur befreienden Konzernrechnungslegung nach § 291 Abs. 2 Nr. 4 HGB (hierzu wird auf Abschnitt 3.4.6 verwiesen) wie folgt formulieren;

Formulierungsbeispiel:

> „Sonstige Angaben", „Konzernzahlungsbericht":
> Der Zahlungsbericht der Gesellschaft wurde in den Konzernzahlungsbericht der Muster-Rohstoffsektor AG, Musterhausen, einbezogen, der nach § 341w Abs. 1 HGB im elektronischen Bundesanzeiger bekannt gemacht wurde.

Bei entsprechender Inanspruchnahme des § 264 Abs. 3 HGB muss das aufgrund § 341s Abs. 2 Satz 1 HGB von der Erstellung eines eigenen Zahlungsberichts befreite Unternehmen keinen Anhang aufstellen. Dann wird es für erforderlich gehalten, eine der notwendigen Anhangangabe entsprechende Erklärung im Bundesanzeiger offenzulegen.[1037]

1037 Vgl. IDW Praxishinweis 1/2017, Erstellung von (Konzern-Zahlungsberichten), Tz. 45, in: IDW Life 2/2017, IDW Fachnachrichten, S. 264.

6. Checklisten für die Erstellung des Anhangs der GmbH sowie GmbH & Co. KG

6.1 Checkliste für den Anhang der kleinen GmbH sowie der kleinen GmbH & Co. KG

Anwendungshinweise:

Die folgende Anhangcheckliste für den Jahresabschluss der kleinen GmbH sowie GmbH & Co. KG für **nach dem 31. 12. 2016 beginnende Geschäftsjahre** berücksichtigt alle branchenunabhängigen Angabepflichten gemäß HGB und EGHGB sowie für GmbH gemäß GmbHG.[1038] Sie basieren – unter Berücksichtigung der sich aus §§ 274a Nr. 1 bis Nr. 4 und 288 Abs. 1 HGB ergebenden Erleichterungen – auf folgenden Vorschriften (Nennung in der im jeweiligen Gesetz stehenden Reihenfolge und in der für den angegebenen Zeitraum aktuellen Gesetzesfassung)[1039]:

- § 253 Abs. 6 Satz 3 HGB,
- § 264 Abs. 1 a, Abs. 2 Satz 2 HGB,
- § 265 Abs. 1 Satz 2, Abs. 2 Satz 2 und 3, Abs. 3, Abs. 7 Nr. 2 HGB,
- § 268 Abs. 1 Satz 3, Abs. 7 HGB,
- § 277 Abs. 3 Satz 1 HGB,
- § 284 Abs. 1, Abs. 2 Nr. 1, Nr. 2, Nr. 4 HGB,
- § 285 Nr. 1 Buchstabe a, Nr. 1 Buchstabe b, Nr. 3 Buchstabe a, Nr. 7 (ohne Aufteilung von Gruppen), Nr. 9 Buchstabe c, Nr. 13, Nr. 14 Buchstabe a (ohne Angabe des Ortes der Veröffentlichung), **Nr. 20 Buchstabe a, Nr. 20 Buchstabe b**, Nr. 23 Buchstabe a, Nr. 23 Buchstabe b, Nr. 23 Buchstabe c, Nr. 25, Nr. 31 HGB,
- § 291 Abs. 2 Nr. 4 Buchstabe a, Nr. 4 Buchstabe b, Nr. 4 Buchstabe c HGB,
- § 292 Abs. 2 Satz 1 HGB,
- **§§ 273 Satz 2, 281 Abs. 2 Satz 2 HGB a. F. (vor BilMoG**; übergangsweise weiter anzuwenden, sofern das Wahlrecht zur Beibehaltung bisher passivierter Sonderposten mit Rücklageanteil ausgeübt wird),
- Art. 28 Abs. 2 i. V. m. Abs. 1 Satz 1 und 2, 67 Abs. 1 Satz 4 und Abs. 2 EGHGB,
- §§ 29 Abs. 4 Satz 2, 42 Abs. 3 GmbHG (nur für GmbH),
- § 264c Abs. 1 HGB (nur für kleine GmbH & Co. KG).

Durch das BilRUG oder das Wohnimmobilienkreditrichtlinie-Umsetzungsgesetz geänderte bzw. neue Vorschriften aus der vorstehenden Aufzählung waren in der Vorauflage durch Fettmarkierung, ihre Angabeerfordernisse in der Checkliste – ausgenommen Vorschriften mit lediglich re-

---

[1038] Zu branchenspezifischen Änderungen der Anhangangabepflichten aufgrund des BilMoG vgl. Philipps, H., Rechnungslegung nach BilMoG, Wiesbaden 2010, S. 327-368.

[1039] Zu beachten ist, dass die Inanspruchnahme der kleinen GmbH sowie GmbH & Co. KG bei Aufstellung des Anhangs eingeräumten Erleichterungen im Gesellschaftsvertrag abbedungen sein kann und kleine GmbH sowie GmbH & Co. KG, die i. S. d. § 264d kapitalmarktorientiert sind, die Angabepflichten für große GmbH bzw. große GmbH & Co. KG anwenden müssen. Zudem können bei kleinen GmbH sowie GmbH & Co. KG wirtschaftszweigspezifische Besonderheiten gelten. Hierzu wird auf Abschnitt 2.4.2 verwiesen.

daktionellen Anpassungen – durch graue Schattierung hervorgehoben. Darauf wurde nun verzichtet; entsprechende Informationen sind noch in Abb. 4, Abschnitt 2.4.2 ersichtlich. Eine solche Hervorhebung wird nunmehr nur noch für zwei Fälle verwendet: zum einen Angaben nach § 285 Nr. 20 HGB (Geltung für alle Unternehmen erstmals im Jahresabschluss für das nach dem 31. 12. 2016 beginnende Geschäftsjahr), zum anderen Angaben für noch bilanzierte Sonderposten mit Rücklageanteil (Folgewirkung der BilMoG-Übergangsvorschrift des Art. 67 Abs. 3 Satz 1 EGHGB).

Neben branchenbezogenen Angabepflichten, vor allem aus der RechKredV für Kreditinstitute, wurden in der Checkliste auch solche nicht berücksichtigt, die durch Zeitablauf inhaltsleer geworden sind. Das sind Angabepflichten im Zusammenhang mit der Euro-Umstellung, mit der Anwendung des Altfahrzeug-Gesetzes, teilweise mit der Anwendung des BilMoG sowie mit der Anwendung des BilRUG (siehe Art. 42 Abs. 3 Satz 3, 44 Abs. 1 Satz 4, 53 Abs. 2, 66 Abs. 3 Satz 6, 67 Abs. 8 sowie 75 Abs. 2 Satz 3 EGHGB).

Zur Systematisierung der Vielzahl der oben angeführten Angabepflichten, ist die Checkliste wie folgt gegliedert:

I. Grundlegende Angaben zum Unternehmen und zur Bilanzierung
   1. Registerinformationen zum Unternehmen
   2. Gliederung, Vorjahresbeträge, Abweichung von der Generalnorm
   3. Angaben zu Bilanzierungs- und Bewertungsmethoden

II. Angaben mit weiteren Erläuterungen zur Bilanz
   1. Aufgrund des BilMoG nur noch übergangsweise bilanzierbare Posten
   2. Mehrere Bilanzposten (Aktiva und Passiva) betreffende Angaben
   3. Einzelne Aktiva betreffende Angaben
   4. Einzelne Passiva betreffende Angaben

III. Angaben mit weiteren Erläuterungen zur Gewinn- und Verlustrechnung

IV. Sonstige Angaben
   1. Arbeitnehmerzahl
   2. Organmitgliedschaften und bestimmte Geschäftsvorfälle mit Organmitgliedern
   3. Konzernbeziehungen
   4. Haftungsverhältnisse und sonstige finanzielle Verpflichtungen

Einzelne Angaben können unter mehrere Punkte dieser Gliederung fallen. Sie wurden dann einheitlich stets nur unter einen Gliederungspunkt aufgenommen. Auf entsprechende Verweise bei anderen Gliederungspunkten wurde verzichtet.

„Eilige" bzw. selektiv interessierte Leserinnen und Leser finden ergänzend zum Inhaltsverzeichnis in der **Anlage** am Ende dieses Buches eine entsprechend der Checkliste gegliederte **Übersicht** dazu, welche Vorschrift in welchem Abschnitt erläutert wird.

Für die gemäß HGB verlangten Anhangangabepflichten gelten die Schutzklauseln des § 286 HGB wie folgt (hierzu wird auch auf Abschnitt 2.4.1 verwiesen):

(1) Die **Berichterstattung** hat insoweit zu unterbleiben, als es für das Wohl der Bundesrepublik Deutschland oder eines ihrer Länder erforderlich ist.

...

Lfd. Nr.	Anhangangabe	Vorschrift	alternative Angabe in Bilanz/GuV, Lagebericht	Bemerkungen/Hinweise (Sachverhalt nicht einschlägig, erledigt, noch offen, Anwendung Schutzklausel u. a.)
I. Grundlegende Angaben zum Unternehmen und zur Bilanzierung				
1. Registerinformationen zum Unternehmen				
1.	Registerinformationen zum Unternehmen, Angabe ▶ Firma ▶ Sitz ▶ Registergericht ▶ Nummer, unter der das Unternehmen im Handelsregister eingetragen ist ▶ Tatsache der Liquidation (wenn sich das Unternehmen in Liquidation befindet) ▶ Tatsache der Abwicklung (wenn sich das Unternehmen in Abwicklung befindet)	§ 264 Abs. 1 a HGB	„im Jahresabschluss" (z. B. Deckblatt, Kopf der Bilanz)	
2. Gliederung, Vorjahresbeträge, Abweichung von der Generalnorm				
2.	Abweichungen von der Form der Darstellung, insbesondere der Gliederung der Bilanz, soweit in Ausnahmefällen wegen besonderer Umstände erforderlich ▶ Angabe und ▶ Begründung Abweichungen von der Form der Darstellung, insbesondere der Gliederung der Gewinn- und Verlustrechnung (GuV), soweit in Ausnahmefällen wegen besonderer Umstände erforderlich ▶ Angabe und ▶ Begründung	§ 265 Abs. 1 Satz 2 HGB	—	

Lfd. Nr.	Anhangangabe	Vorschrift	alternative Angabe in Bilanz/GuV, Lagebericht	Bemerkungen/Hinweise (Sachverhalt nicht einschlägig, erledigt, noch offen, Anwendung Schutzklausel u. a.)
3.	Sind Beträge des vorhergehenden Geschäftsjahrs in der Bilanz nicht vergleichbar ▶ Angabe und ▶ Erläuterung Sind Beträge des vorhergehenden Geschäftsjahrs in der GuV nicht vergleichbar ▶ Angabe und ▶ Erläuterung	§ 265 Abs. 2 Satz 2 HGB	—	
4.	Anpassung von Vorjahresbeträgen in der Bilanz ▶ Angabe und ▶ Erläuterung Anpassung von Vorjahresbeträgen in der GuV ▶ Angabe und ▶ Erläuterung	§ 265 Abs. 2 Satz 3 HGB	—	
5.	Zulässiger zusammengefasster Ausweis der mit arabischen Zahlen versehenen Posten der Bilanz ▶ gesonderter Ausweis der zusammengefassten Posten Zulässiger zusammengefasster Ausweis der mit arabischen Zahlen versehenen Posten der GuV ▶ gesonderter Ausweis der zusammengefassten Posten	§ 265 Abs. 7 Nr. 2 HGB	—	
6.	Sofern besondere Umstände dazu führen, dass der Jahresabschluss kein den tatsächlichen Verhältnissen entsprechendes Bild gemäß § 264 Abs. 2 Satz 1 HGB vermittelt ▶ zusätzliche Angaben	§ 264 Abs. 2 Satz 2 HGB	—	

Lfd. Nr.	Anhangangabe	Vorschrift	alternative Angabe in Bilanz/GuV, Lagebericht	Bemerkungen/Hinweise (Sachverhalt nicht einschlägig, erledigt, noch offen, Anwendung Schutzklausel u. a.)
\multicolumn{5}{l}{**3. Angaben zu Bilanzierungs- und Bewertungsmethoden**}
7.	Auf die Posten der Bilanz angewendete Bilanzierungs- und Bewertungsmethoden ▶ Angabe Auf die Posten der GuV angewendete Bilanzierungs- und Bewertungsmethoden ▶ Angabe	§ 284 Abs. 2 Nr. 1 HGB	–	Einschließlich Grundlagen für die Währungsumrechnung in Euro (soweit der Jahresabschluss Posten enthält, denen Beträge zugrunde liegen, die auf fremde Währung lauten oder ursprünglich auf fremde Währung lauteten)
8.	Abweichungen von im Vorjahr bei Posten der Bilanz angewendeten Bilanzierungs- und Bewertungsmethoden ▶ Angabe und ▶ Begründung Abweichungen von im Vorjahr bei Posten der GuV angewendeten Bilanzierungs- und Bewertungsmethoden ▶ Angabe und ▶ Begründung	§ 284 Abs. 2 Nr. 2 1. Halbsatz HGB	–	
9.	Einfluss der Abweichungen angewendeter Bilanzierungs- und Bewertungsmethoden bei Posten der Bilanz und/oder der GuV auf die Vermögens-, Finanz- und Ertragslage ▶ gesonderte Darstellung	§ 284 Abs. 2 Nr. 2 2. Halbsatz HGB	–	

Lfd. Nr.	Anhangangabe	Vorschrift	alternative Angabe in Bilanz/GuV, Lagebericht	Bemerkungen/Hinweise (Sachverhalt nicht einschlägig, erledigt, noch offen, Anwendung Schutzklausel u. a.)

10.	Sofern gemäß § 254 HGB Bewertungseinheiten gebildet worden sind, Angabe
	▶ mit welchem Betrag jeweils
	   – Vermögensgegenstände,
	   – Schulden,
	   – Schwebende Geschäfte und
	   – mit hoher Wahrscheinlichkeit vorgesehene Transaktionen
	▶ zur Absicherung welcher Risiken
	▶ in welche Arten von Bewertungseinheiten einbezogen sind sowie
	▶ die Höhe der mit Bewertungseinheiten abgesicherten Risiken
		§ 285 Nr. 23 Buchstabe a HGB	Lagebericht (fakultativ)	

11.	Sofern gemäß § 254 HGB Bewertungseinheiten gebildet worden sind, Angabe
	▶ für die jeweils abgesicherten Risiken
	   – warum,
	   – in welchem Umfang und
	   – für welchen Zeitraum
	sich die gegenläufigen Wertänderungen oder Zahlungsströme künftig voraussichtlich ausgleichen
	▶ Methoden der Effektivitätsmessung
		§ 285 Nr. 23 Buchstabe b HGB	Lagebericht (fakultativ)	

12.	Sofern gemäß § 254 HGB Bewertungseinheiten gebildet worden sind und darin mit hoher Wahrscheinlichkeit erwartete Transaktionen einbezogen wurden ▶ Erläuterung dieser Transaktionen	§ 285 Nr. 23 Buchstabe c HGB	Lagebericht (fakultativ)	
13.	Einbeziehung von Zinsen für Fremdkapital in die Herstellungskosten von Vermögensgegenständen ▶ Angaben	§ 284 Abs. 2 Nr. 4 HGB	–	

Lfd. Nr.	Anhangangabe	Vorschrift	alternative Angabe in Bilanz/GuV, Lagebericht	Bemerkungen/Hinweise (Sachverhalt nicht einschlägig, erledigt, noch offen, Anwendung Schutzklausel u. a.)
	**II. Angaben mit weiteren Erläuterungen zur Bilanz**				
	**1. Aufgrund des BilMoG nur noch übergangsweise bilanzierbare Posten**				
14.	Sofern Sonderposten mit Rücklageanteil passiviert und beibehalten werden ► Angabe der Vorschriften, nach denen der Posten gebildet worden ist ► Angabe der im Posten „sonstige betriebliche Erträge" erfassten Erträge aus der Auflösung des Sonderpostens mit Rücklageanteil	§§ 273 Satz 2, 281 Abs. 1 Satz 2 und Abs. 2 Satz 2 HGB a. F. (vor BilMoG) i. V. m. Art. 67 Abs. 3 Satz 1 EGHGB	Bilanz GuV	
	**2. Mehrere Bilanzposten (Aktiva und Passiva) betreffende Angaben**				
15.	Mitzugehörigkeit von Vermögensgegenständen zu anderen Posten der Bilanz ► Angabe, wenn zur Klarheit und Übersichtlichkeit des Jahresabschlusses erforderlich Mitzugehörigkeit von Schulden zu anderen Posten der Bilanz ► Angabe, wenn zur Klarheit und Übersichtlichkeit des Jahresabschlusses erforderlich	§ 265 Abs. 3 HGB	Bilanz	

Lfd. Nr.	Anhangangabe	Vorschrift	alternative Angabe in Bilanz/GuV, Lagebericht	Bemerkungen/Hinweise (Sachverhalt nicht einschlägig, erledigt, noch offen, Anwendung Schutzklausel u. a.)
16.	Bei Verrechnung von Vermögensgegenständen und Schulden gemäß § 246 Abs. 2 Satz 2 HGB, Angabe ▶ Anschaffungskosten der verrechneten Vermögensgegenstände, ▶ Beizulegender Zeitwert der verrechneten Vermögensgegenstände, ▶ Grundlegende Annahmen, die der Bestimmung des beizulegenden Zeitwerts zugrunde gelegt wurden (sofern dieser mit Hilfe allgemein anerkannter Bewertungsmethoden ermittelt wurde), ▶ Erfüllungsbetrag der verrechneten Schulden, ▶ verrechnete Aufwendungen und ▶ verrechnete Erträge	§ 285 Nr. 25 HGB	—	

Lfd. Nr.	Anhangangabe	Vorschrift	alternative Angabe in Bilanz/GuV, Lagebericht	Bemerkungen/Hinweise (Sachverhalt nicht einschlägig, erledigt, noch offen, Anwendung Schutzklausel u. a.)

17.	Im Fall der Bilanzierung von Ausleihungen, Forderungen und/oder Verbindlichkeiten gegenüber Gesellschaftern nicht jeweils gesondert als solche
	▶ Ausleihungen gegenüber Gesellschafter
	   – Angabe
	   – Ausweis in anderem Posten: Vermerk
	▶ Forderungen gegenüber Gesellschafter
	   – Angabe
	   – Ausweis in anderem Posten: Vermerk
	▶ Verbindlichkeiten gegenüber Gesellschafter
	   – Angabe
	   – Ausweis in anderem Posten: Vermerk
		Für **GmbH**: § 42 Abs. 3 GmbHG
		Für **GmbH & Co. KG**: § 264c Abs. 1 HGB
			Bilanz	

3. Einzelne Aktiva betreffende Angaben				
18.	Bei Aktivierung eines entgeltlich erworbenen Geschäfts- oder Firmenwerts (§ 246 Abs. 1 Satz 4 HGB) ▶ Erläuterung seines Abschreibungszeitraums	§ 285 Nr. 13 HGB	–	

Lfd. Nr.	Anhangangabe	Vorschrift	alternative Angabe in Bilanz/GuV, Lagebericht	Bemerkungen/Hinweise (Sachverhalt nicht einschlägig, erledigt, noch offen, Anwendung Schutzklausel u. a.)

19.	Für mit dem beizulegenden Zeitwert bewertete Finanzinstrumente, Angaben
	▶ grundlegende Annahmen zur Bestimmung des beizulegenden Zeitwerts bei Anwendung allgemein anerkannter Bewertungsmethoden (Nr. 20 Buchstabe a)
	▶ Umfang jeder Kategorie derivativer Finanzinstrumente (Nr. 20 Buchstabe b)
	▶ Art jeder Kategorie derivativer Finanzinstrumente (Nr. 20 Buchstabe b)
	▶ Wesentliche Bedingungen für jede Kategorie derivativer Finanzinstrumente, die
	  – die Höhe künftiger Zahlungsströme beeinflussen können (Nr. 20 Buchstabe b)
	  – den Zeitpunkt künftiger Zahlungsströme beeinflussen können (Nr. 20 Buchstabe b)
	  – die Sicherheit künftiger Zahlungsströme beeinflussen können (Nr. 20 Buchstabe b)
		§ 285 Nr. 20 Buchstabe a und b HGB	—	

4. Einzelne Passiva betreffende Angaben				
20.	Betrag des in andere Gewinnrücklagen eingestellten Eigenkapitalanteils von Wertaufholungen bei Vermögensgegenständen des Anlage- und Umlaufvermögens ▶ Angabe	Für **GmbH**: § 29 Abs. 4 Satz 2 GmbHG	Bilanz	

Lfd. Nr.	Anhangangabe	Vorschrift	alternative Angabe in Bilanz/GuV, Lagebericht	Bemerkungen/Hinweise (Sachverhalt nicht einschlägig, erledigt, noch offen, Anwendung Schutzklausel u. a.)
21.	Vorhandener Gewinn- oder Verlustvortrag bei Aufstellung der Bilanz unter Berücksichtigung der teilweisen Verwendung des Jahresergebnisses ▶ Angabe	§ 268 Abs. 1 Satz 3 HGB	Bilanz	
22.	Nicht ausgewiesene Rückstellungen für laufende Pensionen oder Anwartschaften auf Pensionen aufgrund unmittelbarer Zusage bei Erwerb des Rechtsanspruchs vor dem 1. 1. 1987 („Altzusagen"), Angabe jeweils in einem Betrag ▶ nicht ausgewiesene Rückstellungen für laufende Pensionen ▶ nicht ausgewiesene Rückstellungen für Anwartschaften auf Pensionen	Art. 28 Abs. 2, Abs. 1 Satz 1 EGHGB	—	
23.	Nicht ausgewiesene Rückstellungen für laufende Pensionen oder Anwartschaften auf Pensionen aufgrund mittelbarer Zusage sowie für ähnliche unmittelbare oder mittelbare Verpflichtungen, Angabe jeweils in einem Betrag ▶ nicht ausgewiesene Rückstellungen für laufende Pensionen ▶ nicht ausgewiesene Rückstellungen für Anwartschaften auf Pensionen ▶ nicht ausgewiesene Rückstellungen für ähnliche Verpflichtungen	Art. 28 Abs. 2, Abs. 1 Satz 2 EGHGB	—	
24.	Unterdeckung bei durch das BilMoG geändert bewerteten Rückstellungen für laufende Pensionen oder Anwartschaften auf Pensionen, Angabe jeweils in einem Betrag ▶ nicht ausgewiesene Rückstellungen für laufende Pensionen und ▶ nicht ausgewiesene Rückstellungen für Anwartschaften auf Pensionen	Art. 67 Abs. 2 EGHGB	—	Ausweis der Anpassungen aufgrund Anwendung Art. 67 Abs. 1 Satz 1 EGHGB nun gesondert unter den in Art. 75 Abs. 5 EGHGB genannten Posten

Lfd. Nr.	Anhangangabe	Vorschrift	alternative Angabe in Bilanz/GuV, Lagebericht	Bemerkungen/Hinweise (Sachverhalt nicht einschlägig, erledigt, noch offen, Anwendung Schutzklausel u. a.)
25.	Abzinsungsbedingter Unterschiedsbetrag bei Rückstellungen für Altersversorgungsverpflichtungen ▶ Darstellung	§ 253 Abs. 6 Satz 3 HGB		Bei Existenz eines Gewinnabführungsvertrags: ggf. Hinweis unter Nr. 8 auf Aufstellung des Jahresabschlusses ohne Annahme der Abführungssperre für den abzinsungsbedingten Unterschiedsbetrag nach § 253 Abs. 6 HGB (siehe Abschnitt 3.2.3.4)
26.	Beibehaltung von Rückstellungen, die nach der durch das BilMoG geänderten Bewertung aufzulösen wären ▶ Angabe jeweils des Betrags der Überdotierung	Art. 67 Abs. 1 Satz 4 EGHGB	—	
27.	Gesamtbetrag der Verbindlichkeiten mit einer Restlaufzeit von mehr als fünf Jahren ▶ Angabe	§ 285 Nr. 1 Buchstabe a HGB	—	Bei Zusammenfassung aller Restlaufzeitenangaben analog dem Verbindlichkeitenspiegel, gemäß § 268 Abs. 5 HGB jeweils auch Angabe des Gesamtbetrags der Restlaufzeiten bis zu einem Jahr sowie über einem Jahr
28.	Sind Verbindlichkeiten durch Pfandrechte oder ähnliche Rechte gesichert, Angabe ▶ Gesamtbetrag der gesicherten Verbindlichkeiten ▶ Art der Sicherheiten ▶ Form der Sicherheiten	§ 285 Nr. 1 Buchstabe b HGB	—	

Lfd. Nr.	Anhangangabe	Vorschrift	alternative Angabe in Bilanz/GuV, Lagebericht	Bemerkungen/Hinweise (Sachverhalt nicht einschlägig, erledigt, noch offen, Anwendung Schutzklausel u. a.)
	**III. Angaben mit weiteren Erläuterungen zur Gewinn- und Verlustrechnung**				
29.	Wurden bei Vermögensgegenständen des Anlagevermögens außerplanmäßige Abschreibungen vorgenommen (§ 253 Abs. 3 Satz 5 und 6 HGB) ▶ gesonderte Angabe	§ 277 Abs. 3 Satz 1 HGB	GuV	Angabe muss nicht offengelegt werden
30.	Wurden Erträge von außergewöhnlicher Größenordnung oder von außergewöhnlicher Bedeutung ausgewiesen, soweit die Beträge nicht von untergeordneter Bedeutung sind, jeweils Angabe ▶ Betrag ▶ Art	§ 285 Nr. 31 HGB	–	Angabe muss nicht offengelegt werden
31.	Wurden Aufwendungen von außergewöhnlicher Größenordnung oder von außergewöhnlicher Bedeutung ausgewiesen, soweit die Beträge nicht von untergeordneter Bedeutung sind, jeweils Angabe ▶ Betrag ▶ Art	§ 285 Nr. 31 HGB	–	Angabe muss nicht offengelegt werden
32.	Sofern Sonderposten mit Rücklageanteil passiviert und beibehalten werden ▶ Angabe der im Posten „sonstige betriebliche Erträge" erfassten Erträge aus der Auflösung des Sonderpostens mit Rücklageanteil	§ 281 Abs. 2 Satz 2 HGB a. F. (vor BilMoG) i. V. m. Art. 67 Abs. 3 Satz 1 EGHGB	GuV	siehe unter Nr. 14 dieser Checkliste Angabe muss nicht offengelegt werden
	**IV. Sonstige Angaben**				
	**1. Arbeitnehmeranzahl**				
33.	Durchschnittliche Zahl der während des Geschäftsjahrs beschäftigten Arbeitnehmer i. S. d. § 267 V HGB ▶ Angabe	§ 285 Nr. 7 i. V. m. § 288 Abs. 1 Nr. 2 HGB	–	

Lfd. Nr.	Anhangangabe	Vorschrift	alternative Angabe in Bilanz/GuV, Lagebericht	Bemerkungen/Hinweise (Sachverhalt nicht einschlägig, erledigt, noch offen, Anwendung Schutzklausel u. a.)
2. Organmitgliedschaften und bestimmte Geschäftsvorfälle mit Organmitgliedern				
34.	Wurden Organmitgliedern Vorschüsse und/oder Kredite gewährt, Angabe ▶ Betrag der gewährten Vorschüsse ▶ Betrag der gewährten Kredite ▶ Zinssätze ▶ wesentliche Bedingungen für die Gewährung ▶ im Geschäftsjahr zurückgezahlte Beträge (sofern einschlägig) ▶ im Geschäftsjahr erlassene Beträge (sofern einschlägig) ▶ zugunsten der Organmitglieder eingegangene Haftungsverhältnisse	§ 285 Nr. 9 Buchstabe c HGB	—	
3. Konzernbeziehungen				
35.	Mutterunternehmen der GmbH bzw. GmbH & Co. KG, das den Konzernabschluss für den kleinsten Kreis von Unternehmen aufstellt, Angabe ▶ Name des Mutterunternehmens ▶ Sitz des Mutterunternehmens	§ 285 Nr. 14 Buchstabe a HGB	—	

Lfd. Nr.	Anhangangabe	Vorschrift	alternative Angabe in Bilanz/GuV, Lagebericht	Bemerkungen/Hinweise (Sachverhalt nicht einschlägig, erledigt, noch offen, Anwendung Schutzklausel u. a.)
36.	Soll die GmbH bzw. GmbH & Co. KG gemäß § 291 HGB durch die Konzernrechnungslegung des Mutterunternehmens von der Aufstellung eines Konzernabschlusses und Konzernlageberichts befreit werden, Angabe ▶ Name des Mutterunternehmens, das für den Konzern befreiend Rechnung legt ▶ Sitz des Mutterunternehmens, das für den Konzern befreiend Rechnung legt ▶ Hinweis auf die Befreiung von der eigenen Konzernrechnungslegung ▶ Erläuterung der im befreienden Konzernabschluss des Mutterunternehmens vom deutschen Recht abweichend angewandten Bilanzierungs-, Bewertungs- und Konsolidierungsmethoden (sofern einschlägig)	§ 291 Abs. 2 Nr. 4 Buchstabe a bis c HGB	–	

Lfd. Nr.	Anhangangabe	Vorschrift	alternative Angabe in Bilanz/GuV, Lagebericht	Bemerkungen/Hinweise (Sachverhalt nicht einschlägig, erledigt, noch offen, Anwendung Schutzklausel u. a.)
37.	Soll die GmbH bzw. GmbH & Co. KG gemäß § 292 HGB durch die Konzernrechnungslegung des Mutterunternehmens von der Aufstellung eines Konzernabschlusses und Konzernlageberichts befreit werden, Angabe ▶ Name des Mutterunternehmens, das für den Konzern befreiend Rechnung legt ▶ Sitz des Mutterunternehmens, das für den Konzern befreiend Rechnung legt ▶ Hinweis auf die Befreiung von der eigenen Konzernrechnungslegung ▶ Erläuterung der im befreienden Konzernabschluss des Mutterunternehmens vom deutschen Recht abweichend angewandten Bilanzierungs-, Bewertungs- und Konsolidierungsmethoden (sofern einschlägig) ▶ nach welchen der in Buchstabe a bis d des § 292 Abs. 1 Nr. 1 HGB genannten Vorgaben die befreiende Konzernrechnungslegung aufgestellt wurde ▶ ggf. nach dem Recht welchen Drittstaats die befreiende Konzernrechnungslegung aufgestellt wurde	§ 292 Abs. 2 Satz 1 HGB	–	

6.1 Checkliste für den Anhang der kleinen GmbH sowie der kleinen GmbH & Co. KG

Lfd. Nr.	Anhangangabe	Vorschrift	alternative Angabe in Bilanz/GuV, Lagebericht	Bemerkungen/Hinweise (Sachverhalt nicht einschlägig, erledigt, noch offen, Anwendung Schutzklausel u. a.)
3. Haftungsverhältnisse und sonstige finanzielle Verpflichtungen				

38.	Für die in § 251 HGB bezeichneten Haftungsverhältnisse, Angabe
	▶ Verbindlichkeiten aus der Begebung und Übertragung von Wechseln mit dafür gewährten Pfandrechten und sonstigen Sicherheiten
	    dafür gewährte Pfandrechte und sonstige Sicherheiten
	    davon gegenüber verbundenen Unternehmen
	    davon gegenüber assoziierten Unternehmen
	    davon aus Altersversorgungsverpflichtungen
	▶ Verbindlichkeiten aus Bürgschaften, Wechsel- und Scheckbürgschaften mit dafür gewährten Pfandrechten und sonstigen Sicherheiten
	    dafür gewährte Pfandrechte und sonstige Sicherheiten
	    davon gegenüber verbundenen Unternehmen
	    davon gegenüber assoziierten Unternehmen
	    davon aus Altersversorgungsverpflichtungen
		§ 268 Abs. 7 HGB	—	

Lfd. Nr.	Anhangangabe	Vorschrift	alternative Angabe in Bilanz/GuV, Lagebericht	Bemerkungen/Hinweise (Sachverhalt nicht einschlägig, erledigt, noch offen, Anwendung Schutzklausel u. a.)
38.	▶ Verbindlichkeiten aus Gewährleistungsverträgen mit dafür gewährten Pfandrechten und sonstigen Sicherheiten dafür gewährte Pfandrechte und sonstige Sicherheiten davon gegenüber verbundenen Unternehmen davon gegenüber assoziierten Unternehmen davon aus Altersversorgungsverpflichtungen ▶ Haftungsverhältnisse aus der Bestellung von Sicherheiten für fremde Verbindlichkeiten mit dafür gewährten Pfandrechten und sonstigen Sicherheiten dafür gewährte Pfandrechte und sonstige Sicherheiten davon gegenüber verbundenen Unternehmen davon aus Altersversorgungsverpflichtungen davon gegenüber assoziierten Unternehmen	§ 268 Abs. 7 HGB	—	

Lfd. Nr.	Anhangangabe	Vorschrift	alternative Angabe in Bilanz/GuV, Lagebericht	Bemerkungen/Hinweise (Sachverhalt nicht einschlägig, erledigt, noch offen, Anwendung Schutzklausel u. a.)
39.	Gesamtbetrag der sonstigen finanziellen Verpflichtungen, die nicht in der Bilanz enthalten und nicht nach § 268 Abs. 7 HGB oder § 285 Nr. 3 HGB anzugeben sind ▶ Angabe, sofern dies für die Beurteilung der Finanzlage von Bedeutung ist ▶ gesonderte Angabe des davon auf verbundene Unternehmen entfallenden Betrags ▶ gesonderte Angabe des davon auf assoziierte Unternehmen entfallenden Betrags ▶ gesonderte Angabe des davon auf Verpflichtungen betreffend die Altersversorgung entfallenden Betrags	§ 285 Nr. 3 a HGB	—	

6.2 Checkliste für den Anhang der mittelgroßen GmbH sowie der mittelgroßen GmbH & Co. KG

Anwendungshinweise:

Die folgende Anhangcheckliste für den Jahresabschluss der mittelgroßen GmbH sowie GmbH & Co. KG für **nach dem 31.12.2016 beginnende Geschäftsjahre** berücksichtigt alle branchenunabhängigen Angabepflichten gemäß HGB und EGHGB sowie für GmbH gemäß GmbHG.[1040] Sie basieren – unter Berücksichtigung der sich aus § 288 Abs. 2 HGB ergebenden Erleichterungen – auf folgenden Vorschriften (Nennung in der im jeweiligen Gesetz stehenden Reihenfolge und in der für den angegebenen Zeitraum aktuellen Gesetzesfassung)[1041]:

[1040] Zu branchenspezifischen Änderungen der Anhangangabepflichten aufgrund des BilMoG vgl. Philipps, H., Rechnungslegung nach BilMoG, Wiesbaden 2010, S. 327-368.
[1041] Zu beachten ist, dass die Inanspruchnahme der mittelgroßen GmbH sowie GmbH & Co. KG bei Aufstellung des Anhangs eingeräumten Erleichterungen im Gesellschaftsvertrag abbedungen sein kann und mittelgroße GmbH sowie GmbH & Co. KG, die i. S. d. § 264d kapitalmarktorientiert sind, die Angabepflichten für große GmbH bzw. große GmbH & Co. KG anwenden müssen. Zudem können bei mittelgroßen GmbH sowie GmbH & Co. KG wirtschaftszweigspezifische Besonderheiten gelten. Hierzu wird auf Abschnitt 2.4.2 verwiesen.

- § 253 Abs. 6 Satz 3 HGB,
- § 264 Abs. 1 a, Abs. 2 Satz 2 HGB,
- § 265 Abs. 1 Satz 2, Abs. 2 Satz 2 und 3, Abs. 3, Abs. 4 Satz 2, Abs. 7 Nr. 2 HGB,
- § 268 Abs. 1 Satz 3, Abs. 4 Satz 2, Abs. 5 Satz 3, Abs. 6, Abs. 7 HGB,
- § 277 Abs. 3 Satz 1 HGB,
- § 284 Abs. 1, Abs. 2 Nr. 1, Nr. 2, Nr. 3, Nr. 4, Abs. 3 Satz 1 und Satz 2, Satz 3 Nr. 1-3, Satz 4 HGB,
- § 285 Nr. 1 Buchstabe a, Nr. 1 Buchstabe b, Nr. 2, Nr. 3, Nr. 3 Buchstabe a, Nr. 7, Nr. 8 Buchstabe a, Nr. 8 Buchstabe b, Nr. 9 Buchstabe a, Nr. 9 Buchstabe b, Nr. 9 Buchstabe c, Nr. 10, Nr. 11, Nr. 11 Buchstabe a, Nr. 12, Nr. 13, Nr. 14, Nr. 14 Buchstabe a, Nr. 15 Buchstabe a, Nr. 18 Buchstabe a, Nr. 18 Buchstabe b, Nr. 19 Buchstabe a, Nr. 19 Buchstabe b, Nr. 19 Buchstabe c, Nr. 19 Buchstabe d, **Nr. 20 Buchstabe a**, **Nr. 20 Buchstabe b**, Nr. 21 (mit Kreis der nahe stehenden Unternehmen und Personen nach § 288 Abs. 2 Satz 3 HGB), Nr. 22, Nr. 23 Buchstabe a, Nr. 23 Buchstabe b, Nr. 23 Buchstabe c, Nr. 24, Nr. 25, Nr. 26, Nr. 27, Nr. 28, Nr. 30, Nr. 31, Nr. 33, Nr. 34 HGB,
- § 291 Abs. 2 Nr. 4 Buchstabe a, Nr. 4 Buchstabe b, Nr. 4 Buchstabe c HGB,
- § 292 Abs. 2 Satz 1 HGB,
- **§§ 273 Satz 2, 281 Abs. 2 Satz 2 HGB a. F.** (**vor BilMoG**; übergangsweise weiter anzuwenden, sofern das Wahlrecht zur Beibehaltung bisher passivierter Sonderposten mit Rücklageanteil ausgeübt wird),
- Art. 28 Abs. 2 i. V. m. Abs. 1 Satz 1 und 2, 67 Abs. 1 Satz 4 und Abs. 2 EGHGB,
- §§ 29 Abs. 4 Satz 2, 42 Abs. 3 GmbHG (nur für GmbH),
- §§ 264c Abs. 1, Abs. 2 Satz 9, 285 Nr. 15 HGB (nur für GmbH & Co. KG).

Durch das BilRUG oder das Wohnimmobilienkreditrichtlinie-Umsetzungsgesetz geänderte bzw. neue Vorschriften aus der vorstehenden Aufzählung waren in der Vorauflage durch Fettmarkierung, ihre Angabeerfordernisse in der Checkliste – ausgenommen Vorschriften mit lediglich redaktionellen Anpassungen – durch graue Schattierung hervorgehoben. Darauf wurde nun verzichtet; entsprechende Informationen sind noch in Abb. 4, Abschnitt 2.4.2 ersichtlich. Eine solche Hervorhebung wird nunmehr nur noch für zwei Fälle verwendet: zum einen Angaben nach § 285 Nr. 20 HGB (Geltung für alle Unternehmen erstmals im Jahresabschluss für das nach dem 31. 12. 2016 beginnende Geschäftsjahr), zum anderen Angaben für noch bilanzierte Sonderposten mit Rücklageanteil (Folgewirkung der BilMoG-Übergangsvorschrift des Art. 67 Abs. 3 Satz 1 EGHGB).

Neben branchenbezogenen Angabepflichten, vor allem aus der RechKredV für Kreditinstitute, wurden in der Checkliste auch solche nicht berücksichtigt, die durch Zeitablauf inhaltsleer geworden sind. Das sind Angabepflichten im Zusammenhang mit der Euro-Umstellung, mit der Anwendung des Altfahrzeug-Gesetzes, teilweise mit der Anwendung des BilMoG sowie mit der Anwendung des BilRUG (siehe Art. 42 Abs. 3 Satz 3, 44 Abs. 1 Satz 4, 53 Abs. 2, 66 Abs. 3 Satz 6, 67 Abs. 5 und 8 sowie 75 Abs. 2 Satz 3 EGHGB).

Zur Systematisierung der Vielzahl der oben angeführten Angabepflichten, ist die Checkliste wie folgt gegliedert:

6.2 Checkliste für den Anhang der mittelgroßen GmbH sowie der mittelgroßen GmbH & Co. KG

I. Grundlegende Angaben zum Unternehmen und zur Bilanzierung

   1. Registerinformationen zum Unternehmen
   2. Gliederung, Vorjahresbeträge, Abweichung von der Generalnorm
   3. Angaben zu Bilanzierungs- und Bewertungsmethoden

II. Angaben mit weiteren Erläuterungen zur Bilanz

   1. Aufgrund des BilMoG nur noch übergangsweise bilanzierbare Posten
   2. Mehrere Bilanzposten (Aktiva und Passiva) betreffende Angaben
   3. Einzelne Aktiva betreffende Angaben
   4. Einzelne Passiva betreffende Angaben

III. Angaben mit weiteren Erläuterungen zur Gewinn- und Verlustrechnung

IV. Sonstige Angaben

   1. Arbeitnehmerzahl
   2. Organmitgliedschaften und bestimmte Geschäftsvorfälle mit Organmitgliedern
   3. Konzernbeziehungen
   4. Geschäftsvorfälle mit nahestehenden Unternehmen und Personen
   5. Haftungsverhältnisse, sonstige finanzielle Verpflichtungen und außerbilanzielle Geschäfte
   6. Ereignisse nach dem Abschlussstichtag und Ergebnisverwendung
   7. Haftung der GmbH & Co. KG

Einzelne Angaben können unter mehrere Punkte dieser Gliederung fallen. Sie wurden dann einheitlich stets nur unter einen Gliederungspunkt aufgenommen. Auf entsprechende Verweise bei anderen Gliederungspunkten wurde verzichtet.

„Eilige" bzw. selektiv interessierte Leserinnen und Leser finden ergänzend zum Inhaltsverzeichnis in der **Anlage** am Ende dieses Buches eine entsprechend der Checkliste gegliederte **Übersicht** dazu, welche Vorschrift in welchem Abschnitt erläutert wird.

Für die gemäß HGB verlangten Anhangangabepflichten gelten die Schutzklauseln des § 286 HGB wie folgt (hierzu wird auch auf Abschnitt 2.4.1 verwiesen):

(1) Die **Berichterstattung** hat insoweit zu unterbleiben, als es für das Wohl der Bundesrepublik Deutschland oder eines ihrer Länder erforderlich ist.

...

(3) Die Angaben nach **§ 285 Satz 1 Nr. 11** und 11b können unterbleiben, soweit sie

1. für die Darstellung der Vermögens-, Finanz- und Ertragslage der Kapitalgesellschaft nach § 264 Abs. 2 von untergeordneter Bedeutung sind oder
2. nach vernünftiger kaufmännischer Beurteilung geeignet sind, der Kapitalgesellschaft oder dem anderen Unternehmen einen erheblichen Nachteil zuzufügen.

Die Angabe des **Eigenkapitals** und des **Jahresergebnisses** kann unterbleiben, wenn das Unternehmen, über das zu berichten ist, seinen Jahresabschluss nicht offenzulegen hat und die berichtende Kapitalgesellschaft keinen beherrschenden Einfluss auf das betreffende Unternehmen ausüben kann. Satz 1 Nr. 2 ist nicht anzuwenden, wenn die Kapitalgesellschaft oder eines ihrer Tochterunternehmen (§ 290 Abs. 1 und 2) am Abschlussstichtag kapitalmarktorientiert i. S. d. § 264d ist. Im Übrigen ist die Anwendung der Ausnahmeregelung nach Satz 1 Nr. 2 im Anhang anzugeben.

(4) Bei Gesellschaften, die keine börsennotierten Aktiengesellschaften sind, können die in **§ 285 Satz 1 Nr. 9 Buchstabe a und b** verlangten Angaben über die Gesamtbezüge der dort bezeichneten Personen unterbleiben, wenn sich anhand dieser Angaben die Bezüge eines Mitglieds dieser Organe feststellen lassen.

Lfd. Nr.	Anhangangabe	Vorschrift	alternative Angabe in Bilanz/GuV, Lagebericht	Bemerkungen/Hinweise (Sachverhalt nicht einschlägig, erledigt, noch offen, Anwendung Schutzklausel u. a.)
I. Grundlegende Angaben zum Unternehmen und zur Bilanzierung				
1. Registerinformationen zum Unternehmen				
1.	Registerinformationen zum Unternehmen, Angabe ▶ Firma ▶ Sitz ▶ Registergericht ▶ Nummer, unter der das Unternehmen im Handelsregister eingetragen ist ▶ Tatsache der Liquidation (wenn sich das Unternehmen in Liquidation befindet) ▶ Tatsache der Abwicklung (wenn sich das Unternehmen in Abwicklung befindet)	§ 264 Abs. 1 a HGB	„im Jahresabschluss" (z. B. Deckblatt, Kopf der Bilanz)	

6.2 Checkliste für den Anhang der mittelgroßen GmbH sowie der mittelgroßen GmbH & Co. KG

Lfd. Nr.	Anhangangabe	Vorschrift	alternative Angabe in Bilanz/GuV, Lagebericht	Bemerkungen/Hinweise (Sachverhalt nicht einschlägig, erledigt, noch offen, Anwendung Schutzklausel u. a.)
2. Gliederung, Vorjahresbeträge, Abweichung von der Generalnorm				
2.	Abweichungen von der Form der Darstellung, insbesondere der Gliederung der Bilanz, soweit in Ausnahmefällen wegen besonderer Umstände erforderlich ▶ Angabe und ▶ Begründung Abweichungen von der Form der Darstellung, insbesondere der Gliederung der Gewinn- und Verlustrechnung (GuV), soweit in Ausnahmefällen wegen besonderer Umstände erforderlich ▶ Angabe und ▶ Begründung	§ 265 Abs. 1 Satz 2 HGB	—	
3.	Sind Beträge des vorhergehenden Geschäftsjahrs in der Bilanz nicht vergleichbar ▶ Angabe und ▶ Erläuterung Sind Beträge des vorhergehenden Geschäftsjahrs in der GuV nicht vergleichbar ▶ Angabe und ▶ Erläuterung	§ 265 Abs. 2 Satz 2 HGB	—	

Lfd. Nr.	Anhangangabe	Vorschrift	alternative Angabe in Bilanz/GuV, Lagebericht	Bemerkungen/Hinweise (Sachverhalt nicht einschlägig, erledigt, noch offen, Anwendung Schutzklausel u. a.)
4.	Anpassung von Vorjahresbeträgen in der Bilanz ▶ Angabe und ▶ Erläuterung Anpassung von Vorjahresbeträgen in der GuV ▶ Angabe und ▶ Erläuterung	§ 265 Abs. 2 Satz 3 HGB	–	
5.	Ergänzung der Gliederung des Jahresabschlusses bei mehreren vorhandenen Geschäftszweigen, die eine Ergänzung der Gliederung des Jahresabschlusses nach verschiedenen Gliederungsvorschriften bedingen ▶ Angabe und ▶ Begründung	§ 265 Abs. 4 Satz 2 HGB	–	
6.	Zulässiger zusammengefasster Ausweis der mit arabischen Zahlen versehenen Posten der Bilanz ▶ gesonderter Ausweis der zusammengefassten Posten Zulässiger zusammengefasster Ausweis der mit arabischen Zahlen versehenen Posten der GuV ▶ gesonderter Ausweis der zusammengefassten Posten	§ 265 Abs. 7 Nr. 2 HGB	–	
7.	Sofern besondere Umstände dazu führen, dass der Jahresabschluss kein den tatsächlichen Verhältnissen entsprechendes Bild gemäß § 264 Abs. 2 Satz 1 HGB vermittelt ▶ zusätzliche Angaben	§ 264 Abs. 2 Satz 2 HGB	–	

Lfd. Nr.	Anhangangabe	Vorschrift	alternative Angabe in Bilanz/GuV, Lagebericht	Bemerkungen/Hinweise (Sachverhalt nicht einschlägig, erledigt, noch offen, Anwendung Schutzklausel u. a.)
\multicolumn{5}{l}{**3. Angaben zu Bilanzierungs- und Bewertungsmethoden**}			
8.	Auf die Posten der Bilanz angewendete Bilanzierungs- und Bewertungsmethoden ▶ Angabe Auf die Posten der GuV angewendete Bilanzierungs- und Bewertungsmethoden ▶ Angabe	§ 284 Abs. 2 Nr. 1 HGB	—	Einschließlich Grundlagen für die Währungsumrechnung in Euro (soweit der Jahresabschluss Posten enthält, denen Beträge zugrunde liegen, die auf fremde Währung lauten oder ursprünglich auf fremde Währung lauteten)
9.	Abweichungen von im Vorjahr bei Posten der Bilanz angewendeten Bilanzierungs- und Bewertungsmethoden ▶ Angabe und ▶ Begründung Abweichungen von im Vorjahr bei Posten der GuV angewendeten Bilanzierungs- und Bewertungsmethoden ▶ Angabe und ▶ Begründung	§ 284 Abs. 2 Nr. 2 1. Halbsatz HGB	—	
10.	Einfluss der Abweichungen angewendeter Bilanzierungs- und Bewertungsmethoden bei Posten der Bilanz und/oder der GuV auf die Vermögens-, Finanz- und Ertragslage ▶ gesonderte Darstellung	§ 284 Abs. 2 Nr. 2 2. Halbsatz HGB	—	

Lfd. Nr.	Anhangangabe	Vorschrift	alternative Angabe in Bilanz/GuV, Lagebericht	Bemerkungen/Hinweise (Sachverhalt nicht einschlägig, erledigt, noch offen, Anwendung Schutzklausel u. a.)

11.	Sofern gemäß § 254 HGB Bewertungseinheiten gebildet worden sind, Angabe
	▶ mit welchem Betrag jeweils
	   – Vermögensgegenstände,
	   – Schulden,
	   – Schwebende Geschäfte und
	   – mit hoher Wahrscheinlichkeit vorgesehene Transaktionen
	▶ zur Absicherung welcher Risiken
	▶ in welche Arten von Bewertungseinheiten einbezogen sind sowie
	▶ die Höhe der mit Bewertungseinheiten abgesicherten Risiken
		§ 285 Nr. 23 Buchstabe a HGB	Lagebericht	

12.	Sofern gemäß § 254 HGB Bewertungseinheiten gebildet worden sind, Angabe
	▶ für die jeweils abgesicherten Risiken
	   – warum
	   – in welchem Umfang und
	   – für welchen Zeitraum
	sich die gegenläufigen Wertänderungen oder Zahlungsströme künftig voraussichtlich ausgleichen
	▶ Methoden der Effektivitätsmessung
		§ 285 Nr. 23 Buchstabe b HGB	Lagebericht	

13.	Sofern gemäß § 254 HGB Bewertungseinheiten gebildet worden sind und darin mit hoher Wahrscheinlichkeit erwartete Transaktionen einbezogen wurden ▶ Erläuterung dieser Transaktionen	§ 285 Nr. 23 Buchstabe c HGB	Lagebericht	

Lfd. Nr.	Anhangangabe	Vorschrift	alternative Angabe in Bilanz/GuV, Lagebericht	Bemerkungen/Hinweise (Sachverhalt nicht einschlägig, erledigt, noch offen, Anwendung Schutzklausel u. a.)
14.	Erhebliche Unterschiedsbeträge bei Anwendung der Bewertungsmethode nach § 240 Abs. 4 HGB im Vergleich zu einer Bewertung mit dem letzten Börsenkurs oder Marktpreis ▶ Ausweis der Unterschiedsbeträge pauschal für die jeweilige Gruppe Erhebliche Unterschiedsbeträge bei Anwendung der Bewertungsmethode nach § 256 Satz 1 HGB im Vergleich zu einer Bewertung mit dem letzten Börsenkurs oder Marktpreis ▶ Ausweis der Unterschiedsbeträge pauschal für die jeweilige Gruppe	§ 284 Abs. 2 Nr. 3 HGB	—	
15.	Einbeziehung von Zinsen für Fremdkapital in die Herstellungskosten von Vermögensgegenständen ▶ Angaben	§ 284 Abs. 2 Nr. 4 HGB	—	
II. Angaben mit weiteren Erläuterungen zur Bilanz				
1. Aufgrund des BilMoG nur noch übergangsweise bilanzierbare Posten				
16.	Sofern Sonderposten mit Rücklageanteil passiviert und beibehalten werden ▶ Angabe der Vorschriften, nach denen der Posten gebildet worden ist ▶ Angabe der im Posten „sonstige betriebliche Erträge" erfassten Erträge aus der Auflösung des Sonderposten mit Rücklageanteil	§§ 273 Satz 2, 281 Abs. 1 Satz 2 und Abs. 2 Satz 2 HGB a. F. (vor BilMoG) i. V. m. Art. 67 Abs. 3 Satz 1 EGHGB	Bilanz GuV	

Lfd. Nr.	Anhangangabe	Vorschrift	alternative Angabe in Bilanz/GuV, Lagebericht	Bemerkungen/Hinweise (Sachverhalt nicht einschlägig, erledigt, noch offen, Anwendung Schutzklausel u. a.)
2. Mehrere Bilanzposten (Aktiva und Passiva) betreffende Angaben				
17.	Mitzugehörigkeit von Vermögensgegenständen zu anderen Posten der Bilanz ▶ Angabe, wenn zur Klarheit und Übersichtlichkeit des Jahresabschlusses erforderlich Mitzugehörigkeit von Schulden zu anderen Posten der Bilanz ▶ Angabe, wenn zur Klarheit und Übersichtlichkeit des Jahresabschlusses erforderlich	§ 265 Abs. 3 HGB	Bilanz	
18.	Bei Verrechnung von Vermögensgegenständen und Schulden gemäß § 246 Abs. 2 Satz 2 HGB, Angabe ▶ Anschaffungskosten der verrechneten Vermögensgegenstände ▶ Beizulegender Zeitwert der verrechneten Vermögensgegenstände ▶ Grundlegende Annahmen, die der Bestimmung des beizulegenden Zeitwerts zugrunde gelegt wurden (sofern dieser mit Hilfe allgemein anerkannter Bewertungsmethoden ermittelt wurde) ▶ Erfüllungsbetrag der verrechneten Schulden ▶ verrechnete Aufwendungen ▶ verrechnete Erträge	§ 285 Nr. 25 HGB	—	

6.2 Checkliste für den Anhang der mittelgroßen GmbH sowie der mittelgroßen GmbH & Co. KG

Lfd. Nr.	Anhangangabe	Vorschrift	alternative Angabe in Bilanz/GuV, Lagebericht	Bemerkungen/Hinweise (Sachverhalt nicht einschlägig, erledigt, noch offen, Anwendung Schutzklausel u. a.)

19.	Werden selbst geschaffene immaterielle Vermögensgegenstände, latente Steuern und/oder Vermögensgegenstände zum beizulegenden Zeitwert aktiviert, Angabe
	▶ Gesamtbetrag der i. S. d. § 268 Abs. 8 HGB ausschüttungsgesperrten Beträge
	▶ Aufgliederung des Gesamtbetrags in ausschüttungsgesperrte Beträge aus der Aktivierung
	   – selbst geschaffener immaterieller Vermögensgegenstände des Anlagevermögens
	   – latenter Steuern
	   – von Vermögensgegenständen zum beizulegenden Zeitwert
		§ 285 Nr. 28 HGB	—	Angabe ist von GmbH & Co. KG nicht zu machen (siehe Abschnitt 4.2.2.1)

Lfd. Nr.	Anhangangabe	Vorschrift	alternative Angabe in Bilanz/GuV, Lagebericht	Bemerkungen/Hinweise (Sachverhalt nicht einschlägig, erledigt, noch offen, Anwendung Schutzklausel u. a.)
20.	Im Fall der Bilanzierung von Ausleihungen, Forderungen und/oder Verbindlichkeiten gegenüber Gesellschaftern nicht jeweils gesondert als solche ▶ Ausleihungen gegenüber Gesellschafter – Angabe – Ausweis in anderem Posten: Vermerk ▶ Forderungen gegenüber Gesellschafter – Angabe – Ausweis in anderem Posten: Vermerk ▶ Verbindlichkeiten gegenüber Gesellschafter – Angabe – Ausweis in anderem Posten: Vermerk	Für **GmbH**: § 42 Abs. 3 GmbHG Für **GmbH & Co. KG**: § 264c Abs. 1 HGB	Bilanz	
21.	Wenn Genussscheine, Genussrechte, Wandelschuldverschreibungen, Optionsscheine, Optionen, Besserungsscheine oder vergleichbare Wertpapiere oder Rechte bestehen, Angabe ▶ das Bestehen von Genussscheinen, Genussrechten, Wandelschuldverschreibungen, Optionsscheinen, Optionen, Besserungsscheinen oder vergleichbaren Wertpapieren oder Rechten ▶ Anzahl ▶ Rechte, die sie verbriefen	§ 285 Nr. 15 a HGB	–	

Lfd. Nr.	Anhangangabe	Vorschrift	alternative Angabe in Bilanz/GuV, Lagebericht	Bemerkungen/Hinweise (Sachverhalt nicht einschlägig, erledigt, noch offen, Anwendung Schutzklausel u. a.)
3. Einzelne Aktiva betreffende Angaben				

22.	Entwicklung der einzelnen Posten des Anlagevermögens in einer gesonderten Aufgliederung, Angaben (Anlagespiegel)
	▶ Gesamte Anschaffungs- und Herstellungskosten, Zugänge, Abgänge, Umbuchungen, Zuschreibungen des Geschäftsjahrs, Abschreibungen
	▶ Zu den Abschreibungen, gesonderte Angaben
	  – Gesamte Höhe zu Beginn des Geschäftsjahrs
	  – Gesamte Höhe zum Ende des Geschäftsjahrs
	  – Im Laufe des Geschäftsjahrs vorgenommene Abschreibungen
	  – Änderungen in ihrer gesamten Höhe im Zusammenhang mit Zu- und Abgängen sowie Umbuchungen im Laufe des Geschäftsjahrs
	▶ Für jeden Posten des Anlagevermögens, Angabe (nur, wenn Zinsen für Fremdkapital in die Herstellungskosten einbezogen worden sind)
	  – Im Laufe des Geschäftsjahrs vorgenommene Abschreibungen
		§ 284 Abs. 3 Satz 1, Satz 2, Satz 3 Nr. 1-3, Satz 4 HGB	–	

Lfd. Nr.	Anhangangabe	Vorschrift	alternative Angabe in Bilanz/GuV, Lagebericht	Bemerkungen/Hinweise (Sachverhalt nicht einschlägig, erledigt, noch offen, Anwendung Schutzklausel u. a.)
23.	Bei Aktivierung selbst erstellter immaterieller Vermögensgegenstände des Anlagevermögens (§ 248 Abs. 2 HGB), Angabe: ▶ Gesamtbetrag der Forschungs- und Entwicklungskosten des Geschäftsjahres ▶ davon auf die Aktivierung entfallender Betrag	§ 285 Nr. 22 HGB	—	
24.	Bei Aktivierung eines entgeltlich erworbenen Geschäfts- oder Firmenwerts (§ 246 Abs. 1 Satz 4 HGB) ▶ Erläuterung seines Abschreibungszeitraums	§ 285 Nr. 13 HGB	—	
25.	Zu anderen Unternehmen, soweit es sich um Beteiligungen i. S. d. § 271 Abs. 1 handelt oder ein solcher Anteil von einer Person für Rechnung der Kapitalgesellschaft gehalten wird, Angabe: ▶ Name des Beteiligungsunternehmens ▶ Sitz des Beteiligungsunternehmens ▶ Höhe des Anteils am Kapital des Beteiligungsunternehmens ▶ Eigenkapital des Beteiligungsunternehmens ▶ Jahresergebnis des Beteiligungsunternehmens für das letzte Geschäftsjahr, für das ein Jahresabschluss vorliegt	§ 285 Nr. 11 HGB	—	Schutzklausel nach § 286 Abs. 3 HGB beachten (siehe Anwendungshinweise zur Checkliste) Die Anwendung der Ausnahmeregelung ist nach § 286 Abs. 3 Satz 1 Nr. 2 HGB im Anhang anzugeben

6.2 Checkliste für den Anhang der mittelgroßen GmbH sowie der mittelgroßen GmbH & Co. KG

Lfd. Nr.	Anhangangabe	Vorschrift	alternative Angabe in Bilanz/GuV, Lagebericht	Bemerkungen/Hinweise (Sachverhalt nicht einschlägig, erledigt, noch offen, Anwendung Schutzklausel u. a.)
26.	Ist die GmbH oder GmbH & Co. KG bei anderen Unternehmen unbeschränkt haftender Gesellschafter, Angabe ▶ Name dieser Unternehmen ▶ Sitz dieser Unternehmen ▶ Rechtsform dieser Unternehmen	§ 285 Nr. 11a HGB	—	
27.	Sofern unter den Finanzanlagen (§ 266 II A. III HGB) Finanzinstrumente erfasst sind, die über ihrem beizulegenden Zeitwert ausgewiesen werden, da eine außerplanmäßige Abschreibung nach § 253 Abs. 3 Satz 6 HGB unterblieben ist, Angabe ▶ Buchwert der einzelnen Vermögensgegenstände (Nr. 18 Buchstabe a) und ▶ beizulegender Zeitwert der einzelnen Vermögensgegenstände (Nr. 18 Buchstabe a) oder ▶ Buchwert angemessener Gruppierungen (Nr. 18 Buchstabe a) und ▶ beizulegender Zeitwert angemessener Gruppierungen (Nr. 18 Buchstabe a) sowie ▶ Gründe für die Unterlassung der Abschreibung (Nr. 18 Buchstabe b) einschließlich der ▶ Anhaltspunkte, die darauf hindeuten, dass die Wertminderung voraussichtlich nicht von Dauer ist (Nr. 18 Buchstabe b)	§ 285 Nr. 18 Buchstabe a und b HGB	—	

Lfd. Nr.	Anhangangabe	Vorschrift	alternative Angabe in Bilanz/GuV, Lagebericht	Bemerkungen/Hinweise (Sachverhalt nicht einschlägig, erledigt, noch offen, Anwendung Schutzklausel u. a.)
28.	Sofern derivative Finanzinstrumente bilanziert werden, die nicht zum beizulegenden Zeitwert bewertet sind, Angaben für jeder Kategorie ▶ Art der derivativen Finanzinstrumente (Nr. 19 Buchstabe a) ▶ Umfang der derivativen Finanzinstrumente (Nr. 19 Buchstabe a) ▶ beizulegender Zeitwert der derivativen Finanzinstrumente, soweit sich dieser nach § 255 Abs. 4 HGB verlässlich ermitteln lässt (Nr. 19 Buchstabe b) ▶ zur Wertermittlung der derivativen Finanzinstrumente angewendete Bewertungsmethode (Nr. 19 Buchstabe b) ▶ Buchwert der derivativen Finanzinstrumente (Nr. 19 Buchstabe c) ▶ Bilanzposten, in denen der Buchwert der derivativen Finanzinstrumente erfasst ist (Nr. 19 Buchstabe c) ▶ die Gründe dafür, warum der beizulegende Zeitwert nicht bestimmbar ist (Nr. 19 Buchstabe d)	§ 285 Nr. 19 Buchstabe a bis d HGB	—	

Lfd. Nr.	Anhangangabe	Vorschrift	alternative Angabe in Bilanz/GuV, Lagebericht	Bemerkungen/Hinweise (Sachverhalt nicht einschlägig, erledigt, noch offen, Anwendung Schutzklausel u. a.)
29.	Werden Anteile an inländischen Sondervermögen, i. S. d. § 1 Abs. 10 KAGB, Anlageaktien an Investmentaktiengesellschaften mit veränderlichem Kapital i. S. d. §§ 108-123 KAGB, an vergleichbaren EU-Investmentvermögen oder vergleichbaren ausländischen Investmentvermögen jeweils von mehr als 10 % bilanziert, Angabe, jeweils aufgegliedert nach Anlagezielen ▶ Wert der inländischen Sondervermögen i. S. d. §§ 168, 278 KAGB ▶ Wert der Anlageaktien an Investment-AG i. S. d. §§ 168, 278 KAGB ▶ Wert der vergleichbaren EU-Investmentvermögen i. S. d. §§ 168, 278 KAGB oder nach vergleichbaren EU-Vorschriften über die Ermittlung des Marktwertes ▶ Wert der vergleichbaren ausländischen Investmentvermögen i. S. d. §§ 168, 278 KAGB oder nach vergleichbaren ausländischen Vorschriften über die Ermittlung des Marktwertes	§ 285 Nr. 26 HGB	—	

Lfd. Nr.	Anhangangabe	Vorschrift	alternative Angabe in Bilanz/GuV, Lagebericht	Bemerkungen/Hinweise (Sachverhalt nicht einschlägig, erledigt, noch offen, Anwendung Schutzklausel u. a.)
29.	▶ Differenz der Werte jeweils zum Buchwert der Anteile oder Anlageaktien oder vergleichbaren Investmentvermögen ▶ für das Geschäftsjahr erfolgte Ausschüttung aus Anteilen oder Anlageaktien ▶ Beschränkungen in der Möglichkeit der täglichen Rückgabe der Anteile oder Anlageaktien ▶ Gründe dafür, dass eine Abschreibung nach § 253 Abs. 3 Satz 6 HGB unterblieben ist ▶ Anhaltspunkte, die darauf hindeuten, dass die Wertminderung der Anteile oder Anlageaktien voraussichtlich nicht von Dauer ist	§ 285 Nr. 26 HGB	—	

Lfd. Nr.	Anhangangabe	Vorschrift	alternative Angabe in Bilanz/GuV, Lagebericht	Bemerkungen/Hinweise (Sachverhalt nicht einschlägig, erledigt, noch offen, Anwendung Schutzklausel u. a.)
30.	Für mit dem beizulegenden Zeitwert bewertete Finanzinstrumente, Angaben ▶ grundlegende Annahmen zur Bestimmung des beizulegenden Zeitwerts bei Anwendung allgemein anerkannter Bewertungsmethoden (Nr. 20 Buchstabe a) ▶ Umfang jeder Kategorie derivativer Finanzinstrumente (Nr. 20 Buchstabe b) ▶ Art jeder Kategorie derivativer Finanzinstrumente (Nr. 20 b) ▶ Wesentliche Bedingungen für jede Kategorie derivativer Finanzinstrumente, die – die Höhe künftiger Zahlungsströme beeinflussen können (Nr. 20 Buchstabe b) – den Zeitpunkt künftiger Zahlungsströme beeinflussen können (Nr. 20 Buchstabe b) – die Sicherheit künftiger Zahlungsströme beeinflussen können (Nr. 20 Buchstabe b)	§ 285 Nr. 20 Buchstabe a und b HGB	—	
31.	Sind unter dem Posten „sonstige Vermögensgegenstände" Beträge für Vermögensgegenstände ausgewiesen, die rechtlich erst nach dem Abschlussstichtag entstehen ▶ Erläuterung der Beträge, die einen größeren Umfang haben	§ 268 Abs. 4 Satz 2 HGB	—	
32.	Betrag des als aktiver Rechnungsabgrenzungsposten bilanzierten Disagios (§ 250 Abs. 3 HGB) ▶ Angabe	§ 268 Abs. 6 HGB	Bilanz	

Lfd. Nr.	Anhangangabe	Vorschrift	alternative Angabe in Bilanz/GuV, Lagebericht	Bemerkungen/Hinweise (Sachverhalt nicht einschlägig, erledigt, noch offen, Anwendung Schutzklausel u. a.)
4. Einzelne Passiva betreffende Angaben				
33.	Betrag des in andere Gewinnrücklagen eingestellten Eigenkapitalanteils von Wertaufholungen bei Vermögensgegenständen des Anlage- und Umlaufvermögens ▶ Angabe	§ 29 Abs. 4 Satz 2 GmbHG	Bilanz	
34.	Vorhandener Gewinn- oder Verlustvortrag bei Aufstellung der Bilanz unter Berücksichtigung der teilweisen Verwendung des Jahresergebnisses ▶ Angabe	§ 268 Abs. 1 Satz 3 HGB	Bilanz	
35.	Nicht ausgewiesene Rückstellungen für laufende Pensionen oder Anwartschaften auf Pensionen aufgrund unmittelbarer Zusage bei Erwerb des Rechtsanspruchs vor dem 1. 1. 1987 („Altzusagen"), Angabe jeweils in einem Betrag ▶ nicht ausgewiesene Rückstellungen für laufende Pensionen ▶ nicht ausgewiesene Rückstellungen für Anwartschaften auf Pensionen	Art. 28 Abs. 2, Abs. 1 Satz 1 EGHGB	—	

Lfd. Nr.	Anhangangabe	Vorschrift	alternative Angabe in Bilanz/GuV, Lagebericht	Bemerkungen/Hinweise (Sachverhalt nicht einschlägig, erledigt, noch offen, Anwendung Schutzklausel u. a.)
36.	Nicht ausgewiesene Rückstellungen für laufende Pensionen oder Anwartschaften auf Pensionen aufgrund mittelbarer Zusage sowie für ähnliche unmittelbare oder mittelbare Verpflichtungen, Angabe jeweils in einem Betrag ▶ nicht ausgewiesene Rückstellungen für laufende Pensionen ▶ nicht ausgewiesene Rückstellungen für Anwartschaften auf Pensionen ▶ nicht ausgewiesene Rückstellungen für ähnliche Verpflichtungen	Art. 28 Abs. 2, Abs. 1 Satz 2 EGHGB	—	
37.	Unterdeckung bei durch das BilMoG geänderten bewerteten Rückstellungen für laufende Pensionen oder Anwartschaften auf Pensionen, Angabe jeweils in einem Betrag ▶ nicht ausgewiesene Rückstellungen für laufende Pensionen und ▶ nicht ausgewiesene Rückstellungen für Anwartschaften auf Pensionen	Art. 67 Abs. 2 EGHGB	—	Ausweis der Anpassungen aufgrund Anwendung Art. 67 Abs. 1 Satz 1 EGHGB nun gesondert unter den in Art. 75 Abs. 5 EGHGB genannten Posten
38.	Rückstellungen für Pensionen und ähnliche Verpflichtungen, Angabe ▶ angewandtes versicherungsmathematisches Berechnungsverfahren ▶ grundlegende Annahmen der Berechnung wie — Zinssatz — erwartete Lohn- und Gehaltssteigerung — zugrunde gelegte Sterbetafeln	§ 285 Nr. 24 HGB	—	

Lfd. Nr.	Anhangangabe	Vorschrift	alternative Angabe in Bilanz/GuV, Lagebericht	Bemerkungen/Hinweise (Sachverhalt nicht einschlägig, erledigt, noch offen, Anwendung Schutzklausel u. a.)
39.	Abzinsungsbedingter Unterschiedsbetrag bei Rückstellungen für Altersversorgungsverpflichtungen ▶ Darstellung	§ 253 Abs. 6 Satz 3 HGB		Bei Existenz eines Gewinnabführungsvertrags: ggf. Hinweis unter Nr. 8 auf Aufstellung des Jahresabschlusses ohne Annahme der Abführungssperre für den abzinsungsbedingten Unterschiedsbetrag nach § 253 Abs. 6 HGB (siehe Abschnitt 3.2.3.4)
40.	Beibehaltung von Rückstellungen, die nach der durch das BilMoG geänderten Bewertung aufzulösen wären ▶ Angabe jeweils des Betrags der Überdotierung	Art. 67 Abs. 1 Satz 4 EGHGB	—	
41.	In der Bilanz unter dem Posten „sonstige Rückstellungen" nicht gesondert ausgewiesene Rückstellungen, wenn sie einen nicht unerheblichen Umfang haben ▶ Erläuterung	§ 285 Nr. 12 HGB	—	Angabe muss nicht offengelegt werden
42.	Wenn latente Steuerschulden passiviert werden, Angabe ▶ Latente Steuersalden am Ende des Geschäftsjahrs ▶ im Laufe des Geschäftsjahrs erfolgte Änderungen dieser Salden	§ 285 Nr. 30 HGB	—	

6.2 Checkliste für den Anhang der mittelgroßen GmbH sowie der mittelgroßen GmbH & Co. KG

Lfd. Nr.	Anhangangabe	Vorschrift	alternative Angabe in Bilanz/GuV, Lagebericht	Bemerkungen/Hinweise (Sachverhalt nicht einschlägig, erledigt, noch offen, Anwendung Schutzklausel u. a.)
43.	Gesamtbetrag der Verbindlichkeiten mit einer Restlaufzeit von mehr als fünf Jahren ▶ Angabe ▶ Aufgliederung für jeden Posten nach dem vorgeschriebenen Gliederungsschema	§ 285 Nr. 1 Buchstabe a und Nr. 2 HGB	—	Bei Zusammenfassung aller Restlaufzeitenangaben im Verbindlichkeitenspiegel, gemäß § 268 Abs. 5 HGB jeweils auch Angabe der Restlaufzeiten bis zu einem Jahr sowie über einem Jahr Angaben nach § 285 Nr. 2 HGB (postenbezogene Aufgliederung der längerfristigen Verbindlichkeiten) müssen nicht offengelegt werden
44.	Sind Verbindlichkeiten durch Pfandrechte oder ähnliche Rechte gesichert, Angabe ▶ Gesamtbetrag der gesicherten Verbindlichkeiten ▶ Art der Sicherheiten ▶ Form der Sicherheiten ▶ Aufgliederung der Angaben für jeden Posten nach dem vorgeschriebenen Gliederungsschema	§ 285 Nr. 1 Buchstabe b und Nr. 2 HGB	—	Angaben nach § 285 Nr. 2 HGB (postenbezogene Aufgliederung der Besicherung) müssen nicht offengelegt werden
45.	Sind unter dem Posten „Verbindlichkeiten" Beträge für Verbindlichkeiten ausgewiesen, die rechtlich erst nach dem Abschlussstichtag entstehen ▶ Erläuterung der Beträge, die einen größeren Umfang haben	§ 268 Abs. 5 Satz 3 HGB	—	

Lfd. Nr.	Anhangangabe	Vorschrift	alternative Angabe in Bilanz/GuV, Lagebericht	Bemerkungen/Hinweise (Sachverhalt nicht einschlägig, erledigt, noch offen, Anwendung Schutzklausel u. a.)
III. Angaben mit weiteren Erläuterungen zur Gewinn- und Verlustrechnung				
46.	Bei Anwendung des Umsatzkostenverfahrens (§ 275 Abs. 3 HGB): Materialaufwand des Geschäftsjahres ▶ Angabe, gegliedert nach § 275 Abs. 2 Nr. 5 HGB	§ 285 Nr. 8 Buchstabe a HGB	—	Angabe muss nicht offengelegt werden
47.	Bei Anwendung des Umsatzkostenverfahrens (§ 275 Abs. 3 HGB): Personalaufwand des Geschäftsjahres ▶ Angabe, gegliedert nach § 275 Abs. 2 Nr. 6 HGB	§ 285 Nr. 8 Buchstabe b HGB	—	
48.	Zu den Abschreibungen, postenbezogen gesonderte Angabe ▶ Gesamte Höhe zu Beginn des Geschäftsjahrs ▶ Gesamte Höhe zum Ende des Geschäftsjahrs ▶ Im Laufe des Geschäftsjahrs vorgenommene Abschreibungen ▶ Änderungen in ihrer gesamten Höhe im Zusammenhang mit Zu- und Abgängen sowie Umbuchungen im Laufe des Geschäftsjahrs	§ 284 Abs. 3 Satz 3 Nr. 1-3 HGB		Siehe unter Nr. 22 dieser Checkliste
49.	Wurden bei Vermögensgegenständen des Anlagevermögens außerplanmäßige Abschreibungen vorgenommen (§ 253 Abs. 3 Satz 5 und 6 HGB) ▶ gesonderte Angabe	§ 277 Abs. 3 Satz 1 HGB	GuV	
50.	Wurden Erträge von außergewöhnlicher Größenordnung oder von außergewöhnlicher Bedeutung ausgewiesen, soweit die Beträge nicht von untergeordneter Bedeutung sind, jeweils Angabe ▶ Betrag ▶ Art	§ 285 Nr. 31 HGB	—	

Lfd. Nr.	Anhangangabe	Vorschrift	alternative Angabe in Bilanz/GuV, Lagebericht	Bemerkungen/Hinweise (Sachverhalt nicht einschlägig, erledigt, noch offen, Anwendung Schutzklausel u. a.)
51.	Wurden Aufwendungen von außergewöhnlicher Größenordnung oder von außergewöhnlicher Bedeutung ausgewiesen, soweit die Beträge nicht von untergeordneter Bedeutung sind, jeweils Angabe ▶ Betrag ▶ Art	§ 285 Nr. 31 HGB	–	
52.	Sofern Sonderposten mit Rücklageanteil passiviert und beibehalten werden ▶ Angabe der im Posten „sonstige betriebliche Erträge" erfassten Erträge aus der Auflösung des Sonderpostens mit Rücklageanteil	§ 281 Abs. 2 Satz 2 HGB a. F. (vor BilMoG) i. V. m. Art. 67 Abs. 3 Satz 1 EGHGB	GuV	siehe unter Nr. 16 dieser Checkliste
IV. Sonstige Angaben				
1. Arbeitnehmeranzahl				
53.	Durchschnittliche Zahl der während des Geschäftsjahrs beschäftigten Arbeitnehmer i. S. d. § 267 V HGB ▶ Angabe, getrennt nach Gruppen	§ 285 Nr. 7 HGB	–	

Lfd. Nr.	Anhangangabe	Vorschrift	alternative Angabe in Bilanz/GuV, Lagebericht	Bemerkungen/Hinweise (Sachverhalt nicht einschlägig, erledigt, noch offen, Anwendung Schutzklausel u. a.)
2. Organmitgliedschaften und bestimmte Geschäftsvorfälle mit Organmitgliedern				
54.	Für alle Mitglieder des Geschäftsführungsorgans, auch wenn sie im Geschäftsjahr oder später ausgeschieden sind, Angabe ▶ Familienname ▶ mindestens ein ausgeschriebener Vorname ▶ ausgeübter Beruf ▶ vorsitzendes Mitglied des Geschäftsführungsorgans (mit gesonderter Bezeichnung)	§ 285 Nr. 10 HGB	—	
55.	Für alle Mitglieder eines ggf. fakultativ gebildeten Aufsichtsrates, auch wenn sie im Geschäftsjahr oder später ausgeschieden sind, Angabe ▶ Familienname ▶ mindestens ein ausgeschriebener Vorname ▶ ausgeübter Beruf ▶ vorsitzendes Mitglied des Aufsichtsrats (mit gesonderter Bezeichnung) ▶ stellvertretend vorsitzendes Mitglied des Aufsichtsrats (mit gesonderter Bezeichnung)	§ 285 Nr. 10 HGB	—	

Lfd. Nr.	Anhangangabe	Vorschrift	alternative Angabe in Bilanz/GuV, Lagebericht	Bemerkungen/Hinweise (Sachverhalt nicht einschlägig, erledigt, noch offen, Anwendung Schutzklausel u. a.)
56.	Für die Mitglieder des Geschäftsführungsorgans, Angabe ▶ gewährte Gesamtbezüge für die Tätigkeit des Geschäftsjahres (Zu den Bezügen gehören: Gehälter, Gewinnbeteiligungen, Aufwandsentschädigungen, Versicherungsentgelte, Provisionen, Nebenleistungen jeder Art sowie Bezüge, die nicht ausgezahlt, sondern in Ansprüche anderer Art umgewandelt oder zur Erhöhung anderer Ansprüche verwendet werden) ▶ Bezüge, die im Geschäftsjahr gewährt, aber bisher in keinem Jahresabschluss angegeben worden sind Für die Mitglieder eines ggf. fakultativ gebildeten Aufsichtsrats, Angabe ▶ gewährte Gesamtbezüge für die Tätigkeit des Geschäftsjahrs (Inhalt s. o.) ▶ Bezüge, die im Geschäftsjahr gewährt, aber bisher in keinem Jahresabschluss angegeben worden sind Für die Mitglieder eines Beirats oder einer ähnlichen Einrichtung, Angabe ▶ gewährte Gesamtbezüge für die Tätigkeit des Geschäftsjahrs (Inhalt s. o.) ▶ Bezüge, die im Geschäftsjahr gewährt, aber bisher in keinem Jahresabschluss angegeben worden sind	§ 285 Nr. 9 Buchstabe a HGB	—	Schutzklausel nach § 286 Abs. 4 HGB beachten (siehe Anwendungshinweise zur Checkliste)

Lfd. Nr.	Anhangangabe	Vorschrift	alternative Angabe in Bilanz/GuV, Lagebericht	Bemerkungen/Hinweise (Sachverhalt nicht einschlägig, erledigt, noch offen, Anwendung Schutzklausel u. a.)
57.	Für frühere Mitglieder des Geschäftsführungsorgans und ihrer Hinterbliebenen, Angabe ▶ Gesamtbezüge für das Geschäftsjahr (Zu den Bezügen gehören: Abfindungen, Ruhegehälter, Hinterbliebenenbezüge und Leistungen verwandter Art sowie Bezüge, die nicht ausgezahlt, sondern in Ansprüche anderer Art umgewandelt oder zur Erhöhung anderer Ansprüche verwendet werden) ▶ Bezüge, die im Geschäftsjahr gewährt, aber bisher in keinem Jahresabschluss angegeben worden sind Für frühere Mitglieder eines ggf. fakultativ gebildeten Aufsichtsrats und ihrer Hinterbliebenen, Angabe ▶ Gesamtbezüge für das Geschäftsjahr (Inhalt s. o.) ▶ Bezüge, die im Geschäftsjahr gewährt, aber bisher in keinem Jahresabschluss angegeben worden sind Für frühere Mitglieder eines Beirats oder einer ähnlichen Einrichtung und ihrer Hinterbliebenen, Angabe ▶ Gesamtbezüge für das Geschäftsjahr (Inhalt s. o.) ▶ Bezüge, die im Geschäftsjahr gewährt, aber bisher in keinem Jahresabschluss angegeben worden sind	§ 285 Nr. 9 Buchstabe b Sätze 1 und 2 HGB		Schutzklausel nach § 286 Abs. 4 HGB beachten (siehe Anwendungshinweise zur Checkliste)

Lfd. Nr.	Anhangangabe	Vorschrift	alternative Angabe in Bilanz/GuV, Lagebericht	Bemerkungen/Hinweise (Sachverhalt nicht einschlägig, erledigt, noch offen, Anwendung Schutzklausel u. a.)
58.	Bestehen Verpflichtungen aus laufenden Pensionen und Anwartschaften auf Pensionen zugunsten früherer Organmitglieder und ihren Hinterbliebenen, Angabe ▶ Betrag der dafür gebildeten Rückstellungen und ▶ Betrag der hierfür nicht gebildeten Rückstellungen	§ 285 Nr. 9 Buchstabe b Satz 3 HGB	—	
59.	Wurden Organmitgliedern Vorschüsse und/oder Kredite gewährt, Angabe ▶ Betrag der gewährten Vorschüsse ▶ Betrag der gewährten Kredite ▶ Zinssätze ▶ wesentliche Bedingungen für die Gewährung ▶ im Geschäftsjahr zurückgezahlte Beträge (sofern einschlägig) ▶ im Geschäftsjahr erlassene Beträge (sofern einschlägig) ▶ zugunsten der Organmitglieder eingegangene Haftungsverhältnisse	§ 285 Nr. 9 Buchstabe c HGB	—	
3. Konzernbeziehungen				
60.	Mutterunternehmen der GmbH bzw. GmbH & Co. KG, das den Konzernabschluss für den größten Kreis von Unternehmen aufstellt, Angabe ▶ Name des Mutterunternehmens ▶ Sitz des Mutterunternehmens ▶ Ort, wo der von diesem Mutterunternehmen aufgestellte Konzernabschluss erhältlich ist	§ 285 Nr. 14 HGB	—	

Lfd. Nr.	Anhangangabe	Vorschrift	alternative Angabe in Bilanz/GuV, Lagebericht	Bemerkungen/Hinweise (Sachverhalt nicht einschlägig, erledigt, noch offen, Anwendung Schutzklausel u. a.)
61.	Mutterunternehmen der GmbH bzw. GmbH & Co. KG, das den Konzernabschluss für den kleinsten Kreis von Unternehmen aufstellt, Angabe ► Name des Mutterunternehmens ► Sitz des Mutterunternehmens ► Ort, wo der von diesem Mutterunternehmen aufgestellte Konzernabschluss erhältlich ist	§ 285 Nr. 14 Buchstabe a HGB	—	
62.	Soll die GmbH bzw. GmbH & Co. KG gemäß § 291 HGB durch die Konzernrechnungslegung des Mutterunternehmens von der Aufstellung eines Konzernabschlusses und Konzernlageberichts befreit werden, Angabe ► Name des Mutterunternehmens, das für den Konzern befreiend Rechnung legt ► Sitz des Mutterunternehmens, das für den Konzern befreiend Rechnung legt ► Hinweis auf die Befreiung von der eigenen Konzernrechnungslegung ► Erläuterung der im befreienden Konzernabschluss des Mutterunternehmens vom deutschen Recht abweichend angewandten Bilanzierungs-, Bewertungs- und Konsolidierungsmethoden (sofern einschlägig)	§ 291 Abs. 2 Nr. 4 Buchstabe a bis c HGB	—	

6.2 Checkliste für den Anhang der mittelgroßen GmbH sowie der mittelgroßen GmbH & Co. KG

Lfd. Nr.	Anhangangabe	Vorschrift	alternative Angabe in Bilanz/GuV, Lagebericht	Bemerkungen/Hinweise (Sachverhalt nicht einschlägig, erledigt, noch offen, Anwendung Schutzklausel u. a.)
63.	Soll die GmbH bzw. GmbH & Co. KG gemäß § 292 HGB durch die Konzernrechnungslegung des Mutterunternehmens von der Aufstellung eines Konzernabschlusses und Konzernlageberichts befreit werden, Angabe ▶ Name des Mutterunternehmens, das für den Konzern befreiend Rechnung legt ▶ Sitz des Mutterunternehmens, das für den Konzern befreiend Rechnung legt ▶ Hinweis auf die Befreiung von der eigenen Konzernrechnungslegung ▶ Erläuterung der im befreienden Konzernabschluss des Mutterunternehmens vom deutschen Recht abweichend angewandten Bilanzierungs-, Bewertungs- und Konsolidierungsmethoden (sofern einschlägig) ▶ nach welchen der in Buchstabe a bis d des § 292 Abs. 1 Nr. 1 HGB genannten Vorgaben die befreiende Konzernrechnungslegung aufgestellt wurde ▶ ggf. nach dem Recht welchen Drittstaats die befreiende Konzernrechnungslegung aufgestellt wurde	§ 292 Abs. 2 Satz 1 HGB	–	

Lfd. Nr.	Anhangangabe	Vorschrift	alternative Angabe in Bilanz/GuV, Lagebericht	Bemerkungen/Hinweise (Sachverhalt nicht einschlägig, erledigt, noch offen, Anwendung Schutzklausel u. a.)
4. Geschäfte mit nahestehenden Unternehmen und Personen				
64.	Sofern Geschäfte direkt oder indirekt mit einem Gesellschafter, Unternehmen, an denen die GmbH bzw. GmbH & Co. KG selbst eine Beteiligung hält, oder Mitgliedern des Geschäftsführungs-, Aufsichts- oder Verwaltungsorgans abgeschlossen wurden und die Gesellschafter oder Beteiligungsunternehmen keine mittel- oder unmittelbar in 100%-igem Anteilsbesitz stehenden, in einen Konzernabschluss einbezogene Unternehmen sind, Angabe zumindest ▶ zu marktunüblichen Bedingungen zustande gekommene Geschäfte (Zusammenfassung der Geschäfte nach Geschäftsarten möglich, sofern die getrennte Angabe für die Beurteilung der Auswirkungen auf die Finanzlage nicht notwendig ist) ▶ Art der nahestehenden Beziehung zu dem jeweiligen Geschäftspartner ▶ Wert der jeweiligen Geschäfte sowie ▶ weitere Angaben, die für die Beurteilung der Finanzlage notwendig sind Alternativangabe: Entsprechende Angaben für alle abgeschlossenen Geschäfte (und nicht nur für die zu marktunüblichen Bedingungen zustande gekommenen)	§ 285 Nr. 21 HGB	—	

6.2 Checkliste für den Anhang der mittelgroßen GmbH sowie der mittelgroßen GmbH & Co. KG

Lfd. Nr.	Anhangangabe	Vorschrift	alternative Angabe in Bilanz/GuV, Lagebericht	Bemerkungen/Hinweise (Sachverhalt nicht einschlägig, erledigt, noch offen, Anwendung Schutzklausel u. a.)
\multicolumn{5}{l}{**5. Haftungsverhältnisse, sonstige finanzielle Verpflichtungen und außerbilanzielle Geschäfte**}

65.	Für die in § 251 HGB bezeichneten Haftungsverhältnisse, Angabe
	▶ Verbindlichkeiten aus der Begebung und Übertragung von Wechseln mit dafür gewährten Pfandrechten und sonstigen Sicherheiten
	  dafür gewährte Pfandrechte und sonstige Sicherheiten
	  davon gegenüber verbundenen Unternehmen
	  davon gegenüber assoziierten Unternehmen
	  davon aus Altersversorgungsverpflichtungen
	▶ Verbindlichkeiten aus Bürgschaften, Wechsel- und Scheckbürgschaften mit dafür gewährten Pfandrechten und sonstigen Sicherheiten
	  dafür gewährte Pfandrechte und sonstige Sicherheiten
	  davon gegenüber verbundenen Unternehmen
	  davon gegenüber assoziierten Unternehmen
	  davon aus Altersversorgungsverpflichtungen
		§ 268 Abs. 7 HGB	—	

405

Lfd. Nr.	Anhangangabe	Vorschrift	alternative Angabe in Bilanz/GuV, Lagebericht	Bemerkungen/Hinweise (Sachverhalt nicht einschlägig, erledigt, noch offen, Anwendung Schutzklausel u. a.)
65.	▶ Verbindlichkeiten aus Gewährleistungsverträgen mit dafür gewährten Pfandrechten und sonstigen Sicherheiten dafür gewährte Pfandrechte und sonstige Sicherheiten davon gegenüber verbundenen Unternehmen davon gegenüber assoziierten Unternehmen davon aus Altersversorgungsverpflichtungen ▶ Haftungsverhältnisse aus der Bestellung von Sicherheiten für fremde Verbindlichkeiten mit dafür gewährten Pfandrechten und sonstigen Sicherheiten dafür gewährte Pfandrechte und sonstige Sicherheiten davon gegenüber verbundenen Unternehmen davon gegenüber assoziierten Unternehmen davon aus Altersversorgungsverpflichtungen	§ 268 Abs. 7 HGB		

Lfd. Nr.	Anhangangabe	Vorschrift	alternative Angabe in Bilanz/GuV, Lagebericht	Bemerkungen/Hinweise (Sachverhalt nicht einschlägig, erledigt, noch offen, Anwendung Schutzklausel u. a.)
66.	Für im Anhang ausgewiesene Verbindlichkeiten und Haftungsverhältnisse nach § 251 HGB, jeweils Angabe ► Gründe für die Einschätzung des Risikos der Inanspruchnahme aus den Verbindlichkeiten aus der Begebung und Übertragung von Wechseln ► Gründe für die Einschätzung des Risikos der Inanspruchnahme aus den Verbindlichkeiten aus Bürgschaften, Wechsel- und Scheckbürgschaften ► Gründe für die Einschätzung des Risikos der Inanspruchnahme aus den Verbindlichkeiten aus Gewährleistungsverträgen ► Gründe für die Einschätzung des Risikos der Inanspruchnahme aus den Haftungsverhältnissen aus der Bestellung von Sicherheiten für fremde Verbindlichkeiten	§ 285 Nr. 27 HGB	—	
67.	Wurden Geschäfte abgeschlossen, die nicht in der Bilanz enthalten sind, soweit die Risiken und Vorteile daraus wesentlich sind und die Offenlegung für die Beurteilung der Finanzlage erforderlich ist, Angabe: ► Art der Geschäfte ► Zweck der Geschäfte ► Risiken aus diesen Geschäften ► Vorteile der Geschäfte ► Finanzielle Auswirkungen der Geschäfte	§ 285 Nr. 3 HGB	—	

Lfd. Nr.	Anhangangabe	Vorschrift	alternative Angabe in Bilanz/GuV, Lagebericht	Bemerkungen/Hinweise (Sachverhalt nicht einschlägig, erledigt, noch offen, Anwendung Schutzklausel u. a.)
68.	Gesamtbetrag der sonstigen finanziellen Verpflichtungen, die nicht in der Bilanz enthalten und nicht nach § 268 Abs. 7 HGB oder § 285 Nr. 3 HGB anzugeben sind ▶ Angabe, sofern dies für die Beurteilung der Finanzlage von Bedeutung ist ▶ gesonderte Angabe des davon auf verbundene Unternehmen entfallenden Betrags ▶ gesonderte Angabe des davon auf assoziierte Unternehmen entfallenden Betrags ▶ gesonderte Angabe des davon auf Verpflichtungen betreffend die Altersversorgung entfallenden Betrags	§ 285 Nr. 3 a HGB	—	
6. Ereignisse nach dem Abschlussstichtag und Ergebnisverwendung				
69.	Vorgänge von besonderer Bedeutung, die nach dem Schluss des Geschäftsjahrs eingetreten und weder in der Gewinn- und Verlustrechnung noch in der Bilanz berücksichtigt sind, Angabe ▶ Art der Vorgänge ▶ Finanzielle Auswirkung der Vorgänge	§ 285 Nr. 33 HGB	—	
70.	Jahresergebnis, Angabe: ▶ Vorschlag für die Verwendung oder ▶ Beschluss über seine Verwendung	§ 285 Nr. 34 HGB	—	Angabe ist von GmbH & Co. KG i. d. R. nicht zu machen (siehe Abschnitt 4.4.11)

Lfd. Nr.	Anhangangabe	Vorschrift	alternative Angabe in Bilanz/GuV, Lagebericht	Bemerkungen/Hinweise (Sachverhalt nicht einschlägig, erledigt, noch offen, Anwendung Schutzklausel u. a.)
7. Haftung der GmbH & Co. KG				
71.	Soweit gemäß § 172 Abs. 1 HGB im Handelsregister eingetragene Einlagen nicht geleistet sind, Angabe ▶ des Betrags	§ 264c Abs. 2 Satz 9 HGB	—	
72.	Persönlich haftende Gesellschafter der GmbH & Co. KG, jeweils Angabe ▶ Name der Gesellschaften ▶ Sitz der Gesellschaften ▶ Gezeichnetes Kapital der Gesellschaften	§ 285 Nr. 15 HGB	—	

6.3 Checkliste für den Anhang der großen GmbH sowie der großen GmbH & Co. KG

Anwendungshinweise:

Die folgende Anhangcheckliste für den Jahresabschluss der großen GmbH sowie GmbH & Co. KG für **nach dem 31.12.2016 beginnende Geschäftsjahre** berücksichtigt alle branchenunabhängigen Angabepflichten gemäß HGB und EGHGB sowie für GmbH gemäß GmbHG.[1042] Sie ergeben sich aus folgenden Vorschriften (Nennung in der im jeweiligen Gesetz stehenden Reihenfolge und in der für den angegebenen Zeitraum aktuellen Gesetzesfassung)[1043]:

▶ § 253 Abs. 6 Satz 3 HGB,

▶ § 264 Abs. 1 a, Abs. 2 Satz 2 HGB,

▶ § 265 Abs. 1 Satz 2, Abs. 2 Satz 2 und 3, Abs. 3, Abs. 4 Satz 2, Abs. 7 Nr. 2 HGB,

▶ § 268 Abs. 1 Satz 3, Abs. 4 Satz 2, Abs. 5 Satz 3, Abs. 6, Abs. 7 HGB,

▶ § 277 Abs. 3 Satz 1 HGB,

▶ § 284 Abs. 1, Abs. 2 Nr. 1, Nr. 2, Nr. 3, Nr. 4, Abs. 3 Satz 1 und Satz 2, Satz 3 Nr. 1-3, Satz 4 HGB,

---

1042 Zu branchenspezifischen Änderungen der Anhangangabepflichten aufgrund des BilMoG vgl. Philipps, H., Rechnungslegung nach BilMoG, Wiesbaden 2010, S. 327-368.

1043 Zu beachten ist, dass die Inanspruchnahme der mittelgroßen GmbH sowie GmbH & Co. KG bei Aufstellung des Anhangs eingeräumten Erleichterungen im Gesellschaftsvertrag abbedungen sein kann und mittelgroße GmbH sowie GmbH & Co. KG, die i. S. d. § 264 d HGB kapitalmarktorientiert sind, die Angabepflichten für große GmbH bzw. große GmbH & Co. KG anwenden müssen. Zudem können bei mittelgroßen GmbH sowie GmbH & Co. KG wirtschaftszweigspezifische Besonderheiten gelten. Hierzu wird auf Abschnitt 2.4.2 verwiesen.

- § 285 Nr. 1 Buchstabe a, Nr. 1 Buchstabe b, Nr. 2, Nr. 3, Nr. 3 Buchstabe a, Nr. 4, Nr. 7, Nr. 8 Buchstabe a, Nr. 8 Buchstabe b, Nr. 9 Buchstabe a, Nr. 9 Buchstabe b, Nr. 9 Buchstabe c, Nr. 10, Nr. 11, Nr. 11 Buchstabe a, Nr. 12, Nr. 13, Nr. 14, Nr. 14 Buchstabe a, Nr. 15 Buchstabe a, Nr. 17, Nr. 18 Buchstabe a, Nr. 18 Buchstabe b, Nr. 19 Buchstabe a, Nr. 19 Buchstabe b, Nr. 19 Buchstabe c, Nr. 19 Buchstabe d, **Nr. 20 Buchstabe a**, **Nr. 20 Buchstabe b**, Nr. 21, Nr. 22, Nr. 23 Buchstabe a, Nr. 23 Buchstabe b, Nr. 23 Buchstabe c, Nr. 24, Nr. 25, Nr. 26, Nr. 27, Nr. 28, Nr. 29, Nr. 30, Nr. 31, Nr. 32, Nr. 33, Nr. 34 HGB,
- § 291 Abs. 2 Nr. 4 Buchstabe a, Nr. 4 Buchstabe b, Nr. 4 Buchstabe c HGB,
- § 292 Abs. 2 Satz 1 HGB,
- § 341s Abs. 2 Satz 2 HGB,
- **§§ 273 Satz 2, 281 Abs. 2 Satz 2 HGB a. F.** (**vor BilMoG**; übergangsweise weiter anzuwenden, sofern das Wahlrecht zur Beibehaltung bisher passivierter Sonderposten mit Rücklageanteil ausgeübt wird),
- Art. 28 Abs. 2 i.V. m. Abs. 1 Satz 1 und 2, 67 Abs. 1 Satz 4 und Abs. 2 EGHGB,
- §§ 29 Abs. 4 Satz 2, 42 Abs. 3 GmbHG (nur für GmbH),
- §§ 264c Abs. 1, Abs. 2 Satz 9, 285 Nr. 15 HGB (nur für GmbH & Co. KG).

Durch das BilRUG oder das Wohnimmobilienkreditrichtlinie-Umsetzungsgesetz geänderte bzw. neue Vorschriften aus der vorstehenden Aufzählung waren in der Vorauflage durch Fettmarkierung, ihre Angabeerfordernisse in der Checkliste – ausgenommen Vorschriften mit lediglich redaktionellen Anpassungen – durch graue Schattierung hervorgehoben. Darauf wurde nun verzichtet; entsprechende Informationen sind noch in Abb. 4, Abschnitt 2.4.2 ersichtlich. Eine solche Hervorhebung wird nunmehr nur noch für zwei Fälle verwendet: zum einen Angaben nach § 285 Nr. 20 (Geltung für alle Unternehmen erstmals im Jahresabschluss für das nach dem 31. 12. 2016 beginnende Geschäftsjahr), zum anderen Angaben für noch bilanzierte Sonderposten mit Rücklageanteil (Folgewirkung der BilMoG-Übergangsvorschrift des Art. 67 Abs. 3 Satz 1 EGHGB).

Neben branchenbezogenen Angabepflichten, vor allem aus der RechKredV für Kreditinstitute, wurden in der Checkliste auch solche nicht berücksichtigt, die durch Zeitablauf inhaltsleer geworden sind. Das sind Angabepflichten im Zusammenhang mit der Euro-Umstellung, mit der Anwendung des Altfahrzeug-Gesetzes, teilweise mit der Anwendung des BilMoG sowie mit der Anwendung des BilRUG (siehe Art. 42 Abs. 3 Satz 3, 44 Abs. 1 Satz 4, 53 Abs. 2, 66 Abs. 3 Satz 6, 67 Abs. 5 und 8 sowie 75 Abs. 2 Satz 3 EGHGB).

Zur Systematisierung der Vielzahl der oben angeführten Angabepflichten, ist die Checkliste wie folgt gegliedert:

I. Grundlegende Angaben zum Unternehmen und zur Bilanzierung
   1. Registerinformationen zum Unternehmen
   2. Gliederung, Vorjahresbeträge, Abweichung von der Generalnorm
   3. Angaben zu Bilanzierungs- und Bewertungsmethoden

II. Angaben mit weiteren Erläuterungen zur Bilanz
   1. Aufgrund des BilMoG nur noch übergangsweise bilanzierbare Posten
   2. Mehrere Bilanzposten (Aktiva und Passiva) betreffende Angaben

3. Einzelne Aktiva betreffende Angaben
4. Einzelne Passiva betreffende Angaben

III. Angaben mit weiteren Erläuterungen zur Gewinn- und Verlustrechnung

IV. Sonstige Angaben
1. Arbeitnehmerzahl
2. Organmitgliedschaften und bestimmte Geschäftsvorfälle mit Organmitgliedern
3. Konzernbeziehungen
4. Geschäftsvorfälle mit nahestehenden Unternehmen und Personen
5. Haftungsverhältnisse, sonstige finanzielle Verpflichtungen und außerbilanzielle Geschäfte
6. Ereignisse nach dem Abschlussstichtag und Ergebnisverwendung
7. Abschlussprüferhonorar
8. Haftung der GmbH & Co. KG

Einzelne Angaben können unter mehrere Punkte dieser Gliederung fallen. Sie wurden dann einheitlich stets nur unter einen Gliederungspunkt aufgenommen. Auf entsprechende Verweise bei anderen Gliederungspunkten wurde verzichtet.

„Eilige" bzw. selektiv interessierte Leserinnen und Leser finden ergänzend zum Inhaltsverzeichnis in der **Anlage** am Ende dieses Buches eine entsprechend der Checkliste gegliederte **Übersicht** dazu, welche Vorschrift in welchem Abschnitt erläutert wird.

Für die gemäß HGB verlangten Anhangangabepflichten gelten die Schutzklauseln des § 286 HGB wie folgt (hierzu wird auch auf Abschnitt 2.4.1 verwiesen):

(1) Die **Berichterstattung** hat insoweit zu unterbleiben, als es für das Wohl der Bundesrepublik Deutschland oder eines ihrer Länder erforderlich ist.

(2) Die Aufgliederung der Umsatzerlöse nach **§ 285 Nr. 4** kann unterbleiben, soweit die Aufgliederung nach vernünftiger kaufmännischer Beurteilung geeignet ist, der Kapitalgesellschaft einen erheblichen Nachteil zuzufügen; die Anwendung der Ausnahmeregelung ist im Anhang anzugeben.

(3) Die Angaben nach **§ 285 Satz 1 Nr. 11** und 11b können unterbleiben, soweit sie

1. für die Darstellung der Vermögens-, Finanz- und Ertragslage der Kapitalgesellschaft nach § 264 Abs. 2 von untergeordneter Bedeutung sind oder
2. nach vernünftiger kaufmännischer Beurteilung geeignet sind, der Kapitalgesellschaft oder dem anderen Unternehmen einen erheblichen Nachteil zuzufügen.

Die Angabe des **Eigenkapitals** und des **Jahresergebnisses** kann unterbleiben, wenn das Unternehmen, über das zu berichten ist, seinen Jahresabschluss nicht offenzulegen hat und die berichtende Kapitalgesellschaft keinen beherrschenden Einfluss auf das betreffende Unternehmen ausüben kann. Satz 1 Nr. 2 ist nicht anzuwenden, wenn die Kapitalgesellschaft oder eines ihrer Tochterunternehmen (§ 290 Abs. 1 und 2) am Abschlussstichtag kapitalmarktorientiert i. S. d. § 264d ist. Im Übrigen ist die Anwendung der Ausnahmeregelung nach Satz 1 Nr. 2 im Anhang anzugeben.

(4) Bei Gesellschaften, die keine börsennotierten Aktiengesellschaften sind, können die in **§ 285 Satz 1 Nr. 9 Buchstabe a und b** verlangten Angaben über die Gesamtbezüge der dort bezeichne-

ten Personen unterbleiben, wenn sich anhand dieser Angaben die Bezüge eines Mitglieds dieser Organe feststellen lassen.

Lfd. Nr.	Anhangangabe	Vorschrift	alternative Angabe in Bilanz/GuV, Lagebericht	Bemerkungen/ Hinweise (Sachverhalt nicht einschlägig, erledigt, noch offen, Anwendung Schutzklausel u. a.)
I. Grundlegende Angaben zum Unternehmen und zur Bilanzierung				
1. Registerinformationen zum Unternehmen				
1.	Registerinformationen zum Unternehmen, Angabe ▶ Firma ▶ Sitz ▶ Registergericht ▶ Nummer, unter der das Unternehmen im Handelsregister eingetragen ist ▶ Tatsache der Liquidation (wenn sich das Unternehmen in Liquidation befindet) ▶ Tatsache der Abwicklung (wenn sich das Unternehmen in Abwicklung befindet)	§ 264 Abs. 1a HGB	„im Jahresabschluss" (z. B. Deckblatt, Kopf der Bilanz)	
2. Gliederung, Vorjahresbeträge, Abweichung von der Generalnorm				
2.	Abweichungen von der Form der Darstellung, insbesondere der Gliederung der Bilanz, soweit in Ausnahmefällen wegen besonderer Umstände erforderlich ▶ Angabe und ▶ Begründung Abweichungen von der Form der Darstellung, insbesondere der Gliederung der Gewinn- und Verlustrechnung (GuV), soweit in Ausnahmefällen wegen besonderer Umstände erforderlich ▶ Angabe und ▶ Begründung	§ 265 Abs. 1 Satz 2 HGB	—	

Lfd. Nr.	Anhangangabe	Vorschrift	alternative Angabe in Bilanz/GuV, Lagebericht	Bemerkungen/ Hinweise (Sachverhalt nicht einschlägig, erledigt, noch offen, Anwendung Schutzklausel u. a.)
3.	Sind Beträge des vorhergehenden Geschäftsjahrs in der Bilanz nicht vergleichbar ▶ Angabe und ▶ Erläuterung Sind Beträge des vorhergehenden Geschäftsjahrs in der GuV nicht vergleichbar ▶ Angabe und ▶ Erläuterung	§ 265 Abs. 2 Satz 2 HGB	—	
4.	Anpassung von Vorjahresbeträgen in der Bilanz ▶ Angabe und ▶ Erläuterung Anpassung von Vorjahresbeträgen in der GuV ▶ Angabe und ▶ Erläuterung	§ 265 Abs. 2 Satz 3 HGB	—	
5.	Ergänzung der Gliederung des Jahresabschlusses bei mehreren vorhandenen Geschäftszweigen, die eine Ergänzung der Gliederung des Jahresabschlusses nach verschiedenen Gliederungsvorschriften bedingen ▶ Angabe und ▶ Begründung	§ 265 Abs. 4 Satz 2 HGB	—	

Lfd. Nr.	Anhangangabe	Vorschrift	alternative Angabe in Bilanz/GuV, Lagebericht	Bemerkungen/ Hinweise (Sachverhalt nicht einschlägig, erledigt, noch offen, Anwendung Schutzklausel u. a.)
6.	Zulässiger zusammengefasster Ausweis der mit arabischen Zahlen versehenen Posten der Bilanz ▶ gesonderter Ausweis der zusammengefassten Posten Zulässiger zusammengefasster Ausweis der mit arabischen Zahlen versehenen Posten der GuV ▶ gesonderter Ausweis der zusammengefassten Posten	§ 265 Abs. 7 Nr. 2 HGB	—	
7.	Sofern besondere Umstände dazu führen, dass der Jahresabschluss kein den tatsächlichen Verhältnissen entsprechendes Bild gemäß § 264 Abs. 2 Satz 1 HGB vermittelt ▶ zusätzliche Angaben	§ 264 Abs. 2 Satz 2 HGB	—	
3. Angaben zu Bilanzierungs- und Bewertungsmethoden				
8.	Auf die Posten der Bilanz angewendete Bilanzierungs- und Bewertungsmethoden ▶ Angabe Auf die Posten der GuV angewendete Bilanzierungs- und Bewertungsmethoden ▶ Angabe	§ 284 Abs. 2 Nr. 1 HGB	—	Einschließlich Grundlagen für die Währungsumrechnung in Euro (soweit der Jahresabschluss Posten enthält, denen Beträge zugrunde liegen, die auf fremde Währung lauten oder ursprünglich auf fremde Währung lauteten)

Lfd. Nr.	Anhangangabe	Vorschrift	alternative Angabe in Bilanz/GuV, Lagebericht	Bemerkungen/ Hinweise (Sachverhalt nicht einschlägig, erledigt, noch offen, Anwendung Schutzklausel u. a.)
9.	Abweichungen von im Vorjahr bei Posten der Bilanz angewendeten Bilanzierungs- und Bewertungsmethoden ▶ Angabe und ▶ Begründung Abweichungen von im Vorjahr bei Posten der GuV angewendeten Bilanzierungs- und Bewertungsmethoden ▶ Angabe und ▶ Begründung	§ 284 Abs. 2 Nr. 2 1. Halbsatz HGB	—	
10.	Einfluss der Abweichungen angewendeter Bilanzierungs- und Bewertungsmethoden bei Posten der Bilanz und/oder der GuV auf die Vermögens-, Finanz- und Ertragslage ▶ gesonderte Darstellung	§ 284 Abs. 2 Nr. 2 2. Halbsatz HGB	—	

11.	Sofern gemäß § 254 HGB Bewertungseinheiten gebildet worden sind, Angabe
	▶ mit welchen Betrag jeweils
	  – Vermögensgegenstände,
	  – Schulden,
	  – Schwebende Geschäfte und
	  – mit hoher Wahrscheinlichkeit vorgesehene Transaktionen
	▶ zur Absicherung welcher Risiken
	▶ in welche Arten von Bewertungseinheiten einbezogen sind sowie
	▶ die Höhe der mit Bewertungseinheiten abgesicherten Risiken
		§ 285 Nr. 23 Buchstabe a HGB	Lagebericht	

Lfd. Nr.	Anhangangabe	Vorschrift	alternative Angabe in Bilanz/GuV, Lagebericht	Bemerkungen/ Hinweise (Sachverhalt nicht einschlägig, erledigt, noch offen, Anwendung Schutzklausel u. a.)

12.	Sofern gemäß § 254 HGB Bewertungseinheiten gebildet worden sind, Angabe
	▶ für die jeweils abgesicherten Risiken
	   – warum
	   – in welchem Umfang und
	   – für welchen Zeitraum
	   sich die gegenläufigen Wertänderungen oder Zahlungsströme künftig voraussichtlich ausgleichen
	▶ Methoden der Effektivitätsmessung
		§ 285 Nr. 23 Buchstabe b HGB	Lagebericht	

13.	Sofern gemäß § 254 HGB Bewertungseinheiten gebildet worden sind und darin mit hoher Wahrscheinlichkeit erwartete Transaktionen einbezogen wurden ▶ Erläuterung dieser Transaktionen	§ 285 Nr. 23 Buchstabe c HGB	Lagebericht	
14.	Erhebliche Unterschiedsbeträge bei Anwendung der Bewertungsmethode nach § 240 Abs. 4 HGB im Vergleich zu einer Bewertung mit dem letzten Börsenkurs oder Marktpreis ▶ Ausweis der Unterschiedsbeträge pauschal für die jeweilige Gruppe Erhebliche Unterschiedsbeträge bei Anwendung der Bewertungsmethode nach § 256 Satz 1 HGB im Vergleich zu einer Bewertung mit dem letzten Börsenkurs oder Marktpreis ▶ Ausweis der Unterschiedsbeträge pauschal für die jeweilige Gruppe	§ 284 Abs. 2 Nr. 3 HGB	–	

Lfd. Nr.	Anhangangabe	Vorschrift	alternative Angabe in Bilanz/GuV, Lagebericht	Bemerkungen/ Hinweise (Sachverhalt nicht einschlägig, erledigt, noch offen, Anwendung Schutzklausel u. a.)
15.	Einbeziehung von Zinsen für Fremdkapital in die Herstellungskosten von Vermögensgegenständen ▶ Angaben	§ 284 Abs. 2 Nr. 4 HGB	—	
II. Angaben mit weiteren Erläuterungen zur Bilanz				
1. Aufgrund des BilMoG nur noch übergangsweise bilanzierbare Posten				
16.	Sofern Sonderposten mit Rücklageanteil passiviert und beibehalten werden ▶ Angabe der Vorschriften, nach denen der Posten gebildet worden ist ▶ Angabe der im Posten „sonstige betriebliche Erträge" erfassten Erträge aus der Auflösung des Sonderpostens mit Rücklageanteil	§§ 273 Satz 2, 281 Abs. 1 Satz 2 und Abs. 2 Satz 2 HGB a. F. (vor BilMoG) i. V. m. Art. 67 Abs. 3 Satz 1 EGHGB	Bilanz GuV	
2. Mehrere Bilanzposten (Aktiva und Passiva) betreffende Angaben				
17.	Mitzugehörigkeit von Vermögensgegenständen zu anderen Posten der Bilanz ▶ Angabe, wenn zur Klarheit und Übersichtlichkeit des Jahresabschlusses erforderlich Mitzugehörigkeit von Schulden zu anderen Posten der Bilanz ▶ Angabe, wenn zur Klarheit und Übersichtlichkeit des Jahresabschlusses erforderlich	§ 265 Abs. 3 HGB	Bilanz	

Lfd. Nr.	Anhangangabe	Vorschrift	alternative Angabe in Bilanz/GuV, Lagebericht	Bemerkungen/ Hinweise (Sachverhalt nicht einschlägig, erledigt, noch offen, Anwendung Schutzklausel u. a.)
18.	Bei Verrechnung von Vermögensgegenständen und Schulden gemäß § 246 Abs. 2 Satz 2 HGB, Angabe ▶ Anschaffungskosten der verrechneten Vermögensgegenstände ▶ Beizulegender Zeitwert der verrechneten Vermögensgegenstände ▶ Grundlegende Annahmen, die der Bestimmung des beizulegenden Zeitwerts zugrunde gelegt wurden (sofern dieser mit Hilfe allgemein anerkannter Bewertungsmethoden ermittelt wurde) ▶ Erfüllungsbetrag der verrechneten Schulden ▶ verrechnete Aufwendungen ▶ verrechnete Erträge	§ 285 Nr. 25 HGB	—	

19.	Werden selbst geschaffene immaterielle Vermögensgegenstände, latente Steuern und/oder Vermögensgegenstände zum beizulegenden Zeitwert aktiviert, Angabe
	▶ Gesamtbetrag der i. S. d. § 268 Abs. 8 HGB ausschüttungsgesperrten Beträge
	▶ Aufgliederung des Gesamtbetrags in ausschüttungsgesperrte Beträge aus der Aktivierung
	   – selbst geschaffener immaterieller Vermögensgegenstände des Anlagevermögens
	   – latenter Steuern
	   – von Vermögensgegenständen zum beizulegenden Zeitwert
		§ 285 Nr. 28 HGB	—	Angabe ist von GmbH & Co. KG nicht zu machen (siehe Abschnitt 4.2.2.1)

Lfd. Nr.	Anhangangabe	Vorschrift	alternative Angabe in Bilanz/GuV, Lagebericht	Bemerkungen/ Hinweise (Sachverhalt nicht einschlägig, erledigt, noch offen, Anwendung Schutzklausel u. a.)
20.	Zu saldiert oder unsaldiert (aktivisch und passivisch) bilanzierten oder nicht bilanzierten latenten Steuern, Angabe ▶ auf welchen Differenzen die latenten Steuern beruhen oder ▶ auf welchen steuerlichen Verlustvorträgen die latenten Steuern beruhen und ▶ mit welchen Steuersätzen der latenten Steuern bewertet wurden	§ 285 Nr. 29 HGB	—	

21.	Im Fall der Bilanzierung von Ausleihungen, Forderungen und/oder Verbindlichkeiten gegenüber Gesellschaftern nicht jeweils gesondert als solche
	▶ Ausleihungen gegenüber Gesellschafter
	   – Angabe
	   – Ausweis in anderem Posten: Vermerk
	▶ Forderungen gegenüber Gesellschafter
	   – Angabe
	   – Ausweis in anderem Posten: Vermerk
	▶ Verbindlichkeiten gegenüber Gesellschafter
	   – Angabe
	   – Ausweis in anderem Posten: Vermerk
		Für **GmbH**: § 42 Abs. 3 GmbHG
		Für **GmbH & Co. KG**: § 264c Abs. 1 HGB
			Bilanz	

Lfd. Nr.	Anhangangabe	Vorschrift	alternative Angabe in Bilanz/GuV, Lagebericht	Bemerkungen/ Hinweise (Sachverhalt nicht einschlägig, erledigt, noch offen, Anwendung Schutzklausel u. a.)
22.	Wenn Genussscheine, Genussrechte, Wandelschuldverschreibungen, Optionsscheine, Optionen, Besserungsscheine oder vergleichbare Wertpapiere oder Rechte bestehen, Angabe ▶ das Bestehen von Genussscheinen, Genussrechten, Wandelschuldverschreibungen, Optionsscheinen, Optionen, Besserungsscheinen oder vergleichbaren Wertpapieren oder Rechten ▶ Anzahl ▶ Rechte, die sie verbriefen	§ 285 Nr. 15a HGB	—	

Lfd. Nr.	Anhangangabe	Vorschrift	alternative Angabe in Bilanz/GuV, Lagebericht	Bemerkungen/ Hinweise (Sachverhalt nicht einschlägig, erledigt, noch offen, Anwendung Schutzklausel u. a.)
3. Einzelne Aktiva betreffende Angaben				

23.	Entwicklung der einzelnen Posten des Anlagevermögens in einer gesonderten Aufgliederung, Angaben (Anlagespiegel)
	▶ Gesamte Anschaffungs- und Herstellungskosten, Zugänge, Abgänge, Umbuchungen, Zuschreibungen des Geschäftsjahrs, Abschreibungen
	▶ Zu den Abschreibungen, gesonderte Angaben
	   – Gesamte Höhe zu Beginn des Geschäftsjahrs
	   – Gesamte Höhe zum Ende des Geschäftsjahrs
	   – Im Laufe des Geschäftsjahrs vorgenommene Abschreibungen
	   – Änderungen in ihrer gesamten Höhe im Zusammenhang mit Zu- und Abgängen sowie Umbuchungen im Laufe des Geschäftsjahrs
	▶ Für jeden Posten des Anlagevermögens, Angabe (nur, wenn Zinsen für Fremdkapital in die Herstellungskosten einbezogen worden sind)
	   – Im Laufe des Geschäftsjahrs vorgenommene Abschreibungen
		§ 284 Abs. 3 Satz 1, Satz 2, Satz 3 Nr. 1-3, Satz 4 HGB	–	

Lfd. Nr.	Anhangangabe	Vorschrift	alternative Angabe in Bilanz/GuV, Lagebericht	Bemerkungen/ Hinweise (Sachverhalt nicht einschlägig, erledigt, noch offen, Anwendung Schutzklausel u. a.)
24.	Bei Aktivierung selbst erstellter immaterieller Vermögensgegenstände des Anlagevermögens (§ 248 Abs. 2 HGB), Angabe: ▶ Gesamtbetrag der Forschungs- und Entwicklungskosten des Geschäftsjahres ▶ davon auf die Aktivierung entfallender Betrag	§ 285 Nr. 22 HGB	—	
25.	Bei Aktivierung eines entgeltlich erworbenen Geschäfts- oder Firmenwerts (§ 246 Abs. 1 Satz 4 HGB) ▶ Erläuterung seines Abschreibungszeitraums	§ 285 Nr. 13 HGB	—	
26.	Zu anderen Unternehmen, soweit es sich um Beteiligungen i. S. d. § 271 Abs. 1 handelt oder ein solcher Anteil von einer Person für Rechnung der Kapitalgesellschaft gehalten wird, Angabe: ▶ Name des Beteiligungsunternehmens ▶ Sitz des Beteiligungsunternehmens ▶ Höhe des Anteils am Kapital des Beteiligungsunternehmens ▶ Eigenkapital des Beteiligungsunternehmens ▶ Jahresergebnis des Beteiligungsunternehmens für das letzte Geschäftsjahr, für das ein Jahresabschluss vorliegt	§ 285 Nr. 11 HGB	—	Schutzklausel nach § 286 Abs. 3 HGB beachten (siehe Anwendungshinweise zur Checkliste) Die Anwendung der Ausnahmeregelung ist nach § 286 Abs. 3 Satz 1 Nr. 2 HGB im Anhang anzugeben

Lfd. Nr.	Anhangangabe	Vorschrift	alternative Angabe in Bilanz/GuV, Lagebericht	Bemerkungen/ Hinweise (Sachverhalt nicht einschlägig, erledigt, noch offen, Anwendung Schutzklausel u. a.)
27.	Ist die GmbH oder GmbH & Co. KG bei anderen Unternehmen unbeschränkt haftender Gesellschafter, Angabe ▶ Name dieser Unternehmen ▶ Sitz dieser Unternehmen ▶ Rechtsform dieser Unternehmen	§ 285 Nr. 11a HGB	—	
28.	Sofern unter den Finanzanlagen (§ 266 II A. III HGB) Finanzinstrumente erfasst sind, die über ihrem beizulegenden Zeitwert ausgewiesen werden, da eine außerplanmäßige Abschreibung nach § 253 Abs. 3 Satz 6 HGB unterblieben ist, Angabe ▶ Buchwert der einzelnen Vermögensgegenstände (Nr. 18 Buchstabe a) und ▶ beizulegender Zeitwert der einzelnen Vermögensgegenstände (Nr. 18 Buchstabe a) oder ▶ Buchwert angemessener Gruppierungen (Nr. 18 Buchstabe a) und ▶ beizulegender Zeitwert angemessener Gruppierungen (Nr. 18 Buchstabe a) sowie ▶ Gründe für die Unterlassung der Abschreibung (Nr. 18 Buchstabe b) einschließlich der ▶ Anhaltspunkte, die darauf hindeuten, dass die Wertminderung voraussichtlich nicht von Dauer ist (Nr. 18 Buchstabe b)	§ 285 Nr. 18 Buchstabe a und b HGB	—	

Lfd. Nr.	Anhangangabe	Vorschrift	alternative Angabe in Bilanz/GuV, Lagebericht	Bemerkungen/ Hinweise (Sachverhalt nicht einschlägig, erledigt, noch offen, Anwendung Schutzklausel u. a.)
29.	Sofern derivative Finanzinstrumente bilanziert werden, die nicht zum beizulegenden Zeitwert bewertet sind, Angaben für jeder Kategorie ▶ Art der derivativen Finanzinstrumente (Nr. 19 Buchstabe a) ▶ Umfang der derivativen Finanzinstrumente (Nr. 19 Buchstabe a) ▶ beizulegender Zeitwert der derivativen Finanzinstrumente, soweit sich dieser nach § 255 Abs. 4 HGB verlässlich ermitteln lässt (Nr. 19 Buchstabe b) ▶ zur Wertermittlung der derivativen Finanzinstrumente angewendete Bewertungsmethode (Nr. 19 Buchstabe b) ▶ Buchwert der derivativen Finanzinstrumente (Nr. 19 Buchstabe c) ▶ Bilanzposten, in denen der Buchwert der derivativen Finanzinstrumente erfasst ist (Nr. 19 Buchstabe c) ▶ die Gründe dafür, warum der beizulegende Zeitwert nicht bestimmbar ist (Nr. 19 Buchstabe d)	§ 285 Nr. 19 Buchstabe a bis d HGB	—	

Lfd. Nr.	Anhangangabe	Vorschrift	alternative Angabe in Bilanz/GuV, Lagebericht	Bemerkungen/ Hinweise (Sachverhalt nicht einschlägig, erledigt, noch offen, Anwendung Schutzklausel u. a.)
30.	Werden Anteile an inländischen Sondervermögen, i. S. d. § 1 Abs. 10 KAGB, Anlageaktien an Investmentaktiengesellschaften mit veränderlichem Kapital i. S. d. §§ 108-123 KAGB, an vergleichbaren EU-Investmentvermögen oder vergleichbaren ausländischen Investmentvermögen jeweils von mehr als 10 % bilanziert, Angabe, jeweils aufgegliedert nach Anlagezielen ▶ Wert der inländischen Sondervermögen i. S. d. §§ 168, 278 KAGB ▶ Wert der Anlageaktien an Investment-AG i. S. d. §§ 168, 278 KAGB ▶ Wert der vergleichbaren EU-Investmentvermögen i. S. d. §§ 168, 278 KAGB oder nach vergleichbaren EU-Vorschriften über die Ermittlung des Marktwertes ▶ Wert der vergleichbaren ausländischen Investmentvermögen i. S. d. §§ 168, 278 KAGB oder nach vergleichbaren ausländischen Vorschriften über die Ermittlung des Marktwertes	§ 285 Nr. 26 HGB	—	

Lfd. Nr.	Anhangangabe	Vorschrift	alternative Angabe in Bilanz/GuV, Lagebericht	Bemerkungen/ Hinweise (Sachverhalt nicht einschlägig, erledigt, noch offen, Anwendung Schutzklausel u. a.)
30.	▶ Differenz der Werte jeweils zum Buchwert der Anteile oder Anlageaktien oder vergleichbaren Investmentvermögen ▶ für das Geschäftsjahr erfolgte Ausschüttung aus Anteilen oder Anlageaktien ▶ Beschränkungen in der Möglichkeit der täglichen Rückgabe der Anteile oder Anlageaktien ▶ Gründe dafür, dass eine Abschreibung nach § 253 Abs. 3 Satz 6 HGB unterblieben ist ▶ Anhaltspunkte, die darauf hindeuten, dass die Wertminderung der Anteile oder Anlageaktien voraussichtlich nicht von Dauer ist	§ 285 Nr. 26 HGB	—	

Lfd. Nr.	Anhangangabe	Vorschrift	alternative Angabe in Bilanz/GuV, Lagebericht	Bemerkungen/ Hinweise (Sachverhalt nicht einschlägig, erledigt, noch offen, Anwendung Schutzklausel u. a.)
31.	Für mit dem beizulegenden Zeitwert bewertete Finanzinstrumente, Angaben ▶ grundlegende Annahmen zur Bestimmung des beizulegenden Zeitwerts bei Anwendung allgemein anerkannter Bewertungsmethoden (Nr. 20 Buchstabe a) ▶ Umfang jeder Kategorie derivativer Finanzinstrumente (Nr. 20 Buchstabe b) ▶ Art jeder Kategorie derivativer Finanzinstrumente (Nr. 20 b) ▶ Wesentliche Bedingungen für jede Kategorie derivativer Finanzinstrumente, die — die Höhe künftiger Zahlungsströme beeinflussen können (Nr. 20 Buchstabe b) — den Zeitpunkt künftiger Zahlungsströme beeinflussen können (Nr. 20 Buchstabe b) — die Sicherheit künftiger Zahlungsströme beeinflussen können (Nr. 20 Buchstabe b)	§ 285 Nr. 20 Buchstabe a und b HGB	—	
32.	Sind unter dem Posten „sonstige Vermögensgegenstände" Beträge für Vermögensgegenstände ausgewiesen, die rechtlich erst nach dem Abschlussstichtag entstehen ▶ Erläuterung der Beträge, die einen größeren Umfang haben	§ 268 Abs. 4 Satz 2 HGB	—	

Lfd. Nr.	Anhangangabe	Vorschrift	alternative Angabe in Bilanz/GuV, Lagebericht	Bemerkungen/ Hinweise (Sachverhalt nicht einschlägig, erledigt, noch offen, Anwendung Schutzklausel u. a.)
33.	Betrag des als aktiver Rechnungsabgrenzungsposten bilanzierten Disagios (§ 250 Abs. 3 HGB) ▶ Angabe	§ 268 Abs. 6 HGB	Bilanz	
4. Einzelne Passiva betreffende Angaben				
34.	Betrag des in andere Gewinnrücklagen eingestellten Eigenkapitalanteils von Wertaufholungen bei Vermögensgegenständen des Anlage- und Umlaufvermögens ▶ Angabe	§ 29 Abs. 4 Satz 2 GmbHG	Bilanz	
35.	Vorhandener Gewinn- oder Verlustvortrag bei Aufstellung der Bilanz unter Berücksichtigung der teilweisen Verwendung des Jahresergebnisses ▶ Angabe	§ 268 Abs. 1 Satz 3 HGB	Bilanz	
36.	Nicht ausgewiesene Rückstellungen für laufende Pensionen oder Anwartschaften auf Pensionen aufgrund unmittelbarer Zusage bei Erwerb des Rechtsanspruchs vor dem 1. 1. 1987 („Altzusagen"), Angabe jeweils in einem Betrag ▶ nicht ausgewiesene Rückstellungen für laufende Pensionen ▶ nicht ausgewiesene Rückstellungen für Anwartschaften auf Pensionen	Art. 28 Abs. 2, Abs. 1 Satz 1 EGHGB	—	

Lfd. Nr.	Anhangangabe	Vorschrift	alternative Angabe in Bilanz/GuV, Lagebericht	Bemerkungen/ Hinweise (Sachverhalt nicht einschlägig, erledigt, noch offen, Anwendung Schutzklausel u. a.)
37.	Nicht ausgewiesene Rückstellungen für laufende Pensionen oder Anwartschaften auf Pensionen aufgrund mittelbarer Zusage sowie für ähnliche unmittelbare oder mittelbare Verpflichtungen, Angabe jeweils in einem Betrag ▶ nicht ausgewiesene Rückstellungen für laufende Pensionen ▶ nicht ausgewiesene Rückstellungen für Anwartschaften auf Pensionen ▶ nicht ausgewiesene Rückstellungen für ähnliche Verpflichtungen	Art. 28 Abs. 2, Abs. 1 Satz 2 EGHGB	—	
38.	Unterdeckung bei durch das BilMoG geändert bewerteten Rückstellungen für laufende Pensionen oder Anwartschaften auf Pensionen, Angabe jeweils in einem Betrag ▶ nicht ausgewiesene Rückstellungen für laufende Pensionen und ▶ nicht ausgewiesene Rückstellungen für Anwartschaften auf Pensionen	Art. 67 Abs. 2 EGHGB	—	Ausweis der Anpassungen aufgrund Anwendung Art. 67 Abs. 1 Satz 1 EGHGB nun gesondert unter den in Art. 75 Abs. 5 EGHGB genannten Posten

Lfd. Nr.	Anhangangabe	Vorschrift	alternative Angabe in Bilanz/GuV, Lagebericht	Bemerkungen/ Hinweise (Sachverhalt nicht einschlägig, erledigt, noch offen, Anwendung Schutzklausel u. a.)
39.	Rückstellungen für Pensionen und ähnliche Verpflichtungen, Angabe ▶ angewandtes versicherungsmathematisches Berechnungsverfahren ▶ grundlegende Annahmen der Berechnung wie – Zinssatz – erwartete Lohn- und Gehaltssteigerung – zugrunde gelegte Sterbetafeln	§ 285 Nr. 24 HGB	–	
40.	Abzinsungsbedingter Unterschiedsbetrag bei Rückstellungen für Altersversorgungsverpflichtungen ▶ Darstellung	§ 253 Abs. 6 Satz 3 HGB		Bei Existenz eines Gewinnabführungsvertrags: ggf. Hinweis unter Nr. 8 auf Aufstellung des Jahresabschlusses ohne Annahme der Abführungssperre für den abzinsungsbedingten Unterschiedsbetrag nach § 253 Abs. 6 HGB (siehe Abschnitt 3.2.3.4)

Lfd. Nr.	Anhangangabe	Vorschrift	alternative Angabe in Bilanz/GuV, Lagebericht	Bemerkungen/ Hinweise (Sachverhalt nicht einschlägig, erledigt, noch offen, Anwendung Schutzklausel u. a.)
41.	Beibehaltung von Rückstellungen, die nach der durch das BilMoG geänderten Bewertung aufzulösen wären ▶ Angabe jeweils des Betrags der Überdotierung	Art. 67 Abs. 1 Satz 4 EGHGB	—	
42.	In der Bilanz unter dem Posten „sonstige Rückstellungen" nicht gesondert ausgewiesene Rückstellungen, wenn sie einen nicht unerheblichen Umfang haben ▶ Erläuterung	§ 285 Nr. 12 HGB	—	
43.	Wenn latente Steuerschulden passiviert werden, Angabe ▶ Latente Steuersalden am Ende des Geschäftsjahrs ▶ im Laufe des Geschäftsjahrs erfolgte Änderungen dieser Salden	§ 285 Nr. 30 HGB	—	
44.	Gesamtbetrag der Verbindlichkeiten mit einer Restlaufzeit von mehr als fünf Jahren ▶ Angabe ▶ Aufgliederung für jeden Posten nach dem vorgeschriebenen Gliederungsschema	§ 285 Nr. 1 Buchstabe a und Nr. 2 HGB	—	Bei Zusammenfassung aller Restlaufzeitenangaben im Verbindlichkeitenspiegel, gemäß § 268 Abs. 5 HGB jeweils auch Angabe der Restlaufzeiten bis zu einem Jahr sowie über einem Jahr

Lfd. Nr.	Anhangangabe	Vorschrift	alternative Angabe in Bilanz/GuV, Lagebericht	Bemerkungen/ Hinweise (Sachverhalt nicht einschlägig, erledigt, noch offen, Anwendung Schutzklausel u. a.)
45.	Sind Verbindlichkeiten durch Pfandrechte oder ähnliche Rechte gesichert, Angabe ▶ Gesamtbetrag der gesicherten Verbindlichkeiten ▶ Art der Sicherheiten ▶ Form der Sicherheiten ▶ Aufgliederung der Angaben für jeden Posten nach dem vorgeschriebenen Gliederungsschema	§ 285 Nr. 1 Buchstabe b und Nr. 2 HGB	—	
46.	Sind unter dem Posten „Verbindlichkeiten" Beträge für Verbindlichkeiten ausgewiesen, die rechtlich erst nach dem Abschlussstichtag entstehen ▶ Erläuterung der Beträge, die einen größeren Umfang haben	§ 268 Abs. 5 Satz 3 HGB	—	
III. Angaben mit weiteren Erläuterungen zur Gewinn- und Verlustrechnung				
47.	Soweit sich die Tätigkeitsbereiche und geografisch bestimmten Märkte, in denen die GmbH bzw. GmbH & Co. KG ihre Umsatzerlöse erzielt, unter Berücksichtigung der Organisation des Verkaufs, der Vermietung oder Verpachtung von Produkten und der Erbringung von Dienstleistungen des Unternehmens untereinander erheblich unterscheiden ▶ Aufgliederung der Umsatzerlöse nach Tätigkeitsbereichen und ▶ Aufgliederung der Umsatzerlöse nach geografisch bestimmten Märkten	§ 285 Nr. 4 HGB	—	Schutzklausel nach § 286 Abs. 2 HGB beachten (siehe Anwendungshinweise zur Checkliste) Die Anwendung der Ausnahmeregelung ist nach § 286 Abs. 2 HGB im Anhang anzugeben

6.3 Checkliste für den Anhang der großen GmbH sowie der großen GmbH & Co. KG

Lfd. Nr.	Anhangangabe	Vorschrift	alternative Angabe in Bilanz/GuV, Lagebericht	Bemerkungen/ Hinweise (Sachverhalt nicht einschlägig, erledigt, noch offen, Anwendung Schutzklausel u. a.)
48.	Bei Anwendung des Umsatzkostenverfahrens (§ 275 Abs. 3 HGB): Materialaufwand des Geschäftsjahres ▶ Angabe, gegliedert nach § 275 Abs. 2 Nr. 5 HGB	§ 285 Nr. 8 Buchstabe a HGB	—	
49.	Bei Anwendung des Umsatzkostenverfahrens (§ 275 Abs. 3 HGB): Personalaufwand des Geschäftsjahres ▶ Angabe, gegliedert nach § 275 Abs. 2 Nr. 6 HGB	§ 285 Nr. 8 Buchstabe b HGB	—	
50.	Zu den Abschreibungen, postenbezogen gesonderte Angabe ▶ Gesamte Höhe zu Beginn des Geschäftsjahrs ▶ Gesamte Höhe zum Ende des Geschäftsjahrs ▶ Im Laufe des Geschäftsjahrs vorgenommene Abschreibungen ▶ Änderungen in ihrer gesamten Höhe im Zusammenhang mit Zu- und Abgängen sowie Umbuchungen im Laufe des Geschäftsjahrs	§ 284 Abs. 3 Satz 3 Nr. 1-3 HGB	—	siehe unter Nr. 23 dieser Checkliste
51	Wurden bei Vermögensgegenständen des Anlagevermögens außerplanmäßige Abschreibungen vorgenommen (§ 253 Abs. 3 Satz 5 und 6 HGB) ▶ gesonderte Angabe	§ 277 Abs. 3 Satz 1 HGB	GuV	

Lfd. Nr.	Anhangangabe	Vorschrift	alternative Angabe in Bilanz/GuV, Lagebericht	Bemerkungen/ Hinweise (Sachverhalt nicht einschlägig, erledigt, noch offen, Anwendung Schutzklausel u. a.)
52.	Wurden Erträge von außergewöhnlicher Größenordnung oder von außergewöhnlicher Bedeutung ausgewiesen, soweit die Beträge nicht von untergeordneter Bedeutung sind, jeweils Angabe ▶ Betrag ▶ Art	§ 285 Nr. 31 HGB	–	
53.	Wurden Aufwendungen von außergewöhnlicher Größenordnung oder von außergewöhnlicher Bedeutung ausgewiesen, soweit die Beträge nicht von untergeordneter Bedeutung sind, jeweils Angabe ▶ Betrag ▶ Art	§ 285 Nr. 31 HGB	–	
54.	Sind Erträge einem anderen Geschäftsjahr zuzurechnen (periodenfremde Erträge): Erläuterung, soweit Beträge nicht von untergeordneter Bedeutung sind ▶ Betrag der periodenfremden Erträge ▶ Art der periodenfremden Erträge	§ 285 Nr. 32 HGB	–	
55.	Sind Aufwendungen einem anderen Geschäftsjahr zuzurechnen (periodenfremde Aufwendungen): Erläuterung, soweit Beträge nicht von untergeordneter Bedeutung sind ▶ Betrag der periodenfremden Aufwendungen ▶ Art der periodenfremden Aufwendungen	§ 285 Nr. 32 HGB	–	

Lfd. Nr.	Anhangangabe	Vorschrift	alternative Angabe in Bilanz/GuV, Lagebericht	Bemerkungen/ Hinweise (Sachverhalt nicht einschlägig, erledigt, noch offen, Anwendung Schutzklausel u. a.)
56.	Sofern Sonderposten mit Rücklageanteil passiviert und beibehalten werden ▶ Angabe der im Posten „sonstige betriebliche Erträge" erfassten Erträge aus der Auflösung des Sonderpostens mit Rücklageanteil	§ 281 Abs. 2 Satz 2 HGB a. F. (vor BilMoG) i. V. m. Art. 67 Abs. 3 Satz 1 EGHGB	GuV	siehe unter Nr. 16 dieser Checkliste
IV. Sonstige Angaben				
1. Arbeitnehmeranzahl				
57.	Durchschnittliche Zahl der während des Geschäftsjahrs beschäftigten Arbeitnehmer i. S. d. § 267 V HGB ▶ Angabe, getrennt nach Gruppen	§ 285 Nr. 7 HGB	—	
2. Organmitgliedschaften und bestimmte Geschäftsvorfälle mit Organmitgliedern				
58.	Für alle Mitglieder des Geschäftsführungsorgans, auch wenn sie im Geschäftsjahr oder später ausgeschieden sind, Angabe ▶ Familienname ▶ mindestens ein ausgeschriebener Vorname ▶ ausgeübter Beruf ▶ vorsitzendes Mitglied des Geschäftsführungsorgans (mit gesonderter Bezeichnung)	§ 285 Nr. 10 HGB	—	

6. Checklisten für die Erstellung des Anhangs der GmbH sowie GmbH & Co. KG

Lfd. Nr.	Anhangangabe	Vorschrift	alternative Angabe in Bilanz/GuV, Lagebericht	Bemerkungen/ Hinweise (Sachverhalt nicht einschlägig, erledigt, noch offen, Anwendung Schutzklausel u. a.)
59.	Für alle Mitglieder eines ggf. fakultativ gebildeten Aufsichtsrates, auch wenn sie im Geschäftsjahr oder später ausgeschieden sind, Angabe ▶ Familienname ▶ mindestens ein ausgeschriebener Vorname ▶ ausgeübter Beruf ▶ vorsitzendes Mitglied des Aufsichtsrats (mit gesonderter Bezeichnung) ▶ stellvertretend vorsitzendes Mitglied des Aufsichtsrats (mit gesonderter Bezeichnung)	§ 285 Nr. 10 HGB	—	
60.	Für die Mitglieder des Geschäftsführungsorgans, Angabe ▶ gewährte Gesamtbezüge für die Tätigkeit des Geschäftsjahres (Zu den Bezügen gehören: Gehälter, Gewinnbeteiligungen, Aufwandsentschädigungen, Versicherungsentgelte, Provisionen, Nebenleistungen jeder Art sowie Bezüge, die nicht ausgezahlt, sondern in Ansprüche anderer Art umgewandelt oder zur Erhöhung anderer Ansprüche verwendet werden)	§ 285 Nr. 9 Buchstabe a HGB	—	Schutzklausel nach § 286 Abs. 4 HGB beachten (siehe Anwendungshinweise zur Checkliste)

Lfd. Nr.	Anhangangabe	Vorschrift	alternative Angabe in Bilanz/GuV, Lagebericht	Bemerkungen/ Hinweise (Sachverhalt nicht einschlägig, erledigt, noch offen, Anwendung Schutzklausel u. a.)
60.	▶ Bezüge, die im Geschäftsjahr gewährt, aber bisher in keinem Jahresabschluss angegeben worden sind Für die Mitglieder eines ggf. fakultativ gebildeten Aufsichtsrats, Angabe ▶ gewährte Gesamtbezüge für die Tätigkeit des Geschäftsjahrs (Inhalt s. o.) ▶ Bezüge, die im Geschäftsjahr gewährt, aber bisher in keinem Jahresabschluss angegeben worden sind Für die Mitglieder eines Beirats oder einer ähnlichen Einrichtung, Angabe ▶ gewährte Gesamtbezüge für die Tätigkeit des Geschäftsjahrs (Inhalt s. o.) ▶ Bezüge, die im Geschäftsjahr gewährt, aber bisher in keinem Jahresabschluss angegeben worden sind	§ 285 Nr. 9 Buchstabe a HGB	—	Schutzklausel nach § 286 Abs. 4 HGB beachten (siehe Anwendungshinweise zur Checkliste)
61.	Für frühere Mitglieder des Geschäftsführungsorgans und ihrer Hinterbliebenen, Angabe ▶ Gesamtbezüge für das Geschäftsjahr (Zu den Bezügen gehören: Abfindungen, Ruhegehälter, Hinterbliebenenbezüge und Leistungen verwandter Art sowie Bezüge, die nicht ausgezahlt, sondern in Ansprüche anderer Art umgewandelt oder zur Erhöhung anderer Ansprüche verwendet werden)	§ 285 Nr. 9 Buchstabe b Sätze 1 und 2 HGB	—	Schutzklausel nach § 286 Abs. 4 HGB beachten (siehe Anwendungshinweise zur Checkliste)

6. Checklisten für die Erstellung des Anhangs der GmbH sowie GmbH & Co. KG

Lfd. Nr.	Anhangangabe	Vorschrift	alternative Angabe in Bilanz/GuV, Lagebericht	Bemerkungen/ Hinweise (Sachverhalt nicht einschlägig, erledigt, noch offen, Anwendung Schutzklausel u. a.)
61.	▶ Bezüge, die im Geschäftsjahr gewährt, aber bisher in keinem Jahresabschluss angegeben worden sind Für frühere Mitglieder eines ggf. fakultativ gebildeten Aufsichtsrats und ihrer Hinterbliebenen, Angabe ▶ Gesamtbezüge für das Geschäftsjahr (Inhalt s. o.) ▶ Bezüge, die im Geschäftsjahr gewährt, aber bisher in keinem Jahresabschluss angegeben worden sind Für frühere Mitglieder eines Beirats oder einer ähnlichen Einrichtung und ihrer Hinterbliebenen, Angabe ▶ Gesamtbezüge für das Geschäftsjahr (Inhalt s. o.) ▶ Bezüge, die im Geschäftsjahr gewährt, aber bisher in keinem Jahresabschluss angegeben worden sind	§ 285 Nr. 9 Buchstabe b Sätze 1 und 2 HGB	—	Schutzklausel nach § 286 Abs. 4 HGB beachten (siehe Anwendungshinweise zur Checkliste)
62.	Bestehen Verpflichtungen aus laufenden Pensionen und Anwartschaften auf Pensionen zugunsten früherer Organmitglieder und ihren Hinterbliebenen, Angabe ▶ Betrag der dafür gebildeten Rückstellungen und ▶ Betrag der hierfür nicht gebildeten Rückstellungen	§ 285 Nr. 9 Buchstabe b Satz 3 HGB	—	

Lfd. Nr.	Anhangangabe	Vorschrift	alternative Angabe in Bilanz/GuV, Lagebericht	Bemerkungen/ Hinweise (Sachverhalt nicht einschlägig, erledigt, noch offen, Anwendung Schutzklausel u. a.)
63.	Wurden Organmitgliedern Vorschüsse und/ oder Kredite gewährt, Angabe ▶ Betrag der gewährten Vorschüsse ▶ Betrag der gewährten Kredite ▶ Zinssätze ▶ wesentliche Bedingungen für die Gewährung ▶ im Geschäftsjahr zurückgezahlte Beträge (sofern einschlägig) ▶ im Geschäftsjahr erlassene Beträge (sofern einschlägig) ▶ zugunsten der Organmitglieder eingegangene Haftungsverhältnisse	§ 285 Nr. 9 Buchstabe c HGB	—	
3. Konzernbeziehungen				
64.	Mutterunternehmen der GmbH bzw. GmbH & Co. KG, das den Konzernabschluss für den größten Kreis von Unternehmen aufstellt, Angabe ▶ Name des Mutterunternehmens ▶ Sitz des Mutterunternehmens ▶ Ort, wo der von diesem Mutterunternehmen aufgestellte Konzernabschluss erhältlich ist	§ 285 Nr. 14 HGB	—	

Lfd. Nr.	Anhangangabe	Vorschrift	alternative Angabe in Bilanz/GuV, Lagebericht	Bemerkungen/ Hinweise (Sachverhalt nicht einschlägig, erledigt, noch offen, Anwendung Schutzklausel u. a.)
65.	Mutterunternehmen der GmbH bzw. GmbH & Co. KG, das den Konzernabschluss für den kleinsten Kreis von Unternehmen aufstellt, Angabe ▶ Name des Mutterunternehmens ▶ Sitz des Mutterunternehmens ▶ Ort, wo der von diesem Mutterunternehmen aufgestellte Konzernabschluss erhältlich ist	§ 285 Nr. 14 Buchstabe a HGB	—	
66.	Soll die GmbH bzw. GmbH & Co. KG gemäß § 291 HGB durch die Konzernrechnungslegung des Mutterunternehmens von der Aufstellung eines Konzernabschlusses und Konzernlageberichts befreit werden, Angabe ▶ Name des Mutterunternehmens, das für den Konzern befreiend Rechnung legt ▶ Sitz des Mutterunternehmens, das für den Konzern befreiend Rechnung legt ▶ Hinweis auf die Befreiung von der eigenen Konzernrechnungslegung ▶ Erläuterung der im befreienden Konzernabschluss des Mutterunternehmens vom deutschen Recht abweichend angewandten Bilanzierungs-, Bewertungs- und Konsolidierungsmethoden (sofern einschlägig)	§ 291 Abs. 2 Nr. 4 Buchstabe a bis c HGB	—	

6.3 Checkliste für den Anhang der großen GmbH sowie der großen GmbH & Co. KG

Lfd. Nr.	Anhangangabe	Vorschrift	alternative Angabe in Bilanz/GuV, Lagebericht	Bemerkungen/ Hinweise (Sachverhalt nicht einschlägig, erledigt, noch offen, Anwendung Schutzklausel u. a.)
67.	Soll die GmbH bzw. GmbH & Co. KG gemäß § 292 HGB durch die Konzernrechnungslegung des Mutterunternehmens von der Aufstellung eines Konzernabschlusses und Konzernlageberichts befreit werden, Angabe ▶ Name des Mutterunternehmens, das für den Konzern befreiend Rechnung legt ▶ Sitz des Mutterunternehmens, das für den Konzern befreiend Rechnung legt ▶ Hinweis auf die Befreiung von der eigenen Konzernrechnungslegung ▶ Erläuterung der im befreienden Konzernabschluss des Mutterunternehmens vom deutschen Recht abweichend angewandten Bilanzierungs-, Bewertungs- und Konsolidierungsmethoden (sofern einschlägig) ▶ nach welchen der in Buchstabe a bis d des § 292 Abs. 1 Nr. 1 HGB genannten Vorgaben die befreiende Konzernrechnungslegung aufgestellt wurde ▶ ggf. nach dem Recht welchen Drittstaats die befreiende Konzernrechnungslegung aufgestellt wurde	§ 292 Abs. 2 Satz 1 HGB	—	

Lfd. Nr.	Anhangangabe	Vorschrift	alternative Angabe in Bilanz/GuV, Lagebericht	Bemerkungen/ Hinweise (Sachverhalt nicht einschlägig, erledigt, noch offen, Anwendung Schutzklausel u. a.)
68.	Befreiung von der Erstellung eines Zahlungsberichts durch Einbeziehung in einen Konzernzahlungsbericht, Angabe ▶ bei welchem Unternehmen die GmbH bzw. GmbH & Co. KG in den Konzernzahlungsbericht einbezogen ist und ▶ wo dieser erhältlich ist	§ 341s Abs. 2 Satz 2 HGB	—	Einschlägig ausschließlich im Anwendungsbereich der §§ 341 q und s HGB

Lfd. Nr.	Anhangangabe	Vorschrift	alternative Angabe in Bilanz/GuV, Lagebericht	Bemerkungen/ Hinweise (Sachverhalt nicht einschlägig, erledigt, noch offen, Anwendung Schutzklausel u. a.)
4. Geschäfte mit nahestehenden Unternehmen und Personen				
69.	Sofern mit nahestehenden Unternehmen und Personen, die keine mittel- oder unmittelbar in 100%igem Anteilsbesitz stehenden, in einen Konzernabschluss einbezogenen Unternehmen sind, Geschäfte abgeschlossen wurden, Angabe, zumindest der ▶ zu marktunüblichen Bedingungen zustande gekommene Geschäfte (Zusammenfassung der Geschäfte nach Geschäftsarten möglich, sofern die getrennte Angabe für die Beurteilung der Auswirkungen auf die Finanzlage nicht notwendig ist) ▶ Art der nahestehenden Beziehung zu dem jeweiligen Geschäftspartner ▶ Wert der jeweiligen Geschäfte sowie ▶ weitere Angaben, die für die Beurteilung der Finanzlage notwendig sind Alternativangabe: Entsprechende Angaben für alle abgeschlossenen Geschäfte (und nicht nur für die zu marktunüblichen Bedingungen zustande gekommenen)	§ 285 Nr. 21 HGB	—	

Lfd. Nr.	Anhangangabe	Vorschrift	alternative Angabe in Bilanz/GuV, Lagebericht	Bemerkungen/ Hinweise (Sachverhalt nicht einschlägig, erledigt, noch offen, Anwendung Schutzklausel u. a.)
	5. Haftungsverhältnisse, sonstige finanzielle Verpflichtungen und außerbilanzielle Geschäfte			
70.	Für die in § 251 HGB bezeichneten Haftungsverhältnisse, Angabe ▶ Verbindlichkeiten aus der Begebung und Übertragung von Wechseln mit dafür gewährten Pfandrechten und sonstigen Sicherheiten dafür gewährte Pfandrechte und sonstige Sicherheiten davon gegenüber verbundenen Unternehmen davon gegenüber assoziierten Unternehmen davon aus Altersversorgungsverpflichtungen ▶ Verbindlichkeiten aus Bürgschaften, Wechsel- und Scheckbürgschaften mit dafür gewährten Pfandrechten und sonstigen Sicherheiten dafür gewährte Pfandrechte und sonstige Sicherheiten davon gegenüber verbundenen Unternehmen davon gegenüber assoziierten Unternehmen davon aus Altersversorgungsverpflichtungen	§ 268 Abs. 7 HGB	—	

Lfd. Nr.	Anhangangabe	Vorschrift	alternative Angabe in Bilanz/GuV, Lagebericht	Bemerkungen/ Hinweise (Sachverhalt nicht einschlägig, erledigt, noch offen, Anwendung Schutzklausel u. a.)
70.	▶ Verbindlichkeiten aus Gewährleistungsverträgen mit dafür gewährten Pfandrechten und sonstigen Sicherheiten dafür gewährte Pfandrechte und sonstige Sicherheiten davon gegenüber verbundenen Unternehmen davon gegenüber assoziierten Unternehmen davon aus Altersversorgungsverpflichtungen ▶ Haftungsverhältnisse aus der Bestellung von Sicherheiten für fremde Verbindlichkeiten mit dafür gewährten Pfandrechten und sonstigen Sicherheiten dafür gewährte Pfandrechte und sonstige Sicherheiten davon gegenüber verbundenen Unternehmen davon gegenüber assoziierten Unternehmen davon aus Altersversorgungsverpflichtungen	§ 268 Abs. 7 HGB		

Lfd. Nr.	Anhangangabe	Vorschrift	alternative Angabe in Bilanz/GuV, Lagebericht	Bemerkungen/ Hinweise (Sachverhalt nicht einschlägig, erledigt, noch offen, Anwendung Schutzklausel u. a.)
71.	Für im Anhang ausgewiesene Verbindlichkeiten und Haftungsverhältnisse nach § 251 HGB, jeweils Angabe ▶ Gründe für die Einschätzung des Risikos der Inanspruchnahme aus den Verbindlichkeiten aus der Begebung und Übertragung von Wechseln ▶ Gründe für die Einschätzung des Risikos der Inanspruchnahme aus den Verbindlichkeiten aus Bürgschaften, Wechsel- und Scheckbürgschaften ▶ Gründe für die Einschätzung des Risikos der Inanspruchnahme aus den Verbindlichkeiten aus Gewährleistungsverträgen ▶ Gründe für die Einschätzung des Risikos der Inanspruchnahme aus den Haftungsverhältnissen aus der Bestellung von Sicherheiten für fremde Verbindlichkeiten	§ 285 Nr. 27 HGB	—	
72.	Wurden Geschäfte abgeschlossen, die nicht in der Bilanz enthalten sind, soweit die Risiken und Vorteile daraus wesentlich sind und die Offenlegung für die Beurteilung der Finanzlage erforderlich ist, Angabe: ▶ Art der Geschäfte ▶ Zweck der Geschäfte ▶ Risiken aus diesen Geschäften ▶ Vorteile der Geschäfte ▶ Finanzielle Auswirkungen der Geschäfte	§ 285 Nr. 3 HGB	—	

Lfd. Nr.	Anhangangabe	Vorschrift	alternative Angabe in Bilanz/GuV, Lagebericht	Bemerkungen/ Hinweise (Sachverhalt nicht einschlägig, erledigt, noch offen, Anwendung Schutzklausel u. a.)
73.	Gesamtbetrag der sonstigen finanziellen Verpflichtungen, die nicht in der Bilanz enthalten und nicht nach § 268 Abs. 7 HGB oder § 285 Nr. 3 HGB anzugeben sind ▶ Angabe, sofern dies für die Beurteilung der Finanzlage von Bedeutung ist ▶ gesonderte Angabe des davon auf verbundene Unternehmen entfallenden Betrags ▶ gesonderte Angabe des davon auf assoziierte Unternehmen entfallenden Betrags ▶ gesonderte Angabe des davon auf Verpflichtungen betreffend die Altersversorgung entfallenden Betrags	§ 285 Nr. 3 a HGB	—	
6. Ereignisse nach dem Abschlussstichtag und Ergebnisverwendung				
74.	Vorgänge von besonderer Bedeutung, die nach dem Schluss des Geschäftsjahrs eingetreten und weder in der Gewinn- und Verlustrechnung noch in der Bilanz berücksichtigt sind, Angabe ▶ Art der Vorgänge ▶ Finanzielle Auswirkung der Vorgänge	§ 285 Nr. 33 HGB	—	
75.	Jahresergebnis, Angabe: ▶ Vorschlag für die Verwendung oder ▶ Beschluss über seine Verwendung	§ 285 Nr. 34 HGB	—	Angabe ist von GmbH & Co. KG i. d. R. nicht zu machen (s. Abschnitt 4.4.11)

Lfd. Nr.	Anhangangabe	Vorschrift	alternative Angabe in Bilanz/GuV, Lagebericht	Bemerkungen/ Hinweise (Sachverhalt nicht einschlägig, erledigt, noch offen, Anwendung Schutzklausel u. a.)
7. Abschlussprüferhonorar				

76.	Vom Abschlussprüfer berechnetes Gesamthonorar, Angabe
	 ▶ für das Geschäftsjahr berechnetes Gesamthonorar,
	 ▶ aufgeschlüsselt in
	     − Honorar für Abschlussprüfungsleistungen (Nr. 17 Buchstabe a)
	     − Honorar für andere Bestätigungsleistungen (Nr. 17 Buchstabe b)
	     − Honorar für Steuerberatungsleistungen (Nr. 17 Buchstabe c)
	     − Honorar für sonstige Leistungen (Nr. 17 Buchstabe d)
		§ 285 Nr. 17 HGB	−	Die Angaben entfallen, sofern sie in einem das Unternehmen einbeziehenden Konzernabschluss enthalten sind

8. Haftung der GmbH & Co. KG				
77.	Soweit gemäß § 172 Abs. 1 HGB im Handelsregister eingetragene Einlagen nicht geleistet sind, Angabe ▶ des Betrags	§ 264c Abs. 2 Satz 9 HGB	−	
78.	Persönlich haftende Gesellschafter der GmbH & Co. KG, jeweils Angabe ▶ Name der Gesellschaften ▶ Sitz der Gesellschaften ▶ Gezeichnetes Kapital der Gesellschaften	§ 285 Nr. 15 HGB	−	

7. Beispielhafte „Musteranhänge" für bilanzierende Unternehmen in der Rechtsform der GmbH sowie der GmbH & Co. KG

7.1 Fallbeschreibung

Nachfolgend werden „Musteranhänge" für bilanzierende Unternehmen in der Rechtsform der GmbH vorgestellt. Dazu abweichend oder ergänzend von GmbH & Co. KG aufzunehmende Angaben werden darin nachrichtlich genannt.

Die „Musteranhänge" bilden jeweils die Informationspflichten für die kleine, mittelgroße und große GmbH sowie GmbH & Co. KG ab. Betrachtet werden dazu Muster-Unternehmen in den Ausprägungen

- „Muster-Klein-GmbH", Klein-Musterhausen (kleine GmbH) bzw. entsprechend „Muster-Klein-GmbH & Co. KG",
- „Muster-Mittelgroß-GmbH", Mittelgroß-Musterhausen (mittelgroße GmbH) bzw. entsprechend „Muster-Mittelgroß-GmbH & Co. KG" und
- „Muster-Groß-GmbH", Groß-Musterhausen (große GmbH) bzw. entsprechend „Muster-Groß-GmbH & Co. KG".

Bei diesen Muster-Unternehmen werden die Verhältnisse als wie folgt gegeben angenommen:

- Die Muster-Unternehmen sind produzierende Unternehmen außerhalb des Rohstoffsektors (damit finden §§ 341q ff. HGB keine Anwendung),
- die Muster-Unternehmen sind keine kapitalmarktorientierten Kapitalgesellschaften und in den Gesellschaftsverträgen der Muster-Unternehmen werden größenabhängige Erleichterungen nicht ausgeschlossen (damit finden die größenabhängigen Erleichterungen Anwendung),
- die Muster-Unternehmen sind in einen Konzern eingebunden, das Mutterunternehmen (die Muster-Mutter-GmbH) hat den Sitz in Deutschland (Musterstadt), Aufstellungserleichterungen über § 264 Abs. 3 bzw. § 264b HGB nehmen die Muster-Unternehmen nicht in Anspruch,
- die Muster-Unternehmen sind weder nach Gesetz noch nach Gesellschaftsvertrag verpflichtet, einen Aufsichtsrat einzurichten (damit entfallen partiell die Anhangangaben nach § 285 Nr. 9 und Nr. 10 HGB),
- die Geschäftsführungen der Muster-Unternehmen unterbreiten regelmäßig einen Gewinnverwendungsvorschlag, den sie unter Beachtung der größenabhängigen Erleichterungen freiwillig angeben (damit enthält der Anhang die Angabe nach § 285 Nr. 34 HGB),
- bei den Muster-Unternehmen liegen keine besonderen Umstände vor, die dazu führen, dass bei Anwendung der handelsrechtlichen Rechnungslegungsvorschriften ein den tatsächlichen Verhältnissen entsprechendes Bild nach § 264 Abs. 2 Satz 1 HGB nicht vermittelt wird (damit entfällt die Angabe nach § 264 Abs. 2 Satz 2 HGB),
- Posten der Bilanz und der GuV werden bei den Muster-Unternehmen nicht i. S. d. § 265 Abs. 7 HGB zusammengefasst ausgewiesen (damit entfällt die gesonderte Aufgliederung zusammengefasst ausgewiesener Posten im Anhang),

7. Beispielhafte „Musteranhänge" für die GmbH sowie die GmbH & Co. KG

- für die Gliederung der GuV wenden die Muster-Unternehmen das Gesamtkostenverfahren an (§ 275 Abs. 2 HGB; damit entfällt die gesonderte Angabe des Material- und des Personalaufwands im Anhang),
- gegenüber dem Vorjahr haben die Muster-Unternehmen keine Gliederungsänderungen vorgenommen und keine Jahresabschlussposten angepasst, im Jahresabschluss ausgewiesene Beträge sind mit dem Vorjahr vergleichbar (damit entfallen die mit entsprechenden Änderungen bzw. mit fehlender Vergleichbarkeit verbundenen Pflichtangaben im Anhang),
- die Muster-Unternehmen haben im Jahresabschluss die Standard-Gliederungsschemata der §§ 266, 275 HGB anzuwenden (damit ist die geschäftszweigbedingte Anwendung verschiedener Gliederungsvorschriften nicht einschlägig),
- die Bilanz stellen die Muster-Unternehmen unter Berücksichtigung der teilweisen Verwendung des Jahresergebnisses auf,
- die Muster-Unternehmen üben das Wahlrecht zur Aktivierung selbst erstellter immaterieller Vermögensgegenstände des Anlagevermögens nicht aus (damit entfällt die Angabe nach § 285 Nr. 22 HGB im Anhang),
- sogenannte geringwertige Wirtschaftsgüter schreiben die Muster-Unternehmen beim Zugang sofort in voller Höhe ab,
- innerhalb der Herstellungskosten der Gegenstände des Anlagevermögens aktivieren die Muster-Unternehmen keine Fremdkapitalzinsen (damit entfällt die Anhangangabe nach § 284 Abs. 3 Satz 4 HGB),
- Finanzinstrumente, die die Muster-Unternehmen in Bewertungseinheiten einbeziehen oder mit Altersversorgungsverpflichtungen verrechnen, werden zum beizulegenden Zeitwert bewertet, der jeweils dem Börsen- oder Marktpreis entspricht (damit entfallen die Anhangangaben nach § 285 Nr. 19 und Nr. 20 Buchstabe a HGB),
- andere Finanzinstrumente bewerten die Muster-Unternehmen zum Buchwert; dabei ergeben sich für eine Ausleihung an verbundene Unternehmen zum Abschlussstichtag wegen vorübergehend niedrigerem beizulegendem Zeitwert stille Lasten,
- sogenannte antizipative Forderungen oder antizipative Verbindlichkeiten, die rechtlich erst nach dem Bilanzstichtag entstehen, sind bei den Muster-Unternehmen nicht gegeben (damit entfallen die Anhangangaben nach § 268 Abs. 4 Satz 2 und Abs. 5 Satz 3 HGB),
- aktive und passive latente Steuern werden in der Bilanz unsaldiert ausgewiesen (damit sind die Informationserfordernisse des § 285 Nr. 30 HGB zu erfüllen).
- Genussrechte oder ähnliche Rechte auf Gewinnbezug haben die Muster-Unternehmen nicht ausgegeben (damit entfällt die Anhangangabe nach § 285 Nr. 15a HGB),
- aufgrund der durch das BilMoG eingeräumten Übergangswahlrechte werden bei den Muster-Unternehmen Sonderposten mit Rücklageanteil sowie Rückstellungen für Pensionen unter- und Rückstellungen für Umweltschutzverpflichtungen überdotiert passiviert (damit sind in den Anhang Angaben nach Art. 67 Abs. 1 und Abs. 2 EGHGB sowie über Art. 67 Abs. 3 EGHGB aufzunehmen),
- Vorschüsse oder Kredite haben die Muster-Unternehmen ehemaligen Organmitgliedern oder deren Hinterbliebenen nicht gewährt,
- die „Konzern-Escapeklausel" zur Angabe des Abschlussprüferhonorars wird von der „Muster-Groß-GmbH" nicht in Anspruch genommen,

- hinsichtlich der Schutzklauseln nach § 286 Abs. 1, Abs. 2, Abs. 3 Nr. 2 und Abs. 4 HGB liegen die Voraussetzungen bei den Muster-Unternehmen nicht vor.

Alle übrigen Sachverhalte und damit verbundene Angabepflichten im Anhang sind positiv verwirklicht.

Die **„Muster-Klein-GmbH"** muss unter den vorgenannten Annahmen in ihrem aufzustellenden Anhang die Informationspflichten nach folgenden Vorschriften erfüllen:

- § 253 Abs. 6 Satz 3 HGB,
- § 264 Abs. 1a HGB,
- § 265 Abs. 3 HGB,
- § 268 Abs. 1 Satz 3, Abs. 7 HGB,
- § 277 Abs. 3 Satz 1 HGB,
- § 284 Abs. 1, Abs. 2 Nr. 1, Nr. 2, Nr. 4 HGB,
- § 285 Nr. 1 Buchstabe a, Nr. 1 Buchstabe b, Nr. 3 Buchstabe a, Nr. 7 (ohne Aufteilung nach Gruppen), Nr. 9 Buchstabe c, Nr. 13, Nr. 14 Buchstabe a (ohne Angabe des Ortes der Veröffentlichung), Nr. 20 Buchstabe b, Nr. 23 Buchstabe a, Nr. 23 Buchstabe b, Nr. 23 Buchstabe c, Nr. 25, Nr. 31 HGB,
- §§ 273 Satz 2, 281 Abs. 2 Satz 2 HGB a. F. (vor BilMoG),
- Art. 28 Abs. 2 i. V. m. Abs. 1 Satz 1 und 2, 67 Abs. 1 Satz 4 und Abs. 2 EGHGB,
- §§ 29 Abs. 4 Satz 2, 42 Abs. 3 GmbHG.

Bei der „Muster-Klein-GmbH & Co. KG" kommen noch Angabepflichten nach § 264c Abs. 1 HGB hinzu, die im „Musteranhang" der „Muster-Klein-GmbH" nachrichtlich aufgeführt sind.

Die **„Muster-Mittelgroß-GmbH"** muss unter den vorgenannten Annahmen in ihrem aufzustellenden Anhang darüber hinaus auch die Informationspflichten nach folgenden Vorschriften erfüllen:

- § 268 Abs. 6,
- § 284 Abs. 2 Nr. 3, Abs. 3 Satz 1 und Satz 2, Satz 3 Nr. 1-3 HGB,
- § 285 Nr. 2, Nr. 3, Nr. 7 (mit Aufteilung nach Gruppen), Nr. 9 Buchstabe a, Nr. 9 Buchstabe b, Nr. 10, Nr. 11, Nr. 11 Buchstabe a, Nr. 12, Nr. 14, Nr. 14 Buchstabe a (mit Angabe des Ortes der Veröffentlichung), Nr. 18 Buchstabe a, Nr. 18 Buchstabe b, Nr. 21 (mit Kreis der nahe stehenden Unternehmen und Personen nach § 288 Abs. 2 Satz 3 HGB), Nr. 24, Nr. 26, Nr. 27, Nr. 28, Nr. 30, Nr. 33 und Nr. 34 HGB.
- Die „Muster-Mittelgroß-GmbH & Co. KG" muss zudem §§ 264c Abs. 2 Satz 9 und 285 Nr. 15 HGB beachten (hier nur nachrichtlich aufgenommen).

Bei der **„Muster-Groß-GmbH"** kommen noch weitere Angaben hinzu. Sie muss unter den vorgenannten Annahmen in ihrem aufzustellenden Anhang neben den für die „Muster-Mittelgroß-GmbH" geltenden Angaben auch die Informationspflichten nach § 285 Nr. 4, Nr. 17, Nr. 21 (mit weiterem Kreis nahe stehender Unternehmen und Personen), Nr. 29 und Nr. 32 HGB aufnehmen. Entsprechendes gilt für die „Muster-Groß-GmbH & Co. KG".

7.2 „Musteranhang" für die „Muster-Klein-GmbH" sowie die „Muster-Klein-GmbH & Co. KG"

Vorbemerkung:

Im „Musteranhang" der kleinen „Muster-Unternehmen" werden die Informationsanforderungen für die in Abschnitt 7.1 geschilderten Verhältnisse zunächst für die „Muster-Klein-GmbH" abgebildet; dazu ergänzend von der „Muster-Klein-GmbH & Co. KG" aufzunehmende Angaben werden nachrichtlich aufgeführt. Sowohl der Inhalt dieses „Musteranhangs" als auch die im Folgenden zur Erfüllung der Informationspflichten gewählten Formulierungen bzw. Darstellungen werden im Einzelfall, soweit notwendig, auf die jeweils individuellen Verhältnisse anzupassen sein. Sie verdeutlichen gleichwohl, wie die Informationsanforderungen im Anhang formuliert und praxisorientiert umgesetzt werden können.

Anhang für das Geschäftsjahr 20xx der Muster-Klein-GmbH (sowie der Muster-Klein-GmbH & Co. KG)

A. Grundlegende Angaben zum Unternehmen und zur Bilanzierung

Registerdaten zum Unternehmen, Gliederung, Vorjahresbeträge

Der Jahresabschluss der Muster-Klein-GmbH, Klein-Musterhausen (Amtsgericht Musterstadt, HRB 0001) wurde nach den Vorschriften der §§ 242 ff. HGB unter Beachtung der ergänzenden Bestimmungen für Kapitalgesellschaften (§§ 264 ff. HGB) sowie des GmbHG aufgestellt.

Die Gewinn- und Verlustrechnung wurde nach dem Gesamtkostenverfahren gegliedert.

Angaben zu den Bilanzierungs- und Bewertungsmethoden

Das Anlagevermögen wird zu Anschaffungskosten einschließlich Nebenkosten oder Herstellungskosten (gemäß § 255 Abs. 2 bis 3 HGB) bilanziert.

Die immateriellen Vermögensgegenstände werden zu Anschaffungskosten, vermindert um lineare Abschreibungen (bei einer betriebsgewöhnlichen Nutzungsdauer von bis zu drei Jahren), bewertet. Selbst erstellte immaterielle Vermögensgegenstände des Anlagevermögens werden nicht aktiviert.

Der aktivierte Geschäfts- oder Firmenwert wird entsprechend seiner geschätzten Nutzungsdauer von acht Jahren abgeschrieben. Diese Nutzungsdauerschätzung ist durch die Laufzeit wichtiger Absatzverträge des erworbenen Unternehmens begründet.

Sachanlagen werden zu Anschaffungs- bzw. Herstellungskosten, vermindert um lineare Abschreibungen (Nutzungsdauern zwischen acht und 14 Jahren) angesetzt. Die Herstellungskosten der Sachanlagen werden i. H. der handelsrechtlichen Untergrenze bemessen (Einzelkosten, angemessene Material- und Fertigungsgemeinkosten sowie Werteverzehr des Anlagevermögens, soweit durch die Fertigung veranlasst). Einbeziehungswahlrechte werden nicht ausgeübt. Auch Fremdkapitalzinsen werden nicht aktiviert.

Steuerlich sogenannte geringwertige Wirtschaftsgüter werden im Zugangszeitpunkt sofort vollständig abgeschrieben.

Die Anteile an verbundenen Unternehmen werden mit den Anschaffungskosten, bei voraussichtlich dauernder Wertminderung abzüglich außerplanmäßiger Abschreibungen, bilanziert.

Finanzanlagen, die dem Zugriff aller übrigen Gläubiger entzogen sind und ausschließlich der Erfüllung von Altersversorgungsverpflichtungen dienen, werden zum beizulegenden Zeitwert bewertet und mit den Rückstellungen für Pensionen und ähnliche Verpflichtungen saldiert. Ein daraus verbleibender aktiver Saldo wird in der Bilanz gesondert als „Aktiver Unterschiedsbetrag aus der Vermögensverrechnung" ausgewiesen.

Roh-, Hilfs- und Betriebsstoffe und Waren werden zu Anschaffungskosten bei Anwendung zulässiger Bewertungsvereinfachungsverfahren oder zu niedrigeren Tageswerten angesetzt.

Die unfertigen und fertigen Erzeugnisse werden zu Herstellungskosten (Einzelkosten, angemessene Material- und Fertigungsgemeinkosten sowie Werteverzehr des Anlagevermögens, soweit durch die Fertigung veranlasst) bewertet, sofern nicht nach § 253 Abs. 4 HGB um noch anfallende Aufwendungen geminderte Verkaufswerte anzusetzen sind. Es wurden Fremdkapitalzinsen i. H. von ... T€ in die Herstellungskosten einbezogen.

Bei den Forderungen und sonstigen Vermögensgegenständen werden erkennbare Einzelrisiken durch Wertberichtigungen berücksichtigt. Dem allgemeinen Kreditrisiko bei den Forderungen aus Lieferungen und Leistungen wird zusätzlich durch eine ausreichend bemessene Pauschalwertberichtigung Rechnung getragen.

Kassenbestände und Bankguthaben werden jeweils zum Nennwert angesetzt.

Aufgrund von § 6b EStG wurde in Vorjahren gemäß §§ 273, 281 Abs. 1 HGB a. F. (vor BilMoG) für Veräußerungsgewinne aus Anlagenverkäufen ein Sonderposten mit Rücklageanteil gebildet. Beim Übergang auf die HGB-Vorschriften nach BilMoG wurde der Sonderposten beibehalten (Art. 67 Abs. 3 Satz 1 EGHGB) und wird mit der planmäßigen Abschreibung der Vermögensgegenstände, auf die er übertragen wurde, aufgelöst.

Die Rückstellungen für Pensionen und ähnliche Verpflichtungen werden zum notwendigen Erfüllungsbetrag bilanziert. Dazu wird der notwendige Verpflichtungsumfang unter Berücksichtigung von Lohn- und Gehaltstrends nach anerkannten versicherungsmathematischen Grundsätzen ermittelt und auf den Bilanzstichtag abgezinst. Für die Abzinsung wurde pauschal eine durchschnittliche Restlaufzeit von 15 Jahren unterstellt. Als Abzinsungsfaktor wurde der dazu von der Deutschen Bundesbank auf den Bilanzstichtag ermittelte durchschnittliche Marktzinssatz der vergangenen zehn Jahre von ... % angesetzt.

Steuerrückstellungen und sonstige Rückstellungen werden i. H. des nach vernünftiger kaufmännischer Beurteilung notwendigen Erfüllungsbetrags passiviert. Bei Rückstellungen mit einer Restlaufzeit von mehr als einem Jahr werden künftige Preis- und Kostensteigerungen i. H. der allgemeinen Inflationsrate berücksichtigt und eine Abzinsung auf den Bilanzstichtag vorgenommen. Als Abzinsungssätze werden die den Restlaufzeiten der Rückstellungen entsprechenden durchschnittlichen Marktzinssätze der vergangenen sieben Geschäftsjahre verwendet, wie sie von der Deutschen Bundesbank gemäß Rückstellungsabzinsungsverordnung monatlich ermittelt und bekannt gegeben werden.

Die pauschale Ermittlung der Rückstellung für Gewährleistung wurde modifiziert. Statt eines einheitlichen Prozentsatzes von ... % auf den laufenden Jahresumsatz werden nun jeweils sachgerechtere, auf Vergangenheitswerten basierende, gestaffelte Prozentsätze von ... bis ... % zu den garantiebehafteten Umsatzerlösen der letzten drei Jahre ins Verhältnis gesetzt. Der daraus resultierende Ergebniseffekt beträgt ... T€.

Die Verbindlichkeiten werden mit den Erfüllungsbeträgen angesetzt.

Geschäftsvorfälle in fremder Währung werden zum jeweiligen Tageskurs eingebucht. Forderungen und Verbindlichkeiten in Fremdwährung, deren Restlaufzeit nicht mehr als ein Jahr beträgt, werden mit dem Devisenkassamittelkurs am Bilanzstichtag bewertet. In anderen Fällen werden eventuelle Kursverluste am Bilanzstichtag berücksichtigt.

Latente Steuern gemäß § 274 HGB werden nicht gebildet.

B. Weitere Angaben zur Bilanz

1. Forderungen und sonstige Vermögensgegenstände

Forderungen gegen Gesellschafter

Die Forderungen und sonstigen Vermögensgegenstände enthalten ...T€ Forderungen gegen Gesellschafter. Es handelt sich dabei um Forderungen aus Lieferungen und Leistungen.

Bewertungseinheiten

Zur Absicherung von Währungsrisiken bei Fremdwährungsforderungen wurden derivative Finanzinstrumente in Form von Devisentermingeschäften eingesetzt. Die Devisentermingeschäfte und die Fremdwährungsforderungen wurden jeweils zu einer Bewertungseinheit in Form von micro hedges zusammengefasst. Ihre jeweilige Effektivität wurde anhand der Critical-Term-Match-Methode ermittelt. Damit wurde eine vollständige Wirksamkeit festgestellt. Infolgedessen waren zum Bilanzstichtag hierfür keine Rückstellungen für drohende Verluste aus schwebenden Geschäften zu bilden. Unsicherheiten in den Zahlungsströmen bestehen aufgrund der fixen Devisenterminkurse nicht.

2. Aktiver Unterschiedsbetrag aus Vermögensverrechnung

Unter dem aktiven Unterschiedsbetrag aus Vermögensverrechnung ist der gemäß § 246 Abs. 2 Satz 2 HGB saldierte Betrag aus Wertpapieren des Anlagevermögens und Rückstellungen für Pensionen und ähnliche Verpflichtungen ausgewiesen. Der Posten wird wie folgt erläutert:

	T€
Anschaffungskosten der verrechneten Wertpapiere	
Beizulegende Zeitwerte der verrechneten Wertpapiere (Marktpreise)	
Erfüllungsbetrag der verrechneten Rückstellungen für Pensionen und ähnliche Verpflichtungen	
Verrechnete Aufwendungen	
Verrechnete Erträge	

3. Eigenkapital

In die Gewinnrücklagen wurde aus dem Eigenkapitalanteil von Wertaufholungen ein Betrag i. H. von ...T€ eingestellt.

Im Bilanzgewinn ist der Gewinnvortrag des Vorjahres i. H. von ...T€ enthalten.

4. Rückstellungen für Pensionen und ähnliche Verpflichtungen

Durch die Ausübung des Wahlrechts nach Art. 67 Abs. 1 EGHGB (Zuführung zur Bewertung der Rückstellungen für Pensionen nach den Regelungen des BilMoG bis zum 31. 12. 2024 mit jährlich 1/15) ergibt sich zum Bilanzstichtag ein ausstehender Zuführungsbetrag (Unterdeckung) i. H. von ...T€. Zudem resultiert aus der Abzinsung dieser Rückstellungen mit dem durchschnittlichen Marktzinssatz der vergangenen zehn statt sieben Jahre ein Unterschiedsbetrag i. H. von ...T€. Dieser Unterschiedsbetrag ist für die Ausschüttung gesperrt.

Darüber hinaus beläuft sich der Fehlbetrag aus nicht bilanzierten mittelbaren Pensionsverpflichtungen auf ... T€.

5. Sonstige Rückstellungen

Die im Jahr 2009 gebildete Rückstellung für Umweltnachsorgeverpflichtungen wurde weiter mit ... T€ bilanziert (Art. 67 Abs. 1 Satz 2 EGHGB). Zum Bilanzstichtag beträgt die Überdeckung ... T€.

6. Verbindlichkeiten

Verbindlichkeitenspiegel

(Hinweis: Für die Angabe der Restlaufzeit bis zu einem Jahr und über einem Jahr ist im HGB ein Bilanzvermerk vorgesehen. Die Einbeziehung in den Verbindlichkeitenspiegel im Anhang ist in der Praxis üblich und wird auch vom Gesetzgeber als zulässige Möglichkeit angesehen. Dann sind rechtssystematisch aber Vorjahreszahlen für die Buchwerte und die Restlaufzeiten bis zu einem Jahr und über einem Jahr anzugeben, entweder jeweils in einer gesonderten Spalte oder aber in den Spalten für das laufende Jahr bei den dafür genannten Werten darunter in Klammern.)

		Stand 31.12.20xx (T€)	Restlaufzeit bis ein Jahr* (T€)	Restlaufzeit über ein Jahr (T€)
1.	Anleihen, ▶ davon konvertibel	( )	( )	( )
2.	Verbindlichkeiten gegenüber Kreditinstituten	( )	( )	( )
3.	Erhaltene Anzahlungen auf Bestellungen	( )	( )	( )
4.	Verbindlichkeiten aus Lieferungen und Leistungen	( )	( )	( )
5.	Verbindlichkeiten aus der Annahme gezogener Wechsel und der Ausstellung eigener Wechsel	( )	( )	( )
6.	Verbindlichkeiten gegenüber verbundenen Unternehmen	( )	( )	( )
7.	Verbindlichkeiten gegenüber Unternehmen, mit denen ein Beteiligungsverhältnis besteht	( )	( )	( )
8.	Sonstige Verbindlichkeiten, ▶ davon aus Steuern ▶ davon im Rahmen der sozialen Sicherheit	( )	( )	( )

*In Klammern angegebene Werte betreffen Vorjahreszahlen.

Verbindlichkeiten mit einer Restlaufzeit von mehr als fünf Jahren bestehen i. H. von ... T€.

Verbindlichkeiten gegenüber Gesellschaftern bestehen i. H. von ... T€ und resultieren aus einem Darlehen.

Die Verbindlichkeiten gegenüber Kreditinstituten sind i. H. von ... T€ durch Grundpfandrechte besichert.

Der unter dem Posten Verbindlichkeiten aus Lieferungen und Leistungen ausgewiesene Betrag ist teilweise durch übliche Eigentumsvorbehalte von Lieferanten besichert.

C. Weitere Angaben zur Gewinn- und Verlustrechnung

1. Sonstige betriebliche Erträge, sonstige betriebliche Aufwendungen

Innerhalb der sonstigen betrieblichen Erträge und sonstigen betrieblichen Aufwendungen sind außergewöhnliche Erträge i. H. von ... T€ bzw. außergewöhnliche Aufwendungen i. H. von ... T€ enthalten. Sie stehen im Zusammenhang mit einem Schadensfall.

Die sonstigen betrieblichen Erträge enthalten zudem Erträge aus der Auflösung von Sonderposten mit Rücklagenanteil i. H. von ... T€.

2. Abschreibungen auf Finanzanlagen

Aufgrund von voraussichtlich dauernder Wertminderung wurden im Geschäftsjahr 20xx außerplanmäßige Abschreibungen auf Finanzanlagen i. H. von ... T€ vorgenommen. Es handelt sich um Wertpapiere, die aufgrund eines nachhaltigen Kursverfalls auf den niedrigeren beizulegenden Wert abgeschrieben wurden.

D. Sonstige Angaben

1. Anzahl der Mitarbeiter

Im abgelaufenen Geschäftsjahr waren durchschnittlich ... Arbeitnehmer beschäftigt.

2. Kreditgewährung an die Geschäftsführung

Den Mitgliedern der Geschäftsführung wurde im Vorjahr ein Darlehen i. H. von ... T€ mit einer Verzinsung von ... % und einer Laufzeit von ... Jahren gewährt. Davon wurden im Geschäftsjahr ... T€ zurückgezahlt. Zugunsten dieser Personengruppe ging die Gesellschaft Haftungsverhältnisse i. H. von ... T€ ein.

3. Angaben zum Mutterunternehmen

Mutterunternehmen i. S. d. § 285 Nr. 14a HGB ist die Muster-Mutter-GmbH, Musterstadt.

4. Haftungsverhältnisse

Zum Abschlussstichtag bestanden folgende Haftungsverhältnisse:

	T€
Begebung und Übertragung von Wechseln, Bürgschaften, Wechsel- und Scheckbürgschaften	
▶ davon gegenüber verbundenen Unternehmen	
▶ davon gegenüber assoziierten Unternehmen	
▶ davon aus Altersversorgungsverpflichtungen	

Gewährleistungsverträge ▶ davon gegenüber verbundenen Unternehmen ▶ davon gegenüber assoziierten Unternehmen ▶ davon aus Altersversorgungsverpflichtungen	
Haftungsverhältnisse aus der Bestellung für Sicherheiten für fremde Verbindlichkeiten ▶ davon gegenüber verbundenen Unternehmen ▶ davon gegenüber assoziierten Unternehmen ▶ davon aus Altersversorgungsverpflichtungen	
Sonstige Haftungsverhältnisse ▶ davon gegenüber verbundenen Unternehmen ▶ davon gegenüber assoziierten Unternehmen ▶ davon aus Altersversorgungsverpflichtungen	

5. Sonstige finanzielle Verpflichtungen

Die sonstigen finanziellen Verpflichtungen nach § 285 Nr. 3a HGB betrugen ...T€. Davon bestanden ...T€ gegenüber verbundenen Unternehmen, ...T€ gegenüber assoziierten Unternehmen und ...T€ aus Altersversorgungsverpflichtungen.

Ort, ...

Geschäftsführung

Spezifische Angabeaspekte bei der „Muster-Klein-GmbH & Co. KG", soweit einschlägig:

Unter B.1. oben: Für die Angabe der Forderungen gegen Gesellschafter ergibt sich bei GmbH & Co. KG kein Änderungsbedarf, da die Informationsanforderungen nach § 264c Abs. 1 HGB identisch sind mit denen nach § 42 Abs. 3 GmbHG.

Unter B.4.: Die Angabe zur Ausschüttungssperre des abzinsungsbedingten Unterschiedsbetrags bei Rückstellungen für Pensionen und ähnliche Verpflichtungen entfällt für GmbH & Co. KG.

Im Übrigen sind natürlich auch die Registerdaten oben unter A. unternehmensspezifisch anzupassen.

7.3 „Musteranhang" für die „Muster-Mittelgroß-GmbH" sowie die „Muster-Mittelgroß-GmbH & Co. KG"

Vorbemerkung:

Im „Musteranhang" der mittelgroßen „Muster-Unternehmen" werden die Informationsanforderungen für die in Abschnitt 7.1 geschilderten Verhältnisse zunächst für die „Muster-Mittelgroß-GmbH" abgebildet; dazu ergänzend von der „Muster-Mittelgroß-GmbH & Co. KG" aufzunehmende Angaben werden nachrichtlich aufgeführt. Sowohl der Inhalt dieses „Musteranhangs" als auch die im Folgenden zur Erfüllung der Informationspflichten gewählten Formulierungen bzw. Darstellungen werden im Einzelfall, soweit notwendig, auf die jeweils individuellen Verhältnisse anzupassen sein. Sie verdeutlichen gleichwohl, wie die Informationsanforderungen im Anhang formuliert und praxisorientiert umgesetzt werden können.

Anhang für das Geschäftsjahr 20xx der Muster-Mittelgroß-GmbH (sowie der Muster-Mittelgroß-GmbH & Co. KG)

A. Grundlegende Angaben zum Unternehmen und zur Bilanzierung

Registerdaten zum Unternehmen, Gliederung, Vorjahresbeträge

Der Jahresabschluss der Muster-Mittelgroß-GmbH, Mittelgroß-Musterhausen (Amtsgericht Musterstadt, HRB 0005) wurde nach den Vorschriften der §§ 242 ff. HGB unter Beachtung der ergänzenden Bestimmungen für Kapitalgesellschaften (§§ 264 ff. HGB) sowie des GmbHG aufgestellt.

Die Gewinn- und Verlustrechnung wurde nach dem Gesamtkostenverfahren gegliedert.

Angaben zu den Bilanzierungs- und Bewertungsmethoden

Das Anlagevermögen wird zu Anschaffungskosten einschließlich Nebenkosten oder Herstellungskosten (gemäß § 255 Abs. 2 bis 3 HGB) bilanziert.

Die immateriellen Vermögensgegenstände werden zu Anschaffungskosten, vermindert um lineare Abschreibungen (bei einer betriebsgewöhnlichen Nutzungsdauer von bis zu drei Jahren), bewertet. Selbst erstellte immaterielle Vermögensgegenstände des Anlagevermögens werden nicht aktiviert.

Der aktivierte Geschäfts- oder Firmenwert wird entsprechend seiner geschätzten Nutzungsdauer von acht Jahren abgeschrieben. Diese Nutzungsdauerschätzung ist durch die Laufzeit wichtiger Absatzverträge des erworbenen Unternehmens begründet.

Sachanlagen werden zu Anschaffungs- bzw. Herstellungskosten, vermindert um lineare Abschreibungen (Nutzungsdauern zwischen acht und 14 Jahren) angesetzt. Die Herstellungskosten der Sachanlagen werden i. H. der handelsrechtlichen Untergrenze bemessen (Einzelkosten, angemessene Material- und Fertigungsgemeinkosten sowie Werteverzehr des Anlagevermögens, soweit durch die Fertigung veranlasst). Einbeziehungswahlrechte werden nicht ausgeübt. Auch Fremdkapitalzinsen werden nicht aktiviert.

Steuerlich sogenannte geringwertige Wirtschaftsgüter werden im Zugangszeitpunkt sofort vollständig abgeschrieben.

Die Anteile an verbundenen Unternehmen werden mit den Anschaffungskosten, bei voraussichtlich dauernder Wertminderung abzüglich außerplanmäßiger Abschreibungen, bilanziert.

Finanzanlagen, die dem Zugriff aller übrigen Gläubiger entzogen sind und ausschließlich der Erfüllung von Altersversorgungsverpflichtungen dienen, werden zum beizulegenden Zeitwert bewertet und mit den Rückstellungen für Pensionen und ähnliche Verpflichtungen saldiert. Ein daraus verbleibender aktiver Saldo wird in der Bilanz gesondert als „Aktiver Unterschiedsbetrag aus der Vermögensverrechnung" ausgewiesen.

Für Rohstoffe werden die Anschaffungs- oder Herstellungskosten nach der Lifo-Methode, für Hilfs- und Betriebsstoffe überwiegend nach der Durchschnittskostenmethode ermittelt.

Die unfertigen und fertigen Erzeugnisse werden zu Herstellungskosten (Einzelkosten, angemessene Material- und Fertigungsgemeinkosten sowie Werteverzehr des Anlagevermögens, soweit durch die Fertigung veranlasst) bewertet, sofern nicht nach § 253 Abs. 4 HGB um noch anfallende Aufwendungen geminderte Verkaufswerte anzusetzen sind. Es wurden Fremdkapitalzinsen i. H. von ... T€ in die Herstellungskosten einbezogen.

Bei den Forderungen und sonstigen Vermögensgegenständen werden erkennbare Einzelrisiken durch Wertberichtigungen berücksichtigt. Dem allgemeinen Kreditrisiko bei den Forderungen aus Lieferungen und Leistungen wird zusätzlich durch eine ausreichend bemessene Pauschalwertberichtigung Rechnung getragen.

Kassenbestände und Bankguthaben werden jeweils zum Nennwert angesetzt.

Aufgrund von § 6b EStG wurde in Vorjahren gemäß §§ 273, 281 Abs. 1 HGB a. F. (vor BilMoG) für Veräußerungsgewinne aus Anlagenverkäufen ein Sonderposten mit Rücklageanteil gebildet. Beim Übergang auf die HGB-Vorschriften nach BilMoG wurde der Sonderposten beibehalten (Art. 67 Abs. 3 Satz 1 EGHGB) und wird mit der planmäßigen Abschreibung der Vermögensgegenstände, auf die er übertragen wurde, aufgelöst.

Die Rückstellungen für Pensionen und ähnliche Verpflichtungen werden nach anerkannten versicherungsmathematischen Grundsätzen unter Anwendung der „Projected-Unit-Credit-Methode" ermittelt. Als biometrische Rechnungsgrundlagen wurden die „Richttafeln 2005G" von Klaus Heubeck zugrunde gelegt. Gehalts- und Rentenanpassungen sowie ... sind mit jeweils ... % p. a. eingerechnet. Für die Abzinsung wurde pauschal eine durchschnittliche Restlaufzeit von 15 Jahren unterstellt. Als Abzinsungsfaktor wurde der dazu von der Deutschen Bundesbank auf den Bilanzstichtag ermittelte durchschnittliche Marktzinssatz der vergangenen zehn Jahre von ... % angesetzt.

Steuerrückstellungen und sonstige Rückstellungen werden i. H. des nach vernünftiger kaufmännischer Beurteilung notwendigen Erfüllungsbetrags passiviert. Bei Rückstellungen mit einer Restlaufzeit von mehr als einem Jahr werden künftige Preis- und Kostensteigerungen i. H. der allgemeinen Inflationsrate berücksichtigt und eine Abzinsung auf den Bilanzstichtag vorgenommen. Als Abzinsungssätze werden die den Restlaufzeiten der Rückstellungen entsprechenden durchschnittlichen Marktzinssätze der vergangenen sieben Geschäftsjahre verwendet, wie sie von der Deutschen Bundesbank gemäß Rückstellungsabzinsungsverordnung monatlich ermittelt und bekannt gegeben werden.

Die pauschale Ermittlung der Rückstellung für Gewährleistung wurde modifiziert. Statt eines einheitlichen Prozentsatzes von ... % auf den laufenden Jahresumsatz werden nun jeweils sachgerechtere, auf Vergangenheitswerten basierende, gestaffelte Prozentsätze von ... bis ... % zu den garantiebehafteten Umsatzerlösen der letzten drei Jahre ins Verhältnis gesetzt. Der daraus resultierende Ergebniseffekt beträgt ... T€.

Die Verbindlichkeiten werden mit den Erfüllungsbeträgen angesetzt.

Geschäftsvorfälle in fremder Währung werden zum jeweiligen Tageskurs eingebucht. Forderungen und Verbindlichkeiten in Fremdwährung, deren Restlaufzeit nicht mehr als ein Jahr beträgt, werden mit dem Devisenkassamittelkurs am Bilanzstichtag bewertet. In anderen Fällen werden eventuelle Kursverluste am Bilanzstichtag berücksichtigt.

Bestehen zwischen den handelsrechtlichen Wertansätzen von Vermögensgegenständen, Schulden und Rechnungsabgrenzungsposten und ihren steuerlichen Wertansätzen Differenzen, die sich in späteren Geschäftsjahren voraussichtlich abbauen, werden sich daraus insgesamt ergebende Steuerbelastungen passiviert und Steuerentlastungen aktiviert. Bei der Ermittlung latenter Steuerentlastungen werden ggf. bestehende steuerliche Verlustvorträge i. H. der innerhalb der nächsten fünf Jahre zu erwartenden Verlustverrechnung berücksichtigt.

B. Weitere Angaben zur Bilanz

1. Entwicklung der Posten des Anlagevermögens

Mustergesellschaft

Entwicklung des Anlagevermögens des Geschäftsjahres 20xx

	Anschaffungs-/Herstellungskosten 1.1.20xx €	Zugänge €	Abgänge €	Umbuchungen €	Zuschreibungen €	Anschaffungs-/Herstellungskosten 31.12.20xx €	Abschreibungen kumuliert 1.1.20xx €	Zugänge €	Abgänge €	Umbuchungen €	Abschreibungen kumuliert 31.12.20xx €	Buchwert 31.12.20xx €	Zum Vergleich: Buchwert 31.12. Vorjahr €	Abschreibungen des Geschäftsjahres €
I. Immaterielle Vermögensgegenstände														
1. Konzessionen, gewerbliche Schutzrechte und ähnliche Rechte und Werte sowie Lizenzen an solchen Rechten und Werten														
2. Geschäfts- oder Firmenwerte														
3. Geleistete Anzahlungen														
II. Sachanlagen														
1. Grundstücke, grundstücksgleiche Rechte und Bauten einschließlich der Bauten auf fremden Grundstücken														
2. Technische Anlagen und Maschinen														
3. Andere Anlagen, Betriebs- und Geschäftsausstattung														
4. Geleistete Anzahlungen und Anlagen im Bau														
III. Finanzanlagen														
1. Anteile an verbundenen Unternehmen														
2. Ausleihungen an verbundene Unternehmen														
3. Beteiligungen														
4. Ausleihungen an Unternehmen, mit denen ein Beteiligungsverhältnis besteht														
5. Wertpapiere des Anlagevermögens														
6. Sonstige Ausleihungen														

Zinsen für Fremdkapital wurden bei keinem Posten des Anlagevermögens aktiviert.

2. Angaben zu Finanzanlagen

Beteiligungsbesitz

	Beteiligung %	31.12.20xx Eigenkapital T€	20xx Ergebnis T€
Inland Name, Sitz			
Ausland Name, Sitz			

Beteiligungen als persönlich haftender Gesellschafter

Die Gesellschaft ist als Komplementärin an folgender Kommanditgesellschaft beteiligt: Muster Grundstücks-Vermietungsgesellschaft mbH & Co. Objekt Mustergrund KG, Musterstadt.

Anteile an Investmentvermögen

Innerhalb der Wertpapiere des Anlagevermögens sind Anteile an EU-Investmentvermögen mit einem Buchwert i. H. von ... T€ ausgewiesen. Ihr Marktwert beträgt ... T€. Für das Geschäftsjahr erfolgten Ausschüttungen i. H. von ... T€. Beschränkungen in der Möglichkeit der täglichen Rückgabe bestehen nicht. Aufgrund der positiven Wertentwicklung der Anteile nach dem Bilanzstichtag wurden ihre zum Bilanzstichtag bestehende Wertminderung als voraussichtlich nur vorübergehend beurteilt und Abschreibungen gemäß § 253 Abs. 3 Satz 6 HGB i. H. von ... T€ unterlassen.

Stille Lasten im Finanzanlagevermögen

Die im Finanzanlagevermögen ausgewiesenen Ausleihungen an verbundene Unternehmen wurden mit einem um ... T€ über dem beizulegenden Zeitwert i. H. von ... T€ liegenden Buchwert ausgewiesen, da die Wertminderung voraussichtlich nicht von Dauer ist. Der niedrigere beizulegende Zeitwert ist auf Anlaufverluste des verbundenen Unternehmens zurückzuführen. Die realistischen und genehmigten Planungen dieses Unternehmens sehen bereits ab dem Jahr .... positive operative Cashflows vor.

3. Vorräte

Für die nach der Lifo-Methode bewerteten Rohstoffe ergab sich im Vergleich zu einer Bewertung zu Börsen- oder Marktwerten ein Unterschiedsbetrag (Lifo-Reserve) i. H. von ... T€. Bei den Hilfs- und Betriebsstoffen beläuft sich der Unterschiedsbetrag zwischen der Bewertung zu Durchschnittskosten und Börsen- oder Marktwerten auf ... T€.

4. Forderungen und sonstige Vermögensgegenstände

Forderungen gegen Gesellschafter

Die Forderungen und sonstigen Vermögensgegenstände enthalten ... T€ Forderungen gegen Gesellschafter. Es handelt sich dabei um Forderungen aus Lieferungen und Leistungen.

Derivative Finanzinstrumente/Bewertungseinheiten

Zur Absicherung von Währungsrisiken bei Fremdwährungsforderungen wurden derivative Finanzinstrumente in Form von Devisentermingeschäften mit einem Gesamtvolumen von ... T€ eingesetzt. Die Zeitwerte der Termingeschäfte zum Bilanzstichtag wurden nach der Barwertmethode bewertet und betragen insgesamt saldiert ... T€. Die Devisentermingeschäfte und die Fremdwährungsforderungen wurden jeweils zu einer Bewertungseinheit in Form von micro hedges zusammengefasst. Ihre jeweilige Effektivität wurde anhand der Critical-Term-Match-Methode ermittelt. Damit wurde eine vollständige Wirksamkeit festgestellt. Infolgedessen waren zum Bilanzstichtag hierfür keine Rückstellungen für drohende Verluste aus schwebenden Geschäften zu bilden. Unsicherheiten in den Zahlungsströmen bestehen aufgrund der fixen Devisenterminkurse nicht.

5. Aktive Rechnungsabgrenzungsposten

Hierin enthalten ist ein Disagio von ... T€.

6. Aktiver Unterschiedsbetrag aus Vermögensverrechnung

Unter dem aktiven Unterschiedsbetrag aus Vermögensverrechnung ist der gemäß § 246 Abs. 2 Satz 2 HGB saldierte Betrag aus Wertpapieren des Anlagevermögens und Rückstellungen für Pensionen und ähnliche Verpflichtungen ausgewiesen. Der Posten wird wie folgt erläutert:

	T€
Anschaffungskosten der verrechneten Wertpapiere	
Beizulegende Zeitwerte der verrechneten Wertpapiere (Marktpreise)	
Erfüllungsbetrag der verrechneten Rückstellungen für Pensionen und ähnliche Verpflichtungen	
Verrechnete Aufwendungen	
Verrechnete Erträge	

7. Eigenkapital

In die Gewinnrücklagen wurde aus dem Eigenkapitalanteil von Wertaufholungen ein Betrag i. H. von ... T€ eingestellt.

Im Bilanzgewinn ist der Gewinnvortrag des Vorjahres i. H. von ... T€ enthalten.

Für die Ausschüttung gesperrt i. S. d. § 268 Abs. 8 HGB sind Beträge i. H. von ... T€. Davon entfallen auf die Aktivierung latenter Steuern ... T€ und auf die Bewertung von Vermögensgegenständen zum beizulegenden Zeitwert ... T€.

Die Geschäftsführung schlägt vor, aus dem Bilanzgewinn einen Betrag i. H. von ... T€ an die Gesellschafter auszuschütten und ... T€ auf neue Rechnung vorzutragen.

8. Rückstellungen für Pensionen und ähnliche Verpflichtungen

Durch die Ausübung des Wahlrechts nach Art. 67 Abs. 1 EGHGB (Zuführung zur Bewertung der Rückstellungen für Pensionen nach den Regelungen des BilMoG bis zum 31.12.2024 mit jährlich 1/15) ergibt sich zum Bilanzstichtag ein ausstehender Zuführungsbetrag (Unterdeckung) i. H. von ... T€. Zudem resultiert aus der Abzinsung dieser Rückstellungen mit dem durchschnittlichen Marktzinssatz der vergangenen zehn statt sieben Jahre ein Unterschiedsbetrag i. H. von ...T€. Dieser Unterschiedsbetrag ist für die Ausschüttung gesperrt.

Darüber hinaus beläuft sich der Fehlbetrag aus nicht bilanzierten mittelbaren Pensionsverpflichtungen auf ...T€.

9. Sonstige Rückstellungen

In den sonstigen Rückstellungen sind insbesondere Rückstellungen für Personalkosten i. H. von ...T€, ausstehende Rechnungen und Montageleistungen von ...T€, sonstige Provisionen von ...T€, drohende Verluste aus schwebenden Geschäften von ...T€ sowie Garantien von ...T€ enthalten.

Die im Jahr 2009 gebildete Rückstellung für Umweltnachsorgeverpflichtungen wurde weiter mit ...T€ bilanziert (Art. 67 Abs. 1 Satz 2 EGHGB). Zum Bilanzstichtag beträgt die Überdeckung ...T€.

10. Verbindlichkeiten

Verbindlichkeitenspiegel

(Hinweis: Für die Angabe der Restlaufzeit bis zu einem Jahr und über einem Jahr ist im HGB ein Bilanzvermerk vorgesehen. Die Einbeziehung in den Verbindlichkeitenspiegel im Anhang ist in der Praxis üblich und wird auch vom Gesetzgeber als zulässige Möglichkeit angesehen. Dann sind rechtssystematisch aber Vorjahreszahlen für die Buchwerte und die Restlaufzeiten bis zu einem Jahr und über einem Jahr anzugeben, entweder jeweils in einer gesonderten Spalte oder aber in den Spalten für das laufende Jahr bei den dafür genannten Werten darunter in Klammern.)

		Stand 31.12.20xx (T€)	Restlaufzeit bis ein Jahr* (T€)	Restlaufzeit über ein Jahr (T€)	Restlaufzeit über fünf Jahre (T€)
1.	Anleihen, ▶ davon konvertibel	( )	( )	( )	( )
2.	Verbindlichkeiten gegenüber Kreditinstituten	( )	( )	( )	( )
3.	Erhaltene Anzahlungen auf Bestellungen	( )	( )	( )	( )
4.	Verbindlichkeiten aus Lieferungen und Leistungen	( )	( )	( )	( )
5.	Verbindlichkeiten aus der Annahme gezogener Wechsel und der Ausstellung eigener Wechsel	( )	( )	( )	( )
6.	Verbindlichkeiten gegenüber verbundenen Unternehmen	( )	( )	( )	( )

7.	Verbindlichkeiten gegenüber Unternehmen, mit denen ein Beteiligungsverhältnis besteht		( )		( )		( )		( )
8.	Sonstige Verbindlichkeiten, ▶ davon aus Steuern ▶ davon im Rahmen der sozialen Sicherheit		( )		( )		( )		( )

*In Klammern angegebene Werte betreffen Vorjahreszahlen.

Verbindlichkeiten gegenüber Gesellschaftern bestehen i. H. von ...T€ und resultieren aus einem Darlehen.

Die Verbindlichkeiten gegenüber Kreditinstituten sind i. H. von ...T€ durch Grundpfandrechte besichert.

Der unter dem Posten Verbindlichkeiten aus Lieferungen und Leistungen ausgewiesene Betrag ist teilweise durch übliche Eigentumsvorbehalte von Lieferanten besichert.

11. Passive latente Steuern

Die Veränderung der latenten Steuersalden im abgelaufenen Geschäftsjahr stellt sich wie folgt dar:

	Veränderungen latenter Steuern im Geschäftsjahr ... (Beträge in T€)			
	Stand zu Beginn	Zugang	Verbrauch/Abgang	Stand am Ende
Passive latente Steuern				
Aktive latente Steuern				

C. Weitere Angaben zur Gewinn- und Verlustrechnung

1. Sonstige betriebliche Erträge, sonstige betriebliche Aufwendungen

Innerhalb der sonstigen betrieblichen Erträge und sonstigen betrieblichen Aufwendungen sind außergewöhnliche Erträge i. H. von ...T€ bzw. außergewöhnliche Aufwendungen i. H. von ...T€ enthalten. Sie stehen im Zusammenhang mit einem Schadensfall.

Die sonstigen betrieblichen Erträge enthalten zudem Erträge aus der Auflösung von Sonderposten mit Rücklagenanteil i. H. von ...T€.

2. Abschreibungen auf Finanzanlagen

Aufgrund von voraussichtlich dauernder Wertminderung wurden im Geschäftsjahr 20xx außerplanmäßige Abschreibungen auf Finanzanlagen i. H. von ...T€ vorgenommen. Es handelt sich um Wertpapiere, die aufgrund eines nachhaltigen Kursverfalls auf den niedrigeren beizulegenden Wert abgeschrieben wurden.

D. Sonstige Angaben

1. Anzahl der Mitarbeiter

Im Geschäftsjahr wurden durchschnittlich beschäftigt:

	Anzahl
Arbeiter	
Angestellte	
Gesamt	

(Hinweis: Vorjahreszahlen müssen nicht angegeben werden.)

2. Angaben zu den Mitgliedern der Geschäftsführung

Mitglieder der Geschäftsführung sind:

Dr. Max Mustermann, Vorsitzender, Mittelgroß-Musterhausen, Geschäftsführer Bereich Technik

Dr. Sabine Musterfrau, Mittelgroß-Musterhausen, Geschäftsführerin kaufmännischer Bereich

...

Die Bezüge der Geschäftsführung für das abgelaufene Geschäftsjahr betrugen ...T€.

Den Mitgliedern der Geschäftsführung wurde im Vorjahr ein Darlehen i. H. von ...T€ mit einer Verzinsung von ...% und einer Laufzeit von ...Jahren gewährt. Davon wurden im Geschäftsjahr ...T€ zurückgezahlt. Zugunsten dieser Personengruppe ging die Gesellschaft Haftungsverhältnisse i. H. von ...T€ ein.

Gegenüber früheren Mitgliedern der Geschäftsführung und deren Hinterbliebene bestehen zum Bilanzstichtag Pensionsverpflichtungen i. H. von ...T€. Im abgelaufenen Geschäftsjahr wurden an diesen Personenkreis Pensionszahlungen i. H. von ...T€ geleistet.

3. Angaben zum Mutterunternehmen

Der Jahresabschluss der Muster-Mittelgroß-GmbH, Mittelgroß-Musterhausen, wird in den Konzernabschluss ihres Mutterunternehmens Muster-Mutter-GmbH, Musterstadt, einbezogen. Die Muster-Mutter-GmbH, Musterstadt, stellt den Konzernabschluss für den kleinsten und größten Kreis von Unternehmen auf. Der Konzernabschluss der Muster-Mutter-GmbH, Musterstadt, wird im elektronischen Bundesanzeiger offengelegt.

4. Haftungsverhältnisse

Zum Abschlussstichtag bestanden folgende Haftungsverhältnisse:

	T€
Begebung und Übertragung von Wechseln, Bürgschaften, Wechsel- und Scheckbürgschaften ▶ davon gegenüber verbundenen Unternehmen ▶ davon gegenüber assoziierten Unternehmen ▶ davon aus Altersversorgungsverpflichtungen	

Gewährleistungsverträge	
▶ davon gegenüber verbundenen Unternehmen	
▶ davon gegenüber assoziierten Unternehmen	
▶ davon aus Altersversorgungsverpflichtungen	
Haftungsverhältnisse aus der Bestellung für Sicherheiten für fremde Verbindlichkeiten	
▶ davon gegenüber verbundenen Unternehmen	
▶ davon gegenüber assoziierten Unternehmen	
▶ davon aus Altersversorgungsverpflichtungen	
Sonstige Haftungsverhältnisse	
▶ davon gegenüber verbundenen Unternehmen	
▶ davon gegenüber assoziierten Unternehmen	
▶ davon aus Altersversorgungsverpflichtungen	

Aufgrund der gegenwärtigen Bonität und des bisherigen Zahlungsverhaltens der Begünstigten schätzen wir die Inanspruchnahmewahrscheinlichkeit der vorgenannten Haftungsverhältnisse als gering ein.

5. Außerbilanzielle Geschäfte

Die Nutzung der benötigten technischen Anlagen und Maschinen wird zum Teil durch Leasingverträge sichergestellt. Deren Laufzeit beträgt noch fünf Jahre. Aus den abgeschlossenen Leasingverträgen resultiert eine finanzielle Belastung von ...T€ p. a., d. h. über die noch verbleibende Vertragslaufzeit insgesamt ...T€. Die Leasinggeschäfte verringern insbesondere die Kapitalbindung und verbessern die Eigenkapitalquote, führen aber während der Vertragslaufzeit auch zur Bindung an die geleasten technischen Anlagen und Maschinen.

6. Sonstige finanzielle Verpflichtungen

Die sonstigen finanziellen Verpflichtungen nach § 285 Nr. 3a HGB betrugen ...T€. Davon bestanden ...T€ gegenüber verbundenen Unternehmen, ...T€ gegenüber assoziierten Unternehmen und ...T€ aus Altersversorgungsverpflichtungen.

7. Geschäfte mit nahestehenden Unternehmen und Personen

Geschäfte mit nahe stehenden Unternehmen und Personen sind im abgelaufenen Geschäftsjahr, zusammengefasst nach Geschäftsarten, wie folgt zustande gekommen:

Art des Geschäfts	Verkäufe	Käufe	Erbringen von Dienstleistungen	Bezug von Dienstleistungen	...
Art der Beziehung	Zahlenangaben in T€				
Gesellschafter	...	...	...	...	
Unternehmen, an denen die Gesellschaft eine Beteiligung hält	...	...	...	...	
Mitglieder der Geschäftsführung	...	...	...	...	

8. Ereignisse nach dem Abschlussstichtag

Das verbundene Unternehmen, dem die Gesellschaft eine langfristige Ausleihung gewährt hat, konnte nach Ablauf des Geschäftsjahres mehrere neue Großkunden gewinnen und hat mit diesen langfristige Belieferungsverträge abgeschlossen. Aufgrund dessen ist zu erwarten, dass das Unternehmen zeitlich früher positive operative Cashflows erzielen wird als bislang geplant. Infolge dessen ist die Werthaltigkeit des Buchwertes der Ausleihung ebenso früher wieder zu erwarten.

Ort, ...

Geschäftsführung

Spezifische Angabeaspekte bei der „Muster-Mittelgroß-GmbH & Co. KG", soweit einschlägig:

Unter B.4. oben: Für die Angabe der Forderungen gegen Gesellschafter ergibt sich bei GmbH & Co. KG kein Änderungsbedarf, da die Informationsanforderungen nach § 264c Abs. 1 HGB identisch sind mit denen nach § 42 Abs. 3 GmbHG.

Unter B.7. oben, vor den Aussagen zur Wertaufholungsrücklage: Soweit einschlägig, Hinweis auf im Register eingetragene, nicht geleistete Kommanditeinlagen (§ 264c Abs. 2 Satz 9 HGB).

Formulierungsbeispiel:

„In Höhe von ...T€ bestehen zum Bilanzstichtag Hafteinlagen gemäß § 172 Abs. 1 HGB, die noch nicht geleistet wurden."

Unter B.8.: Die Angabe zur Ausschüttungssperre des abzinsungsbedingten Unterschiedsbetrags bei Rückstellungen für Pensionen und ähnliche Verpflichtungen entfällt für GmbH & Co. KG. Regelmäßig entfällt bei GmbH & Co. KG auch die Angabe des Gewinnverwendungsvorschlags.

Unter D., vor D.1. oben: Hinweis auf den persönlich haftenden Gesellschafter der KG (§ 285 Nr. 15 HGB).

Formulierungsbeispiel:

„Persönlich haftende Gesellschafterin der Gesellschaft ist die ...Verwaltungs GmbH, mit Sitz in ... und einem gezeichneten Kapital i. H. von 25.000 €."

Im Übrigen sind natürlich auch die Registerdaten oben unter A. unternehmensspezifisch anzupassen.

7.4 „Musteranhang" für die „Muster-Groß-GmbH" sowie die „Muster-Groß-GmbH & Co. KG"

Vorbemerkung:

Im „Musteranhang" der großen „Muster-Unternehmen" werden die Informationsanforderungen für die in Abschnitt 7.1 geschilderten Verhältnisse zunächst für die „Muster-Groß-GmbH" abgebildet; dazu ergänzend von der „Muster-Groß-GmbH & Co. KG" aufzunehmende Angaben werden nachrichtlich aufgeführt. Sowohl der Inhalt dieses „Musteranhangs" als auch die im Folgenden zur Erfüllung der Informationspflichten gewählten Formulierungen bzw. Darstellungen werden im Einzelfall, soweit notwendig, auf die jeweils individuellen Verhältnisse anzupassen sein. Sie verdeutlichen gleichwohl, wie die Informationsanforderungen im Anhang formuliert und praxisorientiert umgesetzt werden können.

Anhang für das Geschäftsjahr 20xx der Muster-Groß-GmbH (sowie der Muster-Groß-GmbH & Co. KG)

A. Grundlegende Angaben zum Unternehmen und zur Bilanzierung

Registerdaten zum Unternehmen, Gliederung, Vorjahresbeträge

Der Jahresabschluss der Muster-Groß-GmbH, Groß-Musterhausen (Amtsgericht Musterstadt, HRB 0007) wurde nach den Vorschriften der §§ 242 ff. HGB unter Beachtung der ergänzenden Bestimmungen für Kapitalgesellschaften (§§ 264 ff. HGB) sowie des GmbHG aufgestellt.

Die Gewinn- und Verlustrechnung wurde nach dem Gesamtkostenverfahren gegliedert.

Angaben zu den Bilanzierungs- und Bewertungsmethoden

Das Anlagevermögen wird zu Anschaffungskosten einschließlich Nebenkosten oder Herstellungskosten (gemäß § 255 Abs. 2 bis 3 HGB) bilanziert.

Die immateriellen Vermögensgegenstände werden zu Anschaffungskosten, vermindert um lineare Abschreibungen (bei einer betriebsgewöhnlichen Nutzungsdauer von bis zu drei Jahren), bewertet. Selbst erstellte immaterielle Vermögensgegenstände des Anlagevermögens werden nicht aktiviert.

Der aktivierte Geschäfts- oder Firmenwert wird entsprechend seiner geschätzten Nutzungsdauer von acht Jahren abgeschrieben. Diese Nutzungsdauerschätzung ist durch die Laufzeit wichtiger Absatzverträge des erworbenen Unternehmens begründet.

Sachanlagen werden zu Anschaffungs- bzw. Herstellungskosten, vermindert um lineare Abschreibungen (Nutzungsdauern zwischen acht und 14 Jahren) angesetzt. Die Herstellungskosten der Sachanlagen werden i. H. der handelsrechtlichen Untergrenze bemessen (Einzelkosten, angemessene Material- und Fertigungsgemeinkosten sowie Werteverzehr des Anlagevermögens, soweit durch die Fertigung veranlasst). Einbeziehungswahlrechte werden nicht ausgeübt. Auch Fremdkapitalzinsen werden nicht aktiviert.

Steuerlich sogenannte geringwertige Wirtschaftsgüter werden im Zugangszeitpunkt sofort vollständig abgeschrieben.

Die Anteile an verbundenen Unternehmen werden mit den Anschaffungskosten, bei voraussichtlich dauernder Wertminderung abzüglich außerplanmäßiger Abschreibungen, bilanziert.

Finanzanlagen, die dem Zugriff aller übrigen Gläubiger entzogen sind und ausschließlich der Erfüllung von Altersversorgungsverpflichtungen dienen, werden zum beizulegenden Zeitwert bewertet und mit den Rückstellungen für Pensionen und ähnliche Verpflichtungen saldiert. Ein daraus verbleibender aktiver Saldo wird in der Bilanz gesondert als „Aktiver Unterschiedsbetrag aus der Vermögensverrechnung" ausgewiesen.

Für Rohstoffe werden die Anschaffungs- oder Herstellungskosten nach der Lifo-Methode, für Hilfs- und Betriebsstoffe überwiegend nach der Durchschnittskostenmethode ermittelt.

Die unfertigen und fertigen Erzeugnisse werden zu Herstellungskosten (Einzelkosten, angemessene Material- und Fertigungsgemeinkosten sowie Werteverzehr des Anlagevermögens, soweit durch die Fertigung veranlasst) bewertet, sofern nicht nach § 253 Abs. 4 HGB um noch anfallende Aufwendungen geminderte Verkaufswerte anzusetzen sind. Es wurden Fremdkapitalzinsen i. H. von …T€ in die Herstellungskosten einbezogen.

Bei den Forderungen und sonstigen Vermögensgegenständen werden erkennbare Einzelrisiken durch Wertberichtigungen berücksichtigt. Dem allgemeinen Kreditrisiko bei den Forderungen aus Lieferungen und Leistungen wird zusätzlich durch eine ausreichend bemessene Pauschalwertberichtigung Rechnung getragen.

Kassenbestände und Bankguthaben werden jeweils zum Nennwert angesetzt.

Aufgrund von § 6b EStG wurde in Vorjahren gemäß §§ 273, 281 Abs. 1 HGB a. F. (vor BilMoG) für Veräußerungsgewinne aus Anlagenverkäufen ein Sonderposten mit Rücklageanteil gebildet. Beim Übergang auf die HGB-Vorschriften nach BilMoG wurde der Sonderposten beibehalten (Art. 67 Abs. 3 Satz 1 EGHGB) und wird mit der planmäßigen Abschreibung der Vermögensgegenstände, auf die er übertragen wurde, aufgelöst.

Die Rückstellungen für Pensionen und ähnliche Verpflichtungen werden nach anerkannten versicherungsmathematischen Grundsätzen unter Anwendung der „Projected-Unit-Credit-Methode" ermittelt. Als biometrische Rechnungsgrundlagen wurden die „Richttafeln 2005G" von Klaus Heubeck zugrunde gelegt. Gehalts- und Rentenanpassungen sowie ... sind mit jeweils ...% p. a. eingerechnet. Für die Abzinsung wurde pauschal eine durchschnittliche Restlaufzeit von 15 Jahren unterstellt. Als Abzinsungsfaktor wurde der dazu von der Deutschen Bundesbank auf den Bilanzstichtag ermittelte durchschnittliche Marktzinssatz der vergangenen zehn Jahre von ...% angesetzt.

Steuerrückstellungen und sonstige Rückstellungen werden i. H. des nach vernünftiger kaufmännischer Beurteilung notwendigen Erfüllungsbetrags passiviert. Bei Rückstellungen mit einer Restlaufzeit von mehr als einem Jahr werden künftige Preis- und Kostensteigerungen i. H. der allgemeinen Inflationsrate berücksichtigt und eine Abzinsung auf den Bilanzstichtag vorgenommen. Als Abzinsungssätze werden die den Restlaufzeiten der Rückstellungen entsprechenden durchschnittlichen Marktzinssätze der vergangenen sieben Geschäftsjahre verwendet, wie sie von der Deutschen Bundesbank gemäß Rückstellungsabzinsungsverordnung monatlich ermittelt und bekannt gegeben werden.

Die pauschale Ermittlung der Rückstellung für Gewährleistung wurde modifiziert. Statt eines einheitlichen Prozentsatzes von ...% auf den laufenden Jahresumsatz werden nun jeweils sachgerechtere, auf Vergangenheitswerten basierende, gestaffelte Prozentsätze von ... bis ...% zu den garantiebehafteten Umsatzerlösen der letzten drei Jahre ins Verhältnis gesetzt. Der daraus resultierende Ergebniseffekt beträgt ...T€.

Die Verbindlichkeiten werden mit den Erfüllungsbeträgen angesetzt.

Geschäftsvorfälle in fremder Währung werden zum jeweiligen Tageskurs eingebucht. Forderungen und Verbindlichkeiten in Fremdwährung, deren Restlaufzeit nicht mehr als ein Jahr beträgt, werden mit dem Devisenkassamittelkurs am Bilanzstichtag bewertet. In anderen Fällen werden eventuelle Kursverluste am Bilanzstichtag berücksichtigt.

Bestehen zwischen den handelsrechtlichen Wertansätzen von Vermögensgegenständen, Schulden und Rechnungsabgrenzungsposten und ihren steuerlichen Wertansätzen Differenzen, die sich in späteren Geschäftsjahren voraussichtlich abbauen, werden sich daraus insgesamt ergebende Steuerbelastungen passiviert und Steuerentlastungen aktiviert. Bei der Ermittlung latenter Steuerentlastungen werden ggf. bestehende steuerliche Verlustvorträge i. H. der innerhalb der nächsten fünf Jahre zu erwartenden Verlustverrechnung berücksichtigt.

B. Weitere Angaben zur Bilanz

1. Entwicklung der Posten des Anlagevermögens

Mustergesellschaft — Entwicklung des Anlagevermögens des Geschäftsjahres 20xx	Anschaffungs-/Herstellungskosten 1.1.20xx €	Zugänge €	Abgänge €	Umbuchungen €	Zuschreibungen €	Anschaffungs-/Herstellungskosten 31.12.20xx €	Abschreibungen kumuliert 1.1.20xx €	Zugänge €	Abgänge €	Umbuchungen €	Abschreibungen kumuliert 31.12.20xx €	Buchwert 31.12.20xx €	Zum Vergleich Buchwert 31.12. Vorjahr €	Abschreibungen des Geschäftsjahres €
I. Immaterielle Vermögensgegenstände														
1. Konzessionen, gewerbliche Schutzrechte und ähnliche Rechte und Werte sowie Lizenzen an solchen Rechten und Werten														
2. Geschäfts- oder Firmenwerte														
3. Geleistete Anzahlungen														
II. Sachanlagen														
1. Grundstücke, grundstücksgleiche Rechte und Bauten einschließlich der Bauten auf fremden Grundstücken														
2. Technische Anlagen und Maschinen														
3. Andere Anlagen, Betriebs- und Geschäftsausstattung														
4. Geleistete Anzahlungen und Anlagen im Bau														
III. Finanzanlagen														
1. Anteile an verbundenen Unternehmen														
2. Ausleihungen an verbundene Unternehmen														
3. Beteiligungen														
4. Ausleihungen an Unternehmen, mit denen ein Beteiligungsverhältnis besteht														
5. Wertpapiere des Anlagevermögens														
6. Sonstige Ausleihungen														

Zinsen für Fremdkapital wurden bei keinem Posten des Anlagevermögens aktiviert.

2. Angaben zu Finanzanlagen

Beteiligungsbesitz

	Beteiligung %	31.12.20xx Eigenkapital T€	20xx Ergebnis T€
Inland Name, Sitz			
Ausland Name, Sitz			

Beteiligungen als persönlich haftender Gesellschafter

Die Gesellschaft ist als Komplementärin an folgender Kommanditgesellschaft beteiligt: Muster Grundstücks-Vermietungsgesellschaft mbH & Co. Objekt Mustergrund KG, Musterstadt.

Anteile an Investmentvermögen

Innerhalb der Wertpapiere des Anlagevermögens sind Anteile an EU-Investmentvermögen mit einem Buchwert i. H. von …T€ ausgewiesen. Ihr Marktwert beträgt …T€. Für das Geschäftsjahr erfolgten Ausschüttungen i. H. von …T€. Beschränkungen in der Möglichkeit der täglichen Rückgabe bestehen nicht. Aufgrund der positiven Wertentwicklung der Anteile nach dem Bilanzstichtag wurden ihre zum Bilanzstichtag bestehende Wertminderung als voraussichtlich nur vorübergehend beurteilt und Abschreibungen gemäß § 253 Abs. 3 Satz 6 HGB i. H. von …T€ unterlassen.

Stille Lasten im Finanzanlagevermögen

Die im Finanzanlagevermögen ausgewiesenen Ausleihungen an verbundene Unternehmen wurden mit einem um …T€ über dem beizulegenden Zeitwert i. H. von …T€ liegenden Buchwert ausgewiesen, da die Wertminderung voraussichtlich nicht von Dauer ist. Der niedrigere beizulegende Zeitwert ist auf Anlaufverluste des verbundenen Unternehmens zurückzuführen. Die realistischen und genehmigten Planungen dieses Unternehmens sehen bereits ab dem Jahr …. positive operative Cashflows vor.

3. Vorräte

Für die nach der Lifo-Methode bewerteten Rohstoffe ergab sich im Vergleich zu einer Bewertung zu Börsen- oder Marktwerten ein Unterschiedsbetrag (Lifo-Reserve) i. H. von …T€. Bei den Hilfs- und Betriebsstoffen beläuft sich der Unterschiedsbetrag zwischen der Bewertung zu Durchschnittskosten und Börsen- oder Marktwerten auf …T€.

4. Forderungen und sonstige Vermögensgegenstände

Forderungen gegen Gesellschafter

Die Forderungen und sonstigen Vermögensgegenstände enthalten …T€ Forderungen gegen Gesellschafter. Es handelt sich dabei um Forderungen aus Lieferungen und Leistungen.

Derivative Finanzinstrumente/Bewertungseinheiten

Zur Absicherung von Währungsrisiken bei Fremdwährungsforderungen wurden derivative Finanzinstrumente in Form von Devisentermingeschäften mit einem Gesamtvolumen von ...T€ eingesetzt. Die Zeitwerte der Termingeschäfte zum Bilanzstichtag wurden nach der Barwertmethode bewertet und betragen insgesamt saldiert ...T€. Die Devisentermingeschäfte und die Fremdwährungsforderungen wurden jeweils zu einer Bewertungseinheit in Form von micro hedges zusammengefasst. Ihre jeweilige Effektivität wurde anhand der Critical Term Match Methode ermittelt. Damit wurde eine vollständige Wirksamkeit festgestellt. Infolgedessen waren zum Bilanzstichtag hierfür keine Rückstellungen für drohende Verluste aus schwebenden Geschäften zu bilden. Unsicherheiten in den Zahlungsströmen bestehen aufgrund der fixen Devisenterminkurse nicht.

5. Aktive Rechnungsabgrenzungsposten

Hierin enthalten ist ein Disagio von ...T€

6. Aktive latente Steuern

Temporäre Differenzen zwischen handelsrechtlichen und steuerlichen Wertansätzen bei Vermögensgegenständen, Schulden und Rechnungsabgrenzungsposten bestehen wie folgt:

▶ Rückstellungen für Pensionen und ähnliche Verpflichtungen: ...T€ (aktiv)
▶ Sonstige Rückstellungen: ...T€ (aktiv)
▶ Zum beizulegenden Zeitwert bewertete Finanzanlagen: ...T€ (passiv)

Bei der Bewertung daraus resultierender latenter Steuern wurde ein durchschnittlicher Steuersatz von x % (...% für KSt, ...% für SolZ und ...% für GewSt) zugrunde gelegt. Zu berücksichtigende steuerliche Verlustvorträge bestanden nicht.

Die Veränderung der aktiven latenten Steuern im abgelaufenen Geschäftsjahr stellt sich wie folgt dar:

Veränderungen der aktiven latenter Steuern im Geschäftsjahr ... (Beträge in T€)				
	Stand zu Beginn	Zugang	Verbrauch/Abgang	Stand am Ende
Aktive latente Steuern				

7. Aktiver Unterschiedsbetrag aus Vermögensverrechnung

Unter dem aktiven Unterschiedsbetrag aus Vermögensverrechnung ist der gemäß § 246 Abs. 2 Satz 2 HGB saldierte Betrag aus Wertpapieren des Anlagevermögens und Rückstellungen für Pensionen und ähnliche Verpflichtungen ausgewiesen. Der Posten wird wie folgt erläutert:

	T€
Anschaffungskosten der verrechneten Wertpapiere	
Beizulegende Zeitwerte der verrechneten Wertpapiere (Marktpreise)	
Erfüllungsbetrag der verrechneten Rückstellungen für Pensionen und ähnliche Verpflichtungen	
Verrechnete Aufwendungen	
Verrechnete Erträge	

8. Eigenkapital

In die Gewinnrücklagen wurde aus dem Eigenkapitalanteil von Wertaufholungen ein Betrag i. H. von … T€ eingestellt.

Im Bilanzgewinn ist der Gewinnvortrag des Vorjahres i. H. von … T€ enthalten.

Für die Ausschüttung gesperrt i. S. d. § 268 Abs. 8 HGB sind Beträge i. H. von … T€. Davon entfallen auf die Aktivierung latenter Steuern … T€ und auf die Bewertung von Vermögensgegenständen zum beizulegenden Zeitwert … T€.

Die Geschäftsführung schlägt vor, aus dem Bilanzgewinn einen Betrag i. H. von … T€ an die Gesellschafter auszuschütten und … T€ auf neue Rechnung vorzutragen.

9. Rückstellungen für Pensionen und ähnliche Verpflichtungen

Durch die Ausübung des Wahlrechts nach Art. 67 Abs. 1 EGHGB (Zuführung zur Bewertung der Rückstellungen für Pensionen nach den Regelungen des BilMoG bis zum 31. 12. 2024 mit jährlich 1/15) ergibt sich zum Bilanzstichtag ein ausstehender Zuführungsbetrag (Unterdeckung) i. H. von … T€. Zudem resultiert aus der Abzinsung dieser Rückstellungen mit dem durchschnittlichen Marktzinssatz der vergangenen zehn statt sieben Jahre ein Unterschiedsbetrag i. H. von … T€. Dieser Unterschiedsbetrag ist für die Ausschüttung gesperrt.

Darüber hinaus beläuft sich der Fehlbetrag aus nicht bilanzierten mittelbaren Pensionsverpflichtungen auf … T€.

10. Sonstige Rückstellungen

In den sonstigen Rückstellungen sind insbesondere Rückstellungen für Personalkosten i. H. von … T€, ausstehende Rechnungen und Montageleistungen von … T€, sonstige Provisionen von … T€, drohende Verluste aus schwebenden Geschäften von … T€ sowie Garantien von … T€ enthalten.

Die im Jahr 2009 gebildete Rückstellung für Umweltnachsorgeverpflichtungen wurde weiter mit … T€ bilanziert (Art. 67 Abs. 1 Satz 2 EGHGB). Zum Bilanzstichtag beträgt die Überdeckung … T€.

11. Verbindlichkeiten

Verbindlichkeitenspiegel

(Hinweis: Für die Angabe der Restlaufzeit bis zu einem Jahr und über einem Jahr ist im HGB ein Bilanzvermerk vorgesehen. Die Einbeziehung in den Verbindlichkeitenspiegel im Anhang ist in der Praxis üblich und wird auch vom Gesetzgeber als zulässige Möglichkeit angesehen. Dann sind rechtssystematisch aber Vorjahreszahlen für die Buchwerte und die Restlaufzeiten bis zu einem Jahr und über einem Jahr anzugeben, entweder jeweils in einer gesonderten Spalte oder aber in den Spalten für das laufende Jahr bei den dafür genannten Werten darunter in Klammern.)

7.4 „Musteranhang" für die „Muster-Groß-GmbH" sowie die „Muster-Groß-GmbH & Co. KG"

		Stand 31.12.20xx (T€)	Restlaufzeit bis ein Jahr* (T€)	Restlaufzeit über ein Jahr (T€)	Restlaufzeit über fünf Jahre (T€)
1.	Anleihen, ▶ davon konvertibel	( )	( )	( )	( )
2.	Verbindlichkeiten gegenüber Kreditinstituten	( )	( )	( )	( )
3.	Erhaltene Anzahlungen auf Bestellungen	( )	( )	( )	( )
4.	Verbindlichkeiten aus Lieferungen und Leistungen	( )	( )	( )	( )
5.	Verbindlichkeiten aus der Annahme gezogener Wechsel und der Ausstellung eigener Wechsel	( )	( )	( )	( )
6.	Verbindlichkeiten gegenüber verbundenen Unternehmen	( )	( )	( )	( )
7.	Verbindlichkeiten gegenüber Unternehmen, mit denen ein Beteiligungsverhältnis besteht	( )	( )	( )	( )
8.	Sonstige Verbindlichkeiten, ▶ davon aus Steuern ▶ davon im Rahmen der sozialen Sicherheit	( )	( )	( )	( )

*In Klammern angegebene Werte betreffen Vorjahreszahlen.

Verbindlichkeiten gegenüber Gesellschaftern bestehen i. H. von ...T€ und resultieren aus einem Darlehen.

Die Verbindlichkeiten gegenüber Kreditinstituten sind i. H. von ...T€ durch Grundpfandrechte besichert.

Der unter dem Posten Verbindlichkeiten aus Lieferungen und Leistungen ausgewiesene Betrag ist teilweise durch übliche Eigentumsvorbehalte von Lieferanten besichert.

12. Passive latente Steuern

Die Veränderung der passiven latenten Steuern im abgelaufenen Geschäftsjahr stellt sich wie folgt dar:

Veränderungen der passiven latenter Steuern im Geschäftsjahr ... (Beträge in T€)				
	Stand zu Beginn	Zugang	Verbrauch/Abgang	Stand am Ende
Passive latente Steuern				

C. Weitere Angaben zur Gewinn- und Verlustrechnung

1. Umsatzerlöse

Die Umsatzerlöse i. H. von ...T€ verteilen sich nach Tätigkeitsbereichen sowie nach geographisch bestimmten Märkten wie folgt (Zahlenangaben in T€):

	Verkaufserlöse		Erlöse aus Dienstleistungen, Vermietungen u. a.	Umsatzerlöse gesamt
	Eigenfertigung	Handelsware		
Inland				
Ausland				
Gesamt				

2. Sonstige betriebliche Erträge

Innerhalb der sonstigen betrieblichen Erträge sind außergewöhnliche Erträge i. H. von ...T€ enthalten. Sie stehen im Zusammenhang mit einem Schadensfall.

Die sonstigen betrieblichen Erträge enthalten zudem Erträge aus der Auflösung von Sonderposten mit Rücklagenanteil i. H. von ...T€. Der Posten enthält darüber hinaus Erträge, die einem anderen Geschäftsjahr zuzuordnen sind (periodenfremde Erträge), wie folgt:

	T€
Erträge aus der Auflösung von Rückstellungen	
Erträge aus Anlagenabgängen	
Erträge aus der Auflösung von Wertberichtigungen auf Forderungen	
Erträge aus der Ausbuchung von Verbindlichkeiten	

3. Sonstige betriebliche Aufwendungen

Innerhalb der sonstigen betrieblichen Aufwendungen sind außergewöhnliche Aufwendungen i. H. von ...T€ enthalten. Sie stehen im Zusammenhang mit einem Schadensfall.

Zudem sind im Posten „sonstige betriebliche Aufwendungen" Aufwendungen, die einem anderen Geschäftsjahr zuzuordnen sind (periodenfremde Aufwendungen), wie folgt enthalten:

	T€
Buchverluste aus Anlagenabgängen	
Verluste aus der Währungsumrechnung	

4. Abschreibungen auf Finanzanlagen

Aufgrund von voraussichtlich dauernder Wertminderung wurden im Geschäftsjahr 20xx außerplanmäßige Abschreibungen auf Finanzanlagen i. H. von ...T€ vorgenommen. Es handelt sich um Wertpapiere, die aufgrund eines nachhaltigen Kursverfalls auf den niedrigeren beizulegenden Wert abgeschrieben wurden.

D. Sonstige Angaben

1. Anzahl der Mitarbeiter

Im Geschäftsjahr wurden durchschnittlich beschäftigt:

	Anzahl
Arbeiter	
Angestellte	
Gesamt	

(Hinweis: Vorjahreszahlen müssen nicht angegeben werden.)

2. Angaben zu den Mitgliedern der Geschäftsführung

Mitglieder der Geschäftsführung sind:

Dr. Max Mustermann, Vorsitzender, Groß-Musterhausen, Geschäftsführer Bereich Technik

Dr. Sabine Musterfrau, Groß-Musterhausen, Geschäftsführerin kaufmännischer Bereich

...

Die Bezüge der Geschäftsführung für das abgelaufene Geschäftsjahr betrugen ...T€.

Den Mitgliedern der Geschäftsführung wurde im Vorjahr ein Darlehen i. H. von ...T€ mit einer Verzinsung von ...% und einer Laufzeit von ...Jahren gewährt. Davon wurden im Geschäftsjahr ...T€ zurückgezahlt. Zugunsten dieser Personengruppe ging die Gesellschaft Haftungsverhältnisse i. H. von ...T€ ein.

Gegenüber früheren Mitgliedern der Geschäftsführung und deren Hinterbliebene bestehen zum Bilanzstichtag Pensionsverpflichtungen i. H. von ...T€. Im abgelaufenen Geschäftsjahr wurden an diesen Personenkreis Pensionszahlungen i. H. von ...T€ geleistet.

3. Angaben zum Mutterunternehmen

Der Jahresabschluss der Muster-Groß-GmbH, Groß-Musterhausen, wird in den Konzernabschluss ihres Mutterunternehmens Muster-Mutter-GmbH, Musterstadt, einbezogen. Die Muster-Mutter-GmbH, Musterstadt, stellt den Konzernabschluss für den kleinsten und größten Kreis von Unternehmen auf. Der Konzernabschluss der Muster-Mutter-GmbH, Musterstadt, wird im elektronischen Bundesanzeiger offengelegt.

4. Haftungsverhältnisse

Zum Abschlussstichtag bestanden folgende Haftungsverhältnisse:

	T€
Begebung und Übertragung von Wechseln, Bürgschaften, Wechsel- und Scheckbürgschaften	
▶ davon gegenüber verbundenen Unternehmen	
▶ davon gegenüber assoziierten Unternehmen	
▶ davon aus Altersversorgungsverpflichtungen	
Gewährleistungsverträge	
▶ davon gegenüber verbundenen Unternehmen	
▶ davon gegenüber assoziierten Unternehmen	
▶ davon aus Altersversorgungsverpflichtungen	
Haftungsverhältnisse aus der Bestellung für Sicherheiten für fremde Verbindlichkeiten	
▶ davon gegenüber verbundenen Unternehmen	
▶ davon gegenüber assoziierten Unternehmen	
▶ davon aus Altersversorgungsverpflichtungen	
Sonstige Haftungsverhältnisse	
▶ davon gegenüber verbundenen Unternehmen	
▶ davon gegenüber assoziierten Unternehmen	
▶ davon aus Altersversorgungsverpflichtungen	

Aufgrund der gegenwärtigen Bonität und des bisherigen Zahlungsverhaltens der Begünstigten schätzen wir die Inanspruchnahmewahrscheinlichkeit der vorgenannten Haftungsverhältnisse als gering ein.

5. Außerbilanzielle Geschäfte

Die Nutzung der benötigten technischen Anlagen und Maschinen wird zum Teil durch Leasingverträge sichergestellt. Deren Laufzeit beträgt noch fünf Jahre. Aus den abgeschlossenen Leasingverträgen resultiert eine finanzielle Belastung von ...T€ p. a., d. h. über die noch verbleibende Vertragslaufzeit insgesamt ...T€. Die Leasinggeschäfte verringern insbesondere die Kapitalbindung und verbessern die Eigenkapitalquote, führen aber während der Vertragslaufzeit auch zur Bindung an die geleasten technischen Anlagen und Maschinen.

6. Sonstige finanzielle Verpflichtungen

Die sonstigen finanziellen Verpflichtungen nach § 285 Nr. 3a HGB betrugen ...T€. Davon bestanden ...T€ gegenüber verbundenen Unternehmen, ...T€ gegenüber assoziierten Unternehmen und ...T€ aus Altersversorgungsverpflichtungen.

7. Geschäfte mit nahestehenden Unternehmen und Personen

Geschäfte mit nahe stehenden Unternehmen und Personen sind im abgelaufenen Geschäftsjahr, zusammengefasst nach Geschäftsarten, wie folgt zustande gekommen:

Art des Geschäfts	Verkäufe	Käufe	Erbringen von Dienstleistungen	Bezug von Dienstleistungen	...
Art der Beziehung	Zahlenangaben in T€				
Tochterunternehmen	...	...	...	...	
Assoziierte Unternehmen	...	...	...	...	
Personen in Schlüsselpositionen	...	...	...	...	
Nahe Familienangehörige	...	...	...	...	
...	...	...	...	...	
...	...	...	...	...	

8. Abschlussprüferhonorar

Für das abgelaufene Geschäftsjahr wurde vom Abschlussprüfer ein Gesamthonorar i. H. von ...T€ berechnet. Davon entfallen auf Abschlussprüfungsleistungen ...T€, auf andere Bestätigungsleistungen ...T€, auf Steuerberatungsleistungen ...T€ und auf sonstige Leistungen ...T€.

9. Ereignisse nach dem Abschlussstichtag

Das verbundene Unternehmen, dem die Gesellschaft eine langfristige Ausleihung gewährt hat, konnte nach Ablauf des Geschäftsjahres mehrere neue Großkunden gewinnen und hat mit diesen langfristige Belieferungsverträge abgeschlossen. Aufgrund dessen ist zu erwarten, dass das Unternehmen zeitlich früher positive operative Cashflows erzielen wird als bislang geplant. Infolge dessen ist die Werthaltigkeit des Buchwertes der Ausleihung ebenso früher wieder zu erwarten.

Ort, ...

Geschäftsführung

Spezifische Angabeaspekte bei der „Muster-Groß-GmbH & Co. KG", soweit einschlägig:

Unter B.4. oben: Für die Angabe der Forderungen gegen Gesellschafter ergibt sich bei GmbH & Co. KG kein Änderungsbedarf, da die Informationsanforderungen nach § 264c Abs. 1 HGB identisch sind mit denen nach § 42 Abs. 3 GmbHG.

Unter B.7. oben, vor den Aussagen zur Wertaufholungsrücklage: Soweit einschlägig, Hinweis auf im Register.eingetragene, nicht geleistete Kommanditeinlagen (§ 264c Abs. 2 Satz 9 HGB).

Formulierungsbeispiel:

„In Höhe von …T€ bestehen zum Bilanzstichtag Hafteinlagen gemäß § 172 Abs. 1 HGB, die noch nicht geleistet wurden."

Unter B.8.: Die Angabe zur Ausschüttungssperre des abzinsungsbedingten Unterschiedsbetrags bei Rückstellungen für Pensionen und ähnliche Verpflichtungen entfällt für GmbH & Co. KG. Regelmäßig entfällt bei GmbH & Co. KG auch die Angabe des Gewinnverwendungsvorschlags.

Unter D., vor D.1. oben: Hinweis auf den persönlich haftenden Gesellschafter der KG (§ 285 Nr. 15 HGB).

Formulierungsbeispiel:

„Persönlich haftende Gesellschafterin der Gesellschaft ist die … Verwaltungs GmbH, mit Sitz in … und einem gezeichneten Kapital i. H. von 25.000 €."

Im Übrigen sind natürlich auch die Registerdaten oben unter A. unternehmensspezifisch anzupassen.

8. Rechtsfolgen bei Mängeln im Anhang und Wesentlichkeit

8.1 Mängel im Anhang in der Bilanzierungspraxis

Die Ausführungen in den vorhergehenden Abschnitten verdeutlichen nachdrücklich, mit welchen enormen Herausforderungen die Erstellung des Anhangs in inhaltlicher Hinsicht verbunden ist. Aufgrund der verlangten hohen Informationsdichte sind **inhaltliche Mängel** im Anhang nicht ausgeschlossen. Sie werden z. B. im Verlauf von Abschlussprüfungen auch regelmäßig festgestellt. Darüber hinaus erkennt die Deutsche Prüfstelle für Rechnungslegung (DPR) im Rahmen der ihr nach § 342b HGB übertragenen Aufgaben häufiger noch Mängel bei Anhangangaben in bereits geprüften und testierten Abschlüssen.[1044] Die DPR soll als „Enforcement-Panel" die Durchsetzung einer ordnungsmäßigen Rechnungslegung unterstützen. Sie prüft daher Abschlüsse (Jahres-, Konzern- und Zwischenabschlüsse) und Berichte (Lageberichte, Konzernlageberichte und Zwischenlageberichte) von sogenannten kapitalmarktorientierten Kapitalgesellschaften i. S. d. § 264d HGB auf Verstöße gegen Rechnungslegungsvorschriften. Zu den kapitalmarktorientierten Kapitalgesellschaften i. S. d. § 264d HGB zählen auch **GmbH** sowie über § 264a HGB analog auch **GmbH & Co. KG**, wenn sie etwa Schuldverschreibungen oder Genussscheine zum Handel am organisierten Markt emittiert oder deren Emission beantragt haben.

Mängel im Anhang beschränken sich aber natürlich nicht auf kapitalmarktorientierte Kapitalgesellschaften.

Jährlich veröffentlicht die Wirtschaftsprüferkammer (WPK) einen Bericht über die Berufsaufsicht. Als Anlage dazu stellt sie u. a. Beispiele aus eingeschränkten und versagten Bestätigungsvermerken zusammen, die sie bei der sogenannten Abschlussdurchsicht ausgewertet hat. Diese Zusammenstellungen wurden kürzlich in einem wissenschaftlichen Projekt an der Hochschule Koblenz für die Berichtszeiträume 2006 bis 2015 mit Bezug auf Nichtkapitalmarktunternehmen analysiert.[1045] Aus den Berichten lassen sich anhand der Begründungen für die Einschränkung oder Versagung der Bestätigungsvermerke wertvolle Hinweise ableiten sowohl für Abschlussprüfer auf mögliche Prüfungsschwerpunkte als auch für Abschlussersteller auf Mängel in der Rechnungslegungspraxis, die bei einer Abschlussprüfung häufig zu Beanstandungen führen.

In der Auswertung wurden für den Berichtszeitraum 2006 bis 2015 der WPK insgesamt

- ▶ 378 urteilsrelevante Rechnungslegungsmängel identifiziert aus
- ▶ 282 Jahresabschlüssen und Lageberichten
- ▶ von insgesamt 231 Unternehmen.

Davon entfielen

- ▶ 220 urteilsrelevante Rechnungslegungsmängel auf Bilanz/GuV (rd. 58 %),
- ▶ 140 urteilsrelevante Rechnungslegungsmängel auf den Anhang (rd. 37 %) und
- ▶ 18 urteilsrelevante Mängel auf den Lagebericht (rd. 5 %).

1044 Vgl. Ernst, E., Lagebericht und Anhang – Häufig unterschätzt!, in: BB 2012, S. I sowie die jährlichen Tätigkeitsberichte der DPR, abrufbar unter http://www.frep.info/presse/taetigkeitsberichte.php.
1045 Vgl. dazu ausführlich Philipps, H., Häufige Mängel in der Rechnungslegungspraxis von Nichtkapitalmarktunternehmen, in: BBK 2017, S. 375 – 384.

8. Rechtsfolgen bei Mängeln im Anhang und Wesentlichkeit

Die für den für den Berichtszeitraum 2006 bis 2015 der WPK identifizierten 140 urteilsrelevanten Mängel bei den Anhangangaben verteilten sich bei denjenigen Angaben, die in mindestens zwei Fällen mangelbehaftet waren, wie folgt:[1046]

ABB. 78: Verteilung urteilsrelevanter Mängel bei Anhangangaben		
Mangelbehaftete Anhangangabe[1]	Anzahl und Häufigkeit der Mängel[1]	
Gesamtbezüge der einzelnen Organe (§ 285 Nr. 9a HGB)	91	65 %
Gesamtbezüge an frühere Organmitglieder (§ 285 Nr. 9b HGB)	7	5 %
Beteiligungsbesitz (§ 285 Nr. 11 HGB)	6	4 %
Entwicklung der Posten des Anlagevermögens (§ 284 Abs. 3 Satz 1, 2 HGB)	5	4 %
Mutterunternehmen des größten Konzernkreises (§ 285 Nr. 14 HGB)	4	3 %
Mutterunternehmen des kleinsten Konzernkreises (§ 285 Nr. 14a HGB)	3	2 %
Materialaufwand des Geschäftsjahres (§ 285 Nr. 8a HGB)[2]	3	2 %
Personalaufwand des Geschäftsjahres (§ 285 Nr. 8b HGB)[2]	3	2 %
Bewertungsunterschiede bei Anwendung von Bewertungsvereinfachungsverfahren (§ 284 Abs. 2 Nr. 3 HGB)	3	2 %
Angabe periodenfremder Erträge und Aufwendungen (§ 285 Nr. 32 HGB)	2	1 %
	127	90 %

[1] Genannte HGB-Vorschriften beziehen sich auf die aktuelle Gesetzesfassung. %-Angaben sind gerundet.

[2] Angabepflicht nur bei Gliederung der GuV nach dem Umsatzkostenverfahren.

Folgende weitere Anhangangaben wiesen im Berichtszeitraum 2006 bis 2015 der WPK in **je einem Fall** urteilsrelevante Mängel auf:

▶ Nichtvergleichbarkeit der Vorjahresbeträge (§ 265 Abs. 2 Satz 2 HGB),
▶ Zusatzangaben bei Haftungsverhältnissen (§ 268 Abs. 7 HGB),
▶ Grundlagen der Währungsumrechnung (§ 284 Abs. 2 Nr. 2 HGB a. F. (vor BilMoG)),
▶ Einbeziehung von Fremdkapitalzinsen in die Herstellungskosten (§ 284 Abs. 2 Nr. 4 HGB),
▶ Sonstige finanzielle Verpflichtungen (§ 285 Nr. 3a HGB),
▶ Vorschüsse und Kredite an Organmitglieder (§ 285 Nr. 9c HGB),
▶ Beteiligungen als persönlich haftender Gesellschafter (§ 285 Nr. 11a HGB),
▶ Sonstige Rückstellungen (§ 285 Nr. 12 HGB),
▶ Abschlussprüferhonorar (§ 285 Nr. 17 HGB),

1046 Vgl. Philipps, H., Häufige Mängel in der Rechnungslegungspraxis von Nichtkapitalmarktunternehmen, in: BBK 2017, S. 382.

- Stille Lasten bei Finanzinstrumenten im Finanzanlagevermögen (§ 285 Nr. 18 HGB),
- Bewertungsgrundlagen bei Pensionsrückstellungen (§ 285 Nr. 24 HGB),
- Latente Steuern (§ 285 Nr. 29 HGB),
- nach AktG oder WpHG mitgeteilte Beteiligungsverhältnisse (§ 160 Abs. 1 Nr. 8 AktG).

95 % der 140 im Berichtszeitraum 2006 bis 2015 der WPK identifizierten urteilsrelevanten Anhangmängel beruhten auf **gänzlich fehlenden Angaben**. Bei den restlichen 5 % lagen in fünf Fällen nicht hinreichend sichere Beurteilbarkeit und in zwei Fällen inhaltlich fehlerhafte Angaben vor. Nicht hinreichend sichere Beurteilbarkeit war in je einem Fall bei Angaben zu Haftungsverhältnissen, stillen Reserven bei Finanzinstrumenten, darauf bezogenen, ggf. nicht passivierten sonstigen Rückstellungen, historischen Anschaffungskosten und Abschreibungen im Anlagespiegel sowie periodenfremden Erträgen bzw. Aufwendungen gegeben. Inhaltliche Mängel der angegebenen Informationen betrafen in je einem Fall den Anlagespiegel und die Angaben zum Anteilsbesitz.

Die Ergebnisse der Analyse verdeutlichen insbesondere zwei Aspekte. Zum einen erstrecken sich Mängel bei Anhangangaben deutlich mehrheitlich auf die unzulässige Nichtangabe der Organbezüge nach § 285 Nr. 9a HGB. Dieser Mangel lag nicht nur beim Anhang, sondern auch insgesamt an der Spitze der urteilsrelevanten Rechnungslegungsmängel im Berichtszeitraum 2006 bis 2015 der WPK. Zum anderen sind die Mängel beim Anhang im Berichtszeitraum 2006 bis 2015 der WPK breit gestreut. Sie verteilen sich auf eine Vielzahl von Angaben. Mängelfreiheit beim Anhang verlangt daher bei seiner Aufstellung eine ebenso große Sorgfalt wie bei der Aufstellung von Bilanz und GuV – und zwar in Bezug auf seine Aufstellung insgesamt.

8.2 Mögliche Rechtsfolgen bei Mängeln im Anhang

Angesichts des vorgenannten Hintergrunds sind vor allem zwei Fragen von Interesse:

1. Welche Konsequenzen bzw. Rechtsfolgen können sich für die bilanzierenden Unternehmen aus Mängeln bei Anhangangaben ergeben?
2. Treten diese Konsequenzen bzw. Rechtsfolgen bei Mängeln in Anhangangaben jedweder Art unweigerlich ein oder gibt es dabei Abstufungen, je nach Schwere eines Mangels (Wesentlichkeit)?

Konsequenzen bzw. **Rechtsfolgen** bei Mängeln im Anhang (Frage 1) sind in sehr unterschiedlicher Weise möglich.

Fehlt ein aufstellungspflichtiger Anhang gänzlich, führt dies auch bei GmbH (in analoger Anwendung des § 256 AktG) zur **Nichtigkeit** des Jahresabschlusses[1047] mit daran anknüpfenden Rechtsfolgen.

Mitglieder der Geschäftsführung der GmbH sowie GmbH & Co. KG oder eines bei ihnen bzw. für sie ggf. eingerichteten Aufsichtsrats handeln **ordnungswidrig**, wenn sie bei der Aufstellung oder Feststellung des Jahresabschlusses einer (auch) für den Anhang geltenden Vorschrift des § 264 Abs. 1a HGB, § 265 Abs. 2, 3 oder 4 HGB, des § 268 Abs. 4, 5, 6 oder 7 HGB, des § 277 Abs. 3 HGB

[1047] Vgl. Poelzig, D., in: MüKoHGB, 3. Aufl., § 284 HGB Rn. 98 m.w.N. Ebenso, aber ohne alleinigen Bezug auf GmbH vgl. Grottel, B., in: BeckBilKom, 10. Aufl., § 284 HGB Rn. 320.

sowie der §§ 284 und 285 HGB zuwiderhandeln (§ 334 Abs. 1 Nr. 1 Buchstabe a, c und d HGB); gleiches galt vor BilRUG auch für Zuwiderhandlungen gegen §§ 268 Abs. 2, 277 Abs. 4 HGB (§ 334 Abs. 1 Nr. 1 Buchstabe c und d HGB). Über den Verweis auf die als „Blankettnorm" wirkende Vorschrift des § 284 Abs. 1 HGB sind auch alle übrigen, nicht explizit in § 334 HGB genannten Anhangvorschriften in den Ordnungswidrigkeitstatbestand bei Zuwiderhandlung einbezogen.[1048] Geahndet werden kann eine solche **Ordnungswidrigkeit** mit einer Geldbuße bis zu 50 T€ (§ 334 Abs. 3 HGB).

Führen die Mängel bei den durch Anhangangaben vermittelten Informationen dazu, dass die Verhältnisse der GmbH oder GmbH & Co. KG im Jahresabschluss unrichtig wiedergegeben oder verschleiert werden, ist dies ein **Straftatbestand**. Dann drohen den Mitgliedern der Geschäftsführung oder eines beim Unternehmen ggf. fakultativ eingerichteten Aufsichtsrats Freiheitsstrafen bis zu drei Jahren oder Geldstrafen (§ 331 Satz 1 Nr. 1 HGB). Diese Konsequenz ist denkbar, wenn bei Pflichtangaben im Anhang Sachverhalte verschwiegen werden und von der dann „lückenhaften Darstellung" in Bezug auf die tatsächlichen wirtschaftlichen Verhältnisse der GmbH „ein Täuschungseffekt ausgehen kann".[1049]

Aus der in den §§ 334 und 331 HGB getroffenen Unterscheidung zwischen Ordnungswidrigkeit und Straftat, ist erkennbar, dass ein Straftatbestand nach § 331 nur bei erheblichen bzw. wesentlichen Verletzungen von Rechnungslegungsnormen, nicht dagegen bereits bei jedem „schlichten" Mangel einschlägig sein kann.[1050]

Der Jahresabschluss mittelgroßer und großer GmbH sowie GmbH & Co. KG ist nach § 316 Abs. 1 HGB bzw. § 316 Abs. 1 i.V.m. § 264a Abs. 1 HGB durch einen Abschlussprüfer prüfungspflichtig. Gleiches gilt für Jahresabschlüsse von kleinen GmbH sowie GmbH & Co. KG, die unabhängig von der Ausprägung ihrer Größenklassenmerkmale die Rechnungslegungsvorschriften zumindest von mittelgroßen oder von großen Kapitalgesellschaften anwenden müssen (hierzu wird auf Abschnitt 2.4.2 verwiesen). Werden bei der Abschlussprüfung Mängel festgestellt und bis zur Beendigung der Prüfung nicht behoben, führt dies, abhängig von der Schwere des jeweiligen Mangels, zur **Modifikation** des nach § 322 HGB zu erteilenden **Prüfungsurteils**.[1051]

Fällt eine GmbH oder GmbH & Co. KG in den Anwendungsbereich des § 264d HGB (kapitalmarktorientierte Kapitalgesellschaft), unterliegen ihre Abschlüsse anlassunabhängig einer Prüfung durch die DPR (§ 342b Abs. 2 Satz 2, Satz 3 Nr. 3 HGB). Stellt die DPR oder an ihrer Stelle die Bundesanstalt für Finanzdienstleistungsaufsicht (§ 37p Abs. 1 Satz 2 Nr. 1 WpHG) dabei Mängel fest, ist das betreffende Unternehmen verpflichtet, die **Fehlerfeststellung** u.a. im elektronischen Bundesanzeiger **öffentlich bekannt zu machen**; Ausnahmen bestehen insoweit bei fehlendem öffentlichen Interesse oder möglichen Schäden der berechtigten Interessen des Unternehmens (§ 37q Abs. 2 WpHG). Nachfolgendes Beispiel verdeutlicht eine solche Fehlerfeststellung:

1048 Vgl. Grottel, B./Hoffmann, H., in: BeckBilKom, 10. Aufl., § 334 HGB Rn. 11.
1049 Vgl. Grottel, B./Hoffmann, H., in: BeckBilKom, 10. Aufl., § 331 HGB Rn. 14-17.
1050 Vgl. Grottel, B./Hoffmann, H., in: BeckBilKom, 10. Aufl., § 331 HGB Rn. 20; Quedenfeld, D., in: MüKoHGB, 3. Aufl., § 331 HGB Rn. 50, jeweils m.w.N.
1051 Vgl. IDW PS 400 n. F., Tz. 24, in: IDW Life 2/2017, IDW Fachnachrichten, S. 153 f.

| ABB. 79: | Fehlerfeststellung der Sedlbauer AG, Grafenau, für den Jahresabschluss zum 31.10.2010 und den Lagebericht für das Geschäftsjahr 2010[1052] |

Sedlbauer Aktiengesellschaft
Grafenau
Veröffentlichung nach § 37q Abs. 2 Satz 1 WpHG

WKN 722 460
ISIN DE0007224602
Die Deutsche Prüfstelle für Rechnungslegung (DPR) hat festgestellt, dass der Jahresabschluss der Sedlbauer AG, Grafenau, zum Abschlussstichtag 31.12.2010 und der Lagebericht der Sedlbauer AG für das Geschäftsjahr 2010 fehlerhaft sind:
1. Im Jahresabschluss der Sedlbauer AG wurden die dem Vorstand im Geschäftsjahr 2010 gewährten Gesamtbezüge i.H.v. 162 T€ nicht angegeben.
Dies verstößt gegen § 285 Nr. 9a Satz 1 bis 4 HGB, wonach diese Angaben auch dann im Anhang aufzunehmen sind, wenn die Gesellschaft lediglich einen Alleinvorstand hat.
2. Im Lagebericht ist die voraussichtliche Entwicklung der Gesellschaft mit ihren wesentlichen Chancen und Risiken und den zugrunde liegenden Annahmen nicht in einem Maße erläutert, dass sich ein Adressat ein ausreichendes Bild hierüber machen kann.
Es liegt ein Verstoß gegen § 289 Abs. 1 Satz 4 HGB vor.
Grafenau, im August 2012

Sedlbauer AG
Der Vorstand

8.3 Wesentlichkeit von Mängeln im Anhang

Die Ausführungen zu den Rechtsfolgen bzw. Konsequenzen bei Mängeln im Anhang zeigen, dass nicht jeder Verstoß automatisch entsprechende Folgen nach sich zieht. Entscheidend ist die Schwere des jeweiligen Verstoßes. Dies richtet den Blick auch auf die Frage nach der „Wesentlichkeit" von Anhangangaben (oben, Frage 2). Teilweise wird die Wesentlichkeit innerhalb der einzelnen Informationsanforderungen des HGB selbst als Maßstab für die Auslösung von Angaben bestimmt. Dabei werden statt der „Wesentlichkeit" häufig andere, synonym geltende Begriffe bzw. Beschreibungen verwendet:

▶ erforderlich (§§ 265 Abs. 3 und 285 Nr. 3 HGB; hierzu wird auf Abschnitte 3.2.1.1 und 4.4.1 verwiesen),
▶ größerer Umfang (§ 268 Abs. 5 Satz 3; hierzu wird auf Abschnitt 4.2.2.5 verwiesen),
▶ erheblich bzw. nicht unerheblich (§§ 284 Abs. 2 Nr. 3, 285 Nr. 12 und 285 Nr. 4 HGB; hierzu wird auf Abschnitte 4.2.1.8, 4.2.2.4 und 5.1.2 verwiesen),
▶ von Bedeutung (§ 285 Nr. 3a HGB; hierzu wird auf Abschnitt 3.4.2 verwiesen),
▶ wesentlich (§ 285 Nr. 21 HGB; hierzu wird auf Abschnitte 4.4.9 und 5.2.2 verwiesen) und
▶ nicht von untergeordneter Bedeutung (§ 285 Nr. 31 und Nr. 32 HGB; hierzu wird auf Abschnitte 3.3.2 und 5.1.3 verwiesen).

1052 www.unternehmensregister.de, Navigation: Erweiterte Suche – Rechnungslegung/Finanzberichte – Fehlerfeststellungen.

8. Rechtsfolgen bei Mängeln im Anhang und Wesentlichkeit

Ein allgemein gültiges Konzept zur Beurteilung von „Wesentlichkeit" mit Bezug auf Angaben bzw. Informationserfordernisse im Anhang existiert nicht.[1053]

Für Zwecke der **Abschlussprüfung** hat das IDW in **IDW PS 250** versucht, die dabei nach § 317 Abs. 1 Satz 3 HGB zu beachtende Wesentlichkeit als Konzept zu konkretisieren;[1054] diese Konkretisierung beruht auf den gemäß § 317 Abs. 5 HGB nach Adaption insoweit zu berücksichtigenden internationalen Verlautbarungen ISA 320 und ISA 450.[1055]

Das IDW geht bei dieser Konkretisierung zunächst von der Annahme aus, dass der Gesetzgeber durch Vorgabe quantitativer und qualitativer Angabepflichten im Anhang deren Entscheidungsrelevanz für die Abschlussadressaten unterstellt hat und damit unterlassene Angaben grundsätzlich als wesentlich beurteilt werden müssen. Gleichwohl darf ein Abschlussprüfer im Einzelfall von diesem Grundsatz abweichen, wenn er/sie der Auffassung ist, dass eine Angabe im konkreten Fall für die Abschlussadressaten keine Entscheidungsrelevanz besitzt. Dementsprechend soll bei der Beurteilung, ob ein Verstoß gegen Angabepflichten im Anhang die Ordnungsmäßigkeit der Rechnungslegung beeinträchtigt, nach der Art bzw. dem Zweck der Anhangangabe zu differenzieren sein (Bezug zu Abschlussposten oder originäre Angabe zwecks Einblick in die Vermögens-, Finanz- oder Ertragslage respektive mit anderen Einblickszielen).[1056] Im Einzelnen soll dann nach Auffassung des IDW folgendes gelten:

ABB. 80:	Grundsätzliche Wesentlichkeitsüberlegungen bei Anhangangaben nach IDW PS 250 n. F.[1057]	
Anhang	**Originäre Anhangangabe**	**Aufgliederung bzw. Erläuterung von Bilanz oder GuV-Posten**
Quantitative Angaben	**Unterlassen von Angaben, die Einblick in die Vermögens-, Finanz- und Ertragslage gewähren:** Würdigung unter Berücksichtigung der Entscheidungsrelevanz für die Adressaten **Unterlassen von Angaben, die anderen Einblickszielen dienen:** grundsätzlich wesentlich **Fehlerhafte Angaben:** Würdigung unter Berücksichtigung der Entscheidungsrelevanz für die Adressaten	**Bilanz- oder GuV-Posten sind unwesentlich:** unterlassene oder fehlerhafte Anhangangaben sind grundsätzlich unwesentlich **Bilanz- oder GuV-Posten sind wesentlich:** ▶ unterlassene Anhangangaben sind grundsätzlich wesentlich ▶ fehlerhafte Anhangangaben: Würdigung unter Berücksichtigung der Entscheidungsrelevanz für die Adressaten

---

1053 Vgl. dazu auch Hoffmann, W.-D./Lüdenbach, N., NWB Kommentar Bilanzierung, 8. Aufl., § 284 HGB Rz. 28-31 m.w.N.
1054 Vgl. IDW PS 250 n. F., in: IDW Fachnachrichten 2013, S. 4-11.
1055 Vgl. IDW PS 250 n. F., Tz. 3, in: IDW Fachnachrichten 2013, S. 5.
1056 Vgl. IDW PS 250 n. F., Tz. 27 f., in: IDW Fachnachrichten 2013, S. 8 f.
1057 Vgl. IDW PS 250 n. F., Tz. 28, in: IDW Fachnachrichten 2013, S. 9.

Qualitative Angaben	**Unterlassen von Angaben, die Einblick in die Vermögens-, Finanz- und Ertragslage gewähren:** Würdigung unter Berücksichtigung der Entscheidungsrelevanz für die Adressaten **Unterlassen von Angaben, die anderen Einblickszielen dienen:** grundsätzlich wesentlich **Unvollständige oder fehlerhafte Aspekte:** Würdigung unter Berücksichtigung der Entscheidungsrelevanz für die Adressaten	

Die Abbildung verdeutlicht folgende Grundüberlegungen:

▶ Quantitative und qualitative Informationen sollen in der Frage der Wesentlichkeit von Mängeln bei Anhangangaben gleich beurteilt werden,

▶ Mängel bei Anhangangaben, die sich auf Abschlussposten beziehen, sollen vor dem Hintergrund der Bedeutung der jeweiligen Abschlussposten beurteilt werden und

▶ Mängel bei Anhangangaben, die sich nicht auf Abschlussposten beziehen (originäre Angaben), sollen schwerwiegender beurteilt werden, wenn sie in einem gänzlichen Unterlassen von Informationen bestehen, zu denen der Jahresabschluss im Übrigen keine Auskunft gibt.

Die Frage der **Entscheidungsrelevanz** einer Anhangangabe **aus Sicht der Adressaten** ist nach dem in IDW PS 250 konkretisierten Konzept der abschlussprüfungsbezogenen Wesentlichkeit primär vor dem Hintergrund der sogenannten Wesentlichkeit für die Rechnungslegung insgesamt zu beurteilen. Nur soweit Anhangangaben nach Einschätzung des Abschlussprüfers unterhalb dieser Gesamtwesentlichkeit Entscheidungsrelevanz für die Adressaten entfalten, sind hierfür jeweils im Einzelfall sogenannte spezifische Wesentlichkeiten festzulegen, ebenfalls nach pflichtgemäßem Ermessen.[1058] Generell notwendig ist die Festlegung sogenannter spezifischer Wesentlichkeiten für Anhangangaben also nicht, auch nicht für sogenannte originäre Angaben.[1059]

Wie ersichtlich, können die Überlegungen des IDW zur Wesentlichkeit von Anhangangaben keine „kochrezeptartigen" Antworten im Einzelfall liefern – dies liegt in der Natur der Sache. Gleichwohl liefern sie doch einige hilfreiche Hinweise genereller Art. Angesichts dessen ist es zur weiteren Vertiefung dieses Fragenkomplexes sinnvoll, die für GmbH definierten, in Abschnitt 2 gelisteten, in den Abschnitten 3, 4 und 5 erläuterten sowie in Abschnitt 6 in Form von Checklisten zusammen gestellten Anhangangaben danach zu kategorisieren, ob es sich jeweils um originäre oder abschlusspostenbezogene Angaben handelt und für die originären Angaben, welcher Gruppe von Einblickszielen sie dienen (Vermögens-, Finanz- und Ertragslage oder ande-

---

[1058] Vgl. IDW PS 250 n. F., Tz. 16, in: IDW Fachnachrichten 2013, S. 7.
[1059] Vgl. auch IDW, Fragen und Antworten zur Beurteilung der festgestellten falschen Darstellungen nach ISA 450 bzw. IDW PS 250 n. F., Tz. 6.XI., in: IDW Fachnachrichten 2013, S. 128 f.

res Einblicksziel). Eine erste **Kategorisierung** dieser Art wird in der nachstehenden Übersicht präsentiert. Für einzelne Angaben hat das IDW bereits selbst eine Einstufung darin vorgenommen.[1060] Das sind die Angaben nach § 285 Nr. 1 Buchstabe a, und b, 3, 3a, 4, 7, 9, 10, 11, 11a, 13, 14, 17 und 27 HGB sowie §§ 265 Abs. 3, 268 Abs. 7, 284 Abs. 2 Nr. 1 und Abs. 3 HGB. Die Kategorisierung der übrigen Angaben beruht auf eigener Zuordnungsentscheidung und dient der Veranschaulichung. Eine solche Zuordnungsentscheidung unterliegt nach Aussage des IDW jeweils „nach den Umständen des Einzelfalls dem prüferischen Ermessen", ist also – wie häufig – verschiedenen Sichtweisen zugänglich und damit diskutierbar.[1061]

Vorschrift	Art der Anhangangabe				Aufgliederung/Erläuterung von Abschlussposten
	originär				
	Quantitativ		qualitativ		quantitativ bzw. qualitativ
	Zweck: Einblick in Lage	anderer Einblickszweck	Zweck: Einblick in Lage	anderer Einblickszweck	
§ 264 HGB					
Abs. 1a			X		
Abs. 2 Satz 2			X		
§ 265 HGB					
Abs. 1 Satz 2			X		
Abs. 2 Satz 2			X		
Abs. 2 Satz 3			X		
Abs. 3					X
Abs. 4 Satz 2			X		
Abs. 7 Nr. 2					X
§ 268 HGB					
Abs. 1 Satz 3					X
Abs. 4 Satz 2					X
Abs. 5 Satz 3					X
Abs. 6					X
Abs. 7 Nr. 1-3	X				
§ 277 HGB					
Abs. 3 Satz 1					X
§ 284 HGB					
Abs. 1	—	—	—	—	—
Abs. 2 Nr. 1					X
Abs. 2 Nr. 2	(X)		(X)		X

1060 Vgl. IDW, Fragen und Antworten zur Beurteilung der festgestellten flachen Darstellungen nach ISA 450 bzw. IDW PS 250 n. F., Tz. 6.VIII., in: IDW Fachnachrichten 2013, S. 127 f.
1061 Vgl. IDW, Fragen und Antworten zur Beurteilung der festgestellten flachen Darstellungen nach ISA 450 bzw. IDW PS 250 n. F., Tz. 6.VIII., in: IDW Fachnachrichten 2013, S. 127.

	1	2	3	4	5	6
Abs. 2 Nr. 3						X
Abs. 2 Nr. 4						X
Abs. 3 Satz 2						X
Abs. 3 Satz 3 Nr. 1-3						X
Abs. 3 Satz 4						X
§ 285 HGB						
Nr. 1						X
Nr. 2						X
Nr. 3	X					
Nr. 3a	X					
Nr. 4						X
Nr. 7		X				
Nr. 8a		X				
Nr. 8b		X				
Nr. 9a		X				
Nr. 9b		X				
Nr. 9c		X				
Nr. 10					X	
Nr. 11						X
Nr. 11a				X		
Nr. 12						X
Nr. 13						X
Nr. 14					X	
Nr. 14a					X	
Nr. 15a	X		X			(X)
Nr. 17		X				
Nr. 18						X
Nr. 19						X
Nr. 20						X
Nr. 21	X					
Nr. 22		(X)				X
Nr. 23	X		X			
Nr. 24						X
Nr. 25						X
Nr. 26						X
Nr. 27				X		
Nr. 28						X
Nr. 29						X
Nr. 30						X

Nr. 31	X		X		(X)
Nr. 32	X		X		(X)
Nr. 33	X		X		
Nr. 34	X				(X)
§ 291 HGB					
Abs. 2 Nr. 4 Buchst. a				X	
Abs. 2 Nr. 4 Buchst. b				X	
Abs. 2 Nr. 4 Buchst. c				X	
§ 292 HGB					
Abs. 2 Satz 1				X	
§ 341s HGB					
Abs. 2 Satz 2				X	
§ 273 HGB a. F. (vor BilMoG)					
Satz 2					X
§ 281 HGB a. F. (vor BilMoG)					
Abs. 2 Satz 2					X
Art. 28 EGHGB					
Abs. 2 Satz 1					X
Abs. 2 Satz 2					X
Art. 67 EGHGB					
Abs. 1 Satz 4					X
Abs. 2					X
Weitere Vorschriften für GmbH aus dem GmbHG					
§ 29 Abs. 4 Satz 2					X
§ 42 Abs. 3					X
Weitere Vorschriften für GmbH & Co. KG aus dem HGB					
§ 264c Abs. 1					X
§ 264c Abs. 2 Satz 9		X			(X)
§ 285 Nr. 15		X			

Legende:

X Kategorisierung des IDW (in: Fragen und Antworten zur Beurteilung der festgestellten falschen Darstellungen nach ISA 450 bzw. IDW PS 250 n. F., Anm. 6.VIII., IDW-Fachnachrichten 2013, S. 127 f.)

X Eigene Kategorisierung, (X) alternativ ebenfalls mögliche Zuordnung

Hinweis: Im Einzelfall muss die Zuordnung nicht immer eindeutig sein. Das IDW weist insoweit auf Ermessen hin. Beispiele:

8.3 Wesentlichkeit von Mängeln im Anhang

- Angabe nach § 284 Abs. 2 Nr. 2 HGB: Erläuterung von Abschlussposten hinsichtlich geänderter Bilanzierungs- und Bewertungsmethoden bzw. qualitative und quantitative Angaben zur daraus folgenden Wirkung auf die Vermögens-, Finanz- und Ertragslage;
- Angabe nach § 285 Nr. 22 HGB: Erläuterung von Posten oder originäre Angaben mit anderem Einblicksziel als Vermögens-, Finanz- und Ertragslage (hier: Einschätzung Innovationsleistung; hierzu wird auf Abschnitt 4.2.1.1 verwiesen);
- Angaben nach § 285 Nr. 15a HGB können originäre Angaben umfassen, z. B. bei Besserungsscheinen, aber auch Erläuterungen zu Abschlussposten, z. B. bei passivierten Genussscheinen oder Schuldverschreibungen – insgesamt sollen sie über aus künftigen Gewinnen zu tilgende Verpflichtungen informieren, beziehen sich also primär auf Aspekte der wirtschaftlichen Lage;
- Angaben nach § 285 Nr. 34 HGB geben Auskunft über ausschüttungsbedingte Liquiditätsbelastungen, also Einflüsse auf die Finanzlage, gleichzeitig aber auch Erläuterungen zum Eigenkapital.

Auffällig in der vorausgehenden Abbildung ist die offene Einordnung der Anforderung nach § 284 Abs. 1 HGB (postenbezogene Reihenfolge postenbezogener Angaben). Hierbei handelt es sich um eine Gliederungsanforderung für den Anhang, aber keine eigene Informationspflicht. Abweichungen berühren dann zwar Aufgliederungen und Erläuterungen von Abschlussposten, begründen aber weder fehlende, noch inhaltlich fehlerhafte Informationen. Aufgrund dessen ist im Rahmen dieser Kategorisierung eine Einordnung als „unwesentlich" sachgerecht; die Praktikabilität dieser Gliederungsanforderung ist bei zahlreichen Anhangangaben ohnehin zweifelhaft – hierzu wird auf Abschnitt 2.5 verwiesen.

9. Erleichterungen bei der Offenlegung des Anhangs

Der Anhang ist bei Kapitalgesellschaften sowie Kapitalgesellschaften & Co. Teil des Jahresabschlusses (§ 264 Abs. 1 Satz 1 HGB). Er wird dementsprechend mit dem Jahresabschluss offen gelegt. Maßgebende Rechtsvorschriften für die Offenlegung des Jahresabschlusses sind die §§ 325 ff. HGB. Diese Vorschriften regeln zudem u. a. den Umfang der Offenlegung im Übrigen, die Form der Offenlegung und die Offenlegungsfristen.[1062]

Nach §§ 325 ff. HGB gilt für den Inhalt des Anhangs zum Zwecke der Offenlegung folgendes:

Kleine GmbH müssen den aufgestellten Anhang nach den Offenlegungsvorschriften nicht vollständig offen legen. Nach § 326 Abs. 1 Satz 2 HGB braucht der offen gelegte Anhang kleiner GmbH die die GuV betreffenden Angaben nicht zu enthalten. Das heißt, für Offenlegungszwecke dürfen bei kleinen GmbH aus dem aufgestellten Anhang folgende Angaben entfallen:

▶ Angabe der bei Gegenständen des Anlagevermögens nach § 253 Abs. 3 Satz 5 und 6 HGB jeweils vorgenommenen außerplanmäßigen Abschreibungen (§ 277 Abs. 3 Satz 1 HGB).

▶ Angabe jeweils des Betrags und der Art der einzelnen Erträge und Aufwendungen von außergewöhnlicher Größenordnung oder außergewöhnlicher Bedeutung, soweit die Beträge nicht von untergeordneter Bedeutung sind (§ 285 Nr. 31 HGB).

▶ Sofern Sonderposten mit Rücklageanteil passiviert und beibehalten werden: Angabe der im Posten „sonstige betriebliche Erträge" erfassten Erträge aus der Auflösung des Sonderpostens mit Rücklageanteil (§ 281 Abs. 2 Satz 2 HGB a. F. (vor BilMoG) i. V. m. Art. 67 Abs. 3 Satz 1 EGHGB).

Gleiches gilt wegen Verweis in § 264a Abs. 1 HGB auf die Anwendung dieser Vorschriften auch für **kleine GmbH & Co. KG**.

Mittelgroße GmbH sowie **GmbH & Co. KG** müssen den aufgestellten Anhang nach den Offenlegungsvorschriften ebenfalls nicht vollständig offen legen. Nach § 327 Satz 1 Nr. 2 HGB dürfen beim offen zu legenden Anhang von mittelgroßen GmbH sowie GmbH & Co. KG folgende Angaben entfallen:

▶ Aufgliederung des Gesamtbetrags der Verbindlichkeiten nach § 285 Nr. 1 Buchstabe a HGB, d. h. der Verbindlichkeiten mit einer Restlaufzeit von mehr als fünf Jahren, und des Gesamtbetrags der Besicherungen nach § 285 Nr. 1 Buchstabe b HGB entsprechend der Gliederung gemäß § 266 Abs. 3 C. HGB (§ 285 Nr. 2 HGB).

▶ Angabe des Materialaufwands für das Geschäftsjahr, gegliedert nach § 275 Abs. 2 Nr. 5 HGB (sofern die GuV nach dem Umsatzkostenverfahren aufgestellt wird; § 285 Nr. 8 Buchstabe a HGB).

▶ Erläuterung der in der Bilanz unter dem Posten „sonstige Rückstellungen" nicht gesondert ausgewiesenen Rückstellungen, wenn sie einen nicht unerheblichen Umfang haben (§ 285 Nr. 12 HGB).

Zu beachten ist, dass die Restlaufzeiten der einzelnen Posten der Verbindlichkeiten bis zu einem Jahr sowie über einem Jahr in der Bilanz anzugeben sind (§ 268 Abs. 5 Satz 2 HGB). Werden diese Angaben stattdessen in einen Verbindlichkeitenspiegel aufgenommen, entfallen sie durch die Offenlegungserleichterung im Anhang bei mittelgroßen GmbH sowie GmbH & Co. KG also nicht.

1062 Einzelheiten dazu vgl. z. B. bei Grottel, B., in: BeckBilKom, 10. Aufl., § 325 HGB.

9. Erleichterungen bei der Offenlegung des Anhangs

Große GmbH sowie **GmbH & Co. KG** müssen den aufgestellten Anhang nach den Offenlegungsvorschriften vollständig offen legen, d. h. für sie bestehen insoweit keine Erleichterungen.

Gleichwohl bleibt für sie – wie auch für kleine und mittelgroße GmbH sowie GmbH & Co. KG – der gänzliche **Verzicht auf die Offenlegung** der aufgestellten Rechnungslegung (einschließlich Anhang) unter den Voraussetzungen der §§ 264 Abs. 3 und 264b HGB unberührt; hierzu wird auf die Ausführungen in Abschnitt 2.4.4 verwiesen.

In den Anhang Checklisten für die kleine und mittelgroße GmbH sowie GmbH & Co. KG sind die Offenlegungserleichterungen nach §§ 326 Abs. 1 Satz 2 sowie 327 Satz 1 Nr. 2 HGB in der Spalte „Bemerkungen/Hinweise" explizit mit angegeben.

Im „Musteranhang" für die Muster-Klein-GmbH (Abschnitt 7.2) führen die genannten Offenlegungserleichterungen zur Streichung von Abschnitt „C. Weitere Angaben zur Gewinn- und Verlustrechnung" mit den Abschnitten „1. Sonstige betriebliche Erträge, sonstige betriebliche Aufwendungen" und „2. Abschreibungen auf Finanzanlagen".

Im „Musteranhang" für die Muster-Mittelgroß-GmbH (Abschnitt 7.3) ergeben sich aus den genannten Offenlegungserleichterungen die folgenden Änderungen:

▶ Streichung von Absatz 1 in Abschnitt „B.9. Sonstige Rückstellungen" (Erläuterung der sonstigen Rückstellungen) sowie
▶ Ersatz des „Verbindlichkeitenspiegels" in Abschnitt „B.10. Verbindlichkeiten" durch den „Verbindlichkeitenspiegel" im „Musteranhang" für die Muster-Klein-GmbH, Abschnitt „B.6. Verbindlichkeiten".

Der offen zu legende Anhang umfasst bei mittelgroßen und großen GmbH sowie GmbH & Co. KG auch die Angabe des Vorschlags oder des Beschlusses über die Verwendung des Jahresergebnisses (§ 285 Nr. 34 HGB; hierzu wird auf Abschnitt 4.4.11 verwiesen). Regelmäßig wird dann nur der Ergebnisverwendungsvorschlag in den Anhang aufgenommen werden können, denn der Beschluss über die Ergebnisverwendung wird zeitlich erst nach der Aufstellung des Jahresabschlusses gefasst. Die Angabe eines Ergebnisverwendungsvorschlags im Anhang der GmbH (sowie der GmbH & Co. KG) kommt zudem nur in Betracht, wenn die Geschäftsführung gesetzlich verpflichtet ist, einen Ergebnisverwendungsvorschlag zu machen; hierzu wird auch auf Abschnitt 4.4.11 verwiesen.

In einem solchen Fall ist der spätere **Beschluss über die Ergebnisverwendung** gesondert offenlegungspflichtig (§ 325 Abs. 1b Satz 2 HGB). Eventuelle Datenschutzklauseln wie nach § 325 Abs. 1 Satz 4 HGB a. F. (vor BilRUG) bestehen dabei nicht.

Zur Wahrung der Offenlegungsfristen reicht es bei **prüfungspflichtigen Unternehmen** nicht (mehr) aus, allein den Jahresabschluss – einschließlich Anhang – sowie den Lagebericht zur Offenlegung in ungeprüfter Fassung einzureichen und die übrigen Unterlagen sowie den Bestätigungsvermerk nachzureichen. Die geltende Fassung des § 325 Abs. 1 bis 2 HGB sieht diese Möglichkeit bzw. Erleichterung nicht (mehr) vor. Begründet ist dies durch die Vorgabe des Art. 30 Abs. 1 der Bilanzrichtlinie. Danach müssen die Mitgliedstaaten dafür sorgen, „den ordnungsgemäß gebilligten Jahresabschluss und den Lagebericht sowie den Bericht des Abschlussprüfers oder der Prüfungsgesellschaft" innerhalb einer Frist von längstens zwölf Monaten nach dem Bilanzstichtag offenzulegen.[1063]

1063 Vgl. dazu BT-Drucks. 18/4050, S. 77.

10. Zusammenfassung und Ausblick

Der Anhang vermittelt fundamental wichtige Finanzinformationen zum Verständnis des Zahlenwerks in Bilanz und Gewinn- und Verlustrechnung sowie zum Verständnis der wirtschaftlichen Lage des bilanzierenden Unternehmens. Anhand dieser Informationen lässt sich u. a. die Ertragslage analysieren, die Nachhaltigkeit betrieblicher Ergebnisse einschätzen und die Finanzlage sowie die Vermögenslage besser beurteilen. Anhangangaben dienen darüber hinaus aber auch anderen Einblickszielen.

Aufgrund der Vielzahl in den Anhang aufzunehmender Informationen ist seine Erstellung inhaltlich und organisatorisch mit enormen Herausforderungen verbunden und birgt beträchtliche Fehlerpotenziale. In der Praxis werden beim Anhang so auch häufiger Mängel festgestellt. Ursächlich dafür sind u. a. auch die mangelnde Kenntnis vieler Unternehmen über die Informationspflichten im Anhang und deren Konkretisierung durch den Gesetzgeber; die in der jüngeren Vergangenheit aufgrund des sogenannten BilMoG und des sogenannten BilRUG vorgenommenen zahlreichen Änderungen, Ergänzungen und Erweiterungen beim Anhang haben nicht zur Verbesserung dieser Situation beigetragen.

Bilanzierende Unternehmen müssen zum Anhang vor allem wissen,

- welche Vorschriften dafür zu beachten sind,
- welche Informationsanforderungen diese Vorschriften mit sich bringen,
- ob und wenn ja, welche größenabhängigen Erleichterungen bestehen,
- welche Informationen dann genau im Anhang zu geben sind,
- durch welche beispielhaften Formulierungen diese Informationen in den Anhang aufgenommen werden können und
- welche Offenlegungserleichterungen sie in Bezug auf den Anhang in Anspruch nehmen können.

Zur Beantwortung dieser Fragen geben das Gesetz, die Gesetzesmaterialien, Verlautbarungen von Standardsettern und das einschlägige Fachschrifttum wichtige Hinweise. Praxisbeispiele zeigen zudem jeweils die Möglichkeiten der konkreten Umsetzung in der Rechnungslegung. Alle diese Quellen wurden umfassend ausgewertet, die resultierenden Kernaspekte erläutert und mittels einer Vielzahl von publizierten (Praxis-)Beispielen und Musterformulierungen praxisgerecht veranschaulicht, konzentriert auf die für den Anhang der GmbH – als zahlenmäßig stärkste Gruppe der Kapitalgesellschaften in Deutschland – sowie GmbH & Co. KG geltenden Informationsanforderungen. Ergänzend wurden u. a. auch jeweils Checklisten für die Erstellung des Anhangs der kleinen, der mittelgroßen und der großen GmbH sowie GmbH & Co. KG erarbeitet sowie „Musteranhänge" für die kleine, mittelgroße und große GmbH einschließlich Darstellung weiterer Angaben für die GmbH & Co. KG formuliert, in denen die zu beachtenden Vorschriften umfassend berücksichtigt sind.

Dabei wurden jeweils die für den Anhang in Jahresabschlüssen für nach dem 31. 12. 2016 beginnende Geschäftsjahre geltenden Anforderungen umfassend erläutert, veranschaulicht und mit den präsentierten Hilfsmitteln für die praktische Anwendung ausführlich aufbereitet.

Nichtsdestotrotz wird die Erstellung des Anhangs für bilanzierende Unternehmen (weiterhin) eine Herausforderung bleiben. Sie müssen die ordnungsmäßige Ermittlung der in den Anhang aufzunehmenden zahlreichen Informationen auch organisatorisch dauerhaft sicherstellen und die „hausinterne" Anwendung der aktuell jeweils geltenden Vorschriften und Informationsanforderungen intensiv durchdenken.

Anlage

„Eilige" bzw. selektiv interessierte Leser/innen können quasi als „Inhaltsnavigator" in der folgenden Übersicht auf „die Schnelle" erkennen, welche Anhangangabe in welchem Abschnitt dieses Buches erläutert wird. Zur leichteren Zuordnung und Auffindbarkeit sind diese Anhangangaben mit ihrem Inhalt und der zugrunde liegenden Gesetzesvorschrift bezeichnet sowie in ihrer Reihenfolge entsprechend den Checklisten in Abschnitt 6 gegliedert.

Übersicht: Anhangangabe/Checklistenabschnitt, Inhalt der Angabe, zugrunde liegende Gesetzesvorschrift, Erläuterungen dazu in Abschnitt ... des Buches

Anhangangabe/Checklistenabschnitt	Gesetzesvorschrift	Erläuterungen dazu in Abschnitt ...
I. Grundlegende Angaben zum Unternehmen und zur Bilanzierung		
1. Registerinformationen zum Unternehmen		
Registerinformationen zur Identifikation des Unternehmens	§ 264 Abs. 1a HGB	3.1.1
2. Gliederung, Vorjahresbeträge, Abweichung von der Generalnorm		
Erforderliche Gliederungsabweichungen	§ 265 Abs. 1 Satz 2 HGB	3.1.2.1
Nichtvergleichbarkeit der Vorjahresbeträge	§ 265 Abs. 2 Satz 2 HGB	3.1.2.3
Anpassung der Vorjahreszahlen	§ 265 Abs. 2 Satz 3 HGB	3.1.2.3
Geschäftszweigbedingte Anwendung verschiedener Gliederungsvorschriften	§ 265 Abs. 4 Satz 2 HGB	4.1
Zusammengefasster Postenausweis	§ 265 Abs. 7 Nr. 2 HGB	3.1.2.2
Zulässige Generalnormabweichung	§ 264 Abs. 2 Satz 2 HGB	3.1.2.4
3. Angaben zu Bilanzierungs- und Bewertungsmethoden		
Bilanzierungs- und Bewertungsmethoden	§ 284 Abs. 2 Nr. 1 HGB	3.1.3.1
Abweichung von bisherigen Bilanzierungs- und Bewertungsmethoden	§ 284 Abs. 2 Nr. 2 HGB	3.1.3.4
Gebildete Bewertungseinheiten	§ 284 Abs. 2 Nr. 23 HGB	3.1.3.2
Bewertungsunterschiede bei Anwendung von Bewertungsvereinfachungen	§ 284 Abs. 2 Nr. 3 HGB	4.2.1.8
Einbeziehung von Fremdkapitalzinsen in die Herstellungskosten	§ 284 Abs. 2 Nr. 4 HGB	3.1.3.3
II. Angaben mit weiteren Erläuterungen zur Bilanz		
1. Aufgrund des BilMoG nur noch übergangsweise bilanzierbare Posten		
Bildung des Sonderpostens mit Rücklageanteil (Angabe der Vorschriften)	§ 273 Satz 2 HGB a. F. (vor BilMoG) i.V. m. Art. 67 Abs. 3 Satz 1 EGHGB	3.2.3.7

Anhangangabe/Checklistenabschnitt	Gesetzesvorschrift	Erläuterungen dazu in Abschnitt ...
2. Mehrere Bilanzposten (Aktiva und Passiva) betreffende Angaben		
Posten-Mitzugehörigkeitsvermerk	§ 265 Abs. 3 HGB	3.2.1.1
Entsaldierung bei Verrechnung von Vermögensgegenständen und Schulden	§ 285 Nr. 25 HGB	3.2.1.2
Ausschüttungsgesperrte Beträge	§ 285 Nr. 28 HGB	4.2.2.1
Latente Steuern	§ 285 Nr. 29 HGB	5.1.1
Ausleihungen, Forderungen und Verbindlichkeiten gegenüber Gesellschaftern	§§ 42 Abs. 3 GmbHG, § 264c Abs. 1 HGB	3.6.1.1, 3.6.1.2
Genussrechte und ähnliche Rechte auf Gewinnbezug	§ 285 Nr. 15 a HGB	4.2.2.2
3. Einzelne Aktiva betreffende Angaben		
Entwicklung der Posten des Anlagevermögens u. a.	§ 284 Abs. 3 Satz 1 bis 4 HGB	4.2.1.2.
Forschungs- und Entwicklungskosten	§ 285 Nr. 22 HGB	4.2.1.1
Erläuterung der Nutzungsdauer eines aktivierten Geschäfts- oder Firmenwerts	§ 285 Nr. 13 HGB	3.2.2.1
Beteiligungsbesitz	§ 285 Nr. 11 HGB	4.2.1.3
Beteiligungen als persönlich haftende Gesellschafter	§ 285 Nr. 11a HGB	4.2.1.4
Stille Lasten bei Finanzinstrumenten im Finanzanlagevermögen	§ 285 Nr. 18 HGB	4.2.1.5
Stille Reserven/Lasten bei derivativen Finanzinstrumenten	§ 285 Nr. 19 HGB	4.2.1.6
Investmentanteile	§ 285 Nr. 26 HGB	4.2.1.7
Finanzinstrumente mit Bewertung zum beizulegenden Zeitwert	§ 285 Nr. 20 HGB	3.2.2.2
Bestimmte sonstige Vermögensgegenstände	§ 268 Abs. 4 Satz 2 HGB	4.2.1.9
Aktivisch abgegrenztes Disagio	§ 268 Abs. 6 HGB	4.2.1.10
4. Einzelne Passiva betreffende Angaben		
Wertaufholungsrücklage	§ 29 Abs. 4 Satz 2 GmbHG	3.6.2
Ergebnisvortrag	§ 268 Abs. 1 Satz 3 HGB	3.2.3.1
Fehlbeträge bei Pensionsrückstellungen mit Passivierungswahlrecht	Art. 28 EGHGB	3.2.3.2
Unterdeckung bei Pensionsrückstellungen aufgrund Übergangswahlrecht nach BilMoG	Art. 67 Abs. 2 EGHGB	3.2.3.3

Anhangangabe/Checklistenabschnitt	Gesetzesvorschrift	Erläuterungen dazu in Abschnitt ...
Bewertungsgrundlagen bei Pensionsrückstellungen	§ 285 Nr. 24 HGB	4.2.2.3
Abzinsungsbedingter Unterschiedsbetrag bei Pensionsrückstellungen	§ 253 Abs. 6 Satz 3 HGB	3.2.3.4
Überdeckung von Rückstellungen aufgrund Übergangswahlrecht nach BilMoG	Art. 67 Abs. 1 Satz 4 EGHGB	3.2.3.3
Sonstige Rückstellungen	§ 285 Nr. 12 HGB	4.2.2.4
Quantitative Veränderung latenter Steuerschulden	§ 285 Nr. 30 HGB	4.2.2.7
Aufgliederung längerfristiger Verbindlichkeiten	§ 285 Nr. 1a und Nr. 2 HGB	3.2.3.5, 4.2.2.6
Aufgliederung der Besicherung längerfristiger Verbindlichkeiten	§ 285 Nr. 1b und Nr. 2 HGB	3.2.3.5, 4.2.2.6
Bestimmte sonstige Verbindlichkeiten	§ 268 Abs. 5 Satz 3 HGB	4.2.2.5
III. Angaben mit weiteren Erläuterungen zur Gewinn- und Verlustrechnung		
Aufgliederung der Umsatzerlöse	§ 285 Nr. 4 HGB	5.1.2
Materialaufwand des Geschäftsjahres (bei Anwendung UKV)	§ 285 Nr. 8a HGB	4.3.1
Personalaufwand des Geschäftsjahres (bei Anwendung UKV)	§ 285 Nr. 8b HGB	4.3.2
Außerplanmäßige Abschreibungen im Anlagevermögen	§ 277 Abs. 3 Satz 1 HGB	3.3.1
Außergewöhnliche Erträge/Aufwendungen	§ 285 Nr. 31 HGB	3.3.2
Periodenfremde Erträge/Aufwendungen	§ 285 Nr. 32 HGB	5.1.3
Erträge aus der Auflösung des Sonderpostens mit Rücklageanteil	§ 281 Abs. 2 Satz 2 HGB a. F. (vor BilMoG) i.V. m. Art. 67 Abs. 3 Satz 1 EGHGB	3.2.3.7
IV. Sonstige Angaben		
1. Arbeitnehmeranzahl		
Durchschnittliche Zahl der Arbeitnehmer	§ 285 Nr. 7 HGB	3.4.3, 4.4.2
2. Organmitgliedschaften und bestimmte Geschäftsvorfälle mit Organmitgliedern		
Mitglieder Geschäftsführung, Aufsichtsrat	§ 285 Nr. 10 HGB	4.4.4
Gesamtbezüge der einzelnen Organe	§ 285 Nr. 9a HGB	4.4.5
Gesamtbezüge an frühere Organmitglieder	§ 285 Nr. 9b HGB	4.4.6
Vorschüsse und Kredite an Organmitglieder	§ 285 Nr. 9c HGB	3.4.4

Anhangangabe/Checklistenabschnitt	Gesetzesvorschrift	Erläuterungen dazu in Abschnitt ...
3. Konzernbeziehungen		
Mutterunternehmen des größten Konzernkreises	§ 285 Nr. 14 HGB	4.4.8
Mutterunternehmen des kleinsten Konzernkreises	§ 285 Nr. 14a HGB	3.4.5
Befreiende Konzernrechnungslegung bei Mutterunternehmen mit Sitz in EU-/EWR-Mitgliedstaat	§ 291 Abs. 2 Nr. 4a bis 4c HGB	3.4.6
Befreiende Konzernrechnungslegung bei Mutterunternehmen mit Sitz in Drittstaat	§ 292 Abs. 2 Satz 1 HGB	3.4.6
Hinweis auf befreiende Einbeziehung in den Konzernzahlungsbericht	§ 341s Abs. 2 Satz 2 HGB	5.2.3
4. Geschäfte mit nahestehenden Unternehmen und Personen		
Geschäfte mit nahe stehenden Unternehmen und Personen	§ 285 Nr. 21 HGB	4.4.9, 5.2.2
5. Haftungsverhältnisse, sonstige finanzielle Verpflichtungen und außerbilanzielle Geschäfte		
Zusatzangaben bei Haftungsverhältnissen	§ 268 Abs. 7 HGB	3.4.1
Einschätzung der Inanspruchnahme aus Haftungsverhältnissen	§ 285 Nr. 27 HGB	4.4.3
Art und Zweck, Risiken, Vorteile und finanzielle Auswirkungen außerbilanzieller Geschäfte	§ 285 Nr. 3 HGB	4.4.1
Gesamtbetrag der sonstigen finanziellen Verpflichtungen	§ 285 Nr. 3a HGB	3.4.2
6. Ereignisse nach dem Abschlussstichtag und Ergebnisverwendung		
Vorgänge von besonderer Bedeutung nach dem Abschlussstichtag	§ 285 Nr. 33 HGB	4.4.10
Vorschlag oder Beschluss über die Ergebnisverwendung	§ 285 Nr. 34 HGB	4.4.11
7. Abschlussprüferhonorar		
Aufschlüsselung des Abschlussprüferhonorars	§ 285 Nr. 17 HGB	4.4.7, 5.2.1
8. Haftung der GmbH & Co. KG		
Im Register eingetragene, nicht geleistete Kommanditeinlagen	§ 264c Abs. 2 Satz 9 HGB	4.5.1
Persönlich haftende Gesellschafter der KG	§ 285 Nr. 15 HGB	4.5.2

LITERATURVERZEICHNIS

Hinweise:

Die nachfolgend angegebenen Publikationen wurden im Rahmen der Anfertigung dieses Buches ausgewertet. Zum Thema wurden eine Vielzahl von Publikationen verfasst und Jahresabschlüsse veröffentlicht. Daher kann die nachfolgende Aufstellung nicht alle verfassten, themenbezogenen Publikationen und Jahresabschlüsse aufführen. Angesichts dessen ist hier mit der Nichtnennung solcher Quellen auch kein Werturteil verbunden.

Redaktionsschluss war der 31. 7. 2017.

Der Stand aller bei Quellenangaben genannten Internetadressen bezieht sich auf das Datum des Redaktionsschlusses.

A

ABG Frankfurt Holding GmbH, Frankfurt am Main (Hrsg.), Geschäftsbericht 2013, abrufbar unter http://www.abg-fh.com/unternehmen/der_abg_konzern/geschaeftsberichte/.

ABG Frankfurt Holding GmbH, Frankfurt am Main (Hrsg.), Geschäftsbericht 2012, abrufbar unter http://www.abg-fh.com/unternehmen/der_abg_konzern/geschaeftsberichte/

ABG Frankfurt Holding GmbH, Frankfurt am Main (Hrsg.), Geschäftsbericht 2011, abrufbar unter: http://www.abg-fh.com/unternehmen/der_abg_konzern/geschaeftsberichte/.

Adler, H./Düring, W./Schmaltz, K., Rechnungslegung nach internationalen Standards, Kommentar, Loseblattsammlung, Stuttgart 2002.

Adler, H./Düring, W./Schmaltz, K., Rechnungslegung und Prüfung der Unternehmen, 6. Aufl., Stuttgart 1997.

AFRAC, AFRAC-Stellungnahme 10, Nahe stehende Unternehmen und Personen (UGB), Anhangangaben zu Geschäften mit nahe stehenden Unternehmen und Personen gemäß §§ 238 Abs. 1 Z 12 und 266 Z 5 UGB, abrufbar unter http://www.afrac.at/wp-content/uploads/AFRAC-Stellungnahme-10-Nahe-stehende-Unternehmen-und-Personen-UGB_clean.pdf.

AFRAC, AFRAC-Stellungnahme 7, Außerbilanzielle Geschäfte (UGB), Anhangangaben über außerbilanzielle Geschäfte gemäß § 238 Abs. 1 Z 10 UGB, abrufbar unter http://www.afrac.at/wp-content/uploads/AFRAC-Stellungnahme-7-Außerbilanzielle-Geschäfte-UGB_clean.pdf.

AHR-THERMEN GmbH & Co. KG, Bad Neuenahr-Ahrweiler (Hrsg.), Jahresabschluss zum Geschäftsjahr vom 1. 1. 2009 bis zum 31. 12. 2009, - in der im elektronischen Bundesanzeiger veröffentlichten Fassung -, abrufbar unter http://www.unternehmensregister.de.

Aktiengesellschaft Bad Neuenahr, Bad Neuenahr (Hrsg.), Jahresabschluss zum Geschäftsjahr 1. 1. 2013 bis zum 31. 12. 2013, abrufbar unter http://www.unternehmensregister.de (aktuell nicht mehr abrufbar).

Aktiengesellschaft Bad Neuenahr, Bad Neuenahr-Ahrweiler (Hrsg.), Jahresabschluss zum 31. 12. 2009 – in der im elektronischen Bundesanzeiger veröffentlichten Fassung –, Jahresabschluss ist auf der Unternehmenshomepage und unter der Registernummer der Gesellschaft über www.unternehmensregister.de (aktuell nicht abrufbar).

ALTE LEIPZIGER Lebensversicherung auf Gegenseitigkeit, Oberursel/Taunus (Hrsg.), Geschäftsbericht 2015, abrufbar unter https://www.alte-leipziger.de/unternehmen-al/ueberblick-al/geschaeftsbericht-al.htm.

ALTE LEIPZIGER Lebensversicherung auf Gegenseitigkeit, Oberursel/Taunus (Hrsg.), Geschäftsbericht 2009, abrufbar unter https://www.alte-leipziger.de/unternehmen-al/ueberblick-al/geschaeftsbericht-al.htm.

VERZEICHNIS Literatur

Aluca GmbH, Rosengarten (Hrsg.), Jahresabschluss zum Geschäftsjahr vom 1.1.2010 bis zum 31.12.2010, - in der im elektronischen Bundesanzeiger veröffentlichten Fassung -, abrufbar unter http://www.unternehmensregister.de.

Arbeitskreis Bilanzrecht der Hochschullehrer Rechtswissenschaft, Stellungnahme zu dem Entwurf eines BilMoG: Grundkonzept und Aktivierungsfragen, in: BB 2008, S. 152-158.

Arbeitskreis Bilanzrecht der Hochschullehrer Rechtswissenschaft, Stellungnahme zu dem Entwurf eines BilMoG: Einzelfragen zum materiellen Bilanzrecht, in: BB 2008, S. 209-216.

artif orange GmbH & Co. KG, Tübingen (Hrsg.), Jahresabschluss zum Geschäftsjahr vom 1.1.2014 bis zum 31.12.2014 – in der im elektronischen Bundesanzeiger veröffentlichten Fassung –, abrufbar unter http://www.unternehmensregister.de.

ARZ Haan AG, Haan (Hrsg.), Geschäftsbericht 2011, abrufbar unter https://www.arz.de/downloads.html.

ASL Automatisierungs-GmbH, Großostheim (Hrsg.), Jahresabschluss zum Geschäftsjahr vom 01.01.2016 bis zum 31.12.2016 – in der im elektronischen Bundesanzeiger veröffentlichten Fassung – pdf-Version, abrufbar unter www.unternehmensregister.de.

Autohaus Stange GmbH, Kleinostheim (Hrsg.), Jahresabschluss zum Geschäftsjahr vom 01.01.2016 bis zum 31.12.2016 – in der im elektronischen Bundesanzeiger veröffentlichten Fassung – pdf-Version, abrufbar unter www.unternehmensregister.de.

AUTOSCHMITT IDSTEIN GmbH, Idstein (Hrsg.), Jahresabschluss zum Geschäftsjahr vom 1.1.2014 bis zum 31.12.2014 – in der im elektronischen Bundesanzeiger veröffentlichten Fassung –, abrufbar unter http://www.unternehmensregister.de.

Autozentrum Bonnemann GmbH, Dortmund (Hrsg.), Jahresabschluss zum Geschäftsjahr vom 01.01.2016 bis zum 31.12.2016 – in der im elektronischen Bundesanzeiger veröffentlichten Fassung, pdf-Version –, abrufbar unter www.unternehmensregister.de.

AWISTA Gesellschaft für Abfallwirtschaft und Stadtreinigung mbH, Düsseldorf (Hrsg.), Jahresabschluss zum Geschäftsjahr vom 1.1.2012 bis zum 31.12.2012 und Lagebericht für das Geschäftsjahr 2009 – in der im elektronischen Bundesanzeiger veröffentlichten Fassung –, abrufbar unter http://www.unternehmensregister.de.

AWISTA Gesellschaft für Abfallwirtschaft und Stadtreinigung mbH, Düsseldorf (Hrsg.), Jahresabschluss zum Geschäftsjahr vom 1.1.2009 bis zum 31.12.2009 und Lagebericht für das Geschäftsjahr 2009 – in der im elektronischen Bundesanzeiger veröffentlichten Fassung –, abrufbar unter http://www.unternehmensregister.de.

Axel Springer AG, Berlin (Hrsg.), Jahresabschluss zum 31.12.2010, abrufbar unter http://www.axelspringer.de/dl/431742/AS_AG_JA-Bericht_DE.pdf.

B

Baetge, J./Kirsch, H.-J./Thiele, S., Bilanzen, 11. Aufl., Düsseldorf 2011.

BASF SE, Ludwigshafen (Hrsg.), Jahresabschluss 2014, abrufbar unter https://www.basf.com/documents/corp/de/about-us/publications/reports/2015/Jahresabschluss_BASF_SE_2014.pdf

BASF SE, Ludwigshafen (Hrsg.), Jahresabschluss 2010, abrufbar unter http://basf.com/group/corporate/de_DE/function/conversions:/publish/content/about-basf/facts-reports/reports/2010/Jahresabschluss_BASF_SE_2010.pdf.

BASF SE, Ludwigshafen (Hrsg.), Jahresabschluss 2009, abrufbar unter http://www.basf.com/group/corporate/de/investor-relations/news-publications/reports/index.

Bayer AG, Leverkusen (Hrsg.), Geschäftsbericht 2009, abrufbar unter www.hv2010.bayer.de/de/jahresabschluss-2009-der-bayer-ag.pdfx.

Bechtle AG, Neckarsulm (Hrsg.), Jahresabschluss und Lagebericht mit Bestätigungsvermerk 31.12.2010, abrufbar unter http://www.bechtle.com/ir/corporate-governance/wppg/.

Beiersdorf AG, Hamburg (Hrsg.), Jahresabschluss und Lagebericht zum 31.12.2010, abrufbar unter http://www.beiersdorf.de/Investor_Relations/Finanzberichte/Gesch%C3%A4ftsberichte.html.

Benedict Systemfertigung GmbH, Aschaffenburg Düsseldorf (Hrsg.), Jahresabschluss zum Geschäftsjahr vom 01.01.2016 bis zum 31.12.2016 – in der im elektronischen Bundesanzeiger veröffentlichten Fassung – pdf-Version, abrufbar unter www.unternehmensregister.de.

Beoplast Besgen GmbH, Langenfeld (Hrsg.), Jahresabschluss zum Geschäftsjahr vom 01.01.2016 bis zum 31.12.2016 – in der im elektronischen Bundesanzeiger veröffentlichten Fassung – pdf-Version, abrufbar unter www.unternehmensregister.de.

Bertelsmann AG, Gütersloh (Hrsg.), Jahresabschluss zum Geschäftsjahr 1.1.2010 – 31.12.2010, - in der im elektronischen Bundesanzeiger veröffentlichten Fassung -, abrufbar unter http://www.unternehmensregister.de.

BeteiligungsHolding Hanau GmbH, Hanau (Hrsg.), Konzern-Jahresabschluss zum 31.12.2011, – in der im elektronischen Bundesanzeiger veröffentlichten Fassung –, abrufbar unter http://www.unternehmensregister.de.

Betron Control Systems GmbH, Enger (Hrsg.), Jahresabschluss zum 31. Dezember 2016, in: KPMG, Erstellungsbericht Jahresabschluss 31. Dezember 2016 Betron Control Systems GmbH, Enger, http://www.betron.de/fileadmin/user_upload/dokumente/170320_Jahresabschluss_2016.pdf.

Biener, H./Berneke, W., Bilanzrichtlinien-Gesetz, Düsseldorf 1986.

BMF, Schreiben v. 23.12.2016, IV C 2 – S 2770/16/10002, abrufbar unter http://www.bundesfinanzministerium.de/Content/DE/Downloads/BMF_Schreiben/Steuerarten/Koerperschaftsteuer_Umwandlungsteuer/2016-12-23-aenderung-des-253-hgb-durch-gesetz-umsetzungwohnimmobilienkreditrichtlinie.pdf?__blob=publicationFile&v=4.

BMJ (Hrsg.), Bekanntmachung des DRS 20 „Konzernlagebericht" vom 25.11.2012, in: Bundesanzeiger vom 4.12.2012, Allgemeiner Teil, Beilage 1, S. 1-28, abrufbar unter www.bundesanzeiger.de.

BMJV (Hrsg.), Bekanntmachung des DRS 23 „Kapitalkonsolidierung (Einbeziehung von Tochterunternehmen in den Konzernabschluss)" vom 15.2.2016, in: Bundesanzeiger vom 23.2.2016, Amtlicher Teil, Beilage 2, S. 1-26, abrufbar unter www.bundesanzeiger.de.

BMJV, Referentenentwurf, Entwurf eines Gesetzes zur Umsetzung der Richtlinie 2013/34/EU des Europäischen Parlaments und des Rates vom 26.6.2013 über den Jahresabschluss, den konsolidierten Abschluss und damit verbundene Berichte von Unternehmen bestimmter Rechtsformen und zur Änderung der Richtlinie 2006/43/EG des Europäischen Parlaments und des Rates und zur Aufhebung der Richtlinien 78/660/EWG und 83/349/EWG des Rates (Bilanzrichtlinie-Umsetzungsgesetz – BilRUG), abrufbar unter http://www.bmjv.de/SharedDocs/Downloads/DE/pdfs/Gesetze/RefE_BilanzRichtlinie-UmsetzungsGesetz.html.

BMW AG, München (Hrsg.), Jahresabschluss der BMW AG Geschäftsjahr 2010, abrufbar unter http://www.bmwgroup.com/bmwgroup_prod/d/0_0_www_bmwgroup_com/investor_relations/finanzberichte/geschaeftsberichte/2010/11694_BMW_AG_Jahresabschluss_dt_Online.pdf.

Braun GmbH, Kronberg im Taunus (Hrsg.), Jahresabschluss zum 30.6.2012 – in der im elektronischen Bundesanzeiger veröffentlichten Fassung –, abrufbar unter http://www.unternehmensregister.de.

B+S Banksysteme AG, München (Hrsg.), Einzelabschluss 2009/2010, abrufbar unter http://www.bs-ag.com/download/Investoren/JA2010.Einzel.Muenchen.pdf.

BStBK, Stellungnahme vom 2.10.2014 zum BilRUG RefE, abrufbar unter http://www.bstbk.de/de/presse/stellungnahmen/archiv/20141002_stellungnahme_bstbk/index.html.

Literatur

Buch.de internetstores AG, Münster (Hrsg.), Geschäftsbericht 2010, abrufbar unter http://ag.buch.de/ag/index.php?docID=98&year=2010.

Bühler Alzenau GmbH, Alzenau (Hrsg.), Jahresabschluss zum Geschäftsjahr vom 01.01.2016 bis zum 31.12.2016 – in der im elektronischen Bundesanzeiger veröffentlichten Fassung, pdf-Version –, abrufbar unter www.unternehmensregister.de.

Bundesrat, Stellungnahme vom 4.7.2008 zum BilMoG Reg-E, Anlage 3 zu BT-Drucks. 16/10067, S. 116-121.

Busse von Colbe, W., § 291 HGB, Befreiende Wirkung von EU/EWR-Konzernabschlüssen, in: Münchner Kommentar zum Handelsgesetzbuch, Band 4, 3. Aufl., München 2013.

C

Commerzbank AG, Frankfurt am Main (Hrsg.), Jahresabschluss und Lagebericht 2009, abrufbar unter https://www.commerzbank.de/media/de/aktionaere/service/archive/konzern/2010/AG-Bericht_2009.pdf.

Communication Services Tele2 GmbH, Düsseldorf (Hrsg.), Jahresabschluss zum Geschäftsjahr vom 01.01.2016 bis zum 31.12.2016 – in der im elektronischen Bundesanzeiger veröffentlichten Fassung, pdf-Version –, abrufbar unter www.unternehmensregister.de.

Continental AG, Hannover (Hrsg.), Jahresbericht der Aktiengesellschaft 2010, abrufbar unter http://www.conti-onlinne.com/generator/www/com/de/continental/portal/themen/ir/finanzberichte/01_berichte/download/ag_bericht_2010_de.pdf.

CTS Eventim AG, Bremen (Hrsg.), Jahresabschluss 2010, abrufbar unter http://www.eventim.de/obj/media/DE-eventim/relations/financialReportDownload/2010/Geschaeftsbericht_2010.pdf.

D

DBV, Stellungnahme vom 1.10.2014 zum BilRUG-RefE, abrufbar unter www.dstv.de/download/2014-b-04-zu-bilrug-an-bmjv. http://www.dbvev.de/aktuelles/einzelansicht/datum/2014/10/01/stellungnahme-zum-entwurf-eines-gesetzes-zur-umsetzung-der-bilanzrichtlinie-201334eu-bilrug.html.

Deutsche Bahn AG, Berlin (Hrsg.), Lagebericht und Jahresabschluss 2010, abrufbar unter http://www1.deutschebahn.com/linkableblob/ecm2-db-de/1893864/data/2010_gb_dbag-data.pdf.

Deutsche Bank AG, Frankfurt am Main (Hrsg.), Jahresabschluss zum Geschäftsjahr vom 01.01.2016 bis zum 31.12.2016 – in der im elektronischen Bundesanzeiger veröffentlichten Fassung, pdf-Version –, abrufbar unter www.unternehmensregister.de.

Deutsche Bank AG, Frankfurt am Main (Hrsg.), Jahresabschluss 2014, abrufbar unter https://hauptversammlung.db.com/.

Deutsche Bank AG, Frankfurt am Main (Hrsg.), Jahresabschluss und Lagebericht der Deutschen Bank AG 2010, abrufbar unter http://www.db.com/ir/de/download/Jahresabschluss_und_Lagebericht_der_Deutschen_Bank_AG_2010.pdf?dbiquery=null:Jahresabschluss.

Deutsche Bausparkasse Badenia AG, Karlsruhe (Hrsg.), Geschäftsbericht 2010, abrufbar unter http://www.badenia.de/badenia.nsf/vwfiles/Geschaeftsbericht2010/$FILE/GB_Badenia2010.pdf.

Deutsche Bundesbank, Grundsätze zur Rechnungslegung der Deutschen Bundesbank (Bank) in der ab 31.12.2008 geltenden Fassung, abrufbar unter www.bundesbank.de/download/aufgaben/mitteilungen/jahresabschluss/09_10001.mitteilung.pdf.

Deutsche Post AG, Bonn (Hrsg.), Jahresabschluss (HGB) zum 31. Dezember 2016, abrufbar unter http://www.dpdhl.com/de/investoren/veranstaltungen_und_praesentationen/reporting/2017/FY2016.html.

Deutsche Post AG, Bonn (Hrsg.), Jahresabschluss zum Geschäftsjahr vom 01.01.2016 bis zum 31.12.2016 – in der im elektronischen Bundesanzeiger veröffentlichten Fassung, pdf-Version –, abrufbar unter www.unternehmensregister.de.

Deutsche Post AG, Bonn (Hrsg.), Jahresabschluss (HGB) zum 31.12.2010, abrufbar unter http://www.dp-dhl.com/de/investoren/publikationen/archiv.html.

Deutsche Telekom AG, Bonn (Hrsg.), Jahresabschluss zum 31. Dezember 2016, abrufbar unter https://www.telekom.com/de/investor-relations/finanzpublikationen/finanzergebnisse.

Deutsche Telekom AG, Bonn (Hrsg.), Jahresabschluss zum Geschäftsjahr vom 01.01.2016 bis zum 31.12.2016 – in der im elektronischen Bundesanzeiger veröffentlichten Fassung, pdf-Version –, abrufbar unter www.unternehmensregister.de.

Deutsche Telekom AG, Bonn (Hrsg.), Jahresabschluss zum 31.12.2010, abrufbar unter www.download-telekom.de/dt/StaticPage/99/64/84/Jahresabschluss2010_996484.pdf.

Deutscher Bundestag, Bundesregierung, Entwurf eines Gesetzes zur Stärkung der nichtfinanziellen Berichterstattung der Unternehmen in ihren Lage- und Konzernlageberichten (CSR-Richtlinie-Umsetzungsgesetz), BT-Drucks. 18/9982 vom 17.10.2016, abrufbar über http://dipbt.bundestag.de/dip21.web/searchDocuments/drs_search_text.do.

Deutscher Bundestag, Beschlussempfehlung und Bericht des Ausschusses für Recht und Verbraucherschutz (6. Ausschuss) zu dem Gesetzentwurf der Bundesregierung – Drucksachen 18/4050, 18/4351 –, Entwurf eines Gesetzes zur Umsetzung der Richtlinie 2013/34/EU des Europäischen Parlaments und des Rates vom 26.6.2013 über den Jahresabschluss, den konsolidierten Abschluss und damit verbundene Berichte von Unternehmen bestimmter Rechtsformen und zur Änderung der Richtlinie 2006/43/EG des Europäischen Parlaments und des Rates und zur Aufhebung der Richtlinien 78/660/EWG und 83/349/EWG des Rates (Bilanzrichtlinie-Umsetzungsgesetz – BilRUG), BT-Drucks. 18/5256 vom 17.6.2015, abrufbar über http://dipbt.bundestag.de/dip21.web/searchDocuments/drs_search_text.do.

Deutscher Bundestag, Bundesregierung, Entwurf eines Gesetzes zur Umsetzung der Richtlinie 2013/34/EU des Europäischen Parlaments und des Rates vom 26.6.2013 über den Jahresabschluss, den konsolidierten Abschluss und damit verbundene Berichte von Unternehmen bestimmter Rechtsformen und zur Änderung der Richtlinie 2006/43/EG des Europäischen Parlaments und des Rates und zur Aufhebung der Richtlinien 78/660/EWG und 83/349/EWG des Rates (Bilanzrichtlinie-Umsetzungsgesetz – BilRUG), BT-Drucks. 18/4050 vom 20.2.2015, abrufbar über http://dipbt.bundestag.de/dip21.web/searchDocuments/drs_search_text.do.

Deutscher Bundestag, Bundesregierung, Entwurf eines Gesetzes zur Modernisierung des Bilanzrechts (Bilanzrechtsmodernisierungsgesetz – BilMoG), BT-Drucks. 16/10067 vom 30.7.2008, abrufbar über http://dipbt.bundestag.de/dip21.web/searchDocuments/drs_search_text.do.

Deutscher Bundestag, Bundesregierung, Gegenäußerung zur Stellungnahme des Bundesrates vom 4.7.2008 zum BilMoG Reg-E, Anlage 4 zur BT-Drucks. 16/10067, S. 122-124.

Deutscher Bundestag, Bundesregierung, Entwurf eines Gesetzes zur Einführung internationaler Rechnungslegungsstandards und zur Sicherung der Qualität der Abschlussprüfung (Bilanzrechtsreformgesetz – BilReG), BT Drucks. 15/3219 vom 30.6.2004, abrufbar über http://dipbt.bundestag.de/dip21.web/searchDocuments/drs_search_text.do.

Deutscher Bundestag, Bundesregierung, Entwurf eines Gesetzes zur Durchführung der Richtlinie des Rates der Europäischen Union zur Änderung der Bilanz- und der Konzernbilanzrichtlinie hinsichtlich ihres Anwendungsbereichs (90/605/EWG), zur Verbesserung der Offenlegung von Jahresabschlüssen und zur Änderung anderer handelsrechtlicher Bestimmungen (Kapitalgesellschaften- und Co-Richtlinie-Gesetz – KapCoRiLiG), BT-Drucks. 14/1806 vom 15.10.1999, abrufbar über http://dipbt.bundestag.de/dip21.web/searchDocuments/drs_search_text.do.

Deutz AG, Köln (Hrsg.), Jahresabschluss und Lagebericht der Deutz AG 2010, abrufbar unter http://www.deutz.de/investoren/hauptversammlung_/2011.de.html.

DGRV, Stellungnahme vom 23.9.2014 zum BilRUG Ref-E, abrufbar unter http://www.dgrv.de/de/news/news-2014.09.23-1.html.

VERZEICHNIS Literatur

DIHK, Stellungnahme vom 23. 2. 2015 zum BilRUG Reg-E, abrufbar unter http://www.dihk.de/themenfelder/recht-steuern/rechtspolitik/nationale-stellungnahmen/dihk-positionen-zu-nationalen-gesetzesvorhaben.

DIHK, Stellungnahme vom 2. 10. 2014 zum BilRUG Ref-E, abrufbar unter http://www.dihk.de/themenfelder/recht-steuern/rechtspolitik/nationale-stellungnahmen/dihk-positionen-zu-nationalen-gesetzesvorhaben.

DIHK und BDI, Stellungnahme vom 29. 8. 2008 zum BilMoG Reg-E, abrufbar unter http://webarchiv.bundestag.de/cgi/show.php?fileToLoad=1251&id=1134.

Donaukraftwerk Jochenstein AG, Passau (Hrsg.), Jahresabschluss zum Geschäftsjahr vom 01. 01. 2016 bis zum 31. 12. 2016 – in der im elektronischen Bundesanzeiger veröffentlichten Fassung – pdf-Version, abrufbar unter www.unternehmensregister.de.

Dortmunder Energie- und Wasserversorgung GmbH, Dortmund (Hrsg.), Geschäftsbericht 2009, abrufbar unter http://www.dew21.de/Default.aspx/g/621/l/ 1031/r/-1/t/484882/on/484882/a/11/v/downloadmanager/ID/484898.

Dortmunder Hafen AG, Dortmund (Hrsg.), Jahresabschluss zum Geschäftsjahr vom 1. 1. 2012 bis zum 31. 12. 2012 – in der im elektronischen Bundesanzeiger veröffentlichten Fassung –, abrufbar unter http://www.unternehmensregister.de.

Dräger Medical GmbH, Lübeck (Hrsg.), Jahresabschluss zum 31. 12. 2012 – in der Fassung des Testatsexemplars, abrufbar unter http://www.draeger.com/sites/de_de/Pages/Unternehmen/Hauptversammlung.aspx?navID=716.

Drägerwerk AG & Co. KGaA, Lübeck (Hrsg.), Jahresabschluss zum Geschäftsjahr vom 01. 01. 2016 bis zum 31. 12. 2016 – in der im elektronischen Bundesanzeiger veröffentlichten Fassung, pdf-Version –, abrufbar unter www.unternehmensregister.de.

Dreßler Bau GmbH, Aschaffenburg (Hrsg.), Jahresabschluss zum Geschäftsjahr vom 01. 01. 2016 bis zum 31. 12. 2016 – in der im elektronischen Bundesanzeiger veröffentlichten Fassung – pdf-Version, abrufbar unter www.unternehmensregister.de.

DRSC, DRS 18, Latente Steuern, Beilage zum Bundesanzeiger Nr. 133/2010.

DRSC, DRS 20, Konzernlagebericht, Beilage 1 zum Bundesanzeiger vom 4. 12. 2012.

DRSC, DRS 23, Kapitalkonsolidierung (Einbeziehung von Tochterunternehmen in den Konzernabschluss), Beilage 2 zum Bundesanzeiger vom 23. 2. 2016.

DRSC, Stellungnahme vom 24. 2. 2015 zum BilRUG Reg-E, abrufbar unterhttps://www.drsc.de/projekte/bilrug/.

DRSC, Stellungnahme vom 6. 10. 2014 zum BilRUG Ref-E, abrufbar unterhttps://www.drsc.de/projekte/bilrug/.

DRSC, Stellungnahme vom 8. 2. 2008 zum BilMoG Ref-E, abrufbar unterhttps://www.drsc.de/eingaben-und-stellungnahmen/.

DStV, Stellungnahme vom 30. 9. 2014 zum BilRUG-RefE, abrufbar unter www.dstv.de/download/2014-b-04-zu-bilrug-an-bmjv.

Dürr AG, Bietigheim-Bissingen (Hrsg.), Jahresabschluss 2009, abrufbar unter http://www.durr.com/investor/finanzberichte/archiv/.

E

Edelmann Service GmbH, Kleinwallstadt (Hrsg.), Jahresabschluss zum Geschäftsjahr vom 01. 01. 2016 bis zum 31. 12. 2016 (in der im elektronischen Bundesanzeiger veröffentlichten Fassung, pdf-Version), abrufbar unter www.unternehmensregister.de.

Elmos Semiconductor AG, Dortmund (Hrsg.), Jahresabschluss zum 31. Dezember 2016, ohne Seitenzahlen.

ELMOS Semiconductor AG, Dortmund (Hrsg.), Jahresabschluss und Lagebericht 31. 12. 2010, abrufbar unter http://www.elmos.de/investor-relations/publikationen/finanzberichte.html.

Elsevier GmbH, München (Hrsg.), Jahresabschluss zum Geschäftsjahr vom 1.1.2010 bis zum 31.12.2010 und Lagebericht für das Geschäftsjahr 2010 – in der im elektronischen Bundesanzeiger veröffentlichten Fassung –, abrufbar unter http://www.unternehmensregister.de.

Elster Group SE, Essen (Hrsg.), Jahresabschluss zum Geschäftsjahr vom 1.1.2011 bis zum 31.12.2011 – in der im elektronischen Bundesanzeiger veröffentlichten Fassung –, abrufbar unter http://www.unternehmensregister.de.

EnBW Energie Baden-Württemberg AG, Karlsruhe (Hrsg.), Bericht über das Geschäftsjahr 2014, https://www.enbw.com/unternehmen/investoren/news-und-publikationen/publikationen/index.html.

EnBW Energie Baden-Württemberg AG, Karlsruhe (Hrsg.), Bericht über das Geschäftsjahr 2010, abrufbar unter http://www.enbw.com/content/de/investoren/geschaeftbericht/index.jsp.

EO.N AG, Düsseldorf (Hrsg.), Handelsrechtlicher Jahresabschluss und zusammengefasster Lagebericht der E.ON AG für das Geschäftsjahr 2010, abrufbar unter http://www.eon.com/de/corporate/1009.jsp.

Ernst, Ch./Seidler, H., Kernpunkte des Referentenentwurfs eines Bilanzrechtsmodernisierungsgesetzes, in: BB 2007, S. 2557-2566.

ESWE Verkehr GmbH, Wiesbaden (Hrsg.), Geschäftsbericht 2013, abrufbar unter http://www.eswe-verkehr.de/das-unternehmen/geschaeftsberichte/.

Etienne Aigner AG, München (Hrsg.), Geschäftsbericht 2013, abrufbar unter https://www.aignermunich.com/media/wysiwyg/aignerworld/investor-relations/aigner-geschaeftsbericht-2013.pdf.

EU-Kommission, Entscheidung 2008/961 EG vom 12.12.2008 über die Verwendung der nationalen Rechnungslegungsgrundsätze bestimmter Drittländer und der International Financial Reporting Standards durch Wertpapieremittenten aus Drittländern bei der Erstellung ihrer konsolidierten Abschlüsse, Amtsblatt, Nr. L 340 vom 19.12.2008, S. 112-114, abrufbar unter http://eur-lex.europa.eu/legal-content/DE/TXT/?uri=CELEX:32008D0961.

Eurotube GmbH i. L., Kaarst (Hrsg.), Jahresabschluss zum Geschäftsjahr vom 08.07.2016 bis zum 31.12.2016 – in der im elektronischen Bundesanzeiger veröffentlichten Fassung – pdf-Version, abrufbar im Internet unter http://www.unternehmensregister.de.

Evonik Degussa GmbH, Essen (Hrsg.), Jahresabschluss zum 31.12.2009 – in der im elektronischen Bundesanzeiger veröffentlichten Fassung –, abrufbar im Internet unter http://www.unternehmensregister.de.

Evonik Industries AG, Essen (Hrsg.), Jahresabschluss zum Geschäftsjahr vom 01.01.2016 bis zum 31.12.2016 – in der im elektronischen Bundesanzeiger veröffentlichten Fassung, pdf-Version –, abrufbar unter www.unternehmensregister.de.

Evonik Stockhausen GmbH, Krefeld (Hrsg.), Jahresabschluss zum 31.12.2009 – in der im elektronischen Bundesanzeiger veröffentlichten Fassung –, abrufbar im Internet unter http://www.unternehmensregister.de.

F

Fink, C./Theile, C., Anhang und Lagebericht nach dem RegE zum Bilanzrichtlinie-Umsetzungsgesetz, in: DB 2015, S. 753-762.

Förschle, G./Peun, M., § 275 HGB, Gliederung, in: Beck'scher Bilanzkommentar, 9. Aufl., München 2014.

Frankfurter Aufbau AG, Frankfurt am Main (Hrsg.), Geschäftsbericht 2014, abrufbar unter http://www.abg-fh.com/unternehmen/faag/unternehmen/faag-geschaeftsberichte.html.

Frankfurter Aufbau AG, Frankfurt am Main (Hrsg.), Geschäftsbericht 2012, abrufbar unter http://www.abg-fh.com/unternehmen/faag/unternehmen/faag-geschaeftsberichte.html.

Franz-Josef Riegel GmbH, Bürgstadt (Hrsg.), Jahresabschluss zum Geschäftsjahr vom 01.01.2016 bis zum 31.12.2016 – in der im elektronischen Bundesanzeiger veröffentlichten Fassung, pdf-Version –, abrufbar unter www.unternehmensregister.de.

Fraport AG, Frankfurt am Main (Hrsg.), Jahresabschluss der Einzelgesellschaft nach HGB für 2016, abrufbar unter http://www.fraport.de/content/fraport/de/misc/binaer/unternehmen/investoren/termine-und-publikationen/einzelabschluesse/einzelabschluss-2016/jcr:content.file/jahresabschluss-fraport-ag-2016.pdf.

Fraport AG, Frankfurt am Main (Hrsg.), Jahresabschluss der Fraport AG für das Geschäftsjahr 2010, abrufbar unter http://www.fraport.de/content/fraport-ag/de/misc/binaer/investor_relations/geschaeftsberichte/einzelabschluesse/einzelabschluss_20010/jcr:content.file/Einzelabschluss%20AG%202010.pdf.

Frosta AG, Bremerhaven (Hrsg.), Geschäftsbericht 2010, abrufbar unter http://www.frosta-ag.com/investor-relations/publikationen/geschaeftsberichte-service.html.

G

GAG Immobilien AG, Köln (Hrsg.), Jahresabschluss zum 31.12.2010 – in der im elektronischen Bundesanzeiger veröffentlichten Fassung –, abrufbar unter http://www.unternehmensregister.de.

GDV, Stellungnahme vom 13.4.2015 zum BilRUG Reg-E, abrufbar unter https://www.bundestag.de/bundestag/ausschuesse18/a06/anhoerungen/stellungnahmen/365464.

GDV, Stellungnahme vom 2.10.2014 zum BilRUG Ref-E, abrufbar unter http://www.gdv.de/2014/10/bilanzierungsvorschriften-haben-wettbewerbspolitische-dimension/.

GEA Group AG, Bochum (Hrsg.), Jahresabschluss 2009, abrufbar unter http://www.geagroup.com/de/ir/finanzberichte.html.

Gelhausen, H./Fey, G./Kämpfer, G., Rechnungslegung und Prüfung nach dem Bilanzrechtsmodernisierungsgesetz, Düsseldorf 2009.

Gemeinnützige Wohnungsgesellschaft der Stadt Wiesbaden mbH, Wiesbaden (Hrsg.), Geschäftsbericht 2013, abrufbar unter http://www.gewege.de/unternehmen/index.php.

Gesetz über Unternehmensbeteiligungsgesellschaften (UBGG), abrufbar u. a. unter http://www.gesetze-im-internet.de/bundesrecht/ubgg/gesamt.pdf.

Gesetz zur Förderung von Wagniskapitalbeteiligungen (Wagniskapitalbeteiligungsgesetz - WKBG), abrufbar u. a. unter http://www.gesetze-im-internet.de/bundesrecht/wkbg/gesamt.pdf.

Gesetz zur Modernisierung des Bilanzrechts (Bilanzrechtsmodernisierungsgesetz – BilMoG), BGBl. I 2009, S. 1102-1137, auch abrufbar unter http://www.bgbl.de/Xaver/start.xav?startbk=Bundesanzeiger_BGBl.

Gesetz zur Umsetzung der Richtlinie 2011/61/EU über die Verwalter alternativer Investmentfonds (AIFM-Umsetzungsgesetz – AIFM-UmsG), BGBl. I 2013, S. 1981-2164, auch abrufbar unter http://dipbt.bundestag.de/extrakt/ba/WP17/498/49869.html.

Gesetz zur Umsetzung der Richtlinie 2012/6/EU des Europäischen Parlaments und des Rates vom 14.3.2012 zur Änderung der Richtlinie 78/660/EWG des Rates über den Jahresabschluss von Gesellschaften bestimmter Rechtsformen hinsichtlich Kleinstbetrieben (Kleinstkapitalgesellschaften-Bilanzrechtsänderungsgesetz – MicroBilG), BGBl. I 2012, S. 2751-2755, abrufbar u. a. unter http://dipbt.bundestag.de/extrakt/ba/WP17/473/47356.html.

Gesetz zur Umsetzung der Richtlinie 2013/34/EU des Europäischen Parlaments und des Rates vom 26.6.2013 über den Jahresabschluss, den konsolidierten Abschluss und damit verbundene Berichte von Unternehmen bestimmter Rechtsformen und zur Änderung der Richtlinie 2006/43/EG des Europäischen Parlaments und des Rates und zur Aufhebung der Richtlinien 78/660/EWG und 83/349/EWG des Rates (Bilanzrichtlinie-Umsetzungsgesetz – BilRUG), BGBl. I 2015, Nr. 30, ausgegeben am 22.7.2015, S. 1245-1268, abrufbar u. a. unter http://www.bgbl.de/xaver/bgbl/start.xav?startbk=Bundesanzeiger_BGBl__bgbl__%2F%2F*%5B%40attr_id%3D%27bgbl115s1245.pdf%27%5D__1437644759961.

Gesetz zur Umsetzung der Wohnimmobilienkreditrichtlinie und zur Änderung handelsrechtlicher Vorschriften, BGBl. I 2016, Nr. 12, ausgegeben am 16.3.2016, S. 396-441, abrufbar unter http://www.bgbl.de/xaver/bgbl/start.xav?startbk=Bundesanzeiger_BGBl&start=//*%255B@attr_id=%2527bgbl116s0396.pdf-%2527%255D#__bgbl__%2F%2F*%5B%40attr_id%3D%27bgbl116s0396.pdf%27%5D__1477922190608.

Getränke Hoffmann GmbH, Düsseldorf (Hrsg.), Jahresabschluss zum Geschäftsjahr vom 01.01.2016 bis zum 31.12.2016 – in der im elektronischen Bundesanzeiger veröffentlichten Fassung – pdf-Version, abrufbar unter www.unternehmensregister.de.

Grammer AG, Amberg (Hrsg.), Jahresabschluss und Lagebericht 31.12.2010, abrufbar unter http://www.grammer.com/fileadmin/user_upload/ressourcen/images/investorrelations/finanzber/GRAMMER_AG_JA2010_Offenlegung_sec.pdf.

Grenke AG, Baden-Baden (Hrsg.), Einzelabschluss 2016, abrufbar unter https://www.grenke.de/de/investor-relations/finanzberichte/finanzberichte-2016.html.

Grottel, B., § 284 HGB, Erläuterung der Bilanz und der GuV-Rechnung, in: Beck'scher Bilanzkommentar, 10. Aufl., München 2016.

Grottel, B., § 285 HGB, Sonstige Pflichtangaben, in: Beck'scher Bilanzkommentar, 10. Aufl., München 2016.

Grottel, B., § 325 HGB, Offenlegung, in: Beck'scher Bilanzkommentar, 10. Aufl., München 2016.

Grottel, B./Haußer, J., § 251 HGB, Haftungsverhältnisse, in: Beck'scher Bilanzkommentar, 10. Aufl., München 2016.

Grottel, B./Haußer, J., § 268 HGB, Vorschriften zu einzelnen Posten der Bilanz. Bilanzvermerke, in: Beck'scher Bilanzkommentar, 10. Aufl., München 2016.

Grottel, B./Hoffmann, H., § 331 HGB, Unrichtige Darstellung, in: Beck'scher Bilanzkommentar, 10. Aufl., München 2016.

Grottel, B./Hoffmann, H., § 334 HGB, Bußgeldvorschriften, in: Beck'scher Bilanzkommentar, 10. Aufl., München 2016.

Grottel, B./Huber, F., § 268 HGB, Vorschriften zu einzelnen Posten der Bilanz. Bilanzvermerke, in: Beck'scher Bilanzkommentar, 10. Aufl., München 2016.

Grottel, B./Krämer, A., § 256 HGB, Bewertungsvereinfachungsverfahren, in: Beck'scher Bilanzkommentar, 9. Aufl., München 2014.

Grottel, B./Kreher, M., § 291 HGB, Befreiende Wirkung von EU/EWR-Konzernabschlüssen, in: Beck'scher Bilanzkommentar, 10. Aufl., München 2016.

Grottel, B./Rhiel, R., § 249 HGB, Rückstellungen, in: Beck'scher Bilanzkommentar, 10. Aufl., München 2016.

Grottel, B./Waubke, P.N., § 268 HGB, Vorschriften zu einzelnen Posten der Bilanz. Bilanzvermerke, in: Beck'scher Bilanzkommentar, 10. Aufl., München 2016.

H

Haaker, A., Umsetzung der neuen Bilanzrichtlinie durch das BilRUG – Bericht über das 7. Berliner Bilanz Forum –, in: KoR 2015, S. 63-65.

Haaker, A., Problembereiche des BilRUG-RefE – Kritische Analyse ausgewählter Aspekte des Referentenentwurfs eines Bilanzrichtlinie-Umsetzungsgesetzes (BilRUG-RefE), in: StuB 2015, S. 11-16.

HALLESCHE Krankenversicherungsgesellschaft auf Gegenseitigkeit, Stuttgart (Hrsg.), Geschäftsbericht 2014, abrufbar unter https://www.hallesche.de/unternehmen-h/ueberblick-h/geschaeftsbericht-h.htm.

HALLESCHE Krankenversicherungsgesellschaft auf Gegenseitigkeit, Stuttgart (Hrsg.), Geschäftsbericht 2009, abrufbar unter http://www.hallesche.de/h_index/ h_u_ueber_uns/h_u_ueu_geschaeftsbericht.htm.

HeidelbergCement AG, Heidelberg (Hrsg.), Jahresabschluss 2016, abrufbar unter http://www.heidelbergcement.com/de/berichte-und-praesentationen.

HeidelbergCement AG, Heidelberg (Hrsg.), Jahresabschluss 2009, abrufbar unter http://www.heidelbergcement.com/global/de/company/investor_relations/financial_publications/financial_reports.htm.

Hella KGaA Hueck & Co., Lippstadt (Hrsg.), Jahresabschluss zum 31. Mai 2016 und Lagebericht, abrufbar unter http://www.hella.com/hella-com/de/Geschaeftsbericht-und-Jahresabschluss-8740.html.

Henkel AG & Co. KGaA, Düsseldorf (Hrsg.), Jahres- und Konzernabschluss zum Geschäftsjahr vom 01.01.2016 bis zum 31.12.2016 – in der im elektronischen Bundesanzeiger veröffentlichten Fassung – pdf-Version, abrufbar unter www.unternehmensregister.de.

Henkel AG & Co. KGaA, Düsseldorf (Hrsg.), Jahresabschluss und Lagebericht 2010, abrufbar unter http://www.henkel.de/de/content_data/208248_2011.02.24_JAAG2010D_si.pdf.

Hennrichs, J., Stellungnahme vom 21.4.2015 zum BilRUG Reg-E, abrufbar unter https://www.bundestag.de/bundestag/ausschuesse18/a06/anhoerungen/stellungnahmen/365464.

Hennrichs, J., Stellungnahme vom 11.12.2008 zum BilMoG Reg-E, abrufbar unter http://webarchiv.bundestag.de/cgi/show.php?fileToLoad=1251&id=1134.

Hochtief AG, Essen (Hrsg.), Jahresabschluss zum 31. Dezember 2016, abrufbar unter http://www.hochtief.de/hochtief/604.jhtml.

Hoffmann, W.-D., Eventualverbindlichkeiten, in: StuB 2009, S. 249-250.

Hoffmann, W.-D., Der Anhang vor und nach dem BilMoG, in: BRZ 2009, S. 259-264.

Hoffmann, W.-D./Lüdenbach, N., NWB Kommentar Bilanzierung, 8. Aufl., Herne 2017.

Hoffmann, W.-D./Lüdenbach, N., NWB Kommentar Bilanzierung, 6. Aufl., Herne 2015.

Hoffmann, W.-D./Lüdenbach, N., Irrungen und Wirrungen in der Steuerlatenzrechnung nach dem BilMoG, in: NWB 2009, S. 1476-1483.

Hoffmann, W.-D./Lüdenbach, N., Inhaltliche Schwerpunkte des BilMoG-Regierungsentwurfs, in: DStR 2008, Beihefter zu Heft 30/2008, S. 49-69.

hotel.de AG, Nürnberg und Hamm (Hrsg.), Geschäftsbericht 2009 der hotel.de AG.**Hotel Bellevue GmbH Hilden**, Hilden (Hrsg.), Jahresabschluss zum Geschäftsjahr vom 01.01.2016 bis zum 31.12.2016 – in der im elektronischen Bundesanzeiger veröffentlichten Fassung – pdf-Version, abrufbar unter www.unternehmensregister.de.

Hotel Leipzig Ringmessehaus GmbH & Co. KG, Leipzig (Hrsg.), Jahresabschluss zum Geschäftsjahr vom 1.1.2012 bis zum 31.12.2012 – in der im elektronischen Bundesanzeiger veröffentlichten Fassung –, abrufbar unter http://www.unternehmensregister.de.

Hugo Boss AG, Metzingen (Hrsg.), Lagebericht und Jahresabschluss der Hugo Boss AG für das Geschäftsjahr 2010, abrufbar unter http://group.hugoboss.com/files/HB_AG10_De.pdf.

Hüttche, T., Bilanzierung selbst erstellter immaterieller Vermögensgegenstände des Anlagevermögens im Lichte des BilMoG, in: StuB 2008, S. 163-171.

I

IDW, WP-Handbuch 2017, Hauptband, 15. Aufl., Düsseldorf 2017.

IDW, IDW ERS HFA 7 n. F., Handelsrechtliche Rechnungslegung bei Personenhandelsgesellschaften, in: IDW-Life 3/2017, IDW Fachnachrichten, S. 321-331.

IDW, IDW EPS 400 n. F., Bildung eines Prüfungsurteils und Erteilung eines Bestätigungsvermerks, in: IDW Life 2/2017, IDW Fachnachrichten, S. 148-187.

IDW, IDW Praxishinweis 1/2017, Erstellung von (Konzern-Zahlungsberichten), in: IDW Life 2/2017, IDW Fachnachrichten, S. 259-275.

IDW, IDW RS HFA 30 n. F., Handelsrechtliche Bilanzierung von Altersversorgungsverpflichtungen, in: IDW Life 1/2017, IDW Fachnachrichten, S. 102-116.

IDW, IDW RS HFA 36 n. F., Anhangangaben nach §§ 285 Nr. 17, 314 Abs. 1 Nr. 9 HGB über das Abschlussprüferhonorar, in: IDW Life 11/2016, IDW Fachnachrichten, S. 996-1000.

IDW, HFA: Abführungssperre für Entlastungseffekte aus der Neubewertung von Pensionsrückstellungen, in: IDW Life 7/2016, IDW Fachnachrichten, S. 584.

IDW, HFA: Anwendungsfragen zum HGB i. d. F. des BilRUG, in: IDW-Life 1/2016, IDW Fachnachrichten, S. 51-56.

IDW, HFA: Anwendungsfragen im Zusammenhang mit dem HGB i. d. F. des BilRUG, in: IDW Life 12/2015, IDW Fachnachrichten, S. 669-672.

IDW, Stellungnahme vom 6. 3. 2015 zum BilRUG Reg-E, abrufbar unter https://www.bundestag.de/bundestag/ausschuesse18/a06/anhoerungen/stellungnahmen/365464.

IDW, Stellungnahme vom 27. 2. 2015 zum BilRUG Reg-E, abrufbar unter http://www.idw.de/idw/portal/d637506/index.jsp.

IDW, Stellungnahme vom 10. 10. 2014 zum BilRUG Ref-E, abrufbar unter http://www.idw.de/idw/portal/d641016/index.jsp.

IDW, Berichterstattung über die 234. Sitzung des HFA, Einzelfragen zu § 264 Abs. 3 und 4 HGB i. d. F. des MicroBilG, in: IDW Fachnachrichten 2014, S. 196 f.

IDW, Umsetzung der EU-Bilanzrichtlinie in deutsches Recht, Schreiben an das BMJV vom 27. 2. 2014, abrufbar unter http://www.idw.de/idw/portal/d637506.

IDW, Fragen und Antworten zur Beurteilung der festgestellten flachen Darstellungen nach ISA 450 bzw. IDW PS 250 n. F., in: IDW Fachnachrichten 2013, S. 115-131.

IDW, IDW PS 250 n. F., Wesentlichkeit im Rahmen der Abschlussprüfung, in: IDW Fachnachrichten 2013, S. 4-11.

IDW, WP-Handbuch 2012 – Wirtschaftsprüfung, Rechnungslegung, Beratung, Bd. I, 14. Aufl., Düsseldorf 2012.

IDW, IDW RS HFA 39, Vorjahreszahlen im handelsrechtlichen Jahresabschluss, in: IDW Fachnachrichten 2012, S. 32 f.

IDW, IDW RS BFA 6, Handelsrechtliche Bilanzierung von Optionsgeschäften bei Instituten, in: IDW Fachnachrichten 2011, S. 656-659.

IDW, IDW RS HFA 38, Ansatz- und Bewertungsstetigkeit im handelsrechtlichen Jahresabschluss, in: IDW Fachnachrichten 2011, S. 560-563.

IDW, IDW RS HFA 35, Handelsrechtliche Bilanzierung von Bewertungseinheiten, in: IDW Fachnachrichten 2011, S. 445-459.

IDW, IDW RH HFA 1.005, Anhangangaben nach § 285 Nr. 18 und 19 HGB zu bestimmten Finanzinstrumenten, in: IDW Fachnachrichten 2010, S. 567-570.

IDW, IDW RS HFA 33, Anhangangaben zu Geschäften mit nahe stehenden Unternehmen und Personen, in: IDW Fachnachrichten 2010, S. 482-489.

IDW, IDW RS HFA 32, Anhangangaben zu nicht in der Bilanz enthaltenen Geschäften, in: IDW Fachnachrichten 2010, S. 478-481.

IDW, IDW RS BFA 2, Bilanzierung von Finanzinstrumenten des Handelsbestands bei Kreditinstituten, in: IDW Fachnachrichten 2010, S. 154-166.

IDW, IDW RS HFA 28, Übergangsregelungen des BilMoG, in: IDW Fachnachrichten 2009, S. 642-657.

IDW, IDW ERS HFA 27, Einzelfragen zur Bilanzierung latenter Steuern nach den Vorschriften des HGB in der Fassung des BilMoG, in: IDW Fachnachrichten 2009, S. 337-344.

IDW, IDW S 1, Grundsätze zur Durchführung von Unternehmensbewertungen, in: IDW Fachnachrichten 2009, S. 271-292.

IDW, Stellungnahme vom 26. 9. 2008 zum BilMoG Reg-E, abrufbar unter http://webarchiv.bundestag.de/cgi/show.php?fileToLoad=1251&id=1134.

VERZEICHNIS Literatur

IDW, IDW RH 1.013, Handelsrechtliche Vermerk- und Berichterstattungspflichten bei Patronatserklärungen, in: IDW Fachnachrichten 2008, S. 116-119.

IDW, Stellungnahme vom 4.1.2008 zum BilMoG Ref-E, abrufbar unter http://www.idw.de/idw/portal/d425250/index.jsp.

IDW, IDW ERS HFA 13 n. F., Einzelfragen zum Übergang von wirtschaftlichem Eigentum und zur Gewinnrealisierung nach HGB, in: IDW Fachnachrichten 2007, S. 83-97.

IDW, Stellungnahme HFA 1/1994, Zur Behandlung von Genussrechten im Jahresabschluss von Kapitalgesellschaften, in: Die Wirtschaftsprüfung (WPg) 1994, S. 419-423.

IH Security GmbH, Bad Soden am Taunus (Hrsg.), Jahresabschluss zum Geschäftsjahr vom 01.01.2016 bis zum 31.12.2016 – in der im elektronischen Bundesanzeiger veröffentlichten Fassung – pdf-Version, abrufbar unter www.unternehmensregister.de.

IKB Deutsche Industriebank AG, Düsseldorf (Hrsg.), Jahresabschluss und Lagebericht der IKB Deutsche Industriebank AG 2010/2011, abrufbar unter http://www.ikb.de/investor-relations/finanzberichte/.

IKB Deutsche Industriebank AG, Düsseldorf (Hrsg.), Jahresabschluss und Lagebericht der IKB Deutsche Industriebank AG 2009/2010, abrufbar unter http://www.ikb.de/investor-relations/finanzberichte/.

INFO Gesellschaft für Informationssysteme AG, Hamburg (Hrsg.), Jahresabschluss 2009.

init innovation in traffic systems AG, Karlsruhe (Hrsg.), Jahresabschluss init AG 2009.

IVECO West Nutzfahrzeuge GmbH, Düsseldorf (Hrsg.), Jahresabschluss zum Geschäftsjahr vom 01.01.2016 bis zum 31.12.2016 – in der im elektronischen Bundesanzeiger veröffentlichten Fassung – pdf-Version, abrufbar unter www.unternehmensregister.de.

J

Jaguar Land Rover Deutschland GmbH, Schwalbach am Taunus (Hrsg.), Jahresabschluss zum 31.3.2012 – in der im elektronischen Bundesanzeiger veröffentlichten Fassung –, abrufbar unter http://www.unternehmensregister.de.

K

Kandinsky Deutschland GmbH, Düsseldorf (Hrsg.), Jahresabschluss zum Geschäftsjahr vom 01.01.2016 bis zum 31.12.2016 – in der im elektronischen Bundesanzeiger veröffentlichten Fassung – pdf-Version, abrufbar unter www.unternehmensregister.de.

Karlsberg Brauerei GmbH, Homburg/Saar (Hrsg.), Geprüfter Jahresabschluss zum 31. Dezember 2016, abrufbar unter https://www.karlsberg.de/wp-content/uploads/2017/03/jahresabschluss_2016.pdf.

Kässbohrer Geländefahrzeuge AG, Laupheim (Hrsg.), Geschäftsbericht 2009/2010, abrufbar unter http://www.pistenbully.com/no_cache/de/unternehmen/investor-relations/unternehmensberichte/geschaeftsberichte.html?tx_z7simpledownloads%5Bdownload%5D=869.

Kessler, H./Leinen, M./Strickmann, M., Handbuch BilMoG, 2. Aufl., Freiburg 2010.

kfzteile24 GmbH, Berlin (Hrsg.), Jahresabschluss zum Geschäftsjahr vom 01.01.2014 bis zum 31.12.2014 – in der im elektronischen Bundesanzeiger veröffentlichten Fassung – pdf-Version, abrufbar unter www.unternehmensregister.de.

Kirsch, H., Erweiterte Anhangangaben durch den BilRUG-RegE, Aufstellung von (zusätzlichen) Spiegeln und Entwicklungsrechnungen, in: BBK 2015, S. 321-329.

Kleinmanns, H., BilRUG: Änderungen zum GuV-Ausweis und Einführung sog. Zahlungsberichte, in: StuB 2014, S. 794-800.

Klöckner & Co. SE, Duisburg (Hrsg.), Geschäftsbericht 2016, abrufbar unter http://www.kloeckner.com/de/publikationen.html.

Klüh Service Management GmbH, Düsseldorf (Hrsg.), Jahresabschluss zum Geschäftsjahr vom 01.01.2016 bis zum 31.12.2016 – in der im elektronischen Bundesanzeiger veröffentlichten Fassung, pdf-Version –, abrufbar unter www.unternehmensregister.de.

Kolb, S./Roß, N., Der Referentenentwurf des Bilanzrichtlinie-Umsetzungsgesetzes – Diskussion etwaiger Änderungen des HGB durch das BilRuG, in: WPg 2014, S. 1089-1100.

Kopatschek, M./Struffert, R./Wolfgarten, W., Bilanzielle Abbildung von Bewertungseinheiten nach BilMoG, Teil 2, in: KoR 2010, S. 328-333.

Kopatschek, M./Wolfgarten, W./Langseder, A., Handelsrechtliche Bilanzierung von Bewertungseinheiten – Entwurf einer IDW Stellungnahme zur Rechnungslegung (IDW ERS HFA 35), in: Financial Services News Alert 2/2010, hrsg. von Deloitte & Touche GmbH Wirtschaftsprüfungsgesellschaft, abrufbar unter http://www.deloitte.com/assets/Dcom-Germany/Local%20Assets/Documents/09_Finanzdienstleister/2010/de_FSI_FSN_Alert_7_2010_safe.pdf.

Kreipl, M./Müller, S., Implementierung des Country-by-Country-Reporting in die Berichterstattungsprozesse und -systeme, Fallstudie zur Vorbereitung auf die ab 2016 bestehende Berichtspflicht bezüglich Zahlungen an staatliche Stellen, in: KoR 2014, S. 552 – 559.

Krohm Wassertechnik GmbH, Karlstein (Hrsg.), Jahresabschluss zum Geschäftsjahr vom 01.01.2016 bis zum 31.12.2016 – in der im elektronischen Bundesanzeiger veröffentlichten Fassung – pdf-Version, abrufbar unter www.unternehmensregister.de.

KTC Kommunikations- und Trainings-Center Königstein GmbH, Königstein im Taunus (Hrsg.), Jahresabschluss zum Geschäftsjahr vom 01.01.2016 bis zum 31.12.2016 – in der im elektronischen Bundesanzeiger veröffentlichten Fassung, pdf-Version –, abrufbar unter www.unternehmensregister.de.

KTG Agrar AG, Hamburg (Hrsg.), Geschäftsbericht 2009, abrufbar unter http://www.ktg-agrar.de/de/ir/downloads/.

L

Landesbank Hessen-Thüringen, Frankfurt am Main (Hrsg.), Jahresabschluss 2010, abrufbar unter http://www.helaba.de/de/InvestorRelations/Geschaeftsberichte.

Linde AG, München (Hrsg.), Jahresabschluss zum Geschäftsjahr vom 01.01.2016 bis zum 31.12.2016 – in der im elektronischen Bundesanzeiger veröffentlichten Fassung – pdf-Version, abrufbar unter www.unternehmensregister.de.

LOFT Tonstudio Frankfurt GmbH & Co. KG, Frankfurt am Main (Hrsg.), Jahresabschluss zum Geschäftsjahr vom 1.1.2013 bis zum 31.12.2013 – in der im elektronischen Bundesanzeiger veröffentlichten Fassung –, abrufbar unter http://www.unternehmensregister.de.

Lüdenbach, N., Anhangangabe bei marktunüblichem Darlehen an zum Vorstand beförderten Arbeitnehmer, in: StuB 2010, S. 67-68.

Lüdenbach, N./Hoffmann, W.-D., Die wichtigsten Änderungen der HGB-Rechnungslegung durch das BilMoG, in: StuB 2009, S. 287-316.

Lufthansa AG, Köln (Hrsg.), Jahresabschluss zum Geschäftsjahr vom 01.01.2016 bis zum 31.12.2016 – in der im elektronischen Bundesanzeiger veröffentlichten Fassung – pdf-Version, abrufbar unter www.unternehmensregister.de.

Lufthansa AG, Köln (Hrsg.), Jahresabschluss 2010, abrufbar unter http://investor-relations.lufthansa.com/fileadmin/downloads/de/finanzberichte/jahresabschluss/LH-JA-2010-d.pdf.

M

Masterflex AG, Gelsenkirchen (Hrsg.), Jahresabschluss 2010, abrufbar unter http://masterflex.krankikom.de/_uploads/assets/1656_MF%20AG%202010%20f%FCr%20Homepage.pdf.

MBE Cologne Engineering GmbH, Köln (Hrsg.), Jahresabschluss 2010, abrufbar unter http://www.unternehmensregister.de.

Merck Financial Services GmbH, Darmstadt (Hrsg.), Jahresabschluss zum 31.12.2010 – in der im elektronischen Bundesanzeiger veröffentlichten Fassung –, abrufbar unter http://www.unternehmensregister.de.

Merck KGaA, Darmstadt (Hrsg.), Jahresabschluss 2016, abrufbar unter http://www.merck.de/de/investoren/events_und_praesentationen/hauptversammlung/hauptversammlung.html.

Messe Düsseldorf GmbH, Düsseldorf (Hrsg.), Erläuterungen der Bilanz und der Gewinn- und Verlustrechnung der Messe Düsseldorf GmbH, in: Geschäftszahlen 2011 Messe Düsseldorf Gruppe, abrufbar unter http://www.messe-duesseldorf.de/messe/unternehmen/hintergrund-und-recherche/hintergrundberichte-685.php.

MIB Wohnbau Aschaffenburg GmbH, Aschaffenburg (Hrsg.), Jahresabschluss zum Geschäftsjahr vom 01.01.2016 bis zum 31.12.2016 – in der im elektronischen Bundesanzeiger veröffentlichten Fassung, pdf-Version –, abrufbar unter www.unternehmensregister.de.

MMEC Mannesmann GmbH, Düsseldorf (Hrsg.), Jahresabschluss zum Geschäftsjahr vom 01.01.2016 bis zum 31.12.2016 – in der im elektronischen Bundesanzeiger veröffentlichten Fassung, pdf-Version –, abrufbar unter www.unternehmensregister.de.

MorphoSys AG, Martinsried (Hrsg.), Jahresabschluss (HGB) und Lagebericht zum 31.12.2010, abrufbar unter http://www.morphosys.de/medien-investoren/finanzberichte.

MPK Special Tools GmbH, Schwäbisch Gmünd (Hrsg.), Jahresabschluss zum Geschäftsjahr vom 1.1.2011 bis zum 31.12.2011 – in der im elektronischen Bundesanzeiger veröffentlichten Fassung –, abrufbar unter http://www.unternehmensregister.de.

Mühlbauer Traceability GmbH i.L., Ehingen Donau (Hrsg.), Jahresabschluss zum Geschäftsjahr vom 01.01.2016 bis zum 31.12.2016 – in der im elektronischen Bundesanzeiger veröffentlichten Fassung, pdf-Version –, abrufbar im Internet unter http://www.unternehmensregister.de.

Mujkanovic, R., Die Bilanzierung des derivativen Geschäfts- oder Firmenwerts, in: StuB 2010, S. 167-173.

Müller Kunststofftechnik GmbH, Hagenow (Hrsg.), Jahresabschluss zum Geschäftsjahr vom 1.1.2012 bis zum 31.12.2012 – in der im elektronischen Bundesanzeiger veröffentlichten Fassung –, abrufbar unter http://www.unternehmensregister.de.

Münchener Rückversicherungs-Gesellschaft AG, München (Hrsg.), Jahres- und Konzernabschluss zum Geschäftsjahr vom 01.01.2016 bis zum 31.12.2016 – in der im elektronischen Bundesanzeiger veröffentlichten Fassung, pdf-Version –, abrufbar unter www.unternehmensregister.de.

Münchner Rückversicherungs-Gesellschaft AG, München (Hrsg.), Geschäftsbericht 2010, abrufbar unter http://www.munichre.com/de/ir/publications/reports/default.aspx.

N

Nassauische Heimstätte Wohnungs- und Entwicklungsgesellschaft mbH, Frankfurt am Main (Hrsg.), Finanzbericht 2012, in: Unternehmensgruppe Nassauische Heimstätte Wohnstadt, Geschäftsbericht 2012, abrufbar unter http://www.naheimst.de/untershynehmen/zahlen-und-fakten/.

Nemetschek AG, München (Hrsg.), 2010 Jahresabschluss (HGB) Nemetschek Aktiengesellschaft, abrufbar unter http://www.nemetschek.com/fileadmin/user_upload/Corporate_PDFs/Geschaeftsberichte/deutsch/gb_10_de.pdf.

Literatur VERZEICHNIS

Niedersachsen Ports GmbH & Co. KG, Oldenburg (Hrsg.), Jahresabschluss für das Geschäftsjahr vom 1.1.2013 bis zum 31.12.2013 – in der im elektronischen Bundesanzeiger veröffentlichten Fassung –, abrufbar unter http://www.unternehmensregister.de.

Niehus, R. J., Berichterstattung über Geschäfte mit nahe stehenden natürlichen Personen nach dem BilMoG und dem Deutschen Corporate Governance Kodex, in: DB 2008, S. 2494-2496

Niehus, R. J., Nahestehende Personen nach dem BilMoG, in: DStR 2008, S. 2280-2285.

NOVATHERM Klimageräte GmbH, Ratingen (Hrsg.), Jahresabschluss zum Geschäftsjahr vom 01.01.2016 bis zum 31.12.2016 – in der im elektronischen Bundesanzeiger veröffentlichten Fassung – pdf-Version, abrufbar unter www.unternehmensregister.de.

O

OnVista AG, Köln (Hrsg.), Jahresabschluss der OnVista AG mit Lagebericht zum 31.12.2009 (nach HGB), abrufbar unter http://www.onvista-group.de/media/pdfs/finanzpublikationen/2009/Einzelabschluss_OnVista_AG_2009_HGB_final.pdf.

Orlen Deutschland GmbH, Elmshorn (Hrsg.), Jahresabschluss zum Geschäftsjahr vom 01.01.2014 bis zum 31.12.2014 – in der im elektronischen Bundesanzeiger veröffentlichten Fassung, pdf-Version –, abrufbar unter www.unternehmensregister.de.

Oser, P./Orth, C./Wirtz, H., Neue Vorschriften zur Rechnungslegung und Prüfung durch das Bilanzrichtlinie-Umsetzungsgesetz – Anmerkungen zum RegE vom 7.1.2015, in: DB 2015, S. 197-206.

P

Paul Bongers Papierverarbeitung GmbH, Hilden (Hrsg.), Jahresabschluss zum Geschäftsjahr vom 01.01.2016 bis zum 31.12.2016 – in der im elektronischen Bundesanzeiger veröffentlichten Fassung, pdf-Version –, abrufbar unter www.unternehmensregister.de.

Paul Kübler & Co. GmbH, Stuttgart (Hrsg.), Jahresabschluss zum Geschäftsjahr vom 1.1.2010 bis zum 31.12.2010 – in der im elektronischen Bundesanzeiger veröffentlichten Fassung –, abrufbar unter http://www.unternehmensregister.de.

Petersen, K./Zwirner, C./Künkele, K.P., BilMoG in Beispielen, 2. Auflage, Herne 2011.

Philipps, H., Häufige Mängel in der Rechnungslegungspraxis von Nichtkapitalmarktunternehmen, in: BBK 2017, S. 375-384.

Philipps, H., Nachtragsberichterstattung in der Unternehmenspraxis – Status quo und Anpassung an die Informationsanforderungen nach BilRUG –, in: DB 2016, S. 2008-2015.

Philipps, H., Erweiterte Anhangangaben zu Pensionsrückstellungen – Gesamtübersicht und Musterformulierungen zur geänderten Berechnung der Abzinsungssätze –, in: BBK 2016, S. 333-341.

Philipps, H., Jahresabschlüsse 2010 – Ansatz, Bewertung, Ausweis und Gestaltung, Düsseldorf 2012.

Philipps, H., Angaben zu außerbilanziellen Geschäften nach § 237 Z 8 a UGB, in: RWZ 2011, S. 133-140.

Philipps, H., Konkretisierung der Anhangangaben zu außerbilanziellen Geschäften, in: DB 2011, S. 125-130.

Philipps, H., Rechnungslegungspraxis nach BilMoG, in: StuB 2011, S. 203-209.

Philipps, H., Angaben zu nahe stehenden Unternehmen und Personen im Jahresabschluss, in: BBK 2011, S. 210-220.

Philipps, H., Rechnungslegung nach BilMoG, Wiesbaden 2010.

Philipps, H./Schöneberg, T., Außerbilanzielle Geschäfte im Jahresabschluss, in: BBK 2010, S. 267-277.

Poelzig, D., § 284 HGB, Erläuterung der Bilanz und der Gewinn- und Verlustrechnung, in: Münchner Kommentar zum Handelsgesetzbuch, Band 4, 3. Aufl., München 2013.

Poelzig, D., § 285 HGB, Sonstige Pflichtangaben, in: Münchner Kommentar zum Handelsgesetzbuch, Band 4, 3. Aufl., München 2013.

Porsche Automobil Holding SE, Stuttgart (Hrsg.), Einzelabschluss Rumpfwirtschaftsjahr 2010 abrufbar unter http://www.porsche-se.com/pho/de/investorrelations/eventsandpresentations/annualgeneralmeeting-2011/.

Procter & Gamble GmbH, Schwalbach am Taunus (Hrsg.), Jahresabschluss zum 30. 6. 2012, - in der im elektronischen Bundesanzeiger veröffentlichten Fassung -, abrufbar unter http://www.unternehmensregister.de.

Progress-Werk Oberkirch AG, Oberkirch (Hrsg.), Einzelabschluss der PWO AG 2010, abrufbar unter http://www.progress-werk.de/fileadmin/redakteur/pdf/investor_relations/berichte/2010/Einzelabschlusss_2010_DE.pdf.

ProSiebenSat.1 Media SE, Unterföhring (Hrsg.), Jahresabschluss zum 31. 12. 2016 – in der im elektronischen Bundesanzeiger veröffentlichten Fassung, pdf-Version –, abrufbar unter www.unternehmensregister.de.

ProSiebenSat-1 Media AG, Unterföhring (Hrsg.), Jahresabschluss und Lagebericht 2010, abrufbar unter http://www.prosiebensat1.de/de/medialounge/downloads/publikationen/2010.

Puma AG, Herzogenaurach (Hrsg.), Jahresabschluss Puma AG Rudolf Dassler Sport zum 31. 12. 2010 – Deutsches Handelsrecht –, abrufbar unter http://about.puma.com/wp-content/themes/aboutPUMA_theme/media/pdf/HGB_PUMA_AG_Jahtesabschluss%202010_d.pdf.

Q

Quedenfeld, D., § 331 HGB, Unrichtige Darstellung, in: Münchner Kommentar zum Handelsgesetzbuch, Band 4, 3. Aufl., München 2013.

R

Raiffeisen Immobilien- und Versicherungsvermittlungs-GmbH, Aschaffenburg (Hrsg.), Jahresabschluss zum Geschäftsjahr vom 01. 01. 2016 bis zum 31. 12. 2016 – in der im elektronischen Bundesanzeiger veröffentlichten Fassung – pdf-Version, abrufbar unter www.unternehmensregister.de.

Rechtsausschuss des Deutschen Bundestages, Beschlussempfehlung vom 24. 3. 2009 zum BilMoG Reg-E, BT-Drucks. 16/12407, abrufbar unter http://dipbt.bundestag.de/dip21/btd/16/124/1612407.pdf.

Reiner, G., § 264 HGB, Pflicht zur Aufstellung, in: Münchner Kommentar zum Handelsgesetzbuch, Band 4, 3. Aufl., München 2013.

Reiner, G./Haußer, J., § 265 HGB, Allgemeine Grundsätze für die Gliederung, in: Münchner Kommentar zum Handelsgesetzbuch, Band 4, 3. Aufl., München 2013.

Reiner, G./Haußer, J., § 268 HGB, Vorschriften zu einzelnen Posten der Bilanz. Bilanzvermerke, in: Münchner Kommentar zum Handelsgesetzbuch, Band 4, 3. Aufl., München 2013.

Reiner, G./Haußer, J., § 277 HGB, Vorschriften zu einzelnen Posten der Gewinn- und Verlustrechnung, in: Münchner Kommentar zum Handelsgesetzbuch, Band 4, 3. Aufl., München 2013.

Reitmeier, B./Deubert, M., Befreiungsmöglichkeiten für Tochterunternehmen nach §§ 264 Abs. 3, 264b HGB i. d. F. des BilRUG-RefE, in: BB 2014, S. 2795-2799.

Remtek GmbH, Langenfeld (Hrsg.), Jahresabschluss zum Geschäftsjahr vom 01. 01. 2016 bis zum 31. 12. 2016 – in der im elektronischen Bundesanzeiger veröffentlichten Fassung – pdf-Version, abrufbar unter www.unternehmensregister.de.

Renner, L./Theile, C., Verpflichtungsübernahme nach § 264 Abs. 3 Nr. 2 HGB-E zur Befreiung der Kapitalgesellschaften von bilanzrechtlichen Pflichten, in: KoR 2015, S. 213-218.

REV Ritter GmbH, Mömbris (Hrsg.), Jahresabschluss zum Geschäftsjahr vom 01.01.2016 bis zum 31.12.2016 – in der im elektronischen Bundesanzeiger veröffentlichten Fassung, pdf-Version –, abrufbar unter www.unternehmensregister.de.

Richtlinie 2006/46/EG des Europäischen Parlaments und des Rates vom 14.6.2006 zur Änderung der Richtlinien des Rates 78/660/EWG über den Jahresabschluss von Gesellschaften bestimmter Rechtsformen, 83/349/EWG über den konsolidierten Abschluss, 86/635/EWG über den Jahresabschluss und den konsolidierten Abschluss von Banken und anderen Finanzinstituten und 91/674/EWG über den Jahresabschluss und den konsolidierten Abschluss von Versicherungsunternehmen (Text von Bedeutung für den EWR), Amtsblatt Nr. L 224 vom 16.08.2006 S. 0001-0007, abrufbar unter http://eurlex.europa.eu/LexUriServ/LexUriServ.do?uri=CELEX:32006L0046:DE:HTML.

Richtlinie 2006/43/EG des europäischen Parlaments und des Rates vom 17.5.2006 über Abschlussprüfungen von Jahresabschlüssen und konsolidierten Abschlüssen, zur Änderung der Richtlinien 78/660/EWG und 83/349/EWG des Rates und zur Aufhebung der Richtlinie 84/253/EWG des Rates (Text von Bedeutung für den EWR), Amtsblatt Nr. L 157 vom 9.6.2006, S. 87-107, abrufbar unter http://eur-lex.europa.eu/LexUriServ/LexUriServ.do?uri= OJ:L:2006:157:0087:0107:DE:PDF.

Richtlinie 2013/34/EU des Europäischen Parlaments und des Rates vom 26.6.2013 über den Jahresabschluss, den konsolidierten Abschluss und damit verbundene Berichte von Unternehmen bestimmter Rechtsformen und zur Änderung der Richtlinie 2006/43/EG des Europäischen Parlaments und des Rates und zur Aufhebung der Richtlinien 78/660/EWG und 83/349/EWG des Rates (Text von Bedeutung für den EWR), Amtsblatt Nr. L 182 vom 29.6.2013, S. 19-76, abrufbar unter http://eur-lex.europa.eu/LexUriServ/LexUriServ.do?uri=OJ:L:2013:182:0019:0076:DE:PDF.

Rimmelspacher, D./Fey, G., Anhangangaben zu nahe stehenden Unternehmen und Personen nach dem BilMoG, in: WPg 2010, S. 180-192.

Robert Bosch GmbH, Stuttgart (Hrsg.), Jahresabschluss zum 31.12.2010 – in der im elektronischen Bundesanzeiger veröffentlichten Fassung –, abrufbar unter http://www.unternehmensregister.de.

Rothenberger AG, Kelkheim (Hrsg.), Jahresabschluss zum Geschäftsjahr vom 1.1.2011 bis zum 31.12.2011 – in der im elektronischen Bundesanzeiger veröffentlichten Fassung –, abrufbar unter http://www.unternehmensregister.de.

Ruco-Profil Produktionsgesellschaft GmbH, Gemünden am Main (Hrsg.), Jahresabschluss zum Geschäftsjahr vom 1.1.2011 bis zum 31.12.2011 – in der im elektronischen Bundesanzeiger veröffentlichten Fassung –, abrufbar unter http://www.unternehmensregister.de

RWE AG, Essen (Hrsg.), 2010 Jahresabschluss der RWE AG, abrufbar unter http://www.hauptversammlung.de/assets/files/rwe/JahresabschlussRWEAG2010.pdf.

S

Salzgitter AG, Salzgitter (Hrsg.), Jahresabschluss für das Geschäftsjahr vom 1.1. bis 31.12.2010, abrufbar unter http://www.hauptversammlung.de/assets/files/salzgitter/02_Jahresabschluss_SZAG.pdf.

Santander Consumer Bank AG, Mönchengladbach (Hrsg.), Geschäftsbericht 2009, abrufbar unter http://www.santanderconsumer.de/media/pdf/gesch_ftsberichte/ SCB_GB2009.pdf.

SANYEI (Deutschland) GmbH, Düsseldorf (Hrsg.), Jahresabschluss zum Geschäftsjahr vom 01.01.2016 bis zum 31.12.2016 – in der im elektronischen Bundesanzeiger veröffentlichten Fassung – pdf-Version, abrufbar unter www.unternehmensregister.de.

SAP AG, Walldorf (Hrsg.), Rechnungslegung der SAP AG 2010 (HGB), abrufbar unter http://www.sap.com/corporate-de/investors/pdf/GB2010_DE_HGB.pdf.

Scharpf, P./Schaber, M., Bilanzierung von Bewertungseinheiten nach § 254 HGB-E (BilMoG), in: KoR 2008, S. 532-542.

Scharpf, P./Schaber, M. u. a., Bilanzierung von Finanzinstrumenten des Handelsbestands bei Kreditinstituten – Erläuterung von IDW RS BFA 2 (Teil 2), in: WPg 2010, S. 501-506.

Schmidt, K./Hoffmann, K., § 264c HGB, Besondere Bestimmungen für OHG und KG i. S. d. § 264a, in: Beck'scher Bilanzkommentar, 10. Aufl., München 2016.

Schmidt, S./Peun, M., § 277 HGB, Vorschriften zu einzelnen Posten der Gewinn- und Verlustrechnung, in: Beck'scher Bilanzkommentar, 10. Aufl., München 2016.

Schmidt, S./Usinger, R., § 254 HGB, Bildung von Bewertungseinheiten, in: Beck'scher Bilanzkommentar, 10. Aufl., München 2016.

Schruff, L. (Hrsg.), Entwicklung der 4. EG-Richtlinie, Düsseldorf 1986.

Schubert, W. J./Waubke, P. N., § 268 HGB, Vorschriften zu einzelnen Posten der Bilanz. Bilanzvermerke, in: Beck'scher Bilanzkommentar, 10. Aufl., München 2016.

Schuler AG, Göppingen (Hrsg.), Jahresabschluss zum 30. 9. 2011 und Lagebericht, abrufbar unter https://www.schulergroup.com/investor_relations/hauptversammlung/index.html.

SCITOR Grundstücks-Vermietungsgesellschaft mbH, Düsseldorf (Hrsg.), Jahresabschluss zum Geschäftsjahr vom 01. 01. 2016 bis zum 31. 12. 2016 – in der im elektronischen Bundesanzeiger veröffentlichten Fassung, pdf-Version –, abrufbar unter www.unternehmensregister.de.

SEAT Deutschland GmbH, Weiterstadt (Hrsg.), Jahresabschluss zum Geschäftsjahr vom 01. 01. 2016 bis zum 31. 12. 2016 – in der im elektronischen Bundesanzeiger veröffentlichten Fassung, pdf-Version –, abrufbar unter www.unternehmensregister.de.

SGS INSTITUT FRESENIUS Berlin GmbH & Co. KG, Berlin (Hrsg.), Jahresabschluss zum Geschäftsjahr vom 1. 1. 2009 bis zum 31. 12. 2009 – in der im elektronischen Bundesanzeiger veröffentlichten Fassung –, abrufbar unter http://www.unternehmensregister.de.

SMT Scharf AG, Hamm (Hrsg.), Jahresfinanzbericht 2009, abrufbar unter http://smtscharf.com/cms/upload/IR_PDF/2010/Jahresfinanzbericht_2009_05032010_C.pdf.

Solutive GmbH & Co. KG, Neulußheim (Hrsg.), Jahresabschluss zum Geschäftsjahr vom 1. 1. 2012 bis zum 31. 12. 2012 – in der im elektronischen Bundesanzeiger veröffentlichten Fassung –, abrufbar unter http://www.unternehmensregister.de.

STADA Arzneimittel AG, Bad Vilbel (Hrsg.), Jahresabschluss zum Geschäftsjahr vom 01. 01. 2016 bis zum 31. 12. 2016 – in der im elektronischen Bundesanzeiger veröffentlichten Fassung – pdf-Version, abrufbar unter www.unternehmensregister.de.

Stadtwerke GmbH Bad Kreuznach, Bad Kreuznach (Hrsg.), Geschäftsbericht 2009, abrufbar unter www.stadtwerke-kh.de/.../Gesch_ftsbericht_2009_screen_doppelseiten.pdf.

Stadtwerke Hannover AG, Hannover (Hrsg.), Jahresabschluss und Lagebericht für das Geschäftsjahr 2013, Anhang, S. 3, abrufbar unter http://www.enercity.de/infothek/.

Ströer Out-of-Home Media AG, Köln (Hrsg.), Einzelabschluss 2010, abrufbar unter http://ir.stroeer.com/cgi-bin/show.ssp?companyName=stroeer&language=German&id=5000.

Ströer SE & Co. KGaA (vormals: Ströer SE), Köln (Hrsg.), Jahresabschluss und Bericht über die Lage der Gesellschaft und des Konzerns 2016 – in der im elektronischen Bundesanzeiger veröffentlichten Fassung, pdf-Version –, abrufbar unter www.unternehmensregister.de.

sub & dub Company Fernseh- und Videoproduktions GmbH, Kehl (Hrsg.), Jahresabschluss zum Geschäftsjahr vom 1. 1. 2010 bis zum 31. 12. 2010 – in der im elektronischen Bundesanzeiger veröffentlichten Fassung – abrufbar unter http://www.unternehmensregister.de.

Südwestbank Stuttgart AG, Stuttgart (Hrsg.), Geschäftsbericht 2013, abrufbar unter https://www.suedwestbank.de/ueber-uns/geschaeftsbericht.php.

Symrise AG, Holzminden (Hrsg.), Jahresabschluss (2016) HGB – in der im elektronischen Bundesanzeiger veröffentlichten Fassung – pdf-Version, abrufbar unter www.unternehmensregister.de.

Symrise AG, Holzminden (Hrsg.), Jahresabschluss 2010, abrufbar unter http://www.symrise.com/fileadmin/usr/files/pdf/investor/SymriseAG_Jahresabschluss_10.pdf.

T

TAG Immobilien AG, Hamburg (Hrsg.), Jahresabschluss 2012, abrufbar unter http://www.tag-ag.com/investor-relations/finanzberichte/geschaeftsberichte.

TARGO Finanzberatung GmbH, Düsseldorf (Hrsg.), Jahresabschluss zum Geschäftsjahr vom 01.01.2016 bis zum 31.12.2016 – in der im elektronischen Bundesanzeiger veröffentlichten Fassung – pdf-Version, abrufbar unter www.unternehmensregister.de.

Thalia Bücher GmbH (vormals: Thalia Holding GmbH), Hagen (Hrsg.), Jahresabschluss zum Geschäftsjahr vom 01.10.2014 bis zum 30.09.2015 – in der im elektronischen Bundesanzeiger veröffentlichten Fassung, pdf-Version –, abrufbar unter www.unternehmensregister.de.

Theile, C., Der Regierungsentwurf zum Bilanzrichtlinie-Umsetzungsgesetz – Darstellung der wichtigsten Änderungen zum Jahresabschluss und Konsequenzen für die Praxis, in: BBK 2015, S. 133-140.

Theile, C., Bilanzrichtlinie-Umsetzungsgesetz – Jahresabschlussbefreiungen sowie Änderungen beim Konzernabschluss, in: BBK 2014, S. 919-926.

Theile, C., Bilanzrichtlinie-Umsetzungsgesetz – Was ist neu für den Jahresabschluss, in: BBK 2014, S. 822-830.

Theile, C., Anhangangaben zu nahe stehenden Unternehmen und Personen, in: BBK 2010, S. 175-181.

Tom Tailor Holding AG, Hamburg (Hrsg.), Jahresabschluss und Lagebericht für das Geschäftsjahr 2010, abrufbar unter http://ir.tom-tailor.com/cgi-bin/show.ssp?id=6000&companyName=tomtailor&language=German.

TOMRA SYSTEMS GmbH, Langenfeld (Hrsg.), Jahresabschluss zum Geschäftsjahr vom 1.1.2011 bis zum 31.12.2011 – in der im elektronischen Bundesanzeiger veröffentlichten Fassung –, abrufbar unter http://www.unternehmensregister.de.

U

UniCredit Bank AG, München (Hrsg.), Jahresabschluss 2010 – in der im elektronischen Bundesanzeiger veröffentlichten Fassung –, abrufbar unter http://www.unternehmensregister.de.

V

Vierte Richtlinie des Rates vom 25.7.1978 aufgrund von Artikel 54 Absatz 3 Buchstabe g) des Vertrages über den Jahresabschluss von Gesellschaften bestimmter Rechtsformen (78/660/EWG), ABl. L 222 vom 14.8.1978, S. 11 ff. (Bilanzrichtlinie), abrufbar als konsolidierte Fassung (einschließlich nachfolgender Änderungen durch andere EU-Rechtsakte) im Internet unter http://eur-lex.europa.eu/LexUriServ/LexUriServ.do?uri=CONSLEG:1978L0660:20070101:DE:PDF.

Volkswagen AG, Wolfsburg (Hrsg.), Jahresabschluss Volkswagen Aktiengesellschaft zum 31.12.2014, abrufbar unter http://www.volkswagenag.com/content/vwcorp/info_center/de/publications/publications.acq.html/archive-on/icr-financial_publications!financial_statements/index.html.

Volkswagen AG, Wolfsburg (Hrsg.), Jahresabschluss Volkswagen Aktiengesellschaft zum 31.12.2010, abrufbar unter http://www.volkswagenag.com/vwag/vwcorp/info_center/de/publications/publications.standard.acq/icr-2financial_statements/index.html.

Vollmer GmbH, Kleinostheim (Hrsg.), Jahresabschluss zum Geschäftsjahr vom 01.01.2016 bis zum 31.12.2016 – in der im elektronischen Bundesanzeiger veröffentlichten Fassung – pdf-Version, abrufbar unter www.unternehmensregister.de.

VTB Bank (Deutschland) AG, Frankfurt am Main (Hrsg.), Geschäftsbericht 2009, abrufbar unter www.vtb.de/neptun/neptun.php/oktopus/download/280.

W

Wacker Neuson SE, München (Hrsg.), Jahresabschluss zum 31.12.2010 und Lagebericht für das Geschäftsjahr 2010, abrufbar unter http://corporate.wackerneuson.com/ir/downloads/Wacker_Neuson_Jahresabschluss_2010_de.pdf.

Werder eG, Braunschweig (Hrsg.), Geschäftsbericht 2010, abrufbar unter http://www.werder-eg.de/pdf/werder_GB_2010.pdf.

WestLB AG, Düsseldorf (Hrsg.), Einzelabschluss 2010, abrufbar unter http://www.westlb.de/cms/sitecontent/westlb/westlb_de/de/wlb/ir/finanzinformationen/geschaeftsberichte/eab.standard.gid-N2FkNDZmMzU4OWFmYTIyMWM3N2Q2N2Q0YmU1NmI0OGU_.html.

Wiechers, K., Auswirkungen des BilMoG auf den Anhang, in: BBK 2009, S. 1220-1227.

WIGE Media AG, Köln (Hrsg.), Lagebericht und Jahresabschluss für das Geschäftsjahr 2010, abrufbar unter http://www.wige.de/hauptversammlung000.html.

WILEX AG, München (Hrsg.), Jahresabschluss der WILEX AG nach HGB für das Geschäftsjahr vom 1.12.2010 bis 30.11.2011, abrufbar unterhttp://www.wilex.de/presse-investoren/finanzberichte/.

Winkeljohann, N./Büssow, T., § 252 HGB, Allgemeine Bewertungsgrundsätze, in: Beck'scher Bilanzkommentar, 10. Aufl., München 2016.

Winkeljohann, N./Büssow, T., § 265 HGB, Allgemeine Grundsätze für die Gliederung, in: Beck'scher Bilanzkommentar, 10. Aufl., München 2016.

Winkeljohann, N./Deubert, M., § 264 HGB, Pflicht zur Aufstellung, in: Beck'scher Bilanzkommentar, 10. Aufl., München 2016.

Winkeljohann, N./Deubert, M., § 264b HGB, Befreiung von der Pflicht zur Aufstellung eines Jahresabschlusses nach den für Kapitalgesellschaften geltenden Vorschriften, in: Beck'scher Bilanzkommentar, 10. Aufl., München 2016.

Winkeljohann, N./Lewe, S., § 311 HGB, Definition. Befreiung, in: Beck'scher Bilanzkommentar, 10. Aufl., München 2016.

Winkeljohann, N./Philipps, H., § 240 HGB, Inventar, in: Beck'scher Bilanzkommentar, 10. Aufl., München 2016.

Winkeljohann, N./Schellhorn, M., § 264 HGB, Pflicht zur Aufstellung, in: Beck'scher Bilanzkommentar, 10. Aufl., München 2016.

Wirecard AG, Grasbrunn (Hrsg.), Jahresabschluss zum Geschäftsjahr vom 1.1.2009 bis zum 31.12.2009 – in der im elektronischen Bundesanzeiger veröffentlichten Fassung –, abrufbar unter http://www.unternehmensregister.de.

Wirtz, H./Gersbacher, A., Neudefinition der Umsatzerlöse durch das BilRUG, Praktische Auswirkungen der vorgesehenen Änderung, in: StuB 2014, S. 711-713.

WOGE Bau GmbH, Aschaffenburg (Hrsg.), Jahresabschluss zum Geschäftsjahr vom 01.01.2016 bis zum 31.12.2016 – in der im elektronischen Bundesanzeiger veröffentlichten Fassung – pdf-Version, abrufbar unter www.unternehmensregister.de.

Wollmert, P./Oser, P./Graupe, F., Anhangangaben zu den Abschlussprüferhonoraren und zu marktunüblichen Geschäften nach BilMoG, in: StuB 2010, S. 123-130.

WPK, Stellungnahme vom 2.10.2014 zum BilRUG Ref-E, abrufbar unter http://www.wpk.de/neu-auf-wpkde/rechnungslegung/2014/.

wp.net, Stellungnahme vom 19.9.2014 zum BilRuG RefE, abrufbar unter http://www.wp-net.com/Politik/2014-09-19-BilRUG-E-final.pdf.

Wulf, I., § 268 HGB, Vorschriften zu einzelnen Posten der Bilanz. Bilanzvermerke, in: Haufe HGB Bilanz Kommentar, 5. Aufl., Freiburg 2014.

Württembergische Lebensversicherung AG, Stuttgart (Hrsg.), Geschäftsbericht 2010, abrufbar unter http://www.ww-ag.com/rmedia/media/konzern/dokumente_2/geschftsuzwischenberichte/2011_3/110883_ww_gb_lebensversicherung.pdf.

Z

ZAB Abrechnungsgesellschaft mbH, Konstanz (Hrsg.), Jahresabschluss zum Geschäftsjahr vom 01.01.2016 bis zum 31.12.2016 – in der im elektronischen Bundesanzeiger veröffentlichten Fassung – pdf-Version, abrufbar unter www.unternehmensregister.de.

Zewotherm GmbH, Remagen (Hrsg.), Jahresabschluss zum Geschäftsjahr vom 01.01.2016 bis zum 31.12.2016 – in der im elektronischen Bundesanzeiger veröffentlichten Fassung – pdf-Version, abrufbar unter www.unternehmensregister.de.

ZKA, Stellungnahme vom 18.1.2008 zum BilMoG Ref-E, abrufbar unter http://www.zka-online.de/uploads/media/080118_ZKA-Stn-BilMoG.pdf.

Zollhafen Mainz GmbH & Co. KG, Mainz (Hrsg.), Jahresabschluss zum Geschäftsjahr vom 1.1.2012 bis zum 31.12.2012 – in der im elektronischen Bundesanzeiger veröffentlichten Fassung –, abrufbar unter http://www.unternehmensregister.de.

STICHWORTVERZEICHNIS

A

Abschlussprüferhonorar, Angaben 297, 333 ff.
- Begriff „Abschlussprüfer"
- Formulierungsbeispiele
- für das Geschäftsjahr berechnet
- Gesamthonorar
- größenabhängige Erleichterungen
- konzernbedingte Erleichterungen
- Tätigkeitsbereiche

Abschreibungen, Angaben, siehe Anlagevermögen

Abzinsungsbedingter Unterschiedsbetrag, siehe Rückstellungen für Pensionen und ähnliche Verpflichtungen

Altersversorgung, Verpflichtung aus 106

„Altzusagen", siehe Rückstellungen für Pensionen

Anhangvorschriften für GmbH/GmbH & Co. KG 5 ff., 16 ff.
- Überblick

Anlagevermögen, Angaben 146 f., 204 ff.
- Abschreibungen, Aufgliederung
- Abschreibungen, außerplanmäßige
- Anlagespiegel
- BilRUG, Änderungen
- Formulierungsbeispiele

Arbeitnehmer, Angaben 174, 280 ff.
- Begriff „Arbeitnehmer"
- BilRUG, Änderungen
- durchschnittliche Zahl
- Formulierungsbeispiele
- Gruppen
- Teilzeitbeschäftigte

Aufsichtsrat, Angaben, siehe Organe, Angaben

Ausleihungen 191 ff.
- gegenüber Gesellschaftern

Ausschüttungsgesperrte Beträge, Angaben 239 ff.
- Ausschüttungssperrspiegel
- Ermittlungsbeispiel
- Formulierungsbeispiele
- Verwendungsreihenfolge

Außerbilanzielle Geschäfte, Angaben 271 ff.
- Abgrenzung zu sonstige finanzielle Verpflichtungen
- Begriff „Art"
- Begriff „Finanzielle Auswirkungen"
- Begriff „Geschäfte"
- Begriff „notwendig"
- Begriff „Zweck"
- Bilanzunwirksamkeit
- BilRUG, Änderungen
- finanzielle Auswirkungen
- Formulierungsbeispiele
- größenabhängige Erleichterungen
- Prüfschema
- Risiken, Beispiele
- Vorteile, Beispiele

Außergewöhnliche Aufwendungen 20, 146 ff.
Außergewöhnliche Erträge 20, 146 ff.
Außerordentliche Aufwendungen 20
Außerordentliche Erträge 20

B

Beizulegender Zeitwert, Angaben 119 ff., 224 ff.

Beteiligungsbesitz, Angaben 214 ff.
- BilRUG, Änderungen
- Eigenkapital
- Ergebnis
- Formulierungsbeispiele
- Gewinnabführungsvertrag
- Gliederung der Angaben
- Höhe des Kapitalanteils
- Name
- Schutzklausel
- Sitz

Bewertungseinheiten, Angaben 87 ff.
- abgesicherte Risiken
- antizipative
- Arten
- Darstellungsbeispiel
- Formulierungsbeispiele

- Lagebericht
- Wirksamkeit (Effektivität)

Bewertungsvereinfachungsverfahren 234 ff.
- Formulierungsbeispiele
- Unterschiedsbetrag

Bilanzierungs- und Bewertungsmethoden 21, 78 ff., 187 ff.
- Abweichungen
- Beschreibung
- Beschreibung, Neufassung (BilMoG)
- Bewertungseinheiten
- BilRUG, Änderungen
- fertige und unfertige Erzeugnisse
- Fremdkapitalzinsen
- Fremdwährungsforderungen und -verbindlichkeiten
- immaterielle Vermögensgegenstände des Anlagevermögens, selbst erstellte
- latente Steuern
- Rückstellungen
- Rückstellungen für Pensionen und ähnliche Verpflichtungen
- Übergangserleichterung (BilMoG)
- Verbindlichkeiten
- Verrechnung von Vermögensgegenständen und Schulden
- Währungsumrechnung

BilMoG 187 ff.
- Bilanzierungs- und Bewertungsmethoden
- übergangsbedingte Angaben
- Vorjahreszahlen

BilRUG 18 ff., 47
- Änderungen, Erläuterungen
- Änderungen, Überblick
- Änderungen, wichtige im Wortlaut
- Bilanzsumme
- Schwellenwerte
- Übergangsregelungen
- Umgliederungen, GuV
- Umsatzerlöse
- zeitliche Anwendung

C

Checkliste zur Aufstellung des Anhangs 355 ff., 373 ff., 409 ff.
- große GmbH/GmbH & Co. KG
- kleine GmbH/GmbH & Co. KG
- mittelgroße GmbH/GmbH & Co. KG

CSR-Richtlinie Umsetzungsgesetz 18 f., 47
- Finanzinstrumente, Bewertung zum beizulegenden Zeitwert
- zeitliche Anwendung

D

Disagio, Angaben 238
- Ausweiswahlrecht
- Formulierungsbeispiele

E

EGHGB 15 f., 22, 37 f., 187 ff.

Eigenkapital, Angaben 126 f., 308 ff.
- BilRUG, Änderungen
- Formulierungsbeispiele
- Verwendung Jahresergebnis
- Wertaufholungsrücklage

Einstandspflicht 51

Ereignisse nach dem Abschlussstichtag, siehe Vorgänge von besonderer Bedeutung nach dem Abschlussstichtag

Ergebnisverwendung, siehe Eigenkapital, Angaben, BilRUG, Änderungen

Erleichterungen 32 ff.
- größenabhängig
- Kleinst-Kapitalgesellschaft
- konzernintegrierte GmbH
- konzernintegrierte GmbH & Co. KG
- Schutzgründe

F

Finanzielle Auswirkungen, siehe Außerbilanzielle Geschäfte und Vorgänge von besonderer Bedeutung nach dem Abschlussstichtag

Finanzinstrumente, Angaben 119 ff., 224 f.
- allgemein anerkannte Bewertungsmethoden
- Begriff
- beizulegender Zeitwert
- Bewertungshierarchie

– CSR-Richtlinie Umsetzungsgesetz
– Formulierungsbeispiel
– wesentliche Bedingungen
Forderungen   102 ff., 190, 191 ff., 195 f.
Forderungen, Angaben, antizipative
– Bilanzierungs- und Bewertungsmethoden
– Formulierungsbeispiele
– gegen Gesellschafter
– Mitzugehörigkeitsvermerk
– Restlaufzeit
– Währungsumrechnung
Forschungs- und Entwicklungskosten, Angaben   202 ff.
– Entwicklung, Begriff
– Entwicklungskosten, davon-Angabe
– Formulierungsbeispiel
– Forschung, Begriff
– Gesamtbetrag
Fremdkapitalzinsen, Angaben
– siehe Anlagevermögen, Angaben
– siehe Bilanzierungs- und Bewertungsmethoden
– siehe BilRUG, Änderungen

G

Generalnorm   76 ff.
– Abweichung
– besondere Umstände
– Formulierungsbeispiel
Genussrechte und ähnliche Rechte auf Gewinnbezug   21, 244 ff.
– Begriff „Anzahl"
– Begriff „Rechte, die sie verbriefen"
– Begriff „vergleichbare Wertpapiere und Rechte"
– Besserungsschein
– Formulierungsbeispiele
– Genussscheine
Gesamtbezüge, Angaben, siehe Organe, Angaben
Geschäftsführung, Angaben, siehe Organe, Angaben
Geschäfts- oder Firmenwert, Angaben   112 ff.
– aktivierte Altfälle
– BilRUG, Änderungen
– faktisches Bewertungswahlrecht
– Formulierungsbeispiele
– Nutzungsdauer, Gründe

– steuerliche Nutzungsdauer
Gliederung, Anhang   43, 57 ff.
– BilRUG, Änderungen
– Grundstruktur
Gliederung Bilanz und GuV, Angaben   64 ff.
– BilRUG, Umgliederungen
– Form der Darstellung
– Formulierungsbeispiele
– Geschäftszweigbedingte Anpassung
– Postenaufgliederung
– Postenzusammenfassung
– Stetigkeit
– Stetigkeit, Abweichung
– Wechsel Gliederungsschema
GmbH & Co. KG   16 ff., 195, 310 ff.
– Ausleihungen, Forderungen, Verbindlichkeiten gegenüber Gesellschaftern
– eingetragene, nicht geleistete Kommanditeinlagen
– Geschäftsführung, Vertretung, Rechnungslegungspflichten
– größenabhängige Erleichterungen
– persönlich haftende Gesellschafter
Größenabhängige Erleichterungen   32 ff., 35 ff., 493 f.
– Ausnahmen
– BilRUG, Änderungen
– kleine Unternehmen
– mittelgroße Unternehmen
Größenklassen   37, 38 ff.
– größenabhängige Erleichterungen
– Schwellenwerte

H

Haftungsverhältnisse, Angaben   153 ff., 285 ff.
– BilRUG, Änderungen
– Formulierungsbeispiele
– gewährte Sicherheiten
– Inanspruchnahmewahrscheinlichkeit
– Lagebericht
Handelsregisternummer, siehe Eckdaten zur Identifikation des Unternehmens

I

Immaterielle Vermögensgegenstände, siehe Forschungs- und Entwicklungskosten
Investmentanteile, Angaben   229 ff.
- Anlageziele
- Darstellungsbeispiel
- Formulierungsbeispiele
- Konsolidierungssurrogat
- Rückgabeschränkungen

K

Kleinst-Kapitalgesellschaft   44 f.
- Ausnahmen
- Erleichterungen
- Merkmale

Konzernbedingte Erleichterungen   335, 342
- Abschlussprüferhonorar
- Geschäfte mit nahe stehenden Unternehmen und Personen

Konzernintegrierte Unternehmen   46 ff.
- BilRUG, Änderungen
- Erleichterungen

Konzernkreis, Angaben   178 ff., 298 ff.
- BilRUG, Änderungen
- größter
- kleinster

Konzernrechnungslegung, befreiende   181 ff.
- Angaben
- Befreiungswirkung
- BilRUG, Änderungen
- Formulierungsbeispiele
- IFRS

Konzernzahlungsbericht, befreiender   352 f.
- Angaben (nach BilRUG)

Kredite, Angaben, siehe Organe, Angaben

L

Lagebericht   91, 303
- Bewertungseinheiten
- Haftungsverhältnisse

Latente Steuern, Angaben   21, 315 ff.
- BilRUG, Änderungen
- Formulierungsbeispiele
- Steuersatz
- Überleitungsrechnung
- Verlustvorträge
- Wertansatzdifferenzen, temporäre Differenzen

Latente Steuerschulden, quantitative Veränderungen   263 ff.
- Begriff „Änderungen"
- Darstellungsbeispiel

M

Mängel bei Anhangangaben   481 ff.
- Rechtsfolgen

Materialaufwand, Angaben, siehe Umsatzkostenverfahren

Mittelbare Zusagen, siehe Rückstellungen für Pensionen

Mitzugehörigkeitsvermerk, Angaben   102 ff.
- Ausweiswahlrecht
- Forderungen
- Formulierungsbeispiele
- Verbindlichkeiten
- Zuordnungswahlrecht

Musteranhang   449 ff.
- große GmbH/GmbH & Co. KG
- kleine GmbH/GmbH & Co. KG
- mittelgroße GmbH/GmbH & Co. KG

Mutterunternehmen, Angaben   178 ff., 298 ff.

N

Nahe stehende Unternehmen und Personen, Angaben   300 ff., 338 ff.
- Art der Beziehung
- Begriff „Geschäfte"
- Begriff „nahe stehende Unternehmen und Personen"
- BilRUG, Änderungen
- Darstellungsbeispiel
- Formulierungsbeispiele
- konzernbedingte Erleichterungen
- Negativerklärung
- nicht marktübliche Bedingungen
- Notwendigkeit weiterer Angaben
- Verhältnis zu anderen Vorschriften
- Wert des Geschäfts

- Wesentlichkeit
- Zusammenfassung von Angaben

O

Offenlegung   493 f.
Organe, Angaben   175 ff., 288 ff., 291 ff., 296 f.
- ausgeübter Beruf
- Beirat
- BilRUG, Änderungen
- Formulierungsbeispiele
- Gesamtbezüge
- Gesamtbezüge ehemaliger Mitglieder
- gewährte Kredite
- gewährte Vorschüsse
- Mitglieder Aufsichtsrat
- Mitglieder Geschäftsführung
- Schutzklausel
- wesentliche Bedingungen

P

Pensionsrückstellungen, siehe Rückstellungen
Personalaufwand, Angaben, siehe Umsatzkostenverfahren
Persönlich haftender Gesellschafter, Angaben   222 f.
- Formulierungsbeispiele
- Haftungssituation
- Unterlassen der Angaben

Planvermögen, siehe Zweckvermögen
Postenbezogene Reihenfolge postenbezogener Angaben, siehe Gliederung, Anhang
Posten-Mitzugehörigkeitsvermerk, siehe Mitzugehörigkeitsvermerk

R

Registerinformationen   61 ff.
Restlaufzeiten, Angaben
- siehe Forderungen
- siehe Sonstige finanzielle Verpflichtungen
- siehe Verbindlichkeiten

Rückstellungen   84, 254 ff.
- Abzinsungssatz
- Bilanzierungs- und Bewertungsmethoden
- notwendiger Erfüllungsbetrag

- Überdeckung

Rückstellungen für Pensionen und ähnliche Verpflichtungen   12, 16, 106 ff., 130 ff., 248 ff.
- Abführungssperre
- abzinsungsbedingter Unterschiedsbetrag
- Altersversorgung, Verpflichtung aus
- „Altzusagen"
- Ausschüttungssperre
- Bilanzierungs- und Bewertungsmethoden
- Formulierungsbeispiele
- grundlegende Annahmen
- mittelbare Zusage
- übergangsweise Angaben (BilMoG, Unterdeckung, Überdeckung)
- Verrechnung, siehe Verrechnung von Vermögensgegenständen und Schulden
- versicherungsmathematische Berechnungsverfahren
- wertpapiergebundene Pensionszusagen

S

Saldierungsgebot, siehe Verrechnung von Vermögensgegenständen und Schulden
Schutzgründe, siehe Erleichterungen, Anteilsbesitz, Angaben, Organe, Angaben und Umsatzerlöse, Angaben
Sonderposten mit Rücklageanteil, Angaben   14, 101, 142 ff.
- Altbestände
- Beibehaltungswahlrecht
- Formulierungsbeispiele

Sonstige finanzielle Verpflichtungen, Angaben   164 ff.
- Begriff
- Beispiele
- Bewertung
- BilRUG, Änderungen
- Formulierungsbeispiele
- Gesamtbetrag
- Restlaufzeiten
- von Bedeutung

Sonstige Vermögensgegenstände   136 f.
Struktur des Anhangs, siehe Gliederung, Anhang

U

Übergangsbedingte Angaben (nach BilMoG) 187 ff.
– außerordentliche Aufwendungen und Erträge
– Bilanzierungs- und Bewertungsmethoden
– erstmalige Anwendung
– Formulierungsbeispiele
– Rückstellungen
– Rückstellungen für Pensionen
– Überdeckung
– Unterdeckung
– Vorjahreszahlen
Umsatzerlöse, Angaben   322 ff.
– Aufgliederung
– BilRUG, Änderungen
– BilRUG, Übergangsangaben
– Formulierungsbeispiele
– geografisch bestimmte Märkte
– Schutzklausel
– Tätigkeitsbereiche
– Verkaufsorganisation
Umsatzerlöse, Begriff   37, 322
– nach BilRUG
– vor BilRUG
Umsatzkostenverfahren, Angaben   267 ff.
– Formulierungsbeispiele
– Materialaufwand
– Personalaufwand
Unterlassen von Angaben   32 ff., 294, 297
– Anwendungsfälle
– Formulierungsbeispiele

V

Verbindlichkeiten, Angaben   102 ff., 138 ff., 190, 191 ff., 195 f., 258 ff.
– antizipative
– Bilanzierungs- und Bewertungsmethoden
– BilRUG, Änderungen
– Formulierungsbeispiele
– gegenüber Gesellschaftern
– gewährte Sicherheiten
– Mitzugehörigkeitsvermerk
– Restlaufzeiten
– Verbindlichkeitenspiegel
– Währungsumrechnung
Verrechnung von Vermögensgegenständen und Schulden, Angaben   106 ff.
– Aktiv- und Passivposten
– Aufwendungen und Erträge
– beizulegender Zeitwert
– Deckungs-, Plan-, Zweckvermögen
– Formulierungsbeispiele
– Rückdeckungsversicherungen
– steuerlicher Aktivwert
Vorgänge von besonderer Bedeutung nach dem Abschlussstichtag   303 ff.
– Begriff „Art"
– Begriff „Finanzielle Auswirkungen"
– Beispiele
– Formulierungsbeispiele
Vorjahreszahlen, Angaben   70 ff., 160, 202, 343
– Anpassung
– Formulierungsbeispiele
– Nichtvergleichbarkeit
– Übergang BilMoG
Vorschüsse, Angaben, siehe Organe, Angaben

W

Wahlrechte   32 ff., 42, 78 ff.
– Angabe in Bilanz/GuV oder im Anhang
– Bilanzierungs- und Bewertungsmethoden
– Erleichterungen
– Formulierungsbeispiele
Währungsumrechnung, Angaben   21, 85 f.
– Bilanzierungs- und Bewertungsmethoden
– BilRUG, Änderungen
– Forderungen und Verbindlichkeiten
– Formulierungsbeispiele
Wesentlichkeit bei Anhangangaben   485 ff.

Z

Zweckvermögen   106

NWB Kommentar

Topaktuelle Neuauflage!

Sicher entscheiden – richtig bilanzieren!
Die topaktuelle Auflage des bewährten Klassikers ist da!

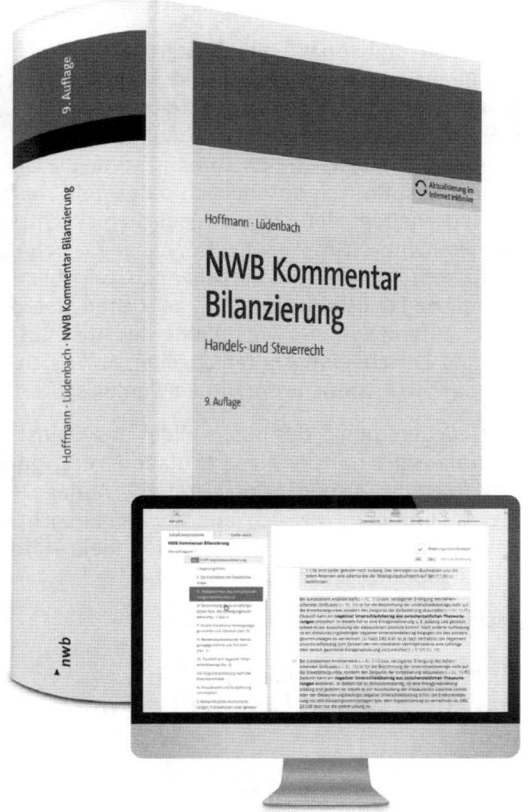

Topaktuell bietet Ihnen dieser NWB Kommentar auf mehr als 2.800 Seiten Praxiskommentierungen der HGB-Paragraphen (§§ 238-342e HGB) unter ausführlicher Berücksichtigung der **Steuerbilanz**.

Zahlreiche anschauliche Beispiele und Buchungssätze mit direkt einsetzbaren Lösungen, laufende Querverweise, anwenderfreundliche ABC-Register, tabellarische Auflistungen der Rechtsprechung sowie der erfrischende Stil mit dem Mut zur eigenen Meinung machen den Kommentar zu einer wertvollen Informationsquelle für die tägliche Praxis.

Die 9. Auflage wurde umfangreich überarbeitet, u. a. durch Kommentierung des CSR-Richtlinie-Umsetzungsgesetzes sowie aktueller IDW-Verlautbarungen.

NWB Kommentar Bilanzierung
Hoffmann · Lüdenbach
9. Auflage. 2018. Gebunden. XXIV, 2.845 Seiten. € 199,-
ISBN 978-3-482-**59379**-6
↻ Aktualisierung im Internet inklusive
bis zum Erscheinen der Folgeauflage

„[...] Der Kommentar hilft bei solchen neuen BilRUG-Fragen genauso gut weiter wie bei der Lösung altbekannter Probleme der Bilanzerstellung. Er ist daher den HGB-Anwendern auch in der neuen Auflage zu empfehlen."
Dr. Andreas Haaker schreibt in WP Praxis 3/2016

✓ inkl. Online-Aktualisierung
✓ inkl. E-Mail-Newsletter

Bestellen Sie jetzt unter **www.nwb.de/go/shop**

Bestellungen über unseren Online-Shop:
Lieferung auf Rechnung, Bücher versandkostenfrei.

NWB versendet Bücher, Zeitschriften und Briefe CO$_2$-neutral. Mehr über unseren Beitrag zum Umweltschutz unter www.nwb.de/go/nachhaltigkeit

NWB Rechnungswesen

Korrekt bilanzieren!

Praxisnahe Unterstützung bei der Bilanzierung von Klein- und Kleinstkapitalgesellschaften

Praxisnah und topaktuell erläutert dieses Buch die Bilanzierung von Klein- und Kleinstkapitalgesellschaften. Knapp, präzise und mit vielen Beispielen werden unter anderem Aufstellung und Gliederung von Bilanz, GuV, Anhang sowie die Offenlegungspflichten anschaulich dargestellt. Auf Besonderheiten der unterschiedlichen Rechtsformen (GmbH, GmbH & Co. KG, AG und – neu – Genossenschaften) wird eingegangen. Leicht verständliche Praxishinweise und Checklisten bieten Unterstützung bei der Aufstellung des Abschlusses und Entscheidungshilfen darüber, ob Erleichterungen in Anspruch genommen werden sollten.

Einen Schwerpunkt des Buchs bildet das Kleinstkapitalgesellschaften-Bilanzrechtsänderungsgesetz (MicroBilG) sowie – neu in der 2. Auflage – die Änderungen, die sich aus dem Bilanzrichtlinie-Umsetzungsgesetz (BilRUG) für Klein- und Kleinstkapitalgesellschaften ergeben.

Rechtsstand: 1. 11. 2016

Großes Know-how für kleine Gesellschaften.

Jahresabschluss der Klein- und Kleinstkapitalgesellschaften
Theile
2. Auflage. 2017. Gebunden. XXIII, 260 Seiten. € 39,90
ISBN 978-3-482-**64842**-7
@ Online-Version inklusive

Bestellen Sie jetzt unter **www.nwb.de/go/shop**

Bestellungen über unseren Online-Shop:
Lieferung auf Rechnung, Bücher versandkostenfrei.

NWB versendet Bücher, Zeitschriften und Briefe CO_2-neutral. Mehr über unseren Beitrag zum Umweltschutz unter www.nwb.de/go/nachhaltigkeit

▶ **nwb** GUTE ANTWORT